# RÉPERTOIRE ALPHABÉTIQUE

DE

LÉGISLATION & DE RÉGLEMENTATION

DE LA

# COCHINCHINE

ARRÊTÉ AU PREMIER JANVIER 1889

PAR MM.

E. LAFFONT
ADMINISTRATEUR DES AFFAIRES INDIGÈNES
EN COCHINCHINE.
(DE L'ORIGINE A 1886 INCLUS)

ET

J.-B. FONSSAGRIVES
AIDE-COMMISSAIRE COLONIAL.
(POUR LES ANNÉES 1887 ET 1888)

TOME SEPTIÈME

Q-Z

ADDENDA — TABLE

PARIS
LIBRAIRIE NOUVELLE DE DROIT ET DE JURISPRUDENCE
ARTHUR ROUSSEAU
ÉDITEUR
14, rue Soufflot et rue Toullier, 13

1890

# RÉPERTOIRE ALPHABÉTIQUE

DE

## LÉGISLATION ET DE RÉGLEMENTATION

DE LA

# COCHINCHINE

# RÉPERTOIRE ALPHABÉTIQUE

DE

LÉGISLATION & DE RÉGLEMENTATION

DE LA

# COCHINCHINE

ARRÊTÉ AU PREMIER JANVIER 1889



PAR MM.

E. LAFFONT
ADMINISTRATEUR DES AFFAIRES INDIGÈNES
EN COCHINCHINE.
(DE L'ORIGINE A 1886 INCLUS)

ET

J.-B. FONSSAGRIVES
AIDE-COMMISSAIRE COLONIAL.
(POUR LES ANNÉES 1887 ET 1888)

## TOME SEPTIÈME

## Q-Z

ADDENDA — TABLE

PARIS
LIBRAIRIE NOUVELLE DE DROIT ET DE JURISPRUDENCE
ARTHUR ROUSSEAU
ÉDITEUR
14, rue Soufflot et rue Toullier, 13

1890

# Q

## QUAIS

V. *Police municipale.*
V. *Voirie.*

## QUARANTAINE

V. *Régime sanitaire.*

## QUOC-NGU

V. *Langue annamite, cambodgienne et caractères chinois.*

# R

## RAPATRIEMENT

I. DISPOSITIONS GÉNÉRALES. — II. DISPOSITIONS LOCALES.

### I. — DISPOSITIONS GÉNÉRALES

| NATURE DES DOCUMENTS | DATES | RECUEILS A CONSULTER Bat. | B.C. | B.D.I. | J. C. | J.H. | B. M. | B.Col. | OBSERVATIONS |
|---|---|---|---|---|---|---|---|---|---|
| Décret. | 7 avril 1860. | | | | | | 341 | | |
| Ordre. | 1er mars 1862. | | 109 | | | | | | |
| Décret. | 14 septembre 1864. | | | | | | 162 | | |
| Circ. M. | 18 février 1867. | | | | | | 132 | | |
| Circ. M. | 6 juin 1872. | II-583 | | | | | | | |
| Circ. M. | 20 août 1873. | | | | | | 173 | | |
| Dép. M. | 6 novembre 1873. | II-583 | | | | | | | |
| Dép. M. | 17 septembre 1874. | II-584 | | | | | | | |
| Circ. M. | 16 août 1878. | | | | | | 202 | | |
| Dép. M. | 9 janvier 1879. | II-584 | | | | | | | |
| Décret. | 7 mai 1879. | II-417 | | | | | 921 | | |
| Circ. M. | 23 juillet 1881. | | | | | | 89 | | |
| Circ. M. | 4 octobre 1882. | | | | | | 497 | | |
| Dép. M. | 23 décembre 1882. | | | | | | | | |
| Circ. M. | 10 janvier 1884. | | | | | | | | |
| Dép. M. | 14 août 1885. | | | | | | | | |
| Dép. M. | 26 décembre 1885. | | | | | | | | |
| Circ. M. | 2 octobre 1886. | | | | | | | | |
| Dép. M. | 31 mars 1887. | | | | | | | | |

I. — DISPOSITIONS GÉNÉRALES *(suite)*

| NATURE DES DOCUMENTS | DATES | RECUEILS A CONSULTER | | | | | | | | OBSERVATIONS |
|---|---|---|---|---|---|---|---|---|---|---|
| | | Bat. | B.C. | B.D.I. | J. C. | J.H. | B. M. | B.Col. | | |
| Dép. M. | 9 juin 1888. | | | | | | | | | |

(7 avril 1860)

**DÉCRET** *sur le rapatriement et les conduites de retour des gens de mer.*

B. M. p. 341.

(1er mars, 1862)

**ORDRE.** *Dispositions relatives aux évacuations des malades ou convalescents sur France. — Rappel aux prescriptions réglementaires.*

B. C., p. 109.

(14 septembre 1864)

**DÉCRET** *relatif au rapatriement des marins du commerce.*

B. M., p. 162.

(18 février 1867)

**CIRC. M.** *Notification de deux arrêts de la Cour de cassation. — Frais de rapatriements des marins du commerce.*

B. M., p. 132.

(6 juin 1872)

**CIRC. M.** *Frais de rapatriement des indigents.*

BAT. II, p. 583.

La question s'est élevée entre le Ministère de l'Intérieur et celui de la marine de savoir sur quels fonds devaient être imputés les frais de passage des indigents rapatriés.

Il a été convenu entre les deux départements que le Ministère de l'Intérieur prendrait à sa charge les frais de rapatriement des indigents qui compteraient un séjour consécutif *de moins d'un an dans la colonie.*

Les frais de passage des indigents qui réuniraient un an ou plus d'un an de séjour dans la colonie seront imputés sur les fonds du service local.

En conséquence, j'ai l'honneur de vous prier de vouloir bien prescrire que les réquisitions délivrées aux indigents *mentionnent exactement* la durée du séjour du titulaire dans la colonie.

A. POTHUAU.

(20 août 1873)

**CIRC. M.** *au sujet du rapatriement des domestiques indigènes par les bâtiments de l'État.*

B. M., p. 173.

(6 novembre 1873)

**DÉP. M.** *Rapatriement des femmes indigentes.*

BAT. II, p. 583.

Des difficultés s'étant élevées au sujet de la situation faite aux femmes indigentes rapatriées par les paquebots des compagnies subventionnées par l'État, j'ai déféré la question à l'examen de M. le Ministre des finances.

Mon collègue m'a fait connaître, par une lettre du 16 octobre dernier, que les termes généraux du paragraphe 4 de l'article 44 des cahiers des charges, en vertu desquels les rapatriés et indigents doivent être transportés au prix de 7 francs par jour, nourriture comprise, s'appliquent aux femmes aussi bien qu'aux hommes.

Cette interprétation est destinée à prévenir toutes réclamations qui pourraient être faites par les compagnies concessionnaires à l'effet d'obtenir, au titre d'un passage de 3e classe, l'embarquement d'une catégorie de personnes pour laquelle le cahier des charges fixe expressément le prix de 7 francs par jour.

La compagnie des messageries maritimes a d'ailleurs déclaré que, dans la pratique, toute latitude sera laissée, comme par le passé, à ses commandants, pour concilier autant que possible, en ce qui concerne les passagers de l'espèce, les sentiments de convenance et d'humanité avec les nécessités de service de ses transports commerciaux.

BENOIST-D'AZY.

(17 septembre 1874)

**DÉP. M.** *Application du décret du 7 avril 1860, sur le rapatriement des marins délaissés à l'étranger.*

BAT. II, p. 584.

En m'accusant réception, le 19 mai dernier, de la dépêche de mon prédécesseur, en date du 18 février précédent, qui vous rappelait que le rapatriement des marins délaissés à l'étranger doit toujours être gratuit lorsqu'il s'effectue par bâtiment de l'État, vous avez signalé à mon attention certaines circonstances dans lesquelles il y a lieu, suivant vous, de ne pas laisser les dépenses de l'espèce à la charge du trésor. Vous avez cité, notamment, le cas où il s'agit de rapatrier des hommes qui ont été débarqués d'office ou de gré à gré, avec engagement du capitaine de pourvoir aux frais de retour; ou bien de marins qui, étant allés en Cochinchine pour s'y livrer à des opérations commerciales, n'ont pas réussi dans leurs entreprises et sollicitent des passages gratuits pour revenir en France.

La gratuité du rapatriement me paraît en effet pouvoir être refusée aux marins rangés dans ces deux catégories. Ceux cependant qui, n'ayant pas réussi dans leurs entreprises, seront tombés dans la misère, pourront obtenir, après enquête, leur rapatriement à titre d'indigent, et je ne me dissimule pas qu'en raison de leur qualité d'inscrit maritime, je ne saurais demander au Département de l'Intérieur le remboursement de leurs frais de passage.

MONTAIGNAC.

(16 août 1878)

**CIRC. M.** *Conditions de la gratuité du rapatriement à bord des bâtiments de l'État.*

B. M., p. 202.

(9 janvier 1879)

**DÉP. M.** *Rapatriement à bord des bâtiments de l'État.*

BAT. II, p. 584.

Vous m'avez fait connaître, par lettre du 30 novembre dernier, que vous avez rapatrié, à bord du transport de l'État, *la Sarthe*, sept marins du navire *L...*, de Marseille, déclaré innavigable, par jugement du tribunal de commerce de Saïgon.

Vous me faites remarquer, à ce propos, que, d'après la lettre de la circulaire du 16 août dernier (*Bulletin officiel*, page 202), les marins provenant de navires condamnés pour innavigabilité ne sembleraient devoir être rapatriés gratuitement, par les bâtiments de l'État, que lorsque la condamnation du navire a été prononcée à *l'étranger*. Vous pensez toutefois que la gratuité doit être également accordée quand la condamnation a eu lieu dans une colonie française, et vous vous êtes abstenu, en conséquence, de faire payer d'avance les frais de passage des hommes de la *L...*

J'approuve complétement votre interprétation et la décision qu'elle vous a inspirée. Il est évident que la situation des marins est la même, soit que le navire ait été condamné dans nos colonies, soit qu'il l'ait été en pays étranger; ils sont également *délaissés* dans les deux cas, et c'est le *délaissement* qui détermine la gratuité du rapatriement, comme l'explique la circulaire précitée. Le sens général de la circulaire ne permet aucun doute à ce sujet, et d'ailleurs, si les colonies françaises ne sont pas mentionnées dans le paragraphe auquel vous vous êtes référé, elles sont expressément assimilées aux pays étrangers, en pareille matière, par un des paragraphes subséquents.

A. POTHUAU.

(7 mai 1879)

**DÉCRET** *réglementant les passages à accorder aux officiers, fonctionnaires, agents, etc., sur les bâtiments de l'État ou du commerce* (1).

BAT. II., p. 417.
B. M., p. 921.

(23 juillet 1881)

**CIRC. M.** *Rapatriement des gendarmes coloniaux démissionnaires.*

B. M., p. 89.

Des doutes se sont élevés aux colonies sur le point de savoir si les gendarmes coloniaux démissionnaires ont droit à un passage gratuit de rapatriement, sur un bâtiment de l'Etat, pour eux et pour leur famille, lorsque leur démission a été régulièrement acceptée.

Les gendarmes coloniaux sont détachés temporairement des cadres de la gendarmerie de France, mais en passant au service de la marine, ils ne cessent pas de relever du Département de la guerre et les règlements dans la métropole leur sont régulièrement applicables. Or, le règlement du 12 juin 1867 (article 43, tableau A, position n° 40) accorde une indemnité de route aux sous-officiers et soldats de la gendarmerie rentrant dans leurs foyers, après avoir achevé leur temps de service ou comme démissionnaires.

Le Département de la marine a pensé que, par application de ces dispositions du règlement du 12 juin 1867, les gendarmes coloniaux démissionnaires conservaient le droit dont ils jouissent en France de rallier leurs foyers aux frais de l'État, et d'inscrire une disposition spéciale dans le texte de 1870, pour accorder, en cas de démission, pour eux et leur famille, un passage gratuit de rapatriement sur les bâtiments de l'État, auquel leur situation particulière leur donne des titres incontestables.

En résumé, les gendarmes coloniaux démissionnaires peuvent être rapatriés gratuitement, ainsi que leur famille, par un bâtiment de l'État, s'ils présentent, leur demande de passage dans un délai d'un an à partir du jour où l'acceptation de leur démission, par le Département de la guerre, leur aura été notifiée (art. 2, 3 et 8 du décret du 8 mai 1879). Ce délai d'un an ne peut être prolongé que dans les conditions indiquées par l'article 16 du même décret.

J'ai l'honneur de vous prier de veiller à l'exécution des prescriptions contenues dans la présente circulaire dont l'insertion au Bulletin Officiel de la marine tiendra lieu de notification.

PEYRON.

(4 octobre 1882)

**CIRC. M.** *au sujet des réquisitions de passage pour le rapatriement des indigents.*

B. M., p. 497.

M. le Ministre de l'Intérieur a appelé mon attention sur les difficultés que rencontre son administration lorsqu'elle a à contrôler les dépenses de rapatriement des passagers civils des colonies en France, dépenses qui sont acquittées à titre d'avances remboursables par les soins de l'Administration de la marine.

Ces difficultés proviennent de ce que les réquisitions délivrées pour les passagers dont il s'agit ne contiennent, en général, aucun renseignement faisant connaître la situation des rapatriés et les motifs qui justifient leur renvoi en France.

Il y a lieu de remarquer à ce sujet que le décret du 7 avril 1860 a limité le droit pour les autorités coloniales ou consulaires de pourvoir d'urgence au rapatriement des indigents, au cas où ils ont été délaissés à la suite d'un accident. L'exercice de ce droit ne saurait évidemment être étendu aux indigents ordinaires, c'est-à-dire à la catégorie beaucoup plus nombreuse de nos nationaux qui, s'étant rendus en pays étranger à leurs risques et périls ont sollicité et obtenu, après un séjour plus ou moins prolongé hors de France, le bénéfice du rapatriement aux frais de l'État. M. le Ministre de l'Intérieur fait observer que le rapatriement gratuit, étant une faveur, ne doit pas être ordonné, pour ces derniers, sans son autorisation préalable.

En vue d'assurer la régularité dans les dépenses dont il s'agit, il importe que les réquisitions qui seront délivrées à l'avenir dans la colonie de......., en faveur de nos nationaux délaissés pour une

(1) V. *Passagers et frais de passage.*

cause quelconque fournissent des indications précises relativement à la situation exceptionnelle dans laquelle ils se trouvent.

J'ai l'honneur de vous prier de vouloir bien donner des ordres pour que cette recommandation ne soit pas perdue de vue.

JAURÉGUIBERRY.

(23 décembre 1882)

**DÉP. M.** *au sujet des certificats individuels qui doivent accompagner les convalescents rentrant de Cochinchine.*

ARCH. GOUV.

Par une dépêche du 6 mars dernier, j'avais appelé l'attention de votre prédécesseur sur la nécessité de se conformer à la circulaire du 22 avril 1875, qui prescrit de pourvoir les marins, militaires ou agents renvoyés en France comme convalescents, de certificats médicaux établis par le conseil de santé de la colonie; or, M. le Préfet maritime de Toulon me fait connaître que les officiers rentrant de Cochinchine sont seuls munis de cette pièce, qui n'est pas délivrée aux marins et militaires renvoyés en France dans les mêmes conditions.

Je vous prie de vouloir bien donner des ordres formels pour que, désormais, aucun militaire ou agent ne rentre comme convalescent sans être pourvu du certificat médical dont il s'agit.

JAURÉGUIBERRY.

(10 janvier 1884)

**CIRC. M.** *Notification d'un arrêt de la Cour de cassation du 19 novembre 1883. — Séparation des pouvoirs : incompétence des tribunaux pour connaître des actes de l'autorité maritime. — Frais de rapatriement. — Légalité du décret du 7 avril 1860.*

ARCH. GOUV.

J'ai l'honneur de porter à votre connaissance un arrêt rendu le 19 novembre 1883 par la Cour de cassation, qui, appliquant le principe constitutionnel de la séparation des pouvoirs administratif et judiciaire, établit que les tribunaux ordinaires sont incompétents pour connaître des actes de l'autorité maritime.

Cet arrêt, ci-après reproduit, expose les faits du litige et les instances successives auxquelles ces faits ont donné lieu, depuis l'année 1868, avec assez de détails pour me dispenser de le rapporter. Je vous prierai seulement de remarquer que trois de ces instances ont été portées devant la Cour de cassation, appelée à statuer, les deux premières fois, sur les obligations de l'armateur en matière de frais de conduite, en dernier lieu, sur la responsabilité de l'Administration de la marine à l'égard d'un canot abandonné dans un port par les naufragés qui s'en étaient servis pour gagner la terre.

L'affaire s'est en effet présentée successivement sous deux aspects. La marine réclamait des frais de conduite à un armateur, en vertu du décret du 7 avril 1860. La constitutionnalité de cet acte, bien qu'établie par la jurisprudence de la Cour de cassation elle-même, a été contestée en cette affaire par les tribunaux de commerce de Nantes et de Rennes. La Cour suprême a de nouveau affirmé ce principe, par arrêt du 14 février 1877, rendu toutes Chambres réunies.

C'est alors que le tribunal de commerce de Brest, devant lequel la Cour avait renvoyé les parties, ayant admis une demande reconventionnelle de l'armateur sur un débris de sauvetage que l'Administration de la marine avait, suivant lui, négligé de conserver, la cour a été saisie de la question de compétence. Elle l'a résolue en déclarant que, d'après le principe de la séparation des pouvoirs posé par le décret du 16 fructidor an III, il n'appartient qu'à l'autorité administrative de connaître des actions intentées à l'État comme responsable des faits de ses agents dans l'exercice d'un service public.

Je vous prie de prendre note de cet important arrêt et d'en faire mention en marge de la circulaire du 18 février 1867 (B. M. p. 132).

A. PEYRON.

(14 août 1885)

**DÉP. M.** *Observations au sujet du rapatriement des indigents (Rappel aux prescriptions du § 74 de l'art. 11 du décret du 7 mai 1879).*

ARCH. GOUV.

Par lettre du 29 juillet dernier, n° 626, vous m'avez fait connaître que vous avez autorisé le rapatriement, à titre d'indigent, par le « Shamrok » qui a quitté Saïgon, le 5 mai précédent du Sr....

Vous ajoutez que, arrivé dans la colonie le 4 novembre 1884, le Saint Boulemberg n'avait pas de ressources suffisantes pour payer son passage. Aucune mention n'ayant été faite du budget sur lequel la dépense résultant de ce passage doit être imputée, j'ai tout lieu de penser que cette dépense a été mise au compte du budget local.

Cependant, aux termes du § 4 de l'article 11 du décret du 7 mai 1879, « les français n'appartenant à aucun service public et dépourvus de ressources pourront être rapatriés par les bâtiments de l'État, mais à la simple ration et à charge de remboursement direct du Ministère de l'Intérieur, s'ils sont établis depuis moins d'un an dans une colonie française ou s'ils habitent un pays étranger ».

Tel était le cas pour le Sr...; dans ces conditions c'est au budget du Ministère de l'Intérieur que devraient incomber les frais de son rapatriement. A tout événement, je vous prie de donner des ordres pour que les prescriptions précitées du décret du 7 mai 1879 ne soient perdues de vue à l'avenir, et qu'il soit fait mention, dans les correspondances adressées au Département, de l'imputation de la dépense résultant des rapatriements autorisés par votre administration.

GOLDSCHEIDER.

(26 décembre 1885)

**DÉP. M.** *relative aux mesures sanitaires à prendre dans l'extrême orient pour le rapatriement du personnel, en temps d'épidémie. — Annexe.*

B. C., partie supp. p. 11.

Dans une lettre du 18 décembre dont vous trouverez une copie sous ce pli, le Ministre du commerce me signale l'utilité qu'il y aurait, au point de vue de la santé publique, à ce que l'embarquement, en Cochinchine et au Tonkin, des malades ou des convalescents à rapatrier fût entouré, le cas échéant, de toutes les précautions commandées par l'existence dans ces pays d'une épidémie de choléra.

En recommandant tout particulièrement cette question à votre attention, je m'en remets à vous du soin d'apprécier dans quelle mesure il vous sera possible de faire donner satisfaction, en temps d'épidémie, aux desiderata exprimés par M. Dautresme.

GALIBER.

ANNEXE

(18 décembre 1885)

Monsieur le Ministre et cher collègue, à l'occasion des incidents qui ont marqué le retour des deux transports français, le *Château-Iquem* et la *Nive*, venant de l'Extrême-Orient, mon attention a été appelée sur l'utilité qu'il y aurait, afin d'éviter les inconvénients graves qui peuvent en résulter pour la santé publique, à ce que les autorités sanitaires du Tonkin et de la Cochinchine prennent, en ce qui touche l'embarquement des malades ou des convalescents à rapatrier, toutes les précautions commandées par l'existence dans ces pays d'une épidémie de choléra.

Déjà, en 1877, dans un voyage du transport la *Corrèze* de Saïgon à Suez, le choléra éclata dès les premiers jours de la traversée et frappa des passagers provenant de l'hôpital de Saïgon où l'épidémie régnait au moment du départ du navire.

Mon administration n'a pas à apprécier ce qui s'est passé au Tonkin quand le *Château-Iquem* et la *Nive* quittèrent baie d'Allong; mais je crois devoir vous faire remarquer combien, dans les circonstances actuelles, il importe de faire un choix rigoureux du personnel à rapatrier, combien il est nécessaire de s'entourer de précautions pour ne pas s'exposer à laisser embarquer des hommes suspects de choléra.

Lorsque les Anglais, il y a quelques années, ont fait venir un contingent de l'Inde en Égypte, ils avaient eu le soin de prescrire une sélection sévère des troupes à embarquer et ils avaient soumis tous les soldats à un isolement de plusieurs jours avant de les laisser monter sur les navires, de façon à s'assurer qu'ils ne possédaient point en eux le germe du choléra.

Il serait désirable de voir nos autorités sanitaires de l'Extrême-Orient imiter cet exemple et soumettre pareillement à un isolement de cinq à sept jours, tant que l'épidémie persistera, les hommes qui doivent être rapatriés. Cette mesure, qu'il semble facile de réaliser, donnerait de grandes chances d'éviter la reproduction d'accidents semblables à ceux dont les transports de notre marine ont été trop souvent et tout récemment encore le théâtre.

Je ne doute pas, Monsieur le Ministre et cher collègue, que vous ne reconnaissiez les graves intérêts qui s'attachent à cette question et les avantages qu'il y aurait à ce que notre marine donnât l'exemple et servit de modèle en opérant des embarquements suivant les règles sanitaires généralement acceptées.

J'ai l'honneur de vous prier de vouloir bien vous entendre à cet effet avec votre collègue M. le Ministre de la guerre, à qui j'écris dans le même sens, et je vous serais très obligé de me tenir au courant de la suite dont la présente communication vous aura paru susceptible.

DAUTRESME.

(2 octobre 1886)

**CIRC. M.** *Recommandation d'avertir les marins créoles au moment de leur embarquement qu'ils n'auront droit au rapatriement que si cette condition est inscrite au rôle d'équipage.*

ARCH. GOUV.

L'attention de mon administration a été appelée sur la situation faite à certains matelots créoles débarqués en France qui ne peuvent trouver des embarquements à destination de leur colonie d'origine.

Ces marins demandent à être rapatriés par les armateurs des bâtiments qui les ont amenés dans la Métropole, lors même que les contrats passés dans les colonies ne contiennent aucune clause leur donnant droit à un passage de retour.

En vue de remédier à cet état de choses, je vous prie de vouloir bien donner les instructions nécessaires pour qu'au moment de leur embarquement les marins créoles soient avertis qu'ils n'auront droit au rapatriement que si cette condition est inscrite au rôle d'équipage.

A. DE LA PORTE.

(31 mars 1887)

**DÉP. M.** *Rejet d'une demande de modification à l'art. 14 du décret du 7 mai 1879.*

ARCH. GOUV.

Par lettre du 13 octobre dernier, vous exposez qu'en dehors des indigents qui sont rapatriés aux frais de la colonie ou du Ministre de l'Intérieur il existe une autre catégorie d'immigrants obligés de rentrer en France par suite de l'insalubrité du climat, alors qu'ils ont dépensé la plus grande partie de leurs ressources. Ne pouvant revenir dans la Métropole par la voie coûteuse des paquebots, ces derniers s'adressent à l'Administration pour obtenir des passages aux différentes tables des bâtiments de l'État, à charge de remboursement des frais de leur nourriture à bord.

Vous estimez que, dans la plupart des cas, l'état de santé des solliciteurs est tel que, par mesure d'humanité, il conviendrait de laisser au Gouverneur la faculté d'accorder dans les cas urgents, les passages demandés dans ces conditions, sauf à en référer au Département immédiatement.

Vous demandez, par suite, que l'article 14 du décret du 7 mai 1879, qui ne prévoit qu'à titre exceptionnel et en vertu d'une décision spéciale du Ministre les concessions de passage à la ration sur les bâtiments de l'État aux particuliers voyageant pour les motifs d'intérêt privé soit modifié pour la Cochinchine seulement.

J'ai l'honneur de vous informer que l'application des dispositions du décret sus-visé qui a réglé les questions de passages d'une manière générale, n'a donné lieu, jusqu'à présent, à aucune réclamation de la part des administrations des autres colonies. Or, vous n'ignorez pas que les conditions climatériques de certaines de nos possessions d'outre-mer sont au moins aussi pernicieuses que celles de la Cochinchine. D'autre part, l'application de la règlementation que vous nous proposez donnerait certainement lieu à des abus qui finiraient par soulever les réclamations du commerce maritime. Je ne crois pas, pour ces motifs, devoir accueillir votre demande.

Je ne saurais, pour les mêmes raisons, approuver les décisions par lesquelles vous avez accordé à M. Cr..., malgré les observations de l'inspection, et à M. Qu..., sans qu'elle fût informée, des passages à la 2e table du transport le *Mytho.*

Vous voudrez bien, en conséquence, vous conformer strictement, à l'avenir, aux prescriptions du décret du 7 mai 1879.

Il ne vous échappera pas, d'ailleurs, que des commandants de transports pourraient, en s'appuyant sur les termes du décret du 7 mai 1879, se refuser à exécuter les décisions que vous auriez prises en accordant ces passages aux différentes tables des bâtiments. Il en résulterait des conflits qui ne pourraient être tranchés en votre faveur.

DE LA PORTE.

(9 juin 1888)

**DÉP. M.** *Conditions dans lesquelles devra s'effectuer le rapatriement par les paquebots des marins et des militaires convalescents de l'Extrême-Orient.*

ARCH. DIV. NAVALE.

## II. — DISPOSITIONS LOCALES

| NATURE DES DOCUMENTS | DATES | RECUEILS A CONSULTER | | | | | | | OBSERVATIONS |
|---|---|---|---|---|---|---|---|---|---|
| | | Bat. | B.C. | B.O.I. | I.C. | J.H. | B.M. | B.Col. | |
| D. G. | 30 mai 1874. | II-583 | 173 | | | | | | |
| D. G. | 18 juillet 1874. | II-584 | 272 | | | | | | |
| D. G. | 30 avril 1887. | | | | 502 | | | | |
| A. L. G. | 26 décembre 1887 | | 1888-11 | | 1888-4 | | | | |
| Circ. L. G. | 19 janvier 1888. | | 27 | | | | | | |

(30 mai 1874)

D. G. *Rapatriement des militaires libérés du service actif.*

BAT. II., p. 583.
B. C., p. 173.

Article premier. — Tout militaire libéré du service actif et ayant provisoirement fixé sa résidence en Cochinchine, sera rapatrié sur sa demande, aux frais de l'État, pendant l'année qui suivra l'époque de sa libération.

Art. 2. — A cet effet, il devra se présenter à la mairie de Saïgon pour y faire sa déclaration de changement de domicile, et produira le certificat conforme au modèle ci-annexé, qui lui sera délivré au moment de sa libération par le major de la garnison commandant de la réserve.

Art. 3. — Cette déclaration, revêtue du visa du maire et du commandant de gendarmerie, qui en informera immédiatement le major de la garnison, sera ensuite présentée par l'homme au commissaire aux revues, qui le fera porter sur la liste d'embarquement du premier transport en partance pour la France.

KRANTZ.

(18 juillet 1874)

D. G. *Rapatriement des personnes n'appartenant pas à un service public.*

BAT. II., p. 584.
B. C., p. 272.

Les personnes n'appartenant pas à une administration publique, qui seraient dans l'impossibilité de payer leur passage sur un bâtiment du commerce et qui désireraient être rapatriées par un transport de l'État, devront adresser leur demande au Directeur de l'Intérieur, qui la transmettra au maire de la ville de Saïgon, en l'invitant à faire faire une enquête constatant :

1° La date exacte de l'arrivée dans la colonie du pétitionnaire, afin de déterminer d'une manière précise le budget qui devra, le cas échéant, supporter la dépense du passage ;

2° S'il est forcé de quitter la colonie par suite de maladie, bien qu'ayant du travail, ou si c'est parce qu'il ne peut s'en procurer ;

3° S'il peut payer son passage à la ration sur un transport de l'État, ou s'il est absolument dépourvu de ressources.

Le Directeur de l'Intérieur transmettra, avec son avis, le résultat de cette enquête au Gouverneur, qui statuera sur la suite à donner à la demande de passage.

KRANTZ.

(30 avril 1887)

D. G. *Infligeant à un soldat en congé renouvelable une peine disciplinaire pour avoir, étant sur le point de quitter la colonie, négligé de faire les démarches nécessaires pour être réintégré au corps et rapatrié par les soins de son régiment.*

J. C., p. 502.

(26 décembre 1887)

**A. L. G.** *indiquant la procédure à suivre pour l'embarquement des malades à bord des transports de l'État et des vapeurs affrétés.*

B. C., 1888, p. 11.
J. C., 1888, p. 4.

Aussitôt après la clôture des opérations du Conseil de santé, dont la réunion aura été ordonnée, dès l'avis reçu au chef-lieu du départ du transport du Tonkin, la liste générale des malades à rapatrier, accompagnée d'un extrait pour chaque service, sera adressée par M. le médecin en chef au chef du bureau militaire du Lieutenant-Gouverneur.

Ces extraits, certifiés conformes, seront envoyés, le jour même de leur réception, aux chefs d'administration et de services qui complèteront la liste des rapatriables valides sous leurs ordres.

Ces listes, établies en double expédition, seront retournées le lendemain au bureau militaire chargé d'en faire parvenir une expédition au bureau des armements, l'autre à M. le Commandant de la marine.

Les services, n'ayant aucun passager à embarquer fourniront un état néant, établi en double expédition.

La répartition par tables, et la concordance faite par les soins de M. le Commandant de la marine entre le nombre de places demandées et le nombre des places disponibles, les états d'embarquement seront retournés au bureau militaire, pour l'établissement de la liste générale d'embarquement, *ne varietur*, des passagers, signée du Lieutenant-Gouverneur, qui devra paraître quarante-huit heures au moins, avant l'heure fixée pour le départ du transport.

Cette liste générale, transmise par le Commandant de la marine au commandant du transport ou au délégué du Département à bord du navire affrété, tiendra lieu de tout ordre particulier d'embarquement, et il ne sera délivré aucune signature par le Lieutenant-Gouverneur, à moins de circonstances ayant un caractère exceptionnel d'urgence.

Les états du matériel demandés aux différents services, huit jours environ avant l'arrivée du transport à Saïgon, seront envoyés au bureau militaire qui les fera parvenir à M. le Commandement de la marine.

PIQUET.

(19 janvier 1888)

**CIRC. L. G.** *au sujet de la solde des fonctionnaires et employés licenciés, restés, sur leur demande, dans la colonie et leur accordant un délai d'une année pour obtenir leur rapatriement; passé ce délai, ils devront être rapatriés à leurs frais.*

B. C., p. 27.

Le Secrétaire général du Gouvernement de la Cochinchine a l'honneur de rappeler à MM. les Chefs d'administration et de service que, conformément à sa circulaire du 10 janvier courant, les fonctionnaires et employés licenciés restés, sur leur demande, dans la colonie n'ont droit à aucune solde, en dehors de l'indemnité qui leur a été accordée, à partir du jour du départ du *Comorin.* Il leur est accordé, d'après les règlements en vigueur, un délai d'une année pour obtenir leur rapatriement; passé ce délai, ils devront être rapatriés à leur frais. De plus, ils ne seront portés sur une nouvelle liste d'embarquement que lorsqu'ils en feront la demande.

NAVELLE.

## RATIONS

V. *Subsistances.*

## RATS

V. *Animaux nuisibles.*

## RÉADMISSIONS AU SERVICE

V. *Engagements, rengagements et réadmissions.*

## REBELLES, RÉBELLION

| NATURE DES DOCUMENTS | DATES | RECUEILS A CONSULTER Bat. | B.C. | B.D.I. | J. C. | J. H. | B. M. | B.Col. | OBSERVATIONS |
|---|---|---|---|---|---|---|---|---|---|
| Ordre | 13 mars 1862. | | 114 | | | | | | |
| Ordre | 14 janvier 1867. | II-595 | 280 | | | | | | |
| Circ. D. I. | 16 janvier 1867. | II-595 | | 62 | | | | | |
| A. G. | 19 août 1868. | I-56 | | 22 | | | | | |
| D. G. | 21 août 1873. | I-62 | 280 | | | | | | |
| D. G. | 20 mai 1875. | I-596 | 197 | | | | | | |
| Circ. D I. | 8 novembre 1875. | | | 101 | | | | | |
| Circ. G. | 7 mai 1878. | II-595 | | 84 | | | | | |
| Circ. M. | 1878. | | | | | | | | |
| Rapport M. | 5 octobre 1882. | | 509 | | | | | | |
| Décret. | 5 octobre 1882. | | 509 | | | | | | |
| A. G. | 16 avril 1883. | | | | 485 | | | | |
| Dép. M. | 28 juin 1883. | | | | | | | | |
| O. C. Sup. Tr. | 16 juin 1885. | | | | | | | | |

(13 mars 1862)

**ORDRE.** *Application des lois pénales annamites au crime de la rébellion* (1).

B. C., p. 114.

(14 janvier 1867)

**ORDRE.** *prescrivant aux habitants des villages de prêter main-forte à leurs chefs, dans le cas d'attaque des pirates.*

BAT. II., p. 595.
B. C., p. 280.

Les habitants devant prêter assistance à leurs chefs contre les pirates, sont rendus responsables des dommages causés par leur négligence, sans préjudice des poursuites qu'ils auraient encourues, dans le cas de complicité avec les malfaiteurs.

Les victimes des agents de la rébellion seront indemnisées immédiatement, par les soins de l'État, lequel exigera ultérieurement le remboursement des avances qu'il aura faites à ce titre.

DE LA GRANDIÈRE.

(16 janvier 1867)

**CIR. D. I.** *Mesures à prendre, lors des assassinats commis par les rebelles.*

BAT. II., p. 595.
B. D. I, p. 62.

Veuillez faire une enquête aussitôt qu'un assassinat aura été commis, afin de vous assurer si le village où le crime a eu lieu peut être regardé comme l'ayant favorisé ou laissé commettre ; vous évaluerez le dommage causé et vous indiquerez l'indemnité qui peut être accordée. Tôt ou tard, les coupables ou ceux qui ne se sont pas opposés à l'exécution de leurs desseins devront rembourser les sommes que le trésor aura avancées pour indemniser leurs victimes.

P. VIAL.

(19 août 1868)

**A. G.** *Dispositions à prendre à l'égard des Annamites suspects. — Droit d'enquête.*

BAT. I, p. 56.
B. D. I, p. 22.

Toutes les fois que les inspecteurs jugeront la présence d'Annamites dans leur inspection, capable d'y apporter du trouble ou d'y exciter la rébellion, alors qu'il n'y aurait pas de preuves matérielles suffisantes pour les juger et condamner régulièrement, ils sont autorisés à faire une enquête administrative dans laquelle ils exposeront les faits et leur opinion personnelle, et proposeront au Gouverneur une décision éloignant momentanément du territoire cochinchinois les personnes ci-dessus désignées.

Toutes les fois que les perturbateurs de l'ordre public auront commis des délits prouvés tels qu'ils doivent être condamnés en justice, ils seront jugés régulièrement et auront droit à toutes les garanties accordées aux prévenus par les décrets et décisions qui traitent de la matière.

G. OHIER.

(1) V. Code annamite.

(21 août 1873)

**D. G.** *Les employés européens pourront être armés de fusils Chassepot, dans les arrondissements où il n'y a pas de garnison française. — Ces armes seront déposées dans les magasins des inspections, sous la surveillance du 1er administrateur. — Elles seront délivrées seulement en cas de troubles* (1).

BAT. I, p. 62.
B. C., p. 280.

(20 mai 1875)

**D. G.** *Dispositions en ce qui concerne les villages convaincus de rébellion ou de complicité de rébellion.*

BAT. II., p. 596.
B. C., p. 197.

A l'avenir, toutes les fois qu'un village sera convaincu de rébellion ou de complicité de rébellion, il sera rayé du rôle, et son territoire sera annexé à ceux des communes environnantes.

. . . . . . . . . . . . . . . . . . . . . . . . . . . . . . . . . . . . . . . . . . . . . .

DUPERRÉ.

(8 novembre 1875)

**CIRC. D. I.** *relative à la surveillance à exercer, en vue de prévenir tout mouvement insurrectionnel. — Responsabilité des chefs de canton.*

B. D. I., p. 101.

(7 mai 1878)

**CIRC. G.** *Dispositions en ce qui concerne l'asile donné aux rebelles.*

BAT. II., p. 595.
B. D. I., p. 84.

Vous voudrez bien porter à la connaissance de vos administrés que les villages qui donneraient asile à des rebelles ou qui s'abstiendraient de les dénoncer, seront punis d'une amende considérable, sans préjudice des poursuites qui seront exercées contre les maires, les notables et les habitants qui se seront personnellement compromis.

Je vous prie de donner à cet avis la plus grande publicité possible, au moyen de placards en caractères chinois et en quoc ngu que vous ferez apposer dans tous les villages de votre arrondissement.

J. LAFONT.

(1878)

**CIRC. M.** *Instructions en cas de troubles, d'après les lois et réglements, savoir :*
*I. Des réquisitions ; responsabilité des commandants de troupes.*
*II. Des attroupements.*
*III. Des sommations ; cas où l'on doit agir sans sommations.*
*IV. État de siège.*
*V. Principes et instructions pour l'emploi des troupes, en cas d'émeute.*
*VI. Des colonnes mobiles.*

(PUBLIÉE A PART)

(1) V. Armes et Munitions § 1.

(5 octobre 1882)

**RAPPORT M.** *précédant le décret du 5 octobre 1882, concernant la répression des attentats, complots, rébellions, troubles ou désordres graves.*

B. C., p. 509.

Une association occulte, originaire de la Chine, où elle joue un rôle des plus dangereux, a été introduite dans un de nos arrondissements de Cochinchine, d'où elle menaçait de s'étendre dans les autres provinces de la colonie. La présence de cette association, connue sous le nom de *Société du Ciel et de la Terre*, et qui paraît avoir pour but le vol et l'assassinat, est particulièrement redoutable dans un pays de conquête récente, où elle peut favoriser des complots et fomenter la rébellion contre notre autorité.

Or, le Gouverneur de la colonie ne dispose, contre ces affiliés, que de la loi du 3 décembre 1840, qui lui permet d'expulser les étrangers qui troublent la tranquillité publique, et du décret du 25 mai 1881, concernant la répression, par voie disciplinaire, des infractions spéciales aux Annamites non citoyens français et à ceux qui leur sont assimilés. Ce dernier acte lui permet de prononcer, en Conseil privé, l'internement des Asiatiques et Indigènes non citoyens français et le séquestre de leurs biens, et il limite, dans l'espèce, les pouvoirs des administrateurs, en dehors du ressort du tribunal de Saïgon, au maximum de 8 jours de prison et de 50 francs d'amende.

Ces pouvoirs, qui répondent aux circonstances ordinaires, me semblent insuffisants, en présence d'associations qui, ayant leur origine en pays étranger et qui, poursuivant un but subversif de tout ordre social, se sont en quelque sorte placées elles-mêmes en dehors du droit commun.

Je n'hésite donc pas à vous proposer, Monsieur le Président, d'armer le Gouverneur de la Cochinchine de moyens de répression en rapport avec la gravité du péril.

J'ai préparé, en conséquence, avec l'assentiment et sous le contre-seing de M. le Ministre de la justice, le projet de décret ci-joint, qui a pour objet d'autoriser le Chef de cette colonie, en Conseil privé, à imposer, en cas de désordres graves, aux villages sur le territoire desquels les faits délictueux se sont accomplis, et aux congrégations ou communautés dont les membres y ont participé, une contribution spéciale destinée à fournir à l'autorité les moyens de réprimer les désordres et d'en prévenir le retour.

J'ai la conscience que cet acte répond à une nécessité d'ordre public, et j'ai l'honneur de vous prier de vouloir bien le revêtir de votre signature.

JAURÉGUIBERRY.

(5 octobre 1882)

**DÉCRET** *concernant la répression des attentats, complots, rébellions, troubles ou désordres graves.*

(Promulg. A. G., 30 décembre 1882.)

B. C., p. 509.

Article premier. — Dans le cas d'attentats, complots, rébellions, troubles ou désordres graves, le Gouverneur peut, en Conseil privé, imposer aux villages sur le territoire desquels les faits délictueux se sont produits, et aux congrégations ou communautés dont les membres ont y participé, une contribution spéciale destinée à assurer à l'Administration les moyens de réprimer les désordres et d'en prévenir le retour.

JULES GRÉVY.

(16 avril 1883)

**A. G.** *imposant à neuf villages de l'arrondissement de Soctrang des contributions destinées à indemniser les victimes des troubles qui se sont produits dans les arrondissements de Soctrang et de Baclieu* (1).

J. C., p. 485.

(1) V. *infrà*, Dép. M., 28 juin 1883.

(28 juin 1883)

**DÉP. M.** *au sujet des pénalités infligées à la suite du mouvement insurrectionnel de Soctrang et de Baclieu ; — Approbation de l'arrêté local du 16 avril 1883.*

ARCH. GOUV.

La lettre que vous m'avez adressée, le 26 avril dernier, contient, sur les troubles dont les arrondissements de Soctrang et de Baclieu ont été le théâtre au mois de mars dernier, des indications qui justifient pleinement les pénalités prononcées à l'égard des villages qui ont facilité les agissements des fauteurs de ces troubles.

Je ne puis donc qu'approuver l'arrêté rendu par vous le 16 avril et qui, en consacrant la responsabilité des populations complices d'actes de révolte contre notre autorité, assure aux victimes où à leur famille une équitable réparation. Les mesures édictées par cet acte seront, je l'espère, d'un salutaire exemple pour l'avenir, et j'aime à penser que votre administration n'aura plus à y recourir. S'il en était autrement, je vous recommande de ne pas manquer de provoquer, ainsi que vous l'avez fait, l'approbation du Département.

CH. BRUN.

(16 juin 1885)

**O. C. SUP. TR.** *Mesures à prendre en cas de troubles ; — Instructions.*

ARCH. C. Sup. T.

## RECENSEMENTS

V. *Comptabilité du matériel et des vivres.*
*Service colonial et service marine.*
*Mobilier et matériel du service local.*

## RECEVEUR MUNICIPAL

V. *Communes.*
*Comptabilité des colonies.*
*Trésorerie.*

# RÉCIDIVISTES

| NATURE DES DOCUMENTS | DATES | RECUEILS A CONSULTER | | | | | | | | OBSERVATIONS |
|---|---|---|---|---|---|---|---|---|---|---|
| | | Bat. | B.C. | B.D.I. | J.C. | J.H. | B.M. | B.Col. | | |
| Loi. | 27 mai 1885. | | 441 | | 1397 | | | | | |
| Loi. | 14 août 1885. | | 445 | | | | | | | |
| Dép. M. | 1er octobre 1885. | | | | | | | | | |
| Dép. M. | 10 novembre 1885. | | | | | | | | | |
| Dép. M. | 11 novembre 1885. | | | | | | | | | |
| Décret. | 26 novembre 1885. | | | | 1886 -809 | | | | | |
| Dép. M. | 3 décembre 1885. | | | | | | | | | |
| Circ. M. | 2 avril 1886. | | | | | | | | | |
| Dép. M. | 26 mai 1886. | | | | | | | | | |
| Circ. M. | 18 mai 1887. | | | | | | | | 243 | |
| Dép. M. | 21 juin 1887. | | | | | | | | | |
| Décret | 22 août 1887. | | | | | | | | 573 | |
| Décret. | 25 novembre 1887. | | | | | | | | 963 | |
| Dép. M. | 22 mai 1888. | | | | | | | | | |
| Dép. M. | 5 octobre 1888. | | | | 1026 | | | | | |

(27 mai 1885)

**LOI**, *sur les récidivistes.*

(Promulg. A. G., 4 décembre 1885)
B. C., p. 441.
J. C., p. 1397.

Article 1er. — La relégation consistera dans l'internement perpétuel sur le territoire de, colonies où possessions françaises des condamnés que la présente loi a pour objet d'éloigner de France.

Seront déterminés, par décrets rendus en forme de règlement d'administration publique, les lieux dans lesquels pourra s'effectuer la relégation, les mesures d'ordre et de surveillance auxquelles les relégués pourront être soumis, par nécessité de sécurité publique, et les conditions dans lesquelles il sera pourvu à leur subsistance, avec obligation du travail, à défaut de moyens d'existence dûment constatés.

Art. 2. — La relégation ne sera prononcée que par les cours et tribunaux ordinaires comme conséquence des condamnations encourues devant eux, à l'exclusion de toutes juridictions spéciales et exceptionnelles.

Ces Cours et tribunaux pourront toutefois tenir compte des condamnations prononcées par les tribunaux militaires et maritimes, en dehors de l'état de siège ou de guerre, pour les crimes ou délit de droit commun spécifiés dans la présente loi.

Art. 3. — Les condamnations pour crimes ou délits politiques ou pour crimes ou délits qui leur sont connexes ne seront, en aucun cas, comptées pour la relégation.

Art. 4. — Seront relégués les récidivistes qui, dans quelque ordre que ce soit et dans un intervalle de dix ans, non compris la durée de toute peine subie, auront encouru les condamnations énumérées à l'un des paragraphes suivants :

1° Deux condamnations aux travaux forcés ou à la réclusion, sans qu'il soit dérogé aux dispositions des paragraphes 1 et 2 de l'article 6 de la loi du 30 mai 1854 ;

2° Une des condamnations énoncées au paragraphe précédent et deux condamnations, soit à l'emprisonnement pour faits qualifiés crimes, soit à plus de trois mois d'emprisonnement pour :

Vol ;

Escroquerie ;

Abus de confiance ;

Outrage public à la pudeur ;

Excitation habituelle des mineurs à la débauche ;

Vagabondage ou mendicité par application des articles 277 et 279 du Code pénal ;

3° Quatre condamnations, soit à l'emprisonnement, pour faits qualifiés crimes, soit à plus de trois mois d'emprisonnement pour les délits spécifiés au paragraphe 2 ci-dessus ;

4° Sept condamnations, dont deux au moins prévues par les deux paragraphes précédents, et les autres soit pour vagabondage, soit pour infraction à l'interdiction de résidence, signifiée par application de l'article 19 de la présente loi, à la condition que deux de ces deux autres condamnations soient à plus de trois mois d'emprisonnement.

Sont considérés comme gens sans aveu et seront punis des peines édictées contre le vagabondage, tous individus qui, soit qu'ils aient ou non un domicile certain, ne tirent habituellement leur subsistance que du fait de pratiquer ou faciliter sur la voix publique l'exercice de jeux illicites, ou la prostitution d'autrui sur la voie publique.

Art. 5. — Les condamnations qui auront fait l'objet de grâce, commutation ou réduction de peine seront néanmoins comptées en vue de la relégation. Ne le seront pas, celles qui auront été effacées par la réhabilitation.

Art. 6. — La relégation n'est pas applicable aux individus qui seront âgés de plus de soixante ans ou de moins de vingt-un ans à l'expiration de leur peine.

Toutefois, les condamnations encourues par le mineur de vingt-un ans compteront en vue de la relégation, s'il est, après avoir atteint cet âge, de nouveau condamné dans les conditions prévues par la présente loi.

Art. 7. — Les condamnés qui auront encouru la relégation resteront soumis à toutes les obligations qui pourraient leur incomber en vertu des lois sur le recrutement de l'armée.

Un règlement d'administration publique déterminera dans quelles conditions ils accompliront ces obligations.

Art. 8. — Celui qui aurait encouru la relégation, par application de l'article 3 de la présente loi, s'il n'avait pas dépassé soixante ans, sera, après l'expiration de sa peine, soumis à perpétuité à l'interdiction de séjour édictée par l'article 19 ci-après.

S'il est mineur de vingt-un ans, il sera, après l'expiration de sa peine, retenu dans une maison de correction jusqu'à sa majorité.

Art. 9. — Les condamnations encourues antérieurement à la promulgation de la présente loi, seront comptées en vue de la relégation, conformément aux précédentes dispositions. Néanmoins, tout individu qui aura encouru avant cette époque des condamnations pouvant entraîner dès maintenant la relégation, n'y sera soumis qu'en cas de condamnation nouvelle dans les conditions ci-dessus prescrites.

Art. 10 — Le jugement ou l'arrêt prononcera la relégation en même temps que la peine principale; il visera expressément les condamnations antérieures par suite desquelles elle sera applicable.

Art. 11. — Lorsqu'une poursuite devant un tribunal correctionnel sera de nature à entraîner l'application de la relégation, il ne pourra jamais être procédé dans les formes édictées par la loi du 20 mai 1863 sur les flagrants délits.

Un défenseur sera nommé d'office au prévenu, à peine de nullité.

Art. 12. — La relégation ne sera appliquée qu'à l'expiration de la dernière peine à subir par le condamné. Toutefois, faculté est laissée au Gouvernement de devancer cette époque pour opérer le transfèrement du relégué.

Il pourra également lui faire subir tout ou partie de la dernière peine dans un pénitencier.

Ces pénitenciers pourront servir de dépôt pour les libérés qui y seront maintenus jusqu'au plus prochain départ pour le lieu de relégation.

Art. 13. — Le relégué pourra momentanément sortir du territoire de relégation, en vertu d'une autorisation spéciale de l'autorité supérieure locale.

Le Ministre seul pourra donner cette autorisation pour plus de six mois ou la retirer.

Il pourra seul aussi autoriser, à titre exceptionnel et pour six mois au plus, le relégué à rentrer en France.

Art. 14. — Le relégué qui, à partir de l'expiration de sa peine, se sera rendu coupable d'évasion ou de tentative d'évasion, celui qui, sans autorisation, sera rentré en France ou aura quitté le territoire de relégation, celui qui aura outrepassé le temps fixé par l'autorisation, sera traduit devant le tribunal correctionnel du lieu de son arrestation ou devant celui du lieu de relégation et, après connaissance de son identité, sera puni d'un emprisonnement de deux ans au plus.

En cas de récidive, cette peine pourra être portée à cinq ans.

Elle sera subie sur le territoire des lieux de relégation.

Art. 15. — En cas de grâce, le condamné à la relégation ne pourra en être dispensé que par une disposition spéciale des lettres de grâce.

Cette dispense par voie de grâce pourra d'ailleurs intervenir après l'expiration de la peine principale.

Art. 16. — Le relégué pourra, à partir de la sixième année de sa libération, introduire devant le tribunal de la localité une demande tendant à se faire relever de la relégation, en justifiant de sa bonne conduite, des services rendus à la colonisation et de moyens d'existence.

Les formes et conditions de cette demande seront déterminées par le règlement d'administration publique prévu par l'article 18 ci-après.

Art. 17 — Le Gouvernement pourra accorder aux relégués l'exercice sur les territoires de relégation, de tout ou partie des droits civils dont ils auraient été privés par l'effet des condamnations encourues.

Art. 18. — Des règlements d'administration publique détermineront ;

Les conditions dans lesquelles les relégués accompliront les obligations militaires auxquelles ils pourraient être soumis par les lois sur le recrutement de l'armée ;

L'organisation des pénitenciers mentionnés en l'article 12 ;

Les conditions dans lesquelles le condamné pourra être dispensé provisoirement ou définitivement, de la relégation pour cause d'infirmité ou de maladie, les mesures d'aide et d'assistance, en faveur des relégués ou de leur famille, les conditions auxquelles des concessions de terrains provisoires ou définitives pourront leur être accordées, les avances à faire, s'il y a lieu, pour premier établissement, le mode de remboursement de ces avances, l'étendue des droits de l'époux survivant, des héritiers ou des tiers intéressés sur les terrains concédés et les facilités qui pourraient être données à la famille des relégués pour les rejoindre ;

Les conditions des engagements de travail à exiger des relégués ;

Le régime et la discipline des établissements ou chantiers où ceux qui n'auraient ni moyens d'existence ni engagement seront astreints au travail;

Et en général toutes les mesures nécessaires à assurer l'exécution de la présente loi.

Le premier règlement destiné à organiser l'application de la présente loi sera promulgué dans un délai de six mois au plus, à dater de sa promulgation.

Art. 19. — Est abrogée la loi du 9 juillet 1852, concernant l'interdiction, par voie administrative, du séjour du département de la Seine et des communes formant l'agglomération lyonnaise.

La peine de la surveillance de la haute police est supprimée. Elle est remplacée par la défense faite au condamné de paraître dans les lieux dont l'interdiction lui sera signifiée par le Gouvernement avant sa libération.

Toutes les autres obligations et formalités imposées par l'article 44 du Code pénal sont supprimées à partir de la promulgation de la présente loi, sans qu'il soit toutefois dérogé aux dispositions de l'article 635 du Code d'instruction criminelle.

Restent en conséquence applicables pour cette interdiction les dispositions antérieures qui réglaient l'application ou la durée, ainsi que la remise ou la suppression de la surveillance de la haute police et les peines encourues par les contrevenants, conformément à l'article 45 du Code pénal.

Dans les trois mois qui suivront la promulgation de la présente loi, le Gouvernement signifiera aux condamnés actuellement soumis à la surveillance de la haute police, les lieux dans lesquels il leur sera interdit de paraître, pendant le temps qui restait à courir de cette peine.

Art. 20. — La présente loi est applicable à l'Algérie et aux colonies.

En Algérie, par dérogation à l'article 2, les conseils de guerre prononceront la relégation contre les indigènes des territoires de commandement qui auront encouru, pour crimes ou délits de droit commun, les condamnations prévues par l'article 4 ci-dessus.

Art. 21. — La présente loi sera exécutoire, à partir de la promulgation du règlement d'administration publique mentionné au dernier paragraphe de l'article 18.

Art. 22. — Un rapport sur l'exécution de la présente loi sera présenté chaque année, par le Ministre compétent, à M. le Président de la République.

Art. 23. — Toutes dispositions antérieures sont abrogées en ce qu'elles ont de contraire à la présente loi.

(14 août 1885)

**LOI.** *sur les moyens de prévenir la récidive* (*libération conditionnelle, patronage, réhabilitation*).

(Promulg. A. G., 4 décembre 1885)
B. C., p. 445.

## TITRE PREMIER

### RÉGIME DISCIPLINAIRE DES ÉTABLISSEMENTS PÉNITENTIAIRES ET LIBÉRATION CONDITIONNELLE

Article premier. — Un régime disciplinaire, basé sur la constatation journalière de la conduite et du travail, sera institué dans les divers établissements pénitentiaires de France et d'Algérie, en vue de favoriser l'amendement des condamnés et de les préparer à la libération conditionnelle.

Art. 2. — Tous condamnés ayant à subir une ou plusieurs peines emportant privation de la liberté peuvent, après avoir accompli trois mois d'emprisonnement, si les peines sont inférieures à six mois, ou, dans le cas contraire, la moitié de leurs peines, être mis conditionnellement en liberté, s'ils ont satisfait aux dispositions réglementaires fixées en vertu de l'article premier.

Toutefois, s'il y a récidive légale, soit au terme des articles 56 à 58 du Code pénal, soit en vertu de la loi du 27 mai 1885, la durée de l'emprisonnement est portée à six mois, si les peines sont inférieures à neuf mois, et aux deux tiers de la peine, dans le cas contraire.

La mise en liberté peut être révoquée en cas d'inconduite habituelle et publique dûment constatée, ou d'infraction aux conditions spéciales exprimées dans le permis de libération.

Si la révocation n'est pas intervenue avant l'expiration de la durée de la peine, la libération est définitive.

Au cas où la peine qui aurait fait l'objet d'une décision de libération conditionnelle devrait être suivie de la relégation, il pourra être sursis à l'exécution de cette dernière mesure, et le condamné sera, en conséquence, laissé en France, sauf droit de révocation, ainsi qu'il est dit au présent article.

Le droit de révocation prendra fin, en ce cas, s'il n'en a été fait usage pendant les dix années qui auront suivi la date d'expiration de la peine principale.

Art. 3. — Les arrêtés de mise en liberté sous conditions et de révocation sont pris par le Ministre de l'Intérieur ;

S'il s'agit de la mise en liberté, après avis du préfet, du directeur de l'établissement ou de la circonscription pénitentiaire, de la commission de surveillance de la prison et du parquet près le tribunal ou la Cour qui a prononcé la condamnation ;

Et, s'il s'agit de la révocation, après avis du préfet et du procureur de la République de la résidence du libéré.

Art. 4. — L'arrestation du libéré conditionnel peut toutefois être provisoirement ordonnée par l'autorité administrative ou judiciaire du lieu où il se trouve, à la charge d'en donner immédiatement avis au Ministre de l'Intérieur.

Le Ministre prononce la révocation, s'il y a lieu.

L'effet de la révocation remonte au jour de l'arrestation.

Art. 5. — La réintégration a lieu pour toute la durée de la peine non subie au moment de la libération.

Si l'arrestation provisoire est maintenue, le temps de sa durée compte pour l'exécution de la peine.

Art. 6. — Un règlement d'administration publique déterminera la forme des permis de libération, les conditions auxquelles ils peuvent être soumis et le mode de surveillance spéciale des libérés conditionnels.

L'administration peut charger les sociétés ou institutions de patronage de veiller sur la conduite des libérés qu'elle désigne spécialement et dans les conditions qu'elle détermine.

## TITRE II

### PATRONAGE

Art. 7. — Les sociétés ou institutions agréées par l'administration pour le patronage des libérés reçoivent une subvention annuelle, en rapport avec le nombre de libérés réellement patronnés par elles, dans les limites du crédit spécial inscrit dans la loi de finances.

Art. 8. — Dans le cas du paragraphe 2 de l'article 6, l'administration alloue à la société ou institution de patronage une somme de 50 centimes par jour pour chaque libéré, pendant un temps égal à celui de la durée de la peine restant à courir, sans que cette allocation puisse dépasser 100 francs.

### DISPOSITION TRANSITOIRE

Art. 9. — Avant qu'il ait pu être pourvu à l'exécution des articles 1, 2 et 6, en ce qui touche la mise en pratique du régime d'amendement et le règlement d'administration publique à intervenir, la libération conditionnelle pourra être prononcée à l'égard des condamnés qui en auront été reconnus dignes, dans les cas prévus par la présente loi, trois mois au plus tôt après sa promulgation.

## TITRE III

### RÉHABILITATION

Art. 10. — Les articles 630, 631 et 632 du Code d'instruction criminelle sont supprimés.

Les articles 621, 623, 624, 628, 629, 633 et 634 du même Code sont modifiés ainsi qu'il suit :

Art. 621. — Le condamné à une peine afflictive ou infamante ne peut être admis à demander sa réhabilitation s'il n'a résidé dans le même arrondissement depuis cinq années, et pendant les deux dernières dans la même commune.

Le condamné à une peine correctionnelle ne peut être admis à demander la réhabilitation s'il n'a résidé dans le même arrondissement, depuis trois années, et pendant les deux dernières dans la même commune.

Les condamnés qui ont passé tout ou partie de ce temps sous les drapeaux, ceux que leur profession oblige à des déplacements inconciliables avec une résidence fixe, pourront être affranchis de cette condition s'ils justifient, les premiers, d'attestations suffisantes de leurs chefs militaires, les seconds, de certificats de leurs patrons ou chefs d'administration constatant leur bonne conduite.

Ces attestations et certificats sont délivrés dans les conditions de l'article 624.

Art. 623. — Il doit, sauf le cas de prescription, justifier du paiement des frais de justice, de l'amende et des dommages-intérêts, ou de la remise qui lui en a été faite.

A défaut de cette justification, il doit établir qu'il a subi le temps de contrainte par corps déterminé par la loi, ou que la partie lésée a renoncé à ce moyen d'exécution.

S'il est condamné pour banqueroute frauduleuse, il doit justifier du paiement passif de la faillite en capital, intérêts et frais, ou de la remise qui lui en a été faite.

Néanmoins, si le demandeur justifie qu'il est hors d'état de se libérer des frais de justice, la Cour peut accorder la réhabilitation même dans le cas où ces frais n'auraient pas été payés ou ne l'auraient été qu'en partie.

En cas de condamnation solidaire, la Cour fixe la part des frais de justice, des dommages-intérêts ou du passif qui doit être payée par le demandeur.

Si la partie lésée ne peut être retrouvée, ou si elle refuse de recevoir, il est fait dépôt de la somme due à la caisse des dépôts et consignations, dans la forme des articles 812 et suivants du Code de procédure civile ; si la partie ne se présente pas dans un délai de cinq ans pour se faire attribuer la somme consignée, cette somme est restituée au déposant, sur sa simple demande.

Art. 624. — Le procureur de la République provoque des attestations des maires des communes où le condamné a résidé, faisant connaître :

1° La durée de sa résidence dans chaque commune, avec indication du jour où elle a commencé et de celui où elle a fini ;

2° Sa conduite pendant la durée de son séjour ;

3° Ses moyens d'existence pendant le même temps.

Ces attestations doivent contenir la mention expresse qu'elles ont été rédigées pour servir à l'appréciation de la demande en réhabilitation.

Le procureur de la République prend, en outre, l'avis des juges de paix des cantons et celui des sous-préfets des arrondissements où le condamné a résidé.

Art. 628. — La Cour, le procureur général et la partie ou son conseil entendus, statue sur la demande.

Art. 629. — En cas de rejet, une nouvelle demande ne peut être formée avant l'expiration d'un délai de deux années.

Art. 633. — Si la réhabilitation est prononcée, un extrait de l'arrêt est adressé par le procureur général à la cour ou au tribunal qui a prononcé la condamnation, pour être transcrit en marge de la minute de l'arrêt ou du jugement. Mention en est faite au casier judiciaire. Les extraits délivrés aux parties ne doivent pas relever la condamnation.

La réhabilité peut se faire délivrer une expédition de la réhabilitation et un extrait du casier judiciaire, sans frais.

Art. 634. — La réhabilitation efface la condamnation et fait cesser pour l'avenir toutes les incapacités qui en résultaient.

Les interdictions prononcées par l'article 612 du Code de commerce sont maintenues, nonobstant la réhabilitation obtenue en vertu des dispositions qui précèdent.

Les individus qui sont en état de récidive légale, ceux qui, après avoir obtenu la réhabilitation, auront encouru une nouvelle condamnation, ne seront admis au bénéfice des dispositions qui précèdent qu'après un délai de dix années écoulées depuis leur libération.

Néanmoins, les récidivistes qui n'auront subi aucune peine afflictive ou infamante et les réhabilités qui n'auront encouru qu'une condamnation à une peine correctionnelle seront admis au bénéfice des dispositions qui précèdent, après un délai de six années écoulées depuis leur libération.

Art. 11. — La présente loi est applicable aux colonies, sous réserve des dispositions des lois ou règlements spéciaux relatifs à l'exécution de la peine des travaux forcés.

Art. 12. — Un rapport sur l'exécution de la présente loi, en ce qui touche la libération conditionnelle, sera présenté chaque année par le Ministre de l'Intérieur à M. le Président de la République.

(1er octobre 1885)

**DÉP. M.** *prescrivant la promulgation de la loi du 14 août 1885, sur les moyens de prévenir la récidive. (Libération conditionnelle, patronage, réhabilitation.)*

ARCH. GOUV.

Vous trouverez au *Journal officiel* du 15 août dernier la loi du 14 du même mois sur les moyens de prévenir la récidive (Libération conditionnelle, patronage, réhabilitation).

Aux termes de l'article 11, ladite loi est applicable aux colonies, sous la réserve des dispositions des lois ou règlements spéciaux relatifs à l'exécution de la peine des travaux forcés. Je vous invite, en conséquence, à promulguer cette loi dans la colonie.

Lorsque le règlement d'administration publique prévu en l'article 6 aura été rendu, je vous adresserai des instructions pour l'application de ces deux textes.

En attendant vous userez, le cas échéant, de la disposition transitoire de l'article 9 pour la libération conditionnelle des condamnés qui auront été reconnus dignes de cette faveur.

Je vous prie de m'accuser réception de la présente circulaire.

A. Rousseau.

(10 novembre 1885)

**DÉP. M.** *au sujet de l'application aux colonies de la loi du 27 mai 1885 sur la relégation des récidivistes ; — Instructions.*

ARCH. GOUV.

(11 novembre 1885)

**DÉP. M.** *prescrivant la promulgation de la loi du 27 mai 1885, sur les récidivistes.*

ARCH. GOUV.

Je vous prie de vouloir bien promulguer dans la colonie la loi du 27 mai dernier, sur les récidivistes, insérée au *Journal officiel* du 28 et qui se trouve reproduite dans le *Bulletin de la marine* (2e semestre 1885, page 277).

D'après son article 21, cette loi ne sera exécutoire qu'à partir de la promulgation du règlement d'administration publique qui devra intervenir dans le délai déterminé par le § dernier de l'article 18.

Mais, s'il en est ainsi, en ce qui concerne les dispositions qui font l'objet principal de la loi dont il s'agit, celles qui suppriment la surveillance de la haute police et lui substituent la défense faite au condamné de paraître dans les lieux dont l'interdiction lui sera signifiée entreront au contraire en vigueur après la promulgation de la loi selon les règles ordinaires.

Vous recevez des instructions spéciales sous le timbre de la 1re sous-direction, 2e bureau, en ce qui concerne l'application aux colonies de l'article 19.

Le premier règlement d'administration publique prévu dans le dernier § de l'article 18 est, en ce moment soumis à l'examen du Conseil d'État, il sera promulgué, en France avant le 28 novembre courant, limite extrême accordée par la loi. Dès que ce règlement aura été rendu je vous adresserai, sous le timbre de la présente communication, de nouvelles instructions pour son application aux colonies.

A. Rousseau.

(26 novembre 1885)

**DÉCRET** *portant règlement d'administration publique pour l'application de la loi du du 27 mai 1885 sur la relégation des récidivistes.*

(Promulg. A. G., 27 juillet 1886)
J. C., 1886, p. 809.

TITRE PREMIER

Article premier. — La relégation est individuelle ou collective.

Art. 2. — La relégation individuelle consiste dans l'internement, en telle colonie ou possession française déterminée, des relégués admis à y résider en état de liberté, à la charge de se conformer aux mesures d'ordre et de surveillance qui seront prescrites en exécution de l'article premier de la loi du 27 mai 1885. Ces relégués sont soumis dans la colonie au régime du droit commun et aux juridictions ordinaires.

Sont admis à la relégation individuelle, après examen de leur conduite, les relégables qui justifient de moyens honorables d'existence, notamment par l'exercice de professions ou de métiers, ceux qui sont reconnus aptes à recevoir des concessions de terre et ceux qui sont autorisés à contracter des engagements de travail ou de service pour le compte de l'État, des colonies ou des particuliers.

Art. 3. — La relégation collective consiste dans l'internement, sur un territoire déterminé, des relégués qui n'ont pas été, soit avant, soit après leur envoi hors de France, reconnus aptes à bénéficier de la relégation individuelle.

Ces relégués sont réunis dans des établissements où l'Administration pourvoit à leur subsistance, et ils sont astreints au travail.

Ils sont justiciables, pour la répression des crimes ou délits, d'une juridiction spéciale qui sera organisée par un règlement d'administration publique.

Art. 4. — La relégation individuelle sera subie dans les diverses colonies ou possessions françaises.

La relégation collective s'exécutera dans les territoires de la colonie de la Guyane et, si les besoins l'exigent, de la Nouvelle-Calédonie ou de ses dépendances, qui seront déterminés et délimités par décrets.

Des règlements d'administration publique pourront désigner ultérieurement d'autres lieux de relégation collective.

Il peut être envoyé temporairement, sur le territoire des diverses colonies, des troupes ou détachements de relégués à titre collectif, pour être employés sur les chantiers de travaux publics.

La désignation des colonies où seront envoyés ces relégués, des travaux en vue desquels aura lieu cet envoi, l'organisation des groupes et détachements par décrets rendus en Conseil d'État.

Art. 5. — Les mêmes établissements et les mêmes circonscriptions territoriales ne doivent, en aucun cas, être affectés concurremment à la relégation collective et à la transportation.

Art. 6. — Il est procédé pour l'admission au bénéfice de la relégation individuelle, de la manière suivante :

Le parquet près la Cour ou le tribunal ayant prononcé la relégation, le préfet du département où résidait le relégable avant sa dernière condamnation, le directeur soit de l'établissement, soit de la circonscription pénitentiaire où le relégable se trouvait détenu en dernier lieu, sont appelés à donner leur avis.

Des médecins désignés par le Ministre de l'intérieur examinent l'état de santé et les aptitudes physiques du relégable, et consignent leurs constatations et leur avis dans des rapports.

Le dossier est transmis à une commission spéciale, dite *Commission de classement*, sur les propositions de laquelle le Ministre de l'intérieur statue définitivement.

Art. 7. — La commission de classement est constituée par décret, sur le rapport du Ministre de l'intérieur, après entente avec ses collègues de la justice et de la marine et des colonies.

Elle est composée de sept membres :

Un conseiller d'État élu par les conseillers d'État en service ordinaire, *président ;*

Deux représentants de chacun des trois Départements de la justice, de l'intérieur de la marine et des colonies.

La commission élit son vice-président.

Un secrétaire désigné par le Ministre de l'intérieur est chargé de la rédaction des procès-verbaux et de la conservation des archives.

La commission ne peut délibérer que lorsque quatre de ses membres au moins sont présents.

Les délibérations sont prises à la majorité des voix ; en cas de partage, la voix du président est prépondérante.

Art. 8. — En ce qui concerne les condamnés dont la peine a été subie dans une colonie, il est statué définitivement, par décision du Ministre de la marine et des colonies, après avis du Gouverneur et du Conseil de santé, sur les propositions d'une commission de classement nommée par le Gouverneur. Cette commission est composée d'un magistrat, président, et deux membres chargés de représenter, l'un la direction de l'Intérieur, et l'autre le service pénitentiaire.

Art. 9. — Lorsqu'un relégué subissant la relégation collective se trouve dans les conditions énoncées dans l'article 2 du présent décret, il peut demander à être admis au bénéfice de la relégation individuelle. Cette demande est soumise à la procédure réglée par l'article 8 et transmise au Ministre de la marine et des colonies qui statue définitivement. Cette décision est portée à la connaissance du Ministre de la justice et du Ministre de l'Intérieur.

At. 10. — Le bénéfice de la relégation individuelle peut être retiré au relégué : 1° en cas de nouvelle condamnation pour crime ou délit ; 2° pour inconduite notoire ; 3° pour violation des mesures d'ordre et de surveillance auxquelles le relégué était soumis ; 4° pour rupture volontaire et non justifiée de son engagement ; 5° pour abandon de sa concession.

Le retrait est prononcé définitivement par le Ministre de la marine et des colonies, sur la proposition du Gouverneur, après avis de la commission instituée par l'article 8. Cette décision est portée à la connaissance du Ministre de la justice et du Ministre de l'Intérieur.

Art. 11. — Avant le départ des relégués, le Ministre de l'intérieur peut, en cas d'urgence et à titre provisoire, les dispenser de la relégation, pour cause de maladie ou d'infirmité, sur le rapport du directeur de l'établissement ou de la circonscription pénitentiaire et après avis des médecins chargés du service de santé. La dispense conférée à titre provisoire ne peut durer plus d'une année. Elle ne peut être renouvelée qu'après avis de la commission de classement instituée par l'article 7.

La dispense ne peut être accordée à titre définitif qu'après l'instruction spéciale prévue à l'article 6, et sur avis conforme de la commission de classement.

## TITRE II

### MESURES D'EXÉCUTION EN FRANCE

Art. 12. — Il est statué par le Ministre de l'intérieur, après avis du Ministre de la justice, sur la situation des relégables, avant qu'ils soient envoyés hors de France, notamment en ce qui concerne leur placement dans les pénitenciers spéciaux créés en vertu de l'article 12 de la loi du 27 mai 1885.

Art. 13. — Les individus condamnés à la relégation qui sont maintenus, pendant tout ou partie de la durée des peines à subir avant leur envoi hors de France, dans les divers établissements pénitentiaires normalement destinés à l'exécution de ces peines, doivent être séparés des détenus non soumis à la relégation.

Art. 14. — Les mesures d'ordre à prescrire dans les divers établissements pénitentiaires ordinaires, pour préparer les condamnés à la relégation sont déterminées par décisions ministérielles.

Art. 15. — Les relégables qui subissent tout ou partie de leur peine dans les pénitenciers spéciaux créés en vertu de l'article 12 de la loi du 27 mai 1885, y sont préparés à la vie coloniale. Ils sont soumis au travail dans des ateliers ou chantiers organisés autant que possible en vue d'un apprentissage industriel ou agricole.

Ils peuvent y être répartis en groupes et en détachements d'ouvriers ou de pionniers pour l'emploi éventuel de leur main-d'œuvre aux colonies.

Aucun contact ne doit exister entre les relégables et la population libre.

Le temps de séjour dans les pénitenciers spéciaux est compté pour l'accomplissement des peines à subir avant l'envoi en relégation.

Art. 16. — La création et l'installation de chacun de ces établissements, l'affectation des emplacements, des bâtiments, des domaines et terrains nécessaires sont ordonnées par décrets, après avis du Conseil supérieur des prisons.

Les pénitenciers spéciaux relèvent de l'administration pénitentiaire métropolitaine, sont placés sous l'autorité du Ministre de l'Intérieur et soumis aux mêmes conditions générales de gestion et de contrôle que les autres établissements pénitentiaires.

Art. 17. — La répartition et le classement des relégables dans les pénitenciers sont effectués d'après leur conduite, leurs antécédents, leurs aptitudes et leur destination éventuelle.

Il sera tenu compte, dans le règlement intérieur, des différences de traitement qu'implique la nature même de la peine restant à subir aux condamnés, avant la relégation, sans qu'il y ait à séparer nécessairement ceux qui, par la dernière condamnation encourue, appartiennent à des catégories pénales différentes.

Toutefois les relégables qui subissent dans les pénitenciers spéciaux la peine des travaux forcés, ne peuvent être mis en commun, pendant la durée de cette peine, avec les relégables appartenant à d'autres catégories pénales.

Art. 18. — Les relégables ayant accompli la durée des peines à subir, avant la relégation, peuvent être maintenus en dépôt dans les établissements pénitentiaires ordinaires ou dans les pénitenciers spéciaux jusqu'à leur départ pour les lieux de relégation, notamment pendant l'instruction sur les causes de dispenses accordées à titre provisoire.

Art. 19. — Les relégables maintenus en dépôts sont astreints aux conditions de discipline et de travail arrêtées pour chaque établissement, mais avec les différences de régime que comporte leur situation comparée à celle des condamnés relégables en cours de peine.

Il est tenu compte à chacun des relégables maintenus en dépôt de la valeur du produit de son travail, déduction faite d'une part à retenir, à titre de compensation, pour les dépenses occasionnées par lui dans l'établissement, notamment pour son entretien, et sous réserve des prescriptions réglementaires concernant le mode d'emploi du pécule ainsi que la disposition de l'avoir.

La retenue ne peut dépasser le tiers du produit.

Art. 20. — Il sera organisé, comme pénitenciers spéciaux de relégation pour les femmes, des établissements ou quartiers distincts, dans lesquels la discipline, le régime et les travaux seront appropriés à leur situation d'après les règles générales édictées au présent décret.

Art 21. — Les décrets et arrêtés réglementaires nécessaires à l'exécution des articles 14, 15, 19 et 20 ne seront rendus qu'après avis du Conseil supérieur des prisons.

Art. 22. — Le transfèrement des relégables aux colonies avant l'expiration des peines à subir en France, conformément à l'article 12 de la loi du 27 mai 1885, est autorisé par le Ministre de l'Intérieur, après avis du Ministre de la justice et du Ministre de la marine et des colonies.

Art. 23. — Dans tous les cas où il y a lieu d'effectuer le transfèrement des relégables hors de France, les décisions dont ils ont été l'objet sont transmises au Ministre de la marine et des colonies.

Celui-ci, après avis du Ministre de l'Intérieur et de la commission de classement instituée par l'article 7, désigne soit le territoire où doit être envoyé chaque condamné soumis à la relégation collective, soit la colonie ou la possession française où sera interné le condamné admis au bénéfice de la relégation individuelle.

Art. 24. — Les décisions du Ministre de la marine et des colonies et du Ministre de l'Intérieur sont notifiées aux condamnés. Ceux qui sont admis à la relégation individuelle reçoivent, en outre, notification des mesures d'ordre et de surveillance qui feront l'objet d'un règlement ultérieur, conformément à l'article premier de la loi du 27 mai 1885.

Art. 25. — Les opérations et les époques d'embarquement des relégables sont arrêtées de concert entre les ministres chargés de l'exécution de la loi.

Art. 26. — Le Ministre de la marine et des colonies fournit tous les six mois au Ministre de l'Intérieur, pour chacune des colonies ou possessions françaises, des renseignements et documents permettant d'établir les offres et les besoins de travail qui se produisent, ainsi que le nombre et les catégories des relégables qui peuvent trouver emploi dans les services, ateliers, exploitations ou chantiers, soit publics, soit particuliers.

## TITRE III

### MESURES D'EXÉCUTION AUX COLONIES

Art. 27. — Après leur embarquement et jusqu'à leur arrivée aux lieux de relégation, les relégables sont maintenus en état de dépôt. Ils sont, en outre, soumis aux conditions d'ordre et aux règles disciplinaires déterminées par le Ministre de la marine et des colonies.

Lorsque l'envoi hors de France précède l'expiration des peines, la durée du transfèrement est comptée pour l'accomplissement de ces peines.

Art. 28. — A leur arrivée ou durant leur séjour dans la colonie, les femmes envoyées en relégation individuelle peuvent, soit sur leur demande, soit d'office, lorsque des moyens honorables d'existence leur font défaut, être placées dans des maisons d'assistance et de travail où il est pourvu à leurs besoins.

Elles peuvent y être maintenues jusqu'à ce qu'elles aient trouvé à s'engager ou à s'établir dans des conditions suffisantes de bon ordre et de moralité.

Art. 29. — Un arrêté du gouverneur, approuvé par le Ministre de la marine et des colonies, déterminera les facilités à donner aux femmes reléguées pour se procurer du travail et des moyens d'établissement dans la colonie.

Un règlement d'administration publique fixera les avantages particuliers qui pourront leur être accordés en argent ou en concessions de terre, en avances de premier établissement, en dons ou prêts d'outils, d'instruments et de tous objets nécessaires à une exploitation commerciale, industrielle ou agricole. Ces divers avantages pourront être consentis, tant au profit des conjoints et des enfants à naître qu'au profit des femmes reléguées.

Art. 30. — Les femmes qui ont été envoyées en relégation collective peuvent obtenir les facilités et avantages ci-dessus, lorsqu'elles justifient d'une bonne conduite et d'aptitudes suffisantes.

Art. 31. — Il sera organisé, sur les territoires affectés à la relégation collective, des dépôts d'arrivée et de préparation où seront reçus et provisoirement maintenus les relégués à titre collectif.

Ces dépôts pourront comprendre des ateliers, chantiers et exploitations où seront placés les relégués, pour une période d'épreuve et d'instruction.

Les relégués y seront formés, soit à la culture, soit à l'exercice d'un métier ou d'une profession, en vue des engagements de travail ou de service à contracter et des concessions de terres à obtenir, selon leurs aptitudes et leur conduite.

Art. 32. — Les relégués qui n'ont pas été admis à la relégation individuelle, soit avant leur départ de France, soit pendant leur séjour dans les dépôts de préparation, sont envoyés dans des établissements de travail.

Ces établissements peuvent consister en ateliers, chantiers de travaux publics, exploitations forestières, agricoles ou minières.

Les relégués sont répartis entre ces établissements, d'après leurs aptitudes, leurs connaissances, leur âge et leur état de santé.

L'Administration peut toujours les admettre, sur leur demande, à revenir dans les dépôts de préparation, pour une nouvelle période d'épreuve et d'instruction.

Art. 33. — Sur autorisation du gouverneur et sous les conditions fixées par lui dans des règlements transmis immédiatement au Ministre de la marine et des colonies, et communiqués aux Ministres de la justice et de l'Intérieur, des établissements, exploitations et domaines particuliers peuvent être assimilés aux établissements publics que mentionne le précédent article pour fournir du travail et des moyens de subsistance aux condamnés soumis à la relégation collective.

Il peut, en conséquence, être envoyé et maintenu dans ces établissements privés des groupes ou détachements de relégués qui demeurent placés sous la surveillance des agents de l'État, et qui sont soumis au même régime et aux mêmes règles disciplinaires que dans les établissements publics de travail.

Art. 34. — Les relégués qui, sans avoir perdu le bénéfice de la relégation individuelle, en vertu de l'article 10 du présent décret, se trouvent dans l'impossibilité de pourvoir à leur subsistance, peuvent, sur leur demande, être temporairement employés par les soins de l'Administration dans des exploitations, ateliers ou chantiers.

Art. 35. Les relégués qui sont employés dans un des établissements affectés à la relégation collective sont rémunérés en raison de leur travail, sous réserve d'une retenue à opérer pour la dépense occasionnée par chacun d'eux, notamment pour les frais d'entretien. Cette retenue ne peut excéder le tiers du produit de la rémunération.

Art 36. — Les relégués placés dans un de ces établissements peuvent recevoir du dehors des offres d'occupation et d'emploi, et justifier d'engagements de travail ou de service pour être autorisés à quitter l'établissement.

Ils peuvent, de même, être admis à bénéficier de concessions de terre, à raison de leur conduite et de leurs aptitudes.

Les autorisations d'engagement et les concessions n'entraînent pas de plein droit l'admission au bénéfice de la relégation individuelle, qui doit être demandée et obtenue, conformément à l'article 9 du présent décret.

Art. 37. — Les peines de la réclusion et de l'emprisonnement prononcées contre les relégués pour crimes et délits, par quelque juridiction que ce soit, doivent être subies sans délai, à défaut de prisons proprement dites, dans des locaux fermés, spécialement destinés à cet effet, sans réunion ou contact des condamnés, ni avec la population libre, ni avec les relégués non condamnés.

Art. 38. — Les châtiments corporels sont et demeurent interdits à l'égard des relégués.

Art. 39. — Les commissions de classement, instituées par les articles 7 et 8 du présent décret, sont appelées à donner leur avis avant qu'il soit statué sur la situation des relégués et sur les mesures qui les concernent, spécialement aux cas prévus par les articles 31 et 36.

Le conseil de santé de la colonie est consulté sur toutes les questions intéressant le régime et l'hygiène des relégués.

Art. 40. — Les relégués ont toujours le droit d'adresser leurs demandes et réclamations, par plis fermés, soit aux autorités administratives ou judiciaires de la colonie où ils sont internés, soit aux Ministres de la marine et des colonies et de la justice.

Ces demandes et réclamations doivent être transmises indirectement et sans retard à destination par les soins des fonctionnaires et agents chargés des services de la rélégation.

Jules Grévy

(3 décembre 1885)

**DÉP. M.** *Abrogation des dispositions légales sur la surveillance de la haute police (Loi du 27 mai 1885, art. 19).*

ARCH. GOUV.

Par dépêche du 9 novembre dernier, je vous ai invité à promulguer dans la colonie la loi du 27 mai 1885 sur les récidivistes.

Aux termes de l'article 19 de cette loi, la peine de la surveillance de la haute police est supprimée et remplacée par la défense faite au condamné de paraître dans les lieux dont l'interdiction lui sera signifiée par le Gouvernement.

D'accord avec MM. les Ministres de la Justice et de l'Intérieur, j'estime qu'en raison de l'éloignement de nos colonies le pouvoir accordé au Gouverneur par l'article 19 précité et exercé dans la métropole par M. le Ministre de l'Intérieur doit être attribué aux gouverneurs et commandants de colonies.

Vous recevrez ultérieurement notification du décret qui interviendra à cet égard.

Je dois vous faire remarquer que d'après les instructions adressées aux préfets par le M. le Ministre de l'Intérieur les localités à interdire aux condamnés se divisent en deux catégories, la première comprenant celles qui doivent être interdites à titre général, la seconde celles qui ne peuvent l'être qu'à titre particulier, soit en raison de la nature du crime, soit en raison de l'origine du condamné.

La même classification devant être faite pour nos possessions d'outre-mer, je vous prie de me faire parvenir le plus tôt possible la liste des localités de la colonie qui, d'une manière générale, doivent être interdites à tous les condamnés soumis à la loi du 27 mai 1885.

Des instructions qui vous seront adressées, en même temps que le décret destiné à vous déléguer les pouvoirs du gouvernement, vous feront connaître la procédure à suivre pour la signification des arrêts d'interdiction.

Galiber.

(2 avril 1886

**CIRC. M.** *portant instructions au sujet de la loi du 27 mai 1885.*

ARCH. GOUV.

(26 mai 1886)

**DÉP. M.** *prescrivant la promulgation du décret d'administration publique en date du 26 novembre 1885 rendant exécutoire la loi du 27 mai 1885.*

ARCH. GOUV.

(18 mai 1887)

**CIRC. M.** *Instruction sur l'application aux colonies de la loi du 14 août 1886 sur la libération conditionnelle.*

B. COL, p. 243.

L'article 6 de la loi du 14 août 1885, concernant les moyens de prévenir la récidive, dispose qu'un règlement d'administration publique déterminera la forme des permis de libération, les conditions auxquelles ils peuvent être soumis, ainsi que le mode de surveillance spéciale des condamnés qui auront bénéficié de cette mesure.

Le Département de l'Intérieur s'occupe de l'élaboration de ce règlement; mais, en attendant que cet acte ait été promulgué, il est nécessaire de déterminer, dès maintenant, la procédure qu'il convient de suivre pour l'application aux colonies des dispositions de la loi susvisée.

En conséquence, afin d'assurer d'une manière uniforme dans nos possessions d'outre-mer l'exécution des dispositions législatives sur la libération conditionnelle, j'ai pensé qu'il y avait lieu de se conformer purement et simplement, jusqu'à nouvel ordre, à la ligne de conduite adoptée, en l'espèce, par l'administration métropolitaine.

J'ai donc demandé à M. le Ministre de l'Intérieur de vouloir bien me communiquer les textes des principaux arrêtés et circulaires en vertu desquels a été organisée provisoirement la procédure de la libération conditionnelle et je vous adresse, ci-joint, un exemplaire de chacun de ces documents.

Jusqu'à la mise en vigueur du règlement d'administration publique prévu par la loi du 14 août 1885, vous devrez vous borner à appliquer la libération conditionnelle dans la même forme et suivant les mêmes principes que dans la métropole.

Il demeure bien entendu, toutefois, que, dans le cas où quelques-unes des dispositions contenues dans les formules qui accompagnent la présente circulaire vous sembleraient impossibles à appliquer, en raison de notre organisation coloniale, je vous autorise à les modifier dans le sens qui vous semblerait le plus conforme aux besoins de la situation, sous réserve d'en informer le Département.

Ainsi, en vertu de l'article 3 de la loi du 14 août 1885, les arrêtés de mise en liberté, sous condition et de révocation, sont pris par le Ministre de l'Intérieur. En vertu de ces dispositions, toutes les propositions de libération conditionnelle devraient être soumises à mon approbation préalable. Mais, en raison des distances, il me paraît conforme au vœu de la loi de vous déléguer le pouvoir de signer les arrêtés de mise en liberté et de révocation, sauf à m'en rendre compte immédiatement. Vous aurez soin, toutefois, de viser dans vos arrêtés, en même temps que la loi du 14 août 1885, la présente dépêche. Je compte sur votre concours éclairé pour assurer, dans les meilleures conditions possibles, la mise en vigueur des dispositions de la loi concernant la libération conditionnelle dont l'exécution vous incombe directement aux colonies et pour éviter toutes les difficultés qui seraient de nature à en neutraliser les effets.

Vous devez me faire parvenir, dans le 1er trimestre qui suivra l'année écoulée, tous les renseignements qui me sont indispensables pour la préparation du rapport qui doit être présenté chaque année à M. le Président de la République, conformément aux prescriptions de l'article 12 de la loi du 14 août 1885, relativement à l'application de la libération conditionnelle.

Tous les documents statistiques qui peuvent être nécessaires au Département pour apprécier les conditions dans lesquelles la loi doit être appliquée aux Colonies devront être accompagnés d'un rapport de M. le Directeur de l'Intérieur faisant connaître les résultats obtenus, au point de vue de la moralisation des condamnés.

A. DE LA PORTE.

(21 juin 1887)

**DÉP. M.** *Instructions concernant l'application du décret du 26 novembre 1885.*

ARCH. GOUV.

En vertu du § 2 de l'article 4 du décret du 26 novembre 1885 portant règlement d'administration publique pour l'application de la loi du 27 mai précédent sur les récidivistes, la relégation collective doit s'exécuter dans les territoires de la Guyane et, si les besoins l'exigent, de la Nouvelle-Calédonie ou de ses dépendances qui seront déterminées et délimitées par décrets.

Conformément à cette disposition un décret en date du 20 août 1886 a désigné l'île des Pins (Nouvelle-Calédonie) pour recevoir des individus de cette catégorie et un décret du 24 mars 1887 a fixé les limites respectives des territoires de la transportation et de la relégation à la Guyane.

Enfin deux convois de relégués ont été dirigés en novembre 1886 et en mai 1887 sur l'île des Pins et un premier convoi de 300 récidivistes est actuellement en cours de voyage à destination du Maroni (Guyane Française).

Le moment est donc venu de prendre les dispositions nécessaires pour que les récidivistes condamnés à la relégation par les cours et tribunaux de nos possessions d'outre-mer puissent être dirigés, à l'expiration de leur peine, sur l'une ou l'autre de nos colonies pénitentiaires et j'ai l'honneur de vous adresser, ci-après, les instructions que comporte l'application du décret du 26 novembre 1885 aux colonies.

Lorsqu'un récidiviste a encouru la peine de la relégation, il doit d'abord subir, conformément à l'article 12 de la loi du 27 mai, la peine principale des travaux forcés, de la réclusion ou de l'emprisonnement, sans qu'il soit dérogé cependant aux dispositions de la loi du 30 mai 1854 sur l'exécution des travaux forcés, ni du décret du 20 août 1853 concernant la transportation à la Guyane des individus d'origine africaine et asiatique condamnés à la réclusion par les tribunaux de la Guyane, de la Martinique, de la Guadeloupe, de la Réunion et du Sénégal.

Toutefois, en vertu dudit article 12, faculté est laissée au gouvernement de devancer l'époque de la libération pour opérer le transfèrement du relégué. Mais, d'après la jurisprudence admise en France, cette disposition doit être entendue en ce sens que le transfèrement ne peut être effectué que si la dernière peine à subir expire pendant la traversée.

Aussitôt que le récidiviste a été condamné à la relégation, la direction de l'Intérieur doit faire établir, d'après le modèle ci-joint, la notice individuelle du condamné qui sera complétée par l'adjonction d'un extrait de l'arrêt ou jugement prononçant la relégation. Ce document indiquera le nombre et la nature des condamnations antérieures.

Dès que le dossier aura été établi et que les constatations médicales, ainsi que les avis du parquet, du directeur de la prison où est détenu le relégable, et du Directeur de l'Intérieur, auront été portés sur la pièce nº 2, il sera transmi à la commission de classement que vous aurez instituer dans la colonie conformément à l'article 8 du décret du 26 novembre 1885.

Cette commission aura à émettre un avis sur les différentes questions posées dans la pièce nº 3.

Vous trouverez d'ailleurs, ci joint, deux circulaires du Ministre de l'Intérieur, adressées l'une aux préfets et l'autre aux directeurs des établissements et circonscriptions pénitentiaires de la Métropole, qui indiquent d'une manière précise et détaillée le mode de procéder pour la constitution des dossiers individuels des condamnés.

Je crois devoir appeler plus particulièrement votre attention sur les questions relatives à la libération conditionnelle à l'admission au bénéfice de la relégation individuelle et à la désignation des relégués collectifs pour faire partie des groupes et détachements prévus par § 4 de l'article 4 du décret du 26 novembre.

En ce qui touche la libération conditionnelle elle n'est pas applicable à la peine de la relégation. Elle ne peut être accordée, dans les conditions de l'article 2 de la loi du 14 août 1885, que pendant le cours de la peine principale. Dans ce cas, conformément au § 5 dudit article 2, il sera sursis à l'exécution de la relégation, et le condamné sera relevé de cette mesure si la libération conditionnelle n'a pas été révoquée dans l'espace de 10 ans à compter de la date d'expiration de la peine principale (§ 6.)

Quant à la relégation individuelle elle est définie dans l'article 2 du décret du 26 novembre 1885, et les motifs pour lesquels elle peut être accordée sont indiquées dans le § 2 de cet article. Il est donc évident que les récidivistes ne doivent bénéficier de cette faveur que s'ils justifient de moyens suffisants d'existence et si leur conduite en prison peut faire espérer qu'ils sont susceptibles d'amendement. Le nombre des individus qui se trouvent immédiatement dans ces conditions sera nécessairement très restreints. En France il ne dépasse pas 1 p. 0/0.

Enfin la désignation des relégués collectifs qui doivent être compris dans les groupes et détachements prévus par le § 4 de l'article 4 du décret du 26 novembre appartient également à la Commission. Les hommes appelés à faire partie de ces *sections volantes* doivent être choisis parmi les relégués jeunes, vigoureux et actifs qui n'ont pas encore perdu complétement l'habitude du travail et qui manifestent le désir de racheter leur passé. Ces individus, organisés à peu près comme les disciplinaires coloniaux, exécuteront, pour le compte de l'Etat et des colonies, des travaux d'utilité publique et pourront être mis à la disposition des particuliers en vue d'exploitations forestières, agricoles ou industrielles. La situation de ces hommes sera plus favorable que celle des relégués collectifs internés sur les lieux de relégation proprement dits; ils acquerront plus facilement, s'ils se conduisent bien des droits à la bienveillance de l'administration et pourront devenir, dans l'avenir, les pionniers de la civilisation dans nos possessions françaises.

En cas de maladie ou d'infirmités graves, les relégables peuvent être proposés par la Commission soit pour la dispense provisoire de la relégation. (Article 11, § 1er du décret du 26 novembre1885), soit pour la dispense définitive (article 11, § 2). En cas de dispense définitive, le récidiviste devra rester interné dans l'un des établissements pénitentiaires de la colonie jusqu'au jour où une disposition législative aura réglé la situation de ces individus.

Lorsque la commission aura statué, vous me transmettrez immédiatement, avec votre avis, le dossier du relégable et je vous ferai connaître, dans le plus bref délai, si vos conclusions sont admises et quelles sont les mesures à prendre en vue du transfèrement du récidiviste sur les lieux d'internement.

Je vous transmets, ci-joint, pour l'exécution de ces instructions:

1° Un dossier individuel de relégué tel qu'il est instruit en France, afin de servir de guide à l'administration locale.

2° Un certain nombre de dossiers en blanc pour les individus condamnés dans la colonie.

3° Plusieurs exemplaires du décret du 26 novembre 1885.

Vous voudrez bien me faire connaître le nombre de notices individuelles qui vous sera annuellement nécessaire pour l'établissement des dossiers de relégués.

Je vous prie, en outre, de m'adresser un état nominatif indiquant, 1° le nom, 2° l'âge, 3° la profession, 4° la date de la dernière condamnation, 5° la durée de la peine des individus condamnés dans la colonie depuis la promulgation du décret du 26 novembre 1885 jusqu'à ce jour. Un état semblable sera envoyé trimestriellement au Département, sous le timbre de la présente dépêche, en vue de la préparation du rapport que je dois adresser au Président de la République, conformément à l'article 22 de la loi du 27 mai 1885.

ÉTIENNE.

(22 août 1887)

**DÉCRET** *portant organisation du régime disciplinaire des relégués collectifs aux colonies : — Des punitions disciplinaires ; — de la commission disciplinaire ; — du quartier de punition ; — dispositions générales.*

B. COL., p. 573.

(25 novembre 1887)

**DÉCRET** *portant organisation de la relégation individuelle aux colonies.*

B. COL., p. 963.

(22 mai 1888)

**DÉP. M.** *Rappel d'une circulaire en date du 18 mai 1887 portant instructions au sujet de l'application aux colonies de la loi du 14 août 1885 sur les moyens de prévenir la récidive.*

ARCH. GOUV.

Une circulaire du Département en date du 18 mai 1887, n° 86, vous a adressé des instructions au sujet de l'application aux colonies de la loi du 14 août 1885, sur les moyens de prévenir la récidive.

Je vous demandais en même temps de me faire parvenir tous les renseignements et documents statistiques concernant le fonctionnement de cette loi, ainsi qu'un rapport de M. le Directeur de l'Intérieur faisant connaître les résultats obtenus au point de vue de la moralisation des condamnés.

Aucune réponse à la communication précitée n'ayant été faite jusqu'ici par la plupart des colonies, je vous invite à prendre des mesures pour que les indications dont il s'agit me soient adressées d'urgence.

J'ajouterai que la loi du 14 août 1885 se composant de trois titres relatifs à libération conditionnelle, au patronage des libérés et à la réhabilitation, il conviendra de joindre aux documents auxquels j'ai fait allusion ci-dessus des renseignements sommaires sur l'application des diverses dispositions légales que je viens de rappeler.

A. DE LA PORTE.

(5 octobre 1888)

**DÉP. M.** *Envoi d'une circulaire au Garde des sceaux en date du 4 juin 1888, sur la relégation. — Annexe.*

J. C., p. 1026.

J'ai l'honneur de vous transmettre ci-joint quatorze exemplaires d'une circulaire adressée par

M. le Garde des sceaux, Ministre de la justice, aux Procureurs généraux de la Métropole, au sujet de l'application de la loi du 27 mai 1885 sur la relégation.

Cette loi étant applicable dans les colonies, j'ai pensé qu'il serait utile de déposer dans les parquets et les greffes des tribunaux coloniaux un exemplaire de cette circulaire, à laquelle les magistrats devront se conformer.

A. DE LA PORTE.

## ANNEXE

(4 juin 1888)

Monsieur le Procureur général, la Commission de classement des récidivistes est obligée, pour émettre son avis sur le mode de relégation à appliquer, de porter son attention sur les antécédents judiciaires de chaque condamné. Cet examen lui a donné lieu de constater que, dans un grand nombre de cas, la peine accessoire édictée par la loi du 27 mai 1885 n'avait pas été prononcée contre des individus qui se trouvaient pourtant dans les cas prévus par l'article 4 de cette loi. Depuis le mois de novembre dernier, elle m'a signalé 87 récidivistes qui auraient dû être condamnés à la relégation antérieurement aux poursuites qui ont définitivement entraîné cette peine ; c'est, par rapport au nombre des dossiers étudiés par la Commission pendant les six derniers mois, une proportion de 13 p. 100, près du huitième. Il est permis d'en induire que, sur l'ensemble des récidivistes condamnés par les cours d'assises et les tribunaux correctionnels, le nombre de ceux qui ont ainsi échappé à la relégation doit être assez élevé ; le dépouillement des comptes d'assises et des états des récidives confirme, en effet, cette appréciation.

La loi du 27 mai 1885 est une loi de préservation sociale, et tout ce qui se rattache à son exécution doit appeler la sollicitude des pouvoirs publics. J'ai donc demandé des explications aux membres des parquets qui avaient été appelés à requérir dans les affaires communiquées à la Chancellerie par la Commission, et il en est résulté que l'abstention des cours et tribunaux s'expliquait tantôt par une fausse interprétation de la loi, tantôt par l'inexactitude des renseignements relatifs aux condamnations antérieures des accusés ou prévenus. Sur le premier point, les nombreux arrêts rendus par la Cour de cassation en 1886 et en 1887 ont maintenant fixé la jurisprudence, et les erreurs de droit deviendront de jour en jour plus rares. Mais, sur le second point, il me paraît nécessaire, pour éviter le retour d'irrégularités regrettables, de rappeler à vos substituts et aux greffiers les instructions dont l'inobservation a eu pour conséquence de soustraire des coupables à une peine qu'ils avaient encourue et de leur faciliter la perpétration de nouveaux méfaits.

Ainsi, les bulletins n° 1 doivent être *le plus promptement possible* adressés au Procureur général, visés par ce magistrat et transmis par lui au parquet du tribunal de l'arrondissement d'origine des condamnés, afin qu'ils soient immédiatement classés dans les casiers judiciaires (1). Des récidivistes ont bénéficié de l'absence au bulletin n° 2 de condamnations récemment prononcées contre eux.

Il doit être répondu dans les 48 heures à toute demande d'extrait du casier judiciaire (2). Dans le cas où, pour ne pas prolonger la détention préventive, le Procureur de la République exprime le désir qu'on lui fasse connaître par voie télégraphique si l'individu qu'il poursuit est ou non relégable, la réponse doit être conçue de façon à ne laisser aucun doute sur la situation pénale de l'inculpé. Des télégrammes insuffisants ont quelquefois autorisé les magistrats, malgré la prohibition inscrite dans l'article 11 de la loi de 1885, à user de la procédure des flagrants délits à l'égard de récidivistes susceptibles d'être relégués ; de là appel à minima, annulation du jugement par la Cour et des frais qui, souvent, restent à la charge de l'État.

Les mentions des bulletins n° 2, relatives aux condamnations par défaut, doivent être précises ; l'indication que la peine a été ou non subie est essentielle pour assurer l'exactitude du calcul de la période décennale. Et lorsqu'un jugement par défaut a été remplacé par un jugement contradictoire qui acquitte le prévenu ou le condamne de nouveau, si le bulletin n° 1 du premier jugement n'a pas été éliminé en temps utile, il faut, au moins, le retirer au moment de la rédaction du bulletin n° 2 et, surtout, ne pas relever sur celui-ci la condamnation par défaut, sinon, on s'expose à faire prolonger, souvent de plusieurs années, la période qui doit comprendre les condamnations exigées par l'article 4 de la loi du 27 mai 1885.

De même pour les condamnations effacées par des amnisties et dont les bulletins n° 1 sont restés dans les casiers judiciaires, nonobstant les prescriptions formelles et réitérées de la Chancellerie. Elles ne doivent pas être relevées sur les bulletins n° 2, parce que la durée des peines subies en vertu de ces condamnations entrerait dans le calcul de la période décennale et pourrait faire pro-

(1) Circulaires du 6 novembre 1850, § 3, n° 7 ; du 30 août 1855 ; du 1er juillet 1856, § 16 ; du 30 décembre 1873, § 5, du 8 décembre 1875, § 7 ; du 30 novembre 1878, § 7, et du 15 novembre 1880, § 11.

(2) Circulaires du 1er juillet 1856, § 23 ; du 8 décembre 1868, § 18, et du 30 décembre 1873, § 15.

noncer la relégation, qui se trouverait alors avoir pour base une condamnation abolie (arrêt de la Cour de cassation, en date du 28 octobre 1887). Si, par conséquent, la révision générale du casier judiciaire, ordonnée par la circulaire du 15 novembre 1880, n'a pas encore été opérée dans des tribunaux de votre ressort, il y aura lieu d'y faire procéder sans retard.

En un mot, et sans insister davantage, les procureurs de la République doivent apporter le plus grand soin à la revision des bulletins n° 2, et s'éclairer, par eux-mêmes, sur tous les points obscurs, notamment lorsque des contributions semblent exister entre la date d'un jugement et celle de la libération de la peine immédiatement antérieure ; les greffiers négligent troq fréquemment d'indiquer qu'il y a eu confusion de peines ou qu'une condamnation a été prononcée par défaut. Les mentions relatives à l'individualité même de l'accusé ou du prévenu doivent également faire l'objet d'un examen attentif; on a vu des individus, ayant les mêmes nom et prénoms, être victimes de cette similitude ou en profiter.

L'institution des casiers judiciaires rend les plus grands services à l'administration de la justice criminelle; mais pour ne pas diminuer son efficacité, il importe que les instructions qui la concernent soient strictement et uniformément suivies partout, je compte sur votre zèle éclairé pour y veiller.

Vous trouverez ci-joints, Monsieur le Procureur général, des exemplaires de cette circulaire en nombre suffisant pour qu'il en soit distribué aux parquets de votre ressort, ainsi qu'aux greffes de la Cour et des tribunaux de première instance.

Je vous prie de vouloir bien m'en accuser réception.

## RÉCOMPENSES

V. *Distinctions honorifiques.*

## RÉCOMPENSES INDUSTRIELLES

V. *Distinctions honorifiques.*

## RECOURS EN ANNULATION

V. *Cour de Cassation.*

## RECOURS EN CASSATION

V. *Cour de Cassation.*

## RECOURS EN CASSATION DES JUGEMENTS RENDUS PAR LES TRIBUNAUX INDIGÈNES

V. *Justice indigène.*

## RECOURS AU CONSEIL D'ÉTAT

V. *Conseil d'État.*

## RECOURS EN GRACE

V. *Grâces et commutations de peines.*

# RECRUTEMENT ET RÉSERVE

| NATURE DES DOCUMENTS | DATES | RECUEILS A CONSULTER Bat. | B.C. | B.D.I. | J.C. | J.H. | B.M. | B.Col. | | OBSERVATIONS |
|---|---|---|---|---|---|---|---|---|---|---|
| Loi. | 27 juillet 1872. | | | | | | 182 | | | |
| Dép. M. | 13 février 1873. | II-771 | | | | | | | | |
| Dép. M. | 30 août 1873. | | | | | | 205 | | | |
| Circ. M. | 3 novembre 1873. | II-603 | | | | | | | | |
| Dép. M. | 3 juin 1874. | II-603 | | | | | | | | |
| Dép. M. | 3 novembre 1875. | II-604 | | | | | | | | |
| Circ. M. | 11 décembre 1875. | II-605 | | | | | | | | |
| A. G. | 15 avril 1876. | II-604 | 122 | | | | | | | |
| D. G. | 30 juillet 1875. | II-605 | 191 | | | | | | | |
| A. G. | 22 juillet 1879. | II-499 | 265 | | | | | | | |
| Circ. M. | 10 août 1881. | | | | | | | | | |
| Circ. D. I. | 18 janvier 1884. | | | 4 | | | | | | |
| Dép. M. | 25 octobre 1884. | | | | | | | | | |
| Dép. M. | 26 janvier 1885. | | | | | | | | | |
| Circ. M. | 2 décembre 1885. | | 1886 -8 | | | | | | | |
| Circ. M. | 10 février 1886. | | | | | | 192 | | | |
| Circ. M. | 20 août 1886. | | | | | | | | | |
| Circ. M. | 29 décembre 1886. | | | | | | 1887 -16 | | | |
| Circ. D. I. | 16 avril 1887. | | | 24 | 443 | | | | | |
| Circ. M. | 30 septembre 1887. | | | | | | | | 755 | |
| Dép. M. | 5 novembre 1887. | | | | | | | | | |

## RECRUTEMENT ET RÉSERVE *(suite)*.

| NATURE DES DOCUMENTS | DATES | RECUEILS A CONSULTER | | | | | | | OBSERVATIONS |
|---|---|---|---|---|---|---|---|---|---|
| | | Bat. | B.C. | B.D.I. | J. C. | J. H. | B. M. | B.Col. | |
| Cir. c. Recrut. | 23 novembre 1887. | | | | | | | | |
| Circ. M. | 12 décembre 1887. | | | | | | | | |
| Circ. D. I. | 8 mars 1888. | | | | 244 | | | | |
| Circ. M. | 21 juin 1888. | | 560 | | 873 | | | | |
| Circ. G. G. | 24 septembre 1888. | | | | 833 | | | | |
| Circ. M. | 5 février 1889. | | 177 | | 389 | | | | |
| Loi. | 15 juillet 1889. | | | | 895 | | | | |
| Circ. M. | 16 août 1889. | | | | 882 | | | | |
| Circ. G. G. | 4 octobre 1889. | | | | 944 | | | | |

(27 juillet 1872)

**LOI** *sur le recrutement de l'armée* (1).

B. M., p. 182.

(13 février 1873)

**DÉP. M.** *au sujet des jeunes gens qui résident aux colonies et demandent à contracter un engagement conditionnel d'un an.*

BAT. II., p. 771.

D'après les termes du décret du 1er décembre dernier (article 9), les engagements conditionnels d'un an sont contractés aux chefs-lieux de département, devant l'officier de l'état civil.

D'un autre côté, les candidats au volontariat d'un an qui ne se trouvent point dans le cas prévu par l'article 53 de la loi du 27 juillet 1872 doivent, aux termes de l'article 54, subir un examen, lequel, d'après le décret du 31 octobre 1872 (article 4), ne peut avoir lieu qu'au chef-lieu du département.

Il en résulte que les jeunes gens nés en France, qui résident aux colonies, sont privés du bénéfice du volontariat, à moins qu'ils ne rentrent en France pour se conformer aux dispositions ci-dessus indiquées.

Pour faire cesser cet état de choses, M. le Ministre de la guerre a décidé, par dérogation spéciale aux deux décrets précités, que les jeunes Français qui habitent nos possessions d'outre-mer seront reçus, après constatation de leur aptitude physique par un médecin de la marine, à subir un examen dans la colonie.

A cet effet, je vous prie de donner des ordres pour que des commissions, composées autant que possible suivant les indications contenues dans les circulaires et décrets dont vous trouverez ci-joint des exemplaires, soient instituées sans délai dans le chef-lieu de la colonie.

Les jeunes gens déclarés admissibles à la suite de ces examens devront toutefois rentrer en France pour y faire le versement réglementaire et y souscrire leur acte d'engagement au chef-lieu du département qu'ils choisiront.

A. POTHUAU.

(30 août 1873)

**DÉP. M.** *au sujet de l'application aux colonies de la loi sur le recrutement de l'armée.*

B. M., p. 205.

(3 novembre 1873)

**CIRC. M.** *Inscription sur les registres de la réserve des militaires et marins créoles qui ont contracté des engagements volontaires.*

BAT. II., p. 603.

Je me suis concerté avec mon collègue, M. le Ministre de la guerre, au sujet du mode d'inscription sur les registres de la réserve à adopter pour les marins et les militaires créoles qui ont contracté des engagements volontaires au titre métropolitain.

J'ai l'honneur de vous faire connaître qu'il a été convenu à cet égard, entre nos deux Départements, que les hommes dont il s'agit seront inscrits sur les contrôles de la réserve de celui des ports où ils sont immatriculés.

D'HORNOY.

(3 juin 1874)

**DÉP. M.** *au sujet de l'admission des créoles dans l'armée territoriale.*

BAT. II., p. 603.

La question a été soulevée de savoir si les jeunes créoles qui, ayant leur domicile légal dans nos colonies, ne sont pas soumis en France à la loi du recrutement, doivent être compris dans l'armée

(1) V. *Infrà*, Loi du 15 juillet 1889.

territoriale, lorsqu'ils viennent se fixer définitivement en France, après l'expiration du délai légal de leur inscription sur les contrôles de l'armée active ou sur ceux de la réserve.

M. le Ministre de la guerre a été d'avis que l'admission de ces hommes dans l'armée territoriale devait demeurer facultative pour eux. Ils pourront en faire partie, mais seulement sur leur demande.

(3 novembre 1875)

**DÉP. M.** *au sujet de l'application de certaines dispositions de la nouvelle législation sur le recrutement.*

BAT. II., p. 604.

J'ai l'honneur de répondre aux questions que vous m'avez posées par votre lettre du 25 août dernier, relativement à l'application de certaines dispositions de la législation sur le recrutement :

1° Les créoles qui ont souscrit des engagements volontaires au titre du cadre métropolitain et qui font l'objet de la décisoin ministérielle du 3 novembre 1873, peuvent se trouver placés sous l'empire du décret du 10 août 1868, aussi bien que sous celui de la loi du 27 juillet 1872 et du décret du 18 juin 1873. Dans ces deux cas, ils sont tenus de faire cinq années dans l'armée active et quatre dans la réserve. Le temps de service qu'ils ont à accomplir commence du jour où ils ont contracté leur engagement.

2° De ce qui précède, il résulte que les hommes engagés suivant les dispositions de la loi de 1832 sont aujourd'hui en dehors du cadre de la réserve, mais qu'on doit, au contraire, y ranger ceux qui se sont engagés en vertu du décret du 10 août 1868.

3° L'Administration coloniale n'a aucune pièce à délivrer aux hommes susceptibles de passer dans l'armée territoriale. Elle est simplement tenue de donner avis de leur position vis-à-vis du recrutement, soit aux bureaux des réservistes des ports d'immatriculation, si les hommes appartiennent à l'armée de mer (équipages et troupes), soit aux commandants de recrutement des circonscriptions militaires, si les hommes proviennent de l'armée de terre. C'est en France seulement que sont préparés les titres de libération à délivrer aux intéressés.

Je dois vous faire remarquer à cette occasion que l'autorité locale doit se borner, en ce qui concerne les réservistes placés momentanément sous sa direction, à faire parvenir les mutations qu'ils ont éprouvées aux bureaux de la Métropole sur les contrôles desquels ils sont inscrits. C'est la seule correspondance qu'il y ait lieu d'engager à leur sujet. Le meilleur mode à adopter pour assurer la régularité de ce service consiste à établir périodiquement des états de mouvements. Pour les hommes appartenant à l'armée de mer, ces documents seront adressés directement et en temps utile aux bureaux des réservistes compétents. Pour les hommes de l'armée de terre, lesdits états pourront m'être transmis et je me chargerai de les faire parvenir à destination.

Vous m'avez également demandé s'il ne serait pas possible d'autoriser en temps de guerre le maintient en Cochinchine, afin de concourir à la défense du territoire, des Français qui y résident et qui sont pour la plupart attachés à des services publics.

La position de nos nationaux domiciliés dans les colonies n'est pas encore réglée au point de vue de la nouvelle législation sur l'armée. C'est une question qui s'agite en ce moment. J'aurai soin de vous faire connaître, aussitôt que possible, la solution qui sera intervenue.

MONTAIGNAC.

(11 décembre 1875)

**CIRC. M.** *au sujet des marins et militaires passant dans la réserve et dans l'armée territoriale étant aux colonies.*

BAT. II., p. 605.

Je suis informé que des congés de libération du service actif sont délivrés par des conseils d'administration de quelques portions de corps secondaires de l'infanterie de marine à des militaires autorisés à résider dans les colonies où ils tenaient garnison.

Les conseils d'administration de quelques corps spéciaux du service colonial en agissent de même à l'égard des militaires qui ne sont cependant que prêtés aux cadres de ces corps par l'infanterie de marine.

Ce mode de procéder est contraire aux prescriptions de l'article 9 du décret du 15 avril 1875, relatif à l'administration et à la mobilisation des réservistes de l'armée de mer, lesquelles visent les conseils d'administration des corps de troupe de la marine en même temps que ceux des divisions des équipages de la flotte, et non pas les conseils secondaires; il n'en est pas moins contraire, en ce qui concerne les corps coloniaux, aux instructions en vigueur, d'après lesquelles tout militaire qui cesse d'être employé à un service spécial est immédiatement réintégré dans le corps d'où il a été tiré: enfin il créerait une source d'omissions ou d'erreurs dans les inscriptions sur les contrôles des réserves, tenus dans les cinq ports militaires, sur lesquels ne peuvent figurer, d'ailleurs, des corps qui ne se recrutent pas directement par l'appel des classes ni par les engagements volontaires.

Pour faire cesser ces irrégularités, j'ai décidé qu'à l'avenir tout militaire faisant partie des détachements ou des portions secondaires de l'artillerie ou de l'infanterie de marine, qui obtiendra l'autorisation de fixer sa résidence dans une colonie quelconque, recevra sur place un simple relevé de services indiquant les motifs de sa radiation des contrôles de l'activité. Quant au certificat de passage dans la réserve, il ne pourra être préparé que par les soins de la portion centrale du corps auquel appartient l'intéressé; la délivrance ne pourra lui en être faite que par l'intermédiaire d'un bureau des réservistes de l'armée de mer.

En ce qui concerne les militaires qui arrivent au terme de la période du service actif étant détachés dans des corps spéciaux, ils doivent être toujours réintégrés, pour ordre, dans les corps de la Métropole d'où ils proviennent pour être versés dans la réserve par les soins et au titre de ces corps aussi bien lorsqu'ils sont autorisés à résider dans les colonies que lorsqu'ils sont rapatriés.

Je dois vous faire remarquer à cette occasion :

1° Que l'autorité coloniale doit se borner, en ce qui concerne les réservistes placés momentanément sous sa direction, à faire parvenir les mutations qu'ils ont éprouvées aux bureaux de la Métropole sur les contrôles desquels ils sont inscrits. C'est la seule correspondance qu'il y ait lieu d'engager à leur sujet. Le meilleur mode à adopter pour assurer la régularité de ce service consiste à établir périodiquement des états de mouvements. Pour les hommes appartenant à l'armée de mer, les documents seront adressés directement et en temps utile aux bureaux des réservistes compétents. Pour les hommes de l'armée de terre, lesdits états pourront m'être transmis, et je me chargerai de les faire parvenir à destination.

2° Que l'Administration coloniale n'a aucune pièce à délivrer aux hommes susceptibles de passer dans l'armée territoriale. Elle est simplement tenue de donner avis de leur position vis-à-vis du recrutement, soit aux bureaux des réservistes des ports d'immatriculation, si les hommes appartiennent aux armées de mer (équipages et troupes), soit aux commandants de recrutement des subdivisions de régions militaires, si les hommes proviennent de l'armée de terre. C'est en France seulement que sont préparés les titres de libération à délivrer aux intéressés.

MONTAIGNAC.

(15 avril 1876)

**A. G.** *Dispositions relatives aux réservistes résidant en Cochinchine. — Formalités à remplir à leur arrivée et à leur départ.*

BAT. II, p. 604.
B. C., p. 122.

Art. 1, 2, 3, 4 et 5. — *Transitoires.*

Art. 6. — Le premier jour de chaque trimestre, les administrateurs adresseront au commandant de la réserve un état nominatif des réservistes résidant dans leur arrondissement, avec indication des mutations survenues pendant les trois derniers mois.

Art. 7. — A leur départ de la colonie, soit pour la France, soit pour l'étranger, les réservistes devront se présenter au commandant de la réserve, à Saïgon, et indiquer le lieu où ils vont établir leur domicile.

Les mêmes prescriptions seront observées à leur arrivée en Cochinchine.

Art. 8. — L'article 59 de la loi du 27 juillet 1872, modifié par la loi du 18 novembre 1875, qui défère aux tribunaux ordinaires les Français qui négligent de faire les déclarations précitées, sera appliqué dans toute sa rigueur.

BOSSANT.

(30 juillet 1876)

**D. G.** *Formalités à remplir par les Européens à leur arrivée et à leur départ de la colonie et par tout français atteint par les lois sur le recrutement arrivant dans la colonie ou la quittant.*

BAT. II., p. 605.
B. C., p. 191.

Article premier. — *Abr. A. G., 22 juillet 1879 (infrà).*

Art. 2. — Tout Français atteint par les lois sur le recrutement devra, dans les trois jours de son arrivée, se présenter au bureau du commandant de la réserve.

Art. 3. — *Abr. A. G., 22 juillet 1879 (infrà).*

Art. 4. — Tout Français atteint par les lois sur le recrutement, lorsqu'il voudra quitter la colonie, devra se présenter au bureau du commandant de la réserve, pour y faire sa déclaration de changement de domicile.

Acte lui sera donné de sa déclaration.

Cet acte devra être porté trois jours au moins avant le départ au bureau du commissaire général de police (1).

Art. 5. — Tout Français quittant la colonie, qui sera monté à bord d'un navire en partance sans être muni des pièces constatant l'accomplissement des formalités exigées ci-dessus, sera débarqué immédiatement, et il sera sursis à son embarquement jusqu'à l'accomplissement desdites formalités.

DUPERRÉ.

(22 juillet 1879)

**A. G.** *abrogeant les articles 1er et 3 de la décision du 30 juillet 1876 relatives aux formalités à remplir par les Européens à leur arrivée et à leur départ de la colonie, ainsi que le 3e alinéa de l'article 4.*

BAT. II., p. 499.
B. C., p. 265.

Sont abrogés les articles 1er et 3, ainsi que le 3e alinéa de l'article 4 de la décision du 30 juillet 1876, portant dispositions en ce qui concerne les formalités à accomplir à l'égard du commissaire général de police (2) par toute personne d'origine européenne arrivant dans la colonie et la quittant.

LE MYRE DE VILERS.

(10 août 1881)

**CIRC. M.** *rappelant les instructions du Ministre de la guerre (Circ. du 29 novembre 1873) et décidant que les jeunes gens qui ont été dispensés conditionnellement du service militaire en exécution de l'art. 20 de la loi du 27 juillet 1872 doivent produire au mois de janvier de chaque année un certificat établissant leur position et qui est délivré par le Recteur d'Académie.*

ARCH. GOUV.

Aux termes des instructions de M. le Ministre de la Guerre (Circulaire du 29 novembre 1873), les jeunes gens qui ont été dispensés conditionnellement du service militaire en exécution de l'art. 20 de la loi du 27 juillet 1872, doivent produire au mois de janvier de chaque année, un certificat établissant leur position et qui est délivré par le Recteur d'Académie.

Afin d'éviter, tout retard par suite de l'échange de communications auquel l'envoi de ces pièces

(1) Fonctions supprimées par arrêté du 25 novembre 1879 (Police).
(2) Fonctions supprimées par arrêté du 25 novembre 1879 (Police).

peut donner lieu, je vous prie de tenir la main à ce qu'elles me parviennent, au plus tard, chaque année, dans le courant de décembre.

Il est entendu que cette formalité concerne tous les membres de l'enseignement, laïques et congréganistes, qui sont dans les conditions régulières de dispense du service militaire.

G. Cloué.

(18 janvier 1884)

**CIRC. D. I.** *rappelant les prescriptions de l'arrêté du 15 avril 1876 (art. 6).*

B. D. I. p. 4.

M. le Commandant supérieur des troupes vient de m'informer que quelques administrateurs omettaient de lui adresser, à la fin de chaque trimestre, l'état nominatif des réservistes résidant dans leur arrondissement, avec indication des mutations survenues parmi eux pendant les trois derniers mois.

J'ai l'honneur de vous rappeler que la production trimestrielle de ce document est de la plus grande importance, et je ne saurais trop vous recommander de bien vous pénétrer des instructions contenues à ce sujet dans l'arrêté du 15 avril 1876, art. 6. (*B. C.*, p. 122.)

Drouhet.

(25 octobre 1884)

**DÉP. M.** *Documents à fournir concernant les non disponibles envoyés aux colonies.*

ARCH. GOUV.

D'après les prescriptions de l'Instruction du 28 décembre 1879, le recrutement du département de la Seine est chargé de l'administration des non disponibles de tous les services publics, employés aux Colonies ou hors du territoire ; mais en ce qui concerne ceux de ces agents dont les nominations sont prononcées par vous, le département n'en étant pas, le plus souvent informé, se trouve dans l'impossibilité de les signaler à l'autorité militaire comme non-disponibles. Il en résulte que les Bureaux de recrutement de province, qui parfois ont connaissance de ces nominations par une voie officieuse, adressent leurs pièces au Bureau de recrutement de la Seine, qui, de son côté, ne possède aucun renseignement pour établir les contrôles de ces hommes.

Pour faire cesser cet état de choses préjudiciable à la régularité du service, j'ai l'honneur de vous prier de me faire parvenir le plus tôt possible, sous le timbre de la présente circulaire, un contrôle nominatif des agents âgés de 20 à 40 ans employés dans la colonie et qui sont assujettis aux obligations de la loi du 27 juillet 1872.

Vous aurez de plus à m'adresser, trimestriellement, un état des mutations survenues dans le personnel en question.

Je vous serai obligé de donner des instructions précices pour l'exécution des prescriptions contenues dans la présente circulaire.

Félix Faure.

(26 janvier 1885)

**DÉP. M.** *Autorisation de congédier, à titre exceptionnel, dans la colonie, les marins du recrutement arrivé au terme de leur engagement ou à l'époque légale du congédiement de leur classe (30 juin) et les inscrits maritimes ayant accompli la période obligatoire de 60 mois de service, pourvu qu'ils aient été remplacés au préalable à bord de leur bâtiment (art. 366 du décret du 5 juin 1883).* (1)

ARCH. GOUV. (bur. mil.)

(2 décembre 1885)

**CIRC. M.** *portant congédiement anticipé de la classe de 1880, et réduisant le temps de service des inscrits maritimes de 50 à 45 mois à partir du 1er janvier 1886.*

B. C. 1886, p. 8.

J'ai l'honneur de vous faire connaître qu'à la date du 30 novembre dernier j'ai décidé que les

(1) V. Inscriptions maritimes.

jeunes gens de la classe de 1880 et les engagés volontaires libérables du service actif avant le 1er juillet 1886, seront placés en congé renouvelable et renvoyés dans leurs foyers, à dater du 15 décembre courant.

J'ai décidé, en outre, que les marins de l'inscription maritime réunissant 48 mois de service seront envoyés en congé renouvelable à la même date du 15 décembre et qu'à partir du 1er janvier 1886, la période de service exigée des inscrits maritimes sera fixée à 45 mois.

Ces mesures ne seront appliquées qu'aux hommes présents dans les divisions ou sur les bâtiments en rade de France.

(10 février 1886)

**CIRC. M.** *au sujet du droit à la dispense du service militaire du fils aîné d'une veuve remariée, puis divorcée; la dispense n'existe pas.*

B. M., p. 192.

(20 août 1886)

**CIRC. M.** *Notification de la loi du 22 juillet 1886 relative aux engagements volontaires pour le corps des équipages de la flotte.*

ARCH. GOUV. (bur. mil.)

(29 décembre 1886)

**CIRC. M.** *au sujet du volontariat d'un an application du décret du 29 mai 1880.*

B. M. 1887, 1re Sem., p. 16.

(16 avril 1887)

**CIRC. D. I.** *relative à l'état nominatif des réservistes à fournir trimestriellement.*

J. C., p. 443.
B. D. I, p. 24.

Je suis informé que dans certains arrondissements, l'état relatif aux mutations survenues parmi les réservistes pendant le dernier trimestre 1886 n'a pas encore été envoyé à M. le Commandant de la réserve.

Je n'ai pas besoin de vous rappeler que les renseignements que vous avez à fournir ainsi périodiquement ne constituent pas une simple formalité; ils servent, au contraire, à permettre à l'autorité militaire d'épargner aux réservistes l'application des peines prévues par les règlements en cas d'oubli ou de négligence.

J'ai, en conséquence, l'honneur de vous prier de tenir la main à l'exécution des prescriptions contenues dans l'article 6 de l'arrêté du 15 avril 1876, et de veiller à ce qu'aucun retard ne soit plus apporté désormais à l'envoi trimestriel de l'état nominatif des réservistes résidant dans votre arrondissement.

NOEL PARDON.

(30 septembre 1887)

**CIRC. M.** *Rappel à la circ. du 29 décembre 1886. Dans les cas de simple résidence aux colonies, le Ministre de la guerre portant un tempérament à la rigueur de la circulaire précitée, serait disposé à prendre des mesures individuelles de faveur pour des jeunes gens qui feraient la demande d'engagement conditionnel.*

B. Col. p. 755.

(5 novembre 1887)

**DÉP. M.** *Le temps de service à exiger des marins avant leur envoi en congé renouvelable sera à partir du 1er janvier 1888 de 42 mois pour les inscrits et 54 pour les hommes de recrutement et les engagés volontaires.*

ARCH. DIV. NAVALE.

(23 novembre 1887)

**CIRC. C.** *du recrutement et de la réserve. — Au sujet de l'état nominatif des réservistes à fournir au commandant de la réserve. — Modèle.*

ARCH. C. Sup. T.

J'ai l'honneur de vous adresser un modèle de l'état de mutation des réservistes que vous avez à me faire parvenir trimestriellement, en exécution des prescriptions de l'article 6 de l'arrêté local du 15 avril 1876.

La vérification des états que vous m'avez fournis pour les 2e et 3e trimestres de l'année courante, m'a permis, en effet, de constater qu'un grand nombre de réservistes n'ayant pas fait, à leur arrivée dans la colonie, leur déclaration de changement de résidence, et les renseignements que vous m'avez fournis à leur sujet étant très restreints par suite du tracé de l'état que vous avez adopté jusqu'à ce jour, il en résulte que leur inscription sur les contrôles de la réserve devient impossible.

J'ai donc l'honneur de vous prier, Monsieur l'Administrateur, de vouloir bien me fournir pour le 31 décembre prochain un état nominatif des *réservistes, astreints aux obligations militaires* résidant dans votre arrondissement, en vous conformant : pour les renseignements qui me sont nécessaires, aux indications données par l'état ci-joint.

Quant aux mutations trimestrielles que vous aurez à me faire connaître dans l'avenir, *le même état devra toujours servir de modèle,* car, s'il ne s'agit que d'un changement de résidence pour un réserviste déjà inscrit, le renvoi *c* vous indique les colonnes à remplir, et, s'il s'agit d'un réserviste arrivé nouvellement, toutes les colonnes doivent être remplies.

ANNEXE

(État des mutations survenues parmi les réservistes et les militaires en congé renouvelable.)

| NOMS, PRÉNOMS FILIATION et dernier domicile | DATE ET LIEU de la NAISSANCE | CLASSE DE MOBILISATION | (A) LIEUX ET NUMÉROS DE TIRAGE AU SORT | | | | EMPLOIS qu'ils occupent dans la COLONIE | (B) CORPS qu'ils ont SERVI | RÉSIDENCE | | MUTATIONS 1° Arrivée dans la colonie (indiquer la date, le navire). 2° Départ de la colonie (mêmes indications). 3° Changement de résidence dans la colonie (date du départ) (C). |
|---|---|---|---|---|---|---|---|---|---|---|---|
| | | | CANTONS | Arrondissement | DÉPARTEMENT | NUMÉROS | | | ACTUELLE | FUTURE | |
| 1 | 2 | 3 | 4 | 5 | 6. | 7 | 8 | 9 | 10 | 11 | 12 |
| | | | | | | | | | | | |

, *le* 18

L'ADMINISTRATEUR,

(A) Engagé ou appelé suivant le cas (indiquer la date de l'engagement volontaire).
(B) Pour les réservistes qui n'ont pas servi (indiquer en vertu de quel article de la loi).
(C) Pour les réservistes et autres qui quittent la colonie ou changent de résidence, *après avoir été inscrits*, il n'est besoin de remplir que les colonnes (1, 11 et 12).

(12 décembre 1887)

**CIRC. M.** *portant que les engagements volontaires au titre des troupes de la Marine seront autorisés, à compter du 1er janvier 1888.*

ARCH. GOUV.

Les considérations d'ordre budgétaire qui m'avaient conduit, le 22 juin 1887, à suspendre momentanément les engagements volontaires, au titre de l'artillerie et de l'infanterie de marine, s'appliquaient exclusivement à l'exercice courant, elles ne sauraient influer sur la situation des effectifs des troupes de la Marine, en 1888.

J'ai décidé, en conséquence, que les prescriptions de la circulaire du 23 juin dernier seront purement et simplement rapportées, à compter du 1er janvier prochain. Les chefs de corps, en France, et les officiers les plus élevés en grade aux colonies, pourront donc, à partir de cette date, délivrer aux jeunes gens qui désirent s'engager pour l'artillerie ou l'infanterie de marine le certificat d'acceptation prescrit par l'article 4 du décret du 18 juin 1873

E. BARBY.

(8 mars 1888)

**CIRC. D. I.** *rappelant que les employés de l'administration locale nés en France, âgés de plus de 20 ans et de moins de 40 ans, doivent, à leur arrivée dans la colonie et avant leur départ, se présenter aux bureaux du commandant de la place et de la réserve.*

J. C., p. 244.

J'ai l'honneur de vous rappeler que tous les employés de l'Administration locale, nés en France, âgés de plus de 20 ans et de moins de 40 ans, doivent, à leur arrivée dans la colonie et avant leur départ, se présenter aux bureaux du commandant de la place et de la réserve.

Toutes infractions à ces dispositions sont punies conformément aux lois et règlements militaires actuellement en vigueur.

NAVELLE.

(21 juin 1888)

**CIRC. M.** *Les hommes des armées de mer et de terre des différentes catégories de réserve, en résidence dans les colonies françaises ou dans les pays de protectorat de l'Extrême-Orient, sont affectés aux corps de troupes en garnison ou dans ces possessions.*

B. C., p. 560.
J. C., p. 873.

Aux termes des règlements en vigueur, les hommes résidant aux colonies doivent, en cas de mobilisation, rejoindre en France le corps auquel ils sont affectés.

Cette disposition présente de sérieux inconvénients.

Il est certain, en effet, que lorqu'une mobilisation se produira, ces hommes ne pourront arriver en France et être incorporés qu'après un long retard.

Les distances à parcourir, pour la plupart considérables, les difficultés de communication résultant de l'état de guerre avec une puissance européenne feront même qu'un grand nombre d'entre eux n'arriveront peut-être pas à rallier en temps utile, et ne seront ainsi d'aucun secours pour la défense de la Métropole.

Il est à considérer enfin que ces hommes qui, pour l'armée continentale, ne constituent pas un appoint appréciable seront, au contraire, d'un réel secours pour les colonies dont ils concourront à assurer la sécurité.

J'ai donc pensé qu'il serait préférable d'incorporer ces hommes dans les garnisons coloniales.

Ce système présentera, en outre, l'avantage d'être plus économique que celui qui est actuellement en vigueur.

En conséquence, j'ai arrêté, de concert avec M. le Ministre de la guerre, les dispositions suivantes que j'ai l'honneur de vous notifier :

1° Les hommes des armées de mer et de terre résidant dans les colonies françaises et dans les pays de protectorat de l'Extrême-Orient (1) sont, quelle que soit la catégorie de réserve à laquelle ils appartiennent (disponibles, réservistes, hommes à la disposition, hommes classés dans les services auxiliaires, hommes de l'armée territoriale et de sa réserve, hommes de l'armée de mer, en congé renouvelable ou dans la réserve) mis à la disposition de l'autorité militaire de la colonie où ils sont fixés.

L'autorité militaire affecte, dès le temps de paix, les hommes appartenant à l'armée de terre ou aux corps de troupes de la marine aux détachements d'infanterie ou d'artillerie de marine, en garnison dans la colonie, et les hommes provenant des équipages de la flotte à la force navale stationnée dans les eaux de la colonie. Cette affectation à l'égard des hommes des équipages de la flotte a lieu, après entente avec le commandant de la marine.

Dans le cas où, au moment d'une mobilisation, aucun bâtiment de l'État ne serait présent, le commandant des troupes, ou, s'il y a lieu, le commandant de la marine, apprécie si les hommes provenant des équipages de la flotte doivent être provisoirement conservés dans la colonie, ou s'il convient de les diriger sur le point le plus rapproché où se trouve un bâtiment de guerre.

2° Pour l'application des dispositions qui précèdent, le commandant de recrutement, lorsqu'il est informé du départ d'un homme pour une colonie, soit par les déclarations faites à la mairie et à la gendarmerie, soit par un avis du commandant des troupes de la colonie, prend les dispositions nécessaires pour qu'il soit immédiatement désaffecté, s'il y a lieu, du corps pour lequel il avait été désigné, au moyen de la formule de mutation suivante : Passé à la colonie de           le (indiquer la date), par suite de changement de domicile.

S'il s'agit d'un homme de l'armée de mer, le commandant de recrutement intéressé donne aussitôt avis de la mutation à l'officier du commissariat chargé du bureau des réservistes de la circonscription maritime, et lui réclame le livret matricule de l'homme.

Le commandant de recrutement adresse ensuite, pour les hommes de l'armée de mer, le livret matricule et, s'il y a lieu, les pièces d'archives : pour les hommes de l'armée de terre, les pièces qui existent dans leurs dossiers (livret matricule, feuillet matricule), feuillet modèle A, plaque d'identité, folio de punitions, feuillet mobile de demi-signalement, procès-verbal de remise, sous le couvert du Gouverneur de la colonie, aux commandants des troupes qui lui accusent réception.

Les mutations dont il s'agit s'effectuent toujours entre l'autorité militaire de la colonie et le commandant de recrutement de la subdivision du tirage au sort. En conséquence, lorsqu'un homme qui va se fixer dans une colonie se trouve dans une subdivision autre que celle d'origine, par suite de changement de domicile, il est réintégré préalablement dans cette dernière subdivision.

Le commandant de recrutement de la subdivision d'origine opère ensuite comme il est dit ci-dessus. Pour les hommes de l'armée de mer, avis de ce mouvement est donné par chaque commandant de recrutement au bureau des réservistes de la circonscription maritime de son ressort, qui opère comme il est prescrit à l'article 248 de l'instruction refondue du 28 décembre 1879 (2) pour les changements de domicile

3° Si, dans les trois mois qui suivent l'arrivée des pièces dans la colonie, l'homme ne s'est pas présenté à l'autorité militaire locale, comme le prescrit l'article 105 de l'instruction précitée, avis en est donné au commandant du bureau de recrutement expéditeur.

Ce dernier fait rechercher par la gendarmerie l'homme qui demeure disciplinairement et judiciairement responsable de son infraction aux obligations imposées par la loi. Il en informe en outre, s'il y a lieu, le bureau des réservistes de la circonscription maritime.

4° L'homme qui quitte définitivement une colonie est désaffecté par les soins de l'autorité militaire ou maritime de la colonie, et les pièces le concernant sont envoyées au commandant du bureau de recrutement de la subdivision d'origine.

Si l'homme rentre dans cette subdivision, le commandant du bureau de recrutement, selon le cas, lui fait donner une affectation, ou avise de la mutation le bureau des réservistes de la circonscription.

Si, au contraire, l'homme transporte son domicile dans une subdivision de France ou d'Algérie autre que celle d'origine, le commandant de recrutement de cette subdivision et celui de la subdivision d'origine s'entendent pour effectuer immédiatement un changement de domicile.

(1) Les colonies françaises et pays de protectorat, visés par la présente circulaire, sont, en Afrique : la Réunion, Établissements français de Diégo-Suarez, Sainte-Marie de Madagascar, Mayotte, Nossi-Bé, Sénégal et dépendances, Gabon, Obock. — En Amérique : Martinique, Guadeloupe et dépendances, Guyane, îles Saint-Pierre et Miquelon. — En Asie : Établissements français dans l'Inde (Pondichéry, Chandernagor, Karikal, Mahé et Yanaon); Indo-Chine (Cambodge, Cochinchine, Annam, Tonkin). — En Océanie : Nouvelle-Calédonie et dépendances, établissements français dans l'Océanie (Taïti).

(2) Instruction du Ministère de la guerre sur l'administration des hommes de tout grade de la disponibilité, de la réserve et de l'armée territoriale dans leurs foyers.

Pour les hommes de l'armée de mer, ils opèrent comme il est dit à l'article 248 de l'instruction refondue du 28 décembre 1879.

Quant à ceux qui se rendent en pays étranger en quittant la colonie, le commandant du bureau de recrutement d'origine, après avoir, ou procédé à leur affectation, ou donné avis au bureau des réservistes de l'armée de mer, leur fait application des dispositions arrêtées pour les hommes fixés ou voyageant à l'étranger.

5° Les mutations, services, campagnes, blessures, citations, etc., concernant les hommes pendant leur séjour aux colonies, sont portés par les commandants des troupes à la connaissance du commandant de recrutement de la subdivision d'origine, pour l'inscription sur le registre matricule du recrutement.

Ils sont aussi inscrits à la place *ad hoc* sur le livret individuel, le livret matricule, ainsi que sur le feuillet matricule, lorsque cette pièce existe. Ces renseignements sont, en outre, le cas échéant, communiqués par le commandant de recrutement à l'officier du commissariat chargé du bureau des réservistes.

6° Les hommes qui recevront application de la présente circulaire, en raison de leur résidence dans les colonies françaises ou dans les pays de protectorat de l'Extrême-Orient, sont dispensés d'accomplir les périodes d'exercices.

7° La France ne pouvant, aux termes du traité de 1814, entretenir dans l'Inde que des forces de police, les réservistes fixés dans cette colonie ne seront pas effectivement incorporés en cas de mobilisation; l'autorité militaire les préviendra qu'ils aient à se tenir à sa disposition, et, suivant les ordres donnés par le Ministre, ces hommes seront dirigés soit sur l'Indo-Chine, soit sur la Métropole.

De même, aucune garnison n'étant entretenue à Mayotte, Nossi-Bé et Sainte-Marie de Madagascar, les hommes qui se trouvent dans ces colonies seront, dès la réception de l'ordre de mobilisation, dirigés par la première occasion sur Diégo-Suarez pour y être incorporés. Toutes les communications relatives à ces hommes s'effectueront entre les commandants de recrutement intéressés et le commandant des troupes à Diégo-Suarez. Les déclarations à l'arrivée et au départ que doivent faire les hommes soumis aux obligations de la loi militaire, seront reçues dans les bureaux du Gouverneur, qui aura à en aviser, dans le moindre délai possible, l'autorité militaire à Diégo-Suarez.

8° Dès la réception de la présente circulaire, les commandants de recrutement effectueront immédiatement le passage des hommes qui seraient déjà établis soit aux colonies, soit dans les pays de protectorat de l'Extrême-Orient.

Tout échange de correspondance entre les commandants de bureaux de recrutement et les commandants des troupes aux colonies devra être fait sous le couvert du Gouverneur de la colonie.

Les commandants des troupes aux colonies devront prendre les mesures nécessaires pour assurer l'exécution de ces nouvelles dispositions. Il y aura lieu de veiller à ce que les déclarations, à l'arrivée et au départ, soient faites bien exactement par les intéressés. Ces derniers devront, en outre, être prévenus, lors de leur arrivée dans la colonie, des obligations qui leur incombent. Les administrations coloniales auront enfin à s'assurer qu'il existe une réserve d'armes et d'effets d'habillement suffisante pour équiper les hommes qui pourraient être incorporés en cas de mobilisation.

9° Tous les six mois, au 1er janvier et au 1er juillet de chaque année, chaque colonie établira et me fera parvenir (sous le timbre : *Personnel. — Équipages de la flotte et troupes de la marine*) deux états nominatifs en double expédition, conformes au modèle annexé à la présente circulaire, et comprenant, l'un des hommes de l'armée de mer, l'autre les hommes de l'armée de terre résidant dans la colonie et susceptibles d'être mobilisés, en indiquant la classe de recrutement et de mobilisation, la subdivision du tirage au sort, l'arme d'origine et le grade de chaque homme.

KRANTZ.

(24 septembre 1888)

**CIRC. G. G.** *rappelant que les hommes appartenant aux diverses catégories de la réserve doivent se présenter à la mairie, pour y déclarer leur changement de résidence.*

J. C., p. 833.

Un grand nombre d'hommes appartenant aux diverses catégories des réserves négligent de se présenter à la gendarmerie pour y faire leur déclaration de résidence ou de voyage, sous prétexte que, s'étant présentés une fois à l'administrateur, au résident ou vice-résident de leur localité, ils ne doivent rien faire de plus, et que leur situation militaire est ainsi régularisée.

L'Administration avise les intéressés qu'ils devront, à l'avenir, dans le cas de changement ou de déplacement, pendant plus de deux mois, faire les déclarations prescrites à la brigade de gendarmerie la plus rapprochée de la localité où ils sont établis, sous peine d'encourir l'application des articles 16 et 23 de la loi du 18 novembre 1875.

La même formalité est également applicable, conformément aux articles 3 et 4 de la même loi, aux officiers de réserve ou de l'armée territoriale; ces déclarations devant fournir au Commandant en chef tous les renseignements indispensables pour l'inscription des uns et des autres sur les contrôles dont la tenue est prescrite.

(5 février 1889)

**CIRC. M.** *portant que les engagements volontaires, dans l'infanterie de Marine, sont ouverts, sans restrictions administratives, à compter du 15 février 1889.*

B. C., p. 177.
J. C., p. 389.

J'ai décidé que les engagements volontaires dans l'infanterie de marine seront ouverts, sans restrictions administratives, à compter du 15 février 1889.

En conséquence, les formalités prévues par les 3e et 4e paragraphes de la circulaire du 27 septembre 1888 sont abrogées, et les commandants des bureaux de recrutement n'auront plus, à partir de la date du 15 février précitée, à exiger des intéressés la production préalable du consentement du chef de corps.

Mais l'expérience démontre que si, d'une manière générale, les hommes fournis par le contingent sont solides et supportent facilement les fatigues du service colonial, il n'en est pas de même des engagés volontaires, chez la plupart desquels le développement physique est incomplet. En outre, ceux qui proviennent des grandes villes sont souvent chétifs, malingres et de petite taille.

Aussi, dans le chiffre de la mortalité comme dans celui des invalidations, ces jeunes gens entrent-ils pour une proportion fort considérable. Les rapports des inspecteurs généraux d'armes ainsi que ceux des médecins de la marine sont unanimes sur ce point.

Dans le but de remédier autant que possible à cet état de choses, j'ai demandé à M. le Ministre de la guerre d'adresser des instructions pour que les commandants de recrutement ne délivrent le certificat d'acceptation, prévu par l'article 4 du décret du 18 juin 1873, qu'aux sujets robustes et vigoureux, propres en un mot au service spécial de l'infanterie de marine.

Les chefs de corps en France et les officiers les plus élevés en grade aux colonies, devront s'inspirer des mêmes recommandations à l'égard des jeunes gens qui se présenteront à eux pour s'engager, au titre de l'un des quatres régiments de l'arme.

J'ai l'honneur de vous prier d'assurer, chacun en ce qui vous concerne, l'exécution des dispositions contenues dans la présente circulaire.

KRANTZ.

(15 juillet 1889)

**LOI** *sur le recrutement de l'armée. — Annexes*

*Tableau A : Personnel placé sous les ordres des ministres de la guerre et de la marine ou mis à leur disposition, en cas de mobilisation ; —*

*Tableau B : Fonctionnaires et agents qui, en cas de mobilisation, sont autorisés à ne pas rejoindre immédiatement, quand ils n'appartiennent pas à la réserve de l'armée active ; —*

*Tableau C : Fonctionnaires et agents qui, en cas de mobilisation, sont autorisés à ne pas rejoindre immédiatement, même quand ils appartiennent à la réserve de l'armée active ; —*

*Tableau D : Articles du Code de justice militaire.*

(Promulg. A. G. G., 27 septembre 1889)
J. C., p. 895.

(16 août 1889)

**CIRC. M.** *au sujet de l'application de la loi du 15 juillet 1889, sur le recrutement de l'armée ; — Demande de renseignements.*

J. C., p. 882.

(4 octobre 1889)

**CIRC. G. G.** *rappelant les prescriptions relatives aux déclarations de résidence ou de voyage à faire par les réservistes et les territoriaux.*

J. C., p. 944.

M. le Général, commandant en chef, attire de nouveau mon attention sur ce qu'un grand nombre d'hommes appartenant aux différentes catégories de réserve négligent de se présenter à la gendarmerie, à l'effet d'y faire leur déclaration de résidence ou de voyage, malgré les instructions formelles de la circulaire du Ministre de la marine et des colonies, en date du 21 juin 1888.

J'ai l'honneur de vous rappeler, à cet effet, la lettre de mon prédécesseur, en date du 24 septembre 1888, vous invitant à aviser les réservistes et les territoriaux, par voie d'affiches et de publications officielles, des prescriptions relatives aux déclarations de résidence ou de voyage, et les prévenir que. faute par eux de faire les déclarations prescrites à la brigade de gendarmerie la plus voisine de la localité où ils sont établis, ils encourent l'application des articles 16 et 23 de la loi du 18 novembre 1873.

PIQUET.

## RECRUTEMENT ET DE LA RÉSERVE (BUREAUX DU)

| NATURE DES DOCUMENTS | DATES | RECUEILS A CONSULTER | | | | | | | OBSERVATIONS |
|---|---|---|---|---|---|---|---|---|---|
| | | Bat. | B.C. | B.O.I. | J.C. | J.H. | B.M. | B.Col | |
| D. G. | 11 août 1866. | II-602 | 124 | | | | | | |
| D. G. | 15 avril 1876. | II-605 | 123 | | | | | | |
| Dép. M. | 31 janvier 1877. | | | | | | | | |
| D. G. | 18 août 1885. | | | | 1002 | | | | |
| A M. | 8 juin 1887. | | | | 769 | | | | |

(11 août 1866)

**D. G.** *attribution du commandant du dépôt de la réserve.*

BAT II., p. 602.
B. C., p. 124.

Le major de la garnison de Saïgon remplira les fonctions de commandant du dépôt de recrutement et de la réserve, à l'égard des militaires en congé temporaire renouvelable en Cochinchine.

Il prendra le titre de commandant du dépôt de la réserve, et ne relèvera, quant à cette fonction, que du chef d'état-major général.

Les corps se conformeront strictement aux décisions, circulaires, instructions relatives aux militaires en congé temporaire renouvelable.

Ils se rappelleront que du moment où l'homme est inscrit sur le registre spécial indiqué par la circulaire du 23 janvier 1857 (*Journal militaire*, 1er semestre), et qu'ils ont envoyé le feuillet mobile prescrit par la circulaire du 26 août 1857 (*Journal militaire*), circulaire qui modifie celle du 25 janvier de la même année, ils n'ont plus à s'occuper de lui.

Mais avis de toutes les mutations leur est envoyé par les soins du commandant du dépôt de la réserve.

Les chefs de service qui emploient des hommes en congé temporaire renouvelable ont à suivre les prescriptions définies dans le *Journal militaire* du 23 mars 1845 :

1° Les militaires employés dans les services publics sont dispensés d'assister aux revues, mais les chefs de service envoient un état nominatif de cette catégorie d'employés ; cet état indique l'emploi, le lieu de résidence ; il est envoyé au commandant du dépôt de la réserve quelques jours avant la revue ;

2° Les hommes admis dans une administration, après l'envoi de l'état font l'objet d'un avis particulier au fur et à mesure de leur arrivée ;

3° Toutes les fois qu'un employé militaire appartenant à la réserve change de résidence, le chef de service qu'il quitte en donne avis au commandant du dépôt de la réserve.

Les hommes de la réserve qui résident à Saïgon ou aux environs ne peuvent entrer à l'hôpital sans que leur billet soit visé du commandant du dépôt de la réserve.

Ceux qui habitent hors du ressort de Saïgon font viser le billet par le chef de poste ou le commandant de place le plus voisin ; le signataire en donne avis au commandant du dépôt par un état collectif mensuel.

La sortie de l'hôpital est constatée, à Saïgon, par un avis du commissaire aux hôpitaux ; hors du ressort de Saïgon, par l'état mensuel précité.

Les avis de décès sont transmis sans délai.

Les hommes de la réserve qui devront passer devant le conseil de santé ne pourront s'y présenter qu'avec un bulletin, signé du commandant du dépôt de la réserve, auquel il sera donné avis de la décision par les soins du président de ce conseil.

Les congés seront renouvelés tous les six mois, par le visa du chef d'état-major général, délégué par le Gouverneur.

Les congés à renouveler seront adressés au commandant du dépôt, et, pour que les intéressés n'en ignorent, mention de cette disposition devra être faite sur les congés aux observations ; après l'alinéa :

« En conséquence. . . . . . . . . », il sera ajouté :

Les congés seront renouvelés tous les six mois.

A cet effet, les militaires les feront parvenir au commandant du dépôt de la réserve, par la voie des chefs de service où ils travaillent ou par le commandant du poste ou de la place la plus voisine de leur résidence, s'ils ne sont pas employés par l'État.

La gendarmerie, les corps et chefs de service devront envoer au commandant du dépôt de la réserve, bureau de la place, tous les congés définitifs, toutes les pièces qui leur parviendront à l'avenir. On évitera ainsi un double emploi.

Les appels et revues de la réserve auront lieu tous les six mois, au jour, à l'heure et au lieu indiqués, par le commandant de la réserve, dans la province de Saïgon; par le commandant de la place principale dans les autres provinces.

Les militaires seront prévenus huit jours à l'avance par les affiches et publications usités.

L'appel se fera, à Saïgon, par le commandant du dépôt de la réserve, en présence du chef d'état-major général; dans les autres provinces, par le commandant de la place principale en présence du commandant supérieur de la province.

L'ordre général de convocation sera donné par le commandant du dépôt de la réserve au nom du chef d'état-major général, dont il prendra les ordres.

Afin que la transmission des pièces n'éprouve aucun retard et que les écritures de la réserve soient toujours au courant, le chef du dépôt de la réserve correspondra en franchise avec les commandants supérieurs;

Les commandants de place ou de postes de la Cochinchine, avec les chefs de service et les chefs de corps.

DE LA GRANDIÈRE.

(15 avril 1876)

**D. G.** *Création d'un bureau de recrutement, sous la surveillance du major de garnison* (1).

BAT. II., p. 605.
B. C., p. 123.

Il sera créé à Saïgon, sous la surveillance du major de garnison, commandant la réserve, un bureau de recrutement.

Un militaire du grade de caporal en aura la direction, et il lui sera alloué, à cet effet, un supplément de 50 centimes par jour.

BOSSANT.

(31 janvier 1877)

**DÉP. M.** *Pouvoirs disciplinaires du chef de bataillon, commandant la réserve; est assimilé aux commandants des bureaux de recrutement* (2).

ARCH. GOUV. (bur. mil.)

(18 août 1885)

**D. G.** *portant qu'aucune modification n'est apportée à l'organisation actuelle des bureaux de la place et du recrutement.*

J. C., p. 1002.

Les fonctions de major et d'adjudant de garnison seront remplies, à compter du 24 août, dans les conditions prévues au chapitre VI du décret du 23 octobre 1883 sur le service des places. Les officiers choisis pour occuper ces emplois ne recevront que l'indemnité de frais de bureau inscrite au bureau colonial.

(1) V. *infra*, A. M. 8 juin 1887.
(2) V. le décret du 16 mars 1878. — J. M. p.,

Rien n'est changé à l'organisation actuelle des bureaux de la place et du recrutement, qui continueront à fonctionner dans les conditions indiquées par les arrêtés des 16 avril 1864, 11 août 1866, 9 février 1869, 15 avril 1876.

M. le capitaine restera détaché aux bureaux de la place et du recrutement, pour la remise du service, jusqu'au jour de son embarquement pour la France.

BÉGIN.

(8 juin 1887)

**A. M.** *qui règle les attributions du personnel attaché au service de l'état-major du général commandant supérieur des troupes, et qui consacre le rattachement à ce service du bureau de recrutement et de la réserve* (1).

J. C., p. 769.

## RECUEIL DE JURISPRUDENCE EN MATIÈRE INDIGÈNE

### V. *Journaux, publications, périodiques, écrits.*

(1) V. États-majors § II.

## RÉFORME

(19 mai 1834)

**LOI** *sur l'état des officiers (art. 9 à 13, 18 à 23, 25 et 27)*

B. M. R. III., p. 230.

(17 août 1879)

**LOI** *sur les soldes et pensions des officiers en réforme.*

J. C. 1879, p. 103.
B. M., p. 293.

## REFUGE DES FILLES REPENTIES

V. *Hôpital indigène de Choquan.*

## RÉGIME SANITAIRE

| NATURE DES DOCUMENTS | DATES | RECUEILS A CONSULTER | | | | | | | OBSERVATIONS |
|---|---|---|---|---|---|---|---|---|---|
| | | Bat. | B.C. | B.D.I. | J. C. | J. H. | B. M. | B.Col. | |
| Loi. | 3 mars 1822 | | | | | | | | |
| A. G | 14 décembre 1869. | II-616 | 512 | | | | | | |
| A. G. | 13 juin 1871. | II-509 | 190 | | | | | | |
| Dép. M. | 10 octobre 1873. | II-499 | | | | | | | |
| Décret | 22 février 1876. | | | | | | | | |
| Dép. M. | 31 octobre 1878. | II-500 | | | | | | | |
| Dép. M. | 24 juin 1879. | II-500 | | | | | | | |
| A. G. | 29 mai 1882 | | 238 | | | | | | |
| Dép. M. | 30 janvier 1883. | | | | | | | | |
| Dép. M. | 22 juin 1883 | | | | | | | | |
| Circ. M. | 27 août 1884. | | | | | | | | |
| Dép. M. | 26 décembre 1885 | | 11 | | | | | | |
| Dép. M. | 4 juillet 1887 | | | | | | | | |
| A. L. G. | 17 octobre 1889. | | | | 980 | | | | |

(3 mars 1822)

**LOI** *relative à la police sanitaire.*

Annales Maritimes, p. 319,
B. des Lois, p. 177.

(14 décembre 1869)

**A. G.** *au sujet de la délivrance des patentes de santé.*

BAT II., p. 616.
B. C., p. 512.

A compter du 1er janvier 1870, les patentes de santé seront établies sur des feuillets détachés d'un registre à souche.

Les patentes de santé seront conformes au modèle adopté en France.

Elles seront délivrées gratuitement.

Les frais d'impression seront à la charge du budget local.

J. Faron.

(13 juin 1871)

**A. G.** *installant un lazaret pour recevoir les personnes provenant du dehors et atteintes de maladies contagieuses.*

BAT. II., p. 509.
B. C., p. 190.

Article premier. — Le lazaret provisoire établi en face du fort du sud sera définitivement installé pour recevoir les personnes provenant du dehors et atteintes de maladies contagieuses. L'administration intérieure du lazaret sera placée dans les attributions du Directeur de l'Intérieur. Le service médical sera placé sous la haute direction et la surveillance du médecin en chef.

Art. 2. — Le Directeur de l'Intérieur fera placer au lazaret le matériel et les ustensiles nécessaires au service des personnes en observation et en traitement dans l'établissement.

Art. 3. — Un infirmier, détaché du service des hôpitaux et payé sur les fonds du budget local, sera chargé de la garde et de la conservation du matériel placé au lazaret.

Il recevra une solde annuelle de douze cents francs et une indemnité de vivres de quatre cents francs.

Art. 4. — Les capitaines de navires de commerce ou, à défaut, leurs consignataires, devront pourvoir à la nourriture des hommes de leur équipage en observation ou en traitement au lazaret. Il devront également leur fournir les médicaments qui leur sont nécessaires. Toutefois, les indigents seront traités et nourris au compte du budget local, s'ils sont français. S'ils sont étrangers, leurs consuls respectifs devront pourvoir à leur nourriture. Les marins provenant des navires de l'État seront traités et nourris aux frais de la marine.

Art. 5. — Les personnes admises au lazaret et n'appartenant à aucun service public paieront cinquante centimes par jour au service local, pour frais de séjour.

Les capitaines des navires de commerce ou leurs consignataires devront acquitter les sommes dues par les hommes de leur équipage. Les indigents seront reçus gratuitement.

Dupré.

(10 octobre 1873)

**DÉP. M.** *au sujet des mesures sanitaires à prendre contre le choléra.*

BAT. II., p. 499.

A l'occasion des mesures sanitaires à prendre contre le choléra qui sévit à Singapore et à Bangkok, vous avez soumis à mon appréciation la question de savoir lequel, du Directeur de l'Intérieur ou du Chef du service administratif, doit être chargé de l'exécution des mesures préservatives dont il s'agit, et, plus généralement, auquel de ces deux chefs d'administration doit incomber la préparation des dispositions de l'espèce.

Le Conseil privé de la colonie, que vous avez saisi de la question, a émis l'avis à l'unanimité que le Directeur de l'Intérieur devait en être seul chargé.

Le service sanitaire étant à la charge du budget local, il me paraît nécessaire que le Directeur de l'Intérieur soit seul chargé de l'exécution des mesures qui concernent ce service; l'imputation de la dépense doit déterminer l'attribution; j'y vois, en outre, une garantie d'exactitude et de célérité.

Ainsi que le fait remarquer M. le colonel commandant supérieur des troupes, les mesures à prendre ne regardent que la colonie elle-même, et l'administration de la marine doit y rester étrangère, du moins en ce qui touche à la police relative à ces mesures. J'ajoute que cette question a été réglée de la même manière, notamment à la Martinique, en vertu d'un arrêté local du 12 avril 1870.

Par ces diverses considérations, je ne puis que donner mon adhésion au vote exprimé à cet égard par le Conseil privé de la colonie, dans sa séance du 23 juillet dernier.

D'HORNOY.

(22 février 1876)

**DÉCRET** *sur la police sanitaire maritime en France.*

B. des Lois, p. 382.

(31 octobre 1878)

**DÉP. M.** *au sujet de la police sanitaire.*

BAT. II., p. 500

L'épidémie de fièvre jaune qui a subitement éclaté à Gorée où, du 13 juillet au 25 septembre, elle a fait 222 victimes, sur une population de 580 habitants environ, a appelé ma plus sérieuse attention sur la manière dont les lois et règlements qui régissent la police sanitaire sont observés dans nos colonies. J'ai lieu de craindre que ces actes ne soient pas suffisamment connus de ceux qui sont chargés de les appliquer ou que leurs prescriptions ne soient pas mises en oubli.

Je crois donc indispensable de vous prier de rappeler aux capitaines de navire et à tous autres agents chargés de veiller au maintien de la santé publique, que la loi du 3 mars 1822 (1) est toujours en vigueur et que ses diverses clauses doivent être exécutées avec la plus scrupuleuse attention. Une observation semblable serait à leur faire en ce qui concerne le décret du 22 février 1876 (2), portant règlement général de la police sanitaire maritime.

Comme conséquence à ces instructions, vous aurez à user dès à présent de tous les moyens de publicité à votre disposition pour que chacun connaisse l'étendue de la responsabilité qui lui incombe. Vous devriez surtout appeler l'attention des intéressés sur le titre II de la loi précitée, ayant trait aux peines, délits et contraventions en matière sanitaire.

Vous voudrez bien me faire connaître le résultat de vos soins à cet égard. Je compte sur toute votre sollicitude et sur votre fermeté pour l'exécution stricte des prescriptions qui intéressent à un aussi haut point la santé publique.

A. POTHUAU.

(24 juin 1879)

**DÉP. M.**, *au sujet de la police sanitaire.*

BAT. II., p. 500.

Le 8 avril dernier, M. le contre-amiral Lafont m'a fait part de l'avis du conseil d'hygiène et de

(1) *B. des Lois*, p. 177.
(2) *B. des Lois*, p. 382.

salubrité publiques de la colonie, relativement aux mesures à prendre en matière de police sanitaire, en conformité des instructions de mon prédécesseur, du 31 octobre 1878.

Le conseil supérieur de santé de la marine, appelé à se prononcer sur la question, a partagé l'opinion émise par l'administration locale et exprimé l'avis que les seules dispositions pratiques qui puissent être appliquées dans l'espèce consisteraient à entretenir une correspondance sanitaire télégraphique entre la colonie et les pays voisins, et à imposer une quarantaine à tous les bâtiments provenant de contrées signalées comme atteintes d'épidémie.

Je compte sur votre vigilance et votre fermeté pour assurer la mise à exécution de ces mesures.

MICHAUX.

(29 mai 1882)

A. G. *réglementant la police sanitaire de la Cochinchine.*

B. C., p. 238.

## TITRE PREMIER

### DES AUTORITÉS SANITAIRES

Article premier. — La police sanitaire de la Cochinchine est placée sous la haute direction de M. le Gouverneur et de M. le Directeur de l'Intérieur qui reçoivent des contrées avoisinantes, par l'intermédiaire des représentants de la France, des renseignements sur la santé publique des diverses localités où ils siègent.

Art. 2. — Le chef du service de santé de la marine remplit les fonctions de directeur de la santé telles qu'elles sont établies, en ce qui concerne la France, par le décret du 22 février 1876.

Il a sous ses ordres, en ce qui touche ce service spécial, tous les fonctionnaires ou employés chargés de fonctions sanitaires. Il préside le conseil sanitaire.

Le capitaine du port de commerce, son lieutenant et les pilotes de la rivière de Saïgon sont chargés de la visite et de l'arraisonnement de tous les bâtiments arrivant sur rade de Saïgon.

Dans les arrondissements, les administrateurs agissent comme délégués du directeur de la santé et reçoivent ses instructions.

Art. 3. — Le directeur de la santé et tous les agents désignés dans le précédent article sont chargés de veiller à l'exécution des règlements et instructions sanitaires.

Art. 4. — Le capitaine du port de commerce et les pilotes, avant de monter à bord d'un navire, doivent faire au capitaine toutes les questions prévues dans le questionnaire réglementaire (annexe n° 5 du décret du 22 février 1876), tel qu'il est déjà en usage dans la colonie depuis la décision de M. le Gouverneur prise sur la proposition du conseil d'hygiène et de salubrité publique (séance du 17 septembre 1881). Ils devront aussi réclamer, avant de communiquer avec le bâtiment, la patente de santé et s'assurer qu'elle est nette ou brute, et qu'elle a été visée par les autorités compétentes dans les divers points de relâche.

Art. 5. — Si la patente est nette et en règle, et s'il n'existe à bord aucun malade suspect ou contagieux, d'après les affirmations du capitaine ou du médecin du bord, ils pourront donner la libre pratique sans retard.

Art. 6. — Si la patente est brute, et si, par conséquent, le navire vient d'un port où règne une maladie épidémique, mais si cependant il n'a pas eu de malades à bord depuis son départ, le pilote ne devra pas communiquer avec lui et lui imposera la quarantaine après l'avoir conduit à un mouillage rapproché de Saïgon.

Art. 7. — Si, quelle que soit la nature de sa patente, le capitaine du bâtiment déclarait avoir perdu dans son voyage quelque personne de son bord par suite d'une maladie épidémique quelconque, ou s'il avait, dans le moment, à bord un ou plusieurs cas de ces mêmes maladies, le pilote ne montera pas à bord et mouillera le navire à Cangiou ou au Cap.

Art. 8. — Dans tous les cas, le capitaine du port de commerce doit toujours, et sans retard, faire parvenir au directeur de la santé le questionnaire de tout bâtiment arraisonné et lui faire part par écrit de toutes les circonstances qui auraient décidé le pilote à imposer la quarantaine.

Art. 9. — Le directeur de la santé décide, en dernier ressort, de l'opportunité et de la durée de la quarantaine et en rend compte par écrit à M. le Directeur de l'Intérieur.

Art. 10. — Le conseil d'hygiène et de salubrité de la colonie, tel qu'il est institué par les divers arrêtés des Gouverneurs, remplace les conseils sanitaires des circonscriptions sanitaires de France.

Il se réunit, sur l'ordre de M. le Gouverneur et sur la convocation de son président, médecin en chef et directeur de la santé à Saïgon, toutes les fois qu'une circonstance de nature à intéresser la santé publique paraît l'exiger.

Art. 11. — En dehors de ses attributions ordinaires, le conseil a pour mission d'éclairer ou d'appeler l'attention des autorités sur les questions de santé publique, de lui donner son avis sur les mesures à prendre en cas d'invasion ou de menace d'une maladie pestilentielle, de veiller à l'exécution des règlements généraux et locaux, relatifs à la police sanitaire, et, au besoin, de signaler au Gouverneur les infractions ou omissions.

Art. 12. — Le conseil est consulté, en cas de difficulté, sur les mesures qu'il convient de prendre, dans les limites tracées par les règlements, à l'égard d'un navire mis en quarantaine, sur les questions relatives au régime intérieur des lazarets, au choix des emplacements affectés aux navires en quarantaine, aux mesures extraordinaires à prendre, enfin sur les plans et projets de constructions à faire dans les lazarets ou autres établissements sanitaires.

Art. 13. — Il propose au Gouverneur les changements ou additions à introduire dans les règlements locaux, concernant le service sanitaire de la colonie.

## TITRE II

### DES MESURES DE QUARANTAINE

Art. 14. — La quarantaine dite provisoire peut être imposée aux bâtiments, toutes les fois que les capitaines déclareront avoir à leur bord des maladies mal définies par eux et sur lesquelles le pilote ou le capitaine du port de commerce auront quelque raison de suspicion. Le directeur de la santé, immédiatement informé, visite ou fait visiter les malades dont il s'agit et décide en dernier lieu.

Art. 15. — La quarantaine d'observation est applicable aux navires en patente brute ou jugés en état brut, qui n'ont eu à bord aucune maladie suspecte depuis leur départ du port où ils ont pris patente.

La durée de cette quarantaine peut varier de 10 à 25 jours, suivant les décisions prises par les autorités sanitaires, mais elle datera toujours du jour où le bâtiment aura laissé le port contaminé d'où il provient.

Elle sera faite au mouillage désigné par le directeur de la santé ; si, pendant la durée de la quarantaine d'observation, un cas de la maladie suspectée se manifeste à bord, l'observation se transforme en quarantaine de rigueur.

Art. 16. — La quarantaine de rigueur est applicable au cas où le navire a eu à bord, soit au port de provenance, soit en cours de traversée, soit depuis son arrivée, des accidents certains ou seulement suspects d'une maladie épidémique ou contagieuse (choléra, variole, typhus). Elle date, pour sa durée, du jour où se sera produit le dernier cas ou le dernier décès de la maladie suspectée, et elle aura également une durée de 10 à 25 jours, suivant les cas.

Quand les passagers pourront être débarqués et isolés dans un lazaret, la durée de la quarantaine commencera du jour de leur isolement, s'il ne se produit pas de cas de maladie parmi eux pendant ce temps.

La quarantaine de rigueur sera faite à un mouillage très éloigné de Saïgon (Cangiou où le Cap).

Art. 17. — Pendant la quarantaine de rigueur, des mesures générales de propreté et de désinfection seront prescrites au capitaine ; les linges sales et autres objets de même nature devront être soigneusement lavés ; les objets de literie ou vêtements, ayant servi à des malades, seront brûlés, et, au moment où il devra prendre la libre pratique, le directeur de la santé fera faire une visite sanitaire du bâtiment, dans laquelle on s'assurera que ces prescriptions auront été exécutées, et que les hommes de l'équipage ou passagers ont été eux-mêmes l'objet de soins de propreté corporelle exceptionnels.

Art. 18. — Dans l'application de toutes ces mesures quarantenaires, c'est surtout le choléra et la variole que les les pilotes devront avoir en vue, parce que ce sont les deux maladies contagieuses les plus susceptibles de prendre le caractère épidémique dans la colonie.

Ils devront toujours interroger les capitaines tout particulièrement sur la présence ou l'absence de ces deux maladies dans le port d'où ils proviennent, exiger rigoureusement la patente avant de monter à bord, et ne pas oublier de s'informer s'il ne s'est pas produit de cas de ces deux maladies à bord pendant la traversée.

La fièvre jaune, le typhus, la peste sont des affections qui commandent également les mêmes précautions, mais qu'on ne rencontre jamais ou qu'on observe rarement dans notre circonscription géographique.

Art. 19. — Des médecins pourront être mis à la disposition des bâtiments ayant des malades ; une indemnité de 6 piastres par jour sera payée par le bâtiment et le médecin sera nourri et logé convenablement.

## TITRE III

### DE LA PATENTE DE SANTÉ

Art. 20. — La patente de santé est exigible pour tous les bâtiments se dirigeant sur Saïgon ou sur un mouillage quelconque de la Cochinchine française.

Art. 11. — La patente de santé délivrée dans un port étranger devra avoir été visée par les consuls ou agents consulaires de France, elle devra également avoir été visée par les mêmes autorités dans toutes les escales où le navire aura relâché.

Art. 22. — La patente de santé n'est valable que si elle a été délivrée et visée dans les 48 heures qui ont précédé le départ.

Art. 23. — Cette patente doit mentionner, dans des termes très précis, l'état sanitaire du pays de provenance et particulièrement la présence ou l'absence de toute maladie épidémique ou contagieuse.

Art. 24. — La patente de santé est nette ou brute. Elle est nette quand elle constate l'absence de toute maladie pestilentielle dans le pays ou les pays d'où vient le navire ; elle est brute quand la présence d'une de ces maladies y est signalée.

Le caractère net ou brut de la patente est apprécié par l'autorité sanitaire.

Art. 25. — Les navires partant de Saïgon pour un autre port quelconque pourront se procurer la patente de santé réglementaire ou faire viser leur patente, s'ils en ont déjà une, au bureau de M. le directeur du service sanitaire, à l'hôpital militaire de Saïgon.

Ces patentes de santé et les visa des patentes seront payés une piastre A la fin de chaque trimestre, M. le directeur de la santé adressera à cet effet un état des patentes délivrées à M. le Directeur de l'Intérieur, qui fera percevoir, près des compagnies maritimes ou des diverses maisons de commerce, les sommes qui lui seront dues.

Art. 26. — Les provenances de ports en relation constante et directe avec Saïgon (Hongkong, Singapore), pourront être dispensées de la production de la patente, lorsque la santé générale n'inspirera aucune inquiétude. Cette dispense ne pourra être accordée que sur l'avis du conseil sanitaire.

LE MYRE DE VILERS.

(30 janvier 1883)

**DÉP. M.**, *au sujet des patentes de santé à délivrer à Saïgon.*

ARCH. GOUV.

Votre Prédécesseur m'a transmis le rapport de M. le médecin en chef, sur la situation sanitaire de la colonie.

L'épidémie de choléra avait perdu tout caractère épidémique et aucun cas ne s'était présenté, depuis un mois, à Cholon et à Saïgon.

Cependant, dans les arrondissements, la maladie se trahissait encore par des cas épidémiques assez nombreux. Il y a donc lieu de surveiller attentivement la marche actuelle du fléau.

Saïgon et Cholon étant absolument indemnes, M. Le Myre de Vilers a, sur la demande du Conseil d'hygiène et de salubrité, autorisé la délivrance de patentes nettes aux navires partant de Saïgon.

Il eût été préférable, vu l'état sanitaire de certains arrondissements, que les patentes de santé délivrées à Saïgon fissent mention des faits dans toute leur vérité en portant que la maladie existait encore sur certains points de la colonie.

Cette mention est toujours indispensable, d'autant plus que les arrondissements contaminés sont en communication avec Saïgon.

Je vous prie de donner des ordres pour qu'il soit tenu compte de cette observation, à l'avenir.

JAURÉGUIBERRY.

(22 juin 1883)

**DÉP. M.**, *au sujet des patentes de santé à délivrer aux navires.*

ARCH. GOUV.

J'ai soumis à l'examen du conseil supérieur de santé vos observations relatives aux patentes de santé qui sont délivrées aux navires partant de Cochinchine.

Le conseil a jugé qu'il n'y avait pas de distinction à établir, au point de vue de l'application de l'article 21 du règlement du 22 février 1876, entre le choléra sporadique et le choléra épidémique. Je ne puis que m'associer à cette interprétation. Je tiens cependant à en préciser les conséquences. L'article 21 précité dispose que, lorsqu'une maladie pestilentielle vient à éclater dans un port ou ses environs, le devoir de l'autorité sanitaire est de signaler le fait sur la patente de santé. Si toute la Cochinchine française était considérée comme faisant partie des environs de Saïgon, il ne serait probablement plus délivré dans le port une seule patente complétement nette et, ainsi que vous le faites remarquer, le commerce d'exportation de notre colonie en recevrait une sensible atteinte. Mais il n'y a pas lieu d'attribuer aux mots « *dans un port ou ses environs* » une portée aussi étendue. Il convient d'en restreindre le sens aux environs immédiats, aux localités dont un commerce journalier met les habitants en contact avec ceux du port.

Sous le bénéfice de ces explications, je maintiens mes instructions antérieures.

CH. BRUN.

(27 août 1884)

**CIRC. M.** *Le Département doit être avisé des mesures sanitaires prises par l'autorité locale.*

ARCH. GOUV.

A différentes reprises des mesures graves concernant le régime sanitaire des colonies n'ont été portées à la connaissance du ministre que tardivement et après avoir été préalablement signalées par les réclamations des intéressés.

Il importe que, dans les questions de cette nature où les intérêts les plus sérieux peuvent être engagés, le Département soit toujours exactement et promptement informé des décisions de l'autorité locale.

Je vous prie, en conséquence, de me faire connaître régulièrement et par dépêche spéciale les mesures sanitaires prises dans la colonie en m'envoyant copie *in extenso* des dispositions arrêtées. Dans les cas graves il y aurait lieu de m'adresser un télégramme.

FÉLIX FAURE.

(26 décembre 1885)

**DÉP. M.** *relative aux mesures sanitaires à prendre dans l'Extrême-Orient pour le rapatriement du personnel, en temps d'épidémie. — Annexe* (1).

B. C., partie supp. p. 11.

(4 juillet 1887)

**DÉP. M.** *prescrivant de tenir le Département au courant des faits qui intéressent la santé des colonies voisines ou des pays étrangers avec lesquels la Cochinchine entretient des relations directes.*

ARCH. GOUV.

Mon attention a été appelée sur l'intérêt qu'il y a, pour nos colonies, à être rapidemment et exactement renseignées sur l'état sanitaire des pays avec lesquels elles sont en rapport direct, chaque fois que les premiers symtômes d'une maladie épidémique se manifestent dans ces différents pays.

Je prie monsieur le Ministre des affaires étrangères d'inviter nos agents diplomatiques à vous informer directement des cas suspects qui se seraient produits dans leur résidence.

Mais, pour compléter ces mesures, j'ai l'honneur de vous demander de vouloir bien, de votre côté, me tenir au courant des faits intéressant la santé publique des colonies voisines ou des pays étrangers avec lesquels vous entretenez des relations directes.

ÉTIENNE.

(17 octobre 1889)

**A. L. G.** *interdisant à tout navire venant de Singapore de laisser débarquer des chiens sur le territoire de la Cochinchine.*

J. C., p. 980.

## REGISTRES HYPOTHÉCAIRES

V. *Hypothèques.*

## RÈGLEMENT DE JUGES

V. *Cour de Cassation.*

(1) V. *Rapatriement.*

## RÉHABILITATION

| NATURE DES DOCUMENTS | DATES | RECUEILS A CONSULTER | | | | | | | OBSERVATIONS |
|---|---|---|---|---|---|---|---|---|---|
| | | Bat. | B. C. | B.D.I. | J. C. | J. H. | B. M. | B.Col. | |
| Loi. | 19-26 mars 1864. | II-597 | 37 | | | | | | |
| Décret | 18 novembre 1869. | II-596 | 37 | | | | | | |
| Décret | 18 novembre 1869. | II-597 | 37 | | | | | | |
| Circ. M. | 8 décembre 1869. | II-598 | 1870-41 | | | | | | |
| Loi. | 14 août 1885. | | 441 | | | | | | |

(19-26 mars 1864)

**LOI** *étendant aux notaires, greffiers et officiers ministériels destitués le bénéfice de la loi du 3 juillet 1852, sur la réhabilitation des condamnés.*

(Promulg. A. G., 9 février 1870)
BAT. II., p. 597.
B. C., p. 37.

Article premier. — Les notaires, les greffiers et les officiers ministériels destitués peuvent être relevés des déchéances et incapacités résultant de leur destitution.

Art. 2. — Toutes les dispositions du Code d'instruction criminelle relatives à la réhabilitation des condamnés à une peine correctionnelle sont déclarées applicables aux demandes formées en vertu de l'article premier.

Le délai de trois ans, fixé par le dernier paragraphe de l'article 620 du Code d'instruction criminelle, court du jour de la cessation des fonctions.

(18 novembre 1869)

**DÉCRET** *rendant applicable aux colonies la loi des 19-26 mars 1864.*

(Promulg. A. G., 9 février 1870)
BAT. II., p. 596.
B. C., p. 37.

La loi du 19 mars 1864, qui étend aux notaires, aux greffiers et aux officiers ministériels destitués le bénéfice de la loi du 3 juillet 1853, sur la réhabilitation des condamnés, est déclarée applicable aux colonies de la Guyanne, du Sénégal et dépendances, de l'Inde, de la Cochinchine, de la Nouvelle-Calédonie, de l'Océanie, de Saint-Pierre et Miquelon, de Mayotte, de Nossi-Bé, de Sainte-Marie de Madagascar, de la Côte d'or et du Gabon.

NAPOLÉON.

(18 novembre 1869)

**DÉCRET** *sur l'instruction des demandes en réhabilitation.*

(Promulg. A. G., 9 février 1870)
BAT. II., p. 597.
B. C., p. 37.

Article premier. — Les fonctions attribuées au procureur impérial par les articles 622, 624, 625 du Code d'instruction criminelle, et au procureur général, par les articles 626, 628, 630, seront exercées : 1° à la Guyanne, à Saint-Pierre et Miquelon, à la Nouvelle-Calédonie, à Taïti et au Sénégal, par le procureur impérial ; 2° à la Martinique, à la Réunion, dans l'Inde et en Cochinchine, respectivement par les procureurs impériaux et par les procureurs généraux.

Art. 2. — Les attestations prévues par l'article 624 seront recueillies par l'intermédiaire du fonctionnaire chargé de la Direction de l'Intérieur. Elles seront délivrées par les conseils municipaux ou les commissions municipales, et, à défaut de corps délibérants de cette nature, par une commission composée du maire et du fonctionnaire qui en tient lieu, et de deux notables habitants appelés spécialement à cet effet par le chef de la colonie. Dans le cas où il s'agirait d'un libéré habitant un centre pénitentiaire, la commission sera composée du commandant du pénitencier et de quatre membres, y compris l'agent de l'Administration et l'aumônier.

Art. 3. — A défaut de maire, de juge de paix, de sous-préfet et de préfet, les avis prévus par l'article 624 seront respectivement fournis par les agents administratifs et judiciaires exerçant les fonctions correspondantes. Dans tous les cas, l'avis du Directeur de l'Intérieur ou du fonctionnaire en tenant lieu sera joint au dossier et produit à la Cour.

Art. 4. — Les déplacements temporaires exigés par les nécessités du commerce ou imposés par l'autorité pour l'ordre ou le service de la colonie ne seront pas considérés comme changements de résidence faisant, aux termes de l'article 621, obstacle à la réhabilitation ; et, dans tous les cas, l'autorisation administrative préalable de changer de résidence ne fera pas perdre le bénéfice de la résidence qui aura été acquise dans un autre centre ou établissement.

Art. 5. — Les fonctions attribuées, par les articles 626, 627 et 628 à la Chambre d'accusation de la Cour impériale seront dévolues :

A la Guyane, en Cochinchine et au Sénégal, à la Cour impériale, composée au moins de trois magistrats.

A la Nouvelle-Calédonie et à Taïti, au magistrat du tribunal supérieur, assisté du juge impérial et de l'un des membres du conseil de guerre, à la désignation du chef de la colonie.

A Saint-Pierre et Miquelon, au conseil d'appel.

NAPOLÉON.

(8 décembre 1869)

**CIRC. M.** *relative à l'instruction des demandes en réhabilitation dans les colonies.*

BAT. II., p. 598.
B. C. (1870), p. 41.

Par décrets des 15 janvier 1853, 30 octobre 1867 et 18 novembre 1869, les dispositions des lois des 3 juillet 1852 et 19 mars 1864, sur la réhabilitation, ont été rendues applicables à nos colonies. En ce qui concerne les principes généraux, la législation sur la matière est donc la même, dans nos établissements d'outre-mer que dans la Métropole.

Mais le fonctionnement de cette législation pouvant, dans les conditions particulières à l'organisation coloniale, rencontrer certaines difficultés, le Département de la marine et celui de la justice ont cru devoir soumettre à la signature de Sa Majesté le décret réglementaire ci-joint.

Ce décret a pour but de pourvoir à l'accomplissement des prescriptions contenues dans les articles 619 à 634 du Code d'instruction criminelle, en transportant à des autorités équivalentes les attributions que ces articles confient à des autorités qui n'existent pas dans nos colonies. L'intérêt et la portée de ses dispositions sont trop faciles à saisir pour que j'aie besoin d'entrer dans des détails à cet égard, mais je crois utile de profiter de cette occasion pour vous donner des indications générales sur la manière dont il convient de procéder, en matière de réhabilitation.

La réhabilitation, dans l'ancienne législation, était un fait tellement rare que la procédure préparatoire était à peine fixée et, en tous cas, fort peu connue. La loi qui en a étendu le bénéfice aux condamnés correctionnels a déjà sensiblement multiplié les cas d'application dans la Métropole. De son côté, le Département de la justice a fait tous ses efforts pour que ce moyen, offert par la loi aux condamnés, pour effacer toute trace de leur passé, fût porté à la connaissance du plus grand nombre possible de libérés. Il y a lieu d'espérer que le même mouvement sera suivi dans les colonies et que les opérations vers une réhabilitation qui relève le coupable et rassure en même temps la société, y feront les mêmes progrès qu'en France. Il importe que les magistrats coloniaux connaissent bien les traditions qui dirigent en pareille matière la conduite de nos Cours impériales et celle de la chancellerie, et qu'ils puissent, en s'y conformant, faciliter le succès des demandes dignes d'être appuyées.

Je crois devoir vous faire remarquer, tout d'abord, que les conditions à remplir pour obtenir la réhabilitation sont de deux sortes et se partagent en deux classes parfaitement distinctes :

1° Les conditions d'ordre purement légal ;

2° Les conditions d'ordre moral.

Les premières sont, quant à leur nature et à leur étendue, précisées d'une manière stricte par les articles du Code. Elles sont absolues, rigoureuses et impératives, et leur inobservation entraînerait soit un blâme de la Cour de cassation, soit tout au moins le refus de la réhabilitation. A cet égard, vous aurez pour guide et les termes des lois promulguées aux colonies et le texte complémentaire qui fait l'objet du présent décret. Je me borne à y ajouter ici quelques indications ou quelques solutions fournies par la pratique et par la jurisprudence.

Sur l'introduction de la demande, il n'est rien innové, mais on devra veiller à ce qu'elle porte la signature de l'impétrant dûment légalisée. Dans le cas où l'intéressé ne pourrait ou ne saurait signer, il faudrait au moins que sa demande fût formée devant une autorité administrative qui pût certifier l'identité.

En ce qui concerne les prescriptions de l'article 623, relatives au paiement des amendes, frais, dommages-intérêts, etc., etc., quoique la loi charge les intéressés de justifier du paiement, les justiciables des colonies ont le droit de compter, comme ceux de la Métropole, sur le concours et l'assistance des autorités administratives et judiciaires. Celles-ci doivent se prêter à tout ce qui peut faciliter la production des quittances, certificats, etc. Lors même que la condamnation a eu lieu en France, rien ne s'oppose à ce que les paiements aient lieu dans une colonie.

Comme le paiement des amendes et frais est absolument de rigueur, il a été décidé que, même en cas de prescription, les caisses publiques devront recevoir exceptionnellement le versement des sommes dues. C'est ainsi qu'à défaut des receveurs de l'enregistrement, les employés du trésor central délivrent des récépissés mentionnant le versement aux fins et pour les causes de tel jugement de condamnation. On devra de même, dans les colonies, exécuter cette décision concertée entre les Départements de la justice et des finances.

Il faut remarquer, à propos des amendes, que la date du paiement peut avoir une grande importance sur l'admission de la demande en réhabilitation. Il a été jugé, en effet, que si l'amende est la condamnation principale, la demande en réhabilitation ne peut être formée que trois ans après le paiement, s'il s'agit de condamnation correctionnelle; ou cinq ans, s'il s'agit de condamnation criminelle, parce que, dans ce cas, c'est du paiement que date l'accomplissement de la peine, tandis que si l'amende n'a été que l'accessoire, c'est de la date de l'accomplissement de la peine principale et non de celle du paiement de l'amende que court le délai nécessaire pour l'introduction de la demande; par conséquent, ce paiement peut avoir lieu au moment de l'introduction de la demande, ou même ultérieurement, sur l'avis des magistrats.

En ce qui concerne les attestations, certificats et avis exigés par l'article 624 du Code d'instruction criminelle, les dispositions de l'article 2 du décret ci-annexé assurent dans chaque colonie l'accomplissement des formalités légales, quelle que soit l'organisation administrative et municipale de la colonie.

Le même décret consacre, en ce qui concerne la durée de la résidence à partir de la libération, une doctrine que l'état particulier du régime administratif et les habitudes du travail aux colonies rendent indispensables. Il importait de ne pas faire obstacle à certains déplacements temporaires nécessités par les besoins des professions honorables et utiles. En outre, dans le cas où, les conditions de résidence étant d'ailleurs remplies, l'impétrant aurait demeuré depuis sa libération à l'étranger, le Gouverneur devra, soit directement, soit par l'intermédiaire du Département, se procurer des renseignements sur sa conduite pendant cette période.

A l'égard des pièces que le parquet doit joindre au dossier, aux termes de l'article 635, il y a lieu de faire les recommandations suivantes :

L'expédition de l'arrêt ou jugement de condamnation doit, comme la minute elle-même, mentionner les décisions gracieuses qui ont pu intervenir, et si, en matière correctionnelle, il y a eu appel, il faut joindre au jugement de première instance l'arrêt rendu sur appel.

Les extraits de registres d'écrou doivent constater la date de l'écrou et celle de la radiation; pour les condamnations aux travaux forcés, il y aura lieu de produire deux extraits, l'un du bagne et l'autre de la colonie pénitentiaire, à moins que les notes du bagne ne soient transcrites sur les états relatifs au condamné dans la colonie. Le parquet doit annexer également au dossier un extrait du casier judiciaire et l'acte de naissance du condamné, ou, s'il s'agit d'un Étranger, l'acte qui tient lieu d'acte de l'état civil dans son pays.

Enfin, quand la procédure est complète et que l'avis des autorités judiciaires est favorable, le Gouverneur, en transmettant les pièces au Département, doit faire aussi connaître son opinion sur l'opportunité de la mesure. La réhabilitation, par cela même qu'elle présente un intérêt capital pour le condamné, est un fait grave pour la société, où le réhabilité vient reprendre son ancien rang et jouir de tous les privilèges d'un citoyen; elle ne peut donc être indifférente pour le fonctionnaire auquel sont confiées la tranquillité et la sécurité des populations coloniales.

Quant aux conditions d'ordre moral, bien que résultant également soit des termes, soit de l'esprit de la loi, elles sont moins définies dans leur nature et dans leur objet : elles prêtent moins à une formule précises et rigoureuse, c'est surtout une affaire d'appréciation et de discernement. Cependant, s'il ne peut y avoir là matière à cassation, cette partie de la procédure n'est pas dépourvue de garanties et n'est pas abandonnée à l'arbitraire. Outre le double examen des justifications par le parquet et par les Cours, il y a encore le contrôle du Département de la justice. D'ailleurs, si sur cette matière il n'est pas possible de tracer des règles absolues, on peut au moins donner certaines indications dont la pratique a révélé l'utilité et qui suffisent pour la plupart des cas qui se présentent habituellement.

Ainsi, en principe, le coupable doit réparer le dommage causé, mais des espèces diverses peuvent se présenter. Par exemple, en cas de vol, d'abus de confiance, etc., il n'est pas difficile d'évaluer, au moins approximativement, le préjudice. S'il y a eu au procès une partie civile, le paiement de l'indemnité fixée par le jugement comporte la réparation complète, entière, et l'on ne peut exiger rien de plus. Dans le cas contraire, la réparation consistera à rendre l'objet détourné, s'il existe, ou son équivalent, s'il a disparu. Si la victime du vol peut être retrouvée, offre lui sera faite directement, sinon on consignera, mais en son nom, de façon que dans aucun cas le coupable ne puisse reprendre tout ou partie de ce qu'il a versé. Dans l'hypothèse où on aurait la presque certitude que ni la victime ni ses ayants cause ne reparaîtront jamais, la somme pourrait être versée à une institution de bienfaisance, d'après les suggestions du parquet qui instruit.

La règle dominante est que, dans aucun cas, ni sous aucun prétexte, le coupable ne conservera un profit quelconque de ce méfait.

Quand il s'agit de la réparation d'un dommage moral, la question est plus délicate, et c'est surtout là qu'il y aura matière à appréciation.

Par exemple, en affaire d'attentat aux mœurs, la chancellerie a admis suivant les cas, comme réparation, soit la constitution d'une dot au profit de la victime en mesure d'en profiter, soit une constitution semblable au profit de personnes pauvres ou bien d'établissements de préservation de la jeunesse. Il y a dans le choix de ces équivalents à tenir compte de l'effet par rapport au coupable, autant que de l'intérêt de la victime parfois indigne.

Il n'échappera pas aux officiers du parquet que l'importance de ces sacrifices se proportionne nécessairement aux moyens pécuniaires du condamné, et qu'il ne faut jamais favoriser de la part des victimes des essais d'exploitation dont on a eu plus d'un exemple. S'il s'agit de meurtre ou de blessures graves, la victime survivante, ou sa veuve et ses enfants, peuvent être dédommagés dans des conditions analogues à celles qui sont adoptées par la justice civile. Cependant, quand elles n'ont rien réclamé, il est rare que l'on prescrive d'office une réparation pécuniaire, parce qu'il y aurait plus d'un inconvénient moral à paraître évaluer, à prix d'argent, la privation de la vie humaine.

Je me suis assuré que si le crime a été commis en France, le Département de la justice prêtera son concours pour les recherches et négociations. Il y aurait lieu alors de lui faire connaître à l'avance les ressources dont le condamné peut et veut disposer.

Il est essentiel de faire observer d'une manière générale que, par cela même qu'il n'y a point, pour ces justifications, de règles fixes et invariables, les parquets ne doivent jamais opposer de leur propre autorité une fin de non-recevoir aux demandes appuyées de preuves ou d'offres de réparation qui ne leur sembleraient pas suffisantes. La Cour, qui donne son avis, et l'autorité supérieure pourront seules statuer sur ce point, et l'instruction des demandes ne doit être jamais ajournée pour les motifs de cette nature, quand les formalités ordinaires paraissent accomplies. D'ailleurs, il ne faut jamais contraindre le demandeur. La spontanéité de ses actes est une garantie de sa régénération. Une pression exercée sur lui ferait dégénérer un marché du conseil que lui doivent les membres du parquet.

Messieurs les Magistrats ne devront pas non plus perdre de vue que la Cour de cassation admet la réhabilitation même pour des condamnations qui n'introduisent aucune incapacité légale. Il suffit que les condamnations intéressent l'honneur et la considération.

Lorsque l'instruction de l'affaire est terminée, il faut joindre aux pièces :

1° L'inventaire détaché du dossier.

2° Un rapport du chef du parquet résumant succinctement les faits qui ont amené la condamnation et les phases de la procédure en réhabilitation.

Il est inutile de dire qu'en cas d'avis négatif de la Cour ou tribunal qui en tient lieu, comme il y a ajournement forcé à deux années, il n'y a pas lieu de transmettre le dossier au Département ; on se bornera à lui faire connaître qu'il y a avis négatif. Les explications qui précèdent suffiront, je l'espère, à la solution de la plupart des cas qui paraissent se présenter.

On ne doit pas se dissimuler que la partie pour ainsi dire matérielle de la tâche imposée aux autorités judiciaires en matière de réhabilitation est de beaucoup la plus faible, et que le côté moral est celui qui impose les plus délicates obligations. Il exige, en effet, de leur part une grande circonspection, de minutieuses investigations, un sens juste, une appréciation vraie également éloignée d'une dangereuse indulgence et d'une rigueur impitoyable.

La réhabilitation est un acte considérable. Elle ne doit être accessible qu'à ceux qui s'en sont véritablement rendus dignes par un retour au bien manifeste, et dont la conduite est un gage de sécurité pour l'avenir.

Il ne suffit pas que le coupable soit étudié au point de vue des passions qui ont motivé ses condamnations; sans doute il est particulièrement important de s'assurer qu'il s'est corrigé sous ce rapport, c'est la première condition pour qu'il puisse espérer le succès de sa demande; mais il faut qu'il soit allé plus loin et que l'ensemble de sa conduite et de sa vie porte ce caractère d'amendement, de surveillance de soi-même, de pratique du devoir qui le désigne à l'estime des autres et assure à sa réhabilitation le suffrage de l'opinion publique.

RIGAULT DE GENOUILLY.

(14 août 1885)

**LOI** *sur les moyens de prévenir la récidive* (*libération conditionnelle, patronage, réhabilitation*) (1).

B. C., p. 441.

(1). V. *Récidivistes*.

## RÉINTÉGRATION

(15 janvier 1876)

**DÉP. M.**, *au sujet de la réintégration au service militaire actif des officiers pourvus d'un emploi civil hors cadre.*

BAT. I, p. 44.

(7 septembre 1883)

**CIRC. M.**, *au sujet de la réintégration dans le service d'anciens employés démissionnaires.*

B. C., p. 372.

En me faisant connaître que vous recevez fréquemment, de la part d'anciens employés ayant démissionné, des demandes de réintégration dans le service, vous manifestez le désir de connaître dans quelles conditions cette réintégration peut être effectuée.

En droit, un fonctionnaire ayant démissionné se trouve dans la même situation que les postulants n'ayant jamais servi ; il ne peut donc être admis à nouveau que dans le plus bas grade de la hiérarchie. Si on lui accordait son ancien grade, on arriverait à fermer l'avancement au personnel demeuré à son poste ; on créerait, en outre, un précédent fâcheux qui pourrait amener la désorganisation dans le service. Assurés, en effet, de pouvoir reprendre, quand ils le désireraient, les fonctions qu'ils auraient abandonnées, un certain nombre d'employés n'hésiteraient évidemment pas à démissionner, pour tenter une autre carrière qui leur paraîtrait momentanément plus avantageuse.

A. PEYRON.

## RÉLÉGATION

V. *Récidivistes.*

## RELIURE ET CARTONNAGE

V. *Impressions et imprimés.*

## REMISE DE SERVICE

(29 mai 1868)

**CIRC. D. I.** *Devoirs des inspecteurs des affaires indigènes lorsqu'ils sont remplacés dans leurs fonctions.*

BAT. I, p. 56.
B. C., p. 108.

Lorsqu'un inspecteur est remplacé dans ses fonctions, il doit arrêter tous ses registres, surtout ceux de sa comptabilité, à la date du changement de service, et signer pour la remise desdits registres tenus à jour, tandis que le successeur signe pour la prise en charge, en y ajoutant ses observations, s'il y a lieu.

P. VIAL.

## REMONTE

V. *Chevaux des corps de troupes.*

## RENGAGEMENTS

V. *Engagements, rengagements et réadmissions.*

## RENTES ET TITRES AU PORTEUR

I. RENTES SUR L'ÉTAT (ACHATS, VENTES, RENOUVELLEMENT DE TITRES). — II. TITRES AU PORTEUR

### I. — RENTES SUR L'ÉTAT (ACHATS, VENTES, RENOUVELLEMENT DE TITRES)

| NATURE DES DOCUMENTS | DATES | RECUEILS A CONSULTER | | | | | | | OBSERVATIONS |
|---|---|---|---|---|---|---|---|---|---|
| | | Bat. | B.C. | B.D.I. | J. C. | J. H. | B. M. | B.Col. | |
| A. G. | 10 septembre 1879. | | 341 | | | | | | |
| A. G. | 21 avril 1880. | | 202 | | | | | | |
| Dép. M. | 30 janvier 1883. | | | | | | | | |
| Circ. M. | 10 juin 1884. | | | | | | | | |

(10 septembre 1879)

**A. G.** *autorisant exceptionnellement le trésorier-payeur à prendre des inscriptions de rentes sur l'État pour la somme de 3514 — 53 (1), au nom de la colonie. — Les intérêts seront distribués, à titre de prime, aux meilleurs élèves métis qui sortiront des écoles.*

B. C., p. 341.

(21 avril 1880)

**A. G.** *autorisant le trésorier-payeur à employer en rente sur l'État, au nom de la colonie, la somme de 151 francs 43, provenant tant du reliquat de l'achat de 128 francs de rente effectuée, en vertu de l'arrêté du 10 septembre 1879 que de souscriptions versées par d'autres colonies et encaissées par le Trésor. — Les intérêts seront distribués, à titre de prime, aux meilleurs métis qui sortiront des écoles.*

B. C., p. 202.

(30 janvier 1883)

**DÉP. M.** *au sujet de la reprise du service des achats et ventes de rentes en Cochinchine.*

ARCH. GOUV.

Des raisons administratives particulières avaient amené le Département des finances, dès le 29 août 1878, à suspendre le service des achats et ventes de rentes en Cochinchine.

Ces considérations ont aujourd'hui disparu et le décret du 5 juillet 1881 ayant, de plus, tranché d'une façon définitive la question du change dans la colonie, M. le Ministre des finances a jugé que rien ne s'opposait plus désormais à ce qu'on reprît d'une façon normale les opérations relatives au service des rentes. Il a donc fait écrire au trésorier-payeur, à Saïgon, le 16 de ce mois, pour autoriser le comptable à recevoir à l'avenir les demandes d'achats et de ventes de rentes susceptibles d'être déposées entre ses mains.

Mais, ainsi qu'il me l'a fait remarquer, mon collègue des finances a cru devoir apporter à son autorisation une restriction, en ce qui concerne les opérations s'appliquant à des valeurs au porteur; cette restriction était nécessaire à ses yeux pour dégager l'administration d'une responsabilité qu'elle ne saurait assumer, en aucune circonstance, à l'égard des valeurs en question.

J'ai cru utile de porter à votre connaissance la décision qui vient d'être prise par le Département des finances.

DISLÈRE.

(10 juin 1884)

**CIRC. M.** *Dispositions relatives aux achats et aux ventes de rentes sur l'État. — Modèles.*

(publiée à part.)

(1) Reliquat disponible sur le produit de la souscription ouverte pour l'érection de la statue de l'amiral Rigault de Genouilly.

## II. — TITRES AU PORTEUR

| NATURE DES DOCUMENTS | DATES | RECUEILS A CONSULTER | | | | | | | OBSERVATIONS |
|---|---|---|---|---|---|---|---|---|---|
| | | Bat. | B.C. | B.D.I. | J. C. | J.H. | B. M. | B.Col. | |
| Loi. | 15 juin 1872. | | 337 | | | | | | |
| Loi. | 27 février 1880. | | 285 | | | | | | |
| Loi. | 3 avril 1880. | | 337 | | | | | | |

(15 juin 1872)

**LOI** *relative aux titres au porteur.*

(Promulg. A G., 15 juin 1880)
B. C., p. 337.

Article premier. — Le propriétaire de titres au porteur qui en est dépossédé par quelque événement que ce soit, peut se faire restituer contre cette perte, dans la mesure et sous les conditions déterminées dans la présente loi.

Art. 2. — Le propriétaire dépossédé fera notifier par huissier, à l'établissement débiteur, un acte indiquant : le nombre, la nature, la valeur nominale, le numéro et, s'il y a lieu, la série des titres.

Il devra aussi, autant que possible, énoncer :

1° L'époque et le lieu où il est devenu propriétaire, ainsi que le mode de son acquisition ;

2° L'époque et le lieu où il a reçu les derniers intérêts ou dividendes ;

3° Les circonstances qui ont accompagné sa dépossession. Le même acte contiendra une élection de domicile dans la commune du siège de l'établissement débiteur.

Cette notification emportera opposition au paiement tant du capital que des intérêts ou dividendes échus ou à échoir.

Art. 3. — Lorsqu'il se sera écoulé une année depuis l'opposition sans qu'elle ait été contredite, et que, dans cet intervalle, deux termes au moins d'intérêts ou de dividendes auront été mis en distribution, l'opposant pourra se pourvoir auprès du président du tribunal civil du lieu de son domicile, afin d'obtenir l'autorisation de toucher les intérêts ou dividendes échus ou à échoir, au fur et à mesure de leur exigibilité, et même le capital des titres frappés d'opposition, dans le cas où ledit capital serait ou deviendrait exigible.

Art. 4. — Si le président accorde l'autorisation, l'opposant devra, pour toucher les intérêts ou dividendes, fournir une caution solvable dont l'engagement s'étendra au montant des annuités exigibles et, de plus, à une valeur double de la dernière annuité échue. Après deux ans écoulés, depuis l'autorisation, sans que l'opposition ait été contredite, la caution sera de plein droit déchargée.

Si l'opposant ne veut ou ne peut fournir la caution requise, il pourra, sur le vu de l'autorisation, exiger de la compagnie le dépôt à la caisse des dépôts et consignations des intérêts ou dividendes échus et de ceux à échoir, au fur et à mesure de leur exigibilité. Après deux ans écoulés depuis l'autorisation, sans que l'opposition ait été contredite, l'opposant pourra retirer de la caisse des dépôts et consignations les sommes ainsi déposées, et percevoir librement les intérêts et dividendes à échoir, au fur et à mesure de leur exigibilité.

Art. 5. — Si le capital des titres frappés d'opposition est devenu exigible, l'opposant qui aura obtenu l'autorisation ci-dessus pourra en toucher le montant, à charge de fournir caution. Il pourra, s'il le préfère, exiger de la compagnie que le montant dudit capital soit déposé à la caisse des dépôts et consignations.

Lorsqu'il se sera écoulé dix ans, depuis l'époque de l'exigibilité et cinq ans au moins à partir de l'autorisation, sans que l'opposition ait été contredite, la caution sera déchargée, et, s'il y a eu dépôt, l'opposant pourra retirer de la caisse des dépôts et consignations les sommes en faisant l'objet.

Art. 6. — La solvabilité de la caution à fournir, en vertu des dispositions des articles précédents, sera appréciée comme en matière commerciale. S'il s'élève des difficultés, il sera statué en référé par le président du tribunal du domicile de l'établissement débiteur.

Il sera loisible à l'opposant de fournir un nantissement au lieu et place d'une caution. Ce nantissement pourra être constitué en titre de rente sur l'État. Il sera restitué, à l'expiration des délais fixés pour la libération de la caution.

Art. 7. — En cas de refus de l'autorisation dont il est parlé en l'article 3, l'opposant pourra saisir, par voie de requête, le tribunal civil de son domicile, lequel statuera, après avoir entendu le ministère public. Le jugement obtenu dudit tribunal produira les effets attachés à l'ordonnance d'autorisation.

Art. 8. — Quand il s'agira de coupons au porteur détachés du titre, si l'opposition n'a pas été contredite, l'opposant pourra, après trois années à compter de l'échéance et de l'opposition, réclamer le montant desdits coupons de l'établissement débiteur, sans être tenu de se pourvoir d'autorisation.

Art. 9. — Les paiements faits à l'opposant, suivant les règles ci-dessus posées, libèrent l'établissement débiteur envers tout tiers porteur qui se présenterait ultérieurement. Le tiers porteur au préjudice duquel lesdits paiements auraient été faits, conserve seulement une action personnelle contre l'opposant qui aurait formé son opposition sans cause.

Art. 10. — Si, avant que la libération de l'établissement débiteur soit accomplie, il se présente un tiers porteur des titres frappés d'opposition, ledit établissement doit provisoirement retenir ces titres contre un récépissé remis au tiers porteur; il doit, de plus, avertir l'opposant, par lettre chargée, de la présentation du titre, en lui faisant connaître le nom et l'adresse du tiers porteur. Les effets de l'opposition restent alors suspendus jusqu'à ce que la justice ait prononcé entre l'opposant et le transporteur.

Art. 11. — L'opposant qui voudra prévenir la négociation ou la transmission des titres dont il a été dépossédé, devra notifier par exploit d'huissier, au syndicat des agents de change de Paris, une opposition renfermant les énonciations prescrites par l'article 2 de la présente loi; l'exploit contiendra réquisition de faire publier les numéros des titres.

Cette publication sera faite un jour franc au plus tard, par les soins et sous la responsabilité du syndicat des agents de change de Paris, dans un bulletin quotidien, établi et publié dans les formes et sous les conditions déterminées par un règlement d'administration publique.

Le même règlement fixera le coût de la rétribution annuelle due par l'opposant, pour frais de publicité. Cette rétribution annuelle sera payée d'avance, à la caisse du syndicat, faute de quoi la dénonciation de l'opposition ne sera pas reçue ou la publication ne sera pas continuée à l'expiration de l'année pour laquelle la rétribution aura été payée.

Art. 12. — Toute négociation ou transmission postérieure au jour où le bulletin est parvenu ou aurait pu parvenir, par la voie de la poste, dans le lieu où elle a été faite, sera en effet vis-à-vis de l'opposant, sauf le recours du tiers porteur contre son vendeur et contre l'agent de change par l'intermédiaire duquel la négociation aura eu lieu. Le tiers porteur pourra également, au cas prévu par le précédent article, contester l'opposition faite irrégulièrement ou sans droit.

Sauf le cas où la mauvaise foi serait démontrée, les agents de change ne seront responsables des négociations faites par leur entremise qu'autant que les oppositions leur auront été signifiées personnellement ou qu'elles auront été publiées dans le bulletin, par les soins du syndicat.

Art. 13. — Les agents de change doivent inscrire sur les livres les numéros des titres qu'ils achètent ou qu'ils vendent.

Ils mentionneront sur les bordereaux d'achat les numéros livrés. Un règlement d'administration publique déterminera le taux de la rémunération qui sera allouée à l'agent de change pour cette inscription des numéros.

Art. 14. — A l'égard des négociations ou transmissions de titres antérieurs à la publication de l'opposition, il n'est pas dérogé aux dispositions des articles 2279 et 2280 du Code civil.

Art. 15. — Lorsqu'il se sera écoulé dix ans, depuis l'autorisation obtenue par l'opposant, conformément à l'article 3, et que, pendant le même laps de temps, l'opposition aura été publiée sans que personne se soit présenté pour recevoir les intérêts ou dividendes, l'opposant pourra exiger de l'établissement débiteur qu'il lui soit remis un titre semblable et subrogé au premier. Ce titre devra porter le même numéro que le titre originaire, avec la mention qu'il est délivré par duplicata.

Le titre délivré en duplicata conférera les mêmes droits que le titre primitif et sera négociable dans les mêmes conditions.

Le temps pendant lequel l'établissement n'aurait pas mis en distribution de dividendes ou d'intérêts ne sera pas compté dans le délai ci-dessus.

Dans le cas du présent article, le titre primitif sera frappé de déchéance, et le tiers porteur qui le présentera, après la remise du nouveau titre à l'opposant, n'aura qu'une action personnelle contre celui-ci, au cas où l'opposition aurait été faite sans droit.

L'opposant qui réclamera de l'établissement un duplicata paiera les frais qu'il occasionnera. Il devra de plus garantir par un dépôt ou une caution que le numéro du titre frappé de déchéance sera publié pendant dix ans, avec une mention spéciale au bulletin quotidien.

Art. 16. — Les dispositions de la présente loi sont applicables aux titres au porteur émis par les départements, les communes et les établissements publics, mais elles ne sont pas applicables aux billets de la banque de France, ni aux billets de même nature émis par des établissements légalement autorisés, ni aux rentes et autres titres au porteur émis par l'État, lesquels continueront à être régis par les lois, décrets et règlements en vigueur.

Toutefois, les cautionnements exigés par l'administration des finances pour la délivrance des duplicata de titres perdus, volés ou détruits, seront restitués si, dans les vingt ans qui auront suivi, il n'a été formé aucune demande de la part des tiers porteurs, soit pour les arrérages, soit pour le capital. Le trésor sera définitivement libéré envers le porteur des titres primitifs, sauf l'action personnelle de celui-ci contre la personne qui aura obtenu le duplicata.

(27 février 1880)

**LOI** *relative à l'aliénation des biens des mineurs ou interdits et à la conversion de ces valeurs en titres au porteur* (1).

B. C., p. 285.

(3 avril 1880)

**LOI** *rendant applicable aux colonies la loi du 15 juin 1872, sur les titres au porteur.*

(Promulg. A. G., 15 juin 1880.)
B. C., p. 337.

Article premier. — La loi du 15 juin 1872, relative aux titres au porteur, est rendue applicable et exécutoire dans les colonies françaises.

Art. 2. — Tout propriétaire dépossédé qui, provisoirement, voudra prévenir dans une colonie la négociation ou la transmission des titres, devra notifier, par exploit

(1) V. *Mineurs ou interdits (bien des).*

d'huissier, au syndic des agents de change ou, à défaut, au syndic des notaires, une opposition renfermant les énonciations prescrites par l'article 2 de la loi de 1872.

Cet exploit contiendra réquisition de faire publier les numéros des titres.

La forme et les conditions de la publication, ainsi que le tarif et le mode de rétribution, seront déterminés par un arrêté du Gouverneur, en Conseil privé.

Cette notification produira, dans les colonies, pendant le délai d'une année, les effets de celle de l'article 11 de la loi.

Elle ne pourra être renouvelée.

## REPRÉSENTATION DU PROTECTORAT FRANÇAIS AU CAMBODGE

V. *Cambodge*.

## RÉQUISITION DE PASSAGE ET DE TRANSPORT

V. *Passagers et frais de passage*.
*Rapatriement*.
*Transport de vivres, de matériel et de personnel*.

## RETENUES DE GARANTIE

Cette retenue qui est ordinairement du 1/6 des travaux effectués n'a pas pour objet de garantir la bonne qualité des ouvrages, mais bien leur exécution.

V. *Cautionnements et garanties*.

## RETENUES SUR LA SOLDE

V. *Hôpital indigène de Choquan*.
*Hôpitaux et ambulances de la marine*.
*Invalides de la marine*.
*Logement*.
*Punitions disciplinaires*.
*Traitement, solde et accessoires de solde*

## RETRAITE

V. *Pensions de retraite*.

## RÉUNIONS PUBLIQUES

(30 juin 1881)

**LOI** *sur la liberté de réunion.*

(Promulg. A. G., 30 septembre 1881)
B. C., p. 376.

Article premier. — Les réunions publiques sont libres.

Elles peuvent avoir lieu sans autorisation préalable, sous les conditions prescrites par les articles suivants :

Art. 2. — Toute réunion publique sera précédée d'une déclaration indiquant le lieu, le jour, l'heure de la réunion. Cette déclaration sera signée par deux personnes au moins, dont l'une domiciliée dans la commune où la réunion doit avoir lieu.

Les déclarants devront jouir de leurs droits civils et politiques, et la déclaration indiquera leurs noms, qualités et domiciles.

Les déclarations sont faites : à Paris, au préfet de police ; dans les chefs-lieux de département, au préfet ; dans les chefs-lieux d'arrondissement, au sous-préfet ; et dans les autres communes, au maire.

Il sera donné immédiatement récépissé de la déclaration.

Dans le cas où le déclarant n'aurait pu obtenir de récépissé, l'empêchement ou le refus pourra être constaté par acte extra-judiciaire ou par attestation signée de deux citoyens domiciliés dans la commune.

Le récépissé ou l'acte qui en tiendra lieu constatera l'heure de la déclaration.

La réunion ne peut avoir lieu qu'après un délai d'au moins vingt-quatre heures.

Art. 3. — Ce délai sera réduit à deux heures pour les réunions publiques électorales prévues à l'article 5, lorsqu'elles seront tenues dans la période comprise entre le décret portant convocation du collège électoral et le jour de l'élection exclusivement.

La réunion pourra avoir lieu le jour même du vote, s'il s'agit d'élections comportant plusieurs tours de scrutin dans la même journée.

La réunion pourra alors suivre immédiatement la déclaration.

Art. 4. — La déclaration fera connaître si la réunion a pour but une conférence, une discussion publique, ou si elle doit constituer une réunion électorale prévue par l'article suivant.

Art. 5. — La réunion électorale est celle qui a pour but le choix ou l'audition de candidats à des fonctions publiques électives, et à laquelle ne peuvent assister que les électeurs de la circonscription, les candidats, les membres des deux Chambres et le mandataire de chacun des candidats.

Art. 6. — Les réunions ne peuvent être tenues sur la voie publique ; elles ne peuvent se prolonger au delà de onze heures du soir ; cependant, dans les localités où la fermeture des établissements publics a lieu plus tard, elles pourront se prolonger jusqu'à l'heure fixée pour la fermeture de ces établissements.

Art. 7. — Les clubs demeurent interdits.

Art. 8. — Chaque réunion doit avoir un bureau composé de trois personnes au moins. Le bureau est chargé de maintenir l'ordre, d'empêcher toute infraction aux lois, de conserver à la réunion le caractère qui lui a été donnée par la déclaration ;

d'interdire tout discours contraire à l'ordre public et aux bonnes mœurs, ou contenant provocation à un acte qualifié crime ou délit.

A défaut de désignation par les signataires de la déclaration, les membres du bureau seront élus par l'assemblée.

Les membres du bureau et, jusqu'à la formation du bureau, les signataires de la déclaration sont responsables des infractions aux prescriptions des articles 6, 7 et 8 de la présente loi.

Art. 9. — Un fonctionnaire de l'ordre administratif ou judiciaire peut être délégué : à Paris, par le préfet de police, et dans les départements, par le préfet, le sous-préfet ou le maire, pour assister à la réunion.

Il choisit sa place.

Il n'est rien innové aux dispositions de l'article 3 de la loi des 16-24 août 1790 (1), de l'article 9 de la loi des 19-22 juillet 1791 (2) et des articles 9 et 15 de la loi du 18 juillet 1837 (3).

Toutefois, le droit de dissolution ne devra être exercé par le représentant de l'autorité que s'il en est requis par le bureau ou s'il se produit des collisions et voies de fait.

Art. 10. — Toute infraction aux dispositions de la présente loi sera punie des peines de simple police, sans préjudice des poursuites pour crimes et délits qui pourraient être commis dans les réunions.

Art. 11. — L'article 463 du Code pénal est applicable aux contraventions prévues par la présente loi. L'action publique et l'action privée se prescrivent par six mois.

Art. 12. — Le décret du 28 juillet 1848 demeure abrogé, sauf l'article 13 qui interdit les sociétés secrètes (4). Sont également abrogés : le décret du 25 mars 1852, la loi des 6-10 juin 1868 et toutes dispositions contraires à la présente loi.

Art. 13. — La présente loi est applicable aux colonies représentées au Parlement.

(1) *Loi du 24 août* 1790. — Art. 3. — Les objets de police confiés à la vigilance et à l'autorité des corps municipaux, sont :

1° ........................................................................................................

2° Le soin de réprimer et punir les délits contre la tranquillité publique, tels que les rixes et disputes accompagnées d'ameutement dans les rues, le tumulte excité dans les lieux d'assemblée publique, les bruits et attroupements nocturnes qui troublent le repos des citoyens;

3° Le maintien du bon ordre dans les endroits où il se fait de grands rassemblements d'hommes, tels que les foires, marchés, réjouissances et cérémonies publiques, spectacles, jeux, cafés, églises et autres lieux publics.

(2) *Loi du 22 juillet* 1791. — Art. 9. — A l'égard des lieux où tout le monde est admis indistinctement, tels que cafés, cabarets, boutiques et autres, les officiers de police pourront toujours y entrer, soit pour prendre connaissance des désordres ou contraventions aux règlements, soit pour vérifier les poids et mesures, le titre des matières d'or et d'argent, la salubrité des comestibles et médicaments.

(3) *Loi du 18 juillet* 1837. — Art. 9. — Le maire est chargé, sous l'autorité de l'administration supérieure :

1° De la publication et de l'exécution des lois et règlements ;

2° Des fonctions spéciales qui lui sont attribuées par les lois ;

3° De l'exécution des mesures de sûreté générale.

Art. 15. — Dans le cas où le maire refuserait ou négligerait de faire un des actes qui lui sont prescrits par la loi, le préfet, après l'en avoir requis, pourra y procéder d'office par lui-même ou par un délégué spécial.

(4) *Loi du 28 juillet* 1848. — Art. 13. — Les sociétés secrètes sont interdites. Ceux qui seront convaincus d'avoir fait partie d'une société secrète seront punis d'une amende de 100 à 200 francs, d'un emprisonnement de six mois à deux ans et de la privation des droits civiques d'un an à cinq ans.

Ces condamnations pourront être portées au double contre les chefs ou fondateurs desdites sociétés.

Ces peines seront prononcées sans préjudice de celles qui pourraient être encourues pour crimes ou délits prévus par les lois.

(10 août 1881)

**DÉP. M.** *prescrivant de promulguer en Cochinchine la loi sur la liberté de réunion.*

ARCH. GOUV.

Le n° du *Journal officiel* du 1er juillet dernier contient le texte de la loi sur la liberté de réunion délibérée et adoptée par le Sénat et la Chambre des députés.

Cette loi étant, aux termes de son article 13, applicable aux colonies représentées au Parlement, et la Cochinchine française venant d'être appelée à nommer un député, vous voudrez bien pourvoir à sa promulgation dans la colonie.

A. PEYRON.

## REVENUS DES ARRONDISSEMENTS

V. *Impôts.*
*Service Régional.*

## REVENUS DES COMMUNES

V. *Communes.*
*Impôts.*

## REVENUS DU SERVICE LOCAL

V. *Budget local*
*Impôts.*
*Taxes locales.*

## RIVIÈRES ET CANAUX

V. *Voirie.*

## RIZ ET PADDY

(8 mars 1878)

**A. G.** *portant qu'en Cochinchine les conventions sur le commerce des riz font la loi des parties. — Proportion de paddy admise dans le riz dit cargo.*

BAT. II., p. 606.
B. C., p. 75.

Article premier. — Dans la Cochinchine française, les conventions sur le commerce des riz font la loi des parties.

Art. 2. — La proportion du paddy introduite dans le riz cargo, à défaut de convention, ne devra pas dépasser 15 p. 100 en poids.

J. LAFONT.

Consulter, en outre : *Agriculture, Commerce, Industrie, Douanes. Prêts sur récoltes.*

## ROLE D'ÉQUIPAGE

V. *Marine marchande.*

## ROLE D'IMPOTS

V. *Impôts.*

## ROUTES

V. *Travaux publics (service des)*
*Voirie*

# S

## SAINTE-ENFANCE (PENSIONNAT DE LA)

V. *Écoles Congréganistes.*

## SAISIES-ARRÊTS

V. *Oppositions et saisies-arrêts.*

## SAISIE-IMMOBILIÈRE

(7 mars 1863)

**DÉCRET** *portant application aux colonies de la loi du 21 mai 1858 sur la saisie-immobilière et l'ordre (Modifications au Code de Procédure civile).*

B. M., p. 102.

(2 février 1878)

**CIRC. D. I.** *prescrivant, dans le cas où il y aurait lieu de faire procéder à une vente sur exécution forcée, de demander au bureau des hypothèques, à Saïgon, l'état des inscriptions hypothécaires relevées après la saisie.*

BAT. I, p. 609.
B. D. I, p. 37.

## SALAIRES

| NATURE DES DOCUMENTS | DATES | RECUEILS A CONSULTER | | | | | | | OBSERVATIONS |
|---|---|---|---|---|---|---|---|---|---|
| | | Bat. | B.C. | B.D.I. | J. C. | J. H. | B. M. | B.Col. | |
| A. G. | 14 juillet 1863. | | 370 | | | | | | |
| A. G. | 24 mars 1868. | | 70 | | | | | | |
| A. G. | 14 août 1868. | | 169 | | | | | | |
| A. G. | 24 août 1872. | 1-412 | 218 | | | | | | |
| Dép. M. | 24 décembre 1881. | | | | | | | | |
| Cir.Ch. S.Ad. | 8 septembre 1884. | | | | | | | | |
| Dép. M. | 31 décembre 1884. | | 1885 -48 | | | | | | |
| A. G. | 29 avril 1886. | | 141 | | 577 | | | | |
| Circ. D. I. | 19 mai 1886. | | | | 633 | | | | |
| Circ. D. I. | 23 juin 1886. | | | | 730 | | | | |
| Circ. D. I. | 22 juillet 1886. | | | | 802 | | | | |
| Circ. D. I. | 17 septembre 1889. | | | | 866 | | | | |

(14 juillet 1863)

**A. G.** *réglementant les salaires à accorder aux ouvriers annamites et chinois employés dans les divers services de la colonie* (1).

B. C., p. 370.

(24 mars 1868)

**A. G.** *déterminant les règles à suivre pour le paiement de la solde des ouvriers dans les directions, les détails du commissariat et autres services dépendant du Département de la marine et des colonies.*

B. C., p. 70.

(14 août 1868)

**A. G.** *rapportant l'arrêté du 14 juillet 1863 relatif à la fixation des salaires des ouvriers annamites et chinois employés dans les divers services, en ce qui concerne les services au compte du budget de l'État.*

B. C., p. 169.

(24 août 1872)

**A. G.** *Mandatement des salaires des ouvriers asiatiques employés dans les services dépendant de la direction de l'Intérieur.*

BAT. I, p. 412.
B. C., p. 218.

Les salaires des ouvriers asiatiques employés dans les divers services dépendant de la direction de l'Intérieur continueront, comme par le passé, à être mandatés sur états numériques indiquant le nombre d'ouvriers, leur profession, le prix de la journée, le nombre de journées et les sommes à payer.

CH. D'ARBAUD.

(24 décembre 1881)

**DÉP. M.** *Notification d'une instruction pour servir à l'application d'une nouvelle nomenclature des travaux et à la répartition des salaires d'ouvriers employés aux travaux exécutés par les chantiers et ateliers du service des approvisionnements généraux de la flotte. — Instruction* (2).

ARCH. GOUV.

(8 septembre 1884)

**CIRC. CH. S. AD.** *Interprétation de la Circ. M. du 31 mai 1884 relative à l'exercice de la retenue de 5 et de 3 pour 100 au profit de la caisse des Invalides ; — Les salaires ne donnant pas droit à pension, ne doivent point être frappés de la retenue de 3 0 0.*

ARCH. S. A. D.

(31 décembre 1884)

**DÉP. M.** *au sujet des retenues à exercer sur les salaires des Annamites ou Asiatiques employés comme infirmiers, manœuvres ou plantons, dans les divers services de la colonie* (3).

B. C. 1885, p. 48.

(1) V. *infra*, A. G., 14 août 1868.
(2) V. *Approvisionnements généraux et travaux (bureau des).*
(3) V. *Invalides de la Marine.*

(29 avril 1886)

**A. G.** *portant que les salaires acquis aux ouvriers employés sur les chantiers de l'administration locale leur seront payés, à la fin de chaque semaine, par le comptable de l'arrondissement.*

B. C., p. 141.
J. C., p. 577.

Article premier. — A partir du 1er mai prochain, les salaires acquis aux ouvriers employés sur les chantiers de l'Administration locale leur seront payés, à la fin de chaque semaine, par le comptable de l'arrondissement où les travaux seront exécutés.

Art. 2. — Le conducteur des travaux publics chargé de la surveillance des travaux adressera à cet effet à l'administrateur, le samedi, à trois heures de l'après-midi, un état en double expédition des salaires des coolies employés pendant la semaine.

Un de ces états sera remis au payeur ou percepteur, suivant le cas, qui en avancera le montant sur les fonds généraux de sa caisse, et l'autre à l'agent chargé du paiement. L'expédition remise au percepteur sera conservée dans sa caisse, comme pièce justificative, et la seconde sera adressée émargée des parties prenantes, au directeur des travaux publics, par l'intermédiaire de l'administrateur, pour la régularisation de la dépense.

Art. 3. — Dans les huit jours de la réception de cette pièce, le directeur des travaux publics en ordonnancera le montant, au nom du payeur ou percepteur, et enverra le mandat à l'administrateur pour être versé à la caisse de celui-ci, en régularisation de l'état de salaires gardé en dépôt, lors du paiement.

BÉGIN.

(19 mai 1886)

**CIRC. D. I.** *relative au paiement des salaires des ouvriers employés sur les chantiers de l'administration dans l'intérieur.*

J. C., p. 633.

Plusieurs demandes de renseignements m'ayant été adressées, au sujet de l'application de l'arrêté du 29 avril dernier relatif au paiement des salaires des ouvriers employés aux travaux publics, j'ai l'honneur de vous adresser quelques instructions complémentaires dans le but de vous faciliter l'exécution des prescriptions contenues dans l'arrêté précité.

Le paiement sera fait par le commis de comptabilité de chaque arrondissement et, en cas d'absence de ce dernier, par le secrétaire d'arrondissement.

A cet effet, tous les coolies et ouvriers employés sur les chantiers des travaux publics devront se trouver au chef-lieu, le samedi, après midi, de chaque semaine, quel que soit l'éloignement du chantier où ils sont employés et dussent-ils mettre plus d'un jour pour s'y rendre.

Dans le cas où une partie des salaires ne pourrait, pour un motif quelconque, être remise aux intéressés, la somme restant à payer sera conservée dans une caisse de l'inspection, pendant huit jours, époque à laquelle le versement en sera effectué au Trésor, sur un ordre de recette émanant de vous.

La feuille d'attachement, déposée dans la caisse du percepteur, sera adressée au service des travaux publics, dès la réception du mandat régularisant l'avance faite pour le paiement des ouvriers.

E. VILLARD.

(23 juin 1886)

**CIRC. D. I.** *relative au paiement des salaires des ouvriers employés aux travaux entrepris par l'administration locale.*

J. C., p. 730.

Les prescriptions contenues dans l'arrêté du 29 avril dernier, sur le paiement des salaires des coolies employés aux travaux de l'Administration locale, ne me paraissent pas avoir été bien comprises par tous vos collègues. Ainsi, bien qu'il ne soit question, dans cet arrêté, que des ouvriers journaliers, certains administrateurs ont cru devoir comprendre dans la même catégorie les cantonniers chargés de la propreté et de l'entretien des routes.

Les inconvénients que présenterait l'adoption, à l'égard de ces derniers, des règles tracées par l'arrêté du 29 avril, sont trop évidents pour qu'il soit nécessaire de les énumérer ici. Il me suffira seulement de vous faire remarquer que les cantonniers étant des agents commissionnés, le paiement hebdomadaire de leur solde ne peut se faire qu'à la condition de leur compter même les journées où ils ne rendent aucun service. Agir autrement ce serait courir le risque de les voir déserter les travaux et laisser, par suite, les routes non entretenues. D'un autre côté, comme cette façon d'opérer aurait pour conséquence de causer un préjudice assez sérieux au budget de la colonie, étant donné le nombre considérable de cantonniers employés à l'entretien de nos routes, voici ce que j'ai décidé, relativement au paiement de la solde de ces agents :

Comme par le passé, les salaires acquis par ces agents subalternes seront décomptés, à la fin de chaque mois, par le conducteur de l'arrondissement. Mais, au lieu d'être payés par ce fonctionnaire, ils seront acquittés, à l'instar des salaires des ouvriers journaliers, par le commis de comptabilité de l'inspection ou, à son défaut, par le secrétaire d'arrondissement.

A cet effet, le conducteur devra vous adresser, dans les premiers jours de chaque mois, des états de décomptes dûment établis et visés par qui de droit.

Noel Pardon.

(22 juillet 1886)

**CIRC. D. I.** *au sujet de l'envoi des états de salaires.*

J. C., p. 802.

Les états de salaires qui, aux termes de l'arrêté du 29 avril 1886, doivent être adressés à M. le Directeur des travaux publics, par l'intermédiaire de MM. les Administrateurs, sont souvent envoyés directement à MM. les Chefs des sections des ponts et chaussées et des bâtiments civils.

En outre, les expéditions de ces pièces, qui doivent être conservées dans la caisse du payeur ou percepteur, comme pièces justificatives de l'avance faite par lui, parviennent quelquefois à ce chef de service avant que le mandat correspondant soit ordonnancé.

Cette manière d'opérer pouvant occasionner de graves erreurs dans la comptabilité, je vous prie de vouloir bien faire en sorte qu'à l'avenir les états salaires soient adressés directement à M. le Directeur des travaux publics, et que les expéditions de ces états soient conservées jusqu'à la réception par vous des mandats qui y correspondent.

Noel Pardon.

(17 septembre 1889)

**CIRC. D. I.** *au sujet des paiements des coolies employés en régie par le service des travaux publics.*

J. C., p. 866.

## SALLE DE DÉPOT DU SERVICE LOCAL

V. *Mobilier et matériel (Service local du).*

# SALUBRITÉ PUBLIQUE

| NATURE DES DOCUMENTS | DATES | RECUEILS A CONSULTER Bat. | B.C. | B.D.I | J. C. | J. U. | B. M. | B.Col. | OBSERVATIONS |
|---|---|---|---|---|---|---|---|---|---|
| Loi. | 13 avril 1850. | | | | 1886 -646 | | | | |
| A. M. | 15 janvier 1870. | I-78 | 15 | | | | | | |
| D. G. | 8 septembre 1871. | I-604 | 294 | | | | | | |
| A. M. | 31 mars 1873. | II-492 | | | | | | | |
| A. M. | 25 mai 1874. | I-495 | 256 | | | | | | |
| Décret. | 11 avril 1884. | | 228 | | | | | | |
| Dép. M. | 13 mai 1884. | | | | | | | | |

(13 avril 1850)

**LOI** *relative à l'assainissement des logements insalubres.*

(Promulg. A. G., 2 juin 1884)
(Promulg. A. G, 18 juillet 1888)
J. C. 1888, p. 646.

Article premier. — Dans toute commune où le conseil municipal l'aura déclaré nécessaire, par une délibération spéciale, il nommera une commission chargée de rechercher et indiquer les mesures indispensables d'assainissement des logements et dépendances insalubres mis en location ou occupés par d'autres que le propriétaire, l'usufruitier ou l'usager.

Sont réputés insalubres les logements qui se trouvent dans des conditions de nature à porter atteinte à la vie ou à la santé de leurs habitants.

Art. 2. — La commission se composera de neuf membres au plus, et de cinq au moins.

En feront nécessairement partie un médecin et un architecte, ou tout autre homme de l'art, ainsi qu'un membre du bureau de bienfaisance et du conseil des prud'hommes, si ces institutions existent dans la commune.

La présidence appartient au maire ou à l'adjoint.

Le médecin et l'architecte pourront être choisis hors de la commune.

La commission se renouvelle tous les deux ans par tiers; les membres sortants sont indéfiniment rééligibles.

A Paris, la commission se compose de douze membres.

Art. 3. — La commission visitera les lieux signalés comme insalubres. Elle déterminera l'état d'insalubrité et en indiquera les causes, ainsi que les moyens d'y remédier. Elle désignera les logements qui ne seraient pas susceptibles d'assainissement.

Art. 4. — Les rapports de la commission seront déposés au Secrétariat de la mairie, et les parties intéressées mises en demeure d'en prendre communication et de produire leurs observations dans le délai d'un mois.

Art. 5. — A l'expiration de ce délai, les rapports et observations seront soumis au conseil municipal, qui déterminera :

1° Les travaux d'assainissement et les lieux où ils devront être entièrement ou partiellement exécutés, ainsi que les délais de leur achèvement;

2° Les habitations qui ne sont pas susceptibles d'assainissement.

Art. 6. — Un recours est ouvert aux intéressés contre ces décisions devant le conseil de préfecture dans le délai d'un mois à dater de la notification de l'arrêté municipal. Ce recours sera suspensif.

Art. 7. — En vertu de la décision du conseil municipal ou de celle du conseil de préfecture, en cas de recours, s'il a été reconnu que les causes d'insalubrité sont dépendantes du fait du propriétaire ou de l'usufruitier, l'autorité municipale lui enjoindra, par mesure d'ordre et de police, d'exécuter les travaux jugés nécessaires.

Art. 8. — Les ouvertures pratiquées pour l'exécution des travaux d'assainissement seront exemptées, pendant trois ans, de la contribution des portes et fenêtres.

Art. 9. — En cas d'inexécution, dans les délais déterminés, des travaux jugés nécessaires et si le logement continue d'être occupé par un tiers, le propriétaire ou l'usufruitier sera passible d'une amende de 16 francs à 100 francs. Si les travaux n'ont pas été exécutés dans l'année qui aura suivi la condamnation, et si le logement insalubre a continué d'être occupé par un tiers, le propriétaire ou l'usufruitier sera passible d'une amende égale à la valeur des travaux et pouvant être élevée au double.

Art. 10. — S'il est reconnu que le logement n'est pas susceptible d'assainissement, et que les causes d'insalubrité sont dépendantes de l'habitation elle-même, l'autorité municipale pourra, dans le délai qu'elle fixera, en interdire provisoirement la location, à titre d'habitation.

L'interdiction absolue ne pourra être prononcée que par le conseil de préfecture, et, dans ce cas, il y aura recours de sa décision devant le Conseil d'État.

Le propriétaire ou l'usufruitier qui aura contrevenu à l'interdiction prononcée sera condamné à une amende de 16 à 100 francs, et, en cas de récidive dans l'année, à une amende égale au double de la valeur locative du logement interdit.

Art 11. — Lorsque, par suite de l'exécution de la présente loi, il y aura lieu à résiliation des baux, cette résiliation n'emportera en faveur du locataire aucuns dommages-intérêts.

Art. 12. — L'article 463 du Code pénal sera applicable à toutes les contraventions ci-dessus indiquées.

Art. 13 (1). — Lorsque l'insalubrité est le résultat de causes extérieures et permanentes, ou lorsque ces causes ne peuvent être détruites que par des travaux d'ensemble, la commune pourra acquérir, suivant les formes et après l'accomplissement des formalités prescrites par la loi du 3 mai 1841, la totalité des propriétés comprises dans le périmètre des travaux.

Les portions de ces propriétés qui, après l'assainissement opéré, resteraient en dehors des alignements arrêtés pour les nouvelles constructions, pourront être revendues aux enchères publiques sans que, dans ce cas, les anciens propriétaires ou leurs ayants droit puissent demander l'application des articles 60 et 61 de la loi du 3 mai 1841.

Art. 14. — Les amendes prononcées en vertu de la présente loi seront attribuées en entier au bureau ou établissement de bienfaisance de la localité où sont situées les habitations à raison desquelles ces amendes auront été encourues

(15 janvier 1870)

**A. M.** *Élevage et circulation de bestiaux et autres animaux dans la ville de Saïgon.*

BAT. I. p. 78.
B. C., p. 15.

Article premier. — Il est expressément interdit d'établir des écuries destinées à l'élevage des bœufs, vaches, veaux, buffles, chèvres, moutons et cochons, dans la partie de la ville comprise entre l'arroyo de l'Avalanche, la rivière de Saïgon, l'Arroyo-chinois et le boulevard Chasseloup-Laubat.

(1) L'article 13 de la loi du 13 avril 1850 a été modifié de la façon suivante, par décret du 11 avril 1884, promulgué dans la colonie, par arrêté du 2 juin 1884 :

« Lorsque l'insalubrité est le résultat de causes extérieures et permanentes ou lorsque ces causes ne peuvent être détruites que par des travaux d'ensemble, la commune pourra acquérir, suivant les formes et après l'accomplissement des formalités prescrites par le décret du 16 février 1878, la totalité des propriétés comprises dans le périmètre des travaux.

« Les portions de ces propriétés qui, après l'assainissement opéré, resteraient en dehors des alignements arrêtés pour les nouvelles constructions pourront être revendues aux enchères publiques, sans que, dans ce cas, les anciens propriétaires ou leurs ayants droit puissent demander l'application des articles 64 et 65 du décret du 16 février 1878. »

Art. 2. — *Transitoire.*

Art. 3. — *Abr., A., Mun., 25 mai 1874 (art. 9).*

Art. 4. — En dedans de ces mêmes limites, tout habitant reste libre, sans être astreint à aucune formalité, de nourrir dans ses écuries un nombre de une à deux vaches laitières, ou chèvres, ou brebis, ou une paire de bœufs d'attelage, pour son usage personnel.

Mais les écuries contenant un nombre de bœufs d'attelage au-dessus d'une paire ne pourront être tolérées qu'en vertu d'une autorisation spéciale du maire et sous condition, pour le propriétaire, de se conformer strictement aux mesures qui lui seront prescrites, relativement à l'écoulement des urines et l'enlèvement des fumiers.

Art. 5. — *Abr., A. Mun., 25 mai 1874 (art. 9).*

Art. 6. — Toute contravention au présent arrêté sera constatée par procès-verbal et les contrevenants seront poursuivis conformément à la loi.

L. TURC.

(8 septembre 1871)

**D. G.** *prescrivant des mesures d'hygiène publique* (1).

BAT. I, p. 604.
B. C., p. 294.

Article premier. — Il est interdit de déposer, sur la voie publique ou dans les cours intérieures des maisons, des immondices ou des débris de verre ou de porcelaine.

Ces débris ou immondices doivent être enfouis dans des terrains situés en dehors des villes.

Art. 2. — Il est défendu de faire paître ou de laisser vaguer le long des fossés ou sur le bord des routes et des rues les bœufs, buffles, chevaux, chèvres, moutons, pourceaux.

Tout animal trouvé errant sera conduit en fourrière.

Art. 3. — Les habitants des villes sont tenus de nettoyer, chaque matin, la portion des rues et passages s'étendant devant leurs dépendances.

Art. 4. — Les propriétaires de terrains vagues, situés dans l'intérieur d'une ville, sont tenus de faucher les herbes, brousses et bambous, toutes les fois qu'ils en seront requis par l'autorité.

Art. 5. — Tout établissement pouvant présenter quelque danger ou quelque gêne ou incommodité pour les voisins ne pourra être créé sans l'autorisation de l'autorité, qui déterminera les conditions dans lesquelles il devra être installé.

Art. 6. — Les animaux morts de maladie seront enfouis à une profondeur de deux mètres, dans un endroit situé en dehors des villes, et éloignés d'au moins cent mètres de toute habitation. Ils devront, au moment de l'enfouissement, être recouverts d'une couche de chaux vive d'environ vingt centimètres. Ces opérations se feront aux frais du propriétaire.

Art. 7. — Il est interdit de vendre sur aucun marché de la viande provenant d'un animal mort de maladie.

Art. 8. — Les restaurateurs ou fournisseurs d'établissements publics quelconques qui auront acheté des viandes provenant d'animaux morts de maladie seront passibles des mêmes peines que les vendeurs.

Art. 9. — Les contraventions aux articles 1er, 2, 3, 4, 5 et 6 seront punies d'une amende de un à quinze francs et d'un emprisonnement de un à cinq jours de prison, ou de l'une de ces deux peines seulement.

(1) V. Ventes.

Les contraventions aux articles 7 et 8 seront punies des peines prévues par l'article premier de la loi du 27 mars 1851.

DUPRÉ.

(31 mars 1873)

**A. M.** *Règlement de police et de voirie de la ville de Saïgon* (1).

BAT. II., p. 492.

(25 mai 1874)

**A. M.** *Police et voirie de la ville de Saïgon* (2).

BAT. II., p. 495.
B. C., p. 256.

(11 avril 1884)

**DÉCRET** *rendant applicable à la Cochinchine la loi du 13 avril 1850 relative à l'assainissement des logements insalubres.*

(Promulg. A. G., 2 juin 1884)
B. C., p. 228.

Article premier. — Est rendue applicable à la colonie de la Cochinchine la loi du 13 avril 1850, relative à l'assainissement des logements insalubres.

Art. 2. — L'article 13 de la loi précitée sera remplacé par la disposition suivante :

« Lorsque l'insalubrité est le résultat de causes extérieures et permanentes ou lorsque ces causes ne peuvent être détruites que par des travaux d'ensemble, la commune pourra acquérir, suivant les formes et après l'accomplissement des formalités prescrites par le décret du 16 février 1878, la totalité des propriétés comprises dans le périmètre des travaux.

« Les portions de ces propriétés qui, après l'assainissement opéré, resteraient en dehors des alignements arrêtés pour les nouvelles constructions, pourront être revendues aux enchères publiques sans que, dans ce cas, les anciens propriétaires ou leurs ayants droit puissent demander l'application des articles 64 et 65 du décret du 16 février 1878. »

Art. 3. — Le Gouverneur fixera par arrêts le nombre des membres des conseils municipaux devant entrer dans la composition de la commission mentionnée à l'article premier de ladite loi.

Art. 4. — Le Conseil privé de la colonie aura les attributions dévolues au conseil de préfecture, dans la loi précitée.

JULES GRÉVY.

(13 mai 1884)

**DÉP. M.** *Promulgation en Cochinchine de la loi du 13 avril 1850, sur les logements insalubres.*

ARCH. GOUV.

Par une lettre du 10 avril 1883, vous avez appelé l'attention du Département sur la nécessité de promulguer dans la colonie la loi du 13 avril 1850, sur les logements insalubres.

Au moment où mon administration se préoccupait de rendre celte législation applicable aux Antilles, j'ai pensé qu'il convenait de prendre la même mesure pour la Cochinchine.

J'ai donc soumis à la signature de M. le Président de la République un décret rendant exécutoire dans la colonie la loi précitée du 13 avril 1850. Cet acte porte la date du 11 avril dernier ; vous le trouverez inséré au *Journal officiel* de la République et au *Bulletin officiel* de la marine et je vous en adresserai prochainement un certain nombre d'exemplaires tirés à part.

L'article 2 du décret fait concorder les dispositions de l'article 13 de la loi de 1850 avec la législation spéciale qui règle, en Cochinchine, l'expropriation pour cause d'utilité publique.

J'ai l'honneur de vous prier de vouloir bien promulguer ledit décret dans la colonie.

FÉLIX FAURE

(1) V. *Police municipale.*
(2) V. *Police municipale.*

## SALVES ET SALUTS

(23 octobre 1883)

**DECRET** *portant règlement sur le service dans les places de guerre et les villes de garnison. — (Art. 304 et s.)*

J. M., p.
B. des Lois, p.

(16 juin 1886)

**D. G.** *interdisant dans toute la partie de la rivière de Saïgon qui passe devant la ville les saluts à coups de canons.*

J. C., p. 718.

Art. premier. — Les saluts à coups de canons sont interdits dans toute la partie de la rivière de Saïgon qui passe devant la ville.

Art. 2. — Ces saluts ne pourront être faits que par les navires mouillés dans le port de guerre, au nord de la place Rigault-de-Genouilly.

Art. 3. — Et dans ce cas les coups devront être tirés, autant que possible, du côté opposé à la ville.

BÉGIN.

Consulter en outre : *Honneurs et préséances.*

## SAMPANS



V. *Barques de passage.*

## SANITARIUM

| NATURE DES DOCUMENTS | DATES | RECUEILS A CONSULTER | | | | | | | OBSERVATIONS |
|---|---|---|---|---|---|---|---|---|---|
| | | Bat. | B.C. | B.D.I. | J.C. | J.H. | B.M. | B.Col. | |
| Dép. M. | 20 octobre 1886. | | | | | | | | |
| Délib. C. C. | 12 janvier 1887. | | | | 165 | | | | |
| Délib. C. C. | 21 février 1887. | | | | 434 | | | | |
| Dép. M. | 4 mars 1887. | | 234 | | 442 | | | | |
| Dép. M. | 3 novembre 1888. | | | | 1126 | | | | |
| A. G. G. | 14 mars 1889. | | | | 335 | | | | |
| A. G. G. | 11 septembre 1889. | | | | 858 | | | | |

(20 octobre 1886)

**DÉP. M.** *au sujet du traitement des malades à l'hôpital civil de Yokohama ; — Notification du traité passé avec M. le docteur Mècre. — Annexe.*

ARCH. GOUV.

Au cours des dernières hostilités avec la Chine, des marins et des soldats ont été évacués, de Formose et des Pescadores sur un hôpital français que dirige, à Yokohama, M. le docteur Mècre, et, grâce à de bons soins et au climat favorable du Japon, la plupart de ces hommes se sont promptement rétablis.

Le Département a pensé, dès lors, que cet établissement pourrait rendre de grands services à nos malades de l'Extrême-Orient, et, en conséquence, M. le contre-amiral commandant en chef la division navale a été chargé de traiter avec M. Mècre pour l'admission, dans son hôpital, des malades, marins ou militaires, qui seront envoyés soit par la division navale de l'Extrême-Orient ou du Tonkin, soit par l'administration de la Cochinchine, à la disposition de laquelle douze places ont été réservées.

Un contrat, dont vous trouverez ci-joint une copie, a été passé dans ce but, le 6 juillet dernier. Il a été conclu moyennant une subvention annuelle de 6000 francs, et le remboursement des journées d'hôpital dont le prix a été fixé à 3 fr. pour la 1re classe, à 2 fr. pour le 2e classe et à 1 fr. 40 pour la 3e classe.

J'ai l'honneur de vous prier de vouloir bien donner des instructions à M. le chef du service de santé de la colonie, pour l'envoi à l hôpital de Yokohama des malades qui auraient besoin d'être traités sous le climat du Japon. Vous aurez, en outre, à assurer le transport de ces malades, soit par bâtiments de l'État, soit, à défaut, par paquebots.

La dépense sera imputée sur les crédits du chapitre X du budget colonial, pour tout le personnel entretenu sur les fonds de la métropole et sur les ressources du budget local pour tous les fonctionnaires, agents et employés dont la solde est à la charge de la colonie.

L'autorité présente à Yokohama qui aura effectué les paiements à M. Mècre devra donc établir des états, en double expédition, pour le remboursement au service marine des sommes dont il aura fait l'avance. Ces états pourraient être dressés à la fin de chaque trimestre.

Je vous laisse le soin de vous entendre avec M. le contre-amiral commandant en chef la division navale de l'Extrême-Orient, pour le réglement des points de détail et je vous prie de me rendre compte des mesures que vous aurez arrêtées, en exécution des prescriptions contenues dans la présente dépêche.

DE LA PORTE.

(12 janvier 1887)

**DÉLIB. C. C.** *au sujet de la création d'un sanitarium à Yokohama.*

J. C , p. 165.

(21 février 1887)

**DÉLIB. C. C.** *au sujet de la création d'un sanitarium* à *Yokohama.*

J. C., p. 434.

(4 mars 1887)

**DÉP. M.** *Envoi d'une copie des instructions adressées au Consul de France à Yokohama, au sujet du traité passé avec M. le docteur Mècre pour le traitement des malades. — Annexe.*

B. C., p. 234.
J. C., p. 442.

J'ai l'honneur de vous remettre ci-joint copie des instructions que j'adresse, aujourd'hui même, à M. le Consul de France à Yokohama, au sujet du traité passé avec le docteur Mècre pour le traitement de nos malades.

Aux termes de cette dépêche, on imputera à Paris, au budget de la marine, au budget colonial et à celui du service local, la dépense qui incombera à chacun d'eux pour le remboursement des journées de traitement ainsi que la part contributive de la subvention de 6,000 francs allouée audit établissement.

Vous voudrez bien donner des ordres pour que l'on n'omette pas d'indiquer sur les pièces relatives aux malades qui seront envoyés à l'établissement de Yokohama, le service auquel appartiennent ces malades et le budget qui devra supporter la dépense résultant de leur entretien.

## ANNEXE

(Instructions)

Monsieur le Consul, j'ai l'honneur de vous adresser, ci-après, de nouvelles instructions au sujet de l'exécution du traité qui a été passé avec le docteur Mècre pour le traitement des malades.

Dorénavant, vous n'aurez à comprendre dans les traites de la marine, en dehors de la subvention de 6,000 francs qui continuera d'être acquittée au compte du service marine, que les dépenses pour journées d'hôpital et menus frais concernant le personnel de mon Département, c'est-à-dire :

*Service marine:* Les malades de la division navale de l'Etrême-Orient, ceux de la division navale de Cochinchine ;

*Service colonial :* Le personnel militaire de la Cochinchine ;

*Service local de la Cochinchine :* Les fonctionnaires, agents et employés dont la solde incombe au budget de la colonie.

Pour ces catégories de personnel, vous voudrez bien fournir mensuellement, à l'appui de vos émissions, des états nominatifs décomptés indiquant la provenance des malades.

Désormais, vous liquiderez directement, pour le compte du Protectorat, les journées de traitement et frais accessoires du personnel y ressortissant, c'est-à-dire la division navale du Tonkin, la division d'occupation et les agents du Protectorat du Tonkin.

Mais commme la subvention de 6,000 francs, dont le service marine fera l'avance, doit être supportée par les budgets intéressés, au prorata des journées de traitement de leur personnel respectif, je vous prie de m'adresser, après le paiement de chaque contingent de 1,500 francs, sous le timbre: *Comptabilité générale*, un état décompté des malades relevant du Protectorat qui auront été traités, pendant le trimestre, à l'hôpital du docteur Mècre.

Au moyen de cet état et de ceux que je recevrai mensuellement pour les malades du service marine, du service colonial et du service local de la Cochinchine, on imputera à Paris, au compte de chaque budget, la part qui lui revient dans cette dépense.

AUBE.

(3 novembre 1888)

**DÉP. M.**, *au sujet du traitement, à Yokohama, du personnel en service dans l'Indo-Chine.*

J. C., p. 1126.

J'ai l'honneur de vous informer que j'ai décidé de renouveler, pour une nouvelle période de deux ans, le traité passé avec le docteur Mècre pour le traitement dans son établissement, à Yokohama, des malades relevant du Département et des services locaux de l'Indo-Chine.

Je vous prie de vouloir bien vous mettre en rapport avec ce médecin, auquel je fais part de la décision prise, et de passer avec lui le contrat à intervenir.

Vous voudrez bien prendre comme bases les conditions du traité antérieur, dont je vous adresse ci-joint un exemplaire, en stipulant toutefois que les dépenses totales (subvention de 6,000 francs et frais de traitement) seront avancées par la colonie de la Cochinchine, selon le mode de paiement que vous croirez devoir adopter.

Il demeure entendu que les frais de traitement seront remboursés par chacun des budgets intéressés, et que la subvention annuelle de 6,000 francs sera supportée par ces budgets, au prorata des journées d'hôpital.

Il y aura lieu de stipuler que les nouvelles conventions seront exécutoires à partir du 1er janvier prochain.

Les dépenses afférentes au budget de marine seront imputables au chapitre XIV de ce budget, et celles incombant au budget colonial au chapitre XI.

(14 mars 1889)

**A. G. G.** *relatif aux conditions dans lesquelles se trouvent placés, au point de vue solde, les officiers des différents corps de la Marine et les fonctionnaires et employés de l'administration locale de l'Indo-Chine envoyés en traitement à l'hôpital de Yokohama.*

J. C., p. 335.

Article premier. — Les officiers des différents corps de la marine en résidence en Indo-Chine et les fonctionnaires et employés de l'Administration locale du Gouvernement général, envoyés en traitement à l'hôpital du docteur Mècre, à Yokohama, auront droit à leur solde coloniale, déduction faite de la même retenue qu'ils auraient subie, s'ils s'étaient fait soigner à l'hôpital militaire de Saïgon (tarif n° 52 du décret du 1er juin 1875 et tarif joint à l'ordonnance du 22 juin 1847).

Art. 2. — Ces officiers, fonctionnaires et employés auront droit, en outre, au passage, au compte de leurs budgets respectifs ; la solde d'Europe leur sera donnée pendant la durée de la traversée.

Richaud.

(11 septembre 1889)

**A. G. G.** *déterminant la solde des officiers fonctionnaires et employés envoyés en traitement à Yokohama.*

J. C., p. 858.

## SAPÈQUES

V. *Monnaies.*

## SCAPHANDRIERS

(20 mai 1885)

**CIRC. M.** *Précautions que doivent prendre les plongeurs en scaphandre, en vue de la conservation de la santé.*

ARCH. GOUV.

J'ai l'honneur de vous indiquer, ci-après, les précautions qu'il y a lieu de recommander aux plongeurs en scaphandre en vue de la conservation de leur santé et je vous prie de veiller dans la limite du possible à ce qu'elles soient rigoureusement observées.

Quand on descend en scaphandre à une grande profondeur, on doit descendre lentement, afin de ne pas être gêné par les changements de pression de l'air dans lequel on se trouve.

L'expérience a montré qui on ne peut pas descendre au delà de 60 mètres de profondeur sans avoir à craindre des accidents graves ; 60 mètres étant une limite extrême à laquelle il existe encore un certain danger, il est prudent de ne jamais descendre, à moins d'une nécessité absolue, au delà de 45 mètres de profondeur.

Quand on revient d'une grande profondeur on ne doit remonter qu'avec une extrême lenteur, pour éviter les accidents graves tels que la paralysie des jambes ou la mort qu'occasionneraient les changements trop rapides de pression.

Il n'arrive jamais d'accidents sérieux quand on plonge à une profondeur moindre que 20 mètres; donc jusqu'à 20 mètres il n'y a pas de précautions particulières à prendre. Néanmoins, il est bon de remonter lentement quand on est descendu au delà de 12 à 15 mètres.

Quand on a plongé à une profondeur supérieure à 20 mètres et ne dépassant pas 30 on ne doit pas, en remontant, franchir plus d'un mètre de hauteur par minute. Ainsi, si l'on est descendu à 28 mètres, on doit mettre 28 minutes à remonter.

Quand on est plongé à une profondeur supérieure à 30 mètres, on doit, si on est resté peu de temps au fond de l'eau, cinq minutes par exemple, mettre, comme dans le cas précédent, une minute par mètre d'ascension verticale. Ainsi, quand on est descendu à 40 mètres et qu'on y est resté moins de 5 minutes on doit mettre 40 minutes pour remonter à la surface et, si on y est resté un quart d'heure, on doit mettre 80 minutes, soit une heure et 20 minutes.

Quand un plongeur, après être sorti de l'eau, éprouve des engourdissements et des démangeaisons à la peau, il faut activer la circulation du sang momentanément ralentie.

Ordinairement une friction avec de la laine et de l'eau-de-vie camphrée suffit. Dans les cas les plus rebelles les bains de vapeur sont recommandés.

Je vous prie de veiller à ce qu'on ne perde pas de vue les prescriptions contenues dans la présente circulaire dont l'insertion au *Bulletin officiel* de la marine tiendra lieu de notification.

A. Peyron.

## SECOURS

V. *Pensions de retraite*, § *secours.*

## SECRÉTAIRE ARCHIVISTE DU CONSEIL COLONIAL

(8 et 9 janvier 1885)

**DÉLIB. C. C.** *au sujet de la création des fonctions de secrétaire archiviste du conseil colonial.*

(Proc.-verb. C. C., pp. 52 et 59.)

(8 mars 1885)

**A. G.** *portant création d'un emploi de secrétaire archiviste du conseil colonial.*

J. C., p. 361.

Article premier. — M. D..., commis principal de 1re classe à la direction de l'Intérieur, est nommé secrétaire archiviste du Conseil colonial pour prendre rang du 10 février 1885, date de la clôture de la session ordinaire de cette assemblée.

Ce fonctionnaire jouira, en cette qualité, du supplément spécial et annuel de 621 piastres inscrit au chapitre premier, deuxième section : *Dépenses facultatives*, du budget de l'exercice courant. Ce supplément sera réduit de moitié, lorsque le secrétaire archiviste sera en position de congé, l'autre moitié étant allouée à l'intérimaire appelé à le remplacer pendant son absence.

CHARLES THOMSON.

(11 octobre 1887)

**DÉP. M.** *approuvant l'arrêté du 8 mars 1885 accordant au secrétaire archiviste du conseil colonial un supplément annuel de 3000 francs, en cas d'absence du titulaire, moitié seulement sera payée à l'intérimaire.*

ARCH. GOUV.

Il résulte de votre lettre du 26 août dernier (n° 1755) qu'aux termes d'un arrêté rendu en conseil privé, le 8 mars 1885, un supplément annuel de 3000 francs a été concordé au secrétaire archiviste du conseil colonial et qu'une clause particulière de cet acte stipule que cette allocation sera réduite de moitié lorsque le titulaire de la fonction sera mis en congé, l'autre moitié devant être payée à l'intérimaire appelé à le remplacer pendant son absence.

A l'occasion du règlement de la situation financière du secrétaire archiviste actuel qui avait obtenu un congé de six mois, l'inspection locale a fait remarquer que la clause susmentionnée était en désaccord avec les termes suivants de l'article 91, § 11 du décret du 1er juin 1875. Les suppléments de fonction cessent d'être alloués aux titulaires, lorsque ceux-ci s'absentent à raison de congé.

L'Administration de la colonie invoque de son côté, l'exception spécialement prévue par le même article (§ 3) pour les fonctionnaires chargés de faire des cours ou des conférences qui conservent la jouissance de leur supplément de fonctions dans la position d'absence, sous la réserve qu'ils satisferont aux conditions du programme déterminé par l'autorité compétente, en ce qui concerne la durée de ces cours ou le nombre des leçons qu'ils doivent donner.

Cette argumentation n'est pas justifiée, attendu que les dispositions du décret sur la solde étant limitatives ne sauraient être étendues par voie d'interprétation de ce genre.

Tel est le principe dont l'administration de la Cochinchine ne devrait pas cesser de s'inspirer lorsqu'il s'agit de mesures se rattachant à l'application du décret précité.

Quoi qu'il en soit, j'ai l'honneur de vous informer que j'approuve, à titre de fait accompli, la décision prise à l'égard du secrétaire archiviste du conseil colonial, mais je vous prie de donner des ordres formels pour que désormais les effets des arrêtés locaux puissent toujours se concilier avec les règles générales posées par le décret du 1er juin 1875 sur la solde. Dans le cas contraire, j'aurais le regret d'être obligé d'infirmer ces actes.

ÉTIENNE.

## SECRÉTAIRE ARCHIVISTE DU CONSEIL PRIVÉ

| NATURE DES DOCUMENTS | DATES | RECUEILS A CONSULTER | | | | | | | OBSERVATIONS |
|---|---|---|---|---|---|---|---|---|---|
| | | Bat. | B.C. | B.D.I. | J.C. | J.H. | B.M. | B.Col. | |
| Ord. R. | 9 février 1827. | I-326 | 407 | | | | | | |
| A. G. | 17 octobre 1868. | I-597 | | | | | | | |
| Décret | 15 avril 1873. | II-361 | 200 | | | | | | |
| Circ. D. I. | 10 juillet 1873. | I-88 | | | | | | | |
| D. G. | 15 mars 1874. | I-334 | 1879-126 | | | | | | |
| D. G. | 24 juin 1875. | I-391 | 239 | | | | | | |

(9 février 1827)

**ORDONNANCE R.**, *concernant le gouvernement des Antilles, (art. 166. 167 et 168).*

(Promulg. A. G., 20 novembre 1869.)

BAT. I., p. 326.

B. C,. p. 407

. . . . . . . . . . . . . . . . . . . . . . . . . . . . . . . . . . . . . . . . . . . . . . . . . .

. . . . . . . . . . . . . . . . . . . . . . . . . . . . . . . . . . . . . . . . . . . . . . . . . .

Art. 166 § 1er. — Le secrétaire archiviste rédige le procès-verbal des séances. Il y consigne les avis motivés et les votes nominatifs ; il y insère même, lorsqu'il en est requis, les opinions rédigées, séance tenante, par les membres du conseil.

§ 2. — Le procès-verbal ne fait mention que de l'opinion de la majorité, lorsque le conseil juge administrativement ou lorsqu'il participe aux pouvoirs extraordinaires conférés au gouverneur par les articles 71, 72, 75, 76, 77, 78 et 79.

§ 3. — Le secrétaire archiviste donne lecture, au commencement de chaque séance, du procès-verbal de la séance précédente.

§ 4. — Le procès-verbal approuvé est transcrit sur un registre coté et paraphé par le gouverneur, et est signé par tous les membres du conseil.

§ 5. — Deux expéditions du procès-verbal de chaque séance, visées par le président et certifiées par le secrétaire archiviste, sont adressées au Ministre par des occasions différentes.

L'une est expédiée par le gouverneur, l'autre par le contrôleur.

Art. 167, § 1er. — Le secrétaire archiviste a dans ses attributions la garde du sceau du conseil, le dépôt de ses archives, la garde de sa bibliothèque et l'entretien du local destiné à ses séances.

§ 2. — Il est chargé de la convocation des membres du conseil privé et des avis à leur donner, sur l'ordre du président ; de la réunion de tous les documents nécessaires pour éclairer les délibérations et de tout ce qui est relatif à la rédaction, l'enregistrement et l'expédition des procès-verbaux.

Art. 168. § 1er. — Avant d'entrer en fonctions, le secrétaire archiviste prête, entre les mains du gouverneur, en conseil, le serment de tenir secrètes les délibérations du conseil privé.

§ 2. — Il lui est interdit de donner, à d'autres personnes qu'aux membres du conseil, communication des pièces et documents confiés à sa garde, à moins d'un ordre écrit du gouverneur.

§ 3. — En cas d'absence ou d'empêchement qui oblige le secrétaire archiviste de cesser son service, il est remplacé par un officier ou employé de l'administration, au choix du gouverneur.

. . . . . . . . . . . . . . . . . . . . . . . . . . . . . . . . . . . . . . . . . . . . . . . . . .

. . . . . . . . . . . . . . . . . . . . . . . . . . . . . . . . . . . . . . . . . . . . . . . . . .

(17 octobre 1868)

**A. G.** *réglant la garde et le service extérieur des hôtels de chacun des membres du gouvernement (art. 1er, § 4).*

BAT. I, p. 597.

Art. 1er. . . . . . . . . . . . . . . . . . . . . . . . . . . . . . . . . . . . . . . . . . . . . .

. . . . . . . . . . . . . . . . . . . . . . . . . . . . . . . . . . . . . . . . . . . . . . . . . .

Un garçon de peine sera, en outre, attaché au service du secrétaire archiviste.

. . . . . . . . . . . . . . . . . . . . . . . . . . . . . . . . . . . . . . . . . . . . . . . .

. . . . . . . . . . . . . . . . . . . . . . . . . . . . . . . . . . . . . . . . . . . . . . . .

(15 avril 1873)

**DÉCRET** *faisant répartition des attributions dévolues aux contrôleurs coloniaux.*

BAT. II., p. 361.
B. C., p. 200.

Art. 1er. — Le chef du secrétariat du gouvernement et du conseil privé est chargé du dépôt et de la garde des archives et de la délivrance des copies collationnées des lois et ordonnances.

Art. 2. . . . . . . . . . . . . . . . . . . . . . . . . . . . . . . . . . . . . . . . . . . . .

. . . . . . . . . . . . . . . . . . . . . . . . . . . . . . . . . . . . . . . . . . . . . . . .

(10 juillet 1873)

**CIRC. D. I.** *Les copies des décisions et des marchés doivent être certifiées par le chef du secrétariat du gouvernement et non par les chefs des services intéressés.*

BAT. I, p. 88.

J'ai l'honneur de vous rappeler que les copies conformes des décisions et des marchés doivent être certifiées par le chef du secrétariat du Gouvernement et non par les chefs des services intéressés.

Les minutes des arrêtés et décisions doivent être déposées, sur bordereau, au secrétariat du Gouvernement.

DE MONTJON.

(15 mars 1874)

**D. G.** *allouant une indemnité de logement au secrétaire archiviste du Conseil privé.*

BAT. I, p. 334.
B. C., 1879, p. 126.

Une indemnité de logement de trois mille francs par an est allouée, sur les fonds du budget local, au secrétaire archiviste du Conseil privé.

DUPRÉ.

(24 juin 1875)

**D. G.** *(extrait) composition du personnel du secrétariat du Conseil privé.*

BAT. I, p. 391.
B. C., p. 239.

## SECRÉTAIRES D'ARRONDISSEMENT

(4 mai 1881)

**DÉCRET** *réorganisant la direction de l'Intérieur et les affaires indigènes de la Cochinchine (art. 6).*

(Promulg. A. G., 4 juillet 1881)
B. C., p. 271.

Art. 1er. . . . . . . . . . . . . . . . . . . . . . . . . . . . . . . . . .

. . . . . . . . . . . . . . . . . . . . . . . . . . . . . . . . . . . . . .

Art. 6. Il (1) est assisté par un commis principal de la Direction de l'Intérieur qui prendra le titre de secrétaire d'arrondissement et sera chargé de le remplacer, en cas d'absence.

. . . . . . . . . . . . . . . . . . . . . . . . . . . . . . . . . . . . . .

. . . . . . . . . . . . . . . . . . . . . . . . . . . . . . . . . . . . . .

(27 juin 1882)

**CIRC. D. I.** *au sujet de l'interprétation de l'article 6 du décret du 4 mai 1881, relatif aux fonctions de secrétaire d'arrondissement, pendant l'absence de l'administrateur.*

B. D. I, p. 34.

J'ai remarqué que plusieurs d'entre vous délèguent volontiers, et d'une manière suivie, à leurs secrétaires d'arrondissement, la signature de la correspondance et des pièces usuelles, même de celles qui ont une réelle importance Cette façon de procéder résulte d'une fausse interprétation du décret sur le personnel, et je ne saurais trop attirer votre attention sur ce point.

Le secrétaire d'arrondissement institué par l'article 6 de l'acte précité, est destiné à être votre auxiliaire, non votre suppléant. S'il est appelé à vous remplacer, c'est seulement pendant vos courtes absences de tournée, et même alors son rôle consiste à expédier les affaires courantes ou d'une urgence absolue, en un mot, à assurer provisoirement le service.

Telles sont les vraies fonctions des secrétaires d'arrondissement. Vous n'oublierez pas que la plupart de ces Messieurs sont à leur début dans l'Administration, et je verrais de graves inconvénients à leur laisser une initiative qui suppose une certaine expérience des affaires et qui, promptement, deviendrait dangereuse et pour eux et pour vous.

Je vous prie, Monsieur l'Administrateur, de vous conformer à ces instructions; je serais obligé de vous retourner toute étude, toute affaire de quelque importance qui ne serait pas appuyée de votre signature.

BÉLIARD.

## SÉJOUR

V. *Étrangers.*
*Interdiction de séjour.*
*Surveillance de la haute police.*

## SÉJOUR COLONIAL

V. *Tour de départ pour les colonies et séjour colonial.*

(1) L'Administration.

## SÉMAPHORES

(21 juillet 1871)

**D. G.** *Réunion des services du sémaphore et du phare du cap Saint-Jacques* (1).

BAT. II, p. 619.
B. C., p. 248.

Le service du sémaphore au cap Saint-Jacques est réuni à celui du phare et relèvera de M. le Directeur de l'Intérieur.

Les matelots qui seront employés au sémaphore devront être mis préalablement en congé renouvelable.

Leur solde sera la même que celle des gardiens de phare.

DUPRÉ.

(15 janvier 1875)

**A. G.** *au sujet du personnel du service sémaphorique, au cap Saint-Jacques et des suppléments alloués à ce personnel.*

BAT. II., p. 621.
B. C., p. 24.

A compter du 18 janvier, le service sémaphorique, au cap Saint-Jacques, sera confié à un quartier-maître de timonerie et à deux timoniers brevetés du *Fleurus*, comptant pour la solde et les vivres sur ce vaisseau.

Il sera alloué, sur les fonds du budget local, un supplément journalier de
2 francs 50 centimes au quartier-maître,
1 franc 50 centimes aux timoniers.

Le personnel marin du sémaphore sera placé sous l'autorité du gardien chef du phare, qui rendra compte au commandant de la marine des faits méritant une répression et lui adressera un rapport mensuel sur la manière dont le service sera exécuté.

DUPERRÉ.

(30 août 1880)

**D. G.** *relative à l'ouverture d'un service sémaphorique au cap Saint-Jacques. — Extrait de la convention de Londres de 1879.*

B. C., p. 442.

Le phare du cap Saint-Jacques est ouvert au service sémaphorique, dans les conditions édictées par la convention télégraphique internationale de Londres de 1879.

LE MYRE DE VILERS.

## ANNEXE

*Extrait de la convention de Londres,* 1879. (*Télégrammes sémaphoriques.*)

. . . . . . . . . . . . . . . . . . . . . . . . . . . . . . . . . . . . . . . . . . . . . . .

Art. 58. — 1° Les télégrammes sémaphoriques sont les télégrammes échangés

(1) V. *infrà*, A. G., 15 janvier 1875.

avec les navires en mer par l'intermédiaire des sémaphores établis ou à établir sur le littoral de l'un quelconque des États contractants.

2° Ils doivent être rédigés soit dans la langue du pays où est situé le sémaphore chargé de les signaler, soit en signaux du code commercial universel. Dans ce dernier cas, ils sont considérés comme des télégrammes chiffrés.

3° Quand ils sont à destination des navires en mer, l'adresse doit comprendre, outre les indications ordinaires, le nom ou le numéro officiel du bâtiment destinataire et sa nationalité.

4° Pour les télégrammes d'État sémaphoriques expédiés d'un navire en mer, le sceau est remplacé par le signe distinctif du commandement. Le nom du bâtiment doit être désigné.

5° Tout télégramme d'État sémaphorique doit porter dans le préambule l'indication : *Sémaphorique.*

6° La taxe des télégrammes à échanger avec les navires en mer, par l'intermédiaire des sémaphores, est fixée à 2 francs par télégramme. Cette taxe s'ajoute au prix du parcours électrique, calculé d'après les règles générales. La totalité est perçue sur l'expéditeur pour les télégrammes adressés aux navires en mer, et sur le destinataire pour les télégrammes provenant des bâtiments (article 27, § 1). Dans ce dernier cas, le préambule doit contenir l'indication : *Taxe à percevoir.... francs..... centimes.* Si cette taxe ne peut être perçue, l'office d'arrivée est remboursé du montant des taxes dues, moyennant bulletin de remboursement.

Art. 59. — 1° Les télégrammes provenant d'un navire en mer sont transmis à destination, en signaux du code commercial, lorsque le navire expéditeur l'a demandé.

2° Dans le cas où cette demande n'a pas été faite, ils sont traduits en langage ordinaire par le préposé du poste sémaphorique et transmis à destination.

3° Les télégrammes qui, dans les 30 jours du dépôt, n'ont pu être signalés par les postes sémaphoriques aux bâtiments destinataires, sont mis au rebut.

4° Dans le cas où le bâtiment auquel est destiné un télégramme sémaphorique n'est pas arrivé dans le terme de 28 jours, le sémaphore en donne avis à l'expéditeur le 29e jour, au matin. L'expéditeur a la faculté, en acquittant le prix ordinaire d'un télégramme terrestre de 10 mots, de demander que le sémaphore continue à présenter son télégramme pendant une nouvelle période de 30 jours, et ainsi de suite ; à défaut de cette demande, le télégramme sera remis au rebut le 30e jour.

Consulter, en outre : *Signaux et feux.*

## SÉPULTURE

V. *Cimetière.*
V. *Inhumation et exhumation.*

# SÉQUESTRE

(25 mai 1881)

(1) **DÉCRET** *concernant la répression par voie disciplinaire des infractions commises par les Annamites non citoyens français et ceux qui leurs sont assimilés contre les arrêtés du Gouverneur. — Internement et séquestre (art. 3).*

(Promulg. A. G. 14 juillet 1881)
B. C., p. 295.

(24 juin 1882)

**CIRC. D. I.** *au sujet des formalités à remplir pour l'application du séquestre. — Ordonnance sur le séquestre en Algérie.*

ARCH. D. I.

Le décret du 25 mai 1881 qui confère à M. le Gouverneur le droit d'ordonner le séquestre des biens des Asiatiques étrangers ou indigènes, ne détermine ni la forme ni les effets de cette mesure et aucun texte exécutoire dans la colonie n'en réglemente l'application.

En présence de ce silence de la législation, force a été de recourir à l'emprunt et de rechercher, parmi les textes sur la matière en vigueur dans la métropole ou dans les autres possessions françaises, celui qui semblerait le mieux convenir à la situation de notre colonie.

Les dispositions de l'ordonnance du 31 octobre 1845 qui réglemente l'application du séquestre en Algérie m'ont semblé répondre aux besoins du moment, et il a été décidé qu'elles seraient prises pour règle.

L'Administration n'entend point renoncer à la liberté d'allure que lui laisse le décret du 25 mai 1881 et encore moins s'astreindre à la stricte observation d'une ordonnance qui, n'yant pas été rendue exécutoire en Cochinchine, ne l'oblige en aucune façon ; mais j'estime que, dans la grande majorité des cas, on ne saurait choisir un guide meilleur que le texte sus-relaté et je vous prie de vous conformer à ses prescriptions, à moins d'instructions contraires.

Je vous envoie ci-inclus un extrait de cette ordonnance qui renferme les dispositions dont vous aurez à faire le plus fréquemment application (art. 12 à 21 et 24).

Vous êtes dans votre arrondissement le représentant du domaine local, c'est donc à vous que s'applique tout ce qui est dit au sujet des fonctionnaires ou employés de l'administration des domaines et vous aurez à vous acquitter des obligations qui leur incombent.

L'art. 12 vous fait connaître les formalités requises pour la prise de possession des immeubles; je n'ai rien à ajouter à ce sujet. En ce qui concerne les meubles, l'ordonnance de 1845 est peu explicite. J'estime cependant que vous devez procéder à leur égard comme envers les immeubles, c'est-à-dire les saisir en présence des notables du village et en dresser un inventaire qui sera soumis aux mêmes formalités que l'état de consistance immobilière.

Les immeubles séquestrés peuvent être loués, ils peuvent même être aliénés, dans le cas d'urgence prévu par l'article 13. S'il y a lieu de procéder à quelque aliénation de ce genre, vous devrez m'adresser des propositions à ce sujet ; le surplus des immeubles devra être loué, s'il est possible, en la forme usitée pour les biens domaniaux. Les meubles doivent être vendus le plus tôt possible, en se conformant toutefois aux règles en vigueur pour la vente des objets mobiliers appartenant au domaine local.

Vous aurez à vous occuper également du recouvrement des créances dues au séquestre qui doivent être comprises dans l'inventaire mobilier ou faire l'objet d'un état supplémentaire ainsi que les autres meubles découverts postérieurement à cette opération. Les articles 14, 15, 16 vous font connaître vos devoirs et les obligations des débiteurs ou détenteurs de biens meubles ou immeubles. Vous les informerez, par voie d'affiches, des formalités qu'ils ont à remplir en leur faisant connaître les pénalités qu'ils encourent en cas de non déclaration dans le délai importé.

Pour l'établissement des déclarations vous vous conformerez aux articles 17 et 18 de l'ordonnance. Faute de registre à talon disposé pour cet usage, vous vous servirez d'un registre blanc qui sera

(1) V. *Peines administratives.*

ouvert à cet effet. Chaque déclaration sera signée de vous et des déclarants; il en sera délivré récépissé sur une feuille volante.

Les créanciers seront également prévenus par voie d'affiches; ils devront déposer leurs demandes avec pièces à l'appui au 4e bureau de la direction de l'Intérieur.

Toutes les sommes recouvrées pour le compte du séquestre seront versées au percepteur (ou payeur) de l'arrondissement; elles feront l'objet d'ordres de recette. M. le trésorier-payeur adressera aux comptables placés sous la surveillance des instructions au sujet de l'ouverture, aux produits domaniaux, d'un compte spécial aux recettes de cette nature.

En ce qui vous concerne personnellement, vous ouvrirez deux registres conformes aux modèles ci-joints. Sur le premier vous consignerez, au fur et à mesure de leur découverte les propriétés immobilières, meubles, créances, titres et papiers appartenant aux séquestrés, ce sera là votre *sommier ou registre de consistance*. Le second intitulé *livre des comptes courants* est destiné à recevoir, jour par jour, l'enregistrement des recettes et des dépenses du séquestré.

Dans les 10 premiers jours de chaque mois, vous aurez à me faire parvenir *copie textuelle* des consignations et enregistrements opérés dans le cours du mois précédent.

Un compte spécial sera ouvert sur chacun de ces registres, au nom de tout séquestré.

Votre rôle étant purement administratif et conservatoire, vous n'avez point à vous préoccuper, à moins d'instructions spéciales, des formalités relatives à la mainlevée du séquestre et à la réunion définitive au domaine des biens séquestrés. Vous devrez vous borner à appliquer, dans les cas ordinaires, les prescriptions de l'ordonnance de 1845, dans la limite indiquée par la présente lettre, sauf à m'en référer, en cas de difficultés sérieuses.

Je vous prie de vouloir bien vous conformer aux présentes instructions, pour la liquidation des séquestres déjà existants. Vous voudrez bien procéder sans retard à l'accomplissement des formalités réglementaires qui n'auraient pas été prescrites par mes précédentes lettres.

## ANNEXE

(*Ordonnance sur le séquestre en Algérie.*)

(31 octobre 1845)

## TITRE PREMIER

### DES BIENS SÉQUESTRÉS ANTÉRIEUREMENT A LA PRÉSENTE ORDONNANCE

Art. 1er. — Sont maintenues et sortiront leur plein et entier effet toutes décisions antérieures, d'une autorité civile ou militaire, ordonnant la remise de biens séquestrés.

Si la remise ordonnée n'a pas été effectuée, elle se fera immédiatement.

Sortiront également leur plein et entier effet les décisions définitives, rendues avant la publication de la présente ordonnance, qui ont rejeté des demandes en mainlevée de biens séquestrés.

Art. 2. — Les biens séquestrés qui sont encore dans les mains du Domaine, et sur la remise desquels il n'a pas été définitivement statué, seront remis aux anciens propriétaires qui justifieront ne se trouver dans aucun des cas prévus par l'article 10 de la présente ordonnance.

Art. 3. — Les demandes en remise seront recevables à quelque époque que le séquestre ait été établi depuis 1830.

Elles devront, à peine de déchéance, être formées dans le délai d'un an, à partir de la publication de la présente ordonnance.

Art. 4. — Il ne sera statué sur les anciennes demandes non rejetées qu'autant qu'elles auront été renouvelées dans le délai d'un an, à partir de la publication de la présente ordonnance.

Art. 5. — Les demandes en remises seront déposées à la direction des finances, à Alger; il en sera donné récépissé.

Dans les trois mois de ce dépôt, la demande sera transmise à notre Ministre de la guerre par le Gouverneur général, avec son avis et celui du Conseil d'administration.

Il sera statué par notre Ministre de la guerre, dans les six mois de la réception des pièces au Ministère.

La décision sera définitive.

Art. 6. — La remise des biens séquestrés antérieurement à la présente ordonnance ne donnera droit qu'à la restitution des fruits perçus depuis les demandes faites ou renouvelées, dans le délai établi par les articles 3 et 4.

Art. 7. — Si les immeubles séquestrés ont été, durant le séquestre, baillés à rente, ou vendus par l'État, l'ancien propriétaire n'aura droit qu'à la rente constituée ou au prix principal de la vente reçu par l'État, avec restitution des arrérages ou intérêts, conformément à l'article précédent.

Art. 8. — Nulle remise de biens séquestrés ne sera faite aux anciens propriétaires, s'ils ne sont pas, à l'époque de la promulgation de la présente ordonnance, établis sur le territoire algérien soumis à notre domination, et s'ils ne se présentent en personne, devant le Directeur des finances, à Alger, ou devant le chef du service des Domaines, dans les provinces.

Le Conseil supérieur d'administration de l'Algérie sera juge des cas de légitime empêchement qui seraient allégués, sauf recours devant notre Ministre de la guerre, dont la décision sera définitive.

Art. 9. — En cas d'aliénation des biens séquestrés, l'État pourra se faire tenir quitte par l'acquéreur, en lui remboursant le prix de la vente ou de la cession avec les intérêts, à compter du jour où ledit prix a été payé et les loyaux coûts dûment justifiés.

Si le bien séquestré était, lors de la vente, affecté notoirement à un service public, l'État pourra user de la faculté mentionnée au paragraphe précédent : et, en ce cas, il ne sera tenu de rembourser à l'acquéreur que le prix capital sans intérêts, avec les frais et loyaux-coûts.

## TITRE II

### DES BIENS SÉQUESTRÉS POSTÉRIEUREMENT A LA PRÉSENTE ORDONNANCE

### CHAPITRE PREMIER

#### ÉTABLISSEMENT DU SÉQUESTRE

Art. 10. — A l'avenir, le séquestre ne pourra être établi sur les biens meubles et immeubles des Indigènes que si ces Indigènes ont :

1° Commis des actes d'hostilité, soit contre les Français, soit contre les tribus soumises à la France, ou prêté, soit directement, soit indirectement, assistance à l'ennemi, ou enfin entretenu des intelligences avec lui ;

2° Abandonné, pour passer à l'ennemi, les propriétés ou les territoires qu'ils occupaient.

L'abandon et le passage à l'ennemi seront présumés, à l'égard de ceux qui seront absents de leur domicile depuis plus de trois mois, sans permission de l'autorité française.

Art. II. — Aucun séquestre ne pourra être établi que par un arrêté du Gouverneur général, le conseil d'Administration préalablement entendu.

L'arrêté indiquera les causes qui l'auront motivé.

Toutefois, le séquestre pourra être ordonné provisoirement et d'urgence, par les commandants militaires, sauf décision ultérieure du Gouverneur général, dans la forme ci-dessus déterminée.

Tout arrêté portant établissement du séquestre sera soumis, par le Gouverneur général, à notre Ministre de la guerre, qui statuera définitivement.

Art. 12. — Les arrêtés ainsi confirmés seront publiés immédiatement en arabe et en français, dans le journal officiel de l'Algérie.

Dans le cas où ces arrêtés ne désigneraient pas nominativement les individus atteints par le séquestre, les états nominatifs en seront ultérieurement dressés et arrêtés, après avoir entendu le Conseil supérieur d'administration. Ils seront publiés en la même forme que les arrêtés établissant le séquestre.

Il sera également dressé des états des biens immeubles séquestrés que les agents du Domaine découvriront. Ces états seront arrêtés et publiés en la même forme, aussitôt après la découverte ou la prise de possession.

## CHAPITRE II

### EFFET DU SÉQUESTRE

Art. 13. — Les biens séquestrés seront régis par l'administration des Domaines. Elle ne pourra consentir des baux pour un temps excédant neuf années.

Les maisons et bâtiments dont l'état de dépérissement sera constaté, pourront être aliénés, sur la proposition du Gouverneur général et l'autorisation de notre Ministre de la guerre, dans la même forme que les immeubles domaniaux.

Il en sera de même des terres incultes nécessaires pour l'exécution de l'article 80 de notre ordonnance du 1er octobre 1844.

Art. 14. — Toutes les sommes principales échues, les intérêts desdites sommes, les foyers et fermages, et généralement tout ce qui sera dû à un individu frappé de séquestre, sera versé dans la caisse du domaine.

L'administration des domaines pourra, en cas d'offres, de la part des débiteurs, recevoir les sommes non échues et le principal des rentes perpétuelles.

Art. 15. — Les payements faits, durant le séquestre, à l'individu qui en est frappé ou à ses héritiers, ayants cause ou mandataires, ne libèreront pas le débiteur envers l'État.

Il en sera de même des payements de sommes non échues, faits antérieurement au séquestre, s'ils ne sont constatés par des actes ayant date certaine.

Art. 16. — Tous détenteurs, dépositaires, administrateurs et gérants, fermiers ou locataires de biens placés sous le séquestre, tous débiteurs de rentes, créances ou autres droits incorporels, atteints par le séquestre, seront tenus d'en faire la déclaration dans les trois mois qui suivront la publication, soit de l'arrêté de séquestre, soit de l'état nominatif désignant le propriétaire desdits biens.

Art. 17. — Cette déclaration indiquera aussi exactement que possible :

1° La nature, la situation, la consistance des immeubles et le montant des fermages, rentes et loyers ;

2° La nature des biens meubles, objets mobiliers, droits et actions ; le montant des capitaux exigibles ou non exigibles, avec les noms, profession et domicile des débiteurs et détenteurs ;

3° Les noms, profession et domicile des propriétaires ;

4° Les noms, profession et domicile des déclarants.

Art. 18. — La déclaration sera faite, dans chaque localité, au chef du service des domaines, qui l'inscrira sur un registre à talon, ouvert à cet effet, et qui en donnera récépissé.

Art. 19. — Toute personne assujettie à la déclaration énoncée en l'article 16, qui aura omis de la faire dans le délai prescrit, pourra, suivant les cas, être condamnée par le Conseil du contentieux à une amende qui ne pourra excéder le quart de la valeur des biens non déclarés.

Le recours, s'il y a lieu, sera porté devant nous, en notre Conseil d'État.

Art. 20. — Postérieurement à la publication de l'arrêté qui aura ordonné le séquestre, aucun droit utile ne pourra être conféré au préjudice de l'État sur les biens séquestrés.

Art. 21. — Tous créanciers des individus atteints par le séquestre devront, à peine de nullité, inscrire les hypothèques et privilèges établis en leur faveur par des actes antérieurs au séquestre, et présenter leurs demandes, avec les titres à l'appui, à la direction des finances, à Alger, dans le délai d'un an, à partir de la publication de l'arrêté ou de l'état contenant le nom du débiteur.

Le dépôt de la demande et des titres sera constaté par un procès-verbal énonçant la nature du titre, le montant de la créance et l'époque de son exigibilité; il en sera donné récépissé.

Art. 22. — Nul titre de créance sur un individu frappé du séquestre ne sera admis s'il n'a une date certaine et antérieure au séquestre.

Art. 23. — Le conseil du contentieux prononcera sur l'admission ou le rejet des titres déposés.

Si la créance antérieure au séquestre n'est pas établie par titre, le Conseil statuera sur la légitimité des droits des réclamants.

Art. 24. — Les créances admises ne seront payées qu'après que les biens séquestrés auront été définitivement réunis au domaine, conformément à l'article 28 ci-après, et jusqu'à concurrence seulement de la valeur totale de ces biens.

En cas d'insuffisance, les biens séquestrés seront vendus, et il sera procédé, devant les tribunaux, à l'ordre ou à la distribution, à la requête de la partie la plus diligente.

## CHAPITRE III

### MAINLEVÉE DU SÉQUESTRE

Art. 25. — Toute demande en remise de biens séquestrés devra établir ou que le propriétaire desdits biens n'était pas l'individu désigné dans l'arrêté du séquestre, ou qu'il ne s'est rendu coupable d'aucun des faits énoncés en l'article 10 ci-dessus.

Art. 26. — Les demandes seront formées et il y sera statué, conformément aux articles 3 et 5 ci-dessus.

Art. 27. — La remise des biens séquestrés postérieurement à la présente ordonnance donnera droit à la restitution des fruits ou intérêts perçus, depuis le jour de la demande en remise, sauf déduction des impenses faites par le domaine.

Les immeubles seront repris dans l'état où ils se trouveront, sans aucun recours contre l'État et à la charge de maintenir les baux existants.

## CHAPITRE IV

### RÉUNION DES BIENS SÉQUESTRÉS AU DOMAINE

Art. 28. — Seront réunis définitivement au domaine, sauf les droits des créanciers, les biens frappés de séquestre qui n'auront pas été réclamés dans le délai de deux ans, à compter des publications prescrites par l'article de la présente ordonnance.

Il en sera de même, en cas de rejet des réclamations prononcé dans les formes prescrites par les articles 45 et suivants.

Art. 29. — Lorsque le séquestre sera établi sur les terres, villes ou villages abandonnés en masse par la population, l'arrêté qui l'établira, ou une décision ultérieure, pourront en ordonner immédiatement, soit la réunion au domaine, soit l'affectation à un service public, soit la concession à d'autres populations indigènes ou à des colons européens.

## TITRE III

### DISPOSITIONS GÉNÉRALES

Art. 30. — Si, antérieurement à la demande en remise de biens séquestrés, soit avant, soit après la présente ordonnance, les immeubles réclamés ont été affectés à un service public, si l'administration veut maintenir cette affectation, l'ancien propriétaire, dont la réclamation aura été admise, n'aura droit qu'à une indemnité qui sera réglée par le Conseil d'administration, sauf recours devant nous, en Conseil d'État.

Cette indemnité sera liquidée conformément aux dispositions de l'article 47 de notre ordonnance du 1er octobre 1844.

Art. 31. — Les actions en revendication et toutes actions des tiers prétendant un droit quelconque sur les biens remis en vertu de la présente ordonnance seront portées devant les tribunaux, sans recours contre l'État.

Si la remise n'a pas encore été effectuée, elle sera suspendue jusqu'après les jugements définitifs ou arrêts à intervenir.

Art. 32. — Nonobstant toutes déchéances ou tout rejet de réclamations, les biens séquestrés pourront, tant qu'ils seront dans les mains du domaine, être remis par nous, par grâce spéciale et en vertu de notre pleine autorité, aux anciens propriétaires ou à leurs héritiers, qui les reprendront dans l'état où ils se trouveront, et sans aucune restitution de fruits perçus.

Art. 33. — Toutes dispositions des ordonnances, arrêtés ou règlements antérieurs sont abrogées en ce qu'elles ont de contraire à la présente ordonnance.

LOUIS-PHILIPPE.

## SERMENT

| NATURE DES DOCUMENTS | DATES | RECUEILS A CONSULTER Bat. | B.C. | B.D.I. | J.C. | J.H. | B.M. | B.Col. | OBSERVATIONS |
|---|---|---|---|---|---|---|---|---|---|
| Décret. | 14 janvier 1865. | II-146 | 192 | | | | | | |
| Décret | 5 septembre 1870. | II-622 | 295 | | | | | | |
| Décret | 11 septembre 1870. | II-622 | 296 | | | | | | |
| Décret. | 15 octobre 1879. | II-622 | 449 | | | | | | |
| Circ. D. I. | 1er février 1880. | | | 12 | 186 | | | | |
| A. G. | 17 janvier 1881. | | 56 | | | | | | |
| A. G. | 21 février 1882. | | 98 | | | | | | |
| Dép. M. | 22 décembre 1885. | | | | | | | | |
| Décret | 19 avril 1889. | | | | 645 | | | | |

(14 janvier 1865)

(1) **DÉCRET** *réglant les formes générales de la promulgation des lois et règlements et fournissant les moyens de procéder à l'installation immédiate des tribunaux (art. 5).*

BAT. II, p. 146.
B. C., p. 192.

Art. 1er. — . . . . . . . . . . . . . . . . . . . . . . . . . . . . . . . . . . . . . . . .

Art. 5. — Avant d'entrer en fonctions, le chef du service judiciaire et le juge président du tribunal supérieur prêtent, devant le Gouverneur, le serment prescrit par le décret du 27 mars 1852.

Le juge impérial de première instance, le substitut du procureur impérial, les membres du tribunal de commerce, le greffier du tribunal supérieur et du tribunal de première instance et le greffier du tribunal de commerce prêtent serment devant le tribunal supérieur.

Les membres du tribunal de commerce qui sont étrangers prêtent seulement le serment professionnel.

Les inspecteurs des affaires indigènes, chargés de la justice dans les provinces, prêtent serment entre les mains du Gouverneur.

Les greffiers prêtent le serment exigé par le décret du 7 avril 1852.

Art. 6. — . . . . . . . . . . . . . . . . . . . . . . . . . . . . . . . . . . . . . .

(5 septembre 1870)

**DÉCRET** *abolissant le serment politique.*

(Promulg. A. G., 23 octobre 1870)
BAT. II, p. 622.
B. C., p. 295.

Les fonctionnaires publics de l'ordre civil, administratif, militaire et judiciaire sont déliés de tout serment.

Le serment politique est aboli.

(11 septembre 1870)

**DÉCRET** *relatif au serment professionnel des nouveaux fonctionnaires.*

(Promulg. A. G., 22 octobre 1870)
(Promulg. A. G., 22 février 1886)
BAT. II, p. 622.
B. C., p. 296.

Article premier. — Le serment politique étant aboli, le serment professionnel des nouveaux fonctionnaires sera prêté dans la première séance du corps auquel ils appartiennent.

Art. 2. — L'installation des magistrats peut avoir lieu, pendant les vacances, dans la séance de la Chambre qui tient l'audience, et le serment professionnel est prêté publiquement.

(1) V. *infrà*, décret 5 septembre 1870.

(15 octobre 1879)

**DÉCRET** *rendant exécutoire aux colonies le décret du 5 septembre 1870.*

(Promulg. A. G., 26 novembre 1879)
BAT. II, p. 622.
B. C., p. 449.

Article premier. — Le décret du 5 septembre 1870 est déclaré exécutoire dans les colonies françaises.

JULES GRÉVY.

(1er février 1880)

**CIRC. D. I.** *au sujet de la prestation de serment des administrateurs et employés chargés de fonctions judiciaires, dans les provinces.*

B. D. I, p. 12.
J. C., p. 186. (1)

Aux termes de l'article 3 de l'arrêté du 14 janvier 1880, il est accordé, pour la prestation de serment, trois mois aux administrateurs et employés chargés de fonctions judiciaires dans les provinces.

Quelques fonctionnaires se sont mépris sur la portée de cette disposition, en la considérant comme une autorisation effective de quitter leur résidence, au moment qui leur paraîtrait opportun, pour venir à Saïgon prêter serment devant le tribunal supérieur.

Il n'en est pas ainsi. Il doit demeurer entendu que tout administrateur ou employé préposé au service judiciaire et désireux de se rendre au chef-lieu pour l'accomplissement de la formalité dont il s'agit, est tenu, pour ce déplacement, comme pour tous les autres, d'en demander spécialement l'autorisation préalable et d'attendre qu'il l'ait obtenue pour abandonner sa résidence.

Je crois utile de vous faire savoir, en terminant, que les jours d'audience du tribunal supérieur sont les *mercredi* et *jeudi* de chaque semaine. Il y aura à tenir compte de cette indication dans vos demandes, qui devront être calculées de manière à limiter votre séjour à Saïgon aux réels besoins du service.

BÉLIARD.

(17 janvier 1881)

**A. G.** *allouant une indemnité pour frais de déplacement aux secrétaires faisant fonctions d'huissier et prescrivant la prestation du serment professionnel par ces agents.*

B. C., p. 56.

Art 1er. — Tous les secrétaires faisant fonctions d'huissier prêteront le serment professionnel devant le tribunal auprès duquel ils sont appelés à exercer.

Art. 2. — . . . . . . . . . . . . . . . . . . . . . . . . . . . . . . . . . . . .

LE MYRE DE VILERS.

(21 février 1882)

**A. G.** *relatif à la prescription d'un droit d'enregistrement des prestations de serment des employés indigènes des contributions indirectes.*

B. C., p. 98.

Art. 1er. — A dater de ce jour, il sera perçu, pour droit d'enregistrement, des prestations de serment des employés indigènes des contributions indirectes, une somme de 20 centimes de piastre.

LE MYRE DE VILERS.

(1) V. *Affaires indigènes.*

(22 décembre 1885)

**DÉP. M.** *prescrivant la promulgation d'un décret en date du 11 décembre 1885 ayant pour but de rendre applicable aux colonies le décret du 11 septembre 1870, relatif au serment professionnel des fonctionnaires.*

ARCH. GOUV.

Vous trouverez au *Journal officiel* du 13 décembre courant, un Décret rendu le 11 de ce mois (1) sur mon rapport et sur celui de M. le Garde des sceaux et qui a pour but de rendre applicable aux colonies le décret du 11 septembre 1870, relatif au serment professionnel des fonctionnaires.

Je vous prie de faire procéder à la promulgation de cet acte dans la colonie.

Vous voudrez bien donner des ordres pour que M. le Procureur Général et M. le Président de la Cour soient appelés à renouveler, sans retard, leur serment professionnel devant la Cour d'appel.

(19 avril 1889)

**DÉCRET** *relatif au serment professionnel des magistrats aux colonies.*

J. C., p. 645.

Article premier. — La Cour d'appel de Pondichéry (établissement français de l'Inde) et la cour d'appel de Saïgon (Indo-Chine) pourront déléguer les tribunaux de 1re instance de leur ressort autres que celui du chef-lieu, pour recevoir le serment professionnel de leurs membres.

La Cour d'appel de Pondichéry, la Cour d'appel de Saïgon et le tribunal supérieur de Papeete (établissement français de l'Océanie) pourront recevoir par écrit le serment des magistrats de leur ressort nommés à des postes comportant un juge unique.

CARNOT.

Consulter en outre : *Conseil privé.*

(1) Promulg. A. G. 22 février 1886 p. 63, V. *suprà*, décret 15 octobre 1875.

## SERMENT D'ALLÉGEANCE

(5 avril 1883)

**CIRC. M.** *au sujet de la nationalité des Français ayant prêté le serment d'allégeance requis pour la nationalité anglaise.*

B. C., p. 227.

Monsieur le Gouverneur, j'ai été consulté sur la question de savoir quelle était la nationalité d'un Français ayant prêté à l'île Maurice, en 1880, le serment d'allégeance requis pour la nationalité anglaise.

Il résulte des renseignements qui m'ont été fournis à cet égard par M. le Garde des sceaux, que la prestation de ce serment entraîne la perte de la qualité de Français.

L'acte du 12 mai 1870 règle, en effet, les conditions dans lesquelles la nationalité anglaise peut être acquise. D'après cet acte (article 16), les législateurs des possessions britanniques peuvent réglementer la naturalisation par des lois qui doivent être ratifiées par la reine. Il s'ensuit que la naturalisation ainsi obtenue dans les colonies anglaises a réellement pour effet de conférer la nationalité. Les effets de cette naturalisation peuvent se trouver restreints, mais il n'en résulte pas moins que les Français ainsi naturalisés ont, en réalité, acquis une nationalité étrangère.

L'île Maurice est, à ce point de vue, régie par une loi du 8 septembre 1871 qui, dans son article 4, déclare expressément que les naturalisés deviennent sujets britanniques.

Les personnes qui se sont conformées aux formalités de cette loi ont donc perdu la qualité de Français.

L'insertion de la présente circulaire au *Bulletin officiel,* tiendra lieu de notification.

CH. BRUN.

## SERVANTS D'HOPITAL

V. *Service administratif.*

# SERVICE ADMINISTRATIF DE LA MARINE

I. CHEF DU SERVICE ADMINISTRATIF. — II. RÈGLEMENTATION. — III. EMPLOYÉS ET AGENTS DE FORMATION MÉTROPOLITAINE ET LOCALE. — IV. SOLDE ET ACCESSOIRES DE SOLDE

## I. — CHEF DU SERVICE ADMINISTRATIF

| NATURE DES DOCUMENTS | DATES | RECUEILS A CONSULTER | | | | | | | OBSERVATIONS |
|---|---|---|---|---|---|---|---|---|---|
| | | Bat. | B.C | B.D.I. | J. C. | J. H. | B. M. | B.Col. | |
| Ord. R. | 9 février 1827. | | | | | | | | |
| Décret | 3 février 1866. | | | | | | 43 | | |
| Décret | 15 avril 1873. | II-361 | 200 | | | | | | |
| Dép. M. | 14 juin 1878. | I.-760 | | | | | | | |
| Décret | 3 octobre 1882. | | 1883-29 | | | | | | |
| Décret | 14 octobre 1882. | | | | | | 646 | | |
| A. M. | 20 octobre 1882. | | | | | | 689 | | |
| Dép. M. | 7 novembre 1882. | | | | | | | | |
| Circ. M. | 5 juillet 1883. | | 326 | | | | | | |

(9 février 1827)

**ORDONN. R.** *concernant le gouvernement des Antilles* (1).

## TITRE PREMIER

. . . . . . . . . . . . . . . . . . . . . . . . . . . . . . . . . . . . . . . . . . . . . . . . .

. . . . . . . . . . . . . . . . . . . . . . . . . . . . . . . . . . . . . . . . . . . . . . . . .

## TITRE IV

### DES CHEFS D'ADMINISTRATION

### CHAPITRE PREMIER

#### DE L'ORDONNATEUR (2)

*Section* 1re. — Des attributions de l'ordonnateur.

*Section* 2. — Des rapports de l'ordonnateur avec le gouverneur.

*Section* 3. — Des rapports de l'ordonnateur avec les fonctionnaires et les agents du gouvernement.

*Section* 4. — Dispositions diverses relatives à l'ordonnateur.

## TITRE V

. . . . . . . . . . . . . . . . . . . . . . . . . . . . . . . . . . . . . . . . . . . . . . . . .

. . . . . . . . . . . . . . . . . . . . . . . . . . . . . . . . . . . . . . . . . . . . . . . . .

(3 février 1866)

**DÉCRET** *fixant le traitement du chef du service administratif en Cochinchine* (3).

B. M., p. 43.

(15 avril 1873)

**DÉCRET** *faisant répartition des attributions qui étaient dévolues aux contrôleurs coloniaux. (art. 4).*

BAT. II, p. 361.
B. C., p. 200.

Art. 3. — L'ordonnateur, soit par lui-même, soit par délégation, remplit les fonctions de censeur près les banques coloniales.

Art. 4. — Les attributions du contrôle déterminées par les articles 250, 251 et 252 du décret du 26 septembre 1855 (4) sont dévolues à l'ordonnateur (5) pour ce qui concerne les comptables justiciables de la cour des comptes et au Directeur de l'intérieur pour les comptables justiciables du Conseil privé.

Art. 5. — . . . . . . . . . . . . . . . . . . . . . . . . . . . . . . . . . . . . . . . . .

(1) V. dans B. M., édit ref., vol. II, p. 59, une ordonnance semblable du 21 août 1825 concernant le Gouvernement de l'île de Bourbon et qui, avec celles des 9 février 1827 et 22 août 1833, ne forme qu'un seul et même texte annoté des modifications postérieures.

(2) Les décrets du 15 septembre et 3 octobre 1882 modifient l'organisation administrative des colonies; les attributions de direction et de surveillance de tous les services administratifs et financiers des colonies précédemment exercées par l'ordonnateur sont supprimées; l'administration des services militaires et maritimes est dévolue, comme en France, à un officier du commissariat qui prend le titre de chef du service administratif de la marine, et celle des services civils ressortissant au budget de l'État est confiée au Directeur de l'Intérieur. Enfin, le trésorier-payeur dirige seul, sous sa responsabilité, son service et celui de ses préposés, et ne relève dans la colonie que du Gouverneur.

Un changement aussi considérable dans la situation respective des fonctionnaires coloniaux a eu pour conséquence la revision du décret du 26 septembre 1855 sur le régime financier des colonies, dont un grand nombre de dispositions se trouvaient abrogées. — V. *Comptabilité des colonies*.

(3) V. § IV.

(4) V. *Comptabilité des colonies*.

(5) V. *Suprà*, décret 3 octobre 1882.

(14 juin 1878)

**DÉP. M.** *au sujet des attributions dévolues au chef du service administratif et au Directeur de l'Intérieur et de leur rôle vis-à-vis du trésorier-payeur* (1).

BAT. II, p. 760.

(3 octobre 1882)

**DÉCRET** *modifiant l'organisation administrative des colonies de la Guyane, du Sénégal, de la Nouvelle-Calédonie, de Haïti, de Mayotte, de Nossi-Bé et de Saint-Pierre et Miquelon. (Suppression de l'emploi d'ordonnateur).*

(Promulg. A. G., 22 janvier 1883)
B. C., 1883, p. 29.

Article premier. — L'emploi d'ordonnateur est supprimé dans les colonies de la Guyanne française, le Sénégal, la Nouvelle-Calédonie, les établissements français de l'Océanie, Mayotte, Nossi-Bé et Saint-Pierre et Miquelon.

Art. 2. — Les fonctions précédemment attribuées à l'ordonnateur, en ce qui concerne l'administration et la comptabilité des services militaires et maritimes, sont exercées par l'officier du commissariat le plus élevé en grade, qui prend le titre de chef du service administratif de la marine.

Art. — 3. Les fonctions précédemment attribuées à l'ordonnateur, en ce qui concerne l'administration et la comptabilité des dépenses des services civils compris dans le budget de l'État, sont exercées par le chef du service de l'intérieur.

Art. 4. — Le trésorier-payeur est soumis à l'autorité du Ministre de la Marine et des colonies et du Ministre des finances. Dans la colonie, il ne relève que du Gouverneur, qui lui adresse directement ses ordres et ses communications.

Il dirige seul, sous sa responsabilité, son service et celui des payeurs particuliers, préposés ou percepteurs, dans toutes les parties.

Toutefois, en ce qui concerne le service des Invalides de la marine, le trésorier payeur est soumis à la direction et à la surveillance du chef du service administratif de la marine, conformément aux règlements de la matière.

Art. 5. — Le chef du service administratif fait partie du Conseil de défense.

Art. 6. — Le Conseil privé ou d'administration reste composé des éléments autres que l'ordonnateur qui entrent dans sa composition, aux termes des actes en vigueur dans chacune des colonies en cause.

Le chef du service administratif est appelé de droit au Conseil, lorsqu'il y est traité des matières de ses attributions. Il y a voix consultative.

Art. 7. — En cas d'absence ou d'empêchement, et alors qu'il n'y a pas été pourvu d'avance, par un décret, le Gouverneur est remplacé par l'officier ou le fonctionnaire qui, à défaut de l'ordonnateur, est désigné à cet effet par les actes actuellement en vigueur, dans chacune des colonies en cause.

Art. 8. — Indépendamment des colonies dénommées à l'article premier, les dispositions qui précèdent sont applicables à la Cochinchine française, dans l'Inde et au Gabon.

Art. 9. — Sont abrogées toutes dispositions des ordonnances, décrets et actes organiques susvisés, contraires au présent décret.

Les dispositions des ordonnances, décrets et actes organiques précités, qui concernent l'ordonnateur, sont applicables au chef du service administratif de la marine, sauf les exceptions prévues au présent décret.

JULES GRÉVY.

(1) V. Trésorerie.

(14 octobre 1882)

**DÉCRET** *allouant des suppléments de fonctions aux chefs du service administratif aux colonies.*

B. M., p. 646.

Article 1er — Sont abrogés les décrets des 3 février 1866 et 24 juin 1879, (1) fixant le traitement des chefs du service administratif en Cochinchine et dans l'Inde.

Art. 2. — Il est alloué aux chefs du service administratif de la marine aux colonies un supplément dont la quotité est fixée par un arrêté du ministre de la marine et des colonies.

JULES GRÉVY.

(20 octobre 1882)

**A. M.** *fixant le supplément de fonctions alloué aux officiers du commissariat remplissant aux colonies l'emploi de chef du service administratif* (2).

B. M., p. 689.

(7 novembre 1882)

**DÉP. M.** *prescrivant la promulgation du décret du 3 octobre 1882 portant suppression des ordonnateurs et répartition des services actuellement conférés à ces chefs d'administration.*

ARCH. GOUV.

Vous trouverez au *Journal officiel* du 8 octobre le décret du 3 octobre portant suppression, à partir du 1er janvier 1883, des ordonnateurs dans les colonies, et répartition des services actuellement conférés à ces chefs d'Administration.

Vous voudrez bien pourvoir à la promulgation de cet acte dans la colonie de la Cochinchine.

J'aurai soin de vous faire parvenir très incessamment un nouveau décret destiné à remplacer celui du 26 septembre 1855 concernant le service financier des colonies et dans lequel il sera fait état des modifications qu'il y a lieu d'introduire dans ce service, par suite de cette mesure.

JAURÉGUIBERRY.

DISLÈRE.

(5 juillet 1883)

**CIRC. M.** *au sujet de la situation hiérarchique du chef du service administratif.*

B. C., p. 326.

Des doutes s'étant élevés dans l'une de nos colonies, au sujet de la situation hiérarchique du chef du service administratif, il me paraît utile d'indiquer d'une façon catégorique quelle est la position de ce fonctionnaire.

Le décret du 15 septembre 1882, (3) en supprimant les ordonnateurs, a laissé au chef de service administratif toutes les attributions qu'avait ce chef d'administration, en ce qui concerne les services militaires et maritimes.

S'il ne fait plus partie du Conseil privé et ne peut être, par suite, rangé dans la catégorie des chefs d'administration, il n'en est pas moins, quel que soit son grade, chef d'un important service et, ne relevant que du Gouverneur, doit être traité par les chefs d'administration sur le pied de la complète égalité.

Il a, vis-à-vis des corps de troupes, tous les droits que l'article 813 de l'ordonnance du 22 juin 1847 a conférés à l'ordonnateur, sans qu'il y ait lieu de tenir compte de son grade, conformément au principe rappelé par la circulaire du 28 avril 1879. (B. M., page 360.)

Quant à son rang de préséance dans les cérémonies publiques, il sera celui que lui assignera son grade dans le groupe des différents officiers, puisque, n'étant pas chef d'administration, il n'a pas rang individuel.

Je vous prie de porter cette interprétation à la connaissance de qui de droit.

JULES FERRY.

(1) Concerne l'Inde.

(2) V. § IV.

(3) Pour la Martinique, la Guadeloupe et la Réunion, et le décret du 3 octobre 1882 pour les autres colonies.

## II. — RÉGLEMENTATION

| NATURE DES DOCUMENTS | DATES | RECUEILS A CONSULTER | | | | | | | OBSERVATIONS |
|---|---|---|---|---|---|---|---|---|---|
| | | Bat. | B.C. | B.D.I | J.C. | J.H. | B.M. | B.Col. | |
| A. G. | 30 mars 1869. | II-623 | 94 | | | | | | |
| D. G. | 1er avril 1873. | II-546 | 111 | | | | | | |
| D. G. | 6 septembre 1873. | II-547 | 304 | | | | | | |
| A. G. | 15 mai 1875. | II-547 | 194 | | | | | | |
| A. G. | 21 août 1875. | II-548 | 305 | | | | | | |
| A. G. | 9 octobre 1875. | II-626 | 358 | | | | | | |
| A. G. | 5 février 1878. | | 49 | | | | | | |
| Dép. M. | 18 avril 1878. | II-628 | | | | | | | |
| A. G. | 2 novembre 1878. | II-550 | | | | | | | |
| Circ. Ord. | 14 janvier 1880. | | | | | | | | |
| D. G. | 30 décembre 1881. | | 543 | | | | | | |
| Décret. | 20 novembre 1882. | | 1883-29 | | | | | | |
| Dép. M. | 6 août 1885. | | 5 | | | | | | |
| D. G. G. | 6 août 1889. | | | | 762 | | | | |

(30 mars 1869)

A. G. *Les services des « Vivres » et des « Hôpitaux » seront séparés du service marine, en ce qui concerne les dépenses du personnel colonial. — Le service colonial devra pourvoir à toutes les dépenses à faire dans la colonie pour le ravitaillement et l'hospitalisation du personnel colonial.*

BAT. II, p. 623.
B. C., p. 94.

Le service des hôpitaux sera complétement séparé du service marine, le 1er avril prochain, ainsi que le service « Vivres », en ce qui concerne les dépenses du personnel colonial.

Les écritures de ces deux services seront arrêtées à cette date et feront ressortir l'existant en denrées, matières et objets, au jour de la séparation.

A compter de ce jour, le service colonial devra pourvoir à toutes les dépenses à faire dans la colonie pour le ravitaillement et l'hospitalisation du personnel colonial.

Il sera ouvert des comptes spéciaux au titre de ce service et toutes les cessions qui auront lieu entre le service marine et le service colonial devront être immédiatement remboursées.

Le service des hôpitaux continuera à recevoir, comme par le passé, les malades des divers services, spécialement ceux du service marine, mais à charge de remboursement par les services intéressés des frais de traitement et autres auxquels ils donneront lieu.

G. Ohier.

(1er avril 1873)

D. G. *organisation du service des Vivres nécessaires aux rationnaires des services marine et colonial Pnom-Penh.*

BAT. II, p. 546.
B. C., p. 111.

Article premier. — Les vivres nécessaires aux rationnaires des services marine et colonial seront, à partir de ce jour, fournis par le magasin des subsistances de Saïgon et seront expédiés directement du chef-lieu.

Il ne sera point placé de commis-comptable dans cette localité.

Le sergent ou le caporal d'infanterie de marine remplira les fonctions de commis aux vivres sous la direction du représentant du Protectorat ; il prendra en charge les denrées et les ustensiles et tiendra la comptabilité dont il devra transmettre périodiquement les pièces au commissaire aux subsistances, d'après les instructions qui lui seront adressées par ce service.

Il sera également chargé, dans les mêmes conditions, du dépôt de charbon, de la délivrance et de la recette de ce combustible. Les pièces y relatives seront par lui transmises au commissaire aux approvisionnements.

Il recevra, à ce double titre, une indemnité journalière de 0 fr. 75 cent., imputable au titre des services déclassés (dépenses des vivres).

Art. 2. — Les fonds d'avance mis à la disposition du commandant du *Bien-hoa* par le service administratif, en vertu de notre décision du 5 octobre 1868, sont supprimés.

Les dépenses qu'il y aurait lieu de faire pour le service des vivres et des mouvements de charbon seront provisoirement payées par le représentant du Protectorat, sur les fonds de prévoyance qui doivent y être entretenus par le service local.

Le remboursement en sera opéré au chef-lieu au moyen d'états en due forme reconnus par le sergent ou caporal faisant fonctions de commis et approuvés par le représentant du Protectorat.

DUPRÉ.

(6 septembre 1873)

**D. G.** *Les fonctionnaires du commissariat de la marine ne pourront être maintenus dans les postes de la colonie, au delà d'une année* (1).

BAT. II, p. 547.
B. C., p. 304.

(15 mai 1875)

**A. G.** *Nouvelle organisation du service administratif de la marine, dans les postes de la colonie* (2).

BAT. II, p. 547.
B. C, p. 194.

(21 août 1875)

**D. G.** *Suppression de l'emploi de comptables dans les postes dits obliques. — Organisation du service des vivres et du casernement dans ces localités.*

BAT. II, p. 548.
B. C., p. 305.

Article premier. — Les emplois de comptables créés par la décision du 8 juin 1868 susvisée, sont supprimés dans tous les postes autres que les chefs-lieux de circonscription administrative.

Art. 2. — A partir du 1er octobre prochain les services dont ces agents étaient chargés seront confiés à la troupe, sous le contrôle et la surveillance du chef du service administratif et de ses délégués.

Ces services seront assurés par les soins des corps et sous leur responsabilité.

Art. 3. — Les vivres seront fournis à chaque poste par les magasins de Saïgon ou ceux des chefs-lieux de circonscription, selon le cas, sur demandes périodiques de la troupe, d'après l'effectif du détachement et le temps pour lequel il doit être approvisionné.

Les quantités délivrées seront immédiatement portées en dépense.

La troupe pourvoira au transport de ses vivres et de son matériel.

Lorsqu'elle n'aura pu effectuer ce service par ses propres moyens, la dépense en sera acquittée par les gérants de caisse de prévoyance, sur un état de liquidation certifié par l'officier commandant du poste, et régulièrement acquitté par les individus qui auront exécuté le transport.

Art. 5. — L'emploi des vivres sera justifié par la troupe au moyen d'états conformes aux modèles annexés au présent arrêté (3). Ces états, certifiés par l'officier commandant, seront transmis mensuellement à l'autorité administrative du chef-lieu de circonscription.

Art. 6. — Les pertes et détériorations seront constatées par des procès-verbaux dressés par l'officier commandant, et transmis au chargé du service administratif.

Art. 7. — Les objets de couchage seront délivrés à la troupe et elle en comptera conformément aux dispositions du règlement du 21 novembre 1854.

Les revues trimestrielles de casernement seront passées par l'officier du commissariat chargé du service de la circonscription.

(1) Sans objet.
(2) Sans objet.
(3) V. Modèles B. C., 1875, p. 307 et suiv.

Art. 8. — Au moment où la garnison d'un poste sera relevée par un autre détachement, les officiers commandants procéderont contradictoirement à la constatation de l'existant en vivres et en matériel. Une expédition du procès-verbal de cette opération sera transmise au représentant de l'administration dans la circonscription, avec la prise en charge du nouveau détachement.

En cas d'évacuation d'un poste, les vivres et le matériel qui s'y trouveront seront réintégrés, par les soins du corps, dans les magasins de la marine.

Art. 9. — Outre les constatations réglementaires et périodiques ci-dessus mentionnées, le chef du service administratif exercera sur le service des postes, par lui-même ou par ses délégués, soit sur pièces, soit par des inspections dont il appréciera l'opportunité, les attributions de surveillance qui lui sont dévolues par les règlements sur tous les faits de l'administration intérieure des corps de troupe.

Art. 10. — Les répétitions qu'il y aurait lieu d'exercer envers les corps, à raison de leur responsabilité, seront poursuivies à la diligence du commissaire aux revues, auprès des conseils d'administration, sauf leur recours contre qui de droit.

Art. 11. — Toutes les dispositions contraires au présent arrêté sont rapportées.

DUPERRÉ.

(9 octobre 1875)

**A. G.** *Division en cinq circonscriptions du territoire de la Basse-Cochinchine, en ce qui concerne les services administratifs de la marine* (1).

BAT. II, p. 626.
B. C., p. 358.

(5 février 1878)

**A. G.** *organisant à nouveau les dépôts de charbon de terre et de matières à entretenir dans les postes hors de Saïgon, au compte du service marine* (2).

B. C., p. 49.

(18 avril 1878)

**DÉP. M.** *Répartition du personnel du commissariat de la marine en Cochinchine* (3).

BAT. II, p. 628.

(2 novembre 1878)

**A. G.** *Dans les postes de Mytho, Vinh'ong et Chaudoc, l'agent chargé du magasin des vivres (service colonial) est constitué préposé comptable du garde-magasin de l'arsenal pour, le dépôt de charbon de terre, des matières grasses et du matériel de la marine à entretenir dans ces localités. — Règles de comptabilité.*

BAT. II, p. 550.

Article premier. — Dans les postes de Mytho, de Vinhlong et de Chaudoc, l'agent chargé du magasin des vivres du service colonial est constitué préposé-comptable du garde-magasin de l'arsenal pour le dépôt de charbon de terre, des matières grasses et du matériel de la marine qu'il y aurait lieu d'entretenir dans ces localités.

Art. 2. — L'agent dépositaire dans chacun des postes sus-énoncés est directement responsable envers l'État des matières qui lui sont confiées.

Il reçoit, à titre *d'indemnité de responsabilité*, un supplément de trois cents francs (300 francs), imputable au budget du service marine (chapitre VI, article 3).

Art. 3. — L'officier chargé du service administratif exercera sur le dépôt de la

(1) Sans objet.
(2) V. *infrà*, A. G., 2 novembre 1878.
(3) V. *Commissariat de la marine.*

marine la surveillance dévolue au commissaire aux approvisionnements de l'arsenal, comme il est dit en l'article 48 de l'arrêté ministériel du 8 avril 1875.

Toutes les communications relatives à ce service seront transmises par l'intermédiaire des chefs d'administration.

Art. 4. — Les sorties de charbon et autres matières du magasin de l'arsenal de Saïgon et les entrées de ces mêmes matières dans les écritures des dépôts secondaires, seront effectuées, les unes et les autres, sous le titre de *mouvements intérieurs.*

Toutefois, le comptable expéditeur inscrira provisoirement, sur un livre auxiliaire, les quantités envoyées et ne s'en déchargera, à titre définitif, que sur le récépissé du préposé-comptable.

Art. 5. — En cas de perte totale de l'envoi, par suite de naufrage ou autre accident de route, le garde-magasin de l'arsenal provoquera, auprès de qui de droit, la constatation du fait par une pièce régulière.

S'il est reconnu que l'événement provient de force majeure, le comptable portera la quantité expédiée en sortie dans ses écritures, sous le titre : *Pertes par force majeure* (titre III, chapitre IV, article 1er, de la nomenclature des mouvements).

Dans le cas, au contraire, où il serait dûment constaté que la cause du sinistre doit être imputée à la négligence de l'agent transporteur, et que, par suite, le remboursement de la perte subie par l'État doit être poursuivi, la sortie des matières expédiées serait inscrite dans les écritures, au titre III, chapitre 1er, article 4 : *Pertes et déficits mis à la charge des comptables et autres agents.*

Art. 6. — Si, lors de la réception des matières au poste destinataire, une différence en plus ou en moins est reconnue entre les quantités portées sur les factures d'envoi et celles réellement reçues, il sera procédé, suivant le cas, comme il est dit ci-après :

Lorsque la différence sera reconnue résulter d'une erreur commise par le comptable expéditeur, celui-ci rectifiera ses écritures auxiliaires et portera en sortie la quantité effectivement envoyée ;

S'il s'agit d'un déchet de route ou d'un déficit provenant du vice propre de la matière, le comptable réceptionnaire prendra en écritures la quantité expédiée et fera sortie de la différence sous le titre: *Déficits admis en compte* (titre III, chapitre IV, article 9), au moyen d'un procès-verbal de récolement dressé administrativement ;

Enfin, lorsque le déficit constaté aura été mis à la charge de l'agent transporteur, le préposé-comptable fera entrée de la totalité de l'envoi et portera en sortie la différence en moins, sous le titre sus-indiqué de : *Pertes et déficits mis à la charge des comptables et autres agents.*

Art. 7. — Les sorties et les entrées corrélatives opérées à titre de *mouvements intérieurs* devant ainsi se balancer, les relevés (modèle n° 70) les concernant ne seront appuyés d'aucune pièce justificative.

Art. 8. — Au moment où la garnison d'un poste sera relevée par un autre détachement, les officiers commandants procéderont contradictoirement à la constatation de l'existant en vivres et en matériel. Une expédition du procès-verbal de cette opération sera transmise au représentant de l'administration dans la circonscription, avec la prise en charge du nouveau détachement.

En cas d'évacuation d'un poste, les vivres et le matériel qui s'y trouveront seront réintégrés, par les soins du corps, dans les magasins de la marine.

Art. 9. — Outre les constatations réglementaires et périodiques ci-dessus mentionnées, le chef du service administratif exercera sur le service des postes, par lui-même ou par ses délégués, soit sur pièces, soit par des inspections dont il appréciera l'opportunité, les attributions de surveillance qui lui sont dévolues par les règlements sur tous les faits de l'administration intérieure des corps de troupe.

Art. 10. — Les répétitions qu'il y aurait lieu d'exercer envers les corps, à raison de leur responsabilité, seront poursuivies à la diligence du commissaire aux revues, auprès des conseils d'administration, sauf leur recours contre qui de droit.

Art. 11. — Toutes les dispositions contraires au présent arrêté sont rapportées.

DUPERRÉ.

(14 janvier 1880)

**CIRC. ORD.** *Les chargés du service administratif et les commandants des postes ne doivent demander le concours de l'administration que lorsqu'ils ne peuvent assurer la bonne exécution du service par eux-mêmes.*

ARCH. S. AD.

(30 décembre 1881)

**D. G.** *mettant l'arsenal sous l'autorité de l'ingénieur de la marine, directeur des travaux, supprimant la direction des mouvements du port de guerre, portant remise du parc à charbon à l'administration coloniale et déterminant la part d'attribution dévolue au service administratif* (1).

B. C., p. 543.

(20 novembre 1882)

**DÉCRET** *sur le service financier des colonies* (2).

B. C., 1883, p. 29.

(6 août 1885)

**DÉP. M.** *instituant un ordonnateur secondaire à Saïgon pour le Département de la guerre ; — attribution de ces fonctions au chef du service administratif de la marine.*

B. C., partie supp., p. 5.

Des dépenses que la Cochinchine a dû acquitter pour le compte du Départemant de la guerre, au titre du corps du Tonkin, ont été classées dans les écritures du Trésor à un compte à régulariser, et les pièces relatives à ces dépenses m'ont été transmises pour être rattachées au budget intéressé. M. le Ministre de la guerre et moi avons reconnu, à la suite d'observations faites par M. le Ministre des finances, que cette manière de procéder ne pouvait être continuée et qu'il importait de constituer à Saïgon un ordonnateur secondaire pour le Département de la guerre.

J'ai l'honneur de vous faire connaître que sur la proposition de mon collègue, M. le général Campenon, j'ai décidé que ces fonctions seraient confiées au commissaire, chef du service administratif de la marine. Il ne saurait, en effet, résulter de la mesure un grand inconvénient pour ce fonctionnaire, puisque l'accroissement de travail susceptible de lui incomber aujourd'hui ne consistera qu'à fournir au Département de la guerre un compte par exercice, de la même nature que celui qui est produit à mon Département pour les dépenses acquittées sur les crédits de délégation, au titre du service colonial.

Dans le cas néanmoins où le nouveau service nécessiterait des écritures spéciales, par exemple : enregistrement de dépenses, formation de bordereaux d'opérations mensuelles etc., je vous autorise à lui adjoindre un employé dont la solde serait supportée sur les crédits alloués au budget de la guerre pour les dépenses du Tonkin.

Ainsi que me l'a fait savoir M. le Ministre de la guerre, des crédits seront sous-délégués par l'intendant militaire, directeur des services administratifs du Tonkin, au nouvel ordonnateur à Saïgon qui émettra des mandats sur la trésorerie de l'armée, lesquels seront acquittés pour son compte par le trésorier-payeur de la Cochinchine.

En m'accusant réception de la présente dépêche, je vous prie de me faire connaître les mesures que vous aurez arrêtées pour la constitution du nouveau service.

GALIBER.

(1) V. *Service marine (établissements dépendants du)*
(2) V. *Comptabilité des colonies.*

(6 août 1889)

**D. G. G.** *Le service administratif à Pnom-Penh sera dirigé par un agent du corps des comptables. Un officier du commissariat sera chargé du service administratif à Mytho.*

J. C., p. 762.

Le service administratif de la marine à Pnom-Penh sera, jusqu'à nouvel ordre, dirigé par un agent du corps des comptables.

Un officier du commissariat ayant sous ses ordres un magasinier comptable sera chargé du service administratif à Mytho.

Il y occupera les appartements qui lui sont assignés dans l'assiette du logement des bâtiments militaires approuvée par le Ministre.

PIQUET.

## III. — EMPLOYÉS ET AGENTS DE FORMATION MÉTROPOLITAINE ET LOCALE

| NATURE DES DOCUMENTS | DATES | RECUEILS A CONSULTER | | | | | | | OBSERVATIONS |
|---|---|---|---|---|---|---|---|---|---|
| | | Bat. | B.C. | B.D.I. | J. C. | J. H. | B. M. | B. Col | |
| A. G. | 7 décembre 1866. | | 221 | | | | | | |
| D. G. | 8 juin 1868. | | 124 | | | | | | |
| A. G. | 22 juillet 1870. | I-429 | 203 | | | | | | |
| D. G. | 30 avril 1875. | I-431 | 181 | | | | | | |
| A. G. | 10 mai 1875. | I-435 | 189 | | | | | | |
| A. G. | 4 janvier 1876. | I-437 | 3 | | | | | | |
| D. Ord. | 28 août 1877. | II-655 | 244 | | | | | | |
| A. G. | 26 décembre 1878. | I-438 | 442 | | | | | | |
| D. G. | 8 juillet 1880. | | 374 | | | | | | |
| D. G. | 6 octobre 1880. | | 490 | | | | | | |
| A. G. | 26 décembre 1881. | | 539 | | | | | | |
| A. G. | 26 décembre 1881. | | 540 | | | | | | |
| Dép. M. | 12 avril 1882. | | 197 | | | | | | |
| A. G. | 19 mars 1883. | | 154 | | | | | | |
| Dép. M. | 4 janvier 1884. | | | | | | | | |
| A. G. | 30 mars 1886. | | 104 | | 433 | | | | |
| D. Ch. S. Ad. | 7 avril 1886. | | | | 461 | | | | |
| Rapport M. | 25 juin 1887. | | | | | | | 399 | |
| Décret. | 25 juin 1887. | | | | | | | 399 | |
| Dép. M. | 9 juillet 1887. | | 537 | | | | | | |
| Décret. | 3 août 1887. | | | | | | | 552 | |

## III. — EMPLOYÉS ET AGENTS DE FORMATION MÉTROPOLITAINE ET LOCALE *(suite)*

| NATURE DES DOCUMENTS | DATES | RECUEILS A CONSULTER | | | | | | | OBSERVATIONS |
|---|---|---|---|---|---|---|---|---|---|
| | | Bat. | B.C. | B.D.I. | J. C. | J. H. | B. M. | B.Col. | |
| A. G. G. | 29 décembre 1888. | | | | 1889 -13 | | | | |
| Dép. M. | 14 février 1889. | | 178 | | | | | | |
| A. G. G. | 20 mai 1889. | | | | 536 | | | | |

(7 décembre 1866)

A. G. *Les militaires ou marins qui demandent à être mis en congé renouvelable, pour entrer comme agents de création locale au service des subsistances, ne seront admis désormais, dans le service, que comme distributeurs.*

B. C., p. 221.

(8 juin 1868)

D. G. *portant création de comptables dans les différentes postes de la colonie occupés par la troupe et fixant à 300 francs l'indemnité de responsabilité qui leur est allouée* (1).

B. C., p. 124.

(22 juillet 1870)

A. G. *Logement des magasiniers et distributeurs, tant du service marine que du service colonial.*

BAT. I, p. 429.
B. C., p. 203.

Article premier. — Les magasiniers et distributeurs, tant du service marine que du service colonial, auxquels il ne pourra être attribué un logement dans les bâtiments de l'État, recevront une indemnité mensuelle de vingt-cinq francs.

Art. 2. — La dépense résultant de cette indemnité sera imputée au service colonial.

DE CORNULIER-LUCINIÈRE.

(30 avril 1875)

D. G. *Nouvelle organisation des employés et agents de formation locale appartenant aux divers services de la marine.*

BAT. I, p. 431.
B. C., p. 181.

(2) Article premier. — Les employés et agents de formation locale appartenant aux divers services de la marine en Cochinchine, seront désignés conformément aux indications du tableau suivant, qui détermine la solde, les allocations soit en nature, soit en argent, ainsi que l'avancement de ces employés et agents.

Art. 2. — Un arrêté (3) fixera ultérieurement les cadres des employés, agents, etc., et leur répartition dans les différents services. Aucun avancement ne sera donné jusqu'à nouvel ordre, sans l'autorisation du Gouverneur.

Art. 3. — Après trois années consécutives de séjour dans la colonie, les employés et agents appartenant aux différents services de la marine, pourront aller jouir en France d'un congé de six mois, avec solde de présence sur le pied d'Europe, si les besoins du service ne s'y opposent pas.

Art. 4. — Ils seront classés de la manière suivante, lorsqu'ils seront appelés à prendre passage sur les transports de l'État qui seront affectés au service particulier entre la France et la Cochinchine.

*Ancienne table des aspirants, actuellement 2e table.*

Commis aux écritures de 1re classe.
— de 2e classe.

(1) V. § IV, D. G., 13 mars 1886.
(2) V. *infrà*, A. G., 26 décembre 1878, et 13 janvier 1879 (*Hôpitaux et Ambulances de la marine*).
(3) V. *infrà*, A. G., 10 mai 1875.

*Ancienne table des maîtres actuellement 3e table.*

Commis aux écritures de 3e classe et 4e classe, et stagiaires.
Agents du matériel de 1re et de 2e classe.
Agents des subsistances de 1re et de 2e classe.
Servant d'hôpital chef.
Servants majors d'hôpital de 1re classe.

Art. 5. — Les agents de formation locale, dont les emplois ne sont pas désignés à l'article précédent, seront indistinctement admis à la ration sur les transports.

Art. 6. — Les employés et agents de formation locale, appartenant aux divers services de la marine, et qui auront été recrutés en Cochinchine, ne pourront obtenir, aux frais de l'État, des congés de quelque nature que ce soit, pour rentrer en France ou pour retourner dans les colonies d'où ils proviennent, s'ils ne justifient pas de l'accomplissement d'une année au moins de services consécutifs dans l'administration à laquelle ils sont attachés.

Lorsqu'ils satisferont à cette condition, des passages pourront leur être accordés sur les bâtiments de l'État, mais pour se rendre soit en France, soit directement dans la colonie dont ils sont originaires (1).

Ceux d'entre eux auxquels il ne conviendrait pas de continuer le voyage jusqu'en France, seront autorisés à débarquer sur l'un des points de relâche des bâtiments-transports, soit pour continuer leur voyage, à leurs frais, sur un paquebot, soit pour attendre le passage d'un bâtiment-transport de l'État pouvant les conduire à leur destination. Dans tous les cas, il ne leur sera pas alloué de frais de vacations, et ils justifieront des ressources nécessaires pour séjourner dans le port de relâche.

Art. 7. — Ceux de ces employés et agents qui n'auront pas accompli une année de service dans l'administration à laquelle ils sont attachés, et qui, en raison de leur état de santé, ne pourront continuer à servir dans la colonie, devront être licenciés à partir du jour où le conseil de santé aura statué à leur égard.

Il leur sera, dans ce cas, accordé des passages, à titre gratuit, sur les bâtiments de l'État affectés au service particulier entre la France et la Cochinchine.

(2) Art. 8. — Les employés et agents de formation locale, lorsqu'ils seront admis dans les divers hôpitaux de la colonie, subiront, pendant leur traitement à l'hôpital, les retenues fixées par le tarif annexé au décret du 2 janvier 1874, inséré au *Bulletin officiel de la marine*.

Art. 9. — Les agents des subsistances continueront à exercer des emplois de comptables qui ont été créés par la décision du 8 juin 1868 (3), dans chacun des postes de la Cochinchine, occupé par des troupes européennes.

Ils exerceront, à l'égard du service des lits militaires, les attributions dévolues à l'Administration par le règlement du 21 novembre 1854. Ils auront charge du matériel de couchage qui ne sera pas en service dans les détachements.

Ils recevront, à titre d'indemnité de responsabilité, un supplément de 300 francs. Ce supplément ne leur sera payé qu'en fin d'année ou de gestion, sur production d'un certificat émanant du fonctionnaire du commissariat qui aura examiné leurs comptes et inventaires et en aura reconnu la régularité.

Les comptables de Chaudoc et de Baria recevront, en outre, une allocation de 300 francs, à titre d'indemnité de responsabilité, pour le service des écritures des hôpitaux de ces deux localités.

(1) Passagers et frais de passage, dép. m., 11 novembre 1860.
(2) V. décret, 1er juin 1875. Traitement, solde et accessoires.
(3) V. *suprà*. A. G., 21 août 1875.

Art. 10. — Les comptables des postes auront franchise par la voie postale, et sous leur contre-seing, avec les officiers du commissariat centralisant les services administratifs.

Leur correspondance télégraphique devra être revêtue du visa des commandants des postes obliques.

Art. 11. — Le présent arrêté recevra immédiatement son exécution; néanmoins les écrivains auxiliaires de 3e classe devenus commis aux écritures de 4e classe, les magasiniers de 3e classe devenus agents du matériel de 2e classe, les 2es commis aux vivres de 2e classe devenus agents des subsistances de 2e classe, les distributeurs de 2e classe devenus agents du matériel de 3e classe, continueront à recevoir, jusqu'au 1er juillet prochain, les soldes qui leur ont été attribuées jusqu'à ce jour.

Les plantons et garçons de bureau indigènes et asiatiques continueront à toucher, jusqu'au 1er janvier 1876, la solde annuelle de 720 francs au lieu de celle de 600 francs allouée à ces agents dans tous les services de la colonie.

Art. 12. — Les soldes et accessoires de solde des employés et agents de formation locale seront imputés de la manière suivante au budget colonial :

*Ch. Personnel, article 1er. — Les commis aux écritures, les agents du matériel, les concierges, les garçons de bureau et plantons, à l'exception de ceux employés dans le service des hôpitaux.*

*Ch. Personnel, article 2. — Les agents des subsistances, les servants d'hôpital et les commis aux écritures, agents du matériel, concierges, garçons de bureau et plantons employés dans le service des hôpitaux.*

DUPERRÉ

| ANCIENNES DÉNOMINATIONS | NOUVELLES DÉNOMINATIONS | SOLDE ANNUELLE | INDEMNITÉ de logement | TOTAL | OBSERVATIONS | AVANCEMENT |
|---|---|---|---|---|---|---|
| Commis de comptabilité de 1re cl. | Commis aux écritures de 1re classe. | 3,600 | 660 | 4,260 | Les commis aux écritures et les stagiaires ont droit à la ration en nature dite de 2e catégorie. Ils recevront l'indemnité de logement quand ils ne seront pas logés dans les bâtiments de l'État. | Une année au moins de service dans chaque classe pou passer à la classe supérieure. — Les commis aux écriture stagiaires reconnus capables, pourront être promus à 4e classe après six mois de service, lorsque les vacanc se produiront. Les commis aux écritures stagiaires incap bles pourront toujours être licenciés. L'avancement en classe aura lieu moitié au choix, moit à l'ancienneté. Les stagiaires reconnus capables seront nor més, à l'ancienneté, commis aux écritures de 4e classe. |
| Commis de comptabilité de 2e cl. | Commis aux écritures de 2e classe. | 3,000 | 660 | 3,660 | | |
| Ecrivains auxiliaires de 1re classe. | Commis aux écritures de 4e classe. | 2,400 | 660 | 3,060 | | |
| Ecrivains auxiliaires de 2e classe. Ecrivains auxiliaires de 3e classe. | Commis aux écritures de 4e classe. | 1,800 | 660 | 2,460 | | |
| Stagiaires | Commis aux écritures stagiaires. | 1,200 | 660 | 1,860 | | |
| COMPTABLES DU MATÉRIEL | | | | | | |
| Magasiniers de 1re classe | Agents du matériel de 1re classe | 2,400 | » | 2,400 | Les agents du matériel et des subsistances, auxquels il ne pourra être attribué un logement dans les bâtiments de l'État, recevront une indemnité mensuelle de vingt-cinq francs. — Ces agents ont droit à la ration de 2e catégorie. — Les agents de 3e classe du matériel et des subsistances recevront une somme de *quatre-vingt-dix* francs à titre de première mise, pour les besoins de leur couchage et de leur installation, lorsqu'ils proviendront des corps de troupes ou des équipages de la flotte. | Mêmes conditions d'avancement que ci-dessu Les agents de 1re classe du matériel et de subsistances concourront au tour du choix ave les commis aux écritures de 3e classe, pou les places de commis aux écritures de 2e classe |
| Magasiniers de 2e classe. Magasiniers de 3e classe | Agents du matériel de 2e classe | 1,800 | » | 1,800 | | |
| Distributeurs de 1re classe. Distributeurs de 2e classe | Agents du matériel de 3e classe | 1,200 | » | 1,200 | | |
| COMPTABLES DES VIVRES | | | | | | |
| 1ers commis aux vivres | Agents des subsistances de 1re cl. | 2,400 | » | 2,400 | | |
| 2es commis aux vivres de 1re cl. 2es commis aux vivres de 2e cl. | Agents des subsistances de 2e cl. | 1,800 | » | 1,800 | | |
| Distributeurs de 1re classe | Agents des subsistances de 3e cl. | 1,200 | » | 1,200 | | |
| HÔPITAUX | | | | | | |
| Infirmier chef | Servant d'hôpital chef | 1,600 | » | 1,600 | Le service des hôpitaux pourvoira à la nourriture et au logement des agents des hôpitaux. | Une année au moins de service dans chaqu classe pour passer à la classe supérieure. |
| Infirmiers majors de 1re classe | Servants majors d'hôpital de 1re cl. | 1,400 | » | 1,400 | | |
| Infirmiers majors de 2e classe | Servants majors d'hôpital de 2e cl. | 1,200 | » | 1,200 | | |
| Infirmiers ordinaires de 1re cl. | Servants d'hôpital de 1re classe | 1,000 | » | 1,000 | | |
| Infirmiers ordinaires de 2e cl. | Servants d'hôpital de 2e classe | 800 | » | 800 | | |
| CONCIERGES, PLANTONS ET GARÇONS DE BUREAU | | | | | | |
| Concierges européens | | 1,000 | » | 1,000 | Les Européens seront logés par les soins des services auxquels ils seront attachés et recevront la ration de 2e catégorie. — Le concierge de l'hôpital sera nourri par le service hospitalier. | |
| Concierges indigènes ou asiatiques | | 800 | » | 800 | | |
| Garçons de bureau et plantons indigènes ou asiatiques | | 600 | » | 600 | | |
| JOURNALIERS (solde journalière) | | par jour | | | | |
| Hommes de peine de 1re classe | | 2 00 | » | » | Les journaliers ne jouiront ni d'allocations accessoires, ni d'allocations en nature. | |
| Hommes de peine de 2e classe | | 1 66 | » | » | | |
| Hommes de peine de 3e classe | | 1 33 | » | » | | |
| Hommes de peine de 4e classe | | 1 00 | » | » | | |

(10 mai 1875)

**A. G.** *fixant les cadres des employés et agents de formation locale et portant répartition de ces cadres entre les différents services de la marine.*

BAT. I, p. 435.
B. C., p. 189.

(1) Article premier — Les employés et agents de formation locale de l'Administration de la marine sont compris dans cinq catégories :

*1er Catégorie :* Commis aux écritures (employés à titre auxiliaire dans les bureaux de l'Administration et dans les divers services de la marine, ainsi qu'à la direction du génie ; dessinateurs à la direction du génie) ;

*2e Catégorie :* Agents du matériel (employés en qualité de magasiniers dans les services des approvisionnements, des hôpitaux et dans les magasins de l'arsenal ; piqueurs à la direction du génie) ;

*3e Catégorie :* Agents des subsistances (employés aux magasins des subsistances ; préposés à la distribution des vivres ; agents ; comptables de l'Administration dans les postes militaires de la colonie) ;

*4e Catégorie :* Agents des hôpitaux (infirmiers auxiliaires) ;

*5e Catégorie :* Concierge ; garçons de bureau ; plantons.

Art. 2. — Les cadres de chacune de ces catégories d'employés et d'agents sont fixés ainsi qu'il suit, et il sera procédé par voie d'extinction à la réduction des effectifs actuels.

Art. 3. — Les employés et agents destinés ultérieurement à continuer leurs services au Tonkin, seront choisis dans les classes de chacune des catégories présentant un excédent d'effectif. Ils seront placés hors cadres.

Art. 4. — *Abr. A. G., 4 janvier 1876.*

Art. 5. — Il ne sera plus fait de nominations de commis aux écritures de 1er classe. Chacune des vacances qui se produiront dans cette classe donnera lieu à une promotion dans les trois autres classes, jusqu'à ce que l'effectif de chaque classe ait été complété ; on se conformera aux règles de l'avancement, en ce qui concerne le tour de l'ancienneté et le tour du choix.

Lorsque les commis aux écritures de 1re classe de l'Administration de la marine, actuellement employés, auront cessé de figurer sur les contrôles, les commis aux écritures des trois autres classes prendront le titre de commis aux écritures de 1re, 2e et 3e classe, en conservant leurs soldes actuelles.

Le nombre des commis aux écritures et dessinateurs, employés à la direction du génie, est fixé chaque année par le Gouverneur, sur la proposition du directeur.

(2) Art. 6. — Le cadre des agents du matériel comprend :

| | |
|---|---|
| Agents de 1re classe | 2 |
| — de 2e classe | 8 |
| — de 3e classe | 18 |

Le nombre des piqueurs du génie est fixé chaque année par le Gouverneur, sur la proposition du directeur du génie.

(2) Art. 7. — Le cadre des agents des subsistances comprend :

| | |
|---|---|
| Agents de 1re classe | 3 |
| — de 2e classe | 10 |
| — de 2e classe | 25 |

(1) V. *Infrà*, A. G., 26 décembre 1878.
(2) V. *Infrà*, A. G., 4 janvier 1876 et 28 décembre 1878.

(1) Art. 8. — Le cadre des agents des hôpitaux comprend :

| | |
|---|---|
| Servants chefs | 2 |
| Servants majors de 1re classe | 5 |
| — de 2e classe | 10 |
| Servants de 1re classe | 15 |
| — de 2e classe | 25 |

Art. 9. — La cinquième catégorie comprend :

| | |
|---|---|
| Concierges européens, indigènes ou asiatiques | 2 |
| Garçons de bureau et plantons indigènes ou asiatiques | 12 |

(2) Art. 10. — Les employés et agents divers de formation locale seront répartis entre les différents services de la marine suivants :

1° *Commis aux écritures.*

| | |
|---|---|
| Secrétariat du chef du service administratif | 3 |
| Revues et armements | 6 |
| Approvisionements | 3 |
| Hôpitaux | 7 |
| Constructions navales et direction du port | 4 |
| Magasins de l'arsenal | 6 |
| Travaux | 2 |
| Subsistances | 7 |

2° *Agents du matériel*

| | |
|---|---|
| Approvisionnements | 6 |
| Direction du port | 2 |
| Magasins de l'arsenal | 12 |
| Hôpitaux | 8 |

3° *Agents des subsistances.*

| | |
|---|---|
| Aux magasins des subsistances à Saïgon | 10 |
| Dans les postes | 18 |

4° *Agents des hôpitaux.*

| | |
|---|---|
| Hôpital de Saïgon | 40 |
| Hôpitaux de la colonie | 17 |

5° *Concierges*

| | |
|---|---|
| Bureau de l'administration | 1 |
| Hôpital | 1 |

6° *Garçons de bureau, plantons*

| | |
|---|---|
| Secrétariat | 4 |
| Bureau de l'administration | 4 |
| Approvisionnements | 1 |
| Travaux | 1 |
| Subsistances | 2 |

Art. 11. — Sont et demeurent abrogées toutes les dispositions contraires au présent arrêté.

DUPERRÉ.

(1) V. *Infrà*, A. G., 26 décembre 1878 et 13 janvier 1879. (Hôpitaux et ambulances de la marine.)
(2) V. *Infrà*, A. G., 4 janvier 1876 et 16 décembre 1878.

(4 janvier 1876)

**A. G.** *fixation du cadre des commis aux écritures et agents du matériel de formation locale, employés dans l'arsenal et dans les bureaux et magasins de l'administration coloniale*

BAT. I, p. 437.
B. C,, p. 3.

(1) Article premier. — Les cadres des commis aux écritures et agents du matériel de formation locale, employés dans l'arsenal et dans les bureaux ou magasins de l'Administration coloniale, sont fixés ainsi qu'il suit :

*Commis aux écritures de 1re classe* (pour mémoire).

*Commis aux écritures de 2e classe.*

| | |
|---|---|
| Arsenal | 2 |
| Administration | 8 |

*Commis aux écritures de 3e classe.*

| | |
|---|---|
| Arsenal | 3 |
| Administration | 6 |

*Commis aux écritures de 4e classe.*

| | |
|---|---|
| Arsenal | 4 |
| Administration | 8 |
| | 31 |

*Agents du matériel de 1re classe.*

| | |
|---|---|
| Arsenal | 2 |
| Administration | 1 |

*Agents du matériel de 2e classe.*

| | |
|---|---|
| Arsenal | 4 |
| Administration | 3 |

*Agents du matériel de 3e classe.*

| | |
|---|---|
| Arsenal | 9 |
| Administration | 10 |
| | 26 |

*Agents des subsistances.*

| | |
|---|---|
| Agents de 1re classe (administration) | 3 |
| Agents de 2e classe (administration) | 8 |
| Agents de 3e classe (administration) | 20 |
| | 31 |

Art. — L'avancement aura lieu, dans chacun des cadres de l'arsenal ou de l'Administration coloniale, conformément aux règles déterminées par l'article premier de l'arrêté du 30 avril 1875 et de l'arrêté du 10 mai 1875.

Art. 3. — Sont et demeurent abrogées toutes les dispositions contraires au présent arrêté.

DUPERRÉ.

(1) V. *Infrà*, 26 décembre 1878.

(28 août 1877)

**D. ORD.** *fixant le cadre, la solde et l'avancement du personnel journalier à entretenir dans les magasins, ateliers et manutentions du service des subsistances à Saïgon.*

BAT. II, p. 635.
B. C., p. 244.

Article premier. — Indépendamment des agents des vivres, dont le cadre est déterminé par la décision du 4 janvier 1876, et des contre-maîtres et ouvriers boulangers dont la solde est payée par mois, le personnel journalier à entretenir d'une manière permanente dans les magasins, ateliers et manutentions du service des subsistances à Saïgon, est fixé comme suit :

| | | SOLDE JOURNALIÈRE |
|---|---|---|
| | 2 ouvriers tonneliers dont : | |
| | 1 à | 2f75 |
| | 1 à | 2 25 |
| | 33 manœuvres, dont 6 caporaux et gardiens à | 2 00 |
| | 9 manœuvres de 1re classe à | 1 75 |
| | 10 manœuvres de 2e classe à | 1 50 |
| | 8 manœuvres de 3e classe à | 1 25 |
| Total.... | 35 | |

Si des circonstances exceptionnelles rendaient pour un certain temps nécessaire l'augmentation de ce personnel, le commissaire aux subsistances aurait à provoquer une autorisation spéciale.

Art. 2. — Ce personnel sera réparti par le chef du détail dans les diverses sections, selon les besoins du service.

Art. 3. — La solde sera imputée au chapitre XV, article 2, du budget colonial (*Dépenses des vivres*).

Art. 4. — Tout avancement ou augmentation de solde sera soumis à l'approbation du chef du service administratif.

Les ouvriers ou manœuvres qui auraient en ce moment une solde supérieure à celle fixée à l'article premier la conserveront à titre transitoire.

Art. 5. — Le personnel en excédent du cadre sera licencié le 8 septembre prochain.

BOYER

(26 décembre 1878)

**A. G.** *Les agents employés dans les magasins des approvisionnements, des hôpitaux et des subsistances prendront le titre d'agents du matériel et des vivres; — Cadre.*

BAT. I, p. 438.
B. C., p. 442.

Article premier. — Les agents employés dans les magasins des approvisionnements, des hôpitaux et des subsistances, prendront le titre d'*agents du matériel et des vivres*.

Ils sont divisés en trois classes.

Art. 2. — Le cadre de ces agents est fixé comme suit :

| | |
|---|---|
| Agents de 1^re^ classe | 8 |
| Agents de 2^e^ classe | 12 |
| Agents de 3^e^ classe | 20 |
| | 40 |

Art. 3. — Sont et demeurent maintenues les autres dispositions des arrêtés susvisés des 30 avril, 10 mai 1875 et 4 janvier 1876.

J. LAFONT.

(8 juillet 1880)

**D. G.** *relative à la création d'un cours pratique pour les employés annamites de l'Administration de la marine.*

(App. Dép. M., 13 septembre 1880)

B. C., p. 374.

Article premier. — Un cours obligatoire d'administration pratique et de comptabilité sera fait le jeudi, de midi à deux heures, et le dimanche, de huit heures à dix heures du matin, pour les employés annamites attachés au service des bureaux et des magasins de la marine.

Ce cours sera confié à un sous-commissaire de la marine, pour lequel il sera demandé au Ministre un supplément de 800 francs par an.

Art. 2. — En attendant la décision du Département, le cours sera fait par le Chef du service administratif lui-même.

Art. 3. — Il sera tenu compte, pour les avancements en grade ou en classe, des notes de travail et d'assiduité au cours données par le professeur.

Ces notes seront résumées dans un rapport annuel adressé au Gouverneur.

Art. 4. — Les employés dont la capacité aura été reconnue par une commission composée du chef du service administratif, de l'Inspecteur ou de son délégué et du Commissaire aux revues, seront dispensés de suivre le cours à la suite de l'examen qu'ils auront à subir. Il leur sera délivré un titre approuvé par le Gouverneur.

LE MYRE DE VILERS.

(6 octobre 1880)

**D. G.** *accordant une indemnité journalière de 0 fr. 70 centimes, représentative de la ration en nature aux matelots annamites de la direction du port, ainsi qu'aux conducteurs indigènes employés pour le service des voitures du détail des subsistances. — Allocation imputable sur le budget des vivres et susceptible de la retenue de 3 p. 100.*

B. C., p. 490

(26 décembre 1881)

**A. G.** *abrogeant l'article 5 de l'arrêté local du 10 mai 1875.*

B. C., p. 539.

Article premier. — Sont abrogés, à compter du 1^er^ janvier 1882, les deux premiers paragraphes de l'article 5 de l'arrêté du 10 mai 1875.

Art. 2. — Est rétabli l'emploi de commis aux écritures de 1^re^ classe; les trois titulaires qui restent encore sont nommés, à compter du 1^er^ janvier 1882, commis aux écriures principaux à 4,500 francs de solde, 660 francs d'indemnité de logement et 400 francs d'indemnité de vivres.

Art. 3. — Seront nommés commis aux écritures de 1^re^ classe, à compter de ladite date, trois des anciens commis aux écritures de 2^e^ classe. Ces avancements seron donnés : un à l'ancienneté et deux au choix.

Art. 4. — Il n'est rien changé aux autres dispositions des arrêtés locaux des 30 avril et 10 mai 1875 et du 4 janvier 1876.

(26 décembre 1881)

**A. G.** *réorganisant le corps des agents du matériel et des vivres* (1).

B. C., p. 540.

(12 avril 1882)

**DÉP. M.** *Approbation de l'arrêté du 26 décembre 1881, relatif aux agents du matériel et des vivres.*

B. C., p. 197.

Dans le but d'améliorer la situation de certains employés et agents de formation locale, vous avez pris, le 26 décembre 1881, deux arrêtés que vous soumettez à mon approbation, sous la date du 2 février dernier.

L'acte relatif aux employés aux écritures dans les bureaux du service administratif se trouve n'avoir plus actuellement de raison d'être, attendu que le Département se préoccupe de donner aux employés de cette catégorie une organisation analogue à celle des auxiliaires du commissariat du service métropolitain, et les crédits nécessaires à cette organisation ont été demandés aux Chambres. Mais en ce qui concerne les agents du matériel et des vivres, votre arrêté m'a paru comporter une complète approbation.

Tout en réduisant, en effet, le nombre de ces agents, vous vous êtes efforcé de créer un emploi qui pût stimuler leur zèle en assurant aux plus méritants un avenir meilleur, de telle sorte que le personnel des agents du matériel et des vivres, qui précédemment était de 327 agents, se trouve réduit à 35 et composé ainsi :

| | | |
|---|---|---|
| 3 agents principaux qui, à raisonde 3,700 francs chacun, coûteront par an....... | 11,100 fr. | 00 |
| 5 agents de 1re classe, à 3,100 francs.............................................. | 15,500 | 00 |
| 9 agents de 2e classe, à 2,500 francs.............................................. | 22,500 | 00 |
| 18 agents de 3e classe, à 1,900 francs.............................................. | 34.200 | 00 |
| Total de la dépense.............................................. | 83,300 | 00 |

Ce chiffre de 83,300 francs ne sort pas des limites des crédits dont vous disposez au titre des agents divers, sur les chapitres XXVII et XXX, savoir :

| | | |
|---|---|---|
| Chapitre XXVII.............................................. | 63,107 fr. | 00 |
| Chapitre XXX.............................................. | 27,880 | 00 |
| | 90,987 | 00 |

et, par conséquent, je n'ai aucune raison de m'opposer à une organisation qui me paraît incontestablement appelée à profiter au bien du service, en même temps qu'aux intérêts d'un personnel méritant.

JAURÉGUIBERRY.

(19 mars 1883)

**A. G.** *augmentant le cadre des agents des vivres et du matériel de formation locale des services administratifs en Cochinchine.*

B. C., p. 154.

Article premier. — A compter du 25 mars 1883, le cadre des agents des vivres et du matériel des services administratifs, fixé à 35 par l'arrêté local du 26 décembre 1881, est porté à 40, ainsi composé :

4 Agents principaux, 6 agents de 1re classe, 10 agents de 2e classe, 20 agents de 3e classe.

CHARLES THOMSON.

(1) Abrogé par A. G. G, 20 mai 1889, *infrà*.

(4 janvier 1884)

**DÉP. M.** *Demande de renseignements sur le personnel affecté au service du matériel et des vivres. Projet d'organisation d'un personnel comptable aux colonies.*

ARCH. GOUV.

J'ai l'honneur de vous informer que j'ai fait préparer un projet organisant un personnel comptable aux colonies sur les bases établies par le décret du 27 avril 1878 concernant le service pénitentiaire.

Le Parlement a décidé que le crédit nécessaire pour procéder à cette organisation sera attribué au Département en trois années. La 1re annuité figurera au budget de 1884.

Dès que j'aurai statué définitivement sur la question qui est soumise à l'examen du Conseil d'Amirauté, les Administrations coloniales seront invitées à faire connaître leur opinion sur le personnel actuellement en service et à indiquer ceux des agents qui pourront être admis dans ce ce nouveau corps. Les autres seront licenciés.

La colonie de la Cochinchine est comprise dans la première organisation qui sera faite en 1884 et qui comporte des garde-magasins de 2e classe, des magasiniers de 4e classe et des distributeurs dont les traitements, y compris diverses indemnités sont de 4.700 fr. pour les garde-magasins de 2e classe, de 3.080 fr., 2.880 fr., 2.480 fr. et 2.280 fr. pour les magasiniers et de 1.960 pour les distributeurs.

Le titre de commis aux vivres est supprimé et sera remplacé par celui de magasinier.

En vue de hâter l'exécution de ce projet je vous prie de vouloir bien me faire parvenir le plus tôt possible, un état de tous les agents employés en Cochinchine.

Cet état devra mentionner, savoir :

1° Lieu et date de naissance des agents.

2° Nature et durée de leurs services.

3° Poste qu'ils occupent actuellement.

4° Traitement qui leur est attribué.

5° Imputation donnée à la dépense.

6° Appréciation sur leur valeur et leur moralité.

7° Proposition soit pour l'admission dans le nouveau corps, soit pour le licenciement.

Je n'ai pas pesoin d'insister sur la nécessité d'apporter la plus sévère attention dans le choix des candidats dont l'Administration de la Cochinchine croira devoir proposer l'admission.

FÉLIX FAURE.

P. S. Dans le cas où des auxiliaires civils désireraient faire partie de ce personnel, vous auriez à me fournir les mêmes renseignements sur leur compte.

(30 mars 1886)

**A. G.** *créant une 4e classe d'agents du matériel et des vivres à la solde coloniale de 600 francs ; et fixant les conditions de recrutement du personnel affecté au service des écritures* (1).

B. C., p. 104.

(7 avril 1886)

**D. CH. S. AD.** *fixant le programme du concours à subir par les candidats aux emplois de commis aux écritures des bureaux du service administratif de la marine et d'agents de 4e classe du matériel et des vivres.*

J. C., p. 461.

Article premier. — Les concours à subir par les candidats aux emplois de commis aux écritures des bureaux du service administratif de la marine et d'agent de 4e classe du matériel et des vivres, comprend deux épreuves écrites :

1° Une dictée d'au moins deux pages qui, après avoir été écrite rapidement, sera recopiée à main posée, de manière que l'on puisse apprécier dans l'une et l'autre de ces conditions l'écriture des candidats et leur orthographe;

2° Deux problèmes d'arithmétique, dont l'un sur le système métrique.

(1) Abrogé par A. G. 20 mai 1889, *infrà*, J. C., p. 433.

Il est accordé deux heures pour chaque épreuve. Les candidats reconnus admissibles après ces épreuves sont, préalablement au classement définitif, soumis à une épreuve orale d'une durée d'un quart d'heure au plus, sur la lecture, le sens et la prononciation des mots.

Art. 2. — La commission d'examen est composée de deux officiers et d'un commis du commissariat de la marine, secrétaire.

Cette commission dresse la liste générale d'admissibilité d'après laquelle seront faites pendant l'année les nominations aux emplois de deux catégories.

ROUGON.

25 juin 1887)

**RAPPORT. M.** *précédant le décret du 25 juin 1887 réorganisant le personnel affecté à la gestion des magasins et au service de la comptabilité du matériel aux colonies.*

B. Col., p. 399.

Les comptables du matériel aux colonies, bien que remplissant les fonctions identiques dans chacune de nos possessions d'outre-mer, ne sont pas tous soumis à la même organisation. Les agents dépendant de l'Administration pénitentiaire sont régis par les décrets des 27 avril 1878, 6 décembre de la même année et 26 octobre 1882; les magasiniers et distributeurs du service du Haut-Sénégal, par le décret du 22 décembre 1882; enfin, ceux du service administratif n'ont encore été l'objet d'aucune organisation, ils ont été jusqu'ici rétribués, en vertu de tarifs approuvés par la décision présidentielle du 14 juillet 1872.

Il en résulte que les soldes et accessoires de solde varient d'une colonie à l'autre et souvent dans une même colonie, quand il y existe plusieurs services.

Il importe de faire cesser cette anomalie en unifiant les soldes et accessoires de solde du personnel des comptables coloniaux et en fusionnant, en un seul, les différents corps qui fonctionnent actuellement.

En conséquence, j'ai pensé qu'il convenait de réunir toutes les dispositions réglant la constitution, l'organisation, le mode de recrutement et d'avancement, les attributions, la responsabilité, ainsi que les traitements et les retraites de toutes les catégories d'agents chargés de la garde et de la gestion du matériel aux colonies, de les condenser en un acte unique.

Cet acte, pour satisfaire aux nécessités du service devait comprendre un ensemble de règles dépendant aux divers besoins d'un corps de comptables digne de gérer une partie importante de la fortune publique; il devait, en outre, rester en harmonie avec les nécessités budgétaires, c'est-à-dire n'entraîner aucune augmentation de traitement, et, dans la prévision des soldes et accessoires de solde, ne pas dépasser les crédits compris au budget de 1887, au chapitre VII (Agents des vivres et du matériel aux colonies).

Enfin, en ce qui concerne les pensions de retraite; tout en respectant la législation existante, il paraissait utile d'établir une assimilation aussi étroite que possible entre le corps des comptables coloniaux et celui de la Métropole.

C'est dans cet esprit qu'a été élaboré le projet de décret ci-joint que j'ai l'honneur de soumettre à votre signature.

E. BARBEY.

(25 juin 1887)

**DÉCRET** *réorganisant le personnel affecté à la gestion des magasins et au service de la comptabilité du matériel aux colonies.*

B. Col., p. 399.

Article 1er. — Le personnel affecté à la gestion des magasins et au service de la comptabilité du matériel aux colonies est composé ainsi qu'il suit :

Garde-magasins principaux.

Garde-magasins de 1re, 2e et 3e classe.

Magasiniers de 1re, 2e 3e et 4e classe.

Les comptables des matières du service colonial sont des agents civils.

Art. 2. — Le cadre du personnel est fixé par le Ministre de la marine et des colonies.

Art. 3. — La nomination à tous les emplois est réservée au Ministre de la marine des colonies.

Art. 4. — Les garde-magasins principaux sont choisis parmi les garde-magasins de 1re classe ayant au moins deux années de service dans cette classe.

Les garde-magasins de 3e classe sont choisis parmi les magasiniers de 1re classe ayant au moins deux années de service dans cette classe.

Nul ne peut être avancé en classe s'il ne réunit au moins un an de service dans la classe inférieure

Art. 5. — Nul ne peut être nommé magasinier de 4e classe,

1° S'il n'est âgé de 21 ans au moins et de 30 ans au plus, à moins qu'il ne compte à l'État des services intérieurs lui permettant de réunir, à 55 ans, des droits à l'obtention d'une pension de retraite;

2° S'il n'est dégagé des obligations imposées par la loi sur le recrutement en ce qui concerne le service actif en temps de paix;

3° S'il n'a subi, avec succès, les épreuves d'un examen dont le programme est déterminé par le Ministre de la Marine et des colonies.

Toutefois, un quart des places vacantes de magasinier de 4e classe pourra être accordé, sans examen, aux officiers mariniers ou sous-officiers des corps de troupe de la marine, âgés de moins de 37 ans, réunissant sept années de service, dont quatre comme officier-marinier ou sous-officier et ayant donné la preuve qu'ils possèdent les aptitudes nécessaires.

Les sous-officiers de l'armée de terre, remplissant les conditions ci-dessus, pourront être admis également aux emplois de magasinier de 4e classe, lorsque l'administration ne disposera pas, pour les occuper, d'un nombre suffisant d'officiers-mariniers ou de sous-officiers des troupes de la Marine.

Art. 6. — Les peines disciplinaires applicables au personnel des comptables aux colonies sont les suivantes :

La réprimande.

La suspension de fonctions.

La rétrogradation de classe ou d'emploi.

La révocation.

La réprimande est prononcée, pour tous les employés, par le gouverneur ou commandant de la colonie.

La suspension de fonctions est prononcée, pour tous les employés, par le gouverneur, en conseil privé. Elle entraîne la privation de la moitié de la solde pour une durée qui ne pourra excéder deux mois.

Art. 7. — La rétrogadation et la révocation sont prononcées, par le Ministre de la marine et des colonies, sur le rapport du Gouverneur, en conseil privé.

La peine de la rétrogradation et de la révocation ne peuvent être prononcées qu'après avis d'une commission d'enquête, dans laquelle l'agent, s'il le demande, est entendu dans ses moyens de défense ; il peut les présenter soit personnellement, soit par écrit. L'arrêté du ministre est motivé et vise l'avis de la commission d'enquête.

Un arrêté ministériel détermine la composition des commissions d'enquête, conformément au tableau A annexé au présent décret.

Les pouvoirs attribués aux Gouverneurs, en conseil privé, le sont également aux commandants, en conseil d'administration.

Art. 8. — En cas de déficit, d'abus ou d'irrégularités graves dûment constatés ou toute autre infraction pouvant entraîner la peine de la rétrogradation ou de la révocation, le Gouverneur, en conseil privé, peut, en attendant les ordres du Ministre, désigner un comptable intérimaire pour la gestion des magasins dont est chargé l'agent qui sera provisoirement suspendu de ses fonctions.

Art. 9. — Les agents affectés au service de la comptabilité des matières reçoivent les allocations de solde et l'indemnité de logement fixées par le tarif B ci-annexé.

Les autres allocations à attribuer à ce personnel sont déterminées par les tarifs en vigueur pour les employés du service métropolitain auxquels ils sont assimilés.

Art. 10. — Lorsque les agents affectés au service de la comptabilité des matières se déplacent par ordre, ils reçoivent les indemnités de frais de route et les vacations déterminées par les règlements en vigueur.

Ces allocations sont fixées d'après les assimilations portées au tableau B annexé au présent décret.

Art. 11. — Les cautionnements à fournir par les comptables des matières, soit en numéraire, soit en inscriptions de rentes sur l'État, ainsi que les indemnités annuelles de responsabilié à accorder à ces agents, seront déterminés par le Ministre de la marine et colonies.

Art. 12. — Les agents affectés à la gestion des magasins et au service de la comptabilité du matériel aux colonies reçoivent les pensions de retraite allouées par les lois des 5 août 1879 et 8 août 1883 au personnel des comptables de la marine. Le taux de ces pensions est indiqué dans le tarifs C annexé au présent décret.

Art. 13. — Pour la première formation, les garde-magasins principaux, garde-magasins et magasiniers sont recrutés dans le personnel des agents du matériel actuellement en service aux colonies.

Art. 14. — Les comptables actuellement en possession de solde d'indemnités ou de suppléments supérieurs aux allocations attribuées par le présent décret à l'emploi qu'ils remplissent, conservent ces soldes, indemnités ou suppléments jusqu'à avancement ultérieur ou changement de position.

Art. 15. — Les comptables ayant actuellement droit à une pension de retraite supérieure à celle qui serait accordée, si leurs titres étaient réglés conformément aux dispositions de l'article 12 conservent leurs droits à cette pension de retraite jusqu'à avancement ultérieur.

Art. 16. — Toutes dispositions contraires au présent décret sont et demeurent abrogées.

JULES GRÉVY.

(9 juillet 1887)

**DÉP. M.** *Notification du décret du 25 juin 1887 portant réorganisation du personnel des comptables aux colonies.*

B. C., p. 537.

J'ai l'honneur de vous faire connaître que vous trouverez inséré au *Journal officiel* du 29 juin un décret, en date du 25 du même mois, portant réorganisation du personnel des comptables aux colonies.

Il importe de régulariser, dans un bref délai, la situation des divers agents employés à la gestion des magasins d'après la nouvelle hiérarchie, et sans dépasser les crédits assignés à la colonie tels qu'ils sont inscrits dans le projet de budget du service colonial pour l'exercice 1888, projet dont vous avez reçu quelques exemplaires.

Je vous prie, en conséquence, de m'adresser le plus tôt possible vos propositions relativement au personnel de toute catégorie en service dans la colonie ; ces propositions devront être résumées dans un état faisant connaître pour chaque service, d'une part, le grade actuel des agents ainsi que les fonctions qu'ils remplissent et, d'autre part, la situation susceptible de leur être attribuée, d'après le classement adopté par l'article 1er du décret.

EUG. ÉTIENNE.

(3 août 1887)

**DÉCRET** *modifiant le décret du 25 juin 1887 réorganisant le personnel des comptables aux colonies.*

B. Col., p. 552.

Article 1er. — L'article 13 du règlement sur la réorganisation du personnel des comptables aux colonies est complété ainsi qu'il suit :

Art. 13, § 2e. — Pourront être également nommés à l'emploi de magasinier de 4e classe, sans condition d'âge, les candidats dont l'instruction sera reconnue suffisante, après épreuves sommaires subies, soit en France, soit dans les colonies.

JULES GRÉVY.

(29 décembre 1888)

**A. G. G.** *créant un corps d'agents subalternes indigènes pour être affecté aux divers magasins du service administratif de la Cochinchine et du Cambodge et compléter le cadre du personnel fixé par décret du 25 juin 1887; — ce personnel sera désigné sous le titre de distributeurs.*

J. C., 1889, p. 13.

Article premier. — Il est créé un corps d'agents subalternes indigènes pour être affecté aux divers magasins du service administratif de la Cochinchine et du Cambodge et compléter le cadre du personnel fixé par le décret du 25 juin 1887.

Ce personnel désigné sous le titre de distributeurs est divisé en six classes. L'effectif reste subordonné aux besoins du service. Les nominations seront faites par le Chef du service administratif.

Art. 2. — Nul ne peut être nommé distributeur de 6e classe :

1° S'il n'est âgé de vingt-un ans au moins et de trente ans au plus;

2° S'il n'est citoyen ou sujet français;

3° S'il n'a subi avec succès un examen dont les épreuves seront, savoir ;

EXAMEN ÉCRIT :

Une dictée;
Un problème d'arithmétique.

EXAMEN ORAL :

Éléments de grammaire;
Éléments d'arithmétique et système métrique.

Les coefficients indiquant la valeur relative de chaque partie du programme, sont fixés comme suit :

| | |
|---|---|
| Écriture | 7 |
| Orthographe | 7 |
| Éléments de grammaire | 6 |
| Problème d'arithmétique | 10 |
| Éléments d'arithmétique et de système métrique | 10 |

L'appréciation du jury d'examen sera formulée par des chiffres, en partant de 0 qui représentera nul, jusqu'à 20 correspondant à parfaitement.

Le chiffre du coefficient multiplié par celui de l'appréciation donnera le total des points qui devra être de 400 pour donner droit à l'admissibilité.

Art. 3. — Pour être admis à l'examen, les candidats devront produire :

1° Leur acte de naissance;

2° Un certificat de bonne vie et mœurs;

3° Un extrait du casier judiciaire.

Art. 4. — Les distributeurs nommés en vertu du présent arrêté recevront les soldes ci-après :

| | francs. |
|---|---|
| Distributeur de 1re classe | 1,500 |
| Distributeur de 2e classe | 1,300 |
| Distributeur de 3e classe | 1,200 |
| Distributeur de 4e classe | 1,100 |
| Distributeur de 5e classe | 1,000 |
| Distributeur de 6e classe | 900 |

Nul ne pourra obtenir de l'avancement s'il ne compte au moins un an de service dans sa classe.

La solde d'Europe est fixée à la moitié de la solde coloniale.

Art. 5. — Les peines disciplinaires applicables à ce personnel sont :

La réprimande ;

La retenue de solde qui ne pourra excéder dix jours ;

La rétrogradation en classe,

Et la révocation.

Les trois premières de ces peines sont prononcées par le Chef du service administratif et la dernière par le Gouverneur général.

Art. 6. — Pour la première formation, les distributeurs seront recrutés parmi les agents des vivres et du matériel actuellement en service et qui n'auront pas été reconnus aptes à faire partie du corps des comptables réorganisé par le décret du 25 juin 1887.

RICHAUD.

(14 février 1889)

**DEP. M.** *Régularisation de la situation du personnel affecté au service des magasins en Cochinchine.*

B. C, p. 178.

(20 mai 1889)

**A. G. G.** *abrogeant l'arrêté local du 26 décembre 1881 réorganisant le corps des agents du matériel et des vivres dans la colonie, et l'arrêté du 30 mars 1886 qui a créé une 4e classe d'agents du matériel et des vivres ; — dispositions nouvelles.*

J. C., p. 536.

Article premier. — L'arrêté local du 26 décembre 1881, qui a réorganisé le corps des agents du matériel et des vivres dans la colonie, et l'arrêté du 30 mars 1886, qui l'a complété par la création d'une 4e classe d'agents du personnel comptable des magasins de la marine, sont abrogés.

Art. 2. — Les agents nommés en vertu de ces actes et qui n'ont pas été compris par la décision ministérielle du 14 février 1889 dans le cadre du personnel des comptables des colonies, institué par le décret du 25 juin 1887, conserveront leur solde et leur indemnité de logement qui seront réunies ; ils prendront le titre d'*agents* des magasins et resteront soumis aux règlements communs à tous les salariés de l'État qui ne font pas l'objet d'une organisation particulière, en attendant qu'ils soient appelés à faire partie du corps des comptables coloniaux.

RICHAUD.

## IV. — SOLDE ET ACCESSOIRES

| NATURE DES DOCUMENTS | DATES | RECUEILS A CONSULTER Bat. | B.C. | B.D.I. | J.C. | J.H. | B.M. | B.Col. | OBSERVATIONS |
|---|---|---|---|---|---|---|---|---|---|
| D. G. | 2 janvier 1862. | | 33 | | | | | | |
| D. G. | 7 août 1865. | | 127 | | | | | | |
| D. G. | 7 septembre 1866. | | 151 | | | | | | |
| Décret | 3 février 1866. | II-623 | 49 | | | | | | |
| A. G. | 24 mars 1868. | | 70 | | | | | | |
| D. G. | 7 octobre 1868. | II-623 | 207 | | | | | | |
| A. G. | 22 juillet 1870. | II-624 | 203 | | | | | | |
| D. G. | 14 juin 1873. | II-625 | 212 | | | | | | |
| D. G. | 5 août 1873. | II-625 | 272 | | | | | | |
| D. G. | 13 octobre 1873. | II-625 | 370 | | | | | | |
| D. G. | 1er juillet 1875. | II-626 | 253 | | | | | | |
| D. G. | 12 août 1876. | II-549 | 209 | | | | | | |
| D. Ch. S. Ad. | 8 mars 1877. | II-655 | 81 | | | | | | |
| D. Ch. S. Ad. | 23 octobre 1879. | | | | | | | | |
| A. G. | 17 janvier 1880. | | 24 | | | | | | |
| Cir. Ch. S. Ad. | 30 janvier 1880. | | | | | | | | |
| A. G. | 15 mars 1880. | | 120 | | | | | | |
| Circ. M. | 15 mars 1880. | | | | | | | | |
| D. G. | 6 octobre 1880. | | 490 | | | | | | |
| Décret | 14 octobre 1882. | | | | | | 646 | | |
| A. M. | 20 octobre 1882. | | | | | | 689 | | |

## IV. — SOLDE ET ACCESSOIRES (*suite*)

| NATURE DES DOCUMENTS | DATES | RECUEILS A CONSULTER | | | | | | | OBSERVATIONS |
|---|---|---|---|---|---|---|---|---|---|
| | | Bat. | B.C. | B.O.J. | J.C. | J.H. | B.M. | B.Col. | |
| Circ. M. | 20 mars 1883. | | | | | | 436 | | |
| Dép. M. | 12 avril 1883. | | | | | | | | |
| Dép. M. | 13 avril 1883. | | | | | | | | |
| D. G. | 4 mai 1883. | | 221 | | | | | | |
| D. G. | 4 août 1883. | | 329 | | | | | | |
| D. G. | 15 décembre 1885. | | | | | | | | |
| D. G. | 13 mars 1886. | | 99 | | | | | | |
| Dép. M. | 5 juin 1886. | | | | | | | | |
| D. Ch. S. Ad. | 27 décembre 1886. | | | | | | | | |
| A. G. G. | 14 octobre 1889. | | | | 970 | | | | |

(2 janvier 1862)

**D. G.** *Solde et accessoires des militaires détachés au service des subsistances.*

B. C., p. 33.

(7 août 1865)

**D. G.** *accordant un supplément de 1000 francs par an au sous-agent comptable chargé du magasin général, un supplément de 600 francs au comptable du dépôt central des subsistances et un supplément de 100 francs au comptable du matériel et des vivres de l'hôpital.*

B. C., p. 127.

(7 septembre 1866)

**D. G.** *portant allocation d'une indemnité, à titre de frais de bureau, à l'officier d'administration détaché à Tayninh.*

B. C., p. 151.

(3 février 1866)

**DECRET** *portant fixation du traitement du chef du service administratif en Cochinchine* (1).

BAT. II, p. 623.
B. C., p. 49.

Par décret impérial du 3 février 1866, le traitement du chef du service administratif en Cochinchine, a été fixé, à partir du 16 octobre 1865, à 20,000 francs par an, sur le pied colonial, et à 10,000 francs sur le pied d'Europe..

(24 mars 1868)

**A. G.** *déterminant les règles à suivre pour le paiement de la solde des ouvriers dans les directions, les détails du commissariat et autres services dépendant du Département de la marine et des colonies.*

B. C., p. 70.

(7 octobre 1868)

**D. G.** *allouant aux employés du commissariat de la marine, commis et écrivains, auxquels le logement en nature ne pourra être fourni, la somme de 55 francs par mois pour indemnité de logement.*

BAT. II, p. 623.
B. C., p. 207.

Les employés du commissariat de la marine, commis et écrivains, auxquels le logement en nature ne pourra être fourni dans les bâtiments de l'État, recevront, sur les fonds du service local, une indemnité de logement qui reste fixée à 55 francs par mois.

G. Ohier.

(22 juillet 1870)

**A. G.** *allouant une indemnité mensuelle de 25 francs aux magasiniers et distributeurs tant du service marine que du service colonial, auxquels le logement en nature ne pourra être fourni.*

BAT. II, p 624.
B. C., p. 203.

Les magasiniers et distributeurs, tant du service marine que du service colonial,

(1) V. *infrà*, décret 14 octobre 1882,

auxquels il ne pourra être attribué un logement dans les bâtiments de l'État, recevront une indemnité mensuelle de vingt-cinq francs.

Art. 2. — La dépense résultant de cette indemnité sera imputée au service colonial, *dépenses accessoires.*

DE CORNULIER-LUCINIÈRE.

(14 juin 1873)

**D. G.** *accordant un supplément de 400 francs, à titre d'indemnité pour cherté de vivres, aux commis de marine en service dans la colonie.*

(App. Dép. M., 10 septembre 1873)
BAT. II, p 625.
B. C., p. 212.

Un supplément annuel de la somme de 400 francs, à titre d'indemnité pour cherté de vivres, sera accordé aux commis de marine en service dans la colonie.

Cette dépense est payable sur les fonds du budget local.

DUPRÉ.

(5 août 1873)

**D. G.** *accordant aux officiers et employés du commissariat en service à l'Avalanche une allocation mensuelle, à titre d'indemnité de route ou de frais de transport.*

BAT. II, p. 625.
B. C, p. 272.

Article premier. — Les officiers et employés du commissariat de la marine attachés aux divers services établis à l'Avalanche continueront à recevoir, à titre d'indemnité de route ou de frais de transport, une allocation mensuelle dont le chiffre sera ainsi fixé;

Pour chaque officier, chef de détail (approvisionnements et subsistances)........ 60 francs.
Pour chaque officier employé en sous-ordre........................ 50 —
Pour chaque commis ou écrivain........................................ 35 —

Art. 2. — Cette allocation sera acquittée d'après des états nominatifs dûment arrêtés et certifiés par le commissaire aux revues; elle devra être abondée de la prestation des trois pour cent en faveur de la caisse des invalides de la marine, par application du principe posé dans l'article 51 du décret du 12 janvier 1870.

DUPRÉ.

(13 octobre 1873)

**D. G.** *application aux détails administratifs en Cochinchine des dispositions énoncées dans le règlement ministériel du 19 juillet 1848 qui fixe les abonnements pour fournitures de bureau dans les divers services du Département de la marine.*

BAT. II, p. 625.
B. C., p. 370.

Article premier. — Les indemnités pour frais de bureau prévues par le budget du service colonial en faveur des détails de l'administration de la marine en Cochinchine, continueront d'être allouées en raison de l'importance du chiffre annuel des crédits et du nombre de fonctionnaires, employés ou agents composant le personnel de ces détails.

Elles seront payées aux chefs de détail titulaires ou intérimaires et décomptées comme la solde, par mois et à terme échu.

Art. 2. — La répartition du crédit budgétaire sera faite au commencement de chaque année entre les détails de l'administration de la marine d'après un état qui sera arrêté par le chef du service administratif et revêtu de notre approbation. . . .

. . . . . . . . . . . . . . . . . . . . . . . . . . . . . . . . . . . . . . . . . . . . .

Art. 3. — Les frais d'abonnement comprendront les menues fournitures de bureau et les papiers de toute espèce.

Il ne sera fourni au compte de l'État que les imprimés et registres relatifs à la comptabilité et au service général, tels qui sont détaillés dans la nomenclature suivie au Département de la marine ou ceux dont les formules d'un usage spécial au service de la colonie auront été autorisées.

Toutefois, les entêtes de lettres, de rapports, d'arrêtés, de décisions, etc., continueront d'être imprimées au compte de l'État, mais la fourniture des papiers de divers formats sur lesquels ces impressions seront portées, restera à la charge du fonctionnaire qui aura à en fait usage.

Les cartons de bureau, les cachets, timbres, tampons, seront également fournis au compte du budget de l'État.

Art. 4. — Toute délivrance de fournitures de bureau en nature est désormais formellement interdite aux fonctionnaires qui recevront une allocation annuelle en argent, à titre d'abonnement.

DUPRÉ.

(1er juillet 1875)

**D. G.** *allouant une indemnité de 1500 francs par an, à titre de supplément de fonctions et de frais de bureau, à l'officier du commissariat chargé du service administratif au Tonkin.*

BAT. II, p. 626.
B. C., p. 253.

(12 août 1876)

**D. G.** *Un supplément de 0, 20 centimes par jour est accordé à chaque militaire détaché au service de la cambuse dans les postes ou la comptabilité des vivres est confiée aux commandants militaires.*

BAT. II, p. 549.
B. C , p. 209.

(8 mars 1877)

**D. CH. S. AD.** *fixant à 850 francs l'indemnité annuelle accordée au garde-magasin des subsistances.*

BAT. II, p. 655.
B. C., p. 81.

A compter du 1er mars 1877, l'indemnité annuelle allouée à titre de frais de bureau au garde magasin des subsistances est portée à 850 francs. Cette indemnité continuera à être payée au titulaire par douzième, et à terme échu, au compte du chapitre XV, article 2 : *Vivres.*

LE CLOS.

(23 octobre 1879)

**D. CH. S. AD.** *A l'avenir les manœuvres des hôpitaux, des approvisionnements et des subsistances seront payés par le billeteur, en présence d'un délégué du chef de détail qui sera, autant que possible, du grade d'officier. La feuille de partage dressée à la suite du casernet d'appel sera signée par ces deux employés et fera mention, s'il y a lieu, des réclamations qui se produiraient pendant le cours du paiement.*

ARCH. S. AD.

(17 janvier 1880)

**A, G.** *portant que la ration en nature délivrée au personnel inférieur des divers services payés dans la colonie sur le budget de l'État, sera remplacée par une indemnité représentative fixée à 400 francs par an.*

B. C, p. 24.

Article premier. — La ration en nature, qui se délivrait au personnel inférieur des divers services métropolitains à Saïgon, est supprimée à compter du 1er février prochain, et remplacée par une indemnité représentative fixée à 408 francs par an, laquelle sera payée sur le chapitre *Vivres* du budget de la marine ou du budget colonial, selon l'imputation de la solde des rationnaires.

Art. 2. — Il n'est rien changé aux dispositions actuellement en vigueur en ce qui concerne les employés et agents en résidence dans les postes de la Cochinchine et du Tonkin, lesquels continueront, jusqu'à nouvel ordre, à percevoir leurs vivres en nature.

Le Myre de Vilers.

(30 janvier 1880)

**CIRC. CH. S. AD.** *Ne recevront l'indemnité de logement que les agents du matériel et des vivres qui habiteront en dehors du fort ou du poste, des bâtiments n'appartenant pas à l'administration.*

ARCH. S. AD.

(15 mars 1880)

**A. G.** *supprimant diverses indemnités accordées à des fonctionnaires, officiers en troupes du service métropolitain.*

B. C., p. 120.

Sont supprimées à partir du 1er avril prochain les indemnités suivantes accordées à des fonctionnaires, officiers en troupes du service métropolitain.

. . . . . . . . . . . . . . . . . . . . . . . . . . . . . . . . . . . . . . . .

Supplément de 1200 francs aux officiers du commissariat chargés du service administratif dans les postes.

. . . . . . . . . . . . . . . . . . . . . . . . . . . . . . . . . . . . . . . .

Le Myre de Vilers.

(15 mars 1880)

**CIRC. M.** *au sujet de l'allocation de suppléments de toute nature aux différents fonctionnaires et agents de la marine ou du service colonial.*

ARCH. GOUV.

J'ai été souvent appelé à constater combien les administrations coloniales se montraient faciles dans l'allocation de suppléments de toute nature aux différents fonctionnaires et agents de la Marine ou du service colonial.

En principe, tout supplément est le résultat d'une situation déterminée par les ordonnances, décrets ou règlements ministériels, et il n'est pas facultatif aux administrations d'aller au delà sans, qu'au préalable, l'autorisation du Département ait été sollicitée et obtenue.

Je désire que pour chaque corps ou chaque service rétribué sur les fonds du budget de l'État, vous établissiez une révision générale des suppléments de chaque nature qu'ils soient. Je me réserve d'examiner vos propositions et de les approuver s'il y a lieu. Je suis très résolu à rendre les ordonnateurs pécuniairement responsables du paiement de toute indemnité ou supplément alloué en dehors de la réglementation.

Je dois ajouter qu'il est indispensable d'étendre d'une façon explicite au service colonial, les recommandations qui vous ont été adressées, le 25 septembre 1863 (B. O., page 296) relativement aux créations d'emplois sur les fonds du budget (service marine).

Je vous prie de m'accuser réception de la présente circulaire qui sera communiquée à l'Inspection.

JAURÉGUIBERRY.

(6 octobre 1880)

**D. G.** *accordant une indemnité journalière de 70 centimes, représentative de la ration en nature aux matelots annamites de la direction du port, ainsi qu'aux conducteurs indigènes employés pour le service des voitures du détail des subsistances.*

B. C., p. 490.

Article premier. — A compter du 1er novembre 1880, une indemnité journalière de soixante-dix centimes, représentative de la ration en nature, sera payée aux matelots annamites de la direction du port, ainsi qu'aux conducteurs indigènes employés pour le service des voitures du détail des subsistances.

Cette allocation, imputable sur le budget des vivres, sera payée mensuellement aux intéressés. Elle supportera la retenue de 3 p. 100, en faveur de la caisse des invalides.

LE MYRE DE VILERS.

(14 octobre 1882)

**DÉCRET** *allouant des suppléments de fonctions aux chefs du service administratif aux colonies.*

B. M., p. 646.

Article premier. — Sont abrogés les décrets des 3 février 1886 et 24 juin 1879 fixant le traitement des chefs du service administratif en Cochinchine et dans l'Inde.

Art. 2. — Il est alloué aux chefs du service administratif de la marine aux colonies un supplément dont la quotité est fixée par un arrêté du ministre de la marine et des colonies.

JULES GRÉVY.

(20 octobre 1882)

**A. M.** *fixant le supplément de fonctions alloué aux officiers du commissariat remplissant aux colonies l'emploi de chef du service administratif.*

B. M., p. 689.

Article unique. — Il est alloué aux officiers du commissariat de la Marine remplissant aux colonies l'emploi de chef du service administratif un supplément annuel de fonctions fixé comme suit :

En Cochinchine à.................................................... 8.000 fr.

A la Martinique à la Guadeloupe, à la Réunion, au Sénégal, à la Guyane et en Nouvelle-Calédonie à.................................................... 4.000 fr.

Dans toutes les autres colonies à.................................................... 2.000 »

JAURÉGUIBERRY.

(20 mars 1883)

**CIRC. M** *au sujet de l'indemnité de travail à allouer aux agents inférieurs des vivres employés aux subsistances.*

B. M., p. 436.

(12 avril 1883)

**DÉP. M.** *au sujet des crédits alloués au budget de 1883 pour le service du commissariat (Extrait).*

ARCH. GOUV.

. . . . . . . . . . . . . . . . . . . . . . . . . . . . . . . . . . . . . . . . . . . . . . .

. . . . . . . . . . . . . . . . . . . . . . . . . . . . . . . . . . . . . . . . . . . . . . .

Je vous autorise également à continuer d'allouer un supplément de 800 fr. au sous-commissaire chargé du cours de français et d'administration fait aux employés annamites.

. . . . . . . . . . . . . . . . . . . . . . . . . . . . . . . . . . . . . . . . . . . . . . .

CH. BRUN.

(13 avril 1883)

**DÉP. M.** *au sujet des crédits alloués au budget de 1883, pour le service du commissariat (Extrait).*

ARCH. GOUV.

J'approuve la décision par laquelle vous avez fixé le nouveau tarif des frais de bureau rendu applicable à compter du 1er février 1883.

En ce qui concerne les crédits attribués pour le service des écritures et pour les garçons de bureau, il ne m'est pas possible de modifier les prescriptions de ma dépêche du 29 décembre dernier.

. . . . . . . . . . . . . . . . . . . . . . . . . . . . . . . . . . . . . . . . . . . . . . .

CH. BRUN.

(4 mai 1883)

**D. G.** *réduisant à 400 francs et à 300 francs les frais de bureau alloués au commissaire et à l'agent comptable des hôpitaux.*

B. C., p. 221 (1)

Article premier. — A compter du 1er mai 1883, l'indemnité à allouer au commissaire des hôpitaux est fixée à 400 francs par an et celle à allouer à l'agent comptable des hôpitaux est fixée à 300 francs par an.

CHARLES THOMSON

(4 août 1883)

**D. G.** *rapportant celle du 4 mai 1883 et prescrivant de payer intégralement les frais de bureau alloués au commissaire et à l'agent comptable des hôpitaux.*

B. C., p. 329.

La décision du 4 mai 1883 est rapportée.

Les allocations budgétaires allouées, à titre de frais de bureau, au commissaire et à l'agent comptable des hôpitaux, leur seront payées intégralement et il sera émis en leur nom un mandat de rappel comprenant la différence entre les sommes inscrites au budget et celles qui leur ont été payées, en vertu de la décision précitée.

CHARLES THOMSON.

(15 décembre 1885)

**D. G.** *Le personnel appelé à servir à Pnom-Penh recevra avec les allocations réglementaires une indemnité annuelle de vivres de la somme nette de 388 francs, à compter du 1er janvier 1886.*

ARCH. S. AD.

(1) V. D. G., 4 août 1883.

(13 mars 1886)

**D. G.** *portant de 300 francs à 400 francs l'indemnité de responsabilité allouée pour le poste de Pnom-Penh, à compter du 1er janvier 1886.*

B. C., p. 99.

L'indemnité de responsabilité allouée aux comptables des postes par l'arrêté local du 8 juin 1868 susvisé (1) est portée de 300 francs à 400 francs pour le poste de Pnom-Penh, à compter du 1er janvier 1886.

BÉGIN.

(5 juin 1886)

**DÉP. M.** *Instructions relatives à la solde des officiers et agents embarqués sur les steamers de la compagnie nationale de navigation faisant les voyages de la Cochinchine et du Tonkin. (Art. 7 et 8 du traité intervenu).*

ARCH. GOUV.

. . . . . . . . . . . . . . . . . . . . . . . . . . . . . . . . . . . . . . . . . . . . . . . . . . . . . . .

J'ai décidé que le personnel dont il s'agit (2) qui, conformément à l'article 11 du même traité (3) doit être nourri gratuitement par la compagnie, recevrait avec la solde de grade à la mer, les allocations auxquelles il aurait droit, s'il était embarqué sur un transport ayant plus de 300 hommes d'équipage et qu'il compterait, pour la solde et les services, à bord du bâtiment-ponton le Kep sur le rôle d'équipage duquel figure déjà le capitaine de vaisseau commandant la division navale du Tonkin et son état-major.

J'ai l'honneur de vous prier de vouloir bien donner des ordres pour assurer, en ce qui vous concerne, l'exécution des dispositions qui font l'objet de la présente dépêche, dont je porte le contenu à la connaissance de M. le Président général en Annam et au Tonkin, et de M. le Préfet maritime à Toulon où sont centralisées les dépenses du Kep.

(27 décembre 1886)

**D. CH. S. AD.** *Il sera payé au sous-commissaire chargé du service administratif à Pnom-Penh une allocation annuelle de 300 francs pour fournitures de bureau payable par moitié sur les châpitres hôpitaux et vivres.*

ARCH. S. AD.

(14 octobre 1889)

**A. G. G.** *relatif à l'ameublement, aux fournitures de literie et aux indemnités de responsabilité alloués aux garde-magasins et magasiniers comptables dans les postes; — Suppression des frais de bureau.*

J. C., p. 970.

(1) V. §, III, B. C., p. 124.
(2) Un sous-commissaire de marine, un second magasinier, 3 médecins, un aumônier et cinq infirmiers.
(3) Traité du 10 mai 1886, v. bâtiments de l'État et navires affrétés.

# SERVICE ADMINISTRATIF COLONIAL DANS LES PORTS DE COMMERCE EN FRANCE

(13 juin 1889)

**RAPPORT. M.** *précédant le décret du 13 juin 1889 instituant un service d'approvisionnement spécial au service colonial, dans les quatre ports du Havre, de Nantes, de Bordeaux et de Marseille.*

J. C., p. 794.

Le rapport que j'ai eu l'honneur de vous présenter, le 14 mars 1889, d'accord avec M. le Ministre de la guerre, chargé par intérim du Ministère de la marine et des colonies, à l'appui du décret de la même date portant rattachement des services coloniaux au Ministère du commerce et de l'industrie, dispose qu'il y aura des mesures à prendre pour régler la séparation des services restés communs au Ministère de la marine et à l'administration des colonies, et que ces mesures feront l'objet d'arrêtés pris de concert entre les Ministres intéressés, et, s'il y a lieu, de décrets qui seront soumis à votre approbation.

L'une de ces mesures, qui s'impose au premier chef, est celle qui a pour but de constituer, dans un certain nombre de ports de commerce de la Métropole, un service d'approvisionnement spécial au service colonial. J'ai fait préparer, en conséquence, le projet de décret ci-joint qui a pour but d'organiser au Havre, à Nantes, à Bordeaux et à Marseille une administration ayant à sa tête un représentant du service colonial, ordonnateur secondaire.

Cette mesure sera avantageuse, non seulement pour le Département du commerce, de l'industrie et des colonies, mais aussi pour celui de la marine, qui se trouvera déchargé d'attributions dont il supportait le poids et la responsabilité, et qui sont devenues étrangères à son rôle spécial.

J'ajouterai que la réalisation de la réforme dont il s'agit n'entraînera aucune augmentation de dépenses pour le trésor; elle procurera même au budget, après la première année qui doit servir de période de transition et d'organisation, une certaine économie qui se répercutera sur les divers chapitres du matériel du budget colonial.

J'ai l'honneur de vous proposer, Monsieur le Président, de vouloir bien appuyer ce projet ci-annexé de votre haute sanction.

P. TIRARD.

(13 juin 1889)

**DÉCRET** *instituant un service d'approvisionnement spécial au service colonial, dans les quatre ports du Havre, de Nantes, de Bordeaux et de Marseille.*

J. C., p. 794.

Article premier. — Un service administratif spécial, relevant du Sous-Secrétariat d'État des colonies, est institué, dans chacun des ports ci-après : le Havre, Nantes, Bordeaux et Marseille.

Art. 2. — La direction de ce service est confiée à des officiers du commissariat colonial, dont le grade est déterminé par le Sous-Secrétaire d'État, qui fixe également la composition du personnel secondaire à y attacher.

Art. 3. — Les attributions de ce service comprennent :

1° L'ordonnancement des dépenses imputables aux différents chapitres du budget colonial, au moyen des crédits de délégation qui sont ouverts à cet effet, de mois en mois, par le Sous-Secrétaire d'État au chef du service, ordonnateur secondaire, dans la limite des crédits mis à sa disposition par le Ministre ;

2° L'ordonnancement à faire dans ces ports ;

3° La régularisation de la situation financière des fonctionnaires et agents du service colonial, ainsi que des officiers et militaires administrés temporairement par ce service, qui se rendent aux colonies ou rentrent en France ;

4° Les mesures à prendre concernant ces diverses catégories de personnel, au point de vue de leurs réquisitions de passages ou de la visite médicale à laquelle ils peuvent être soumis ;

5° Les approvisionnements de toute nature destinés aux colonies, pour lesquels il est traité dans les ports, ainsi que ceux expédiés de Paris, d'autres ports ou de l'intérieur de la France ; l'établissement des clauses des adjudications ou des marchés pour fournitures ou pour ventes, leur exécution ; les achats sur simples factures; la garde et l'expédition de ces approvisionnements et la comptabilité des magasins y affectés ; la préparation des contrats d'affrétement et leur exécution après approbation.

Le tout conformément aux dispositions des lois, décrets et règlements en vigueur.

Art. 4. — Le chef du service colonial est placé sous l'autorité du Sous-Secrétaire d'État, chargé de l'administration des colonies, avec lequel il correspond directement. Il a sous ses ordres les officiers et agents qui sont employés, suivant leur spécialité, dans les détails de son service. Il est responsable des actes relatifs à ses fonctions, et particulièrement des dépenses en deniers ou en matières qui n'auraient pas été ordonnées par le Sous-Secrétaire d'État ou qui seraient contraires aux lois et réglements en vigueur. Il tient enregistrement des instructions et des ordres qu'il reçoit, ainsi que de sa correspondance avec le Sous-Secrétaire d'État, et des rapports qu'il lui adresse, notamment tous les trois mois, sur la situation de son service.

Art. 5. — Un officier du commissariat est chargé, en sous-ordre, des détails du service administratif.

Art. 6. — Un garde-magasin est chargé, sous les ordres immédiats du chef des détails, de la recette, de la garde, de la conservation, de la délivrance et de la comptabilité de tous les approvisionnements.

Art. 7. — Une commission composée de :

Le chef du service colonial, *président ;*

L'officier du commissariat des colonies chargé des détails ;

Le capitaine de port, avec l'adjonction d'un commis remplissant les fonctions de secrétaire,

se réunit, suivant les besoins du service et sur la convocation du président, à l'effet de déterminer les clauses des cahiers des charges et des marchés de gré à gré.

Les adjudications concernant le service colonial ont lieu en présence de cette commission.

Art. 8. — Une commission de recettes se réunit, sur la convocation du chef du service, à l'effet de procéder aux examens, visites, vérifications et épreuves des approvisionnements à livrer.

Elle se compose de :

Le chef du service ou son délégué ;

Le capitaine de port ;

Un médecin ou pharmacien assermenté, appelé à titre d'expert.

Art. 9. — Un médecin civil spécialement commissionné à cet effet, procède, lorsqu'il en est requis par le chef du service, à la visite des fonctionnaires ou agents coloniaux en instance pour obtenir un congé de convalescence ou une prolongation de congé de même nature.

Art. 10. — L'inspection des colonies exerce, auprès de ce service, les attributions qui lui sont dévolues par les règlements en vigueur.

Art. 11. — Les dispositions du présent décret seront appliquées à partir du

1er août 1889. Au préalable, une commission nommée par le Ministre de la marine et par le Sous-Secrétaire d'État des colonies constatera la remise, sur inventaire régulier, par le service Marine au service Colonial, des approvisionnements de toute nature du matériel en service et des archives devant, à l'avenir, être administrés ou conservés par ce dernier.

Art. 12. — Sont et demeurent abrogées toutes les dispositions contraires au présent décret.

CARNOT.

(14 juin 1889)

**A. M.** *modifiant provisoirement le tour de roulement des officiers et agents du commissariat du cadre colonial* (1).

J. C., 22 août 1889, p.

(1) V. Tour de départ pour les colonies et séjour colonial.

# SERVICE ET CORPS DE SANTÉ

I. DISPOSITIONS GÉNÉRALES. — II. DISPOSITIONS LOCALES

## I. — DISPOSITIONS GÉNÉRALES

| NATURE DES DOCUMENTS | DATES | RECUEILS A CONSULTER | | | | | | | OBSERVATIONS |
|---|---|---|---|---|---|---|---|---|---|
| | | Bat. | B.C. | B.D.I. | J.C. | J.H | B.M. | B.Col. | |
| Décret. | 2 mai 1857. | | | | | | 401 | | |
| Dép. M. | 11 janvier 1867. | II-614 | | | | | | | |
| Dép. M. | 16 mars 1867. | | | | | | | | |
| Dép. M. | 27 janvier 1869. | II-615 | | | | | | | |
| Dép. M. | 14 août 1876. | II-617 | | | | | | | |
| Dép. M. | 5 avril 1880. | | | | | | | | |
| Décret. | 13 novembre 1880. | | 94 | | | | | | |
| Décret. | 28 novembre 1880. | | 94 | | | | | | |
| Dép. M. | 24 décembre 1880. | | 1881-93 | | | | | | |
| Dép. M. | 13 mars 1883. | | | | | | 415 | | |
| Dép. M. | 24 novembre 1885. | | | | | | | | |
| Dép. M. | 18 décembre 1885. | | 10 | | | | | | |
| Décret. | 24 juin 1886. | | | | | | 1142<br>1190 | | |
| Circ. M. | 23 novembre 1886. | | | | | | | | |
| Circ. M. | 16 août 1887. | | | | | | | 572 | |
| Dép. M. | 27 janvier 1888. | | | | | | | | |
| Dép. M. | 4 juillet 1888. | | | | | | | | |
| Dép. M. | 22 septembre 1888. | | 570 | | | | | | |
| Dép. M. | 1er octobre 1888. | | 570 | | | | | | |

## I. — DISPOSITIONS GÉNÉRALES *(suite)*

| NATURE DES DOCUMENTS | DATES | RECUEILS A CONSULTER Bat. | B.C. | B.D.I. | J.C. | J.H. | B.M. | B.Col. | | OBSERVATIONS |
|---|---|---|---|---|---|---|---|---|---|---|
| Rapp. M. | 7 janvier 1890. | | | | | | | | | |
| Décret. | 7 janvier 1890. | | | | | | | | | |

(2 mai 1857)

**DÉCRET** *concernant l'organisation et le service des établissements de la marine situés hors des ports (Art. 78).*

B. M., p. 401.

(11 janvier 1867)

**DÉP. M.** *Statistique médicale.*

BAT. II, p. 614.

L'examen des pièces que vous m'avez récemment adressées sur l'exécution du service de santé en Cochinchine, pendant l'année 1865, a donné lieu aux observations suivantes :

1° Il convient de réunir, pour les quatre grands hôpitaux de la colonie, et indépendamment des états mensuels dont la forme est bonne pour une information sommaire, les états trimestriels de la statistique médicale n[os] 1 et 2 ;

2° Il importe, en outre, que le chef du service de santé centralise, dans un cinquième état, les renseignements recueillis dans les *Postes à terre* et sur les navires de la station locale ;

3° Ces divers états doivent mentionner, pour tous les corps, le nombre de journées de présence, celui des journées d'exemption du service à la chambre et à l'infirmerie, celui des jours de traitement à l'hôpital, le nombre et la cause des décès, le nombre et les motifs des rapatriements pour raison de santé, indépendamment des renseignements médicaux qui prennent place dans l'état du modèle n° 2.

(16 mars 1867)

**DÉP. M.** *Modification d'un établissement des états de statistique médicale des corps de troupes en Cochinchine.*

ARCH. GOUV.

L'examen des états trimestriels de la statistique médicale des corps de troupes en Cochinchine, pour l'année 1865, a donné lieu de la part de M. l'Inspecteur général du service de santé, à des observations dont il importe de tenir compte.

Afin d'obtenir les éléments d'une bonne statistique, il y aura lieu de réunir, indépendamment des états mensuels, dont la forme est bonne pour une information sommaire, les états trimestriels de la statistique médicale n[os] 1 et 2 pour les quatre grands hôpitaux de la Cochinchine; dans un cinquième état seront contralisés par le chef du service de santé les renseignements recueillis dans les postes à terre et sur les navires de la station locale.

Ces états devront mentionner, pour tous les corps, le nombre des journées de présence, celui des jours de traitement à l'hôpital ; le nombre et la cause de décès ; le nombre et les motifs des rapatriements pour raison de santé indépendamment des renseignements médicaux qui prennent place dans l'état du modèle n° 2.

Je vous prie de vouloir bien donner des ordres en conséquence.

GICQUEL DES TOUCHES.

(27 janvier 1869)

**DÉP. M.** *rapports médicaux à transmettre par les médecins de transports chargés du rapatriement des malades de Cochinchine.*

BAT. II, p. 615.

Aux termes des instructions de mon Département, les administrations coloniales doivent faire parvenir périodiquement, sous le timbre de la Direction des colonies, 4° bureau, des états de statistique médicale appuyés d'un rapport contenant les observations raisonnées du chef du service de santé. Ces documents me paraissent devoir être complétés, en ce qui concerne la Chochinchine, par un exposé des faits médicaux qui seront constatés à bord des transports qui effectuent le rapatriement des malades de cette colonie évacués sur France. Je vous prie, en conséquence, d'inviter, à leur départ de Saïgon, les médecins chargés en chef du service sur ces bâtiments, à transmettre très exactement à mon Département, sous le timbre ci-dessus indiqué, les informations dont il s'agit.

ZŒPFFEL.

(14 août 1876)

**DÉP. M.** *Médecin du service colonial embarquant provisoirement pour remplacer le médecin d'un bâtiment.*

BAT. II, p. 617.

Vous m'avez demandé, le 26 mars dernier, comment il convient de traiter, sous le rapport de la solde, les officiers du corps de santé qui, servant à terre dans une colonie, sont appelés à embarquer temporairement à bord d'un bâtiment pour remplacer un médecin manquant à l'effectif réglementaire.

Le décret du 1er juin 1875 n'ayant pas prévu ce cas, qui se présente rarement, j'ai décidé que ces officiers recevront la solde à la mer et les frais de bureau au titre du bâtiment sur lequel ils sont placés. Il leur sera, en outre, payé sur les fonds du service colonial auquel ils continuent d'appartenir, une allocation égale à la différence entre la solde à la mer et la solde coloniale.

FOURICHON.

(5 avril 1880)

**DÉP. M.** *au sujet des attributions disciplinaires des médecins dans les ports établissant qu'ils dépendent en principe de l'autorité militaire. Le médecin ne peut s'absenter sans prévenir le commandant; dans ce cas il est passible d'une punition disciplinaire qui peut lui être infligée par le commandant supérieur des troupes.*

ARCH. GOUV.

Vous m'avez rendu compte, par lettre du 6 février dernier, qu'une divergence d'appréciation s'était produite entre M. le Général commandant supérieur des troupes et M. le Chef du service de santé de la colonie, au sujet d'une punition infligée au médecin détaché à Chaudoc.

Je partage vos appréciations sur l'importance des services que les médecins de la marine ont rendus et rendent encore, ainsi que sur le dévouement dont ils font preuve, non seulement en Cochinchine, mais encore dans toutes nos colonies. Je reconnais, en conséquence, qu'il importe d'apporter des ménagements, lorsqu'il s'agit d'user de pouvoirs disciplinaires à leur égard; mais je n'admets pas la doctrine de M. le Médecin en chef que le médecin placé dans un fort et chargé du service des troupes doit relever uniquement de lui.

Le médecin en chef dirige, au point de vue médical, le service de santé dans toute la colonie, mais il n'intervient pas dans les questions de discipline, en dehors des établissements médicaux placés directement sous sa juridiction.

Toutes les questions générales de police militaire doivent être réglées par le Général commandant supérieur des troupes, aussi bien celles qui se présentent dans les postes de la colonie pourvus d'une garnison, que celles qui sont spéciales à la place de Saïgon.

Les médecins détachés dans les postes ou citadelles ont, comme attribution principale, le service médical de la troupe et dépendent en conséquence de l'autorité militaire.

Le médecin de Chaudoc s'est absenté irrégulièrement pendant 36 heures, sans prévenir le Commandant du poste; il tombait sous l'application de l'article 150 du Décret du 13 octobre 1863 sur le service des places, et M. le Général commandant supérieur des troupes n'a pas excédé les pouvoirs qui lui sont dévolus, en lui infligeant une punition disciplinaire.

Je pense qu'il suffira de poser ces principes pour que chacun y conforme ses actes, en apportant la réserve et l'esprit de modération qui permettent seuls de concourir au but commun : le maintien des règles de discipline et le bien du service.

JAURÉGUIBERRY.

(13 novembre 1880)

**DÉCRET** *modifiant la situation des chefs de service de santé aux colonies.*

(Promulg A. G., 2 février 1881)
B. C., p. 94.

Article premier. — Dans les colonies de la Martinique, de la Guadeloupe et de la Réunion, le chef du service de santé de la marine relève du gouverneur et correspond directement avec lui pour ce qui concerne tous les détails de son service.

Il est appelé de droit au Conseil privé lorsqu'il y est traité des matières de ses attributions. Il y a voix consultative.

Art. 2. — Est abrogée la disposition des articles 107 de l'ordonnance du 21 août 1825, et 91 de celle du 9 février 1827 (1), qui place sous les ordres de l'ordonnateur les médecins, chirurgiens et pharmaciens de la marine.

JULES GRÉVY.

(28 novembre 1880)

**DÉCRET** *rendant applicable à la Cochinchine le décret du 13 novembre 1880.*

(Promulg. A. G., 2 février 1881)

B. C., p. 94.

Article premier. — Sont rendus applicables à la Guyane, au Sénégal, dans les établissements français de l'Inde, en Cochinchine, en Nouvelle-Calédonie, les dispositions du décret, en Conseil d'État, du 13 novembre 1880, qui a placé le chef du service de santé, aux Antilles et à la Réunion, sous les ordres directs du gouverneur.

JULES GRÉVY.

(24 décembre 1880)

**DÉP. M.** *Notification des décrets des 13 et 28 novembre 1880 modifiant la situation des chefs du service de santé aux colonies.*

B. C., 1881, p. 93.

Mon attention a été appelée sur les inconvénients résultant de la situation dans laquelle ont été placés jusqu'ici les chefs du service de santé dans les colonies, en vertu des actes organiques qui règlent le gouvernement de l'administration de ces établissements.

Alors que, depuis 1835, les présidents des conseils de santé, dans les ports de la métropole, travaillent directement avec les préfets maritimes, pour ce qui concerne les mesures sanitaires, la police du corps en un mot, l'ensemble de leur service, sauf la comptabilité des hôpitaux, tout ce qui touche, dans nos colonies, au service de santé, personnel et matériel, a été maintenu dans les attributions de l'ordonnateur. Il en résulte, pour les médecins en chef, sur lesquels repose, en somme, la responsabilité de la santé publique, une situation d'infériorité vis-à-vis de leurs confrères de la métropole, à laquelle il m'a paru utile de remédier.

Tel a été l'objet du décret rendu en Conseil d'État le 13 novembre dernier, qui a appelé les chefs du service de santé aux colonies à travailler directement avec le Gouverneur, pour toutes les matières de leur ressort.

Mais l'application de cette mesure ne m'a pas paru devoir être limitée aux Antilles et à la Réunion, et j'ai soumis à M. le Président de la République, qui a bien voulu le revêtir de sa signature le 28 novembre, un décret étendant les dispositions de l'acte précité à celles des colonies qui sont régies par un acte organique dont la revision est soumise au simple décret.

Vous voudrez bien pourvoir sans délai à la promulgation en Cochinchine des deux décrets dont il s'agit, et que vous trouverez insérés : le premier, au *Journal officiel* du 1er décembre courant, et le second, au même recueil, numéro du 14 novembre.

G. CLOUÉ.

(13 mars 1883)

**DÉP. M.** *notifiant le décret portant modification du décret du 27 novembre 1880 relatif aux conditions à remplir par les aspirants au doctorat en médecine ou au titre de pharmacien de 1re classe appartenant au service de santé de la marine.*

B. M., p. 415.

(1) Ces ordonnances concernent le gouvernement des Antilles (B. m. R. II, p. 59).

(24 novembre 1885)

**DÉP. M.** *prescrivant d'envoyer chaque année au Département pour le 30 juin de chaque année au plus tard un état présentant la situation au 31 décembre précédent du personnel médical de la colonie. — Modèle.*

ARCH. GOUV.

J'ai l'honneur de vous prier de vouloir bien faire établir, chaque année, une statistique du personnel médical de la colonie, présentant une situation au 31 décembre précédent.

Ainsi que le comporte le cadre du tableau que je vous adresse ci-joint comme modèle, cette statistique devra indiquer le nombre des docteurs en médecine, des officiers de santé, des pharmaciens, des herboristes et des sages-femmes établis dans chaque commune ou district.

Vous devrez comprendre, dans cette nomenclature et dans la colonne à ce réservée, le personnel militaire des médecins et pharmaciens.

Ces tableaux devront me parvenir, au plus tard, le 30 juin de chaque année, avec les autres états statistiques dont l'envoi est prescrit.

Vous voudrez bien m'accuser réception de la présente circulaire.

GALIBER.

(18 décembre 1885)

**DÉP. M.** *au sujet de l'établissement et de la transmission des statistiques médicales et des rapports d'ensemble du service de santé.*

B. C., partie supp., p. 10.

(24 juin 1886)

**DÉCRET** *portant organisation du service de santé de la marine.*

B. M., pp. 1142 — 1190.

(23 novembre 1886)

**CIRC. M.** *prescrivant d'adresser les états trimestriels de situation du corps de santé. — Modèle.*

ARCH. GOUV.

Conformément aux prescriptions de la circulaire du 14 septembre 1883, les administrations coloniales adressent chaque trimestre au Département un état présentant la situation des officiers du corps de santé en service dans nos possessions d'outre-mer. Cet état mentionne les noms des divers officiers, leur grade, la date de leur arrivée dans la colonie et celle de l'expiration de leur période réglementaire de séjour, mais il ne contient aucune indication sur le nombre et l'importance des postes dans lesquels le service médical doit être assuré.

Ce renseignement est indispensable pour permettre de se rendre compte du nombre de médecins et de pharmaciens qu'il y a lieu d'entretenir dans chaque colonie et j'ai l'honneur de vous prier de vouloir bien dorénavant, faire adresser les états trimestriels de situation du corps de santé d'après le modèle ci-annexé.

Cet état établi en double expédition, devra me parvenir sous le présent timbre.

A. DE LA PORTE.

(16 août 1887)

**CIRC. M.** *Répartition numérique du personnel du service de santé aux colonies (médecins et pharmaciens).*

B. COL., p. 572.

(27 janvier 1888)

**DÉP. M.** *Organisation du service médical et pharmaceutique des hôpitaux de l'Indo-Chine. (Instructions.)*

ARCH. S. AD.

(4 juillet 1888)

**DÉP. M.** *relative à l'organisation du service médical en Annam et au Tonkin.*

ARCH. GOUV. (bur. mil).

(22 septembre 1888)

**DÉP. M.** *Notification que le service de santé de l'Annam et du Tonkin redevient distinct de celui de la Cochinchine et du Cambodge; — Aucune modification n'est apportée dans la composition des cadres du personnel de santé.*

B. C., p. 570.

J'ai l'honneur de vous informer que, par suite du décret du 11 mai dernier, qui supprime le budget général de l'Indo-Chine française, le service de santé de l'Annam et du Tonkin redevient distinct de celui de la Cochinchine et du Cambodge. Cette dernière partie de nos possessions de l'Extrême-Orient reprend l'organisation qui lui était propre, avant le rattachement au Ministère de la marine et des colonies du Protectorat de l'Annam et du Tonkin.

Aucune modification ne sera apportée dans la composition des cadres du personnel de santé; la direction du service hospitalier de la Cochinchine et du Cambodge reste confiée au médecin en chef qui sera prochainement désigné pour remplacer M. le docteur Leconte rentré en France en congé, et celle de l'Annam et du Tonkin à M. Friocourt, officier supérieur du même grade.

Je vous prie de vouloir bien donner des ordres en conséquence.

KRANTZ.

(1er octobre 1888)

**DÉP. M.** *L'intérim de la direction du service de santé ne peut être dévolu qu'au médecin le plus élevé en grade.*

B. C., p. 570.

Vous m'avez transmis une réclamation formulée par M. le pharmacien principal X..., en service en Cochinchine, à l'occasion de la décision par laquelle l'intérim du poste de directeur du service de santé a été confié à M. le médecin principal N..., plus jeune de grade de trois ans que M. X...

Une circulaire du 28 juillet 1876, d'ailleurs appelée par l'auteur de la réclamation qui en demande l'abrogation, a exigé que les fonctions de cette nature fussent toujours confiées au *médecin* le plus élevé en grade.

De plus, les raisons qui ont motivé la décision de 1876 n'ont rien perdu de leur valeur. En effet, les médecins et les pharmaciens de la marine ne constituent pas dans la complète acception du terme un seul et même corps; ils sont les deux branches d'un même service, mais n'ont entre eux que des assimilations parallèles.

D'ailleurs, le Directeur du service de santé a non seulement des attributions d'ordre administratif auxquelles le pharmacien pourrait sans doute suffire, mais encore des attributions médicales pour lesquelles ce dernier est presque incompétent par la nature spéciale de ses travaux.

J'ajoute que certains actes donnent de plein droit au directeur du service de santé un rôle essentiellement technique dans diverses assemblées mixtes telles que le conseil d'hygiène, les commissions sanitaires, etc.

Pour toutes ces considérations, l'intérim de la direction du service de santé ne peut être dévolu qu'au médecin le plus élevé en grade, et je ne puis qu'approuver la décision par laquelle vous avez confié temporairement à M. le médecin principal N... les fonctions du chef du service de santé de la Cochinchine.

KRANTZ.

(7 janvier 1890)

**RAPPORT. M.** *suivi d'un décret portant constitution et organisation du Corps de santé des colonies et pays de protectorat.*

ARCH. GOUV.

Le service médical aux colonies est actuellement confié à des officiers du corps de santé de la marine, qui sont détachés pour une période variant de un à deux ans dans les hôpitaux coloniaux et qui relèvent exclusivement du Ministre de la marine, pour tout ce qui concerne l'avancement, la discipline et l'organisation de leur corps.

Cet état de choses, qui a été maintenu provisoirement, depuis la séparation des colonies et de la marine, offre à différents points de vue de sérieux inconvénients. D'une part, en effet, il est inadmissible que le Ministre chargé des colonies n'ait pas sous son autorité immédiate un service dont l'importance grandit chaque jour, en raison de la place qu'ont prise dans les préoccupations de l'opinion publique les questions relatives à l'hygiène des troupes et des colons, à la salubrité des logements et des casernements et aux moyens de prévenir la propagation des épidémies. D'autre part, tout en rendant une entière justice à la science et au dévouement dont ont toujours fait preuve les médecins de la Marine, il est impossible de méconnaître que le roulement auquel ils sont astreints, pour assurer à la fois et le service de la flotte et le service des Colonies, ne leur laisse que peu de temps pour étudier les questions d'ordre général qui touchent à l'hygiène et à l'amélioration du régime sanitaire de nos possessions d'outre-mer.

Ces considérations m'ont amené à rechercher dans quelles conditions il serait possible, sans grever le budget de dépenses nouvelles, de constituer un corps de santé spécial aux Colonies. Il m'a paru que le moyen le plus simple d'obtenir ce résultat serait de revenir, sauf à y introduire les améliorations que l'expérience a suggérées, au système qui a été en vigueur de 1835 à 1866, période pendant laquelle le service colonial était assuré par des médecins spécialement affectés aux Colonies.

Sans rechercher les motifs pour lesquels cette organisation fut abandonnée, en 1866, on peut affirmer que, durant la période de plus de trente ans pendant laquelle elle a existé, elle a donné d'excellents résultats et que le personnel médical ainsi spécialisé avait acquis une haute valeur professionnelle.

Le projet de décret ci-joint, qui règle l'organisation du nouveau corps de santé spécial aux Colonies, et que j'ai l'honneur de soumettre à votre approbation, a été préparé, d'accord avec le Ministre de la marine, de manière à ne pas léser les intérêts des officiers de santé qui assurent aujourd'hui le service des Colonies et sans créer un accroissement de charges pour le Trésor. Il permet, en effet, aux médecins qui désireraient servir définitivement aux Colonies, d'entrer par voie d'option dans le nouveau corps, et il n'y aura aucune augmentation du personnel dans les cadres respectifs du service colonial et du service marine par le fait de la séparation qu'impose l'organisation actuelle de l'administration des Colonies.

P. TIRARD.

(7 janvier 1890)

**DÉCRET** *portant constitution et organisation du corps de santé des colonies et pays de protectorat.*

## TITRE PREMIER

### CONSTITUTION ET COMPOSITION DU CORPS DE SANTÉ DES COLONIES ET PAYS DE PROTECTORAT

*Institution du corps de santé des Colonies et pays de protectorat. — Sa mission.*

Art. 1er. — Il est institué un corps de santé des Colonies et pays de protectorat, qui a pour mission d'assurer le service de santé dans les hôpitaux, établissements et services coloniaux. Il relève directement du Ministre chargé des Colonies.

*Hiérarchie du corps.*

Art. 2. — La hiérarchie du corps de santé des colonies et pays de protectorat est constituée ainsi qu'il suit :

SERVICE MÉDICAL

| | Assimilation : |
|---|---|
| Médecin-inspecteur...... | de 1re classe. Directeur du service de santé de la Marine.<br>de 2e classe. Grade intermédiaire entre médecin en chef et directeur du service de santé de la Marine. |
| Médecin en chef.... ... | de 1re classe. Colonel, Médecin en chef de la Marine.<br>de 2e classe. Lieutenant-colonel. |
| Médecin principal....... | Chef de bataillon. Médecin principal de la Marine. |
| Médecin de 1re classe.. . | Capitaine Médecin de 1re classe de la Marine. |
| Médecin de 2e classe... . | Lieutenant. Médecin de 2e classe de la Marine. |

SERVICE PHARMACEUTIQUE.

Assimilation :

| | |
|---|---|
| Pharmacien en chef..... | de 1re classe. Colonel. Pharmacien en chef de la Marine. |
| | de 2e classe. Lieutenant-colonel. |
| Pharmacien principal... | Chef de bataillon. Pharmacien principal de la Marine. |
| Pharmacien de 1re classe | Capitaine. Pharmacien de 1re classe de la Marine. |
| Pharmacien de 2e classe | Lieutenant, Pharmacien de 2e classe de la Marine. |

Art. 3. — Les officiers du corps de santé des Colonies et pays de protectorat sont placés sous le régime de la loi du 19 mai 1834 sur l'état des officiers.

## TITRE II

### DES TRAITEMENTS, SUPPLÉMENTS ET PENSIONS DE RETRAITE

*Fixation des traitements et allocations des officiers du corps de santé.*

Art. 4. — Les traitements des officiers du corps de santé des Colonies et pays de protectorat et les diverses allocations qui leur sont attribuées sont fixés par les tableaux annexés au présent décret.

*Régime des pensions.*

Art. 5. — Les pensions pour ancienneté de service ou pour infirmités incurables auxquelles pourront avoir droit les officiers du corps de santé des Colonies et pays de protectorat seront liquidées d'après les assimilations indiquées à l'article 2 du présent décret, conformément aux dispositions des lois des 18 avril 1831 et 5 août 1879 (1).

*Bénéfice à titre d'études préliminaires.*

Art. 6. Il est compté pour la retraite, sauf les exceptions prévues au titre IX du présent décret, quatre années de service, à titre d'études préliminaires, aux médecins et pharmaciens admis dans le service de santé des Colonies et pays de protectorat avec les diplômes de docteur en médecine ou de pharmacien universitaire de 1re classe.

## TITRE III

### DU RECRUTEMENT ET DE L'AVANCEMENT

*Conditions exigées pour l'admission dans le corps.*

Art. 7. — Nul ne peut être nommé médecin ou pharmacien de 2e classe dans le corps de santé des colonies et pays de protectorat s'il ne satisfait aux conditions suivantes :

1° Être Français ou naturalisé Français ;

2° Être âgé de moins de vingt-huit ans, au moment de son admission, à moins qu'il ne compte assez de services à servir à l'État pour avoir droit à une pension de retraite à cinquante-trois ans ;

3° Être pourvu du diplôme de docteur en médecine ou du titre de pharmacien universitaire de 1re classe ; la préférence étant acquise aux élèves sortant de l'École du service de santé de la Marine ;

4° Être reconnu propre au service militaire et apte à servir dans les Colonies et pays de protectorat, après constatation, par un médecin des colonies et pays de protectorat, par un médecin de la marine ou par un médecin militaire ;

5° Produire un extrait pour néant de son casier judiciaire, un certificat de bonnes vies et mœurs et un certificat constatant sa situation, au point de vue de la loi sur le recrutement de l'armée.

(1) La base de la pension fixée pour le grade de médecin inspecteur de 2e classe est le même que pour celui de 1re classe.

Art. 8. — Nul ne peut être promu au grade de médecin ou de pharmacien de 1re classe s'il ne compte deux années de grade comme médecin ou pharmacien de 2e classe et s'il n'a accompli, dans ce grade, une période de séjour de deux années dans les établissements outre-mer.

Art. 9. — Nul ne peut être promu au grade de médecin ou de pharmacien principal s'il ne compte trois années de grade comme médecin ou pharmacien de 1re classe et s'il n'a accompli, dans ce grade, une période de séjour de deux années dans les établissements outre-mer.

Art. 10. — Nul ne peut être promu au grade de médecin ou pharmacien en chef de 2e classe s'il ne compte deux années de grade comme médecin ou pharmacien principal et s'il n'a accompli, dans ce grade, une période de séjour de deux années dans les établissements outre-mer.

Art. 11. — Nul ne peut être promu au grade de médecin ou pharmacien en chef de 1re classe, s'il ne compte deux années de grade comme médecin ou pharmacien en chef de 2e classe.

Art. 12. — Nul ne peut être promu au grade de médecin inspecteur de 2e classe, s'il ne compte deux années de grade comme médecin en chef de 1re classe.

Art. 13. — Nul ne peut être promu au grade de médecin inspecteur de 1re classe, s'il ne compte une année de grade comme médecin inspecteur de 2e classe.

*Mode d'avancement. — Formation du tableau d'avancement.*

Art. 14. — L'avancement dans le corps de santé des colonies et pays de protectorat a lieu, savoir.

Pour les médecins et pharmaciens de 1re classe, un tiers au choix, deux tiers à l'ancienneté ;

Pour les medecins et pharmaciens principaux, la moité au choix, la moitié à l'ancienneté ;

Pour les médecins et pharmaciens en chef de 2e classe et de 1re classe, ainsi que pour les médecins inspecteurs, l'avancement a lieu exclusivement au choix.

Le choix pour le grade de médecin et de pharmacien en chef, de médecin et pharmacien principal et de médecin et de pharmacien de 1re classe porte sur les officiers inscrits sur un tableau d'avancement par une commission supérieure réunie chaque année par le Ministre chargé des Colonies et dont la composition sera ultérieurement déterminée.

Ce tableau devra être arrêté à la date du 1er janvier.

## TITRE IV

### DU CONSEIL SUPÉRIEUR DE SANTÉ DES COLONIES ET PAYS DE PROTECTORAT

*Composition du Conseil supérieur de santé.*

Art. 15. — Il est institué, auprès du Ministre chargé des colonies, un Conseil supérieur de santé composé :

Du médecin inspecteur de 1re classe, *président* ;

Du médecin inspecteur de 2e classe ;

Du pharmacien en chef de 1re classe, membre titulaire ;

Et d'un médecin de 1re classe ou d'un médecin principal, secrétaire avec voix consultative.

En cas de vacance dans le grade de médecin-inspecteur de 1re classe ou d'absence du titulaire, la présidence du Conseil supérieur de santé est attribuée au médecin-inspecteur de 2e classe. Ce dernier est remplacé comme membre titulaire du Conseil titulaire du Conseil par un médecin en chef.

En cas de vacance dans le grade de pharmacien en chef de 1re classe ou d'absence du titulaire, ce dernier est remplacé comme membre du Conseil par un pharmacien en chef de 2e classe.

*Attributions du Conseil supérieur de santé.*

Art. 16. — Le Conseil supérieur de santé a, dans ses attributions, l'étude de toutes les questions se rapportant à l'hygiène des colonies et des pays de protectorat. Il centralise les rapports sanitaires émanant des médecins en service dans les colonies et les pays de protectorat et qui sont adressés au Ministre par les Gouverneurs. Il donne son avis au Ministre sur toutes les affaires concernant le régime de police sanitaire appliqué dans les établissements outre-mer. Il examine et juge la validité des congés de convalescence délivrés dans les colonies, pays de protectorat et en France ; il propose au Ministre les congés de convalescence et prolongations de congé de convalescence qu'il est utile d'accorder aux officiers, fonctionnaires, employés et agents civils et militaires des services coloniaux ou locaux, à l'exception du personnel des stations navales. Il établit les listes d'envoi aux eaux thermales.

Pour toutes les questions ayant trait à la marche du service technique dans les hôpitaux et annexes, le Président du Conseil supérieur de santé correspond directement, sous le convert du Ministre et par l'intermédiaire du Gouverneur, avec les chefs du service de santé des colonies et des pays de protectorat. Il transmet à ces derniers, en conformité des ordres du Ministre, les instructions nécessaires pour la bonne marche du service.

Art. 17 — Le Conseil supérieur de santé a, en outre, dans ses attributions, l'examen de toutes les demandes de médicaments, instruments de chirurgie, ustensiles et objets divers servant à la pratique médicale.

Le Conseil supérieur de santé des Colonies délègue un de ses membres près du Conseil supérieur de santé de la marine pour l'examen des questions communes aux deux services et des propositions de pensions à forme militaire.

*Autorité du Président du Conseil supérieur de santé sur les officiers du corps.*

Art. 18. — Le Médecin inspecteur, Président du Conseil supérieur de santé, relève directement du Ministre. Il a autorité, au point de vue professionnel, sur les officiers du corps de santé des colonies et pays de protectorat dans quelque position ou service qu'ils soient. Il remet au Ministre ses propositions pour l'avancement et les distinctions honorifiques en faveur des officiers du corps de santé.

## TITRE V

### DU FONCTIONNEMENT DANS LES COLONIES ET PAYS DE PROTECTORAT DU SERVICE DE SANTÉ ET DU SERVICE HOSPITALIER

*Du chef du service de santé dans les Colonies et pays de protectorat.*

Art. 19. — Dans les colonies et les pays de protectorat, le médecin le plus élevé en grade est chef du service de santé. Il préside le Conseil de santé. Il ne relève que du Gouverneur.

*Attributions du chef de service de santé dans les colonies et pays de protectorat. — Attributions du commissaire aux hôpitaux.*

Art. 20. — La direction des établissements hospitaliers coloniaux, en ce qui concerne le service médical et la police de ces établissements, appartient au corps de santé des colonies et des pays de protectorat.

Elle est exercée par le chef du service de santé sous réserve des prescriptions spéciales au service dans les places de guerre.

Le chef du service de santé a sous ses ordres les médecins, les pharmaciens, les sœurs hospitalières, les infirmiers, les portiers, les gardiens-consignes, les gardiens du Conseil de santé, les jardiniers botanistes et les garçons de pharmacie. Il est chargé d'assurer l'ordre et la propreté dans les salles de malades.

Le commissaire préposé au détail des hôpitaux est chargé, sous les ordres directs du chef du service administratif, de l'administration, de l'entretien et de la comptabilité de l'hôpital.

Il a sous ses ordres le personnel affecté à la comptabilité et aux écritures, c'est-à-dire les agents et commis du commissariat colonial, les agents comptables, les sœurs hospitalières chargées du mobilier, de la cuisine et de la lingerie, les agents divers préposés aux mêmes services et les journaliers affectés à la propreté de l'hôpital, à l'exception des salles de malades.

Pour tout ce qui concerne le service technique, le chef du service de santé établit les demandes nécessaires au fonctionnement de ce service. Il remet ces demandes au Gouverneur, qui les transmet au Ministre après avoir pris l'avis du chef du service administratif au point de vue de la dépense, et qui y joint, s'il y a lieu, ses propres observations.

*Définition du service technique médical.*

Art. 21. — Le service technique médical comprend les médicaments, instruments de chirurgie, ustensiles et objets divers servant à la pratique médicale, ainsi que les livres et abonnements de la bibliothèque du Conseil de santé.

*Pouvoirs disciplinaires du chef de service de santé.*

Art. 22. — Le chef de service de santé exerce les pouvoirs prévus au titre VI traitant de la discipline. Il propose au Gouverneur les officiers du corps de santé qu'il juge dignes de recevoir un avancement ou une distinction honorifique. Il note les infirmiers sous ses ordres.

*Institution d'un Conseil de santé dans les colonies et pays de protectorat.*

Art. 23. — Il est institué dans chaque colonie ou pays de protectorat un Conseil de santé composé de trois membres, dont le médecin le plus élevé en grade est président.

Le Conseil siège au chef-lieu.

Les deux membres autres que le Président sont choisis par ordre d'ancienneté, l'un parmi les officiers du service médical, l'autre parmi les officiers du service pharmaceutique.

A défaut d'officier de ce dernier service pour la deuxième place, la vacance est comblée par un médecin.

*Attributions du Conseil de santé dans les colonies et pays de protectorat.*

Art. 24. — Le Conseil est consulté par le Gouverneur sur toutes les questions intéressant l'hygiène de la colonie, celle des troupes, des casernements qui leur sont affectés, ainsi que des hôpitaux et annexes. Il examine les demandes de rapatriement pour cause de santé et statue à l'égard des officiers, fonctionnaires, employés et agents civils et militaires des services coloniaux ou locaux, en instance de congé de convalescence.

Il décide à la majorité des voix : le plus jeune des membres vote le premier ; le président vote le dernier.

## TITRE VI

### DE LA DISCIPLINE

*Autorité du chef de service de santé. — Punitions; par qui infligées.*

Art. 25. — L'autorité disciplinaire est confiée, dans les colonies et pays de protectorat, au chef du service de santé, chef de corps. Elle s'exerce dans toutes les parties du service par les officiers placés sous ses ordres, selon leur rang hiérarchique.

Les officiers du corps de santé des colonies et des pays de protectorat ne sont punis directement que par leurs supérieurs dans le corps, sous réserve des prescriptions spéciales au service dans les places de guerre. Les plaintes dont ils peuvent être l'objet de la part des officiers des autres corps sont adressées au chef du service de santé, qui statue.

*Peines disciplinaires; par qui appliquées.*

Art. 26. — Les peines disciplinaires qui leur sont applicables, à l'exception du chef du service de santé, et sans préjudice des pouvoirs réservés au Gouverneur par l'article 30 du présent décret sont :

Les arrêts simples pendant un mois au plus;

Les arrêts de rigueur pendant le temps.

Art. 27. — Les officiers du corps de santé des colonies et des pays de protectorat ne peuvent infliger à leurs subordonnés dans le corps que les arrêts simples pendant huit jours au plus. Les autres peines sont réservées à l'action du chef du service de santé à qui il est immédiatement rendu compte de toutes les punitions infligées.

*Exécution des punitions.*

Art. 28. — Les punitions s'exécutent dans les conditions définies à l'article 5 du décret du 21 juin 1858 sur la police et la discipline dans les ports, arsenaux et autres établissements de la marine.

*Pouvoirs disciplinaires du Gouverneur à l'égard des officiers du corps de santé.*

Art. 29. — Le Gouverneur exerce, à l'égard des officiers du corps de santé des colonies et des pays de protectorat, les pouvoirs disciplinaires qui lui sont conférés par l'article 8 du décret de 1858 susvisé.

Art. 30. — En cas de manquement grave commis par le chef de santé, le Gouverneur le suspend de ses fonctions et lui offre, dans les conditions déterminées par les ordonnances et décrets organiques, les moyens de rentrer en France pour rendre compte de sa conduite au Ministre.

*Conseils de guerre et conseils d'enquête.*

Art. 31. — Les dispositions des décrets des 4 octobre 1883 et 3 janvier 1884 sur la composition des conseils de guerre et d'enquête, appelés à statuer selon leur gravité sur les infractions commises par les officiers du corps de santé de la marine, sont applicables au corps de santé des colonies et des pays de protectorat.

## TITRE VII

### DU RANG, DES HONNEURS ET DES PRÉSÉANCES

*Rang individuel des officiers du corps de santé. — Préséance du corps.*

Art. 32. — En France, aux colonies et dans les pays de protectorat, les officiers du corps de santé prennent, dans les cérémonies publiques et dans le service commandé, le rang que leur assigne individuellement leur grade et collectivement la préséance des corps de santé militaire et de la marine prévue par le décret du 23 octobre 1883 sur le service dans les places de guerre et les villes de garnison.

Toutefois le corps de santé des colonies prend rang immédiatement après le corps de santé de la marine.

## TITRE VIII

### DES PERMUTATIONS DE CORPS

*Mode des permutations; par qui autorisées.*

L'origine de formation et de recrutement du corps de santé des colonies et des pays de protectorat étant commune avec celle du corps de santé de la marine, ainsi qu'il est dit au titre IX ci-après, des permutations pourront être autorisées entre les officiers des deux corps pourvus d'un même grade.

En aucun cas, les permutations ne pourront avoir lieu si les officiers qui les sollicitent n'ont accompli dans leur grade un tour régulier de service à la mer ou aux colonies.

Un arrêté pris de concert entre le Ministre chargé des colonies et le Ministre de la marine réglera les conditions dans lesquelles ces permutations pourront être autorisées.

Art. 34. — En outre des permutations prévues à l'article 33 ci-dessus, les officiers des divers grades du corps de santé des colonies et des pays de protectorat pourront, s'il y sont autorisés par le Ministre chargé des colonies, solliciter leur passage dans le corps de santé de la marine.

Les officiers de ce dernier corps jouiront de la même faculté.

Un arrêté pris de concert entre le Ministre chargé des colonies et le Ministre de la marine réglera les conditions dans lesquelles ce passage pourra être effectué.

## TITRE IX

### DISPOSITIONS TRANSITOIRES

Art. 35. — Pour la première formation du corps de santé des colonies et des pays de protectorat, il ne sera pas fait de nomination à la 1re classe du grade de médecin-inspecteur.

Le médecin-inspecteur de 2e classe sera nommé au choix du Ministre chargé des des colonies, parmi les médecins en chef de la marine.

Art. 36. — Pour la première formation, il ne pourra être fait qu'une seule nomination dans le grade de médecin en chef de 1re classe. Ce grade sera conféré, aux choix du Ministre chargé des colonies, soit à un médecin en chef de la Marine, soit à un médecin principal de la Marine inscrit sur le tableau d'avancement.

Pour la première formation, il ne sera pas fait de nomination au grade de pharmacien en chef de 1re classe.

Art. 37. — Les vacances restant à pourvoir dans le grade de médecin en chef, ne pourront être comblées que lorsque les officiers du corps de santé des colonies et des pays de protectorat du grade immédiatement inférieur auront accompli les conditions spécifiées à l'article 11 du titre III du présent décret.

Art. 38. — Pour les autres grades de la hiérarchie et pour la première formation, les places vacantes dans chaque grade seront attribuées, comme suit, au choix du Ministre chargé des colonies :

Celles de médecins et de pharmaciens en chef de 2e classe aux médecins et pharmaciens principaux de la marine, qui compteront deux années de grade au moment de leur demande de passage dans le corps de santé des colonies et de pays des protectorat ;

Celles de médecins et pharmaciens principaux aux médecins et pharmaciens de 1re classe de la marine ayant accompli six années dans leur grade ;

Celles de médecins et pharmaciens de 1re classe, aux médecins et pharmaciens de 2e classe de la marine ayant accompli deux années dans leur grade. Ces places ne seront données, pour la formation, que jusqu'à concurrence des quatre cinquièmes du cadre à pourvoir. Le complément de ce cadre sera réservé aux médecins et pharmaciens de 2e classe de la marine qui, ayant opté pour les colonies, rempliront les conditions spécifiées pour l'avancement par l'article 14 du titre III du présent décret.

Celles de médecins et pharmaciens de 2e classe seront attribuées, pour la formation, aux médecins et pharmaciens de 2e classe de la marine qui auront opté pour les colonies.

Art. 39. — Pour la formation, les nominations résultant des dispositions énoncées dans l'article 38 ci-dessus seront faites en suivant l'ordre d'ancienneté.

Art. 40. — La constitution des cadres, dont l'effectif sera déterminé par un arrêté du Ministre chargé des colonies, aura lieu au fur et à mesure des vacances qui s'ouvriront dans le cadre actuel des officiers du corps de santé de la marine, détachés dans les colonies et pays de protectorat. Les nominations et promotions nécessitées par la constitution des cadres seront faites dans la mesure des crédits disponibles.

Art. 41. — Un délai de deux années est fixé pour la constitution définitive des cadres prévus pour le corps de santé des colonies et des pays de protectorat. Ce délai courra de la date de la promulgation du présent décret.

Art. 42. — Pendant le cours du délai prévu par la constitution des cadres et l'option des médecins et pharmaciens de la marine et au delà de ce délai, tant que les cadres du corps de santé des colonies ne seront pas suffisants pour assurer le service dans les colonies et pays de protectorat, les vacances d'emploi qui s'y produiront continueront d'être remplies par les officiers du corps de santé de la marine, dans les conditions fixées par les articles 22, 23, 24 du titre III du décret du 24 juin 1886, portant organisation du corps de santé de la marine.

Aucun établissement d'outre-mer ne sera excepté du roulement, et il ne sera pas réservé de poste, par voie de préférence, à l'un ou à l'autre des deux corps de santé pour les destinations d'office.

Art. 43. — Jusqu'à l'expiration des délais fixés par l'article 41 ci-dessus, pour la constitution définitive du corps de santé des Colonies et pays de protectorat, les officiers de ce corps conserveront l'uniforme de la tenue tel qu'il est réglé par les décrets des 29 janvier 1853 et 24 février 1889.

Les médecins en chef de 2e classe et pharmaciens en chef de 2e classe porteront, en grande et en petite tenue, les marques distinctives du grade indiquées aux articles 36 et 37 du décret du 29 janvier 1853 pour les seconds médecins en chef de la marine.

Art. 45 — Il sera compté pour la retraite aux officiers du corps de santé des colonies et pays de protectorat provenant du corps de santé de la marine, au moment de la formation, le nombre d'années prévu à l'article 17, section III du titre III du décret du 24 juin 1886 portant organisation du corps de santé de la marine.

Art. 45. — Le Président du Conseil, Ministre du Commerce, de l'Industrie et des colonies, et le Ministre de la marine sont chargés, chacun en ce qui le concerne, de l'exécution du présent décret qui sera inséré au *Bulletin des lois*, au *Journal officiel de la République française*, au *Bulletin officiel de l'administration des colonies* et au *Bulletin officiel de la marine*

CARNOT.

## II. — DISPOSITIONS LOCALES

| NATURE DES DOCUMENTS | DATES | RECUEILS A CONSULTER Bat. | B.C. | B.D.I. | J. C. | J. H. | B. M. | B.Ct. | | OBSERVATIONS |
|---|---|---|---|---|---|---|---|---|---|---|
| A. G. | 1er septembre 1864. | | 92 | | | | | | | |
| D. G. | 28 décembre 1864. | I-560 | 166 | | | | | | | |
| D. G. | 16 janvier 1866. | | 15 | | | | | | | |
| D. G. | 10 août 1867. | | 499 | | | | | | | |
| Circ. D. I. | 10 décembre 1867. | II-614 | | 102 | | | | | | |
| A. G. | 14 août 1869. | II-786 | 291 | | | | | | | |
| D. G. | 30 décembre 1870. | II-616 | 358 | | | | | | | |
| Dép. M. | 14 novembre 1871. | II-616 | | | | | | | | |
| D. G. | 31 octobre 1871. | II-616 | 360 | | | | | | | |
| A. G. | 28 septembre 1872. | | 1880 -675 | | | | | | | |
| D. G. | 29 janvier 1876. | II-617 | 39 | | | | | | | |
| D. G. | 30 juillet 1875. | II-617 | 272 | | | | | | | |
| D. G. | 6 août 1875. | II-617 | 287 | | | | | | | |
| D. G. | 6 octobre 1877. | II-617 | 295 | | | | | | | |
| Dép. M. | 9 octobre 1877. | II-405 | | | | | | | | |
| D. G. | 2 février 1878. | II-618 | 46 | | | | | | | |
| A. G. | 15 février 1878. | II 549 | 55 | | | | | | | |
| Dép. M. | 28 octobre 1878. | I-559 | | | | | | | | |
| A. G. | 30 décembre 1878. | I-559 | 444 | | | | | | | |
| Dép. M. | 26 août 1879. | II-285 | | | | | | | | |
| A. G. | 15 mars 1880. | | 120 | | | | | | | |

## II. — DISPOSITIONS LOCALES *(suite)*

| NATURE DES DOCUMENTS | DATES | RECUEILS A CONSULTER | | | | | | | OBSERVATIONS |
|---|---|---|---|---|---|---|---|---|---|
| | | Bat. | B.C. | B.D.I. | J. C. | J. H. | B. M. | B.Col. | |
| D. G. | 22 janvier 1884. | | 30 | | | | | | |
| D. G. | 24 mars 1886. | | 101 | | | | | | |
| A. G. | 29 juin 1887. | | 477 | | 702 | | | | |
| A. G. | 26 octobre 1887. | | 751 | | 1015 | | | | |
| Dép. M. | 12 janvier 1888. | | | | | | | | |
| A. G. G. | 31 août 1888. | | | | 762 | | | | |
| A. G. G. | 20 septembre 1888. | | | | 826 | | | | |
| A. G. G. | 6 novembre 1888. | | 648 | | | | | | |
| D. G. G. | 22 janvier 1889. | | | | 82 | | | | |
| D. G. G. | 15 février 1889. | | | | 170 | | | | |

(1er septembre 1864)

**A. G.** *fixation de l'effectif des officiers de santé à employer à l'hôpital annamite et au dispensaire, et des suppléments à leur allouer.*

B. C., p. 92.

(28 décembre 1864)

**D. G.** *A partir du 1er janvier 1865, la comptabilité du dépôt de pharmacie de Saïgon sera suivie, conformément au règlement ministériel du 30 octobre 1860. (Art. 1 et 2)*

BAT. I, p. 560.
B. C., p. 166.

Article premier. — A partir du 1er janvier 1865, la comptabilité des drogues et médicaments, vases et ustensiles existant dans le dépôt de pharmacie de l'hôpital de Saïgon, sera suivie, conformément aux dispositions du règlement du 30 octobre 1860, par un pharmacien ou chirurgien de 2e ou de 3e classe désigné par le Gouverneur, sur la proposition du chef du service de santé et l'avis du chef du service administratif.

Art. 2.— Cet officier de santé prendra, pour ce service spécial, la qualification de *comptable du dépôt de pharmacie*, sans cesser de relever de son chef direct, sous le rapport de la discipline.

Il aura droit, en raison dudit emploi, aux allocations suivantes :

1° Supplément de fonctions, par an.......................................... 500 fr. 00
2° Frais de bureau.................................................................. 300 00

Art. 3. — . . . . . . . . . . . . . . . . . . . . . . . . . . . . . . . . . . . . . . . .

(16 janvier 1866)

**D. G.** *donnant un supplément de 600 francs au compte du budget local aux chirurgiens chargés du service des prisons et du personnel civil à Saïgon, Mytho, Baria et Bienhoa.*

B. C., p. 15.

(10 août 1867)

**D. G.** *portant création de l'emploi de prévôt à l'hôpital de Saïgon.*

B. C., p. 499.

(10 décembre 1867)

**CIRC. D. I.** *au sujet du service de santé dans les inspections.*

BAT. II, p. 614.
B. D. I., p. 102

Les ressources de notre budget sont limitées et les besoins du service n'exigent point que nous ayons une ambulance établie dans chaque inspection, pour recevoir nos employés indigènes lorsqu'ils sont malades.

En conséquence, le Gouverneur a limité à six le nombre des localités où un chirurgien du service marine ferait un service journalier pour visiter et soigner les employés asiatiques.

A Baria, Bienhoa, Gocong, Mytho, Vinhlong et Chaudoc, une maison située près de l'inspection devra être disposée pour recevoir les malades qui auraient besoin de soins particuliers et qui appartiendraient aux inspections voisines. Un ou plusieurs miliciens, suivant les circonstances, seront détachés pour le service de cet établissement.

Dans les autres inspections, les Asiatiques gravement malades qui ne préféreraient pas être soignés chez eux, suivant les coutumes indigènes, seront adressés à l'inspection la plus voisine ayant une ambulance, avec un billet de destination.

Les employés européens ont droit aux secours des médecins de la marine partout où ils se trouvent, et doivent se présenter à la visite réglementaire.

Pour les accidents et dans les cas d'urgence, vous ferez appel aux sentiments d'humanité et à la complaisance des médecins de la marine, qui, vous le savez, ne font jamais défaut quand il en est besoin.

Je vous adresse ces recommandations afin qu'il ne soit fait appel à leur dévouement que lorsque leur concours est absolument nécessaire, et pour que vos malades soient soignés régulièrement, dans les circonstances ordinaires, par ceux qui en sont officiellement chargés et auxquels un supplément de solde est alloué à ce titre.

Vous pourrez, d'ailleurs, lorsque vous ne serez point à portée d'un médecin, recourir aux praticiens du pays pour faire donner les premiers soins aux Indigènes, et vous pourrez demander, pour ceux qui auront été utiles, une gratification à la fin du mois.

Il pourra aussi vous être délivré, sur demande, quelques bons de quinine que vous feriez administrer gratuitement à vos employés lorsqu'ils n'auraient pas le moyen de s'en procurer.

VIAL.

(14 août 1869)

**A. G.** *Les aides-majors d'infanterie visiteront les détachements de troupes casernés aux environs de Saïgon, et un médecin de la marine sera chargé du service de l'infirmerie de l'artillerie.*

BAT. II, p. 786.

B. C., p. 291.

Aux jours fixés par M. le général commandant supérieur des troupes, les aides-majors d'infanterie visiteront les détachements d'infanterie casernés à Cholon et à Caï-maï, la cavalerie des Mares et les soldats qui y sont détachés, les gendarmes de Cholon, de Saïgon et les brigades stationnées aux environs, ainsi que les militaires employés par le service du génie.

Ils jouiront, pour chaque jour de tournée, des vacations simples attribuées à leur grade.

M. le chef du service de santé désignera un médecin de 3e classe qui, outre son service ordinaire à l'hôpital, sera chargé du service et de l'infirmerie de l'artillerie.

Le service des aides-majors d'infanterie sera exclusivement réglé par M. le général commandant supérieur des troupes.

G. OHIER.

(30 décembre 1870)

**D. G.** *Fixation à 6 mois du temps de service des officiers de santé envoyés dans les postes.*

BAT. II, p. 616.

B. C., p. 358.

A compter du 1er janvier 1871, le temps de service des officiers de santé envoyés dans les postes, ou détachés à des services spéciaux, sera réduit à six mois.

Il n'y aura d'exception que pour les fonctions de prévôt à l'hôpital de Saïgon, qui auront une durée d'un an, et celles de secrétaire du conseil de santé dont la durée sera illimitée.

DE CORNULIER-LUCINIÈRE.

(14 novembre 1871)

**DEP. M** *Approbation de l'arrêté qui élève à 15,000 francs le traitement du médecin en chef.*

BAT. II, p. 616.

J'ai reçu le procès-verbal de la délibération du Conseil privé du 29 mai 1871 dans laquelle vous avez pris un arrêté à l'effet d'élever, au moyen d'une subvention du service local, le traitement de M. le médecin en chef à 15,000 francs.

Je donne mon approbation à cette mesure.

. . . . . . . . . . . . . . . . . . . . . . . . . . . . . . . . . . . . . . . . . . . . . . .

A. POTHUAU.

(31 octobre 1871)

**D. G.** *supplément du médecin chargé du service extérieur.*

BAT. II, p. 616.
B. C., p. 360.

Le supplément de solde alloué au médecin de la marine chargé du service extérieur de l'Administration locale est porté de 2,000 francs à 4,000 francs par an.

DUPRÉ.

(28 septembre 1872)

**A. G.** *fixant l'indemnité à allouer au pharmacien civil ou militaire faisant partie de la commission de recette des médicaments livrés au service local.*

B. C. 1880, p. 675.

Article premier. — Le pharmacien civil ou militaire qui sera appelé à faire partie de la commission de recette des médicaments délivrés au service local, aura droit à une indemnité de quinze francs par chaque séance, à titre d'honoraires.

Art. 2. — Le paragraphe 5 de l'article 2 de l'arrêté du 18 mai 1870, relatif au même objet est annulé (1).

CH. D'ARBAUD.

(29 janvier 1876)

**D. G.** *portant de 1,000 francs à 1,500 francs le supplément alloué au médecin de Poulo-Condore.*

BAT. II, p. 617.
B. C., p. 39.

Le supplément de mille francs alloué au médecin du poste de Poulo-Condore par le budget local, est porté, à partir du 1er janvier 1876, à mille cinq cents francs.

DUPERRÉ.

(30 juillet 1875)

**D. G.** *Un médecin de 1re classe est chargé du service médical à Haïphong, un supplément annuel de 2,000 francs lui est alloué.*

BAT. II, p. 617. (2)
B. C., p. 272.

(6 août 1875)

**D. G.** *Un médecin de 2e classe est détaché auprès de la légation de France à Hué ; il reçoit un supplément de 2,000 francs.*

BAT. II, p. 617. (3)
B. C., p. 287.

(1) Non inséré.
(2) Sans objet.
(3) Sans objet.

(6 octobre 1877)

**D. G.** *Fixation à une année de la durée du service du médecin de 1re classe attaché à l'hôpital indigène de Choquan.*

BAT. II, p. 617.
B. C, p. 295.

La durée du service du médecin de 1re classe, attaché à l'hôpital indigène de Choquan, est fixée à une année.

DUPERRÉ.

(9 octobre 1877)

**DÉP. M.** *au sujet de la nomination du médecin chargé de la visite des femmes. — (Annexe)*

BAT. II, p. 405 et 406.

Vous m'avez prié de soumettre au Département de l'intérieur une décision du maire de Saïgon qui a désigné un médecin civil pour la visite des femmes, service confié jusqu'ici à un médecin militaire.

Comme vous le verrez par la copie ci-jointe de la réponse de mon collègue, le Département de l'intérieur est d'avis que le décret du 8 janvier 1877, concernant l'organisation municipale de la ville de Saïgon, ayant attribué aux maires toutes les fonctions spéciales prévues par les lois et règlements, on ne saurait considérer la décision de ce magistrat comme dépassant ses pouvoirs.

Cette jurisprudence est suivie dans la métropole; toutefois, en Algérie et dans les villes maritimes, des médecins militaires ou des médecins de la marine ont été adjoints aux médecins civils chargés de ce service. Il vous est donc loisible d'adjoindre au médecin désigné par le maire un médecin de la marine, si vous le croyez utile à la bonne exécution des prescriptions sanitaires.

GICQUEL DES TOUCHES.

ANNEXE

(27 septembre 1877.)

En me transmettant, à la date du 18 septembre courant, copie d'un télégramme de M. le Gouverneur de la Cochinchine relatif à la nomination faite par le maire de Saïgon d'un médecin civil pour la visite des femmes, vous m'avez fait l'honneur de me demander mon avis sur l'opportunité de déléguer un médecin de la marine au contrôle des visites faites par le médecin civil.

Les lois des 16-24 août 1790, 19-22 juillet 1791, ainsi que l'arrêté du 5 brumaire an IX et le décret du 23 fructidor an XIII, confèrent aux maires l'attribution spéciale de réglementer les mesures de police et de surveillance à l'égard des femmes qui se livrent à la prostitution.

Le décret du 8 janvier 1877, concernant l'organisation municipale de la ville de Saïgon, a attribué au maire toutes les fonctions spéciales prévues par les lois et règlements, et, dès lors, la nomination qu'il a faite d'un médecin civil, en remplacement d'un médecin de la marine, chargé jusqu'à ce jour de ce service, ne peut être considérée comme dépassant ses pouvoirs.

Telle est, du reste, la jurisprudence suivie dans les villes de France où des arrêtés de police sur la prostitution ont été pris par les maires.

Toutefois, en Algérie et dans les villes maritimes, telles que Brest, Toulon, etc., des médecins militaires ou des médecins de la marine ont été adjoints aux médecins civils chargés de ce service.

Il semble donc que, dans un intérêt sanitaire, pareille mesure doive être prise par M. le Gouverneur de la Cochinchine.

PAUL DE BRETAGNE.

(2 février 1878)

**D. G.** *Le médecin-major du Tilsitt est chargé des visites à faire au personnel de l'arsenal de Saïgon.*

BAT. II, p. 618.
B. C, p. 46.

Article premier. — M. le médecin de la marine, chargé du service extérieur, cessera, à compter du 4 février 1878, de donner ses soins au personnel de l'arsenal de Saïgon.

Art. 2. — M. le médecin-major du *Tilsitt* remplira, à compter du même jour, les fonctions de médecin de l'arsenal, dans les conditions spécifiées aux articles 68 et 69 de l'arrêté ministériel du 8 avril 1875.

Art. 3. — Il est alloué au médecin-major du *Tilsitt*, à raison de ce service particulier, un supplément annuel de 2,000 francs imputable au chapitre IV (*États-majors et équipages*) du budget métropolitain.

Art. 4. — Les délivrances de médicaments aux ouvriers de l'arsenal continueront à être faites par la pharmacie du *Tilsitt*, conformément aux dispositions de la décision précitée du 6 octobre 1877.

J. Lafont.

(15 février 1878)

**A. G.** *Position des médecins de la marine détachés dans les postes de l'intérieur.*

BAT. II, p. 549.
B. C., p. 55.

Article premier. — Les médecins de la marine détachés dans les postes militaires sont logés, à moins de nécessité absolue, dans l'enceinte des citadelles ou des postes militaires.

Art. 2. — Dans tous les cas, les médecins dela marine sont placés sous les ordres soit des officiers investis du commandement supérieur temporaire d'une circonscription, soit des officiers commandant les postes militaires et auxquels sont dévolus les pouvoirs attribués aux commandants de place.

Art. 3. — Ces officiers de santé sont soumis à toutes les règles de la discipline.

Art. 4. — Les médecins de la marine reçoivent directement de M. le médecin en chef les ordres généraux et les instructions particulières concernant le service dont la direction leur est confiée.

Ces ordres généraux sont communiqués par M. le médecin en chef à M. le commandant supérieur des troupes, qui les porte à la connaissance des officiers commandant les postes militaires.

Art. 5. — Ces médecins de la marine correspondent directement avec leur chef de service.

J. Lafont.

(28 octobre 1878)

**DÉP. M.** *Imputation de la dépense occasionnée par l'emploi de deux médecins à l'hôpital de Choquan.*

BAT. II, p. 559.

Jusqu'à ce jour, les médecins de la marine qui desservent l'hôpital de Choquan ont été rémunérés par le budget de l'État ; le service local n'accordant à ces fonctionnaires qu'un simple supplément de solde.

En réponse aux observations dont cet état de choses avait été l'objet de ma part, vous m'avez prié de remarquer que l'hôpital de Choquan reçoit, outre les indigents et les Asiatiques appartenant au service local, le personnel employé dans les divers services de la marine, y compris les ouvriers de l'arsenal, les équipages indigènes des chaloupes et canonnières, etc., et qu'ainsi, il vous paraissait équitable de laisser à la charge du budget de la marine la solde réglementaire des deux médecins attachés à cet hôpital et auxquels le budget local accorde des suppléments suffisants.

D'autres établissements coloniaux, placés dans les mêmes conditions que celui de la Cochinchine, ont paru considérer comme équitable de payer, avec leurs ressources particulières, les dépenses résultant pour eux de l'emploi de médecins de la marine dans les hôpitaux locaux ou municipaux, bien que des fonctionnaires et des agents y fussent traités.

Je crois indispensable d'appliquer la même règle à l'hospice de Choquan. Je vous prie de prendre les mesures nécessaires pour que, désormais, les dépenses que pourra nécessiter l'emploi des deux médecins dont il vient d'être question, soient complétement soldées par le budget local.

A. POTHUAU.

(30 décembre 1878)

**A. G.** *mettant au compte du budget local la solde des deux médecins de la marine détachés à l'hôpital indigène de Choquan.*

BAT. I, p. 559.
B, C., p. 444.

A compter du 1er janvier 1879, la solde des deux médecins de la marine détachés à l'hôpital indigène de Choquan sera mise au compte du budget local.

J. LAFONT.

(26 août 1879)

**DP. M.** *Le médecin-major du* Tilsitt *prend le titre de médecin de division.*

BAT. II, p. 285.

J'ai l'honneur de vous informer que, sur la proposition de M. le capitaine de vaisseau commandant la division navale de l'Indo-Chine et conformément à l'article 14 du décret du 31 mai 1875, j'ai décidé que M. le médecin de 1re classe K..., médecin major du *Tilsitt*, qui est aujourd'hui chargé de centraliser le service médical de la division, prendra le titre de médecin de division.

Je vous prie d'examiner et de me faire connaître si cette mesure, qui enlève au personnel médical de la colonie la centralisation du service de la division, ne pourrait pas avoir pour conséquence d'opérer une réduction dans l'effectif des médecins du service à terre.

JAURÉGUIBERRY

(15 mars 1880)

**A. G.** *supprimant diverses indemnités accordées à des fonctionnaires, officiers en troupes du service métropolitain.*

B. C., p. 120.

Sont supprimées à partir 1er avril prochain les indemnités suivantes accordées à des fonctionnaires, officiers en troupes du service métropolitain.

.................................................................................

Supplément de 1800 francs au médecin chargé de centraliser le service médical des troupes.

.................................................................................

LE MYRE DE VILERS.

(22 janvier 1884)

**D. G.** *allouant un supplément annuel de 300 piastres au médecin de la marine chargé du service médical à Pnom-penh.*

B. C, p. 30.

Article premier. — Un supplément annuel de trois cents piastres (300 piastres) est alloué, à compter du 1er janvier 1884, au médecin de la marine chargé du service médical à Pnom-penh.

Art. 2. — Cette dépense sera imputée au chapitre XVII, article 2; *Dépenses diverses et imprévues*, du budget du service local.

CHARLES THOMSON.

(24 mars 1886)

**D. G.** *affectant un médecin de la marine au service de la visite du personnel de l'arsenal et du* Tilsitt.

B. C., p. 101.

Le médecin de la marine chargé des visites du personnel de l'arsenal et du *Tilsitt*, et auquel il est alloué pour ce service particulier un supplément annuel de 2,000 francs au compte du service marine (états-majors et équipages), donnera, ainsi qu'il est spécifié à l'article 78 du décret susvisé, des soins gratuits à toutes les personnes employées dans l'arsenal, à quelque titre que ce soit, et à leurs familles lorsqu'elles seront logées dans la cité ouvrière.

Ces mêmes personnes recevront de la pharmacie du *Tilsitt*, également à titre gratuit, les médicaments qui leur seront nécessaires.

BÉGIN.

(29 juin 1887)

**A. G.** *modifiant l'arrêté du 15 février 1878, relatif à la position des médecins de la marine détachés dans les postes de l'intérieur.*

B. C., p. 477.
J. C., p. 702.

L'article premier de l'arrêté du 15 février 1878, relatif à la position des médecins de la marine détachés dans les postes de l'intérieur, est modifié ainsi qu'il suit :

Article premier. — Les médecins de la marine détachés dans les postes militaires sont autorisés à occuper des logements situés hors des forts.

FILIPPINI.

(26 octobre 1887)

**A. G.** *portant que le service extérieur sera fait par un des médecins de 1re classe présents à Saïgon. — L'allocation sera partagée entre les médecins, au prorata du temps pendant lequel ils ont concouru à ce service.*

B. C., p. 751.
J. C., p. 1015.

A compter du 1er novembre, le service extérieur sera fait par un des médecins de 1re classe présents à Saïgon.

L'allocation affectée à cet emploi sera partagée entre les médecins, au prorata du temps pendant lequel ils auront concouru à ce service.

NOEL PARDON.

(12 janvier 1888)

**DÉP. M.** *L'allocation accordée au médecin de la marine chargé du service extérieur à Saïgon est portée à 2,400 francs.*

ARCH. GOUV.

Par une lettre en date du 15 juillet dernier, M. Filippini, alors Gouverneur de la Cochinchine, avait demandé au Département que l'allocation actuelle du médecin chargé du service extérieur à Saïgon fût portée de 708 fr. 10 à 2400 fr. Mais le rapport du chef de service de santé sur lequel s'appuyait la proposition de ce haut fonctionnaire ayant été conservé dans la colonie par inadvertance, on dut réclamer la production de ce document, qui est parvenu à la fin de décembre dernier.

Dans son rapport, M. le médecin en chef fait remarquer que la situation actuelle de l'officier du corps de santé chargé, à Saïgon, de visiter à domicile les officiers, agents et employés appartenant aux services militaires est bien différente de celle qui lui était faite à l'époque où la mesure en vertu de laquelle la somme de 708 fr. 10, accordée pour ce genre de fonction dans les autres colonies, devint applicable en Cochinchine.

En effet, indépendamment de l'augmentation du personnel, le périmètre de la ville considérablement étendu et les diverses personnes auxquelles il est dû des soins gratuits habitant, pour la plupart, des quartiers éloignés, ce qui occasionne au médecin des déplacements entraînant les frais de voiture dépassant souvent l'indemnité journalière accordée et une perte de temps considérable.

Pour toutes ces raisons, la proposition de l'ancien gouverneur de la Cochinchine a semblé justifiée, et à la date du 31 décembre 1887, le ministre de la marine et des colonies a décidé que l'indemnité accordée au médecin chargé du service extérieur à Saïgon serait portée à 2.400 francs, à compter du 1er janvier 1888.

J'ai l'honneur de porter cette décision à votre connaissance en vous priant de vouloir bien en assurer l'exécution.

La dépense sera supportée par le budget de l'Indo-Chine française.

FÉLIX FAURE.

(31 août 1888)

A. G. G. *Un médecin de 2e classe de la marine sera placé à Bienhoa pour assurer le service médical de cet arrondissement.*

J. C., p. 762.

Article premier. — Un médecin de 2e classe de la marine, appartenant au cadre général de la Cochinchine, sera placé à Bienhoa pour y assurer le service médical (1).

Art. 2. — Un supplément fixe de 485 piastres par an lui sera alloué à titre de supplément.

Art. 3. — Le logement sera fourni par le service local de la Cochinchine.

RICHAUD.

(20 septembre 1888)

A. G. G. *Un médecin de 2e classe sera placé à Tanan pour assurer le service de cet arrondissement et celui de Gocong* (2).

J. C., p. 826.

Article premier. — Un médecin de 2e classe de la marine, appartenant au cadre général de la Cochinchine, sera placé à Tanan pour assurer le service médical dans cet arrondissement et celui de Gocong.

Art. 2. — Le logement sera fourni par le service local de la Cochinchine.

RICHAUD.

(6 novembre 1888)

A. G. G. *rappelant à Saïgon les médecins en service dans les postes de Kratié, Pursat et Compong-thom; un médecin, adjoint au chef du service sanitaire aura pour mission de visiter les fonctionnaires malades résidant dans l'intérieur du Cambodge; — Logement; — Suppléments et indemnités.*

B. C., p. 648.

Article premier. — Les médecins de 2e classe en service dans les postes de Kratié, Kampot, Pursat et Compong-thom sont appelés à Saïgon.

Art. 2. — Un médecin de 2e classe, adjoint au médecin de 1re classe, chef du service sanitaire au Cambodge, aura pour mission de visiter, en cas d'appel, les fonc-

(1) Il ressort des considérants de cet arrêté que le service médical de Thudaumot est assuré par le médecin placé à Bienhoa.

(2) V. *infrà*, D. G. G., 15 février 1889.

tionnaires malades résidant dans l'intérieur du Cambodge. Cet officier sera logé par les soins du Protectorat, à Pnom-Penh, et recevra, en outre, les suppléments et indemnités de transport et déplacement prévus par les règlements.

RICHAUD

(22 janvier 1889)

**D. G. G.** *Supression du poste de pharmacien de 2e classe à Pnom-Penh.*

J. C., p. 82.

Le poste de pharmacien de 2e classe de la marine, à Pnom-penh, est supprimé, à la date du 21 janvier 1889.

M. D. pharmacien de 2e classe, cessera ses services à Pnom-penh à la même date et ralliera Saïgon.

P. O.

CÉLORON DE BLAINVILLE.

(15 février 1889)

**D. G. G.** *portant que le médecin de 2e classe en résidence à Tanan aura son siège à Mytho, à compter du 15 février 1889.*

J. C, p. 170.

Article premier. — Le médecin de 2e classe de la marine, en résidence à Tanan, aura désormais son siège à Mytho.

Art. 2. — Il sera placé sous les ordres du médecin de 1re classe, mais aura surtout pour rôle d'assurer le service dans les postes de Gocong, Tanan et Bentré.

Art. 3. — Il touchera le supplément de 1,940 francs alloué par le service local et aura droit aux frais de transport et déplacement prévus par les règlements.

Art. 4. — Il sera logé au rez-de-chaussée du pavillon affecté aux médecins.

Art. 5. — Ce mouvement comptera du 15 janvier 1889.

Consulter en outre : *Visites médicales.*

# SERVICE JUDICIAIRE

I. ORGANISATION, RÉGLEMENTATION. — II. PERSONNEL, TRAITEMENTS, PARITÉS D'OFFICE, COSTUME. — III. INSTRUCTIONS DIVERSES. — IV. TRIBUNAL DE COMMERCE

## I. — ORGANISATION, RÉGLEMENTATION

| NATURE DES DOCUMENTS | DATES | RECUEILS A CONSULTER | | | | | | | OBSERVATIONS |
|---|---|---|---|---|---|---|---|---|---|
| | | Bat. | B.C. | B.D.I. | J. C. | J. H. | B. M. | B.Col. | |
| Ord. R. | 9 février 1827. | II-168 | 80 | | | | | | |
| D. G. | 26 mars 1864. | | 46 | | | | | | |
| Décret. | 25 juillet 1864. | II-140 | 100 | | | | | | |
| Dép. M. | 16 août 1864. | II-139 | | | | | | | |
| Décret. | 14 janvier 1865. | II-146 | 192 | | | | | | |
| Dép. M. | 16 janvier 1865. | II-146 | | | | | | | |
| A. G. | 7 mars 1865. | II-148 | 193 | | | | | | |
| A. G. | 1er août 1865. | II-163 | 275 | | | | | | |
| Décret | 10 novembre 1866. | II-165 | 284 | | | | | | |
| A. G. | 15 mars 1867. | | 64 | | | | | | |
| Décret. | 7 mars 1868. | II-167 | 80 | | | | | | |
| Dép. M. | 18 mars 1868. | II-166 | | | | | | | |
| Dép. M. | 14 mai 1868. | II-172 | | | | | | | |
| Loi. | 28 avril 1869. | II-175 | 350 | | | | | | |
| Dép. M. | 14 mai 1869. | II-174 | | | | | | | |
| A. G. | 4 juin 1869. | II-174 | 198 | | | | | | |
| Dép. M. | 2 septembre 1870. | II-215 | | | | | | | |
| Ar. C. de Cas. | 4 juillet 1871. | II-179 | | | | | | | |
| A. Présid. | 17 avril 1871. | II-178 | 194 | | | | | | |

## I. — ORGANISATION, RÉGLEMENTATION *(suite)*

| NATURE DES DOCUMENTS | DATES | RECUEILS A CONSULTER | | | | | | | OBSERVATIONS |
|---|---|---|---|---|---|---|---|---|---|
| | | Bat. | B.C. | B.D.I. | J. C. | J.H. | B.M. | B.Col. | |
| A. Présid. | 23 août 1871. | II-216 | 346 | | | | | | |
| Dép. M. | 2 août 1872. | II-180 | | | | | | | |
| Décret | 10 mars 1873. | II-180 | | | | | | | |
| Rapp. M. | 15 mai 1875. | II-183 | | | | | | | |
| Décret | 15 mai 1875. | II-183 | 288 | | | | | | |
| A. G. | 7 août 1875. | II-185 | 291 | | | | | | |
| A. G. | 1er septembre 1875. | II-190 | 330 | | | | | | |
| Dép. M. | 30 novembre 1877. | II-204 | | | | | | | |
| A. G. | 9 janvier 1879. | II-182 | | | | | | | |
| D. G. | 6 octobre 1879. | | 395 | | | | | | |
| A. G. | 27 novembre 1879. | II-183 | 454 | | | | | | |
| Rapport M. | 3 avril 1880. | | 273 | | | | | | |
| Décret | 3 avril 1880. | | 273 | | | | | | |
| Décret | 3 avril 1880. | | | | 363 | | 1881 -423 | | |
| Dép. M. | 21 avril 1880. | | | | | | | | |
| Décret | 28 mai 1880. | | 376 | | | | | | |
| Rapp. G. | 14 juillet 1880. | | | | 755 | | | | |
| Dép. M. | 6 août 1880. | | | | | | | | |
| Décret. | 7 septembre 1880. | | 1881 -68 | | | | | | |
| Rapp. M. | 25 mai 1881. | | 299 | | | | | | |
| Décret. | 25 mai 1881. | | 298 | | | | | | |

## I. — ORGANISATION, RÉGLEMENTATION (*suite*)

| NATURE DES DOCUMENTS | DATES | RECUEILS À CONSULTER | | | | | | | OBSERVATIONS |
|---|---|---|---|---|---|---|---|---|---|
| | | Bat. | B.C. | B.D.I. | J. C. | J. H. | B.M. | B.Col. | |
| Décret. | 17 août 1881. | | 392 | | | | | | |
| A. G. | 6 octobre 1881. | | 392 | | | | | | |
| A. G. | 7 novembre 1881 | | 433 | | | | | | |
| A. G. | 8 novembre 1881. | | 434 | | | | | | |
| A. G. | 14 novembre 1881. | | 435 | | | | | | |
| A. G. | 14 novembre 1881. | | 436 | | | | | | |
| A. G. | 14 novembre 1881. | | 438 | | | | | | |
| A. G. | 19 décembre 1881. | | 528 | | | | | | |
| A. G. | 19 décembre 1881. | | 531 | | | | | | |
| A. G. | 19 décembre 1881. | | 532 | | | | | | |
| A. G. | 26 décembre 1881 | | 538 | | | | | | |
| A. G. | 7 février 1882. | | 90 | | | | | | |
| A. G. | 6 mars 1882. | | 131 | | | | | | |
| Rap. P. G. | 4 septembre 1882. | | | | 713 | | | | |
| A. G. | 5 septembre 1882. | | 1884 -383 | | 714 | | | | |
| A. G. | 28 décembre 1882. | | 508 | | | | | | |
| Dép. M. | 2 mars 1883. | | | | | | | | |
| Décret. | 8 mai 1880. | | 301 | | | | | | |
| Dép. M. | 12 juin 1883. | | | | | | | | |
| Rap. M. | 5 mars 1884. | | 210 | | | | | | |
| Décret | 5 mars 1884. | | 210 | | | | | | |

## I. — ORGANISATION, RÉGLEMENTATION *(suite)*

| NATURE DES DOCUMENTS | DATES | RECUEILS A CONSULTER | | | | | | | OBSERVATIONS |
|---|---|---|---|---|---|---|---|---|---|
| | | Bat. | B.C. | B.D.I. | J. C. | J.H. | B. M. | B.Col | |
| D. G. | 10 juin 1885. | | | | 818 | | | | |
| D. G. | 10 juin 1885. | | | | 818 | | | | |
| A. G. | 21 janvier 1886. | | 18 | | 130 | | | | |
| Décret | 9 décembre 1886. | | | | 918 | | 1887-4 | | |
| Dép. M. | 9 janvier 1887. | | | | | | | | |
| A. G. | 3 mars 1887. | | 183 | | 289 | | | | |
| Décret | 15 novembre 1887. | | | | 919 | | | 889 | |
| Décret | 15 novembre 1887. | | | | 923 | | | 905 | |
| Décret | 5 juillet 1888. | | | | 924 | | | | |
| Décret | 8 septembre 1888. | | | | | 46 | | | |
| Décret | 18 septembre 1888. | | 61 | | 45 | | | | |
| Dép. M. | 21 septembre 1888. | | | | | | | | |
| Décret | 12 octobre 1888. | | | | 1025 | | | | |
| A. M. | 19 octobre 1888. | | | | 1078 | | | | |
| A. G. G. | 2 novembre 1888. | | | | 930 | | | | |
| A. G. | 3 novembre 1888. | | | | 932 | | | | |
| A. G. G. | 5 novembre 1888. | | | | 938 | | | | |
| A. G. G. | 5 décembre 1888. | | | | | 1889-18 | | | |
| A. G. G. | 11 décembre 1888. | | | | 1889-11 | | | | |
| A. G. G. | 11 décembre 1888. | | | | 1889-18 | | | | |
| A. G. G. | 30 décembre 1888. | | | | | 1889-19 | | | |

## I. — ORGANISATION, RÉGLEMENTATION *(suite)*

| NATURE DES DOCUMENTS | DATES | RECUEILS A CONSULTER | | | | | | | OBSERVATIONS |
|---|---|---|---|---|---|---|---|---|---|
| | | Bat. | B.C. | B.D.I. | J. C. | J. H. | B. M. | B.Col. | |
| A. G. G. | 29 janvier 1889. | | | | | 62 | | | |
| Décret | 23 mars 1889. | | | | 517 | | | | |
| Décret | 19 avril 1889. | | | | 633 | | | | |
| Rapport M. | 17 juin 1889. | | | | 778 | | | | |
| Décret | 17 juin 1889. | | | | 778 | | | | |

(9 février 1827)

**ORDONNANCE** *concernant le gouvernement des Antilles. (Titre IV, — chapitre III)*

(Promulg. A. G., 16 mars 1869)
BAT. II, p. 168.
B. C., p. 80.

## TITRE PREMIER

. . . . . . . . . . . . . . . . . . . . . . . . . . . . . . . . . . . . .

## TITRE IV

. . . . . . . . . . . . . . . . . . . . . . . . . . . . . . . . . . . . .

### CHAPITRE III

#### DU PROCUREUR GÉNÉRAL EN SA QUALITÉ DE CHEF D'ADMINISTRATION

#### SECTION PREMIÈRE. — DES ATTRIBUTIONS DU PROCUREUR GÉNÉRAL

. . . . . . . . . . . . . . . . . . . . . . . . . . . . . . . . . . . . .

Art. 130. — Il prépare et soumet au conseil, d'après les ordres du Gouverneur:

§ 1er. — Les projets d'ordonnances, d'arrêtés, de règlements et d'instructions sur les matières judiciaires;

§ 2. — Les rapports concernant:

Les conflits,

. . . . . . . . . . . . . . . . . . . . . . . . . . . . . . . . . . . . .

Les recours en grâce,

Les mesures à prendre à l'égard des fonctionnaires attachés à l'ordre judiciaire, dans le cas prévu par les articles 61 et 79 (1),

Les contestations entre les membres des tribunaux, relativement à leurs fonctions, rangs et prérogatives; enfin, toutes autres affaires concernant son service et qui doivent être portées au Conseil privé.

Art. 131. — Le procureur général a dans ses attributions:

§ 1er. — La surveillance et la bonne tenue des lieux où se rend la justice;

(1) Art. 61. — § 1er. — Le Gouverneur statue en Conseil sur l'autorisation à donner pour la poursuite, dans la colonie, des agents du Gouvernement prévenus de crimes ou délits commis dans l'exercice de leurs fonctions (Bat. I, p. 331).

§ 2. — Cette autorisation n'est pas nécessaire pour commencer l'instruction dans les cas de flagrant délit; mais la mise en jugement ne peut avoir lieu que sur l'autorisation du Gouverneur donnée en Conseil.

§ 3. — Il rend compte immédiatement des décisions qui ont été prises à notre Ministre de la marine, qui statue sur les réclamations des parties lorsque les poursuites ou la mise en jugement n'ont point été autorisées.

Art. 79. — § 1er. — Dans tous les cas où un fonctionnaire civil ou militaire, nommé par nous ou par notre Ministre de la marine, aurait tenu une conduite tellement répréhensible, qu'il ne pût être maintenu dans l'exercice de ses fonctions, si d'ailleurs il n'y avait pas lieu à le traduire devant les tribunaux, ou si une procédure régulière offrait de graves inconvénients, le Gouverneur peut prononcer la suspension provisoire de ce fonctionnaire, jusqu'à ce que notre Ministre de la marine lui ait fait connaître nos ordres.

§ 2. — Toutefois, à l'égard du commandant militaire, des chefs d'administration, du contrôleur, des membres de l'ordre judiciaire et des chefs de corps qui seraient dans le cas prévu ci-dessus, le Gouverneur, avant de proposer au Conseil aucune mesure à leur égard, doit leur faire connaître les griefs existant contre eux et leur offrir les moyens de passer en France pour rendre compte de leur conduite au Ministre de la marine. Leur suspension ne peut être prononcée qu'après qu'ils se sont refusés à profiter de cette faculté.

Il leur est loisible, lors même qu'ils ont été suspendus, de demander au Gouverneur un passage pour France aux frais du Gouvernement. Il ne peut leur être refusé.

§ 3. — Le Gouverneur fait connaître par écrit, au fonctionnaire suspendu, les motifs de la décision prise à son égard.

§ 4. — Il peut lui interdire la résidence du chef-lieu ou lui assigner le canton de la colonie dans lequel il doit résider pendant le temps de sa suspension.

§ 5. La suspension provisoire ne peut entraîner la privation de plus de moitié du traitement.

§ 2. — La surveillance de la curatelle aux successions vacantes, telle qu'elle est déterminée par les ordonnances;

§ 3. — La censure des écrits en matière judiciaire destinés à l'impression;

§ 4. — . . . . . . . . . . . . . . . . . . . . . . . . . . . . . . . . . . .

§ 5. — La préparation du budget des dépenses relatives à la justice;

§ 6. — La vérification et le *visa* de toutes les pièces nécessaires à la justification et à la liquidation des frais de justice à la charge des divers services;

§ 7. — Le contre-seing des arrêtés, règlements, décisions du Gouverneur en Conseil et autres actes de l'autorité locale qui ont rapport à l'administration de la justice;

§ 8. — L'expédition et le contre-seing des provisions, commissions et congés délivrés par le Gouverneur aux membres de l'ordre judiciaire, ainsi que les commissions des notaires, avoués et autres officiers ministériels;

§ 9. — La nomination des agents attachés aux tribunaux, dont le traitement, joint aux autres allocations, n'excède pas quinze cents francs par an;

§ 10. — La révocation ou la destitution de ces agents, après avoir pris les ordres du Gouverneur;

§ 11. — L'enregistrement, partout où besoin est, des commissions et autres actes qu'il expédie et contresigne.

Art. 132. — § 1er. — Il exerce directement la discipline sur les notaires, les avoués et les autres officiers ministériels; prononce contre eux, pour les avoirs entendus, le rappel à l'ordre, la censure simple, la censure avec réprimande et leur donne tout avertissement qu'il juge convenable.

§ 2. — A l'égard des peines plus graves, telles que la suspension, le remplacement pour défaut de résidence ou la destitution, il fait d'office, ou sur les réclamations des parties, les propositions qu'il juge nécessaires, et le Gouverneur statue après avoir pris l'avis des tribunaux, qui entendent en Chambre du conseil le fonctionnaire inculpé, sauf le recours à notre Ministre de la marine.

. . . . . . . . . . . . . . . . . . . . . . . . . . . . . . . . . . . . . . . . .

SECTION II. — Rapports du procureur général avec le gouverneur.

Art. 134. — § 1er. — Le procureur général rend compte au Gouverneur de tout ce qui est relatif à l'administration de la justice et à la conduite des magistrats.

§ 2. — Il lui rend compte également des peines de discipline qu'il a prononcées en vertu des pouvoirs qui lui sont conférés à l'article 132.

Art. 135. — Il présente les rapports sur les demandes en dispense de mariage.

Art. 136. — Il se fait remettre et adresse au Gouverneur, après en avoir fait la vérification, les doubles minutes des actes qui doivent être envoyés au dépôt des chartes coloniales, en France.

Art. 137. — Il est chargé de présenter au Gouverneur les listes de candidats aux places de judicature vacantes dans les tribunaux.

Il lui présente également les candidats pour les places de notaires, avoués et autres officiers ministériels, après qu'ils ont subi les examens et satisfait aux conditions prescrites par les règlements.

Art. 138. — Sont communes au procureur général, en ce qui concerne son service, les dispositions des articles 103, 104 et 106 (1).

(1) Art. 103. — § 1er. — L'ordonnateur prend les ordres généraux du Gouverneur sur toutes les parties du service qui lui est confié, dirige et surveille leur exécution en se conformant aux lois, ordonnances, règlements et décisions ministérielles, et rend compte au Gouverneur, périodiquement et toutes les fois qu'il l'exige, des actes et des résultats de son administration.

§ 2. — Il l'informe immédiatement de tous les cas extraordinaires et circonstances imprévues qui intéressent son service.

SECTION III. — DISPOSITIONS DIVERSES RELATIVES AU PROCUREUR GÉNÉRAL

Art. 139. — § 1er. — Les dispositions des articles 109 et 116 (1), qui règlent les cas où l'ordonnateur correspond avec les divers fonctionnaires de la colonie et avec le Département de la marine, sont communes au procureur général.

§ 2. — Il correspond, en outre, avec le directeur de l'administration des colonies, pour l'envoi des significations faites à son parquet et pour la réception de celles qui ont été faites au parquet des Cours et tribunaux de France, à l'effet d'être transmises aux colonies.

§ 3. — Sont également communes au procureur général les dispositions des articles 82, § 1er, 115, § 1er, et 117 (2).

(26 mars 1864)

**D. G.** *portant création, à titre provisoire, d'un tribunal supérieur à Saïgon* (3).

B. C., p. 46.

Art. 104 — § 1er. L'ordonnateur travaille et correspond seul avec le Gouverneur sur les matières de ses attributions

§ 2. — Seul il reçoit et transmet ses ordres sur tout ce qui est relatif au service qu'il dirige.

§ 3. — Il représente au Gouverneur, toutes les fois qu'il en est requis, les registres des ordres qu'il a donnés et de sa correspondance officielle.

§ 4. — Il porte à la connaissance du Gouverneur, sans attendre ses ordres, les rapports qui lui sont faits par ses subordonnés sur les abus à réformer et les améliorations à introduire dans les parties du service qui lui sont confiées.

Art. 106. — Il prépare et propose, en ce qui concerne l'administration qu'il dirige :

La correspondance générale du Gouverneur avec le Ministre de la marine et avec les gouverneurs étrangers,

Les ordres généraux de service,

Et tous autres travaux de même nature dont le Gouverneur juge à propos de le charger,

Il tient enregistrement de la correspondance générale du Gouverneur relative à son service.

(1) Art. 109. — Il correspond avec tous les fonctionnaires et les agents du Gouvernement dans la colonie, et les requiert, au besoin, de concourir au bien du service qu'il dirige.

Art 116. — § 1er. — Il adresse au Ministre de la marine copie des représentations et des propositions qu'il a été dans le cas de faire au Gouverneur lorsqu'elles ont été écartées, ainsi que de la décision intervenue.

§ 2. — Il lui adresse également, par l'intermédiaire du Gouverneur, à la fin de chaque année, un compte moral et raisonné de la situation du service dont il est chargé.

§ 3. — Il a la correspondance avec le directeur de l'administration des colonies pour les renseignements à demander ou à transmettre, en ce qui concerne son service.

(2) Art. 82. — § 1er Le Gouverneur peut être poursuivi pour trahison, concussion, abus d'autorité ou désobéissance à nos ordres.

. . . . . . . . . . . . . . . . . . . . . . . . . . . . . . . . . . . . . . . . . . . . . . .

Art. 115. — § 1er — L'ordonnateur est personnellement responsable de tous les actes de son administration, hors les cas où il justifie soit d'avoir agi en vertu d'ordres formels du Gouverneur, et lui avoir fait sur ces ordres des représentations qui n'ont pas été accueillies, soit d'avoir proposé au Gouverneur des mesures qui n'ont point été adoptées.

. . . . . . . . . . . . . . . . . . . . . . . . . . . . . . . . . . . . . . . . . . . . . . .

Art. 117. — Lorsque l'ordonnateur est remplacé dans ses fonctions, il est tenu de remettre à son successeur, en ce qui concerne son service, les pièces et documents mentionnés à l'article 88.

*N. B.* — Ledit article 88, relatif aux obligations du Gouverneur vis-à-vis de son successeur porte :

. . . . . . . . . . . . . . . . . . . . . . . . . . . . . . . . . . . . . . . . . . . . . . .

§ 3. — Il lui remet un mémoire détaillé, faisant connaître les opérations commencées ou projetées pendant son administration, et la situation des différentes parties du service.

(3) V. *infrà*, Décret 25 juillet 1864 (art. 3).

(25 juillet 1864)

**DÉCRET** *sur l'organisation de la justice dans les possessions françaises de la Cochinchine. — Des tribunaux français ; — Des tribunaux indigènes ; — De leur compétence, de la procédure ; — Attributions diverses* (1).

(Promulg. A. G., 24 septembre 1864)
BAT. II, p. 140.
B. C., p. 100.

Article premier. — Dans les possessions françaises en Cochinchine, la justice est administrée par des tribunaux français et par des tribunaux indigènes, conformément aux dispositions du présent décret.

Art. 2. — Les audiences des tribunaux français et indigènes sont publiques, au civil comme au criminel, excepté dans les affaires où la publicité sera jugée dangereuse pour l'ordre ou les mœurs. Dans tous les cas, les jugements seront prononcés publiquement et devront être toujours motivés.

## TITRE PREMIER

### SECTION Ire. — Des tribunaux français

Art. 3. — Dans la ville de Saïgon, il y a un tribunal de première instance, un tribunal de commerce et un tribunal supérieur. L'étendue du ressort de ces tribunaux est réglée par un arrêté du Gouverneur pris en Conseil d'administration.

(2) Art. 4. — Un procureur impérial, chef du service judiciaire, exerce l'action publique dans la circonscription soumise à la juridiction des tribunaux français et remplit les fonctions du ministère public près des juridictions de première instance et d'appel. Il peut lui être adjoint un substitut pour les fonctions du ministère public.

Le procureur impérial et son substitut sont nommés par nous.

Art. 5. — Le tribunal de première instance est composé d'un juge impérial à notre nomination et d'un greffier (3).

Comme tribunal civil, il connaît en dernier ressort de toutes les demandes qui n'excèdent pas 1,500 francs de valeur déterminée ou 60 francs de revenu, et à charge d'appel de toutes les autres actions.

Comme tribunal de simple police (4) et de police correctionnelle, il connaît en dernier ressort de toutes les contraventions de police (4) et à charge d'appel de toutes les autres contraventions et de tous les délits correctionnels.

Art. 6. — Le juge impérial remplit, en outre, les fonctions de juge d'instruction (3).

Art. 7. — *Abr. Décret, 13 mars 1880.*

Art. 8. — Les attributions du tribunal de commerce de Saïgon sont les mêmes que celles des tribunaux de commerce de France.

(5) Art. 9. — Le tribunal supérieur se compose d'un juge président nommé par nous.

Le greffier du tribunal de première instance remplit les mêmes fonctions auprès du tribunal supérieur.

Comme tribunal d'appel, le tribunal supérieur connaît :

(1) V. *infrà*, Dép. M., 16 août 1864 ; 30 novembre 1867 ; 14 mai 1868 ; 2 septembre 1870 ; A. Présid. 23 août 1871 ; Décret 25 mai 1881.
(2) Mod. *Infrà*, Décret, 7 mars 1868.
(3) Mod. Décret, 10 novembre 1866, et Décr. 10 mars 1873 (§ Personnel).
(4) Mod. Décret, 15 mai 1875 (§ Personnel).
(5) Mod. Décret, 7 mars 1868 (§ Personnel).

1° De tous les appels des jugements rendus par le tribunal français de première instance, en matière civile et commerciale et de police correctionnelle ;

2° Des appels des jugements en matière civile et commerciale et de police correctionnelle, rendus par les inspecteurs des affaires indigènes chargés de la justice, dans les cas déterminés aux articles 13 et 15 ci-après ;

3° Des demandes formées par les parties ou par le procureur impérial, en annulation des jugements de simple police, pour incompétence, excès de pouvoir ou violation de la loi.

Constitué en tribunal criminel, il connaît, suivant les règles de compétence déterminées en l'article 14, de toutes les affaires qui sont portées en France devant les cours d'assises.

Dans ce dernier cas, le juge président est assisté du juge impérial, de l'un des membres du conseil de guerre à la désignation du Gouverneur et de deux assesseurs désignés par la voie du sort sur une liste de dix notables dressée chaque année par le Gouverneur.

Les assesseurs ont voix délibérative sur la déclaration de culpabilité seulement.

Trois voix sont nécessaires pour qu'il y ait condamnation.

Art. 10. — Des interprètes assermentés sont spécialement attachés au service des divers tribunaux et répartis selon les besoins par arrêté du Gouverneur.

SECTION II. — DES TRIBUNAUX INDIGÈNES.

Art. 11. — La loi annamite régit toutes les conventions et toutes les contestations civiles et commerciales entre Indigènes et Asiatiques ; toutefois, la déclaration faite dans un acte, par lesdits Indigènes ou Asiatiques, qu'ils entendent contracter sous l'empire de la loi française, entraîne l'application de cette loi et la compétence des tribunaux français. La loi annamite régit également les crimes et délits commis par des Indigènes ou Asiatiques, sauf les exceptions prévues en l'article 14 ci-dessous.

Art. 12. — Les tribunaux indigènes institués par le Code annamite sont maintenus.

## TITRE II

### COMPÉTENCE DES TRIBUNAUX FRANÇAIS ET INDIGÈNES

Art. 13. — Les tribunaux français connaissent de toutes les affaires civiles et commerciales entre Européens, entre Européens et Indigènes ou Asiatiques, et entre Indigènes ou Asiatiques, quand ceux-ci y consentent ou lorsqu'il s'agit d'un acte dans lequel les parties ont déclaré contracter sous l'empire de la loi française.

Hors du ressort des tribunaux français, les affaires civiles et commerciales de même nature sont portées devant l'inspecteur des affaires indigènes chargé de la justice dans la province, qui est investi, en ce qui concerne ces affaires, des mêmes attributions que les tribunaux français de première instance et de commerce.

Art. 14. — Les tribunaux français connaissent de tous les crimes, délits et contraventions commis dans l'étendue du ressort soumis à leur juridiction, à quelque nation qu'appartiennent les accusés ou inculpés.

Ils connaissent également des crimes commis hors du ressort, mais sur le territoire de la Cochinchine soumis à la domination française, par des Européens ou par des Indigènes ou des Asiatiques, de complicité avec des Européens, ou par des Indigènes ou des Asiatiques, au préjudice d'Européens.

Art. 15. — Les délits et contraventions commis par des Européens hors du ressort des tribunaux français, sont jugés par l'inspecteur des affaires indigènes chargé de la justice de la province.

En matière de police correctionnelle, ces jugements sont toujours susceptibles d'appel.

Tous les crimes et délits ayant un caractère politique ou insurrectionnel peuvent être déférés, sur un ordre du Gouverneur, aux conseils de guerre.

Art. 16. — Tout jugement portant condamnation à la peine de mort, et prononcé par les tribunaux français, ne pourra être exécuté sans autorisation formelle et écrite du Gouverneur.

Les jugements des tribunaux indigènes portant condamnation aux fers, à l'exil ou à la peine de mort, sont, conformément à la loi annamite, soumis au Gouverneur, qui prononce en dernier ressort, sur le rapport du chef du bureau de la justice institué près du Gouvernement central.

(1) Art. 17. — Les jugements du tribunal criminel français ne sont susceptibles que du recours en grâce avec sursis préalable.

Le sursis est accordé par le Gouverneur.

Le droit de faire grâce n'appartient qu'à l'Empereur.

Art. 18. — En matière civile et commerciale, les tribunaux français appliquent les dispositions du Code Napoléon et du Code de commerce en vigueur en France.

En matière de simple police, de police correctionnelle et en matière criminelle, ils ne peuvent prononcer d'autres peines que celles établies par la loi française.

## TITRE III

### DE LA PROCÉDURE

#### SECTION Ire. — PROCÉDURE DEVANT LES TRIBUNAUX FRANÇAIS.

Art. 19. — *Abr. Décr., 15 mai 1875.*

Art. 20. — La forme de procéder en matière civile et commerciale, devant les tribunaux français, est celle qui est suivie en France devant les tribunaux de commerce.

Art. 21. — Le délai pour interjeter appel des jugements contradictoires, en matière civile et commerciale, est de deux mois, à partir de la signification à personne ou au domicile réel ou d'élection.

Ce délai est augmenté, à raison des distances, dans les conditions qui seront déterminées par un arrêté du Gouverneur.

A l'égard des incapables, ce délai ne courra que par la signification à personne ou au domicile de ceux qui sont chargés de l'exercice de leurs droits.

Dans aucun cas, l'appel ne sera reçu ni contre les jugements par défaut, ni contre les jugements interlocutoires, avant le jugement définitif.

Art. 22. — En matière correctionnelle ou de simple police, le tribunal est saisi par le ministère public, soit qu'il y ait eu ou qu'il n'y ait pas eu instruction préalable, ou directement par la citation donnée au prévenu, à la requête de la partie civile.

S'il y a eu instruction, le juge remet les pièces au procureur impérial, qui reste le maître de ne pas donner suite à l'affaire ou de saisir le tribunal compétent.

Art. 23. — En toute matière, le procureur impérial peut autoriser la mise en liberté provisoire avec ou sans caution. Il peut admettre comme cautionnement suffisant, sans qu'il soit besoin de dépôt de deniers ou autres justifications et garanties, la soumission écrite de toute tierce personne jugée solvable, portant engagement de présenter ou faire représenter le prévenu à toute réquisition de la justice, ou, à défaut, de verser au trésor, à titre d'amende, une somme déterminée dans l'acte de cautionnement.

Art. 24. — Dans le cas de crime, aussitôt que l'information est terminée, le pro-

(1) V. *Infrà*, Dép. M., 14 janvier 1867 et 8 novembre 1868.

cureur impérial, s'il est d'avis qu'il y a lieu de traduire l'accusé devant le tribunal criminel, dresse l'acte d'accusation et demande au président l'indication d'un jour pour l'ouverture des débats ; l'ordonnance du juge et l'acte d'accusation sont signifiés à l'accusé, auquel toutes les pièces de la procédure sont communiquées sur la demande. Le procureur impérial peut également, dans le cas de crime, saisir directement le tribunal criminel, sans instruction préalable.

Art. 25. — La forme de procéder en matière criminelle et correctionnelle, ainsi que les formes de l'opposition et de l'appel, sont réglées par les dispositions du Code d'instruction criminelle, relatives à la procédure devant les *tribunaux correctionnels*.

Le mode de procéder en matière de simple police est réglé par les sections Ire et III du chapitre Ier, titre Ier du livre II du Code d'instruction criminelle.

Art. 26. — *Mod. Décret, 7 mars 1868. — Abr. Décret, 25 juin 1879.*

Art. 27. — Il pourra être institué par arrêté du Gouverneur, auprès de ces tribunaux, des défenseurs chargés de plaider et conclure, de faire et signer tous actes nécessaires à l'instruction des causes civiles et commerciales, et à l'exécution des jugements et arrêts, et de défendre les accusés et prévenus devant le tribunal criminel ou correctionnel.

L'intervention des défenseurs ne sera jamais obligatoire, et les parties pourront agir et se défendre elles-mêmes. Dans ce cas, la forme à suivre pour les significations consistera dans le dépôt des actes par les parties, dans les *délais légaux*, au greffe du tribunal.

Le greffier donnera un récépissé desdits actes énonçant la date du dépôt, et devra, sous sa responsabilité, les signifier à la partie adverse dans les vingt-quatre heures.

En matière de grand criminel, lorsque l'accusé n'aura pas fait choix d'un défenseur, il lui en sera nommé un d'office. Ce défenseur sera désigné par le président, parmi les défenseurs mentionnés ci-dessus, les officiers ou les simples citoyens qu'il jugera capables d'assister l'accusé dans sa défense.

Art. 28. — Les fonctions d'huissier sont remplies par les agents de la force publique désignés par le Gouverneur, sur la proposition du procureur impérial.

SECTION II. — PROCÉDURE DEVANT LES TRIBUNAUX INDIGÈNES.

Art. 29. — Les dispositions des lois annamites et les usages locaux concernant la procédure et les débats, la tenue et la police des audiences, continuent à recevoir leur exécution.

## TITRE IV

### ATTRIBUTIONS SPÉCIALES

Art. 30. — Le procureur impérial, comme représentant l'action publique, veille, dans l'étendue du ressort des tribunaux français, à l'exécution des lois, ordonnances et règlements en vigueur, fait toutes réquisitions nécessaires, poursuit d'office les exécutions des jugements et arrêts dans les dispositions qui intéressent l'ordre public, signale au Gouverneur les arrêts et jugements en dernier ressort, passés en force de chose jugée, qui lui paraissent susceptibles d'être attaqués par voie de cassation dans l'intérêt de la loi ; surveille les officiers de police judiciaire et les officiers ministériels, requiert la force publique dans les cas et suivant les formes déterminées par les lois et décrets.

Comme chef du service judiciaire, il veille au maintien de la discipline des tribunaux français, et provoque les décisions du Gouverneur sur les actes qui y seraient contraires.

Il examine les plaintes qui peuvent s'élever de la part des détenus et en rend compte au Gouverneur.

Il fait dresser et vérifier les états semestriels et les documents statistiques de l'administration de la justice, qui doivent être transmis à notre Ministre de la marine et des colonies.

Il inspecte les registres du greffe, ainsi que ceux de l'état civil.

Il réunit, pour être envoyés à notre Ministre de la marine et des colonies, les doubles registres et documents divers destinés au dépôt des archives coloniales.

Art. 31. — *Abr. Décret, 15 mai 1875.*

Art. 32. — Les inspecteurs des affaires indigènes, chargés de la justice dans les provinces, remplissent les fonctions de juge d'instruction et d'officier de police judiciaire pour les crimes commis, hors du ressort des tribunaux français, par des Européens ou par des Indigènes, ou des Asiatiques, de complicité avec des Européens ou au préjudice d'Européens.

Art. 33. — Le greffier institué près le tribunal français supérieur et près le tribunal de première instance, remplit en outre les fonctions de notaire dans l'étendue du ressort de ces mêmes tribunaux (1).

Hors de ce ressort, les fonctions de notaire sont exercées par des officiers ou des fonctionnaires désignés par le Gouverneur.

## TITRE V

### DISPOSITIONS DIVERSES

Art. 34. — En cas d'empêchement de l'un des magistrats désignés ci-dessus, il sera pourvu à son remplacement par le Gouverneur.

Art. 35. — Les conditions d'âge et d'aptitude pour les magistrats titulaires et les greffiers sont les mêmes qu'en France.

Art. 36. — Tout ce qui concerne la fixation des jours et des heures des audiences, leur police, les tarifs, les droits de greffe, la discipline sur les notaires et fonctionnaires attachés au service de la justice, sera réglé par des arrêtés provisoirement exécutoires, rendus par le Gouverneur en Conseil d'administration, et soumis à l'approbation de notre Ministre secrétaire d'État de la marine et des colonies.

Art. 37. — Seront promulguées dans la colonie, selon les formes prescrites, les dispositions des lois et des codes français qui sont rendues applicables en Cochinchine par le présent décret.

NAPOLÉON.

(16 août 1864)

**DÉP. M.** *Notification du décret organique de la justice du 25 juillet 1864.*

BAT. II, p. 139.

J'ai l'honneur de vous adresser ci-joint l'ampliation d'un décret du 25 juillet dernier portant organisation de la justice dans nos possessions françaises en Cochinchine.

Mon Département s'est attaché, tout en accordant aux justiciables de suffisantes garanties, à ne pas donner, quant à présent, à cette branche de service un développement qui eût été hors de proportion avec les besoins réels d'une colonie en voie de formation. J'ai pris soin, d'ailleurs, dans l'intérêt de tous, de simplifier autant que possible la procédure au civil comme au criminel.

L'article 3, sur lequel j'appelle votre attention toute particulière, charge le Gouverneur de déterminer par voie d'arrêté, pris en Conseil d'administration, l'étendue du ressort des tribunaux français. Ce ressort devra avoir pour limite la partie de territoire située autour de Saïgon, qui paraît appelée à devenir plus particulièrement le centre de la population européenne.

Dans cette circonscription, la justice française prononcera en matière civile et commerciale, en matière de simple police, de police correctionnelle et en matière criminelle, sous la seule réserve du bénéfice de la loi et de la juridiction indigènes, qui est conservée aux Annamites de cette cir-

(1) Abr. Décret du 22 septembre 1869. (Notariat)

conscription pour les affaires civiles et commerciales dans lesquelles ils seraient seuls parties intéressées.

En dehors de cette circonscription, l'action judiciaire se répartira ainsi qu'il suit :

Toutes les affaires civiles, commerciales, de simple police et de police correctionnelle, concernant les Européens, seront déférées, mais en premier ressort seulement, à l'inspecteur des affaires indigènes chargé de la justice dans la province, qui est investi, en ce qui concerne ces affaires, des mêmes attributions que les tribunaux français de première instance et de commerce.

Les appels de cette juridiction spéciale, ainsi que toutes les affaires criminelles dans lesquelles un Européen se trouvera intéressé, à quelque titre que ce soit et dans quelque lieu de la colonie que le crime ait été commis, sont de la compétence exclusive de la juridiction française.

Pour toutes les affaires, tant au civil qu'au criminel, où les Indigènes et les Asiatiques seraient seuls intéressés, la loi annamite conserve son empire, bien entendu sous le contrôle des inspecteurs français et l'autorité du Gouverneur.

Conformément au dispositif de l'article 16, paragraphe 2, les jugements des tribunaux indigènes portant condamnation aux fers, à l'exil ou à la peine de mort, sont soumis au Gouverneur, qui prononce en dernier ressort, sur le rapport du chef du bureau de la justice institué près du Gouvernement central.

Enfin, aux termes de l'article 15, paragraphe 3, tous les crimes ou délits, ayant un caractère politique ou insurrectionnel, peuvent être déférés, sur l'ordre du Gouverneur, aux conseils de guerre.

Le service judiciaire est constitué ainsi qu'il suit :

Un procureur impérial dirige, sous votre autorité, le service de la justice ; il exerce l'action publique dans le ressort des tribunaux français et remplit les fonctions du ministère public près de ces mêmes tribunaux. Il peut lui être adjoint un substitut pour les fonctions du ministère public.

Un tribunal de première instance, composé d'un juge impérial, connaît des affaires civiles, de simple police correctionnelle.

Un tribunal de commerce, composé de cinq notables commerçants français ou étrangers, résidant depuis un an au moins dans la colonie, remplit les fonctions attribuées en France aux tribunaux de commerce.

Un tribunal supérieur, composé d'un juge président, fonctionne comme tribunal d'appel et comme tribunal criminel.

Dans ce dernier cas, le juge président est assisté du juge impérial, de l'un des membres du conseil de guerre et de deux assesseurs.

Je viens d'indiquer aussi sommairement que possible, Monsieur le Gouverneur, les principales bases de l'organisation que l'Empereur vient de donner à la justice dans nos possessions de la Cochinchine.

J'espère que cette organisation sera bien accueillie par les Européens comme par les Indigènes. Si loin que se placent les premiers dans l'intérieur du pays, ils auront un recours devant une juridiction régulière ; les seconds trouveront un nouveau gage de notre bienveillance dans la confirmation solennelle de la loi annamite pour tous les cas où il n'y a pas immixtion d'un intérêt européen ou un intérêt d'ordre public supérieur ; les uns et les autres verront dans le décret du 25 juillet une manifestation devant laquelle il n'y a plus de doute possible sur la ligne de conduite qu'entend suivre en Cochinchine le Gouvernement de l'Empereur.

P. DE CHASSELOUP-LAUBAT.

(14 janvier 1865)

**DÉCRET** *réglant les formes générales de la promulgation des lois et réglements et fournissant les moyens de procéder à l'installation immédiate des tribunaux. (Conditions d'âge des juges de commerce ; Serment; pouvoirs conférés au gouverneur en matière de législation)* (1).

BAT. II, p. 146.
B. C., p. 192.

(16 janvier 1865)

**DÉP. M.** *Notification du décret du 14 janvier 1865 complétant les dispositions déjà prises pour l'institution d'une justice régulière en Cochinchine.*

BAT. II., p. 146.

J'ai l'honneur de vous transmettre ci-joint l'ampliation d'un décret, en date du 14 janvier cou-

(1) V. *infrà*, Dép. M., 16 janvier 1865.

rant, qui complète les dispositions déjà prises pour l'institution d'une justice régulière en Cochinchine.

Les prescriptions de ce décret ont principalement pour but de régler les formes générales de la promulgation des lois et règlements, et de fournir les moyens de procéder à l'installation immédiate des tribunaux.

L'une d'elles répond à l'objet de votre lettre du 24 novembre 1864, relative aux conditions d'âge des juges de commerce et lève toute difficulté pour l'avenir.

J'appellerai spécialement votre attention sur l'article 6, qui vous confère, en matière de législation, des pouvoirs exceptionnellement étendus. L'intention du Département, en proposant cette délégation provisoire du pouvoir législatif, a été de laisser au Gouvernement local toute latitude pour donner à la Cochinchine française le régime le plus approprié à ses besoins et à ses intérêts; je désire qu'au point de vue de la procédure, ce régime soit aussi simple que possible et se rapproche, autant que faire se pourra, des formes expéditives et économiques de la justice anglaise. Vous ne sauriez aller trop loin dans cette voie, la seule qui convienne à un établissement naissant, où le temps et l'argent ont trop de prix pour qu'on ne cherche pas à le ménager avec le plus grand soin.

Dans l'exercice de la délégation qui vous est faite, vous jugerez sans doute convenable de réclamer le concours du chef de service judiciaire et du conseil d'administration; mais ce n'est pas une obligation pour vous. La rédaction du décret vous laisse à cet égard toute liberté d'action.

Il est bien entendu que les arrêtés que vous rendrez en exécution de cet acte devront m'être immédiatement transmis.

P. DE CHASSELOUP-LAUBAT.

(7 mars 1865)

**A. G.** *réglant les formes de la promulgation des actes législatifs, traitant du ressort des tribunaux, des audiences, de l'augmentation des délais à raison des distances, des assesseurs et promulguant les articles 64 et 65 de la loi du 30 avril 1870 sur l'organisation de l'ordre judiciaire et de l'administration de la justice.*

BAT. II, p. 148.
B. C., p. 193.

(1er août 1865)

**A. G.** *ordonnant le dépôt au greffe du tribunal de 1re instance et du tribunal supérieur des ministres, papiers et registres desdits tribunaux conservés momentanément au greffe du tribunal de commerce et celui des ministres, papiers et registres des différentes juridictions ayant successivement exercé, antérieurement à leur installation, les attributions du tribunal de commerce, du tribunal de 1re instance et du tribunal supérieur au greffe de chacun desdits tribunaux. — Remise au greffier notaire des minutes des actes notariés.*

BAT. II, p. 163.
B. C., p. 275.

Article premier. — Les minutes, papiers et registres des greffes du tribunal de première instance et du tribunal supérieur de Saïgon, conservés momentanément au greffe du tribunal de commerce, seront transportés dans la partie du local de ces tribunaux, sis rue Palanca, désignée pour l'établissement des deux greffes.

Art. 2. — Les minutes, papiers et registres des différentes juridictions ayant successivement exercé, dans l'étendue du ressort des tribunaux français, antérieurement à leur installation, les attributions du tribunal de commerce, du tribunal de première instance et du tribunal supérieur, seront respectivement déposés au greffe de chacun desdits tribunaux.

Un des doubles de ceux des registres de l'état civil existant en duplicata sera déposé au greffe du tribunal de première instance.

Il sera dressé acte de chaque dépôt.

Art. 3. — Les minutes des actes notariés émanant du bureau judiciaire et les répertoires seront remis au greffier-notaire, qui en donnera récépissé au bas d'un état sommaire.

Un état détaillé, dressé et certifié par le dépositaire actuel des minutes figurant sur les registres ayant en même temps servi à l'enregistrement des actes, sera également remis au greffier-notaire. Les grosses et expéditions seront délivrées par cet officier public.

Un double de chacun des états ci-dessus prescrits sera déposé au greffe du tribunal de première instance.

G. Roze.

(10 novembre 1866)

**DÉCRET** *portant création d'un emploi de lieutenant de juge près le tribunal de 1re instance de Saïgon. (Art. 1er et 2).*

(Promulg. A. G., 30 janvier 1867)
BAT. II, p. 165.
B. C., p. 284.

Article premier. — Un emploi de lieutenant de juge est créé près le tribunal de première instance de Saïgon (Cochinchine française).

Art. 2. — Le lieutenant de juge remplira les fonctions de juge d'instruction attribuées au juge impérial près le tribunal de première instance de Saïgon par l'article 6 du décret du 25 juillet 1864.

Il remplacera en outre le juge impérial dans ses fonctions, en cas d'absence ou d'empêchement de ce magistrat.

Art. 3. — V. § Personnel.

. . . . . . . . . . . . . . . . . . . . . . . . . . . . . . . . . . . . . .

Napoléon.

(15 mars 1867)

**A. G.** *modifiant les arrêtés du 2 décembre 1864 et 7 mars 1865 réglant l'étendue du ressort des tribunaux français de Saïgon* (1).

B. C., p. 64.

(7 mars 1868)

**DÉCRET** *portant création d'une cour impériale à Saïgon* (2).

(Promulg. A. G., 16 mars 1869)
BAT. II, p. 167.
B. C., p. 80.

Article premier. — L'organisation judiciaire instituée, dans les possessions françaises de la Cochinchine, par notre décret en date du 25 juillet 1864, est modifiée ainsi qu'il suit :

Le tribunal supérieur de Saïgon est supprimé.

Il est institué à Saïgon une Cour impériale composée d'un président, de deux conseillers et d'un conseiller auditeur (3).

Il y a près de la Cour impériale un procureur général, chef du service judiciaire (3).

(4) Art. 2. — Les dispositions du décret du 25 juillet 1864, réglant la compétence

(1) V. *infrà*, A. G., 27 novembre 1879.
(2) V. *infrà*, Dép. M., 18 mars 1868.
(3) *infrà*, Décret, 28 mai 1880.
(4) V. *infrà*, Décret, 3 avril 1880.

du tribunal supérieur et les formes de procédure à suivre devant ce tribunal, sont applicables à la Cour impériale.

Constituée en Cour criminelle, la Cour impériale est assistée de deux assesseurs désignés par la voie du sort, sur une liste de dix notables dressée chaque année par le Gouverneur.

Les attributions conférées au procureur impérial, chef du service judiciaire, par le décret du 25 juillet 1864, sont dévolues au procureur général, sauf en ce qui concerne les fonctions du ministère public près le tribunal de première instance. Le procureur général a, en outre, les attributions qui sont dévolues aux procureurs généraux de la Martinique et de la Guadeloupe par les articles 130, 131, 132, 134, 135, 136, 137, 138 et 139 de l'ordonnance du 9 février 1827. (Bat. II, p. 168).

Art. 3. — Il est institué à Saïgon un procureur impérial qui remplit les fonctions du ministère public près le tribunal de première instance, et qui participe en outre, sous la direction du procureur général, à l'exercice des autres fonctions dévolues au chef du service judiciaire par l'article 30 du titre IV du décret précité du 25 juillet 1864. Il est placé sous les ordres du procureur général.

Art. 4. — Le greffier du tribunal de première instance remplit les mêmes fonctions auprès de la Cour impériale.

Art. 5. — Le recours en cassation est ouvert contre les arrêtés rendus par les tribunaux français de la Cochinchine en matière civile et commerciale.

(1) En matière criminelle, le recours en cassation n'est ouvert que dans l'intérêt de la loi et conformément aux articles 441 et 442 du code d'instruction criminelle.

Art. 6. — Sont et demeurent maintenus toutes les dispositions du décret du 25 juillet 1864 qui ne sont pas contraires au présent décret.

NAPOLÉON.

(18 mars 1868)

**DÉP. M.** *Notification de deux décrets du 7 mars 1868 complétant l'organisation judiciaire de la Cochinchine : le premier pourvoit à la création d'une Cour impériale ; le second a pour objet de fixer les traitements et les parités d'office de divers emplois créés dans la magistrature.*

BAT. II, p. 166.

Dans votre rapport sur la marche du service judiciaire de la Cochinchine, en date du 30 octobre 1867, vous avez appelé l'attention de mon Département sur la nécessité de modifier, en la complétant, l'organisation judiciaire instituée à Saïgon par le décret du 25 juillet 1864.

Ce rapport, en effet, après avoir constaté que la confiance dans les tribunaux français de Saïgon, principalement dans le tribunal de 1^re instance, s'est rapidement établie chez les résidents européens comme chez les Indigènes, me fait connaître que cette confiance a paru s'amoindrir sensiblement lorsque l'administration locale s'est trouvée dans la nécessité de recourir, pour constituer les tribunaux, à des fonctionnaires étrangers à la magistrature. Cette mesure, quoique commandée par les circonstances et parfaitement régulière aux termes de l'article 34 du décret organique, a été cependant considérée comme une atteinte portée à l'institution de la magistrature, et il en est résulté une réserve qui a rendu plus rare le recours spontané à l'intervention du juge de 1^re instance.

D'un autre côté, le nombre relativement élevé des jugements rendus en 1^re instance, qui ont été infirmés en appel, en tout ou en partie, a fait naître dans votre esprit des doutes sérieux sur les résultats qu'il y a lieu d'espérer de l'institution d'un seul juge au second degré de juridiction.

Il vous a semblé en outre que, pour donner plus de garanties aux justiciables de la Cochinchine, il y avait lieu de modifier l'article 26 du décret du 25 juillet 1864, lequel dispose que les arrêts rendus par les tribunaux français de la Cochinchine ne sont pas susceptibles de recours en cassation.

J'ai l'honneur de vous informer que, antérieurement à l'arrivée de votre rapport et en raison de

(1) Abr. décret, 25 juin 1879 (Cour de cassation).

vos communications précédentes, mon Département, de concert avec celui de la justice, avait étudié les moyens de remédier à cet inconvénient et d'améliorer les institutions judiciaires créées par le décret de 1864. Cette étude a conduit à l'adoption des mesures consacrées par les deux décrets dont vous trouverez ci-joint une ampliation.

Le premier pourvoit à la création, à Saïgon, d'une Cour impériale composée d'un président, de deux conseillers et d'un conseiller auditeur. Un procureur général, chef du service judiciaire, est attaché à la Cour impériale. Il est institué, en outre, un procureur impérial près le tribunal de 1re instance.

De plus, l'article 5 de ce décret modifie dans sa partie essentielle l'article 26 du décret organique du 25 juillet 1864, et dispose que le recours en cassation est ouvert contre les arrêts rendus par les tribunaux français de la Cochinchine, en matière civile et commerciale.

J'ai la confiance, Monsieur le Gouverneur, que ces dispositions mettront un terme aux difficultés que vous avez signalées à mon Département, et que l'organisation judiciaire de la Cochinchine, ainsi modifiée et complétée, répondra à tous les besoins. D'une part, le nombre des magistrats de Saïgon permettra, je l'espère, aux tribunaux de fonctionner toujours d'une manière régulière, c'est-à-dire sans qu'il soit besoin de recourir à des magistrats intérimaires. D'autre part, les jugements de 1re instance frappés d'appel seront revisés d'une manière plus sérieuse et plus éclairée par la Cour impériale, composée de trois magistrats, dont les décisions seront, à l'avenir, susceptibles de recours en cassation.

Mon Département va s'occuper, sans retard, de pourvoir aux emplois nouveaux créés à Saïgon par le décret du 7 mars courant. Il sera utile d'attendre, pour promulguer cet acte dans la colonie, que les magistrats nommés soient arrivés à leur poste.

Le second décret, que je vous transmets sous ce pli, a pour objet de fixer les traitements et les parités d'office attribués aux emplois créés dans la magistrature de la Cochinchine.

RIGAULT DE GENOUILLY.

(14 mai 1868)

**DÉP. M.** *Interprétation de l'article 14 du décret du 25 juillet 1864 organisant la justice dans les possessions françaises de la Cochinchine.*

BAT. II, p. 172.)

Par dépêche en date du 25 février dernier, nº 120, vous avez demandé au Département si la compétence dévolue par le paragraphe 2 de l'article 14 du décret du 25 juillet 1864, aux tribunaux français de Saïgon, relativement aux crimes commis hors de leur ressort, soit par des Européens, soit par des Indigènes ou des Asiatiques, de complicité avec les Européens, soit par des Indigènes ou des Asiatiques, *au préjudice d'Européens*, va jusqu'à obliger le Gouverneur à déférer à ces tribunaux les faits de rébellion, de piraterie, de brigandage, etc., par ces motifs que ces actes étant dirigés contre l'autorité française, sont, par conséquent, commis contre des Européens.

M. le Procureur impérial, chef du service judiciaire, se prononce pour l'affirmative et soutient que tout crime commis dans l'étendue de nos possessions en Cochinchine, auquel se rattache *un intérêt européen quelconque*, est par cela seul de la compétence exclusive des tribunaux français.

Vous pensez, au contraire, que l'article 14 du décret du 25 juillet 1864 ne peut être interprété dans un sens aussi général, et que les dispositions dudit article ne s'appliquent qu'aux attentats commis au préjudice de *particuliers européens*, ou de complicité avec des Européens, mais que, pour les cas d'insurrection ou de révolte, les tribunaux indigènes sont seuls compétents, toutes les fois que vous renoncez à user de la faculté qui vous est donnée par l'article 15 du décret organique, de déférer à un conseil de guerre la connaissance de ces crimes.

Je pense, Monsieur le Gouverneur, que le paragraphe 2 de l'article 14 doit être, en effet, interprété dans le sens restrictif que vous indiquez. Il est certain que, par cette disposition, on a eu *seulement* en vue de garantir aux *particuliers européens* établis en Cochinchine, dans tous les cas où leur personne et leurs intérêts sont en jeu, la protection de la juridiction et de la loi française. Mais pour les attentats contre l'autorité publique, les intérêts qu'ils peuvent menacer sont d'une tout autre nature, et je ne vois aucune raison de leur appliquer les dispositions dont il s'agit.

Les tribunaux indigènes sont institués par la même autorité et au même titre que les tribunaux français ; comme ceux-ci, ils rendent la justice au nom de l'Empereur. On ne comprendrait donc pas que, dans les causes où l'intérêt public seul est engagé, cette autorité récusât elle-même une juridiction qu'elle a établie.

En conséquence, sauf le cas où les nécessités de la répression exigent le renvoi devant un conseil de guerre, il n'y a pas lieu de distraire les accusés de leurs juges naturels, lesquels, dans l'espèce, sont les tribunaux indigènes pour les Annamites et les individus d'origine asiatique.

L'interprétation que vous avez donnée aux dispositions de l'article 14 me paraît donc, Monsieur le Gouverneur, bien fondée en droit, et conforme à l'esprit et à la lettre du décret organique. Mais il demeure bien entendu que toutes les fois qu'un simple particulier européen aura été victime ou complice d'un acte de piraterie, de brigandage ou de tout autre attentat de l'espèce, les tribunaux indigènes ne devront pas connaître de la poursuite criminelle. Je crois devoir ajouter que l'Européen, même fonctionnaire, officier ou agent du Gouvernement, ou sa veuve et ses héritiers s'il est décédé, pourront toujours, pour exercer leur action civile en dommages-intérêts, réclamer le bénéfice de la juridiction française, car, dans ce cas, c'est bien en effet d'un intérêt européen particulier qu'il s'agit.

RIGAULT DE GENOUILLY.

(28 avril 1869)

**LOI** *conférant à la cour impériale de Saïgon les attributions dont la Cour impériale de Pondichéry a été investie par les lois:*

*1° du 8 juillet 1852 (art. 3)*

*2° du 18 mai 1858 (art. 2)*

*3° du 19 mars 1862 (art. 1er) et portant que les attributions conférées par les articles 8, 11 et 12 de la loi du 8 juillet 1852 aux autorités judiciaires de Pondichéry, appartiendront à celles de Saïgon.*

(Promulg. A. G., 1er octobre 1869)
BAT. II, p. 175
B. C., p. 350.

Article premier. — Les attributions dont la Cour impériale de Pondichéry a été investie par les lois du 8 juillet 1852 (article 3), du 18 mai 1858 (article 2) et du 19 mars 1862 (article premier), en ce qui concerne :

1° Les appels des jugements rendus en matière civile, commerciale et de police correctionnelle, par les tribunaux consulaires français en Chine, dans le royaume de Siam et au Japon ;

2° La connaissance des crimes commis dans les mêmes contrées par des sujets français.

Sont transférés à la Cour impériale de Saïgon.

Art. 2. — Les attributions conférées par les articles 8, 11 et 12 de la loi du 8 juillet 1852 aux autorités judiciaires de Pondichéry, appartiendront à celles de Saïgon, conformément aux règles de leur organisation.

Art. 3. — Ne pourront être cités comme témoins devant la Cour d'appel ou le tribunal de Saïgon que ceux qui seraient présents sur le territoire de la Cochinchine française. Toutefois, les témoins résidant au dehors et qui auraient consenti à se présenter dans le cours des débats pourront être entendus sans que leur audition soit une cause de nullité.

(14 mai 1869)

**DÉP. M.** *au sujet de la constitution de la Cour impériale de Saïgon.*

BAT. II, p. 174.

En réponse à vos dépêches des 26 mars et 2 avril dernier, j'ai l'honneur de vous informer que je donne mon approbation aux différentes mesures que vous avez prises pour assurer provisoirement la constitution de la Cour impériale et du tribunal de 1re instance de Saïgon.

A propos d'un incident soulevé par M. le procureur impérial, vous me demandez de vous faire connaître si vous avez le droit d'imposer à des magistrats qui n'y consentent pas des fonctions autres que celles auxquelles ils ont été appelés par décret impérial. Il ne saurait y avoir aucun doute à cet égard : ce droit vous est formellement reconnu par l'article 34 du décret du 25 juillet 1864, et la marche du service ne tarderait pas à être entravée si les magistrats pouvaient refuser de remplir les fonctions intérimaires auxquelles vous jugez convenable de les appeler. Il vous appartient toutefois d'examiner, avant de confier un intérim à un magistrat qui ne le désire pas, la valeur des motifs qu'il peut invoquer pour être maintenu dans les fonctions dont il est titulaire.

RIGAULT DE GENOUILLY.

(4 juin 1869)

**A. G.** *appelant éventuellement le juge impérial et, à son défaut, le lieutenant de juge, à composer la Cour* (1).

BAT. II, p. 174.

B. C., p. 198.

Lorsque la Cour impériale, en cas d'absence de l'un ou de deux de ses membres, ne pourra se constituer pour le jugement des affaires civiles, correctionnelles, criminelles et d'annulation, le juge impérial et, à son défaut, le lieutenant de juge, pourront être appelés par le président pour la composition de la Cour.

G. OHIER

(2 septembre 1870)

**DÉP. M.** *Interprétation des articles 11 et 13 du décret organique de la justice du 25 juillet 1864. — Portée réelle du mot « Asiatiques »* (2).

BAT. II, p. 215.

Par dépêche en date du 25 mars dernier, n° 249, vous m'avez transmis un arrêt de la Cour impériale de Saïgon du 20 août 1869, portant interprétation des articles 11 et 13 du décret organique du 25 juillet 1864 et déclarant que les dispositions de ces articles ne sont applicables qu'aux Annamites et aux Chinois qui étaient fixés au sol au moment de la conquête de la Cochinchine. Vous m'avez fait connaître, en même temps, que l'interprétation donnée par la Cour impériale au décret organique de la justice vous semblait jeter la perturbation dans ce service et qu'elle soulevait plusieurs questions qu'il serait difficile de trancher. Vous proposez, en conséquence, au Département, ou de déférer à la Cour de cassation, dans l'intérêt de la loi, l'arrêt du 20 août 1869, pour qu'il soit réduit à néant, ou bien de faire rendre un décret explicatif qui détermine la portée exacte des dispositions du décret du 25 juillet 1864.

Le Département, après avoir attentivement examiné les questions soulevées par l'arrêt de la Cour impériale de Saïgon, n'a pas cru pouvoir s'associer à la doctrine consacrée par cet arrêt et d'après laquelle le mot *Asiatiques* inscrit dans le décret organique, notamment aux articles 11 et 13, ne serait applicable qu'aux Chinois fixés au sol au moment de la conquête. En effet, si l'on recherche quelle a été la pensée du législateur lorsqu'il a déclaré que les *indigènes* et les *Asiatiques* resteraient soumis à la loi annamite, on est amené à reconnaître que, dans un but de conciliation et de ménagement, il a voulu maintenir à tous les individus de race indigène ou asiatique le bénéfice de leur statut personnel, et qu'il n'a été fait à cet égard aucune réserve ni restriction de la nature de celles que formule l'arrêt de la Cour de Saïgon. En restreignant l'application de l'article 11 aux Indigènes et aux Chinois déjà fixés au sol de la Cochinchine au moment de la conquête, cet arrêt va donc évidemment à l'encontre de la pensée du législateur et consacre une interprétation erronée. Toutefois, Monsieur le Gouverneur, l'examen auquel s'est livré le Département l'a conduit à reconnaître que l'expression *Asiatiques* que le décret a placée après le mot *indigènes* dans plusieurs de ses dispositions, présente un caractère de généralité absolu dont la pratique a pu révéler le côté excessif, et il me paraît indispensable de reviser sous ce rapport le décret organique, de façon à déterminer d'une manière plus précise la portée réelle du mot *Asiatiques*, sans laisser place à aucune interprétation nouvelle. C'est dans ce but que j'ai fait préparer le projet de décret ci-joint qui détermine quels sont les individus auxquels il convient d'appliquer le mot *Asiatiques* inscrit dans le décret du 25 juillet 1864, et qui doivent, en conséquence, comme les Indigènes, demeurer soumis à la loi annamite en ce qui concerne leurs conventions ou leurs contestations en matière civile et commerciale. Vous aurez à examiner, Monsieur le Gouverneur, s'il vous paraît utile d'adjoindre aux *Chinois*, aux *Cambodgiens*, aux *Siamois* et aux *Minh-huongs* qui figurent dans

(1) V. *infrà*, Dép. M., 30 novembre 1877.
(2) V. *infrà*, A. Présid., 23 août 1871.

cette nomenclature, les *Mois*, les *Chams*, etc., ou si, au contraire, il n'y a pas lieu de désigner ces derniers individus d'une manière particulière.

La dernière disposition du projet de décret a pour objet de faire disparaître les doutes qui se sont élevés sur le point de savoir si le mot *Européens*, opposé par le décret de 1864 au mot *Asiatiques*, est applicable aux individus d'origine *américaine, océanienne* ou autre.

RIGAULT DE GENOUILLY.

(4 juillet 1871)

**ARRÊT C. DE CASSAT.** *Les fonctions d'adjoint au maire ne sont pas incompatible avec celles d'assesseur* (1).

BAT. II, p. 179.

(17 avril 1871)

**A. PRÉSID.** *créant un emploi de substitut du procureur général près la Cour d'appel de Saïgon. (Art. 1er).*

(Promulg. A. G., 23 juin 1871)
BAT. II, p. 178.
B. C., p. 194.

Article premier. — Un emploi de substitut du procureur général est créé près la cour d'appel de Saïgon (Cochinchine française) (2).

Art. 2. — V. § Personnel.

. . . . . . . . . . . . . . . . . . . . . . . . . . . . . . . . . . . . . . . . . . . .

(23 août 1871)

**A. PRÉSID.** *déterminant d'une manière précise la portée des mots « Asiatiques » et « Européens » cités dans les articles 11 et 13 du décret organique du 25 juillet 1864.*

(Promulg. A. G., 28 octobre 1871)
BAT. II, p. 216.
B. C., p. 346.

Les Asiatiques qui, aux termes du décret du 26 juillet 1864, sont soumis à la loi annamite, sont : les Chinois, les Cambodgiens, les Minh-huongs, les Siamois, les Chams, les Stiengs, les Sang-Mélés (Malais de Chaudoc). Tous les autres individus, à quelque race qu'ils appartiennent, sont soumis à la loi française.

A. THIERS.

(2 août 1872)

**DÉP. M.** *au sujet de la création de deux emplois de juge suppléant au tribunal de 1re instance de Saïgon.*

BAT. II, p. 180.

L'attention de mon Département a été appelée d'une manière particulière sur les difficultés qu'éprouve l'Administration de la Cochinchine pour remplacer intérimairement les magistrats qui se trouvent momentanément empêchés de vaquer à leurs fonctions ou qui viennent en France donner des soins à leur santé éprouvée par le climat de la colonie.

Ces difficultés résultant du nombre relativement restreint des magistrats qui composent la Cour d'appel et le tribunal de première instance de Saïgon, il n'est pas douteux qu'en élargissant, dans une certaine mesure, les cadres de la magistrature, on obvierait aux inconvénients qui m'ont été signalés.

Dans ces circonstances, Monsieur le Gouverneur, je vous prie d'examiner en conseil, s'il n'y aurait pas lieu, dans le but d'assurer la marche régulière du service de la justice, de créer, au tribunal

(1) V. *Cour de cassation*, § *arrêts*.
(2) V. *infrà*, décret, 28 mai 1880.

de première instance de Saïgon, deux emplois de juge suppléant appointé. Les deux nouveaux magistrats, dont le traitement me paraîtrait devoir être fixé à 6,000 francs, seraient de précieux auxiliaires pour le chef du service judiciaire et pourraient être appelés à remplacer par intérim l'un des membres de la magistrature assise du parquet, suivant les besoins du service.

Vous voudrez bien me faire connaître, Monsieur le Gouverneur, la suite que vous aurez donnée à la présente communication.

BENOIST D'AZY.

(10 mars 1873)

**DÉCRET** *portant création de deux emplois de juge suppléant au tribunal de 1re instance de Saïgon. (Art. 1 et 2.)*

BAT. II, p. 180.

Article premier. — Deux emplois de juge suppléant sont créés près le tribunal de première instance de Saïgon (Cochinchine française).

Art. 2. — Les juges suppléants de Saïgon sont appelés à remplacer par intérim les magistrats absents ou empêchés. Ils peuvent être chargés des enquêtes, des interrogatoires, des ordres, des contributions et de tous les actes d'instruction civile.

Art. 3. . . (V. § *Personnel*) . . . . . . . . . . . . . . . . . . . . . . . . . .

. . . . . . . . . . . . . . . . . . . . . . . . . . . . . . . . . . . . . . . . . . . .

(15 mai 1875)

**RAPPORT. M.** *précédant le décret du 15 mai 1875 relatif à l'organisation d'une justice de paix à Saïgon.*

BAT. II, p. 183.

Aux termes de l'article 5 du décret du 25 juillet 1864, sur l'organisation de la justice dans les possessions françaises de la Cochinchine, les fonctions de juge de paix et de juge de simple police sont remplies par le juge de première instance de Saïgon.

Ainsi, comme juge de paix, ce magistrat entend les parties dans son cabinet, tient les audiences de justice de paix et de simple police, préside toutes les délibérations des conseils de famille, autorise ou refuse les perquisitions demandées, interroge les contrevenants et discute les cautions; de plus, il pourvoit à l'expédition des affaires de première instance et de police correctionnelle.

Des obligations aussi multiples incombant à un seul magistrat devaient, à mesure que les affaires se développeraient, rendre la marche du service très difficile, et le Département de la marine n'avait donné son adhésion à ce système que provisoirement et dans la pensée qu'un jour viendrait où il faudrait diviser le fardeau et revenir au mode en usage en France. En effet, en présence de l'accroissement du nombre des affaires, le Gouverneur de la Cochinchine vient de faire connaître que le moment lui semble venu de compléter l'organisation judiciaire de la colonie en la dotant d'une justice de paix.

Le décret que j'ai l'honneur de soumettre à votre haute sanction organise cette nouvelle juridiction conformément à ce qui a été fait en 1864, lors de l'organisation de la justice en Cochinchine; le territoire de juridiction de ce tribunal de paix sera fixé, au terme de l'article 2 de ce décret, par un arrêté du Gouverneur, en Conseil privé. Les attributions et la compétence du juge de paix de Saïgon sont réglées par les actes qui régissent la matière, en France.

MONTAIGNAC.

(15 mai 1875)

**DÉCRET** *portant organisation d'une justice de paix à Saïgon.*

(Promulg. A. G., 7 août 1875)
BAT. II, p. 183.
B. C., p. 288.

Article premier. — Il est institué à Saïgon (Cochinchine) une justice de paix.

Art. 2. — Un arrêté rendu par le Gouverneur, en Conseil privé, déterminera le territoire de juridiction du tribunal de paix.

Art. 3. — Le traitement des membres du tribunal de paix est fixé ainsi qu'il suit :

| | |
|---|---|
| Pour le juge de paix | 10,000 f. 00 |
| Pour le greffier | 2,000 f. 00 |

Art. 4. — Les lois, décrets et ordonnances qui régissent en France la compétence et le fonctionnement des justices de paix sont déclarées applicables en Cochinchine.

Art. 5. — A dater de la promulgation du présent décret, la connaissance des contraventions de police, telles qu'elles sont définies par le Code pénal, attribuée au tribunal de première instance par le paragraphe 3 de l'article 5 du décret du 25 juillet 1864, appartiendra au tribunal de paix institué à Saïgon.

Art. 6. — L'article 19 du décret du 25 juillet 1864 est abrogé et remplacé par la disposition suivante :

Aucune des instances soumises, en France, au préliminaire de conciliation ne sera reçue dans les tribunaux de première instance de la colonie, que le défendeur n'ait été préalablement appelé en conciliation devant le juge de paix ou que les parties n'y aient volontairement comparu.

Art. 7 et 8. . (V. § *Personnel*). . . . . . . . . . . . . . . . . . . . :

. . . . . . . . . . . . . . . . . . . . . . . . . . . . . . . . . . . . . . .

MARÉCHAL DE MAC-MAHON.

(7 août 1875)

**A. G.** *promulguant les lois ci-après régissant la compétence et le fonctionnement de la justice de paix :*

*1° Loi du 26 frimaire an IV qui détermine le lieu où seront déposées les minutes des actes des juges de paix (art. 3 et 4).*

*2° Loi du 28 floréal an X relative aux justices de paix (art. 8 à 11, 15 et 17).*

*3° Loi du 25 mai 1838 sur les justices de paix (art. 1, 2, 4 à 16, 18 à 22).*

*4° Loi du 21 juin 1845 portant suppression des droits et vacation accordés aux juges de paix et fixation du traitement de ces magistrats et de leurs greffiers (art. 1er)*

*5° Loi du 2 mai 1855 qui modifie celles du 25 mai 1838 et 20 mai 1854 sur les justices de paix (art. 3 et 17).*

BAT. II, p. 185.
B. C., p. 291.

### *LOI du 26 frimaire an IV*

Art. 3. — Les greffiers des juges de paix tiendront des répertoires qui seront cotés et parafés par les juges de paix, sur lesquels ils inscriront, jour par jour, les dates des actes, leur nature, celles des procès-verbaux et des jugements par eux faits et rendus avec les noms des citoyens qui y sont parties.

Art. 4. — Les minutes des actes des juges de paix, en matière civile, seront déposées tous les ans dans un local de la maison de l'administration municipale, et les expéditions en seront délivrées par les greffiers de ces juges.

### *LOI du 28 floréal an X.*

Art. 8. — Tout juge de paix qui, après sa nomination, ne résidera point dans le canton, sera averti par le commissaire du Gouvernement près le tribunal de première instance, d'y fixer son domicile dans le mois d'avertissement : passé lequel délai, et après que le commissaire aura dénoncé la non-résidence au sous-préfet, il sera, à la diligence de ce dernier, pourvu, conformément à l'article premier, au remplacement du juge de paix considéré comme démissionnaire. — Il en sera de même des suppléants.

Art. 9. — On ne pourra considérer comme cessation de résidence d'un juge de paix les absences qui seront autorisées comme il suit : lorqu'un juge de paix voudra s'absenter de son canton, il se munira d'une autorisation du commissaire du Gouvernement près le tribunal civil de son arrondissement. Lorsque son absence devra durer plus d'un mois, il s'adressera au Ministre de la justice pour en obtenir un congé.

Art. 10. — Dans tous les cas où un juge de paix demandera un congé, il devra justifier d'un certificat du premier suppléant, et, à son défaut, du second, constatant que le service public n'en souffrira point.

Art. 11. — L'affirmation des procès-verbaux des gardes champêtres et forestiers continuera d'être reçue par le juge de paix ; ses suppléants pourront néanmoins la recevoir pour les délits commis dans le territoire de la commune où ils résideront, lorsqu'elle ne sera pas celle de la résidence du juge de paix. Les maires, et, à défaut des maires, leurs adjoints pourront recevoir cette affirmation, soit par rapport aux délits commis dans les autres communes de leurs résidences respectives, soit même par rapport à ceux commis dans les lieux où résident le juge de paix et ses suppléants, quand ceux-ci seront absents.

Art. 15. — Les huissiers des justices de paix composant le ressort d'un même tribunal de police exerceront concurremment leur ministère près ce même tribunal.

Art. 17. — Les lois relatives soit à l'organisation, soit aux attributions des justices de paix, continueront d'être exécutées dans toutes les dispositions auxquelles il n'est point dérogé par la présente.

*LOI du 25 mai 1838.*

Article premier. — Les juges de paix connaissent de toutes actions purement personnelles ou mobilières, en dernier ressort, jusqu'à la valeur de cent francs, et, à charge d'appel, jusqu'à la valeur de deux cents francs.

Art. 2. — Les juges de paix prononcent sans appel jusqu'à la valeur de cent francs, et, à charge d'appel, jusqu'au taux de la compétence en dernier ressort des tribunaux de première instance (1) : sur les contestations entre les hôteliers, aubergistes ou logeurs et les voyageurs ou locataires en garni, pour dépense d'hôtellerie et perte ou avarie d'effets déposés dans l'auberge ou dans l'hôtel ; entre les voyageurs et les voituriers ou bateliers pour retard, frais de route et perte ou avarie d'effets accompagnant les voyageurs ; entre les voyageurs et les carrossiers ou autres ouvriers, pour fournitures, salaires et réparations faites aux voitures de voyage.

Art. 4. — Les juges de paix connaissent, sans appel, jusqu'à la valeur de cent francs, et, à charge d'appel, jusqu'au taux de la compétence en dernier ressort des tribunaux de première instance : 1° des indemnités réclamées par le locataire ou fermier pour non-jouissance provenant du fait du propriétaire, lorsque le droit à une indemnité n'est pas contesté ; 2° des dégradations et pertes, dans les cas prévus par les articles 1732 et 1735 du Code civil ; — néanmoins, le juge de paix ne connaît des pertes causées par incendie ou inondation que dans les limites posées par l'article premier de la présente loi.

Art. 5. — Les juges de paix connaissent également, sans appel, jusqu'à la valeur de cent francs, et, à charge d'appel, à quelque valeur que la demande puisse s'élever : 1° des actions pour dommages faits aux champs, fruits et récoltes, soit par l'homme soit par les animaux, et de celles relatives à l'élagage des arbres ou haies, et au

(1) Cette compétence a été fixée par la loi du 11 avril 1838.

curage soit des fossés, soit des canaux servant à l'irrigation des propriétés ou au mouvement des usines, lorsque les droits de propriété ou de servitude ne sont pas contestés ; 2° des réparations locatives des maisons ou fermes, mises par la loi à la charge du locataire ; 3° des contestations relatives aux engagements respectifs des gens de travail au jour, au mois et à l'année, et de ceux qui les emploient ; des maîtres et des domestiques ou gens de service à gages ; des maîtres et de leurs ouvriers ou apprentis, sans, néanmoins, qu'il soit dérogé aux lois et règlements relatifs à la juridiction des prud'hommes ; 4° des contestations relatives au paiement des nourrices ; sauf ce qui est prescrit par les lois et règlements d'administration publique, à l'égard des bureaux de nourrices de la ville de Paris et de toutes les autres villes ; 5° des actions civiles pour diffamation verbale et pour injures publiques et non publiques, verbales ou par écrit, autrement que par la voie de la presse ; des mêmes actions pour rixes ou voies de fait ; le tout lorsque les parties ne se sont pas pourvues par la voie criminelle.

Art. 6. — Les juges de paix connaissent, en outre, à charge d'appel : 1° des entreprises commises, dans l'année, sur les cours d'eau servant à l'irrigation des propriétés et au mouvement des usines et moulins, sans préjudice des attributions de l'autorité administrative dans les cas déterminés par les lois et par les règlements, des dénonciations de nouvel ordre, complaintes, actions en réintégrande et autres actions possessoires fondées sur des faits également commis dans l'année ; 2° des actions en bornage et de celles relatives à la distance prescrite par la loi, les règlements particuliers et l'usage des lieux, pour les plantations d'arbres ou de haies, lorsque la propriété ou les titres qui l'établissent ne sont pas contestés ; 3° des actions relatives aux constructions et travaux énoncés dans l'article 674 du Code civil, lorsque la propriété ou la mitoyenneté du mur ne sont pas contestées ; 4° des demandes en pension alimentaire n'excédant pas cent cinquante francs par an et seulement lorsqu'elles seront formées en vertu des articles 205, 206 et 207 du Code civil.

Art. 7. — Les juges de paix connaissent de toutes les demandes reconventionnelles ou en compensation qui, par leur nature ou leur valeur, sont dans les limites de leur compétence, alors même que, dans les cas prévus par l'article premier, ces demandes, réunies à la demande principale, s'élèvraient au-dessus de deux cents francs. Ils connaissent, en outre, à quelques sommes qu'elles puissent monter, des demandes reconventionnelles en dommages-intérêts fondées exclusivement sur la demande principale elle-même.

Art. 8. — Lorsque chacune des demandes principales reconventionnelles ou en compensation sera dans les limites de la compétence du juge de paix en premier ressort, il prononcera, sans qu'il y ait lieu à appel. — Si l'une de ces demandes n'est susceptible d'être jugée qu'à charge d'appel, le juge de paix ne prononcera sur toutes qu'en dernier ressort. — Si la demande reconventionnelle ou en compensation excède les limites de sa compétence, il pourra soit retenir le jugement de la demande principale, soit renvoyer sur le tout les parties à se pourvoir devant le tribunal de première instance, sans préliminaire de conciliation.

Art. 9. — Lorsque plusieurs demandes formées par la même partie seront réunies dans une même instance, le juge de paix ne prononcera qu'en premier ressort, si leur valeur totale s'élève au-dessus de cent francs, lors même que quelqu'une de ces demandes serait inférieure à cette somme. Il sera incompétent sur le tout, si ces demandes excèdent, par leur réunion, les limites de sa juridiction.

Art. 10. — Dans le cas où la saisie-gagerie ne peut avoir lieu qu'en vertu de permission de justice, cette permission sera accordée par le juge de paix du lieu où la saisie devra être faite, toutes les fois que les causes rentreront dans sa compétence. — S'il y a opposition de la part des tiers, pour des causes et pour des sommes qui, réunies, excéderaient cette compétence, le jugement en sera déféré aux tribunaux de première instance.

Art. 11. — L'exécution provisoire des jugements sera ordonnée dans tous les cas où il y a titre authentique, promesse reconnue, ou condamnation précédente dont il n'y a point eu appel. — Dans tous les autres cas, le juge pourra ordonner l'exécution provisoire, nonobstant appel, sans caution, lorsqu'il s'agira de pension alimentaire ou lorsque la somme n'excédera pas trois cents francs, et avec caution, au-dessus de cette somme. — La caution sera reçue par le juge de paix

Art. 12. — S'il y a péril en la demeure, l'exécution pourra être ordonnée sur la minute du jugement avec ou sans caution, conformément aux dispositions de l'article précédent.

Art. 13. — L'appel des jugements des juges de paix ne sera recevable ni avant les trois jours qui suivront celui de la prononciation de jugements, à moins qu'il n'y ait lieu à exécution provisoire, ni après les trente jours qui suivront la signification à l'égard des personnes domiciliées dans le canton. Les personnes domiciliées hors du canton auront pour interjeter appel, outre le délai de trente jours, le délai réglé par les articles 73 et 1033 du Code de procédure civile.

Art. 14. — Ne sera pas recevable l'appel des jugements mal à propos qualifiés en premier ressort ou qui, en dernier ressort, n'auraient point été qualifiés. — Seront sujets à l'appel les jugements qualifiés en dernier ressort, s'ils ont statué soit sur des questions de compétence, soit sur des matières dont le juge de paix ne pouvait connaître qu'en premier ressort. — Néanmoins, si le juge de paix s'est déclaré compétent, l'appel ne pourra être interjeté qu'après le jugement définitif.

Art. 15. — Les jugements rendus par les juges de paix ne pourront être attaqués par la voie du recours en cassation que pour excès de pouvoir.

Art. 16. — Tous les huissiers d'un même canton auront le droit de donner toutes les citations et de faire tous les actes devant la justice de paix. Dans les villes où il y a plusieurs justices de paix, les huissiers exploitent concurremment dans le ressort de la juridiction assignée à leur résidence. Tous les huissiers du même canton seront tenus de faire le service des audiences et d'assister le juge de paix toutes les fois qu'ils en seront requis : les juges de paix choisiront leurs huissiers audienciers.

Art. 18. — Dans les causes portées devant la justice de paix, aucun huissier ne pourra ni assister comme conseil, ni représenter les parties, en qualité de procureur fondé, à peine d'une amende de vingt-cinq à cinquante francs, qui sera prononcée sans appel par le juge de paix. Ces dispositions ne seront pas applicables aux huissiers qui se trouveront dans l'un des cas prévus par l'article 86 du Code de procédure civile.

Art 19. — En cas d'infraction aux dispositions des articles 16 et 18, le juge de paix pourra défendre aux huissiers de canton de citer devant lui, pendant un délai de 15 jours à 3 mois, sans appel et sans préjudice de l'action disciplinaire des tribunaux et des dommages-intérêts des parties, s'il y a lieu.

Art. 20. — Les actions concernant les brevets d'invention seront portées, s'il s'agit de nullité ou de déchéance des brevets, devant les tribunaux civils de première instance ; s'il s'agit de contrefaçon, devant les tribunaux correctionnels.

Art. 21. — Toutes les dispositions des lois antérieures à la présente loi sont abrogées.

Art. 22. — Les dispositions de la présente loi ne s'appliqueront pas aux demandes introduites avant sa promulgation.

*LOI du 21 juin 1845.*

Article premier. — Les droits et vacations accordés aux juges de paix sont supprimés. Il ne leur sera alloué d'indemnité de transport que quand ils se rendront à plus de cinq kilomètres du chef-lieu du canton.

*LOI du 2 mai 1855.*

Article premier. — L'article 3 de la loi du 25 mai 1838, modifié par la loi du 20 mai 1854, est remplacé par la disposition suivante:

Art. 3. — Les juges de paix connaissent sans appel jusqu'à la valeur de cent francs, et à charge d'appel à quelque valeur que la demande puisse s'élever, des actions en paiement de loyers ou fermages, des congés, des demandes en résiliation de baux, fondés sur le seul défaut de paiement des loyers ou fermages, des expulsions de lieux et des demandes en validité de saisie-gagerie, le tout lorsque les locations verbales ou par écrit n'excèdent pas annuellement quatre cents francs.

Si le prix principal du bail consiste en denrées ou prestations en nature appréciables d'après les mercuriales, l'évaluation sera faite sur celle du jour de l'échéance, lorsqu'il s'agira du paiement des fermages. Dans tous les autres cas, elle aura lieu suivant les mercuriales du mois qui aura précédé la demande.

Si le prix principal du bail consiste en prestations non appréciables d'après les mercuriales, ou s'il s'agit de baux à colons partiaires, le juge de paix déterminera la compétence en prenant pour base du revenu de la propriété le principal de la contribution foncière de l'année courante multiplié par cinq.

Art. 2. — L'article 17 de la loi du 25 mai 1838 est modifié ainsi qu'il suit:

Art. 17. — Dans toutes les causes, excepté celles qui requièrent célérité et celles dans lesquelles le défendeur serait domicilié hors du canton ou des cantons de la même ville, il est interdit aux huissiers de donner aucune citation en justice, sans qu'au préalable le juge de paix n'ait appelé les parties devant lui, au moyen d'un avertissement sur papier non timbré, rédigé et délivré par le greffier, au nom et sous la surveillance du juge de paix, et expédié par la poste, sous bande simple, scellé du sceau de la justice de paix, avec affranchissement.

A cet effet, il sera tenu par le greffier un registre sur papier non timbré, constatant l'envoi et le résultat des avertissements; le greffier recevra, pour tout droit et par chaque avertissement, une rétribution de vingt-cinq centimes, y compris l'affranchissement, qui sera, dans tous les cas, de dix centimes.

S'il y a conciliation, le juge de paix, sur la demande de l'une des parties, peut dresser procès-verbal des conditions d'arrangement: ce procès-verbal aura force d'obligation privée.

Dans tous les cas qui requièrent célérité, il ne sera remis de citation non précédée d'avertissement qu'en vertu d'une permission donnée sans frais, par le juge de paix, sur l'original de l'exploit.

En cas d'infraction aux dispositions ci-dessus de la part de l'huissier, il supportera sans répétition les frais de l'exploit.

(1er septembre 1875)

**A. G.** *réglant la tenue des audiences du tribunal de la justice de paix à Saïgon.*

BAT. II, p. 190.
B. C., p. 330.

Les audiences du tribunal de la justice de paix, soit en matière civile ou de simple police, se tiendront les mardi, jeudi et samedi de chaque semaine;

Elles commenceront à sept heures du matin ;

Et ce, sans préjudice du droit, pour le juge, d'accorder des audiences extraordinaires.

DUPERRÉ.

(30 novembre 1877)

**DÉP. M.** *Notification d'un arrêt de la Cour de cassation* (1) *qui fixe le sens et la portée de l'article 84 du décret du 25 juillet 1864 sur l'organisation judiciaire et de l'arrêté local du 4 juin 1869.*

BAT. II, p. 204.

(9 janvier 1879)

**A. G.** *Le tribunal de 1re instance de Saïgon réunit provisoirement les attributions du tribunal de commerce.*

BAT. II, p. 182.
B. C., p. 6.

Article premier. — Provisoirement et jusqu'à ce qu'il en soit autrement disposé, le tribunal de première instance de Saïgon réunira à ses attributions celles du tribunal de commerce.

Art. 2. — Les minutes et papiers composant les archives du tribunal de commerce seront transportés au greffe de la Cour et du tribunal de première instance, et inventaire en sera dressé contradictoirement.

Le greffier de la Cour et du tribunal de première instance, dépositaire desdits papiers et minutes, pourra en délivrer aux ayants droit toutes grosses et expéditions, et percevra, sur les actes et jugements en matière commerciale, les remises accordées par l'article 18 de l'arrêté du 11 juillet 1865.

Art. 3. — Le commis-greffier du tribunal de commerce exercera les mêmes fonctions près la Cour et le tribunal de première instance.

J. LAFONT.

(6 octobre 1879)

**D. G.** *conférant, en dehors du ressort des tribunaux français et dans les affaires correctionnelles et de simple police intéressant les Européens, les fonctions du ministère public, au deuxième administrateur des affaires indigènes et chargeant ce magistrat de l'instruction de la poursuite et de l'exécution des jugements* (2).

B. C., p. 395.

(27 novembre 1879)

**A. G.** *Ressort de la Cour d'appel et des tribunaux de 1re instance, de commerce et de justice de paix de Saïgon* (3).

BAT. II, p. 183.
B. C., p. 454.

Article premier. — Le ressort de la Cour d'appel et des tribunaux de première instance, de commerce et de justice de paix de Saïgon, embrassera, à l'avenir, tout le territoire compris entre :

(1) V. *Cour de cassation*, § *arrêts*.
(2) Sans objet.
(3) V. *infrà*, Décret 3 avril 1880.

La rivière de Saïgon ;

L'arroyo de l'Avalanche ;

Le canal de ceinture, jusqu'à son entrée dans le territoire de la municipalité de Cholon ;

Les limites nord, ouest, sud et sud-est de ce dernier territoire, jusqu'à l'Arroyo-chinois ;

Ledit arroyo jusqu'à sa jonction avec le rach Ong-lon, en face de Choquan ;

Ce dernier cours d'eau jusqu'au rach Bau ou arroyo du fort du sud ;

Et enfin, le rach Bau dans tout son parcours.

Art. 2. — L'arrêté du 15 mars 1867 est rapporté.

Art. 3. — Le procureur général est chargé de l'exécution du présent arrêté, lequel est provisoirement exécutoire et sera soumis à l'approbation de M. le Ministre de la marine et des colonies.

LE MYRE DE VILERS.

(3 avril 1880)

**RAPPORT M.** *précédant le décret du 3 avril 1880 attribuant à la Cour de Saïgon la connaissance des appels en matière indigène ; — La Cour comprendra deux Chambres ; — L'exercice de l'action criminelle est confiée au Procureur général ; — Les articles 3, 4, 5, 6 et 7 traitent de différentes procédures qui pourront être portées devant la Cour soit en appel, soit en annulation, soit en règlement de juges ; — Le droit de grâce ou de commutation en matière indigène n'est pas conservé au Gouverneur.*

B. C., p. 273.

(3 avril 1880)

**DÉCRET** *attribuant à la Cour de Saïgon la connaissance de l'appel des jugements rendus par les tribunaux indigènes.*

(Promulg. A G., 18 mai 1880)
B. C., p. 273.

Article premier. — La Cour d'appel de Saïgon connaît de l'appel des jugements rendus par les tribunaux indigènes.

Elle comprend deux Chambres, entre lesquelles sont réparties les affaires d'après la distribution qui en est faite par le président.

Art. 2. — Le procureur général remplit auprès des deux chambres, par lui-même ou par ses substituts, les fonctions du ministère public.

Il exerce l'action de la justice criminelle dans toute l'étendue de la colonie, veille au maintien de l'ordre dans tous les tribunaux et à la surveillance de tous les officiers de police judiciaire, des juges d'instruction et des greffiers de la colonie.

Art. 3. — La Cour connaît de l'appel formé par le ministère public ou par les parties intéressées :

1° Contre les jugements rendus par les tribunaux indigènes en matière civile et commerciale, lorsqu'ils auront statué sur les demandes qui excéderont 1,500 francs de valeur déterminée ou 60 francs de revenu ;

2° Contre tous les jugements rendus par les tribunaux indigènes en matière correctionnelle et criminelle.

En matière criminelle, les jugements dont il n'aura pas été fait appel ne seront définitifs qu'après l'homologation de la Cour.

Art. 4. — Les jugements en dernier ressort rendus en toute matière par les tribunaux indigènes pourront être attaqués devant la Cour par la voie de l'annulation, dans les formes et dans les conditions déterminées par le décret du 25 juin 1879.

Sont applicables aux arrêts de la Cour statuant en matière indigène, les dispositions de l'article 5, § 1er, du décret du 7 mars 1868, et celles du titre II du décret du 25 juin 1879, concernant le recours en cassation.

Art. 5. — En matière civile, l'appelant qui succombera sera condamné à une amende de 10 francs qu'il devra consigner à l'avance.

Tout recours en annulation donnera lieu à la consignation d'une amende de 50 fr.

Art. 6. — En cas de conflit entre les tribunaux indigènes ou entre un tribunal français et un tribunal indigène, le règlement de juges sera prononcé par la Cour en audience solennelle et toutes Chambres réunies.

Art. 7. — Les défenseurs, institués près la Cour et les tribunaux français, seront admis à défendre les accusés et les prévenus devant la Cour statuant en matière indigène.

Dans les affaires civiles indigènes les parties peuvent déposer des conclusions ou notes signées de toute personne prise comme conseil.

Art. 8. — En matière criminelle, le Gouverneur, en Conseil privé, ordonne l'exécution des arrêts de condamnation ou prononce le sursis, lorsqu'il y a lieu de recourir à la clémence du Chef de l'État.

Dans le cas de condamnation à mort, le sursis est de droit lorsque le condamné s'est pourvu en cassation ou lorsque, dans le conseil, deux voix au moins se sont prononcées pour que l'appel à la clémence du Chef de l'État suive son cours.

Art. 9. — Les tribunaux indigènes se conforment :

1° En matière civile, commerciale et de simple police, à la procédure actuellement en vigueur devant ces juridictions :

2° En matière criminelle et correctionnelle, à la procédure suivie devant les tribunaux correctionnels français.

Les fonctions de greffier et d'huissier sont remplies par des fonctionnaires désignés par le Gouverneur, sur la proposition du procureur général.

Les assignations, citations et significations continueront d'être remises aux maires des communes.

Art. 10. — Provisoirement, la 2e Chambre de la Cour connaît spécialement de l'appel des jugements rendus par les tribunaux indigènes.

Elle est composée jusqu'à nouvel ordre de :

Un conseiller à la Cour, *président ;*

De deux inspecteurs des affaires indigènes, *membres*.

Ces inspecteurs sont désignés par le Gouverneur, sur la proposition du Procureur général et sur l'avis du Directeur de l'Intérieur. Ils sont choisis, autant que possible, parmi les fonctionnaires de ce grade pourvus de diplôme de licencié en droit.

Art. 11. — En matière criminelle, deux assesseurs indigènes sont adjoints à la Cour ; ils ont voix consultative seulement.

Ces assesseurs sont désignés par la voie du sort, sur une liste de vingt notables indigènes, dressée chaque année par le Gouverneur, en Conseil, sur la proposition du Procureur général et du Directeur de l'Intérieur.

Art. 12. — La commission d'appel instituée à Saïgon par l'arrêté du 31 décembre 1875, et le tribunal supérieur institué par l'arrêté du 6 octobre 1879, pour la revision des jugements rendus par les tribunaux indigènes, sont supprimés.

Sont et demeurent abrogées toutes dispositions contraires au présent décret et notamment l'article 16 du décret du 25 juillet 1864 et l'article 3, § 2, du décret du 27 novembre 1879.

JULES GRÉVY.

(3 avril 1880)

**DECRET** *portant modification du ressort de la Cour d'appel du tribunal de 1re instance et de la justice de paix de Saïgon.*

J. C., p. 363.
B. M. 1881, 1er sem., p. 423.

Art. 1er. — Le ressort de la Cour d'appel, du tribunal de 1ere instance et de la justice de paix de Saïgon, embrassera, à l'avenir, tout le territoire compris entre :

La rivière de Saïgon,

L'Arroyo de l'Avalanche,

Le canal de ceinture, jusqu'à son entrée dans le territoire de la municipalité de Cholon : les limites du nord, ouest, sud et sud-est de ce dernier territoire jusqu'à l'arroyo chinois.

Ledit Arroyo, jusqu'à la jonction avec le Rach-Ong-Lon en face de Choquan.

Ce dernier cours d'eau jusqu'au Rach-Bau ou Arroyo du fort du sud.

Et enfin le Rach-Bau dans tout son parcours.

Art. 2. — Les arrêtés locaux du 15 mars 1867 et du 27 novembre 1879 sont et demeurent abrogés.

JULES GRÉVY.

(21 avril 1880)

**DÉP. M.** *prescrivant la promulgation du décret du 3 avril 1880 attribuant à la Cour de Saïgon la connaissance des appels en matière indigène.*

ARCH. GOUV.

Vous trouverez au *Journal officiel* du 4 de ce mois avec le rapport que j'ai adressé à M. le Président de la République, le décret du 3 avril courant qui réorganise le service judiciaire en Cochinchine et créé une deuxième Chambre à la Cour d'appel de Saïgon.

Je vous prie de promulguer cet acte dans la colonie.

Le décret du 3 avril, bien que s'inspirant des idées libérales qui vous avaient guidé dans la préparation de l'arrêté du 6 octobre dernier et dans les propositions que vous m'avez adressées le 17 du même mois, s'en écarte, cependant, dans plusieurs de ses dispositions essentielles et consacre une réforme beaucoup plus complète de l'administration de la justice indigène.

En effet, l'arrêté local précité, tout en constituant, par la création d'un tribunal supérieur, une amélioration à l'état antérieur des choses, avait le grave inconvénient de maintenir en face l'une de l'autre deux juridictions entre lesquelles les conflits n'auraient pas tardé à naître et à tenir éloignés de la magistrature française et de son influence civilisatrice nos sujets asiatiques de l'Extrême-Orient.

L'article 1er inspiré par cette pensée donne à la Cour d'appel, désormais composée de deux Chambres, la connaissance de toutes les affaires indigènes. Cet article doit se combiner avec l'article 10 qui attribue spécialement à la deuxième Chambre, provisoirement composée d'un conseiller président et deux Inspecteurs des affaires indigènes, membres, les appels formés contre les jugements rendus par les tribunaux indigènes. Il en résulte que le droit donné au président par l'article 1er de répartir les affaires entre les deux Chambres, se trouve en fait suspendu provisoirement et jusqu'au jour où la Cour serait exclusivement composée de magistrats.

La création d'un emploi de président de la Cour et d'un emploi de 2e substitut est la conséquence de l'organisation nouvelle. Vous recevrez prochainement le décret consacrant ces créations. D'un autre côté, l'attribution à la Cour de la connaissance des affaires indigènes entraînera naturellement une augmentation sensible des affaires du greffe qui est actuellement commun aux deux juridictions de 1re instance et d'appel. Il conviendra donc d'examiner si, par suite, il ne serait pas utile de séparer le greffe de la Cour de celui du Tribunal de 1re instance. Vous voudrez bien m'adresser avec vos observations le résultat de cette étude qui devra être faite par le Procureur général.

J'appelle particulièrement votre attention sur l'art. 2 qui confère au Procureur Général l'exercice de l'action criminelle dans toute l'étendue de la colonie, et lui donne la police et la surveillance du service judiciaire tout entier.

Cette disposition rendra utile, désormais, le fonctionnement du bureau de la justice indigène dont les attributions passent au parquet du Procureur général. C'est donc de ce magistrat comme chef du service de la justice que devront relever, pour ce qui concerne le service, les fonctionnaires chargés de rendre la justice dans les provinces ou attachés, à quelque titre que ce soit, aux tribunaux indigènes. L'art. 3 du décret du 7 novembre 1879 a exclusivement chargé le 2e administrateur des fonctions de juge et a ainsi consacré la séparation des pouvoirs judiciaires et administratifs.

Pour rester fidèle au principe établi par ce décret, il importe que ce magistrat soit complètement indépendant de l'élément administratif. Je ne puis donc admettre, comme le demande M. le Directeur de l'Intérieur, dans son rapport du 13 janvier, que l'administrateur-juge soit placé sous la haute direction du 1er administrateur.

Il en est de même du fonctionnaire, chargé du Ministère public devant les tribunaux indigènes; par cela même que ce fonctionnaire est un substitut du Procureur général, il doit être aussi absolument indépendant du 1er administrateur que les parquets de la Métropole le sont des Préfets dans les départements. Par suite, le juge, comme l'officier du Ministère public, relèveront exclusivement du chef de service judiciaire. C'est-à-dire du Procureur général investi, vis-à-vis de la justice indigène, des mêmes attributions que celles qui lui sont conférées à l'égard de la justice française. C'est à ce chef d'administration qu'appartiendra le droit de vous proposer les nominations relatives au personnel de la justice indigène et notamment le droit de fournir les notes confidentielles concernant ce personnel; toute fois il devra le concerter avec le Directeur de l'Intérieur pour la désignation des Inspecteurs des affaires appelés à siéger comme membres de la 2e Chambre de la Cour.

Quant à l'avancement des administrateurs et des inspecteurs chargés des fonctions judiciaires, il demeure réglé par les dispositions de l'article 5 du décret du 2 juin 1876; mais les propositions devront porter l'attache du Procureur Général, ainsi que celle du Directeur de l'Intérieur:

L'article 3 dispose qu'en matière criminelle la Cour connaîtra de l'appel formé contre tous les jugements rendus par les tribunaux indigènes. Je crois appeler votre attention sur une distinction établie par le décret suivant, qu'il s'agisse des affaires correctionnelles ou du grand criminel.

En matière correctionnelle, là Cour ne connaitra que des appels qui seront interjetés par les parties ou le ministère public dans les conditions où cette voie de recours s'exerce en France.

Au grand criminel, au contraire, les jugements ne seront définitifs qu'après l'homologation de la Cour.

Cette dernière disposition motivée par l'organisation des tribunaux indigènes a été introduite comme une garantie pour le justiciable. Elle doit s'entendre en ce sens, qu'au grand criminel, même lorsque les parties ou le ministère public ne croiront pas devoir en appeler, les jugements devront être déférés à la cour.

Mais l'intention du législateur n'a pas été de donner dans ce cas à la Cour les attributions d'une Cour de cassation puisque le recours à la Cour suprême est ouvert par l'article 4 du décret:

En décidant que la Cour sera appelée à reviser ces procédures, il a entendu que, saisie à la fois des questions de fond et de forme, elle devra pour chacune de ces affaires, suivre la procédure déterminé pour les appels de police correctionnelle en France et rendre dans chacune d'elles un arrêt de confirmation ou d'infirmation.

Il en résulte que, dans ce dernier cas, la Cour devra examiner le fait même et statuer à nouveau sur la question de culpabilité.

L'article 7 refuse aux défenseurs le droit de plaider devant la Cour dans les affaires civiles indigènes. J'ai maintenu provisoirement vos propositions sur ce point, mais, en principe, j'estime, d'accord avec M. le Garde des sceaux, qu'il ne saurait y avoir que des avantages à ce que les appels portés devant la Cour, près laquelle ces défenseurs sont institués, fussent soutenus oralement par des mandataires qui éviteraient aux parties des déplacements coûteux et dont les connaissances ne pourraient qu'être utiles aux magistrats eux-mêmes.

Je vous prie, en conséquence, de mettre cette question à l'étude et de m'adresser le plus tôt possible des dispositions dans ce sens.

L'article 9 dispose que les tribunaux indigènes se conformeront, en matière civile, commerciale et de simple police, à la procédure suivie jusqu'à ce jour devant ces juridictions. Cette prescription motivée par le peu de renseignements que possède mon département sur cette procédure ne peut avoir qu'un caractère transitoire et doit être remplacée par l'adoption d'une procédure régulière et susceptible de donner aux justiciables toutes les garanties désirables.

Dans cet ordre d'idées, je suis d'avis que la procédure des justices de paix doit être appliquée le plus tôt possible aux instances introduites devant les tribunaux indigènes.

Quant à la procédure en matière correctionnelle et criminelle elle devra, conformément au § 52 du même article 9, être celle qui est suivie devant les tribunaux correctionnels.

Je vous signale l'organisation des huissiers et des greffers attachés à ces tribunaux. Vous voudrez bien préparer un règlement sur les conditions d'admission et sur la discipline de ces agents et le soumettre à mon approbation.

Vous aurez soin également de me rendre compte, sous le timbre du 3e bureau de la direction des colonies, des nominations et des mutations qui interviendront dans ce personnel sur la proposition du Procureur général; et vous me ferez parvenir chaque année les états des sommes perçues par les greffiers conformément aux prescriptions de la circulaire ministérielle du 17 mai 1877.

Je vous signale enfin, la nécessité d'attacher aux tribunaux indigènes ainsi qu'à la Cour des interprètes assermentés dont la moralité et la capacité vous présentent des garanties satisfaisantes.

L'article 8 du décret confirme les instructions que je vous ai adressées, à la date du 28 mai dernier, au sujet de l'exécution des arrêts criminels. Il était rationnel, au début de notre prise de possession, d'armer le Gouverneur de pouvoirs exceptionnels à l'égard des Asiatiques indigènes et étrangers qui étaient soumis à la législation annamite non seulement en matière civile, mais encore en matière criminelle. Ces considérations expliquent les prérogatives maintenues au chef de la colonie par l'article 16 du décret du 25 juillet 1864. Mais, cet état de choses doit nécessairement disparaître, du moment que les Indigènes et les Asiatiques étrangers sont justiciables de Cour d'appel et sont soumis à la législation criminelle française. Par suite, le décret du 3 avril a dû restituer au Chef de l'État l'exercice de la plus noble de ses pérogatives et réserver à lui seul le droit de faire grâce aux Indigènes et aux Asiatiques étrangers dans les conditions où ce droit souverain lui appartient à l'égard des autres justiciables.

Je vous prie de me rendre compte des mesures que vous aurez prises pour assurer l'exécution du décret sur la réorganisation judiciaire de la Cochinchine.

JAURÉGUIBERRY.

(28 mai 1880)

**DÉCRET** *portant création d'un emploi de vice-président de la Cour, d'un emploi de premier substitut et d'un emploi de deuxième substitut du procureur général. — Rapport M.*

(Promulg. A. G., 10 juillet 1880)
B. C., p. 376.

Article premier. — Il est institué à la Cour d'appel de Saïgon un emploi de vice-président de la Cour, un emploi de premier substitut et un emploi de deuxième substitut du procureur général.

Art. 2. — Le président de la Cour présidera les Chambres assemblées et les audiences solennelles. Il présidera habituellement la première Chambre; il présidera aussi la deuxième, quand il le jugera convenable.

Le vice-président de la Cour présidera la deuxième Chambre; il remplacera le président à la première Chambre, en cas d'absence ou d'empêchement.

Art. 3. — (V. § *Personnel*). . . . . . . . . . . . . . . . . . . . . . . . . .

(14 juillet 1880)

**RAPPORT G.** *au ministre de la marine et des colonies sur l'organisation judiciaire en Cochinchine.*

J. C., p. 755.

(6 août 1880)

**DÉP. M.** *Observations sur l'application du décret du 3 avril 1880, relatif à la réorganisation du service judiciaire; notamment en ce qui concerne les administrateurs, les défenseurs etc., etc.*

ARCH. GOUV.

Par lettre du 7 juin dernier vous m'avez soumis diverses observations sur l'application du décret du 3 avril précédent, relatif à la réorganisation du service judiciaire en Cochinchine.

Vous avez admis comme moi que les administrateurs juges dans les provinces ne peuvent être placés sous la direction des premiers administrateurs, et qu'on ne saurait approuver, à ce point de vue, les propositions émises par la Direction de l'Intérieur, dans son rapport du 13 janvier dernier.

Quant au 3e administrateur qui est chargé des fonctions de ministère public, je ne m'explique pas vos objections tendant à ce qu'il ne relève pas exclusivement du Procureur général pour ce qui concerne les attributions judiciaires. Vous ne devez pas oublier qu'en vertu du décret du 3 avril, le chef du service judiciaire est investi, vis-à-vis de la justice indigène, des mêmes attributions qui lui sont conférées à l'égard de la justice française ; il en résulte que la justice indigène n'étant plus dans le service de la Direction de l'Intérieur, les dispositions de l'art. 3, § 2 du décret du 7 novembre 1879 spécifiant que les fonctions de Ministère public sont exercées sous la surveillance du 1er administrateur n'ont plus de raison d'être. Il est bien entendu, d'ailleurs, que le 3e administrateur, tout en relevant du Procureur général, en ce qui concerne la justice, continuera de prendre l'avis de la Direction de l'Intérieur pour les attributions administratives ou financières qui peuvent lui être conférées. Cet état de choses ne présente rien de particulier à la Cochinchine ; il est analogue à ce qui a lieu dans plusieurs de nos colonies, comme l'Inde où les chefs de service de quelques-unes des dépendances sont chargés, outre leurs attributions administratives, des fonctions du ministère public et relèvent à la fois du Procureur général et du Directeur de l'Intérieur.

Je ne pense pas qu'il y ait lieu de modifier cet état de choses et de créer des emplois spéciaux pour des fonctions qui ne donnent pas lieu à de grands travaux et qui, dès lors, ont le désavantage de grever le budget de dépenses inutiles.

Cette même observation s'applique au personnel secondaire, tel que les huissiers, les greffiers, les interprètes. A l'ensemble de ce qui se passe pour d'autres colonies, un secrétaire des affaires indigènes peut être provisoirement chargé des fonctions de greffier notaire et un agent de la force publique peut remplir les fonctions d'huissier. Quant aux interprètes, rien n'empêche qu'ils soient à la fois à la disposition de la justice et de l'administrateur. En résumé, il importe de ne créer les fonctions spéciales que dans les arrondissements où elles seraient nécessitées par le nombre des affaires portées devant les tribunaux.

En appelant votre attention par dépêche du 21 avril précité, sur le personnel de la justice et en désirant que ce personnel fût placé sous les ordres du Procureur général, j'ai voulu surtout vous prévenir contre des conflits ou des difficultés administratives susceptibles d'arrêter le cours de la justice.

La situation des défenseurs a été réglée par l'art. 7 du décret du 3 avril, conformément à vos propositions. Vous pensez que l'intervention de ces officiers ministériels doit être élargie ; je vous prie de m'adresser des propositions à cet égard afin que je puisse introduire au décret une modification dans ce sens.

Vous m'avez informé que le nombre des inspections des affaires indigènes pourvus du diplôme de licencié en droit est trop restreint pour qu'il vous soit possible d'appliquer l'art. 10 d'après lequel deux de ces fonctionnaires sont nommés membres de la Cour.

Je dois vous faire remarquer qu'aux termes de l'art. 10 les inspecteurs appelés à siéger à la Cour sont pris autant que possible parmi les licenciés en droit ; il ne s'agit donc pas d'une condition indispensable, or, parmi les cinq Inspecteurs en résidence à Saïgon, j'estime que vous pourrez toujours en désigner deux pour siéger à la Cour, qu'ils soient ou non pourvus du diplôme de licencié en droit.

A défaut de fonctionnaires de ce grade, vous pouvez faire une désignation provisoire parmi les administrateurs de 1re classe faisant fonctions d'inspecteurs.

J'examinerai avec attention, aussitôt qu'il me sera parvenu, le projet d'organisation judiciaire que vous avez mis à l'étude. Mais, en attendant, je vous invite à assurer sans retard et dans les meilleures conditions l'exécution du décret du 3 avril 1880.

JAURÉGUIBERRY.

(7 septembre 1880)

**DÉCRET** *prescrivant la tenue au greffe de chaque tribunal de 1re instance, d'un registre sur lequel seront inscrits toutes les liquidations et tous les partages ordonnés par le tribunal.*

(Promulg. A. G., 25 janvier 1881)
B. C. 1881, p. 68.

Article premier. — Il sera tenu, au greffe de chaque tribunal de première instance, un registre sur lequel seront inscrits toutes les liquidations et tous les partages ordonnés par le tribunal.

Art. 2. — Le registre sera divisé en colonnes, où seront mentionnés :

1° La nature de la liquidation ;

2° Le nom des parties ;

3° Celui de l'avoué poursuivant ;

4° La date du jugement ordonnant la liquidation ;

5° Le nom du notaire désigné ;

6° La date de la licitation des immeubles, s'il y a été procédé ;

7° La date de la clôture du procès-verbal des opérations du notaire ;

8° La date du jugement d'homologation ou de la décision ordonnant des modifications au travail du notaire.

Une colonne, dite d'observations, sera destinée à l'explication des retards qui se seront produits.

Art. 3. — Le registre sera tenu sous la surveillance du procureur de la République, qui vérifiera l'exactitude des mentions qui y seront portées.

Ce registre sera, à toute époque, à la disposition du président du tribunal, qui pourra prendre les mesures que les intérêts engagés lui paraîtront réclamer.

Art. 4. — Tous les trois mois, un relevé du registre sera transmis, sous forme d'état, au procureur général du ressort par le procureur de la République.

Art. 5. — Les greffiers des tribunaux auront droit, pour la tenue du registre et la rédaction des états trimestriels, à un revenu fixe de 2 francs par procédure de liquidation ou partage.

JULES GRÉVY.

(25 mai 1881)

**RAPPORT M.** *précédant le décret du 25 mai 1881 réorganisant l'administration de la justice et de l'odre judiciaire.*

B. C., p. 299.

Le décret du 25 juillet 1864, organique de la justice dans les possessions françaises de Cochinchine, a institué des tribunaux français à Saïgon, pour connaître des affaires civiles et commerciales entre Européens et Asiatiques, ainsi que des crimes, des délits et des contraventions commis par des Européens au préjudice d'Européens.

En ce qui touche les indigènes dans les provinces, le décret du 25 juillet se contentait de tracer des règles générales sur la juridiction et sur la législation, en se référant à la loi et à la coutume annamites.

Les progrès accomplis depuis cette époque en Cochinchine, et le désir de préparer insensiblement les voies pour l'assimilation de la population indigène, l'accroissement de la richesse qui a multiplié le nombre et l'importance des contestations civiles, la connaissance la plus complète du pays et de la population, qui permet une recherche plus active et plus fructueuse des crimes et des délits, enfin, l'expérience acquise me donnent lieu de penser qu'il convient de déterminer d'une manière plus complète l'organisation de la justice, en prenant pour base le principe de la séparation des pouvoirs.

C'est dans ce but que j'ai préparé deux décrets qui réorganisent le personnel judiciaire en Cochinchine et fixent les traitements et la parité d'office des magistrats.

D'après le premier de ces actes, la cour d'appel est maintenue, mais son personnel est augmenté en raison de l'accroissement des affaires dont elle sera appelée à connaître.

Des tribunaux de première instance sont institués, non seulement à Saïgon, mais encore à Binhhoa, à Mytho, à Bentré, à Vinhlong, à Chaudoc et à Soctrang. Sans doute, ces tribunaux ont un ressort considérable, mais ils suffiront pour le moment à l'expédition des affaires.

Plus tard, l'expérience démontrera s'il est nécessaire de créer de nouveaux sièges. Les tribunaux de première instance feront, en outre, office de justice de paix dans les provinces. En général, la tâche de ce degré de juridiction n'est pas importante dans l'Annam où, de temps immémorial, les maires, les notables et les chefs de canton ont le droit de constituer des tribunaux de conciliation au civil, justice simple et peu coûteuse, consacrée par les mesures du pays et qu'il me paraît indispensable de conserver. D'un autre côté, les contraventions de simple police constituent presque toutes des fautes contre l'indigénat, que l'Administration est chargée de réprimer, à l'exemple de ce qui a lieu en Algérie.

Conformément au principe adopté pour la plupart de nos colonies, j'ai maintenu dans chaque tribunal l'unité de juge ; mais, à côté du juge président, se trouve le procureur de la République et le lieutenant de juge chargé de l'instruction.

Aux tribunaux les plus importants, sont attachés des juges suppléants, qui remplacent au besoin des magistrats empêchés.

Pour le jugement des crimes, une cour criminelle siégera périodiquement dans chaque chef-lieu d'arrondissement judiciaire. A Saïgon, la cour criminelle conserve son organisation actuelle ; dans les provinces, ces cours seront présidées par un conseiller de la cour d'appel de Saïgon, assisté des juges du tribunal de la localité et d'assesseurs pris sur une liste de notables établie d'après un mode spécial.

Les moyens de communication intérieure dont dispose aujourd'hui la colonie permettent d'assurer le transport des magistrats et des témoins sans aggravation sensible de dépenses.

Tous les membres de la cour et des tribunaux appartiennent à la magistrature et sont considérés, ainsi que tous les magistrats des colonies, comme détachés de la métropole. Ils devront, dès lors, remplir les conditions d'âge et de capacité réglementaires. Dans ces conditions, les administrateurs des affaires indigènes qui sont licenciés en droit sont admis de droit dans le personnel judiciaire ; quant à ceux qui peuvent justifier de ce diplôme, il me paraît utile de les admettre provisoirement, à titre auxiliaire, dans les rangs de la magistrature de la Cochinchine, jusqu'à ce qu'il soit possible de leur trouver un autre emploi. Cette mesure s'impose, d'ailleurs, par la nécessité de ne pas interrompre le cours régulier de la justice, car il serait difficile d'en assurer immédiatement la distribution avec des magistrats venus de France ou des autres colonies, et ignorant la langue, les mœurs et les coutumes des Annamites.

Une transformation aussi subite exposerait à de grands dangers.

Il convient d'ajouter que les interprètes, qui sont pour la plupart des Annamites, n'inspirent pas, en général, une confiance suffisante.

Il importe donc que les magistrats puissent au besoin contrôler d'une manière sérieuse le travail de ces auxiliaires. Dans ce but, jusqu'à ce que l'Administration ait à sa disposition un corps d'interprètes sur lequel on puisse compter, j'estime que les magistrats, ou du moins plusieurs d'entre eux, dans chaque tribunal, doivent posséder la connaissance de la langue annamite. A ce point de vue, l'entrée d'un certain nombre d'administrateurs des affaires indigènes dans les rangs de la magistrature de la Cochinchine est encore d'un grand intérêt.

Les autres dispositions du décret qui touchent aux conditions d'admission, à la résidence et aux congés, ainsi qu'à la discipline, sont empruntés, pour la plupart, aux règles établies en France et dans nos autres colonies.

Quant au second décret, il améliore dans une certaine mesure la situation du personnel judiciaire qui, appelé à servir dans une colonie lointaine, où les conditions de la vie sont plus difficiles qu'en Europe, a droit à une rémunération plus en rapport avec ses efforts et avec les dangers auxquels il est exposé.

Le plan de réorganisation que, de concert avec M. le Garde des sceaux, j'ai l'honneur de soumettre à votre haute sanction, réalise, sans nul doute, une amélioration notable dans la situation des Annamites, dont les intérêts seront désormais garantis, sur toute l'étendue de notre colonie, par une distribution régulière de la justice.

Les populations de la Cochinchine y verront une nouvelle preuve de la protection bienveillante dont ils sont l'objet de la part du Gouvernement de la République, et ne manqueront pas de la reconnaître par leur attachement à la France.

G. Cloué.

(25 mai 1881)

**DECRET** *réorganisant l'administration de la justice et de l'ordre judiciaire* (1).

(Promulg. A. G., 18 juillet 1881)

B. C., p. 298.

## TITRE PREMIER

### DISPOSITIONS PRÉLIMINAIRES

Article premier. — Dans les possessions françaises, en Cochinchine, la justice est rendue par des tribunaux de paix, des tribunaux de première instance et de commerce, et une cour d'appel.

(1) V. au J. C., p. 722, 741 et 754 les procès-verbaux de la Commission d'étude sur l'organisation judiciaire (*a*).

(*a*) La Commission était composée de MM. Le Myre de Vilers, Général de Trentinian, A. de Foucaud, Boyer, Poignaud, Nouet, Vinson, Jame, Leclos, Silvestre, Mirande et Vulliez.

Un avant projet avait été proposé par une sous-commission composée de MM. : Esquer, Vulliez, Blancsubé, Silvestre, Villard, Charrier.

Art. 2. — Les audiences sont publiques en matière civile et criminelle, à moins que cette publicité ne soit dangereuse pour l'ordre et pour les mœurs, et, dans ce cas, le tribunal le déclare par un jugement ou arrêt préalable.

Dans tous les cas, les jugements ou arrêts sont prononcés publiquement et doivent être motivés à peine de nullité.

## TITRE II

### Chapitre premier. — *Tribunaux de paix.*

Art. 3. — Le tribunal de paix de Saïgon est composé d'un juge de paix, de deux suppléants, d'un greffier et de commis-greffiers dont le nombre sera déterminé par le Gouverneur, sur la proposition du procureur général.

La compétence et le fonctionnement du tribunal de paix sont déterminés conformément aux règles qui régissent les justices de paix en France.

Art. 4. — Dans les autres localités, à défaut de tribunaux de paix, les juges présidents des tribunaux de première instance remplissent, dans l'arrondissement ou siège ce tribunal, les fonctions contentieuses des juges de paix et font les actes tutélaires attribués à ces magistrats par la loi française, tels que les appositions et les levés de scellés, les avis de parents, les actes de notoriété et autres actes qui sont dans l'intérêt des familles.

Dans les arrondissements où ne siège pas le tribunal de première instance, les fonctions tutélaires seront remplies par l'administrateur ou un agent de l'Administration à la nomination du Gouverneur, sur la proposition du procureur général.

### Chapitre II. — *Tribunaux de première instance.*

Art. 5. — Des tribunaux de première instance sont établis à Saïgon, Binh-hoa, Mytho, Bentré, Vinhlong, Chaudoc et Soctrang.

Des décrets du Président de la République fixeront l'étendue du ressort de ces tribunaux, qui sera réglée provisoirement par arrêté du Gouverneur pris en Conseil privé.

Art. 6. — Le tribunal de Saïgon est composé d'un jeune président, d'un lieutenant de juge et de quatre juges suppléants.

Le lieutenant de juge remplace le juge président en cas d'absence ou d'empêchement de ce magistrat. Il remplit, en outre, les fonctions de juge d'instruction.

Les juges suppléants sont appelés à remplacer par intérim les magistrats absents ou empêchés. Ils peuvent être, en outre, chargés des enquêtes, des interrogatoires, des ordres, des contributions et de tous les actes d'instruction civile.

Les fonctions du ministère public près le tribunal de Saïgon sont remplies par un procureur de la République et un substitut.

Un greffier est institué auprès de ce tribunal; il est assisté de un ou plusieurs commis greffiers assermentés.

Art. 7. — Les tribunaux de première instance de Binh-hoa, Mytho et Bentré sont composés : d'un juge président, un lieutenant de juge, un juge suppléant, un procureur de la République.

Les tribunaux de Vinhlong, Chaudoc et Soctrang sont composés : d'un juge président, un lieutenant de juge, un procureur de la République.

Les fonctions de ces magistrats seront celles qui sont attribuées par l'article précédent aux membres du tribunal de Saïgon.

Des greffiers seront nommés auprès de ces tribunaux ; ils rempliront en même temps les fonctions de notaire et de commissaire-priseur.

Il pourra leur être adjoint un ou plusieurs commis-greffiers, selon les besoins du service.

Le nombre des commis-greffiers sera déterminé par le Gouverneur, sur la proposition du procureur général.

Art. 8. — En matière civile, les tribunaux de première instance de la Cochinchine, composés d'un juge connaissant, en premier et en dernier ressort, de toutes les actions personnelles et mobilières jusqu'à la valeur de 1.500 francs de principal, et des actions immobilières jusqu'à 100 francs de revenu déterminé soit en rentes, soit par prix de bail, et, à charge d'appel, de toutes les autres actions.

En matière commerciale, la compétence des tribunaux dans les provinces est la même que celle du tribunal de commerce de Saïgon.

Les tribunaux de première instance connaissent, en outre, de l'appel des jugements des tribunaux de paix dans les circonscriptions où il existe des juridictions de cet ordre.

En matière correctionnelle, ils connaissent, à charge d'appel, de tous les délits correctionnels.

Ils connaissent des appels de simple police dans les circonscriptions où il existe des juridictions de cet ordre.

Dans les arrondissements où, provisoirement, il n'existe pas de tribunaux de paix, la connaissance des affaires de la compétence de ces tribunaux sera déférée aux tribunaux de première instance.

## Chapitre III. — *De la Cour d'appel.*

Art. 9. — La Cour d'appel de Cochinchine a son siège à Saïgon.

Le ressort de la Cour comprend toute la colonie.

Elle se compose d'un président (1), d'un vice-président, de cinq conseillers, de quatre conseillers auditeurs, d'un greffier et de commis-greffiers dont le nombre est déterminé par le Gouverneur, sur la proposition du procureur général, suivant les besoins du service.

Les conseillers auditeurs auront voix délibérative toutes les fois qu'ils seront appelés à signer en remplacement d'un conseiller.

Les fonctions du ministère public près la Cour d'appel sont remplies par un procureur général, un premier substitut et deux substituts.

Art. 10. — La cour d'appel comprend deux chambres, entre lesquelles sont réparties les affaires, d'après la distribution qui en est faite par le président.

La deuxième Chambre est plus spécialement chargée des affaires civiles et commerciales entre indigènes.

La cour se constituera, en outre, en Chambre des appels correctionnels pour prononcer sur les affaires mentionnées dans les articles 12 et 13.

Le service de la Chambre correctionnelle ne dispensera pas du service des Chambres civiles.

Art. 11. — En matière civile et commerciale, la Cour connaît :

1° Des appels formés contre les jugements rendus en premier ressort par les tribunaux de première instance et de commerce ;

2° Des appels formés contre les jugements rendus en premier ressort par les représentants du Protectorat français, dans l'Extrême-Orient ;

3° Des appels formés contre les jugements rendus en premier ressort par les consuls de France en Annam.

Art. 12 — En matière correctionnelle, la cour connaît des appels des jugements rendus par les tribunaux correctionnels de la colonie, par le représentant du Protectorat français au Cambodge et par les consuls de France en Annam.

(1) Les attributions du président de la Cour ont été déterminées par dép. m.

Art. 13. — Les jugements en dernier ressort rendus par les tribunaux de simple police et ceux de même nature qui sont rendus en toute matière par les tribunaux de première instance jugeant d'après la loi indigène, pourront être attaqués devant la cour d'appel par la voie de l'annulation, dans les formes et dans les conditions déterminées par le décret du 25 juin 1879. (Bat. II, p. 205.)

Sont applicables aux arrêts de la cour, statuant en matière indigène, les dispositions de l'article 5, paragraphe 1er, du décret du 7 mars 1868 (Bat. II, p. 167) et celles du titre II du décret du 25 juin 1879, concernant le recours en cassation.

Art. 14. — Les chambres civiles et la Chambre des appels de police correctionnelle ne peuvent rendre arrêt qu'au nombre de trois juges au moins.

Lorsque la cour connaîtra des demandes en annulation, elle devra être composée de cinq membres au moins.

En audience solennelle, les arrêts doivent être rendus par cinq magistrats au moins.

L'assemblée générale se composera de tous les membres de la Cour. La Cour ne pourra prendre de décision qu'au nombre de cinq magistrats au moins. Les décisions seront prises à la simple majorité. En cas de partage, le plus jeune des magistrats délibérants se retirera.

Le greffier de la cour assistera aux assemblées générales et y tiendra la plume.

## Chapitre IV. — *Des Cours criminelles.*

Art. 15. — Les crimes commis sur le territoire des possessions françaises en Cochinchine sont déférés aux cours criminelles.

Les crimes commis au Cambodge par des Français ou autres individus d'origine européenne sont déférés à la Cour criminelle de Saïgon.

Art. 16. — La cour criminelle siège tous les trois mois, dans chacun des chefs-lieux d'arrondissement de la colonie où siège un tribunal de première instance. Toutefois, le Gouverneur peut ordonner, en Conseil privé, que la cour criminelle siègera dans un lieu autre que celui où elle siége habituellement; il peut également ordonner la réunion des Cours criminelles extraordinaires.

Art. 17. — La Cour criminelle de Saïgon se compose :

1° De trois conseillers à la Cour, dont l'un remplit les fonctions de président.

2° De deux assesseurs désignés, par la voix du sort, sur une liste de vingt notables français domiciliés dans les arrondissements de Saïgon et de Cholon, et jouissant de leurs droits civils et politiques. Cette liste sera dressée chaque année par une commission composée : du Directeur de l'Intérieur ou du secrétaire général de la Direction de l'intérieur, président; d'un inspecteur ou administrateur des affaires indigènes, du président du tribunal de première instance, d'un membre du conseil municipal et d'un membre du Conseil colonial désignés par ces assemblées.

Lorsqu'il s'agira de juger des accusés annamites, les assesseurs seront indigènes. Ils seront désignés, par la voix du sort, sur une liste de vingt notables indigènes, dressée chaque année par le Gouverneur, en Conseil, sur la proposition du Procureur général et du Directeur de l'Intérieur.

Les assesseurs ont voix délibérative sur la question de culpabilité seulement.

Trois voix sont nécessaires pour qu'il y ait condamnation.

Le droit de récusation ne pourra être exercé.

3° Du greffier de la cour ou de l'un de ses commis assermentés.

Art. 18. — Dans les autres arrondissements, la Cour criminelle se compose :

1° D'un conseiller à la Cour d'appel président,

2° De deux magistrats pris parmi les juges du siège ;

3° De deux assesseurs choisis, par la voix du sort, sur une liste de vingt notables indigènes dressée par le Gouverneur, en Conseil privé, sur la proposition du Procureur général et du Directeur de l'Intérieur.

Lorsqu'il s'agira de juger des accusés européens, les deux assesseurs seront désignés par la voix du sort, sur la liste des notables de Saïgon.

Les assesseurs ont voix délibérative sur la question de culpabilité seulement.

Trois voix sont nécessaires pour qu'il y ait condamnation.

Le droit de récusation ne pourra être exercé.

4° Du greffier du tribunal ou de l'un de ses commis assermentés.

Art. 19. — Les fonctions du ministère public près les cours criminelles sont remplies :

1° A Saïgon, par le procureur général ou l'un de ses substituts :

2° Dans les provinces, par le procureur général et, à défaut, par un de ses substituts ou par les procureurs de la République près les tribunaux de première instance.

Art. 20. — Le Gouverneur nomme, pour chaque session criminelle, le conseiller président et les conseillers ou juges assesseurs. Le juge d'instruction peut être membre de la cour criminelle.

Le conseiller désigné pour présider la cour criminelle dans les arrondissements se transportera dans chacun d'eux, aux époques fixées.

Art. 21. — Des arrêtés du Gouverneur pris en Conseil privé, sur la proposition du procureur général, fixeront les époques où se tiendront les sessions trimestrielles.

Art. 22. — Toutes les dispositions concernant la Cour criminelle de Saïgon, ainsi que la procédure suivie jusqu'à présent devant cette cour, continueront d'être appliquées en ce qu'elles n'ont pas de contraire au présent décret.

## CHAPITRE V. — *Du ministère public.*

Art. 23. — Le procureur général, comme représentant l'action publique dans toute la colonie, veille, dans la limite de sa compétence, à l'exécution des lois, ordonnances, décrets et règlements en vigueur ; il fait toutes réquisitions nécessaires, poursuit d'office l'exécution des jugements et arrêts dans les dispositions qui intéressent l'ordre public.

Il signale au Gouverneur les arrêts ou jugements en dernier ressort qui lui paraissent susceptibles d'être attaqués par voie d'annulation ou de cassation, dans l'intérêt de la loi.

Il requiert la force publique dans les cas et suivant les formes déterminées par les lois et décrets.

Art. 24. — Comme chef du service judiciaire, le procureur général veille au maintien de l'ordre et de la discipline dans tous les tribunaux de la colonie et provoque les décisions du Gouvernement sur les actes qui y seraient contraires.

Il a la surveillance de tous les officiers de police judiciaire, des juges d'instruction et des officiers ministériels.

Art. 25. — Le procureur général veille à ce que les lois et règlements soient exécutés dans les tribunaux, et lorsqu'il aura des observations à faire à cet égard, le président de la cour ou le président du tribunal de première instance sera tenu, sur sa demande, de convoquer une assemblée générale de la Cour ou du tribunal.

Art. 26. — Le Procureur général n'assiste pas aux délibérations des juges lorsqu'ils se retirent dans la chambre du conseil pour les jugements ; mais il assiste à toutes les délibérations qui regardent l'ordre et le services intérieur, ainsi que la discipline.

Il a le droit de faire inscrire sur les registres de la cour et du tribunal les réquisitions qu'il juge à propos de faire sur ces matières.

Art. 27. — Dans les affaires qui intéressent le Gouvernement, le procureur général est tenu, lorsqu'il en est requis par le Gouverneur, de faire, conformément aux instructions qu'il en reçoit, les actes nécessaires pour saisir les tribunaux.

Il examine les plaintes qui peuvent s'élever de la part des prévenus et en rend compte au Gouverneur.

Il a l'inspection des actes judiciaires et des registres des greffes, des registres constatant l'état civil et de ceux des curateurs aux successions vacantes.

Il est chargé de réunir, pour être envoyés au Ministre de la marine et des colonies, les doubles registres, doubles minutes et documents divers destinés au dépôt des archives coloniales.

Art. 28. — Le procureur général a, en outre, les attributions qui sont dévolues aux procureurs généraux de la Martinique et de la Guadeloupe, par les articles 130, 131, 132, 135, 136, 138 et 139 de l'ordonnance du 9 février 1827. (Bat. II, p. 168.)

Art. 29. — Toutes les fonctions du ministère public sont personnellement et spécialement confiées au procureur général.

Il porte la parole, s'il le juge convenable, aux audiences de la Cour, toutes Chambres assemblées ; aux audiences solennelles de la Cour et aux audiences des Chambres de la Cour.

Art. 30. — Le premier substitut et les substituts du procureur général participent à l'action du ministère public, sous les ordres et sous la direction du procureur général, qui les attache à la Chambre à laquelle il croit leur service le plus utile.

Toutes les fois qu'il en sont requis par le procureur général, ils sont tenus de lui communiquer les conclusions qu'ils se proposent de donner.

En cas de dissentiment, le procureur général porte la parole.

En cas d'absence ou d'empêchement du procureur général, la direction du parquet est confiée au premier substitut.

Art. 31. — Les procureurs de la République remplissent les fonctions du ministère public près les tribunaux de première instance et participent, sous la direction du procureur général, à l'exercice des autres fonctions énoncées au présent chapitre. Ils sont placés sous les ordres du procureur général.

Art. 32. — Des licenciés en droit, nommés par le Ministre de la marine, pourront être attachés au parquet du Procureur général et aux parquets de première instance.

Ils pourront être nommés, par décret du chef de l'État, à un emploi dans la magistrature, après avoir rempli les conditions dont il sera parlé au titre III ci-après.

## TITRE III

### DES MEMBRES DE L'ORDRE JUDICIAIRE

CHAPITRE PREMIER. — *Composition du corps judiciaire en Cochinchine.*

Art. 33. — Les magistrats et les greffiers de la Cour d'appel et des tribunaux de première instance, ainsi que les juges de paix et leurs suppléants, sont nommés par le Président de la République.

Les greffiers de justice de paix sont nommés par le Ministre de la marine et des colonies.

Les commis-greffiers sont, sur la présentation des greffiers, agréés par la Cour ou le tribunal près lequel ils exercent.

Art. 34. — Les attachés, dont il a été parlé à l'article 32 ci-dessus, font, auprès des parquets de la Cour et des tribunaux, un stage d'une année au moins. Ils peuvent ensuite être proposés par le Gouverneur, dès qu'une vacance se produit (s'ils réunissent les conditions d'âge exigées), à l'emploi du juge suppléant ou à celui de lieutenant de juge ; mais, dans ce dernier cas, ils devront avoir justifié de la connaissance de la langue annamite.

Art. 35. — Transitoirement et jusqu'à ce que le cadre des magistrats de la Cochinchine soit rempli, les inspecteurs et administrateurs des affaires indigènes seront admis dans le corps de la magistrature, à titre auxiliaire.

CHAPITRE II. — *Des conditions d'âge et de capacité.*

Art. 36. — L'âge requis pour les divers emplois de la magistrature est fixé comme suit : à vingt-deux ans accomplis pour les juges suppléants, les substituts du procureur de la République et les juges de paix suppléants ; à vingt-cinq ans accomplis pour les procureurs de la République, les substituts du procureur général, les conseillers auditeurs, les lieutenants de juge, les greffiers des tribunaux de paix et de première instance ; à vingt-sept ans accomplis pour les juges de paix, les juges présidents, les conseillers et le greffier de la Cour d'appel ; à trente ans accomplis pour le procureur général et les présidents de la Cour.

Art. 37. — Nul ne peut entrer dans la magistrature s'il n'est licencié en droit, s'il n'a suivi le barreau pendant deux ans après avoir prêté serment à une cour d'appel. ou s'il n'a été attaché pendant un an au moins à un parquet en Cochinchine.

Les administrateurs des affaires indigènes, licenciés en droit, qui entreront dans le corps judiciaire de la Cochinchine, sont exemptés de condition de stage.

Art. 38. — Le président, le lieutenant de juge et le procureur de la République de chacun des tribunaux d'arrondissement, deux conseillers à la cour et un conseiller auditeur devront justifier de la connaissance de la langue annamite.

Art. 39. — Les greffiers de la Cour et des tribunaux de première instance ne pourront être choisis que parmi les licenciés en droit, à moins qu'il n'aient précédemment exercé les fonctions d'avoué, de défenseur ou de greffier de justice de paix pendant trois années au moins, ou celles de commis-greffier pendant cinq ans au moins.

Art. 40. — Les parents et alliés, jusqu'au degré d'oncle et de neveu inclusivement, ne pourront être simultanément membres de la Cour ou du même tribunal, soit comme conseillers, conseillers auditeurs, juges, lieutenants de juge ou juges suppléants, soit comme officiers du ministère public ou même comme greffiers.

En cas d'alliance survenue depuis la nomination, celui qui l'a contractée ne pourra continuer ses fonctions sans obtenir une dispense du Chef de l'État.

CHAPITRE III. — *De la résidence et des congés.*

Art. 41. — Les membres de la Cour et des tribunaux, ainsi que les greffiers, sont tenus de résider dans le lieu même où siège la Cour et le tribunal dont ils font partie.

Art. 42. — Les magistrats ne peuvent s'absenter sans congé, si ce n'est pour cause de service. Le magistrat qui s'absente sans un congé délivré d'après les conditions du règlement, est privé de son traitement durant le temps qu'a duré son absence.

Si cette absence excède quinze jours, il lui est enjoint, par le procureur général, de se rendre à son poste. Faute par lui d'obtempérer à cette injonction dans le même délai, il est rendu compte au Gouverneur qui, suivant les circonstances et de l'avis du Conseil privé, peut, après l'avoir entendu ou dûment appelé, le suspendre provisoirement de ses fonctions pendant trois mois au plus, et même provoquer sa destitution.

La disposition ci-dessus est applicable à tout magistrat qui n'aura pas repris ses fonctions à l'expiration de son congé, ou qui ne résiderait pas dans le lieu qui lui est assigné par ses fonctions.

## CHAPITRE IV. — *De la discipline.*

Art. 43. — La Cour d'appel a le droit de surveillance sur ses membres, autre que les officiers du ministère public, ainsi que sur les juges des tribunaux de première instance et de paix.

Elle a la connaissance des crimes et des délits prévus par le chapitre III, titre IV, livre II du Code d'instruction criminelle, dans tous les cas où la connaissance en est déférée aux Cours d'appel de France.

Le président de la Cour avertit d'office, ou sur la réquisition du ministère public, tout juge qui manquerait aux devoirs de son état.

Art. 44. — Si l'avertissement reste sans effet ou si le fait reproché au magistrat est de nature à compromettre la dignité de son caractère, le président ou le procureur général provoquent contre ce magistrat, par forme de discipline, l'application de l'une des peines suivantes :

La censure simple ;

La censure avec réprimande ;

La suspension provisoire.

Art. 45. — La censure avec réprimande emporte de droit la privation, pendant un mois, de la totalité du traitement.

La suspension provisoire emporte aussi, pendant le temps de sa durée, la privation du traitement, sans que, dans aucun cas, la durée de cette privation puisse être moindre de deux mois.

Art. 46. — L'application des peines déterminées par l'article 44 est faite par la Cour, en chambre de conseil, sur les conclusions écrites du procureur général, après, toutefois, que le magistrat inculpé a été entendu ou dûment appelé.

Art. 47. — Tout magistrat qui se trouve sous les liens d'un mandat d'arrêt, de dépôt ou d'une ordonnance de prise de corps, est suspendu de ses fonctions.

En cas de condamnation correctionnelle, emportant emprisonnement, la suspension a lieu à dater du jour de la condamnation jusqu'à celui où il aura subi sa peine, sans préjudice des mesures de discipline qui pourraient être prises contre lui, et même de la révocation, s'il y a lieu.

Art. 48. — Il est rendu compte au Gouverneur, par le procureur général, des décisions prises par la Cour.

Lorsque la censure avec réprimande ou la suspension provisoire auront été prononcées, ces mesures ne seront exécutées qu'autant qu'elles auront été approuvées par le Gouverneur, en Conseil.

Néanmoins, en cas de suspension, le magistrat sera tenu de s'abstenir de ses fonctions jusqu'à ce que le Gouverneur ait prononcé.

Le Gouverneur rendra compte au Ministre de la marine et des colonies des décisions prises à cet égard.

Art. 49. — Le Gouverneur pourra toujours, quand il le jugera convenable, mander devant lui les membres de l'ordre judiciaire pour en obtenir des explications sur les faits qui leur seraient imputés et les déférer ensuite, s'il y a lieu, à la Cour, qui statuera ce qu'il appartiendra.

Art. 50. — Les officiers du ministère public qui manqueraient aux convenances de leur état ou qui compromettraient la dignité de leur caractère, seront rappelés à leur devoir par le procureur général. Il en sera rendu compte au Gouverneur qui, suivant la gravité des circonstances, leur fera faire par le procureur général les injonctions qu'il jugera nécessaires, ou pourra leur appliquer, en Conseil, l'une des peines de discipline prévues à l'article 44, après, toutefois, que le magistrat inculpé aura été dûment appelé.

Le Gouverneur rendra compte au Ministre de la marine et des colonies des décisions qui auront été prises à cet égard.

Art. 51. — Les greffiers seront avertis ou réprimandés, savoir : celui de la Cour, par le président ; ceux des tribunaux de première instance, par le président du tribunal, et ceux des tribunaux de paix, par le juge de paix du canton dans lequel ils exercent leurs fonctions.

Le procureur général et les procureurs de la République auront, à l'égard des greffiers, les mêmes droits d'avertissement et de réprimande.

Le procureur général les dénoncera, s'il y a lieu, au Gouverneur.

Art. 52. — Les commis-greffiers pourront être révoqués par le greffier, avec l'agrément de la Cour ou du tribunal auxquels ils sont attachés.

Dans les cas de faute grave, la Cour ou le tribunal pourra d'office, ou sur la réquisition du ministère public, ordonner que le commis-greffier, entendu ou dûment appelé, cessera sur-le-champ ses fonctions. Le greffier sera tenu de pourvoir au remplacement dans le délai qui aura été fixé par la Cour ou le tribunal.

Art. 53. — Les décisions de la Cour d'appel, en matière de discipline, ne peuvent être rendues que par cinq magistrats. Elle ne seront pas susceptibles du recours en cassation.

Art. 54. — Le Ministre de la marine et des colonies exerce, avec le concours du Garde des sceaux, ministre de la justice, le pouvoir disciplinaire à l'égard des membres de l'ordre judiciaire de la colonie.

Après avoir entendu les explications du magistrat inculpé, ils statuent définitivement sur l'action disciplinaire.

## TITRE IV

### DISPOSITIONS DIVERSES

Art. 55. — En cas d'empêchement de l'un des magistrats désignés ci-dessus, il sera pourvu à son remplacement par le Gouverneur, sur la proposition du procureur général.

Les intérimaires pourront être dispensés des conditions d'âge et de capacité exigées des titulaires.

Art. 56. — La cour pourra proposer au Gouverneur des règlements pour la plus prompte expédition des affaires et pour la fixation du nombre et de la durée de ses audiences, de celles des tribunaux de première instance et des tribunaux de paix.

Ces règlements ne seront exécutés qu'après avoir été arrêtés par le Gouverneur, en Conseil privé ; ils ne deviendront définitifs que lorsqu'ils seront revêtus de l'approbation du Ministre de la marine et et des colonies.

Tout ce qui concerne la fixation des tarifs judiciaires et des droits de greffe, ainsi que la discipline sur les notaires, les officiers ministériels et les fonctionnaires attachés au service de la justice, sera réglé par décret du Président de la République, sur la proposition du Ministre de la marine et des colonies. Toutefois, le Gouverneur, en Conseil privé, pourra prendre des arrêtés sur ces matières.

Ces arrêtés seront provisoirement exécutoires.

Art. 57. — La date de l'entrée en fonctions des tribunaux d'arrondissement institués par le présent décret sera déterminée par des arrêtés du Gouverneur, en Conseil privé.

Art. 58. — Sont abrogées toutes dispositions contraires au présent décret.

Continueront d'être observés les lois, règlements, ordonnances et arrêtés en vigueur en Cochinchine, concernant les diverses classes d'habitants, sur toutes les matières et juridictions non réglées par le présent décret.

JULES GRÉVY.

(17 août 1881)

**DÉCRET** *portant organisation de la juridiction française en Annam.*

(Promulg. A. G., 6 octobre 1881)

B. C., p. 392.

Article premier. — Sur le territoire ouvert aux Européens dans le royaume d'Annam, la justice est rendue aux nationaux, sujets ou protégés français, et à tous sujets ou protégés d'une puissance étrangère, et, dans tous les cas où il n'y a pas de sujets annamites en cause, par les tribunaux français établis au siège des résidents de France.

Ces tribunaux sont assimilés aux tribunaux de première instance siégeant dans l'intérieur de la Cochinchine.

Art. 2 — Ces tribunaux se conformeront, pour le jugement des affaires civiles, commerciales et pénales intéressant les justiciables désignés à l'article premier, à la législation en vigueur en Cochinchine, laquelle sera promulguée dans les territoires compris dans la juridiction des tribunaux établis au siège des résidents.

Art. 3. — Les fonctions du ministère public, de greffier, de notaire et d'huissier seront remplies par des fonctionnaires désignés par le Gouverneur de la Cochinchine.

Les fonctions de notaire et de greffier pourront être réunies.

Art. 4. — Il n'est rien modifié aux dispositions en vigueur, d'après les traités conclus avec le gouvernement annamite et concernant les juridictions instituées pour le jugement des affaires civiles, commerciales et pénales, où seraient parties des sujets annamites conjointement avec des nationaux, sujets ou protégés d'une puissance étrangère.

Art. 5. — Pourront être distraites de la juridiction des tribunaux français les causes dans lesquelles les sujets d'une puissance étrangère seront défendeurs, lorsqu'il sera intervenu des arrangements particuliers entre ladite puissance et le Gouvernement de la République française, pour l'établissement d'une juridiction spécialement chargée de la connaissance des causes.

JULES GRÉVY.

(6 octobre 1881)

**A. G.** *promulguant le décret du 17 août 1881 portant organisation de la juridiction française en Annam.*

B. C., p. 392.

Article premier. — Est promulgué, dans toute l'étendue de la Cochinchine française, le décret susvisé du 17 août 1881, portant organisation de la juridiction française en Annam.

Art. 2. — Conformément aux prescriptions de l'article 2 dudit décret, la législation en vigueur en Cochinchine sera promulguée dans les territoires compris dans la juridiction des tribunaux établis au siège des résidents.

A. DE TRENTINIAN

(7 novembre 1881)

**A. G.** *concernant l'exécution des dispositions du décret du 25 mai 1881 relatives à la nouvelle organisation de la Cour criminelle de Saïgon.*

B. C., p. 433.

Article premier. — Les dispositions du décret du 25 mai 1881, relatives à la nouvelle organisation de la cour criminelle de Saïgon, recevront, à compter de ce jour, leur exécution, sous les réserves suivantes :

Art. 2. — Dans les arrondissements autres que celui de Saïgon, les crimes commis par des Annamites ou par des Asiatiques continueront à être jugés par les tribunaux indigènes, conformément aux prescriptions des décrets des 25 juillet 1864 et 3 avril 1880, jusqu'à ce que lesdits tribunaux d'arrondissement aient été constitués.

Art. 3. — Les crimes commis dans les arrondissements de l'intérieur par des Européens ou par des indigènes ou des Asiatiques, de complicité avec des Européens, ou par des indigènes ou des Asiatiques, au préjudice d'Européens, continueront, jusqu'à la constitution des Cours criminelles dans les différents tribunaux d'arrondissement sus-énoncés, d'être déférés à la Cour criminelle de Saïgon, conformément à l'article 14 du décret du 25 juillet 1864.

LE MYRE DE VILERS

(8 novembre 1881)

**A. G.** *relatif à l'entrée en fonctions du tribunal de première instance de Binh-hoa* (1).

B. C., p. 434.

(14 novembre 1881)

**A. G.** *relatif à l'entrée en fonctions du tribunal de première instance de Mytho*

B. C., p. 435.

(14 novembre 1881)

**A. G.** *relatif à l'entrée en fonctions du tribunal de première instance de Bentré.*

B. C., p. 436.

(14 novembre 1881)

**A. G.** *réglant la procédure devant les Cours criminelles instituées par le décret du 25 mai 1881 réorganisant la justice et le service judiciaire en Cochinchine.*

B. C., p. 438.

Article premier. — Le procureur général près la Cour d'appel poursuit devant la Cour criminelle, soit par lui-même, soit par ses substituts, toute personne dont il a décidé la mise en accusation.

Art. 2. — Il dresse, aussitôt que l'information est terminée, l'acte d'accusation et le fait notifier à l'accusé, auquel toutes les pièces de la procédure doivent être communiquées sur sa demande.

Le procureur général peut également saisir directement la Cour criminelle par simple citation et sans instruction préalable.

Art. 3. — Il apportera tous ses soins à ce que les actes préliminaires soient faits et que tout soit en état pour que les débats puissent commencer à l'époque de l'ouverture des assises.

Art. 4. — Quand la mise en accusation aura été décidée par le procureur général, si l'affaire ne doit pas être jugée dans le lieu où siège la Cour d'appel, il transmettra les pièces du procès au greffe du tribunal de première instance du chef-lieu d'arrondissement où doit siéger la cour criminelle appelée à en connaître.

Les pièces servant à conviction qui seront restées déposées au greffe du tribunal d'instruction, ou qui auraient été apportées au greffe de la Cour d'appel, seront réunies sans délai au greffe où ont été remises les pièces du procès.

Art. 5. — L'accusé, s'il est détenu, sera envoyé dans la maison de justice du lieu où doivent se tenir les assises.

Art. 6. — Aussitôt après la remise des pièces au greffe et l'arrivée de l'accusé

(1) V. *infrà*, A. G., 26 décembre 1883.

dans la maison de justice, celui-ci sera interrogé par le président de la cour criminelle ou par le juge qu'il aura délégué.

Art. 7. — L'accusé sera interpellé de déclarer le choix qu'il aura fait d'un conseil pour l'aider dans sa défense. Si non, le juge lui en désignera un sur-le-champ.

Cette désignation sera comme non avenue si l'accusé choisit un conseil.

Art. 8. — Le conseil de l'accusé ne pourra être choisi par lui ou désigné par le juge que parmi les défenseurs ou, à défaut, parmi toute personne parlant le français et jouissant de ses droits civils et politiques.

Le président de la Cour criminelle pourra également, dans tous le cas, autoriser l'accusé à prendre pour conseil un de ses parents ou amis.

Art. 9. — Le conseil pourra communiquer avec l'accusé après son interrogatoire. Il pourra prendre communication de toutes les pièces sans déplacement.

Art. 10. — Les conseils des accusés pourront prendre ou faire prendre copie de telle pièce du procès qu'ils jugeront utile à leur défense.

Art. 11. — Trois jours au moins avant l'ouverture des assises, il sera procédé, par le président de la Cour criminelle ou par le juge qu'il aura délégué à cet effet, au tirage au sort des assesseurs sur une liste de vingt notables dressée chaque année, dans la seconde quinzaine de décembre, conformément aux prescriptions des articles 17 et 18 du décret du 25 mai 1881.

Une liste complémentaire de dix notables, pour chaque catégorie d'accusés, pourra être dressée dans les mêmes conditions, et, en cas d'insuffisance des notables, de la liste principale, par suite de décès, d'incapacité ou d'absence de la colonie. — Le président pourvoira à leur remplacement par une simple ordonnance.

Art. 12. — Il complétera la liste des vingt notables en suivant l'ordre de l'inscription sur la liste complémentaire.

Art. 13. — Les listes des notables seront renouvelées tous les ans.

Les mêmes membres pourront être désignés de nouveau.

Art. 14. — Nul ne pourra être porté sur la liste des notables s'il ne jouit de ses droits civils et politiques.

Art. 15. — Les fonctions d'assesseur seront incompatibles avec celles de membre du Conseil privé, de membre de l'ordre judiciaire, de ministre d'un culte quelconque et de militaire en activité de service dans les armées de terre et de mer.

Art. 16. — Le jour du tirage au sort des assesseurs sera fixé par ordonnance du président de la Cour criminelle, sur la réquisition du procureur général ou de ses substituts.

Cette ordonnance et la liste des vingt notables seront notifiées à l'accusé la veille au moins du jour déterminé pour le tirage.

Art. 17 — Le tirage se fera en chambre du conseil, en présence du ministère public, du greffier, des accusés et de leurs conseils. A cet effet, le juge chargé du tirage déposera un à un dans une urne, après les avoir lus à haute et intelligible voix, les noms des vingt notables de l'arrondissement écrits sur un bulletin.

Art. 18. — Cette première opération terminée, le président ou le juge délégué retirera successivement deux bulletins de l'urne et lira les noms qui s'y trouvent inscrits ; les deux assesseurs ainsi désignés feront partie de la cour criminelle pour le jugement de toutes les affaires inscrites au rôle de la session. Il sera tiré également, s'il y a lieu, au sort, de la même manière, un ou deux assesseurs supplémentaires pour remplacer, le cas échéant, les assesseurs titulaires.

Procès-verbal des opérations du tirage sera dressé par le greffier et signé du magistrat qui y aura présidé.

Art. 19. — Le droit de récusation ne pourra être exercé.

Toutefois, les empêchements résultant pour les juges à raison de leur parenté ou de leur alliance, soit entre eux et les accusés ou la partie civile, sont applicables aux assesseurs, soit entre eux, soit entre eux et les juges, soit entre eux et les accusés ou la partie civile.

Art. 20. — Nul ne peut être assesseur dans la même affaire où il a été officier de police judiciaire, témoin, interprète, expert ou partie.

Art. 21. — Les récusations fondées sur une des causes prévues par les deux articles qui précèdent seront jugées sur simple requête par la Cour criminelle, qui ordonnera, s'il y a lieu, que l'assesseur récusé sera remplacé par un des assesseurs supplémentaires, en suivant l'ordre du tirage au sort.

Art. 22. — Les accusés qui ne seront arrivés dans la maison de justice qu'après le tirage des assesseurs ou l'ouverture des assises, ne pourront y être jugés que lorsque le procureur général l'aura requis, lorsque les accusés auront consenti et lorsque le président l'aura ordonné. — En ce cas, le procureur général et les accusés seront considérés comme ayant accepté la composition de la Cour criminelle.

Art. 23. — Tout assesseur qui ne sera pas rendu à son poste sur la citation qui lui aura été notifiée sera condamné par la Cour criminelle à une amende, laquelle sera:

Pour la première fois, de 500 francs ;

Pour la seconde, de 1,000 francs ;

Pour la troisième, de 1,500 francs.

Cette dernière fois, il sera de plus déclaré incapable d'exercer à l'avenir les fonctions d'assesseur. L'arrêt sera imprimé et affiché à ses frais.

Art. 24. — Seront exceptés ceux qui justifieront qu'ils étaient dans l'impossibilité de se rendre au jour indiqué.

La Cour prononcera sur la validité de l'excuse.

Art. 25. — Les peines portées en l'article 23 sont applicables à tout assesseur qui, même s'étant rendu à son poste, se retirerait avant l'expiration de ses fonctions sans une excuse valable, qui sera également jugée par la Cour.

Art. 26. Au jour fixé pour l'ouverture des assises, la Cour ayant pris séance, les assesseurs se placeront à ses côtés dans l'ordre désigné par le sort.

Art. 27. — L'accusé comparaîtra libre et seulement accompagné de gardes pour l'empêcher de s'évader. — Le président lui demandera son nom, ses prénoms, son âge, sa profession, sa demeure et le lieu de sa naissance.

Art. 28. — Le président avertira le conseil de l'accusé qu'il ne peut rien dire contre sa conscience ou contre le respect dû aux lois, et qu'il doit s'exprimer avec décence et modération.

Art. 29. — A la première audience de chaque session d'assises, le président fera prêter aux assesseurs, debout et découverts, le serment suivant, dont il prononcera la formule en ces termes :

« Je jure et promets, devant Dieu et devant les hommes, d'examiner avec l'attention la plus scrupuleuse les affaires qui me seront soumises pendant le cours de la présente session; de ne trahir ni les intérêts de l'accusé, ni ceux de la société ; de n'écouter ni la haine, ni la méchanceté, ni la crainte ou l'affection, et de ne décider que d'après les charges et les moyens de défense, suivant ma conscience et mon intime conviction, avec l'impartialité et la fermeté qui conviennent à un homme probe et libre. »

Chacun des assesseurs, appelé individuellement par le président, répondra, en levant la main : « Je le jure », à peine de nullité.

Art. 30. — Immédiatement après, le président avertira l'accusé d'être attentif à ce qu'il va entendre.

Il ordonnera au greffier de lire la décision du parquet et l'acte d'accusation.

Le greffier fera cette lecture à haute voix.

Art. 31. — Le procureur général exposera le sujet de l'accusation ; il présentera ensuite la liste des témoins qui devront être entendus soit à sa requête, soit à la requête de la partie civile, soit à celle de l'accusé.

Cette liste sera lue à haute voix par le greffier.

Art. 32. — Le président ordonnera aux témoins de se retirer dans la chambre qui leur sera destinée. Ils n'en sortiront que pour déposer. Le président prendra des précautions, s'il en est besoin, pour empêcher les témoins de conférer entre eux du délit et de l'accusé avant leur déposition.

Art. 33. — Les témoins feront à l'audience, sous peine de nullité, le serment de dire toute la vérité, rien que la vérité, et le greffier en tiendra note, ainsi que de leurs noms, prénoms, profession, âge et demeure.

Seront en outre observées les dispositions des articles 156, 157, 158, 319, 325, 326, 327 et 329 du Code d'instruction criminelle

Art. 34. — Si, d'après les débats, la déposition d'un témoin paraît fausse, le président pourra, sur la réquisition soit du procureur général, soit de la partie civile, soit de l'accusé, et même d'office, faire sur-le champ mettre le témoin en état d'arrestation. Le procureur général, le président ou l'un des juges par lui commis, rempliront à son égard : le premier, les fonctions d'officier de police judiciaire ; le second, les fonctions attribuées au juge d'instruction dans les autres cas.

Les pièces d'instruction seront remises au procureur général pour être, par lui, statué sur la mise en accusation.

Art. 35. — Dans le cas de l'article précédent, le procureur général, la partie civile ou l'accusé pourront immédiatement requérir et la cour ordonner, même d'office, le renvoi de l'affaire à la prochaine session.

Art. 36. — Si l'accusé, les témoins ou l'un deux ne parlent pas le même langage ou le même idiome, ou si l'accusé est sourd et muet et ne sait pas écrire, le président devra se conformer aux prescriptions des articles 332 et 333 du Code d'instruction criminelle.

Art. 37. — Le président déterminera celui des accusés qui devra être soumis le premier aux débats, en commençant par le principal accusé, s'il y en a un.

Il se fera ensuite un débat particulier sur chacun des autres accusés.

Art. 38. — A la suite des dépositions des témoins et des dires respectifs auxquels elles auront donné lieu, la partie civile ou son conseil et le procureur général seront entendus et développeront les moyens qui appuient l'accusation.

L'accusé et son conseil pourront leur répondre.

La réplique sera permise à la partie civile et au procureur général ; mais l'accusé ou son conseil auront toujours la parole le dernier.

Le président déclarera ensuite que les débats sont terminés.

Art. 39. — Le président posera les questions résultant de l'acte d'accusation, en ces termes :

« L'accusé est-il coupable d'avoir commis tel meurtre, tel vol, ou tel autre crime, avec toutes les circonstances comprises dans le résumé de l'acte d'accusation ? »

Il observera, pour le surplus, les dispositions des articles 338, 339 et 340 du Code d'instruction criminelle.

Art. 40. — En toute matière criminelle, même en cas de récidive, le président, après avoir posé les questions résultant de l'acte d'accusation et des débats, posera la question de circonstances atténuantes.

Art. 41. — Après la lecture des questions par le président, l'accusé, son conseil, la partie civile et le procureur général pourront faire, sur la position de ces questions, telles observations qu'ils jugeront convenables.

Si le procureur général ou l'accusé s'oppose à la position des questions telles qu'elles auront été présentées, il sera statué par la Cour sur le mérite de cette opposition.

Art. 42. — Le président fera ensuite retirer l'accusé de l'auditoire, et la Cour se rendra avec les assesseurs dans la chambre du conseil pour délibérer sur la solution des questions.

Art. 43. — La Cour avec les assesseurs rentrera ensuite dans l'auditoire, et le président, après avoir fait comparaître l'accusé, donnera lecture de la délibération qui sera signée par les membres de la Cour, les assesseurs et le greffier.

Art. 44. — La Cour, sans la participation des assesseurs, délibérera sur l'application de la peine.

Seront observées, pour le surplus, les dispositions des articles 191, 362, 363, 364, 365, 367, 368, 195, 370 et 371 du Code d'instruction criminelle.

Art. 45. — Sont et demeurent abrogées les dispositions des articles 11, 12 et suivants, jusqu'à l'article 29 exclusivement de l'arrêté du 7 mars 1865.

Art. 46. — Le présent arrêté sera exécutoire provisoirement et soumis à l'approbation du Ministre de la marine et des colonies.

LE MYRE DE VILERS.

(19 décembre 1881)

**A. G.** *transférant provisoirement à Sadec le tribunal de première instance de Vinhlong* (1).

B. C., p. 528.

(19 décembre 1881)

**A. G.** *relatif à l'entrée en fonctions du tribunal de 1re instance de Chaudoc* (2).

B. C., p. 531.

(19 décembre 1881)

**A. G.** *relatif à l'entrée en fonctions du tribunal de 1re instance de Soctrang* (3).

B. C., p. 532.

(26 décembre 1881)

**A. G.** *modifiant le ressort du tribunal de première instance de Binh-hoa.*

B. C., p. 538.

(7 février 1882)

**A. G.** *portant que le juge de paix de Saïgon tiendra à Cholon deux audiences par semaine.*

B. C., p. 90.

Article premier. — Le juge de paix de Saïgon tiendra à Cholon deux audiences par semaine pour l'expédition des affaires civiles et de simple police de cette localité.

Art. 2. — Ces audiences auront lieu le lundi et le vendredi de chaque semaine, à 7 heures et demie du matin, dans le local fourni par la municipalité.

Art. 3. — Les fonctions de ministère public près le tribunal de simple police seront remplies par le commissaire de police de Cholon.

(1) V. *infrà*, A. G., 6 mars 1882.
(2) V. *infrà*, A. G., 28 décembre 1882.
(3) V. *infrà*, A. G., 28 décembre 1882.

Art. 4. — Les fonctions d'huissier seront exercées par deux agents de police de Cholon désignés par le procureur général.

Ils feront, dans la ville de Cholon et sa banlieue comprise dans le ressort des tribunaux de Saïgon, les assignations et notifications du ministère des huissiers devant la justice de paix de Cholon, qui leur seront remises par le ministère public ou par le greffier, conformément à l'article 27 du décret du 25 juillet 1864.

En matière civile, le coût des actes sera perçu par le greffier, qui en versera le montant à la caisse du receveur de l'enregistrement de Saïgon.

Les actes d'huissiers et les procès-verbaux présentés devant la justice de paix de Cholon pourront n'être enregistrés qu'avec le jugement auquel ils serviront de base.

Art. 5. — Le juge de paix et le greffier recevront chacun, à titre de frais de déplacement, une allocation annuelle de cent piastres (100 piastres), qui sera payée par la municipalité de Cholon.

Art. 6. — Une indemnité de trente-deux piastres (32 piastres) par an sera payée par la même municipalité au commissaire de police, à titre de frais de service.

Art. 7. — Un somme de soixante-douze piastres (72 piastres) par an, sera répartie sur état visé par M. le juge de paix, à titre de supplément, aux interprètes de la municipalité de Cholon, qui devront lui prêter leur ministère toutes les fois qu'il en sera besoin.

LE MYRE DE VILERS.

(6 mars 1882)

**A. G.** *portant que le tribunal de première instance, provisoirement installé à Sadec, sera définitivement établi à Vinhlong.*

B. C., p. 131.

Article premier — L'arrêté du 19 décembre 1881, susvisé, relatif à l'installation provisoire du tribunal de première instance de Vinhlong à Sadec, est et demeure rapporté.

Art. 2. — Ce tribunal sera définitivement installé à Vinhlong, à compter du 15 mars courant, dans les bâtiments mis à la disposition du service judiciaire par l'Administration.

Art. 3. — Le ressort du tribunal de première instance de Vinhlong comprendra les arrondissements de Vinhlong et de Sadec.

Art. 4. — Les archives des parquets et des greffes des deux anciens tribunaux indigènes de Vinhlong et de Sadec, qui ont été supprimés par l'arrêté susvisé du 19 décembre 1881, les registres, les dossiers, etc., etc., déposés à Sadec, seront transportés à Vinhlong et déposés au greffe du tribunal de première instance. Procès-verbal sera dressé de ce dépôt, et le greffier devra en prendre charge.

Art. 5. — L'administrateur de Sadec, ou des agents qui pourront lui être attachés rempliront, dans l'arrondissement où ne siège pas le tribunal de première instance, les fonctions réservées par l'article 4, paragraphe 2, du décret du 25 mai 1881, et aussi celles d'officiers de police judiciaire.

LE MYRE DE VILERS.

(4 septembre 1882)

**RAPPORT P. G.** *précédant l'arrêté du 5 septembre 1882 réglementant l'exécution du jugement en matière civile et commerciale indigène.*

J. C., p. 713.

J'ai l'honneur de soumettre à votre approbation, en Conseil, un projet d'arrêté sur l'exécution des jugements en matière civile et commerciale indigènes.

Le décret du 25 mai 1881 a laissé subsister, pour les jugements des affaires civiles indigènes, la procédure fixée par la loi annamite.

Cette loi est malheureusement muette sur les divers modes d'exécution des jugements, et l'on s'explique facilement cette lacune dans une législation qui laissait au juge le soin de pourvoir lui-même à l'exécution de son jugement.

Avant la séparation des pouvoirs, l'administrateur-juge, qui était en même temps pouvoir exécutif et pouvoir judiciaire, réunissait en sa personne toutes les conditions nécessaires pour faire exécuter sa propre décision, ainsi que cela se pratiquait sous la domination annamite.

Mais, depuis le décret du 25 mai 1881, le pouvoir exécutif a, seul, qualité pour assurer l'exécution des décisions judiciaires et, en l'absence de toute règle en cette matière, il s'est établi dans la pratique divers modes de procéder qui déroutent les justiciables et ceux qui sont chargés d'appliquer lesdites décisions.

C'est pour remédier à cet état de choses qu'il ma paru indispensable de soumettre à votre haute approbation une règlementation qui, sans s'écarter des traditions généralement suivies par les fonctionnaires indigènes, aura l'incontestable avantage d'arrêter le cours des innovations que chacun cherche à y introduire.

A. Bert.

(5 septembre 1882)

**A. G.** *réglementant l'exécution des jugements en matière civile et commerciale indigène.*

B. C., 1884, p. 383.
J. C., p. 714.

Article premier. — Tout créancier indigène ou asiatique qui voudra faire exécuter un jugement ou arrêt contre un indigène ou un asiatique, devra se présenter à l'inspection porteur d'une grosse et d'un extrait contenant en quoc-ngu le dispostif dudit jugement ou arrêt qui lui seront délivrés par le greffier.

Art. 2. — L'administrateur apposera son visa sur lesdites pièces et les adressera dans le plus bref délai aux notables du domicile du débiteur.

Art. 3. — Le thôn truong, le huonh hoa et le huong than, dans chaque village, sont spécialement chargés de faire aux parties, dans l'étendue de leur commune, les notifications des actes judiciaires. Dans les villes de Cholon et de Saïgon, ces actes seront faits par les agents de la force publique désignés pour remplir les fonctions d'huissiers.

Art. 4. — Pour l'exécution des jugements ou arrêts, la notification à faire au débiteur consistera dans la remise qui lui sera faite de l'extrait du dispositif directement en quoc-ngu, avec sommation de s'y conformer dans la huitaine pour tout délai.

Procès-verbal de cette remise sera dressé par le notable instrumentaire et mention en sera faite par lui, en marge, sur la grosse qui doit rester entre ses mains tant que dure sa mission. Cette mention sera signée et datée.

Art. 5. — Si le débiteur ne satisfait pas dans la huitaine à la sommation qui lui a été faite, les notables, sur la réquisition du créancier poursuivant feront, trois jours après, l'inventaire des effets ou objets mobiliers du débiteur et en opéreront la saisie, à moins qu'il n'ait, dans l'intervalle, frappé le jugement d'opposition ou d'appel, suivant qu'il s'agira d'un jugement par défaut ou d'un jugement en premier ressort, auquel cas il sera sursis à toute mesure d'exécution jusqu'à ce qu'il ait été statué à nouveau par la justice.

L'opposition à un jugement par défaut ou l'appel d'un jugement en premier ressort seront valablement faits par une déclaration insérée dans le procès-verbal de notification du jugement. Il devra être transmis sans délai à l'administrateur qui le fera parvenir de suite au Procureur de la République.

Art. 6. — L'inventaire des objets ou effets mobiliers aura lieu en présence du débiteur et du créancier poursuivant, qui seront requis de le signer s'ils le savent.

Tout créancier poursuivant a, de droit, son domicile d'élection à la maison commune du lieu où doit se faire la saisie; s'il ne désigne lui-même aux notables un autre domicile dans le village, toute convocation, toute notification qu'il y aura lieu de lui faire au cours de la procédure pour la mise en exécution de la décision judiciaire qu'il poursuit, lui seront faites à ce domicile.

Art. 7. — Si le débiteur ou le créancier poursuivant ne se présentent pas à l'heure et au jour indiqués, les notables appelleront à la confection de l'inventaire deux voisins qui y figureront comme témoins.

Art. 8. — Les notables feront, dans leur procès-verbal, l'énumération des objets trouvés au domicile du débiteur et estimeront à juste prix leur valeur.

Art. 9. — Si la valeur de ces objets leur paraît inférieure à 5 piastres, ils ne procèderont pas à la confection de l'inventaire, ils se borneront à dresser un procès-verbal de *carence*, à moins que le créancier poursuivant ne prenne l'engagement de se porter adjudicataire desdits objets pour un prix qui ne pourra être inférieur à cette somme.

Art. 10. — L'inventaire terminé, les notables désigneront un gardien de la saisie, ils pourront aussi laisser les objets saisis à la garde du saisi lui-même. Celui qui aura été constitué gardien sera tenu, sous les peines édictées par le Code pénal, de représenter les objets confiés à sa garde à toute réquisition.

Art. 11. — Ne devront pas être inventoriés et compris dans la saisie:

1° Les habits dont les saisis sont vêtus et couverts:

2° Les outils des artisans nécessaires à leurs occupations personnelles;

3° Les grains ou farines et menues denrées nécessaires à la consommation du saisi et de sa famille pendant un mois;

4° Le coucher du saisi et de sa famille ;

5° Les objets du culte.

Art. 12. — Les notables, aussitôt après la confection de l'inventaire, feront apposer trois affiches : une à la maison commune, l'autre à la porte du domicile du saisi et la troisième au marché le plus voisin, indiquant le jour, l'heure, le lieu et l'objet de la vente, le nom du saisi et celui du saisissant.

Les affiches porteront en tête, en gros caractères, ces mots : *Vente par autorité de justice*, et seront signées du notable qui les aura dressées.

La vente ne pourra avoir lieu que huit jours au moins après celui où les affiches auront été apposées. Il sera dressé, par les notables, procès-verbal de l'apposition des affiches avec indication du jour où elle aura été faite.

Art. 13. — Quiconque se prétendra propriétaire des objets saisis ou de quelques-uns de ces objets, pourra s'opposer à leur mise en vente ou en faisant la déclaration aux notables, au plus tard la veille de la vente. Le jour de la vente, il ne sera admis aucune réclamation.

Art. 14. — Les oppositions à la vente ou les demandes en distraction formées dans les délais ci-dessus, seront portées devant le tribunal du ressort, et le réclamant qui succombera pourra être condamné s'il y a lieu, envers le saisissant, à des dommages-intérêts.

Art. 15. — Si, au cours des poursuites, survient un autre créancier, il ne sera fait aucun acte nouveau de procédure, mais il lui sera donné une attestation, par les notables, de son intervention, et il sera admis à faire valoir ses droits sur le produit de la vente.

Art. 16. — Au jour indiqué, les notables procèderont à la vente des objets saisis;

ils s'assureront avant, par un récolement, que le gardien a représenté tous les objets confiés à sa garde, et, s'il n'y manque rien, ils lui donneront décharge; dans le cas contraire, ils constateront par procès-verbal les objets manquants, recevront les explications du gardien et rendront compte de l'incident à l'administrateur.

Art. 17. — La vente aura lieu sur la mise à prix portée dans l'inventaire; si elle n'est pas couverte, l'adjudication aura lieu alors sur mise à prix volontaire. Le prix des enchères ne pourra être inférieur à dix cents.

Art. 18. — Les notables dresseront procès-verbal de leurs opérations et remettront au créancier poursuivant, en présence du débiteur saisi ou de deux témoins, déduction faite des frais, le produit de la vente jusqu'à concurrence de sa créance, s'il n'est pas formé d'opposition au payement, de la part d'aucun créancier.

Toutes les pièces de la procédure, ainsi que l'expédition du jugement ou de l'arrêt, seront remises au débiteur saisi, si le produit de la vente a suffi à désintéresser son créancier. Dans le cas contraire, elles seront délivrées au créancier poursuivant, qui en donnera récépissé aux notables, ainsi que des sommes qu'il aura reçues.

Art. 19. — S'il existe des créanciers opposants, le produit de la vente sera attribué entre eux au marc le franc, à moins qu'il n'y ait quelque cause de préférence en faveur de l'un deux.

S'il élève entre les créanciers quelques contestations sur la distribution du prix de vente, les notables les renverront à se pourvoir devant le tribunal ; ils ne se dessaisiront des sommes déposées entre leurs mains que sur une ordonnance du juge.

Art. 20. — Dans les villes de Saïgon et de Cholon, les agents de la force publique, remplissant les fonctions d'huissier, feront tous actes de procédure attribués dans les villages aux notables, mais la vente aura lieu par l'intermédiaire des commissaires-priseurs, aux conditions déterminées par les règlements en vigueur.

VENTE DES IMMEUBLES

Art. 21. — Lorsque le débiteur possèdera des immeubles, si, après la notification à lui faite du jugement ou arrêt, il ne se conforme pas à la décision judiciaire, dans les délais impartis par l'article 5, il sera procédé aussi à leur saisie sur la demande du créancier poursuivant.

Art. 22. — A cet effet, les notables dresseront un état descriptif des immeubles, en reconnaîtront les abornements et vérifieront leur inscription sur le cahier des impôts; le débiteur saisi et le saisissant seront tous les deux appelés à cette opération, mais leur absence ne pourra empêcher la procédure de suivre son cours.

Art. 23. — Dès que cette opération sera terminée, les notables feront apposer trois affiches comme il est dit à l'article 12.

Ces affiches, outre les mentions prescrites par cet article, contiendront l'extrait des *bô*, la désignation de l'immeuble avec ses abornements, autant que possible sa contenance approximative, la mise à prix et l'indication des précédents propriétaires,

Art. 24. — Il sera dressé procès-verbal de l'apposition de ces affiches, et la vente ne pourra avoir lieu au plus tôt que trente jours après.

Art. 25. — Les demandes en distraction ou en revendication, les contestations sur l'affectation des biens saisis, qui se produiront jusqu'au jour de la vente exclusivement, arrêteront toutes les opérations jusqu'à ce qu'il ait été statué par le tribunal compétent.

Art. 26.— S'il n'existe aucune opposition à la vente, elle aura lieu au jour indiqué sur la mise à prix fixée par le créancier poursuivant, ou, à défaut, par les notables eux-mêmes.

Si la mise à prix n'est pas couverte, l'adjudication aura lieu sur la mise à prix volontaire. Le prix des enchères ne pourra être inférieur à une piastre.

Art. 27. — Dans les ventes opérées par les notables, les enchères auront lieu au son du tam-tam. Après chaque enchère, il sera frappé un coup sur le tam-tam de 5 minutes en 5 minutes ; si, dans l'intervalle de trois coups, il ne se présente aucun autre enchérisseur, l'objet mis en vente sera adjugé au dernier offrant. Le prix de la vente sera payé comptant.

Art. 28. — Quiconque, sans en avoir les moyens, se portera adjudicataire, sera puni d'un emprisonnement de 5 jours et d'une amende d'une piastre à trois piastres, sans préjudice de tous dommages-intérêts s'il y a lieu. Cette condamnation sera prononcée par le tribunal civil sur le vu du procès-verbal dressé par les notables. Ces derniers, après avoir constaté par procès-verbal que l'adjudicataire n'a pas les moyens de s'acquitter du prix, annuleront l'adjudication et remettront l'immeuble aux enchères séance tenante. Néanmoins, le créancier poursuivant pourra s'opposer à la nullité de l'adjudication en acceptant la solvabilité de l'acquéreur ou d'une caution.

Art. 29. — Le procès-verbal de la vente des immeubles sera dressé par les notables en la forme des actes authentiques. Le débiteur sera tenu, même par corps, de remettre à l'acquéreur tous les titres de propriété.

Le procès-verbal d'adjudication sera enregistré et transcrit à l'inspection, conformément à l'arrêté du 6 avril 1871.

Art. 30. — A partir de l'apposition des affiches annonçant la vente, aucune vente volontaire ne pourra être consentie par le débiteur sans le consentement du saisissant, à moins qu'il offre de le désintéresser. Le créancier poursuivant sera tenu de justifier avant toute poursuite qu'il n'existe aucune hypothèque sur l'immeuble vendu. Dans le cas où il existerait des créanciers hypothécaires, le créancier poursuivant devra se conformer à la loi française.

Art. 31. — Toute vente faite en dehors de ces conditions sera considérée comme nulle et non avenue à l'égard du saisissant et des créanciers inscrits, s'il y a lieu.

Art. 32. — Le produit de la vente sera distribué comme il est dit aux articles 18 et 19, déduction faite des frais.

Art. 33. — La vente des immeubles situés dans les villes de Cholon et de Saïgon aura lieu devant le tribunal civil, sans autres formalités que celles édictées par le présent arrêté.

Le jugement d'adjudication tiendra lieu d'acte de vente à l'acquéreur qui sera néanmoins tenu de le faire transcrire, conformément à l'arrêté du 6 avril 1871.

Les notifications et autres actes de procédure confiés aux notables dans les villages seront faits par les agents de la force publique chargés des fonctions d'huissier.

Le produit de la vente, s'il n'existe aucune opposition, sera attribué dans le procès-verbal même d'adjudication au créancier poursuivant, jusqu'à concurrence de son dû.

En cas de contestation ou d'opposition, le prix de vente sera réservé jusqu'au règlement définitif par le juge et versé, s'il y a lieu, en attendant, à la caisse des dépôts et consignations.

Art. 34. — Il est interdit aux notables et officiers ministériels chargés de procéder à une vente, de se rendre adjudicataires directement ou indirectement, des objets qu'elle comprend. Toute adjudication faite à leur profit est nulle, sans préjudice de tous dommages-intérêts à l'égard du saisissant.

Art. 35. — Les actes de procédure dont il vient d'être question donneront lieu, au profit des notables ou des officiers ministériels qui en sont chargés, aux émoluments suivants.

| | Cents |
|---|---|
| 1° Notification d'un jugement ou arrêt | 0 20 |

2° Inventaire des objets mobiliers ou état descriptif, par rôle.................... 0 20
3° Procès-verbal de carence.................................................... 0 20
4° Attestation constatant la réclamation des tiers, créanciers, apposants et autres. 0 20
5° Rédaction des placards ou affiches et leur apposition........................... 0 30
6° Procès-verbal d'adjudication.................................................. 0 20

Plus 5 p. 100 sur le prix de la vente lorsqu'il s'agit des effets mobiliers, et pour les immeubles 2 p. 100 sur les premières 500 piastres ; 1 p. 100 sur les 500 piastres suivantes, et 1/2 p. 100 sur l'excédent.

Frais de gardien, par jour.................................................... 0 10

Art. 36. — Le créancier poursuivant est responsable du payement des frais, et il peut être tenu d'en faire l'avance. Ils sont, dans tous les cas, retenus sur le prix de vente et prélevés avant toute distribution.

Art. 37. — Le présent arrêté sera exécutoire par provision et soumis à l'approbation du Ministre de la marine et des colonies.

Le Myre de Vilers.

(28 décembre 1882)

**A. G.** *déterminant le ressort des tribunaux de Chaudoc et de Soctrang. (Modification aux arrêtés du 19 décembre 1881.)*

B. C., p. 508.

Article premier. — Les articles 3 des arrêtés susvisés du 19 décembre 1881, déterminant les ressorts judiciaires des tribunaux de première instance de Chaudoc et de Soctrang, sont modifiés ainsi qu'il suit :

Art. 3. — Le ressort judiciaire du tribunal de première instance de Chaudoc comprendra à l'avenir les arrondissements administratifs de Chaudoc, de Long-xuyen, d'Hatien et de Rachgia.

Art. 3. — Le ressort judiciaire du tribunal de première instance de Soctrang comprendra à l'avenir les arrondissements administratifs de Soctrang, de Cantho et de Baclieu, ce dernier tel qu'il a été délimité dans le plan annexé à l'arrêté du 18 décembre 1882, portant création de l'arrondissement de Baclieu.

Art. 2. — Les administrateurs ou des adjoints qui pourront leur être attachés, rempliront, dans les localités où ne siège pas le tribunal de première instance, les fonctions réservées par l'article 4, § 2 du décret du 25 mai 1881, et aussi celles d'officier de police judiciaire.

Le Myre de Vilers.

(2 mars 1882)

**DÉP. M.** *au sujet de l'arrêté modifiant les ressorts des tribunaux de Chaudoc et de Soctrang.*

ARCH. GOUV.

Par lettre du 8 janvier dernier, votre prédécesseur m'a transmis, pour être transformé en décret, un arrêté en date du 28 décembre dernier, modifiant les ressorts des tribunaux de Chaudoc et de Soctrang.

J'ai l'honneur de vous faire remarquer que les arrêtés primitifs n'ont pas reçu cette consécration, par ce motif tiré de la lettre même de votre prédécesseur du 10 juin, que la délimitation exacte du territoire de chaque ressort ne pourrait être faite que lorsque le levé topographique serait achevé. M. Le Myre de Vilers ajoutait : « C'est un travail qui, s'il est poussé activement, demandera encore une vingtaine d'années. »

Il ne me paraît pas possible de donner l'autorité d'un décret à des actes reposant sur des données aussi incertaines et j'estime qu'il convient de leur laisser le caractère provisoire, afin de pouvoir les modifier au fur et à mesure des progrès accomplis dans le levé topographique du pays.

Ch. Brun.

(8 mai 1883)

**DÉCRET** *supprimant l'emploi de premier substitut du procureur général près la Cour d'appel de Saïgon et portant création d'un emploi d'avocat général près ladite Cour.*

(Promulg. A. G., 13 juillet 1883)
B. C., p. 301.

Article premier. — L'emploi de premier substitut du procureur général près la Cour d'appel de Saïgon est supprimé.

Art. 2. — Il est institué auprès de la Cour d'appel de Saïgon un emploi d'avocat général.

Art. 3. — L'avocat général et les substituts du Procureur général participent à l'action du ministère public, sous les ordres et sous la direction du procureur général, qui les attache à la Chambre à laquelle il croit leur service le plus utile. Toutefois, l'avocat général est plus particulièrement chargé de porter la parole, au nom du procureur général, aux audiences civiles et criminelles de la Cour d'appel.

Art. 4. — Toutes les fois qu'ils en sont requis par le Procureur général, l'avocat général et les substituts sont tenus de lui communiquer les conclusions qu'ils se proposent de donner.

En cas de dissentiment, le procureur général porte la parole.

Art. 5. — En cas d'absence ou d'empêchement du procureur général, la direction du service judiciaire est confiée à l'avocat général, sauf désignation contraire du Gouverneur, en vertu des droits et prérogatives qui lui sont conférés par les décrets organiques de la colonie.

Art. 6. — Les articles 11 et 30 du décret du 25 mai 1881 sont abrogés en ce qu'ils ont de contraire au présent décret.

JULES GRÉVY.

(12 juin 1883)

**DÉP. M.** *Il n'y a pas lieu de transférer à Bien-hoa le tribunal de Binh-hoa.*

ARCH. GOUV.

Par lettre du 9 avril dernier, vous m'avez fait connaître qu'il n'y avait pas lieu, quant à présent, de transférer à Bien-hoa, le siège du tribunal de première instance actuellement installé à Binh-hoa.

J'ai l'honneur de vous informer que je partage l'avis que vous avez exprimé à cet égard.

En conséquence, il ne sera donné aucune suite à cette affaire.

CH. BRUN.

(5 mars 1884)

**RAPPORT. M.** *précédant le décret du 5 mars 1884 réglant la procédure devant les Cours criminelles de la Cochinchine.*

B. C., p. 210.

Le décret du 25 mai 1881, concernant l'organisation judiciaire et l'administration de la justice en Cochinchine, dispose, dans son article 22, que « toutes les dispositions concernant la Cour criminelle de Saïgon, ainsi que la procédure suivie jusqu'à présent devant cette Cour, continueront d'etre appliquées en ce qu'elles n'ont pas de contraire au présent décret ».

La législation ainsi maintenue en vigueur se trouve dans le décret du 25 juillet 1864 et dans l'arrêté local du 7 mars 1865, pris en exécution de ce décret.

Sous l'empire de cette législation, les accusés étaient déférés à la cour criminelle, dès que les affaires étaient en état de recevoir une solution, les assesseurs qui devaient prendre part au jugement étaient tirés au sort sur une liste de dix notables dressée chaque année par le Gouverneur, et cette liste était la même, quelle que fût l'origine des accusés. Enfin, la forme de procéder en matière criminelle était réglée par les dispositions du Code d'instruction criminelle relatives à la procédure devant les tribunaux correctionnels.

Le décret du 25 mai 1881, tout en maintenant le principe que la procédure correctionnelle serait suivie devant les cours criminelles, a fait subir à cette législation des modifications profondes qui rendent indispensable la revision des textes actuellement en vigueur dans la colonie.

L'article 16 de ce décret a, en effet, ordonné la tenue des sessions trimestrielles à Saïgon et au siège des tribunaux de première instance.

Les articles 17 et 18 ont prescrit la confection de diverses listes d'assesseurs pour la composition des Cours criminelles, suivant qu'elles auront à juger des accusés européens ou annamites, et la formation de la liste européenne a lieu dans de nouvelles conditions, puisque le soin de la dresser a été retiré au Gouverneur pour être attribué à une commission spéciale composée de représentants de l'administration, de la magistrature et des deux principales assemblées électives de la colonie.

Or, la procédure correctionnelle ne règle pas les formalités dont l'accomplissement est rendu nécessaire par la présence à l'audience des assesseurs et leur participation au jugement; d'autre part, le décret du 25 juillet 1864 est muet sur ce point et l'arrêté local du 7 mars 1865 s'est borné à tracer les prescriptions qui doivent être suivies avant l'ouverture des débats devant la Cour criminelle.

Enfin, l'exercice du droit de défense devant la cour criminelle n'est pas réglementé, bien qu'il y ait actuellement dans la colonie un barreau suffisant pour satisfaire aux exigences du service.

M. le Gouverneur de la Cochinchine avait pensé que ces lacunes pouvaient être comblées par un arrêté modifiant celui du 7 mars 1865, et il a pris, à la date du 14 novembre 1881, un arrêté réglementant la procédure devant les cours

Il s'est attaché, dans cet acte, à mettre la procédure suivie devant les tribunaux correctionnels en rapport avec l'institution de l'assessorat, en empruntant au Code d'instruction criminelle métropolitain ou à la législation coloniale des Antilles et de la Réunion quelques-unes de leurs prescriptions.

Mais cet arrêté, qui emprunte ses dispositions à la procédure du grand criminel, est irrégulier, attendu qu'il a été rendu contrairement aux décrets de 1864 et de 1881, aux termes desquels la procédure suivie devant les cours criminelles est la procédure déterminée par le Code pour les tribunaux correctionnels. Aussi, de récents arrêts de la Cour de cassation ont annulé des procédures suivies conformément à cet acte.

J'estime, avec la Cour suprême, que M. le Gouverneur de la Cochinchine ne pouvait, par un arrêté, modifier une procédure déterminée par des décrets; mais il importe de remarquer que cet acte comblait une lacune importante dans la législation et qu'il est nécessaire d'en maintenir les dispositions.

C'est dans cet ordre d'idées qu'a été préparé le projet de décret ci-joint, qui sanctionne par une forme régulière l'arrêté complémentaire du 14 novembre 1881.

Quelques modifications ont été apportées aux texte primitif, en ce qui concerne les articles 7 et 23. Le premier de ces articles, emprunté à l'article 294 du Code d'instruction criminelle métropolitain, impose au président de la Cour criminelle l'obligation d'interroger l'accusé sur le choix qu'il aura fait d'un défenseur et prescrit de lui en désigner un d'office pour le cas où il n'en aurait pas choisi; mais l'arrêté n'attachait pas la sanction de la nullité à l'accomplissement de cette formalité.

Or, tout ce qui est relatif à la défense des accusés ne saurait être entouré de trop de garanties, et il y a lieu de rétablir dans son intégralité le texte de l'article 294.

L'article 23 inflige des pénalités aux assesseurs qui, sans motifs légitimes, ne répondraient pas aux convocations qui leur seraient adressées.

Le texte de la colonie, emprunté à la législation des Antilles et de la Réunion, ne prévoyait qu'un maximum et ne laissait aucune latitude aux juges. Comme il n'existe aucune raison pour aggraver ces pénalités en Cochinchine, le nouvel article 23 reproduit le chiffre de l'amende tel qu'il était fixé par le Code d'instruction criminelle des Antilles et de la Réunion.

M. le Garde des sceaux, consulté par mon Département, a donné son adhésion à ce projet de décret que j'ai l'honneur de vous prier de vouloir bien revêtir de votre signature.

PEYRON.

(5 mars 1884)

**DÉCRET** *réglant la procédure devant les Cours criminelles de la Cochinchine.*

(Promulg. A. G., 16 mai 1884)

B. C., p. 210.

Article premier. — Le procureur général près la Cour d'appel de Saïgon poursuit devant la Cour criminelle, soit par lui-même, soit par ses substituts, toute personne dont il a décidé la mise en accusation.

Art. 2. — Il dresse, aussitôt que l'information est terminée, l'acte d'accusation et le fait notifier à l'accusé, auquel toutes les pièces de la procédure doivent être communiquées sur sa demande.

Art. 3. — Il apportera tous ses soins à ce que les actes préliminaires soient faits et que tout soit en état pour que les débats puissent commencer à l'époque de l'ouverture des assises.

Art. 4. — Quand la mise en accusation aura été décidée par le procureur général, si l'affaire ne doit pas être jugée dans le lieu où siège la Cour d'appel, il transmettra dans les 24 heures les pièces du procès au greffe du tribunal de première instance du chef-lieu d'arrondissement où doit siéger la Cour criminelle appelée à en connaître.

Les pièces servant à conviction, qui seront restées déposées au greffe du tribunal d'instruction ou qui auraient été apportées au greffe de la Cour d'appel, seront réunies sans délai au greffe où ont été remises les pièces du procès.

Art. 5. — Les 24 heures courront du moment de la signification faite à l'accusé de la décision du renvoi devant la Cour criminelle.

L'accusé, s'il est détenu, sera dans le même délai envoyé dans la maison de justice du lieu où doivent se tenir les assises.

Art. 6. — Vingt-quatre heures au plus tard après la remise des pièces au greffe et l'arrivée de l'accusé dans la maison de justice, celui-ci sera interrogé par le président de la Cour criminelle ou par le juge qu'il aura délégué.

Art. 7. — L'accusé sera interpellé de déclarer le choix qu'il aura fait d'un conseil pour l'aider dans sa défense. Si non, le juge lui en désignera un sur-le-champ, à peine de nullité de tout ce qui suivra.

Cette désignation sera comme non avenue et la nullité ne sera pas prononcée si l'accusé choisit un conseil.

Art. 8. — Le conseil de l'accusé sera choisi par lui ou désigné par le juge parmi les défenseurs ou, à défaut de ces derniers, parmi toute personne parlant le français et jouissant de ses droits civils et politiques.

Le président de la Cour criminelle pourra en outre l'autoriser à prendre pour conseil un de ses parents ou amis.

Art. 9. — Le conseil pourra communiquer avec l'accusé après son interrogatoire. Il pourra aussi prendre communication de toutes les pièces sans déplacement.

Art. 10. — Les conseils des accusés pourront prendre ou faire prendre copie de telle pièce du procès qu'ils jugeront utile à leur défense.

Art. 11. — Trois jours au moins avant l'ouverture des assises, il sera procédé, par le président de la Cour criminelle ou par le juge qu'il aura délégué à cet effet, au tirage au sort des assesseurs sur une liste de vingt notables dressée chaque année, dans la seconde quinzaine de décembre, conformément aux prescriptions des articles 17 et 18 du décret du 25 mai 1881.

Une liste complémentaire de dix notables, pour chaque catégorie d'accusés, pourra être dressée dans les mêmes conditions et en cas d'insuffisance des notables de la liste principale, par suite de décès, d'incapacité ou d'absence de la colonie. — Le président pourvoira à leur remplacement par une simple ordonnance.

Art. 12. — Il complétera la liste des vingt notables en suivant l'ordre de l'inscription sur la liste complémentaire.

Art. 13 — Les listes des notables seront renouvelées tous les ans.

Les mêmes membres pourront être désignés de nouveau.

Art. 14. — Nul ne pourra être porté sur la liste des notables s'il ne jouit de ses droits civils et politiques.

Art. 15. — Les fonctions d'assesseurs seront incompatibles avec celles de membres du Conseil privé, de membres de l'ordre judiciaire, de ministre d'unculte quelconque et de militaires en activité de service dans les armées de terre et de mer.

Art. 16. — Le jour du tirage au sort des assesseurs sera fixé par ordonnance du président de la Cour criminelle, sur le réquisitoire du procureur général ou de ses substituts.

Cette ordonnance et la liste des vingt notables seront notifiées à l'accusé la veille au moins du jour déterminé pour le tirage.

Art. 17. — Le tirage se fera en Chambre du conseil, en présence du ministère public, du greffier, des accusés et de leurs conseils. A cet effet, le juge chargé du tirage déposera un à un, dans une urne, après les avoir lus à haute et intelligible voix, les noms des vingt notables de l'arrondissement écrits sur un bulletin.

Art. 18. — Cette première opération terminée, le président ou le juge délégué retirera successivement deux bulletins de l'urne et lira les noms qui s'y trouvent inscrits; les deux assesseurs ainsi délégués feront partie de la Cour criminelle pour le jugement de toutes les affaires inscrites au rôle de session. Il sera tiré également au sort, de la même manière, un ou deux assesseurs supplémentaires pour remplacer, le cas échéant, les assesseurs titulaires.

Procès-verbal des opérations du tirage sera dressé par le greffier et signé du magistrat qui y aura présidé.

Art. 19. — Le droit de récusation ne pourra être exercé.

Toutefois, les empêchements résultant pour les juges à raison de leur parenté ou de leur alliance, soit entre eux et les accusés ou la partie civile, sont applicables aux assesseurs, soit entre eux, soit entre eux et les juges, soit entre eux et les accusés ou la partie civile.

Art. 20. — Nul ne peut être assesseur dans la même affaire où il a été officier de police judiciaire, témoin, interprète, expert ou partie.

Art. 21. — Les récusations fondées sur une des causes prévues par les deux articles qui précèdent seront jugées sur simple requête par la Cour criminelle, qui ordonnera, s'il y a lieu, que l'assesseur récusé sera remplacé par un des assesseurs supplémentaires, en suivant l'ordre du tirage au sort.

Art. 22. — Les accusés qui ne seront arrivés dans la maison de justice qu'après le tirage des assesseurs ou l'ouverture des assises, ne pourront y être jugés que lorsque le procureur général l'aura requis, lorsque les accusés auront consenti et lorsque le président l'aura ordonné. — En ce cas, le procureur général et les accusés seront considérés comme ayant accepté la composition de la Cour criminelle.

Art. 23. — Tout assesseur qui ne se sera pas rendu à son poste sur la citation qui lui aura été notifiée sera condamné, par la Cour criminelle, à une amende, laquelle sera :

Pour la première fois, de 200 francs au moins et de 500 francs au plus ;

Pour la seconde, de 500 francs au moins et de 1,000 francs au plus ;

Pour la troisième, de 1,000 francs au moins et de 2,000 francs au plus.

Cette dernière fois, il sera de plus déclaré incapable d'exercer à l'avenir les fonctions d'assesseur. L'arrêt sera imprimé et affiché à ses frais.

Art. 24. — Seront exceptés ceux qui justifieront qu'ils étaient dans l'impossibilité de se rendre au jour indiqué.

La cour prononcera sur la validité de l'excuse.

Art. 25. — Les peines portées en l'article 23 sont applicables à tout assesseur qui même s'étant rendu à son poste, se retirerait avant l'expiration de ses fonctions sans une excuse valable, qui sera également jugée par la Cour.

Art. 26. — Au jour fixé pour l'ouverture des assises, la Cour ayant pris séance, les assesseurs se placeront à ses côtés dans l'ordre désigné par le sort

Art. 27. — L'accusé comparaîtra libre et seulement accompagné de gardes pour l'empêcher de s'évader. — Le président lui demandera son nom, ses prénoms, son âge, sa profession, sa demeure et le lieu de sa naissance.

Art. 28. — Le président avertira le conseil de l'accusé qu'il ne peut rien dire contre sa conscience ou contre le respect dû aux lois, et qu'il doit s'exprimer avec décence et modération.

Art. 29. — A la première audience de chaque session d'assises, le président fera prêter aux assesseurs, debout et découverts, le serment suivant, dont il prononcera la formule en ces termes :

« Je jure et promets, devant Dieu et devant les hommes, d'examiner avec l'at- » tention la plus scrupuleuse les affaires qui me seront soumises pendant le cours » de la présente session ; de ne trahir ni les intérêts de l'accusé, ni ceux de la so- » ciété ; de n'écouter ni la haine, ni la méchanceté, ni la crainte ou l'affection, et » de ne décider que d'après les charges et les moyens de défense, suivant ma cons- » cience et mon intime conviction, avec l'impartialité et la fermeté qui conviennent » à un homme probe et libre. »

Chacun des assesseurs, appelé individuellement par le président, répondra en levant la main : « Je le jure », à peine de nullité.

Art. 30. — Immédiatement après, le président avertira l'accusé d'être attentif à ce qu'il va entendre.

Il ordonnera au greffier de lire la décision du parquet et l'acte d'accusation.

Le greffier fera cette lecture à haute voix

Art. 31. — Le procureur général exposera le sujet de l'accusation ; il présentera ensuite la liste des témoins qui devront être entendus soit à sa requête, soit à la requête de la partie civile, soit à celle de l'accusé.

Cette liste sera lue à haute voix par le greffier.

Art. 32. — Le président ordonnera aux témoins de se retirer dans la chambre qui leur sera destinée. Ils n'en sortiront que pour déposer. Le président prendra des précautions, s'il en est besoin, pour empêcher les témoins de conférer entre eux du délit et de l'accusé avant leur déposition.

Art. 33. — Les témoins feront à l'audience, sous peine de nullité, le serment de dire toute la vérité, rien que la vérité, et le greffier en tiendra note, ainsi que de leurs noms, prénoms, profession, âge et demeure.

Seront en outre observées les dispositions des articles 156, 157, 158, 319, 125, 327, et 329 du Code d'instruction criminelle.

Art. 34. — Si, après les débats, la déposition d'un témoin paraît fausse, le président pourra, sur la réquisition soit du procureur général, soit de la partie civile, soit de l'accusé, et même d'office, faire sur-le-champ mettre le témoin en état d'arrestation. Le procureur général, le président ou l'un des juges par lui commis, rempliront : le premier, les fonctions d'officier de police judiciaire ; le second, les fonctions attribuées au juge d'instruction dans les autres cas.

Les pièces d'instruction seront remises au procureur général, pour être par lui statué sur la mise en accusation.

Art. 35. — Dans le cas de l'article précédent, le procureur général, la partie civile ou l'accusé pourront immédiatement requérir et la Cour ordonner, même d'office, le renvoi de l'affaire à la prochaine session.

Art. 36. — Si l'accusé, les témoins ou l'un d'eux ne parlent pas le même langage ou le même idiome, ou si l'accusé est sourd et muet et ne sait pas écrire, le président devra se conformer aux prescriptions des articles 332 et 333 du Code d'instruction criminelle.

Art 37. — Le président détermina celui des accusés qui devra être soumis le premier aux débats, en commençant par le principal accusé, s'il y en a un.

Il se fera ensuite un débat particulier sur chacun des accusés.

Art. 38. — A la suite des dépositions des témoins et des dires respectifs auxquels elles auront donné lieu, la partie civile ou son conseil et le procureur général seront entendus et développeront les moyens qui appuient l'accusation.

L'accusé et son conseil pourront leur répondre.

La réplique sera permise à la partie civile et au procureur général ; mais l'accusé ou son conseil auront toujours la parole le dernier.

Le président déclarera ensuite que les débats sont terminés.

Art. 39. — Le président posera les questions de l'acte d'accusation en ces termes : « L'accusé est-il coupable d'avoir commis tel meurtre, tel vol ou tel autre crime, avec toutes les circonstances comprises dans le résumé de l'acte d'accusation ? »

Il observera, pour le surplus, les dispositions des articles 338, 339, et 340 du Code d'instruction criminelle.

Art. 40. — En toute matière criminelle, même en cas de récidive, le président, après avoir posé les questions résultant de l'acte d'accusation et des débats, posera la question de circonstances atténuantes.

Art. 41. — Après la lecture des questions par le président, l'accusé, son conseil, la partie civile et le procureur général pourront faire, sur la position de cesquestions, telles observations qu'ils jugeront convenables.

Si le procureur général ou l'accusé s'oppose à la position des questions telles qu'elles auront été présentées, il sera statué par la cour sur le mérite de cette opposition.

Art. 42. — Le président fera ensuite retirer l'accusé de l'auditoire, et la Cour se rendra avec les assesseurs dans la Chambre du conseil pour délibérer sur la solution des questions.

Art. 43. — La Cour criminelle avec les assesseurs rentrera ensuite dans l'auditoire, et le président, après avoir fait comparaître l'accusé, donnera lecture de la délibération qui sera signée par les membres de la Cour, les assesseurs et le greffier.

Art. 44. — La Cour, sans la participation des assesseurs, délibérera sur l'application de la peine.

Seront observées, pour le surplus, les dispositions des articles 191, 358, 359, 360, 361, 362, 363, 364, 365, 367, 368, 195, 370 et 371 du Code d'instruction criminelle.

JULES GRÉVY.

(10 juin 1885)

**D. G.** *nommant une commission chargée de préparer un projet d'organisation de justices de paix à compétence étendue.*

J. C., p. 818.

(10 juin 1885)

**D. G.** *nommant une commission chargée d'élaborer un projet de création d'une Chambre des mises en accusation auprès de la Cour d'appel de Saïgon.*

J. C, p. 818.

(21 janvier 1886)

**A. G.** *approuvant le règlement élaboré par la Cour d'appel fixant le nombre et la durée de ses audiences, de celles des tribunaux de 1re instance et des tribunaux de paix. — Règlement.*

B. C., p. 18.
J. C., p. 130.

Article premier. — Le règlement élaboré par la Cour d'appel de Saïgon, en assemblée générale en date du 13 octobre 1885, fixant le nombre et la durée de ses audiences, de celles des tribunaux de première instance et des tribunaux de paix, est provisoirement approuvé pour avoir bon effet à partir du 1er mars prochain, sauf ratification par M. le Ministre de la marine et des colonies.

BÉGIN.

## ANNEXE

*Procès-verbal de l'assemblée générale tenue en exécution de l'article 56 du décret du 25 mai 1881.*

EXTRAIT DU REGISTRE DES DÉLIBÉRATIONS DE LA COUR D'APPEL DE SAIGON (COCHINCHINE FRANÇAISE)

L'an mil huit cent quatre-vingt-cinq, le mardi treize octobre à quatre heures de relevée, la Cour d'appel de la Cochinchine française, séant à Saïgon, s'est réunie en assemblée générale au palais de justice, dans la salle du conseil de la première Chambre sur la convocation de son président.

Étaient présents : MM. Guy de Ferrières, président de la Cour d'appel ; Le Jemble, vice-président ; Ducos et Thiébaut, conseillers ; Gourdier des Hameaux et Portret, conseillers auditeurs *p. i.* ; M. Cléonie, greffier en chef, tenant la plume.

MM. les membres du parquet ayant été avertis de la réunion de la Cour ; MM. Bert chevalier de la Légion d'honneur, procureur général de la République ; Maisonneufve-Lacoste, chevalier de la Légion d'honneur, avocat général ; Papon et Baudin, substituts *p. i.*, sont entrés et ont pris place.

M. le Président, après avoir ouvert la séance, a déclaré que la réunion de la Cour avait pour objet de délibérer sur un règlement pour la plus prompte expédition des affaires, et pour la fixation du nombre et de la durée des audiences de la Cour, de celles des tribunaux de première instance et des tribunaux de paix, en exécution de l'article 56, paragraphe 1er du décret du 25 mai 1881.

La Cour, après avoir entendu M. le Procureur général, et en avoir délibéré, a résolu de proposer à M. le Gouverneur le règlement suivant :

Article premier. — La Cour tiendra trois audiences par semaine, savoir : la première Chambre, le vendredi ; la deuxième Chambre, le jeudi, et la Chambre des appels de police correctionnelle, le samedi, pour le jugement des affaires qui seront réparties entre celles d'après la distribution qui en sera faite par le président de la Cour, conformément à l'article 10 du décret du 25 mai 1881.

Le premier vendredi de chaque mois il sera tenu, avant l'ouverture de l'audience ordinaire de la première Chambre, une audience solennelle (les deux Chambres réunies) pour l'examen et le jugement des pouvoirs en annulation formés tant contre les jugements rendus, en dernier ressort, par les tribunaux de simple police, que contre ceux de même nature rendus, en toute matière, par les tribunaux de première instance statuant d'après la loi indigène.

Art. 2. — Suivant l'état de son rôle, l'urgence ou la nature des affaires, chaque

Chambre pourra, pour leur plus prompte expédition, accorder des audiences extraordinaires.

La fixation de ces audiences sera faite de manière à ne point gêner ou entraver le service des autres Chambres.

Art. 3. — Les audiences des tribunaux seront tenues à Saïgon : le lundi, pour les affaires civiles et commerciales entre indigènes ; le mardi, pour les affaires commerciales ; le mercredi, pour les affaires civiles entre Européens, et le samedi, pour les affaires de police correctionnelle. A Binh-hoa, Mytho, Vinhlong Bentré, Chaudoc, Soctrang et Pnom-Penh ; les mardi et jeudi, pour toutes les affaires civiles et commerciales, et le samedi pour celles de police correctionnelle.

Art. 4. — Sont et demeurent indépendantes des fixations qui précèdent toutes les audiences dont l'indication a été laissée au pouvoir du président ou qui seraient reconnues être la conséquence d'une disposition précise de la loi.

Art. 5. — La disposition de l'article 2 est commune aux tribunaux de première instance.

Art. 6 — Les audiences de la Cour d'appel, des tribunaux de première instance et celles des Cours criminelles s'ouvriront à 7 heures du matin.

La durée des audiences civiles sera de trois heures au moins.

Il est loisible au président de chaque Cour criminelle, en se concertant avec le Procureur général, de modifier, lors de la fixation du rôle, ou même pendant la session, l'heure de l'ouverture des audiences, sans qu'il soit dérogé par cette disposition au droit du président de fixer l'ouverture des audiences pour les affaires continuées au lendemain ou aux jours suivants.

Art. 7. — Lorsqu'il y aura lieu à une audience des criées, elle se tiendra dans tous les tribunaux de première instance, le mardi, et s'ouvrira à huit heures du matin, après cette audience, le rôle des autres affaires sera repris et continué.

Art. 8. — Les audiences de la justice de paix de Saïgon, ainsi que celles des justices de paix qui pourront être créées dans les autres arrondissements judiciaires seront au nombre de deux par semaine : le jeudi pour les affaires de simple police, et le samedi pour les affaires civiles et commerciales.

Il sera tenu, en outre, le mardi une audience de conciliation : cette fixation ne fait pas obstacle à ce que le juge de paix de Saïgon, conformément à l'usage établi, entende les Indigènes en conciliation à l'issue de l'audience du samedi.

En exécution de l'arrêté de M. le Gouverneur, du 7 février 1882, le juge de paix de Saïgon continuera à se transporter à Cholon, le lundi et le vendredi de chaque semaine pour le jugement des affaires de simple police, civiles ou commerciales.

Toutes les audiences ci-dessus prescrites s'ouvriront à 7 heures et demie du matin et auront une durée de deux heures au moins.

Art. 9. — Sera le présent règlement soumis à la diligence de M. le Procureur général à l'approbation de M. le Gouverneur, conformément à l'article 56, § 2, du décret du 25 mai 1881.

Fait et délibéré, les jour, mois et an susdits et ont les membres de la Cour signé avec le greffier, après lecture.

(9 décembre 1886)

**DÉCRET** *portant modification à l'administration de la justice en Cochinchine. — Rapport M.*

(Promulg. A. G. G., 29 octobre 1888)
J. C., p. 918.
B. M., (1887) p. 4.

Article premier. — Le tribunal de première instance de Binh-hoa est supprimé.

Art. 2. — Il est créé un emploi de premier lieutenant de juge au tribunal de première instance de Saïgon.

Art. 3. — L'emploi de juge suppléant au tribunal de première instance de Bentré est supprimé.

Art. 4. — Il est créé un deuxième emploi de juge suppléant au tribunal de première instance de Mytho.

Art. 5. — Il est créé en Cochinchine 7 justices de paix à compétence étendue, dont les sièges seront établis à Baria, Bienhoa, Cantho, Longxuyen, Rachgia, Tayninh et Travinh.

Art. 6. — Le ressort des tribunaux de première instance et des justices de paix à compétence étendue est fixé comme suit :

Le ressort du tribunal de Saïgon comprend le 20e arrondissement et les arrondissements de Cholon et de Giadinh :

Celui du tribunal de Mytho, les arrondissements de Gocong, Mytho et Tanan ;

Celui du tribunal de Bentré, l'arrondissement de Bentré ;

Celui du tribunal de Vinhlong, les arrondissements de Sadec et de Vinhlong ;

Celui du tribunal de Chaudoc, les arrondissements de Chaudoc et d'Hatien ;

Celui du tribunal de Soctrang, les arrondissements de Baclieu et de Soctrang.

Le ressort de la justice de paix à compétence étendue de Bienhoa comprend les arrondissements de Bienhoa et de Thudaumot.

Celui des autres justices de paix, l'arrondissement au chef-lieu duquel chacune d'elles est installée.

La compétence du tribunal de commerce de Saïgon reste toutefois déterminée, en matière de navigation, par l'article 2 du décret du 13 mars 1880.

Art. 7. — L'administrateur de Poulo-Condore exerce, dans les îles de ce nom, les attributions d'un juge de paix à compétence étendue, et son secrétaire d'arrondissement, celles de commissaire de police, telles qu'elles sont définies aux articles ci-après.

Art. 8. — Le ressort de la Cour criminelle de Saïgon s'étend sur le 20e arrondissement et sur les arrondissements de Baria, de Bienhoa, de Cholon, de Giadinh, de Tayninh, de Thudaumot et les îles de Poulo-Condore.

Celui de la Cour criminelle de Mytho, sur les arrondissements de Gocong, de Mytho et de Tanan.

Celui de la Cour criminelle de Bentré, sur les arrondissements de Bentré et de Travinh.

Celui de la Cour criminelle de Vinhlong, sur les arrondissements de Sadec et de Vinhlong.

Celui de la Cour criminelle de Chaudoc, sur les arrondisèements de Chaudoc, d'Hatien, de Longxuyen et de Rachgia.

Celui de la Cour criminelle de Soctrang, sur les arrondissements de Baclieu, de Cantho et de Soctrang.

Art. 9. — Les tribunaux de paix à compétence étendue se composent d'un juge de paix et d'un greffier.

Lorsqu'ils statuent en matière correctionnelle ou de simple police, ils sont assistés d'un commissaire de police qui remplit les fonctions de ministère public.

Les greffiers exerceront les fonctions de notaire et de commissaire-priseur. Il pourra leur être adjoint un ou plusieurs commis greffiers, selon les besoins du service.

Le nombre des commis greffiers sera déterminé par le Gouverneur, sur la proposition du Procureur général.

Art. 10. — En matière civile, les tribunaux de paix à compétence étendue connaissent en premier et dernier ressort de toutes actions personnelles et mobilières jusqu'à la valeur de 1,500 francs de principal et des actions immobilières jusqu'à 100 francs de revenu déterminé soit en rentes, soit par prix de bail, et à charge d'appel de toutes les autres actions.

En matière commerciale, leur compétence est la même que celle du tribunal de commerce de Saïgon.

En matière correctionnelle, ils connaissent à charge d'appel de tous les délits correctionnels.

En matière de simple police, ils connaissent en dernier ressort de toutes les contraventions.

Art. 11. — La Cour de Saïgon connaît :

1° De l'appel des jugements rendus en premier ressort par les juges de paix à compétence étendue ;

2° De l'annulation des jugements rendus en dernier ressort qui lui sont déférés dans les formes et les conditions prévues par l'article 13 du décret du 25 mai 1881.

Art. 12. — Les juges de paix à compétence étendue sont investis de toutes les attributions conférées aux présidents des tribunaux de première instance. Ils sont, en outre, chargés de l'instruction.

Ils peuvent être désignés pour siéger à la Cour criminelle de leur ressort.

Art. 13. — Les commissaires de police remplissent les fonctions du ministère public près des tribunaux de paix à compétence étendue et exercent, sous la direction et la surveillance du procureur de la République près le siège de la Cour criminelle du ressort, les pouvoirs attribués aux procureurs de la République et aux commissaires de police par le Code d'instruction criminelle.

Art. 14. — Le droit de se porter partie principale en matière civile, dans le cas où il est dévolu par la loi au ministère public, est réservé devant les tribunaux de paix à compétence étendue au procureur de la République près le tribunal de première instance établi au siège de la Cour criminelle du ressort.

Ce droit sera exercé par voie de requêtes et de conclusions écrites, sans nécessiter la présence à l'audience du représentant du ministère public.

Art. 15 — Les juges de paix à compétence étendue sont nommés par décret du Président de la République, rendu sur le rapport du Ministre de la marine et des colonies. Ils doivent réunir les conditions d'aptitudes déterminées par l'article 37 du décret du 25 mai 1881. Ceux d'entre eux qui justifieront de la connaissance de la langue annamite et de l'écriture en quoc-ngu recevront une prime annuelle de 500 francs ; cette prime sera portée à 1,000 francs pour ceux qui connaîtront les caractères chinois.

L'âge requis pour être nommé juge de paix à compétence étendue est fixé à vingt-cinq ans révolus.

Avant d'entrer en fonctions, les juges à compétence étendue prêtent serment devant la Cour.

Art. 16. — Les commissaires de police remplissant les fonctions de ministère public près des justices de paix à compétence étendue seront nommés par le Gouverneur, sur la présentation du Directeur de l'Intérieur et du Procureur général.

Avant d'entrer en fonctions, ils prêtent serment entre les mains du juge de paix.

Art. 17. — Les greffiers de justice de paix à compétence étendue sont nommés par le Ministre de la marine et des colonies.

Ils doivent réunir les conditions d'âge et de capacités exigées des greffiers des tribunaux de première instance, par les articles 36 et 39 du décret du 25 mai 1881.

Ils prêtent serment entre les mains du juge de paix.

Art. 18. — Le costume des juges de paix à compétence étendue est le même que celui des lieutenants de juge ; celui des greffiers, le même que celui des greffiers des tribunaux de première instance.

Art. 19. — Le traitement colonial et la parité d'office devant servir de base à la liquidation de la pension de retraite des magistrats et des greffiers sont fixés conformément au tableau annexé au présent décret.

Le traitement d'Europe est fixé à la moitié du traitement colonial.

Art. 20. — Sont abrogées toutes dispositions contraires au présent décret.

JULES GRÉVY.

(9 janvier 1887)

**DEP. M.** *Notification du décret du 9 décembre 1886 portant modification à l'administration de la justice en Cochinchine.*

ARCH. GOUV.

Vous trouverez au *Journal officiel* du 17 décembre 1886 un décret du 9 du même mois, portant réorganisation de l'administration de la justice en Cochinchine.

Aux termes de cet acte, le tribunal de première instance de Binh-hoa et le juge suppléant du tribunal de Bentré sont supprimés ; mais il est créé dans la colonie sept justices de paix à compétence étendue, un emploi de premier lieutenant de juge au tribunal de Saïgon et un second emploi de juge suppléant au tribunal de Mytho.

Je vous serai obligé de donner des ordres pour que ce décret soit promulgué dans la colonie.

Ainsi que vous le remarquerez, le Département s'est inspiré du projet d'organisation qui lui avait était soumis par l'administration locale, et les modifications qui y ont été apportées ne sont relatives qu'à des points de détail.

Je n'ai donc rien à vous dire en ce qui concerne l'exécution du décret du 9 décembre 1886, puisque ce sont, à peu de choses près, les propositions que vous m'avez adressées, qui ont été adoptées.

Je crois toutefois devoir appeler particulièrement notre attention sur l'article treize qui investit les commissaires de police des fonctions du ministère public près des tribunaux de paix à compétence étendue et leur donne, sous la direction du procureur de la République près le siège de la Cour criminelle du sessort, les pouvoirs attribués aux procureurs de la République et aux commissaires de police par le Code d'instruction criminelle.

En leur conférant ces attributions, le Département a voulu faire des commissaires de police non-seulement des auxiliaires de la justice, mais aussi de véritables officiers du ministère public.

Par suite, il importe que la séparation entre leurs pouvoirs administratifs et leurs pouvoirs judiciaires soit nettement établie et que, pour tout ce qui est du service de la justice, les commissaires de police soient aussi complétement indépendants du Directeur de l'Intérieur et de ses représentants dans les provinces que les parquets de la métropole le sont des préfets dans les départements.

Ils devront, à ce point de vue, être placés exclusivement sous les ordres du procureur général qui leur donnera des notes confidentielles, et formulera son avis, de concert avec le Directeur de l'Intérieur, sur les propositions d'avancement faites en leur faveur.

Il est bien entendu, d'ailleurs, que ces fonctionnaires continueront de dépendre du Directeur de l'Intérieur pour toutes les attributions administratives qui peuvent lui être conférées.

Je vous prie, en conséquence, de vouloir bien, M. le chef du service judiciaire, adresser à MM. les procureurs de la République à MM. les administrateurs, des instructions précises délimitant la part d'action qui leur est dévolue, afin de prévenir les difficultés qui pourraient arrêter le cours de la justice et d'éviter tout conflit entre les diverses administrations.

Vous voudrez bien me rendre compte des mesures que vous aurez prises pour assurer le fonctionnement de la nouvelle organisation.

A. DE LA PORTE.

(3 mars 1887)

**A. G.** *suspendant l'application du décret du 9 décembre 1886 portant suppression du tribunal de Binh-hoa et création en Cochinchine de 7 justices de paix à compétence étendue.*

B. C., p. 183.

J. C., p. 289.

Article premier. — La promulgation en Cochinchine du décret en date du 9 décembre 1886, est provisoirement suspendue.

Art. 2. — Est promulgué dans toute l'étendue de la Cochinchine française le décret du 9 décembre 1886, portant nomination à divers emplois dans la magistrature de la colonie.

Art. 3. — Les magistrats nommés par le décret visé en l'article précédent pourront être détachés dans les postes vacants des tribunaux de la colonie. Ils jouiront, à compter de leur prestation de serment, du traitement alloué aux emplois dont ils sont titulaires.

FILIPPINI.

(15 novembre 1887)

**DÉCRET** *portant réorganisation de l'administration de la justice en Cochinchine. — Rapport M.*

(Promulg. A. G. G., 29 octobre 1888)
J. C., p. 919.
B. COL., p. 889.

## TITRE PREMIER

### DISPOSITIONS PRÉLIMINAIRES

Article premier. — Dans les possessions françaises en Cochinchine la justice est rendue par des tribunaux de paix, des tribunaux de première instance et de commerce et une Cour d'appel.

Art. 2. — Les audiences sont publiques en matière civile et criminelle, à moins que cette publicité ne soit dangereuse pour l'ordre et pour les mœurs, et, dans ce cas, le tribunal le déclare par un jugement ou arrêt préalable.

Dans tous les cas, les jugements ou arrêts sont prononcés publiquement et doivent être motivés, à peine de nullité.

## TITRE II

### CHAPITRE PREMIER. — TRIBUNAUX DE PAIX

Art. 3. — Le ressort de la justice de paix de Saïgon comprend le 20e arrondissement et les arrondissements de Cholon et Giadinh.

Art. 4. — Le tribunal de paix de Saïgon est composé d'un juge de paix, de deux suppléants, d'un greffier et de commis greffiers dont le nombre sera déterminé par le Gouverneur général, sur la proposition du Procureur général.

Art. 5. — La compétence et le fonctionnement du tribunal de paix de Saïgon sont déterminés conformément aux règles qui régissent les justices de paix en France.

Art. 6. — Des justices de paix à compétence étendue sont créées à Bien-Hoa, Tay-Ninh, Mytho, Chaudoc et Soctrang.

Le ressort de la justice de paix de Bien-Hoa comprend les arrondissements de Bien-Hoa et de Baria.

Celui de la justice de paix de Tay-Ninh, les arrondissements de Tay-Ninh et Thudaumot.

Celui de la justice de paix de Mytho, les arrondissements de Mytho, Tanan, Gocong, et Bentré.

Celui de la justice de paix de Chaudoc, les arrondissements de Chaudoc, Hatien, Long-Xuyen et Rachgia.

Celui de la justice de paix de Soctrang, les arrondissements de Soctrang et Bac-lieu.

Art. 7. — Ces justices de paix sont composées : 1° d'un juge de paix; 2° d'un suppléant de juge paix, d'un greffier et, s'il y a lieu, de commis-greffiers.

Les greffiers desdites justices de paix remplissent, en outre, les fonctions de notaire et celles de commissaire-priseur.

Art. 8. — En matière civile, les tribunaux de paix à compétence étendue connaissent, en premier et dernier ressort, de toutes les actions personnelles et mobilières jusqu'à la valeur de 1,500 francs en principal et des actions immobilières jusqu'à 100 francs de revenu déterminé par la déclaration des parties ou, en cas de désaccord, par l'estimation faite sans frais par le chef de canton du lieu de la situation des immeubles litigieux, à charge d'appel de toutes autres actions.

En matière commerciale, leur compétence est la même que celle du tribunal de commerce de Saïgon.

En matière correctionnelle, ils connaissent à charge d'appel de tous les délits correctionnels.

En matière de simple police, ils connaissent, en dernier ressort, de toutes les contraventions.

Art. 9. — Le juge de paix ou son suppléant est astreint à tenir chaque mois, à intervalles réguliers, une audience au chef-lieu de chacun des arrondissements compris dans sa circonscription.

Art. 10. — Les juges de paix à compétence étendue sont investis de toutes les attributions conférées aux présidents des tribunaux de première instance. Ils sont, en outre, chargés de l'instruction.

Ils peuvent être désignés pour siéger à la Cour criminelle de leur ressort.

Art. 11. — Les commissaires de police remplissent les fonctions du ministère public près les tribunaux de paix à compétence étendue et exercent, sous la direction et la surveillance des procureurs de la République les pouvoirs attribués aux procureurs de la République et aux commissaires de police par le Code d'instruction criminelle.

Dans les circonstances où il n'existe pas de commissaire de police, ces fonctions sont remplies par un agent de l'administration désigné annuellement, sur la présentation du procureur général, par le Gouverneur général.

Art. 12. — Le droit de se porter partie principale en matière civile, dans le cas où il est dévolu par la loi au ministère public, est réservé, devant les tribunaux de paix à compétence étendue, aux procureurs de la République.

Ce droit peut être exercé, par voie de requête et de conclusions écrites, sans nécessiter la présence à l'audience du représentant du ministère public.

Art. 13. — L'administrateur de Poulo-Condore exerce, dans les îles de ce nom, les attributions d'un juge de paix à compétence étendue, et son secrétaire d'arrondissement celles de commissaire de police, telles qu'elles sont définies aux articles qui précèdent.

## CHAPITRE II. — TRIBUNAUX DE PREMIÈRE INSTANCE

Art. 14. Des tribunaux de première instance sont établis à Saïgon et à Vinh-Long.

Art. 15. — Le ressort du tribunal de Saïgon comprend le 20e arrondissement et les arrondissements de Cholon et de Gia-Dinh.

Le ressort du tribunal de Vinh-Long comprend les arrondissements de Vinh-Long, Sadec, Travinh et Cantho.

Art. 16. — Le tribunal de Saïgon est composé d'un président, d'un lieutenant de juge et de quatre juges suppléants, d'un procureur de la République, d'un substitut, d'un greffier et d'un ou de plusieurs commis assermentés.

Le tribunal de Vinh-Long est composé d'un président, d'un lieutenant de juge, suppléant, d'un procureur de la République, d'un greffier et d'un commis-greffier.

Art. 17. — La compétence des tribunaux de première instance de Saïgon et de Vinh-Long est la même que celle déterminée en l'article 5, pour les justices de paix à compétence étendue.

La compétence du tribunal de commerce de Saïgon reste déterminée, en matière de navigation, par l'article 2 du décret du 13 mars 1880.

Art. 18. — Le président du tribunal de Vinh-Long remplira, dans la circonscription de ce tribunal, les fonctions contentieuses des juges de paix et fera les actes tutélaires attribués à ces magistrats par la loi française; tels que les appositions et les levées de scellés, les avis de parents, les actes de notoriété et autres actes qui sont dans l'intérêt des familles.

Art. 19. — Le Procureur de la République de Saïgon est spécialement chargé de diriger l'action publique, dans le ressort de ce tribunal et aussi dans les circonscriptions de justices de paix à compétence étendue, créées à Bien-Hoa, Tay-Ninh et Mytho.

Les mêmes attributions sont conférées au Procureur de la République de Vinh-Long, dans le ressort de ce tribunal et dans les circonscriptions des justices de paix de Chaudoc et Soctrang.

Ces magistrats ont notamment la surveillance des commissaires de police exerçant, en vertu de l'article 11, les pouvoirs attribués aux Procureurs de la République et aux commissaires de police par le Code d'instruction criminelle.

Art. 20. — Le Président du tribunal de Vinh-Long ou son suppléant est astreint à tenir chaque mois une audience au chef-lieu de chacun des arrondissements compris dans la circonscription de ce tribunal, telle qu'elle est fixée à l'article 16.

## CHAPITRE III. — De la Cour d'appel

Art. 21. — La Cour d'appel de Cochichine a son siège à Saïgon.

Le ressort de la Cour comprend toute la Colonie. Elle se compose d'un président, d'un vice-président, de cinq conseillers, de quatre conseillers auditeurs, d'un greffier et de commis-greffiers dont le nombre est déterminé par le Gouverneur général, sur la proposition du procureur général, suivant les besoins du service.

Les conseillers auditeurs auront voix délibérative, toutes les fois qu'ils seront appelés à siéger en remplacement d'un conseiller.

Les fonctions du ministère public près la Cour d'appel sont remplies par un procureur général, assisté d'un avocat général et de deux substituts.

Art. 22. — La Cour comprend deux chambres, entre lesquelles sont réparties les affaires, d'après la distribution qui en est faite par le président.

La deuxième chambre est plus spécialement chargée des affaires civiles et commerciales entre Indigènes.

La Cour se constituera, en outre, en chambre des appels correctionnels pour prononcer sur les affaires mentionnées dans les articles 37 et 38.

Le service de la chambre correctionnelle ne dispensera pas du service des Chambres civiles.

Art. 23. — En matières civile et commerciale, la Cour connaît :

1° Des appels formés contre les jugements rendus en premier ressort par la justice de paix à compétence étendue, les tribunaux de première instance et de commerce ;

2° Des appels formés contre les jugements rendus en premier ressort par les juridictions françaises établies en l'Extrême-Orient, soit dans les pays soumis au protectorat de la France, soit dans les consulats français.

Art. 24. — En matière correctionnelle, la Cour connaît des appels, des jugements rendus par les tribunaux correctionnels de la Colonie et par les juridictions françaises établies en Extrême-Orient, soit dans les pays soumis au protectorat de la France, soit dans les consulats français.

Art. 25. — Les jugements en dernier ressort rendus par les tribunaux de simple police et ceux de même nature qui sont rendus en toute matière par les justices de paix à compétence étendue et les tribunaux de première instance jugeant d'après la loi indigène, pourront être attaqués devant la Cour d'appel par la voix de l'annulation, dans les formes et les conditions déterminées par le décret du 25 juin 1879.

Sont applicables aux arrêts de la Cour, statuant en matières indigènes, les dispositions de l'article 5, paragraphe 1er, du décret du 7 mars 1868 et celles du titre II du décret du 26 juin 1879, concernant le recours en cassation.

Art. 26. — Les Chambres civiles et la Chambre des appels de police correctionnelle ne peuvent rendre arrêt qu'au nombre de trois juges au moins.

Lorsque la Cour connaîtra des demandes en annulation, elle devra être composée de cinq membres au moins.

En audience solennelle, les arrêts doivent être rendus par cinq magistrats au moins.

L'assemblée générale se composera de tous les membres de la Cour. La Cour ne pourra prendre de décision qu'au nombre de cinq magistrats au moins. Les décisions seront prises à simple majorité. En cas de partage, le plus jeune des magistrats délibérants se retirera.

Le greffier de la Cour assistera aux Assemblées générales et y tiendra la plume.

## CHAPITRE IV. — DES COURS CRIMINELLES

Art. 27. — Les crimes commis sur le territoire des possessions françaises en Cochinchine sont déférés aux Cours criminelles établies à Saïgon, Mytho, Vinh-Long, Chaudoc et Soctrang.

Les crimes commis au Cambodge par des Français ou autres individus d'origine européenne sont déférés à la Cour criminelle de Saïgon.

Art. 28. — Le ressort de la Cour criminelle de Saïgon s'étend sur le 20e arrondissement et sur les arrondissements de Baria, Bien-Hoa, Cholon, Gia-Dinh, Tayninh, Thudaumot, et les îles de Poulo-Condore.

Le ressort des autres Cours criminelles est fixé ainsi qu'il suit : celui de la Cour criminelle de Mytho s'étend sur les arrondissements de Mytho, Gocong, Tanan et Bentré.

Celui de la Cour criminelle de Vinh-Long, sur les arrondissements de Vinh-Long, Sadec, Travinh et Cantho.

Celui de la Cour criminelle de Chaudoc, sur les arrondissements de Chaudoc, Hatien, Long-Xuyen et Rachgia.

Celui de la Cour criminelle de Soctrang, sur les arrondissements de Soctrang et de Bac-Lieu.

Art. 29. — La Cour criminelle siège tous les trois mois dans chacun des chefs-lieux judiciaires indiqués en l'article précédent. Toutefois, le Gouverneur général, après avis du Conseil privé, peut ordonner que la Cour criminelle siégera dans un lieu autre que celui où elle siège habituellement; il peut également ordonner la réunion extraordinaire des Cours criminelles.

Art. 30. — La Cour criminelle de Saïgon se compose, indépendamment du greffier de la Cour ou de l'un de ses commis assermentés :

1° De trois conseillers à la Cour, dont l'un remplit les fonctions de président;

2° De deux assesseurs désignés par la voie du sort, sur une liste de vingt notables français domiciliés dans les arrondissements de Saïgon et de Cholon, et jouissant de leurs droits civils et politiques. Cette liste sera dressée chaque année par une commission composée du Lieutenant-Gouverneur, président, ou du secrétaire général, d'un inspecteur ou administrateur des affaires indigènes, du président du tribunal de première instance, d'un membre du Conseil municipal et d'un membre du Conseil colonial, désignés par ces Assemblées.

Lorsqu'il s'agira de juger des accusés annamites, les assesseurs seront indigènes. Ils seront désignés sur une liste de vingt notables indigènes domiciliés dans les mêmes ressorts, dressée chaque année par le Lieutenant-Gouverneur, en Conseil privé, sur la proposition du procureur de la République près le tribunal de Saïgon.

Les assesseurs ont voix délibérative sur la question de culpabilité seulement.

Trois voix sont nécessaires pour qu'il y ait condamnation.

Le droit de récusation ne pourra être exercé.

Art. 31. — Dans les ressorts autres que celui de la Cour criminelle de Saïgon, la Cour criminelle se compose :

1° D'un conseiller à la Cour d'appel, président;

2° De deux magistrats désignés par le procureur général parmi les juges ou juges suppléants des tribunaux de Saïgon et de Vinh-Long ou des justices de paix à compétence étendue;

3° De deux assesseurs choisis par la voie du sort, sur une liste de vingt notables indigènes, dressée comme il est dit en l'article 30;

Lorsqu'il s'agira de juger des accusés européens, les deux assesseurs seront désignés par la voie du sort, sur la liste des notables de Saïgon;

4° Du greffier du tribunal de Vinh-Long ou des justices de paix à compétence étendue dans les arrondissements autres que celui de Vinh-Long; à leur défaut, de leurs commis assermentés.

Art. 32. — Les fonctions du ministère public près les Cours criminelles sont remplies :

1° A Saïgon, par le procureur général;

2° Dans les provinces, par le procureur général et par les procureurs de la République de Saïgon et de Vinh-Long.

Art. 33. — Le gouverneur général nomme pour chaque session criminelle le conseiller président et les conseillers ou juges assesseurs. Le lieutenant de juge peut être membre de la Cour criminelle.

Le conseiller désigné pour présider la Cour criminelle dans les arrondissements se transportera dans chacun d'eux aux époques fixées.

Art. 34. — Des arrêtés du Gouverneur général pris, après avis du Conseil privé, sur la proposition du procureur général, fixent les époques où se tiendront les sessions trimestrielles.

Art. 35. — Il n'est pas dérogé aux règles de procédure et d'instruction déterminées par le décret du 5 mars 1884, pour les Cours criminelles.

## CHAPITRE V. — DU MINISTÈRE PUBLIC

Art. 36. — Le procureur général, comme représentant l'action publique dans toute la colonie, veille, dans la limite de sa compétence, à l'exécution des lois, ordonnances, décrets et règlements en vigueur; il fait toutes réquisitions nécessaires, poursuit d'office l'exécution des jugements et arrêts dans les dispositions qui intéressent l'ordre public.

Il signale au Gouverneur général les arrêts ou jugements en dernier ressort qui lui paraissent susceptibles d'être attaqués par voie d'annulation ou de cassation dans l'intérêt de la loi.

Il requiert la force publique, dans les cas et suivant les formes déterminées par les lois et décrets.

Art. 37. — Comme chef du service judiciaire, le procureur général veille au maintien de l'ordre et de la discipline dans tous les tribunaux de la colonie et provoque les décisions du gouvernement sur les actes qui y seraient contraires.

Il a la surveillance de tous les officiers de police judiciaire, des lieutenants de juge et des officiers ministériels.

Art. 38. — Le procureur général veille à ce que les lois et règlements soient exécutés dans les tribunaux, et lorsqu'il y aura des observations à faire à cet égard, le président de la Cour ou le président du tribunal de première instance sera tenu, sur sa demande, de convoquer une Assemblée générale de la Cour ou du tribunal.

Art. 39. — Le procureur général n'assiste pas aux délibérations des juges lorsqu'ils se retirent dans la chambre du Conseil pour les jugements, mais il assiste à toutes les délibérations qui regardent l'ordre et le service intérieur, ainsi que la discipline.

Il a le droit de faire inscrire sur les registres de la Cour ou du tribunal les réquisitions qu'il juge à propos de faire sur ces matières.

Art. 40. — Dans les affaires qui intéressent le gouvernement, le procureur général est tenu, lorsqu'il en est requis par le Gouverneur général, de faire, conformément aux instructions qu'il en reçoit, les actes nécessaires pour saisir les tribunaux.

Il examine les plaintes qui peuvent s'élever de la part des prévenus et en rend compte au Gouverneur général.

Il a l'inspection des actes judiciaires et des registres des greffes, des registres constatant l'état civil et de ceux des curateurs aux successions vacantes.

Il est chargé de réunir, pour être envoyés au Ministre de la marine et des colonies, les doubles registres, doubles minutes et documents divers destinés au dépôt des archives coloniales.

Art. 41. — Le procureur général a, en outre, les attributions qui sont dévolues aux procureurs généraux de la Martinique et de la Guadeloupe par les articles 130, 131, 132, 135, 136, 138, et 139 de l'ordonnance du 9 février 1827.

Art. 42. — Toutes les fonctions du ministère public sont personnellement et spécialement confiées au procureur général.

Il porte la parole, s'il le juge convenable, aux audiences de la Cour, toutes Chambres assemblées, aux audiences solennelles de la Cour et aux audiences des chambres de la Cour.

Art. 43. — L'avocat général et les substituts du procureur général participent à l'action du ministère public sous les ordres et sous la direction du procureur général qui les attache à la Chambre à laquelle il croit leur service le plus utile.

Toutes les fois qu'ils en sont requis par le procureur général, ils sont tenus de lui communiquer les conclusions qu'ils se proposent de donner.

En cas de dissentiment, le procureur général prend la parole.

En cas d'absence ou d'empêchemont du procureur général, la direction du parquet est confiée à l'avocat général.

Art. 44. — Les procureurs de la République de Saïgon de Vinh-Long remplissent près de leurs tribunaux respectifs les fonctions du ministère public et participent, sous la direction du procureur général, à l'exercice des autres fonctions énoncées au présent chapitre. Ils sont placés sous les ordres du procureur général.

Art. 45. — Des licenciés en droit, nommés par le Ministre de la marine et des colonies, pourront être attachés au parquet du procureur général et aux parquets de première instance.

Ils pourront être nommés, par décret du chef de l'État, à un emploi dans la magistrature, après avoir rempli les conditions dont il sera parlé au titre III, ci-après.

## TITRE III

### DES MEMBRES DE L'ORDRE JUDICIAIRE

#### CHAPITRE PREMIER. — Composition du corps judiciaire en Cochinchine

Art. 46. — Les magistrats et les greffiers de la Cour d'appel et des tribunaux de première instance, ainsi que les juges de paix et leurs suppléants, sont nommés par le Président de la République.

Les greffiers de justice de paix sont nommés par le Ministre de la marine et des colonies.

Les commis-greffiers sont, sur la présentation des greffiers, agréés par la Cour ou le tribunal près lequel ils exercent.

Art. 47. — Les attachés, dont il est parlé en l'article 45 ci-dessus, font auprès des parquets de la Cour et des tribunaux de Saïgon et de Vinh-Long un stage d'une année au moins. Ils peuvent ensuite, sur l'avis conforme du procureur général, être proposés par le Gouverneur général, dès qu'une vacance se produit (s'ils réunissent les conditions d'âge exigées) à l'emploi de substitut du procureur de la République et de juge suppléant près des justices de paix ou des tribunaux de première instance.

#### CHAPITRE II. — Des conditions d'âge et de capacité

Art. 48. — L'âge requis pour les divers emplois de la magistrature est fixé comme suit : à vingt-deux ans accomplis pour les juges suppléants, les substituts du procureur de la République et les juges de paix suppléants ; à vingt-cinq ans accomplis pour les procureurs de la République, les substituts du procureur général, les conseillers auditeurs, les lieutenants de juges, les greffiers des tribunaux de paix de première instance ; à vingt-sept ans accomplis pour les juges de paix, les présidents de tribunaux de première instance, les conseillers et le greffier de la Cour d'appel ; à trente ans accomplis pour le procureur général et les présidents de Cour.

Art. 49. — Nul ne peut entrer dans la magistrature s'il n'est licencié en droit, s'il n'a suivi le barreau pendant deux ans après avoir prêté serment à une Cour d'appel, ou s'il n'a été attaché pendant un an au moins à un parquet en Cochinchine.

Les administrateurs des affaires indigènes, licenciés en droit, qui entreront dans le corps judiciaire de la Cochinchine, sont exemptés de cette condition de stage.

Art. 50. — Les greffiers de la Cour et des tribunaux de première instance ne pourront être choisis que parmi les licenciés en droit, à moins qu'ils n'aient précédemment exercé les fonctions d'avoué, de défenseur ou de greffier de justice de paix pendant trois ans années au moins, ou celles de commis-greffier, pendant cinq ans au moins.

Art. 51. — Les parents et alliés jusqu'au degré d'oncle et de neveu inclusivement ne pourront être simultanément membres de la Cour ou du même tribunal, soit comme conseillers, conseillers auditeurs, juges, lieutenants de juges ou juges suppléants, soit comme officiers du ministère public ou même comme greffiers.

En cas d'alliance survenue depuis la nomination, celui qui l'a contractée ne pourra continuer ses fonctions sans obtenir une dispense du chef de l'État.

Art. 52. — Avant d'entrer en fonctions, les membres de la Cour et des tribunaux de Saïgon et de Vinh-Long prêtent serment devant la Cour d'appel, ainsi que les juges de paix à compétence étendue et leurs suppléants.

Les greffiers et commis-greffiers, les commissaires de police ou leurs remplaçants prêteront serment devant le tribunal auquel ils sont attachés.

#### CHAPITRE III. — De la résidence et des congés

Art. 53. — Les membres de la Cour et des tribunaux, les juges de paix et leurs suppléants, ainsi que les greffiers et commis-greffiers sont tenus (à défaut d'une autorisation spéciale) de résider dans le lieu même où siègent la Cour, le tribunal ou la justice de paix.

Art. 54. — Les magistrats ne peuvent s'absenter sans congé, si ce n'est pour cause de service. Le magistrat qui s'absente sans un congé délivré d'après les dispositions du règlement, est privé de son traitement durant le temps qu'a duré son absence.

Si cette absence excède quinze jours, il lui est enjoint par le procureur général de se rendre à son poste. Faute par lui d'obtempérer à cette injonction dans le même délai, il en est rendu compte au Gouverneur général qui, suivant les circonstances et de l'avis du Conseil privé, peut, après l'avoir entendu ou du moins appelé, le suspendre provisoirement de ses fonctions pendant trois mois au plus, et même provoquer sa destitution.

La disposition ci-dessus est applicable à tout magistrat qui n'aura pas repris ses fonctions à l'expiration de son congé ou qui ne résiderait pas dans le lieu qui lui est assigné par ses fonctions.

## CHAPITRE IV. — De la discipline

Art. 55. — La Cour d'appel a le droit de surveillance sur ses membres autres que les officiers du ministère public, ainsi que sur les juges des tribunaux de première instance, de commerce et de paix.

Elle a la connaissance des crimes et des délits prévus par le chapitre 3, titre IV, livre II, du Code d'instruction criminelle, dans tous les cas où la connaissance en est déférée aux Cours d'appel de France.

Le président de la Cour avertit, d'office ou sur la réquisition du ministère public, tout juge qui manquerait aux devoirs de son état.

Art. 56. Si l'avertissement reste sans effet ou si le fait reproché au magistrat est de nature à compromettre la dignité de son caractère, le président ou le procureur général provoquent contre ce magistrat, par forme de discipline, l'application de l'une des peines suivantes :

La censure simple ;

La censure avec réprimande ;

La suspension provisoire.

La censure avec réprimande emporte le droit de privation, pendant un mois, de la totalité du traitement.

Art. 57. — La suspension provisoire emporte aussi, pendant le temps de sa durée, la privation du traitement, sans que dans aucun cas la durée de cette privation puisse être moindre de deux mois.

Art. 58. — L'application des peines déterminées par l'article 56 est faite par la Cour en chambre du Conseil, sur les conclusions écrites du procureur général, après toutefois que le magistrat inculpé a été entendu ou dûment appelé.

Art. 59. — Tout magistrat qui se trouve sous les liens d'un mandat d'arrêt, de dépôt ou d'une ordonnance de prise de corps, est suspendu de ses fonctions.

En cas de condamnation correctionnelle emportant emprisonnement, la suspension a lieu à dater du jour de la condamnation jusqu'à celui où il aura subi sa peine, sans préjudice des mesures de discipline qui pourraient être prises contre lui, et même de la révocation, s'il y a lieu.

Art. 60. — Il est rendu compte, par le procureur général, au Gouverneur général, des décisions prises par la Cour.

Lorsque la censure avec réprimande ou la suspension provisoire auront été prononcées, ces mesures ne seront exécutées qu'autant qu'elles auront été approuvées par le Gouverneur général, après avis du Conseil privé.

Néanmoins, en cas de suspension, le magistrat sera tenu de s'abstenir de ses fonctions jusqu'à ce que le Gouverneur général ait prononcé.

Le Gouverneur général rendra compte au Ministre de la marine et des colonies des décisions prises à cet égard.

Art. 61. — Le Gouverneur général pourra toujours, quand il le jugera convenable, mander devant lui les membres de l'ordre judiciaire pour en obtenir des explications sur les faits qui leur seraient imputés, et les déférer ensuite, s'il y a lieu, à la Cour qui statuera ce qu'il appartiendra.

Art. 62. — Les officiers du ministère public qui manqueraient aux convenances de leur état ou qui compromettraient la dignité de leur caractère seront rappelés à leur devoir par le procureur général. Il en sera rendu compte au Gouverneur général qui, suivant la gravité des circonstances, leur fera faire par le procureur général les injonctions qu'il jugera nécessaires, ou pourra leur appliquer, *après avis du Conseil privé*, l'une des peines de discipline prévues à l'article 56, après, toutefois, que le magistrat inculpé aura été dûment appelé.

Le Gouverneur général rendra compte au Ministre de la marine et des colonies des décisions qui auront été prises à cet égard.

Art. 63. — Les greffiers seront avertis ou réprimandés, savoir : celui de la Cour par le président, ceux des tribunaux de première instance par le président du tribunal, et ceux des tribunaux de paix par le juge de paix du canton dans lequel ils exercent leurs fonctions.

Le procureur général et les procureurs de la République auront, à l'égard des greffiers, les mêmes droits d'avertissement et de réprimande.

Le procureur général les dénoncera, s'il y a lieu, au Gouverneur général.

Art. 64. — Les commis-greffiers pourront être révoqués par le greffier avec l'assentiment de la Cour ou du tribunal auxquels ils sont attachés.

Dans les cas de faute grave, la Cour ou le tribunal pourra d'office, ou sur la réquisition du ministère public, ordonner que le commis-greffier, entendu ou dûment appelé, cessera sur-le-champ ses fonctions. Le greffier sera tenu de pourvoir au remplacement dans le délai qui aura été fixé par la Cour ou le tribunal.

Art. 65. — Les décisions de la Cour d'appel en matière de discipline ne peuvent être rendues que par cinq magistrats. Elles ne seront susceptibles de recours en cassation.

Art. 66. — Le Ministre de la marine et des colonies exerce, avec le concours du Garde des sceaux, Ministre de la justice, le pouvoir disciplinaire à l'égard des membres de l'ordre judiciaire de la colonie.

Après avoir entendu les explications du magistrat inculpé, ils statuent définitivement sur l'action disciplinaire.

## TITRE IV

### DISPOSITIONS DIVERSES

Art. 67. — En cas d'empêchement de l'un des magistrats désignés ci-dessus, il sera pourvu à son remplacement par le Gouverneur général, sur la proposition du procureur général.

Les personnes désignées à cet effet pourront être dispensées des conditions d'âge et de capacité exigées des titulaires. Leur situation au point de vue de la solde sera réglée conformément aux dispositions de l'article 10 du décret du 1er juin 1875.

Art. 68. — La Cour pourra proposer au Gouverneur général des règlements pour la plus prompte expédition des affaires et pour la fixation du nombre et de la durée de ses audiences, de celles des tribunaux de première instance et des tribunaux de paix.

Ces règlements ne seront exécutés qu'après avoir été arrêtés par le Gouverneur général, après avis du Conseil privé; ils ne deviendront définitifs que lorsqu'ils seront revêtus de l'approbation du Ministre de la marine et des colonies.

Tout ce qui concerne la fixation des tarifs judiciaires et des droits de greffe, ainsi que la discipline sur les notaires, les officiers ministériels et les fonctionnaires attachés au service de la justice réglé par décret du Président de la République, sur la proposition du Ministre de la marine et des colonies et du Garde des sceaux, Ministre de la justice. Toutefois, le Gouverneur général, *après avis du Conseil privé*, pourra prendre des arrêtés sur ces matières.

Ces arrêtés seront provisoirement exécutoires.

Art. 69. — La date de l'entrée en fonctions des justices de paix à compétence étendue instituées par le présent décret sera déterminée par des arrêtés du Gouverneur général.

Art. 70. — Sont abrogés les décrets des 25 mai 1881, 8 mai 1881 et 9 décembre 1886, et en outre toutes les dispositions contraires au présent décret.

Continueront d'être observés les lois, règlements, ordonnances et arrêtés en vigueur en Cochinchine, concernant les diverses classes d'habitants sur toutes les matières et juridictions non réglées par le présent décret.

JULES GRÉVY.

(15 novembre 1887)

**DÉCRET** *portant réorganisation de la juridiction française au Cambodge. — Rapport M.*
(Promulg. A. G. G., 29 octobre 1888).
J. C., p. 923.
B. COL., p. 905.

Le tribunal de première instance établi à Pnom-Penh est supprimé.

Art. 2. — Il est créé, dans cette ville, une justice de paix à compétence étendue entièrement assimilée aux justices de paix instituées dans l'intérieur de la Cochinchine.

Art. 3. — Les fonctions de juge suppléant près cette juridiction pourront être confiées par le Gouverneur général de l'Indo-Chine, sur la proposition du procureur général de Saïgon, soit à un fonctionnaire de l'ordre administratif, soit à un magistrat délégué.

Un fonctionnaire sera également désigné par le Gouverneur général, pour remplir les fonctions de greffier et en même temps celles de notaire et de commissaire-priseur.

Il pourra lui être adjoint un ou plusieurs commis-greffiers, suivant les besoins du service.

Art. 4. — Il n'est rien modifié aux dispositions concernant les juridictions instituées pour le jugement des affaires civiles, commerciales et criminelles intéressant les Cambodgiens entre eux ou les sujets cambodgiens conjointement avec les Français, Européens, ou les sujets d'une puissance européenne ou américaine.

Art. 5. — Le traitement colonial et la parité d'office devant servir à la pension de retraite du magistrat sont fixés conformément au tableau annexé au décret de ce jour portant modification à l'administration de la justice en Cochinchine (1).

Le traitement d'Europe est fixé à la moitié du traitement colonial.

Art. 6. — Sont spécialement abrogés les décrets des 24 février 1881 et 6 ocotbre 1882, ainsi que toutes les dispositions contraires au présent décret.

JULES GRÉVY.

(1) V. § *Personnel.*

(5 juillet 1888)

**DÉCRET** *portant réorganisation de l'administration de la justice en Cochinchine.*

(Promulg. A. G. G., 29 octobre 1888)

J. C, p. 921.

Article premier. — La justice de paix à compétence étendue de Mytho est supprimée.

La justice de paix à compétence étendue de Longxuyen est rétablie. Sa circonscription, placée sous la juridiction du procureur de la République près le tribunal de première instance de Vinhlong, s'étend sur les arrondissements de Longxuyen et de Rachgia.

Une justice de paix à compétence étendue est instituée à Bentré. Sa circonscription, placée sous la juridiction du procureur de la République près le tribunal de première instance de Mytho, s'étend sur les arrondissements de Bentré et de Travinh.

La composition et la compétence de ces deux tribunaux sont déterminées conformément aux dispositions qui règlent la composition et la compétence des justices de paix à compétence étendue de Cochinchine.

Art. 2 — Le tribunal de première instance de Mytho est rétabli. Sa composition est la même que celle du tribunal de première instance de Vinhlong. Les dispositions des articles 17, 18 et 25, paragraphe 1er, du décret du 15 novembre 1887 lui sont applicables.

Le ressort du tribunal de première instance de Mytho comprend les arrondissements de Mytho, Gocong et Tanan.

Art. 3. — Les dispositions du décret du 15 novembre 1887, fixant les traitements, parités d'office et le costume, ainsi que les conditions d'âge et de capacité exigées des membres du tribunal de première instance de Vinhlong et des justices de paix à compétence étendue de 2e classe, sont applicables aux membres du tribunal de première instance de Mytho et des justices de paix à compétence étendue de Longxuyen et de Bentré.

L'âge exigé pour être nommé juge de paix à compétence étendue est fixé à vingt-cinq ans.

Art. 4. — Le nombre des Cours criminelles de la Cochinchine est réduit à trois. Le siège de ces cours est fixé à Saïgon et aux chefs-lieux de chacun des tribunaux de première instance de province.

Le ressort de la Cour criminelle de Saïgon reste déterminé par l'article 28, paragraphe 1er, du décret du 15 novembre 1887.

Celui de la Cour criminelle de Mytho comprend les arrondissements de Mytho, Gocong, Tanan, Bentré et Travinh.

Celui de la Cour criminelle de Vinhlong comprend les arrondissements de Vinhlong, Sadec, Cantho, Chaudoc, Hatien, Longxuyen, Rachgia, Soctrang et Baclieu.

Les crimes commis au Cambodge par des Français ou autres individus d'origine européenne ou assimilés seront déférés à la Cour criminelle de Vinhlong.

Art. 5. — Les procureurs de la République près les tribunaux de première instance de Saïgon, Mytho et Vinhlong sont chargés de diriger, sous les ordres du Procureur général, l'action publique dans toute l'étendue des trois circonscriptions criminelles ci-dessus déterminées.

Ils ont la surveillance des commissaires de police exerçant, en vertu de l'article 11 du décret du 15 novembre 1887, les pouvoirs attribués aux procureurs de la République et aux commissaires de police par le Code d'instruction criminelle.

Les procureurs de la République de Mytho et Vinhlong portent la parole à la Cour criminelle par délégation du Procureur général.

Art. 6. — Conformément aux dispositions de l'article 24 du décret du 25 juillet 1864, de l'article 2 du décret du 7 mars 1868, et aux prescriptions du décret du 5 mars 1884, le Procureur général saisit les cours criminelles, par voie de citation directe, de toutes les affaires de leur compétence.

Art. 7. — La désignation des magistrats de la Cour ou des tribunaux de première instance appelés à faire partie des Cours criminelles, la fixation de la date de l'ouverture de chaque session et, s'il est nécessaire, du lieu et de la date des sessions extraordinaires, sont faites par le Gouverneur général, sur la proposition du Chef du service judiciaire dans l'Indo-Chine.

Le Gouverneur général pourra également, lorsque les nécessités du service l'exigeront, décider, par arrêté rendu sur la proposition du Chef du service judiciaire de l'Indo-Chine, que les juges de paix tiendront dans leurs circonscriptions des audiences foraines, dans des localités et à des époques déterminées par l'arrêté.

Art. 8. — Les dispositions du décret du 26 juillet 1885, concernant l'organisation des commis-greffiers, sont remises en vigueur.

Art. 9. — Le Chef du service judiciaire de l'Indo-Chine, chargé par l'article 37 du décret du 15 novembre 1887 de veiller au maintien de l'ordre et de la discipline dans tous les tribunaux de la colonie, ainsi que de la surveillance de tous les officiers de police judiciaire, des magistrats chargés de l'instruction et des officiers ministériels, a, si les faits ne lui paraissent pas assez graves pour provoquer une décision disciplinaire de la part du Gouverneur général, le droit d'avertissement sur tout le personnel judiciaire de l'Indo-Chine.

Les règlements et arrêtés concernant la marche du service judiciaire ne peuvent être présentés à l'agrément du Gouverneur général que par son intermédiaire.

Art. 10. — Sont abrogés les articles 9, 19, 20, 27, 28, paragraphes 2, 3, 4 et 5, 32, paragraphe 2, 46, paragraphe 3, 64 du décret du 15 novembre 1887 et toutes dispositions contraires au présent décret.

CARNOT.

(8 septembre 1888)

**DÉCRET** *portant organisation de la justice au Tonkin. — Rapport M.*

(Promulg. A. G. G., 18 janvier 1889)
J. H., p. 48.

(18 septembre 1888)

**DÉCRET** *réglant la procédure devant les tribunaux français installés en Cochinchine au Cambodge et au Tonkin en matière civile, criminelle, correctionnelle et de simple police.*

(Promulg. A. G. G., 2 janvier 1889)
B. C., p. 61.
J. C, p 45.

Article premier. — La procédure suivie devant les tribunaux français installés en Cochinchine, au Cambodge et au Tonkin est réglée, tant en matière civile qu'en matière criminelle, correctionnelle et de simple police, conformément aux dispositions du présent décret.

TITRE PREMIER. — PROCÉDURE CIVILE

Art. 2. — Toutes les instances civiles sont dispensées du préliminaire de conciliation ; pour toutes les affaires qui, en France, sont soumises à ce préliminaire, le juge devra inviter les parties à comparaître en personne, sur simple avertissement et sans frais.

Art. 3. — La forme de procéder en matière civile et commerciale est celle qui est suivie en France devant les tribunaux de commerce.

Art. 4. — Le délai pour interjeter appel des jugements contradictoires en matière civile et commerciale est de deux mois, à partir de la signification à la personne ou au domicile réel ou d'élection.

Ce délai est augmenté à raison des distances, dans les conditions qui seront déterminés par arrêté du Gouverneur général rendu sur la proposition du Procureur général, chef du service judiciaire.

A l'égard des incapables, ce délai ne compte que du jour de la signification à la personne ou au domicile de ceux qui sont chargés de l'exercice de leurs droits.

Dans aucun cas l'appel ne sera reçu ni contre les jugements par défaut, ni contre les jugements interlocutoires avant le jugement définitif.

Art. 5. — Les parties qui veulent se défendre par elles-mêmes et sans avoir recours au ministère des avocats défenseurs, doivent déposer, dans les délais légaux, au greffe du tribunal, tous les actes nécessaires à l'instruction des causes civiles et commerciales et à l'exécution des jugements et arrêts. Le greffier donne un récépissé desdits actes en y portant la date du dépôt et doit, sous sa responsabilité, les signifier à la partie adverse dans les vingt-quatre heures.

## TITRE II. — Instruction criminelle

### CHAPITRE PREMIER. — De la procédure devant les tribunaux de police

Art. 6. — En matière correctionnelle et de simple police, le tribunal est saisi directement par le ministère public, soit qu'il y ait eu ou qu'il n'y ait pas eu instruction préalable, ou par la citation donnée au prévenu à la requête de la partie civile.

S'il y a eu instruction, le juge remet les pièces au magistrat chargé du ministère public, qui reste le maître de ne pas donner suite à l'affaire ou de saisir le tribunal compétent.

Art. 7. — Des juges suppléants ou des attachés de parquet désignés par le Gouverneur général, sur la proposition du Procureur général, chef du service judiciaire, remplissent auprès des tribunaux de paix à compétence étendue toutes les fonctions du ministère public.

Ils sont officiers de police judiciaire et placés sous la surveillance du Procureur de la République près le tribunal de première instance, dans le ressort duquel se trouve le tribunal de paix à compétence étendue.

Art. 8. — La forme de procéder en matière correctionnelle, ainsi que les formes de l'opposition et de l'appel, sont réglées par les dispositions du Code d'instruction criminelle relatives à la procédure devant les tribunaux correctionnels, sous réserve des modifications prévues aux articles ci-dessus.

Art. 9. — Le mode de procéder, en matière de simple police, est réglé par les sections 1 et 3 du chapitre Ier, titre Ier, du livre II du Code d'instruction criminelle.

### CHAPITRE II. — De la procédure devant les cours criminelles

Art. 10. — Le Procureur général près la Cour d'appel de Saïgon poursuit devant la Cour criminelle, soit par lui-même, soit par ses subsistuts, toute personne dont il a décidé la mise en accusation.

Art. 11. — Il dresse, aussitôt que l'information est terminée, l'acte d'accusation et le fait signifier à l'accusé, auquel toutes les pièces de la procédure pourront être communiquées sur sa demande.

Art. 12. — Il apporte tous ses soins à ce que les actes préliminaires soient faits et que tout soit en état pour que les débats puissent commencer à l'époque de l'ouverture de la Cour criminelle.

Art. 13. — Quand la mise en accusation a été décidée par le Procureur général, si l'affaire ne doit pas être jugée dans le lieu où siège la Cour d'appel, il transmet les pièces du procès au greffe du tribunal de première instance du chef-lieu d'arrondissement où doit siéger la Cour appelée à en connaître.

Les pièces servant à conviction qui sont restées déposées au greffe du tribunal ou qui ont été apportées au greffe de la Cour d'appel sont réunies, sans délai, au greffe où ont été remises les pièces du procès.

Art. 14. — L'accusé, s'il est détenu, est envoyé, en temps utile, dans la maison de justice du lieu où doit se tenir la Cour criminelle.

Art. 15. — Aussitôt après la remise des pièces au greffe et l'arrivée de l'accusé dans la maison de justice, celui-ci est interrogé par le président de la Cour criminelle ou par le juge qu'il a délégué.

Art. 16. — L'accusé est interpellé de déclarer le choix qu'il a fait d'un conseil pour l'aider dans sa défense, sinon le juge lui en désigne un, à peine de nullité de tout ce qui suivra.

Cette désignation est comme non avenue, et la nullité ne sera pas prononcée si l'accusé choisit un conseil.

Art. 17. — Le conseil de l'accusé est choisi par lui ou désigné par le juge parmi les défenseurs ou, à défaut de ces derniers, parmi les personnes parlant le français et jouissant de leurs droits civils et politiques.

Le président de la Cour criminelle peut, en outre, l'autoriser à prendre pour conseil un de ses parents ou amis.

Art. 18. — Le conseil peut communiquer avec l'accusé après son interrogatoire. Il peut aussi prendre connaissance de toutes les pièces sans déplacement.

Art. 19. — Les conseils des accusés peuvent prendre ou faire prendre copie de telle pièce du procès qu'ils jugent utile à leur défense.

Art. 20. — Trois jours au moins avant l'ouverture de leur Cour criminelle, il est procédé, par le président de la Cour criminelle ou par le juge qu'il a délégué à cet effet, au tirage au sort des assesseurs sur une liste de vingt notables dressée chaque année, dans la seconde quinzaine de décembre, conformément aux prescriptions de l'article 30 du décret du 15 novembre 1887.

Une liste complémentaire de dix notables pour chaque catégorie d'accusés peut être dressée dans les mêmes conditions.

En cas d'insuffisance des notables de la liste principale, par suite de décès, d'incapacité ou d'absence de la colonie, le président pourvoit à leur remplacement par une simple ordonnance.

Il complète la liste des vingt notables en suivant l'ordre de l'inscription sur la liste complémentaire.

Art. 21. — Les mêmes membres peuvent être indéfiniment inscrits sur les listes dressées chaque année.

Nul ne peut être porté sur la liste des notables s'il ne jouit de ses droits civils et politiques.

Art. 22. — Les fonctions d'assesseurs sont incompatibles avec celles de membre du conseil privé, de membre de l'ordre judiciaire, de ministre d'un culte quelconque, et de militaire en activité de service dans les armées de terre et de mer.

Art. 23. — Le jour du tirage au sort des assesseurs est fixé par une ordonnance du président de la Cour criminelle, sur la réquisition du procureur général ou de ses substituts.

Cette ordonnance et la liste des vingt notables sont notifiées à l'accusé, la veille au moins du jour déterminé pour le tirage.

Art. 24. — Le tirage se fait en chambre du conseil, en présence du ministère public, du greffier, des accusés et de leurs conseils. A cet effet, le juge chargé du tirage dépose un à un dans une urne, après les avoir lus à haute et intelligible voix, les noms des vingt notables de l'arrondissement écrits sur des bulletins.

Art. 25. — Cette première opération terminée, le président ou le juge délégué retire successivement chaque bulletin de l'urne et lit le nom qui s'y trouve inscrit.

Les accusés, quelque soit leur nombre, ont la faculté d'exercer deux récusations péremptoires. Le ministère public jouit de la même faculté. Lorsque les accusés ne se sont point concertés pour exercer leurs récusations, l'ordre des récusations s'établit entre eux d'après la gravité de l'accusation.

Dans le cas d'accusation de crime de même gravité contre divers individus, l'ordre des récusations est déterminé par la voie du sort.

Art. 26. — La liste des assesseurs est définitivement formée lorsque le magistrat chargé du tirage a obtenu par le sort le nombre d'assesseurs nécessaire au service de la session, sans qu'il y ait eu de récusations, ou lorsque les récusations ont été épuisées.

Les deux assesseurs ainsi désignés font partie de la Cour criminelle pour le jugement de toutes les affaires inscrites au rôle de la session.

Il est tiré également au sort, de la même manière, un ou deux assesseurs supplémentaires pour remplacer, le cas échéant, les assesseurs titulaires.

Procès-verbal des opérations du tirage est dressé par le greffier et signé du magistrat qui y a présidé.

Art. 27. — Les empêchements résultant pour les juges de parenté ou de leur alliance soit entre eux, soit avec les accusés ou la partie civile, sont applicables aux assesseurs, soit entre eux, soit entre eux et les juges, soit entre eux et les accusés et la partie civile.

Art. 28. — Nul ne peut être assesseur dans la même affaire où il a été officier de police judiciaire, témoin, interprète, expert ou partie.

Art. 29. — Les récusations fondées sur une des causes prévues par les deux articles qui précèdent seront jugées sur simple requête par la Cour criminelle, qui ordonne, s'il y a lieu, que l'assesseur récusé soit remplacé par un des assesseurs supplémentaires, en suivant l'ordre du tirage au sort.

Art. 30. — Les accusés qui ne seront arrivés dans la maison de justice qu'après le tirage des assesseurs ou l'ouverture des assises ne pourront y être jugés que lorsque le Procureur général l'aura requis, lorsque les accusés y auront consenti et lorsque le président l'aura ordonné. En ce cas, le Procureur général et les accusés seront considérés comme ayant accepté la composition de la Cour criminelle.

Art. 31. — Tout assesseur qui ne se sera pas rendu à son poste sur la citation qui lui aura été notifiée sera condamné par la Cour criminelle à une amende, laquelle sera :

Pour la première fois, de 200 francs au moins et de 500 francs au plus ; pour la seconde, de 500 francs au moins et de 1,000 francs au plus ; pour la troisième, de 1,000 francs au moins et de 2,000 francs au plus.

Cette dernière fois il sera, de plus, déclaré incapable d'exercer à l'avenir les fonctions d'assesseur. L'arrêt sera imprimé et affiché à ses frais.

Art. 32. — Seront exceptés ceux qui justifieront qu'ils étaient dans l'impossibilité de se rendre au jour indiqué.

La cour prononcera sur la validité de l'excuse.

Art. 33. — Les peines portées en l'article 31 sont applicables à tout assesseur qui, même s'étant rendu à son poste, se retirerait avant l'expiration de ses fonctions sans une excuse valable qui sera également jugée par la Cour.

Art. 34. — Au jour fixé pour l'ouverture de la session, la Cour ayant pris séance, les assesseurs se placent à ses côtés dans l'ordre désigné par le sort.

Art. 35. — Le président a la police de l'audience. Il est investi d'un pouvoir discrétionnaire, en vertu duquel il peut prendre sur lui tout ce qu'il croit utile pour découvrir la vérité, et la loi charge son honneur et sa conscience d'employer tous ses efforts pour en favoriser la manifestation.

Il peut dans le cours des débats appeler, même par mandat d'amener, et entendre toutes personnes ou se faire apporter toutes nouvelles pièces qui lui paraîtraient, d'après les nouveaux développements donnés à l'audience, soit par les accusés, soit par les témoins, pouvoir répandre un jour utile sur le fait contesté. Les témoins ainsi appelés ne prêtent point serment et leurs déclarations ne sont considérées que comme renseignements.

Le président doit rejeter tout ce qui tiendrait à allonger les débats sans donner lieu d'espérer plus de certitude dans les résultats.

Art. 36. — L'accusé comparaît libre et seulement accompagné de gardes pour l'empêcher de s'évader. Le président lui demande son nom, ses prénoms, son âge, sa profession, sa demeure et le lieu de sa naissance.

Art. 37. — Le président avertit le conseil de l'accusé qu'il ne peut rien dire contre sa conscience ou contre le respect dû aux lois et qu'il doit s'exprimer avec décence et modération.

Art. 38. — A la première audience de chaque session d'assises, le président fait prêter aux assesseurs, debout et découverts, le serment suivant, dont il prononcera la formule en ces termes :

« Je jure et promets, devant Dieu et devant les hommes, d'examiner, avec l'attention la plus scrupuleuse, les affaires qui me seront soumises pendant le cours de la présente session ; de ne trahir ni les intérêts de l'accusé, ni ceux de la société; de n'écouter ni la haine, ni la méchanceté, ni la crainte ou l'affection, et de ne me décider que d'après les charges et les moyens de défense, suivant ma conscience et mon intime conviction, avec l'impartialité et la fermeté qui conviennent à un homme probe et libre. »

Chacun des assesseurs, appelé individuellement par le président, répondra en levant la main : « Je le jure », à peine de nullité.

Art. 39. — Immédiatement après, le président avertit l'accusé d'être attentif à ce qu'il va entendre.

Il ordonne au greffier de lire la décision du parquet et l'acte d'accusation.

Le greffier fait cette lecture à haute voix.

Art. 40. — Le Procureur général expose le sujet de l'accusation et présente ensuite la liste des témoins qui doivent être entendus soit à sa requête, soit à la requête de la partie civile, soit à celle de l'accusé.

Cette liste est lue à haute voix par le greffier.

Art. 41. — Le président ordonne aux témoins de se retirer dans la Chambre qui leur aura été destinée. Ils n'en sortiront que pour déposer. Le président prend des précautions, s'il en est besoin, pour empêcher les témoins de conférer entre eux avant leur déposition.

Art. 42. — Les témoins font à l'audience, sous peine de nullité, le serment de dire toute la vérité, rien que la vérité, et le greffier en tient note, ainsi que de leurs nom, prénoms, profession, âge et demeure.

Sont, en outre, observées les dispositions des articles 156, 157, 158, 319, 325, 326, 327 et 329 du Code d'instruction criminelle

Art 43. — Si, d'après les débats, la déposition d'un témoin paraît fausse, le président peut, sur la réquisition soit du Procureur général, soit de l'accusé, et même d'office, faire sur-le-champ mettre le témoin en état d'arrestation. Le Procureur général, le président ou l'un des juges par lui commis remplissent à son égard : le premier, les fonctions d'officier de police judiciaire ; le second, les fonctions attribuées au juge d'instruction dans les autres cas.

Les pièces d'instruction sont remises au procureur pour être, par lui, statué sur la mise en accusation.

Art. 44. — Dans le cas de l'article précédent, le Procureur général, la partie civile ou l'accusé peuvent immédiatement requérir et la Cour ordonner, même d'office, le renvoi de l'affaire à la prochaine session.

Art. 45. — Si l'accusé, les témoins ou l'un d'eux ne parlent pas le même langage ou le même idiome, ou si l'accusé est sourd et muet et ne sait pas écrire, le président doit se conformer aux prescriptions des articles 332 et 333 du Code d'instruction criminelle.

Art. 46. — Le président détermine celui des accusés qui doit être soumis le premier aux débats, en commençant par le principal accusé, s'il y en a un.

Il se fait ensuite un débat particulier sur chacun des accusés.

Art. 47. — A la suite des dépositions des témoins et des dires respectifs auxquels elles auront donné lieu, la partie civile ou son conseil et le Procureur général sont entendus et développent les moyens qui appuient l'accusation.

L'accusé et son conseil peuvent leur répondre.

La réplique est permise à la partie civile et au Procureur général, mais l'accusé ou son conseil a toujours la parole le dernier.

Le président déclare ensuite que les débats sont terminés.

Art. 48. — Le président pose les questions de l'acte d'accusation en ces termes :

« L'accusé est-il coupable d'avoir commis tel meurtre, tel vol ou tel autre crime, avec toutes les circonstances comprises dans le résumé de l'acte d'accusation ? »

Il observe pour le surplus les dispositions des articles 338, 339 et 340 du Code d'instruction criminelle.

Art. 49. — En toute matière criminelle, même en cas de récidive, le président, après avoir posé les questions résultant de l'acte d'accusation et des débats, pose la question des circonstances atténuantes.

Art. 50. — Après la lecture des questions par le président, l'accusé, son conseil, la partie civile et le Procureur général peuvent faire sur la position de ces questions telles observations qu'ils jugent convenables.

Si le Procureur général ou l'accusé s'opposent à la position des questions telles qu'elles ont été présentées, il est statué par la Cour sur le mérite de cette opposition.

Art. 51. — Le président fait ensuite retirer l'accusé de l'auditoire, et la cour se rend avec les assesseurs dans la Chambre du conseil pour délibérer sur la solution des questions.

Art. 52. — La Cour criminelle avec les assesseurs rentrent ensuite en séance, et le président, après avoir fait comparaître l'accusé, donne lecture de la délibération, qui est signée par les membres de la cour, les assesseurs et le greffier.

Art. 53. — La Cour, sans la participation des assesseurs, délibère sur l'application de la peine.

Sont observées, pour le surplus, les dispositions des articles 191, 358, 359, 360, 361, 362, 363, 364, 365, 367, 368, 195 et 371 du Code d'instruction criminelle.

Art. 54. — La cour, jugeant sans le concours des assesseurs, statue sur les affaires de contumace, conformément aux dispositions des articles 465 à 478 inclus du Code d'instruction criminelle.

DISPOSITIONS GÉNÉRALES

Art. 55. — En toute matière le Procureur général peut autoriser la mise en liberté provisoire avec ou sans caution. Il peut admettre comme cautionnement suffisant, sans qu'il soit besoin de dépôt de deniers ou autres justifications et garanties, la commission écrite de toute tierce personne jugée solvable, portant engagement de présenter ou de faire représenter le prévenu ou l'accusé à toute réquisition de la justice, ou à défaut de verser au Trésor, à titre d'amende, une somme déterminée dans l'acte de cautionnement.

Art. 56. — Sont abrogés:

Les décrets du 25 juillet 1864 et du 7 mars 1884, l'article 11 du décret du 25 novembre 1887 et toutes dispositions contraires au présent décret.

CARNOT.

(21 septembre 1888)

**DÉP. M.** *Notification des décrets des 5 juillet, 8 septembre et 18 septembre 1888 sur l'organisation judiciaire en Indo-Chine.*

ARCH. GOUV.

(12 octobre 1888)

**DÉCRET** *conférant à la Cour de Saïgon le droit de connaître des demandes en réhabilitation.*

(Promulg. A. G. G., 23 novembre 1888)

J. C., p. 1025.

Article premier. — Les Cours d'appel de Saint-Louis (Sénégal), de Saïgon (Cochinchine), le conseil d'appel de Saint-Pierre et Miquelon, les tribunaux supérieurs de Cayenne (Guyane), de Nouméa (Nouvelle-Calédonie) et de Papeete (Établissements français de l'Océanie) statuent en Chambre du conseil sur les demandes de réhabilitation.

CARNOT.

(19 octobre 1888)

**A. M.** *Le nombre des attachés au parquet du Procureur général près la Cour d'appel de Saïgon est porté de cinq à huit.*

J. C., p. 1078.

Article premier. — Le nombre des attachés au parquet du Procureur général près la Cour d'appel de Saïgon est porté de cinq à huit.

A. DE LA PORTE.

(2 novembre 1888)

**A. G. G.** *portant qu'en exécution du décret du 15 novembre 1887 qui supprime le tribunal de 1re instance de Pnom-Penh et créée en ses lieu et place une justice de paix à compétence étendue, le tribunal de première instance de Pnom-Penh cessera de fonctionner à partir du 12 novembre 1888.*

J. C., p. 930.

Article premier. — Le tribunal de première instance de Pnom-Penh, supprimé par le décret susvisé, cessera de fonctionner à partir du 12 novembre courant.

Art. 2. — La justice de paix à compétence étendue de Pnom-Penh, créée par ledit décret, entrera en fonctions le même jour.

Art. 3. — Cette justice de paix sera installée dans les bâtiments de l'ancien tribunal. Les archives de l'ancien tribunal seront maintenues dans les locaux qu'elles occupent actuellement. Procès-verbal sera dressé par le greffier qui devra en prendre charge.

RICHAUD.

(3 novembre 1888)

**A. G.** *portant que le tribunal de Binh-hoa supprimé en vertu des décrets des 9 décembre 1885 et 15 novembre 1887 cessera de fonctionner, à partir du 8 novembre 1888.*

J. C., p. 932.

Article premier. — Le tribunal de Binh-hoa, supprimé par les décrets susvisés, cessera de fonctionner à partir du 8 novembre prochain.

Art. 2. — Toutes les archives de ce tribunal provenant du greffe et du parquet, les registres, dossiers, etc., seront déposés, dans le plus bref délai, au greffe du tribunal de Saïgon ; procès-verbal sera dressé de ce dépôt et le greffier devra en prendre charge.

Art. 3. — La circonscription judiciaire du tribunal de Saïgon comprendra désormais l'ancien ressort des tribunaux français, le 20e arrondissement et les arrondissements de Giadinh et de Cholon.

Art. 4. — La justice de paix à compétence étendue de Bienhoa, créée par le décret précité, entrera en fonctions, à partir du 12 novembre courant.

Art. 5. — Elle sera installée dans les bâtiments mis à la disposition du service judiciaire par l'Administration.

Art. 6. — Son ressort comprend les arrondissements de Bienhoa et de Baria.

Art. 7. — La justice de paix à compétence étendue de Tayninh, créée par le décret du 15 novembre 1887 susvisé, entrera en fonctions, à partir du 12 novembre courant.

Art. 8. — Elle sera installée dans les bâtiments mis à la disposition du service judiciaire par l'Administration.

Art. 9. — Son ressort comprend les arrondissements de Tayninh et de Thudaumot.

Art. 10. — Les justiciables compris dans les arrondissements des justices de paix de Bienhoa et de Tayninh pourront s'adresser, à l'effet de se faire délivrer des expéditions, au greffe du tribunal de Saïgon ; le greffier sera tenu de leur en fournir.

RICHAUD.

(5 novembre 1888)

**A. G. G.** *portant qu'en exécution des décrets des 9 décembre 1886, 15 novembre 1887, et 5 juillet 1888 relatifs à la réorganisation de l'administration de la justice en Cochinchine, le tribunal de 1re instance de Soctrang supprimé par les décrets susvisés, cessera de fonctionner à partir du 15 novembre 1888.*

J. C., p. 938.

Article premier. — Le tribunal de première instance de Soctrang, supprimé par les décrets susvisés, cessera de fonctionner, à partir du jeudi 15 novembre prochain.

Art. 2. — La justice de paix à compétence étendue de Soctrang, créée par lesdits décrets, entrera en fonctions le même jour.

Son ressort comprendra les arrondissements de Soctrang et de Baclieu.

Art. 3. — Le tribunal de première instance de Chaudoc, supprimé par les décrets susvisés, cessera de fonctionner à partir du 15 novembre prochain.

Art. 4. — La justice de paix à compétence étendue de Chaudoc, créée par lesdits décrets, entrera en fonctions le même jour.

Son ressort comprendra l'arrondissement de Chaudoc et l'ancien arrondissement d'Hatien.

Art. 5. — Le tribunal de première instance de Bentré, supprimé par les décrets susvisés, cessera de fonctionner à partir du 15 novembre prochain.

Art. 6. — La justice de paix à compétence étendue de Bentré, créée par lesdits décrets, entrera en fonctions le même jour.

Son ressort comprendra les arrondissements de Bentré et de Travinh.

Art. 7. — Lesdites justices de paix seront installées dans les bâtiments des anciens tribunaux. Les archives des anciens tribunaux seront maintenues dans les locaux qu'elles occupent actuellement. Procès-verbal sera dressé par le greffier qui devra en prendre charge.

Art. 8. — La justice de paix à compétence étendue de Longxuyen, créée par les décrets susvisés, entrera en fonctions à partir du jeudi 15 novembre prochain.

Son ressort comprendra l'arrondissement de Longxuyen et l'ancien arrondissement de Rachgia.

Art. 9. — Ladite justice de paix sera installée dans les bâtiments qui ont été mis à la disposition du service judiciaire par l'Administration.

Les justiciables de ladite justice de paix pourront s'adresser, à l'effet de se faire délivrer des expéditions, au greffe de la justice de paix de Chaudoc, où demeurent déposées les archives de l'ancien tribunal de première instance de Chaudoc, dont l'arrondissement du Longxuyen faisait antérieurement partie ; le greffier sera tenu de leur en faire la délivrance.

RICHAUD.

(5 décembre 1888)

**A. G. G.** *fixant la circonscription territoriale des tribunaux de Hanoï et de Haïphong.*

J. H. 1889, p. 18.

(11 décembre 1888)

**A. G. G.** *Le juge président du tribunal de première instance de Saïgon et, à son défaut, le lieutenant de juge ou le magistrat qui occupe ses fonctions pourront être appelés par le président pour la composition de la Cour, en cas d'absence ou d'empêchement momentané de l'un ou des deux de ses membres.*

J. C. 1889, p. 11.

Article premier. — Lorsque la cour d'appel de Saïgon, en cas d'absence ou d'empêchement momentané de l'un ou de deux de ses membres, ne pourra se constituer pour le jugement des affaires civiles et commerciales, correctionnelles, criminelles et d'annulation, le juge président du tribunal de première instance et, à son défaut, le lieutenant de juge ou le magistrat qui occupe ses fonctions, pourront être appelés par le président pour la composition de la cour.

RICHAUD.

(11 décembre 1888)

**A. G. G.** *réglant le service des huissiers près les tribunaux de Hanoï et de Haïphong.*

J. H. 1889 p. 18.

(30 décembre 1888)

**A. G. G.** *rendant applicable dans toute l'étendue du Tonkin le code civil, le code de procédure civile, le code de commerce, le code d'instruction criminelle et le code pénal et divers décrets relatifs à l'organisation de la justice en Cochinchine.*

J. H. 1889, p. 19.

(29 janvier 1889)

**A. G. G.** *réglant les jours d'audience des tribunaux de Hanoï et de Haïphong ainsi que le service du greffe.*

J. H., p. 62.

(23 mars 1889)

**DÉCRET** *approuvant l'arrêté local en date du 11 décembre 1888, au sujet de la composition de la Cour d'appel de Saïgon, en cas d'absence ou d'empêchement momentané de l'un ou de deux de ses membres. — Rapport M.*

(Promulg. A. G. G., 10 mai 1889)
J. C, p. 517.

Article premier. — Est approuvé l'arrêté du Gouverneur général de l'Indo-Chine, en date du 11 décembre 1888, disposant que « lorsque la cour d'appel de Saïgon, en cas d'absence ou d'empêchement momentané de l'un ou de deux de ses membres, ne pourra se constituer pour le jugement des affaires civiles et commerciales, correctionnelles, criminelles et d'annulation, le juge président du tribunal de première instance et, à son défaut, le lieutenant de juge ou le magistrat qui occupe ces fonctions pourront être appelés par le président, pour la composition de la Cour. »

CARNOT.

(19 avril 1889)

**DÉCRET** *modifiant le ressort des justices de paix à compétence étendue de Bienhoa et de Tayninh. — Rapport M.*

(Promulg. A. G. G., 22 juin 1889)
J. C., p. 633.

Article premier. — Les paragraphes 2 et 3 de l'article 6 du décret du 15 novembre 1887 sont modifiés comme suit :

« § 2. — Le ressort de la justice de paix de Bienhoa comprend les arrondissements de Bienhoa, y compris les territoires de l'ancien arrondissement de Thudaumot, et l'arrondissement de Baria.

« § 3. — Celui de la justice de paix de Tayninh, l'arrondissement de Tayninh.

CARNOT.

(17 juin 1889)

**RAPPORT M.** *précédant le décret du 17 juin 1889 réorganisant l'administration de la justice en Cochinchine.*

J. C., p. 778.

L'article 11 du décret du 15 novembre 1887, portant réorganisation de la justice en Cochinchine, avait investi les commissaires de police des fonctions du ministère public près les justices de paix à compétence étendue.

Le Procureur général n'avait, par suite, comme auxiliaires directs dans l'intérieur, pour l'exercice de l'action publique, que ses deux substituts de Vinhlong et de Mytho.

Mon prédécesseur, trouvant insuffisant le nombre des magistrats du parquet et désireux d'assurer d'une façon plus effective la poursuite et la répression des délits, reconnut la nécessité de placer auprès de chaque justice de paix un magistrat spécialement chargé de représenter le ministère public.

L'article 7 du décret du 18 septembre 1888 décida, en conséquence, que des juges suppléants ou des attachés de parquet, désignés par le Gouverneur général, rempliraient auprès des tribunaux de paix les fonctions du ministère public et exerceraient les attributions de la police judiciaire. Comme conséquence, un arrêté du 19 octobre dernier porta de cinq à huit le nombre des attachés de parquet du Procureur général. L'application plus complète de cette heureuse innovation me paraît de nature à donner les meilleurs résultats, au point de vue du bon fonctionnement de la justice.

Je m'en suis inspiré pour la préparation du décret ci-joint qui, sans rien changer à l'esprit du système actuellement en vigueur, n'a pour but que d'en faciliter et d'en améliorer les conditions d'application.

Afin d'éviter les froissements qui peuvent survenir entre des fonctionnaires appartenant à des degrés différents de la hiérarchie et devant avoir fréquemment des relations de service, la substitution de tribunaux de première instance aux justices de paix me paraît nécessaire.

L'inégalité de situation entre les membres d'un tribunal de première instance et les fonctionnaires de l'administration est en effet moindre qu'entre ces derniers et de simples attachés de parquet ou juges suppléants.

Il n'y a d'exception à ce principe que pour trois arrondissements très rapprochés de Saïgon et qui se trouvent rattachés au tribunal de première instance de cette ville.

Cette substitution aurait, en outre, l'avantage de rapprocher la justice des justiciables et de donner à la Cochinchine une organisation judiciaire uniforme, définitive et cadrant avec les divisions administratives de la colonie.

Ces modifications, qui seront certainement bien accueillies des justiciables, en raison des avantages et des garanties qu'elles leur donnent, n'entraînent pour le budget local qu'une très faible augmentation de dépense. Celle-ci sera facilement couverte par l'extension à tous les tribunaux du tarif judiciaire de Saïgon, qui n'a été appliqué, jusqu'à ce jour, qu'au ressort du tribunal de cette ville.

En vue de faciliter l'application du nouveau système, j'ai cru devoir réunir dans un seul acte toutes les dispositions concernant l'administration de la justice afin de permettre l'abrogation pure et simple des décrets antérieurs dont quelques-uns sont déjà en partie abrogés.

Dans ces conditions, j'ai l'honneur, d'accord avec M. le Garde des sceaux, de soumettre à votre haute sanction le projet de décret ci-joint.

(17 juin 1889)

**DÉCRET** *portant réorganisation de l'administration de la justice en Cochinchine.*

(Promulg. A. G. G., 14 août 1889)

J. C., p. 778.

## TITRE Ier. — DISPOSITIONS PRÉLIMINAIRES

Article premier. — Dans les possessions françaises de la Cochinchine, la justice est rendue par une justice de paix, par des tribunaux de première instance et de commerce, par la cour d'appel de l'Indo-Chine et par des cours criminelles.

Art. 2. — Les audiences sont publiques en matières civile et criminelle, à moins que cette publicité ne soit dangereuse pour l'ordre et pour les mœurs, et, dans ce cas, le tribunal ou la cour le déclare par un jugement ou arrêt préalable.

Dans tous les cas, les jugements ou arrêts sont prononcés publiquement et doivent être motivés, à peine de nullité.

## TITRE II. — JUSTICE DE PAIX

Art. 3. — Le ressort de la justice de paix de Saïgon comprend le territoire de la ville de Saïgon et les arrondissements de Cholon, Giadinh et Baria.

Art. 4. — Le tribunal de paix de Saïgon est composé d'un juge de paix, d'un greffier et, si les besoins l'exigent, d'un commis assermenté.

Art. 5. — La compétence et le fonctionnement du tribunal de paix de Saïgon sont déterminés conformément aux règles qui régissent les justices de paix de France.

## TITRE III. — Des tribunaux de première instance et de commerce

### CHAPITRE Ier. — Composition et sièges des tribunaux

Art. 6. — Le ressort du tribunal de première instance de Saïgon comprend le territoire de la ville de Saïgon, les arrondissements de Cholon, Giadinh et Baria.

Art. 7. — Dans chacun des autres arrondissements de Cochinchine siège un tribunal de première instance.

Art. 8. — Les tribunaux de première instance de l'intérieur sont divisés en trois classes, savoir :

2 de 1re classe : Mytho et Vinhlong ;

4 de 2e classe : Bentré, Bienhoa, Sadec et Chaudoc ;

8 de 3e classe : Cantho, Travinh, Longxuyen, Tanan, Gocong, Soctrang, Tayninh et Baclieu.

Art. 9. — Le tribunal de première instance de Saïgon est composé de :

1 Juge-président ;

1 Lieutenant de juge ;

8 Juges suppléants ;

1 Procureur de la République ;

1 Substitut ;

1 Greffier ;

1 ou plusieurs commis assermentés.

Art. 10. — Les juges suppléants sont spécialement destinés à remplacer les magistrats empêchés ou absents, soit à Saïgon, soit à l'intérieur.

Art. 11. — Les tribunaux de première instance de l'intérieur sont composés d'un juge, d'un procureur de la République, d'un greffier et, si les besoins du service l'exigent, d'un commis assermenté.

Le greffier remplit les fonctions de notaire et de commissaire-priseur.

Art. 12. — Des interprètes assermentés sont spécialement attachés au service des divers tribunaux et répartis, selon les besoins, par arrêté du Gouverneur général, sur la proposition du Procureur général, chef du service judiciaire en Indo-Chine.

Art. 13. — Les fonctions du ministère public sont exercées devant le tribunal de Saïgon par le procureur de la République et son substitut, devant les tribunaux de l'intérieur par les procureurs de la République.

Art. 14. — L'administrateur des îles de Poulo-Condore exerce dans ces îles les attributions d'un juge, et son secrétaire d'arrondissement celles d'officier du ministère public.

### CHAPITRE II. — Compétence des tribunaux de première instance

*Première section.*

Art. 15. — La loi annamite régit toutes les conventions et toutes les contestations civiles et commerciales entre indigènes et Asiatiques ; toutefois la déclaration faite dans un acte, par lesdits indigènes ou Asiatiques, qu'ils entendent contracter sous l'empire de la loi française entraîne l'application de cette loi.

Art. 16. — La loi française régit toutes les conventions et toutes les contestations civiles et commerciales entre Européens ou entre Européens et Asiatiques ou assimilés.

*Deuxième section.*

Art. 17. — En matière civile, les tribunaux de première instance connaissent, en premier et dernier ressort, de toutes actions personnelles et mobilières jusqu'à la valeur de 1.500 francs en principal et des actions immobilières jusqu'à 100 francs de revenu déterminé par la déclaration des parties ou, en cas de désaccord, par l'estimation faite sans frais par le chef de canton du lieu de la situation des immeubles litigieux, à charge d'appel de toutes les autres actions.

En matière commerciale, leur compétence est déterminée par le titre II du livre IV du Code de commerce.

En matière correctionnelle, ils connaissent de tous les délits.

Art 18. — Les juges des tribunaux de l'intérieur remplissent les fonctions et font tous les actes tutélaires attribués aux juges de paix par la loi française, tels que les appositions et levées de scellés, les avis de parents, les actes de notoriété et autres actes qui sont dans l'intérêt des familles.

Ils sont juges de simple police et, en cette qualité, connaissent en dernier ressort de toutes les contraventions.

Ils sont, en outre, chargés de l'instruction des affaires criminelles, ainsi qu'il est dit à l'article 52 ci-après.

## TITRE IV

### CHAPITRE PREMIER. — De la Cour d'appel

Art. 19. — La Cour d'appel de l'Indo-Chine française a son siège à Saïgon.

Elle est composée d'un président, d'un vice-président, de sept conseillers, d'un greffier et de commis-greffiers assermentés, dont le nombre est déterminé par le Gouverneur général, sur la proposition du Procureur général, suivant les besoins du service.

Les fonctions du ministère public près la Cour d'appel de l'Indo-Chine, sont remplies par le Procureur général, assisté d'un avocat général et de deux substituts.

Art. 20. — La Cour comprend deux chambres entre lesquelles sont réparties les affaires d'après la distribution qui en est faite par le président.

La deuxième Chambre est plus spécialement chargée des affaires civiles et commerciales entre Indigènes.

La Cour se constituera, en outre, en Chambre des appels correctionnels pour prononcer sur les affaires mentionnées dans les articles 22, 23 et 24.

Le service de la Chambre correctionnelle ne dispensera pas du service des Chambres civiles.

Art. 21. — En matière civile et commerciale, la Cour connaît :

1° Des appels formés contre les jugements rendus en premier ressort par les tribunaux de première instance et de commerce de la Cochinchine ;

2° Des appels formés contre les jugements rendus en premier ressort par les juridictions françaises établies en Extrême-Orient, soit dans les pays soumis au protectorat de la France, soit dans les consulats français.

Art. 22. — En matière correctionnelle, la Cour connaît des appels des jugements rendus par les tribunaux correctionnels de la Cochinchine et par les juridictions françaises établies dans les pays soumis au protectorat de la France en Indo-Chine.

Art. 23. — Conformément à la loi du 28 avril 1869, la Cour d'appel de l'Indo-Chine connaît :

1° Des appels des jugements rendus en matière civile, commerciale et de police correctionnelle, par les tribunaux consulaires français en Chine, dans le royaume de Siam et au Japon ;

2° Des crimes commis dans les mêmes contrées par des sujets français

Art. 24. — Les jugements rendus en dernier ressort par les tribunaux de simple police et les tribunaux de première instance, jugeant en matière indigène, pourront être attaqués devant la Cour d'appel par la voie de l'annulation, dans les formes et conditions déterminées par le décret du 25 juin 1879.

Sont applicables aux arrêts de la Cour, statuant en matière indigène, les dispositions de l'article 5, paragraphe premier, du décret du 7 mars 1868, et celles du titre II du décret du 25 juin 1879, concernant le recours en cassation.

Art. 25. — Les Chambres civiles et la chambre des appels de police correctionnelle ne peuvent rendre arrêt qu'au nombre de trois juges au moins.

Lorsque la Cour connaîtra des demandes en annulation, elle devra être composée de cinq membres au moins.

En audience solennelle, les arrêts doivent être rendus par cinq magistrats au moins.

Art. 26. — L'assemblée générale de la Cour se composera de tous les membres de la Cour. La Cour ne pourra prendre de décision qu'au nombre de cinq magistrats au moins. Les décisions seront prises à la simple majorité. En cas de partage, le magistrat le plus jeune se retirera.

Art. 27. — L'assemblée générale de la Cour se tient en Chambre du conseil et à huis clos et n'a lieu que sur la convocation du président, faite d'accord avec le chef du service judiciaire, ou sur les réquisitions du Procureur général ou sur l'ordre du Gouverneur général.

Le greffier de la Cour assistera aux assemblées générales et y tiendra la plume.

## CHAPITRE II. — Des Cours criminelles.

Art. 28. — Les crimes commis sur le territoire de la Cochinchine française sont déférés à des Cours criminelles siégeant à Saïgon, Mytho et Vinhlong.

Art. 29. — Les crimes commis par des Français ou autres Européens au Cambodge ou par des sujets asiatiques français au préjudice soit des Français ou autres Européens, soit d'Asiatiques sujets français, seront déférés à la Cour criminelle de Saïgon.

Art. 30. — Le ressort de la Cour criminelle de Saïgon s'étend sur les arrondissements de Cholon, Giadinh, Tayninh, Bienhoa, Baria et les îles de Poulo-Condore.

Le ressort de la Cour criminelle de Mytho s'étend sur les arrondissements de Mytho, Gocong, Tanan, Bentré et Travinh.

Le ressort de la Cour criminelle de Vinhlong s'étend sur les arrondissements de Vinhlong, Sadec, Cantho, Chaudoc, Longxuyen, Soctrang et Baclieu.

Art. 31. — La Cour criminelle de Saïgon se compose, indépendamment du greffier de la Cour ou de l'un de ses commis assermentés, comme suit :

1° Trois conseillers à la Cour, dont l'un remplit les fonctions de président; toutefois et, au cas où les besoins du service l'exigent, le Gouverneur général pourra, exceptionnellement, sur la proposition du Procureur général, désigner un magistrat de première instance au lieu et place de l'un des deux conseillers assesseurs;

2° Deux assesseurs désignés par la voie du sort sur une liste de vingt notables français domiciliés dans les arrondissements de Saïgon, Cholon et Giadinh, lorsqu'il s'agira d'accusés européens.

Lorsqu'il s'agira de juger des accusés annamites ou asiatiques, les assesseurs seront indigènes.

Trois voix sont nécessaires pour qu'il y ait condamnation.

Art. 32. — La liste des assesseurs européens sera dressée chaque année dans la seconde quinzaine de décembre par une commission composée du Directeur du service local ou du Secrétaire général, président, du tribunal de première instance, d'un membre du Conseil colonial et d'un membre du conseil municipal désignés par ces assemblées.

Art. 33. — La liste des assesseurs indigènes sera dressée chaque année à la même époque par le Directeur du service local, sur la proposition du procureur de la République du siège de la Cour.

Cette liste sera approuvée du Gouverneur général en Conseil privé.

Art. 34. — Une liste complémentaire de dix notables pour chaque catégorie d'accusés sera dressée dans les mêmes conditions.

En cas d'insuffisance des notables de la liste principale, par suite de décès, d'incapacité ou d'absence de la colonie, le président de la Cour criminelle pourvoit à son remplacement par simple ordonnance.

Il complète la liste des vingt notables, en suivant l'ordre d'inscription sur la liste complémentaire.

Art. 35. — Les mêmes membres peuvent être indéfiniment inscrits sur les listes dressées chaque année.

Nul ne pourra être inscrit sur la liste des notables s'il ne jouit de ses droits civils et politiques.

Art. 36. — Les fonctions d'assesseurs sont incompatibles avec celles de membre du Conseil privé, de membre de l'ordre judiciaire, de ministre d'un culte quelconque et de militaire en activité de service dans les armées de terre et de mer.

Art. 37. — Dans les ressorts autres que celui de la Cour de Saïgon, la Cour criminelle se compose :

1° D'un conseiller à la Cour d'appel président ;

2° Du juge du siège de la Cour criminelle ;

3° D'un magistrat désigné par le Procureur général, pris parmi les juges ou juges suppléants ;

4° De deux assesseurs choisis par la voie du sort, sur une liste de vingt notables indigènes, dressée comme il est dit aux articles 32 et 36 ci-dessus.

Lorsqu'il s'agira de juger des accusés européens, les deux assesseurs seront désignés par la voie du sort, sur la liste des notables français de Saïgon.

5° Du greffier du tribunal, siège de la Cour criminelle.

Art. 38. — Les fonctions du ministère public près les Cours criminelles seront remplies :

1° A Saïgon, par le Procureur général ou ses substituts ;

2° Dans l'intérieur, par le Procureur général, l'un de ses substituts ou par le Procureur de la République du tribunal, siège de la cour criminelle.

Art. 39. — La Cour criminelle siège tous les trois mois dans chacun des chefs-lieux judiciaires indiqués en l'article 28.

Art. 40. — Le Gouverneur général, après avis du Conseil privé, peut ordonner que la Cour criminelle siègera dans un lieu autre que celui où elle siège habituellement ; il peut également ordonner la réunion extraordinaire des Cours criminelles.

Art. 41. — Des arrêtés du Gouverneur général, pris après avis du Conseil privé, sur la proposition du Procureur général, fixent les époques où se tiendront les sessions trimestrielles.

Art. 42. — Le Gouverneur général nomme, sur la proposition du Procureur général, le conseiller président et les magistrats assesseurs de la cour criminelle.

## TITRE V. — DE LA PROCÉDURE

### CHAPITRE Ier. — PROCÉDURE CIVILE.

Art. 43. — Toutes les instances sont dispensées du préliminaire de conciliation ; néanmoins, pour toutes les affaires qui, en France, sont soumises à ce préliminaire, le juge pourra inviter les parties à comparaître en personne, sur simple avertissement et sans frais.

Art. 44. — La forme de procéder en matière civile et commerciale dans les affaires européennes est celle suivie en France devant les tribunaux de commerce.

Art. 45. — Le délai pour interjeter appel en matière civile et commerciale est de deux mois, à partir de la signification du jugement à personne ou à domicile réel ou d'élection.

Ce délai est augmenté à raison des distances, dans les conditions qui seront déterminées par des arrêtés du Gouverneur général, rendus sur la proposition du Procureur général.

A l'égard des incapables, ce délai ne court que du jour de la signification à la personne ou au domicile de ceux qui sont chargés de l'exercice de leurs droits.

Dans aucun cas l'appel ne sera reçu ni contre les jugements par défaut, ni contre les jugements préparatoires, avant le jugement définitif.

Art. 46. — Les parties qui veulent se défendre par elles-mêmes et sans avoir recours au ministère des avocats-défenseurs doivent déposer, dans les délais légaux, au greffe du tribunal, tous les actes nécessaires à l'instruction des causes civiles et commerciales et à l'exécution des jugements et arrêts. Le greffier donne un récépissé desdits actes en y portant la date du dépôt et doit, sous sa responsabilité, les signifier à la partie adverse dans les vingt-quatre heures.

## CHAPITRE II. — De l'instruction criminelle

### *Première section.*

Art. 47. — En matière correctionnelle et de simple police, le tribunal est saisi directement par le ministère public, soit qu'il y ait ou qu'il n'y ait pas eu instruction, ou par la citation donnée au prévenu, à la requête de la partie civile.

Art. 48. — En matière correctionnelle, le procureur de la République procède à l'instruction de l'affaire dans les formes et d'après les règles prescrites aux chapitres VI et VII du livre Ier du Code d'instruction criminelle.

Art. 49. — S'il y a eu instruction et que le procureur de la République donne suite à l'affaire, il transmet au juge les pièces et ses réquisitions écrites. Celui-ci en ordonne la mise au rôle de sa plus prochaine audience utile, où il est statué par lui, le prévenu et le ministère public préalablement entendus.

Art. 50. — La forme de procéder en matière correctionnelle est réglée, sauf ce qui est dit aux articles 48 et 49 ci-dessus, par les dispositions du Code d'instruction criminelle relatives à la procédure devant les tribunaux correctionnels.

Art. 51. — Le mode de procéder, en matière de simple police, est réglé par les sections 1re et 3e du chapitre Ier, titre Ier, du livre II du Code d'instruction criminelle.

### *Deuxième section. De la procédure devant les Cours criminelles.*

Art. 52. — Dans les cas de crimes, aussitôt l'information terminée, le procureur de la République transmet les pièces au juge du siège qui procède à l'instruction de l'affaire, dans les formes et d'après les règles prescrites au Code d'instruction criminelle.

Art. 53. — Quand la procédure sera complète, le juge ordonnera que les pièces soient transmises au Procureur général.

Art. 54. — Si le Procureur général, après examen des pièces, est d'avis qu'il y a lieu de traduire l'accusé devant la Cour criminelle, il dresse l'acte d'accusation, qui est signifié avec l'ordonnance du juge à l'accusé, auquel toutes les pièces peuvent être communiquées sur sa demande.

Art. 55. — Si le Procureur général est d'avis que le fait ne constitue pas un crime, il rend une ordonnance de renvoi devant le tribunal correctionnel.

S'il est d'avis que le fait ne constitue aucun crime ou délit prévu par la loi, il rendra une ordonnance motivée prescrivant la mise en liberté du prévenu.

Dans ce cas, le Procureur général rendra compte au Ministre, dans son rapport de session, auquel sera jointe une copie de l'ordonnance de mise en liberté du prévenu.

Art. 56. — Le Procureur général pourra, s'il le juge utile, ordonner un supplément d'instruction.

Art. 57. — Dans le cas de poursuite devant la Cour criminelle, toutes les pièces seront déposées au greffe de ladite Cour cinq jours au moins avant l'ouverture des débats.

Les pièces à conviction seront également déposées au greffe, avant le jour de l'ouverture des débats.

Art. 58. — Aussitôt après la remise des pièces au greffe et de l'arrivée de l'accusé dans la maison de justice, celui-ci est interrogé par le président de la Cour criminelle ou par le juge qu'il a désigné.

Art. 59. — L'accusé est interpellé de déclarer le choix qu'il a fait d'un conseil pour l'aider dans sa défense, sinon le juge lui en désigne un, à peine de nullité de tout ce qui suivra.

Cette désignation est comme non avenue et la nullité ne sera pas prononcée si l'accusé choisit un conseil.

Art. 60. — Le conseil de l'accusé est choisi par lui ou désigné par le juge parmi les défenseurs ou, à défaut de ces derniers, parmi les personnes parlant le français et jouissant de leurs droits civils et politiques.

Le président de la Cour criminelle peut, en outre, l'autoriser à prendre pour conseil l'un de ses parents ou amis.

Art. 61. — Le conseil peut communiquer avec l'accusé après son interrogatoire. Il peut aussi prendre connaissance de toutes les pièces sans déplacement.

Art. 62. — Les conseils des accusés peuvent prendre ou faire prendre copie de telle pièce du procès qu'ils jugent utile à leur défense.

Art. 63. — Trois jours au moins avant l'ouverture de la Cour criminelle, il est procédé par le président de ladite Cour ou par le juge qu'il a délégué à cet effet au tirage au sort des assesseurs.

Art. 64. — Le jour du tirage au sort des assesseurs est fixé par une ordonnance du président de la Cour criminelle, sur la réquisition du Procureur général ou de ses substituts.

Art. 65. — Le tirage se fait en Chambre du conseil, en présence du ministère public, du greffier, des accusés et de leurs conseils. A cet effet, le juge chargé du tirage dépose un à un dans une urne, après les avoir lus à haute et intelligible voix, les noms des vingt notables de l'arrondissement écrits sur des bulletins.

Art. 66. — Cette première opération terminée, le président ou le juge délégué retire successivement chaque bulletin de l'urne et lit le nom qui s'y trouve inscrit.

Les accusés, quel que soit leur nombre, ont la faculté d'exercer deux récusations péremptoires. Le ministère public jouit de la même faculté. Lorsque les accusés ne se sont point concertés pour exercer leurs récusations, l'ordre des récusations s'établit entre eux d'après la gravité de l'accusation.

Dans le cas d'accusation de crime de même gravité contre divers individus, l'ordre des récusations est déterminé par la voie du sort.

Art. 67. — La liste des assesseurs est définitivement formée lorsque le magistrat chargé du tirage, a obtenu par le sort le nombre d'assesseurs nécessaire au service de la session, sans qu'il y ait eu de récusation ou lorsque les récusations ont été épuisées.

Les deux assesseurs ainsi désignés font partie de la Cour criminelle pour le jugement de toutes les affaires inscrites au rôle de la session.

Il est tiré également au sort, de la même manière, deux assesseurs supplémentaires pour remplacer, le cas échéant, les assesseurs titulaires.

Art. 68. — Les empêchements résultant pour les juges de leur parenté ou de leur alliance, soit entre eux, soit avec les accusés ou la partie civile, sont applicables aux assesseurs, soit entre eux, soit entre eux et les juges, soit entre eux et les accusés et la partie civile.

Art. 69. — Nul ne peut être assesseur dans la même affaire où il a été officier de police judiciaire, témoin, interprète, expert ou partie.

Art. 70. — Les récusations fondées sur une des causes prévues par les deux articles qui précèdent sont jugées sur simple requête par la Cour criminelle qui ordonne, s'il y a lieu, que l'assesseur récusé soit remplacé par un des assesseurs supplémentaires en suivant l'ordre du tirage au sort.

Art. 71. — Les accusés qui ne sont arrivés dans la maison de justice qu'après le tirage des assesseurs ou l'ouverture des assises ne pourront y être jugés que lorsque le Procureur général l'aura requis, lorsque les accusés y auront consenti et lorsque le président l'aura ordonné. En ce cas, le Procureur général et les accusés seront considérés comme ayant accepté la composition de la Cour criminelle.

Art. 72. — Tout assesseur qui ne sera pas rendu à son poste sur la citation qui lui aura été notifiée sera condamné par la Cour criminelle à une amende, laquelle sera :

Pour la première fois, de 200 francs au moins et de 500 francs au plus ;

Pour la seconde fois, de 500 francs au moins et de 1.000 francs au plus ;

Pour la troisième fois, de 1.000 francs au moins et de 2.000 francs au plus.

Cette dernière fois, il sera, de plus, déclaré incapable d'exercer à l'avenir les fonctions d'assesseur. L'arrêt sera imprimé et affiché à ses frais.

Art. 73. — Seront exceptés ceux qui justifieront qu'ils étaient dans l'impossibilité de se rendre au jour indiqué.

La Cour prononcera sur la validité de l'excuse.

Art. 74. — Les peines portées en l'article 72 sont applicables à tout assesseur qui, même s'étant rendu à son poste, se retirerait avec l'expiration de ses fonctions, sans une excuse valable, qui sera également jugée par la Cour.

Art. 75. — Au jour fixé pour l'ouverture de la session, la Cour ayant pris séance, les assesseurs se placent à ses côtés dans l'ordre désigné par le sort.

Art. 76. — Le président a la police de l'audience. Il est investi d'un pouvoir discrétionnaire, en vertu duquel il peut prendre sur lui tout ce qu'il croit utile pour découvrir la vérité, et la loi charge son honneur et sa conscience d'employer tous ses efforts pour en favoriser la manifestation.

Il peut, dans le cours des débats, appeler même par mandat d'amener et entendre toutes personnes ou se faire apporter toutes nouvelles pièces qui lui paraîtraient, d'après les nouveaux développements donnés à l'audience, soit par les accusés, soit par les témoins, pouvoir répandre un jour utile sur le fait contesté. Les témoins ainsi appelés ne prêtent point serment et leurs déclarations ne sont considérées que comme renseignements.

Le président doit rejeter tout ce qui tendrait à allonger les débats, sans donner lieu d'espérer plus de certitude dans les résultats.

Art. 77. — L'accusé comparaît libre et seulement accompagné de gardes pour l'empêcher de s'évader. Le président lui demande son nom, ses prénoms, son âge, sa profession, sa demeure et le lieu de sa naissance.

Art. 78. — Le président avertit le conseil de l'accusé qu'il ne peut rien dire contre sa conscience ou contre le respect dû aux lois et qu'il doit s'exprimer avec décence et modération.

Art. 79. — A la première audience de chaque session d'assises, le président fait prêter aux assesseurs, debout et découverts, le serment suivant, dont il prononce la formule en ces termes :

« Je jure et promets, devant Dieu et devant les hommes, d'examiner avec l'at- » tention la plus scrupuleuse les affaires qui me seront soumises, pendant le cours » de la présente session ; de ne trahir ni les intérêts de l'accusé ni ceux de la » société ; de n'écouter ni la haine, ni la méchanceté, ni la crainte ou l'affection, et » de ne me décider que d'après les charges et les moyens de défense, suivant ma » conscience et mon intime conviction, avec l'impartialité et la fermeté qui con- » viennent à un homme probe et libre. »

Chacun des assesseurs, appelé individuellement par le président, répondra en levant la main : « Je le jure, » à peine de nullité.

Art. 80. — Immédiatement après, le président avertit l'accusé d'être attentif à ce qu'il va entendre.

Il ordonne au greffier de lire la déclaration de poursuite et l'acte d'accusation.

Le greffier fait cette lecture à haute voix.

Art. 81. — Le Procureur général expose le sujet de l'accusation et présente ensuite la liste des témoins qui doivent être entendus, soit à la requête de la partie civile, soit à celle de l'accusé.

Cette liste est lue à haute voix par le greffier.

Art. 82. — Le président ordonne aux témoins de se retirer dans la chambre qui leur aura été destinée. Ils n'en sortiront que pour déposer.

Le président prend des précautions, s'il en est besoin, pour empêcher les témoins de conférer entre eux avant leur déposition.

Art. 83. — Les témoins font à l'audience, sous peine de nullité, le serment de dire toute la vérité, rien que la vérité, et le greffier en tient note, ainsi que de leurs nom, prénoms, âge, profession et demeure.

Sont, en outre, observées les dispositions des articles 156, 157, 158, 319, 325, 326, 327 et 329 du Code d'instruction criminelle.

Art. 84. — Si, d'après les débats, la déposition d'un témoin paraît fausse, le président peut, sur la réquisition, soit du Procureur général, soit de l'accusé, et, même d'office, faire sur-le-champ mettre le témoin en état d'arrestation. Le Procureur général, le président ou l'un des juges par lui commis remplissent à son égard :

Le premier, les fonctions d'officier de police judiciaire ;

Le second, les fonctions de juge d'instruction.

Les pièces de l'instruction sont transmises au Procureur général pour être par lui statué sur la mise en accusation.

Art. 85. — Dans le cas de l'article précédent, le Procureur général, la partie civile ou l'accusé, peuvent immédiatement requérir, et la cour ordonner, même d'office, le renvoi de l'affaire à la prochaine session.

Art. 86. — Si l'accusé, les témoins ou l'un d'eux ne parle pas le même langage ou le même idiome, ou si l'accusé est sourd et muet et ne sait écrire, le président doit se conformer aux prescriptions des articles 332 et 333 du Code d'instruction criminelle.

Art. 87. — Le président détermine celui des accusés qui doit être le premier soumis aux débats, en commençant par le principal accusé, s'il y en a un.

Il se fait ensuite un débat particulier sur chacun des accusés.

Art. 88. — A la suite des dépositions des témoins et des dires respectifs auxquels elles auront donné lieu, la partie civile ou son conseil et le Procureur général sont entendus et développent les moyens qui appuient l'accusation.

L'accusé ou son conseil peut leur répondre.

La réplique est permise à la partie civile et au Procureur général, mais l'accusé ou son conseil a toujours la parole le dernier.

Le président déclare ensuite que les débats sont terminés.

Art. 89. — Le président pose les questions de l'acte d'accusation en ces termes : « L'accusé est-il coupable d'avoir commis tel meurtre, tel vol ou tel autre crime, avec toutes les circonstances comprises dans le résumé de l'acte d'accusation ? »

Il observe pour le surplus les dispositions des articles 338, 339 et 340 du Code d'instruction criminelle.

Art. 90. — En toute matière criminelle, même en cas de récidive, le président, après avoir posé les questions résultant de l'acte d'accusation et des débats, pose la la question des circonstances atténuantes.

Art. 91. — Après la lecture des questions par le président, l'accusé, son conseil, la partie civile et le Procureur général peuvent faire sur la position de ces questions telles observations qu'ils jugent convenables.

Si le Procureur général ou l'accusé s'oppose à la position des questions telles qu'elles ont été présentées, il est statué par la Cour sur le mérite de cette opposition.

Art. 92. — Le président fait ensuite retirer l'accusé de l'auditoire, et la Cour se rend, avec les assesseurs, dans la Chambre du conseil, pour délibérer sur la solution des questions.

Art. 93. — La Cour criminelle avec les assesseurs rentre ensuite en séance, et le président, après avoir fait comparaître l'accusé, donne lecture de la délibération qui est signée par les membres de la Cour, les assesseurs et le greffier.

Art. 94. — La Cour, sans la participation des assesseurs, délibère sur l'application de la peine.

Sont observées, pour le surplus, les dispositions des articles 191, 358, 359, 360, 361, 362, 363, 364, 365, 367, 368, 195 et 371 du Code d'instruction criminelle.

Art. 95. — La Cour, jugeant sans le concours des assesseurs, statue sur les affaires de contumace, conformément aux dispositions des articles 465 à 478 inclus du Code d'instruction criminelle.

Art. 96. — En toute matière, le Procureur général peut autoriser la mise en liberté provisoire avec ou sans caution. Il peut admettre comme cautionnement suffisant, sans qu'il soit besoin de dépôt de deniers ou autres justifications et garanties, la soumission écrite de toute tierce personne jugée solvable, portant engagement de présenter ou de faire représenter le prévenu ou l'accusé, à toute réquisition de la justice ou, à défaut, de verser au Trésor, à titre d'amende, une somme déterminée dans l'acte de cautionnement.

Art. 97. — Les crimes et délits commis par les Indigènes ou Asiatiques sont régis par le Code pénal modifié, rendu applicable aux Annamites par les décrets du

16 mars 1880, du 28 février 1887 et du 10 mai 1889, sauf ce qui est dit à l'article 98 ci-dessous.

Art. 98. — Les crimes et délits commis par les Européens ou par des Indigènes ou des Asiatiques de complicité avec des Européens, ou par des Indigènes au préjudice d'Européens, sont régis par le Code pénal métropolitain.

## TITRE VI. — Du ministère public.

Art. 99. — Le Procureur général, comme représentant de l'action publique dans toute l'Indo-Chine, veille, dans la limite de sa compétence, à l'exécution des lois, ordonnances, décrets et règlements en vigueur ; il fait toutes réquisitions nécessaires, poursuit d'office l'exécution des jugements et arrêts dans les dispositions qui intéressent l'ordre public.

Il signale au Gouverneur général les arrêts ou jugements en dernier ressort qui lui paraissent susceptibles d'être attaqués par voie d'annulation ou de cassation dans l'intérêt de la loi.

Il requiert la force publique dans les cas et suivant les formes déterminées par les lois et décrets.

Art. 100. — Comme chef du service judiciaire de l'Indo-Chine, le Procureur général veille au maintien de l'ordre et de la discipline dans tous les tribunaux de l'Indo-Chine. Il a le droit d'avertissement sur tout le personnel judiciaire et provoque, le cas échéant, les décisions du Gouverneur général sur les actes qui seraient contraires à la discipline.

Il a la surveillance de tous les officiers de police judiciaire et des officiers ministériels.

Art. 101. — Le Procureur général veille à ce que les lois et règlements soient exécutés dans les tribunaux, et, lorsqu'il y aura des observations à faire à cet égard, le président de la Cour ou le président du tribunal de première instance sera tenu, sur sa demande, de convoquer une assemblée générale de la Cour ou du tribunal.

Art. 102. — Le Procureur général n'assiste pas aux délibérations des juges lorsqu'ils se retirent dans la chambre du conseil pour les jugements, mais il assiste à toutes les délibérations qui regardent l'ordre et le service intérieur, ainsi que la discipline.

Il a le droit de faire inscrire sur les registres de la Cour ou du tribunal les réquisitions qu'il juge à propos de faire sur ces matières.

Art. 103. — Dans les affaires qui intéressent le Gouvernement, le Procureur général est tenu, lorsqu'il en est requis par le Gouverneur général, de faire, conformément aux instructions qu'il en reçoit, les actes nécessaires pour saisir les tribunaux.

Il examine les plaintes qui peuvent s'élever de la part des prévenus et en rend compte au Gouverneur général.

Il a l'inspection des actes judiciaires et des registres des greffes, des registres constatant l'état civil et de ceux des curateurs aux successions vacantes.

Il est chargé de réunir, pour être envoyés au Sous-Secrétaire d'État des colonies, les doubles registres, doubles minutes et documents divers destinés aux dépôts des archives coloniales.

Art. 104. — Le Procureur général prépare et soumet au Conseil privé, d'après les ordres du Gouverneur général :

1° Les projets de décret, d'arrêtés, de règlements et d'instructions sur les matières judiciaires ;

2° Les rapports concernant :

Les recours en grâce ;

Les mesures à prendre à l'égard des fonctionnaires attachés à l'ordre judiciaire;

Les contestations entre les membres des tribunaux, relativement à leurs fonctions, rang et prérogatives ; enfin toutes les autres affaires concernant son service et qui doivent être portées au Conseil privé.

Art. 105. — Le Procureur général a dans ses attributions :

1° La surveillance et la bonne tenue des lieux où se rend la justice ;

2° La surveillance de la curatelle aux successions vacantes, telle qu'elle est déterminée par les ordonnances et décrets ;

3° La censure des écrits en matière judiciaire destinés à l'impression ;

4° La préparation du budget des dépenses relatives à la justice ;

5° La vérification et le visa de toutes les pièces nécessaires à la justification et à la liquidation des frais de justice à la charge des divers services ;

6° Le contre-seing des arrêtés, règlements, décisions du Gouverneur général et autres actes de l'autorité locale, en ce qui concerne l'administration de la justice ;

7° L'expédition et le contre-seing des provisions, commissions et congés délivrés par le Gouverneur général aux membres de l'ordre judiciaire, ainsi que des commissions des notaires, avoués et autres officiers ministériels ;

8° La nomination des agents attachés aux tribunaux dont le traitement joint aux autres allocations n'excède pas 1.800 francs par an ;

9° La révocation ou la destitution de ces agents, après avoir pris les ordres du Gouverneur général ;

10° L'enregistrement, partout où besoin est, des commissions et autres actes qu'il expédie et contresigne.

Art. 106. — Il exerce directement la discipline sur les notaires, les avocats défenseurs et les autres officiers ministériels, prononce contre eux, après les avoir entendus et sauf les exceptions prévues par les décrets spéciaux concernant l'organisation des corps auxquels ils appartiennent, le rappel à l'ordre, la censure simple, la censure avec réprimande, et leur donne tout avertissement qu'il juge convenable.

A l'égard des peines plus graves, telles que la suspension, le remplacement pour défaut de résidence ou la destitution, il fait d'office ou sur la réclamation des parties, les propositions qu'il juge nécessaires, et le Gouverneur général statue, après avoir pris l'avis des tribunaux, qui entendent en Chambre du conseil le fonctionnaire inculpé.

Art. 107. — Il prépare et présente les rapports sur les demandes en dispense et en autorisation de mariage.

Art. 108. — Il se fait remettre et adresse au Gouverneur général, après en avoir fait la vérification, les doubles minutes des actes qui doivent être envoyés au dépôt des chartes coloniales en France.

Art. 109. — § 1er. Il prend les ordres généraux du Gouverneur général sur toutes les parties du service qui lui est confié, dirige et surveille leur exécution en se conformant aux lois, décrets, règlements et décisions ministérielles, en rend compte au Gouverneur général périodiquement, et toutes les fois qu'il l'exige, des actes et des résultats de son administration.

§ 2. Il l'informe immédiatement de tous les cas extraordiaires et circonstances imprévues qui intéressent son service.

Art. 110. — § 1er. Le Procureur général travaille et correspond seul avec le Gouverneur général sur les matières de ses attributions.

§ 2. Seul il reçoit et transmet ses ordres pour tout ce qui est relatif au service qu'il dirige.

§ 3. Il présente au Gouverneur général, toutes les fois qu'il en est requis, les registres des ordres qu'il a donnés et sa correspondance officielle.

§ 4. Il porte à la connaissance du Gouverneur général, sans attendre ses ordres, les rapports qui lui sont faits par ses subordonnés sur les abus à réformer, les améliorations à introduire dans les parties du service qui lui sont confiées.

Art. 111. — Le Procureur général prépare et propose, en ce qui concerne le service qu'il dirige :

La correspondance générale du Gouverneur général avec le Sous-Secrétaire d'État des colonies et avec les Gouvernements étrangers ;

Les ordres généraux de service ;

Et tous autres travaux de même nature dont le Gouverneur général juge à propos de le charger.

Il tient enregistrement de la correspondance générale du Gouverneur général relative à son service.

Art. 112. — Il correspond avec tous les fonctionnaires et les agents du Gouvernement dans la colonie et les requiert, au besoin, de concourir au bien du service qu'il dirige.

Art. 113. — Il adresse au Sous-Secrétaire d'État des colonies copie des représentations et des propositions qu'il a été dans le cas d'adresser au Gouverneur général lors qu'elles ont été écartées, ainsi que la décision intervenue.

Il lui adresse également, par l'intermédiaire du Gouverneur général, à la fin de chaque année, un compte moral et raisonné de la situation du service dont il est chargé.

Il a la correspondance avec le Sous-Secrétaire d'État des colonies pour les renseignements à demander et à transmettre, en ce qui concerne son service, ainsi que pour l'envoi des significations faites à son parquet et pour la réception de celles qui ont été faites au parquet des Cours et tribunaux de France, à l'effet d'être transmises aux colonies.

Art. 114. — Le Procureur général est personnellement responsable de tous les actes de son administration, hors le cas où il justifie soit avoir agi en vertu d'ordres formels du Gouverneur général et lui avoir fait sur ces ordres des représentations qui n'ont pas été accueillies, soit avoir proposé au Gouverneur général des mesures qui n'ont pas été adoptées.

Art. 115. — Lorsque le Procureur général est remplacé dans ses fonctions, il est tenu de remettre à son successeur, en ce qui concerne son service, les pièces et documents mentionnés ci-dessous :

1° Un mémoire détaillé faisant connaître les opérations commencées ou projetées pendant son administration et la situation des différentes parties du service ;

2° Des renseignements par écrit sur tous les magistrats, fonctionnaires et employés du Gouvernement relevant de son service dans la colonie.

3° Enfin, et sur inventaire, ses registres de correspondance et toutes les lettres et pièces officielles relatives à son administration, sans pouvoir en retirer aucune, à l'exception de ses registres de correspondance confidentielle et secrète.

Art. 116. — Toutes les fonctions du ministère public sont personnellement et spécialement confiées au Procureur général.

Il porte la parole, s'il le juge convenable, aux audiences de la Cour, toutes chambres assemblées, aux audiences solennelles de la Cour et aux audiences des Chambres de la Cour.

Art. 117. — L'avocat général et les substituts du Procureur général participent à l'action du ministère public, sous les ordres et sous la direction du Procureur général, qui les attache à la Chambre à laquelle il croit leur service le plus utile.

Toutes les fois qu'ils en sont requis par le Procureur général, ils sont tenus de lui communiquer les conclusions qu'ils se proposent de donner.

En cas de dissentiment, le Procureur général prend la parole.

En cas d'absence ou d'empêchement du Procureur général, la direction du parquet est confiée à l'avocat général.

Art. 118. — Les procureurs de la République de Saïgon et de l'intérieur remplissent, près de leurs tribunaux respectifs, les fonctions du ministère public et participent, sous la direction du Procureur général, à l'exercice des autres fonctions énoncées au présent titre. Ils sont placés sous les ordres du Procureur général.

Art. 119. — Des licenciés en droit, nommés par le Sous-Secrétaire d'État des colonies, pourront être attachés au parquet du Procureur général.

Ils pourront être nommés, par décret du Chef de l'État, à un emploi dans la magistrature, après avoir rempli les conditions dont il sera parlé au titre VIII ci-après.

## TITRE VII. — Des membres de l'ordre judiciaire

### CHAPITRE Ier. — Composition du corps judiciaire en Cochinchine

Art 120. — Les magistrats et les greffiers de la Cour d'appel et des tribunaux sont nommés par le Président de la République.

Le greffier de la justice de paix de Saïgon est nommé par le Sous-Secrétaire d'État des colonies.

Les commis greffiers sont nommés par le Gouverneur général, sur la proposition du Procureur général.

Art. 121. — Les attachés pourront, si les besoins du service l'exigent, être proposés concurremment avec les juges-suppléants ou, à défaut de ces derniers, pour remplir par intérim des emplois vacants, soit à la justice de paix de Saïgon, soit au tribunal de Saïgon, soit dans les tribunaux de l'intérieur.

Dans ce cas, ils devront, préalablement à leur entrée en fonctions, prêter serment devant la Cour d'appel.

### CHAPITRE II. — Des conditions d'age et de capacité

Art. 122. — L'âge requis pour les divers emplois de la magistrature est fixé comme suit : à vingt-deux ans pour les juges-suppléants et le substitut du procureur de la République ; à vingt-cinq ans accomplis pour les procureurs de la République, les substituts du Procureur général et les greffiers des tribunaux de première instance et de la justice de paix de Saïgon ; à vingt-sept ans accomplis pour les juges de première instance, les conseillers et le greffier de la cour d'appel ; à trente ans accomplis pour le Procureur général et le président de la cour.

Art. 123. — Nul ne peut entrer dans la magistrature s'il n'est licencié en droit, s'il n'a suivi le barreau, pendant deux ans, après avoir prêté serment à la cour d'appel, ou s'il n'a été attaché pendant un an au moins au parquet général de la Cochinchine.

Les administrateurs des affaires indigènes, licenciés en droits, qui entreront dans le corps judiciaire de la Cochinchine sont exemptés de cette condition de stage.

Art. 124. — Les greffiers de la Cour et des tribunaux de première instance ne pourront être choisis que parmi les licenciés en droit, à moins qu'ils n'aient précédemment exercé les fonctions d'avoué, de défenseur ou de commis greffier, pendant quatre années au moins.

Art. 125. — Les parents et alliés jusqu'au degré d'oncle et de neveu, inclusivement, ne pourront être simultanément membres de la Cour ou du même tribunal, soit comme conseillers, juges, lieutenants de juges ou juges-suppléants, soit comme officiers du ministère public ou comme greffiers.

En cas d'alliance survenue depuis la nomination, celui qui l'a contractée ne pourra continuer ses fonctions sans obtenir une dispense du Chef de l'État.

Art. 126. — Avant d'entrer en fonctions, les membres de la Cour et des tribunaux prêtent serment soit devant la Cour, soit devant le tribunal désigné par la Cour, soit par écrit, conformément aux décrets du 11 novembre 1885 et du 19 avril 1889.

## CHAPITRE III. — De la résidence et des congés

Art. 127. — Les membres de la Cour et des tribunaux, ainsi que les greffiers et commis greffiers sont tenus, à défaut d'une autorisation spéciale, de résider dans le lieu même où siège la Cour et les tribunaux dont ils font partie.

Art. 128. — Les magistrats ne peuvent s'absenter sans congé, si ce n'est pour cause de service. Le magistrat qui s'absente sans un congé délivré d'après les dispositions du règlement est privé de son traitement pendant le temps qu'a duré son absence.

Si cette absence excède quinze jours, il lui est enjoint par le Procureur général de se rendre à son poste. Faute par lui d'obtempérer à cette injonction dans le même délai, il en est rendu compte au Gouverneur Général qui, suivant les circonstances, et de l'avis du Conseil privé, peut, après avoir entendu le magistrat ou du moins l'avoir appelé, le suspendre provisoirement de ses fonctions, pendant trois mois au plus et même provoquer sa destitution.

La disposition ci-dessus est applicable à tout magistrat qui n'aura pas repris ses fonctions à l'expiration de son congé, ou qui ne résiderait pas dans le lieu qui lui est assigné par ses fonctions.

## CHAPITRE IV. — De la discipline

Art. 129. — La Cour d'appel a le droit de surveillance sur ses membres autres que les officiers du ministère public, ainsi que sur les juges des tribunaux de première instance et de commerce.

Elle a la connaissance des crimes et des délits prévus par le chapitre III, titre IV, ivre II du Code d'instruction criminelle, dans tous les cas où la connaissance en est déférée aux Cours d'appel de France.

Le président de la Cour avertit d'office, ou sur la réquisition du ministère public, tout juge qui manquerait aux devoirs de son état.

Art. 130. — Si l'avertissement reste sans effet ou si le fait reproché au magistrat est de nature à compromettre la dignité de son caractère, le président ou le Procureur général provoque contre ce magistrat, par forme de discipline, l'application d'une des peines suivantes :

La censure simple ;

La censure avec réprimande ;

La suspension provisoire.

Art. 131. — La censure avec réprimande emporte le droit de privation pendant un mois de la totalité du traitement.

La suspension provisoire emporte aussi, pendant le temps de sa durée, la privation du traitement sans que, dans aucun cas, la durée de cette privation puisse être moindre de deux mois.

Art. 132. — L'application des peines déterminées par l'article 130 est faite par la Cour, en Chambre du conseil, sur les conclusions écrites du Procureur général, après toutefois que le magistrat inculpé a été entendu ou dûment appelé.

Art. 133. — Tout magistrat qui se trouve sous les liens d'un mandat d'arrêt, de dépôt ou d'une ordonnance de prise de corps, est suspendu de ses fonctions.

En cas de condamnation correctionnelle emportant emprisonnement, la supension a lieu à dater du jour de la condamnation jusqu'à celui où il aura subi sa peine, sans préjudice des mesures de discipline qui pourraient être prises contre lui et même de la révocation, s'il y a lieu.

Art. 134. — Il est rendu compte par le Procureur général au Gouverneur général des décisions prises par la Cour.

Lorsque la censure avec réprimande ou la suspension provisoire auront été prononcées, ces mesures ne seront exécutées qu'autant qu'elles auront été approuvées par le Gouverneur général, après avis du Conseil privé.

Néanmoins, en cas de suspension, le magistrat sera tenu de s'abstenir de ses fonctions jusqu'à ce que le Gouverneur général ait prononcé.

Le Gouverneur général rendra compte au Sous-Secrétaire d'État des colonies des décisions prises à cet égard.

Art. 135. — Le Gouverneur général pourra toujours, quand il le jugera convenable, mander devant lui les membres de l'ordre judiciaire pour en obtenir des explications sur les faits qui leur seraient imputés et les déférer ensuite, s'il y a lieu, à la Cour qui statuera ce qu'il appartiendra.

Art. 136. — Les officiers du ministère public qui manqueraient aux convenances de leur état ou qui compromettraient la dignité de leur caractère, seront rappelés à leurs devoirs par le Procureur général.

Il en rendra compte au Gouverneur général qui, suivant la gravité des circonstances, leur fera faire par le Procureur général les injonctions qu'il jugerait nécessaires; on pourra leur appliquer, après avis du Conseil privé, l'une des peines de discipline prévues par l'article 130, après toutefois que le magistrat inculpé aura été dûment appelé.

Le Gouverneur général rendra compte au Sous-Secrétaire d'État des colonies des décisions qui auront été prises à cet égard.

Art. 137. — Les greffiers seront avertis ou réprimandés, savoir: celui de la Cour par le président, ceux des tribunaux de première instance par le président du tribunal.

Le Procureur général et les procureurs de la République auront à l'égard des greffiers les mêmes droits d'avertissement et de réprimande.

Le Procureur général les dénoncera, s'il y a lieu, au Gouverneur général.

Art. 138. — Les commis greffiers pourront être révoqués avec l'assentiment de la Cour ou du tribunal auxquels ils sont attachés. Toutefois, la révocation ne sera définitive qu'après approbation du Gouverneur général.

Dans les cas de fautes graves, la Cour ou le tribunal pourra d'office ou sur la réquisition du ministère public ordonner que le commis greffier, entendu ou dûment appelé, cessera sur-le-champ ses fonctions. Le greffier sera tenu de pourvoir au remplacement dans le délai qui aura été fixé par la Cour ou le tribunal.

Art. 139. — Les décisions de la Cour d'appel, en matière de discipline, ne peuvent être rendues que par cinq magistrats. Elles ne seront pas susceptibles de recours en cassation.

Art. 140. — Le ministre du commerce, de l'industrie et des colonies exerce, avec le concours du Garde des sceaux, ministre de la justice, le pouvoir disciplinaire à l'égard des membres de l'ordre judiciaire de la colonie.

Après avoir entendu les explications du magistrat inculpé, il statue définitivement sur l'action disciplinaire.

## TITRE VIII. — Dispositions diverses.

Art. 141. — En cas d'empêchement de l'un des magistrats désignés ci-dessus, il sera pourvu à son remplacement par le Gouverneur général, sur la proposition du Procureur général.

Les personnes désignées à cet effet pourront être dispensées des conditions d'âge et de capacité exigées des titulaires. Leur situation, au point de vue de la solde, sera réglée conformément aux dispositions de l'article 10 du décret du 1er juin 1875.

Art. 142. — Lorsque la Cour d'appel de Saïgon, en cas d'absence ou d'empêchement momentané de l'un ou de plusieurs de ses membres, ne pourra se constituer pour le jugement des affaires civiles et commerciales, correctionnelles, criminelles et d'annulation, le juge président du tribunal de première instance, et, à son défaut, le lieutenant de juge ou le magistrat qui occupe ses fonctions, pourront être appelés par le président pour la composition de la Cour.

Art. 143. — La Cour pourra proposer au Gouverneur général des règlements pour la plus prompte expédition des affaires et pour la fixation du nombre et de la durée de ses audiences et de celles des tribunaux de première instance.

Ces règlements ne seront exécutés qu'après avoir été arrêtés par le Gouverneur général, après avis du Conseil privé; ils ne deviendront définitifs que lorsqu'ils seront revêtus de l'approbation du Sous-Secrétaire d'État des colonies.

Tout ce qui concerne la fixation des tarifs judiciaires et des droits de greffe, ainsi que la discipline sur les notaires, les officiers ministériels et les fonctionnaires attachés au service de la justice, a été ou sera réglé par décret du Président de la République, sur la proposition du ministre du commerce, de l'industrie et des colonies, et du Garde des sceaux, ministre de la justice et des cultes.

Toutefois, le Gouverneur général, après avis du Conseil privé, pourra prendre des arrêtés sur ces matières.

Ces arrêtés seront provisoirement exécutoires.

Art. 144. — La date de l'entrée en fonctions des tribunaux institués par le présent décret sera déterminée par des arrêtés du Gouverneur général.

Art. 145. — Sont abrogées toutes dispositions contraires au présent décret.

Continueront d'être observés les lois, décrets, règlements, ordonnances et arrêtés en vigueur en Cochinchine, concernant les diverses classes d'habitants sur toutes les matières non réglées par le présent décret.

Carnot.

(20 août 1889)

**A. G. G.** *Les tribunaux de paix à compétence étendue de Bienhoa, Tayninh, Bentré, etc., cesseront de fonctionner, à compter du 7 septembre 1889, date à laquelle commenceront à fonctionner les tribunaux de 1re instance établis dans ces centres, en vertu du décret du 17 juin 1889.*

J. C., p. 802.

Article premier. — Les tribunaux de paix à compétence étendue de Bienhoa, Tayninh, Bentré, Chaudoc, Soctrang et Longxuyen, suppprimés par le décret du 17 juin 1889, cesseront de fonctionner, à compter du 7 septembre 1889.

Art. 2. — Les tribunaux de première instance de Bienhoa, Tayninh, Bentré, Travinh, Chaudoc, Soctrang, Baclieu et Longxuyen, créés par le même décret, entreront en fonctions le 9 septembre 1889.

Art. 3. — Ces tribunaux seront installés dans les bâtiments occupés antérieurement par les justices de paix ou qui auront été mis à la disposition du service judiciaire.

Art. 4. — Les archives des tribunaux supprimés seront maintenues dans les locaux qu'elles occupent actuellement, à l'exception de celles qui intéressent les justiciables compris dans les ressorts des nouveaux tribunaux de Travinh et de Baclieu, lesquelles seront respectivement transférées aux sièges de ces tribunaux.

Art. 5. — La date de cessation des fonctions des tribunaux de Vinhlong et de Mytho, tels qu'ils ont été constitués par les décrets des 15 novembre 1887 et 5 juillet 1888, et la date d'entrée en fonctions des tribunaux de Cantho, Sadec, Gocong et Tanan seront ultérieurement fixées.

DANEL.

## II. — PERSONNEL, TRAITEMENTS, PARITÉS D'OFFICE, COSTUME

| NATURE DES DOCUMENTS | DATES | RECUEILS A CONSULTER | | | | | | | OBSERVATIONS |
|---|---|---|---|---|---|---|---|---|---|
| | | Bat. | B.C. | B.D.I. | J. C. | J. H. | B. M. | B.Col | |
| Loi. | 20 avril 1810. | II-151 | | | | | | | |
| Loi. | 21 juin 1845. | II-188 | 291 | | | | | | |
| A. Présid. | 28 mars 1849. | | | | | | R.V. 172 | | |
| Décret | 17 janvier 1863. | | | | | | 22 | | |
| Décret | 17 août 1864. | II-146 | 228 | | | | | | |
| Dép. M. | 12 septembre 1864. | II-145 | | | | | | | |
| Décret | 14 janvier 1865. | II-147 | 201 | | | | | | |
| A. G. | 9 juillet 1866. | | 116 | | | | | | |
| Décret | 10 novembre 1866. | II 165 | 284 | | | | | | |
| Dép. M. | 26 décembre 1867. | II-165 | | | | | | | |
| Décret | 7 mars 1868. | II-171 | 80 | | | | | | |
| Dép. M. | 18 mars 1868. | II-166 | | | | | | | |
| Décret | 18 août 1868. | II-171 | 80 | | | | | | |
| Dép. M. | 5 septembre 1868. | II-173 | | | | | | | |
| A. Présid. | 17 avril 1871. | II-178 | 194 | | | | | | |
| A. G. | 12 mai 1871. | II-764 | 155 | | | | | | |
| A. G. | 31 décembre 1871. | II-180 | 415 | | | | | | |
| Décret | 10 mars 1873. | II-180 | | | | | | | |
| Dép. M. | 24 novembre 1874. | II-181 | | | | | | | |
| Décret | 15 mai 1875. | II-184 | 288 | | | | | | |
| Dép. M. | 17 novembre 1875. | II-189 | | | | | | | |

II. — PERSONNEL, TRAITEMENTS, PARITÉS D'OFFICE, COSTUME *(suite)*

| NATURE DES DOCUMENTS | DATES | RECUEILS A CONSULTER Bat. | B.C. | B.D.I. | J. C. | J. H. | B. M. | B.Col. | OBSERVATIONS |
|---|---|---|---|---|---|---|---|---|---|
| D. G. | 7 février 1876. | II 190 | 72 | | | | | | |
| A. G. | 9 janvier 1879. | II-764 | 6 | | | | | | |
| A. G. | 6 octobre 1879. | | 395 | | | | | | |
| A. G. | 2 février 1880 | | 45 | | | | | | |
| D. G. | 1er mars 1880. | | 111 | | | | | | |
| Décret | 28 mai 1880. | | 376 | | | | | | |
| A. G. | 24 juin 1880. | | 347 | | | | | | |
| A. G. | 24 juin 1880. | | 347 | | | | | | |
| Dép. M. | 27 juillet 1880. | | 561 | | | | | | |
| Circ. M. | 15 février 1881. | | 207 | | | | | | |
| Circ. M. | 5 avril 1881. | | 243 | | | | | | |
| Décret | 25 mai 1881. | | 298 | | | | | | |
| A. G. | 24 octobre 1881. | | 399 | | | | | | |
| A. G. | 14 novembre 1881. | | 437 | | | | | | |
| A. G. | 14 novembre 1881. | | 438 | | | | | | |
| A. G. | 15 novembre 1881. | | 446 | | | | | | |
| A. G. | 9 janvier 1882. | | 34 | | | | | | |
| A. G. | 9 janvier 1882. | | 35 | | | | | | |
| A. G. | 9 janvier 1882. | | 35 | | | | | | |
| A. G. | 30 janvier 1882. | | 57 | | | | | | |
| A. G. | 30 janvier 1882. | | 58 | | | | | | |

II. — PERSONNEL, TRAITEMENTS, PARITÉS D'OFFICE, COSTUME *(suite)*

| NATURE DES DOCUMENTS | DATES | RECUEILS A CONSULTER | | | | | | | OBSERVATIONS |
|---|---|---|---|---|---|---|---|---|---|
| | | Bat. | B.C. | B.D.I. | J.C. | J.H. | B.M. | B.Col. | |
| A. G. | 6 février 1882. | | 88 | | | | | | |
| Dép. M. | 5 avril 1882. | | | | | | | | |
| A. G. | 29 janvier 1883. | | 79 | | | | | | |
| Décret | 9 février 1883. | | 221 | | | | | | |
| Dép. M. | 10 mars 1883. | | 220 | | | | | | |
| Décret | 25 avril 1883. | | 270 | | | | | | |
| Décret | 8 mai 1883. | | 301 | | | | | | |
| Cir. D. I. | 23 mai 1883. | | | 35 | | | | | |
| Dép. M. | 18 décembre 1883. | | | | | | | | |
| A. G. | 8 octobre 1884. | | 405 | | | | | | |
| A. G. | 8 octobre 1884. | | 409 | | | | | | |
| A. G. | 13 octobre 1884. | | 412 | | | | | | |
| Circ. M. | 10 novembre 1884. | | | | 1885 -62 | | 842 | | |
| Décret | 26 juillet 1885. | | | | 1885 1057 | | | | |
| Dép. M. | 5 août 1885. | | | | | | | | |
| A. G. | 4 novembre 1885. | | | | 1294 | | | | |
| A. G. | 13 octobre 1885. | | | | 1213 | | | | |
| A. G. | 8 septembre 1887. | | 667 | | 897 | | | | |
| Décret | 15 novembre 1887. | | | | | | | | |
| A. L. G. | 27 juin 1888. | | | | 595 | | | | |
| Décret. | 1er octobre 1888. | | | | 1061 | | | | |

## II. — PERSONNEL, TRAITEMENTS, PARITÉS D'OFFICE, COSTUME *(suite)*

| NATURE DES DOCUMENTS | DATES | RECUEILS A CONSULTER | | | | | | | | OBSERVATIONS |
|---|---|---|---|---|---|---|---|---|---|---|
| | | Bat. | B.C. | B.D.J. | J. C. | J. H. | B. M. | B.Col. | | |
| A M. | 19 octobre 1888. | | | | 1078 | | | | | |
| A. G. G. | 7 novembre 1888. | | | | 950 | | | | | |
| A. G. G. | 11 décembre 1888 | | | | 1889-149 | | | | | |
| Décret | 17 juin 1889. | | | | 784 | | | | | |
| A. L. G. | 20 août 1889.. | | | | 802 | | | | | |
| D. M. | 11 novembre 1882. | | | | 1158 | | | | | |

(20 avril 1810)

**LOI** *sur l'organisation de l'ordre judiciaire et de l'administration de la justice (art. 64 et 65).*

(Promulg. A. G., 7 mars 1865 (art. 29)
(Promulg. A. G., 16 mars 1869)
BAT. II, p. 151.

. . . . . . . . . . . . . . . . . . . . . . . . . . . . . . . . . . . . . .

Art. 64. — Nul ne pourra être juge ou suppléant d'un tribunal de première instance, ou procureur impérial, s'il n'est âgé de vingt-cinq ans accomplis, s'il n'est licencié en droit et s'il n'a suivi le barreau pendant deux ans, après avoir prêté serment à la Cour impériale, où s'il ne se trouve dans un cas d'exception prévu par la loi.

Nul ne pourra être président s'il n'a vingt-sept ans accomplis. Les substituts des procureurs impériaux pourront être nommés lorsqu'ils auront atteints leur vingt-deuxième année et s'ils réunissent les autres conditions requises.

Art. 65. — Nul ne pourra être juge ou greffier dans une Cour impériale s'il n'a vingt-sept ans accomplis et s'il ne réunit les conditions exigées par l'article précédent.

Nul ne pourra être président ou procureur général s'il n'a trente ans accomplis.

. . . . . . . . . . . . . . . . . . . . . . . . . . . . . . . . . . . . . .

(21 juin 1845)

**LOI** *supprimant les droits et vacations accordés aux juges de paix et ne leur allouant l'indemnité de transport que quand ils se rendront à plus de cinq kilomètres du chef-lieu de canton. (Art. 1er.)*

(Promulg. A. G., 7 août 1875)
BAT. II, p. 188.
B. C., p. 291.

Article premier. — Les droits et vacations accordés aux juges de paix sont supprimés. Il ne leur sera alloué d'indemnité de transport que quand ils se rendront à plus de cinq kilomètres du chef-lieu de canton.

(28 mars 1849)

**A. PRÉSID.** *réglant la parité d'office prescrite par la loi du 18 avril 1831, entre les magistrats et autres fonctionnaires des colonies et les magistrats employés en France.*

B. M. R. V., p. 172

(17 janvier 1863)

**DÉCRET** *fixant les traitements et les parités d'office pour la magistrature coloniale.*

B. M., p. 22.

(17 août 1864)

**DÉCRET** *fixant les traitements et les parités d'office des magistrats et greffiers des tribunaux de la Cochinchine* (1).

(Promulg. A. G., 27 octobre 1864)
BAT. II, p. 146.
B. C, p. 228.

Le traitement colonial des magistrats et greffiers des tribunaux de la Cochinchine, ainsi que les parités d'offices servant de base à la liquidation des pensions de retraite, sont déterminés conformément au tableau annexé au présent décret.

Le traitement d'Europe de ces magistrats et greffiers est fixé à la moitié du traitement colonial, conformément au décret du 17 janvier 1863.

NAPOLÉON.

(1) V. *infrà*, Dép. M., 12 septembre 1864.

## ANNEXE

| DÉSIGNATION DES MAGISTRATS ET DES GREFFIERS | TRAITEMENT COLONIAL | DÉSIGNATION DES OFFICES DE LA MAGISTRATURE MÉTROPOLITAINE auxquels sont assimilés les emplois de la magistrature de la Cochinchine. OFFICES | TRAITEMENTS Quotité | Classe |
|---|---|---|---|---|
| Procureur impérial, chef du service judiciaire | 20,000 00 | Premier avocat général de la Cour impériale d'Alger | 9,000 00 | » |
| Juge président du tribunal supérieur | 15,000 00 | Conseiller à la Cour impériale d'Alger | 6,000 00 | » |
| Juge impérial de 1re instance | 12,000 00 | Conseiller de France | 5,000 00 | 3 |
| Substitut du procureur impérial | 10,000 00 | Procureur impérial | 4,000 00 | 5 |
| Greffier de 1re instance et du tribunal supérieur | 5,000 00 | Greffier de Cour impériale | 3,600 00 | 2 |
| Greffier du tribunal de commerce | 3,000 00 | Greffier de 1re instance | 2,400 00 | 3 |

(12 septembre 1864)

**DÉP. M.** *Notification du décret du 17 août 1864 fixant les traitements et les parités d'office des magistrats et greffiers des tribunaux de la Cochinchine.*

BAT. II, p. 145.

Pour faire suite à ma dépêche du 16 août dernier, n° 81, par laquelle j'ai eu l'honneur de vous notifier le décret du 25 juillet précédent, portant organisation de la justice dans nos possessions françaises, en Cochinchine, je m'empresse de vous transmettre aujourd'hui, l'ampliation d'un décret du 17 août dernier, fixant les traitements et les parités d'offices pour la magistrature coloniale de notre nouvel établissement.

Je crois devoir vous faire remarquer, Monsieur le Gouverneur, que cet acte attribue aux magistrats de notre possession de la Cochinchine des traitements égaux à ceux des fonctionnaires de l'ordre administratif auxquels ils peuvent être assimilés par le rang hiérarchique.

Cette rétribution, plus élevée que celle attribuée aux fonctions du même ordre, dans nos autres colonies, trouve sa raison d'être dans les épreuves comparativement plus difficiles qu'auront à traverser ces magistrats dans la mission dont ils seront chargés.

C'est dans le même esprit que le décret dont il s'agit leur étend le bénéfice des dispositions du décret du 17 janvier 1860, portant que le traitement d'Europe des magistrats coloniaux demeure fixé à la moitié du traitement colonial.

DU CHAYLA.

(14 janvier 1865)

**DÉCRET** *réglant le costume des magistrats et greffiers des tribunaux créés à Saïgon.*

BAT II, p. 147.

B. C., p. 201.

Article premier. — Le costume d'audience des magistrats et greffiers de la Cochinchine est réglé ainsi qu'il suit :

1° Aux audiences ordinaires, le procureur impérial, chef du service judiciaire, le juge président du tribunal supérieur porteront la toge et la simarre en étoffe de soie noire, la chausse de licencié sur l'épaule gauche, la ceinture moirée en soie noire avec franges et une rosette sur le côté gauche, la cravate en batiste tombante et plissée, la toque en velours noir.

Le procureur impérial, chef du service judiciaire, portera trois galons d'or autour de sa toque : un en haut deux en bas.

Le juge président du tribunal supérieur portera deux galons d'or, en bas de sa toque.

2° Aux audiences solennelles et aux cérémonies publiques, le procureur impérial et le juge président du tribunal supérieur porteront la robe en laine rouge avec simarre en soie noire.

Le greffier du tribunal supérieur de Saïgon, soit aux audiences ordinaires, soit aux audiences solennelles, soit aux cérémonies publiques, portera le costume du juge président, moins les galons d'or à la toque, qui seront remplacés par deux galons de soie noire. Le greffier ne portera pas non plus la chausse de licencié.

Le juge impérial de 1re instance portera :

1° Aux audiences ordinaires : simarre et toge de laine noire à grandes manches; ceinture de soie noire pendante, toque de laine noire unie, bordée de deux galons d'argent ; la chausse de licencié ; cravate tombante de batiste plissée.

2° Aux audiences solennelles et aux cérémonies publiques : robe de laine et simarre de soie noire, ceinture de soie bleu-clair à franges de soie ; toque de velours avec deux galons d'argent.

Le greffier du tribunal de 1re instance portera, soit aux audiences ordinaires, soit aux audiences solennelles et aux cérémonies publiques, le même costume que le juge impérial, à l'exception des galons d'argent, qui seront remplacés par un galon de soie noire, et de la chausse de licencié.

Le substitut du procureur impérial portera, dans toutes les circonstances, le même costume que le juge impérial. Il n'aura qu'un galon d'argent au bas de sa toque.

Art. 2. — Les membres du tribunal de commerce de Saïgon porteront, dans l'exercice de leurs fonctions et dans les cérémonies publiques, la robe de soie noire avec des parements de velours sans chausse ni ceinture ; toque de velours noir avec un galon d'argent pour les juges et le greffier et deux pour le président; cravate blanche en batiste plissée.

NAPOLÉON.

(9 juillet 1866)

**A. G.** *allouant au greffier du tribunal de commerce une indemnité de 2,400 francs destinés à lui tenir lieu des remises qui lui étaient accordées par l'article 18 de l'arrêté du 11 juillet 1865, portant établissement de droits de greffe et tarif des frais et dépens* (1).

B. C., p. 116.

(10 novembre 1866)

**DÉCRET** *portant création d'un emploi de lieutenant de juge près le tribunal de 1re instance de Saïgon et déterminant la quotité du traitement, la parité d'office et le costume de ce magistrat (art. 3 et 4).*

(Promulg. A. G., 30 janvier 1867)

BAT. II, p. 165.

B. C., p. 284.

Art. 3. — Le lieutenant de juge recevra un traitement colonial de 10,000 fr., et il sera assimilé, pour la liquidation de la pension de retraite, à un procureur impérial près un tribunal de première instance de 5e classe, en France.

Le traitement d'Europe du lieutenant de juge est fixé à la moitié du traitement colonial, conformément à l'article premier, paragraphe 2, du décret du 17 janvier 1863.

Art. 4. — Le costume de ce magistrat, aux audiences ordinaires, aux audiences solennelles et aux cérémonies publiques, sera le même que celui attribué au substitut du procureur impérial de Saïgon, par l'article premier du décret du 14 janvier 1865.

NAPOLÉON.

(1) V. *infrà*, A. G., 12 mai 1871.

(26 décembre 1867)

**DÉP. M.** *au sujet du traitement à allouer, à titre d'indemnité, aux magistrats coloniaux appelés d'une colonie dans une autre et retenus dans leur ancienne résidence après la remise de leur service.*

BAT. II, p. 165.

Des doutes se sont élevés sur la manière dont il convient de régler la solde des magistrats coloniaux qui, appelés d'une colonie dans une autre, sont forcés de séjourner dans leur ancienne résidence, après la remise de leur service à leur successeur, faute d'occasion immédiate pour rejoindre leur nouveau poste.

Dans certaines colonies, on a pensé qu'ils pourraient être considérés *comme étant en cours de voyage pour se rendre à leur nouvelle résidence*, et que, dès lors, il y avait lieu de leur payer des frais de séjour, par application des dispositions de la circulaire du 8 avril 1864.

Cette doctrine m'a paru s'écarter de l'esprit et du texte de la circulaire qui n'a eu en vue que les officiers ou fonctionnaires qui se trouvent obligés de séjourner momentanément dans une colonie française *pendant le cours d'un voyage*. Ces dispositions ne sauraient donc recevoir leur application à l'égard des fonctionnaires qui n'ont pas encore été embarqués et qui, par conséquent, ne peuvent être considérés comme en cours de voyage.

Cependant, les magistrats coloniaux, placés dans les conditions indiquées plus haut, ne peuvent équitablement être réduits à la solde d'Europe de leur grade, du jour où ils ont remis leur service à leur successeur jusqu'au moment de leur embarquement. Cette solde serait évidemment insuffisante à leurs besoins, qui demeurent les mêmes tant qu'ils sont retenus dans la colonie. Dans ces circonstances, pour éviter à ces magistrats les conséquences défavorables d'une situation qu'il n'est pas en leur pouvoir de prévenir, j'ai décidé qu'ils continueraient à recevoir, à titre d'indemnité, le traitement colonial de leur ancienne fonction, après la remise de leur service à leur successeur, jusqu'au jour de leur embarquement pour rejoindre leur nouvelle destination.

Je vous prie, Monsieur le Gouverneur, de veiller à l'exécution de cette mesure, et, pour prévenir les abus qu'elle pourrait entraîner, vous voudrez bien également tenir la main à ce que les dispositions nécessaires soient toujours prises, afin qu'il s'écoule le moins de temps possible entre le départ des magistrats appelés à continuer leurs services dans une autre colonie et l'installation de leurs successeurs.

Il demeure bien entendu, d'ailleurs, que chaque fois que ce départ serait retardé par des considérations d'intérêt personnel, le supplément colonial cesserait d'être attribué aux magistrats, à partir du jour de la remise de leur service.

RIGAULT DE GENOUILLY.

(7 mars 1868

**DÉCRET** *fixant les traitements, les parités d'office et le costume des magistrats et du greffier de la Cour impériale et du procureur impérial* (1). *Tableau.*

(Promulg. A. G., 16 mars 1869)

BAT. II, p. 171.

B. C., p. 80.

Article premier. — Le traitement colonial des magistrats composant la Cour impériale de la Cochinchine et celui du procureur impérial près le tribunal de première instance de Saïgon, ainsi que la parité d'office servant de base à la liquidation des pensions de retraite, sont déterminés conformément au tableau annexé au présent décret.

Le traitement d'Europe desdits magistrats est fixé à la moitié du traitement colonial, en conformité des dispositions de notre décret du 17 janvier 1863.

Art. 2. — Le costume d'audience des magistrats composant la Cour impériale de Cochinchine et du procureur impérial près le tribunal de première instance de Saïgon est réglé ainsi qu'il suit :

1° Aux audiences ordinaires, les membres de la Cour impériale porteront la toge et la simarre en étoffe de soie noire, la chausse de licencié sur l'épaule gauche, la ceinture moirée en soie noire avec franges et une rosette sur le côté gauche, la cravate en batiste tombante et plissée, la toque en velours noir.

(1) V. *infrà*, Dép. M., 18 mars 1868.

Le président et le procureur général auront autour de leur toque deux galons d'or en haut et deux galons d'or en bas. Les conseillers en auront deux en bas. Le conseiller auditeur n'en aura qu'un en bas.

2° Aux audiences solennelles, aux audiences de la Cour criminelle et aux cérémonies publiques, les membres de la Cour impériale porteront la toge et la chausse en étoffe de laine rouge.

La toge du président et celle du procureur général seront bordées sur le devant d'une fourrure d'hermine.

3° Le greffier de la cour portera, soit aux audiences ordinaires, soit aux audiences solennelles ou criminelles, soit dans les cérémonies publiques, le même costume que celui des conseillers, à l'exception des galons d'or à la toque qui seront remplacés par deux galons de soie noire.

Art. 3. — Le procureur impérial près le tribunal de première instance de Saïgon, soit aux audiences ordinaires, soit aux audiences solennelles et aux cérémonies publiques, portera le même costume que celui du juge impérial fixé par l'article premier de notre décret en date du 14 janvier 1865.

Art. 4. — Sont et demeurent maintenues toutes les dispositions des décrets susvisés des 17 août 1864 et 14 janvier 1865, qui ne sont pas contraires au présent décret.

NAPOLÉON.

ANNEXE

*TABLEAU fixant le traitement des magistrats de la Cour impériale de la Cochinchine et du procureur impérial de Saïgon, et établissant la parité d'office pour servir de base à la liquidation des pensions de retraite.*

| DÉSIGNATION DES MAGISTRATS | TRAITEMENT COLONIAL | DÉSIGNATION DES OFFICES DE LA MAGISTRATURE MÉTROPOLITAINE auxquels sont assimilés les emplois de la magistrature de la Cochinchine | | |
|---|---|---|---|---|
| | | OFFICES | TRAITEMENTS | |
| | | | Quotité | Classe |
| Procureur général, chef du service judiciaire | 20,000 | Procureur général | 15,000 | 3e |
| Président de la Cour impériale | 15,000 | Président de chambre de France | 7,500 | 3e |
| Conseiller à la Cour impériale | 12,000 | Conseiller de France | 5,000 | 3e |
| Procureur impérial | 12.000 | Conseiller de France | 5,000 | 3e |
| Conseiller auditeur | 10,000 | Président de première instance de France | 4,500 | 5e |

(18 mars 1868.

**DÉP. M.** *Notification de deux décrets en date du 7 mars 1868 : le premier pourvoit à la création à Saïgon d'une Cour impériale ; le second a pour objet de fixer les traitements, les parités d'office et le costume des magistrats et du greffier de la Cour impériale et du procureur impérial* (1).

BAT. II, p. 166.

(18 août 1868)

**DÉCRET** *indiquant les conditions d'âge pour remplir certains emplois de la magistrature coloniale.*

(Promulg. A.G., 16 mars 1869)
BAT. II, p. 171.
B. C., p. 80.

Article premier. — Dans les colonies françaises autres que la Martinique, la Guadeloupe et la Réunion, l'âge requis pour les fonctions ci-après désignées est fixé ainsi qu'il suit, savoir :

(1) V. § I.

Vingt-deux ans pour les juges auditeurs et les juges suppléants ;
Vingt-cinq ans pour les conseillers auditeurs et les lieutenants de juge ;
Vingt-sept ans pour les juges impériaux de première instance ;
Trente ans pour les présidents de conseil d'appel et de tribunal supérieur.

Nul ne peut être nommé à l'un des emplois ci-dessus s'il n'est licencié en droit. Pour tous les autres emplois, les conditions d'âge et d'aptitude sont les mêmes qu'en France.

Art. 2. — Sont et demeurent abrogés les articles 91 à 98 inclusivement de l'ordonnance du 21 décembre 1828, sur l'organisation judiciaire de la Guyane française et toutes autres dispositions contraires au présent décret.

NAPOLÉON.

(5 septembre 1868)

**DEP. M.** *recommandant l'envoi, au mois de mars de chaque année, de l'état indicatif des sommes perçues, à quelque titre que ce soit, par les greffiers.*

BAT. II, p. 173.

Par ma dépêche, en date du 14 février 1868, je vous ai invité à faire parvenir à mon Département, au mois de mars de chaque année, l'état indicatif des sommes perçues annuellement, à quelque titre que ce soit, par les greffiers des tribunaux institués dans la colonie. Le document dont il s'agit ne m'ayant pas encore été transmis pour l'année 1867, je vous prie de ne pas en retarder plus longtemps l'envoi.

Je vous ferai remarquer que les honoraires que touchent les greffiers qui remplissent en même temps les fonctions de notaires, doivent être également compris dans l'état qui les concerne.

MICHAUX.

(17 avril 1871)

**A. PRÉSID.** *créant un emploi de substitut du procureur général près la Cour d'appel de Saïgon; — Traitement, parité d'office. (Art. 2).*

(Promulg. A. G., 23 juin 1871)
BAT. II, p. 178.
B. C., p. 194.

Art. 2. — Le substitut du procureur général près la Cour d'appel de Saïgon recevra un traitement colonial de douze mille francs (12,000 francs et il sera assimilé, pour la liquidation de la pension de retraite, à un substitut de procureur général près d'une Cour d'appel de 3e classe de France (5,000 francs).

Le traitement d'Europe de substitut du procureur général de Saïgon est fixé à la moitié du traitement colonial, conformément à l'article premier, paragraphe 2, du décret du 17 janvier 1863 (1).

A. THIERS.

(12 mai 1871)

**A. G.** *Suppression de l'indemnité de logement attribuée au greffier du tribunal de commerce de Saïgon par arrêté du 19 avril dernier. — Allocation d'une indemnité de 3,500 francs destinée à lui tenir lieu des remises qui lui étaient accordées par l'article 18 de l'arrêté du 11 juillet 1865, portant établissement de droits de greffe et tarif des frais et dépens, en matière civile, commerciale, criminelle, de police correctionnelle et de simple police et des actes publics* (2).

BAT. II, p. 764)
B. C., p. 155.

Article premier. — L'indemnité de logement attribuée au greffier du tribunal de commerce de Saïgon, par notre arrêté du 19 avril dernier, est et demeure supprimée, à partir du 1er mai courant.

Art. 2. — A partir de cette époque, l'indemnité destinée à lui tenir lieu des re-

(1) V. *infrà*, décret 28 mai 1880.
(2) V. *infrà*, A. G., 9 janvier 1879 (art. 2, § 2).

mises qui lui étaient accordées par l'article 18 de l'arrêté du 11 juillet 1865, est portée à la somme de 3,500 francs.

Art. 3. — Le greffier du tribunal de commerce continuera de verser entre les mains de M. le receveur de l'enregistrement l'intégralité des recettes par lui opérées.

DUPRÉ.

(31 décembre 1871)

**A. G.** *fixant la solde des deux premiers commis-greffiers près la cour d'appel et le tribunal de 1re instance de Saïgon.*

BAT. II, p. 180.
B. C., p. 415.

A partir du 1er janvier 1872, la solde des deux commis greffiers, près la Cour d'appel et le tribunal de première instance de Saïgon, sera portée à la somme annuelle de trois mille cinq cents francs. Ils continueront à recevoir les indemnités représentatives de vivres et de logement.

DUPRÉ.

(10 mars 1873)

**DÉCRET** *portant création de deux emplois de juge suppléant, au tribunal de 1re instance de Saïgon ; — Traitement, parité d'office et costume (art. 3 et 4).*

BAT. II, p. 180.

Art. 1er et 2 (V. § I)................................ .... ........ ...... . ..

Art. 3. — Les juges suppléants recevront un traitement colonial de six mille francs et ils seront assimilés, pour la liquidation de la pension de retraite, à un juge de 1re instance de 4e classe de France.

Le traitement d'Europe des juges suppléants est fixé à la moitié du traitement colonial, conformément à l'article premier du paragraphe 2 du décret du 17 janvier 1863.

Art. 4. — Le costume de ces magistrats, aux audiences ordinaires, aux audiences solennelles et aux cérémonies publiques, sera le même que celui attribué aux juges suppléants de 1re instance de Pondichéry, par les articles 178 et 183 de l'ordonnance organique du 7 février 1842.

A. THIERS.

(24 novembre 1874)

**DÉP. M.** *au sujet de la nomination du fils du président de la cour de Saïgon au poste de juge suppléant au tribunal de première instance de la même résidence. — Lettre de M. le Garde des sceaux.*

BAT II, p. 181.

Par dépêche du 8 octobre dernier, n° 802, vous m'avez transmis les observations que M. le procureur général a cru devoir vous adresser sur les inconvénients que lui paraît présenter, au point de vue de la marche régulière du service de la justice, la nomination du fils du président de la Cour de Saïgon au poste de juge suppléant au tribunal de première instance de la même résidence.

Cette situation avait préoccupé mon Département, et je m'empresse de vous faire connaître que je n'ai confié à M. P... fils les fonctions dont il est investi qu'après avoir acquis la certitude que sa nomination ne présentait aucun inconvénient au point de vue de l'incompatibilité.

Je vous transmets ci-joint copie de la réponse de M. le Garde des sceaux, que j'avais consulté sur cette question.

ANNEXE

(30 juillet 74.)

Par votre lettre du 24 juillet courant, vous m'avez fait l'honneur de me demander si je ne verrais aucun inconvénient, au point de vue de l'incompatibilité, à ce que le fils du président de la Cour d'appel de Saïgon, M. P..., fût nommé juge suppléant au tribunal de première instance de cette colonie.

Je m'empresse de vous informer que MM. P... ne pouvant, en aucun cas, être appelés à siéger devant la même juridiction, je ne vois aucun obstacle légal à ce que M. P... fils soit investi des fonctions que vous vous proposez de lui confier.

J'ajoute que la situation dans laquelle se trouveront ces deux magistrats s'est quelquefois produite en France, et qu'elle ne paraît avoir donné lieu à aucune réclamation.

TAILHAND.

(15 mai 1875)

**DÉCRET** *instituant à Saïgon une justice de paix. — Traitement des membres du tribunal de paix, parité d'office (art. 7 et 8).*

(Promulg. A. G , 7 août 1875)
BAT. II, p. 184.
B. C., p. 288.

Art. 1er à 6 (V. § 1er) ..............................................

Art. 7. — Les parités d'office servant de base à la liquidation des pensions de retraite sont fixées, pour les membres du tribunal de paix institué dans la ville de Saïgon par le présent décret, conformément au tableau ci-après :

| DÉSIGNATION DES EMPLOIS | TRAITEMENT COLONIAL | DÉSIGNATION DES OFFICES DE LA MAGISTRATURE MÉTROPOLITAINE AUXQUELS SONT ASSIMILÉS les membres du tribunal de paix de Saïgon, pour servir de base à la liquidation des pensions de retraite | | |
|---|---|---|---|---|
| | | OFFICES | TRAITEMENT | CLASSES |
| Juge de paix.......... | 10,000f00 | Juge de paix.... | 3,000f00 | 5e classe |
| Greffier................ | 2,000 00 | Greffier......... | 800 00 | 1re classe |

Art. 8. — Le traitement d'Europe des membres du tribunal de paix de Saïgon est fixé à la moitié du traitement colonial, conformément à l'article premier, paragraphe 2, du décret du 17 janvier 1863.

Mal DE MAC-MAHON.

(17 novembre 1875)

**DÉP. M.** *au sujet de la nomination de deux suppléants au juge de paix institué à Saïgon, par décret du 15 mai dernier. — Mode de nomination de ces fonctionnaires.*

BAT. II, p. 189.

Par dépêche du 8 septembre dernier, vous avez appelé l'attention de mon Département sur la nécessité de nommer deux suppléants au juge de paix institué à Saïgon par le décret du 15 mai dernier, et vous m'avez demandé de présenter à la signature de M. le Président de la République un décret instituant des suppléants de juge de paix et attribuant au Gouverneur de la Cochinchine la nomination de ces magistrats.

Ces propositions, après une étude attentive de la question, m'ont paru de nature à être accueillies. Le décret du 15 mai dernier a, en effet, rendu applicables dans la colonie, par son article 4, les lois, décrets et ordonnances qui régissent, en France, la compétence et le fonctionnement des justices de paix; il en résulte que les textes qui ont donné des suppléants aux juges de paix de la métropole sont applicables en Cochinchine, sans qu'il soit besoin de recourir à un décret spécial.

Quant au mode de nomination de ces fonctionnaires, je ne pense pas qu'il soit nécessaire de déroger aux principes en vigueur pour atteindre le but que vous proposez. Vous pouvez, en effet, aux termes de l'article 34 du décret organique du 25 juillet 1864, assurer le service par des nominations provisoires, en attendant la désignation officielle des titulaires par le Ministre de la marine, en vertu des ordonnances spéciales sur le service judiciaire aux colonies.

Par les motifs, qui précèdent, j'ai, conformément à votre proposition, nommé, suivant arrêté du 16 de ce mois dont je vous envoie ci-joint ampliation, deux juges suppléants de la justice de paix de Saïgon.

MONTAIGNAC

(7 février 1876)

**D. G.** *allouant une indemnité annuelle de 1000 francs, à titre de frais de bureau et de voiture, au juge de paix de Saïgon*

BAT. II, p. 190.

B. C., p. 72.

Une indemnité annuelle de 1,000 francs bruts est allouée, à titre de frais de bureau et de voiture, à M. le juge de paix de Saïgon.

BOSSANT.

(9 janvier 1879)

**A. G.** *(extrait) Le greffier de la Cour et du tribunal de 1re instance, dépositaire des papiers et minutes composant les archives du tribunal de commerce, pourra en délivrer aux ayants droit toutes grosses et expéditions, et percevra sur les actes et jugements, en matière commerciale, les remises accordées par l'article 18 de l'arrêté du 11 juillet 1865, portant établissement de droits de greffe et tarif des frais et dépens.*

BAT. II, p. 764.

B. C., p. 6.

(6 octobre 1879)

**A. G.** *allouant un supplément de 5000 francs par an au magistrat nommé membre du tribunal supérieur des affaires indigènes* (1).

B. C., p. 395.

(2 février 1880)

**A. G.** *allouant un supplément spécial de 2000 francs par an aux deux juges suppléants près le tribunal de 1re instance de Saïgon.*

B. C., p. 45.

Article premier. — Les deux juges suppléants, près le tribunal de 1re instance de Saïgon, jouiront d'un supplément spécial de deux mille francs par an, à compter du 1er janvier 1880.

LE MYRE DE VILERS.

(1er mars 1880)

**D. G.** *portant de 3000 à 3600 francs les frais de service alloués au greffier de la justice de paix de Saïgon.*

B. C., p. 111 (2)

Article premier. — Les frais de services alloués au greffier de la justice de paix, à Saïgon, sont portés de trois mille à trois mille six cents francs.

Art. 2. — Cette dépense sera imputée sur le crédit du chapitre 5, article 1er du budget de l'exercice 1880.

LE MYRE DE VILERS.

(28 mai 1880)

**DÉCRET** *créant de nouveaux emplois dans le service judiciaire et fixant les traitements, les parités d'office et le costume de ces magistrats. — Rapport.*

B. C., p. 376.

Art. 1, 2 (V. § I) ........................................................

Art. 3. — Le traitement colonial du président de la Cour, du vice-président, du

(1) Sans objet.

(2) V., A. G., 9 janvier 1882.

premier et du deuxième substitut du procureur général, sont déterminés conformément au tableau annexé au présent décret.

Le traitement d'Europe desdits magistrats est fixé à la moitié du traitement colonial, en conformité des dispositions de l'article premier, paragraphe 2 du décret du 17 janvier 1863.

Art. 4. — Le costume du vice-président de la Cour, du premier et du deuxième substitut, aux audiences ordinaires, aux audiences solennelles, aux audiences de la Cour criminelle et dans les cérémonies publiques, est fixé ainsi qu'il suit ;

Le vice-président de la Cour portera le costume déterminé pour les conseillers.

Il aura autour de la toque deux galons d'or en bas et un en haut.

Le premier et le deuxième substitut porteront le costume déterminé pour les conseillers. Ils auront autour de la toque deux galons d'or en bas.

| DÉSIGNATION des MAGISTRATS | TRAITEMENT | DÉSIGNATION des offices de la magistrature métropolitaine auxquels sont assimilés les emplois de la magistrature de Cochinchine, pour servir de base à la liquidation des pensions de retraite. | | |
|---|---|---|---|---|
| | | OFFICES | QUOTITÉ du traitement | CLASSES |
| | fr. | | fr. | |
| Président de la Cour d'appel de Saïgon.. | 16,000 | Président de chambre de France.. | 10,500 | 2e classe |
| Vice-président de la Cour.............. | 14.000 | *Idem* ........................... | 7,500 | 3e classe |
| Premier substitut du procureur général. | 12,000 | Conseiller de France............ | 5,000 | 3e classe |
| Deuxième substitut du procureur général. | 11,000 | Procureur de la République ...... | 4,500 | 5e classe |

JULES GRÉVY.

(24 juin 1880)

**A. G.** *créant un emploi de commis-greffier au greffe de la Cour d'appel et du tribunal de 1re instance de Saïgon.*

B. C., p. 347.

Article premier. — Un emploi de commis-greffier, aux appointements annuels de trois mille francs, est créé au greffe de la Cour d'appel et du tribunal de première instance de Saïgon.

LE MYRE DE VILERS.

(24 juin 1880)

**A. G.** *allouant un supplément annuel de 2000 francs au conseiller remplissant les fonctions de président de la 2e Chambre de la Cour d'appel.*

B. C., p. 347.

Article premier. — Un supplément annuel de deux mille francs est alloué au conseiller remplissant les fonctions de président de la 2e Chambre de la Cour d'appel de Saïgon, à partir du 21 mai 1880.

LE MYRE DE VILERS.

(27 juillet 1880)

**DÉP. M.** *au sujet des règlements de la solde. — Les articles 32 et 33 du décret du 1er juin 1875 sur la solde sont applicables aux magistrats coloniaux.*

B. C., p. 361.

On a soulevé la question de savoir si les articles 32 et 33 du décret du 1er janvier 1875 sur la solde sont applicables aux magistrats coloniaux, ou s'il convient de maintenir à leur égard les dispositions spéciales de l'arrêté présidentiel du 4 février 1849, et des instructions ministérielles des 9 juillet 1858 et 26 décembre 1867 (1).

(1) Textes à rechercher.

Aux termes de l'arrêté présidentiel du 4 février 1849, les magistrats n'ont droit au traitement colonial qu'à partir du jour de leur prestation de serment. Cette règle a été observée sous l'empire du décret de 1851, qui ne contenait pas de dispositions contraires, mais elle ne peut être maintenue en présence du texte formel du décret du 1er juin 1875, qui porte :

« Art. 32. — Le droit à la solde coloniale court du jour du débarquement aux colonies. »

C'est en vain qu'on exciperait du caractère spécial de l'arrêté de 1849 ; l'article 32 du décret de 1875 dispose d'une manière générale, et il ne comporte que trois exceptions limitatives concernant les gouverneurs, les chefs d'administrations et les évêques.

En conséquence, les articles 32 et 33 sont applicables aux membres de la magistrature, comme à tous les autres fonctionnaires et agents des colonies, et l'arrêté présidentiel du 4 février 1849 doit être considéré comme abrogé sur ce point.

JAURÉGUIBERRY.

(15 février 1881)

**CIRC. M.** *au sujet de l'indemnité à allouer aux fonctionnaires appelés à remplir intérimairement des fonctions judiciaires.*

B. C., p. 207. (1)

(5 avril 1881)

**CIRC. M.** *au sujet de l'intérim des fonctions de magistrat.*

(Promulg. A.G., 18 juillet 1881)
B. C., p. 243.

Mon attention a été appelée sur les fréquents mouvements de magistrats qui sont désignés pour remplir les fonctions intérimaires, dans le ressort de chaque colonie.

Il importe que les nominations de cette nature soient faites de manière à ce que les intérims soient exercés, autant que possible, par des magistrats habitant la même localité, et ne donnant pas lieu à des frais de déplacement toujours onéreux pour le budget.

Je désire, en outre, que vous me rendiez compte, sans retard, des mouvements provisoires que vous aurez prescrits.

G. CLOUÉ.

(25 mai 1881)

**DÉCRET** *portant fixation du traitement des magistrats de Cochinchine et du costume. — Tableau.*

B. C., p. 298.

Article premier. — Le traitement colonial des magistrats de la Cochinchine est déterminé conformément au tableau annexé au présent décret.

Le traitement d'Europe desdits magistrats est fixé à la moitié du traitement colonial, en conformité des dispositions de l'article premier, paragraphe 2, du décret du 17 janvier 1863.

Art. 2. — Les magistrats de la Cour d'appel, du tribunal de première instance de Saïgon et de la justice de paix continueront de porter, aux audiences ordinaires, aux audiences solennelles et dans les cérémonies publiques, le costume fixé par les décrets du 17 août 1864, du 14 janvier 1865, du 10 novembre 1866, du 7 mars 1868 et du 28 mai 1880.

Le costume des magistrats composant les tribunaux d'arrondissement sera le même que celui déterminé pour les membres du tribunal de première instance de Saïgon.

JULES GRÉVY.

(1) V. *Solde.*

## ANNEXE

| DÉSIGNATION DES MAGISTRATS | TRAITEMENT | DÉSIGNATION DES OFFICES De la magistrature métropolitaine auxquels sont assimilés LES EMPLOIS DE LA MAGISTRATURE DE COCHINCHINE pour servir de base à la liquidation des pensions de retraite. | | |
|---|---|---|---|---|
| | | OFFICES | QUOTITÉ du traitement | CLASSES |
| Procureur général ..................... (1)... | 20,000 | Procureur général.............................. | 15,000 | 3e |
| Président de la Cour d'appel................ | 18,000 | Président de Chambre de France........... | 10.500 | 2e |
| Vice-président de la Cour d'appel.............. | 15,000 | Président de Chambre de France........... | 7,500 | 3e |
| Conseiller à la Cour.... ......................... | 12,000 | Conseiller de France ......................... | 5,000 | 3e |
| Conseiller auditeur................................ | 10,000 | Président de tribunal de première instance de France . | 4,500 | 5e |
| Premier substitut du procureur général.......... | 15,000 | Premier avocat général de France........... | 7,500 | 3e |
| Deuxième substitut du procureur général........ | 12,000 | Conseiller de France ......................... | 5,000 | 3e |
| Président et procureur de la République du tribunal de première instance de Saïgon .......... | 13,000 | Président et procureur de la République de tribunal de première instance de France..... | 6,000 | 4e |
| Présidents et procureurs de la République des tribunaux de...... { Binh-hoa... Mytho..... Bentré..... | 12,000 | Présidents et procureurs de la République des tribunaux de première instance de France.. | 4,500 | 5e |
| { Vinhlong... Chaudoc ... Soctrang ... | 10,000 | | | |
| Lieutenant de juge et substitut du procureur de la République de Saïgon .......................... | 10,000 | Juge d'instruction de France.................. | 4,200 | 3e |
| Lieutenants de juge des tribunaux de......................... { Binh-hoa... Mytho..... Bentré..... | 9,000 | Juge d'instruction de France.................. | 3,600 | 4e |
| { Vinhlong... Chaudoc ... Soctrang ... | 8,000 | | | |
| Juges suppléants des tribunaux de première instance....................................... | 6,000 | Juge ... .......................................... | 2,700 | 5e |
| Attachés de parquets ........................... | 5,000 | Juge .............. ................................ | » | » |
| Juges de paix........................................ | 10,000 | Juge de paix....................................... | 3,000 | 5e |
| Greffier de la Cour....... ...................... | 9,000 | Greffier de Cour de France..................... | 4,200 | 2e |
| Greffier du tribunal de première instance de Saïgon. | 6,000 | Greffier de première instance de France...... | 2,400 | 2e |
| Greffiers des tribunaux de province... { 1re classe. | 7,000 | | | |
| { 2e classe. | 6,000 | | | |
| Greffier du tribunal de commerce de Saïgon..... | 3,000 | Greffier de première instance de France...... | 1,500 | 4e |
| Greffier de la justice de paix de Saïgon.......... | 5,000 | Greffier de première instance de France...... | 1,800 | 3e |
| Commis-greffier de 1re classe .................. | 5,000 | Commis-greffier de première instance de France. | 2,500 | 2e |
| Commis-greffier de 2e classe ................... | 4,000 | Commis-greffier de première instance de France. | 1,750 | 3e |
| Commis-greffiers auxiliaires...................... | 3,500 | Commis-greffier de première instance de France. | 1,200 | 6e |

(24 octobre 1881)

**A. G.** *prescrivant que le greffier de la Cour cessera ses fonctions auprès du tribunal de 1re instance de Saïgon et déterminant le nombre des commis-greffiers européens et des expéditionnaires indigènes à attacher aux greffes de la Cour d'appel et du tribunal de 1re instance de Saïgon* (2).

B. C., p. 399.

Article premier. — Le greffier de la Cour cessera, à compter de ce jour, ses fonctions auprès du tribunal de première instance de Saïgon.

Art. 2. —Il conservera pour l'assister auprès de la Cour :

Un commis-greffier de 1re classe ;

Un commis-greffier de 2e classe ;

Deux commis-greffiers auxiliaires.

Il conservera également deux expéditionnaires indigènes.

Art. 3. — Le greffier institué auprès du tribunal de première instance de Saïgon sera assisté :

D'un commis-greffier de 1re classe ;

D'un commis-greffier de 2e classe ;

D'un commis-greffier auxiliaire.

Il aura de plus un expéditionnaire indigène.

(1) En 1881, une somme de 10,000 fr. avait été inscrite au budget sous la rubrique « frais de représentation au Procureur général, chef du service judiciaire ».
Voir à ce sujet, délib. C. col. du 14 janvier 1885 et une dép. m. du 27 mai 1885 (arch. gouv.)

(2) V. *infrà*, A. G., 30 janvier 1882.

Art. 4. — La remise des minutes du tribunal de première instance sera faite par le greffier de la Cour à son collègue, en présence d'un magistrat désigné par le procureur général.

Procès-verbal de cette remise sera dressé en double expédition, dont l'une sera déposée au greffe de la Cour d'appel et l'autre au greffe du tribunal civil.

Art. 5. — Le greffe du tribunal de première instance sera installé dans le local servant actuellement au greffe de la Cour d'appel, qui sera transféré à l'étage supérieur du palais de justice, dans les salles où étaient précédemment établis les bureaux du parquet de première instance et du procureur général.

Art. 6. — La somme de 5,500 francs affectée aux frais de service des greffes de la Cour d'appel et du tribunal de première instance sera désormais répartie comme suit :

Trois mille francs au greffier de la Cour,

Deux mille cinq cents francs au greffier du tribunal.

A. DE TRENTINIAN.

(14 novembre 1881)

**A. G.** *créant un emploi de commis-greffier auxiliaire au greffe du tribunal de la justice de paix de Saïgon.*

B. C., p. 437.

Article premier. — Conformément à l'article 3, paragraphe 1er, du décret susvisé, un emploi de commis-greffier auxiliaire est créé au greffe du tribunal de la justice de paix de Saïgon.

Art. 2. — Le candidat à cet emploi sera présenté et agréé conformément à l'article 33, paragraphe 3, du décret du 25 mai 1881.

LE MYRE DE VILERS.

(14 novembre 1881)

**A. G.** *créant trois emplois de commis-greffiers pour remplir provisoirement les fonctions de greffier près les tribunaux de première instance de Binh hoa, Mytho et Bentré.*

B. C., p. 438.

Article premier. — Trois emplois de commis-greffiers de 1re classe (hors cadre) aux appointements de 1,000 piastres par an, sont créés pour remplir provisoirement les fonctions de greffiers près les tribunaux de Binh-hoa, Mytho et Bentré.

Outre leur traitement les greffiers provisoires auront droit à une somme de deux cents piastres pour frais de service.

LE MYRE DE VILERS.

(15 novembre 1881)

**A. G.** *déterminant le nombre des commis-greffiers attachés aux tribunaux de 1re instance de Binh-hoa, Mytho et Bentré* (1).

B. C., p. 446.

Article premier. — Conformément à l'article 7, § 6 du décret du 25 mai 1881, réorganisant l'administration de la justice en Cochinchine, le nombre des commis-greffiers attachés aux tribunaux de première instance sus-énoncés, est provisoirement déterminé ainsi qu'il suit :

Aux tribunaux de Binh hoa et de Mytho,

Un commis-greffier de 2e classe.

Et deux expéditionnaires indigènes.

(1) V. *infra*, A. G., 30 janvier 1882.

Au tribunal de Bentré :

Un commis-greffier auxiliaire.

Et deux expéditionnaires indigènes.

Art. 2. — Les candidats aux emplois de commis-greffier seront présentés et agréés conformément à l'article 33, § 3 du décret du 25 mai 1881.

LE MYRE DE VILERS.

(9 janvier 1882)

**A. G.** *relatif aux frais de bureau alloués aux procureurs de la République près les divers tribunaux de la Cochinchine.*

B. C., p. 34.

Article premier. — Les frais de bureau alloués au procureur de la République de Saïgon sont réduits de 160 à 120 piastres par an, à compter du 1er janvier 1882.

Art. 2. — Ceux des procureurs de la République de Binh-hoa, de Mytho et de Bentré sont fixés à la somme de 100 piastres. Ceux des procureurs de la République de Vinhlong, de Chaudoc et de Soctrang sont fixés à 60 piastres par an.

Cette somme leur sera allouée à compter du jour de l'entrée en fonctions desdits tribunaux.

LE MYRE DE VILERS.

(9 janvier 1882)

**A. G.** *réduisant les frais de service alloués au greffier de la justice de paix de Saïgon.*

B. C., p. 35.

Article premier. — Les frais de service alloués, par la décision du 1er mars 1880, au greffier de la justice de Saïgon, sont réduits de 720 piastres à 300 piastres par an, à compter du 1er janvier 1882.

LE MYRE DE VILERS.

(9 janvier 1882)

**A. G.** *déterminant les menues dépenses des tribunaux de première instance créés en Cochinchine.*

B. C., p. 35.

Article premier. — Les menues dépenses des tribunaux de première instance, créés en Cochinchine par le décret susvisé, sont déterminées ainsi qu'il suit :

60 piastres par an aux tribunaux de Binh-hoa, de Mytho et de Bentré.

40 piastres par an aux tribunaux de Vinhlong, de Chaudoc et de Soctrang.

Art. 2. — Cette somme sera mandatée à la fin de chaque trimestre et sera allouée à compter du jour de l'entrée en fonctions desdits tribunaux.

LE MYRE DE VILERS.

(30 janvier 1882)

**A. G.** *Création d'un corps d'expéditionnaires et d'expéditionnaires-interprètes indigènes près les Cour et tribunaux de la Cochinchine.*

B. C, p. 57.

Article premier. — Il est créé un corps d'expéditionnaires et d'expéditionnaires-interprètes indigènes près les Cour et tribunaux de la Cochinchine, chargé d'interpréter, de traduire et d'expédier.

Art. 2. — Ce personnel sera recruté parmi les expéditionnaires et les interprètes actuellement en exercice dans le service judiciaire. Il est placé sous l'autorité du procureur général.

Art. 3. — La hiérarchie et la solde des expéditionnaires et expéditionnaires-interprètes indigènes sont fixées comme suit :

| | Piastres |
|---|---|
| Elèves expéditionnaires indigènes de 2e classe | 120 |
| Elèves expéditionnaires indigènes de 1re classe | 160 |
| Expéditionnaires indigènes de 2e classe | 200 |
| Expéditionnaires indigènes de 1re classe | 240 |
| Expéditionnaires-interprètes indigènes de 2e classe | 300 |
| Expéditionnaires-interprètes indigènes de 1re classe | 360 |
| Expéditionnaires-interprètes indigènes principaux de 2e classe | 420 |
| Expéditionnaires-interprètes indigènes principaux de 1re classe | 480 |

Art. 4. — L'avancement des expéditionnaires et expéditionnaires-interprètes indigènes aura lieu au choix. Nul ne pourra être nommé à la classe supérieure s'il ne compte au moins une année de service dans son emploi.

Art. 5. — Un arrêté déterminera la composition des cadres des expéditionnaires et expéditionnaires-interprètes indigènes à attacher aux Cour et tribunaux de la colonie.

Art. 6. — La connaissance de la langue française sera exigée des candidats. Les expéditionnaires-interprètes indigènes qui justifieront de la connaissance des caractères chinois recevront un supplément annuel de solde de quarante piastres (40 piastres).

Art. 7. — Les expéditionnaires-interprètes indigènes qui auront obtenu la naturalisation pourront être admis aux emplois de commis-greffiers, au titre européen.

Art. 8. — Les expéditionnaires-interprètes indigènes, institués par le présent arrêté, prêteront, devant la juridiction à laquelle ils sont attachés, le serment déterminé par l'article 9, paragraphe 6, de l'arrêté du 8 avril 1874 organisant le personnel des interprètes, lettrés et secrétaires asiatiques.

Art. 9. — Sont maintenues les dispositions du titre II de l'arrêté du 8 avril 1874 qui ne sont pas contraires à celles du présent arrêté.

LE MYRE DE VILERS.

(30 janvier 1882)

**A. G.** *portant fixation du cadre et répartition du personnel des employés du service judiciaire. (Interprètes, greffiers, commis-greffiers et secrétaires)* (1).

B. C., p. 58.

Article premier. — Les articles 2 et 3 de l'arrêté du 24 octobre, et les arrêtés des 14 et 15 novembre 1881 susvisés, sont et demeurent abrogés et remplacés par les dispositions suivantes :

Art. 2. — Le personnel des employés affecté au service judiciaire comprend :

PERSONNEL EUROPÉEN.

2 Interprètes, 10 greffiers, 5 secrétaires, 17 commis-greffiers.

PERSONNEL INDIGÈNE.

1 Phu, 2 interprètes indiens (tamoul), 3 interprètes chinois, 21 expéditionnaires-interprètes, 22 expéditionnaires.

Art. 3. — Ce personnel est réparti entre les divers services dépendant du service judiciaire, ainsi qu'il suit :

PARQUET GÉNÉRAL.

1 Secrétaire général, 1 secrétaire rédacteur, 1 secrétaire rédacteur expéditionnaire, 1 phu de 2e classe (interprète du procureur général), 2 expéditionnaires-interprètes et expéditionnaires indigènes.

COUR D'APPEL, TRIBUNAL DE PREMIÈRE INSTANCE ET JUSTICE DE PAIX DE SAIGON.

1 Interprète européen de 1re classe, 1 interprète européen de 2e classe, 2 interprètes indiens (tamoul), 3 interprètes chinois.

(1) V. *infrà*, A. G., 29 janvier 1883.

PARQUET DE PREMIÈRE INSTANCE DE SAIGON

1 Secrétaire expéditionnaire de première instance, 1 élève expéditionnaire indigène de 2e classe.

GREFFE DE LA COUR D'APPEL

1 Greffier en chef, 1 commis-greffier de 1re classe, 1 commis-greffier de 2e classe, 2 commis-greffiers auxiliaires, 6 expéditionnaires-interprètes et expéditionnaires indigènes.

GREFFE DU TRIBUNAL DE PREMIÈRE INSTANCE DE SAIGON

1 Greffier, 1 commis-greffier de 1re classe, 1 commis-greffier de 2e classe, 1 commis-greffier auxiliaire, 4 expéditionnaires-interprètes et expéditionnaires indigènes.

GREFFE DU TRIBUNAL DE COMMERCE DE SAIGON

1 Greffier, 1 commis-greffier auxiliaire.

GREFFE DE LA JUSTICE DE PAIX DE SAIGON

1 Greffier, 1 commis-greffier auxiliaire, 1 expéditionnaire indigène de 2e classe.

TRIBUNAUX DE PREMIÈRE INSTANCE DANS LES PROVINCES

*A Binh-hoa.* — 1 greffier, 1 commis-greffier de 2e classe, 1 commis-greffier auxiliaire, 6 expéditionnaires-interprètes et expéditionnaires indigènes.

*A Mytho.* — 1 Greffier, 1 commis-greffier de 2e classe, 1 commis-greffier auxiliaire, 6 expéditionnaires-interprètes et expéditionnaires indigènes.

*A Bentré.* — 1 Greffier, 1 secrétaire expéditionnaire de première instance, interprète au parquet; 1 commis-greffier auxiliaire, 5 expéditionnaires-interprètes et expéditionnaires indigènes.

*A Sadec (tribunal de Vinhlong).* — 1 Greffier, 1 commis-greffier auxiliaire, 4 expéditionnaires-interprètes et expéditionnaires indigènes.

*A Chaudoc.* — 1 Greffier, 1 commis-greffier auxiliaire, 4 expéditionnaires-interprètes et expéditionnaires indigènes.

*A Soctrang.* — 1 Greffier, 1 commis-greffier auxiliaire, 4 expéditionnaires-interprètes et expéditionnaires indigènes.

Art. 4. — Des lettrés chinois et annamites seront, selon les besoins du service, provisoirement attachés aux Cour et tribunaux de la Cochinchine. Ce personnel sera mis à la disposition du service judiciaire par la Direction de l'intérieur ; il sera supprimé par voie d'extinction.

LE MYRE DE VILERS.

(6 février 1882)

**A. G.** *fixant la date des sessions des sept Cours criminelles de la Cochinchine. — (Fixation de l'indemnité pour frais de déplacement allouée au Président.)*

B. C., p. 88 (1).

Art. 1er . . . . . . . . . . . . . . . . . . . . . . . . . . . . . . . . . . . . .

. . . . . . . . . . . . . . . . . . . . . . . . . . . . . . . . . . . . . . . . . . . .

Art. 2. — Une indemnité pour frais de déplacement de cent piastres (100 $) par session est allouée au conseiller qui ira présider la Cour criminelle à Mytho, Bentré, Sadec, Chaudoc et Soctrang.

Le conseiller chargé de présider la Cour criminelle de Binh-hoa recevra, au même titre, une allocation de trente piastres (30 $).

LE MYRE DE VILERS

(1) Mod. A. G., 8 octobre 1884.

(5 avril 1882)

**DÉP. M.** *au sujet des propositions d'emploi pour la magistrature coloniale; pièces qui doivent accompagner ces propositions.*

ARCH. GOUV.

J'ai remarqué que les propositions qui me sont adressées par les administrations coloniales en faveur des jeunes gens désirant obtenir un emploi dans la magistrature ou dans le service des greffes, ne contiennent pas tous les renseignements nécessaires pour apprécier convenablement le mérite de la candidature.

Pour remédier à cet inconvénient, je désire que désormais les propositions dont il s'agit soient accompagnées des pièces ci-après :

1° La demande du candidat qui devra indiquer s'il est disposé à servir dans toutes les colonies;

2° Son acte de naissance;

3° Une copie certifiée des diplômes universitaires ;

4° Un certificat de bonne vie et mœurs ;

5° Un certificat de libération du service militaire, s'il y a lieu ;

6° Un certificat constatant que le postulant a prêté serment comme avocat, et qu'il a accompli le stage de 2 années, s'il y a lieu ;

7° Un rapport du chef du service judiciaire sur les antécédents et les aptitudes du candidat, sur ses opinions politiques et sur la situation de sa famille.

Vous voudrez bien me faire connaître, en outre, votre avis personnel sur la question de savoir si la demande doit être prise en considération, et si le candidat peut être sans inconvénient nommé dans la colonie d'origine ou s'il doit être envoyé dans une autre de nos possessions.

Toute proposition qui ne serait pas conforme aux prescriptions contenues dans la présente dépêche ne serait point accueillie.

BERLET.

(29 janvier 1883)

**A. G.** *portant suppression de l'emploi de secrétaire expéditionnaire interprète au tribunal de Bentré et création d'un emploi de commis greffier près ledit tribunal.*

B. C., p. 79.

Article premier. — L'emploi de secrétaire expéditionnaire interprète, créé par l'arrêté du 30 janvier 1882 susvisé, au tribunal de première instance de Bentré, est et demeure supprimé à compter du 1er février 1883.

Art. 2. — Un emploi de commis-greffier de 2e classe est créé près ledit tribunal, à compter de la même date.

CHARLES THOMSON.

(9 février 1883)

**DÉCRET** *concernant les conditions d'âge et d'aptitude à exiger des magistrats intérimaires dans les colonies autres que la Martinique, la Guadeloupe et la Réunion.*

(Promulg. A. G., 1er mars 1883)

B. C., p. 221.

Article premier. — Dans les colonies autres que la Martinique, la Guadeloupe et la Réunion, les intérimaires appelés, en cas d'empêchement, à remplacer des magistrats, pourront être dispensés des conditions d'âge et de capacité exigées des titulaires.

JULES GRÉVY.

(10 mars 1883)

**DÉP. M.** *Notification du décret du 9 février 1883 concernant la condition d'âge et d'aptitude à exiger des magistrats intérimaires.*

B. C., p. 220.

Vous trouverez au *Journal officiel* du 18 de ce mois un décret rendu le 9 février dernier, fixant les conditions d'âge et d'aptitude à exiger des magistrats intérimaires dans les colonies.

Quelques-uns des textes qui ont organisé l'administration de la justice ont gardé le silence sur les conditions d'âge et de capacité à exiger des intérimaires appelés à remplacer des magistrats empêchés, et un arrêt de la Cour de cassation du 20 novembre dernier a inféré de là qu'ils devaient réunir les conditions exigées du titulaire.

L'adoption de cette jurisprudence peut avoir pour conséquence d'interrompre, à un moment donné, le cours de la justice dans la colonie, par suite de l'impossibilité de recruter des personnes remplissant les conditions exigées pour les fonctions judiciaires.

Le décret du 9 février a eu pour objet de faire cesser toute incertitude à cet égard, en dispensant les intérimaires des conditions d'âge et de capacité exigées des titulaires.

J'ai l'honneur de vous prier de vouloir bien assurer la promulgation de cet acte dans la colonie.

(25 avril 1883)

**DÉCRET** *portant augmentation du traitement des conseillers à la Cour d'appel de Saïgon.*

(Promulg. A. G., 14 juin 1883)

B. C., p. 270.

Article premier. — Le traitement des conseillers à la Cour d'appel de Saïgon (Cochinchine française) est porté à 13,000 francs, à compter du 1er janvier 1883.

Art. 2. — Les dispositions du décret du 25 mai 1881, relatives au traitement d'Europe et à la parité d'office, sont maintenues.

JULES GRÉVY.

(8 mai 1883)

**DÉCRET** *portant fixation du traitement, de la parité d'office et du costume de l'avocat général. — Tableau.*

(Promulg. A. G., 13 juillet 1883)

B. C., p. 301.

Article premier. — Le traitement colonial de l'avocat général près la Cour d'appel de Saïgon, ainsi que la parité d'office servant de base à la liquidation de la pension de retraite, sont déterminés conformément au tableau annexé au présent décret.

Le traitement d'Europe de ce magistrat est fixé à la moitié du traitement colonial, en conformité des dispositions de l'article premier, paragraphe 2 du décret du 17 janvier 1863.

Art. 2. — L'avocat général portera, aux audiences ordinaires, aux audiences solennelles, aux audiences criminelles et dans les cérémonies publiques, le costume déterminé, pour le vice-président de la cour, par le décret du 28 mai 1880.

| DÉSIGNATION du MAGISTRAT | TRAITEMENT | DÉSIGNATION DES OFFICES DE LA MAGISTRATURE MÉTROPOLITAINE auxquels sont assimilés les emplois de la magistrature de Cochinchine pour servir de base à la liquidation des pensions de retraite. | | |
|---|---|---|---|---|
| | | OFFICES | TRAITEMENT | CLASSES |
| Avocat général | 15,000 | Premier avocat général de France | 7,500 | 3e |

JULES GRÉVY.

(23 mai 1883)

**CIRC. D. I.** (1) *au sujet des gardes civils détachés au service de la justice. — Mesures prises et projet de réglementation à étudier* (2).

B. D. I, p. 35.

(1) Aujourd'hui sans objet, le service judiciaire ayant un personnel de plantons.
(2) V. Milice.

(18 décembre 1883)

**DÉP. M.** *au sujet des déplacements de magistrats. — Un certain nombre de magistrats ont été distraits de leur emploi pour occuper des fonctions intérimaires, sans que cette mesure fût justifiée par les besoins du service.*

ARCH. GOUV.

(8 octobre 1884)

**A. G.** *portant organisation du personnel des commis-greffiers du service judiciaire.*

B. C., p. 405.

Article premier. — Le nombre des commis-greffiers affectés au service judiciaire de la Cochinchine est fixé à 24, à compter du 1er janvier 1885.

Art. 2. — Ce nombre sera réparti de la manière suivante :

| | | |
|---|---|---|
| Cour d'appel | | 4 |
| Tribunal de première instance de Saïgon | | 3 |
| Tribunal de commerce de Saïgon | | 1 |
| Tribunaux de première instance de | Binh-hoa | 3 |
| | Mytho | 3 |
| | Bentré | 3 |
| | Vinhlong | 2 |
| | Chaudoc | 2 |
| | Soctrang | 2 |
| Justice de paix de Saïgon | | 1 |
| | Total égal | 24 |

Art. 3. — Le cadre et la hiérarchie du personnel des commis-greffiers sont déterminés ainsi qu'il suit :

| | |
|---|---|
| Commis-greffiers de 1re classe | 6 |
| Commis-greffiers de 2e classe | 6 |
| Commis-greffiers auxiliaires | 12 |
| Total égal | 24 |

Art. 4. — Les traitements des commis-greffiers sont déterminés conformément au tableau ci-après :

| DÉSIGNATION DES GRADES ET DES EMPLOIS | TRAITEMENT | | TOTAL |
|---|---|---|---|
| | PARITÉ d'office | SUPPLÉMENT colonial | |
| | Piastres | Piastres | Piastres |
| Commis-greffier de 1re classe | 500 | 500 | 1,000 |
| Commis-greffier de 2e classe | 350 | 450 | 800 |
| Commis-greffier auxiliaire | 240 | 460 | 700 |

Le traitement d'Europe des commis-greffiers est fixé à la moitié du traitement colonial.

Art. 5. — Le personnel des commis-greffiers jouira, soit au point de vue du compte de prévoyance, soit en ce qui touche les congés, le droit à l'hôpital, les indemnités de route et de séjour, etc., etc., des mêmes avantages accordés aux autres fonctionnaires, employés et agents du service judiciaire et de la Direction de l'intérieur, par les décrets et les règlements organiques.

Art. 6. — L'assimilation pour le traitement à l'hôpital et à bord des bâtiments de l'État, ainsi que pour les indemnités de route et de séjour, est fixée conformément au tableau ci-après :

| OFFICIERS GÉNÉRAUX | OFFICIERS SUPÉRIEURS | OFFICIERS SUBALTERNES | ASPIRANTS. | MAITRES | MATELOTS |
|---|---|---|---|---|---|
| » | » | » | Commis-greffiers de 1re classe .................. | Commis-greffiers auxiliaires ..................... | » |
| » | » | » | Commis-greffiers de 2e classe .................. | » | » |

Art. 7. — Nul ne sera admis dans le personnel des commis-greffiers avant l'âge de 21 ans, ni après 30 ans. Cette dernière limite sera reculée jusqu'à 35 ans, pour ceux qui, justifiant de services antérieurs à l'État ou à la colonie, pourraient réunir, à 55 ans d'âge, les droits à une pension civile.

Art. 8. — A l'appui de sa demande, le candidat à un emploi de commis-greffier devra joindre les pièces désignées ci-après :

1° Son acte de naissance ;

2° Un certificat de bonne vie et mœurs ;

3° Un certificat de libération du service militaire, s'il y a lieu.

Art. 9. — Les commis-greffiers sont, sur la présentation des greffiers, agréés par la Cour ou le tribunal près lequel ils exercent, conformément aux dispositions de l'article 33, paragraphe 3, du décret du 25 mai 1881. Les procès-verbaux de délibération de la Cour et des tribunaux dressés à cet effet devront être sanctionnés par décision du Gouverneur, rendue sur la proposition du Procureur général.

Art. 10. — L'avancement des commis-greffiers a lieu au choix. Nul ne pourra être nommé à la classe supérieure s'il n'a accompli une année au moins de service dans son emploi.

Art. 11. — Les commis-greffiers chargés d'un intérim de greffier auront droit, outre des frais de service, à la moitié de la différence entre leur solde et celle dont ils remplissent les fonctions intérimairement.

Ceux chargés d'un intérim de commis-greffier auront droit à la même indemnité.

Art. 12. — Les peines disciplinaires applicables aux commis-greffiers sont les suivantes :

La réprimande ;

La suspension de fonctions ;

La rétrogradation de classe ou d'emploi ;

La révocation.

La réprimande est prononcée par le Gouverneur, sur la proposition du Procureur général, après avis de la Cour ou du tribunal.

La suspension de fonctions est prononcée par le Gouverneur, sur la proposition du Procureur général, en Conseil privé, après avis de la Cour ou du tribunal. Elle comporte privation entière pendant la durée de la suspension.

La rétrogradation ou la révocation des commis-greffiers sont prononcées par le Gouverneur, en Conseil privé, sur la proposition du Procureur général, après avis motivé de la Cour ou du tribunal auxquels ils sont attachés, sans préjudice de celles édictées par le décret du 25 mai 1881 (art. 51 et 52) et prononcées par les tribunaux, lesquelles devront être sanctionnées par décision du Gouverneur rendue sur la proposition du Procureur général.

Art. 13. — Sont abrogées les dispositions contraires à celles du présent arrêté.

Art. 14. — Le présent arrêté est applicable au tribunal de première instance de Pnom-Penh (Cambodge).

CHARLES THOMSON.

(8 octobre 1884)

**A. G.** *abrogeant les dipositions des paragraphes 1 et 2 de l'article de l'arrêté du 6 février 1882 relatives à l'indemnité allouée aux conseillers, pour frais de déplacement.*

B. C., p. 409.

Article premier. — Les dispositions de l'article 2, paragraphes premier et 2, de l'arrêté du 6 février 1882, susvisé, sont et demeurent supprimées, à compter du 1er janvier 1885.

Art. 2. — Il est alloué, à partir de la même époque, à MM. les conseillers chargés d'aller présider les Cours criminelles instituées aux sièges de chaque tribunal de première instance de l'intérieur et à Binh-Hoa, indépendamment des frais de transport fournis par l'Administration, l'indemnité journalière de 16 francs prévue par le règlement ministériel du 19 janvier 1878, pour frais de séjour.

Art. 3 — Sont également applicables auxdits magistrats les dispositions du susdit règlement ministériel relatives aux indemnités de route, lorsque les moyens de transport ne pourront être fournis par l'Administration.

CHARLES THOMSON.

(13 octobre 1884)

**A. G.** *allouant un supplément annuel de 200 piastres au juge suppléant chargé des faillites, des ordres et des contributions.*

B. C., p. 412.

(10 novembre 1884)

**CIRC. M.** *Le dossier des magistrats quittant une colonie par changement de destination devra être envoyé dans la colonie où ils sont appelés à servir.*

J. C., 1885, p. 62.
B. M., p. 842.

Il arrive fréquemment que des magistrats appelés à servir dans une colonie sont complètement inconnus du Gouverneur et du chef du service judiciaire.

Afin d'obvier à cet inconvénient, et dans le but de centraliser les fractions de dossiers qui restent dans chacune des colonies où les magistrats ont été en service, j'ai décidé qu'à l'avenir le dossier complet des magistrats changeant de destination serait directement adressé par l'administration locale de la colonie qu'ils quittent à celle de la colonie ou un nouveau poste leur est assigné.

Comme il importe dès maintenant d'établir ce nouvel ordre de choses, je vous prie de faire rechercher dans vos archives les dossiers de tous les magistrats faisant partie du personnel colonial et de les transmettre aux Gouverneurs des colonies où ils sont actuellement en fonctions.

FÉLIX FAURE.

(26 juillet 1885)

**DÉCRET** *créant un corps de commis-greffiers en Cochinchine.*

(Promulg. A. G., 3 septembre 1885)
(Promulg. A. G., 29 octobre 1888)
J. C., (1885), p. 1057.
J. C., (1888), p. 922.

Article premier. — Les commis-greffiers assermentés près la Cour et les tribunaux de Cochinchine sont nommés par le Gouverneur de la colonie, sur la proposition du Procureur général, chef du service judiciaire.

Des arrêtés du Gouverneur, rendus sur la proposition du Gouverneur général, fixent le nombre des commis-greffiers et leur répartition entre les diverses juridictions.

Art. 2. — Les commis-greffiers assermentés sont divisés en trois classes, dont les cadres sont fixés par un arrêté du gouverneur, rendu sur la proposition du Procureur général.

La solde coloniale et la parité d'office afférentes à chaque classe sont déterminées de la manière suivante :

| DÉSIGNATION DES EMPLOIS | TRAITEMENT | DÉSIGNATION DES EMPLOIS DE LA MAGISTRATURE MÉTROPOLITAINE AUXQUELS SONT ASSIMILÉS les commis greffiers de Cochinchine, pour servir de base à la liquidation des pensions de retraite. | | |
|---|---|---|---|---|
| | | EMPLOI | QUOTITÉ du traitement | CLASSE |
| Commis-greffier de 1re classe. | 5,000 | Commis-greffier de première instance | 2,500 | 2e |
| Commis-greffier de 2e classe.. | 4,000 | Commis-greffier de première instance | 2,000 | 3e |
| Commis-greffier de 3e classe.. | 3,500 | Commis-greffier de première instance | 2,000 | 3e |

La solde d'Europe est fixée à la moitié du traitement colonial.

Art. 3. — La discipline des commis-greffiers appartient au Procureur général, chef du service judiciaire, qui prononce contre eux, après les avoir entendus, la réprimande et la suspension.

La rétrogradation de classe et la révocation ne peuvent être prononcées que par le Gouverneur, sur la proposition du procureur général.

Art. — Un arrêté du Gouverneur, rendu sur la proposition du Procureur général, fixera les conditions d'âge et d'aptitude exigées des commis-greffiers, et déterminera les règles d'avancement auxquelles ils seront soumis.

Art. 5. — Les articles 33, paragraphe 3, et 52, du décret du 25 mai 1881, sont abrogés.

JULES GRÉVY.

(5 août 1885)

**DÉP. M.** *prescrivant la promulgation d'un décret, en date du 29 juillet 1885, portant organisation d'un corps de commis-greffiers dans la colonie.*

ARCH. GOUV.

(4 novembre 1885)

**A. G.** *rapportant l'arrêté du 8 octobre 1884 allouant une indemnité journalière de 16 francs à MM. les présidents des assises et fixant ladite indemnité à 5 piastres 60 cent.*

J. C., p. 1294.

Article premier. — Les dispositions de l'arrêté du 8 octobre 1884 sus-visé, sont et demeurent rapportées, à compter du 1er novembre 1885, et remplacées par les suivantes :

Art. 2. — Il est alloué aux membres de la Cour d'appel de Saïgon, chargés d'aller présider les sessions d'assises des Cours criminelles de Bin-hoa, de Mytho, de Bentré, de Vinhlong, de Chaudoc et de Soctrang, indépendamment des frais de transport fournis par l'Administration, une indemnité journalière de séjour de 5 piastres 60 cents, pour frais de déplacement.

Art. 3. — Dans le cas où les moyens de transport n'auraient pas été fournis par l'Administration, les dépenses de voitures et autres seront remboursées sur mémoire.

BÉGIN.

(13 octobre 1885)

**A. G.** *réglementant et fixant le nombre des commis-greffiers titulaires du service judiciaire.*

J. C., p. 1213.

Article premier. — Le nombre des commis-greffiers titulaires du service judiciaire de la Cochinchine est fixé à vingt-quatre.

Art. 2. — Ce nombre est réparti de la manière suivante :

| | | |
|---|---|---|
| Greffe de la Cour d'appel | | 4 |
| Greffe du tribunal de première instance de Saïgon | | 4 |
| Tribunaux de première instance de | Bin-hoa | 3 |
| | Mytho | 3 |
| | Bentré | 3 |
| | Vinhlong | 2 |
| | Chaudoc | 2 |
| | Soctrang | 2 |
| Greffe de la justice de paix de Saïgon | | 1 |
| | Total égal | 24 |

Art. 3. — Les cadres de la hiérarchie des commis-greffiers du service judiciaire sont déterminés ainsi qu'il suit :

| | |
|---|---|
| Commis-greffiers de 1re classe | 6 |
| Commis-greffiers de 2e classe | 6 |
| Commis-greffiers de 3e classe | 12 |
| Total | 24 |

Art. 4. — Le roulement ou la répartition par classe du personnel des commis-greffiers dans les diverses juridictions est fait par le Procureur général, chef du service judiciaire, suivant les besoins du service.

Art. 5. — Nul ne sera admis dans le personnel des commis-greffiers du service judiciaire s'il n'est français ou naturalisé et âgé de vingt et un ans.

Art. 6. — A l'appui de sa demande, le candidat à un emploi de commis-greffier devra joindre les pièces désignées ci-après :

1° Son acte de naissance ;

2° Un relevé de son casier judiciaire ;

3° Un certificat de bonne vie et mœurs ;

4° Un certificat de libération du service militaire, s'il y a lieu.

Art. 7. — Nul ne sera admis dans le personnel des commis-greffiers s'il n'a subi avec succès, devant un magistrat désigné par le Procureur général, chef du service judiciaire, les épreuves d'un examen professionnel.

Art. 8. — Avant d'entrer en fonctions, les commis-greffiers prêteront devant la juridiction près laquelle ils sont attachés, le serment professionnel suivant :

« Je jure et promets de bien et loyalement remplir mes fonctions et d'observer en tout les devoirs qu'elles m'imposent. »

Art. 9. — Les commis-greffiers sont dispensés du versement des droits à percevoir pour leur prestation de serment. Les procès-verbaux dressés à cet effet seront enregistrés gratis.

Art. 10. — L'avancement des commis-greffiers a lieu dans l'ordre des classes. Il est donné au choix. Nul ne pourra être nommé à la classe supérieure s'il ne compte une année au moins de service dans la classe inférieure.

Art. 11. — Le personnel des commis-greffiers du service judiciaire jouira, en ce qui touche les congés, le droit à l'hôpital, les indemnités de route et de séjour, etc., des mêmes avantages accordés aux autres fonctionnaires, employés et agents du service judiciaire et de la Direction de l'intérieur, par les décrets et règlements organiques en vigueur.

Art. 12. — L'assimilation des commis-greffiers, pour le traitement à l'hôpital et le classement à bord des bâtiments de l'État, est fixée conformément au tableau ci-après :

| OFFICIERS GÉNÉRAUX | OFFICIERS SUPÉRIEURS | OFFICIERS SUBALTERNES | ASPIRANTS | MAITRES | MATELOTS |
|---|---|---|---|---|---|
| » | » | » | Commis-greffiers de 1re, de 2e et de 3e classe. | » | » |

Art. 13. — Leur classement pour les indemnités de route et de séjour est fixé conformément au tableau suivant :

| OFFICIERS généraux ET ASSIMILÉS | OFFICIERS supérieurs ET ASSIMILÉS | OFFICIERS inférieurs ET ASSIMILÉS | ASPIRANTS et ASSIMILÉS | AGENTS SUBALTERNES | | |
|---|---|---|---|---|---|---|
| | | | | 1re CATÉGORIE | 2e CATÉGORIE | 3e CATÉGORIE |
| » | » | » | » | Commis-greffiers de 1re, de 2e et de 3e classe. | » | » |

Art. 14. — Les commis-greffiers, chargés d'un intérim de greffier, auront droit, outre des frais de service, à la moitié de la différence existant entre leur solde et celle de l'emploi qu'ils remplissent intérimairement.

Art. 15. — Des commis-greffiers provisoires pourront être nommés, si les besoins du service l'exigent, en remplacement des commis-greffiers titulaires absents par congé ou empêchés, par suite de maladie ou tout autre cause. La solde des commis greffiers provisoires sera fixée par la décision de nomination.

Art. 16. — Les commis-greffiers provisoires pourront être dispensés des conditions d'âge et de capacités exigées des titulaires.

Art. 17. — Les commis-greffiers provisoires seront nommés à titre définitif, au fur et à mesure des vacances, et par rang d'ancienneté. Ils ne sont tenus de justifier de l'examen prescrit par l'article 7 qu'au moment d'être nommés commis-greffiers titulaires.

Art. 18. — Le présent arrêté est applicable au tribunal de première instance de Pnom-Penh (Cambodge).

Art. 19. — Sont et demeurent abrogées les dispositions antérieures contraires à celles édictées par le présent arrêté.

BÉGIN.

(8 septembre 1887)

**A. G.** *déterminant la solde et la hiérarchie des interprètes et des interprètes-expéditionnaires du service judiciaire. (Modification à l'arrêté du 30 janvier 1882.)*

B. C., p. 667.
J. C., p. 897.

L'article 3 de l'arrêté du 30 janvier 1882 est modifié ainsi qu'il suit :

Art. 3. — La solde et la hiérarchie des interprètes et expéditionnaires interprètes sont déterminées ainsi qu'il suit :

| | Francs. |
|---|---|
| 1 Interprète principal de 1^re^ classe | 3.000 |
| 3 Interprètes principaux de 2^e^ classe | 2.600 |
| 6 Interprètes expéditionnaires principaux de 1^re^ classe | 2.400 |
| 8 Interprètes expéditionnaires principaux de 2^e^ classe | 2.100 |
| 13 Interprètes expéditionnaires de 1^re^ classe | 1.800 |
| 18 Interprètes expéditionnaires de 2^e^ classe | 1.500 |
| 9 Interprètes expéditionnaires auxiliaires de 1^re^ classe | 1.200 |
| 10 Interprètes expéditionnaires auxiliaires de 2^e^ classe | 1.000 |
| Élèves expéditionnaires de 1^re^ classe | 800 |
| Élèves expéditionnaires de 2^e^ classe | 600 |

FILIPPINI.

(15 novembre 1887)

**DÉCRET** *fixant le traitement et la parité d'office des magistrats en Cochinchine et au Cambodge.*

(Promulg. A. G. G., 29 octobre 1888)
J. C., p. 923.
B. Col., p. 907.

Article 1^er^. — Le traitement colonial des magistrats de la Cochinchine et du Cambodge est fixé conformément au tableau annexé au présent décret.

Le traitement d'Europe desdits magistrats est fixé à la moitié du traitement colonial, en conformité des dispositions de l'article 1^er^, § 2 du décret du 17 janvier 1863.

Art. 2. — Les magistrats de la Cour d'appel, du tribunal de première instance de Saïgon et de Vinh-Long, de la justice de paix de Saïgon, des justices de paix à compétence étendue, porteront aux audiences ordinaires, aux audiences solennelles et dans les cérémonies publiques, le costume fixé par les décrets des 17 août 1864, 10 novembre 1866, 7 mars 1868, 28 mai 1880, 25 mai 1882 et 9 décembre 1886.

JULES GRÉVY.

## ANNEXE

TABLEAU FIXANT LES TRAITEMENTS ET PARITÉS D'OFFICE DES MAGISTRATS EN COCHINCHINE ET AU CAMBODGE

| DÉSIGNATION DES OFFICES | TRAITEMENT COLONIAL | DÉSIGNATION des offices de la magistrature métropolitaine auxquels sont assimilés les emplois de la magistrature en Cochinchine, pour servir de base à la liquidation de la pension de retraite — OFFICES | QUOTITÉ du traitement |
|---|---|---|---|
| Procureur général | 20,000 | Procureur général | 13,000 |
| Président de la Cour d'appel | 18,000 | Président de chambre à Paris | 13,750 |
| Vice-président de la Cour d'appel | 15,000 | Président de chambre d'une Cour d'appel | 10,000 |
| Conseiller | 12,000 | Conseiller de France | 7,000 |
| Conseiller auditeur | 10,000 | Juge d'un tribunal de 1^re^ classe | 6,000 |
| Avocat général | 15,000 | Avocat-général en France | 8,000 |
| Substitut du procureur général | 12,000 | Conseiller de France | 7,000 |
| Président et procureur de la République à Saïgon | 13,000 | Président et procureur d'un tribunal de 2^e^ classe | 7,000 |
| Président et procureur de la République à Vinh-Long | 12,000 | Président et procureur d'un tribunal de 2^e^ classe | 7,000 |
| Lieutenant de juge à Saïgon | 10,000 | Juge d'instruction d'un tribunal de 2^e^ classe | 5,000 |
| Lieutenant de juge à Vinh-Long | 8,000 | Juge d'instruction d'un tribunal de 2^e^ classe | 5,000 |
| Substitut à Saïgon | 10,000 | Juge d'instruction d'un tribunal de 2^e^ classe | 5,000 |
| Juge suppléant à Saïgon et à Vinh-Long | 6,000 | Juge d'un tribunal de 3^e^ classe | 3,000 |
| Juges de paix à Saïgon, à Mytho et à Pnom-Penh | 10,000 | Président d'un tribunal de 3^e^ classe | 5,000 |
| Juges de paix à Bienhoa, Tayninh, Chaudoc et Soctrang | 9,000 | Président d'un tribunal de 3^e^ classe | 5,000 |
| Suppléants des juges de paix | 6,000 | Juge d'un tribunal de 3^e^ classe | 3,000 |
| Attachés des parquets | 5,000 | Substitut d'un tribunal de 3^e^ classe | 2,700 |
| Greffier de la Cour | 9,000 | Greffier d'une Cour d'appel de France | 4,200 |
| Greffiers des tribunaux de Saïgon et de Vinh-Long | 6,000 | Greffier d'un tribunal de 1^re^ classe | 2,400 |
| Greffier du tribunal de commerce de Saïgon | 3,000 | Greffier d'un tribunal de 2^e^ classe | 1,500 |
| Greffier de justice de paix | 5,000 | Greffier d'un tribunal de 2^e^ classe | 1,500 |
| Commis-greffier de 1^re^ classe | 5,000 | Commis-greffier d'un tribunal de 3^e^ classe | 2,000 |
| Commis-greffier de 2^e^ classe | 4,000 | Commis-greffier d'un tribunal de 3^e^ classe | 2,000 |
| Commis-greffier ordinaire | 3,000(1) | Commis-greffier d'un tribunal de 3^e^ classe | 2,000 |

(1) Porté à 3,500 fr.

(27 juin 1888)

**A. L. G.** *allouant un supplément annuel de 500 piastres payables par douzièmes au greffier du tribunal de 1re instance de Saïgon remplissant les fonctions de greffier du tribunal de commerce.*

J. C., p. 595.

(1er octobre 1888)

**DÉCRET** *déterminant le traitement et la parité d'office du juge président et du Procureur général de la République près le tribunal de première instance de Saïgon. — Rapport M.*

(Promulg. A. G. G., 30 novembre 1888)

J. C., p. 1061.

Article 1er. — Le tableau annexé au décret du 15 novembre 1887, et fixant le traitement colonial du juge président et du procureur de la République près le tribunal de première instance de Saïgon, est rectifié ainsi qu'il suit :

| DÉSIGNATION DES OFFICES | TRAITEMENT COLONIAL | DÉSIGNATION DES OFFICES DE LA MAGISTRATURE MÉTROPOLITAINE auxquels sont assimilés les emplois de la magistrature en Cochinchine, pour servir de base à la liquidation de la pension de retraite | |
|---|---|---|---|
| | | OFFICES | QUOTITÉ du traitement |
| Juge président du tribunal de 1re instance de Saïgon...................... | 12,000 | Président d'un tribunal de 2e classe. | 7,000 |
| Procureur de la République près le tribunal de 1re instance de Saïgon....... | 12,000 | Procureur de la République près d'un tribunal de 2e classe...... | 7,000 |

CARNOT.

(19 octobre 1888)

**A. M.** *Le nombre des attachés au parquet du procureur général, près la Cour de Saïgon, est porté de cinq à huit* (1).

J. C., p. 1078

(7 novembre 1888)

**A. G. G.** *Fixant à soixante-quinze piastres le montant de l'allocation annuelle pour frais de bureau aux représentants du ministère public, près les justices de paix à compétence étendue.*

J. C., p. 950.

Le montant de l'allocation annuelle pour frais de bureau aux représentants du ministère public, près les justices de paix à compétence étendue, est fixé à la somme de soixante-quinze piastres (75 piastres).

Le montant de l'allocation annuelle pour menues dépenses des justices de paix à compétence étendue est fixé à la somme de vingt piastres (20 piastres) pour chaque tribunal.

Le montant de l'allocation annuelle pour frais de services au greffier de chacun des tribunaux est fixé à la somme de cent-vingt piastres (120 piastres).

RICHAUD.

(11 décembre 1888)

**A. G. G.** *portant abrogation des arrêtés des 6 février 1882, 8 octobre 1884 et 4 novembre 1885, relatifs aux allocations accordées aux magistrats appelés à se déplacer, à l'occasion des sessions de Cours criminelles.*

J. C., 1889, p. 149.

Article 1er. — Les dispositions des arrêtés des 6 février 1882, 8 octobre 1884 et 4 novembre 1885 sont et demeurent abrogées.

(1) V. § Ier.

Art. 2. — Il est alloué aux membres de la Cour d'appel et du parquet général de Saïgon appelés à se transporter pour présider les sessions des Cours criminelles ou occuper auprès de ces Cours le siège du ministère public, indépendamment des frais de transport fournis par l'Administration et à titre de frais de déplacement et de séjour :

1° Pour Vinhlong et Mytho, une indemnité de 100 piastres par session ;

2° Pour Hanoï, une indemnité de 200 piastres par session.

RICHAUD.

(17 juin 1889)

**DÉCRET** *fixant le traitement colonial et la parité d'office des magistrats, greffiers et commis-greffiers des tribunaux de la Cochinchine.*

(Promulg. A. G. G., 14 août 1889)

J. C., p. 784.

Article 1er. — Le traitement colonial et la parité d'office des magistrats de la Cour d'appel de Saïgon et des tribunaux de la Cochinchine sont fixés conformément au tableau ci-dessous :

| DÉSIGNATION DES OFFICES | TRAITEMENT COLONIAL | DÉSIGNATION DES OFFICES DE LA MAGISTRATURE MÉTROPOLITAINE auxquels sont assimilés les emplois de la magistrature en Cochinchine, pour servir de base à la liquidation de la pension de retraite — OFFICES | QUOTITÉ de traitement |
|---|---|---|---|
| | francs | | francs |
| Procureur général | 20,000 | Procureur général | 18,000 |
| Président de la Cour d'appel | 18,000 | Président de chambre à Paris | 13,750 |
| Vice-président de la Cour d'appel | 15,000 | Président de chambre d'une Cour d'appel | 10,000 |
| Conseiller | 13,000 | Conseiller de France | 7,000 |
| Avocat général | 15,000 | Avocat général | 8,000 |
| Substitut du Procureur général | 12,000 | Conseiller de France | 7,000 |
| Juge président et procureur de la République à Saïgon | 13,000 | Président et procureur d'un tribunal de 2e classe | 7,000 |
| Lieutenant de juge à Saïgon | 10,000 | Juge d'instruction d'un tribunal de 2e classe | 5,000 |
| Juge président et procureur de la République d'un tribunal de 1re classe (Mytho, Vinhlong) | 12,000 | Président d'un tribunal de 2e classe | 7,000 |
| Juge président et procureur de la République d'un tribunal de 2e classe (Bentré, Bienhoa, Sadec, Chaudoc) | 10,000 | Président d'un tribunal de 3e classe | 5,000 |
| Juge président et procureur de la République d'un tribunal de 3e classe (Cantho, Travinh, Longxuyen, Tanan, Gocong, Soctrang, Tayninh, Baclieu) | 8,000 | Vice-président d'un tribunal de 3e classe | 4,000 |
| Substitut du procureur de la République à Saïgon | 9,000 | Juge d'un tribunal de 2e classe | 4,000 |
| Juge suppléant à Saïgon | 6,000 | Juge d'un tribunal de 3e classe | 3,000 |
| Juge de paix à Saïgon | 10,000 | Président d'un tribunal de 3e classe | 5,000 |
| Greffier de la Cour d'appel de Saïgon | 9,000 | Greffier d'une Cour d'appel | 4,200 |
| Greffier du tribunal de 1re instance de Saïgon et d'un tribunal de 1re classe | 6,000 | Greffier d'un tribunal de 1re classe | 2,400 |
| Greffier d'un tribunal de 2e classe | 5,000 | Greffier d'un tribunal de 1re classe | 2,400 |
| Greffier d'un tribunal de 3e classe | 4,000 | | |
| Greffier du tribunal de commerce de Saïgon | 3,000 | Greffier d'un tribunal de 2e classe | 1,500 |
| Greffier de la justice de paix à Saïgon | 5,000 | | |
| Commis-greffier de 1re classe | 5,000 | | |
| Commis-greffier de 2e classe | 4,000 | Commis-greffier d'un tribunal de 3e classe | 1,200 |
| Commis-greffier ordinaire | 3,000 (1) | | |

Le traitement colonial des attachés au parquet du Procureur général, près la Cour d'appel de Saïgon est de 5.000 francs.

Art. 2. — Le traitement d'Europe des magistrats et des greffiers de la Cour d'appel de Saïgon et des tribunaux de la Cochinchine est fixé à la moitié du traitement colonial, conformément à l'article 1er du décret du 17 janvier 1863.

Art. 3. — Les magistrats et les greffiers de la Cour d'appel de Saïgon et des tri-

(1) Porté à 3,500 fr.

bunaux de la Cochinchine porteront aux audiences ordinaires, aux audiences solennelles et dans les cérémonies publiques, le costume fixé par les décrets des 17 août 1864, 10 novembre 1866, 7 mars 1868, 28 mai 1888, 25 mai 1881 et 9 décembre 1886.

Art. 4. — Sont abrogées toutes dispositions antérieures contraires au présent décret.

CARNOT.

(20 août 1889)

**A. L. G.** *déterminant l'allocation due pour frais de bureau aux procureurs de la République près le siège des tribunaux de l'intérieur, et pour frais de service aux greffiers; — Allocation affectée aux menues dépenses.*

J. C., p. 802.

Article 1er. — Le montant de l'allocation annuelle pour frais de bureau aux procureurs de la République près le siège des tribunaux de l'intérieur, est déterminé ainsi qu'il suit :

| | | |
|---|---|---|
| Frais de bureau aux procureurs de la République des | tribunaux de première classe.... | 60 piastres. |
| | tribunaux de deuxième classe... | 50 piastres. |
| | tribunaux de troisième classe.... | 40 piastres. |

Art. 2. — Le montant de l'allocation annuelle pour frais de service aux greffiers est déterminé ainsi qu'il suit :

| | |
|---|---|
| Frais de service aux greffiers des | tribunaux de première classe: 150 piastres. |
| | tribunaux de deuxième et troisième classe : 120 piastres. |

Le montant de l'allocation affectée aux menues dépenses est fixé à 16 piastres par tribunal.

DANEL.

(11 novembre 1889)

**D. M.** *L'indemnité de route n'est pas due aux fonctionnaires de l'ordre judiciaire toutes les fois que les moyens de transport leurs sont fournis par l'administration ; — L'indemnité de séjour n'est pas due à ces mêmes fonctionnaires quand ils sont déplacés pour exercer des fonctions intérimaires.*

J. C., p. 1158.

## III. — INSTRUCTIONS DIVERSES

| NATURE DES DOCUMENTS | DATES | RECUEILS A CONSULTER | | | | | | | OBSERVATIONS |
|---|---|---|---|---|---|---|---|---|---|
| | | Bat. | B.C. | B.D.I. | J. C. | J. H. | B. M. | B.Col | |
| Circ. M. | 14 mai 1873. | I-317 | | | | | | | |
| Dép. M. | 5 juin 1880. | | | | | | | | |
| Circ. M. | 14 octobre 1880. | | 674 | | | | | | |
| Circ. M. | 21 octobre 1880. | | | | | | | | |
| Circ. G. | 30 mai 1882. | | 244 | | | | | | |
| Circ. M. | 10 janvier 1884. | | | | | | 49 | | |
| Dép. M. | 1er octobre 1884. | | | | | | | | |
| Dép. M. | 27 août 1885. | | | | | | | | |
| Dép. M. | 21 février 1887. | | | | | | | 74 | |
| Circ. M. | 24 octobre 1887. | | | | | | | 833 | |
| Circ. P. G. | 26 novembre 1888. | | | | 1047 | | | | |
| Circ. P. G. | 1er avril 1889. | | | | 378 | | | | |
| Circ. P. G. | 4 octobre 1889. | | | | 946 | | | | |
| Circ. P. G. | 4 octobre 1889. | | | | 946 | | | | |

(14 mai 1873)

**CIRC. M.** *(Justice) Création de notices individuelles destinées à accompagner dans les lieux de détention les individus condamnés à des peines corporelles* (1).

BAT. I, p. 317.

(5 juin 1880)

**DÉP. M.** *Envoi d'instructions au sujet du fonctionnement des Cours criminelles, prescrivant l'envoi de rapports périodiques après chaque session (Modèles).*

ARCH. GOUV.

Mon Département ne reçoit aucun renseignement sur les affaires qui sont jugées par les juridictions du grand criminel en Cochinchine.

Cependant des renseignements peuvent être demandés sur des individus condamnés par les tribunaux criminels de votre colonie et, faute de documents, je me trouve dans l'impossibilité de satisfaire au désir des intéressés avant d'avoir provoqué des recherches dans la colonie, ce qui occasionne un grand retard préjudiciable souvent à des intérêts légitimes.

Afin de prévenir ces inconvénients, à l'avenir, je vous prie de m'adresser des rapports périodiques, après chaque session sur les affaires criminelles jugées à Saïgon.

Je vous transmets à cet effet deux modèles, l'un de statistique des sessions d'assises, l'autre des feuilles individuelles qui devront m'être fournies sur chaque condamné.

Le premier de ces états n'a besoin d'aucun commentaires les indications qu'il contient expliquent suffisamment les mentions qui doivent le compléter.

Le second est destiné à me donner des renseignements sur chaque accusé, sur la marche de la procédure criminelle, sur les motifs qui ont déterminé la condamnation ou l'acquittement et à me faire connaitre enfin si le condamné mérite ou non quelque indulgence.

Ces feuilles individuelles vous seront adressées directement par un rapport général que le Président de la Cour criminelle rédigera à la suite de chaque session et qui fera connaître :

1° La composition de la cour ;

2° La liste des assesseurs ;

3° La manière dont les magistrats et les assesseurs ont rempli leurs fonctions ;

4° La majorité proclamée par les arrêts ;

5° Les affaires renvoyées à une autre session.

Les rapports individuels qui me seront fournis devront être écrits sur du papier de format égal au spécimen que je vous transmets.

Le chef du service judiciaire devra, de son côté, vous faire parvenir à la suite de chaque session un rapport général rédigé au point de vue spécial de l'accusation sur les affaires qui auront été jugées.

Vous voudrez bien me transmettre tous ces documents aussi promptement que possible avec vos propres observations, s'il y a lieu.

De cette manière il me sera facile de surveiller la marche de la justice criminelle de la colonie.

Je vous invite à m'accuser réception des présentes instructions.

JAURÉGUIBERRY.

(14 octobre 1880)

**CIRC. M.** *Qualifications à donner aux employés des parquets coloniaux.*

B. C., p. 674.

J'ai remarqué que les employés des parquets portaient des qualifications qui diffèrent, suivant les colonies. Cette diversité donne naissance à des difficultés, au point de vue de l'assimilation de ces employés, lorsqu'il s'agit de l'allocation des frais de route, du classement à bord des bâtiments de l'État, et même de liquidation des pensions de retraite.

Pour mettre fin à cet inconvénient, j'ai décidé que les qualifications, pour cette catégorie d'employés, seraient désormais identiques dans toutes les colonies et qu'elles seraient conformes au n° 6 du tableau annexé au décret du 21 mai 1880, portant fixation des pensions de retraite du personnel colonial.

La hiérarchie de ce personnel devant être appropriée à l'importance des colonies, le service administratif du parquet général sera dirigé : par un secrétaire général, en Cochinchine ; par des

(1) V. *Prisons*, § 1er.

chefs de bureau, aux Antilles et à la Réunion ; enfin, par des secrétaires-rédacteurs, dans les autres colonies. Les autres agents porteront le nom de secrétaires-rédacteurs et de secrétaires-expéditionnaires. Dans les parquets de première instance, les employés prendront le nom de secrétaires de parquets et de secrétaires expéditionnaires de première instance.

Je vous prie de prescrire les dispositions nécessaires pour que ces prescriptions soient réalisées sans retard ; vous voudrez bien m'adresser une liste du personnel, avec les nouvelles qualifications et la solde allouée à chaque titulaire.

CLOUÉ.

(21 octobre 1880)

**CIRC. M.** *Instructions concernant l'application du décret du 7 septembre 1880 relatif à la tenue, au greffe de chaque tribunal, d'un registre pour l'inscription des liquidations et partages ordonnés par le tribunal.*

ARCH. GOUV.

A diverses reprises, l'attention de mon Département a été appelée sur les lenteurs que subissent les procédures de liquidation et partage, et sur la négligence qu'apportent parfois les avoués et les notaires au règlement de ces affaires.

La chancellerie a procédé à une enquête à cet égard, et les renseignements recueillis ont établi que les liquidations ne sont, en général, terminées qu'après des retards prolongés, préjudiciables aux intérêts des parties. Les magistrats du parquet ne pouvaient, en l'état de législation, exercer une surveillance efficace sur ceux des officiers ministériels et publics qui n'apportaient pas une activité suffisante au règlement définitif des procédures.

J'ai dû reconnaître qu'il y avait lieu de prendre des mesures pour obvier à un état de choses regrettable, et après avoir consulté le Conseil d'État, j'ai soumis à l'approbation du Président de la République un décret qui a été publié à la date du 5 octobre.

Ce décret prescrit la tenue, au greffe de chaque tribunal, d'un registre spécial et l'envoi au parquet de la Cour d'états trimestriels analogues à ceux qui sont dressés pour les ordres et les contributions.

Sur ce registre seront inscrites toutes les liquidations ordonnées par le tribunal, quelle que soit la date de leur ouverture. Tous les trois mois, les procureurs de la République devront vous transmettre un relevé du registre. Afin de rendre le contrôle plus facile, les affaires seront classées par canton, et, dans chaque canton, celles qui sont confiées au même officier public ou ministériel, figureront en regard de son nom, à la suite les unes des autres, jusqu'au jugement définitif.

Le registre et l'état trimestriel seront divisés en colonnes, où devront être mentionnés la nature de la liquidation, le nom des parties, celui de l'avoué poursuivant, la date du jugement ordonnant la liquidation et désignant le notaire, la date de la licitation des immeubles, s'il y a été procédé, celle de la clôture du procès-verbal des opérations du notaire, celle du jugement d'homologation, les décisions ordonnant des modifications au travail des notaires, et enfin la date de l'homologation définitive. Dans une colonne destinée aux observations, on indiquera les causes de retard et les diligences faites par le ministère public, tant auprès des avoués que des notaires, pour amener une prompte solution ou vérifier les motifs de retard allégués. L'exactitude des mentions inscrites aura pour garantie la surveillance des procureurs de la République.

Lorsque l'abandon d'une procédure ou une transaction sera annoncée à vos substituts, ils devront spécialement s'assurer que l'abandon est formel et que la transaction est réalisée. C'est à eux qu'il appartiendra de veiller à ce que les formalités protectrices de la loi soient remplies toutes les fois que des intéressés seront intéressés.

L'envoi trimestriel de relevés qui vous sera fait vous permettra de tenir la main à l'exécution du décret, et je ne saurais trop vous engager à exercer un contrôle sérieux sur cette partie importante de l'administation judiciaire.

Je dois ajouter que les prescriptions du décret publié le 5 octobre n'empêcheront pas, d'ailleurs, les présidents des tribunaux, où le nombre et l'importance des liquidations et des partages le rendront nécessaire, d'organiser une surveillance plus complète et, notamment, de prescrire l'appel trimestriel et même mensuel de ces procédures ; mais elles suffiront, je l'espère, dans la plupart des cas, pour remédier aux abus qui m'ont été signalés.

Vous voudrez bien m'adresser chaque année, dans le courant d'avril, un rapport destiné à me renseigner, le plus exactement possible, sur l'exécution du nouveau décret.

Je vous prie de m'accuser réception de la présente circulaire, dont je vous envoie des exemplaires en nombre suffisant pour les procureurs de la République de votre ressort.

JULES CAZOT.

(30 mai 1882)

**CIRC. G.** *au sujet de l'application des décrets de 1881 sur la séparation des pouvoirs administratifs et judiciaires* (1).

B. C., p. 244.

(10 janvier 1884)

**CIRC. M.** *notification d'un arrêt de la Cour de cassation du 19 novembre 1883 (Incompétence des tribunaux pour connaître des actes de l'autorité maritime).*

B. M., p. 49.

(1er octobre 1884)

**DÉP. M.** *Observations sur les comptes rendus d'assises.*

ARCH. GOUV.

J'ai l'honneur de vous accuser réception des rapports de MM. les procureurs de la République et de MM. les présidents des Cours criminelles sur les affaires jugées par les différentes Cours pendant le deuxième trimestre 1884.

J'ai remarqué que quelques-uns des Présidents de Cour, notamment MM. L..., B... et Ch... ne mentionnaient pas dans leurs rapports l'inspection qu'ils doivent faire des prisons et du greffe.

Je vous prie de vouloir bien rappeler à ces magistrats que ces inspections sont obligatoires et que les résultats doivent en être consignés dans leur rapport d'ensemble sur la session.

J'ai constaté, avec satisfaction que M. Th... L... s'était rendu compte de la marche des diverses branches du service judiciaire, tant au point de vue administratif qu'au point de vue du personnel dans l'arrondissement où il s'est rendu. Il signale à cet égard l'insuffisance notoire du commis greffier P... qui est en outre peu laborieux. Je vous prie de vouloir bien inviter M. le Procureur général à surveiller de près ce fonctionnaire et à ne pas hésiter à user à son égard des pouvoirs disciplinaires qui lui sont conférés par le décret du 25 mai 1881, s'il ne modifie pas son attitude.

Les rapports présentés par MM. les procureurs de la République sont complets à l'exception de ceux de MM. B... et I... qui se bornent à un énoncé sommaire de la qualification de la poursuite au lieu de fournir les détails prescrits par la circulaire du 5 juin 1880.

Enfin, il serait à désirer que M le procureur général joignit à l'appréciation de ses substituts son opinion personnelle sur le fonctionnement de la justice criminelle en général pendant le trimestre écoulé.

En dehors de ces observations, la lecture de ces documents n'a révélé aucun fait de nature à appeler d'une manière spéciale l'attention du Département.

FÉLIX FAURE.

(27 août 1885)

**DÉP. M.** *signalant une circulaire en date du 22 août 1885* (2) *adressée par le ministre de la justice aux procureurs généraux à l'occasion des élections législatives qui doivent avoir lieu prochainement en France. (Attitude de la magistrature.)*

ARCH. GOUV.

(21 février 1887)

**DÉP. M.** *rappelant à l'exécution de l'art. 601 du Code d'instruction criminelle qui prescrit d'adresser régulièrement au Département, pour être remises au service de la sûreté générale, les copies des registres de condamnations prononcées par les tribunaux correctionnels et les Cours d'assises des colonies.*

B. COL., p. 74.

J'ai remarqué que les administrations locales ne se conforment pas toujours aux prescriptions de l'article 601 du Code d'instruction criminelle et ne m'adressent pas régulièrement, pour être remises au service de la sûreté générale, les copies des registres de condamnations prononcées par les tribunaux correctionnels et les Cours d'assises des colonies.

Je vous prie de tenir la main à ce que ces documents me soient envoyés à la fin de chaque trimestre, conformément aux prescriptions de la loi.

A. DE LA PORTE.

(1) V. *Fonctions administratives et judiciaires.*
(2) J. R. F. du 22 août 1885.

(24 octobre 1887)

**CIRC. M.** *Rappel des prescriptions de l'art. 600 du Code d'instruction criminelle qu prescrit de porter sur les états de condamnation, le lieu de naissance et l'âge des condamnés.*

B. COL., p. 833.

M. le ministre de l'Intérieur a remarqué que la plupart des tribunaux des colonies s'abstiennen de faire porter sur les états de condamnation dressés en exécution de l'art. 600 du Code d'instruction criminelle le lieu de naissance et l'âge des condamnés.

Par suite de cette omission, il est impossible à M. le Préfet de police de faire prendre note utilement des condamnations prononcées par ces tribunaux sur les sommiers judiciaires tenus par son administration.

Je vous serai obligé, en conséquence, de vouloir bien inviter les parquets à se conformer strictement à l'avenir aux prescriptions de l'art. 600 du Code d'instruction criminelle, complétées par les circulaires de M. le Garde des sceaux, en date des 3 mai 1883 et 16 mars 1885.

Je profite de cette occasion pour vous faire connaître que les noms des condamnés originaires d'Europe doivent seuls figurer sur ces états et qu'il est, par conséquent, inutile d'y mentionner les noms des indigènes condamnés par les tribunaux d'outre mer.

L'insertion de la présente circulaire au *Bulletin officiel de l'administration des colonies* tiendra lieu de notification.

Eug. Étienne.

(26 novembre 1888)

**CIRC. P. G.** *relative au fonctionnement des justices de paix à compétence étendue.*

J. C., p. 1047.

A la suite de la promulgation des décrets de réorganisation du service judiciaire de Cochinchine, il devient indispensable de régler la marche et le fonctionnement des justices de paix à compétence étendue, installées dans la colonie et de fixer, dans les conditions des décrets, les attributions de chacun des membres qui composent ces tribunaux.

Les modifications apportées dans notre organisation laissent subsister en leur entier les rouages principaux et supérieurs : la Cour d'appel, les cours criminelles conservées, les tribunaux de première instance maintenus restent investis de leurs attributions. Nous n'avons donc pas à nous en occuper.

Placer le juge mieux à la portée des justiciables, assurer la prompte expédition des affaires, diminuer les frais de justice, tel est le but de l'organisation des justices de paix à compétence étendue.

Comment et dans quelles conditions devront fonctionner ces tribunaux pour atteindre ce résultat ?

C'est ce qu'il importe de déterminer, sans se préoccuper des questions de compétence ou autres, très clairement réglées par le texte des décrets auxquels il suffit de se reporter.

Les justices de paix connaissent des affaires civiles et commerciales, des affaires de simple police et des affaires de police correctionnelle, dans les conditions de compétence indiquées par les décrets d'organisation.

Les audiences ordinaires sont au nombre de deux par semaines, conformément aux prescriptions du règlement du 13 octobre 1885 : le jeudi pour les affaires de simple police correctionnelle ; le samedi pour les affaires civiles et commerciales.

Elles s'ouvrent à sept heures du matin.

Les audiences foraines dont il va être parlé ont lieu aux jour et heure fixés dans la décision prise pour en ordonner la tenue.

I. — Affaires civiles et commerciales

Ces affaires pourront être de deux sortes :

*a.* Les affaires entre Européens et assimilés, ou entre Européens et Indigènes, régies par les lois françaises, introduites et jugées suivant les règles de procédure prescrites par le décret de 1864 ;

*b.* Les affaires entre Indigènes ou assimilés, régies par les lois annamites, introduites et jugées suivant les règles de procédure adoptées en matière indigène et réunies notamment en un corps d'instructions dans l'arrêté du 20 novembre 1877.

Pour l'examen de ces affaires, le rôle de juge de paix se trouve clairement indiqué ; il ne peut y avoir de difficultés.

A noter cependant que ce qui sera dit ultérieurement des audiences foraines est applicable aux affaires civiles et commerciales ; et à rappeler d'autre part ma circulaire n° 692, en date du 8 novembre courant, relative à la nécessité pour le juge de connaître la langue annamite et aux avantages qui peuvent résulter pour les magistrats de l'étude de cette langue.

## II. — Affaires criminelles

### 1° *Juges de paix.*

Dans ses fonctions de juge composant le tribunal de paix à compétence étendue, le juge de paix examine, par lui-même ou par son suppléant, les affaires de simple police et les affaires de police correctionnelle qui lui sont soumises et il y statue dans la mesure de sa compétence.

Il tient ses audiences au chef-lieu de la justice de paix ou dans les divers centres de sa circonscription, désignés par le Gouverneur général, dans les conditions de l'article 7, § 2, du décret du 5 juillet 1888.

A ce sujet, les juges de paix devront faire connaître au Chef du service judiciaire les centres de leur circonscription dans lesquels il pourrait y avoir lieu de se transporter pour tenir des audiences foraines et les époques auxquelles ces audiences devraient être tenues.

Les tribunaux de paix sont saisis des affaires de simple police et des affaires correctionnelles par le commissaire de police ou le fonctionnaire investi des fonctions du ministère public, conformément aux dispositions de l'article 11 du décret du 15 novembre 1887.

A la suite de chaque audience, les juges de paix doivent adresser au Parquet général un état donnant le résultat de toutes les affaires sur lesquelles ils ont statué.

Comme chargés de l'instruction, les juges de paix sont saisis par le ministère public de toutes les affaires de nature à donner lieu à une information.

Ils tiennent à ce sujet un registre des instructions sur lequel ils portent mention de tous actes et de toutes mesures jugés utiles. Ils envoient le relevé exact de ce registre au Parquet général par notices de quinzaine.

Les juges de paix peuvent, en outre, recevoir directement les plaintes ou dénonciations qui leur sont adressées.

Ils y donnent suite, s'il y a lieu, et en restent saisis dans ce cas, sauf avis à donner au ministère public par mesure d'ordre et pour concordance à assurer entre les livres des deux cabinets.

S'ils ne croient pas devoir en rester saisis, ils les transmettent au ministère public pour la suite à donner, ou les adressent à qui de droit, mais toujours, dans ce dernier cas, en donnant avis au ministère public.

Lorsque les affaires soumises à une information paraissent en état d'être jugées, les juges de paix les transmettent au ministère public près le tribunal de paix ou au procureur de la République du tribunal du ressort, suivant qu'il s'agit d'une affaire de simple police ou de police correctionnelle, ou d'une affaire de grand criminel.

Dans ce dernier cas, ils doivent joindre un rapport à leur lettre d'envoi, et le procureur de la République du tribunal du ressort conserve le droit, comme au cours de l'instruction, de leur adresser telles réquisitions qu'il croit utiles à la manifestation de la vérité. Les difficultés sur ce point seront soumises au Procureur général, qui appréciera et ordonnera ce que de droit.

Pour les affaires de grand criminel, les dossiers doivent être réglés, avant toute transmission, dans les conditions ordinaires prescrites par celles de nos instructions précédemment adressées aux procureurs de la République et aux juges d'instruction : pièces de forme, pièces de procédure, pièces d'information, et chaque dossier, tant au grand criminel qu'au correctionnel, devra contenir la feuille type de renseignements bien et dûment complétée et le bulletin n° 2 du casier judiciaire concernant chacun des accusés ou prévenus.

Le juge de paix devra, en outre, procéder aux visites mensuelles du greffe et de la prison et surveiller la tenue du casier judiciaire au greffe de son tribunal; il adressera chaque mois au Parquet général les pièces y relatives, ainsi que le relevé des condamnations à interdiction de séjour prononcées par son tribunal.

Enfin, le juge de paix doit, en toute circonstance, aider de ses conseils l'agent désigné pour remplir auprès de lui les fonctions de ministère public et signaler au Procureur général et au procureur de la République du tribunal du ressort, suivant le cas, tous les faits de nature à motiver leur intervention ou à mériter leur attention.

Le juge de paix correspond directement avec le Parquet général.

### 2° *Juge suppléant.*

Le juge suppléant remplace le juge de paix dans l'une ou l'autre de ses fonctions, au cas d'absence ou d'empêchement pour quelque motif que ce soit.

Il peut être plus spécialement chargé des ordres, des contributions, des faillites, des appositions de scellés et des avis de parents.

Il se transporte, à défaut du juge de paix, pour tenir les audiences foraines et peut même, au besoin, être détaché pour une période plus ou moins longue dans tel ou tel centre désigné pour la tenue de ces audiences.

Il peut être chargé par le juge de paix de l'instruction de telle ou telle affaire, ou même du cabinet d'instruction, si les nécessités du service l'exigent.

3° *Greffiers.*

Le greffier organise et dirige son greffe dans les conditions ordinaires.

Il veille aux archives dont il délivre des expéditions.

Il pourvoit par lui-même ou par ses commis greffiers au service des audiences et du cabinet d'instruction.

Il remplit les fonctions de notaire et de commissaire-priseur dans les conditions des lois, décrets, arrêtés et règlements en vigueur dans la colonie.

Il reçoit, dans les conditions déterminées par l'article 27, §§ 2 et 3, du décret du 25 juillet 1864, tous les actes nécessaires à l'instruction des causes civiles et commerciales et à l'exécution des jugements et arrêts qui leur sont déposés, en matière indigène, par les parties désireuses de défendre elles-mêmes leurs intérêts.

Enfin, il est toujours tenu de faciliter l'introduction et la suite des affaires aux Indigènes, afin de leur permettre de se passer du concours d'un mandataire ou d'un défenseur.

Les archives des parquets des anciens tribunaux de Soctrang, Chaudoc, Bentré et Pnom-penh resteront déposées au greffe des justices de paix à compétence étendue et confiées à la garde du greffier, qui en donnera communication à tous intéressés sur l'autorisation du juge de paix ou de son suppléant.

4° *Ministère public.*

Dans l'exercice de leurs fonctions telles qu'elles se trouvent définies dans les articles 5, § 2, du décret du 5 juillet 1888 et 11 du décret du 15 novembre 1887, les agents de l'Administration désignés comme officiers du ministère public près les tribunaux de paix à compétence étendue devront toujours s'entourer des conseils du juge de paix ou de son suppléant, et éviter de prendre les mesures de quelque importance sans en avoir référé au procureur de la République du tribunal du ressort.

Ils devront, en outre, aviser le parquet du tribunal du ressort de tous les crimes commis dans leur circonscription.

Le ministère public reçoit les procès-verbaux, les plaintes et les dénonciations et leur donne la suite qu'ils comportent. Mais *il doit, autant que possible, suivre sur l'enquête des autorités indigènes, évitant ainsi de multiplier les informations*, et il ne peut saisir le juge chargé de l'instruction et procéder au classement d'une affaire sans avis conforme du juge de paix.

Au cas de désaccord avec ce magistrat, il sera tenu de consulter le procureur de la République du tribunal du ressort et de se conformer à son avis.

Toutes les constatations en flagrant délit, tous les transports lorsque, très exceptionnellement, il y a lieu de se transporter, sont faits de préférence par le juge de paix, sans qu'il soit besoin pour ce magistrat de s'adjoindre le ministère public, empêché par ses fonctions administratives.

Le fonctionnaire chargé du ministère public tient un registre d'ordre, un registre pour l'exécution des peines et de la contrainte par corps, un registre des correspondances et un registre des instructions et circulaires.

Il adresse au Parquet général par notices hebdomadaires le relevé exact de son registre d'ordre et par notice mensuelle le relevé exact de son registre d'exécution des peines et de la contrainte par corps.

Le ministère public saisit le tribunal des affaires de simple police et de police correctionnelle qui doivent lui être soumises, et donne à cet effet toutes citations et tous avertissements utiles.

Mais les citations et avertissements ainsi délivrés ne deviennent exécutoires et ne peuvent, par suite, être adressés aux administrateurs pour transmission aux intéressés qu'après avoir été revêtus du visa du juge de paix.

Il lui est recommandé d'agir surtout par simples avertissements sans frais, dont la remise est assurée par les autorités annamites. Il doit, de même, autant que possible, traduire sans citation les contrevenants et les délinquants devant le tribunal, soit qu'il poursuive en flagrant délit, conformément aux dispositions de la loi de 1863, soit qu'il poursuive par simple avertissement sans frais, en ayant soin, dans l'un et l'autre cas, de faire accepter les débats par les inculpés qui ont toujours intérêt à voir leur affaire jugée au plus tôt.

Le ministère public siège aux audiences correctionnelles et de simple police.

Il se pourvoit contre les jugements qui lui paraissent sujets à appel ou à pourvoi en annulation, mais seulement après avoir pris l'avis du procureur de la République du ressort, télégraphiquement au besoin.

Il signale, en outre, au Parquet général tous les jugements qui lui semblent de nature à mériter l'attention du Procureur général.

Enfin, le ministère public assure l'exécution des jugements rendus par le tribunal et veille à cette exécution comme le faisaient précédemment les procureurs de la République des tribunaux supprimés; mais les pièces d'exécution émanées de lui ne deviennent exécutoires et ne doivent, lorsqu'il s'agit d'Indigènes, être transmises aux administrateurs qu'après avoir été revêtues du visa du juge de paix.

Le fonctionnaire chargé du ministère public correspond directement avec le procureur de la République du tribunal du ressort et avec le Procureur général.

Telles sont les règles auxquelles vous aurez à vous conformer.

Je compte sur votre dévouement et sur votre prudence pour en assurer l'application.

Si, par la suite, vous rencontrez des difficultés dans l'accomplissement de la mission qui vous est confiée, vous ne devez pas hésiter à me les signaler, et je m'empresserai de prendre toutes nouvelles mesures de nature à les prévenir.

*Le Chef du service judiciaire de l'Indo-Chine,*
A. BERT.

(1er avril 1889)

**CIRC. P. G.** *rappelant à l'observation des arrêtés en date du 20 avril 1869 et du 5 janvier 1882, ainsi que de la circulaire du 20 novembre 1885.*

J. C., p. 378.

L'inspection des services administratifs et financiers a relevé de graves irrégularités de diverses natures dans le service des greffes de la colonie :

1° Le montant des consignations dues aux déposants est fréquemment employé en achat de timbres mobiles ou à couvrir le greffier d'avances faites pour faire face à une insuffisance ou à un défaut de provision;

2° Les dépôts se rapportant à des procès civils qui ont été définitivement jugés ou à l'égard desquels l'action est prescrite ne sont pas versés au domaine tous les semestres, conformément aux dispositions de l'arrêté du 20 mai 1869. Il en est de même des effets mobiliers, des valeurs et objets d'or et d'argent déposés à titre de pièces à conviction. Plusieurs de ces dépôts remonteraient à trois et quatre ans;

3° Les pièces à conviction ne sont pas conservées et arrangées avec l'ordre et le soin désirables.

Ces pratiques abusives présentent des inconvénients dont la gravité ne vous échappera pas. Elles engagent la responsabilité du greffier, qui peut être constitué en déficit et gênent singulièrement la marche du service.

Il est urgent d'y mettre un terme, et je vous invite à rappeler MM. les greffiers de votre ressort à la stricte observation des arrêtés locaux du 20 avril 1869 et du 5 janvier 1882, ainsi que de ma circulaire du 20 novembre 1885.

Vous devrez personnellement y tenir la main, ainsi que MM. les juges de paix, par des vérifications minutieuses du greffe qui doivent s'étendre à ces différents objets et par un contrôle incessant sur les opérations du greffier. Vous devrez enfin vous assurer que les remises au domaine s'opèrent dans les délais réglementaires, en comparant les états de remise à l'Administration avec le registre des dépôts.

A. BERT.

(4 octobre 1889)

**CIRC. P. G.** *Attributions du président du tribunal et du procureur de la République, en matière d'instruction criminelle.*

J. C., p. 946.

(4 octobre 1889)

**CIRC. P. G.** *Attributions du procureur de la République, au point de vue de l'instruction administrative intérieure du parquet.*

J. C., p. 946.

## IV. — TRIBUNAL DE COMMERCE

| NATURE DES DOCUMENTS | DATES | RECUEILS A CONSULTER | | | | | | | OBSERVATIONS |
|---|---|---|---|---|---|---|---|---|---|
| | | Bat. | B.C. | B.D.I. | J.C. | J.H. | B.M. | B.Col. | |
| Décret. | 25 juillet 1864. | II-140 | 100 | | | | | | |
| A. G. | 2 décembre 1864. | | 162 | | | | | | |
| Décret. | 17 octobre 1870. | | 83 | | | | | | |
| A. G. | 27 février 1871. | | 91 | | | | | | |
| Loi. | 8 avril 1871. | II-764 | 196 | | | | | | |
| A. G. | 9 janvier 1879. | II-764 | 6 | | | | | | |
| Décret | 13 mars 1880. | | 235 | | | | | | |
| Dép. M. | 19 mars 1880. | | | | | | | | |
| D. G. | 20 juillet 1884. | | 280 | | | | | | |

(25 juillet 1864)

**DÉCRET** *organique de la justice en Cochinchine (art. 7 et 8)* (1).

(Promulg. A. G., 24 septembre 1864)

BAT. II, p. 140.

B. C., p. 100.

(2 décembre 1864)

**A. G.** *Le ressort du tribunal de commerce de Saïgon comprendra l'étendue du territoire de la ville* (2).

B. C., p. 162.

(17 octobre 1870)

**DÉCRET** *réglementant l'élection des membres des tribunaux de commerce et des dispositions légales relatives à la revision des listes électorales* (3).

(Promulg. A. G., 22 février 1871

B. C., p. 83.

(27 février 1871)

**A. G.** *Modifiant exceptionnellement, pour la circonscription de Saïgon, les délais et dates fixés par le décret du 17 octobre 1870, pour l'élection des membres du tribunal de commerce* (4).

B. C., p. 91.

(8 avril 1871)

**LOI** *rapportant les arrêtés des 22 et 27 février 1871 annulant les opérations électorales des 21 avril et 7 mai 1871 et nommant cinq membres du tribunal de commerce.*

(Promulg. A. G., 24 juin 1871)

BAT. II, p. 764.

B. C., p. 196.

Article premier. — Le décret rendu à Tours, le 17 octobre 1870, par la délégation du Gouvernement de la défense nationale, relativement à l'élection des membres des tribunaux de commerce, est abrogé. . . . . . . . . . . . . . . . . . . . .

. . . . . . . . . . . . . . . . . . . . . . . . . . . . . . . . . . . . . . . . . . . .

(9 janvier 1879)

**A. G.** *Le tribunal de première instance de Saïgon réunit provisoirement les attributions du tribunal de commerce* (5).

BAT. II, p. 764.

B. C., p. 6.

(13 mars 1880)

**DÉCRET** *portant réorganisation du tribunal de commerce de Saïgon.*

(Promulg. A. G., 5 mai 1880)

B. C., p. 235.

Article premier. — Le tribunal de commerce de Saïgon est composé d'un président, de quatre juges et de trois juges suppléants.

Les membres du tribunal de commerce sont élus pour deux ans. Ils sont indéfiniment rééligibles.

Les jugements rendus par trois juges. Les juges-suppléants ne font partie du tribunal que pour remplacer les membres titulaires absents, malades ou empêchés. Ils peuvent cependant être chargés des faillites, des enquêtes et autres délégations de justice. Les fonctions de juge de commerce sont gratuites. Un greffier est attaché au tribunal de commerce.

(1) V. *infrà*, décret 13 mars 1880.
(2) V. § I, A. G., 15 mars 1867 et 27 novembre 1879.
(3) V. *infrà*, Loi 8 avril 1871.
(4) V. *infrà*, Loi 8 avril 1871.
(5) V. § I.

Art. 2. — Le tribunal de commerce connaît des affaires commerciales des Français ou Européens et assimilés entre eux, ou avec les Indigènes et assimilés.

Son ressort est le même que celui des autres tribunaux français de Cochinchine. Toutefois, en matière de navigation, il s'étend sur tout le cours de la rivière de Saïgon, entre cette ville et la mer, et sur le littoral maritime de la colonie.

Art. 3. — Les membres du tribunal de commerce sont élus par une assemblée d'électeurs comprenant :

1° Les commerçants français ayant leur domicile dans le ressort des tribunaux français, âgés de 21 ans accomplis et patentés par eux-mêmes ou par la société dont ils sont membres responsables depuis un an au moins à l'époque de la clôture électorale ;

2° Les commerçants étrangers justiciables des tribunaux français, âgés de 25 ans accomplis et payant une patente de 1re ou de 2e classe, soit par eux-mêmes, soit par la société dont ils sont membres responsables depuis cinq ans au moins à la clôture de la liste ;

3° Les commerçants indigènes domiciliés dans le ressort des tribunaux français, âgés de 25 ans accomplis, payant une patente de 1re, de 2e ou de 3e classe, par eux-mêmes ou par la société dont ils sont membres responsables depuis trois ans au moins à la clôture de la liste ;

4° Les commerçants asiatiques étrangers, domiciliés dans le ressort des tribunaux français, âgés de 25 ans accomplis et payant une patente de 1re ou de 2e classe, par eux-mêmes ou par la société dont ils sont membres responsables depuis cinq ans au moins à l'époque de la clôture de la liste. La liste de ces électeurs ne devra pas comprendre plus de noms que celle des électeurs citoyens français ;

5° Les représentants d'une compagnie ou maison de commerce remplissant les conditions d'âge et de patente exigées pour la nationalité à laquelle ils appartiennent ;

6° Les capitaines au long cours et les maîtres au cabotage français ayant commandé des bâtiments pendant deux ans et domiciliés depuis un an dans le ressort des tribunaux français.

Art. 4. — Ne pourront être portés sur la liste des électeurs, ni participer à l'élection, s'ils y avaient été portés :

1° Les individus privés de leurs droits civils ou politiques, par suite de condamnations, soit à des peines afflictives et infamantes, soit à des peines infamantes seulement ;

2° Les condamnés pour crimes à des peines correctionnelles, par application de l'article 463 du Code pénal ;

3° Les individus à qui les tribunaux, jugeant correctionnellement, ont interdit le droit de vote et d'élection, par application des lois qui autorisent cette interdiction ;

4° Ceux qui ont été condamnés à trois mois de prison au moins, par application des articles 318, 423, 439 § 2, 443, 444, 445, 446, 447 et 452 du Code pénal, et 596 et 597 du Code de commerce ;

5° Les condamnés pour délits d'usure, pour vol, escroquerie, abus de confiance, soustraction commise par les dépositaires de deniers publics, ou pour attentats aux mœurs, prévus par les articles 330 et 334 du Code pénal, quelle que soit la durée de l'emprisonnement auquel ils auraient été condamnés ;

6° Les individus qui, par application de l'article 8 de la loi du 17 mai 1859 et de l'article 3 du décret du 11 août 1848, auront été condamnés pour outrages à la morale publique et religieuse, et aux bonnes mœurs, et pour attaque contre le principe de la propriété et les droits de la famille ;

7° Les individus condamnés pour contraventions aux lois sur les loteries et les maisons de prêt sur gage, ainsi que ceux qui ont été condamnés pour contraventions aux lois sur les maisons de jeu, mais seulement après la suppression de la ferme des jeux en Cochinchine ;

8° Les officiers ministériels destitués ;

9° Les interdits ;

10° Les faillis non réhabilités.

Art. 5. — La liste des électeurs sera dressée par une commission composée : du président du tribunal de commerce, qui présidera ; d'un juge au même tribunal ; du président et d'un membre de la chambre de commerce et le juge au tribunal de commerce, qui seront élus par le corps auquel ils appartiennent.

Art. 6. — La liste sera établie par la commission sur un état fourni par l'Administration de l'intérieur, et comprenant les personnes résidant dans le ressort des tribunaux français et susceptibles d'être inscrites comme électeurs.

Cette liste sera envoyée au Directeur de l'Intérieur qui la fera publier et afficher pendant quinze jours.

Un exemplaire, signé par le président du tribunal de commerce, sera déposé au greffe de ce tribunal.

Toute personne aura le droit d'en prendre connaissance et de réclamer contre les inscriptions ou les omissions erronées. Les réclamations seront jugées par la commission qui notifiera ses décisions, dans les trois jours, aux parties intéressées. En cas d'appel, l'action sera portée sans frais, dans les trois jours de la notification, devant le juge de paix de Saïgon, lequel statuera toute affaire cessante. La décision du juge de paix est en dernier ressort, mais elle peut être déférée à la Cour de cassation.

Sont applicables les dispositions de l'article 23 du décret organique du 2 février 1852 pour l'élection des députés au Corps législatif.

Des arrêtés du Gouverneur, rendus en Conseil privé, fixeront les époques de formation, de revision des listes électorales, ainsi que celles de leur clôture et de leur publication.

Après la clôture de la liste, la minute reste déposée au greffe du tribunal de commerce ; une expédition conforme sera envoyée au Directeur de l'Intérieur. Communication doit toujours en être donnée à ceux qui la demandent.

La liste électorale sera définitive jusqu'à l'époque de la revision de l'année suivante, et servira, s'il y a lieu, pour toutes les élections de l'année ; sauf, néanmoins les changements qui y auraient été ordonnés par décision du juge de paix, et sauf aussi la radiation des noms des électeurs décédés ou privés de leur droit électoral par jugement ayant force de chose jugée.

Art. 7. — Sont éligibles aux fonctions de juge et de suppléant, sauf les cas d'incapacité et d'incompatibilité prévus par les lois et règlements en vigueur et par l'article 4 du présent décret :

1° Les électeurs français, âgés de 25 ans accomplis et domiciliés au moment de l'élection dans le ressort du tribunal ;

2° Les capitaines au long cours et les maîtres au cabotage remplissant les mêmes conditions d'âge et de nationalité, ayant commandé des navires pendant cinq ans et domiciliés depuis deux ans dans le ressort du tribunal ;

3° Les électeurs indigènes, âgés de 25 ans accomplis, sachant lire, écrire et parler le français, et qui figureront sur une liste spéciale d'éligibilité dressée par la commission chargée d'établir les listes électorales.

Tout membre du tribunal qui, pour une cause survenue postérieurement à sa nomination, se trouve dans un des cas prévus par l'article 4 du présent décret, est déclaré démissionnaire de plein droit.

Art. 8. — L'assemblée des électeurs est convoquée, à Saïgon, par arrêté du Gouverneur pris en Conseil privé.

Toutefois, l'arrêté du Gouverneur pourra établir autant de sections de vote que le rend nécessaire le nombre des électeurs ; l'arrêté pourra fixer le siège de ces sections hors du chef-lieu.

L'intervalle entre la promulgation de l'arrêté et l'ouverture du scrutin est de vingt jours francs.

Art. 9. — L'assemblée des électeurs doit être réunie, autant que possible, un dimanche ou un jour férié. Le scrutin ne durera qu'un seul jour. Il sera ouvert de sept heures à onze heures du matin et de deux à cinq heures du soir.

Art. 10. — L'assemblée des électeurs est présidée par le maire ou son délégué, assisté de quatre assesseurs, qui seront les deux plus jeunes et les deux plus âgés des électeurs présents, sachant lire et écrire en français.

Le bureau, ainsi composé, nomme, s'il le juge convenable, un secrétaire qui n'a que voix consultative. Trois membres du bureau au moins doivent être présents pendant tout le cours de l'élection. Le bureau prononce provisoirement sur les difficultés qui s'élèvent touchant les opérations électorales : ces décisions sont motivées. Toutes les réclamations et décisions sont inscrites au procès-verbal. Les pièces ou bulletins de vote qui s'y rapportent y sont annexés après avoir été parafés par le bureau.

Art. 11. — Le président a seul la police dans l'assemblée. Les bulletins de vote écrits ou imprimés en français sont seuls valables. L'élection sera faite au scrutin de liste pour les trois jurés et les trois suppléants.

Art. 12. — Nul ne sera élu au premier tour de scrutin s'il n'a réuni la majorité absolue des suffrages exprimés et un nombre de suffrages égal au quart des électeurs inscrits. Au deuxième tour de scrutin, qui aura lieu huit jours après, la majorité relative suffit.

Art. 13. — Immédiatement après le dépouillement, le président de l'assemblée proclame le résultat du scrutin. Le procès-verbal est dressé en triple original, signé par le président, les membres du bureau et le secrétaire ; le président en transmet immédiatement un exemplaire au Directeur de l'Intérieur, au Procureur général, et un troisième sera déposé au greffe du tribunal.

Tout électeur pourra, dans les cinq jours après l'élection, attaquer les opérations devant la Cour d'appel. Le Procureur général aura le même droit dans le délai de dix jours de la réception du procès-verbal. Les réclamations seront communiquées à ceux dont l'élection est attaquée. Ils auront le droit d'intervenir dans le délai de cinq jours de la communication. Les réclamations seront jugées sommairement et sans frais, dans la quinzaine, par la Cour d'appel. L'opposition ne sera pas admise contre l'arrêt rendu par défaut, qui devra être signifié.

Art 14. — En cas de vacance par décès, démission ou pour tout autre motif, l'assemblée des électeurs est convoquée dans le délai d'un mois.

Art. 15. — Dans les huit jours qui suivront la prestation de serment et la réception des membres du tribunal de commerce par la Cour d'appel en audience publique, les juges titulaires éliront le président à la majorité absolue des suffrages et au scrutin secret.

Si les deux premiers tours de scrutin n'ont pas donné de résultat, il est procédé à un scrutin de ballottage entre les deux candidats qui ont obtenu le plus de voix. En cas d'égalité de suffrages, le plus âgé est nommé.

Art. 16. — Sont abrogés l'article 7 du décret du 25 juillet 1864 et toute disposition contraire au présent décret.

Sont applicables les dispositions du titre IV du décret organique du 2 février 1852 pour l'élection des députés au Corps législatif et celles de la section III de la loi du 5 mai 1855 sur l'organisation municipale, en ce qu'elles ne sont pas contraires au présent décret.

Art. 17. — Pour la première élection, les membres du tribunal de commerce désignés pour faire partie de la commission indiquée en l'article 3 du présent décret sont remplacés par des personnes désignées par le Gouverneur. La liste électorale arrêtée par la commission sera signée du maire de Saïgon et déposée au greffe de la mairie. Les membres du tribunal de commerce nommés dans la première élection resteront en fonctions jusqu'au 31 décembre 1881.

JULES GRÉVY.

(19 mars 1880)

**DÉP. M.** *portant envoi du décret du 13 mars réorganisant le tribunal de commerce de Saïgon.*

ARCH. GOUV.

J'ai l'honneur de vous adresser, ci-joint, l'ampliation d'un décret du 13 de ce mois portant réorganisation du tribunal de commerce de Saïgon. Je vous prie de faire promulguer cet acte dans la colonie.

Vous remarquerez que suivant votre proposition le décret consacre le principe de l'élection, il m'a paru, en effet, nécessaire d'introduire, sous ce rapport, le système adopté en France de faire désigner les magistrats spéciaux de commerce par les suffrages de leurs concitoyens. Sans doute, dans la métropole, l'électorat et l'éligibilité sont un privilège de la nationalité, mais dans notre colonie de Cochinchine le nombre des étrangers est assez important pour qu'il soit nécessaire d'en tenir compte. D'un autre côté, il convient de les attirer et de les fixer dans notre possession ; toutes ces causes m'ont conduit à admettre, comme vous l'avez demandé, des exceptions à la règle métropolitaine ; mais ces exceptions ne doivent être consacrées qu'avec précaution, car la concession de droits spéciaux aux étrangers ne doit pas devenir un motif d'embarras, ni porter atteinte à la prépondérance légitime de l'élément national. C'est sous l'empire de cette pensée qu'ont été rédigés les articles 3 et 7 du décret.

Tous les commerçants français patentés depuis une année sont déclarés électeurs et éligibles; la durée d'inscription à la patente est courte, mais on comprend qu'il est difficile d'exiger un long séjour dans un pays où les Européens ne se fixent pas en général pendant une période de temps prolongée. Aux commerçants français sont assimilés les commerçants indigènes. Ces derniers sont incontestablement sujets français ; ils ne peuvent cependant pas être considérés comme appelés à jouir des mêmes droits civiques et politiques que nos nationaux. Aussi le décret n'admet à l'électorat que ceux qui sont compris depuis trois ans dans l'une des trois premières classes de patentes. Contrairement à notre proposition le décret les admet au nombre des éligibles, mais sous la réserve qu'ils jouiront du droit d'électeur depuis cinq années et qu'ils sauront lire, écrire et parler le français. Ces conditions qui écartent aujourd'hui de l'éligibilité le plus grand nombre des commerçants annamites, serviront de stimulant pour ceux qui voudront sérieusement s'adonner au commerce ou à l'industrie, et qui feront des efforts soutenus pour s'instruire et recevoir les bienfaits de notre civilisation.

Le décret divise les étrangers en deux classes ; les étrangers et les asiatiques dont le plus grand nombre sont chinois.

Les uns et les autres sont électeurs à condition de payer depuis 5 années une patente de 1re où 2e classe. Ni les uns ni les autres ne sont éligibles.

Pour les étrangers européens la durée du stage commercial et la classe de la patente à laquelle ils sont assujettis, constitue une garantie suffisante; leur nombre d'ailleurs ne sera pas vraisemblablement assez élevé pour faire échec aux électeurs français.

Quant aux chinois, qui forment en Cochinchine la grande majorité des étrangers asiatiques, bien qu'ils ne créent en général que des établissements temporaires ils sont maîtres par leurs associations de la partie la plus considérable du commerce de la colonie. Il est donc à craindre que par leur nombre et par leur ressources ils n'arrivent à conquérir une influence trop prépondérante, et ne composent le tribunal consulaire de commerçants placés dans leur dépendance.

C'est pour prévenir ce danger que le décret a décidé que le nombre des électeurs chinois ne devra jamais être supérieur à celui des électeurs français.

Quant au mode de procédure, la plus grande partie des dispositions du décret est empruntée au Code de commerce et à la loi des 21-29 décembre 1871, sauf les modifications essentielles nécessitées par la situation particulière de la Cochinchine.

Je vous prie de pourvoir le plus promptement possible à la formation des listes électorales.

Vous voudrez bien me rendre compte des mesures que vous aurez prescrites pour les élections consulaires et l'installation du tribunal de commerce.

Je me plais à croire que le fonctionnement de cette nouvelle juridiction donnera au commerce de la Cochinchine toute la satisfaction désirable pour ses intérêts.

(20 juillet 1864)

**D. G.** *nommant une commission chargée de l'échec du vœu relatif à la création d'un tribunal de commerce de Saïgon.*

B. C., p. 280.

## SERVICE MARINE (ÉTABLISSEMENTS DÉPENDANT DU)

| NATURE DES DOCUMENTS | DATES | RECUEILS A CONSULTER Bat. | B.C. | B.D.I. | J. C. | J. O. | B. M. | B.Col. | OBSERVATIONS |
|---|---|---|---|---|---|---|---|---|---|
| Décret | 2 mai 1857. | | | | | | 401 | | |
| Dép. M. | 31 octobre 1881. | | | | | | | | |
| Dép. M. | 2 novembre 1881. | | | | | | | | |
| D. G. | 30 décembre 1881. | | 543 | | | | | | |

(2 mai 1859)

**DÉCRET** *concernant l'organisation et le service des établissements de la marine situés hors des ports.*

B. M., p. 401.

(31 octobre 1881)

**D. M.** *modifiant la composition de la division navale de la Cochinchine et les établissements dépendant du service marine dans la colonie.*

ARCH. GOUV.

Les établissements entretenus en Cochinchine par le Département de la marine comprendront :

1° L'arsenal maritime proprement dit, sous l'autorité de l'ingénieur de la marine, directeur des travaux ;

2° La direction d'artillerie et du génie, sous les ordres du directeur de l'artillerie.

Quant aux ateliers du Tilsitt, ils disparaîtront ultérieurement avec le Tilsitt lui-même.

Cette organisation réduite aux deux établissements précités, devra satisfaire à tous les besoins du service « marine » et à ceux de la colonie.

L'administration de ces deux établissements sera dirigée respectivement par l'ingénieur de la marine et le directeur de l'artillerie, avec le concours des employés que le Gouverneur de la Cochinchine mettra à leur disposition.

Comme le directeur de l'artillerie, l'ingénieur de la marine relèvera de l'administration supérieure de la colonie, c'est-à-dire du Gouverneur et du chef du service administratif. Par suite, l'arsenal de Saïgon, tout en formant un service distinct, sera placé, au point de vue de l'administration, sous la surveillance et le contrôle du chef du service administratif.

Le commerce local présentant des ressources suffisantes pour que le chargement et le déchargement des navires puissent être effectués à l'entreprise, la direction du port militaire sera supprimée.

La mise au bassin des bâtiments et l'entretien des corps-morts seront confiés à l'arsenal, et l'amarrage des navires de l'État sera effectué par les pilotes.

La direction du port militaire possède huit embarcations à vapeur, dont une détachée au Tonkin.

Les différentes mesures énumérées ci-dessus seront mises à exécution le plus promptement possible et, si faire se peut, dès le 1er janvier 1882.

A partir de cette époque, le chef de division cessera d'exercer les fonctions de commandant de la marine à Saïgon (1) et n'aura point à intervenir dans les opérations du service à terre.

Quant aux dispositions concernant la division navale, elles ne pourront être appliquées qu'après que l'aviso « le *Pluvier* » actuellement à Cherbourg aura rallié Saïgon.

A ce moment, le capitaine de vaisseau, chef de division, mettra son guidon sur le *Pluvier* ; cet officier supérieur pourra ainsi se rendre dans tous les parages dont la surveillance lui est confiée.

L'effectif propre du Tilsitt sera dès lors supprimé, et la division navale comprendra les bâtiments dont le détail suit :

A SAÏGON

2 avisos de flotille à roues (type antilope) dont un portant le guidon du chef de division
1 transport aviso (type Drac)
3 canonnières (petites)

A TOURANE

1 aviso (type Parseval)
1 canonnière (type Léopard)

AU TONKIN

1 éclaireur d'escadre (type Hamelin)
1 canonnière (surprise ou fanfare)
2 petites canonnières (massue et carabine)
3 bateaux de rivière (au moins)

L'état-major du *Pluvier* comprendra un sous-commissaire qui remplira les fonctions de sous-commissaire de la division navale.

A partir du moment où le Tilsitt n'aura plus d'effectif propre, les hommes non compris dans cet effectif, tels que marins détachés, passagers, etc..., qui figurent actuellement sur le rôle de ce vaisseau, compteront sur le *Pluvier*.

(1) Fonctions rétablies par décret du 6 juin 1884 (v. commandant de la marine.)

M. le capitaine de vaisseau, chef de division, sera d'ailleurs invité en temps utile à adresser au Département les propositions nécessaires pour l'administration de ce personnel.

G. Cloué.

(2 novembre 1881)

**DÉP. M.** *notification de la décision ministérielle du 31 octobre 1881 modifiant la composition de la division navale de la Cochinchine et les établissements du service marine dans la colonie. — Décision.*

ARCH. GOUV.

J'ai l'honneur de vous envoyer ci-joint une ampliation de la décision ministérielle du 31 octobre dernier modifiant la composition de la division navale de la Cochinchine et les établissements dépendant du service marine dans la colonie.

Je vous adresserai d'ailleurs, s'il y a lieu, sous le timbre des différents services, telles instructions de détail que je jugerai nécessaires pour assurer l'exécution des dispositions nouvelles.

Au surplus, je recevrai avec intérêt les propositions que vous m'adresserez à ce sujet, le cas échéant, sous le timbre des directions compétentes.

Je fais, par le même courrier, une communication semblable à M. le capitaine de vaisseau commandant la division navale de la Cochinchine.

G. Cloué.

(30 décembre 1881)

**D. G.** *mettant l'arsenal sous l'autorité de l'ingénieur de la marine, directeur des travaux, supprimant la direction des mouvements du port de guerre, portant remise du parc à charbon à l'administration coloniale et déterminant la part d'attribution dévolue au service administratif.*

B. C., p. 543.

Article premier. — A compter du 1er janvier 1882, l'arsenal passe sous l'autorité de l'ingénieur de la marine, directeur des travaux ; ce directeur conservera sous ses ordres le personnel d'agents administratifs, de comptables des matières et d'employés ou d'agents de formation locale qui lui seront nécessaires pour assurer les divers services de l'arsenal.

Art. 2. — Aussitôt après le déchargement du transport attendu de France, la direction des mouvements du port sera supprimée. Le lieutenant de vaisseau directeur de ce service fera remise à l'arsenal de tout le matériel naval : chaloupes, chalands, ancres, chaînes, apparaux, etc., ainsi que des citernes servant à l'approvisionnement des bâtiments de l'État.

Art. 3. — Sauf en ce qui concerne le service du chargement et du déchargement des navires de l'État ou des bâtiments du commerce frétés par l'État, tant au matériel qu'au personnel, service qui passe dans les attributions de l'Administration coloniale, l'arsenal sera chargé de tous les autres services précédemment confiés à la direction des mouvements du port : mise au bassin, amarrage, mâtage et démâtage, lestage et délestage des bâtiments de l'État, entretien des corps-morts, service des citernes, garde des bâtiments désarmés, surveillance et entretien des pompes à incendie.

Art. 4. — Aussitôt que les magasins de la direction des mouvements du port seront vides, remise en sera faite au chef du service administratif, ainsi que de l'outillage nécessaire pour les bagages des passagers des transports.

L'Administration coloniale aura à passer des marchés de gré à gré pour assurer le service des passagers et du matériel à embarquer sur le transport du 16 janvier 1882, de manière que, sous aucun prétexte, les Européens ne soient employés à des travaux de force.

Art. 5. — Le service des parcs à charbon de terre et celui du bois pour l'allumage, passant à compter du 1er janvier 1882 sous la direction de l'Administration coloniale, il sera opéré un recensement du charbon et du bois dans les divers dépôts de Cochinchine relevant actuellement de l'arsenal et de la marine. Le parc à charbon de Saïgon et l'appontement destiné au déchargement des navires charbonniers, ainsi que les rails et le matériel qui appartiennent à ce service, seront remis en bon état, par l'arsenal, à l'Administration coloniale qui en prendra charge.

Art. 6. — L'arsenal conservera dans ses magasins tous les objets de matériel, d'approvisionnement, de rechange et de consommation destinés à ses propres besoins, ainsi qu'à ceux des bâtiments de la division navale. Il aura à s'approvisionner de manière à satisfaire à toutes les demandes directes qui lui seront faites par ces bâtiments.

Art. 7. — Un arrêté réglant les nouvelles attributions de l'ingénieur de la marine directeur de l'arsenal, et le mode de contrôle et de surveillance du chef du service administratif sur cet établissement, sera soumis, à aussi bref délai que possible, à mon approbation en Conseil privé, pour être provisoirement rendu exécutoire en attendant l'approbation ministérielle

LE MYRE DE VILERS.

## SERVICE RÉGIONAL

I. ORGANISATION. — II. RÈGLEMENTATION, COMPTABILITÉ, BUDGET

### I. — ORGANISATION

| NATURE DES DOCUMENTS | DATES | RECUEILS A CONSULTER | | | | | | | OBSERVATIONS |
|---|---|---|---|---|---|---|---|---|---|
| | | Bat. | B.C. | B.D.I. | J. C. | J. H. | B. M. | B.Col. | |
| A. G. | 12 mai 1882. | | 218 | | | | | | |
| A. G. | 4 mars 1884. | | | 8 | | | | | |
| A. G. | 16 janvier 1886. | | 13 | | 102 | | | | |
| Rapport M. | 5 mars 1889. | | 327 | | | | | | |
| Décret. | 5 mars 1889. | | 327 | 426 | | | | | |

(12 mai 1882)

**A. G.** *organique des conseils d'arrondissement, — attributions. — des budgets et comptes de l'arrondissement.*

B. C., p. 218.

## TITRE PREMIER. — DISPOSITIONS GÉNÉRALES

Article premier. — Il y a dans chaque arrondissement un conseil d'arrondissement.

Art. 2. — L'administrateur est le représentant du pouvoir exécutif dans l'arrondissement. Il est chargé de l'instruction préalable des affaires qui intéressent l'arrondissement, ainsi que de l'exécution des décisions du conseil dans les limites prévues au présent arrêté.

## TITRE II. — DE LA FORMATION DES CONSEILS D'ARRONDISSEMENT

Art. 3. — Chaque canton de l'arrondissement élit un membre du conseil.

Dans les arrondissements qui comptent moins de dix cantons et plus de cinq, les cantons les plus populeux éliront deux conseillers au scrutin de liste, de manière que le nombre des membres du conseil ne soit pas inférieur à dix.

Dans les arrondissements de moins de cinq cantons, les cantons les plus populeux éliront trois conseillers au scrutin de liste.

Art 4. — Un arrêté du Gouverneur, pris en Conseil privé, déterminera les cantons où une élection double et triple devra être faite.

Art. 5. — L'élection est faite au chef-lieu de canton par les notables en exercice de chaque commune, sur des listes dressées par les administrateurs.

Art. 6. — Sont éligibles tous les inscrits habitant le canton, n'ayant subi aucune condamnation à une peine criminelle, ou bien à une peine correctionnelle pour rébellion, piraterie ou vol.

Art. 7. — Ne peuvent être élus membres du conseil, les fonctionnaires recevant un traitement sur les budgets de l'État, de la colonie ou de l'arrondissement.

Art. 8. — Nul ne peut être membre de plusieurs conseils d'arrondissement ou à la fois du conseil d'arrondissement et du conseil colonial.

Art. 9. — Les collèges électoraux sont convoqués par le pouvoir exécutif.

Il doit y avoir un délai de 20 jours au moins entre la date de l'arrêté de convocation et la date de l'élection.

Art. 10. — Le scrutin est ouvert à 8 heures du matin et clos le même jour à 4 heures du soir. Le bureau est présidé par le chef ou sous-chef de canton, assisté de quatre notables.

Le dépouillement a lieu immédiatement et le résultat du vote est proclamé.

Lorsqu'un second tour de scrutin est nécessaire, il y sera procédé de droit, huit jours après, sans autre convocation.

Art. 11. — Nul n'est élu membre du conseil d'arrondissement au premier tour de scrutin, s'il n'a réuni :

1° La majorité du nombre des suffrages exprimés ;

2° Un nombre de suffrages égal au quart de celui des notables.

Au second tour, l'élection a lieu à la majorité relative, quel que soit le nombre des votants. Si plusieurs candidats obtiennent le même nombre de suffrages, l'élection est acquise au plus âgé.

Art. 12. — Les élections peuvent être arguées de nullité par les électeurs du canton ; les réclamations doivent être déposées dans les cinq jours de l'élection au chef-lieu de l'arrondissement, si elles ne sont inscrites au procès-verbal.

Le Conseil privé au contentieux juge en premier et dernier ressort.

Art. 13. — Les conseillers d'arrondissement sont nommés pour trois années ;

leurs pouvoirs prendront fin avec la promulgation du décret organique prévu à l'article 38.

Art. 14. — En cas de vacance par mort, démission ou toute autre cause, les électeurs devront être réunis dans le délai de trois mois.

Art. 15. — L'administrateur fait de droit partie du conseil d'arrondissement; il en a la présidence.

Art. 16. — Le gouverneur pourra nommer un ou deux conseillers européens pris parmi les résidents de l'arrondissement.

## TITRE III. — Des sessions des conseils d'arrondissement

Art. 17. — Les conseils d'arrondissement ont chaque année deux sessions ordinaires, la première en janvier, la seconde en juillet.

La durée des sessions est de huit jours.

Art. 18. — Les conseils d'arrondissement peuvent être réunis extraordinairement et la durée de leur session prolongée par arrêté du Gouverneur pris en Conseil privé.

Les séances ne sont pas publiques.

Art. 19. — Le conseil d'arrondissement ne peut délibérer si la moitié plus un des membres dont il doit être composé n'est présente.

Les votes sont recueillis au scrutin secret toutes les fois que quatre membres le demandent. Le résultat des scrutins publics, énonçant les noms des votants, est reproduit au procès-verbal.

Art. 20. — Les procès-verbaux des séances seront rédigés en quoc ngu et en français. Un secrétaire européen et un secrétaire annamite, pris en dehors du conseil, seront chargés de ce soin. Les procès-verbaux seront arrêtés au commencement de chaque séance, et signés par le président et les secrétaires. Ils contiennent les rapports, les noms des membres qui ont pris part à la discussion et l'analyse de leurs opinions.

## TITRE IV. — Des attributions des conseils d'arrondissement

Art. 21. — Le conseil d'arrondissement n'a que voix délibérative, mais aucune décision touchant les intérêts propres de l'arrondissement ne peut être prise sans qu'elle ait été votée par le conseil.

Toutes les délibérations sont soumises à l'approbation du Gouverneur, en Conseil privé.

Art. 22. — Le conseil donne son avis sur le classement des voies coloniales, sur les changements proposés à la circonscription du territoire de l'arrondissement, du canton et de la commune; sur le classement par catégorie des villages pour la taxe des rizières, sur toutes les questions relatives à l'assiette de l'impôt.

Art. 23. — Tous vœux politiques sont interdits. Néanmoins le conseil peut émettre des vœux sur toutes les questions économiques et d'administration générale.

Art. 24. — Les chefs de service des administrations publiques dans l'arrondissement devront fournir les renseignements qui leur seront réclamés par le conseil, sur les questions intéressant l'arrondissement.

Art. 25. — L'administrateur accepte ou refuse, avec l'autorisation du Gouverneur en Conseil privé, et en vertu de la délibération du conseil d'arrondissement, les dons et legs faits à l'arrondissement, quand il n'y a pas de réclamation des familles. Il peut toujours, avec l'autorisation du Gouverneur, accepter à titre conservatoire, les dons et legs.

Art. 26. — L'administrateur intente les actions et défend toute action intentée contre l'arrondissement, et avec l'autorisation du Gouverneur en Conseil privé, et en vertu des délibérations du conseil. Il fait tous actes conservatoires et interruptifs de déchéance. Suivant les délibérations du conseil, il passe les contrats au nom de l'arrondissement.

Art. 27. — Aucune action judiciaire, autre que les actions possessoires ne peut, à peine de nullité, être intentée contre un arrondissement qu'autant que le demandeur a préalablement adressé à l'administrateur un mémoire exposant l'objet et les motifs de sa réclamation. Il lui en est donné récépissé. L'action ne peut être portée devant les tribunaux que deux mois après la date du récépissé, sans préjudice des actes conservatoires. La remise du mémoire interrompt la prescription si elle est suivie d'une demande en justice dans le délai de trois mois.

Art. 23. — Au commencement de chaque session, l'administrateur présente un rapport sur les affaires qui doivent être soumises au conseil pendant la session : ce rapport est écrit en français ou en quoc-ngu.

## TITRE V. — Budgets et comptes de l'arrondissement

Art. 29. — Le projet de budget de l'arrondissement, rédigé en quoc-ngu et en français, est préparé par l'administrateur. Le budget, délibéré par le conseil d'arrondissement, est définitivement arrêté par le Gouverneur en Conseil privé.

Art. 30. — Les recettes du budget se composent :

1° Du produit des centimes additionnels, dont le nombre est fixé annuellement par le Gouverneur, sur le vote du Conseil colonial ;

2° Du produit du rachat des prestations ;

3° Du revenu et du produit des propriétés d'arrondissement ;

4° Du produit des droits de péage des bacs et passages d'eau sur les chemins à la charge de l'arrondissement, de tous autres droits concédés à l'arrondissement par les arrêtés ;

5° De la part allouée à l'arrondissement, à titre de subvention, sur les fonds généraux de la colonie ;

6° Du montant de la subvention des villages aux gardes du train supprimés;

7° Des contingents de la colonie pour le service de la poste, de l'instruction publique;

8° Du contingent des communes et autres ressources éventuelles pour le service vicinal et pour les chemins de fer d'intérêt local ;

9° Du produit des emprunts ;

10° Des dons et legs ;

11° Du produit des biens aliénés ;

12° De toutes autres recettes accidentelles.

Art. 31. — Les dépenses du budget sont les suivantes :

1° Construction et entretien des petits canaux et des chemins vicinaux de grande communication. Paiement du personnel affecté à ce service ;

2° Construction et entretien des écoles du canton. Fournitures classiques. Paiement du personnel ;

3° Service de facteurs pour le transport des lettres à domicile, et *vice versâ*. Bureau de réception et de distribution au chef-lieu d'arrondissement. Plantons des chefs de canton;

4° Paiement du personnel affecté à la caisse et à la comptabilité de l'arrondissement

5° Entretien des propriétés et immeubles appartenant à l'arrondissement ;

6° Dépenses d'utilité publique spéciale à l'arrondissement.

Art. 32. — Si le Conseil omet d'inscrire au budget des crédits suffisants pour l'acquittement des dépenses obligatoires, il y sera pourvu par le Gouverneur en Conseil privé.

Art. 33. — Les fonds qui n'auront pas reçu leur emploi dans le cours de l'exercice seront reportés, après clôture, sur l'exercice en cours d'exécution, avec l'affectation qu'ils avaient précédemment au budget. Les fonds libres, provenant d'une recette quelconque, seront cumulés, suivant la nature de leur origine, avec les ressources de l'exercice en cours, pour recevoir l'affectation nouvelle qui pourra leur être donnée par le Conseil à sa prochaine session. Le Conseil peut porter au budget un crédit pour dépenses imprévues. Tout virement de fonds est interdit, à moins d'une autorisation spéciale du Gouverneur.

Art. 34. — Un caissier comptable est chargé du recouvrement des ressources de toute nature et du paiement des dépenses. Il se conforme à tous les règlements de comptabilité publique sur la matière. Les rôles et états de produits sont établis par l'administrateur, approuvés par le Gouverneur et remis au comptable.

Art. 35. — Le comptable ne peut payer que sur mandats délivrés par l'administrateur, dans la limite des crédits ouverts au budget de l'arrondissement.

Art. 36. — La comptabilité et la caisse seront vérifiées par le Directeur de l'Intérieur, quand il le jugera convenable, ou par son délégué.

Art. 37. — Les comptes d'arrondissement, concernant les recettes et les dépenses de l'arrondissement, sont présentés chaque année, en clôture d'exercice, au Conseil colonial qui les entend et les débat. Ces comptes sont définitivement arrêtés par le Conseil colonial, et réglés par arrêté du Gouverneur en Conseil privé.

Art. 38 — Le présent arrêté devra être transformé en décret dans une période maxima de trois années.

Le Myre de Vilers.

(4 mars 1884)

A. G. *fixant l'indemnité de déplacement à accorder sur le budget régional aux conseillers d'arrondissement résidant à une distance du chef-lieu supérieure à 5 kilomètres.*

B. D. I, p. 8.

Article premier. — Une *indemnité de déplacement* de *une piastre* par jour de session sera accordée, sur le budget régional, à tout conseiller d'arrondissement résidant à une distance du chef-lieu supérieure à *cinq* kilomètres.

Charles Thomson.

(16 janvier 1886)

A. G *prorogeant jusqu'à nouvel ordre les pouvoirs des conseillers d'arrondissement.*

B. C., p. 13.
J. C., p. 102.

Article premier. — Les pouvoirs des conseillers d'arrondissement, élus en vertu de l'arrêté du 12 mai 1882, sont prorogés jusqu'à l'arrivée dans la colonie du décret organique des conseils d'arrondissement.

Bégin.

(5 mars 1889)

**RAPPORT**. M. *précédant le décret du 5 mars 1889 portant organisation des conseils d'arrondissement.*

B. C., p. 327.

(5 mars 1889)

**DÉCRET** *portant organisation des conseils d'arrondissement.*

(Promulg. A. G. G., 16 avril 1889)
B. C., p. 327.
J. C., p. 426.

TITRE PREMIER. — Dispositions générales

Article premier. — Il est créé dans chaque arrondissement de la Cochinchine un conseil d'arrondissement.

Art. 2. — L'administrateur est le représentant du Pouvoir exécutif dans l'arrondissement. Il est chargé de l'instruction préalable des affaires qui intéressent l'arrondissement, ainsi que de l'exécution des décisions du Conseil dans les limites prévues au présent décret.

TITRE II. — DE LA FORMATION DU CONSEIL D'ARRONDISSEMENT

Art. 3. — Chaque canton de l'arrondissement élit un membre du Conseil.

Dans les arrondissements qui comptent moins de dix cantons et plus de cinq, les cantons les plus populeux éliront deux conseillers au scrutin de liste, de manière que le nombre des membres du conseil ne soit pas inférieur à dix.

Dans les arrondissements de moins de cinq cantons, les cantons les plus populeux éliront trois conseillers au scrutin de liste.

Art. 4. — Un arrêté du Gouverneur général, pris en Conseil privé, déterminera les cantons où une élection double et triple devra être faite.

Art. 5. — L'élection est faite au chef-lieu de canton par les notables en exercice de chaque commune, sur les listes dressées par les administrateurs.

Art. 6. — Sont éligibles tous les Indigènes inscrits habitant le canton, n'ayant subi aucune condamnation à une peine criminelle ou bien à une peine correctionnelle, pour rébellion, piraterie ou vol.

Art. 7. — Ne peuvent être élus membres du Conseil les fonctionnaires recevant un traitement sur les budgets de l'État, de la colonie ou de l'arrondissement.

Art. 8. — Nul ne peut être membre de plusieurs conseils d'arrondissement.

Art. 9. — Les collèges électoraux sont convoqués par le Pouvoir exécutif.

Il doit y avoir un délai de vingt jours au moins entre la date de l'arrêté de convocation et la date de l'élection.

Art. 10. — Le scrutin est ouvert à huit heures du matin et clos le même jour à quatre heures du soir. Le bureau est présidé par le chef ou sous-chef de canton assisté de quatre notables.

Le dépouillement a lieu immédiatement et le résultat du vote est proclamé.

Lorsqu'un second tour de scrutin est nécessaire, il y est procédé de droit huit jours après, sans autre convocation.

Art. 11. — Nul n'est élu membre du conseil d'arrondissement au premier tour de scrutin s'il n'a réuni :

1° La majorité du nombre des suffrages exprimés ;

2° Un nombre de suffrages égal au quart de celui des notables.

Au second tour, l'élection a lieu à la majorité relative, quel que soit le nombre des votants. Si plusieurs candidats obtiennent le même nombre de suffrages, l'élection est acquise au plus âgé.

Art. 12. — Les élections peuvent être arguées de nullité par les électeurs du canton; les réclamations doivent être déposées dans les cinq jours de l'élection au chef-lieu de l'arrondissement, si elles ne sont inscrites au procès-verbal.

Le Conseil privé au contentieux juge en premier et dernier ressort.

Art. 13. — Les conseillers d'arrondissement sont nommés pour quatre années; tous les deux ans ils sont renouvelés par moitié et indéfiniment rééligibles.

Art. 14. — En cas de vacance par mort, démission ou toute autre cause, les électeurs devront être réunis dans le délai de trois mois.

Art. 15. — L'administrateur fait de droit partie du conseil d'arrondissement; il en a la présidence.

## TITRE III — Des sessions des conseils d'arrondissement

Art. 16. — Les conseils d'arrondissement ont chaque année deux sessions ordinaires : l'une en août, l'autre en février.

La durée des sessions est de huit jours.

A la session d'août, les conseils d'arrondissement votent le budget primitif pour l'exercice suivant, déterminent les travaux qui doivent être entrepris dans le cours de cet exercice, en préparent les projets et devis, produisent les demandes de subventions au Conseil colonial et émettent enfin les vœux intéressant l'arrondissement.

Au cours de la session de février, les assemblées régionales sont appelées à examiner le compte rendu de l'ordonnateur pour l'exercice antérieur et à voter le budget rectificatif de l'exercice en cours.

Art. 17. — Les conseils d'arrondissement peuvent être réunis extraordinairement et la durée de leur session prolongée par arrêté du Gouverneur général pris en Conseil privé.

Les séances ne sont pas publiques.

Art. 18. — Le conseil d'arrondissement ne peut délibérer si la moitié plus un des membres dont il doit être composé n'est présente.

Les votes sont recueillis au scrutin secret toutes les fois que quatre membres le demandent.

Le résultats des scrutins publics énonçant le nom des votants est reproduit au procès-verbal.

Art. 19. — Les procès-verbaux des séances seront rédigés en quoc-ngu et en français. Un secrétaire européen et un secrétaire annamite, pris en dehors du conseil, seront chargés de ce soin. Les procès-verbaux seront arrêtés au commencement de chaque séance et signés par le président et les secrétaires. Ils contiennent les rapports, les noms des membres qui ont pris part à la discussion et l'analyse de leurs opinions.

## TITRE IV — Des attributions des conseils d'arrondissement

Art. 20. — Le conseil d'arrondissement n'a que voix délibérative, mais aucune mesure touchant les intérêts propres de l'arrondissement ne peut être prise sans qu'elle ait au préalable été votée par le conseil.

Toutes les délibérations sont soumises à l'approbation du Gouverneur général en Conseil privé.

Art. 21. — Le conseil donne son avis sur le classement des voies coloniales, sur les changements proposés à la circonscription du territoire de l'arrondissement, du canton et de la commune, sur le classement par catégories des villages pour la taxe des rizières, sur toutes les questions relatives à l'assiette de l'impôt.

Art. 22. — Tous vœux politiques sont interdits. Néanmoins le Conseil peut émettre des vœux sur toutes les questions économiques et d'administration générale.

Art. 23. — Les chefs de service des administrations publiques dans l'arrondissement devront fournir les renseignements qui leur seront réclamés par le conseil sur les questions intéressant l'arrondissement.

Art. 24. — L'administrateur accepte ou refuse, avec l'autorisation du Gouverneur général en Conseil privé et en vertu de la délibération du conseil d'arrondissement, les dons et legs faits à l'arrondissement quand il n'y a pas de réclamation des familles. Il peut toujours, avec l'autorisation du Gouverneur général, accepter à titre conservatoire les dons et legs.

Art. 25. — L'administrateur intente les actions et défend toute action intentée contre l'arrondissement, avec l'autorisation du Gouverneur général en Conseil priv et en vertu des délibérations du Conseil. Il fait tous actes conservatoires et interrup tifs de déchéance. Suivant les délibérations du Conseil, il passe les contrats au non de l'arrondissement.

Art. 26. — Aucune action judiciaire, autre que les actions possessoires, ne peut à peine de nullité, être intentée contre un arrondissement qu'autant que le deman deur a préalablement adressé à l'administrateur un mémoire exposant l'objet et le motifs de sa réclamation. Il lui en est donné récépissé. L'action ne peut être porté devant les tribunaux que deux mois après la date du récépissé, sans préjudice de actes conservatoires. La remise du mémoire interrompt la prescription si elle es suivie d'une demande en justice dans le délai de trois mois.

Art. 27. — Au commencement de chaque session, l'administrateur présente ui rapport sur les affaires qui doivent être soumises au Conseil pendant la session ; c rapport est écrit en français et en quoc-ngu.

## TITRE V. — Budget et compte de l'arrondissement

Art. 28. — Le projet de budget de l'arrondissement, rédigé en quoc-ngu e en français est préparé par l'administrateur. Le budget, délibéré par le conseil d'ar rondissement, est définitivement arrêté par le Gouverneur général en Conseil privé

Art. 29. — Les recettes du budget se composent :

1° Du produit des centimes additionnels dont le nombre est fixé annuellemen par le Gouverneur général en Conseil privé ;

2° Du produit du rachat des prestations ;

3° Du revenu et du produit des propriétés d'arrondissement ;

4° Du produit des droits de péage des bacs et passages d'eau sur les chemins à la charge de l'arrondissement, de tous les autres droits concédés à l'arrondissement par les arrêtés ;

5° De la part allouée à l'arrondissement, à titre de subvention, sur les fonds géné raux de la colonie ;

6° Du montant de la subvention des villages aux gardes du tram supprimés ;

7° Des contingents de la colonie pour le service de la poste, de l'instruction publique ;

8° Du contingent des communes et autres ressources éventuelles pour le service vicinal et pour les chemins de fer d'intérêt local ;

9° Du produit des emprunts ;

10° Des dons et legs ;

11° Du produit des biens aliénés ;

12° De toutes autres recettes accidentelles.

Art. 30. — Les dépenses du budget sont les suivantes :

1° Construction et entretien des petits canaux et des chemins vicinaux de grande communication. Paiement du personnel affecté à ce service ;

2° Construction et entretien des écoles de canton. Fournitures classiques. Paiement du personnel ;

3° Service des facteurs pour le transport des lettres à domicile et *vice versâ*. Bureau de réception et de distribution au chef-lieu d'arrondissement. Plantons des chefs de canton ;

4° Paiement du personnel affecté à la caisse et à la comptabilité de l'arrondissement ;

5° Entretien des propriétés et immeubles appartenant à l'arrondissement ou au service local ;

6° Dépenses d'utilité publique spéciales à l'arrondissement;

Art. 31. — Si le conseil omet d'inscrire au budget des crédits suffisants pour l'acquittement des dépenses obligatoires, il y sera pourvu par le Gouverneur général en Conseil privé.

Art. 32. — Les fonds qui n'auront pas reçu leur emploi dans le cours d'exercice sont reportés, après la clôture, sur l'exercice en cours d'exécution, avec l'affectation qu'ils avaient précédemment au budget. Les fonds libres, provenant d'une recette quelconque, seront cumulés, suivant la nature de leur origine, avec les ressources de l'exercice en cours, pour recevoir l'affectation nouvelle qui pourra leur être donnée par le conseil, à sa prochaine session. Le conseil peut porter au budget un crédit pour dépenses imprévues. Tout virement de fonds est interdit, à moins d'une autorisation spéciale du Gouverneur général.

Art. 33. — Un caissier comptable est chargé du recouvrement des ressources de toute nature et du paiement des dépenses. Il se conforme à tous les règlements de comptabilité publique sur la matière. Les rôles et états de produits sont établis par l'administrateur, approuvés par le Gouverneur général et remis au comptable.

Art. 34. — Le comptable ne peut payer que sur mandats délivrés par l'administrateur, dans la limite des crédits ouverts au budget de l'arrondissement.

Art. 35. — La comptabilité et la caisse sont vérifiées, quand le Gouverneur général le juge convenable, par un fonctionnaire désigné à cet effet.

Art. 36. — Les comptes d'arrondissement concernant les recettes et les dépenses sont présentés chaque année, en clôture d'exercice, au conseil d'arrondissement qui les entend et les débat. Ces comptes sont définitivement réglés, par arrêté du Gouverneur général, en Conseil privé.

CARNOT.

## II. — RÉGLEMENTATION, COMPTABILITÉ, BUDGET

| NATURE DES DOCUMENTS | DATES | RECUEILS A CONSULTER Bat. | B.C. | B.D.I. | J C | J.H | B. M. | B-Col. | OBSERVATIONS |
|---|---|---|---|---|---|---|---|---|---|
| Circ. D. I. | 31 mars 1882. | | | 12 | | | | | |
| Circ. D. I. | 5 juillet 1882. | | | 40 | | | | | |
| Circ. G. | 9 août 1882. | | | 51 | | | | | |
| A. G. | 20 juillet 1883. | | | | | | | | |
| Circ. D. I. | 10 septembre 1883. | | | 60 | | | | | |
| Circ. D. I. | 6 février 1884. | | | 5 | | | | | |
| Circ. D. I. | 24 avril 1884. | | | 15 | | | | | |
| Circ. D. I. | 8 juillet 1884. | | | 28 | | | | | |
| Circ. D. I. | 3 octobre 1884. | | | 44 | | | | | |
| Règl. | 24 octobre 1885. | | | | | | | | |
| Circ. D. I. | 20 novembre 1885. | | | | 1366 | | | | |
| Circ. D. I. | 11 février 1886. | | | | | | | | |
| Circ. D. I. | 16 août 1886. | | | | 859 | | | | |
| Circ. D. I. | 9 février 1887. | | | 11 | | | | | |
| Circ. D. I. | 23 juin 1887. | | | 43 | | | | | |
| Circ. D. I. | 17 juillet 1888. | | | 27 | | | | | |
| Circ. D. I. | 13 novembre 1888. | | | | 964 | | | | |
| Circ. D. I. | 25 septembre 1889. | | | | 909 | | | | |

(31 mars 1882)

**CIRC. D. I.** *relative à la prise de service de la nouvelle compagnie dite « des messageries fluviales », chargée des transports dans l'intérieur des marchandises expédiées en Cochinchine* (1).

B. D. I, p. 12.

D'autre part, à dater du même jour, les frais de transport des marchandises expédiées pour le compte des vicinalités devront être acquittés directement à l'armateur, soit par vous, soit par les soins des expéditeurs, l'Administration centrale ne devant plus délivrer des réquisitions pour transports de ce genre, dont les frais doivent être supportés par les budgets particuliers des arrondissements.

BÉLIARD.

(5 juillet 1882)

**CIRC. D. I.** *à l'occasion d'irrégularités constatées dans la tenue de plusieurs caisses de la vicinalité. — Le percepteur est chargé des fonds de la vicinalité.*

B. D. I, p. 40.

M. l'Inspecteur des services administratifs et financiers a eu récemment l'occasion de constater, dans la tenue de plusieurs caisses de la vicinalité, beaucoup d'irrégularité et quelquefois même du désordre.

Que ces faits proviennent de l'inexpérience de l'employé comptable ou de sa négligence, ce n'en est pas moins à vous qu'il appartient de prévenir, par de fréquentes vérifications, un pareil état de choses. Aucune règle absolue ne vous a été imposée jusqu'à ce jour, soit pour l'ordonnancement des dépenses, soit pour la tenue des registres et l'établissement des pièces comptables; votre liberté d'action n'en est que plus grande et vous pouvez prendre ou prescrire telle mesure qui vous semblera propre à assurer la bonne marche du service sur lequel vous seul vous avez la haute main.

Partout où se trouve un percepteur, je tiens à ce que ce fonctionnaire soit chargé des fonds de la vicinalité : personne, dans votre personnel, n'offre plus de garantie professionnelle, et, nous avons d'ailleurs tout avantage à n'avoir qu'un seul caissier. S'il n'y a pas de percepteur dans votre arrondissement, c'est à vous qu'il appartient de désigner l'employé qui vous paraîtra le plus apte aux fonctions que vous voulez lui confier. Je ne vois d'ailleurs aucun inconvénient à ce que, dans ce cas-là seulement, le secrétaire d'arrondissement soit chargé de la perception vicinale, si le commis de comptabilité est trop jeune ou trop inexpérimenté.

Quelques caisses renferment des sommes relativement considérables, mais il n'est pas besoin de cette considération pour que je compte sur tout votre zèle et sur toute votre vigilance.

BÉLIARD

(9 août 1882)

**CIRC. G.** *Instructions en vue de la première session des conseils d'arrondissement.*

B. D. I, p. 51.

Vous allez, d'ici quelques jours, réunir les conseils d'arrondissement : de la première session dépendra le succès de l'œuvre entreprise. Je vous recommande le calme, la prudence et la modération; les Indigènes ne se rendent qu'imparfaitement compte du fonctionnement de nos nouvelles institutions; armez-vous de patience pour le leur faire comprendre; donnez leur le temps et la liberté de discuter leurs propres affaires; n'intervenez que pour poser les questions soumises au vote.

Certainement, une grande confusion règnera dans les délibérations : c'est la conséquence d'un début, mais l'ordre et la régularité ne tarderont pas à s'établir si nous pouvons attendre. Ne cherchez pas, dès la première heure, à obtenir la perfection, vous décourageriez les Annamites : leur concours deviendrait un acte d'obéissance; les conseils régionaux resteraient sans utilité pratique, et, dans ces fâcheuses conditions, nous ne parviendrions pas à constituer l'unité d'arrondissement avec ses garanties indispensables de contrôle.

Loin d'engager ces assemblées à voter des impositions, recommandez leur la plus stricte économie; n'effrayez pas les contribuables par un surcroît de taxe qui, à l'origine surtout, aurait le grave inconvénient de rendre la nouvelle institution impopulaire. Nous ne nous proposons pas d'accroître les charges publiques, mais bien obtenir un meilleur emploi des ressources. Nous irons toujours trop vite dans la voie des dépenses, et les Annamites, lorsqu'ils auront apprécié les avantages de services bien organisés, n'hésiteront pas à voter des charges nouvelles; nous serons même

(1) V. *Messageries fluviales.*

obligés de modérer leur zèle. Soyez persuadé qu'avant vingt ans, l'ensemble des recettes d'arrondissement, qui est actuellement d'environ 500.000 piastres aura plus que décuplé.

Je ne saurais trop vous le répéter, si vous voulez obtenir des résultats sérieux et durables, il faut de la patience, de la modération et de la prudence. Le succès est à ce prix, et je compte sur votre entier dévouement pour l'obtenir.

LE MYRE DE VILERS.

(20 juillet 1883)

**A. G.** *Règlement sur la comptabilité des arrondissements* (1).

(Publié à part)

(10 septembre 1883)

**CIRC. D. I.** *Envoi d'un règlement sur la comptabilité des arrondissements du 20 juillet 1883.*

B. D. I, p. 60.

J'ai l'honneur de vous adresser ci-joint trois exemplaires du *Règlement sur la comptabilité des arrondissements*, dont je vous ai précédemment annoncé l'envoi. Un exemplaire est destiné au percepteur ou préposé payeur.

Ainsi que vous le remarquerez, cette nouvelle règlementation n'est applicable qu'à compter du 1er janvier 1884, mais vous allez avoir à vous occuper dès maintenant de la confection des rôles ou autres titres de perception pour l'année prochaine, ainsi que des registres. A ce sujet, je crois devoir vous donner des renseignements plus précis et entrer dans des questions de détail.

Afin d'éviter la confusion entre les écritures du service local et du service régional, il a été décidé que les imprimés de ce dernier seraient tous de couleur *chamois*, en exceptant toutefois les mandats ou ordonnance de payement, qui pourront être de couleurs différentes pour ne pas confondre deux exercices en cours. Il demeure bien entendu que le budget, sauf les modifications qui ont été apportées dans ses divisions, ne change en rien.

En ce qui concerne les instructions du nouveau règlement, j'appellerai particulièrement votre attention sur l'article 10, réglant le budget par exercice et fixant la période d'exécution des services :

1° Du 1er janvier au 31 décembre, pour l'exécution des services;

2° Du 1er janvier de la première année au 20 janvier de l'année suivante, pour la liquidation et le mandatement des dépenses;

3° Du 1er janvier de la première année au 31 décembre de l'année suivante, pour toutes les opérations relatives au recouvrement des produits constatés dans le cours de l'exercice et pour le payement des dépenses.

En aucun cas et sous aucun prétexte ces dates ne pourront être dépassés.

Les annexes du budget des dépenses sont supprimées; celles des recettes qui ont été maintenues et qui figurent à la nomenclature des imprimés devant être établis, comme il est dit, pour les rôles ou autres titres de perception aux articles 15 et 16.

Je ne pense pas qu'il soit nécessaire de vous donner d'autres explications, car vous trouverez dans ce recueil la définition de vos attributions comme ordonnateur, celles du receveur comptable, ainsi que celles du comité d'arrondissement en matière de compte et de budget. Je vous recommande de tenir la main à ce qu'il ne soit jamais dérogé aux dispositions qui y sont contenues; c'est le meilleur moyen d'arriver à une bonne gestion.

Dans le cas où vous seriez embarrassé sur un point quelconque de la nouvelle règlementation vous pourriez me demander des renseignements, sous le timbre du 3e bureau.

Je vous prie de m'accuser réception de cette circulaire et des recueils.

BÉLIARD.

(6 février 1884)

**CIRC. D. I.** *relative aux mandats à faire payer par le 30e arrondissement, pour le compte d'un ou de plusieurs autres.*

B. D. I, p. 5. (2)

(1) V. *infrà*, Circ. D. I., 10 septembre 1883, A. G., 24 septembre 1885.

(2) Sans objet.

(24 avril 1884)

**CIRC. D. I.** *Envoi d'un modèle d'imprimés pour l'établissement des certificats de dépenses et de recettes délivrés chaque mois, au titre du service régional. — Modèle.*

B. D. I, p. 15.

Afin d'adopter une uniformité dans l'établissement des certificats de recettes et de dépenses que vous délivrez chaque mois au titre du service régional, certificats qui sont transmis par le trésor à la comptabilité publique, j'ai l'honneur de vous adresser les modèles des imprimés que vous aurez à commander et qui devront vous servir, à l'avenir, à l'établissement des pièces dont il s'agit.

NOUET.

MODÈLE

(B. D. I, p. 16).

(8 juillet 1884)

**CIRC. D. I.** *Recommandation pour l'établissement des budgets d'arrondissement. — Envoi de quatre exemplaires de ces documents.*

B. D. I, p. 28.

Indépendamment des affaires qu'elles auront à examiner et des vœux à formuler, ces assemblées sont plus spécialement appelées, dans cette session, à voter le budget de l'année prochaine. A cette session, je crois devoir vous faire remarquer que, contrairement à ce qui a été fait, l'année dernière, par quelques-uns de vos collègues, les centièmes additionnels devront figurer au budget des recettes tels qu'ils ont été définis par l'arrêté du 9 février 1884.

En ce qui concerne les dépenses, je vous recommande d'apporter le plus grand soin dans une juste répartition des crédits, en tenant compte, autant que possible, des besoins de votre arrondissement, en faisant, en un mot, le meilleur emploi des ressources de votre budget.

M. le Ministre de la marine et des colonies ayant manifesté le désir de recevoir un exemplaire du budget de chaque arrondissement, je vous serai obligé de me faire parvenir, à l'avenir, quatre expéditions de ce document qui seront ainsi réparties :

| | |
|---|---|
| Receveur comptable | Original. |
| Ordonnateur | Une copie. |
| 5e bureau | Une copie. |
| Ministère de la marine et des colonies | Une copie. |

NOUET.

(3 octobre 1884)

**CIRC. D. I.** *désignant les couleurs définitivement arrêtées pour les mandats de paiement du service régional.*

B. D. I, p. 44.

Par sa circulaire en date du 10 septembre 1883, timbrée 3e bureau, n° 26, mon prédécesseur vous faisait savoir que, pour ne pas confondre, aux exercices en cours, les mandats ou ordonnances de payement pourraient être, chaque année, de couleurs différentes.

Afin de ne plus avoir à revenir sur cette question; j'ai l'honneur de vous faire connaître quelles sont les couleurs définitivement adoptées pour ces documents et qui reviendront tous les quatre ans, dans l'ordre ci-dessous indiqué :

Exercice 1883, chamois;
Exercice 1884, rose;
Exercice 1885, vert tendre;
Exercice 1886, bleu pâle.

Avis de cette combinaison a été donnée à MM. G... et M..., de l'imprimerie commerciale.

NOUET.

(24 octobre 1885)

**RÈGLEMENT** *sur la comptabilité des arrondissements : Dispositions générales ; — du budget ; — de l'exécution des services ; — de la liquidation et de l'ordonnancement des dépenses ; — du paiement des dépenses ; — des oppositions ; — de la comptabilité de l'ordonnateur ; de la comptabilité du receveur comptable ; du matériel et de la comptabilité du matériel ; — propriétés et immeubles de l'arrondissement.*

## ANNEXE

*1° Dispositions générales concernant l'ordonnancement, le paiement et la justification des dépenses.*

*2° Justifications applicables au service régional.*

*3° Nomenclature des registres et imprimés nécessaires au service régional.*

(Publié à part.)

## TITRE PREMIER. — DISPOSITIONS GÉNÉRALES.

### Du rôle de l'Administrateur.

Article premier. — L'ordonnancement des recettes et des dépenses de l'arrondissement est confié à l'administrateur, qui est chargé, en outre, de préparer le budget et d'exercer les poursuites en matière de recouvrement.

### Du receveur comptable.

Art. 2. — Les fonctions de receveur comptable sont exercées par les payeurs particuliers ou percepteurs en résidence au chef-lieu de l'arrondissement.

Art. 3. — Les receveurs comptables sont divisés en trois classes, suivant l'importance de leur arrondissement.

La 1re classe comprend les arrondissements de Baclieu, Bentré, Cantho, Chaudoc, Cholon, Longxuyen, Mytho, Sadec, Soctrang, Travinh et Vinhlong ;

La 2e classe comprend Bienhoa, Gocong, Rachgia, Saïgon (inspection) Tanan et Thudaumot ;

La 3e classe : Baria, Hatien, Tayninh et le 20e arrondissement.

Il est alloué à chaque receveur une indemnité fixe de caisse et de service de :

200 piastres aux receveurs de 1re classe ;

160 piastres aux receveurs de 2e classe ;

120 piastres aux receveurs de 3e classe.

Cette indemnité figure dans les dépenses obligatoires du budget.

Art. 4. — Les receveurs comptables sont chargés d'effectuer les recouvrements de toute nature et de faire tous les paiements pour le compte de l'arrondissement. Ils ne sont astreints à aucun cautionnement, mais sont néanmoins responsables de la gestion des deniers qui leur sont confiés.

### Unité de caisse.

Art. 5. — Les préposés payeurs et percepteurs, qui joignent à ces fonctions celles de receveur comptable, doivent réunir dans une seule caisse les fonds de l'arrondissement, ceux de l'État et de la colonie, et ne produire qu'une seule situation de caisse au trésor ; les écritures tenues par eux leur permettent d'ailleurs de se rendre compte immédiatement de la situation de chaque service.

Art. 6. — Les crédits inscrits au budget sont spéciaux aux services faits pendant le cours de l'exercice : il s'ensuit que les dépenses ne pourront être engagées que dans la limite des crédits prévus pour cet exercice.

Art. 7. — Les excédents de recettes non employés, contrôlés par les comptes de gestion, sont reportés de droit au budget de l'exercice suivant.

De même, les dépenses qui n'auront pas été acquittées à la clôture de l'exercice seront soumis au réordonnancement, sur la demande des parties et sur les fonds de l'exercice courant.

Art. 8. — Il est créé dans chaque arrondissement un fonds de réserve qui ne pourra excéder 1/6 du montant des dépenses obligatoires du personnel ; les sommes qui y sont affectées sont spécialement destinées à payer les dépenses du personnel, pendant les deux premiers mois de l'exercice suivant.

Mouvements de fonds.

Art. 9. — Par suite de la centralisation des recettes et des dépenses, le trésor public se trouve détenteur des fonds de tous les arrondissements.

Il aura dans ses écritures un compte spécial intitulé : *Receveurs des arrondissements, leur compte courant.* Le compte de chaque arrondissement sera crédité du montant des versements et débité des paiements. L'excédent des recettes sur les dépenses représentant le chiffre du crédit dans les limites duquel les certificats de dépenses seront admis dans les écritures du trésor.

## TITRE II. — Du budget.

Art. 10 — Le mode d'établissement du budget est le même pour tous les arrondissements.

Il est présenté par l'administrateur, voté par chapitre, article et section, en session ordinaire du conseil d'arrondissement, arrêté par le Directeur de l'Intérieur et rendu exécutoire par le Gouverneur, en Conseil privé.

Art. 11. — Dans la première quinzaine de septembre, l'administrateur adresse à la Direction de l'intérieur le projet du budget qu'il a l'intention de présenter à son conseil d'arrondissement. Ce projet lui sera renvoyé en temps utile, avec les observations auxquelles son examen aura donné lieu.

Art. 12. — Le budget est réglé par exercice. On entend par exercice la période d'exécution des services du budget.

Cette période est fixée pour les arrondissements :

1° Du 1er janvier au 31 décembre pour l'exécution des services ;

2° Du 1er janvier de la première année au 20 janvier de l'année suivante, pour la liquidation et le mandatement des dépenses ;

3° Du 1er janvier de la première année suivante, pour toutes les opérations relatives au recouvrement des produits constatés dans le cours de l'exercice et pour le paiement des dépenses.

### CHAPITRE PREMIER. — Du budget des recettes.

Art. 13. — Le budget des recettes se divise en sept chapitres, savoir :

Chapitre Ier. — Produit de l'impôt personnel régional et des centièmes additionnels.
Chapitre II. — Produit du rachat des prestations et évaluation en argent des prestations en nature.
Chapitre III. — Revenus et produits des propriétés de l'arrondissement.
Chapitre IV. — Produit des bacs et tous autres droits affermés.
Chapitre V. — Subventions diverses allouées à l'arrondissement.
Chapitre VI. — Recettes en atténuation des dépenses faites pour le compte d'autres services.
Chapitre VII. — Produits divers.

Art. 14. — Le montant du budget, y compris la subvention de la colonie pour l'impôt personnel, ne pourra excéder 1 piastre 50 cents par inscrit existant dans chaque arrondissement, au moment de la préparation du budget.

Art. 15. — Après l'approbation du budget, l'administrateur a la libre disposition des crédits, dans la limite des recettes effectuées.

Des rôles.

Art. 16. — Les produits des recettes sont constatés au moyen de rôles et autres titres de perception, tels que marchés, baux, etc., etc., et sur ordres de recettes.

Art. 17. — Les titres de perception sont établis par l'administrateur et soumis à l'approbation du Directeur de l'Intérieur.

Les rôles supplémentaires sont assujettis à la même formalité.

Art. 18. — Les rôles sont établis en un original qui est remis au receveur comptable et deux extraits dont l'un est conservé par la Direction de l'intérieur et l'autre adressé à l'Administration.

Art. 19. — Les ordres de recettes concernant tous produits autres que ceux sur rôles, sont établis par l'administrateur qui en suit la comptabilité au moyen d'un livre d'enregistrement tenu par exercice et contenant une seule série de numéros.

Les ordres de recettes sont remis au comptable aussitôt leur émission et un avis est adressé à la partie versante par l'administrateur.

Le registre des ordres de recettes est arrêté mensuellement et un relevé exact de l'émission du mois est adressé au comptable.

Art. 20. — A la fin de chaque mois, le comptable adresse à l'administrateur un état des restes à recouvrer sur tous les produits et lui signale également les ordres de recettes en souffrance.

Art. 21. — L'administrateur exerce seul les poursuites réglementaires contre les débiteurs en retard. Le comptable peut être déclaré responsable du non-recouvrement, dans le cas où il n'aurait pas donné en temps utile à l'administrateur les renseignements prescrits par l'article précédent.

Art. 22. — Toutes les recettes, de quelque nature qu'elles soient, donnent lieu à la délivrance immédiate d'une quittance extraite d'un registre à souches.

### CHAPITRE II. — Du budget des dépenses.

Art. 23. — Le budget des dépenses se divise en 8 chapitres, savoir :

Chapitre Ier. — Voirie (7 articles).
Chapitre II. — Instruction publique.
Chapitre III. — Poste et télégraphe régionaux.
Chapitre IV. — Comptabilité, frais de perception et conseil d'arrondissement.
Chapitre V. — Entretien des propriétés et immeubles de l'arrondissement.
Chapitre VI. — Dépenses diverses et imprévues.
Chapitre VII. — Dépenses pour le compte d'autres services.
Chapitre VIII. — Fonds de réserve.

Art. 24. — Les dépenses se divisent en dépenses obligatoires et dépenses facultatives.

Les dépenses obligatoires comprennent la solde du personnel, les dettes exigibles, l'entretien des immeubles et propriétés et voies de communication de l'arrondissement.

Art. 25. — Dans le cas où le conseil aurait omis ou refusé d'inscrire au budget des crédits suffisants pour l'acquittement des dépenses obligatoires, il en sera référé au Gouverneur, qui y fera pourvoir, sur les fonds des dépenses facultatives.

Art. 26. — Les crédits sont spéciaux aux chapitres et articles pour lesquels ils ont été votés.

Aucun virement de crédit ne peut avoir lieu sans l'autorisation du Gouverneur (1).

Art. 27. — Aucune dépense d'arrondissement n'est passible de la retenue de 3 p. 100, au profit des invalides de la marine.

Art. 28. — Les dépenses ne peuvent être acquittées que dans la limite des crédits votés et des recettes réalisées.

Art. 29. — Sont seuls considérés comme appartenant à un exercice les services faits et les droits acquis du 1er janvier au 31 décembre de l'année qui donne son nom à l'exercice.

## TITRE III — De l'exécution des services

### Dépenses du personnel.

Art. 30. — Les traitements et les allocations périodiques sont payés par douzième et par terme échu.

(1) Les virements de crédit par article peuvent être faits sans autorisation. V. Règlement sur la comptabilité publique du 14 janvier 1869, art. 7, 8 et 14.

Art. 31. — Les traitements des employés régionaux pourront leur être payés en France et dans les colonies, pendant la durée des congés qui leur seront accordés. Les avances faites par le Ministère de la marine, à cette occasion, ainsi que celles de leurs frais de passage, soit lors de leur nomination, soit en raison de leur congé, lui seront remboursées en la forme ordinaire par le budget local, et celui-ci sera couvert à son tour au moyen d'ordres de recettes émis sur la caisse des arrondissements.

### Dépenses du matériel.

Art. 32. — Les marchés pour le compte des arrondissements sont passés avec concurrence et publicité, dans les conditions fixées par les règlements de comptabilité publique et sauf les exceptions ci-après :

### Des marchés de gré à gré.

Art. 33. — Il peut être traité de gré à gré, au moyen de marchés soumis à la sanction du Directeur de l'Intérieur.

1° Pour tous les objets dont le propriétaire est unique ou dont la fabrication est attribuée à une seule personne, soit parce que le fabricant est porteur d'un brevet d'invention, soit parce que la supériorité de sa fabrication, en ce qui concerne les machines, objets d'art et de précision, etc., est de notoriété publique ;

2° Pour les fournitures et travaux qui, dans le cas d'urgence évidente et imprévue, ne peuvent pas subir les délais des adjudications ;

3° Pour les matières et denrées qui, en raison de leur nature spéciale, doivent être achetées et choisies dans un lieu de production limité ;

4° Pour les fournitures, transports ou travaux qui n'ont été l'objet d'aucune offre aux adjudications ou à l'égard desquelles il n'a été proposé que des prix inacceptables.

Toutefois, lorsque l'arrondissement aura cru devoir faire connaître un maximum de prix, ce maximum ne pourra être dépassé sans le consentement de l'autorité supérieure.

Art. 34. — L'administrateur pourra engager des dépenses de fournitures ou de transport sur simple convention verbale jusqu'à 300 piastres ; toutefois, au-dessus de 100 piastres, il devra demander une autorisation spéciale et préalable au Directeur de l'Intérieur.

Art. 35. — L'administrateur choisit le fournisseur et débat les prix au mieux des intérêts de l'arrondissement.

Art. 36. — Les fractionnements de fournitures et travaux, dans le but d'éluder les dispositions qui précèdent demeurent interdits.

Art. 37. — Tous les marchés de gré à gré ou sur factures devront, autant que possible, être précédés d'un appel d'offres par la voie des journaux ou toute autre voie de publicité.

### Des adjudications.

Art. 38. — Les adjudications publiques relatives à des fournitures, à des travaux qui ne peuvent être livrés sans inconvénient à une concurrence illimitée, sont soumises à des restrictions qui n'admettent à concourir que des personnes préalablement reconnues capables par l'administrateur et produisant les garanties exigées par le cahier des charges.

Art. 39. — Les cahiers des charges déterminent :

1° La nature, le mode d'exécution, les délais d'achèvement des fournitures et travaux ;

2° La nature et l'importance des garanties que les fournisseurs doivent produire soit pour être admis aux adjudications, soit pour répondre de l'exécution de leurs engagements ;

3° L'action que l'Administration pourra exercer sur les garanties en cas d'inexécution de ces engagements, telle que retenues pour retard, saisie du cautionnement ou mise en régie.

Art. 40. — L'avis des adjudications à passer est publié, sauf le cas d'urgence, quinze jours à l'avance par la voie des affiches et par tous les moyens ordinaires de publicité. Cet avis fait connaître :

1° Le lieu où l'on peut prendre connaissance du cahier des charges ;

2° Les autorités chargées de procéder à l'adjudication ;

3° Les jour, lieu et heure fixés pour les adjudications.

Art. 41. — L'adjudication a lieu en présence de l'administrateur, président, assisté du receveur comptable et d'un fonctionnaire indigène.

Art. 42. — Les soumissions sont remises sous pli cacheté sur le bureau, dès l'ouverture de la séance publique d'adjudication ; elles ne sont acceptées qu'à condition d'être accompagnées du certificat d'admissibilité.

Si l'administrateur a jugé utile de fixer un prix maximum ou un prix minimum, ces prix sont également déposés cachetés sur le bureau à l'ouverture de la séance, à moins qu'ils ne soient indiqués au cahier des charges.

Art. 43. — Un quart d'heure est accordé pour le dépôt des plis contenant les soumissions : ce délai expiré, il sont ouverts en public et il est procédé de suite à la désignation du soumissionnaire qui a fait les offres les plus avantageuses.

Art. 44. — Dans le cas où plusieurs soumissionnaires offriraient le prix le plus bas, il serait procédé séance tenante à une nouvelle adjudication entre eux seulement. Dans le cas où cette nouvelle adjudication ne donnerait pas de résultat, il serait procédé au choix du soumissionnaire par voie au tirage au sort.

Art. 45. — Les résultats de chaque adjudication sont constatés par un procès-verbal.

Les adjudications ne sont valables et définitives qu'après l'approbation du Directeur de l'Intérieur.

Art. 46. — Les cautionnements en numéraire seront versés au Trésor, à la diligence soit du receveur comptable, soit de l'adjudicataire à Saïgon. Le cautionnement en numéraire pourra être remplacé par une caution personnelle dont la solvabilité sera discutée par les membres du bureau.

## TITRE IV — De la liquidation et de l'ordonnancement des dépenses.

Art. 47. — Aucune créance ne peut être liquidée que pour l'acquittement d'un service fait et constaté.

Art. 48. — Les administrateurs sont chargés de la liquidation et de l'ordonnancement des dépenses.

Ils sont responsables de l'exactitude des certifications qu'ils délivrent.

Art. 49. — Ces certifications consistent en l'approbation des décomptes au factures et ne sont données qu'au fur et à mesure de l'exigibilité des créances.

Art. 50. — Les titres de chaque liquidation doivent offrir les preuves des droits acquis aux créanciers ; les créances liquidées donnent lieu à l'émission des mandats ordonnancés sur la caisse du receveur comptable.

Art. 51. — Les mandats sont remis au receveur, appuyés de toutes les pièces justificatives énoncées dans la nomenclature annexée au présent règlement.

Le receveur, après s'être assuré de la régularité matérielle de l'ordonnancement et de la non-existence de cessions ou oppositions, vise le mandat payable et le renvoie à l'administrateur en conservant les pièces.

Art. 52. — Les mandats sont remis par l'administrateur et sous sa responsabilité aux créanciers véritables.

Art. 53. — Les mandats doivent énoncer l'exercice et le chapitre auxquels ils se rapportent ainsi que le montant des crédits du chapitre, le nom du créancier, l'objet de la dépense et la nature des pièces justificatives jointes.

Art. 54. — En cas de perte d'un mandat, il peut être procédé à l'émission d'un duplicata sur la déclaration motivée de la partie intéressée et d'après l'attestation du comptable, portant que le mandat n'a été payé ni par lui ni pour son compte et sur son visa. Cette attestation doit être jointe au duplicata du mandat.

Art. 55. — En cas de non-exécution d'un marché, il est procédé, au choix de l'Administration et aux risques et périls de l'entrepreneur défaillant soit à la mise en régie des travaux, soit à une nouvelle adjudication.

Art. 56. — Le fournisseur ou l'entrepreneur est constitué en demeure par la seule échéance du terme, sans qu'il soit besoin d'une signification préalable de l'administrateur.

Art. 57. — Aucune somme ne peut être mise, à titre de fonds d'avances, à la disposition d'un agent de l'arrondissement.

## TITRE V. — Du paiement des dépenses.

Art. 58. — Aucun paiement ne peut être fait qu'au créancier et dans la limite des crédits ouverts.

Art. 59. — Le receveur comptable doit, sous sa responsabilité, s'assurer de l'identité du créancier; pour cela, il compare la signature de l'acquit avec celles des factures ou mémoires, ou il fait certifier l'identité du créancier par deux témoins connus de lui et prend, en un mot, toutes les précautions prises qu'il juge utiles.

Art. 60. — Aucun paiement ne peut être suspendu que lorsqu'il y a absence de crédit ou bien omission ou irrégularité dans les pièces produites.

Art. 61. — En cas de refus de paiement, le comptable est tenu d'en remettre la déclaration motivée à la partie prenante, au verso du mandat.

Si l'administrateur passe outre, il requiert le comptable, sous sa responsabilité, de procéder sans délai au paiement. Il inscrit sa réquisition motivée à la suite de refus du comptable qui, dès lors, est tenu de payer.

La copie du refus de paiement est adressée par le comptable au trésorier-payeur, la copie de la réquisition est adressée par l'administrateur au Directeur de l'Intérieur. Il est statué par ces deux fonctionnaires sur la suite à donner.

Art. 62. — Les parties prenantes doivent dater et acquitter leurs mandats en présence du comptable et indiquer le jour et le lieu où le paiement est fait.

Art. 63. — Dans le cas où le porteur d'un mandat serait illettré et si le mandat n'excède pas trente piastres, le receveur comptable peut en effectuer le paiement en présence de deux témoins qui signent avec lui sur le mandat la déclaration de la partie prenante.

Si le mandat excède trente piastres, la production d'une quittance administrative, délivrée par l'administrateur, est nécessaire.

Art. 64. — En fin d'exercice, le receveur comptable remet à l'administrateur, avec un état détaillé à l'appui, les pièces justificatives des mandats dont les titulaires ne se sont pas présentés et qui sont sujets à l'ordonnancement sur les fonds de l'exercice suivant.

## TITRE VI. — Des oppositions.

Art. 65. — Toute saisie-arrêt ou signification ayant pour objet d'arrêter le paiement d'une créance doit être faite entre les mains du receveur comptable chargé de ce paiement.

Art. 66. — Sont considérées comme nulles toutes significations ou oppositions faites à d'autres personnes.

Art. 67. — Tout exploit de saisie-arrêt doit, à peine de nullité, contenir les indications suivantes :

1° Nom, demeure et qualité du saisissant et du saisi ;

2° Élection de domicile du saisissant dans le lieu où demeure le tiers saisi ;

3° La somme pour laquelle l'opposition est faite, tant en principal qu'en accessoires, intérêts, frais faits où à faire ;

4° La désignation nette et spéciale de la créance saisie (entreprise, fourniture, traitement, etc.) ;

5° Le titre (billet échu ou jugement) en vertu duquel l'opposition est faite.

Art. 68. — Le visa est donné *sur l'original de l'exploit*, en ces termes : *Vu et reçu copie* ou *refusé, attendu que telle ou telle condition essentielle n'est pas remplie ou que la créance n'existe pas*, etc., etc.

Art. 69. — La copie de l'exploit est conservée par le comptable dans un dossier sur lequel il a soin d'inscrire toutes les retenues faites en vertu de chaque saisie, de manière à ne pas retenir plus que le montant total de la saisie.

Art. 70. — Les oppositions cessent d'être valables et de produire effet *cinq ans* après la date de l'exploit.

Art. 71. — Les retenues sur traitements civils sont de 1/5 sur les premiers mille francs, de 1/4 sur les cinq mille francs suivants et de 1/3 au-dessus de 6.000 francs.

Art. 72. — Les retenues opérées sur les traitements sont versées à la caisse des dépôts et consignations lors du premier versement fait par le receveur comptable. Chaque versement devra être appuyé des extraits ou des copies des exploits de saisie-arrêt.

Art. 73. — Lorsqu'une opposition est signifiée sur les sommes dues à un fournisseur ou entrepreneur, le comptable doit s'assurer, au moyen du cahier des charges si les paiements doivent être faits en une seule fois ou par acomptes successifs ; dans le premier cas, il vise simplement l'opposition *vu et reçu copie ;* dans le second cas, il ne doit la viser que dans les termes suivants : *Vu pour valoir seulement sur la somme qui pourra rester due après la réception des fournitures ou travaux.*

Art. 74. — Si la somme pour laquelle l'opposition est faite est supérieure au montant du mandat pour fournitures ou travaux, le comptable refuse le paiement ; si elle est inférieure, il fait acquitter le mandat, retient le montant de l'opposition, fait mention de cette retenue sur le mandat et paie l'excédent.

Art. 75. — Les sommes ainsi retenues restent dans la caisse de l'arrondissement jusqu'à la production de la mainlevée des oppositions qui les grèvent.

En fin d'exercice, si la mainlevée n'a pas été produite, ces sommes sont versées à la caisse des dépôts et consignations sur une décision du Directeur de l'Intérieur.

Art. 76. — Les mainlevées consistent soit en actes notariés, soit en actes sous seings privés, enregistrés, légalisés et accompagnés de l'original de l'opposition ; cette dernière production est indispensable dans ce cas.

## TITRE VII — De la comptabilité de l'ordonnateur.

Art. 77. — La comptabilité de l'ordonnateur a pour but de décrire les opérations relatives :

1° A la constatation et au recouvrement des ressources de l'arrondissement ;

2° A la liquidation et au mandatement des dépenses ;

3° A l'administration des immeubles de l'arrondissement.

Art. 78. — L'administrateur tient à cet effet :

1° Un registre des conventions (dépenses de matériel engagé) présentant un compte spécial pour chaque crédit ;

2° Un registre d'ordonnancement des dépenses ;
3° Un contrôle du personnel ;
4° Un registre des droits constatés ;
5° Un registre des ordres de recettes ;
6° Un registre sommier des immeubles de l'arrondissement.

Du compte de l'ordonnateur.

Art. 79. — A la session ordinaire du conseil d'arrondissement, l'administrateur présente un compte établi par voie de comparaison avec les prévisions du budget et comprenant l'ensemble des opérations qui ont eu lieu depuis l'ouverture jusqu'à la clôture de l'exercice précédent.

Art. 80. — Ce compte présente par colonnes distinctes et en suivant l'ordre des chapitres du budget.

En recettes :

1° La désignation de la nature des recettes ;
2° L'évaluation admise au budget ;
3° Les sommes recouvrées pendant l'exercice ;
4° Les sommes restant à recouvrer.

En dépenses :

1° La désignation des articles de dépenses admis par le budget ;
2° Le montant des crédits ;
3° Le montant des sommes payées ;
4° Les restes à payer à reporter sur l'exercice suivant ;
5° Les excédents de crédits également à reporter.

Art. 81. — Ce compte est accompagné de tous les développements et explications qui doivent permettre, tant au conseil d'arrondissement qu'à l'autorité supérieure, d'apprécier les actes de l'administrateur pendant l'exercice qui vient de se terminer.

TITRE VIII — DE LA COMPTABILITÉ DU RECEVEUR COMPTABLE.

Art. 82. — Les payeurs particuliers et les percepteurs investis des fonctions de receveur comptable des arrondissements, n'ont, ainsi qu'il a été dit à l'article 5, qu'une caisse commune à leurs divers services.

En conséquence, les recettes qu'ils contatent chaque jour, au titre de l'arrondissement, bien qu'inscrites sur des registres spéciaux qui permettent d'en suivre la marche, ne doivent pas figurer à part ni sur le livre, ni sur les situations de caisse que ces comptables envoient, chaque dizaine, au trésorier-payeur.

Art. 83. — Les recettes du mois, représentées par un certificat de l'administrateur, font l'objet, sur le bordereau mensuel des versements des percepteurs et sur le résumé des opérations des payeurs, d'un article spécial intitulé : *Recettes de l'arrondissement*.

Le total des dépenses du mois, également représentées par un certificat de l'administrateur, figure : pour les percepteurs, à la première page du bordereau du versement ; pour les payeurs, dans les écritures de la troisième dizaine.

Art. 84. — Le compte ouvert au trésor à chaque arrondissement sera suivi au moyen des certificats de recettes et de dépenses.

Art. 85. — La Direction de l'Intérieur adressera chaque mois au trésor, pour le contrôle de ces versements, un relevé des dépenses faites dans chaque arrondissement.

Art. 86. — Dans le cas où les dépenses dépasseraient les recettes affectuées, le bordereau serait retourné réduit d'office au chiffre réel des crédits disponibles et des recettes effectuées.

Art. 87. — Les paiements à effectuer hors de l'arrondissement ont lieu de la manière suivante :

L'administrateur établit le mandat au nom du créancier, en ajoutant la mention : *Payable sur l'acquit du receveur comptable qui en transmettra le montant à......*, et l'adresse, appuyé de toutes les pièces justificatives de la créance, au receveur comptable.

Celui-ci, après l'avoir acquitté, en transmet le montant au créancier au moyen d'un mandat-poste ou télégraphique et joint le talon de ce dernier mandat à celui du service régional comme justification du paiement de la créance.

Les droits de 1 p. 100, auxquels donne lieu la délivrance des mandats-poste sont avancés par les arrondissements qui comprennent cette dépense parmi celles à régulariser.

A la fin de chaque trimestre ou semestre, suivant l'importance des sommes dépensées de ce chef, le percepteur adresse au 2e bureau de la Direction de l'Intérieur un état de remboursement détaillé des mandats-poste qui lui ont été délivrés, et il reçoit en retour un mandat de même somme au compte du budget local.

L'état de remboursement doit être visé par l'administrateur.

Art. 88. — Les livres que tient le receveur sont les suivants ;

1° Livre de quittances à souches (commun pour les recettes locales et régionales);

2° Livre de détail des recettes ;

3° Livre de détail des dépenses;

4° Carnet d'oppositions ;

5° Registre récapitulatif (commun pour les deux services).

Art. 89. — La comptabilité des payeurs particuliers comprend un journal. Ces fonctionnaires se borneront à y reproduire les opérations concernant l'arrondissement, au compte spécial qu'ils ouvriront à cet effet et qu'ils tiendront dans leurs écritures suivant les règles ordinaires de la comptabilité publique.

Art. 90. — Le livre de caisse, les situations décadaires de caisse et les registres à souche et récapitulatif sont, ainsi qu'on l'a vu, communs aux différents services dont les receveurs sont chargés.

Art. 91. — Le livre de détail des recettes comprend autant de colonnes qu'il y a de paragraphes de recettes au budget, de façon à présenter la situation des recettes pour chaque paragraphe ; exception est faite, toutefois, pour les centimes additionnels qui seront portés en bloc dans une même colonne.

Le livre de détail des dépenses comprend autant de colonnes qu'il y a d'articles au budget, de façon à présenter la situation des dépenses pour chacun des articles.

Art. 92. — Le carnet des oppositions contient, par feuillet, la situation de chaque partie saisie, le détail et l'analyse de chaque opposition et celui des retenues effectuées en vertu des actes signifiés.

Il est ouvert, en outre, un dossier séparé à chaque partie saisie, sous le numéro du folio du registre précédent. Chaque copie d'exploit d'opposition y est conservée jusqu'à la date de la péremption légale ou de la mainlevée.

Art. 93. — Le livre récapitulatif est destiné à recevoir chaque jour l'inscription des opérations constatées également chaque jour au livre de détail des recettes et des dépenses.

Art. 94. — A la fin de chaque mois, le receveur est tenu d'envoyer à la Direction de l'Intérieur, sous pli *recommandé:*

1° Les pièces de dépenses du mois, accompagnées d'un bordereau détaillé établi par chapitres et articles ;

2° La situation du recouvrement des impôts.

Ces pièces, ainsi qu'on l'a vu plus haut, sont représentées, dans les envois de comptabilité au trésorier-payeur, par les certificats de recettes et dépenses de l'administrateur.

Art. 95. — La comptabilité des receveurs est vérifiée mensuellement par le bureau de la Direction de l'intérieur qui a qualité pour juger de la validité et de la régularité des opérations, les admettre ou les renvoyer en régularisation.

Art. 96. — Le montant des dépenses à régulariser qui ne seraient pas rétablies en fin d'exercice, devra être reversé dans la caisse de l'arrondissement.

Art. 97. — En fin d'exercice, le receveur comptable doit présenter un compte de gestion de toutes les opérations, tant de recettes que de dépenses, établi conformément aux dispositions du décret du 24 novembre 1882.

Art. 98. — Le compte est établi en double expédition, certifié et arrêté par le comptable et visé par l'administrateur. Il est vérifié en premier lieu par le bureau compétent de la Direction de l'Intérieur, qui en renvoie une expédition au conseil d'arrondissement par l'intermédiaire de l'administrateur.

Art. 99. — Comme conséquence de la présente instruction, les excédents de recettes, constatés en fin d'exercice par les comptes de gestion, sont reportés sur l'exercice suivant au moyen d'une simple mention sur les registres de comptabilité. Cette opération ne donnera pas lieu à la délivrance d'une quittance à souche.

Art. 100. — Après le vote du conseil d'arrondissement, les comptes de gestion sont définitivement arrêtés et réglés par le Gouverneur, en Conseil privé.

Art. 101. — Les arrêts définitifs sur les comptes sont notifiés par le Directeur de l'Intérieur. Les charges et injonctions doivent être exécutées dans le délai de deux mois, à charge par le comptable d'être porté en débet des sommes non justifiées et d'être tenu d'en verser le montant.

## TITRE IX — Du matériel et de la comptabilité du matériel.

Art. 102. — Le matériel de l'arrondissement se divise en deux catégories :

1° Le matériel non consommable ;

2° Le matériel consommable.

Le matériel non consommable, c'est-à-dire celui qui ne disparaît pas et qui ne change pas de nature par l'usage qui en est fait, est pris en charge sur un inventaire spécial par l'agent voyer (1) ou le comptable du matériel.

Art. 103. — Les sorties provisoires ont lieu sur un ordre écrit de l'administrateur ou de l'agent voyer ; elles sont inscrites au fur et à mesure qu'elles se produisent sur un carnet, tenu par le garde-magasin, sur lequel il indique la date de la sortie, la désignation des objets, les quantités, le nom de la partie prenante ou le chantier auquel l'outillage doit servir, et enfin la date de la réintégration.

L'ordre en vertu duquel la délivrance a été faite doit être rendu à la partie prenante au moment de la réintégration.

Ces objets ne cessent pas de figurer sur les inventaires.

Art. 104. — Au 31 décembre de chaque année, l'inventaire, modifié par les entrées ou les sorties définitives et appuyé des pièces justificatives, est présenté par l'agent chargé du matériel à l'administrateur. Celui-ci en fait le récolement et établit ainsi le point de départ pour l'inventaire de l'année suivante.

Art. 105. — La comptabilité des matières consommables est suivie jour par jour sur un registre balance où un compte est ouvert pour chaque article, de ma-

(1) Les agents voyers des arrondissements sont nommés par l'administrateur chargé de l'arrondissement. — Ces nominations sont soumises au visa du Directeur de l'Intérieur.

Jusqu'à ce jour aucune condition n'a été imposée à ces agents.

Un programme d'examen auquel devront satisfaire ces agents est en ce moment à l'étude.

nière qu'on puisse, à tout instant, contrôler les quantités existant en magasin.

Art. 106. — Toutes les opérations de recettes ou de dépenses concernant le matériel sont transcrites sur le livre-journal, au fur et à mesure qu'elles se présentent.

Art. 107. — Les ordres d'entrée et de sortie sont donnés par l'administrateur. La balance est arrêté et contrôlée en fin d'année. Le récolement est fait dans les mêmes conditions que pour le matériel non consommable. Le résultat sert aussi de point de départ pour le récolement de l'année suivante.

Art. 108. — La réception du matériel est faite par une commission composée de l'administrateur ou du secrétaire d'arrondissement, président ; du receveur comptable et d'un fonctionnaire indigène. La même commission procède à la condamnation ou à la vente du vieux matériel.

### TITRE X. — Propriétés et immeubles de l'arrondissement.

Art. 109. — Les propriétés et immeubles appartenant à l'arrondissement seront décrits sur un registre spécial, tenu sous la responsabilité de l'administrateur, et où un compte particulier sera ouvert pour chacun d'eux.

Art. 110. — Ce compte indiquera en premier lieu la nature et le nombre des titres de propriété de l'immeuble qui seront conservés dans les archives de l'arrondissement;

En second lieu, le cas échéant, l'analyse complète des divers baux auxquels l'immeuble donne lieu.

Art. 111. — Les baux sont consentis par l'administrateur seul et passés de gré à gré quand il s'agit d'un bail ou d'une valeur inférieure à 100 piastres par an ; ils ne sont définitifs qu'après l'approbation du Directeur de l'Intérieur. Ils doivent être soumis au conseil d'arrondissement et mis en ferme par voie d'adjudication publique, lorsqu'il sont supérieurs à 100 piastres ou que la durée est de plus d'un an.

Art. 112. — Aucun immeuble ne peut être aliéné sans le consentement du conseil d'arrondissement.

Les conditions d'affichage, de cahier des charges et d'adjudication sont les mêmes que celles fixées à l'article 40 pour les travaux.

Art. 113. — Les acquisitions ne peuvent avoir lieu qu'en vertu d'un vote du conseil.

La demande d'autorisation doit être accompagnée :

1° D'un plan détaillé des lieux ;

2° D'un rapport d'expert en indiquant la valeur ;

3° D'une promesse de vente du propriétaire faisant connaître le prix et les conditions demandées.

*Les membres de la commission,*
Nouet, Bataille, Brière, Arnaud, Million, Passelègue.

Vu : *L'inspecteur des services administratifs et financiers*, Bourée.

Soumis à l'approbation de M. le Gouverneur :
Saïgon, le 2 octobre 1885,
*Le Directeur de l'Intérieur*, Bouet.

Approuvé pour être rendu exécutoire, à compter du 1er janvier 1886 :
Saïgon, le 24 octobre 1885,
*Le Gouverneur p. i.*, Bégin.

## ANNEXE

### DISPOSITIONS GÉNÉRALES CONCERNANT L'ORDONNANCEMENT, LE PAIEMENT ET LA JUSTIFICATION DES DÉPENSES.

### § 1er. — *Règles applicables aux dépenses de toute nature.*

1. Le mandat de paiement est émis par l'administrateur; il tient lieu de lettre d'avis au titulaire de la créance. La partie prenante donne quittance sur le mandat.

2. Il n'est question, dans la nomenclature qui suit, que des pièces qui, indépendamment du mandat, sont nécessaires pour justifier de la légalité et de la réalité de la dépense, ainsi que la validité du paiement à la personne dénommée dans le mandat. En cas de paiement à des ayants droit ou représentants du titulaire, les comptables doivent exiger, sous leur responsabilité et d'après le droit commun, les pièces constatant, selon le cas, les qualités et droits des parties prenantes.

3. Les justifications produites à l'appui des mandats doivent toujours constater la régularité de la dette et celle du paiement.

4. Avant de procéder au paiement des mandats délivrés sur leur caisse, les receveurs comptables doivent s'assurer que toutes les formalités déterminées par les règlements ont été observées.

5. Les pièces justificatives produites à l'appui d'un mandat doivent être revêtues du visa de l'administrateur qui a délivré le mandat.

Les extraits de décisions, copies de pièces ou de documents sont certifiés pour *extrait* ou pour *copie conforme*, par l'administrateur ou par le chef du bureau compétent.

6. Lorsqu'il est mandaté des acomptes sur une dépense, le premier mandat doit être appuyé de pièces qui constatent le droit du créancier au paiement de cet acompte. Pour les acomptes subséquents, les mandats rappellent les justifications déjà produites et relatent les mandats précédemment délivrés. Ces justifications sont complétées, lors du solde de la dépense.

7. Les titres produits en justification des dépenses, notamment les mémoires des entrepreneurs et fournisseurs, doivent toujours indiquer la date précise, soit de l'exécution des services ou des travaux, soit de la livraison des fournitures, soit de leur admission en recette.

8. La partie prenante dénommée dans un mandat doit toujours être le créancier réel, c'est-à-dire la personne qui a fait le service, effectué les fournitures ou travaux, et qui a un droit à exercer contre la caisse de l'arrondissement.

9. Les agents préposés au paiement des dépenses doivent se conformer aux dispositions suivantes, en ce qui concerne les quittances à fournir par les parties prenantes :

*a* La quittance est apposée sur le mandat ; elle ne doit contenir ni restrictions ni réserves. Quand le mandat est quittancé par le créancier, il n'est pas nécessaire qu'il soit fourni une quittance isolée et distincte ;

*b* Lorsque la quittance se trouve au bas des factures, mémoires ou contrats, le mandat n'en doit pas moins être acquitté *pour ordre*, la décharge de la caisse de l'arrondissement ne pouvant être séparée de l'ordonnancement qui a ouvert le droit ;

*c* Toute quittance doit être datée et signée par la partie prenante, devant l'agent de la dépense, au moment même du paiement ;

*d* Si la partie prenante est illettrée ou dans l'impossibilité de signer, la déclaration en est faite au comptable chargé du paiement, qui la transcrit sur le mandat, la signe et la fait signer par deux témoins présents au paiement, pour toutes les créances qui n'excèdent pas 30 piastres. Pour les paiements au-dessus de cette somme, il doit être exigé une quittance administrative délivrée par l'administrateur ;

*e* Lorsqu'il s'agit de paiement collectifs, il peut toujours être suppléé aux quittances individuelles par des états d'émargement dûment certifiés ;

*f* Les états nominatifs de liquidation, quand chaque titulaire ne reçoit pas personnellement du payeur la somme qui lui revient, doivent porter, outre l'émargement des ayants droit, l'acquit de la personne autorisée à recevoir, en leur nom, le montant du mandat.

10. Pour les dépenses qui n'excèdent pas 2 piastres dans leur totalité, la production des factures et mémoires de travaux ou fournitures n'est pas exigible quand le détail des fournitures ou travaux est présenté dans le corps du mandat. S'il s'agit d'une dépense exécutée en régie, il peut être suppléé à la facture ou au mémoire par une quittance de l'ayant droit contenant le même détail.

11. Les sommes en chiffres inscrites dans le corps d'un mandat ou de toute pièce à l'appui, doivent être énoncées en toutes lettres dans l'arrêté de l'ordonnateur et du liquidateur.

12. Les pièces justificatives de dépenses qui présentent des ratures ne peuvent être admises sans l'approbation du nombre (en toutes lettres) des mots rayés comme *nuls*, signée, selon les cas, par ceux qui ont arrêté les mémoires, états ou autres titres, ou par ceux qui ont souscrit les quittances et par l'agent administratif qui a visé les pièces.

Tout renvoi ayant pour objet d'ajouter des énonciations omises doit être également approuvé et offrir les mêmes signatures.

L'approbation ne peut être considérée comme valable si la rectification est simplement interlignée au-dessus de la signature primitive, sans apposition d'une nouvelle signature.

13. Tout mandat présentant, dans sa partie manuscrite, des ratures ou renvois non approuvés, doit être refusé par le comptable et ne peut donner lieu à paiement qu'après régularisation par le signataire.

14. Les signatures griffées sont interdites sur les mandats et sur toutes les pièces justificatives.

15. Les actes notariés produits pour la justification des droits des créanciers doivent porter l'empreinte du sceau des notaires qui les ont délivrés.

§ 2. — *Règles applicables aux dépenses du personnel.*

16. Le traitement des employés du service régional se paie par mois, à terme échu, les mois étant indistinctement comptés pour trente jours. En cas de décès, de changement de destination ou de congédiement dans le courant du mois, il peut être établi un décompte indiquant la somme due en raison du nombre des jours de service, et il peut être délivré un mandat pour le paiement immédiat de ladite somme.

Les salaires d'ouvriers se paient hebdomadairement et après services faits.

17. Les délégations souscrites sur leur solde par les employés de la vicinalité sont mandatées aux noms et qualités des délégants; le libellé du mandat désigne la personne en faveur de laquelle la délégation a été consentie et dont la quittance sera acceptée par le receveur comptable chargé d'effectuer le paiement.

§ 3. — *Règles applicables aux dépenses du matériel.*

18. Les mémoires ou factures de fournitures d'objets de matériel et les mémoires de travaux et services se rapportant au matériel doivent être totalisés en chiffres et en toutes lettres ; ils sont datés et signés par les créanciers, et la résidence de ces derniers doit y être indiquée.

19. L'arrêté de liquidation des mémoires et factures de toutes fournitures d'objets de matériel doit contenir : 1° certificat de réception de ces objets par l'Administration, à moins que leur livraison n'ait été constatée soit par un procès-verbal compris au nombre des pièces justificatives, soit par la déclaration d'un agent compétent, relatant le numéro d'inscription sur le registre tenu par cet agent pour les objets qu'il doit prendre en charge ; 2° mention du numéro de l'inscription desdits objets sur l'inventaire ou le catalogue pour ceux dont la nature comporte cette formalité

20. Le mandat de *premier paiement*, délivré au nom de tout entrepreneur ou fournisseur assujetti à un cautionnement matériel, doit être appuyé, à défaut de pièces constatant la réalisation du cautionnement, d'une déclaration de l'ordonnateur ou de son délégué compétent, faisant connaître la date de la réalisation de la garantie exigée et la nature des valeurs qui y ont été affectées.

21. La date de la notification aux adjudicataires et soumissionnaires de l'approbation donnée aux marchés qu'ils ont souscrits, quand cette date est le point de départ des engagements contractés, doit toujours être relatée sur les exemplaires de ces marchés qui sont produits à l'appui des mandats.

La date des marchés et adjudications est toujours celle donnée par les entrepreneurs et fournisseurs à leur soumission.

22. Les réemplois d'effets mobiliers et de matériaux utilisés pour les services d'où ils proviennent, doivent être prévus dans les marchés ou conventions et justifiés au moyen d'un décompte établi à l'appui des devis ou certificats comptables, dans lesquels se trouvent décrits et évalués les objets réformés remis aux entrepreneurs ou fournisseurs et dont la nature et la valeur sont ensuite rappelées au bas des mémoires ou factures.

§ 4. — *Règles applicables à la forme et à la production des pièces justificatives.*

23. Lorsque les pièces justificatives se rapportent à plusieurs paiements distincts à effectuer par le même comptable, elles peuvent n'être produites qu'une fois; mais, dans ce cas, chaque mandat auquel elles sont applicables doit énoncer le numéro et la date du mandat auquel elles ont été jointes.

24. Lorsqu'une dépense donne lieu à la délivrance de plusieurs mandats d'acompte, il faut distinguer, pour les justifications à produire, si les dépenses résultent ou non du marché.

A l'appui du premier mandat d'acompte on produit, avec le décompte portant liquidation du service fait, savoir :

Pour les dépenses provenant de marchés, des copies certifiées des conventions et le certificat de réalisation du cautionnement ou la déclaration de l'ordonnateur en tenant lieu ;

Pour les autres natures de dépenses, les pièces qui ont créé ou autorisé le service tels que baux, contrats, jugements, décisions administratives. A l'égard des acomptes subséquents, il suffit, dans l'un et l'autre cas, d'annexer aux mandats le nouveau décompte du service fait, de rappeler les justifications déjà fournies, ainsi que le montant détaillé des acomptes payés, et de faire mention des dates et numéros des mandats antérieurs.

Quant au paiement *pour solde*, il doit être appuyé du décompte général de l'entreprise ou de la fourniture, et, s'il s'agit de travaux, du procès-verbal de réception définitive.

25. Jusqu'à l'époque fixée par les marchés pour qu'il soit dressé procès-verbal de réception définitive des travaux, les décomptes de liquidation établis pour constater le droit de l'entrepreneur du service au paiement des acomptes qui lui sont accordés, doivent rappeler la retenue exercée sur le prix des travaux, en garantie de leur qualité et de leur bonne exécution.

26. A défaut de l'original de toutes pièces justificatives à produire au receveur comptable, il peut y être suppléé par des copies dûment certifiées par les agents administratifs compétents.

27. Dans le cas où un procès-verbal d'adjudication, un marché, une décision, etc., se rapporteraient à plusieurs personnes ou à plusieurs reprises distinctes, les originaux ou les copies peuvent être remplacés par des extraits certifiés qui

doivent relater, en général, toutes les conditions de l'exécution du service et de la régularité du paiement, ainsi que l'accomplissement de toutes les autres formalités voulues, et qui seront complétés à cet effet s'ils ne paraissent pas au comptable contenir les indications nécessaires.

Les mandats, ainsi que les quittances des parties prenantes, sont toujours produits en original.

28. Dans tous les cas où les énonciations contenues dans les pièces produites ne paraîtraient pas suffisamment précises, les comptables peuvent se faire délivrer par les ordonnateurs des certificats administratifs qui complètent ces énonciations.

## NOMENCLATURE

### JUSTIFICATIONS APPLICABLES AU SERVICE RÉGIONAL (1)

### PERSONNEL

*Solde et traitements fixes.*

1° Décompte individuel ou état nominatif dûment arrêté par l'administrateur, indiquant pour chaque employé ou agent :

*a* Le grade et l'emploi ;

*b* Le chiffre du traitement annuel :

*c* La durée du service ;

*d* La somme à payer.

2° Quittance de l'ayant droit par émargement ou séparée.

Et, de plus, en cas d'ordonnancement collectif :

3° Acquit de la personne autorisée à recevoir (agent de paiement).

*Indemnités diverses et gratifications.*

1° État nominatif dûment arrêté, indiquant pour chaque employé ou agent :

Mêmes justifications que ci-dessus, et de plus, si l'indemnité ou la gratification n'est pas portée au budget, la date de la décision qui l'a fixée.

*Secours.*

1° Décision qui accorde le secours ;

2° Quittance de l'ayant droit ;

3° Certificat de vie du titulaire (si le paiement est fait à un fondé de pouvoirs).

*Salaires.*

1° État nominatif dûment arrêté, indiquant pour chacun des ouvriers dénommés le prix de la journée, le nombre des journées et la somme à payer ;

2° Quittance de l'ayant droit par émargement ou séparée ;

En cas d'ordonnancement collectif :

3° Acquit de la personne autorisée à recevoir (agent de paiement).

### MATÉRIEL

FOURNITURES EXÉCUTÉES EN VERTU D'ADJUDICATIONS PUBLIQUES OU DE MARCHÉS DE GRÉ A GRÉ.

§ 1er. — *Paiement unique ou intégral.*

1° Cahier des charges ;

2° Procès-verbal d'adjudication ;

3° Soumission ;

4° Devis contenant l'indication des fournitures et les prix, lorsque ces détails

(1) Sur tous les mandats, états de solde, pièces justificatives, etc., les signatures en caractères étrangers doivent toujours être certifiées par l'administrateur.

Deux témoins certifieront que les parties prenantes illettrées figurant sur les états de solde ou autres, ou sur les mandats de paiement, ont été payées en leur présence, et qu'elles sont illettrées.

ne résultent ni du procès-verbal d'adjudication ou du marché, ni du cahier des charges;

5° Certificat constatant la réalisation du cautionnement ou la dispense qui en a été donnée;

6° Facture ou mémoire dûment certifié et arrêté, contenant le détail des fournitures en quantités, les prix d'unité, la date des livraisons et la somme à payer;

7° Certificat constatant l'exécution du service dans les délais et suivant les conditions stipulées, faisant connaître, *s'il y a lieu,* la date des ordres de livraison, et, *de plus,* mentionnant la prise en charge par qui de droit des fournitures, ou le numéro d'inscription sur l'inventaire, ou le catalogue des objets qui en sont susceptibles, et contenant, en un mot, toutes les indications propres à constater l'exécution du cahier des charges (1).

8° En cas d'exonération ou de réduction des retenues encourues, pour retard dans les livraisons :

Décision ou acte qui a prononcé cette exonération ou cette réduction ;

9° Quittance de l'ayant droit.

§ 2. — *Paiements fractionnés. — Premier acompte.*

1° Copie ou extrait certifié du procès-verbal d'adjudication ou du marché mentionnant l'approbation ;

2° Copie ou extrait du cahier des charges faisant connaître le montant du cautionnement et les conditions du paiement;

3° Certificat constatant la réalisation du cautionnement ou la dispense qui en a été donnée, quand ce dernier détail ne résulte pas du cahier des charges ;

4° Décompte portant liquidation des fournitures effectuées, indiquant la somme à ordonnancer, et, *s'il y a lieu,* la somme retenue ;

5° Quittance de l'ayant droit.

*Acomptes subséquents.*

1° Décompte portant liquidation des fournitures effectuées, indiquant, *s'il y a lieu,* la somme retenue, le détail des acomptes payés, les dates et numéros des mandats en vertu desquels ces paiements ont été faits, le montant et le numéro d'ordre de l'acompte à ordonnancer ;

2° Quittance de l'ayant droit.

*Paiements pour solde.*

1° Procès-verbal d'adjudication ou marché de gré à gré;

2° Cahier des charges;

3° Devis ou soumission contenant l'indication des fournitures et des prix, lorsque ces détails ne résultent ni du procès-verbal d'adjudication ou du marché, ni du cahier des charges ;

4° Facture ou mémoire dûment vérifié et arrêté, contenant les détails en quantités, les prix d'unités et le montant total des fournitures, ainsi que la date des livraisons ;

5° Décompte relatant les acomptes payés, les dates et numéros des mandats antérieurs et la somme à payer ;

6° Certificat constatant l'exécution des services dans les délais et suivant les conditions stipulées, faisant connaître, *s'il y a lieu,* la date des ordres de livraison, et, de plus, mentionnant la prise en charge par qui de droit des fournitures, ou le numéro d'inscription sur l'inventaire, ou le catalogue des objets qui en sont susceptibles ;

(1) En cas de traité de gré à gré, pour les fournitures au-dessus de 200 piastres, voir ci après *Paiement intégral pour travaux.*

7° En cas d'exonération ou de réduction des retenues encourues pour retard dans les livraisons :

Décision ou acte qui a prononcé cette exonération, cette réduction ;

8° Quittance de l'ayant droit.

*Fournitures exécutées sur simple mémoire, lorsque la dépense n'excède pas 300 piastres*

1° Facture ou mémoire dûment vérifié et arrêté, contenant le détail des fournitures en quantités, les prix d'unité, la date de la livraison et la somme à payer;

2° Certificat contenant la prise en charge des fournitures, ou indiquant le numéro d'inscription sur l'inventaire ou le catalogue des objets qui en sont susceptibles;

3° Quittance de l'ayant droit;

4° Lorsque la dépense excède 100 piastres, autorisation préalable du Directeur de l'Intérieur (1).

## TRAVAUX

### TRAVAUX EXÉCUTÉS EN VERTU D'ADJUDICATIONS PUBLIQUES OU DE MARCHÉS DE GRÉ A GRÉ

*Paiement unique ou intégral.*

1° Procès-verbal d'adjudication ou marché de gré à gré dûment approuvé;

2° Cahier des charges;

3° Devis estimatif, s'il y a lieu;

4° Série des prix, s'il y a lieu;

5° Certificat constatant la réalisation du cautionnement ou la dispense qui en a été donnée, lorsque ce dernier détail ne résulte pas du cahier des charges;

6° Facture ou décompte administratif des travaux exécutés, dûment vérifié et arrêté, faisant connaître le détail des travaux, l'application des prix par article, la date de l'exécution et la somme à payer, et contenant, en un mot, les indications propres à constater l'exécution du cahier des charges;

7° Procès-verbal de réception définitive constatant l'exécution du service dans les délais et suivant les conditions stipulées;

Nota. — Dans le cas où il ne serait pas dressé de procès-verbal de réception définitive, il est produit un certificat administratif contenant les mêmes indications;

8° En cas d'exonération ou de réduction des retenues encourues pour retard :

Décision ou acte qui a prononcé l'oxonération ou la réduction;

9° Quittance de l'ayant droit;

10° En cas de traité de gré à gré pour les travaux au-dessus de 300 piastres.

Certificat de l'ordonnateur relatant l'une des exceptions spécifiées dans l'article 33 du règlement (2).

*Acompte subséquent.*

Voir plus haut : *Matériel, Fournitures, Acompte subséquent.*

*Paiement pour solde.*

Mêmes justifications que pour le *paiement unique* ou *intégral*, jusqu'au n° 9 inclus, c'est-à-dire les justifications nos 1, 2, 3, 4, 5, 6, 7, 8 et 9.

(1) Lorsqu'il est payé un ou plusieurs acomptes sur le montant d'un mémoire, les pièces justificatives doivent être fournies à l'appui du premier mandat. On s'y réfère pour les paiements suivants.

(2) Lorsque les travaux résultant d'une même adjudication ou d'un même marché sont scindés, mais que chaque livraison fait l'objet d'une liquidation distincte et complète dont le montant est ordonnancé intégralement, on produit à l'appui du premier paiement toutes les justifications indiquées ci-dessus; pour les paiements suivants, les justifications nos 6, 7, 8 (s'il y a lieu) et 9 sont seules produites, et il suffit de rappeler le numéro du mandat à l'appui duquel les justifications nos 1, 2, 3, 4 et 5 ont été jointes antérieurement, ainsi que la date du paiement.

En cas de traité à forfait, il n'est pas nécessaire que le décompte contienne le détail des travaux et des prix, qui ne serait que la reproduction textuelle du devis.

*Travaux exécutés sur simple mémoire, lorsque la dépense n'excède pas 300 piastres.*

1° Mémoire dûment arrêté, réglé, *s'il y a lieu*, et contenant le détail en quantités, les prix d'unités et la somme à payer ;

2° Certificat constatant l'exécution des travaux ;

3° Quittance de l'ayant droit ;

4° Lorsque la dépense excède 100 piastres, autorisation préalable du Directeur de l'Intérieur (1).

(20 novembre 1885)

**CIRC. D. I.** *Les prix de vente du matériel condamné du service régional devront être augmentés de 5 0/0 pour atténuer les frais d'impression et d'affiches avancés par le service local.*

J. C., p. 1366.

J'ai constaté que les prix de vente de matériel du service régional n'étaient pas toujours abondés, dans certains arrondissements, du 5 p. 100 prescrit par les règlements sur les ventes mobilières de l'Administration locale.

Cette omission provient sans doute de ce que les administrateurs de ces arrondissements pensent que les publications préalables à la vente sont faites à titre gratuit.

Jusqu'ici, en effet, la colonie n'a réclamé aucune somme aux arrondissements pour les annonces ou affiches qu'ils avaient pu faire faire par l'imprimerie coloniale. Mais cette faveur ne saurait être continuée plus longtemps, sans causer des préjudices sérieux au budget local.

A la suite de l'extension prise dans ces derniers temps par les divers services publics de la colonie, il a fallu également augmenter le personnel de l'imprimerie et son matériel. Ces dépenses supportées uniquement par le budget local sont devenues assez considérables pour que l'on en tienne compte.

Afin d'alléger dans la mesure du possible les charges de la colonie, j'ai donc décidé que le service régional serait tenu de rembourser au service local tous les frais d'impression et d'affiches dont il aurait pu lui faire l'avance. Il serait, du reste, peu équitable de dispenser de ce remboursement les arrondissements, alors que les autres administrations y sont astreintes.

C'est dans le but d'atténuer les dépenses de ce chef que les prix de vente du matériel du service régional devront être augmentés de 5 p. 100.

Je vous recommande de tenir la main à ce qu'à l'avenir, le matériel vendu aux enchères ne soit délivré aux acquéreurs qu'après l'acquittement de cette somme, qui devra être mentionnée sur le procès-verbal d'adjudication.

NOUET.

(11 février 1886)

**CIRC. D. I.** *au sujet de la convocation des conseils d'arrondissement. — Instructions pour la préparation du budget.*

ARCH. D. I.

J'ai l'honneur de vous adresser ci-joint copie de l'arrêté, pris par monsieur le Gouverneur, le 3 courant, et convoquant les conseils d'arrondissement en session ordinaire. Cette réunion ayant surtout pour but de permettre aux assemblées régionales d'approuver les comptes de gestion de l'ordonnateur et du percepteur, et de voter le budget rectificatif, j'ai cru devoir vous faire de nouvelles recommandations pour la préparation de ce dernier document.

Chaque année, des instructions sont envoyées à ce sujet aux arrondissements, mais généralement il en est tenu peu de compte, aussi arrive-t-il souvent que les budgets sont, de ma part, l'objet de rectifications, qui retardent leur envoi au Conseil privé. Afin d'éviter toute perte de temps, je vous prie, pour l'établissement de votre budget, de vous conformer strictement aux indications qui suivent.

BUDGET

Le budget rectificatif que vous aurez à présenter à l'examen de votre conseil d'arrondissement devra être établi d'après la nouvelle division adoptée, dont vous trouverez un spécimen, à la suite du nouveau règlement sur la comptabilité. A ce sujet, j'appelle votre attention sur l'article 14 de ce règlement, qui dispose que le montant de chaque budget ne pourra excéder 1 piastre 50 cent. par inscrit, pour la supputation de ce chiffre, ne seront pas comprises les subventions accordées par la colonie pour l'exécution d'un travail ou d'un service déterminé, ainsi que le versement fait par

(1) Lorsqu'il est payé un ou plusieurs acomptes sur le montant d'un mémoire, les pièces doivent être fournies à l'appui du paiement du premier acompte ; on s'y réfère pour les paiements suivants.

les villages de leurs deux journées de petite vicinalité pour travaux exécutés à leur compte, mais il sera tenu compte des ressources qui pourraient être réalisées sous forme de dons, contribution volontaire des habitants, etc., même lorsque ces sommes auraient une affectation spéciale.

RECETTES

*Impôt personnel.* — L'arrêté du 28 décembre 1882 fixe la quotité de l'impôt personnel attribuée aux arrondissements, en remplacement des subventions qui leur étaient précédemment allouées; mais il est bien spécifié que cet impôt ne devra être payé que par les Indigènes; il s'ensuit que c'est à tort que quelques arrondissements ont cru devoir soumettre les Chinois à cet impôt.

Les Asiatiques étrangers paient, en effet un droit de capitation spécial, pour lequel les arrondissements peuvent être autorisés à percevoir des centièmes additionnels; mais il ne serait pas équitable de leur imposer, en outre, une taxe de 20 cents. En dehors de cette dernière contribution, ils sont astreints à toutes les charges communes aux autres habitants du village.

*Centièmes additionnels.* — L'arrêté du 9 février 1884 dispose que les arrondissements sont autorisés à percevoir des centièmes additionnels au principal des rôles de l'exercice en cours; il ressort du texte même de cet arrêté que cette contribution ne doit être calculée que sur les impôts dont le produit est perçu directement par la colonie, et non sur le montant du rôle du service local augmenté de celui du service régional.

*Prestations.* — En France, il est d'usage de laisser toute liberté aux habitants sur la façon dont ils veulent acquitter cette contribution, soit en argent soit en nature; ce système ne saurait être appliqué en Cochinchine sans présenter quelques inconvénients. Il peut arriver, en effet que les travaux votés par le conseil d'arrondissement se trouvent précisément dans les cantons dont le rachat des journées aurait été accepté, tandis que les cantons, fournissant leurs prestations en nature n'auraient aucun travail à exécuter; de là, autant de difficultés pour employer les journées dans ces derniers cantons, que pour trouver des travailleurs dans les premiers.

Un autre système non moins défectueux sur lequel je dois attirer votre attention est celui qui consiste à prévoir toutes les journées rachetables en argent. En procédant ainsi, l'administrateur a peut-être plus de facilité pour disposer, suivant les besoins, des ressources de son budget; mais il peut se trouver, à un moment donné, dans l'obligation de payer à ses journaliers un salaire plus élevé que le prix versé par les prestataires; de là des mécomptes en fin d'exercice.

Il est donc préférable de prévoir à votre budget une partie de vos prestations en nature et l'autre en argent, et de fixer vous-même, d'accord avec votre conseil, les cantons qui devront les fournir de l'une ou l'autre façon.

*Petite vicinalité.* — Les deux journées de petite vicinalité appartenant aux villages, le conseil d'arrondissement ne peut en disposer qu'avec le consentement de ceux-ci et sous la condition que l'arrondissement exécutera les travaux pour leur compte. Dans ce cas, le service régional en prend charge, en recette, au chapitre VI, § 2, et les comprend également au chapitre VII des dépenses.

Dans le cas où les villages, n'ayant pas employé leurs journées en fin d'année, auraient l'intention d'en faire l'abandon pur et simple à l'arrondissement, celui-ci ne doit les accepter qu'avec l'autorisation de l'autorité supérieure. Dans ce cas, il sera tenu compte de cette recette pour la supputation du chiffre de 1 piastre 50 cents, fixé par l'article 14 du règlement.

DÉPENSES

En ce qui concerne les dépenses, je ne puis que vous recommander d'apporter tous vos soins pour la rédaction de cette partie du chapitre du budget, pour le personnel, le nombre des agents en service devra être indiqué, pour chaque classe, avec la solde mensuelle ou annuelle, allouée à chacun d'eux; pour les fournitures et travaux, les dépenses devront être inscrites séparément, suivant leur nature; en un mot, l'emploi de chacun des crédits qui vous sont alloués, devra être mentionné sur votre budget d'une manière claire et précise. Vous devrez en outre restreindre autant que possible les crédits du chapitre des dépenses diverses et imprévues qui ne doit comprendre que des menus frais difficiles à prévoir au commencement de l'année.

Les dépenses pour l'habillement des cantonniers et autres agents des vicinalités ont été supprimées en principe, j'ai pensé cependant qu'il pourrait être utile de donner aux agents, chargés du Tram régional, des insignes permettant de les reconnaître; je vous autorise donc à prévoir, si vous en reconnaissez la nécessité, un léger crédit sous la rubrique : Insignes aux facteurs.

Je dois également appeler votre attention sur le projet présenté par l'Administration au Conseil Colonial, relatif aux remises à allouer aux maires pour la perception de l'impôt. L'Assemblée locale ayant décidé que ces allocations seraient supportées par moitié par les deux services local et régional, il y aura lieu de prévoir à votre budget les crédits nécessaires pour faire face à cette dépense. Des instructions vous seront envoyées sous peu à ce sujet; toutefois, vous pourrez vous reporter à la délibération du Conseil colonial, insérée au journal officiel du 21 décembre 1885, pour la quotité des dépenses de l'espèce incombant à votre arrondissement.

Vous aurez enfin à inscrire au chapitre VIII la somme devant former votre fonds de réserve, destiné à payer la solde de vos agents pendant les deux premiers mois de l'année 1887. Il en résultera que votre budget comprendra une période de quatorze mois pour les dépenses afférentes au personnel; cette situation anormale ne portera que sur l'exercice 1886 et disparaîtra pour les années suivantes.

En terminant je dois vous faire connaître que le Ministère ayant demandé l'envoi périodique des deux exemplaires du budget et d'une copie des comptes de gestion de l'ordonnateur et du percepteur, pour chaque arrondissement, vous aurez à m'adresser cinq exemplaires du premier de ces documents et quatre pour chacun des deux autres.

NOUET.

(16 août 1886)

**CIRC. D. I.** *au sujet de la convocation des conseils d'arrondissement.*

J. C., p. 859.

Le Chef de la colonie vient d'adresser au Département une demande tendant à faire maintenir les deux sessions annuelles des conseils d'arrondissement.

En ce qui concerne l'année courante, la première session ordinaire aura lieu le 1er octobre 1886. Dans cette session les conseils, en dehors des affaires diverses qui pourront leur être soumises, devront voter le budget primitif de l'exercice prochain. Je saisis cette occasion pour vous rappeler la circulaire du 11 février 1886, nº 1, et vous prier de tenir compte des instructions qu'elle contient pour la préparation de ce document.

Vous aurez, en outre, à inviter l'assemblée que vous présidez à émettre, au cours de cette première session, tous les vœux relatifs à l'intérêt local, et à produire leurs demandes de subventions à allouer par le Conseil colonial aux arrondissements. Vous voudrez bien faire annexer aux comptes rendus des délibérations tous les projets des travaux discutés et leurs devis approximatifs, ainsi que les plans à l'appui. Ces documents seront soumis à la haute sanction du Conseil colonial, qui pourra ainsi, en parfaite connaissance de cause, statuer sur l'opportunité des subventions à attribuer et sur l'ensemble des travaux engagés.

Après approbation de notre premier corps délibérant, les budgets régionaux seront retournés aux administateurs ; les conseils d'arrondissements, réunis pour la seconde fois, au commencement de décembre, arrêteront définitivement leurs budgets respectifs, et détermineront par sections l'emploi des subventions accordées par le Conseil colonial.

Si, comme il y a lieu de le prévoir, la demande de M. le Gouverneur est accueillie par le Département, dès l'année prochaine, la première session des conseils d'arrondissement s'ouvrira vers le 1er juillet et la seconde vers le 1er décembre.

Pendant la session de juillet, le conseil d'arrondissement aura non seulement à préparer le budget de l'exercice suivant, d'après les indications précitées, mais encore il devra se conformer au règlement sur la comptabilité régionale et examiner en détail les comptes de gestion de l'ordonnateur et du percepteur pour l'exercice précédent, de façon à permettre à l'Autorité supérieure d'apprécier les actes de l'administrateur pendant l'exercice qui se sera écoulé, et de les soumettre à l'approbation du Conseil colonial.

NOEL PARDON.

(9 février 1887)

**CIRC. D. I.** *relative à l'état des recettes et dépenses des communes des arrondissements.*

B. D. I, p. 11.

J'ai l'honneur de vous prier de vouloir bien m'adresser, dans le plus bref délai possible, un état faisant connaître les recettes et les dépenses des communes de votre arrondissement, pendant l'année 1886 et conforme au modèle ci-joint.

Ce tableau devra être suivi ou accompagné de toutes les observations et explications qui seraient de nature à préciser le fonctionnement des budgets communaux ; l'indication des unités de taxes, des prix de location par hectare, etc., etc.

NOEL PARDON.

EXERCICE 1886

| RECETTES | Piastres | | DÉPENSES | Piastres | |
|---|---|---|---|---|---|
| Location de terrains communaux — Rizières ... h. | | | Frais de déplacement des notables convoqués par les tribunaux ou par l'administrateur... | | |
| — Jardins ... h. | | | Construction et entretien de maisons communes ... | | |
| — Cultures diverses ... h. | | | Gardiens des maisons communes ... | | |
| — Terrains d'habitation ... h. | | | Eclairage ... | | |
| Pêcheries ... | | | Frais de bureau, écrivains, réunion des notables ... | | |
| Bacs ... | | | Achat et entretien de bureaux ... | | |
| Marchés ... | | | Entretien des marchés ... | | |
| Prestataires devant fournir chacun deux journées de petite vicinalité ... | | | Appointements ... | | |
| Part contributive des hommes valides dans les dépenses, proportionnellement à la fortune de chacun d'eux ... | | | Construction et entretien de ponceaux en bois ... | | |
| (Faire connaître la moyenne de cette contribution par homme valide.) | | | Entretien des écoles ... | | |
| Autres recettes diverses (les énumérer) ... | | | Service de la voirie ... | | |
| | | | Cimetières ... | | |
| | | | Primes aux tirailleurs ... | | |
| | | | Entretien et confection de chemins vicinaux .. | | |
| | | | Feuilles et registres pour l'état civil et les rôles d'impôt ... | | |
| | | | Autres dépenses diverses (les énumérer) ... | | |
| TOTAL DES RECETTES ... | | | TOTAL DES DÉPENSES ... | | |

(23 juin 1887)

**CIRC. D. I.** *relative à l'envoi d'un état récapitulatif des budgets des communes de la colonie pour l'exercice 1880.*

B. D. I, p. 43.

(17 juillet 1888)

**CIRC. D. I.** *appliquant à la comptabilité du service régional les nouvelles instructions adressées le 13 juin dernier* (1) *par le trésorier-payeur aux percepteurs.*

B. D. I, p. 27.

(13 novembre 1888)

**CIRC. D. I.** *Modifications apportées aux comptes des services régionaux, en exécution d'une dépêche du ministère des finances, en date du 24 mars 1888.*

J. C., p. 964.

J'ai l'honneur de vous informer qu'une dépêche du Ministère des finances, en date du 24 mars 1888, a prescrit de ramener au taux de 4 francs toutes les soldes existant au 30 juin 1887 dans les écritures du receveur spécial, et qui, par suite de l'établissement du budget en francs pour l'exercice 1887, avaient été convertis au taux de 4 fr. 20 cent.

Vous trouverez ci-joint le relevé pour votre arrondissement des recettes, versements au trésor et dépenses effectués pendant l'exercice 1887.

Je vous prie de vouloir bien donner des ordres pour que les écritures tenues dans vos bureaux soient mises en concordance avec les chiffres portés sur le relevé.

Les rectifications nécessaires ont déjà été effectuées à la comptabilité tenue au 5e bureau.

CÉLORON DE BLAINVILLE.

(25 septembre 1889)

**CIRC. D. I.** *au sujet des demandes de virements de crédits adressées par les administrateurs.*

J. C., p. 909.

(1) V. *Percepteurs, Perceptions.*

## SERVICES ANTÉRIEURS

V. *Caisse et compte de prévoyance.*

## SERVITUDES MILITAIRES

(17 juillet 1819)

**LOI** *relative aux servitudes imposées à la propriété pour la défense de l'État.*
B. M. R. I, p. 398.

(14 juin 1864)

**CIRC M.** *Instructions relatives à la location des terrains militaires* (1).
B. M., p. 442.

(26 avril 1872)

**DÉP. M.** *(Extrait). Les terrains qui entourent les enceintes défensives devront être conservés par l'administration de la colonie.*
BAT. I, p. 401.

En ce qui regarde les servitudes militaires, les lois et décrets qui s'y rapportent n'étant pas applicables aux colonies, l'Administration de la Cochinchine, conformément aux instructions contenues dans les dépêches des 23 juillet et 7 décembre 1867 (1), devra conserver, sans aliénation, les terrains qui entourent les enceintes défensives. Le chef du service du génie est particulièrement intéressé à l'exécution de ces instructions, et il en est de même pour ce qui touche la stricte application des dispositions de l'article 3 du règlement du 26 janvier 1866, à tous les travaux civils qui peuvent intéresser soit la défense du territoire de la colonie, soit les services militaires.

ZŒPFFEL.

(1) V. *Défense de la colonie.*

# SIAM

| NATURE DES DOCUMENTS | DATES | RECUEILS A CONSULTER Bat. | B.C. | B.D.I. | J. C. | J. H. | B.M. | B.Col. | OBSERVATIONS |
|---|---|---|---|---|---|---|---|---|---|
| Traité | 15 juillet 1867. | I-33 | | | | | | | |
| Convention | 7 août 1867. | I-32 | | | | | | | |
| Acte addit. | 14 juillet 1870. | I-34 | | | | | | | |
| Circ. D. I. | 24 octobre 1877. | II-428 | | 82 | | | | | |
| Dép. M. | 4 octobre 1887. | | 719 | | | | | | |

(15 juillet 1867)

**TRAITÉ** *conclu entre la France et le royaume de Siam réglant la position du royaume du Cambodge.*

(Ratifié décret 29 février 1888.)

BAT. I, p. 33.

Article premier. — S. M. le Roi de Siam reconnaît solennellement le Protectorat de S. M. l'Empereur des Français sur le Cambodge.

Art. 2. — Le traité conclu au mois de décembre 1863, entre les royaumes de Siam et du Cambodge, est déclaré nul et non avenu, sans qu'il soit possible au gouvernement de Siam de l'invoquer à l'avenir et en aucune circonstance.

Art. 3. — S. M. le Roi de Siam renonce, pour lui et ses successeurs, à tout tribut, présent ou autre marque de vassalité de la part du Cambodge.

De son côté, S. M. l'Empereur des Français s'engage à ne point s'emparer de ce royaume pour l'incorporer à ses possessions de Cochinchine.

Art. 4. — Les provinces de Battambang et d'Ang-kor (Naklon Siemrap) resteront au royaume de Siam. Leurs frontières, ainsi que celles des autres provinces siamoises limitrophes du Cambodge, telles qu'elles sont reconnues de nos jours de part et d'autre, seront, dans le plus bref délai, déterminées exactement à l'aide de poteaux ou autres marques, par une commission d'officiers siamois et cambodgiens, en présence et avec le concours d'officiers français désignés par le Gouverneur de la Cochinchine.

La délimitation opérée, il en sera dressé une carte exacte par les officiers français.

Art. 5. — Les Siamois s'abstiendront de tout empiétement sur le territoire du Cambodge, et les Cambodgiens s'abstiendront également de tout empiétement sur le territoire siamois.

Toutefois, les habitants des deux pays auront la liberté de circuler, de faire le commerce et de résider pacifiquement sur les territoires respectifs.

Si des sujets siamois se rendent coupables de quelques délits ou crimes sur le territoire du Cambodge, ils seront jugés et punis, avec justice, par le gouvernement du Cambodge et suivant les lois de ce pays; si des sujets Cambodgiens se rendent coupables de délits ou crimes sur le territoire siamois, ils seront également jugés et punis, avec justice, par le gouvernement siamois, suivant les lois de Siam.

Art. 6. —Les bâtiments sous pavillon français pourront naviguer librement dans les parties du fleuve Mé-kong et de la mer Intérieure qui touchent aux possessions siamoises. Le gouvernement de S. M. le Roi de Siam mettra à la disposition des autorités de Saïgon le nombre des passeports qu'elles jugeront nécessaire, pour être délivrés, après avoir été signés et apostillés par lesdites autorités, aux sujets français qui voudront se rendre dans ces parages. Sur le territoire siamois, ceux-ci devront se conformer en tout aux stipulations du traité de 1856 entre la France et le Siam. Le passeport ci-dessus mentionné tiendra lieu, en cas de relâche, de la passe exigée par l'article 7 dudit traité, et donnera aux porteurs, en cas d'urgence, le droit d'adresser directement leurs réclamations aux autorités siamoises.

Art. 7. — Le gouvernement français s'engage à faire observer par le Cambodge les stipulations qui précèdent.

Art. 8. — Le présent traité ayant été rédigé en français et en siamois, et les deux versions ayant la même portée et le même sens, le texte français sera officiel et fera foi, sous tous les rapports, aussi bien que le texte siamois.

NAPOLÉON.

(7 août 1867)

**CONVENTION** *entre la France et le royaume de Siam relativement à l'importation de vins et spiritueux dans le royaume de Siam.*

(Ratifiée décret 29 février 1868.)

BAT. I, p. 32.

Article premier. — Les sujets français pourront, moyennant l'acquittement d'un droit d'entrée de trois pour cent de la valeur, importer dans le royaume de Siam, d quelque pays et sous quelque pavillon que ce soit, des vins et autres boissons fermentées, ainsi que toute espèce de boissons distillées.

Ces produits pourront être librement vendus et transportés dans l'intérieur du pays, et leur vente ne sera pas soumise à d'autres formalités ni à d'autres charge que celles qui se trouvent indiquées ci-après.

Art. 2. — Tout individu qui voudra vendre en détail des boissons fermentées ou distillées de provenance étrangère, devra se munir d'un permis spécial. Ce permis sera délivré par l'autorité siamoise, qui ne pourra jamais le refuser.

Art. 3. — Toutes les fois qu'un permis sera délivré pour la vente en détail des boissons distillées d'une valeur inférieure à un franc soixante-cinq centimes (un demi-tical) le litre, il n'en pourra être fait usage que pour un seul établissement ou un seul bateau, et que dans les limites d'un district déterminé.

Art. 4. — La délivrance des permis aura lieu sans frais, mais une taxe annuelle pourra être exigée de tout détaillant qui vendra des boissons distillées d'une valeur inférieure à un franc soixante-cinq centimes (un demi-tical) le litre, alors même qu'il vendrait simultanément des spiritueux de qualité supérieure.

Cette taxe ne devra, en aucun cas, dépasser quatre-vingts ticaux.

Art. 5. — Les infractions aux dispositions qui précèdent seront punies d'une amende qui ne pourra excéder deux cents ticaux. Si le contrevenant est sujet ou protégé français, la condamnation à l'amende devra être prononcée par le consul de France.

Art. 6. — Les sujets français devant jouir, aux termes du traité du 15 août 1856, du traitement de la nation la plus favorisée, il est bien entendu qu'ils ne seront tenus de se conformer aux dispositions de la présente convention qu'autant que les sujets des autres nations y seraient également soumis et les observeraient en toute circonstance.

Art. 7. — La présente convention aura une durée de cinq années, à dater de l'échange des ratifications, et elle demeurera ensuite obligatoire, d'année en année jusqu'à ce que l'un des deux gouvernements ait annoncé à l'autre, un an à l'avance, son intention d'en faire cesser les effets.

Les deux gouvernements se réservent d'ailleurs d'y introduire, d'un commun accord, à l'expiration du terme assigné à sa durée fixe, les modifications qui seraient jugées nécessaires.

NAPOLÉON.

(14 juillet 1870).

**ACTE ADDITIONNEL** *au traité du 15 juillet 1867 passé avec le royaume de Siam pour régler la position du Cambodge.*

BAT. I, p. 34.

§ 1er. — Les rois de Siam et du Cambodge renoncent réciproquement, pour eux et leurs successeurs, aux droits de propriété exclusive qu'ils revendiquent chacun sur le Grand-Lac ou portion du Grand-Lac limitrophe des deux pays.

En conséquence, il ne sera prélevé aucun droit ou impôt sur les Cambodgiens, les Cochinchinois, sujets français, ni sur les Siamois se livrant à la pêche dans les bateaux, soit du côté du Cambodge, soit du côté de Siam.

§ 2. — Les Cambodgiens, les Cochinchinois, sujets français, les Siamois qui établiront des hangars ou autres constructions de ce genre, pour sécher on fumer le poisson sur les rives du Grand-Lac, pendant la saison des eaux basses, soit sur le rivage lui-même, soit en les avançant assez loin dans le lac pour y trouver une profondeur d'eau qui permette aux bateaux d'y aborder sans échouer, devront payer aux gouvernements du Siam et du Cambodge, selon qu'ils seront sur l'un ou l'autre de ces territoires, un droit de huit et demi pour cent sur la valeur du poisson à exporter. Cet impôt sera payé en argent ou en nature, c'est-à-dire en poisson de la même espèce que ceux qui seront exportés.

Mais les hangars ou autres constructions de ce genre, établis sur les îles ou les hauts fonds situés dans le lac, et qui sont séparés de la côte par un chenal plus profond, c'est-à-dire qui ne touchent pas au littoral, et établis, soit par des Cambodgiens, des Cochinchinois, sujets français, et des Siamois, ne seront sujets à aucun droit.

Les deux pays conservent seulement la faculté de percevoir des droits sur les produits de la pêche qui passent du Grand-Lac sur leur territoire respectif.

§ 3. — Tous canaux divergeant du Grand-Lac ou mer Intérieure, soit du côté du Siam, soit du côté du Cambodge, et que certains fonctionnaires sont chargés d'entretenir, seront sujets au régime suivant, c'est-à-dire que quiconque voudra pêcher dans les eaux desdits canaux devra s'entendre avec leur surveillant relativement au paiement à effectuer, soit en espèces, soit en poisson, ce qui aura été convenu entre les deux parties.

§ 4. — Les autorités des territoires où sont situés ces canaux prélèveront les taxes qui leur conviendront sur les pêcheurs des nationalités différentes.

Il ne sera prélevé aucun droit dans les eaux des ruisseaux et des canaux qui servent de frontières entre le Cambodge et les provinces qui appartiennent au gouvernement siamois.

Mais les Cambodgiens, les Cochinchinois, sujets français, et les Siamois qui établiront des hangars ou autres constructions de ce genre, devront payer une taxe de huit et demi pour cent au gouvernement ou autorités du Cambodge et de Siam, selon qu'ils seront sur l'un ou l'autre de ces territoires. Cet impôt sera payé soit en argent soit en poisson de la même espèce que ceux exportés.

Il est bien entendu que l'une des rives du Prec-compong-prac forme la ligne frontière de la province siamoise de Battambang, et la rive opposée celle du royaume du Cambodge, de même qu'une des rives du Prec-compong-thiam forme la ligne frontière de la province siamoise d'Ang-kor, et la rive opposée celle du Cambodge..

§ 5. — Dans le cas ou des modifications au présent article additionnel paraîtraient désirables, elles ne pourraient se faire qu'après l'espace de douze années révolues et qu'après que l'une ou l'autre des parties contractantes aurait manifesté, une année à l'avance, son intention dans ce but.

§ 6. — Le présent article additionnel au traité du 15 juillet 1867 a été rédigé en français et en siamois, les deux versions ayant la même teneur et le même sens.

*Complément du deuxième paragraphe de l'article additionnel.*

Les plénipotentiaires de France et de Siam sont convenus d'un commun accord, et avant la signature de l'article additionnel ci-dessus, d'ajouter au deuxième paragraphe de cet acte la condition ci-après, qui aura la même force et la même valeur que toutes dispositions précédemment insérées dans le but de détruire d'avance toutes les objections :

« Dans tous les cas, toute pêcherie éloignée du rivage, toujours découvert par les eaux, de plus de sept cents mètres, n'aura pas à payer le droit d'exportation. »

(24 octobre 1877)

**CIRC. D. I.** *Passeports délivrés dans la colonie pour le royaume de Siam.*

BAT. II, p. 428.
B. D. I, p. 82.

M. le consul de France à Bangkok s'est adressé à M. le Gouverneur pour le prier de vouloir bien faire spécifier sur les passeports délivrés dans la colonie, pour le royaume de Siam, la qualité des intéressés, soit comme sujets français ou simplement comme protégés français.

En conséquence, j'ai l'honneur de vous prier de ne pas omettre ces mentions, d'une très grande importance, sur les passeports que vous établirez pour ce royaume.

Le titre de *sujet français* est acquis aux Français, aux Indigènes et aux personnes ayant obtenu la neutralisation ; mais on pourra également considérer comme tels ceux qui auraient acquis la nationalité, par exemple, en raison de la naissance en Cochinchine de parents eux-mêmes établis dans ce pays. Le titre de *protégé français* ne devra être donné qu'aux Asiatiques non représentés à Saïgon, et qui, après contrôle et caution, seront reconnus dignes de notre protection.

Ces passeports devront être soumis à mon visa.

PIQUET.

(4 octobre 1887)

**DÉP. M.** *(Consulat de France à Bangkok) au sujet de la suspension de la perception des droits de douane sur les diverses marchandises importées de la Cochinchine et du Cambodge, à partir du 1er novembre 1887.*

B. C., p. 719.

Le Gouvernement siamois a décidé que la perception à Battambang des droits sur les diverses marchandises importées de la Cochinchine et du Cambodge serait suspendue jusqu'à nouvel ordre, à partir du 1er novembre 1887.

Les marchandises importées devront toutefois être déclarées en douane, afin que l'on puisse dresser les statistiques commerciales. Les préposés de la douane pourront, s'ils le jugent nécessaire, vérifier l'exactitude des déclarations.

Je vous prie, Monsieur le Gouverneur, de vouloir bien faire porter ces dispositions à la connaissance du commerce intéressé.

DE KERGARADEC.

## SIGNATURES

| NATURE DES DOCUMENTS | DATES | RECUEILS A CONSULTER Bat. | B. C. | B. D. I. | J. C. | J. H. | B. M. | B. Col. | OBSERVATIONS |
|---|---|---|---|---|---|---|---|---|---|
| Circ. M. | 30 mars 1838. | | | | | | B. III. 430 | | |
| Circ. D. I. | 9 octobre 1867. | I-55 | | 91 | | | | | |
| Circ. D. I. | 22 décembre 1873. | I-62 | | 88 | | | | | |
| Circ. D. I. | 12 janvier 1878. | I-64 | | 8 | | | | | |

(30 mars 1838)

**CIRC. M.** *invitant les officiers, fonctionnaires et agents de la marine à écrire leur signature lisiblement.*

B. M. R. III, p. 430.

(9 octobre 1867)

**CIRC. D. I.** *Forme des cachets des tong et des maires.*

BAT. I, p. 55.

B. D. I, p. 91.

Il est à désirer qu'à première vue le cachet d'un maire ou d'un chef de canton puisse être lu par un Européen ou un Indigène.

Dans ce but, vous maintiendrez aux cachets des tongs la forme carrée, à ceux des maires la forme rectangulaire, allongée, qu'ils avaient autrefois, et vous ferez inscrire sur chacun d'eux:

1° Le numéro de l'inspection en chiffres arabes;

2° Le nom du tong ou du village en caractères européens;

3° Le nom du village ou du tong en caractères chinois.

Vous opérerez le changement de ces cachets au fur et à mesure que vous en aurez de nouveaux; si vous n'avez pas de graveurs, envoyez des demandes à la Direction.

Sur la demande des Cambodgiens, ils ont été autorisés à conserver à leurs cachets la forme ronde en usage au Cambodge, à condition qu'ils portent les indications prescrites en caractères européens.

| NUMÉROS DES INPECTIONS | PROVINCES |
|---|---|
| 1. Thu-dau-mot | Bien-hoa. |
| 2. Thu-duc | |
| 3. Bien-hoa | |
| 4. Long-thanh | |
| 5. Baria | |
| 6. Cholon | Saïgon. |
| 7. Cangioc | |
| 8. Go-cong | |
| 9. Tan-an | |
| 10. Saïgon | |
| 11. Trang-bang | |
| 12. Tay-ninh | |
| 13. Kien-hoa | Mytho. |
| 14. Mytho | |
| 15. Kien-dang | |
| 16. Kien-phong | |
| 17. Vinh-long | Vinh-long. |
| 18. Bentré | |
| 19. Tra-vinh | |
| 20. Soc-tran | Chaudoc. |
| 21. Sadec | |
| 22. Chaudoc | |
| 23. Hatien | Hatien. |
| 24. Rach-gia | |
| 25. Bac-trang | Vinh-long. |
| 26. Can-tho | Chaudoc. |
| 27. Mo-cay | Vinh-long. |

P. VIAL.

(22 décembre 1873)

**CIRC. D. I.** *Les fonctionnaires sont invités à ne point remplacer leur signature par l'empreinte d'une griffe.*

BAT. I, p. 62.

B. D. I, p. 88.

J'ai l'honneur de vous informer que M. le Gouverneur vient de me faire connaître qu'il a entre les mains des pièces émanant de fonctionnaires publics, dont la signature est remplacée par l'empreinte d'une griffe.

Il croit inutile de vous énumérer les inconvénients qui peuvent résulter d'une pareille imprudence, et me charge de vous faire connaître qu'il défend expressément d'employer ce moyen pour apposer votre signature, tant sur les livrets des Chinois que sur toutes les autres pièces que vous délivrez en raison de vos fonctions.

DE MONTJON.

(12 janvier 1878)

CIRC. D. I. *Il ne doit pas être fait usage de griffes sur les pièces délivrées aux Indigènes.*

BAT. I, p. 64.

B. D. I, p. 8.

Il est fait usage, dans certaines inspections, de griffes apposées sur diverses pièces délivrées aux Indigènes, et particulièrement sur les autorisations d'achat d'armes et de munitions.

Je n'ai point besoin de m'étendre sur les graves inconvénients qui peuvent résulter d'une pareille imprudence, et pour y obvier, vous voudrez bien m'adresser, pour la légalisation de votre signature sous le timbre du 3e bureau, les autorisations de l'espèce que vous délivrerez.

Je profite de cette occasion pour vous rappeler ma circulaire du 22 décembre 1873, et pour vous prier de vous y conformer strictement à l'avenir.

PIQUET.

Consulter en outre : *Légalisation*.

# SIGNAUX ET FEUX

| NATURE DES DOCUMENTS | DATES | RECUEILS A CONSULTER Bat. | B.C. | B.D.I. | J.C. | J.H. | B.M. | B.Col. | OBSERVATIONS |
|---|---|---|---|---|---|---|---|---|---|
| Décret. | 25 juin 1864. | | | | | | 447 | | |
| A. M. | 22 mars 1866. | | | | | | 166 | | |
| O. G. | 25 avril 1867. | II-619 | | | | | | | |
| A. G. | 6 juin 1872. | II-620 | 151 | | | | | | |
| A. G. | 30 décembre 1876. | II-621 | 337 | | | | | | |
| Circ. M. | 26 mars 1881. | | | | | | | | |

(25 juin 1864)

**DÉCRET** *relatif au Code commercial des signaux à l'usage des bâtiments de toutes les nations.*

B. M., p. 447.

(22 mars 1866)

**A. M.** *concernant le Code commercial des signaux à l'usage des bâtiments de toutes les nations.*

B. M., p. 166.

(25 avril 1867)

**O. G.** *Signaux conventionnels à employer au phare Saint-Jacques.*

BAT. II, p. 619.

Le chef d'état-major général a l'honneur d'informer MM. les capitaines du commerce que l'annonce d'une dépêche arrivant de Saïgon leur sera, à l'avenir, signalée au phare du cap Saint-Jacques au moyen des trois boules (noire, blanche, noire et blanche).

Quand plusieurs navires attendront une dépêche de Saïgon, l'employé du service télégraphique préviendra :

Le 1er capitaine expéditeur que la réponse attendue lui sera signalée par la boule blanche hissée à la corne du mât de pavillon ;

Le 2e capitaine sera prévenu par la boule noire ;

Le 3e, par la boule blanche et noire ;

Le 4e, par les boules superposées,

Et ainsi de suite, en combinant successivement les deux boules.

La flamme 8 en tête de mât indiquera au navire montant à Saïgon ou en descendant qu'une dépêche l'attend à terre.

Le pavillon de pilote servira, comme par le passé, à appeler un pilote.

Le pavillon de pilote avec la flamme 8 inférieure signifiera : *Vapeur en vue.*

Enfin, la flamme 8 supérieure au pavillon du pilote indiquera un *navire à voiles en vue.*

Ces signaux conventionnels seront employés à compter du 15 mai et affichés au port de commerce.

DE MAUDUIT.

(6 juin 1872)

**A. G.** *Adoption de nouveaux signaux pour les départs et arrivées des bâtiments.*

BAT. II, p. 620.

B. C., p. 151.

L'arrêté du 20 août 1866 est rapporté en ce qui concerne le mode de signaux adopté par la direction du port de commerce de Saïgon.

A partir du 1er juillet, les départs et arrivées des bâtiments seront annoncés pendant le jour, au mât de la direction du port de commerce, au moyen de pavillons adoptés par le code international, des pavillons de nations ou pavillons distinctifs des compagnies maritimes et des symboles.

Aussitôt que la direction du port de commerce aura connaissance d'un bâtiment en vue, elle l'anoncera par une boule hissée en tête du mât, si c'est un bâtiment à voiles; par un double cône, si c'est un bâtiment à vapeur.

Dès qu'elle sera avisée de l'espèce des navires, elle l'indiquera par des signaux faits aux différentes drisses de la vergue, ainsi qu'il est expliqué ci-après :

Cette vergue étant munie de drisses de chaque côté, la drisse extérieure servira à signaler les bâtiments de commerce et la drisse intérieure sera spécialement réservée pour les bâtiments du guerre et les paquebots faisant un service de courrier régulier.

Les bâtiments venant du sud ou partant pour se diriger de ce côté, seront signalés à droite (côté des messageries); ceux qui arriveront du nord ou s'y rendant, seront signalés à gauche.

L'espèce du bâtiment en vue étant ainsi annoncée, on complétera les indications qui le concernent en hissant au-dessus du symbole le pavillon de la nation ou de la compagnie maritime à laquelle il appartient, et en tête de mât, s'il y a lieu, son numéro d'après le code international.

Pour signaler les bâtiments venant de l'intérieur de la colonie ou leur départ, on se servira d'une drisse supplémentaire au milieu de la vergue.

Les heures de départ des paquebots et autres bâtiments à vapeur, de guerre ou de commerce, seront signalés ainsi qu'il suit :

Le pavillon distinctif de la compagnie pour les paquebots, le pavillon de nation pour les autres bâtiments sera hissé en tête de mât et l'heure sera annoncée par un ou deux symboles, accompagnés d'une flamme quelconque, hissés au milieu de la vergue à droite (côté des messageries) lorsqu'il s'agira d'un départ pour Singapore ou pour le sud ; à gauche, si c'est un départ pour Hong-kong ou pour le nord.

La flamme inférieure au symbole indiquera que le départ doit avoir lieu le même jour; si elle est supérieure, l'heure signalée sera une heure du lendemain. A l'aide de deux flammes supérieures on indiquerait des heures du surlendemain.

Un pavillon inférieur distinguera les heures du matin de celles du soir, dont le signal ne contiendra pas de pavillon.

L'heure du départ signalée est celle de la levée de la boîte aux lettres, telle qu'elle sera donnée, après entente préalable s'il y a lieu, au directeur du port par le receveur de la poste. Le signal qui l'indiquera sera hissé aussitôt que possible et devra rester au moins deux heures exposé à la vue du public.

Les bâtiments qui apporteront de Singapore un courrier d'Europe devront, dès qu'ils seront en vue du sémaphore du cap Saint-Jacques, hisser au grand mât : de jour, le pavillon à damier blanc et bleu ou blanc et rouge ; de nuit, un feu en tête de mât.

Le signe distinctif de leur arrivée à la direction du port de commerce sera le pavillon de la compagnie maritime faisant le service de ce courrier.

Les consignataires des navires de commerce et, à leur défaut, les capitaines de ces navires, seront tenus d'informer le directeur du port de commerce de leur départ, au moins vingt-quatre heures à l'avance.

### SIGNAUX DE NUIT

Pendant la nuit, les arrivées seront annoncées de la manière suivante :

Un feu rouge hissé à une drisse de vergue du côté convenable et un feu blanc en tête de mât, signalant l'arrivée des paquebots faisant le courrier d'Europe.

Les bâtiments de guerre seront annoncés par un feu vert à la vergue et un feu blanc en tête de mât.

Enfin, pour tous les autres bâtiments à vapeur autres que ceux qui seraient chargés d'un courrier d'Europe pris à Singapore, on hissera un feu blanc à la vergue et un feu blanc en tête de mât. Les bâtiments apportant un courrier d'Europe pris à Singapore seront signalés par un feu blanc à la vergue et un feu rouge en tête de mât.

CH. D'ARBAUD.

(30 décembre 1876)

A. G. *Signaux à employer pour annoncer les navires entrés la nuit ou ceux qui sont entrés le jour sans avoir hissé leurs numéros en passant devant le sémaphore du cap Saint-Jacques.*

BAT. II, 2. 621.

B. C., p. 337.

Article premier. — Les navires entrés la nuit, et qui ne peuvent être annoncés par le sémaphore du cap Saint-Jacques que le matin, seront signalés de la manière suivante :

Par un double cône hissé à la drisse en dehors de la vergue du mât de signaux, si c'est un navire de commerce à vapeur, et à celle intérieure, si c'est un navire de guerre, et enfin par une boule, si c'est un navire à voiles. Il sera hissé autant de doubles cônes ou de boules que de navires entrés.

Art. 2. — Les navires entrés de jour, sans avoir hissé leurs numéros en passant devant ledit sémaphore, seront signalés de la même manière que ceux entrés de nuit.

DUPERRÉ.

(26 mars 1881)

CIRC. M. *relative à l'emploi des signaux par les sémaphores des colonies.*

ARCH. GOUV.

Mon attention a été appelée sur les inconvénients qui peuvent résulter de l'adoption, pour les sémaphores des colonies, de signaux autres que ceux du code commercial en usage dans les principales nations maritimes.

Dans le cas, en effet, où les administrations coloniales, comme cela vient d'arriver, adoptent un dictionnaire particulier, les seuls bâtiments pourvus des signaux rendus réglementaires dans la localité peuvent communiquer avec les sémaphores, qui deviennent inutiles à tous les autres navires de guerre et de commerce.

Dans ces conditions, je considère comme indispensable de n'employer que le code commercial rendu réglementaire en France par les décrets des 25 juin 1864 et 22 mars 1866.

J'ai l'honneur de vous prier de vouloir bien donner des ordres dans le sens des prescriptions de la présente circulaire, dont l'insertion au *Bulletin officiel de la marine* tiendra lieu de notification.

G. CLOUÉ.

## SINISTRES

V. *Incendies*.

# SITUATION DE LA COCHINCHINE

| NATURE DES DOCUMENTS | DATES | RECUEILS A CONSULTER | | | | | | | OBSERVATIONS |
|---|---|---|---|---|---|---|---|---|---|
| | | Bat. | B.C. | B.D.I. | J.C. | J.H. | B.M. | B.Col. | |
| Dép. M. | 4 juillet 1874. | II-577 | | | | | | | |
| Circ. M. | 16 mars 1883. | | | | | | | | |
| Dép. M. | 30 janvier 1884. | | | | | | | | |
| Circ. M. | 23 avril 1884. | | | | | | | | |
| Circ. D. I. | 8 août 1884. | | | 32 | | | | | |
| Dép. M. | 14 août 1884. | | | | | | | | |
| Dép. M. | 30 octobre 1884. | | | | | | | | |
| Dép. M. | 20 février 1885. | | | | | | | | |
| Dép. M. | 25 septembre 1885. | | | | | | | | |
| Dép. M. | 10 octobre 1885. | | | | | | | | |
| Circ. M. | 28 juin 1886. | | | | | | 1203 | | |
| Dép. M. | 1er septembre 1882. | | | | | | | | |
| Dép. M. | 7 mars 1888. | | | | | | | | |

(4 juillet 1874)

**DÉP. M.** *Envoi régulier d'un exposé annuel de la situation des colonies.*

BAT. II, p. 577.

Antérieurement à 1870, les administrations locales adressaient au Ministre, en fin d'année, un exposé de la situation de chacune de nos colonies, permettant de juger d'ensemble les résultats acquis pendant l'exercice qui venait de s'écouler.

Cet exposé embrassait toutes les matières politiques, agricoles, industrielles et financières, le mouvement des importations et exportations et de la navigation, la statistique judiciaire, le tableau des travaux achevés, en voie d'exécution ou projetés, le résumé des opérations des banques coloniales, les mouvements de la trésorerie locale, la situation au point de vue de l'immigration, introductions et rapatriements, répartition des travailleurs, décès et naissances, et le résumé des opérations électorales générales et municipales..., c'était, en un mot, un tableau complet des transactions de toute nature dont la colonie avait été le théâtre pendant l'année.

Les événements ont fâcheusement interrompu l'envoi de ce document qui servait à rédiger un exposé général de la situation de la France et de ses dépendances. Je vous invite à le reprendre désormais et à me l'envoyer régulièrement, de manière que je puisse le recevoir, au plus tard, au commencement du mois de septembre.

Vous voudrez bien vous reporter, s'il est nécessaire, pour les matières embrassées par ce compte-rendu annuel, à la circulaire de mon Département qui en a prescrit l'envoi.

MONTAIGNAC.

(16 mars 1883)

**CIRC. M.** *au sujet de la nécessité de renseigner exactement le Département sur les faits intéressant la colonie.*

ARCH. GOUV.

Le Département est souvent informé par la voie des journaux d'incidents qui se sont passés aux colonies et dont il lui est impossible de contrôler l'exactitude, à défaut de renseignements officiellement adressés par les autorités locales. Je n'ai pas besoin d'insister sur les inconvénients d'un tel état de choses qui met l'administration hors d'état de rétablir sous leur véritable jour des faits souvent empreints d'exagération ou de mauvaise foi.

Pour y remédier, je vous prie de m'adresser, ainsi qui cela se pratique déjà dans quelques-uns de nos établissements d'outre-mer, et par chaque courrier un résumé de la situation générale de la colonie en y comprenant tous les faits intéressants, et particulièrement ceux qui peuvent donner prise à la polémique.

Vous voudrez bien m'envoyer, en outre, à titre de complément d'informations, un exemplaire de tous les journaux publiés dans la colonie ; il sera facile à votre administration, par voie d'échange, d'obtenir la livraison de ces journaux à titre gratuit.

Je vous prie de m'accuser réception de la présente circulaire.

CH. BRUN.

(30 janvier 1884)

**DÉP. M.** *Demande itérative de renseignements périodiques sur les faits intéressant la colonie.*

ARCH. GOUV.

Par une circulaire du 16 mars 1883, le Département désireux d'être exactement et promptement renseigné sur les incidents qui se produisent dans nos établissements d'outre-mer, a demandé aux diverses administrations coloniales de lui faire parvenir, par chaque courrier, un résumé des faits intéressant la colonie.

Les prescriptions de cette circulaire paraissant avoir été perdues de vue, je vous prie de vouloir bien prendre des mesures pour que ces informations me soient adressées régulièrement, à l'avenir.

GOLDSCHEIDER.

(23 avril 1884)

**CIRC. M.** *Demande de renseignements sur les faits intéressant les colonies.*

ARCH. GOUV.

Malgré les prescriptions qui leur ont été adressées, quelques-unes des administrations coloniales omettent de transmettre régulièrement et par chaque courrier, au Département un résumé des faits principaux intéressant la colonie.

Ainsi que l'établissait la circulaire ministérielle du 16 mars 1883, ces informations sont ceper dant indispensables, non seulement pour connaître la situation de nos établissements d'outre-mei mais encore pour permettre de contrôler l'exactitude de faits portés à la connaissance du Départe ment, et dans lesquels la responsabilité de l'administration ne peut se trouver engagée.

J'attache un prix particulier à ce que les instructions que vous avez reçues à cet égard soien scrupuleusement observées et je vous recommande instamment d'apporter la plus grande régu larité dans la préparation et dans l'envoi de la communication réclamée qui, je le répète, doi parvenir au Département par chaque courrier et alors qu'aucun fait saillant ne semblerait devoi la provoquer.

FÉLIX FAURE.

(8 août 1884)

**CIRC. D. I.** *(Extrait) au sujet des renseignements statistiques à fournir pour l'établisse ment du recueil intitulé « État de la Cochinchine ».*

B. D. I, p. 32.

En vous adressant les tableaux nécessaires à l'établissement, pour 1883, du recueil intitulé *État de la Cochinchine*, j'ai l'honneur de vous recommander la plus grande diligence possible dan l'envoi des renseignements concernant votre arrondissement. Il est indispensable que ces documen me parviennent pour le 15 septembre prochain au plus tard.

Je profite de cette occasion. . . . . . . . . . . . . . . . . . . . . . . . . . . . . . .

. . . . . . . . . . . . . . . . . . . . . . . . . . . . . . . . . . . . . . . . . . . . . . . .

A l'avenir, les renseignements nécessaires à l'établissement des deux publications dont il s'agi devront me parvenir dans le courant du mois de mars de chaque année.

NOUET.

(14 août 1884)

**CIRC. M.** *Rapport sur la situation de la colonie.*

ARCH. GOUV.

Par une circulaire du 23 avril 1884, j'ai eu l'honneur de prier les administrations coloniales de transmettre régulièrement et par chaque courier au Ministère un résumé des principaux faits intéressant la colonie.

La forme dans laquelle ces rapports sont fournis présente des inconvénients, eu égard à la constitution actuelle du service central des colonies. Les questions politiques, militaires et économique y sont mêlées et il arrive parfois que la communication desdits rapports à l'une des deux sous directions subit forcément des lenteurs préjudiciables aux intérêts du service.

J'ai, en conséquence, décidé que le rapport périodique que vous aurez à envoyer au Département devra être scindé en deux parties accompagnées chacune d'une lettre d'envoi spéciale.

La première partie qui devra être expédiée sous le timbre : *service des colonies 1re sous-direction*, 1er, 2e et 3e *bureaux* se rapportera aux affaires politiques, aux questions d'administration générale, à la justice, à l'instruction publique, aux cultes et aux affaires militaires. La seconde partie sera envoyée sous le timbre : *service des colonies 2e sous-direction.* 4e, 5e et 6e *bureaux*, et sera plus particulièrement relative aux questions d'ordre économique, à la situation des affaires commerciales et des banques, à l'état de l'agriculture, à la colonisation, aux questions pénitentiaires, aux finances, etc. Aucun fait intéressant la situation économique de la colonie si peu important qu'il puisse paraître ne devra être négligé.

J'attache une importance particulière, Monsieur le Gouverneur, à ce que ma présente circulaire soit exécutée dès qu'elle sera parvenue dans la colonie. Vous voudrez bien donner des ordres en conséquence à tous les services intéressés.

Je vous serai obligé de m'accuser réception de cette circulaire sous le timbre : *cabinet du sous-secrétaire d'État.*

FÉLIX FAURE.

(30 octobre 1884)

**DÉP. M.** *Un rapport mensuel sur la situation économique de la Cochinchine doit être adressé au Département.*

ARCH. GOUV.

Les administrateurs des affaires indigènes en Cochinchine, en vertu d'instructions qui leur ont été adressées par votre administration sont tenus de fournir chaque mois au gouverneur un rapport détaillé sur la situation politique, administrative, industrielle, agricole et commerciale de leur arrondissement.

La partie économique de ces rapports, qui comprend les renseignements sur l'industrie, l'agriculture, l'état des récoltes, les mercuriales, et les travaux intéressant l'agriculture ou l'industrie fournirait facilement la matière d'un rapport d'ensemble que vous pourriez adresser au Département.

Le public suit avec un vif intérêt les publications qui sont faites par la voie du journal officiel et de la presse sur les colonies et, en particulier sur l'Indo-Chine. Mon intention serait de donner aux principaux extraits du rapport que je vous prie de m'adresser régulièrement chaque mois une certaine publicité qui, en faisant mieux connaître les éléments de prospérité dont elle dispose ne pourrait que profiter à la colonie et favoriser son développement.

FÉLIX FAURE.

(20 février 1885)

**DÉP. M.** *rappelant à l'exécution des prescriptions de la dépêche du 30 octobre 1884 au sujet d'un rapport mensuel sur la situation de la colonie à adresser au Département.*

ARCH. GOUV.

Monsieur le Gouverneur, par une lettre du 2 janvier dernier, répondant à la dépêche du 30 octobre 1884, vous avez fait connaître que vous enverriez régulièrement un rapport sur la situation de la colonie, dès que les documents nécessaires auraient été réunis.

J'ai l'honneur de vous faire connaître que je suis surpris du retard apporté dans l'exécution des instructions du Département. Ces rapports périodiques doivent, en effet, constituer un exposé des faits principaux qui ont eu lieu dans la colonie et, ainsi que l'expliquait ma lettre du 30 octobre dernier, vous devrez en trouver la matière dans les rapports mensuels qui vous sont fournis par les administrateurs des affaires indigènes. Les instructions du Département pouvaient donc être suivies d'une exécution immédiate.

FÉLIX FAURE.

(25 septembre 1885)

**DÉP. M.** *rappelant qu'un relevé des faits intéressant la colonie doit être envoyé tous les mois au Département.*

ARCH. GOUV.

Des circulaires ministérielles ont, à diverses reprises, et notamment le 14 août 1884, invité votre administration à fournir régulièrement au Département un résumé des principaux faits intéressant a colonie. En vous rappelant ces instructions dans une lettre du 17 juillet dernier, je vous priais de donner des ordres formels pour qu'elles soient ponctuellement suivies.

Malgré ces demandes répétées aucune suite ne paraît avoir été donnée dans la colonie de la Cochinchine, au désir exprimé par mon Département. Je me vois donc dans la nécessité de vous prescrire, d'une manière plus pressante encore, l'envoi périodique et mensuel de rapports résumant la situation des différents services, particulièrement en ce qui concerne la 1re sous-direction du service central des colonies.

(10 octobre 1885)

**DÉP. M.** *Rappel à la circulaire du 14 août 1884, portant instructions au sujet des rapports mensuels à adresser au gouvernement.*

ARCH. GOUV.

Par votre dépêche du 10 août dernier, vous m'avez soumis différents modèles de questionnaires préparés en vue de fournir les rapports que je vous ai demandé de m'adresser régulièrement en exécution des instructions contenues dans la circulaire du 14 août 1884. Vous m'informez que vous n'avez pas retrouvé dans les archives de votre cabinet le texte de ces instructions. J'ai l'honneur de vous en adresser ci-joint une copie, quoique cette circulaire soit certainement parvenue dans la colonie, puisque votre administration m'en a accusé réception.

Vous trouverez également ci-inclus, à titre de modèle, un rapport émanant du Sénégal et qui vous permettra de vous rendre compte de la manière dont les rapports périodiques doivent être rédigés.

L'examen de ce document suffira pour vous montrer que le rapport que vous m'avez envoyé le 20 août dernier ne répond pas aux vues du Département. Chaque service doit consigner dans le rapport mensuel les faits saillants qui se sont produits dans le courant du mois et ne pas se contenter de faire connaître au Département, qui possède à ce sujet des renseignements suffisants : — « Que la Cochinchine a pris part à l'Exposition d'Anvers et qu'elle a envoyé de nombreuses collec-

« tions, ou d'énumérer les prisons les plus importantes de l'intérieur, où se trouvent les tribunau « de première instance. »

J'ajouterai enfin que tous les services, y compris le service de la marine, le service administrat et le service de santé doivent contribuer à fournir les éléments des rapports périodiques qui doiver être envoyés en deux parties séparées correspondant aux attributions des deux sous-directions d service central des colonies.

A. ROUSSEAU.

(28 juin 1886)

**CIRC. M.** *Rappel aux circulaires des 16 mars 1883, et 14 août 1884 invitant les admi nistrations locales à transmettre régulièrement au Département un résumé des faits principau qui se sont passés dans la colonie.*

B. M., p. 1203.

A diverses reprises et notamment par les circulaires des 16 mars 1883, 22 avril et 14 août 188 les administrations locales ont été invitées à transmettre régulièrement au Département le résum des faits principaux qui se sont produits dans la colonie.

Ces prescriptions ont été perdues de vue dans plusieurs de nos établissements d'outre-mer L'envoi des informations est effectué irrégulièrement et même certaines colonies ne fournissen que rarement les rapports prescrits.

De plus, j'ai constaté, en maintes circonstances, la négligence manifeste qui est apportée dan la rédaction des rapports. Ils ne contiennent que des indications vagues et dénuées d'intérêt. De faits importants sont parfois indiqués en quelques lignes. Dans une colonie, le rapport est rédig sur un imprimé c'est-à-dire dans une forme qui, le cas échéant, fait obstacle aux développement nécessaires.

Le Département a le droit et le devoir d'exiger que les administrations locales le renseignen rapidement et complétement sur ce qui se passe dans la colonie.

J'ai, en conséquence, l'honneur de vous prier de prendre immédiatement des dispositions, v que, *chaque mois*, l'avant-veille du départ du courrier, les divers services vous remettent respec tivement un travail sérieux ; votre secrétariat résumera et il en tirera un rapport contenant le renseignements détaillés que vous devez me fournir sur la situation de la colonie et la marche de divers services. Je vous prie de m'accuser réception de la présente circulaire et de prendre note spé ciale des prescriptions qu'elle contient. Je suis d'autant plus résolu à tenir la main à leur exécutio rigoureuse que, reprenant l'usage établi par l'un de mes prédécesseurs, j'ai l'intention d'extraire de rapports qui me parviendront et de faire insérer au *Journal officiel* les renseignements qui me paraî tront de nature à être publiés.

A. DE LA PORTE.

(1er septembre 1887)

**DÉP. M.** *au sujet des rapports périodiques sur la situation de la colonie et du mod d'envoi des journaux ou publications paraissant dans la colonie.*

ARCH. GOUV.

J'ai l'honneur de vous accuser réception de votre rapport périodique sur la situation de la colo nie pendant le mois de mai dernier.

Ce rapport, qui a été établi dans les formes prescrites par la circulaire ministérielle du 14 aoû 1885, comprend encore deux parties distinctes correspondant aux anciennes attributions des bureau de l'administration centrale des colonies.

Au moment où cette lettre vous parviendra, vous serez déjà avisé de la répartition nouvelle de services que j'ai appliquée à compter du 10 août dernier et en vertu de laquelle, en particulier, l 3e bureau est uniquement chargé de toutes les affaires — sauf celles du personnel, — touchant l Cochinchine et le Cambodge.

Il en résulte que les rapports périodiques que vous aurez à m'adresser devront dorénavant êtr établis sans qu'il soit plus tenu compte au point de vue de la forme extérieure, des prescription de la circulaire ministérielle que je viens de citer. Mais je tiens à saisir cette occasion de vous rap peler qu'il importe à votre administration d'apporter d'autant plus de soin à la préparation de ce rapports qu'ils pourront être, de la part de l'unique bureau chargé d'en prendre connaissance l'objet d'un examen sérieux et approfondi.

..................................................................................................

..................................................................................................

Je vous prie de donner des ordres pour qu'il soit tenu compte immédiatement des différentes recommandations qui précèdent.

(7 mars 1888)

**DÉP. M.** *Rappel aux prescriptions des dépêches en date du 29 août et du 21 octobre dernier, au sujet des rapports périodiques à fournir sur la situation de la colonie.*

ARCH. GOUV.

Jusqu'au mois d'août dernier le Département a reçu régulièrement de M. le gouverneur de la Cochinchine des rapports périodiques sur le Cambodge établis d'après les informations fournies par notre résident général. Mais depuis le 25 juillet 1887, date du dernier document de ce genre transmis à Paris, aucun renseignement sur le Cambodge n'est parvenu à l'administration des colonies qui, depuis plus de six mois, ne possède sur la situation de notre protectorat que les indications sommaires contenues dans vos rapports d'ensemble.

J'ai l'honneur de vous prier de vouloir bien mettre un terme à cet état de choses et prendre des dispositions pour que les rapports périodiques sur le Cambodge me soient régulièrement adressés comme précédemment. J'attache un prix particulier à ce que le Département continue à recevoir du Cambodge, comme de la Cochinchine, tous les documents qui lui étaient adressés antérieurement à l'établissement de l'Union indo-chinoise.

DE LA PORTE.

Consulter la brochure annuelle paraissant sous le titre : *État de la Cochinchine française.*

# SITUATION DES ARRONDISSEMENTS

| NATURE DES DOCUMENTS | DATES | RECUEILS A CONSULTER Bat. | B.C. | B.D.I. | J.C. | J.H. | B.M. | B.Col. | OBSERVATIONS |
|---|---|---|---|---|---|---|---|---|---|
| Circ. D. I. | 16 juillet 1875. | 1-63 | | 66 | | | | | |
| Circ. D I. | 16 juillet 1880. | | | 85 | | | | | |
| Circ. D. I. | 13 mai 1881. | | | 19 | | | | | |
| Circ. D. I. | 1er mai 1882. | | | 18 | | | | | |

(16 juillet 1875)

**CIRC. D. I.** *Prescriptions relatives aux divers renseignements à fournir par MM. les Administrateurs dans leurs rapports mensuels.*

BAT. I, p. 63.

B. D. I, p. 66.

J'ai eu l'occasion de remarquer que, contrairement à mes instructions, les rapports mensuels contiennent souvent des demandes ou propositions de toute nature, et que l'on y traite des questions qui ne doivent pas y trouver place. Il en résulte d'abord du retard dans l'expédition des affaires, car ces documents étant soumis à l'examen de M. le Gouverneur, je ne puis y répondre avant qu'il me les ait renvoyés. De plus, ces affaires concernant ordinairement plusieurs des bureaux de la Direction, c'est une difficulté de plus pour le classement des pièces et la formation des dossiers.

J'ai l'honneur de vous rappeler que les rapports mensuels n'ont pour unique objet que de tenir l'Administration au courant de la situation générale de chaque arrondissement sous ces divers points de vue, et ne doivent contenir absolument que l'exposé de cette situation, des faits saillants qui se sont produits pendant le mois, et du fonctionnement des divers services placés sous vos ordres ou votre surveillance. Toutes les demandes, propositions ou autres affaires qui exigent une solution immédiate doivent en être écartées et faire l'objet de correspondances ou de rapports spéciaux qui me sont adressés sous le timbre du bureau compétent.

Je vous prie, Monsieur l'Administrateur, de vouloir bien vous conformer à ces instructions. Il ne sera plus donné, à l'avenir, aucune suite aux demandes ou propositions qui me seraient adressées par la voie des rapports mensuels.

PIQUET.

(16 juillet 1880)

**CIRC. D. I.** *prescrivant l'établissement d'un état comprenant, par ordre alphabétique, les cantons et les villages de chaque arrondissement.*

B. D. I, p. 85.

J'ai l'honneur de vous prier de vouloir bien m'adresser, le plus tôt possible, un état comprenant, par ordre alphabétique, les cantons de votre arrondissement, et dans chaque canton, placés dans le même ordre, tous les villages qui en dépendent.

NOUET.

(13 mai 1881)

**CIRC. D. I.** *relative à la demande d'un rapport d'ensemble sur la situation de l'arrondissement.*

B. D. I, p. 19.

A l'occasion du vote du budget pour l'exercice prochain, j'ai à placer sous les yeux du Conseil colonial un exposé général de la situation intérieure de la colonie. J'ai besoin, pour ce travail important, de votre concours comme de celui des chefs des différents services.

Vous voudrez donc bien m'adresser *avant le 1er juillet* (terme de rigueur), un rapport sur la situation de votre arrondissement. Les matières qui doivent y trouver place sont toutes celles qui ne constituent pas des services centralisés à Saïgon sous la direction des chefs spéciaux. Telles sont:

*L'agriculture*, principalement au point de vue des résultats produits par les récentes modifications introduites dans la législation de l'impôt foncier des villages;

*L'industrie et le commerce*, considérés dans les effets qu'ils ont ressentis des actes d'administration les plus récents;

*L'impôt personnel:* influence de la réforme qui a soumis tout homme valide à la contribution uniforme de 3 francs;

*Instruction publique*, pour la partie restée sous l'autorité de l'administration des affaires indigènes: progrès constatés, desiderata;

*Vicinalité:* travaux accomplis en exécution du programme tracé lors du classement des chemins; projet de budget vicinal pour l'année 1882. — Le groupement des budgets vicinaux des arrondissements devant désormais former une annexe du budget de la colonie, je vous recommande de ne pas omettre de placer ce document au soutien de votre rapport.

L'énumération qui précède n'est point limitative; elle n'a pour but que de mettre en lumière les sujets qui, par leur importance, semblent de nature à appeler tout d'abord plus vivement l'intérêt. Mais vous voudrez bien faire porter votre travail sur toute question d'économie et d'administration générale, communale ou financière, qui, par son caractère, rentre dans vos attributions et s'impo[illegible] à vos méditations.

Vous comprendrez certainement, sans que j'insiste, Monsieur l'Administrateur, tout l'intérêt q[illegible] doit présenter l'exposé que je vous réclame, toutes les données précises que doit y trouver l'a[illegible]torité centrale. Aussi vous prierai-je d'y apporter toute votre application et de donner à ses diff[illegible]rentes parties, surtout à celles que j'ai signalées, les développements qu'elles méritent.

BÉLIARD.

(1er mai 1882)

**CIRC. D. I.** (*Extrait*) *rappelant que le rapport mensuel doit être fourni très régulière[illegible]ment, du 1 au 5 de chaque mois.*

B. D. I, p. 18.

## SOCIÉTÉS

| NATURE DES DOCUMENTS | DATES | RECUEILS A CONSULTER | | | | | | | OBSERVATIONS |
|---|---|---|---|---|---|---|---|---|---|
| | | Bat. | B.C. | B.D.I. | J. C. | J. H. | B. M. | B.Col. | |
| Loi. | 6 mai 1863. | II-629 | 104 | | | | | | |
| Loi. | 24 juillet 1867. | II-630 | 104 | | | | | | |
| Décret | 22 janvier 1868. | II-639 | 104 | | | | | | |
| Décret | 30 décembre 1868. | II-629 | 104 | | | | | | |
| Instr. D. I. | 16 décembre 1875. | I-269 | 402 | | | | | | |
| Circ. M. | 20 juin 1880. | | | | | | 147 | | |

(6 mai 1863)

**LOI** *modifiant les articles 27 et 28 du Code de commerce* (1).

(Promulg. A. G., 2 avril 1869)

BAT. II, p. 629.

B. C., p. 104.

Article unique. — Les articles 27 et 28 du Code de commerce sont modifiés ain qu'il suit :

Art. 27. — L'associé commanditaire ne peut faire aucun acte de gestion, mên en vertu de procuration.

Art. 28. — En cas de contravention à la prohibition mentionnée dans l'article pr cédent, l'associé commanditaire est obligé, solidairement avec les associés en no collectif, pour les dettes et engagements de la société qui écrivent des actes de ge tion qu'il a faits, et il peut, suivant le nombre ou la gravité de ces actes, être déclar solidairement obligé pour tous les engagements de la société ou pour quelques-ur seulement.

Les avis et conseils, les actes de contrôle et de surveillance n'engagent point l'as socié commanditaire.

(24 juillet 1867)

**LOI** *sur les sociétés commerciales.*

(Promulg. A. G., 2 avril 1869)

BAT. II, p. 630.

B. C., p. 104.

## TITRE PREMIER — DES SOCIÉTÉS EN COMMANDITE PAR ACTIONS

Article premier. — Les sociétés en commandite ne peuvent diviser leur capital en actions ou coupons d'actions de moins de cent francs, lorsque ce capital n'excède pas deux cent mille francs, et de moins de cinq cents francs, lorsqu'il est supérieur

Elles ne peuvent être définitivement constituées qu'après la souscription de la totalité du capital social et le versement, pour chaque actionnaire, du quart au moins du montant des actions par lui souscrites.

Cette souscription et ces versements sont constatés par une déclaration du géran dans un acte notarié.

A cette déclaration sont annexés la liste des souscripteurs, l'état des versements effectués, l'un des doubles de l'acte de société, s'il est sous seing privé, et une expédition, s'il est notarié et s'il a été passé devant un notaire autre que celui qui a reçu la déclaration.

L'acte sous seing privé, quel que soit le nombre des associés, sera fait en double original, dont l'un sera annexé, comme il est dit au paragraphe qui précède en déclaration de souscription du capital et de versement du quart, et l'autre restera déposé au siège social.

Art. 2. — Les actions ou coupons d'actions sont négociables après le versement du quart.

Art. 3. — Il peut être stipulé, mais seulement par les statuts constitutifs de la société, que les actions ou coupons d'actions pourront, après avoir été libérés de moitié, être convertis en actions au porteur par délibération de l'assemblée générale.

Soit que les actions restent nominatives après cette délibération, soient qu'elles aient été converties en actions au porteur, les souscripteurs primitifs qui ont aliéné les actions et ceux auxquels il les ont cédées avant le versement de moitié restent

(1) Il est à remarquer que la loi du 6 mai 1863 est en vigueur en Cochinchine depuis le 21 décembre 1864, date de la promulgation du Code de commerce dont elle faisait déjà alors partie intégrante.

tenus au paiement du montant de leurs actions pendant un délai de deux ans, à partir de la délibération de l'assemblée générale.

Art. 4. — Lorsqu'un associé fait un apport qui ne consiste pas en numéraire, ou stipule à son profit des avantages particuliers, la première assemblée générale fait apprécier la valeur de l'apport ou la cause des avantages stipulés.

La société n'est définitivement constituée qu'après l'approbation de l'apport ou des avantages, donnée par une autre assemblée générale, après une nouvelle convocation.

La seconde assemblée générale ne pourra statuer sur l'approbation de l'apport ou des avantages qu'après un rapport qui sera imprimé et tenu à la disposition des actionnaires, cinq jours au moins avant la réunion de cette assemblée.

Les délibérations sont prises par la majorité des actionnaires présents. Cette majorité doit comprendre le quart des actionnaires et représenter le quart du capital social en numéraire.

Les associés qui ont fait l'apport ou stipulé des avantages particuliers soumis à l'appréciation de l'assemblée n'ont pas voix délibérative.

A défaut d'approbation, la société reste sans effet à l'égard de toutes les parties.

L'approbation ne fait pas obstacle à l'exercice ultérieur de l'action qui peut être intentée pour cause de dol ou de fraude.

Les dispositions du présent article relatives à la vérification de l'apport qui ne consiste pas en numéraire ne sont pas applicables aux cas où la société à laquelle est fait ledit apport est formée entre ceux seulement qui en étaient propriétaires par indivis.

Art. 5. — Un conseil de surveillance, composé de trois actionnaires au moins, est établi dans chaque société en commandite par actions.

Ce conseil est nommé par l'assemblée générale des actionnaires, immédiatement après la constitution définitive de la société et avant toute opération sociale.

Il est soumis à la réélection aux époques et suivant les conditions déterminées par les statuts.

Toutefois le premier conseil n'est nommé que pour une année.

Art. 6. — Ce premier conseil doit, immédiatement après sa nomination, vérifier si toutes les dispositions contenues dans les articles qui précèdent ont été observées.

Art. 7. — Est nulle et de nul effet à l'égard des intéressés toute société en commandite par actions constituée contrairement aux prescriptions des articles 1er, 2, 3, 4 et 5 de la présente loi.

Cette nullité ne peut être opposée aux tiers par les associés.

Art. 8. — Lorsque la société est annulée, aux termes de l'article précédent, les membres du premier conseil de surveillance peuvent être déclarés responsables, avec le gérant, du dommage résultant, pour la société ou pour les tiers, de l'annulation de la société.

La même responsabilité peut être prononcée contre ceux des associés dont les apports ou les avantages n'auraient pas été vérifiés et approuvés conformément à l'article 4 ci-dessus.

Art. 9. — Les membres du conseil de surveillance n'encourent aucune responsabilité en raison des actes de la gestion et de leurs résultats.

Chaque membre du conseil de surveillance est responsable de ses fautes personnelles, dans l'exécution de son mandat, conformément aux règles du droit commun.

Art. 10. — Les membres du conseil de surveillance vérifient les livres, la caisse, le portefeuille et les valeurs de la société.

Ils font, chaque année, à l'assemblée générale, un rapport dans lequel ils doivent signaler les irrégularités et inexactitudes qu'ils ont reconnues dans les inventaires et constater, s'il y a lieu, les motifs qui s'opposent aux distributions des dividendes proposés par le gérant.

Aucune répétition de dividendes ne peut être exercée contre les actionnaires, si ce n'est dans le cas où la distribution en aura été faite en l'absence de tout inventaire ou en dehors des résultats constatés par l'inventaire.

L'action en répétition, dans le cas où elle est ouverte, se prescrit par cinq ans, à partir du jour fixé pour la distribution des dividendes.

Les prescriptions commencés à l'époque de la promulgation de la présente loi et pour lesquelles il faudrait encore, suivant les lois anciennes, plus de cinq ans, à partir de la même époque, seront accomplies par ce laps de temps.

Art. 11. — Le conseil de surveillance peut convoquer l'assemblée générale et, conformément à son avis, provoquer la dissolution de la société.

Art. 12. — Quinze jours au moins avant la réunion de l'assemblée générale tout actionnaire peut prendre par lui ou par un fondé de pouvoir, au siège social, communication du bilan, des inventaires et du rapport du conseil de surveillance.

Art. 13. — L'émission d'actions ou de coupons d'actions d'une société constituée contrairement aux prescriptions des articles 1er, 2 et 3 de la présente loi, est punie d'une amende de cinq cents à dix mille francs.

Sont punis de la même peine :

Le gérant qui commence les opérations sociales avant l'entrée en fonctions du conseil de surveillance ;

Ceux qui, en se présentant comme propriétaires d'actions ou de coupons d'actions qui ne leur appartiennent pas, ont créé frauduleusement une majorité factice dans une assemblée générale, sans préjudice de tous dommages-intérêts s'il y a lieu, envers la société ou envers les tiers ;

Ceux qui ont remis les actions pour en faire l'usage frauduleux.

Dans les cas prévus par les deux paragraphes précédents, la peine de l'emprisonnement de quinze jours à six mois peut, en outre, être prononcée.

Art. 14. — La négociation d'actions ou de coupons d'actions dont la valeur ou la forme serait contraire aux dispositions des articles 1er, 2 et 3 de la présente loi, ou pour lesquels le versement du quart n'aurait pas effectué conformément à l'article 2 ci-dessus, est punie d'une amende de cinq cents à dix mille francs.

Sont punies de la même peine toute participation à ces négociations et toute publication de la valeur desdites actions.

Art. 15. — Sont punis des peines portées par l'article 405 du Code pénal, sans préjudice de l'application de cet article à tous les faits constitutifs du délit d'escroquerie :

1° Ceux qui, par simulation de souscriptions ou de versements ou par publication faite de mauvaise foi, de souscriptions ou de versements qui n'existent pas, ou de tous autres faits faux, ont obtenu ou tenté d'obtenir les souscriptions ou des versements ;

2° Ceux qui, pour provoquer des souscriptions ou des versements, ont, de mauvaise foi, publié les noms de personnes désignées, contrairement à la vérité, comme étant ou devant être attachées à la société à un titre quelconque ;

3° Les gérants qui, en l'absence d'inventaires ou au moyen d'inventaires frauduleux, ont opéré, entre les actionnaires, la répartition de dividendes fictifs.

Les membres du conseil de surveillance ne sont pas civilement responsables des délits commis par le gérant.

Art. 16. — L'article 463 du Code pénal est applicable aux faits prévus par les trois articles qui précèdent.

Art. 17. — Des actionnaires représentant le vingtième au moins du capital social peuvent, dans un intérêt commun, charger à leur frais un ou plusieurs mandataires de soutenir, tant en demandant qu'en défendant, une action contre les gérants ou contre les membres du conseil de surveillance, et de les représenter, en ce cas, en justice, sans préjudice de l'action que chaque actionnaire peut intenter inviduellement en son nom personnel.

Art. 18. — Les sociétés antérieures à la loi du 17 juillet 1856, et qui ne se seraient pas conformées à l'article 15 de cette loi, seront tenues, dans un délai de six mois, de constituer un conseil de surveillance, conformément aux dispositions qui précèdent.

A défaut de constitution du conseil de surveillance dans le délai ci-dessus fixé, chaque actionnaire a le droit de faire prononcer la dissolution de la société.

Art. 19. — Les sociétés en commandite par actions antérieures à la présente loi, dont les statuts permettent la transformation en société anonyme autorisée par le Gouvernement, pourront se convertir en société anonyme dans les termes déterminés par le titre II de la présente loi, en se conformant aux conditions stipulées dans les statuts pour la transformation.

Art. 20. — Est abrogée la loi du 17 juillet 1856.

## TITRE II. — Des sociétés anonymes

Art. 21. — A l'avenir, les sociétés anonymes pourront se former sans l'autorisation du Gouvernement.

Elles pourront, quel que soit le nombre des associés, être formées par un acte sous seing privé fait en double original.

Elles seront soumises aux dispositions des articles 29, 30, 32, 33, 34 et 36 du Code de commerce et aux dispositions contenues dans le présent titre.

Art. 32. — Les sociétés anonymes sont administrées par un ou plusieurs mandataires à temps, révocables, salariés ou gratuits, pris parmi les associés.

Ces mandataires peuvent choisir parmi eux un directeur, ou, si les statuts le permettent, se subsistuer un mandataire étranger à la société et dont ils sont responsables envers elle.

Art. 23. — La société ne peut être constituée si le nombre des associés est inférieur à sept.

Art. 24. — Les dispositions des articles 1er, 2, 3 et 4 de la présente loi sont applicables aux sociétés anonymes.

La déclaration imposée au gérant par l'article 1er est faite par les fondateurs de la société anonyme ; elle est soumise, avec les pièces à l'appui, à la première assemblée générale, qui en vérifie la sincérité.

Art. 25. — Une assemblée générale est, dans tous les cas, convoquée à la diligence des fondateurs, postérieurement à l'acte qui constate la souscription du capital social et le versement du quart du capital, qui consiste en numéraire. Cette assemblée nomme les premiers administrateurs ; elle nomme également, pour la première année, les commissaires institués par l'article 32 ci-après.

Ces administrateurs ne peuvent être nommés pour plus de six ans ; ils sont rééligibles, sauf stipulation contraire.

Toutefois, ils peuvent être désignés par les statuts, avec stipulation formelle que leur nomination ne sera point soumise à l'approbation de l'assemblée générale. En ce cas, ils ne peuvent être nommés pour plus de trois ans.

Le procès-verbal de la séance constate l'acceptation des administrateurs et des commissaires présents à la réunion.

La société est constituée à partir de cette acceptation.

Art. 26. — Les administrateurs doivent être propriétaires d'un nombre d'action déterminé par les statuts.

Ces actions sont affectées en totalité à la garantie de tous les actes de la gestion même de ceux qui seraient exclusivement personnels à l'un des administrateurs.

Elles sont nominatives, inaliénables, frappées d'un timbre indiquant l'inaliénabilité et déposées dans la caisse sociale.

Art. 27. — Il est tenu, chaque année au moins, une assemblée générale à l'époque fixée par les statuts. Les statuts déterminent le nombre d'actions qu'il est nécessaire de posséder, soit à titre de propriétaire, soit à titre de mandataire, pour être admis dans l'assemblée, et le nombre de voix appartenant à chaque actionnaire, eu égard au nombre d'actions dont il est porteur.

Néanmoins, dans les assemblées générales appelées à vérifier les rapports, à nommer les premiers administrateurs et à vérifier la sincérité de la déclaration des fondateurs de la société, prescrite par le deuxième paragraphe de l'article 24, tout actionnaire, quel que soit le nombre des actions dont il est porteur, peut prendre part aux délibérations avec le nombre de voix déterminé par les statuts, sans qu'il puisse être supérieur à dix.

Art. 28. — Dans toutes les assemblées générales, les délibérations sont prises à la majorité des voix.

Il est tenu une feuille de présence; elle contient les noms et domicile des actionnaires et le nombre d'actions dont chacun d'eux est porteur.

Cette feuille, certifiée par le bureau de l'assemblée, est déposée au siège social et doit être communiquée à tout requérant.

Art. 29. — Les assemblées générales qui ont à délibérer dans des cas autres que ceux qui sont prévus par les deux articles qui suivent doivent être composées d'un nombre d'actionnaires représentant le quart au moins du capital social.

Si l'assemblée générale ne réunit pas ce nombre, une nouvelle assemblée est convoquée dans les formes et avec les délais prescrits par les statuts, et elle délibère valablement, quelle que soit la portion du capital représenté par les actionnaires présents.

Art. 30. — Les assemblées qui ont à délibérer sur la vérification des apports, sur la nomination des premiers administrateurs, sur la sincérité de la déclaration faite par les fondateurs aux termes du paragraphe 2 de l'article 24, doivent être composées d'un nombre d'actionnaires représentant la moitié au moins du capital social.

Le capital social, dont la moitié doit être représentée pour la vérification de l'apport, se compose seulement des apports non soumis à la vérification.

Si l'assemblée générale ne réunit pas un nombre d'actionnaires représentant la moitié du capital social, elle ne peut prendre qu'une délibération provisoire. Dans ce cas, une nouvelle assemblée générale est convoquée. Deux avis, publiés à huit jours d'intervalle, au moins un mois à l'avance, dans l'un des journaux désignés pour recevoir les annonces légales, font connaître aux actionnaires les résolutions provisoires adoptées par la première assemblée, et ces résolutions deviennent définitives si elles sont approuvées par la nouvelle assemblée, composée d'un nombre d'actionnaires représentant le cinquième au moins du capital social.

Art. 31. — Les assemblées qui ont à délibérer sur des modifications aux statuts ou sur des propositions de continuation de la société au delà du terme fixé pour sa durée, ou de dissolution avant ce terme, ne sont régulièrement constituées et ne délibèrent valablement qu'autant qu'elles sont composées d'un nombre d'actionnaires représentant la moitié au moins du capital social.

Art. 32. — L'assemblée générale annuelle désigne un ou plusieurs commissaires, associés ou non, chargés de faire un rapport à l'assemblée générale de l'année suivante sur la situation de la société, sur le bilan et sur les comptes présentés par les administrateurs.

La délibération contenant approbation du bilan et des comptes est nulle, si elle n'a été précédée du rapport des commissaires.

A défaut de nomination des commissaires par l'assemblée générale, ou en cas d'empêchement ou d'un refus d'un ou de plusieurs des commissaires nommés, il est procédé à leur nomination ou à leur remplacement par ordonnance du président du tribunal de commerce du siège de la société, à la requête de tout intéressé, les administrateurs dûment appelés.

Art. 33. — Pendant le trimestre qui précède l'époque fixée par les statuts pour la réunion de l'assemblée générale, les commissaires ont droit, toutes les fois qu'ils le jugent convenable dans l'intérêt social, de prendre communication des livres et d'examiner les opérations de la société.

Ils peuvent toujours, en cas d'urgence, convoquer l'assemblée générale.

Art. 34. — Toute société anonyme doit dresser, chaque semestre, un état sommaire de sa situation active et passive.

Cet état est mis à la disposition des commissaires.

Il est, en outre, établi chaque année, conformément à l'article 9 du Code de commerce, un inventaire contenant l'indication des valeurs mobilières et immobilières et de toutes les dettes actives et passives de la société.

L'inventaire, le bilan et les comptes des profits et pertes sont mis à la disposition des commissaires le quatrième jour, au plus tard, avant l'assemblée générale. Ils sont présentés à cette assemblée.

Art. 35. — Quinze jours au moins avant la réunion de l'assemblée générale, tout actionnaire peut prendre, au siège social, communication de l'inventaire et de la liste des actionnaires, et se faire délivrer copie du bilan résumant l'inventaire et du rapport des commissaires.

Art. 36. — Il est fait annuellement, sur les bénéfices nets, un prélèvement d'un vingtième au moins, affecté à la formation d'un fonds de réserve.

Ce prélèvement cesse d'être obligatoire lorsque le fonds de réserve a atteint le dixième du capital social.

Art. 37. — En cas de perte des trois quarts du capital social, les administrateurs sont tenus de provoquer la réunion de l'assemblée générale de tous les actionnaires, à l'effet de statuer sur la question de savoir s'il y a lieu de prononcer la dissolution de la société.

La résolution de l'assemblée est, dans tous les cas, rendue publique.

A défaut par les administrateurs de réunir l'assemblée générale, comme dans le cas où cette assemblée n'aurait pu se constituer régulièrement, tout intéressé peut demander la dissolution de la société devant les tribunaux.

Art. 38. — La dissolution peut être prononcée sur la demande de toute partie intéressée, lorqu'un an s'est écoulé depuis l'époque où le nombre des associés est réduit à moins de sept.

Art. 39. — L'article 17 est applicable aux sociétés anonymes.

Art. 40. — Il est interdit aux administrateurs de prendre ou de conserver un intérêt direct ou indirect dans une entreprise ou dans un marché fait avec la société ou pour son compte, à moins qu'ils n'y soient autorisés par l'assemblée générale.

Il est, chaque année, rendu à l'assemblée générale un compte spécial de l'exécution des marchés ou entreprises par elle autorisés, aux termes du paragraphe précédent.

Art. 41. — Est nulle et de nul effet à l'égard des intéressés toute société anonym pour laquelle n'ont pas été observées les dispositions des articles 22, 23, 24 et 2 ci-dessus.

Art. 42. — Lorsque la nullité de la société ou des actes et délibérations a été prc noncée aux termes de l'article précédent, les fondateurs auxquels la nullité es imputable et les administrateurs en fonctions au moment où elle a été encouru sont responsables solidairement envers les tiers, sans préjudice des droits des ac tionnaires.

La même responsabilité solidaire peut être prononcée contre ceux des associé dont les apports ou les avantages n'auraient pas été vérifiés et approuvés, confoi mément à l'article 24.

Art. 43. — L'étendue et les effets de la responsabilité des commissaires envers l société sont déterminés d'après les règles générales du mandat.

Art. 44. — Les administrateurs sont responsables, conformément aux règles d droit commun, individuellement ou solidairement suivant les cas, envers la sociét ou envers les tiers, soit des infractions aux dispositions de la présente loi, soit de fautes qu'ils auraient commises dans leur gestion, notamment en distribuant ou e laissant distribuer sans opposition des dividendes fictifs.

Art. 45. — Les dispositions des articles 13, 14, 15 et 16 de la présente loi son applicables en matière de sociétés anonymes, sans distinction entre celles qui son actuellement existantes et celles qui se constitueront sous l'empire de la présent loi. Les administrateurs qui, en l'absence d'inventaire frauduleux, auront opéré de dividendes fictifs, seront punis de la peine qui est prononcée dans ce cas par le n° de l'article 15 contre les gérants des sociétés en commandite.

Sont également applicables en matière de sociétés anonymes les dispositions de trois derniers paragraphes de l'article 10.

Art. 46. — Les sociétés anonymes actuellement existantes continueront à êtr soumises, pendant toute la durée, aux dispostions qui les régissent.

Elles pourront se transformer en sociétés anonymes dans les termes de la présent loi, en obtenant l'autorisation du Gouvernement et en observant les formes pres crites pour la modification de leurs statuts.

Art. 47. — Les sociétés à responsabilité limitée pourront se convertir en société anonymes dans les termes de la présente loi, en se conformant aux conditions sti pulées pour la modification de leurs statuts.

Sont abrogés les articles 31, 37 et 40 du Code de commerce et la loi du 23 ma 1863, sur les sociétés à responsabilité limitée.

## TITRE III. — Dispositions particulières aux sociétés a capital variable

Art. 48. — Il peut être stipulé, dans les statuts de toute société, que le capital so cial sera susceptible d'augmentation par des versements successifs faits par les as sociés ou l'admission d'associés nouveaux, et de diminution par la reprise totale ou partielle des apports effectués.

Les sociétés dont les statuts contiendront la stipulation ci-dessus seront soumises indépendamment des règles générales qui leur sont propres, suivant leur forme spé ciale, aux dispositions des articles suivants.

Art. 49. — Le capital social ne pourra être porté, par les statuts constitutifs de la société, au-dessus de la somme de deux cent mille francs.

Il pourra être augmenté par des délibérations de l'assemblée générale, prises d'année en année ; chacune des augmentations ne pourra être supérieure à deux cent mille francs.

Art. 50. — Les actions ou coupons d'actions seront nominatifs, même après leur entière libération; ils ne pourront être inférieurs à cinquante francs.

Ils ne seront négociables qu'après la constitution définitive de la société.

La négociation ne pourra avoir lieu que par voie de transfert sur les registres de la société, et les statuts pourront donner, soit au conseil d'administration, soit à l'assemblée générale, le droit de s'opposer au transfert.

Art. 51. — Les statuts détermineront une somme au-dessous de laquelle le capital ne pourra être réduit par les reprises des apports autorisés par l'article 48.

Cette somme ne pourra être inférieure au dixième du capital social.

La société ne sera définitivement constituée qu'après le versement du dixième.

Art. 52. — Chaque associé pourra se retirer de la société lorsqu'il le jugera convenable, à moins de conventions contraires et sauf l'application du paragraphe 1er de l'article précédent.

Il pourra être stipulé que l'assemblée générale aura le droit de décider, à la majorité fixée pour la modification des statuts, que l'un ou plusieurs des associés cesseront de faire partie de la société.

L'associé qui cessera de faire partie de la société, soit par l'effet de sa volonté, soit par suite de décision de l'assemblée générale, restera tenu, pendant cinq ans, envers les associés et envers les tiers, de toutes les obligations existant au moment de sa retraite.

Art. 53. — La société, quelle que soit sa forme, sera valablement représentée en justice par ses administrateurs.

Art. 54. —La société ne sera point dissoute par la mort, la retraite, l'interdiction, la faillite ou la déconfiture de l'un des associés; elle continuera de plein droit entre les autres associés.

## TITRE IV. — Dispositions relatives a la publication des actes de société.

Art. 55. — Dans le mois de la constitution de toute société commerciale, un double de l'acte constitutif, s'il est sous seing privé, ou une expédition, s'il est notarié, est déposé aux greffes de la justice de paix et du tribunal de commerce du lieu dans lequel est établie la société.

A l'acte constitutif des sociétés en commandite par actions et des sociétés anonymes sont annexées : 1° une expédition de l'acte notarié constatant la souscription du capital social et le versement du quart; 2° une copie certifiée des délibérations prises par l'assemblée générale dans les cas prévus par les articles 4 et 24.

En outre, lorsque la société est anonyme, on doit annexer à l'acte constitutif la liste nominative, dûment certifiée, des souscripteurs, contenant les noms, prénoms, qualités, demeure et le nombre d'actions de chacun d'eux.

Art. 56. — Dans le même délai d'un mois, un extrait de l'acte constitutif et des pièces annexées est publié dans l'un des journaux désignés pour recevoir les annonces légales.

Il sera justifié de l'insertion par un exemplaire du journal certifié par l'imprimeur, légalisé par le maire et enregistré dans les trois mois de sa date.

Les formalités prescrites par l'article précédent et par le présent article seront observées, à peine de nullité, à l'égard des intéressés; mais le défaut d'aucune d'elle ne pourra être opposé aux tiers par les associés.

Art. 57. — L'extrait doit contenir les noms des associés autres que les actionnaires ou commanditaires; la raison de commerce ou la dénomination adoptée par la société et l'indication du siège social; la désignation des associés autorisés à gérer, administrer et signer pour la société; le montant du capital social et le montant des valeurs fournies ou à fournir par les actionnaires ou commanditaires; l'époque où la société commence, celle où elle doit finir et la date du dépôt fait aux greffes de la justice de paix et du tribunal de commerce.

Art. 58. — L'extrait doit énoncer que la société est en nom collectif ou en commandite simple, ou en commandite par actions, ou anonyme, ou à capital variable.

Si la société est anonyme, l'extrait doit énoncer le montant du capital social en numéraire et en autres objets, la quotité à prélever sur les bénéfices pour composer le fonds de réserve.

Enfin, si la société est à capital variable, l'extrait doit contenir l'indication de la somme au-dessous de laquelle le capital social ne peut être réduit.

Art. 59. — Si la société a plusieurs maisons de commerce situées dans divers arrondissements, le dépôt prescrit par l'article 55 et la publication prescrite par l'article 56 ont lieu dans chacun des arrondissements où existent les maisons de commerce.

Dans les villes divisées en plusieurs arrondissements, le dépôt sera fait seulement au greffe de la justice de paix au principal établissement.

Art. 60. — L'extrait des actes et pièces déposés est signé, pour les actes publics, par le notaire, et, pour les actes sous seing privé, par les associés, en nom collectif, par les gérants des sociétés en commandite ou par les administrateurs des sociétés anonymes.

Art. 61. — Sont soumis aux formalités et aux pénalités prescrites par les articles 55 et 56 :

Tous actes et délibérations ayant pour objet la modification des statuts, la continuation de la société au delà du terme fixé pour sa durée, la dissolution avant ce terme et le mode de liquidation, tout changement ou retraite d'associés et tout changement à la raison sociale.

Sont également soumises aux dispositions des articles 55 et 56 les délibérations prises dans les cas prévus par les articles 19, 37, 46, 47 et 49 ci-dessus.

Art. 62. — Ne sont pas assujettis aux formalités de dépôt et de publication les actes constatant les augmentations ou les diminutions du capital social opérées dans les termes de l'article 48, ou les retraites d'associés, autres que les gérants ou administrateurs, qui auraient lieu conformément à l'article 52.

Art. 63. — Lorsqu'il s'agit d'une société en commandite par actions ou d'une société anonyme, toute personne a le droit de prendre communication des pièces déposées aux greffes de la justice de paix et du tribunal de commerce, ou même de s'en faire délivrer à ses frais expédition ou extrait par le greffier ou par le notaire détenteur de la minute.

Toute personne peut également exiger qu'il lui soit délivré, au siège de la société, une copie certifiée des statuts, moyennant paiement d'une somme qui ne pourra excéder un franc.

Enfin, les pièces déposées doivent être affichées d'une manière apparente dans les bureaux de la société.

Art. 64. — Dans tous les actes, factures, annonces, publications et autres documents *imprimés* ou *autographiés*, émanés des sociétés anonymes ou des sociétés en commandite par actions, la dénomination sociale doit toujours être précédée ou suivie immédiatement de ces mots, écrits lisiblement en toutes lettres : *Société anonyme* ou *Société en commandite par actions*, et de l'énonciation du montant du capital social.

Si la société a usé de la faculté accordée par l'article 48, cette circonstance doit être mentionnée par l'addition de ces mots : *à capital variable.*

Toute contravention aux dispositions qui précèdent est punie d'une amende de cinquante francs à mille francs.

Art. 65. — Sont abrogées les dispositions des articles 42, 43, 44, 45 et 46 du Code de commerce.

TITRE V — DES TONTINES ET DES SOCIÉTÉS D'ASSURANCES

Art. 66. — Les associations de la nature des tontines et les sociétés d'assurances sur la vie, mutuelles ou à primes, restent soumises à l'autorisation et à la surveillance du Gouvernement.

Les autres sociétés d'assurances pourront se former sans autorisation. Un règlement d'administration publique déterminera les conditions sous lesquelles elles pourront être constituées.

Art. 67. — Les sociétés d'assurances désignées dans le paragraphe 2 de l'article précédent, qui existent actuellement, pourront se placer sous le régime qui sera établi par le règlement d'administration publique, sans l'autorisation du Gouvernement, en observant les formes et les conditions prescrites pour la modification de leurs statuts.

(22 janvier 1868)

**DÉCRET** *portant règlement d'administration publique pour la constitution des sociétés d'assurances.*

(Promulg. A. G., 2 avril 1869)
BAT. II, p. 639.
B. C., p. 104.

TITRE PREMIER. — DES SOCIÉTÉS ANONYMES D'ASSURANCES A PRIMES

Article premier. — Les sociétés anonymes d'assurances à primes sont soumises aux dispositions des lois relatives à cette forme de société et, en outre, aux conditions ci-après déterminées.

Elles ne peuvent user des dispositions du titre III de la loi du 24 juillet 1867, particulières aux sociétés à capital variable.

Art. 2. — La société n'est valablement constituée qu'après le versement d'un capital de garantie qui ne pourra, en aucun cas et alors même que le capital social est moindre de deux cent mille francs, être inférieur à cinquante mille francs.

Art. 3. — L'article 4 de la loi du 24 juillet 1867, relatif à la conversion des actions en actions au porteur, n'est applicable aux sociétés d'assurances à primes que si le fonds de réserve est égal au moins à la partie du capital social non encore versée, et s'il a été intégralement constitué.

Art. 4. — La société est tenue de faire annuellement un prélèvement d'au moins vingt pour cent sur les bénéfices nets pour former un fonds de réserve. Ce prélèvement devient facultatif lorsque le fonds de réserve est égal au cinquième du capital.

Art. 5. — Les fonds de la société, à l'exception des sommes nécessaires aux besoins du service courant, doivent être employés en acquisitions d'immeubles, en rentes sur l'État, bons du trésor ou autres valeurs créées ou garanties par l'État, en actions de la banque de France, en obligations des départements et des communes, du crédit foncier de France ou des compagnies françaises de chemins de fer qui ont un minimun d'intérêt garanti par l'État.

Art. 6. — Toute police doit faire connaître :

1° Le montant du capital social ;

2° La portion de ce capital déjà versée ou appelée, et, s'il y a lieu, la délibération par laquelle les actions auraient été converties en actions au porteur ;

3° Le maximum que la compagnie peut, aux termes de ses statuts, assurer sur un seul risque, sans réassurance ;

4° Et, dans le cas où un même capital couvrirait, aux termes des statuts, des risques de nature différente, le montant de ce capital et l'énumération de tous ces risques.

Art. 7. — Tout assuré peut, par lui ou par un fondé de pouvoir, prendre à toute époque, soit au siège social, soit dans les agences établies par la société, communication du dernier inventaire.

Il peut également exiger qu'il lui en soit délivré une copie certifiée, moyennant le paiement d'une somme qui ne peut excéder un franc.

## TITRE II. — Des sociétés d'assurances mutuelles

### SECTION PREMIÈRE. — De la constitution des sociétés et de leur objet.

Art. 8. — Les sociétés d'assurances mutuelles peuvent se former, soit par un acte authentique, soit par un acte sous seing privé fait en double original, quel que soit le nombre des signataires à l'acte.

Art. 9. — Les projets de statuts doivent :

1° Indiquer l'objet, la durée, le siège, la dénomination de la société et la circonscription territoriale de ses opérations ;

2° Comprendre le tableau de classification des risques, les tarifs applicables à chacun d'eux, et déterminer les formes suivant lesquelles ce tableau et ces tarifs peuvent être modifiés ;

3° Fixer le nombre d'adhérents et le minimum de valeurs assurées au-dessous desquels la société ne peut être valablement constituée, ainsi que la somme à valoir sur la contribution de la première année, qui devra être versée avant la constitution de la société.

Art. 10. — Le texte entier des projets de statuts doit être inscrit sur toute liste destinée à recevoir les adhésions.

Art. 11. — Lorsque les conditions ci-dessus ont été remplies, les signataires de l'acte primitif ou leurs fondés de pouvoir le constatent par une déclaration devant notaire.

A cette déclaration sont annexés :

1° La liste nominative dûment certifiée des adhérents, contenant leurs noms, prénoms, qualités et domiciles, et le montant des valeurs assurées par chacun d'eux ;

2° L'un des doubles de l'acte de société, s'il est sous seing privé, ou une expédition, s'il est notarié et s'il a été passé devant un notaire autre que celui qui reçoit la déclaration ;

3° L'état des versements effectués.

Art. 12. — La première assemblée générale, qui est convoquée à la diligence des signataires de l'acte primitif, vérifie la sincérité de la déclaration mentionnée aux articles précédents ; elle nomme les membres du premier conseil d'administration ; elle nomme également, pour la première année, les commissaires institués par l'article 21 ci-après.

Les membres du conseil d'administration ne peuvent être nommés pour plus de six ans : ils sont rééligibles, sauf stipulation contraire. Toutefois, ils peuvent être désignés par les statuts, avec stipulation formelle que leur nomination ne sera pas soumise à l'assemblée générale ; en ce cas, ils ne peuvent être nommés pour plus de trois ans.

Le procès-verbal de la séance constate l'acceptation des membres du conseil d'administration et des commissaires présents à la réunion.

La société n'est définitivement constituée qu'à partir de cette acceptation.

Art. 13. — Le compte des frais de premier établissement est apuré par le conseil d'administration et soumis à l'assemblée générale, qui l'arrête définitivement et détermine le mode et l'époque du remboursement.

## SECTION II. — ADMINISTRATION DES SOCIÉTÉS

Art. 14. — L'administration peut être confiée à un conseil d'administration dont les statuts déterminent les pouvoirs. Les membres de ce conseil peuvent choisir parmi eux un directeur, ou, si les statuts le permettent, se substituer un mandataire étranger à la société et dont ils sont responsables envers elle.

L'administration peut également être confiée par les statuts à un directeur nommé par l'assemblée générale et assisté d'un conseil d'administration. Les statuts déterminent, dans ce cas, les attributions respectives du directeur et du conseil.

Art. 15. — Les membres du conseil d'administration doivent être pris parmi les sociétaires ayant la somme de valeurs assurées déterminée par les statuts.

Art. 16. — Il est tenu chaque année au moins une assemblée générale, à l'époque fixée par les statuts.

Les statuts déterminent soit le minimum de valeurs assurées nécessaire pour être admis à l'assemblée, soit le nombre des plus forts assurés qui doivent la composer ; ils règlent également le mode suivant lequel les sociétaires peuvent s'y faire représenter.

Art. 17. — Dans toutes les assemblées générales, il est tenu une feuille de présence. Elle contient les noms et domiciles des membres présents.

Cette feuille, certifiée par le bureau de l'assemblée et déposée au siège social, doit être communiquée à tout requérant.

Art. 18. — L'assemblée générale ne peut délibérer valablement que si elle réunit le quart au moins des membres ayant le droit d'y assister ; si elle ne réunit pas ce nombre, une nouvelle assemblée est convoquée dans les formes et avec les délais prescrits par les statuts, et elle délibère valablement, quel que soit le nombre des membres présents ou représentés.

Art. 19. — L'assemblée générale qui doit délibérer sur la nomination des membres du premier conseil d'administration et sur la sincérité de la déclaration faite, aux termes de l'article 2, par les signataires de l'acte primitif, doit être composée de la moitié au moins des membres ayant le droit d'y assister.

Si l'assemblée générale ne réunit pas le nombre ci-dessus, elle ne peut prendre qu'une délibération provisoire ; dans ce cas, une nouvelle assemblée générale est convoquée. Deux avis publiés à huit jours d'intervalle, au moins un mois à l'avance, dans l'un des journaux désignés pour recevoir les annonces légales, font connaître aux sociétaires les résolutions provisoires adoptées par la première assemblée, et ces résolutions deviennent définitives si elles sont approuvées par la nouvelle assemblée, composée du cinquième au moins des sociétaires ayant le droit d'y assister.

Art. 20. — Les assemblées qui ont à délibérer sur des modifications aux statuts ou sur des propositions de continuation de la société au delà du terme fixé pour sa durée, ou de dissolution avant ce terme, ne sont régulièrement constituées et ne délibèrent valablement qu'autant qu'elles sont composées de la moitié au moins des sociétaires ayant le droit d'y assister.

Toute modification de statuts est portée à la connaissance des sociétaires dans le premier récépissé de cotisation qui leur est délivré.

Art. 21. — L'assemblée générale annuelle désigne un ou plusieurs commissaires, sociétaires ou non, chargés de faire un rapport à l'assemblée générale suivante sur la situation de la société, sur le bilan et sur les comptes présentés par l'administration.

La délibération contenant approbation du bilan et des comptes est nulle si elle n'a été précédée du rapport des commissaires.

A défaut de nomination des commissaires par l'assemblée générale, ou en cas d'empêchement ou de refus d'un ou de plusieurs d'entre eux, il est procédé à leur nomination ou à leur remplacement par ordonnance du président du tribunal de première instance du siège de la société, à la requête de tout intéressé, les membres du conseil d'administration dûment appelés.

Art. 22. — Pendant le trimestre qui précède l'époque fixée par les statuts pour la réunion de l'assemblée générale, les commissaires ont droit, toutes les fois qu'ils le jugent convenable dans l'intérêt de la société, de prendre communication des livres et d'examiner les opérations de la société. Ils peuvent toujours, en cas d'urgence, convoquer l'assemblée générale.

Art. 23. — Toute société doit dresser, chaque semestre, un état sommaire de sa situation active et passive.

Cet état est mis à la disposition des commissaires.

Il est, en outre, établi chaque année un inventaire ainsi qu'un compte détaillé des recettes et dépenses de l'année précédente et du montant des sinistres.

Ces divers documents sont mis à la disposition des commissaires le quarantième jour au plus tard avant l'assemblée générale. Ils sont présentés à cette assemblée.

L'inventaire et le compte détaillé sont également adressés au Ministre de l'agriculture, du commerce et des travaux publics.

Art. 24. — Quinze jours au moins avant la réunion de l'assemblée générale, tout sociétaire peut prendre, par lui ou par un fondé de pouvoir, au siège social, communication de l'inventaire et de la liste des membres composant l'assemblée générale, et se faire délivrer copie de ces documents.

## SECTION III. — De la formation de l'engagement social

Art. 25. — Les statuts déterminent le mode et les conditions générales suivant lesquels sont contractés les engagements entre la société et les sociétaires. Toutefois, les sociétaires auront, indépendamment de toute disposition statutaire, le droit de se retirer tous les cinq ans, en prévenant la société six mois d'avance dans la forme indiquée ci-après. Ce droit sera réciproque au profit de la société.

Dans tous les cas où un sociétaire a le droit de demander la résiliation, il peut le faire soit par une déclaration au siège social ou chez l'agent local, dont il lui sera donné récépissé, soit par acte extrajudiciaire, soit par tout autre moyen indiqué dans les statuts.

Les statuts indiquent spécialement le mode suivant lequel se fait l'estimation des valeurs assurées, les conditions réciproques de prorogation ou de résiliation des contrats et les circonstances qui font cesser les effets desdits contrats.

Art. 26. — Toute modification des statuts relative à la nature des risques garantis et au périmètre de la circonscription territoriale donne de plein droit à chaque sociétaire la faculté de résilier son engagement.

Cette faculté doit être exercée par lui dans un délai de trois mois, à dater de la notification qui lui aura été faite, conformément à l'article 20.

Art. 27. — Les statuts ne peuvent défendre aux sociétaires de se faire réassurer ou assurer à une autre compagnie. Ils peuvent seulement stipuler que la société sera immédiatement informée et aura le droit de notifier la résiliation du contrat.

Art. 28. — Les polices remises aux assurés doivent contenir les conditions spéciales de l'engagement, sa durée, ainsi que les clauses de résiliation et de tacite reconduction, s'il en existe dans les statuts.

La police constate, en outre, la remise d'un exemplaire contenant le texte entier des statuts.

### SECTION IV. — DES CHARGES SOCIALES

Art. 29. — Les tarifs annexés aux statuts fixent, par degrés de risques, le maximum de la contribution annuelle dont chaque sociétaire est passible pour le paiement des sinistres.

Ce maximum constitue le fonds de garantie.

Les statuts peuvent décider que chaque sociétaire sera tenu de verser d'avance une portion de la contribution sociale pour former un fonds de prévoyance. Le montant de ce versement, dont le maximum est fixé dans les statuts, sera déterminé chaque année par l'assemblée générale.

Art. 30. — Si les statuts le stipulent ainsi, les indications du tableau de classification ne font pas obstacle à ce que le conseil d'administration demeure juge soit de l'application de la classification à tout risque proposé à l'assurance, soit même de l'admissibilité de ce risque.

Art. 31. — Les statuts déterminent également le maximum de la contribution annuelle qui peut être exigé de chaque sociétaire pour frais de gestion de la société.

La quotité de cette contribution est fixée tous les cinq ans au moins par l'assemblée générale.

Il peut être décidé, soit par les statuts, soit par l'assemblée générale, qu'une somme fixe ou proportionnelle est allouée par traité à forfait à la direction. Ce traité est revisé tous les cinq ans au moins.

L'acte qui l'autorise ou l'approuve détermine en même temps, d'une manière précise, quels sont les frais auxquels la somme allouée a pour objet de pourvoir.

Art. 32. — Il peut être formé, dans chaque société d'assurances mutuelles, un fonds de réserve ayant pour objet de donner à la société les moyens de suppléer à l'insuffisance de la cotisation annuelle pour le paiement des sinistres.

Le montant du fonds de réserve est fixé tous les cinq ans par l'assemblée générale, nonobstant toute stipulation contraire insérée dans les statuts.

Le mode de formation et l'emploi de ce fonds sont déterminés par les statuts, sauf application des dispositions suivantes :

Dans aucun cas, le prélèvement sur le fonds de réserve ne peut excéder la moitié de ce fonds pour un seul exercice.

En cas de dissolution de la société, l'emploi du reliquat du fonds de réserve est réglé par l'assemblée générale, sur la proposition des membres du conseil d'administration, et soumis à l'approbation du Ministre de l'agriculture, du commerce et des travaux publics.

Art. 33. — Les fonds de la société doivent être placés en rentes sur l'État, bons du trésor ou autres valeurs créées ou garanties par l'État, en actions de la banque de France, en obligations des départements et des communes, du crédit foncier de France ou des compagnies françaises de chemins de fer qui ont un minimum d'intérêt garanti par l'État.

Ces valeurs sont immatriculées au nom de la société.

### SECTION V — DÉCLARATION, ESTIMATION ET PAIEMENT DES SINISTRES

Art. 34. — Les statuts déterminent le mode et les conditions de la déclaration à faire en cas de sinistre par les sociétaires pour le règlement des indemnités qui peuvent leur être dues.

Art. 35. — L'estimation des sinistres est faite par un agent de la société ou tout autre expert désigné par elle, contradictoirement avec le sociétaire ou avec un expert choisi par lui ; en cas de dissidence, il en est référé à un tiers expert désigné à défaut d'accord entre les parties, par le président du tribunal de première instanc de l'arrondissement, ou, si les statuts l'ont ainsi décidé, par le juge de paix d canton où le sinistre a eu lieu.

Art. 36. — Dans les trois mois qui suivent l'expiration de chaque année, il es fait un règlement général des sinistres à la charge de l'année, et chaque ayant drci reçoit, s'il y a lieu, le solde de l'indemnité réglée à son profit.

Art. 37. — En cas d'insuffisance du fonds de garantie et de la part du fonds d réserve déterminée par les statuts, l'indemnité de chaque ayant droit est diminué au centime le franc.

SECTION VI — DISPOSITIONS RELATIVES A LA PUBLICATION DES ACTES DE SOCIÉTÉ

Art. 38. —Dans le mois de la constitution de toute société d'assurances mutuelles une expédition de l'acte notarié et de ses annexes est déposée au greffe de la justic de paix et, s'il en existe, du tribunal civil du lieu où est établie la société.

A cette expédition est annexée une copie certifiée des délibérations prises pa l'assemblée générale, dans les cas prévus par l'article 12.

Art. 39. — Dans le même délai d'un mois, un extrait de l'acte constitutif et de pièces annexées est publié dans l'un des journaux désignés pour recevoir les annonces légales. Il sera justifié de l'insertion par un exemplaire du journal certifié par l'imprimeur, légalisé par le maire et enregistré dans les trois mois de sa date.

Art. 40. — L'extrait doit contenir la dénomination adoptée par la société et l'indication du siège social, la désignation des personnes autorisées à gérer, administrer et signer pour la société, le nombre d'adhérents et le minimum de valeurs assurées au-dessous desquels la société ne pouvait être valablement constituée, l'époque où la société a commencé, celle où elle doit finir et la date du dépôt fait au greffe de la justice de paix et du tribunal de première instance. Il indique également si la société doit ou non constituer un fonds de réserve.

L'extrait des actes et pièces déposés est signé, pour les actes publics, par le notaire et, pour les actes sous seing privé, par les membres du conseil d'administration.

Art. 41. — Sont soumis aux formalités ci-dessus prescrites, tous actes et délibérations ayant pour objet la modification des statuts, la continuation de la société au-delà du terme fixé par les statuts, la dissolution avant ce terme et tout changement à la dénomination, ainsi que la transformation de la société dans les conditions indiquées par l'article 67 de la loi du 24 juillet 1867.

Art. 42. — Toute personne a le droit de prendre communication des pièces déposées au greffe de la justice de paix et du tribunal, ou même de s'en faire délivrer à ses frais expédition ou extrait, par le greffier ou par le notaire détenteur de la minute.

Toute personne peut également exiger qu'il soit délivré, au siège de la société, une copie certifiée des statuts, moyennant paiement d'une somme qui ne pourra excéder 1 franc.

Enfin, les pièces déposées doivent être affichées d'une manière apparente dans les bureaux de la société.

NAPOLÉON.

(30 décembre 1868)

**DÉCRET** *rendant applicable aux colonies les lois du 6 mai 1863, du 24 juillet 1867 et le décret du 22 janvier 1868.*

(Promulg. A. G., 2 avril 1869)
BAT. II, p. 629.
B. C., p. 104.

La loi du 6 mai 1863, qui modifie les articles 27 et 28 du Code de commerce, la loi du 24 juillet 1867 sur les sociétés commerciales, et le décret du 22 janvier 1868 portant règlement d'administration publique pour la constitution des sociétés d'assurances, sont rendus applicables aux colonies.

NAPOLÉON.

(16 décembre 1875)

**INSTR. D. I.** *Tenue des livres, publication des actes de société et faillites, en ce qui concerne les négociants* (1).

BAT. I, p. 269.

B. C., p. 402.

(20 juin 1880)

**CIRC. M.** *Il est interdit aux officiers et fonctionnaires de la marine en activité de faire partie, à quelque titre que ce soit, d'une société industrielle, commerciale ou financière.*

B. M., p. 147.

On m'a fait remarquer dans la feuille des annonces d'un journal publié au chef-lieu de l'un des cinq arrondissements maritimes, qu'un officier supérieur de l'un des corps de la marine a accepté l'emploi d'administrateur d'une société industrielle.

Je ne puis admettre que des officiers, quels qu'ils soient, acceptent des fonctions de cette nature.

Les traditions des différents corps de la marine sont, sous ce rapport, de tous points conformes à la jurisprudence du Département de la Guerre qui, par deux circulaires en date des 24 décembre 1869 et 9 décembre 1878 (*Journal militaire officiel*, p. 424), interdit à tout militaire ou fonctionnaire appartenant à l'armée de faire partie, à quelque titre que ce soit, d'une société industrielle, commerciale ou financière, tant qu'il est en activité de service.

Je vous invite donc à tenir la main à l'exécution des ordres contenus dans la présente circulaire et à me signaler, au besoin, ceux des officiers en activité de service qui négligeraient de s'y conformer.

JAURÉGUIBERRY.

## SOCIÉTÉ D'ENCOURAGEMENT

(25 août 1884)

**CIRC. M.** *relative à la création d'une Société d'encouragement pour le commerce français d'exportation.*

B. C., p. 382.

Il vient de se constituer, sur l'initiative de la Chambre de commerce de Paris, une Société d'encouragement pour le commerce français d'exportation, dont le but est de favoriser le développement des relations commerciales de la France à l'extérieur, en facilitant l'établissement à l'étranger, et surtout dans nos colonies, des jeunes Français désireux de trouver hors de la Métropole un emploi conforme à leurs aptitudes spéciales. Ouvrir de nouveaux débouchés au commerce français en dirigeant vers nos colonies un courant d'immigration qui sera pour elle un élément de prospérité, telle est l'œuvre que poursuit la Société. J'estime que, dans l'intérêt de la Métropole aussi bien que des colonies, elle se recommande à toute votre attention, et je ne saurais trop vous engager à user de tous les moyens de publicité dont vous disposez pour faire connaître l'existence de la Société d'encouragement et le but patriotique qu'elle se propose.

La Société a fait appel à toutes les Chambres de commerce de France pour demander qu'elles lui signalent les jeunes gens de leurs circonscriptions qu'elles seraient aptes et disposées à utiliser au dehors dans le commerce, l'industrie et l'agriculture. Il est indispensable que, réciproquement, elle soit renseignée sur les emplois que les jeunes gens désireux de s'expatrier pourraient trouver dans nos colonies.

C'est à ce point de vue spécial que vous pourrez plus particulièrement prêter votre concours à la Société. Il sera bon que vous adressiez aux Chambres de commerce et d'agriculture, aux principaux commerçants, industriels et agriculteurs de la colonie des avis spéciaux pour les inviter à vous faire connaître les emplois vacants qui pourraient se présenter, en indiquant la rétribution qui y serait immédiatement attachée et, s'il y a lieu, les avantages qu'on pourrait espérer dans l'avenir. Vous

(1) V. *Faillites*.

voudrez bien transmettre au Département ces demandes, que je me chargerai de faire parvenir à Société.

Je vous envoie, ci-joints, les statuts de la Société et le texte de la circulaire que son président adressée aux personnes susceptibles de s'intéresser à l'œuvre qu'elle poursuit.

ALBERT GRODET

## SOCIÉTÉ DE SECOURS

V. *Union des femmes de France.*

# SOCIÉTÉS SECRÈTES

| NATURE DES DOCUMENTS | DATES | RECUEILS A CONSULTER | | | | | | | OBSERVATIONS |
|---|---|---|---|---|---|---|---|---|---|
| | | Bat. | B.C. | B.D.I. | J.C. | J.H. | B.M. | B.Col. | |
| A. G. | 22 avril 1873. | II-645 | 138 | | | | | | |
| Circ. G. | 6 juillet 1878. | II-645 | | 112 | | | | | |
| Dép. M. | 31 juillet 1882. | | | | | | | | |
| Dép. M. | 1er septembre 1882. | | | | | | | | |

(22 avril 1873)

A. G. *Les apôtres et adeptes de la secte dite Dao-lanh seront poursuivis.*

BAT. II, p. 645.

B. C., p. 138.

Les apôtres et adeptes de la secte dite *Dao-Lanh* seront poursuivis, conformément à la 6e section du livre VI du code annamite.

DUPRÉ.

(6 juillet 1878)

CIRC. G. *Surveillance à exercer à l'égard des bonzes et des adeptes de la secte des Dao-Lanh et autres sociétés secrètes non autorisées.*

BAT. II, p. 645.

B. D. I, p. 112.

Jusqu'à présent, l'Administration de la colonie ne s'est guère préoccupée des agissements des bonzes et des adeptes des différentes sectes qui, sous prétexte de religion, recrutent des prosélytes parmi les populations de la Cochinchine en leur faisant croire à des faits merveilleux ou surnaturels.

Il est cependant avéré qu'en plusieurs circonstances, antérieurement à la conquête, ces religieux, magiciens, sorciers, etc., ont cherché à faire prévaloir des doctrines subversives et à porter le trouble dans le pays. Aussi, les législateurs annamites avaient eu soin de soumettre les bonzes à certains règlements et d'édicter des peines sévères contre les sectaires qui cherchaient à tromper le peuple au moyen de sortilèges, maléfices, et autres pratiques coupables.

Toutefois, depuis l'occupation française, les individus de ces différentes classes n'avaient pas donné de sujet de mécontentement, et on les considérait comme des êtres à peu près inoffensifs

L'expérience a prouvé que l'on se faisait illusion sur ce point. En effet, il ressort de l'instruction faite à la suite des derniers événements survenus dans la province de Mytho, que la tentative de révolte qui, du reste, a été rapidement comprimée, a eu pour auteurs les principaux chefs de la secte des *Dao-Lanh*.

Les réunions et conciliabules, dans lesquels la rébellion a été organisée, ont eu lieu dans les pagodes, avec la complicité ou tout au moins l'assentiment des bonzes.

Il est donc absolument indispensable, dans l'intérêt de la sécurité et de la tranquillité publiques, de prendre des mesures efficaces pour empêcher le retour de pareils désordres.

Le code annamite (spécialement aux articles LXXV et CXLIV) fournit des moyens de répression assez nombreux; il suffit d'en assurer et d'en faciliter l'application, et voici ce que j'ai décidé à cet égard :

« A l'avenir, il ne pourra être créé aucune pagode, couvent, ni association religieuse quelconque, sans l'autorisation de l'Administration.

» Cette autorisation devra être obtenue pour ceux de ces établissements existant actuellement.

» Elle sera donnée par écrit, signée du 1er administrateur et revêtue de son cachet.

» Aucun nouveau bonze ne pourra être nommé, ni recevoir de l'avancement dans la hiérarchie sans le consentement de l'Administration.

» Ce consentement sera constaté, sur chaque diplôme, et à chaque avancement en grade, par un *visa* portant la signature et le cachet du 1er administrateur de l'arrondissement de la résidence du bonze, et par le numéro d'inscription au contrôle dont il sera question ci-après.

» Les bonzes actuellement en fonctions devront obtenir ce *visa*, chacun en ce qui le concerne.

» Les diplômes ainsi visés devront être exhibés par les titulaires à toute réquisition des fonctionnaires français ou indigènes.

» Les bonzes devront, sous leur responsabilité, faire inscrire leurs disciples au bureau du 1er administrateur de leur arrondissement. Il leur sera délivré un certificat de cette inscription.

» Ils ne pourront changer de résidence ni de pagode sans en avoir obtenu par écrit l'autorisation de l'administrateur. Si ce changement leur est accordé, ils devront se présenter à l'administrateur de leur nouvel arrondissement.

» Aucune réunion religieuse ne pourra avoir lieu sans l'autorisation du 1er administrateur.

» Les contrevenants à ces dispositions seront poursuivis et punis conformément à la loi. »

Dans les cas, nécessairement très rares, où le Code ne mettrait pas à votre disposition des moyens d'action suffisants, vous pourriez établir des jugements administratifs; mais je vous recommande de n'en user qu'avec les plus grands ménagements.

Afin d'assurer un contrôle efficace, il sera tenu, dans chaque arrondissement, sous la surveillance et la responsabilité du 1er administrateur, un registre présentant : d'une part, la liste des pagodes avec indication des bonzes qui les desservent (modèle n° 1), et, d'autre part, le contrôle nominatif de tous les bonzes résidant dans l'arrondissement et de leurs disciples (modèle n° 2).

La dernière colonne de ces deux tableaux recevra tous les renseignements divers qu'il vous sera possible d'obtenir sur chacun d'eux et qui ne pourront pas entrer dans les autres colonnes.

Lorsqu'un bonze de votre arrondissement ira résider dans un arrondissement voisin, vous en préviendrez votre collègue et lui adresserez en même temps un extrait de votre registre, en ce qui concerne son nouvel administré.

J'ai lieu d'espérer que la rigoureuse application de ces mesures vous mettra à même d'être constamment au courant des faits et gestes des bonzes habitant votre circonscription, et d'exercer sur eux une surveillance efficace.

Vous vous ferez aider, bien entendu, dans cette surveillance, par les fonctionnaires indigènes placés sous vos ordres et les rendrez responsables, dans la mesure de leurs attributions, des infractions commises, chaque fois que, par leur faute, ils n'y auront pas apporté d'obstacle ou ne vous en auront pas rendu compte en temps opportun.

Quant aux adeptes de la secte des *Dao-lanh* et autres sociétés secrètes ou soi-disant religieuses non autorisées, vous devrez les poursuivre avec la plus grande sévérité, conformément à la loi, et ne négliger aucun moyen pour les découvrir. Le meilleur serait, sans doute, d'avoir des agents secrets qui se mêleraient parmi eux et tâcheraient au besoin de s'affilier à la secte. Vous les payeriez, à chaque renseignement utile qu'ils vous fourniraient, suivant sa valeur et son importance. Vous demanderez pour cela les crédits que vous croirez nécessaires, et ils vous seront accordés dans la mesure du possible.

Je recommande également à votre surveillance les devins, sorciers, exorcistes, comédiens, faux médecins, etc., qui parcourent les campagnes sans avoir de résidence fixe. Beaucoup d'entre eux font partie des sociétés dont je viens de parler ou du moins servent d'émissaires aux adeptes. Il y aura lieu de les poursuivre comme vagabonds et gens sans aveu ; ce cas est généralement prévu par le Code.

Il est bien entendu que cette prohibition ne devra pas atteindre les médecins, directeurs de théâtre, etc., qui ont obtenu l'autorisation d'exercer leur métier et payent patente.

Telles sont, monsieur l'administrateur, les mesures que j'ai cru devoir prescrire dans l'intérêt de l'ordre publique et même des populations que ces fauteurs de troubles entraînent trop facilement à commettre des actes dont elles sont les premières victimes.

Je vous prie de les porter à la connaissance de vos administrés et de tenir la main à ce qu'elles soient exécutées ponctuellement.

LAFONT.

(31 juillet 1882)

**DEP. M.** *au sujet de la Société du Ciel et de la Terre.*

ARCH. GOUV.

J'ai reçu successivement vos deux lettres des 5 et 12 juin concernant votre voyage à Soctrang et les agissements de la Société chinoise du Ciel et de la Terre qui fait une active propagande dans cette province.

C'est à très juste titre que vous vous êtes préoccupé de cette accociation secrète dont les funestes tendances peuvent jeter le plus grand trouble dans la société annamite et compromettre notre influence sur les populations. Vous avez agi sagement en vous rendant de votre personne dans la province sourdement travaillée par ces agents de désorganisation morale et j'approuve à l'avance les dispositions que vous comptez me proposer pour réprimer la propagande de cette secte fanatique. J'ajoute que la plupart des membres de cette association étant étrangers, vous êtes autorisé, en vertu de la loi de 1849, à prendre à leur égard, s'il en est besoin, des mesures pour les expulser de la colonie. Il faut attaquer le mal vigoureusement et le couper dans sa racine.

En ce qui concerne la partie de votre lettre relative aux mesures de clémence qui se sont produites dans ces derniers temps à l'égard de condamnés à la peine capitale, vous n'ignorerez point que ce n'est pas mon Département qui est appelé à statuer en pareille matière. Le droit de grâce est une des attributions du chef de l'État et vous savez combien M. le Président de la Républiquee est disposé à en user avec bienveillance dans une matière aussi délicate et qui engage la conscience je ne puis que m'incliner devant ses décisions.

JAURÉGUIBERRY.

(1er septembre 1882)

**DÉP. M.** *approuvant les mesures déjà prises et prescrivant de nouvelles mesures de rigueur contre les agissements de la société secrète dite « du Ciel et de la Terre »* (1).

ARCH. GOUV.

Consulter en outre : *Peines administratives.*

## SOEURS DE CHARITÉ

V. *Congrégations religieuses.*

## SOLDE

V. *Traitement, solde et accessoires de solde.*

## SOUMISSIONNAIRES

V. *Marchés.*

## SOUMISSIONS POUR TRAVAUX ET FOURNITURES

V. *Marchés.*

## STATION LOCALE

V. *Division navale et station locale.*

(1) V. *Peines administratives.*

# SPAHIS

| NATURE DES DOCUMENTS | DATES | RECUEILS A CONSULTER Bat. | B.C. | B D.J | J. C. | J. H. | B.M. | B.Col. | OBSERVATIONS |
|---|---|---|---|---|---|---|---|---|---|
| A. G. | 7 février 1862. | | 65 | | | | | | |
| D. G. | 21 février 1862. | | 99 | | | | | | |
| D. G. | 18 avril 1862. | | 129 | | | | | | |
| D. G. | 27 mars 1865. | | 210 | | | | | | |
| A. G. | 21 novembre 1868. | | 265 | | | | | | |
| Dép. M. | 16 mars 1867. | | | | | | | | |

(7 février 1862)

**A. G.** *réorganisant la cavalerie légère de Saïgon sous la dénomination suivante : Escadron de spahis de Cochinchine, et portant règlement sur la solde, les revues, l'Administration et la comptabilité de cette cavalerie.*

B. C., p. 65.

(21 février 1882)

**D. G.** *concernant l'escadron de spahis de Cochinchine.*

B. C., p. 99.

(18 avril 1862)

**D. G.** *modifications à l'arrêté du 7 février 1862.*

B. C., p. 129.

(27 mars 1865)

**D. G.** *concernant l'inspection générale de la cavalerie de Cochinchine.*

B. C., p. 210.

(21 novembre 1868)

**A. G.** *portant fixation des masses et autres allocations accessoires de l'escadron de spahis de Cochinchine.*

B. C., p. 265.

(16 mars 1867)

**DÉP. M.** *au sujet de l'emploi de la cavalerie et de la gendarmerie en Cochinchine.*

ARCH. GOUV.

Par une lettre du 8 de ce mois, j'ai appelé votre attention sur la nécessité de réduire à 120 hommes au plus l'escadron de cavalerie employé dans la colonie.

J'ai remarqué sur les états de répartition mensuels des troupes de toutes armes, que sur l'effectif actuel de 192 hommes présents dans la colonie, 73 étaient maintenus dans la province de Saïgon, 28 à Tay-Ninh et Trang-bang, 51 en expédition au Cambodge, 13 seulement à Bien-hoa, et 27 à Baria.

Je pense que c'est surtout dans ces deux dernières provinces que l'emploi de la cavalerie peut être utile. Je vous invite à rechercher toutes les occasions de lui faire rendre des services qui compensent les dépenses considérables qu'elle occasionne.

.......................................................................................................

.......................................................................................................

RIGAULT DE GENOUILLY.

## STATISTIQUE

| NATURE DES DOCUMENTS | DATES | RECUEILS A CONSULTER | | | | | | | OBSERVATIONS |
|---|---|---|---|---|---|---|---|---|---|
| | | Bat. | B.C. | B.D.I. | J. C. | J. H. | B. M. | B.Col. | |
| Dép. M. | 17 décembre 1883. | | | | | | | | |
| Dép. M. | 15 mars 1884. | | | | | | | | |
| Circ. D. I. | 16 mai 1884. | | | 20 | | | | | |
| Circ. D. I. | 8 août 1884. | | | 32 | | | | | |
| Circ. M. | 11 septembre 1885. | | | | | | | | |
| Circ. M. | 20 janvier 1886. | | | | | | | | |
| Circ. D. I. | 18 février 1887. | | | 12 | | | | | |
| Circ. M. | 16 novembre 1887. | | | | | | | | |
| Dép. M. | 5 mai 1888. | | | | | | | | |

(17 décembre 1883)

**DÉP. M.** *au sujet d'une demande d'états statistiques conformes aux modèles des autr colonies.*

ARCH. GOUV.

La commission du budget, après avoir pris connaissance des documents statistiques relatifs au colonies de la Martinique, de la Guadeloupe, de la Guyane, de la Réunion, du Sénégal et de l'Ind a exprimé le regret que des données aussi complètes ne lui eussent pas été fournies sur nos autr établissements français.

Je désire vivement donner satisfaction au vœu ainsi exprimé et j'attache moi-même un gran intérêt à avoir des documents complets qui permettent de se rendre un compte exact de l'impor tance de chacune des colonies.

Je vous prie, en conséquence, de me faire parvenir, à partir de 1883, des états statistiques établi dans la même forme que ceux que les autres colonies adressent chaque année au Département e dont vous trouverez les modèles dans le recueil que je vous adresse ci-joint, savoir :

1° Tableau résumé de la population.

2° Tableau détaillé de la population.

3° Tableau détaillé de la culture.

4° Tableau général de la valeur des importations et des exportations.

5° État détaillé, en quantités et en valeurs des denrées et marchandises qui ont fait l'objet d commerce de la colonie avec les autres colonies et pêcheries françaises.

6° État détaillé, en quantités et en valeurs des denrées et marchandises qui ont fait l'objet d commerce de la colonie avec l'étranger.

7° Tableau des mouvements des entrepôts de la colonie.

8° Tableau des mouvements de la navigation commerciale entre la colonie et les autres colonie et pêcheries françaises.

9° Tableau des mouvements de la navigation commerciale entre la colonie et l'étranger.

Si les moyens d'information dont vous disposez étaient insuffisants pour permettre de dresse des états absolument conformes aux modèles que je vous indique, vous voudrez bien vous en rap procher le plus possible en faisant figurer dans ceux que vous m'adresserez tous les renseignement que vous aurez été à même de vous procurer.

Je vous prie de m'accuser réception de la présente communication.

FÉLIX FAURE.

(15 mars 1884)

**DÉP. M.** *Renseignements statistiques à fournir par la Cochinchine.*

ARCH. GOUV.

J'ai reçu votre lettre du 6 février 1884 par laquelle vous répondez à ma dépêche du 25 décembr dernier concernant les états statistiques à fournir par la Cochinchine.

Vous m'avisez que, suivant les prescriptions qu'elle contenait, vous avez donné les ordres néces saires pour que les états réclamés soient établis par votre administration, dans la même forme qu ceux qui sont fournis, chaque année, au Département par les autres colonies.

La publication spéciale que vous m'avez adressée ne saurait, d'ailleurs, satisfaire au désir qu j'avais exprimé, car mon administration ne pourrait trouver les indications statistiques relatives 1883 que dans l' « État de la Cochinchine » qui paraîtra en 1884 ou en 1885, alors que la statistiqu proposée au Département sera publiée à la fin de l'année.

De plus, tous les documents demandés aux colonies doivent être préparés dans la même forme

Il importe donc, Monsieur le Gouverneur, que vous teniez la main au prompt établissement de états de statistique, que j'ai réclamés et qui devront me parvenir en juillet prochain au plus tard

FÉLIX FAURE.

(16 mai 1884)

**CIRC. D. I.** *relative aux renseignements statistiques à fournir annuellement au Dépar tement. — Modèle d'états.*

B. D. I, p. 20.

Par une récente dépêche, le Département demande qu'il lui soit adressé, dans le plus bref délai c dans la forme adoptée par les autres colonies, des renseignements statistiques sur l'état de la po pulation, des cultures, du commerce et de la navigation en Cochinchine pour l'année 1883.

Ces documents sont destinés à être reproduits dans la statistique générale que publie annuelle ment le Ministère pour toutes les colonies françaises. Jusqu'à présent, la Cochinchine n'avait pas figuré dans ces recueils. Le Département désire combler cette lacune dès cette année, et, à cet effet, nous envoie des modèles empruntés aux autres publications coloniales avec la pressante invitation de nous y conformer strictement.

J'ai l'honneur de vous adresser ci-joint deux modèles de ces états relatifs à la population et aux cultures, en vous priant de les remplir le plus exactement possible.

Il est absolument nécessaire que votre travail me parvienne pour la fin de ce mois au *plus tard*, la statistique demandée devant être expédiée de France par le courrier du 16 juin prochain.

NOUET.

MODÈLES

B. C. p. 21 et 22.

(8 août 1884)

**CIRC. D. I.** *(Extrait) Rappel de la circulaire du 16 mai dernier relative aux états de population, de cultures, de navigation et de commerce.*

B. D. I, p. 32.

..........................................................................................

Je profite de cette occasion pour vous rappeler ma circulaire du 16 mai dernier, timbrée 3e bureau, n° 11, relative aux états de population, de cultures, de navigation et de commerce qui doivent être fournis annuellement au Ministère de la marine et des colonies, pour être insérés dans une brochure spéciale publiée par le Département sous le titre : *Notices statistiques sur les colonies françaises.*

A l'avenir, les renseignements nécessaires à l'établissement des deux publications dont il s'agit devront me parvenir dans le courant du mois de mars de chaque année.

NOUET.

(11 septembre 1885)

**CIRC. M.** *États statistiques du commerce et de la navigation entre la France et les colonies. Ils seront publiés à l'avenir d'après les renseignements que fournirait les administrations locales des colonies.*

ARCH. GOUV.

Les états du commerce et de la navigation entre la France et les colonies françaises, qui figurent, chaque année, dans le volume de statistiques coloniales publié par le Département, ont, jusqu'ici, été empruntés aux tableaux de la direction générale des douanes métropolitaines.

Le chiffre des marchandises importées de France dans les colonies est établi d'après les déclarations que font, à la sortie de France, les chargeurs des différents navires. Or, ces déclarations, que la douane n'a pas à vérifier de la même manière que les autres, puisqu'aucun droit ne frappe les marchandises à la sortie, se trouvent, fréquemment, être inexactes ; elles peuvent, du reste, le devenir par suite du changement de destination donné en cours de voyage aux marchandises qui en ont fait l'objet. De là de fréquentes erreurs et des différences notables entre les relevés faits à la sortie par la douane métropolitaine et les constatations effectuées, à l'entrée, par les douanes coloniales.

Pour éviter ces inexactitudes, j'ai décidé que le tableau des importations aux colonies de marchandises provenant de France et celui des entrées de navires venant de la Métropole, seraient, à l'avenir, publiés d'après les renseignements que fourniront les administrations locales des colonies.

Je vous prie, en conséquence, de donner des ordres pour que les tableaux du commerce et de la navigation de la colonie avec la France me soient adressés, à l'avenir, en même temps que les états du commerce et de la navigation avec l'étranger et les colonies françaises, dans la forme des tableaux publiés dans le volume des statistiques coloniales.

Vous voudrez bien m'accuser réception de la présente circulaire.

GRODET.

(20 janvier 1886)

**CIRC. M.** *relative à l'établissement des statistiques coloniales pour l'année 1885. Instructions.*

ARCH. GOUV.

Je vous prie de vouloir bien, dès la réception de la présente circulaire, donner aux différents chefs de service de la colonie des instructions précises pour l'établissement des statistiques aff rentes à l'année 1885. J'attache le plus grand prix à ce que ces états me parviennent avant le 30 ju prochain.

Les statistiques de 1884, dont l'envoi avait été prescrit pour cette même date en 1885, ont é transmises par la plupart des colonies, avec des retards qui ont motivé de nombreuses lettres ( rappel. Le Département a dû également, à plusieurs reprises, signaler les erreurs que contenaie lesdits états et le peu de soin apporté à leur préparation. Je vous prie de veiller personnelleme à ce que les statistiques de 1885 soient établies avec la plus grande exactitude et expédiées à date fixée.

Le volume de 1885 comprendra les tableaux suivants :

1° *Population.* — Tableau détaillé de la population par communes ou districts, en y compr nant les fonctionnaires, les troupes de la garnison, la population flottante et les immigrants. Division de la population par origine et par communes et districts. — État de la population pa nationalités. — État des fonctionnaires, des employés et de leur famille, de la garnison eur péenne et de la population flottante. — Tableau de l'immigration européenne et de l'immigratio réglementée, s'il y a lieu.

2° *Cultures.* — Les chiffres fournis par les colonies pour le nombre d'hectares affectés aux di férentes cultures pour la valeur des produits et l'évaluation des frais d'exploitation ne paraisse pas, en général, établis d'après des données bien exactes.

Vous devrez tenir la main à ce que les renseignements de cette fois soient soigneusement co trôlés.

3° *Commerce* } Le Département a adopté de nouveaux modèles pour les états de commerce (
4° *Navigation* } de navigation ; je vous les adresse ci-joints.

Complément aux prescriptions de la circulaire du 11 septembre 1885, les administrations locale devront indiquer le chiffre des marchandises importées de France dans la colonie et exportées d la colonie en France. Mais, au lieu de produire trois tableaux séparés pour le commerce avec l France, avec les colonies françaises et avec l'étranger, on consacrera un état détaillé aux importa tions de toute provenance et aux exportations de toutes les directions.

Les modèles ci-joints sont conformes aux états détaillés de commerce envoyés par la Guade loupe, la Martinique et la Réunion. Indépendamment aux tableaux relatifs aux importations et au exportations, les colonies devront, comme précédemment, fournir un tableau spécial pour le mou vement des entrepôts.

En ce qui concerne les états de navigation, il n'y aura, commerce pour les états du commerce à m'adresser que deux tableaux, un pour les entrées, l'autre pour les sorties, en y comprenant tou le mouvement de la navigation entre la colonie, d'une part, la France, les colonies françaises e l'étranger, de l'autre.

5° Statistiques de l'instruction publique.

6° Statistique judiciaire.

7° Statistique électorale.

8° État de biens de mainmorte.

9° État des emprunts coloniaux et municipaux.

10° Statistique des médecins, officiers de santé, pharmaciens établis dans la colonie.

Sauf pour les états de commerce et de navigation, dont la forme doit être modifiée ainsi que j vous l'ai indiqué plus haut, tous les tableaux énumérés ci-dessus seront établis conformément au modèles qui vous ont été précédemment transmis par le Département.

Je vous prie de m'accuser réception de la présente circulaire.

AUBE.

(18 février 1887)

**CIRC. D. I.** *relative à l'établissement de la statistique pour 1886.*

B. D. I, p. 12.

J'ai l'honneur de vous adresser les états qui doivent servir à l'établissement de la statistiqu pour 1886.

De même que l'année dernière, le Département demande que cet important travail lui parvienn le 30 juin prochain. Je vous prie, par suite, de m'adresser pour le 15 avril *au plus tard*, les rensei gnements que comportent les tableaux ci-annexés.

J'appelle tout particulièrement votre attention sur les indications à fournir en ce qui concern les états suivants :

*Population.* — Les tableaux de cette statistique devront être exactement remplis pour toutes le questions qui y sont posées ; aucune colonne ne doit rester en blanc. Vous y comprendrez :

1° Le tableau détaillé de la population par commune ou district, y compris les fonctionnaires, ›s troupes de la garnison, la population flottante et les immigrants ;

2° La division de la population par origine et par commune ou district ;

3° L'état des fonctionnaires, des employés et de leurs familles ;

4° Le tableau de l'immigration européenne et de l'immigration réglementée, s'il y a lieu.

*Culture.* — Je ne saurais trop vous recommander d'opérer le relevé aussi exact que possible de la uperficie des différentes cultures, du rendement par hectare et de la valeur du terrain cultivé. e morcellement du sol devra faire l'objet d'une mention spéciale ; il est de toute importance que ı statistique relate si ce morcellement s'accroit ou reste stationnaire. Il est nécessaire, en outre, u'une distinction soit faite entre le propriétaire non cultivateur et le propriétaire exploitant luiıême.

*Animaux.* — Contrairement à ce qui a été fait jusqu'à ce jour, la statistique générale de la coloie comportera des indications détaillées sur les différentes espèces d'animaux ; le tableau que je ous adresse énumère les titres sous lesquels il y a lieu de répondre.

*Forêts.* — La situation des forêts en Cochinchine n'a pas jusqu'ici été présentée d'une façon bien récise ; il serait utile cependant de faire connaître exactement notre richesse forestière au point e vue de son étendue et de son rendement.

L'exploitation des diverses essences de la colonie ayant donné lieu à un défrichement considéıble, vous voudrez bien indiquer dans la colonne *Observations*, la contenance des semis naturels ; y aurait lieu également de faire connaître si les souches s'épuisent et si elles dégénèrent en se ıccédant les uns aux autres.

NOEL PARDON.

(16 novembre 1887)

**CIRC. M.** *rappel à la circulaire du 20 janvier 1886, au sujet de l'envoi régulier au épartement des pièces composant les statistiques coloniales*

ARCH. GOUV.

Par une circulaire du 20 janvier 1886, le Département vous a fait parvenir des modèles des taeaux statistiques du commerce et de la navigation et vous a invité à fournir, en outre, régulièreent un certain nambre d'états destinés à figurer dans les prochains volumes des statistiques ›loniales.

J'ai remarqué que ces prescriptions ne sont pas exactement observées et que tous les tableaux ont l'envoi vous a été réclamé ne sont pas adressés à l'administration des colonies.

J'ai l'honneur de vous prier de vouloir bien prendre les mesures nécessaires pour assurer l'exéıtion complète des instructions contenues dans la circulaire précitée du 20 janvier 1886 dont je ›us fais parvenir, ci joint, trois exemplaires.

Vous voudrez bien tenir également la main à l'envoi régulier de tous les autres états statistiıes qui vous ont été demandés postérieurement à ladite circulaire et qui portent sur les établisments d'aliénés, les hôpitaux, les bureaux de bienfaisance, les monts de piétié, les services de ›nregistrement des hypothèques et des successions.

Je vous prie de m'accuser réception de la présente circulaire.

EUG. ÉTIENNE.

(5 mai 1888)

**DÉP. M.** *Instructions au sujet de la publication de statistiques judiciaires : prescrivant › préparer et de transmettre sans retard les documents se rapportant à l'année 1887.*

ARCH. GOUV.

A plusieurs reprises, le Département a prescrit l'envoi de statistiques judiciaires destinées à endre place dans l'ouvrage que l'administration publie annuellement sous le titre de « *Statisti- 'es Coloniales* ». Les instructions ministérielles données à ce sujet n'ont pas été observées dans ›utes les colonies et depuis deux ans il n'a pas été possible de réunir des renseignements assez mplets pour les faire figurer dans les dernières statistiques coloniales de 1885 et 1886.

Me référant aux instructions précédemment adressées aux administrations coloniales, j'ai l'hon›ur de vous inviter de la manière la plus formelle à faire dresser à l'avenir les statistiques judiıires de votre colonie, qui devront être établies conformément aux indications contenues dans les odèles de tableaux que vous trouverez ci-joints.

Je vous prie de donner les ordres les plus précis pour que votre administration prépare sans re›d l'établissement des documents se rapportant à l'année 1887, et les transmettre d'urgence au ›partement, sous le timbre de la présente circulaire.

Je saisis cette occasion de vous rappeler, dans un autre ordre d'idées, que les budgets com naux de l'exercice en cours doivent me parvenir au début de chaque année pour pouvoir être lisés dans la publication des *statistiques coloniales*.

Je vous prie de m'accuser réception de la présente communication.

A. DE LA PORTE.

Consulter, en outre : *Situation de la Cochinchine. Situation des arrondis ments.*

## STATUES

V. *Monuments commémoratifs.*

# SUBSISTANCES

I. RÉGLEMENTATION. — *a)* DISPOSITIONS LOCALES. — *b)* INSTRUCTIONS MINISTÉRIELLES. — II. RATION ET RATIONNAIRES. — III. CESSIONS

## I. — RÉGLEMENTATION

### *a)* **Dispositions locales**

| NATURE DES DOCUMENTS | DATES | RECUEILS A CONSULTER | | | | | | | OBSERVATIONS |
|---|---|---|---|---|---|---|---|---|---|
| | | Bal. | B.C. | B.D.I. | J. C. | J. H. | B. M. | B.Col. | |
| A. G. | 16 juin 1863. | II-652 | 348 | | | | | | |
| Circ. G. | 11 septembre 1863. | | 388 | | | | | | |
| D. G. | 9 novembre 1864. | II-653 | 131 | | | | | | |
| D. G. | 2 mai 1865. | | 233 | | | | | | |
| D. G. | 8 juin 1868. | | 124 | | | | | | |
| A. G. | 30 mars 1869. | II-623 | 94 | | | | | | |
| A. G. | 3 juillet 1869. | II-653 | 226 | | | | | | |
| D. G. | 22 février 1871. | | 54 | | | | | | |
| D. G. | 1er avril 1873. | II-546 | 111 | | | | | | |
| D. G. | 29 décembre 1873. | II-654 | 462 | | | | | | |
| D. G. | 14 février 1874. | | 68 | | | | | | |
| A. G. | 21 août 1875. | II-548 | 305 | | | | | | |
| Cir.Ch.S.Ad. | 6 novembre 1879. | | | | | | | | |
| Cir.Ch.S.Ad. | 4 août 1880. | | | | | | | | |
| Cir.Ch.S.Ad. | 26 novembre 1881. | | | | | | | | |
| Dép. M. | 21 juillet 1882. | | | | | | | | |
| Dép. M. | 24 janvier 1883. | | | | | | | | |
| D. G. | 11 octobre 1883. | | | | | | | | |
| A. G. | 10 janvier 1884. | | 26 | | | | | | |

*a)* **Dispositions locales** *(suite)*

| NATURE DES DOCUMENTS | DATES | RECUEILS A CONSULTER Bat. | B.C. | B.D.I. | J. C. | J. H. | B. M. | B.Col. | OBSERVATIONS |
|---|---|---|---|---|---|---|---|---|---|
| Circ. D. I. | 18 janvier 1884. | | 4 | | | | | | |
| D. G. | 7 février 1884. | | 56 | | | | | | |
| Cir.Ch. S.Ad. | 26 décembre 1884. | | | | | | | | |
| Circ. D. I. | 27 mars 1885. | | | | | 446 | | | |
| Cir.Ch.S.Ad. | 23 août 1886. | | | | | | | | |

(16 juin 1863)

**A. G.** *concernant les condamnations de vivres. — Situations à fournir par les bâtiments le la division navale et les divers postes militaires.*

BAT. II, p. 652.
B. C., p. 348.

Lorsque les bâtiments et les postes auront à renouveler leur approvisionnement en vivres, les situations devront être accompagnées de demandes indiquant le degré l'urgence, en raison des condamnations provisoirement constatées ou des versements opérés à d'autres postes ou bâtiments pendant le courant du mois.

Les vivres jugés impropres à la consommation devront, après avoir été l'objet l'un premier examen par une commission, être renvoyés à Saïgon, par la plus prochaine occasion, et en profitant, toutes les fois que la chose sera possible, des bâtiments et allèges de l'État affectés aux services des transports. Cet envoi sera accompagné de deux expéditions du procès-verbal de condamnation provisoire.

A leur arrivée à Saïgon, une commission supérieure statuera définitivement sur l'état de ces vivres, et inscrira sa décision au bas du procès-verbal ci-dessus indiqué, dont une expédition approuvée par l'Amiral gouverneur sera, s'il y a lieu, renvoyée au poste ou bâtiment. Dans le cas où la condamnation ne serait pas prononcée, la dépense serait justifiée au moyen d'un billet de remise acquitté par le comptable des magasins de Saïgon.

L'Amiral gouverneur recommande de nouveau d'établir avec soin les situations et les demandes de vivres. Il attache la plus grande importance à la stricte exécution des prescriptions et recommandations qui font l'objet du présent ordre.

(11 septembre 1863)

**CIRC. G.** *Rappel aux obligations imposées aux commandants des provinces, des cercles et des postes militaires en ce qui concerne le service des vivres.*

B. C., p. 388.

(9 novembre 1864)

**D. G.** *réglant le mode de justification des dépenses en denrées effectuées dans les chefs-lieux de province et du cercle et les postes militaires. — Modèle.*

BAT. II, p. 653.
B. C., p. 131.

Article premier. — A compter du 1er janvier 1865, les chefs-lieux de province et le cercle et les postes militaires seront tenus d'établir, à la fin de chaque mois, pour les dépenses en denrées de toute nature composant la ration réglementaire, un état conforme au modèle ci-annexé.

Ces états, dressés par les comptables des vivres, seront vérifiés et signés, sur les points où se trouvent des fonctionnaires du commissariat, par l'officier de ce corps chargé des divers détails de l'administration, et dans les autres cercles et postes par les officiers commandants.

Art. 2. — Lesdites pièces, transmises du 1er au 3 de chaque mois par les postes détachés au chef-lieu de province ou de cercle chargé du ravitaillement, devront parvenir avant le 10 au commissaire aux subsistances de Saïgon.

Elles seront dressées avec le plus grand soin, conformément aux indications de la notice sommaire inscrite en tête de l'imprimé, et seront appuyées de toutes les pièces justificatives de recette et de dépense.

Indépendamment du nom du poste, au titre de l'état il y aura lieu d'ajouter le nom de la province ou du cercle dont le poste dépend.

Art. 3. — Les commandements de poste et officiers du commissariat détaché fourniront directement au commissaire aux subsistances à Saïgon tous les renseignements qu'il leur demandera relativement à la reddition des comptes dont il s'agit.

DE LA GRANDIÈRE.

(2 mai 1865)

**D. G.** *modifiant l'ordre du 16 juin 1863 sur l'envoi à Saïgon des vivres avariés.*

B. C., p. 233.

(8 juin 1868)

**D. G.** *portant création de comptables dans les différents postes occupés par des troupes européennes* (1).

B. C., p. 124.

(30 mars 1869)

**A. G.** *Les services des « vivres » et des hôpitaux seront séparés du service marine, en ce qui concerne les dépenses du personnel colonial. — Le service colonial devra pourvoir à toutes les dépenses à faire dans la colonie pour le ravitaillement et l'hospitalisation du personnel colonial* (2).

BAT. II, p. 623.
B. C., p. 94.

(3 juillet 1869)

**A. G.** *instituant un garde-magasin des subsistances.*

BAT. II, p. 653.
B. C., p. 226.

M, H..., aide-commissaire de la marine, est nommé garde-magasin des subsistances.

Il sera chargé de la comptabilité du magasin des vivres à Saïgon, tant du service colonial que du service marine, et aura la surveillance, la garde et la conservation des approvisionnements appartenant à ces services.

Des commis aux vivres et des distributeurs, en nombre suffisant, seront placés sous ses ordres directs pour la tenue des écritures, la réception et la délivrance des denrées.

Deux de ces agents seront chargés, l'un du magasin du service colonial, l'autre du magasin du service marine. Chacun d'eux devra tenir un journal et une sous-balance où seront inscrites à leur date toutes les recettes et les délivrances qu'ils auront à opérer.

Le garde-magasin suivra la comptabilité des vivres à partir du 1er juillet courant conformément aux dispositions du règlement du 30 octobre 1860, pour les deux services marine et colonial. Il sera, en outre, chargé de la centralisation des écritures des comptables créés dans les postes extérieurs par notre décision du 8 juin 1868.

Un relevé trimestriel des recettes et des dépenses en denrées, par poste, sera remis au Chef du service administratif et soumis à notre approbation.

En exécution de l'article 12 du règlement du 30 octobre 1860, les dispositions de l'instruction générale du 1er octobre 1854, sur la comptabilité du matériel, seront suivies par le garde-magasin des subsistances, en tout ce qui est relatif à la constatation et à la justification des recettes et des dépenses, ainsi qu'à la surveillance

(1) V. *Service administratif de la marine.*
(2) V. *Service administratif de la marine.*

adminstrative de la comptabilité, dont le contrôle et la direction sont dévolus aux commissaires aux subsistances.

Il sera dressé immédiatement inventaire des denrées et ustensiles existant en approvisionnement à Saïgon, à la date du 1er juillet courant, par les soins du commissaire aux subsistances. Les résultats de cette opération serviront de point de départ à la gestion du garde-magasin.

Ce comptable recevra, à titre de supplément de responsabilité et de fonctions, une allocation annuelle de 600 francs, au compte du service colonial, chapitre XXI, article 2: *Dépenses des vivres.*

Les dispositions antérieures sont maintenues en tout ce qui n'est pas contraire à celles qui précèdent.

G. OHIER

(22 février 1871)

**D. G.** *Toutes les dépenses concernant la manutention et l'abattoir seront désormais imputées au compte du service colonial. — Le pain et la viande seront délivrés à titre de cession et le remboursement en sera effectué d'après le taux d'évaluation de ces derniers arrêtés chaque année.*

B. C., p. 54.

(1er avril 1873)

**D. G.** *organisation du service de ravitaillement des rationnaires des services marine et colonial à Pnom-Penh (Cambodge).*

BAT. II, p. 546.
B. C., p. 111.

Article premier. — Les vivres nécessaires aux rationnaires des services marine et colonial seront à partir de ce jour, fournis par le magasin des subsistances de Saïgon et seront, expédiés directement du chef-lieu.

Il ne sera point placé de commis-comptable dans cette localité.

Le sergent ou le caporal d'infanterie de marine remplira les fonctions de commis aux vivres sous la direction du représentant du Protectorat; il prendra en charge les denrées et les ustensiles et tiendra la comptabilité dont il devra transmettre périodiquement les pièces au commissaire aux subsistances, d'après les instructions qui lui seront adressées par ce service.

Il sera également chargé, dans les mêmes conditions, du dépôt de charbon de la délivrance et de la recette de ce combustible. Les pièces y relatives seront par lui transmises au commissaire aux approvisionnements.

Il recevra, à ce double titre, une indemnité journalière de 0 fr. 75 cent., imputable au titre des services déclassés (dépenses des vivres).

Art. 2. — Les fonds d'avance mis à la disposition du commandant du *Bien-hoa* par le service administratif, en vertu de notre décision du 5 octobre 1868, sont supprimés.

Les dépenses qu'il y aurait lieu de faire pour le service des vivres et des mouvements de charbon seront provisoirement payées par le représentant du Protectorat, sur les fonds de prévoyance qui doivent y être entretenus par le service local.

Le remboursement en sera opéré au chef-lieu au moyen d'états en due forme reconnus par le sergent ou caporal faisant fonctions de commis et approuvés par le représentant du Protectorat.

DUPRÉ.

(29 décembre 1873)

D. G. *plaçant la cambuse centrale et les agents des vivres qui y sont employés sous la surveillance et les ordres directs du garde-magasin des subsistances.* — *Règlementation.*

BAT. II, p. 654.

B. C, p. 462.

Article premier. — A partir du 1er janvier 1874, la cambuse centrale et les agents des vivres qui y sont employés seront placés sous la surveillance immédiate et les ordres directs du garde-magasin des subsistances. Ce fonctionnaire sera constitué responsable des denrées et des ustensiles y existant, dont il sera dressé inventaire à la date ci-dessus indiquée.

Art. 2. — La direction de la cambuse centrale sera confiée, comme par le passé, à un commis aux vivres qui en tiendra la comptabilité. Cette comptabilité sera arrêtée et vérifiée mensuellement par le garde-magasin des subsistances.

Art. 3. — La cambuse centrale ne contiendra plus, à partir du 1er janvier 1874, qu'un approvisionnement de dix jours de vivres. Le commis chargé de la direction de cet établissement établira en conséquence, tous les dix jours, au moyen des imprimés aujourd'hui en usage, la demande en double expédition des vivres nécessaires pour assurer le service pendant la dizaine suivante. Cette demande sera vérifiée par le garde-magasin et signée par le commissaire aux subsistances. L'une des expéditions, revêtue du récépissé du comptable de la cambuse, sera remise au sectionnaire qui aura effectué la délivrance ; l'autre expédition, revêtue par ce dernier comptable de la quantité de denrées qu'il aura délivrées, restera entre les mains du comptable de la cambuse comme pièce justificative des entrées.

Celui-ci prendra charge des quantités de denrées qui lui auront été délivrées et les portera immédiatement en recette sur son livre-journal. Il justifiera des dépenses au moyen des bons de vivres qui lui seront remis par les rationnaires. Du 1er au 5 de chaque mois, il dressera un état récapitulatif des recettes et des dépenses effectuées pendant le mois précédent. Cet état, appuyé des pièces justificatives des recettes et des délivrances, sera vérifié par le garde-magasin et soumis au visa du commissaire aux subsistances, qui, après s'être assuré de son exactitude, donnera l'ordre au garde-magasin de porter les délivrances en sortie dans ses écritures. Les bons seront ensuite remis au comptable de la cambuse, pour être joints à sa comptabilité.

Art. 4. — Le comptable de la cambuse tiendra les registres suivants :

1° Livre-journal des entrées et des sorties de denrées et ustensiles ;

2° Inventaire-balance ;

3° Enregistrement des bons de vivres des corps de troupes ;

4° Compte-courant de vin et de tafia avec les quatre régiments d'infanterie de marine ;

5° Compte-courant des vivres avec la gamelle de M. le Gouverneur ;

6° Situation des officiers, employés et agents ayant droit à la ration.

Tous ces registres seront totalisés et arrêtés du 1er au 5 de chaque mois.

Art. 5. — A partir du 1er janvier 1874, dans le but d'assurer la bonne tenue de la comptabilité de la cambuse centrale, d'en permettre la vérification et d'éviter des pertes à l'État, il ne sera plus fait d'avance de délivrances de denrées aux officiers, employés et agents qui reçoivent la ration dite d'officier en vertu de la décision locale du 3 décembre 1866.

Il n'est rien changé toutefois, par la présente décision, au mode de la délivrance aujourd'hui en vigueur pour les rationnaires des corps de troupes et les matelots indigènes de la direction du port de guerre.

A. Lacouture.

(14 février 1874)

**D. G.** *suppression du magasin des vivres établis au fort de Tong-Kéou. — Le service des subsistances à Saïgon est chargé de pourvoir directement à l'envoi des diverses denrées nécessaires à la nourriture des rationnaires maintenus audit fort.*

B. C., p. 68.

(21 août 1875)

**A. G.** *suppression de l'emploi de comptable dans les postes obliques ; — Service des vivres et du casernement dans ces localités* (1).

BAT. II, p. 548.
B. C., p. 305

(6 novembre 1879)

**CIRC. CH. S. AD.** *priant les commissaires aux subsistances, approvisionnements et hôpitaux de vouloir bien désormais adresser trimestriellement au Président de la Chambre de commerce à Saïgon un état détaillé des importations et exportations faites pour le compte de l'État en Cochinchine, soit par navires de guerre, soit par navires marchands.*

ARCH. S. AD.

(4 août 1880)

**CIRC. CH. S. AD.** *Il ne sera plus accordé de déchet fixé de distribution pour les liquides. Le recensement aura lieu le 1er de chaque mois et un état général sera soumis à l'approbation du chef du service. L'extrait de cet état servira de pièce de dépense dans chaque poste ; — Cette mesure est également applicable à Saïgon.*

ARCH. S. AD.

(26 novembre 1881)

**CIRC. CH. S. AD.** *Nouvelles dispositions à compter du 1er janvier 1882 au sujet du ravitaillement de Poulo-Condore, de Quinhone et du Tonkin.*

ARCH. S. AD.

(21 juillet 1882)

**DÉP. M.** *Il y aura lieu à l'avenir d'acheter à Saïgon le riz nécessaire à l'approvisionnement des différents ports.*

ARCH. S. AD.

(24 janvier 1883)

**DÉP. M.** *au sujet du stock de denrées à entretenir aux colonies et du service des vivres.*

ARCH. S. AD.

(11 octobre 1883)

**D. G.** *nommant une commission spéciale, à titre permanent, à l'effet de donner son avis sur la qualité de la viande fraîche présentée à la distribution et refusée par le capitaine de service* (2).

ARCH. GOUV.

Article 1er. — Il est institué, à compter de ce jour, une commission spéciale à titre permanent, chargée de donner son avis immédiat sur la qualité de la viande fraîche présentée à la distribution et refusée par le capitaine de service.

Art. 2. — Cette commission sera composée comme suit :

Le commissaire aux subsistances
Le capitaine major du régiment } *Membres*
Le médecin major du régiment

(1) V. *Service administratif de la marine.*
(2) V. *infrà*, A. G., 10 janvier 1884.

M. le vétérinaire de l'artillerie, avec voix consultative.

Elle se réunira à bref délai sur l'avis qui sera donné au commissaire aux subsistances par le capitaine de service qui aura refusée la denrée.

Cette commission formulera son opinion, séance tenante, afin qu'en cas de refus définitif de la viande fraîche, il puisse procédé, sans perte de temps, par le service des subsistances, à la distribution de denrée en remplacement de celle refusée.

CH. THOMSON.

(10 janvier 1884)

**A. G.** *rapportant la décision du 11 octobre 1883 relative à la nomination d'une commission spéciale chargée de statuer sur le refus de la viande fraîche nécessaire aux rationnaires de l'État.*

B. C., p. 26.

Article premier. — Est rapportée la décision du 11 octobre 1883.

Art. 2. — L'Administration appliquera rigoureusement à l'avenir les dispositions de l'article 15 du marché, dont le paragraphe 1er est ainsi conçu : « Dans le cas où la viande serait reconnue mauvaise, les adjudicataires devront l'enlever et la remplacer immédiatement. »

Art. 3. — La viande examinée par les officiers de distributions, à six heures du matin, et refusée, devra être remplacée à huit heures du matin au plus tard. A cet effet, le commis chargé de la boucherie devra mettre le fournisseur en demeure de la remplacer avant l'heure indiquée, au moyen d'une formule qui lui sera donnée par le commissaire aux subsistances.

CH. THOMSON.

(18 janvier 1884)

**CIRC. D. I.** *autorisant les administrateurs à faire payer d'urgence à la caisse du percepteur les dépenses occasionnées par l'achat des vivres nécessaires à l'équipage des canonnières de passage dans les arrondissements.*

B. C., p. 4.

M. le chef du service administratif m'a fait part des difficultés éprouvées par les commandants de canonnières de la station navale pour se procurer les vivres frais nécessaires aux hommes de leur équipage, lorsqu'ils sont en tournée dans l'intérieur de la colonie.

Afin de remédier aux inconvénients signalés par ce haut fonctionnaire j'ai, de concert avec M. le trésorier-payeur, décidé que vous seriez à l'avenir autorisé à faire payer d'urgence, à la caisse du percepteur de votre arrondissement, les dépenses occasionnées par l'achat des vivres nécessaires à l'équipage des canonnières de passage dans votre circonscription.

Il est bien entendu que ce mode de paiement ne sera mis en pratique que dans les centres où le service marine n'est pas représenté et où les approvisionnements ne peuvent s'effectuer qu'en traitant verbalement avec les particuliers.

MM. les commandants de canonnières vous remettront des bons que vous adresserez au percepteur, accompagnés d'une réquisition établie conformément aux dispositions de la circulaire du 9 avril 1880, insérée au *Bulletin de la Direction de l'intérieur*, p. 39.

Les factures des créanciers et les bons des commandants de canonnières, groupés en fin de mois dans un état récapitulatif (modèle annexé à la circulaire n° 11 du 20 juin 1883, 1er bureau), seront adressés par le percepteur à M. le trésorier-payeur, qui les fera parvenir à M. le chef du service administratif pour être régularisés par un mandat de paiement.

DROUHET.

(7 février 1884)

**D. G.** *nommant une commission permanente chargée d'examiner la viande fraîche à délivrer aux divers rationnaires de l'État et de prononcer sur sa qualité en dernier ressort.*

B. C., p. 56.

Article premier. — Le médecin de garde de l'hôpital et les officiers de distribution de l'artillerie et de l'infanterie de marine constitueront désormais une commission permanente chargée d'examiner la viande à 6 heures du matin et de prononcer sur sa qualité en dernier ressort.

Art. 2. — La viande reconnue mauvaise sera enlevée par le fournisseur et immédiatement remplacée, conformément à l'article 15 de son marché.

Art. 3. — Le commis chargé de la boucherie mettra le fournisseur en demeure de la remplacer à l'aide d'une formule qui lui sera donnée par le commissaire aux subsistances.

Art. 4. — Les dispositions contraires à la présente décision sont et demeurent rapportées.

CHARLES THOMSON.

(26 décembre 1884)

**CIRC. CH. S. AD.** *Rappel aux prescriptions de la circulaire ministérielle du 15 octobre 1884 au sujet des comptes à produire par le garde-magasin.*

ARC. S. AD.

(27 mars 1885)

**CIRC. D. I.** *Rappelant les instructions de la circulaire du 18 janvier 1884 relativement à l'achat des vivres nécessaires aux hommes d'équipage des canonnières de la station navale circulant dans l'intérieur* (1).

J. H., p. 446.

M. le chef du service administratif m'a fait part de difficultés qui s'élèvent au sujet de la marche à suivre, pour satisfaire aux demandes de vivres des canonnières dans les divers centres.

J'ai l'honneur de vous rappeler ma circulaire n° 5, du 18 janvier 1884, en vous priant de vous y conformer.

Cette circulaire, qui me paraît avoir été perdue de vue, est insérée au *Bulletin de la Direction de l'intérieur* (page 4), et vous donne tous renseignements relativement à l'achat des vivres nécessaires aux hommes d'équipage des canonnières de la station navale circulant dans l'intérieur.

NOUET.

(23 août 1886)

**CIRC. CH. S. AD.** *indiquant la justification à produire pour les dépenses de vin et de quinquina.*

ARCH. S. AD.

(1) Voir *infrà*.

## b) Instructions ministérielles

| NATURE DES DOCUMENTS | DATES | RECUEILS A CONSULTER | | | | | | | OBSERVATIONS |
|---|---|---|---|---|---|---|---|---|---|
| | | Bat. | B.C. | B.O.I. | J. C. | J. H. | B. M. | B.Col. | |
| Dép. M. | 17 mai 1878. | II-656 | | | | | | | |
| Dép. M. | 15 mai 1879. | | | | | | | | |
| Circ. M. | 19 juin 1879. | | | | | | | | |
| Dép. M. | 4 août 1879. | | | | | | | | |
| Dép. M. | 27 septembre 1880. | | | | | | | | |
| Dép. M. | 22 novembre 1880. | | | | | | | | |
| Dép. M. | 27 décembre 1880. | | | | | | | | |
| Dép. M. | 19 décembre 1881. | | 1882-28 | | | | | | |
| Dép. M. | 20 février 1885. | | | | | | | | |
| Dép. M. | 14 décembre 1885. | | | | | | | | |
| Dép. M. | 25 février 1886. | | | | | | | | |
| Dép. M. | 7 septembre 1886. | | | | | | | | |
| Dép. M. | 24 décembre 1886. | | | | | | | | |
| Dép. M. | 28 mai 1887. | | | | | | | | |
| Dép. M. | 19 juillet 1887. | | | | | | | | |
| Circ. M. | 30 novembre 1887. | | | | | | | | |
| Dép. M. | 22 décembre 1887. | | | | | | | | |
| Dép. M. | 2 mai 1888. | | | | | | | | |
| Dép. M. | 28 mai 1888. | | | | | | | | |

(17 mai 1878)

**DÉP. M.** *Toutes les fois que des vivres ou autres denrées achetées en France sur échantillon pour le service de la Cochinchine donneront lieu à des plaintes de la commission locale, des échantillons du vin ou des denrées refusées devront être envoyés au port expéditeur.*

BAT. II, p. 656.

Par lettre du 8 avril dernier, vous m'avez fait connaître que la commission de recette de la colonie avait signalé comme présentant un goût aigre, une certaine portion de l'approvisionnement du vin acheté à Marseille et envoyé en Cochinchine par les paquebots des messageries.

. . . . . . . . . . . . . . . . . . . . . . . . . . . . . . . . . . . . . . . . . . . . . . . . . . . .

Quoi qu'il en soit, si des rebuts venaient à se produire je vous prierais de m'expédier, par les voies rapides, des échantillons du vin refusé par la commission, afin que le port expéditeur pût être mis à même de comparer les échantillons avec celui qui a servi de type pour l'exécution du marché. Ce soin devra être observé toutes les fois que des vins ou autres denrées achetées en France sur échantillons pour le service de la Cochinchine, donneront lieu à des plaintes de la commission locale.

MICHAUX.

(15 mai 1879)

**DÉP. M.** *prescrivant de renvoyer en France la quantité de conserves de bœufs que l'administration ne croira pas pouvoir garder sans danger dans la colonie.*

ARCH. S. AD.

(19 juin 1879)

**CIRC M.** *Les administrateurs des colonies devront désormais adresser au Département, au commencement de chaque trimestre un état détaillé indiquant les vivres achetés sur place ou pris en cession pour le compte du service marine pendant le trimestre précédent.*

ARCH. S. AD.

(4 août 1879)

**DÉP. M.** *Les bâtiments affectés au service régulier de la Cochinchine sont autorisés à remettre aux magasins des subsistances à Saïgon les quantités de liquide excédant les besoins présumés de la traversée de retour* (1).

ARCH. S. AD.

(27 septembre 1880)

**DÉP. M.** *En raison de la difficulté de conserver le sucre en pain, il devra être désormais acheté sur place.*

ARCH. S. AD.

(22 novembre 1880)

**DÉP. M.** *abrogeant les dispositions contraires dans la dépêche du 4 août 1879. A l'avenir les bâtiments ne feront plus de versement de vins aux magasins de Saïgon.*

ARCH. S. AD.

(27 décembre 1880)

**DÉP. M.** *Rappel aux prescriptions de la décision du 4 août 1880 relative au déchet de distribution des liquides.*

ARCH. S. AD.

(19 décembre 1881)

**DÉP. M.** *au sujet de la quantité de sulfate de potasse à tolérer dans les vins. — Circulaire.*

B. C., 1882, p. 23.

En réponse à votre lettre du 8 novembre dernier, n° 1,198, j'ai l'honneur de vous adresser ci-joint copie d'une circulaire du 7 octobre précédent, qui a fixé à quatre grammes par litre la quantité

(1) V. *infrà*, Dép. M., 22 novembre 1880.

de sulfate de potasse dont la présence peut être tolérée dans les vins, sans danger pour la santé des rationnaires.

Je ne puis que vous inviter à vous conformer à cette disposition.

CIRCULAIRE

(7 octobre 1881.)

L'administration de l'un de nos ports m'a fait observer que les commissions de recette du service des vivres admettent fréquemment des vins contenant plus de 2 grammes par litre de sulfate de potasse, alors que, d'après un rapport du comité consultatif d'hygiène, en date du 12 mai 1879, cette proportion ne devrait pas être dépassée, et que, d'un autre côté, par une circulaire du 16 août 1876, le Département de la guerre a adopté ce chiffre de 2 grammes comme un maximum.

J'ai consulté à ce sujet le conseil supérieur de santé qui, conformément aux avis déjà exprimés dans deux délibérations en date des 7 juin 1859 et 23 septembre 1875, a déclaré, le 3 octobre courant, que l'on peut, sans danger pour la santé des rationnaires, accepter des vins renfermant jusqu'à 4 grammes par litre de sulfate de potasse.

Le service de santé a d'ailleurs reconnu qu'une disposition tendant à réduire à 2 grammes au maximum la dose de sulfate de potasse à tolérer dans les fournitures de la marine, serait onéreuse au trésor et compliquerait encore les difficultés d'approvisionnement, attendu qu'elle aurait pour conséquence d'écarter de la concurence, aux adjudications, la plupart des vins du midi, qui sont tous plâtrés et dont bien peu contiennent une quantité du sulfate inférieure à ce taux.

Je vous prie de faire porter les informations qui précèdent à la connaissance des commissions de recette du service des vivres.

Cloué.

(20 février 1885)

**DÉP. M.** *autorisant les commandants des transports à faire mettre à terre les animaux embarqués, lorsque les circonstances le permettent et lorsque la durée du séjour en Cochinchine devra être de quelques jours.*

ARCH. S. AD.

(14 décembre 1885)

**DÉP. M.** *autorisant l'achat sur place des quantités de fromages de Hollande nécessaires aux rationnaires du service marine en Cochinchine.*

ARCH. S. AD.

(25 février 1886)

**DÉP. M.** *au sujet des vivres en excédent dans les magasins de la colonie, et qui peuvent être renvoyés en France.*

ARCH. GOUV.

Par une lettre du 16 janvier dernier, n° 22-17, vous m'avez fait connaître que des approvisionnements de vivres qui avaient été réunis pour l'ancienne escadre de l'Extrême-Orient se trouvaient sans emploi à Saïgon.

Afin de prévenir la détérioration de ces vivres, vous m'avez proposé de faire réduire, en ce qui concerne certaines denrées, l'approvisionnement des transports de Cochinchine, et de prescrire aux commandants de ces bâtiments de prendre dans les magasins de la colonie les quantités des dites denrées qui leur seraient nécessaires pour la traversée de retour.

Le service des transports dont il s'agit n'étant pas régulier, j'ai pensé qu'il était plus avantageux de renvoyer en France les vivres sus-mentionnés par les paquebots qui sont actuellement au Tonkin et que l'on vient d'affréter pour un voyage de retour.

En cas d'insuffisance de ces moyens de transports, vous pourrez avoir recours aux navires qui iront prochainement prendre des troupes au Tonkin, en faisant escale à Saïgon.

Des instructions dans ce sens vous ont d'ailleurs été adressées par un télégramme du 15 février courant.

Je vous laisse le soin de déterminer les espèces et quantités de denrées qu'il conviendra de renvoyer à la Métropole.

J'ai l'honneur de vous inviter à m'accuser réception de la présente dépêche et à m'informer, en même temps, des mesures qui auront été prises en exécution des prescriptions qu'elle renferme.

Chatelain.

(7 décembre 1886)

**DÉP. M.** *Envoi d'une réclamation faite par MM. les titulaires du marché de farine, au sujet de la méthode à employer pour les analyses de farine.*

ARCH. S. AD.

(24 décembre 1886)

**DÉP. M.** *au sujet de l'embarquement des vivres de campagne.*

ARCH. DIV. NAV.

(28 mai 1887)

**DÉP. M.** *relative à la mise à l'essai d'un nouveau régime d'alimentation pour le vaisseau « la Loire » et la défense mobile.*

ARCH. GOUV.

En réponse à votre lettre du 11 mars dernier, n° 10, j'ai l'honneur de vous faire connaître que conformément à l'avis du Conseil supérieur de santé et de la commission permanente de contrôle et de revision du règlement d'armement, j'autorise la mise à l'essai du régime de l'ordinaire que vous avez proposé pour l'alimentation des équipages du stationnaire et de la défense mobile à Saïgon.

En conséquence, le Conseil d'administration du vaisseau et le commandant comptable de la défense mobile pourront percevoir la valeur de la ration que le service des vivres délivre aujourd'hui à leur personnel.

Cette prestation servira, soit à des achats en ville, soit au remboursement de la valeur des denrées que l'on demandera en cession aux subsistances. Pour ces derniers vivres, l'administration du bâtiment restera juge de la nature et de la quantité des denrées à demander, sans être tenue de prendre un nombre quelconque de rations.

En ce qui concerne les vivres à acheter sur place, le Conseil supérieur de santé a formulé un avis défavorable à la consommation des saucisses, boudins et autres produits similaires. Il a fait remarquer qu'en raison de la température qui règne en Cochinchine, on pouvait craindre de voir introduire dans la préparation de ces aliments des viandes ayant subi un commencement d'altération et dont la consommation serait, par suite, susceptible de donner lieu à des accidents. Le médecin major devra donc être consulté sur la nature des denrées à acheter.

La quotité de l'indemnité sera déterminée chaque fois par le tableau des prix des rations arrêté par le Gouverneur de la colonie, elle comprendra, pour les équipages, maîtres et seconds-maîtres compris, la valeur de la ration de campagne et celle des délivrances supplémentaires prévues par le décret du 12 juillet 1880, et pour les officiers, la valeur de la ration de campagne seulement. Cette allocation serait ainsi de 1 fr. 34 pour la première catégorie et de 1 fr. 29 pour la seconde, suivant le tarif annexé à l'arrêté local du 15 mai 1886. Les cessions faites par les subsistances seront remboursées d'après les prix des denrées partielles ayant servi à l'établissement du taux de la ration entière.

Pour la perception de l'indemnité représentative, l'administration du bâtiment dressera un état de prévision d'effectif devant servir au paiement, par anticipation, de la somme allouée par homme et par jour. Cette pièce suffira pour le premier paiement. Pour les paiements suivants, elle sera accompagnée d'un état indiquant les journées de présence constatées pendant le mois précédent et on emploiera l'état des mouvements modèle n° 18 de l'instruction du 20 décembre 1880. Cette feuille de journées servira à la régularisation des moins perçus et des trop payés.

La valeur des cessions effectuées pendant le mois écoulé sera également reprise, par voie de déduction, sur le montant des prestations en deniers à payer pour le mois suivant. A cet effet, le commissaire aux subsistances à Saïgon dressera un état appréciatif de ces cessions lequel, après avoir été reconnu exact par le Conseil d'administration du bâtiment sera rattaché à l'état de paiement. D'ailleurs, au bout de quelque temps, le bâtiment connaissant la moyenne de la valeur des cessions mensuelles, pourra ne percevoir, par anticipation que l'argent nécessaire pour les achats sur place.

Ces dispositions devront être prises pour assurer le fonctionnement du service dans les meilleures conditions possibles et il est bien entendu que les hommes devront recevoir la même ration de *pain, de vin, de spiritueux, de café, de sucre et de thé* qu'aujourd'hui. Les modifications ne porteront donc que sur la composition des repas, et je vous recommande de veiller à ce que l'administration du bâtiment contrôle étroitement l'emploi des sommes reçues. D'ailleurs, toutes les opérations de ce nouveau régime seront effectuées sous sa responsabilité pécunière.

En ce qui concerne les délivrances à faire aux mécaniciens, en exécution de l'article 11 du décre du 12 juillet 1880, le bâtiment en percevra également la valeur d'après le tarif local, soit (au taux de celui du 15 août 1886) 0 fr. 25 en remplacement de 0 l. 23 de vin et de 250 grammes de pain accordés par quart, et 0 fr. 10 par jour, pour tenir lieu des denrées entrant dans la composition de la boisson hygiénique et de la viande allouée au souper. Mais, on devra continuer de donner aux ayants droit ces suppléments de vivres en nature et non en deniers.

Pour la justification de cette dépense, on inscrira dans l'état de mouvements sus-mentionné (mod. 18), en regard de chaque jour du mois écoulé, l'effectif du personnel de la machine en service dans les 24 heures, ainsi que l'effectif par quart de 4 heures.

Les tables recevront du bord la ration en nature ou en espèces, à leur choix. Les délivrances extra-réglementaires, s'il était nécessaire d'en faire encore, seront effectuées directement par les subsistances et réglées immédiatement avec ce détail.

Quant au vin à distribuer extraordinairement pour gratifications, réjouissances publiques, etc. en dehors du régime de l'ordinaire, il en sera tenu compte à la fin du mois. On mentionnera, en conséquence, sur l'état de mouvements, le nombre de rations délivrées pendant le mois (au prix du tarif local) des quantités ainsi distribuées. Mais, comme le service des vivres ne profitera plus des retenues opérées par punitions, etc., on devra réduire, autant que possible, les délivrances de l'espèce.

Chaque mois, le Conseil d'administration du bâtiment transmettra au commissaire aux subsistances du port d'attache en France, après l'avoir fait viser par le commissaire aux subsistances à Saïgon, une copie de l'état de mouvements sur lequel on aura porté tous les renseignements résumant la situation du bâtiment (sommes acquises pour rations — pour chauffe — pour gratifications ; valeur des cessions opérées, montant des paiements effectués.)

J'annexe, d'ailleurs, à la présente dépêche un modèle de l'état de mouvements modifié suivant ces indications.

On commencera l'application de ce régime le 1er du mois qui suivra la réception de la présente dépêche. Au dernier jour du mois précédant, on arrêtera les écritures du maître commis, lequel dans le nouveau système, ne restera comptable envers l'État que des ustensiles et du matériel.

Vous ferez opérer un recensement des vivres en approvisionnement et remettre ces denrées aux subsistances de manière qu'à partir du lendemain, tous les vivres du bord soient au compte du Conseil d'administration.

Il est bien entendu que si l'on désire garder tout ou partie de cet existant, la remise pourra n'être que fictive pour les quantités à conserver, attendu que cette disposition n'a d'autre but que de faire prendre ce contingent en cession par le conseil d'administration.

L'essai dont il s'agit devra durer pendant un temps suffisamment pour que l'on puisse se rendre exactement compte des avantages à attendre du nouveau régime.

Lorsque vous serez complètement renseigné à cet égard, vous voudrez bien m'adresser telles propositions qu'il y aura lieu.

AUBE.

(19 juillet 1887)

**DÉP. M.** *relative au nouveau marché de farine dont MM. Engles et Cie ont été déclarés adjudicataires, recommandations notamment en ce qui concerne l'exclusion de la farine américaine.*

ARCH. S. AD.

(30 novembre 1887)

**CIRC. M.** *au sujet des vivres de malades à distribuer aux bâtiments.*

ARCH. DIV. NAV.

(22 décembre 1887)

**DÉP. M.** *A partir du 1er janvier 1888, l'administration de la marine et des colonies assurera l'alimentation des troupes stationnées en Annam et au Tonkin.*

ARCH. S. AD.

Conformément aux demandes du résident général en Annam et au Tonkin, approuvées par M. le ministre des affaires étrangères, l'administration de la guerre faisait expédier chaque mois, à la division d'occupation les denrées alimentaires et fourragères ci-après, savoir :

50 quintaux de lentilles,
350 quintaux de lard salé,

400 quintaux d'avoine,
500 quintaux de foin pressé,
1.200 quintaux d'orge.

J'ai l'honneur de vous informer qu'en raison de la nouvelle organisation du service, ces envois ront effectués, dorénavant et à partir du 1er janvier prochain, par les soins de l'administation s colonies.

En ce qui concerne le lard, M. le ministre de la guerre m'a fait connaître que les expéditions ne vaient avoir lieu que du 20 octobre au 20 avril seulement.

Je vous prie, en conséquence, de vouloir bien m'indiquer d'urgence sil y a lieu de supprimer chat de cette denrée à partir du mois d'avril 1888 et, d'une façon générale, si les quantités de vres ci-dessus mentionnées doivent subir des modifications.

(2 mai 1888)

**DÉP. M.** *au sujet de la quantité d'extrait et que doivent contenir les vins de campagne stinés aux colonies.*

ARCH. GOUV.

(28 mai 1888)

**DÉP. M.** *Les envois de vivres et de denrées en Annam et au Tonkin auront lieu trimesiellement.*

ARCH. GOUV.

## II. — RATIONS ET RATIONNAIRES

| NATURE DES DOCUMENTS | DATES | RECUEILS A CONSULTER Bat. | B.C. | B.D.I. | J.C. | J.H. | B.M. | B.Col. | OBSERVATIONS |
|---|---|---|---|---|---|---|---|---|---|
| D. G. | 22 mai 1862. | II-585 | 154 | | | | | | |
| D. G. | 23 mai 1862. | | 155 | | | | | | |
| D. G. | 7 juin 1862. | | 171 | | | | | | |
| D. G. | 10 août 1862. | II-585 | 207 | | | | | | |
| D. G. | 1er juillet 1863. | | 366 | | | | | | |
| D. G. | 3 mai 1864. | | 50 | | | | | | |
| A. G. | 12 novembre 1864. | | 159 | | | | | | |
| D. G. | 30 août 1866. | | 135 | | | | | | |
| A. G. | 3 décembre 1866. | II-586 | 216 | | | | | | |
| A. G. | 3 décembre 1866. | II-586 | 218 | | | | | | |
| A. G. | 8 décembre 1866. | II-587 | 230 | | | | | | |
| D. D. I. | 20 décembre 1866. | II-203 | | 60 | | | | | |
| Dép. M. | 4 mars 1867. | II-587 | | | | | | | |
| A. G. | 3 avril 1867. | | 97 | | | | | | |
| A. G. | 31 mai 1867. | | 172 | | | | | | |
| A. G. | 12 mars 1868. | II-588 | 54 | | | | | | |
| D. G. | 14 mars 1868. | | 55 | | | | | | |
| Dép. M. | 17 juin 1868. | II-588 | | | | | | | |
| Dép. M. | 12 août 1868. | II-588 | 196 | | | | | | |
| D. G. | 19 octobre 1868. | I-562 | 213 | | | | | | |
| A. G. | 21 novembre 1868. | | 265 | | | | | | |

II. — RATIONS ET RATIONNAIRES *(suite)*

| NATURE DES DOCUMENTS | DATES | RECUEILS A CONSULTER | | | | | | | OBSERVATIONS |
|---|---|---|---|---|---|---|---|---|---|
| | | Bat. | B.C. | B.D.I. | J. C. | J.H. | B.M. | B.Col. | |
| A. G. | 12 février 1869. | | 38 | | | | | | |
| D. G. | 30 avril 1869. | II-589 | 164 | | | | | | |
| D. G. | 14 juin 1869. | | 205 | | | | | | |
| D. G. | 30 décembre 1869. | | 632 | | | | | | |
| A. G. | 23 juin 1870. | | 184 | | | | | | |
| Dép. M. | 3 juillet 1870. | | 214 | | | | | | |
| D. G. | 7 février 1874. | II-589 | 62 | | | | | | |
| D. G. | 9 février 1874. | | 63 | | | | | | |
| D. G. | 6 juin 1874. | II-590 | 306 | | | | | | |
| D. G. | 3 septembre 1874. | II-590 | 317 | | | | | | |
| D. G. | 23 décembre 1874. | | 445 | | | | | | |
| D. G. | 23 décembre 1874. | | 446 | | | | | | |
| D. G. | 2 avril 1875. | II-590 | 138 | | | | | | |
| D. G. | 12 août 1876. | II-591 | 209 | | | | | | |
| D. G. | 20 avril 1877. | II-591 | 105 | | | | | | |
| D. G. | 3 novembre 1877. | II-592 | 327 | | | | | | |
| D. G | 12 janvier 1878. | II-592 | 17 | | | | | | |
| Dép. M. | 8 avril 1878. | II-592 | | | | | | | |
| A. G. | 1er juillet 1878. | II-592 | 228 | | | | | | |
| Dép. M. | 27 septembre 1878. | | | | | | | | |
| Dép. M. | 24 février 1879. | II-594 | | | | | | | |

## II. — RATIONS ET RATIONNAIRES *(suite)*

| NATURE DES DOCUMENTS | DATES | Bat. | B.C. | B.D.I. | J. C. | J. H. | B. M. | B.Col. | OBSERVATIONS |
|---|---|---|---|---|---|---|---|---|---|
| A. G. | 15 avril 1879. | II-593 | 142 | | | | | | |
| Cir. Ch.S. Ad. | 13 août 1879. | | | | | | | | |
| D. G. | 6 janvier 1880. | | 10 | | | | | | |
| A. G. | 17 janvier 1880. | | 24 | | | | | | |
| Cir. Ch.S. Ad. | 3 août 1880. | | | | | | | | |
| Circ. M. | 17 février 1882. | | | | | | | | |
| Dép. M. | 21 décembre 1882. | | | | | | | | |
| D. G. | 2 avril 1885. | | | | | | | | |
| Dép. M. | 31 mars 1887. | | | | | | | | |
| A. G. | 12 août 1887. | | 570 | | 814 | | | | |
| A. G. | 29 février 1888. | | | | | | | | |
| A. G. G. | 12 mai 1888. | | 249 | | | | | | |
| Dép. M. | 27 juillet 1888. | | | | | | | | |

(22 mai 1862)

D. G. *Désignation des catégories d'Asiatiques ayant droit aux vivres. — Composition de ı ration* (1).

BAT. II, p. 585.
B. C., p. 154.

A partir du 1er juin 1862, les catégories d'Asiatiques désignées ci-après recevront eules une ration en nature des magasins de l'État, savoir :

. . . . . . . . . . . . . . . . . . . . . . . . . . . . . . . . . . . . . . . . . .

*Ration des matelots indigènes de la direction du port de guerre.*

| | | |
|---|---|---|
| Riz blanc | | 1 k. 000 |
| Poisson salé pour les Annamites | | 0 225 |
| Viande fraîche ou lard salé pour les Tagals. | Viande fraîche | 0 300 |
| | Lard salé | 0 225 |
| Eau-de-vie | | 0 l. 06 |
| Café | | 0 k. 025 |
| Sucre | | 0 037 |

. . . . . . . . . . . . . . . . . . . . . . . . . . . . . . . . . . . . . . . . . .

Les rationnaires recevront en outre, pour la cuisson de leurs aliments, une ration ournalière de bois fixée à 600 grammes.

Ils n'ont pas droit à l'acidulage.

Toutes autres rations et allocations de l'espèce, à quelque titre que ce soit, lemeurent supprimées.

DE LA VAISSIÈRE.

(23 mai 1862)

D. G. *Catégories des rationnaires de la marine. — Signature des bons de vivres.*

B. C., p. 155.

(7 juin 1862)

D. G. *interdisant les délivrances contre des bons remboursables de rations supplémentaires le vivres.*

B. C., p. 171.

(10 août 1862)

D. G. *Une ration complète de vivres sera délivrée à chacune des religieuses attachées à 'orphelinat et aux écoles de la Sainte-Enfance.*

BAT. II, p. 585.
B. C., p. 207.

A partir du 10 mai, il sera délivré des magasins de l'État une ration complète de vivres à chacune des religieuses affectées à l'orphelinat et aux écoles de la Sainte-Enfance placés sous la protection et le patronage de S. M. l'impératrice.

La présente décision, qui recevra immédiatement son effet, sera soumise à l'appro-bation de S. E. le Ministre de la marine et des colonies.

REBOUL.

(1er juillet 1863)

D. G. *Suppression des doubles rations en boisson délivrées à des militaires, marins et ouvriers servant à terre, à moins d'une autorisation spéciale.*

B. C., p. 366.

(3 mai 1864)

D. G. *modifiant la composition de la ration de vivres accordées aux matelots indigènes employés à la direction du port de guerre.*

B. C., p. 50.

(1) V. *infrà*, D. G., 3 mai 1864.

(12 novembre 1864)

**A. G.** *Les inspecteurs des affaires indigènes n'auront plus droit à la ration. Hors de Saig ils la recevront à titre remboursable.*

B. C., p. 159.

(30 août 1866)

**D. G.** *Substitution de la viande de porc et de la volaille à la viande de bœuf dans postes d'un effectif réduit (moins de 40 rationnaires).*

B. C., p. 135.

(3 décembre 1866)

**A. G.** *fixant la ration supplémentaire allouée, en exécution de l'art. 246 de l'ordonnan du 22 juin 1847, aux troupes de toutes armes servant en Cochinchine.*

BAT. II, p. 586.
B. C., p. 216 (1).

Article premier. — A partir du 1er janvier 1867, la ration supplémentaire q l'article 246 de l'ordonnance susvisée du 22 juin 1847 permet d'allouer aux troup stationnées dans les colonies sera composée de la manière suivante pour les troup européennes de toutes armes servant en Cochinchine:

*Ration de troupe:*
*Ration d'officier:*

| | |
|---|---|
| Viande fraîche (sans déchet de distribution), trois cents grammes | 0 k. 200 |
| *Ou* lard salé, deux cent vingt-cinq grammes | 0 285 |
| *Ou* conserves de bœuf ou de mouton, deux cents grammes | 0 200 |
| Vin de campagne, quarante-six centilitres | 0 l. 46 |
| Eau-de-vie ou tafia, six centilitres | 0 06 |
| Café, vingt grammes | 0 k. 020 |
| Sucre, vingt-cinq grammes | 0 025 |

Art. 2. — Les fonctionnaires, officiers sans troupes, employés et agents diver servant à terre au titre colonial recevront, avec le pain, la ration d'officier déterminé par l'article précédent.

DE LA GRANDIÈRE.

(3 décembre 1866)

**A. G.** *fixation de la ration dite d'acidulage à délivrer aux troupes stationnées en Cochinchine.*

BAT. II, p. 586.
B. C., p. 218.

Article premier. — La ration d'acidulage continuera d'être allouée aux troupe stationnées en Cochinchine pendant toute l'année, sans distinction de saisons, conformément aux principes d'allocation déterminés par les paragraphes 2 et 3 de l'article 256 de l'ordonnance royale susvisée du 22 juin 1847.

Art. 2. — Cette ration se compose de:

| | |
|---|---|
| Eau-de-vie ou tafia, par homme et par jour, deux centilitres et demi, ci | 0l 025 |
| Thé, *idem*, quatre grammes, ci | 0k 004 |
| Sucre, *idem*, dix grammes, ci | 0 010 |

DE LA GRANDIÈRE.

(8 décembre 1866)

**A. G.** *La ration des matelots indigènes de la direction du port de guerre et des ouvrier ou coolies asiatiques employés par le service marine, sera ramenée aux fixations du paragraphe 1er de l'arrêté du 22 mai 1862 (2).*

BAT. II, p. 587.
B. C., p. 239.

Article premier. — A compter du 1er janvier 1867, la ration des matelots indi-

(1) V. *infrà*, A. G., 12 mars 1868.
(2) V. *infrà*, D. G., 6 octobre 1880.

gènes de la direction du port et des ouvriers ou coolies asiatiques auxquels il y aurait lieu d'accorder des vivres au compte du service marine, sera ramenée uniformément aux fixations du paragraphe 1er de l'arrêté susvisé du 22 mai 1862.

Art. 2. — L'ordre susvisé du 4 mai 1864 est et demeure rapporté.

DE LA GRANDIÈRE.

(20 décembre 1866)

**D. D. I.** *Les miliciens en campagne ont droit seulement à la ration de riz.*

BAT. II, p. 203.
B. D. I, p. 60.

Les miliciens en campagne ont droit seulement à la ration de riz. Dans le cas où elle n'aurait pas été délivrée, sur certificat de l'officier commandant, elle serait remplacée par une indemnité de cinq francs par mois.

P. VIAL.

(4 mars 1867)

**DÉP. M.** *Approbation des mesures prises en ce qui concerne le régime alimentaire des diverses catégories de rationnaires.*

BAT. II, p. 587.

J'ai reçu, avec ses annexes, votre lettre du 22 décembre 1866. J'approuve les dispositions que vous m'annoncez avoir prises :

1° Pour les classifications en quatre catégories de diverses rations allouées en Cochinchine aux marins, aux officiers, aux agents à terre, aux troupes, et enfin aux Asiatiques ;

2° Pour la composition des rations accordées aux officiers aux agents et aux troupes. Il importait, en effet, de tenir compte, en ce qui concerne les troupes, des ressources de l'ordinaire et, tout en maintenant la délivrance des principales denrées de consommation, ainsi d'ailleurs que cela se pratique dans les colonies, vous avez, avec raison, supprimé certains assaisonnements, que les hommes pourront se procurer soit par voie d'achat, soit au moyen de cessions effectuées par les magasins du service marine. Ce mode d'opérer permettra en outre, je le reconnais, d'apporter une grande simplification dans la production des comptes ;

3° Pour la fixation de la ration d'acidulage, qui par exception, en Cochinchine, comprendra du thé, et du sucre, indépendamment du tafia, et qui continuera d'être délivrée pendant tout le cours de l'année, en raison des conditions particulières du climat et du service d'expéditions auquel les troupes sont presque constamment employées.

Il ne vous échappera point toutefois qu'aux termes d'une dépêche, en date du 17 janvier 1865, la concession de la ration aux officiers, fonctionnaires ou agents, constitue une mesure essentiellement provisoire et dont la suppression était subordonnée au développement des ressources locales. J'appelle votre attention sur les prescriptions de cette dépêche, en vous recommandant de les mettre à exécution dès que vous jugerez le moment opportun.

RIGAULT DE GENOUILLY.

(3 avril 1867)

**A. G.** *fixant les jours de délivrance de viande fraîche aux rationnaires de la place de Saïgon et des bâtiments de la division navale.*

B. C., p. 97.

(31 mai 1867)

**A. G.** *portant que les rationnaires de la place de Saïgon et des bâtiments mouillés sur rade recevront au moins 4 jours de viande fraîche par semaine et autorisant l'administration à faire des substitutions suivant l'état de son approvisionnement.*

B. C., p. 172.

(12 mars 1868)

**A. G.** *portant nouvelle fixation de la ration supplémentaire allouée aux troupes stationnées en Cochinchine* (1).

BAT. II, p. 588.
B. C., p. 54.

Article premier. — A partir du 1er avril 1868, la ration supplémentaire à allouer

(1) V. *infrà* G. 12 août 1876.

aux troupes stationnées en Cochinchine sera composée de la manière suivant

*Ration de troupe* :

| | |
|---|---|
| Viande fraîche, sans déchet de distribution, trois cents grammes, ci........... | 0 k. 300 |
| *Ou* lard salé, deux cent vingt-cinq grammes, ci........................ | 0 225 |
| *Ou* conserves de bœuf, deux cents grammes, ci......................... | 0 200 |
| Vin, quarante-six centilitres, ci........................................ | 0 l. 46 |
| Eau de-vie, six-centilitres, ci.......................................... | 0 06 |
| Café, vingt grammes, ci................................................. | 0 k. 020 |
| Sucre, vingt-cinq grammes, ci.......................................... | 0 025 |
| Sel, ving-quatre grammes, ci........................................... | 0 024 |
| Argent pour légumes verts, cinq centimes, ci............................ | 0 f. 05 |

Art. 2. — Les autres dispositions de notre arrêté susvisé du 3 décembre 1866 so et demeurent provisoirement maintenues.

Art. 3. — L'administration des subsistances est autorisée à céder aux ordinair des corps, aux conditions déterminées par notre décision du 3 décembre 1866, l denrées qui doivent cesser de faire partie de la ration de troupe, par suite des fix tions de l'article premier ci-dessus. (1)

DE LA GRANDIÈRE.

(14 mars 1868)

**D. G.** *réduisant momentanément la ration de vin dans tous les services à la moitié de s fixation réglementaire et augmentant la ration de café, de sucre et d'eau-de-vie.*

B. C., p. 55.

(17 juin 1868)

**DÉP. M.** *autorisant la délivrance de vin de quinquina aux militaires et expéditions e à ceux stationnés dans les localités où cette délivrance sera jugée nécessaire.*

BAT. II, p. 588.

La fréquence et la gravité des fièvres paludéennes qui sévissent dans les provinces récemmen annexées à notre colonie ont éveillé ma sollicitude et m'ont amené à rechercher les moyens les plu propres à atténuer et à prévenir s'il se peut les ravages causés par ce fléau.

L'un des préservatifs les plus efficaces est le vin de quinquina.

J'ai décidé, en conséquence, sur l'avis du conseil supérieur de santé, qu'il serait délivré, tous le matins, cent grammes de vin de quinquina aussi bien aux militaires et marins en expédition, qu' ceux stationnés dans des localités où le conseil de santé de la colonie jugera que cette délivranc est nécessaire.

En raison du chiffre relativement élevé de la dépense qu'elle occasionnera, je recommande tou tefois de limiter cette délivrance aux seuls cas où elle sera reconnue nécessaire à la conservatio de la santé des troupes.

Il ne faut pas se dissimuler d'ailleurs que cette mesure préventive resterait sans effet, si l'on né gligeait d'observer les règles indispensables d'une hygiène bien entendue, en ce qui concerne le besoins, les vêtements, le couchage et surtout le soin particulier d'éviter de dormir au soleil o bien la nuit en plein air.

Il conviendra dès lors de faire préparer, par le service de santé local, une instruction courte e claire, résumant les conseils hygiéniques, instruction que vous soumettrez à mon approbation, e qui devrait être affichée dans les casernes et dans les postes détachés en Cochinchine.

RIGAULT DE GENOUILLY.

(12 août 1868)

**DÉP. M.** *Les matelots annamites recevront la ration complète du marin en campagne.*

BAT. II, p. 588.

B. C., p. 196.

J'ai l'honneur de vous faire connaître qu'en vue de satisfaire à la demande contenue dans votre lettre du 20 juin dernier, numéro 533, je vous autorise à faire délivrer aux matelots annamites la ration complète de marins en campagne.

RIGAULT DE GENOUILLY.

(1) Un arrêté annuel fixe le prix des revient de rations des diverses catégories de rationnaires pour servir au remboursement des cessions de service à service et avec reprises pour trop perçu par les corps de troupes.

(19 octobre 1868)

**D. G.** *allouant, à titre gratuit, aux Pères de la Mission chargés du service religieux, à défaut d'aumônier de la marine, auprès des malades traités dans les hôpitaux militaires, la ration dite d'officier déterminée par arrêté du 3 décembre 1866.*

BAT. I, p. 562.

B. C., p. 213.

(21 novembre 1868)

**A. G.** *Fixation des masses et autres allocations du détachement de gendarmerie coloniale, des compagnies des soldats indigènes et de l'escadron de spahis de Cochinchine. (Art. 6.)*

B. C., p. 265.

Article premier. . . . . . . . . . . . . . . . . . . . . . . . . . . . . . . . . .

Art. 6 — A partir du 1er janvier 1869, les sous-officiers non européens de la compagnie indigène recevront la ration allouée aux troupes européennes par l'arrêté du 12 mars 1868.

La ration des caporaux et soldats non européens de ladite compagnie sera composée, à partir de la même époque, conformément aux fixations du tarif n° 3, ci-annexé.

Art. 7. . . . . . . . . . . . . . . . . . . . . . . . . . . . . . . . . . . . . . . .

. . . . . . . . . . . . . . . . . . . . . . . . . . . . . . . . . . . . . . . . . . . .

G. Ohier.

(12 février 1869)

**A. G.** *portant qu'à l'avenir les officiers appartenant à la division navale et détachés à terre, ne recevront plus que la ration dite d'officier déterminée par arrêté du 3 décembre 1866.*

B. C., p. 38.

(30 avril 1869)

**D. G.** *Délivrance aux corps de troupe, par le service des subsistances, de deux grammes d'alun par hectolitre d'eau, à raison de quatre litres d'eau douce par homme et par jour.*

BAT. II, p. 589.

B. C., p. 164.

Il sera délivré aux corps de troupe, par le service des subsistances, deux grammes d'alun par hectolitre d'eau, à raison de quatre litres d'eau douce par homme et par jour.

L'alunnage de l'eau s'opérera par le soin des corps, selon la méthode annamite ou chinoise, reconnue la meilleure par le chef du service de santé.

G. Ohier

(14 juin 1869)

**D. G.** *portant que la ration en nature à délivrer aux gendarmes des postes de Trang-Bang et de Cangioc se composera de pain et de vin seulement. — Indemnité représentative en remplacement des autres vivres.*

B. C., p. 205.

(30 décembre 1869)

**D. G.** *La ration à délivrer à la brigade de gendarmerie stationnée à Sadec se composera de pain et de vin seulement. — Indemnité représentative en remplacement des autres vivres.*

B. C., p. 532.

(23 juin 1870)

**A. G.** *fixant la ration à allouer aux enfants de troupe en Cochinchine.*

B. C., p. 184.

(3 juillet 1870)

**DÉP. M.** *fixant le nombre de jours de vivres que doivent avoir les transports à leur départ de Cochinchine.*

B. C., p. 214.

(7 février 1874)

**D. G.** *prescrivant la délivrance du biscuit aux rationnaires militaires des différents postes de la colonie, à raison d'un repas par semaine, soit 275 grammes.*

BAT. II, p. 589.
B. C, p. 62.

Article premier. — A partir du jour où la présente décision sera parvenue dans les divers postes de la colonie aux chargés du service administratif ou aux comptables des subsistances, le biscuit existant dans les magasins des vivres de ces diverses localités sera délivré aux rationnaires militaires à raison d'un repas par semaine, soit 275 grammes.

Art. 2. — Il ne sera désormais envoyé dans les postes, à titre d'approvisionnement de prévoyance, que les quantités de biscuit nécessaires aux rationnaires de toutes catégories pendant cinq jours.

Dès que cet approvisionnement aura atteint deux mois de séjour en magasin, il sera délivré aux rationnaires militaires dans la proportion ci-dessus indiquée, c'est-à-dire à raison d'un repas par semaine.

Art. 3. — Il ne sera adressé de nouvelles demandes à Saïgon que lorsque l'existant du biscuit sera ramené à la moitié du chiffre de l'approvisionnement fixé à l'article précédent.

DUPRÉ.

(9 février 1874)

**D. G.** *portant que la ration allouée aux officiers de troupe, fonctionnaires, officiers sans troupe, employés et agents servant à terre à Saïgon, sera délivrée à l'expiration de chaque dizaine, à l'exception du pain et de la viande fraîche dont la distribution aura lieu chaque jour.*

B. C., p. 63.

(6 juin 1874)

**D. G.** *Substitution des volailles à la viande fraîche pour la nourriture des rationnaires embarqués sur le bateau-feu. — Ces volailles seront fournies vivantes par le service des subsistances* (1).

BAT. II, p. 590.
B. C., p. 306.

(3 septembre 1874)

**D. G.** *Mode d'achat des volailles destinées au bateau-feu. — Le patron dudit bateau sera chargé de procéder directement à l'achat des volailles destinées à la nourriture des rationnaires embarqués* (2).

BAT. II, p. 590.
B. C., p. 317.

(23 décembre 1874)

**D. G.** *Les agents de formation locale remplissant les fonctions d'agent comptable dans les hôpitaux militaires et ceux attachés aux bureaux du conseil de santé, du chef du détail des hôpitaux, des commis aux entrées, de l'agent comptable de la pharmacie, cesseront d'être nourris dans les établissements hospitaliers ; ils recevront la ration de 2e catégorie déterminée par arrêté du 3 décembre 1866.*

B. C., p. 445.

(23 décembre 1874)

**D. G.** *prescrivant la délivrance du lard salé aux troupes de toutes armes ainsi qu'aux officiers de troupes, aux officiers sans troupe, employés et agents divers ayant droit à la ration de la 2e catégorie.*

B. C, p. 446.

(1) Mod. D. G., 3 septembre 1874, § Réglementation mod. D. G., 12 janvier 1878.
(2) Sans objet.

(2 avril 1875)

D. G. *Ration de thé et de sucre allouée aux équipages des bâtiments de l'État.*

BAT. II, p. 590.
B. C., p. 138.

Provisoirement et jusqu'à ce que le Ministre ait approuvé, les équipages des bâtiments stationnant ou naviguant en Cochinchine continueront à recevoir, outre la ration d'eau-de-vie fixée par l'article 18 du décret du 16 décembre 1874, une ration supplémentaire de :

| | |
|---|---|
| Thé | 4 grammes |
| Sucre | 10 — |

DUPERRÉ.

(12 août 1876)

D. G. *Suppression du tafia aux troupes de toutes armes et de l'alcoolé de quinquina aux infirmeries réglementaires. — Délivrance par le service des hôpitaux à tous les corps de troupe d'une ration de vin de quinquina.*

BAT. II, p. 591.
B. C., p. 209.

Est supprimée, à compter du 1er septembre 1876, la délivrance du tafia pour les corps de troupes de toutes armes stationnées en Cochinchine.

A compter du même jour, il sera délivré par le service des hôpitaux, à tous les militaires desdits corps, une ration de vin de quinquina.

Sera également supprimée, à compter de la même date, toute délivrance d'alcoolé de quinquina aux infirmeries régimentaires.

DUPERRÉ.

(20 avril 1877)

D. G. *Délivrance de vin de quinquina aux marins de l'État servant en Cochinchine et au Tonkin.*

BAT. II, p. 591.
B. C., p. 105.

La ration de 100 grammes, fixée par la dépêche ministérielle du 17 juin 1868, sera délivrée journellement aux équipages des bâtiments de la division présents dans les eaux de la Cochinchine, depuis le 1er décembre jusqu'au 1er mai.

Pour les bâtiments en station au Tonkin, cette délivrance aura lieu du 1er avril au 1er novembre.

Les marins employés à la direction du port ou détachés dans l'arsenal auront droit à cette même ration.

En dehors des époques fixées ci-dessus, il ne sera fait de délivrance de vin de quinquina qu'à titre de médicament et sur les prescriptions du médecin-major.

Le vin de quinquina destiné aux équipages sera préparé à bord. A cet effet, il sera pris, aux subsistances et en supplément à l'approvisionnement du bord, la quantité de vin nécessaire. L'alcoolé au quinquina sera délivré par l'hôpital, sur billets de demande établis par le médecin-major.

DUPERRÉ.

(3 novembre 1877)

D. G. *La décision du 12 août 1876 (Bat. II, p. 591), supprimant la ration de tafia aux militaires de toutes armes en Cochinchine, n'est pas applicable aux soldats détachés à Pnom-Penh.*

BAT. II, p. 592.
B. C., p. 327.

La décision du 12 août 1876, supprimant la ration de tafia aux militaires de toutes armes servant en Cochinchine et la remplaçant par du vin de quinquina, n'est pas applicable, jusqu'à nouvel ordre, aux soldats détachés à Pnom-Penh, lesquels continueront à recevoir la ration réglementaire de tafia.

J. LAFONT.

(12 janvier 1878)

**D. G.** *Il ne sera plus envoyé de bœufs au bateau-feu. — Il sera pourvu aux besoins de deux jours de la semaine par les délivrances de conserves de bœufs et d'une ration supplémentaire de légumes frais. — Cette ration sera perçue en argent sur le pied de 0, 10 centimes par homme et par jour.*

BAT. II, p. 592.
B. C., p. 17.

(8 avril 1878)

**DÉP. M.** *Substitution du vin à l'eau-de-vie, au repas du matin, pour une certaine catégorie de marins. — Approbation exceptionnelle.*

BAT. II, p. 592.

Il résulte de votre lettre du 28 janvier dernier que, sur l'avis du médecin-major du *Tilsitt* et la proposition du commandant de ce bâtiment, vous avez autorisé la délivrance de vin en remplacement d'eau-de-vie, au repas du matin, à divers marins dont la santé avait été éprouvée par le climat de la Cochinchine.

Vous m'avez demandé d'approuver cette mesure, qui vous paraît justifiée par une situation toute spéciale.

La substitution du vin à l'eau-de-vie est contraire au principe rappelé par la circulaire du 28 février dernier (*Bulletin officiel*, page 336). Néanmoins, j'approuve exceptionnellement votre décision et, en raison du climat pernicieux de la Cochinchine, je consens en outre, pour l'avenir, à une dérogation à la règle en faveur de ceux des marins de votre division navale à qui l'usage de l'eau-de-vie serait nuisible. Toutefois, je désire que cette disposition soit appliquée avec une sage réserve.

A. POTHUAU.

(1er juillet 1878)

**A. G.** *Paiement de l'indemnité représentative de la valeur des légumes verts entrant dans la ration aux bâtiments de la division navale présents à Saïgon. — Établissement des bons.*

BAT. II, p. 592.
B. C., p. 228.

Article premier. — L'indemnité représentative de la valeur des légumes verts entrant dans la ration journalière sera payée, chaque jour, aux bâtiments de la division navale présents à Saïgon, sur des bons établis, pour une période de dix jours, par les autorités du bord.

Ces bons, dressés d'après l'effectif des hommes ayant droit à la ration, présenteront les augmentations et les diminutions résultant de la période précédente. La somme à payer sera arrêtée en toutes lettres.

Il seront remis acquittés au commissaire aux subsistances qui fera délivrer aux commis aux vivres, sur le fournisseur, les contre-bons nécessaires pour qu'ils reçoivent, en même temps que la viande et pour la période indiquée, l'indemnité journalière correspondante.

Art. 2. — Ces contre-bons ou ordres de paiement tirés sur le fournisseur, qui représenteront le dixième du bon acquitté, seront enregistrés par l'agent des subsistances sur un carnet que le commis aux vivres devra présenter à chaque demande nouvelle.

Il en sera tenu également enregistrement sur un carnet général, suivi au bureau des subsistances. (Service des distributions.)

Art. 3. — Le fournisseur sera remboursé de ses avances sur un état général divisé par bâtiment et appuyé de tous les contre-bons. Cet état sera vérifié et arrêté par le commissaire aux subsistances.

Art. 4. — Les bâtiments de la division qui quitteront le chef-lieu avant d'avoir épuisé les contre-bons représentant la dizaine commencée, sont autorisés à toucher d'avance, des mains du fournisseur, la totalité des sommes restant à percevoir sur le bon en cours.

En cas de départ précipité, les contre-bons non employés devront être renvoyés au commissaire aux substances pour être annulés ou représentés à la première demande de vivres.

Art. 5. — Dans tous les postes où il existe une caisse publique, les bons pour l'argent des légumes verts seront payés, *à terme échu*, tous les dix jours et jusqu'au jour inclus du départ, comme dépenses urgentes à régulariser, sur le visa de l'officier d'administration, et, à défaut du commandant militaire ou du premier administrateur, après examen, sous leur responsabilité, du carnet du commis aux vivres et reprise des contre-bons non employés, lesquels devront être expédiés sans délai au commissaire aux subsistances.

Art. 6. — Au retour du bâtiment à Saïgon, toutes les sommes dues seront comprises, après vérification du carnet, dans le premier contre-bon remis au commis aux vivres.

Art. 7. — Tous les bons pour argent des légumes verts doivent être signés du commandant ou du second, s'il a rang d'officier, ou de l'officier d'administration.

J. Lafont.

(27 septembre 1878)

**DÉP. M.** *où il est question de supprimer la ration aux officiers ou assimilés qui bénéficient des dispositions du décret du 11 avril 1878 sur la solde.*

ARCH. GOUV.

Les officiers ou les fonctionnaires assimilés en service en Cochinchine ont été depuis un certain temps admis à participer à la distribution de la ration en nature. Il avait paru, en effet, équitable à l'administration de venir en aide au personnel colonial qui n'avait pour tout moyen d'alimentation que les ressources insuffisantes et presque toujours très onéreuses du commerce local.

La situation qui avait éveillé sous ce rapport la sollicitude de mon Département n'est plus aujourd'hui ce qu'elle était au début de cette mesure ; non seulement le prix de revient des denrées s'est amélioré par suite de la concurrence, mais encore, et c'est le point sur lequel j'insiste particulièrement, les officiers ou assimilés qui bénéficient des dispositions du décret du 11 avril dernier sur la solde, sont maintenant à même de pouvoir supporter facilement les dépenses qu'entraîne leur séjour aux colonies. Dans ces conditions il me paraîtrait convenable de supprimer la concession de la ration à tous ceux des officiers et fonctionnaires coloniaux dont le décret précité a amélioré la position pécuniaire. Toutefois, avant de prendre une décision dans ce sens, je vous prie d'examiner cette question et de me faire connaître les objections qu'elle vous aurait suggérées.

Il est entendu, d'ailleurs, que le bénéfice de la ration serait maintenu à l'égard des employés et agents qui ne se trouvent pas compris dans le décret du 11 avril, à moins qu'il ne vous semble préférable de substituer à la ration une indemnité en argent égale à sa valeur.

A. Pothuau.

(24 février 1879)

**DÉP. M.** *Suppression de la ration aux officiers ou assimilés qui ont été compris dans le décret du 11 avril 1878 sur la solde. Exception en faveur du personnel en service dans les postes et au Tonkin* (1).

BAT. II, p. 594.

J'ai pris connaissance des observations que vous avez adressées à mon Département sous la date du 16 novembre, relativement à la proposition faite par mon prédécesseur de supprimer le bénéfice de la ration à ceux des officiers et assimilés dont la solde a été augmentée par le décret du 11 avril 1878.

Tout en reconnaissant que, sous le rapport de l'existence matérielle, la situation s'est sensiblement améliorée en Cochinchine, vous exprimez la crainte qu'en présence des charges assez lourdes qui pèsent encore aujourd'hui sur l'officier, la suppression de la ration ne constitue pour lui une réduction de traitement, et vous demandez le maintien du bénéfice de cette allocation.

(1) V. *infrà*, A. G., 15 avril 1879.

Malgré mon désir de seconder vos intentions bienveillantes, à l'égard du personnel placé sous vos ordres, je ne saurais partager votre manière de voir au sujet des conséquences que peut avoir la mesure proposée par la circulaire ministérielle du 27 septembre dernier.

Il vous suffira de jeter un coup d'œil sur le relevé ci-après pour vous convaincre que les ressources dont peuvent disposer aujourd'hui les officiers et assimilés, compris dans le décret précité, leur permettent de pourvoir eux-mêmes facilement à leur nourriture et à leur entretien.

Ainsi pour les sous-commissaires de 1re classe, en 1862, la solde coloniale, y compris l'indemnité de logement, était de ........ 5,095 f. 00

Le décret du 11 avril 1878 l'a portée à ........ 6,046 55

Augmentation ........ 951 55

Les sous-commissaires de 2e classe, qui touchaient une solde de ........ 4,220 f. 00

reçoivent actuellement ........ 5,263 30

Augmentation ........ 1,043 30

Enfin, la solde des aides-commissaires était de ........ 3,480 f. 00

elle est aujourd'hui de ........ 4,441 85

Augmentation ........ 961 85

A ces chiffres, il convient d'ajouter l'indemnité de logement supplémentaire, qui est payée à ces officiers sur les fonds du service local, soit 720 francs par an pour les sous-commissaires, et 480 francs pour les aides-commissaires, supplément qui, comme vous le savez, est absolument propre à la Cochinchine.

Les officiers des corps de troupe et du service de santé ont reçu, suivant leur grade, des augmentations de soldes équivalentes.

Les chiffres ci-dessus démontrent suffisamment que les officiers en service dans notre établissement de la Cochinchine peuvent supporter la suppression de la ration qui, en résumé, ne représente, d'après la fixation du dernier arrêté local, qu'une valeur de 1 franc 11 centimes par jour, soit 400 francs environ par an.

D'après les motifs qui précèdent, j'ai décidé que la ration cesserait d'être accordée à tous les officiers et assimilés qui ont été compris dans le décret précité du 11 avril 1878. Toutefois, je vous autorise à faire délivrer la ration en nature au personnel en service dans les postes et au Tonkin, où les moyens d'approvisionnement peuvent faire défaut, mais il est entendu que cette cession ne sera opérée qu'à charge de remboursement.

JAURÉGUIBERRY.

(15 avril 1879)

**A. G.** *Supprimant le bénéfice de la ration de vivres aux officiers de tous grades des corps de troupes et des corps organisés de la marine ou assimilés, employés à terre dans la colonie. — Ce droit est seulement maintenu aux employés et agents des divers services qui ne sont ni officiers, ni assimilés aux officiers. — Les officiers ou assimilés en service dans les postes de l'intérieur, à Quinhon et au Tonkin, continueront à recevoir la ration, mais à partir du 1er mai, ils devront en rembourser la valeur au trésor d'après le prix officiel publié pour chaque année* (1).

BAT. II, p. 593.

B. C., p. 142.

(13 août 1879)

**CIRC. CH. S. AD.** *Les officiers touchant la ration à charge de remboursement pourront à leur gré recevoir ce qui leur est dû pour le pain, le vin, le sucre, le café, etc., à une date quelconque du mois courant. Il ne sera d'ailleurs fait aucun rappel de vivres après l'échéance des délais fixés par les décisions des 21 août 1875 et 31 mars 1879.*

ARCH. S. AD.

(6 janvier 1880)

**D. G.** *réglementant l'allocation et la délivrance de l'eau douce, pendant la saison sèche, à Haïphong, Tonkin.*

B. C., p. 10.

Article premier. — Le personnel ressortissant aux services et aux corps ci-après désignés, payés sur le budget de l'État, non compris les agents annamites ou chinois,

(1) V. *infrà*, A. G., 17 janvier 1880.

aura seul droit désormais aux distributions d'eau douce faites par l'administration à Haïphong, pendant la saison sèche savoir :

Consulat ;

Administration ;

Trésor ;

Service de santé ;

État-major et équipages de la flotte ;

Génie ;

Infanterie de marine ;

Art. 2. — La quotité de la ration journalière d'eau douce est fixée ainsi qu'il suit :

*Rationnaires à terre.*

| | |
|---|---|
| Consul | 50 litres. |
| Officiers, fonctionnaires, employés et agents | 20 |
| Sous-officiers et soldats | 7 |

*Rationnaires embarqués (croiseur et canonnière).*

| | |
|---|---|
| Officiers | 20 litres |
| Officiers mariniers et marins | 7 |

Art. 3. — Les services de la douane et du port auront droit, pour leurs officiers, employés et agents, à la ration d'eau douce, telle qu'elle est déterminée pour le personnel à terre ; mais ils en rembourseront la valeur à l'État. Ce remboursement s'effectuera mensuellement, à raison de 2 fr. 75 cent. le tonneau, prix réel de revient.

DE TRENTINIAN.

(17 janvier 1880)

**A. G.** *supprimant la ration en nature au personnel inférieur des divers services métropolitains à Saïgon et la remplaçant par une indemnité représentative fixée à 400 francs par an. Rien n'est changé aux dispositions actuellement en vigueur en ce qui concerne les employés et agents détachés dans les postes.*

B. C., p. 24.

(3 août 1880)

**CIRC. CH. S. AD.** *A partir du 9 août 1880, il ne sera plus délivré de conserves de bœuf aux bâtiments vivant en journalier.*

ARCH. S. AD.

(17 février 1882)

**CIRC. M.** *Il doit être adressé au Département dans les trois premiers mois de chaque année, un état indiquant le prix moyen de la ration à bord des bâtiments de la division navale de Cochinchine pendant l'année précédante.*

ARCH. S. AD.

J'ai l'honneur de vous inviter à faire établir et à adresser au Département, dans les trois premiers mois de chaque année, un état indiquant le prix moyen de la ration à bord des bâtiments de la Division navale de Cochinchine pendant l'année précédente.

Vous voudrez bien me transmettre, le plus promptement possible, ce renseignement en ce qui concerne l'année 1881.

Cette évaluation sera établie, d'après les prix des marchés en cours pour les divisions ou stations navales qui s'approvisionnent exclusivement à l'extérieur.

Lorsque les divisions ou stations consommeront tout à la fois des vivres expédiés de France et les vivres achetés sur place la valeur de la ration devra être appréciée de la manière suivante :

1° Pour les denrées provenant de la métropole, d'après le tableau annuel des prix inséré au *Bulletin officiel* de la marine, avec augmentation de 30 p. 0/0 pour frais de transport, déchet de route, etc.

2° Pour les approvisionnements achetés localement, d'après les prix des traités en cours.

Quel que soit le mode de ravitaillement, s'il existe des marchés sur divers points de relâche, il conviendra de tenir compte de la proportion des livraisons effectuées dans chaque localité.

JAURÉGUIBERRY.

(21 décembre 1882)

**DÉP. M.** *prescrivant que la ration de viande allouée aux troupes stationnées aux colonies ne devra pas être inférieure à 300 grammes.*

ARCH. S. AD.

(2 avril 1885)

**D. G.** *A l'avenir les compagnies en détachements de tirailleurs employés dans les colonnes mobiles et qui ne peuvent trouver dans le pays de quoi subvenir à leur subsistance toucheront les vivres en nature ; l'indemnité leur sera alors retenu.* (*Fixation de la ration*).

ARCH. S. AD.

(31 mars 1887)

**DÉP. M.** *confirmation d'un télégramme prescrivant de continuer à fabriquer le pain destiné aux rationnaires de l'État uniquement avec de la farine française.*

ARCH. S. AD.

(12 août 1887)

**A. G.** *Une ration de lard sera délivrée par semaine aux troupes européennes stationnées tant en Cochinchine qu'au Cambodge.*

B. C., p. 570.
J. C., p. 814.

Article premier. — Une ration de lard par semaine sera délivrée aux troupes européennes stationnées tant en Cochinchine qu'au Cambodge.

Art. 2. — Cette délivrance aura lieu, à Saïgon, en deux foiss et aux jours qui seront indiqués par l'autorité militaire. Dans les postes, les commandants resteront juges de décider si la délivrance doit avoir lieu en une ou deux fois.

FILIPPINI.

(29 février 1888)

**A. G.** *rapportant la décision du 23 mai 1885 conservant aux soldats d'infanterie de marine à Kampot les vivres alloués aux marins qui occupaient précédemment ledit poste. La ration de campagne dite de 1re catégorie cessera d'être délivrée et sera remplacée par la ration de 3e catégorie.*

ARCH. S. AD.

(12 mai 1888)

**A. G. G.** *L'arrêté du 21 janvier 1888 supprimant la ration au personnel inférieur des services métropolitains payés sur le budget de l'Indo-Chine, en Cochinchine et au Cambodge, n'est pas applicable aux armuriers militaires, qu'ils soient détachés aux corps de troupes ou employés dans les directions.*

B. C., p. 249.

Article premier. — L'arrêté du 21 janvier 1888 supprimant la ration au personnel inférieur des services métropolitains payés sur le budget de l'Indo-Chine, en Cochinchine et au Cambodge, n'est pas applicable aux armuriers militaires, qu'ils soient détachés aux corps de troupes ou employés dans les directions.

RICHAUD.

(27 juillet 1888)

**DÉP. M.** *Réduction de 900 à 700 grammes de la ration de riz à délivrer aux Indigènes de la Cochinchine.*

ARCH. S. AD.

## III. — CESSIONS

| NATURE DES DOCUMENTS | DATES | RECUEILS A CONSULTER Bat. | B.C. | B.D.I. | J. C. | J.H. | B. M. | B.Col. | OBSERVATIONS |
|---|---|---|---|---|---|---|---|---|---|
| D. G. | 10 décembre 1865. | II-585 | 219 | | | | | | |
| A. G. | 8 février 1866. | | 21 | | | | | | |
| O. G. | 22 février 1866. | I-242 | 31 | | | | | | |
| D. G. | 20 mars 1866. | | 35 | | | | | | |
| Dép. M. | 4 juin 1866. | I-251 | | | | | | | |
| Circ. D. I. | 2 décembre 1866. | | | 48 | | | | | |
| D. G. | 3 décembre 1866. | II-587 | 219 | | | | | | |
| A. G. | 11 mars 1868. | | 43 | | | | | | |
| D. G. | 13 mars 1869. | | 78 | | | | | | |
| A. G. | 26 juillet 1869. | II-589 | 261 | | | | | | |
| D. G. | 27 septembre 1869. | | 335 | | | | | | |
| D. G. | 25 août 1870. | | 236 | | | | | | |
| D. G. | 27 septembre 1870. | II-589 | 268 | | | | | | |
| Circ. D. I. | 16 septembre 1875. | II-591 | | 72 | | | | | |
| Cir. Ch. S. Ad. | 12 juillet 1879. | | | | | | | | |
| Circ. D. I. | 12 août 1879. | I-245 | | | | | | | |
| Circ. D. I. | 12 septembre 1879. | I-245 | | | | | | | |
| Dép. M. | 19 septembre 1879. | II-594 | | | | | | | |
| Cir. Ch. S. Ad | 15 novembre 1879. | | | | | | | | |
| O. C. Sup. Tr. | 29 janvier 1880. | | | | | | | | |
| Cir. Ch. S. Ad. | 25 août 1880. | | | | | | | | |

## III. — CESSIONS *(suite)*

| NATURE DES DOCUMENTS | DATES | RECUEILS A CONSULTER Bat. | B.C. | B.D.J. | J. C. | J. H. | B. M. | B.Col. | OBSERVATIONS |
|---|---|---|---|---|---|---|---|---|---|
| D. G. | 8 janvier 1881. | | 11 | | | | | | |
| Circ. D. I. | 17 janvier 1881. | | | 3 | | | | | |
| D. G. | 28 décembre 1881. | | 542 | | | | | | |
| Circ. D. I. | 12 avril 1883. | | | 31 | | | | | |
| Circ. M. | 16 mars 1883. | | | | | | | | |
| Circ. M. | 5 juillet 1884. | | | | 821 | | | | |
| O.C.Sup.Tr. | 16 décembre 1884. | | | | | | | | |
| D. G. | 27 janvier 1886. | | | | | | | | |
| A. G. | 27 décembre 1886. | | | | | | | | |

(10 décembre 1865)

**D. G.** *Mode de procéder pour le remboursement des vivres délivrés par le service des subsistances aux employés de la direction de l'intérieur* (1).

BAT. II, p. 585.
B. C., p. 219.

Article premier. — A partir du 1er janvier 1866, aucune délivrance de vivres ne sera faite aux employés de la Direction de l'intérieur, sans un bon sur lequel les parties prenantes seront désignées nominativement ; ce bon devra être revêtu du visa de l'inspecteur le plus voisin.

. . . . . . . . . . . . . . . . . . . . . . . . . . . . . . . . . . . . . . . . . . . . . .

Art. 3. — A la fin de chaque mois, ou dès qu'ils auront avis du déplacement de ces employés, MM. les inspecteurs leur enverront un ordre de versement, à la caisse du service local, de la somme due par eux jusqu'à cette date. Cette recette se fera dans la forme ordinaire ; article III, *Recettes en remboursement de cessions.*

Si un employé avait quitté sa résidence avant d'avoir effectué le versement, l'inspecteur en donnerait aussitôt avis à la Direction de l'intérieur (1er bureau).

Art. 4. — Le paiement des vivres fournis par l'Administration à tous les employés du service local aura lieu, comme par le passé, sur états trimestriels de cession

DE LA GRANDIÈRE.

(8 février 1866)

**A. G.** *réglementant les cessions de vivres ou d'objets de matériel provenant soit de la métropole, soit d'acquisitions en Cochinchine et effectuées par les magasins de la marine aux différents services étrangers au Département ou à des particuliers. — Quotité du forcement des prix de base* (1).

B. C., p. 21.

(22 février 1866)

**O. G.** *Formalités à remplir en ce qui concerne les cessions de matériel et de vivres aux particuliers* (1).

BAT. I, p. 242.
B. C., p. 31.

(20 mars 1866)

**D. G.** *autorisant les cessions de vin de campagne, à titre remboursable, aux officiers, fonctionnaires et employés de l'État ; — Mode de procéder.*

B. C., p. 35.

(4 juin 1866)

**DÉP. M.** *Approbation de l'arrêté du 8 février 1866 pris à l'effet de régulariser le remboursement des cessions faites par les magasins de la marine.*

BAT. I, p. 251.

(2 décembre 1866)

**CIRC. D. I.** *au sujet du remboursement des vivres, médicaments et objets divers cédés par la marine au service local.*

B. D. I, p. 48.

(1) *infrà*, A. G., 26 juillet 1869.
(2) V. *Cessions et prêts*, A. G., 17 décembre 1874.
(3) V. *Cessions et prêts*.

(3 décembre 1866)

**D. G.** *autorisant la cession à titre remboursable, aux troupes stationnées en Cochinchine, des assaisonnements compris dans la ration du marin en campagne qui ne font plus partie de la nouvelle ration supplémentaire déterminée par arrêté de ce jour.*

BAT. II, p. 587.

B. C., p. 219.

Article premier. — L'administration des subsistances est autorisée à délivrer à titre de cession, aux conditions de prix appliquées aux services publics du Département, aux différents corps de troupes stationnées en Cochinchine, les assaisonnements divers compris dans la ration du marin en campagne, qui ne font plus partie de la nouvelle ration supplémentaire déterminée par notre arrêté en date de ce jour.

Art. 2. — Ses délivrances auront lieu sur les demandes des compagnies ou batteries, visées par le chef de corps, et le montant en sera remboursé trimestriellement au trésor sur les fonds de l'ordinaire.

DE LA GRANDIÈRE.

(11 mars 1868)

**A. G.** *Fixation du prix de revient de la fabrication du pain à la manutention de Saïgon pour servir aux remboursements à faire par les divers services pendant l'année 1868.*

B. C., p. 43.

(13 mars 1869)

**D. G.** *autorisant la cession, à titre remboursable, aux pilotes en station au cap Saint-Jacques, de la ration dite d'officier.*

B. C., p. 78.

(26 juillet 1869)

**A. G.** *réglant la solde, l'assimilation, l'avancement etc., du personnel de l'administration locale; — Remboursement des rations de vivres cédées aux employés de la Direction de l'intérieur (art. 6).*

BAT. II, p. 589.

B. C., p. 261.

Art. premier. . . . . . . . . . . . . . . . . . . . . . . . . . . . . . . . . . . . . . . . . . . .

Art. 6. — Le remboursement direct au budget de l'État par le budget local des vivres délivrés aux agents de la Direction de l'intérieur détachés dans les postes, aura lieu sur la production d'états nominatifs dressés par le service administratif de la marine.

La valeur des rations fournies sera ensuite précomptée sur la solde desdits agents par les soins de la Direction de l'intérieur.

G. OHIER.

(27 septembre 1869)

**D. G.** *portant que le service des subsistances de Tayninh délivrera aux fonctionnaires et agents européens du service local résidant à Trang-bang, à titre remboursable, les rations de viande qui leur sont nécessaires. — Extension de cette mesure aux gendarmes.*

B. C., p. 335.

(25 août 1870)

**D. G.** *État nominatif des particuliers ayant droit aux cessions remboursables de vivre par autorisation du Gouverneur.*

B. C., p. 236.

(27 septembre 1870)

D. G *autorisant les missionnaires disséminés sur les points différents du territoire de la Cochinchine, à percevoir, à titre remboursable, la ration journalière de pain et de viande fraîche.*

BAT. II, p. 589.
B. C., p. 268.

Tous les missionnaires disséminés sur les différents points du territoire de la Cochinchine sont autorisés à percevoir, dans les postes voisins de leur mission, la ration journalière de pain et viande fraîche, à charge de remboursement. Le remboursement devra être effectué à Saïgon, à la caisse du trésorier-payeur.

DE CORNULIER-LUCINIÈRE.

(16 septembre 1875)

CIRC. D. I. *A partir du 1er octobre prochain les cessions de vivres aux résidents européens dans l'intérieur seront payées au commencement de chaque mois et d'avance* (1).

BAT. II, p. 591.
B. D. I, p. 72.

(12 juillet 1879)

CIRC. CH. S. AD. *prescrivant de veiller à ce que les états de remboursement soient établis en temps utile. Donner sur ce point des instructions précises dans les ports.*

ARCH. S. AD.

(12 août 1879)

CIRC. D. I. *Instruction concernant le remboursement des cessions de vivres par les officiers et agents des services de la marine.*

BAT. I, p. 245.

Depuis la suppression de la ration de vivres en nature aux officiers et agents des services de la marine, quelques-uns d'entre vous ont reçu dans leur caisse les remboursements de cessions faites au personnel de ces services dans les inspections.

Une telle opération est irrégulière à deux points de vue : en premier lieu, parce que vous ne pouvez faire *recette d'ordre*, au profit du budget local, d'un remboursement qui doit venir en atténuation des dépenses du service colonial, et ensuite parce que les sommes dues par les cessionnaires de la marine sont précomptées sur les mandats de solde. Vous n'avez donc rien à faire pour cette nature de remboursements. Les ordres de reversement, envoyés par le service administratif à ses débiteurs, sont de simples avis et non des ordres de recette. Les officiers et agents qui feraient les versements à votre caisse se trouveraient payer deux fois, attendu, je vous le répète, que la somme due est précomptée sur le mandat de solde et prise en recette à Saïgon.

En résumé, vous ne devez accepter aucun remboursement des cessionnaires de vivres de la marine, et si des mandats payables à votre caisse mentionnent des précomptes, votre rôle se borne à payer le mandat, moins le *précompte ou la retenue indiqués, absolument comme vous faites pour les mandats frappés d'oppositions juridiques.* Du reste, la somme que vous avez à payer, à moins d'omission, est toujours indiquée en marge du mandat.

Rien n'est changé, bien entendu, au mode de recouvrement suivi jusqu'à ce jour à l'égard des fonctionnaires et employés du service local et des particuliers. Les vivres perçus par ceux-ci étant remboursés par le service local au budget colonial, c'est à notre budget que la recette de remboursement doit être faite.

BÉLIARD.

(12 septembre 1879)

CIRC. D. I. *prescrivant plus de régularité dans les remboursements des cessions de vivres par les fonctionnaires et employés du service local* (2).

BAT. I, p. 245.

(1) Sans objet.
(2) Sans objet.

(19 septembre 1879)

**DÉP. M.** *Observations au sujet des cessions de vivres faites dans la colonie. — L'administration doit s'abstenir formellement de faire des cessions et cette interdiction doit être rigoureusement prescrite lorsqu'il s'agit des particuliers.*

BAT. II, p. 594.

J'ai pris connaissance des explications que vous m'avez fournies par lettre du 12 juillet dernier relativement à la fixation du prix de la ration en Cochinchine, qui avait donné lieu de ma part à quelques observations.

Il en résulte que le prix de cette ration qui m'avait semblé tout d'abord excéder les prévisions budgétaires, a été établi en vue du règlement des cessions nombreuses que le service des vivres est appelé à faire dans le cours de l'année aux autres services métropolitains ou locaux, ainsi qu'aux officiers et particuliers dans les postes de l'intérieur.

Cette révélation ne peut que me surprendre après les recommandations formelles que j'ai adressées circulairement le 27 septembre 1878 à plusieurs de nos colonies et notamment à la Cochinchine, par une dépêche du 24 février dernier, n 107, dont votre lettre du 12 juillet dernier ne semble tenir aucun compte.

Sauf en ce qui concerne ceux des officiers ou assimilés qui sont employés dans les postes et qui n'ont à leur disposition aucun moyen d'alimentation, l'Administration doit s'abstenir formellement de faire des cessions ; mais l'interdiction à laquelle je fais allusion doit être rigoureusement prescrite lorsqu'il s'agit des particuliers.

Les approvisionnements qui existent dans les magasins locaux n'ont pas été créés pour les personnes étrangères au service. Je vous prie de vouloir bien prendre note de cette observation.

JAURÉGUIBERRY.

(15 novembre 1879)

**CIRC. CH. S. AD.** *A l'avenir, et pour obéir aux instructions ministérielles, les cessions de vivres aux particuliers dans les postes, seront limitées aux seules localités où il n'existe ni boulangerie, ni boucherie.*

ARCH. S. AD.

(29 janvier 1880)

**O. C. SUP. T.** *A compter du 1er février 1880, il ne sera plus fait de cession de pain et de viande aux officiers en résidence à Mytho.*

ARCH. C. Sup. T.

(25 août 1880)

**CIRC. CH. S. AD.** *Les cessionnaires dans les ports ne sont pas admis à bénéficier de l'excédent de viande abattue, faveur réservée aux rationnaires. Ils ne doivent pas non plus demander la fabrication de pains d'une forme et d'un poids spécial.*

ARCH. S. AD.

(8 janvier 1881)

**D. G.** *supprimant dans divers postes la délivrance de ration faite à titre remboursable aux fonctionnaires, officiers ou assimilés et aux particuliers et portant suppression, à partir du 1er janvier 1882 des délivrances de vivres, à titre de cession, dans toute la colonie* (1).

B. C., p. 11.

Article premier. — Les délivrances de rations faites à titre remboursable aux fonctionnaires, officiers ou assimilés, et aux particuliers, sont supprimées, à compter du 16 janvier courant, dans les postes de Chaudoc, Mytho, Baria, Vinhlong, Caim (Cholon), Tayninh et Bienhoa.

Art. 2. — Dans les autres postes, il ne sera fait aucune délivrance autre que ration de pain et de viande.

La suppression de la ration de pain aura lieu par décision du Chef du servi

(1) Un arrêté annuel fixe le prix de revient des rations des diverses catégories de rationnaires, pour servir au remboursement des cessions de service à service et aux reprises pour trop perçu par les troupes et le prix de revient des denrées achetées dans la colonie. Pour les denrées provenant d'envoi de France, le remboursement devra s'effectuer d'après les prescriptions du tableau des prix fixés par le Département et insérés au B. M. avec augmentation de 20 p. 100 pour prêt et déchet de route.

administratif, aussitôt qu'une boulangerie civile sera établie dans chaque localité.

Quant à la ration de viande fraîche, elle continuera à être délivrée, dans les mêmes conditions que précédemment, aux fonctionnaires, aux officiers et aux particuliers d'origine européenne dûment autorisés, jusqu'à l'expiration du marché actuel.

Art. 3. — Le 1er janvier 1882, les délivrances de vivres à titre de cession seront supprimées complétement dans toute la colonie.

LE MYRE DE VILERS.

(17 janvier 1881)

**CIRC. D. I.** *Notification de la décision du 8 janvier courant supprimant les délivrances de rations faites, à titre remboursable, aux fonctionnaires, officiers ou assimilés et aux particuliers.*

B. D. I, p. 3.

Par décision en date du 8 janvier courant, inséré au *Journal officiel* du 12 du même mois, nº 4, Monsieur le Gouverneur a supprimé, à compter du 16 janvier 1881, les délivrances de rations faites à titre remboursable, aux fonctionnaires, officiers ou assimilés et aux particuliers, dans les postes de Chaudoc, My-tho, Baria, Vinh-long, Cho-lon, Tay-ninh et Bien-Hoa.

En outre, le 1er janvier 1882, les délivrances de vivres, à titre de cession, seront supprimées complétement dans toute la colonie.

J'ai l'honneur de vous prier de prévenir tous les rationnaires civils, résidant dans votre inspection, de cette nouvelle disposition.

BÉLIARD.

(28 décembre 1881)

**D. G.** *portant que la viande fraîche pourra être distribuée, à titre de cession remboursable, aux divers fonctionnaires et particuliers d'origine européenne dans certains postes.*

B. C., p. 542.

La viande fraîche continuera à être délivrée, à titre de cession remboursable, aux divers fonctionnaires et particuliers d'origine européenne qui en feront la demande, dans les quatre postes de Longxuyen, du Rachgia, d'Hatien et de Gocong.

LE MYRE DE VILERS

(12 avril 1883)

**CIRC. D. I.** *au sujet du remboursement des cessions de vivres faites par le service marine aux fonctionnaires et agents du service des contributions indirectes détachés dans certains arrondissements de la colonie.*

B. D. I, p. 31.

Quelques difficultés se sont produites dernièrement pour le remboursement des cessions de vivres faites par le service marine aux fonctionnaires, employés et agents divers du service des contributions indirectes détachés dans certains arrondissements de la colonie.

Afin d'éviter le retour d'un pareil état de choses, j'ai l'honneur de vous prier de vouloir bien comprendre nominativement ces fonctionnaires, employés et agents sur les états mensuels de remboursement de vivres (modèles A et B) que vous m'adressez sous le timbre du 1er bureau.

Vous devrez également tenir la main à ce que le payement du montant de l'ordre de recette émis à leur nom soit immédiatement effectué dans la caisse du percepteur de votre arrondissement.

BÉLIARD.

(16 mars 1883)

**CIRC. M.** *au sujet des cessions du service colonial (hôpitaux et vivres) et de la circulaire du 11 juillet 1881.*

ARCH. GOUV.

La circulaire du 11 juillet 1881, a rendu réglementaire la production mensuelle de l'État des cessions remboursables en argent, effectuées par le service des subsistance aux colonies.

Ce document dont le but est de faire connaître l'importance de ces opérations, ne contient aucune indication sur les remboursements qui en sont la conséquence, et le 4e bureau de la Direction des colonies qui est chargé de l'administration du chapitre, hôpitaux et vivres, se trouvent le plus souvent dans l'impossibilité de suivre la corrélation qui doit s'établir entre les avances en matières e leur régularisation.

Afin de donner aux pouvoirs de contrôle les moyens d'étendre leur surveillance sur cette impor tante partie des attributions des chefs du service administratif, vous voudrez bien ordonner qu les dispositions suivantes soient exécutées dans la colonie, à partir du 1er janvier de l'année cou rante.

A la fin de chaque trimestre, le bureau des fonds, de concert avec les détails des subsistances e des hôpitaux établira : 1° le montant des cessions du service colonial (hôpitaux et vivres), dont la ré gularisation a été opérée sur place, par voie de remboursement et d'annulation des dépenses 2° le montant de ces cessions dont le remboursement en argent a été effectué sur place, mais dont la régularisation est demandée en France ; 3° le montant de celles dont le remboursement n'a pu avoir lieu sur place, à défaut de ressources des services cessionnaires, et dont le remboursemen et la régularisation sont demandés en France ; 4° le montant desdites cessions qui ont été ou qu seront suivies de remboursements en nature ; 5° la concordance existant entre les cessions et leu régularisation, en tenant compte des données de l'État trimestriel ci-après désigné.

Ces renseignements me seront adressés par lettre sous le timbre de la Direction des colonies, 4° bureau, 2° section.

D'autre part, j'ai décidé que les prescriptions de la circulaire du 11 juillet 1881, seront ainsi modifiées : les états des cessions et des marchés seront établis trimestriellement par le service des vivres et par celui des hôpitaux. Les états des marchés devront être appuyés de la copie des contrats qui y sont mentionnés. Ceux des cessions indiquant les cessions remboursables en nature et en argent seront évalués et transmis au Département par l'intermédiaire du bureau des fonds en même temps que les renseignements demandés plus haut

La situation des vivres en magasin me sera toujours envoyée mensuellement.

J'ai l'honneur de vous prier de m'accuser réception de la présente circulaire.

DISLÈRE.

(5 juillet 1884)

**CIRC. M.** *Règles pour déterminer le taux de remboursement des cessions de matériel et de vivres appartenant au service colonial* (1).

J. C.; p. 821.

(16 décembre 1884)

**O. C. SUP. T.** *En raison de la cherté du pain à Soctrang, les sous-officiers de la compagnie des travailleurs annamites sont autorisés à pourvoir au détachement d'infanterie de marine, à titre remboursable, la ration de pain journalière de 750 grammes allouée aux hommes de troupes.*

ARCH. C. Sup. T.

(27 janvier 1886)

**D. G.** *Il pourra être fait, à titre de cession remboursable, au personnel européen des troupes indigènes stationnées à Hung Nguyen des délivrances des diverses denrées comprises dans le stock de vivres que le service des subsistances doit entretenir dans le poste par les troupes de passage. (Vin, tafia, sucre, farine, lard ou conserves de bœuf.)*

ARCH. S. AD.

(27 décembre 1886)

**A. G.** *Il pourra être fait, à titre de cession remboursable, au personnel européen des troupes indigènes stationnées à Soctrang, Chaudoc, Bien-Hoa et Tay-Ninh les délivrances de vivres sur le stock de réserve entretenu dans ces postes.*

ARCH. S. AD.

Consulter en outre : *Comptabilité du matériel et des vivres (service marine et service colonial) : Service administratif de la marine.*

## SUBSTANCES ALIMENTAIRES OU MÉDICAMENTEUSES

V. *Ventes de marchandises.*

(1) V. *Arsenal.*

## SUBSTANCES VÉNÉNEUSES

| NATURE DES DOCUMENTS | DATES | RECUEILS A CONSULTER Bat. | B. C. | B. D. I. | J. C. | J. H. | B. M. | B. Col. | OBSERVATIONS |
|---|---|---|---|---|---|---|---|---|---|
| O. R. | 29 octobre 1846. | | | | | | | | |
| Décret | 8 juillet 1850. | | | | | | | | |
| Dép. M. | 23 septembre 1874. | II-464 | | | | | | | |

(29 octobre 1846)

**ORDONNANCE** *portant règlement sur la vente des substances vénéneuses.*

B. des Lois, p.

(8 juillet 1850)

**DÉCRET** *relatif à la vente des substances vénéneuses.*

B. des Lois, p.

(23 septembre 1874)

**DÉP. M.** *Exercice de la pharmacie dans les colonies* (1).

BAT. II, p. 464.

(1) V. *Pharmacie* (*Exercice de la*).

## SUCCESSIONS ET BIENS VACANTS

| NATURE DES DOCUMENTS | DATES | RECUEILS A CONSULTER | | | | | | | OBSERVATIONS |
|---|---|---|---|---|---|---|---|---|---|
| | | Bat. | B.C. | B.D.I. | J. C. | J. H. | B. M. | B.Col. | |
| O. R. | 16 mai 1832. | | | | | | R. III. 117 | | |
| Circ. M. | 25 mai 1846. | | | | | | R. IV 270 | | |
| Décret. | 27 janvier 1855. | II-667 | 295 | | | | | | |
| Circ. M. | 25 juillet 1855. | | | | | | R. VII 749 | | |
| Circ. M. | 16 juin 1859. | | | | | | 1862 -140 | | |
| Circ. M. | 19 décembre 1859. | | | | | | 1860 -180 | | |
| A. G. | 18 juin 1862. | | 178 | | | | | | |
| A. M. | 20 juin 1864. | II-676 | | | | | | | |
| A. G. | 20 juin 1864. | | 69 | | | | | | |
| A. G. | 2 septembre 1865. | I-443 | 338 | | | | | | |
| Dép. M. | 26 avril 1866. | II-659 | | | | | | | |
| Dép. M. | 4 juillet 1866. | II-660 | | | | | | | |
| Dép. M. | 24 juillet 1866. | II-660 | | | | | | | |
| Circ. M. | 16 août 1866. | | | | | | 177 | | |
| Dép. M. | 9 septembre 1866. | II-661 | | | | | | | |
| Dép. M. | 14 novembre 1866. | II-667 | | | | | | | |
| A. G. | 11 février 1867. | II-667 | 295 | | | | | | |
| Circ. M. | 7 mars 1868. | II-675 | | | | | 314 | | |
| A. G. | 8 juin 1869. | II-695 | 69 | | | | | | |

## SUCCESSIONS ET BIENS VACANTS (*suite*)

| NATURE DES DOCUMENTS | DATES | RECUEILS A CONSULTER Bat. | B.C. | B.D.I. | J. C. | J. H. | B. M. | B.Col | OBSERVATIONS |
|---|---|---|---|---|---|---|---|---|---|
| Dép. M. | 28 juin 1869. | II-696 | | | | | | | |
| Circ. M. | 9 octobre 1869. | | | | | | 223 | | |
| Circ. D. I. | 29 janvier 1872. | I-60 | | 7 | | | | | |
| A. G. | 5 septembre 1872. | II-696 | 238 | | | | | | |
| A. G. | 26 mars 1873. | II-697 | 85 | | | | | | |
| A. G. | 5 août 1873. | I-304 | 273 | | | | | | |
| Dép. M. | 20 décembre 1873. | II-696 | | | | | | | |
| Dép. M. | 15 juin 1874. | II-697 | | | | | | | |
| Dép. M. | 19 juillet 1876. | II-698 | | | | | | | |
| Circ. M. | 19 juillet 1877. | | | | | | 64 | | |
| A. G. | 15 décembre 1877. | II-698 | 403 | | | | | | |
| Dép. M. | 18 décembre 1877. | | | | | | | | |
| A. G. | 24 décembre 1877. | II-698 | 408 | | | | | | |
| Circ. M. | 25 avril 1879. | II-699 | | | | | | | |
| Dép. M. | 28 juin 1880. | | 403 | | | | | | |
| Circ. D. I. | 2 février 1881. | | | 8 | | | | | |
| Dép. M. | 24 mars 1881. | | 203 | | | | | | |
| Décret | 21 janvier 1882. | | | | | | 191 | | |
| Circ. D. I. | 18 février 1882. | | | 6 | | | | | |
| Circ. M. | 5 mai 1882. | | 268 | | | | | | |
| Dép. M. | 5 juillet 1883. | | | | | | | | |

## SUCCESSIONS ET BIENS VACANTS *(suite)*

| NATURE DES DOCUMENTS | DATES | RECUEILS A CONSULTER | | | | | | | | OBSERVATIONS |
|---|---|---|---|---|---|---|---|---|---|---|
| | | Bat. | B.C. | B.D.I. | J. C. | J. H. | B. M. | B.Col. | | |
| Dép. M. | 6 juillet 1883. | | | | | | | | | |
| Dép. M. | 4 janvier 1884. | | | | | | | | | |
| Circ. M. | 7 janvier 1884. | | | | | | | | | |
| Circ. M. | 9 février 1884. | | | | | | 334 | | | |
| A. G. | 4 mars 1884. | | 86 | | | | | | | |
| A. G. | 29 juillet 1884. | | 283 | | | | | | | |
| Dép. M. | 22 octobre 1884. | | | | | | | | | |
| Circ. M. | 5 novembre 1884. | | 455 | | | | | | | |
| Circ. M. | 6 janvier 1887. | | | | | | | | | |
| Circ. L. G. | 12 juillet 1888. | | | | 630 | | | | | |
| A. G. G. | 11 novembre 1888. | | | | 962 | | | | | |

(16 mai 1832)

**ORDONNANCE. R.** *portant que l'administration des successions vacantes dans les colonies françaises sera remise immédiatement aux receveurs de l'enregistrement.*

B. M. R. III, p. 117.

(25 mai 1846)

**CIRC. M.** *portant instructions sur la comptabilité de l'établissement des invalides de la marine dans les colonies. (Chapitre, Produits d'inventaires et de successions.)*

B. M. R. IV., p. 270.

(27 janvier 1855)

**DÉCRET** *portant règlement d'administration publique sur les curatelles aux successions et biens vacants à la Martinique à, la Guadeloupe et à la Réunion.*

(Promulg. A. G., 11 février 1867 (1).

BAT. II, p. 667.

B. C., p. 295.

## TITRE PREMIER. — De l'administration des successions et bien vacants, et des devoirs des officiers publics en ce qui concerne cette administration

### CHAPITRE PREMIER. — Des curateurs d'office et de leurs attributions

Article premier. — Dans les colonies de la Martinique, de la Guadeloupe et de la Réunion, les fonctions de curateur d'office sont remplies, dans chaque arrondissement judiciaire, par un receveur de l'enregistrement désigné par le Ministre de la marine et des colonies.

Le receveur de l'île Saint-Martin (Guadeloupe) est investi des mêmes fonctions dans cette dépendance.

Art. 2. — Ces receveurs exercent toutes les attributions conférées par la législation coloniale aux curateurs d'office.

En conséquence, ils ont l'administration de tous les intérêts et de tous les biens attribués à la curatelle par cette législation.

Ils exercent et poursuivent les droits des parties intéressées qu'ils représentent.

Ils répondent aux demandes formées contre elles.

Le tout à la charge de rendre compte à qui il appartiendra.

Art. 3. — Les receveurs investis de la curatelle fournissent un cautionnement pour garantie de leur gestion envers les ayants droit.

Ce cautionnement peut être fourni en numéraire ou en immeubles. La quotité en est déterminée par arrêté du Gouverneur, sous l'approbation de notre Ministre de la marine et des colonies. Le cautionnement en immeubles doit être d'une valeur double du cautionnement en argent.

Sont applicables aux cautionnements fournis en numéraire et en immeubles par les curateurs les règles et formalités prescrites, en matière de cautionnements, pour les receveurs de l'enregistrement et les conservateurs des hypothèques.

Art. 4. — Le cautionnement subsiste et conserve son affectation jusqu'à la décision qui décharge définitivement le curateur de sa gestion.

Art. 5. — Le curateur ne peut se dispenser de poursuivre la rentrée des sommes dues aux personnes qu'il représente et aux successions remises en ses mains, qu'en justifiant de l'insolvabilité des débiteurs ou des autres causes qui s'opposent aux poursuites. Toutefois, avant d'engager aucune action en justice, il doit se faire autoriser par le conseil de curatelle institué par le présent décret.

Cette autorisation n'est pas nécessaire à l'égard des actes purement conservatoires.

Art. 6. — Lorsque le curateur agit sans l'autorisation du conseil de curatelle dans

(1) V. *infrà*.

les cas indiqués au second paragraphe de l'article précédent, les frais qui retomberaient à la charge de la succession ou des parties qu'il représente, soit par suite de l'insolvabilité de la partie adverse, peuvent être mis à la charge personnelle de cet administrateur.

Art. 7. — Lorsque la valeur des biens gérés par le curateur ne s'élève pas au delà de deux cents francs, il ne lui est rien alloué à titre de vacations ou d'indemnité.

Lorsque cette valeur excède deux cents francs, il est alloué au curateur, indépendamment de ses déboursés, pour tous droits, vacations et indemnité, une remise dont le taux est réglé d'après l'importance des intérêts qu'il a gérés, et eu égard aux soins que la curatelle a exigés.

Ces honoraires sont taxés par le jugement ou l'arrêt annuel d'apurement dont il sera parlé plus bas.

Art. 8. — Dans toutes les opérations où sa présence est nécessaire, le curateur peut se faire représenter par un commis dont il demeure responsable.

Le curateur et le commis prêtent serment devant le tribunal de première instance.

Art. 9. — Le curateur est responsable des fautes qu'il commet dans son administration. Cette responsabilité le détermine d'après les règles posées au titre XIII, chapitre II du livre III du Code Napoléon.

Toutefois, il ne répond que des actes de sa gestion personnelle ou de celle de son commis.

Art. 10. — La gestion du curateur prend fin :

1° Par la remise de la succession soit aux héritiers dont les droits ont été reconnus, soit au domaine ;

2° Par la liquidation entièrement effectuée de l'actif de la succession ;

3° Par la remise aux ayants droit des biens et valeurs qu'il a administrés en leur nom.

## CHAPITRE II. — Obligations des curateurs lors de l'ouverture d'une succession.

Art. 11. — Aussitôt que le curateur a eu connaissance d'un décès autre que celui d'un fonctionnaire ou agent civil ou militaire, et qu'il ne se présente ni héritier, ni légataire universel, ni exécuteur testamentaire, il provoque immédiatement l'apposition des scellés, si elle n'a déjà été opérée.

Art. 12. — L'ouverture de toute succession présumée vacante est publiée sans frais, dans le *Journal officiel* de la colonie, à la diligence du curateur, dans l'un des premiers numéros qui paraissent après son ouverture.

La même publication invite les créanciers de la succession à produire leurs titres, soit au curateur, soit au notaire chargé de dresser l'inventaire des biens.

Art. 13. — Dans les huit jours de l'apposition des scellés, le curateur fait procéder à leur levée et à la constatation, par un inventaire, de l'état de la succession.

S'il y a lieu de présumer, avant la levée des scellés, que la succession consiste uniquement en valeurs mobilières, et que ces valeurs ne s'élèvent pas à 1,000 francs, il en est dressé, par le juge de paix, un état descriptif qui tient lieu d'inventaire, et l'estimation des objets décrits dans ce procès-verbal est faite par le greffier qui assiste à l'opération.

Art. 14. — Tout inventaire commence par l'examen des papiers, à l'effet de connaître les héritiers absents, s'il y en a, d'avoir des renseignements sur le lieu de leur résidence, et principalement de constater s'il existe ou n'existe pas des testaments. Le résultat de ces recherches est constaté dans l'inventaire qui doit contenir, en outre, l'indication et l'évaluation estimative des biens situés dans la colonie, et les autres mentions et formalités exigées par la loi.

Art. 15. — Lorsque les papiers du défunt contiennent des renseignements sur ses héritiers, le curateur, sans attendre la fin des opérations d'inventaire, leur donne immédiatement avis, par lettre inscrite sur son registre de correspondance, de l'ouverture et, autant que possible, des forces et charges de la succession.

Art. 16. — Dans les quinze jours de la clôture de l'inventaire, le curateur adresse au Directeur de l'Intérieur un état contenant :

1° La date et l'indication du lieu du décès ;

2° Les nom, prénoms et qualité du décédé ;

3° Le lieu de sa naissance (commune, département) ;

4° Les noms, prénoms et demeure des héritiers absents, ou les renseignements recueillis à cet égard ;

5° Les noms, prénoms et demeures des co-associés du défunt, si celui-ci était, de son vivant, en société, avec indication du genre de société ;

6° Les noms et demeures des enfants et du conjoint survivant ;

7° Les nom et demeure de l'exécuteur testamentaire ;

8° Les noms et demeures des légataires universels ;

9° La date du testament ;

10° La date de l'inventaire ou de l'état descriptif ;

11° Le montant de l'actif de la succession, avec l'indication des valeurs mobilières et la désignation et l'évaluation des immeubles ;

12° Le montant du passif ;

13° Les observations sur la nature de l'actif, faisant connaître si les créances actives paraissent susceptibles de recouvrement.

Cet état est transmis au Ministre de la marine et des colonies, par les soins duquel un extrait en est inséré au *Moniteur* et communiqué au Ministre de la justice, afin qu'une semblable insertion soit faite, à la diligence du procureur général, dans le journal du département où l'on présume que pourraient se trouver les héritiers.

## CHAPITRE III. — Vente du mobilier et des immeubles

Art. 17. — Le curateur peut faire procéder à la vente des effets mobiliers susceptibles de dépérir ou dispendieux à conserver, même avant la clôture de l'inventaire, après y avoir été autorisé par ordonnance du juge.

La vente est faite dans les formes usitées pour les ventes du mobilier de l'État.

Les effets mobiliers des personnes décédées à la campagne peuvent être transportés et vendus au lieu de la résidence du curateur ou au chef-lieu de la commune du lieu du décès, sauf, en ce cas, à faire désigner le lieu de la vente par le juge.

Art. 18. — La faculté réservée au curateur par l'article précédent, en ce qui concerne les effets mobiliers, ne s'étend pas aux bestiaux, instruments et ustensiles mobiliers servant à l'exploitation d'un domaine rural ou d'une manufacture, aux matières d'or et d'argent et aux valeurs désignées en l'article 529 du Code Napoléon.

Art. 19. — Si les intérêts de la succession exigent que les immeubles soient mis en vente en tout ou en partie, cette vente ne peut avoir lieu que par autorisation de justice, rendue contradictoirement avec le ministère public et portant désignation expresse de ces immeubles.

Les mêmes formalités sont observées lorsqu'il y a lieu de procéder à la vente des titres ou valeurs négociables.

Ces titres et valeurs ne peuvent être vendus que par le ministère d'un agent de change et au cours de la place.

Art. 20. — Les propriétés d'une valeur inférieure à 3,000 francs peuvent être vendues aux conditions et dans les formes réglées par le juge.

Art. 21. — Il est interdit au curateur de se rendre adjudicataire, directement ou indirectement, d'aucuns meubles ou immeubles et d'aucunes valeurs dépendant des biens qu'il administre, à peine de restitution des objets illégalement acquis, et, s'il y a lieu, de tous dommages-intérêts.

## CHAPITRE IV. — Obligations des divers fonctionnaires en ce qui concerne les successions vacantes

Art. 22. — En recevant la déclaration de tout décès, l'officier de l'état civil est tenu de s'informer si les héritiers du défunt sont présents ou connus. En conséquence, les aubergistes, hôteliers, locataires et toutes autres personnes chez lesquelles est décédé un individu dont les héritiers sont absents ou inconnus, doivent, à peine de tous dépens et dommages-intérêts envers qui de droit, fournir à cet égard, à l'officier de l'état civil, tous renseignements qui peuvent être à leur connaissance, et lui déclarer en même temps si le défunt a laissé ou non des sommes d'argent, des effets mobiliers ou des papiers dans la maison mortuaire.

Art. 23. — S'il résulte des informations recueillies que les héritiers du décédé ne sont ni présents ni connus, l'officier de l'état civil en donne sur-le-champ avis au procureur impérial, au juge de paix et au curateur du lieu du décès.

Il leur transmet en même temps les indications qui ont pu lui être fournies sur les objets délaissés par le défunt.

Art. 24. — Si le décès a eu lieu dans un hôpital, le directeur de cet établissement doit, sous la même responsabilité, en transmettre l'avis, avec les renseignements et déclarations ci-dessus indiqués, à l'officier de l'état civil et au curateur.

Art. 25. — Si le décédé est un fonctionnaire ou un agent civil ou militaire, toute personne chez laquelle le décès a eu lieu, tout directeur d'hôpital doivent transmettre les avis, renseignements, et déclaration mentionnés en l'article 22, à l'officier de l'état civil et à l'officier d'administration de la marine chargé des revues, lequel procède à l'apposition des scellés et administre la succession suivant les formes et règles spéciales déterminées par les lois et ordonnances de la marine.

## CHAPITRE V. — Remise des successions au domaine, et vente des biens non réclamés qui en dépendent

Art. 26. — A l'expiration de la cinquième année de l'administration du curateur, s'il ne s'est présenté aucun ayant droit, l'administration du domaine entre en possession provisoire des successions gérées par la curatelle.

Art. 27. — Dans les quatre premiers mois de chaque année, le curateur dresse l'état de situation de toutes les successions non liquidées, dont l'ouverture remonte à cinq années et qui n'ont été réclamées par aucun ayant-droit ni par le domaine.

Cet état est adressé par le curateur au procureur impérial et au chef de l'administration intérieure.

Il contient :

1° Les nom, prénoms, profession et demeure du défunt ;

2° La date du décès ;

3° Le montant des recettes réalisées ;

4° Les montant dépenses ;

5° Le détail des créances à recouvrer, avec indication du nom des débiteurs ;

6° La désignation détaillée des immeubles invendus, avec indication de leurs valeurs.

7° Le montant des dettes et charges de la succession.

Art. 28. — Sur la demande du curateur, s'il est encore saisi, le tribunal autorise, s'il y a lieu, la vente par adjudication publique des biens meubles et immeubles, créances et valeurs de toute nature appartenant aux successions ouvertes depu plus de cinq ans et non liquidées ni réclamées.

## TITRE II. — COMPTABILITÉ DES BIENS ET SUCCESSIONS VACANTS

### CHAPITRE PREMIER. — REGISTRES ET SOMMIERS. — VERSEMENTS AU TRÉSOR ET PAIEMENT DE DÉPENSES

Art. 29. — Le curateur doit tenir les registres ci-après désignés :

1° Un sommier de consistance ;

2° Un registre-journal de recettes et de dépenses ;

3° Un sommier ou grand-livre du compte ouvert.

Ces registres sont cotés et paraphés par le président du tribunal de première ins tance de l'arrondissement.

Dans la partie française de l'île Saint-Martin, cette formalité est remplie par l' juge de paix.

Art. 30. — A la fin de chaque mois, le curateur fait dépôt, à la caisse du trésorie de la colonie, du montant intégral des recettes qu'il a effectuées pendant le mois

Art. 31. — Les paiements à faire par le curateur à la décharge des liquidation qu'il administre sont opérés, savoir : s'il s'agit de dépenses courantes, sur états o mémoires des parties prenantes certifiés par le curateur et taxés par le juge de pai du lieu ; s'il s'agit de créances passives, sur la production des titres.

Lorsqu'il y a lieu à distribution par ordre ou contribution, le curateur ne pai que sur le bordereau de collocation ou mandatements régulièrement délivrés.

Art. 32. — Il est interdit au curateur, sous peine de devenir personnellemen responsable des sommes engagées, de faire aux liquidations qui n'ont pas de fonds réalisés des avances sur les fonds des autres liquidations.

Il est pourvu à celles de ces dépenses qui sont reconnues indispensables, conformément aux dispositions du chapitre IV du présent titre.

Art. 33. — Aucun envoi en France de fonds appartenant à une succession ne peut être fait pendant la durée de l'administration du curateur, si ce n'est en vertu d'autorisation de justice.

Aucune partie de ces mêmes fonds n'est remise aux héritiers présents ou représentés avant qu'ils aient repris la succession des mains du curateur.

Lorsque le curateur se trouve déchargé, aux termes de l'article 10, par la liquidation entièrement effectuée de l'actif d'une succession, les fonds déposés à la caisse du trésorier de la colonie peuvent, sur la demande des familles domiciliées en Europe, et en vertu des ordres du Ministre de la marine, être remis en France à la caisse des dépôts et consignations.

Art. 34. — La forme et la tenue des registres du curateur et le mode de comptabilité de la curatelle avec le trésor colonial sont réglées par un arrêté du Ministre de la marine et des colonies.

### CHAPITRE II. — SURVEILLANCE ADMINISTRATIVE ET APUREMENT DES COMPTES DES CURATEURS

Art. 35. — Les employés supérieurs de l'enregistrement vérifient chaque année, dans toutes ses parties, la gestion du curateur. Un extrait de leur rapport est transmis au procureur général.

Art. 36. — Le procureur général et le procureur impérial sont spécialement chargés de la surveillance de la curatelle. A cet effet, ils peuvent se faire représenter sur récépissé toutes pièces et tous registres, et se transporter au besoin dans les bureaux du curateur et s'y livrer à toutes les investigations qu'ils jugent convenables.

Art. 37. — Dans les trois premiers mois de chaque année, le curateur présente au tribunal de première instance son compte de gestion pour l'année précédente.

Ce compte est déposé au greffe du tribunal et accompagné d'un inventaire sommaire, en double expédition, des pièces produites, et sur l'un desquels le greffier donne son reçu. Mention de cette remise est faite, à sa date sur un registre d'ordre tenu au greffe à cet effet.

En cas de négligence dans la remise au greffe des comptes d'une ou de plusieurs des liquidations dont le curateur est saisi, celui-ci peut être condamné à une amende de 100 à 500 francs.

L'amende est prononcée par le tribunal chargé de l'apurement des comptes, soit d'office, soit sur la réquisition du ministère public.

Art. 38. — Indépendamment des pièces indiquées à l'article précédent, l'extrait du rapport mentionné à l'article 35 est produit au tribunal chargé d'apurer les comptes du curateur.

Art. 39. — Le tribunal statue sur ces comptes dans les deux mois du dépôt fait au greffe.

Le jugement est rendu au rapport d'un juge et sur les conclusions du ministère public.

Le curateur peut, dans les trois mois, se pourvoir par requête devant la Cour impériale, qui prononce en la même forme et dans le même délai.

Les comptes du curateur apurés par les tribunaux ne peuvent être attaqués par les ayants droit et par le directeur de l'administration intérieure que pour erreur de calcul, omission, faux ou double emploi.

Art. 40. — Lorsqu'il est statué, pour un jugement collectif, sur plusieurs comptes, le jugement fixe, d'une manière distincte pour chacun d'eux, le montant de la recette et de la dépense et la situation du curateur vis-à-vis des ayants droit.

Art. 41. — Les décis ons annuelles qui statuent sur les comptes du curateur en exercice se bornent à fixer la situation du comptable à la fin de l'année.

Celles qui interviennent lorsque la gestion a pris fin, soit comme il est dit en l'article 10, soit par cessation de fonctions, prononcent seules la décharge définitive du curateur.

Le jugement annuel statue, s'il y a lieu, sur les honoraires acquis au curateur pour les affaires courantes et le jugement définitif pour celles terminées; le tout sous la réserve portée en l'article 7 ci-dessus.

Art. 42. — Toute décision qui rejette comme non justifiées des dépenses portées aux comptes du curateur peut, si les justifications sont ultérieurement produites, être de sa part l'objet d'un pourvoi en revision de comptes devant le tribunal qui a rendu la décision.

Ce pourvoi est formé par requête déposée au greffe, à laquelle sont jointes les pièces à l'appui. Il est statué conformément à l'article 39.

Art. 43. — Les prescriptions relatives à la présentation des comptes ne peuvent, en aucun cas, être opposées aux ayants droit ou à leurs représentants. Le curateur est tenu de leur rendre compte à la première réquisition.

## CHAPITRE III. — CONSEIL DE CURATELLE

Art. 44. — Il est formé dans chaque arrondissement judiciaire un conseil de curatelle composé ainsi qu'il suit :

Au chef-lieu judiciaire de la colonie, d'un conseiller à la Cour impériale, président du procureur impérial et d'un délégué du chef de l'administration intérieure.

Dans les autres arrondissements, du procureur impérial, président, d'un juge et d'un fonctionnaire désigné par le Gouverneur.

A l'île Saint-Martin, le juge de paix exerce les attributions du conseil de curatelle.

Le conseiller et le juge faisant partie du conseil de curatelle sont désignés, au commencement de chaque année judiciaire, par les présidents de la Cour et du tribunal.

Art. 45. — Le conseil de curatelle est chargé d'examiner les questions relatives aux actions à introduire en justice, dans les cas prévus par le deuxième paragraphe de l'article 5 du présent décret.

Les décisions sont motivées et rendues en forme d'avis. Leur notification au curateur est faite par le président.

Art. 46. — Le conseil de curatelle se réunit toutes les fois que le besoin l'exige, sur la convocation du président.

Les procès-verbaux de ses séances sont consignés sur un registre spécial et signés du président et du secrétaire.

Les fonctions de secrétaire du conseil sont remplies par un commis-greffier.

## CHAPITRE IV. — Fonds de prévoyance

Art. 47. — Lorsqu'une succession n'a pas de fonds réalisés pour faire face aux dépenses indispensables de son administration ou aux frais de justice, il y est pourvu par le curateur, à l'aide d'un fonds de prévoyance, dans les limites ci-après indiquées.

Des arrêtés du Gouverneur, rendus sur l'avis du conseil de curatelle, fixent à chaque trimestre, et plus souvent s'il est nécessaire, le montant du fonds de prévoyance à mettre à la disposition du curateur.

Art. 48. — Sur le vu de l'arrêté du Gouverneur, les fonds sont délivrés par la caisse coloniale, au fur et à mesure des demandes et contre des mandats du curateur, visés par le président du conseil de curatelle, d'après la justification de l'utilité de la dépense et, en outre, par le fonctionnaire chargé de l'ordonnancement des dépenses du service intérieur.

Art. 49. — Les avances faites aux successions par le fonds de prévoyance sont remboursées au trésor par le curateur sur les premières rentrées de chacune des liquidations auxquelles elles ont été appliquées.

L'excédent des dépenses sur les recettes, s'il y en a, est passé au débit des comptes particuliers que ces dépenses concernent, et reste provisoirement, et sous toutes réserves de recouvrement ultérieur, à la charge de la caisse coloniale, qui profite de la déshérence.

Art. 50. — Le curateur tient un compte spécial des dépenses avancées sur le fonds de prévoyance et restant à la fin de chaque année à la charge du trésor colonial. Ce compte est annexé au compte général indiqué au chapitre II du présent titre, et apuré dans les mêmes formes.

Art. 51. — Pour toutes les liquidations de succession mentionnées au paragraphe 1er de l'article 7, la procédure a lieu sans frais et les actes sont enregistrés en débet, comme en matière d'assistance publique.

### *Dispositions générales.*

Art. 52. — Sont abrogées les dispositions des édits, ordonnances, arrêtés et règlements particuliers en vigueur dans lesdites colonies qui seraient contraires aux dispositions du présent décret.

Napoléon.

(25 juillet 1855)

**CIRC. M.** *Instructions sur l'exécution du décret du 27 janvier 1855 concernant l'administration des successions et biens vacants dans les Antilles et à la Réunion.*

B. M. R. VII, p. 749.

(16 juin 1859)

**CIRC. M.** *Instructions sur le mode de gestion des successions des fonctionnaires et agents qui décèdent aux colonies.*

B. M. 1862, 1re Sem. p. 140.

(19 décembre 1859)

**CIRC. M.** *Instruction générale sur la comptabilité de l'établissement des invalides de la marine (art. 119 à 133).*

B. M., 1860 1re Sem. p. 180.

(18 juin 1862)

**A. G.** *concernant la destination à donner aux produits de succession des Tagals décédés au service de l'expédition.*

B. C., p. 178.

(20 juin 1864)

**A. M.** *sur le service des successions et bien vacants à la Martinique, à la Guadeloupe, à la Réunion, à la Guyanne et au Sénégal.*

(Promulg. A. G., 26 novembre 1868)
BAT. II, p. 676.

## PREMIÈRE PARTIE — CURATELLE

### CHAPITRE PREMIER. — OBJET DE LA CURATELLE ET FIXATION DES PÉRIODES DE COMPTABILITÉ

Article premier. — La curatelle comprend :

1° Les successions de personnes décédées aux colonies (autres que les fonctionnaires et agents civils ou militaires), au sujet desquels il ne se présente ni héritier, ni légataire universel, ni exécuteur testamentaire ;

2° Les biens vacants et sans maître ;

Art. 2. — Toutes les opérations de comptabilité de la curatelle sont centralisées dans les écritures du receveur de l'enregistrement chargé de cette gestion, du chef du service des domaines, du trésor et de la Direction de l'intérieur (bureau des finances).

Art. 3. — La gestion de la curatelle est subordonnée, en ce qui concerne les opérations de comptabilité, aux périodes annuelles et mensuelles adoptées pour le service de l'enregistrement.

### CHAPITRE II — LIVRES A TENIR PAR LE CURATEUR

Art. 4. — Le curateur consigne, sur le sommier de consistance spécifié dans l'article 29 (n° 1) du décret impérial du 27 janvier 1855, toutes les liquidations qui lui sont dévolues aux termes dudit décret.

Ce sommier, tenu à feuille ouverte, doit présenter sur celle de gauche le détail de l'actif, et sur celle de droite, le détail du passif.

La partie de la feuille destinée à l'inscription de l'actif est divisée en deux colonnes ; la colonne de droite contient :

1° Les nom, prénoms, profession et domicile du défunt, la date et le lieu du décès, le lieu de naissance ; les noms, prénoms, professions et degrés de parenté des héritiers, s'ils sont connus, ou les renseignements propres à les indiquer ; enfin les nom, prénoms, profession et domicile de toute personne que le curateur est appelé à représenter ;

2° L'exposé des faits principaux qui ont précédé l'entrée en possession du curate spécialement dans le cas où une succession a d'abord été remise en d'autres main

3° La désignation, d'après l'inventaire ou le bref état, des biens meubles;

Les créances actives sont décrites article par article, avec tous les détails util sur la nature du titre ou de la créance et sur les débiteurs;

4° La désignation et la situation de chaque immeuble.

Dans la colonne de gauche, sont annotés les avis donnés aux héritiers et a parties intéressées: les insertions faites dans les journaux de la colonie; les dil gences pour parvenir à la liquidation; les recouvrements effectués; la date des arrê d'apurement; enfin tous les actes importants de l'administration du curateur, ain que le résultat définitif de la curatelle.

La partie de la feuille destinée à la description du passif présente la même divisio en deux colonnes; la première contient le délai des sommes dues; dans la second sont mentionnés, en marge de chaque article, les paiements effectués.

En tête de chaque article du sommier de consistance, est porté le numéro d l'article correspondant du sommier du compte ouvert.

Une table alphabétique des liquidations est établie, à la fin de chaque volume d sommier de consistance.

Art. 5. — Le curateur inscrit, sur le registre-journal des recettes et des dépense (modèle n° 1), article par article, toutes les opérations de recettes et de dépense de la curatelle, au moment où elles sont effectuées. Ce registre présente la situatio de caisse du curateur.

Chaque article reçoit un numéro d'ordre et rappelle, sur la page de gauche, l date de l'opération, le numéro du compte du sommier de consistance et celui d compte du grand-livre que l'opération concerne, le titre du compte, les noms, pré noms et demeures des parties prenantes et versantes, l'objet de l'opération et le sommes en toutes lettres.

Les mêmes sommes sont reportées en chiffres sur la page de gauche.

Le cadre des chiffres présente dans les colonnes distinctes,

Au crédit :

1° Les retraits de fonds propres aux liquidations;

2° Les retraits de fonds de prévoyance;

3° Les recettes d'ordre à décrire pour balancer les dépenses de successions e biens vacants acquittées par les fonds généraux de la caisse, au titre des compte qui n'ont pas de fonds suffisants dans les mains du curateur, soit que ces dépense affectent l'avoir des liquidations, soit qu'elles affectent le fond de prévoyance;

4° Les rentrées opérées sur l'actif des successions et des biens vacants;

5° Le total des recettes.

Au débit :

1° Le numéraire versé sur l'avoir des liquidations;

2° Le numéraire versé sur les fonds de prévoyance retirés et non utilisés pendan le mois;

3° Les dépenses dont les états d'émargement sont également versés au Trésor, e qui ont été acquittées sur les fonds propres aux liquidations ou sur les fonds d prévoyance, sur les fonds retirés du trésor ou sur les recouvrements du mois, su l'avoir de chaque liquidation chez le curateur ou sur les fonds généraux de la caisse

4° Les dépenses de remises allouées au curateur;

5° Total des dépenses.

Le journal est arrêté chaque soir, dans les formes adoptées pour les livres d l'enregistrement.

Les colonnes de chiffres sont totalisées à la fin de la dernière journée du mois comptable. Le total général des dépenses doit égaler le total général des recettes.

Lorsque les recettes de la dernière journée, qui ne sont pas comprises dans le versement mensuel, ne se trouvent pas absorbées par les dépenses du même jour, ou lorsque des circonstances exceptionnelles empêchent que le versement soit accompli à cette date, le curateur inscrit le montant du numéraire restant en caisse au moment de l'arrêté dans la colonne *total* de débit, pour balancer les deux termes du livre. Il reproduit le même chiffre dans la colonne *total* du crédit comme premier article du mois suivant.

Le journal est clos par le curateur au dernier jour de la gestion annuelle. Le solde en caisse à cette date est reporté en tête du journal nouveau.

Art. 6. — Le curateur ouvre un compte particulier par *doit* et *avoir* sur le grand-livre ou sommier des comptes ouverts (modèle n° 2), au titre de chacune des liquidations de successions vacantes ou biens vacants dont il a l'administration.

Il reporte journellement, en détail, à ces comptes, les opérations décrites au journal dans les colonnes : Retraits de fonds sur l'avoir des liquidations, dépenses acquittées et remises du curateur.

Les comptes du grand-livre présentent :

En tête, un numérotage dont la série est suivie indéfiniment, la désignation de la liquidation et de la date de son ouverture ;

A la page de gauche, la date des opérations, le numéro d'article correspondant du journal, le numéro du compte correspondant du sommier de consistance, les noms, prénoms et domiciles des parties prenantes et versantes, l'objet des opérations.

A la page de droite, au crédit :

Les retraits de fonds, les recouvrements, le total des recettes ;

Au débit :

Le numéraire versé au trésor, les dépenses acquittées, le total des dépenses.

Les recettes d'ordres décrites au journal dans la troisième colonne du crédit ne paraissent pas au grand-livre.

Les retraits de fonds de prévoyance et les reversements de la portion de ces sommes non employées durant le mois, qui figurent au journal, dans les colonnes n° 2 du crédit et du débit, ne sont pas transportés non plus au grand-livre.

Les remises du curateur y sont confondues au débit avec les autres dépenses, dans une colonne unique.

Les comptes du grand-livre sont arrêtés en fin d'année et au terme de l'administration du curateur, pour la formation du compte de gestion.

L'arrêté consiste dans la formule suivante, inscrite à la page de gauche, et signée du curateur : « Clos le au solde « (créditeur ou débiteur) de (en toutes lettres). »

Les colonnes de chiffres sont additionnées sans être balancées.

Le curateur tient sur le grand-livre le compte des fonds de prévoyance prescrit par l'article 50 du décret.

Les écritures du journal et du grand-livre se contrôlent réciproquement, dans le cours d'une gestion, par un rapprochement de ces deux livres dans la forme suivante :

Le curateur fait, d'une part, sur le grand-livre, la récapitulation générale par colonnes des comptes des liquidations, en laissant de côté celui des fonds de prévoyance, et, de l'autre, sur le journal, la récapitulation des totaux mensuels des colonnes n^os^ 1, 3 et 4 du débit.

Les deux récapitulations doivent présenter une égalité parfaite :

1° Entre les retraits de fonds du grand-livre et la colonne n° 1 (crédit) du journal;

2° Entre les recouvrements du grand-livre et ceux du journal;

3° Entre le total des recettes du grand-livre et l'addition des colonnes n$^{os}$ 1 et (crédit) du journal;

4° Entre le numéraire versé du grand-livre et la colonne n° 1 (débit) du journal

5° Entre les dépenses acquittées du grand-livre et le total des colonnes n$^{os}$ 3 et (débit) du journal;

6° Entre le total du grand-livre et le total des colonnes n$^{os}$ 3, 4 et 4 (débit) du journal.

## CHAPITRE III — Retraits des fonds

Art. 7. — Lorsque, par suite d'insuffisance de fonds, le curateur ne peut couvrir les dépenses de la curatelle, il est autorisé à y faire face au moyen des fonds disponibles de l'encaisse général de son bureau.

Dans ce cas, afin de conserver l'équilibre des écritures, il doit passer au journal chaque fois qu'un paiement de l'espèce y est décrit, une recette d'ordre de pareille somme. Cette recette est inscrite à la colonne n° 3 du crédit du journal.

Le curateur devra toutefois se renfermer dans les limites du solde dont chaque succession dispose au Trésor, ainsi que les limites des fonds de prévoyance accordés

Art. 8. — Lorsque l'encaisse général est suffisant et que les dépenses sont urgentes, le curateur doit faire une demande motivée de retrait de fonds pour le montant exact de la somme qui lui est nécessaire.

Cette demande (modèle n° 3) indiquera le numéro et le nom des liquidations, leur avoir dans la caisse du curateur et dans celle du Trésor, la nature et le montant des dépenses à payer, le montant des retraits demandés. Si les mêmes liquidations ont déjà fait l'objet d'un retrait durant le même mois, elle en rappellera le chiffre en regard de chacune d'elles.

Art. 9. — A la présentation de la demande, le trésorier devra s'assurer qu'elle ne dépasse pas les soldes respectifs disponibles, et, dans ce cas, il devra faire au curateur la remise des fonds, sur sa quittance.

Dans le cas contraire, il devra s'y refuser.

Art. 10. — Les demandes de retraits de fonds supérieurs en somme totale à 500 francs et celles de moindre importance, dont le chiffre réuni aux autres retraits du mois excède cette limite, ne peuvent être admises par le trésorier qu'après avoir reçu le visa du chef de service de l'enregistrement et l'autorité du Directeur de l'intérieur.

Art. 11. — Les demandes acquittées entrent dans la caisse du trésor comme argent, sans écritures. Le trésorier les transmet immédiatement à la Direction de l'intérieur, pour qu'il soit procédé à leur régularisation, d'après le mode indiqué pour les états de paiement émargés, comme il est dit au chapitre V du présent arrêté.

Le mandatement est fait par le Directeur de l'intérieur, au titre des successions vacantes.

Art. 12. — Le trésorier saisi du mandat de régularisation débite par caisse le compte des successions et enregistre, en outre, la dépense sur son livre auxiliaire au débit d'un compte spécial ouvert pour ces opérations.

Il s'abstient de faire paraître les retraits dans les comptes individuels des successions qu'ils concernent.

Le curateur fait recette des retraits à son journal (col. n° 1 crédits) et aux comptes particuliers des liquidations sur son grand-livre 1$^{re}$ colonne.

Il impute les dépenses payées avec ces fonds, comme les autres et sans distinction, au journal (col. n° 3, débit) et aux comptes particuliers du grand-livre (col. dépenses acquittées).

Art. 13. — Si deux demandes de retraits sont présentées pendant le même mois, le trésorier doit avoir soin de se reporter, lors de la seconde, à la première, afin de reconnaître dans quelle mesure celle-ci a pu réduire l'avoir des liquidations sur lesquelles est imputable la nouvelle demande.

Art. 14. — Le curateur comprend, dans son versement mensuel, la valeur intégrale des retraits de fonds du mois, qu'elle ait été ou non employée en paiements. Il confond cette valeur dans le chiffre collectif des produits de successions vacantes à inscrire sur le bordereau général de versement, et la distingue, sur l'état de développement des recettes, dans un article particulier qui réunit tous les retraits du mois.

Art. 15. — Le trésorier crédite au grand-livre le compte général des successions vacantes du chiffre collectif porté sur le bordereau général, et classe la recette des fonds de retraits sur le livre auxiliaire, au compte spécial de ces opérations, qui se trouve ainsi balancé.

Le récépissé qu'il délivre au curateur présente également une somme unique dans le corps de la pièce, et, au dos, la division des retraits de fonds et des autres valeurs.

Art. 16. — Le curateur impute les dépenses acquittées avec les fonds de retraits, comme les autres et sans distinction, au journal (col. n° 3 du débit) et aux comptes particuliers du grand-livre (col. dépenses acquittées).

Art. 17. — Le versement, la régularisation et l'imputation de ces dépenses dans le compte du trésor ne comportent aucun procédé particulier ; elles s'accomplissent d'après les règles générales tracées dans le chapitre V du présent arrêté.

## CHAPITRE IV. — Fonds de prévoyance

Art. 18. — L'avance des fonds de prévoyance est faite par le service local. Les fonds accordés au curateur par arrêté du Gouverneur sont ordonnancés au profit de la curatelle par le Directeur de l'intérieur, et réalisés par le trésorier de l'arrondissement.

Il n'est alloué de nouvelles avances que lorsque les précédentes sont épuisées ou devenues insuffisantes.

Art. 19. — Les fonds de prévoyance alloués n'ont pas d'affectation spéciale.

Le curateur peut les appliquer aux dépenses de toutes successions ou de tous biens vacants qui manquent de fonds ; il doit se pourvoir d'une autorisation générale du conseil de curatelle pour chaque liquidation de cette nature, sans qu'il y ait à répéter cette formalité individuellement pour le détail des opérations.

Art. 20. — Le curateur doit justifier de ces autorisations vis-à-vis du vérificateur des domaines et du tribunal ; elles restent étrangères au trésorier, qui n'a pas à connaître de la régularité des dépenses, au point de vue administratif.

Art. 21. — Les fonds de prévoyance ne sont point versés au curateur ; ils restent déposés au Trésor. Néanmoins, le curateur les emploie comme s'ils étaient entre ses mains, en acquittant sur son encaisse général les dépenses auxquelles ils sont affectés ; il en conserve la libre disposition et l'administration exclusive.

Art. 22. — L'arrêté qui alloue les fonds est notifié au trésorier et au curateur par le Directeur de l'intérieur. Sur le mandat de dépense du Directeur accompagné d'un ordre de recette au nom de la curatelle, le trésorier de l'arrondissement fait recette au grand-livre, dans le compte des successions vacantes et au livre auxiliaire de ce compte, sous un article spécial divisé en trois termes :

1° Montant des fonds de prévoyance alloués;

2° Paiements faits sur ces fonds (renseignements pour ordre);

3° Remboursements au service local.

Cette recette est décrite chez le trésorier-payeur par le débit du compte service local, S/C de fonds, et chez le trésorier particulier par le débit d'un compte spécial à ouvrir sous le titre ; service local, S/C d'avances de fonds de prévoyance à la curatelle.

A la fin de chaque dizaine, le trésorier-payeur centralise directement les opérations décrites à ce dernier compte par le trésorier particulier, au compte service local, S/C de fonds.

Art. 23. — Le curateur tient sur son grand-livre un compte particulier des fonds de prévoyance, divisé ainsi qu'il est dit à l'article précédent. Il y porte les sommes allouées le même jour où l'arrêté lui est notifié.

Art. 24. — Lorsqu'il se présente une dépense à faire sur les fonds de prévoyance, le curateur l'acquitte avec les ressources de son encaisse général, et la constate sur son journal, au débit (colonne n°3), et au crédit pour ordre (colonne n° 3), d'après le mode indiqué au chapitre III. Il l'impute ensuite sur le grand-livre, au débit du compte particulier de la liquidation (colonne dépenses acquittées) et en fait enfin écriture d'ordre au compte des fonds de prévoyance (2e colonne). Il affecte à ces dépenses un état d'émargement particulier, qu'il verse au Trésor comme les autres états.

Après le versement, cet état est compris dans le mandat collectif de régularisation, dont le montant sert à débiter le compte général des successions vacantes au grand livre du trésorier, et le détail en est reporté au livre auxiliaire dans les comptes individuels, à la suite des autres dépenses et avec une annotation distincte. En même temps, le trésorier fait écriture d'ordre du chiffre total de l'état, au compte particulier des fonds de prévoyance (2e colonne).

Art. 25. — Lorsqu'une succession qui a employé des fonds de prévoyance fait une recette, le curateur, après l'avoir enregistrée au journal (colonne n° 4, crédit), et au compte de cette liquidation sur le grand-livre (colonne recouvrements), la reproduit pour ordre dans le compte particulier des fonds de prévoyance comme remboursement (colonne n° 3).

Il l'impute ensuite, dans son versement mensuel, au compte de la succession qu'elle concerne, et joint à son bordereau une déclaration du remboursement à faire au service local (modèle n° 4).

Le trésorier affecte, de son côté, la recette au compte de ladite succession et la comprend dans le récépissé qu'il délivre au titre des successions vacantes. Il provoque, auprès du Directeur de l'Intérieur le mandatement du remboursement dans les formes employées pour les régularisations d'états émargés, et l'émission d'un ordre de recette, au profit du service local. Au vu de ces pièces, il débite de la somme le compte général des successions vacantes par le crédit du compte produits divers du service local (recettes diverses). Il constate le remboursement en dépense sur le livre auxiliaire au compte particulier des fonds de prévoyance (3e colonne).

Art. 26. — Dans le cas où l'encaisse général du receveur chargé de la curatelle est insuffisant pour acquitter les dépenses à faire sur les fonds de prévoyance, le curateur fait une demande de retrait sur le solde de ces fonds existant au Trésor.

L'opération s'accomplit comme pour les retraits de fonds ordinaires,

Les écritures à passer au Trésor sont les mêmes que celles déjà indiquées dans le chapitre III.

Le curateur fait recette du retrait au journal dans la colonne n° 2 (retraits de fonds opérés sur les fonds de prévoyance), sans le porter au grand-livre ni dans les comptes des liquidations auxquelles il est destiné, ni dans le compte spécial des fonds de prévoyance, et agit d'ailleurs comme il est indiqué plus haut pour l'acquittement des dépenses.

Art. 27. — Le service local, qui a fourni les fonds, reste chargé sans nouvelle écriture :

1° Temporairement et sous la réserve des recouvrements à survenir pendant la durée de la curatelle ou de la déshérence, de la différence qui existe entre l'allocation totale et les remboursements effectués ;

2° A titre définitif, de l'excédent de dépense des comptes qui se soldent en déficit, pendant la durée de la curatelle ou au jour de la prescription trentenaire.

Art. 28. — Le vérificateur des domaines, lors de ses inspections, doit confronter le compte des fonds de prévoyance du curateur avec celui du trésorier et s'assurer de leur concordance, en examinant si tous les remboursements à opérer ont été décrits au Trésor. Il doit rapprocher également chez le curateur le compte des fonds de prévoyance et les comptes individuels, afin de reconnaître si les dépenses ont été régulièrement imputées à ces derniers comptes et si les remboursements à faire ont été exactement reportés au compte des fonds de prévoyance.

## CHAPITRE V. — Dépenses de la curatelle

Art. 29. — Les dépenses de la curatelle sont liquidées et acquittées dans tous les cas, et sans aucune exception, par le receveur de l'enregistrement chargé de ce service.

Le curateur conserve les reçus en forme des parties prenantes, pour les joindre au compte qu'il présente annuellement au tribunal, et fait souscrire aux parties des duplicatas de quittances sur des états d'émargement (modèle n° 5).

Art. 30. — Les dépenses acquittées sur les fonds de prévoyance font l'objet d'un relevé distinct et conforme au même modèle.

Art. 31. — Les états d'émargement, signés par le curateur, présentent sans lacune la série des opérations accomplies d'un versement à l'autre.

Ils sont versés au Trésor comme numéraire. Le trésorier s'assure, avant de les accepter, que les dépenses qui y sont portées ne dépassent pas les soldes disponibles des liquidations intéressées ou celui des fonds de prévoyance, pour les opérations accomplies sur ces fonds.

Après les avoir passés au débit du compte-caisse, il les transmet au Directeur de l'Intérieur, pour leur régularisation. Ces états, visés par le chef de service de l'enregistrement, sont ordonnancés au titre des successions vacantes par le Directeur de l'Intérieur, qui réunit, dans le même mandat, tous les états du mois, y compris ceux des fonds de prévoyance.

Art. 32. — Le trésorier, saisi du mandat qu'accompagnent les états d'émargement, débite de son montant le compte successions vacantes par le crédit de caisse et porte, article par article, les dépenses sur les comptes individuels de son livre auxiliaire. Il émarge aux comptes individuels des mots *fonds de prévoyance* les dépenses payées sur cet avoir et en reporte pour ordre le total dans le compte spécial des fonds de prévoyance (2e colonne).

Art. 33. — En dehors des dépenses effectives de la curatelle qui emploient les fonds propres de la liquidation, le Directeur de l'Intérieur est chargé d'ordonnancer, et le trésorier de constater directement, sans que le curateur ait à débiter ses propres comptes :

1° Au débit des successions vacantes, les dépenses de retraits de fonds, et les remboursements de fonds de prévoyance à l'occasion desquels le directeur émet des ordres de recette de même somme au profit du service local;

2° Au débit du service local, les allocations de fonds de prévoyance à l'occasion desquelles le directeur émet des ordres de recette de même somme au profit du compte successions vacantes.

Ces mandats de dépenses et ordres de recettes sont établis au nom du trésorier-payeur, lorsque les opérations concernent l'arrondissement subordonné.

## CHAPITRE VI. — Envois en France des fonds de successions et biens vacants

Art. 34. — L'envoi en France des fonds de successions et biens vacants ne peut être fait durant la curatelle qu'en vertu d'autorisation de justice et par l'entremise du curateur.

Lorsque ce comptable est nanti de la décision du tribunal, s'il a en mains la somme suffisante, il dépose le montant du solde de la liquidation chez le trésorier de l'arrondissement, au compte de la caisse des dépôts et consignations, et décrit l'opération, dans sa comptabilité, comme pour une dépense ordinaire de la curatelle.

Il mentionne la décision du tribunal, ainsi que le numéro et la date du récépissé du versement, sur le grand-livre et sur le sommier de consistance, en marge de la liquidation intéressée; ces deux mentions sont datées et signées.

Art. 35. — Le curateur se fait délivrer par le trésorier, outre le récépissé, deux déclarations de versement pour servir de pièces justificatives du paiement, et destinées, la première, au compte annuel à présenter au tribunal, la seconde, au versement mensuel de valeurs à faire au Trésor.

Art. 36. — Si l'encaisse du bureau est insuffisant, il fait préalablement un retrait de fonds.

La régularisation du retrait de fonds, s'il y a lieu, et celle de la dépense que représente le versement fait à la caisse des dépôts, sont opérées ensuite entre le trésorier et le Directeur de l'Intérieur, suivant les règles générales contenues dans le présent arrêté.

Art. 37. — Le trésorier, en décrivant la dépense de l'envoi dans le compte particulier de la liquidation, doit en préciser clairement la nature, pour éviter toute confusion ultérieure.

Art. 38. — Le curateur transmet sans retard, au chef de service de l'enregistrement, le récépissé de versement accompagné d'un certificat attestant la double mention faite sur les livres précités et en reproduisant textuellement les termes.

Le chef du service conserve le certificat et adresse le récépissé au Directeur de l'Intérieur, chargé de le transmettre au Ministère de la marine et des colonies.

## CHAPITRE VII. — Versements

A la fin du mois comptable, le curateur fait dépôt au Trésor du montant intégral des sommes qu'il a encaissées au titre de la curatelle durant le mois.

Ce versement doit être effectué dans le cours de la dernière journée de la période mensuelle, et ne doit comprendre que les opérations consommées la veille au soir.

Art. 40. — Les valeurs à verser sont les retraits de fonds et les recettes affectives des liquidations opérées depuis le dernier versement.

Art. 41. — Il n'est pas employé de bordereau de versement spécial pour la curatelle. Les valeurs sont portées dans le bordereau général de versement du bureau, dans lequel elles se confondent; elles y paraissent en une seule somme, sous le titre *successions vacantes*.

Le chiffre à inscrire ainsi sur le bordereau général est pris au journal; il se compose des produits réunis dans les colonnes n$^{os}$ 1, 2 et 4 (crédit) pour les opérations du mois courant et pour celles du mois précédent qui ont pu être faites après le versement.

A l'appui de ce relevé sommaire, le curateur fournit un état indicatif de liquidations parmi lesquelles se répartissent les recouvrements (modèle n° 6) ; chaque liquidation y figure pour un chiffre unique.

Les retraits de fonds y sont portés à la suite, en une seule masse, sur une ligne spéciale. Les liquidations nouvelles sont signalées à l'attention du trésorier par une note inscrite en marge de l'état.

Le détail des recettes proprement dites et le chiffre des retraits de fonds à transporter sur l'état de développement sont relevés par le curateur, le premier sur les comptes individuels du grand-livre (crédit), le second sur le journal (colonnes 1 et 2 du crédit).

Art. 42. — Lorsque le curateur a établi les bordereaux ci-dessus indiqués, il calcule la portion non employée du numéraire encaissé, en déduisant le total des dépenses de celui des recettes (colonnes n$^{os}$ 5, débit et crédit du journal). Cette somme doit être portée dans les colonnes n$^{os}$ 1 et 2 du débit du journal. Pour en faire le partage entre les deux colonnes, le curateur relève, par un rapprochement avec le grand-livre, la quantité de numéraire disponible afférente aux fonds de prévoyance; puis il l'inscrit dans la colonne n° 2, et impute le surplus dans la colonne n° 1.

Il doit former les soldes créditeurs des comptes individuels du grand-livre, les enregistrer comme versés en numéraire dans la première colonne du débit de ce livre, et faire ensuite la récapitulation de ces soldes; le chiffre obtenu doit égaler la somme totale portée dans la colonne n° 1, au débit du journal.

Le curateur joint aux pièces de versement, lorsqu'il y a lieu, les déclarations de remboursement concernant les fonds de prévoyance.

Art. 43. — Le trésorier délivre au curateur un récépissé particulier du montant des valeurs comprises dans le bordereau du versement, sous le titre des successions vacantes, et y distingue au dos, le chiffre des retraits de fonds et celui des recouvrements effectifs, d'après l'état de développement.

Ce récépissé doit être souscrit pour la somme portée sur le bordereau de versement, sans avoir égard à celle des états de paiements versés, lors même que celle-ci serait supérieure à la première.

Art. 44. — Le trésorier crédite par caisse son compte *successions vacantes* du montant du récépissé, il en fait ensuite le dépouillement entre les comptes individuels de son livre auxiliaire.

## CHAPITRE VIII. — Centralisation des opérations de la curatelle dans la comptabilité de l'enregistrement

Art. 45. — Les opérations de la curatelle sont centralisées dans la comptabilité de l'enregistrement. Cette centralisation a lieu mensuellement, au moyen du sommier de dépouillement.

Art. 46. — Le curateur doit transporter sur ce sommier :

1° Dans le cadre des recouvrements, au premier jour de la gestion annuelle, le solde en caisse de la gestion précédente, et, au dernier jour de chaque mois comptable, le montant des encaissements du mois, qu'il obtient en réunissant les totaux des colonnes 1, 2 et 4 du journal (crédit);

2° Dans le cadre des sommes versées le jour même où le versement a lieu, le total des valeurs déposées au Trésor, et qui figure sur le bordereau.

### CHAPITRE IX. — Bordereau de la situation mensuelle

Le receveur de la curatelle comprend les opérations de ce service dans le bordereau de situation mensuelle qu'il est tenu de fournir conformément aux dispositions qui régissent l'enregistrement. Il porte, dans la première colonne du bordereau, le reste en caisse au dernier jour de la gestion précédente, et dans le cadre des sommes recouvrées, ainsi que dans celui des sommes versées, les chiffres qui paraissent au sommier de dépouillement sous les mêmes titres, et reproduit pour ordre le chiffre des recettes dans le cadre des sommes mises en recouvrement.

### CHAPITRE X. — Comptes a rendre par le curateur

Art. 48. — Le compte de la curatelle est compris dans l'ensemble du compte de gestion présenté chaque année au Conseil privé par le receveur de l'enregistrement faisant fonctions de curateur.

A l'appui de ce compte doivent être fournis :

1° Les récépissés de versement ;

2° Le procès-verbal du reste en caisse en fin d'année ;

3° Un extrait de la décision du tribunal indiquant le chiffre des réalisations admis par cette juridiction, ainsi qu'une déclaration du chiffre des retraits de fonds établie sur le vu des livres du Trésor.

Art. 49. — La libération du receveur chargé de la curatelle est prononcée d'une manière générale, par le Conseil privé, pour tous les services dont il est chargé.

### CHAPITRE XI. — Direction et surveillance de la comptabilité de la curatelle

Art. 50. — La comptabilité des curateurs est placée sous la surveillance du vérificateur des domaines, sous l'action immédiate du chef du service de l'enregistrement et sous la direction supérieure du Directeur de l'Intérieur.

Art. 51. — La surveillance du vérificateur s'exerce :

1° Par un examen annuel des livres des curateurs ; cette vérification donne lieu à un rapport dont l'extrait est transmis au procureur général ;

2° Par un rapprochement détaillé fait à la même époque entre les livres des curateurs et ceux du Trésor.

Le vérificateur accomplit d'office, dans la comptabilité des curateurs, les rectifications reconnues nécessaires ; il se borne à signaler aux trésoriers les erreurs relevées dans leurs écritures, sans les rectifier lui-même.

Art. 52. — Le chef du service de l'enregistrement est tenu au courant des opérations de la curatelle par les bordereaux mensuels des curateurs. Il les rattache à ses écritures centrales, suivant les usages particuliers de cette comptabilité. Il reçoit les rapports des comptables sur les questions spéciales et un rapport annuel du vérificateur. Il vise les demandes de retraits de fonds, les états d'émargement et autres pièces pour lesquelles la signature du curateur est insuffisante. Il donne des ordres aux curateurs, et intervient pour assurer en général l'exécution des règlements. Il comprend les opérations de la curatelle dans le bordereau sommaire de l'enregistrement qu'il fournit chaque mois au Directeur de l'Intérieur.

Art. 53. — Le Directeur de l'Intérieur a la haute direction sur la comptabilité de la curatelle, tant au Trésor que chez les curateurs. Il émet tous les ordres de recette et les mandats de dépense qu'elle comporte ; il en centralise les résultats dans ses écritures administratives.

### CHAPITRE XII. — Comptabilité de la curatelle a tenir au Trésor

Art. 54. — Les trésoriers tiennent une comptabilité destinée à fournir le contrôle de celle des curateurs.

Toutes les opérations d'une circonscription s'effectuent exclusivement entre le trésorier et le curateur de cette circonscription. Elles sont centralisées chez le trésorier payeur.

Art. 55. — Un compte ouvert au grand-livre du Trésor, sous le titre *successions vacantes*, est employé à présenter collectivement tous les faits de recettes et de dépenses.

Les trésoriers y inscrivent successivement :

Au crédit, les sommes accusées par les bordereaux de versements mensuels comme encaissés à divers titres par les curateurs, et les allocations de fonds de prévoyance ; au débit, les dépenses de toutes sortes ordonnancées par le Directeur de l'Intérieur sur l'avoir de la curatelle.

Art. 56. — Ce compte collectif est appuyé d'un livre auxiliaire divisé en autant de comptes particuliers qu'il existe de liquidations, et présentant, en outre, deux comptes spéciaux, l'un pour les retraits de fonds, l'autre pour les fonds de prévoyance, ainsi qu'il a été expliqué dans les chapitres III et IV du présent arrêté.

Art. 57. — Les comptes individuels sont crédités des valeurs déposées au Trésor, au vu de l'état de développement qui accompagne le bordereau de versement, et débités lors des ordonnancements du Directeur de l'Intérieur, au vu des états émargés qui accompagnent les mandats.

Le livre auxiliaire reproduit les opérations de recettes et de dépenses avec le même détail que lesdits états.

Art. 58. — Les comptes individuels doivent être en concordance pour les masses et les soldes avec ceux du curateur.

Ils présentent la situation réelle de chaque liquidation telle qu'elle résulte des recouvrements et des paiements effectués.

Art. 59. — Les opérations constatées par le trésorier particulier, au débit et au crédit des comptes successions vacantes, sont centralisées chaque dizaine chez le trésorier-payeur, par masses et sans subdivisions, au même compte de son grand-livre et à un compte collectif spécial du livre auxiliaire.

Art. 60. — Le trésorier payeur fournit mensuellement au Directeur de l'Intérieur, sur son bordereau d'opérations de trésorerie, les chiffres de recettes et de dépenses de la curatelle enregistrés dans son grand-livre pour toute la colonie.

Art. 61. — A la clôture de chaque gestion et plus souvent, s'il y a lieu, les trésoriers s'assurent de l'exactitude de leurs écritures par un rapprochement entre le grand-livre et le livre auxiliaire. Ils forment, sur ce dernier registre, et en relevant les opérations de la gestion, la récapitulation :

1° Des recettes des comptes individuels, du compte retraits de fonds et du compte fonds de prévoyance. Chaque trésorier-payeur y ajoutera les recettes du compte collectif de l'arrondissement subordonné ;

2° Des dépenses des mêmes comptes, en ne considérant comme dépenses pour le compte des fonds de prévoyance que les remboursements au service local.

Les totaux de ces recettes et de ces dépenses doivent égaler le débit et le crédit présentés par le grand-livre pour la gestion, et leur solde, combiné avec la balance d'entrée, doit concorder exactement avec le solde du grand-livre.

## CHAPITRE XIII. — Comptabilité de la curatelle a tenir a la direction de l'intérieur

Art. 62. — La comptabilité de la curatelle tenue au Trésor est surveillée par le Directeur de l'Intérieur, au moyen d'un compte correspondant ouvert au registre des opérations de trésorerie tenu dans ses bureaux et cumulant, s'il y a lieu, les opérations des deux arrondissements.

Art. 63. — Ce compte présente :

Au débit, en deux colonnes distinctes : les sommes ordonnancées et les sommes payées ; les premières sont enregistrées au fur à mesure des ordonnancements, les secondes à la fin du mois, d'après les paiements accusés par le bordereau général des opérations de trésorerie que doit fournir le trésorier-payeur ;

Au crédit, également en deux colonnes, les sommes à recouvrer et les sommes recouvrées, la première colonne recevant le montant des versements faits au Trésor, d'après le bordereau général mensuel de l'enregistrement et les allocations de fonds de prévoyance, au vu des ordres de recette émis par le Directeur de l'Intérieur, la seconde, le montant des recettes constatées au Trésor, au vu du bordereau mensuel du trésorier payeur.

Les deux termes du crédit doivent être constamment d'accord ; il doit en être de même des deux termes du débit.

Art. 64. — Ce compte s'ouvre au 1er juillet et se clôt au 31 juin, comme celui du Trésor.

Art. 65. — Le Directeur de l'intérieur s'assure, par l'examen du bordereau général de l'enregistrement, si les versements des curateurs sont en rapport avec leurs encaissements ; il provoque, auprès du chef de service, les explications qui lui paraissent nécessaires à ce sujet.

### CHAPITRE XIV. — Remises allouées aux trésoriers pour le service de la curatelle

Art. 66. — Il est alloué aux trésoriers une remise de 1/2 p. 100 une fois payée sur la masse des recouvrements de successions et biens vacants centralisés au Trésor et à la charge des liquidations.

Cette remise doit être acquittée avant toutes autres dépenses comme celles des curateurs. Elle n'affecte que les recettes proprement dites des liquidations, à l'exclusion des fonds de prévoyance et des retraits de fonds.

Elle profite intégralement aux trésoriers particuliers et au receveur de l'île de Saint-Martin (Guadeloupe), pour les opérations de leurs circonscriptions.

Art. 67. — Les décomptes en sont établis trimestriellement par les curateurs et payés à leur caisse. Ils doivent présenter la nomenclature détaillée des successions qui ont fait des rentrées pendant le trimestre, le montant des recettes afférentes à chacune d'elles et celui des remises imputables sur ces sommes (modèle n° 7).

Ils sont conservés par les curateurs pour être joints aux pièces justificatives du compte annuel à soumettre au tribunal.

La dépense est reproduite par duplicata sur les états d'émargements, et la régularisation en est faite pour le Trésor d'après les règles ordinaires.

Art. 68. — Le décompte du dernier trimestre doit être établi et soldé avant la clôture de la gestion, afin de pouvoir être compris dans le compte de cette dernière période.

## DEUXIEME PARTIE. — Déshérences et biens vacants

### CHAPITRE PREMIER. — Dispositions générales

Art. 69. — La gestion du curateur est close et l'intervention administrative épuisée : 1° par la remise des successions et biens vacants aux ayants droit : 2° par l'affectation complète de l'actif des successions et biens vacants aux créances passives payées dans la colonie ; 3° par l'envoi en France du solde de l'actif.

Art. 70. — La gestion du curateur cesse et l'action de l'administration des domaines commence : 1° par la liquidation entièrement effectuée de l'actif des successions et biens vacants laissant un solde disponible ; 2° par l'expiration de la cinquième année, à compter du jour où la gestion a commencé, sous la réserve toutefois des successions grevées d'usufruit à l'égard desquelles la curatelle se prolonge au delà de cinq ans et jusqu'à l'expiration de l'usufruit.

Art. 71. — Dans les cas exprimés par l'article précédent, le domaine entre en possession provisoire des successions et biens sans maître.

Cette entrée en possession a lieu de plein droit quand il s'agit des successions et biens vacants qui sont atteints par la prescription quinquennale. Pour les autres, elle est effectuée en vertu d'un jugement du tribunal provoqué sans délai par le receveur curateur.

Art. 72. — Le service de la curatelle et l'administration du domaine sont réunis dans les attributions du même bureau de l'enregistrement.

Art. 73. — Le trésorier continue la centralisation des opérations de successions et biens sans maître, attribués provisoirement au domaine, dans des conditions analogues à celles qu'il observe pour la curatelle. Il emploie pour cet objet un compte spécial de trésorerie.

Le chef du service de l'enregistrement et le Directeur de l'Intérieur font une centralisation de comptabilité correspondante.

Art. 74. — La gestion provisoire du domaine prend fin : 1° par l'épuisement de l'actif, soit qu'il se trouve absorbé par le paiement des créances ou par l'envoi en France des fonds disponibles, soit qu'il ait été fait remise des successions et biens sans maître aux ayants droit ; 2° par l'expiration de la trentième année, à compter du jour où la succession a été ouverte et les biens vacants appréhendés.

Art. 75. — Le service des successions et biens sans maître en déshérence fait partie des attributions du Directeur de l'Intérieur. La direction immédiate en est dévolue au chef de service de l'enregistrement, conformément aux règles ordinaires de ce service.

CHAPITRE II. — TRANSPORT DES SUCCESSIONS ET BIENS VACANTS DE LA COMPTABILITÉ DE LA CURATELLE A CELLE DES DÉSHÉRENCES

Art. 76. — A la clôture de chaque période annuelle, le receveur curateur fait sur son grand-livre le relevé des successions et biens vacants pour lesquels la curatelle a pris fin durant le cours de cette année : 1° par la liquidation entièrement effectuée de l'actif ; 2° par l'expiration de la cinquième année à compter du jour où a commencé son administration. Il leur ouvre des comptes individuels sur un livre d'ordre qui porte le nom de *Sommier des biens régis* (modèle n° 8). Les soldes créditeurs qui ressortent sur le grand-livre, provenant de la comparaison des recettes faites et des dépenses payées, sont portés sur le sommier, en tête de la colonne des recettes, les soldes débiteurs en tête de la colonne des dépenses. Quant aux soldes qui résultent des restes à recouvrer sur l'actif des liquidations, des restes à acquitter sur leur passif, ou de la différence entre la masse de l'actif et la masse du passif, ils ne paraissent qu'au sommier de consistance.

Art. 77. — Le receveur effectue ce transport sans attendre le jugement du tribunal pour les successions à l'égard desquelles l'entrée en possession du domaine n'est pas de droit. Mais il annote cette circonstance au sommier de circonstance de la curatelle et à celui des biens régis et, plus tard, il y constate également l'envoi en possession lorsqu'il est prononcé.

Chaque compte du sommier des biens régis reçoit un numéro propre, et est apostillé en tête des numéros correspondants du sommier de consistance et du grand-livre de la curatelle.

En même temps le receveur annote les transports sur ces deux derniers livres, en y inscrivant le numéro du sommier des biens régis ; il arrête les comptes du grand-livre, sans y passer ni en recette ni en dépense le transport des soldes, afin de conserver intacte la correspondance qui doit exister entre la balance des comptes de ce livre et le journal de la curatelle, lequel n'est point affecté de l'opération. Il ne doit pas faire écriture des soldes créditeurs au registre des recettes des déshérences, dont il est parlé dans le chapitre suivant, ni les comprendre dans le bordereau de situation mensuelle et le compte de gestion du bureau.

Art. 78. — Aussitôt que le transport est terminé, et dans le cours du mois de janvier, le receveur établit, en double expédition, un relevé détaillé de toutes les successions et biens vacants auxquels il a ouvert des comptes sur le sommier des biens régis.

Il y inscrit : 1° les liquidations à solde créditeur ; 2° les liquidations à solde débiteur et les liquidations sans solde ; 3° la liste des liquidations non transportées, dont il a annulé les comptes dans le cours de l'année comme définitivement soldés.

Il dresse un extrait du relevé en simple expédition dans lequel il comprend exclusivement les liquidations à soldes créditeurs.

Ces opérations sont distinctes de l'état dont la production est prescrites par l'article 27 du décret du 27 janvier 1855.

Art. 79. — Les deux expéditions du relevé et l'extrait sont visés par le chef du service de l'enregistrement et par le Directeur de l'Intérieur. Celui-ci émet un mandat de dépense du montant total des soldes créditeurs, au titre des successions vacantes, et un ordre de recette de même somme au profit des successions en déshérence. Il transmet toutes ces pièces au trésorier de l'arrondissement.

Art. 80. — Le trésorier compare le relevé avec son livre auxiliaire des successions vacantes. S'il y a concordance pour les soldes créditeurs, il débite de cette somme le compte successions vacantes par le crédit du compte des déshérences ; sinon, il ne passe l'écriture qu'après avoir mis ses livres d'accord avec ceux du curateur.

Quand il a reconnu l'accord complet du relevé dans toutes ses parties avec sa comptabilité, il ouvre, sur son livre auxiliaire des déshérences, un compte particulier numéroté à chacune des liquidations portées sur les deux premières parties du relevé ayant ou non des soldes et y inscrit: 1° les titres de liquidations; 2° le numéro du compte ancien du livre auxiliaire des successions vacantes; 3° la date du transport ; 4° le chiffre du solde créditeur dans la colonne recettes comme développement du crédit passé au grand livre ; et 5° le chiffre du solde débiteur pour mémoire seulement dans la colonne observations, sans rien enregistrer dans la colonne dépenses.

Il clôt ensuite les comptes correspondants du livre auxiliaire des successions vacantes par une formule rappelant le transport au livre des successions en déshérence, la date de l'opération et le numéro du compte nouveau. Il doit préalablement faire dépense, au livre auxiliaire des successions vacantes, des soldes créditeurs transportés. Il annule, en outre, sur ce même livre, les comptes des liquidations comprises dans la troisième partie du relevé.

Art. 81. — Le trésorier atteste au bas des deux expéditions du relevé qu'il a fait les transports et annotations réglementaires dans ses écritures. Il transmet l'une des expéditions au curateur et conserve l'autre dans les archives. L'extrait reste joint au mandat.

Art. 82. — Les transports doivent être accomplis cumulativement en une seule opération pour les liquidations closes durant l'année, à quelque date que ce soit, mais sans donner lieu à une prolongation de la gestion du curateur, après le terme légal. Au delà de cette limite, aucune recette, ni aucune dépense de succession ne peut être faite pour le compte de la curatelle.

Si, avant l'époque du transport annuel, il se présente sur les liquidations closes des recettes ou des dépenses qui ne puissent être retardées sans inconvénient jusqu'au mois de janvier suivant, le curateur et le trésorier sont tenus de faire un transport anticipé de ces liquidations dans les formes indiquées ci-dessus.

### CHAPITRE III. — Recettes des successions et biens sans maître en déshérence

Art. 83. — Les recettes des déshérences sont réalisées par le receveur du domaine. Elles sont constatées au sommier des biens régis, dont il vient d'être parlé, enregistrées sur un livre spécial intitulé *registre des recettes des successions en déshérence*, qui est disposé et tenu dans une forme analogue à celle des autres registres du domaine.

Chaque article de recette y occupe une case numérotée et est émargé des numéros de compte et d'articles correspondants du sommier des biens régis.

Réciproquement, ce sommier doit être annoté des numéros d'articles du registre.

Le receveur consigne sommairement sur le sommier de consistance de la curatelle, à la suite des comptes anciens, tous les faits qui intéressent la liquidation et le règlement de l'actif des successions et biens sans maître en déshérence.

Art. 84. — Les produits des réalisations sont compris dans les versements périodiques du bureau au Trésor. Ils paraissent en un seul chiffre sur le bordereau général et sont développés dans un état annexe présentant le détail nominatif des liquidations.

Les recettes et les versements sont centralisés sous un titre particulier au sommier de dépouillement et figurent ensuite sur le relevé général de la situation mensuelle, ainsi que dans le compte annuel de gestion à soumettre par le receveur au Conseil privé.

### CHAPITRE IV. — Dépenses des successions et biens sans maître en déshérence

Art. 85. — Il peut être fait des dépenses pour les successions et biens sans maître en déshérence dans les circonstances ci-après :

1° Paiement de créances passives ;

2° Remise des successions aux héritiers et des biens sans maître aux ayants-droit reconnus ;

3° Envoi en France des fonds disponibles ;

4° Imputation définitive au service local du solde créditeur des liquidations atteintes par la prescription trentenaire.

Art. 86. — Lorsqu'il s'agit du paiement de créances passives, ces créances sont liquidées par le receveur du domaine, et acquittées par le trésorier de l'arrondissement, sur mandats en forme.

Les pièces sont visées par le chef du service de l'enregistrement et ordonnancées par le Directeur de l'Intérieur, au titre des successions en déshérence.

Le trésorier n'accepte les mandats pour le paiement que dans les limites de l'avoir disponible des liquidations intéressées.

Il passe ces opérations au débit du compte général des déshérences sur son grand livre et aux comptes particuliers des liquidations sur le livre auxiliaire correspondant.

Il avise aussitôt le receveur du paiement, à l'aide d'un bulletin de dépense daté et numéroté, et annote la remise de ce bulletin sur le livre auxiliaire.

Le receveur inscrit la dépense au sommier des biens régis, le jour même où il en fait la liquidation, et lorsqu'il reçoit le bulletin du Trésor, il émarge son enregistrement de la date de paiement et du numéro du bulletin qu'il conserve dans ses archives.

Il consigne sommairement, sur le sommier de consistance de la curatelle, à la suite des comptes anciens, tous les faits qui intéressent la liquidation et le règlement passif des successions et biens sans maître en déshérence.

Art. 87. — Les demandes en remise des successions et des biens vacants aux ayants-droit doivent être adressées au receveur du domaine. Celui-ci vérifie les titres des parties, établit le chiffre du remboursement à opérer et en fait un rapport qui est soumis au visa du chef de service et à l'approbation du Directeur de l'Intérieur.

Si le Directeur approuve, il ordonnance le remboursement, et le paiement est fait par le Trésor de l'arrondissement. Le reste des opérations est décrit comme il est indiqué dans l'article précédent, sans préjudice, toutefois, de la restitution de la portion de l'actif qui n'a pas été réalisée en numéraire et qui reste soumise aux règles ordinaires en matière domaniale.

Art. 88. — Lorsque, par suite d'un ordre ministériel, il y a lieu d'effectuer l'envoi en France des fonds disponibles, le receveur est avisé de cet ordre par l'intermédiaire du Directeur de l'Intérieur et du chef de service. Il fait sur la situation de la liquidation un rapport qui est soumis au visa du chef de service et à l'approbation du Directeur. Les fonds restés disponibles sont, après vérification de solde au Trésor, ordonnancés au profit de la caisse des dépôts et consignations.

Le trésorier de l'arrondissement débite, au vu du mandat, le compte *déshérence* par le crédit du compte caisse des dépôts et consignations, et constate l'envoi sur son livre auxiliaire; il y relate l'ordre ministériel et la date du récépissé souscrit au profit de la caisse des dépôts. Après avoir fait détacher le talon du récépissé, il le fait parvenir au receveur avec le bulletin de dépense. Le receveur inscrit l'envoi sur le sommier de consistance et sur le sommier des biens régis. Il rappelle en marge de ce dernier l'ordre ministériel, le numéro et la date du récépissé, ainsi que le numéro du bulletin; il date et signe cet émargement et en souscrit un certificat textuel qu'il adresse au chef de service avec le récépissé. Le chef de service conserve le certificat et transmet le récépissé au Directeur chargé d'en assurer l'expédition au Ministère de la marine et des colonies.

Art. 89. — Le receveur du domaine fait annuellement, au mois de janvier, le relevé nominatif des liquidations présentant des soldes créditeurs, qui ont eu, dans le cours de l'année précédente, trente années révolues, à compter de l'ouverture des successions et de l'origine de la curatelle pour les biens vacants et sans maître. Il conserve la minute du relevé et en adresse une expédition au chef de service avec un rapport sommaire.

Le chef du service propose l'attribution des soldes au service local, et le Directeur de l'intérieur, après avoir fait vérifier au Trésor l'exactitude des chiffres indiqués, approuve, s'il y a lieu, les propositions. Le Gouverneur rend un arrêté pour ordonner l'imputation définitive au service local du solde créditeur des liquidations atteintes par la prescription trentenaire.

Le Directeur émet un mandat sur l'avoir des déshérences et un ordre de recette, au titre du compte produits divers du service local (article recettes diverses); il y joint le relevé nominatif.

Le trésorier de l'arrondissement, saisi de ces pièces, décrit le mouvement de valeur sur ses livres et débite au livre auxiliaire des déshérences les comptes détaillés des liquidations qui se trouvent ainsi soldés.

Lorsque le receveur du domaine est avisé par le chef du service de la suite donnée aux propositions faites, il annote son sommier en conséquence, débite les comptes dont les soldes ont été attribués à la colonie et les clôt. Il reçoit, d'ailleurs, du trésorier, le bulletin de paiement ordinaire.

Art. 90. — Le receveur, en même temps qu'il dresse le relevé nominatif ci-dessus, fait un autre état détaillé des liquidations qui ont été closes, dans le cours de l'année, sur ses livres, pour diverses causes, savoir :

1° Les liquidations atteintes par la prescription trentenaire présentant un solde débiteur, reste non remboursé des avances reçues sur les fonds de prévoyance, pendant la gestion de la curatelle ;

2° Les liquidations balancées par l'application complète de leur actif au paiement des créances passives, par l'envoi en France du solde de l'actif ou par la remise faite aux ayants droit dans la colonie.

Il adresse cet état au trésorier, pour que celui-ci annule les mêmes comptes sur son livre auxiliaire.

Art. 91. — En ce qui concerne les fonds envoyés en France, en vertu des ordres du Ministre ou des décisions des tribunaux, et qui, ne se trouvant pas employés à l'époque de la prescription trentenaire, sont attribués au service local, les receveurs en font annuellement, au mois de janvier, le dépouillement sur le grand-livre de la curatelle et sur le sommier des biens régis ; ils adressent une expédition de cet état au Directeur de l'Intérieur, par l'intermédiaire du chef de service. Le Directeur la transmet au Ministère de la marine et des colonies, pour que le rapprochement puisse en être fait à Paris avec les écritures de la caisse des dépôts et consignations. Le Département de la marine et des colonies provoque, auprès de la direction générale de la caisse des dépôts et consignations, l'ordonnancement, au profit du service local, de la portion de ces fonds qui est reconnue non employée. L'ordonnance est accompagnée d'un état nominatif des successions. Ces pièces sont établies par arrondissement judiciaire. Lorsque les résultats de ces opérations sont connus de l'administration coloniale, le Directeur de l'Intérieur les notifie aux receveurs, qui les annotent sur leurs livres.

Lors de la réception de l'ordonnance de paiement émise par la caisse des dépôts, les trésoriers provoquent, auprès du Directeur de l'Intérieur, l'émission d'un ordre de recette au nom du service local, puis ils font le mouvement d'écriture entre le compte de la caisse des dépôts et celui du service local, au titre compte produits divers, article recettes diverses.

## CHAPITRE V. — Remises allouées aux receveurs du domaine sur les produits de successions et biens sans maitre en déshérence

Art. 92. — Les recettes des déshérences entrent au même titre que les autres produits du domaine dans le calcul des allocations accordées aux receveurs par les arrêtés locaux en vigueur.

## CHAPITRE VI. — Remises allouées aux trésoriers sur les produits de successions et biens sans maitre en déshérence

Art. 93. — Il est accordé aux trésoriers, sur les recettes des déshérences, une remise égale à celle des successions et biens vacants.

Le montant des soldes de la curatelle transportés dans les comptes de déshérence en est exclu.

Les décomptes sont établis d'après les règles indiquées au titre Ier, chapitre XIV, du présent arrêté.

Ils sont ordonnancés directement au profit des trésoriers et acquittés au Tréso comme les autres dépenses du service.

## CHAPITRE VII. — Comptabilité des déshérences a tenir au trésor

Art. 94. — Les trésoriers tiennent, pour les successions et les biens san maître en déshérence des écritures analogues à celles des successions et biens vacants savoir :

1° Au grand-livre, un compte général ;

2° Sur un livre auxiliaire, des comptes individuels pour chaque liquidation e un compte collectif pour les épaves qui appartiennent au même compte général.

Art. 95. — Le trésorier-payeur et le trésorier particulier ont chacun une comptabilité propre des opérations de leur arrondissement ; celle du trésorier particulie est résumée périodiquement chez le trésorier payeur, dans le compte général du grand-livre et dans un compte spécial collectif, ouvert au livre auxiliaire des déshérences.

Art. 96. — Le trésorier payeur comprend les totaux des recettes et des dépenses des deux arrondissements sur le bordereau des opérations de trésorerie à fournir mensuellement au Directeur de l'Intérieur.

## CHAPITRE VIII. — Comptabilité des déshérences a tenir a la direction de l'intérieur

Art. 97. — Le compte de la trésorerie à employer par le Directeur de l'Intérieur pour les successions et biens sans maître en déshérence est établi sur le même livre et dans les mêmes conditions que le compte de la curatelle.

Les opérations à inscrire dans la colonne des sommes à recevoir sont :

1° Le montant des soldes créditeurs des successions et biens vacants transportés en vertu des ordres de recette du Directeur ;

2° Le montant des versements faits par les receveurs et constatés sur le bordereau général de l'enregistrement.

Le Directeur de l'Intérieur observe également, à l'égard des déshérences, la distinction des arrondissements dans le libellé des mandats et des ordres de recette.

## CHAPITRE IX. — Apurement définitif des avances faites aux liquidations par les fonds de prévoyance

Art. 98. — Les liquidations qui n'ont pu, pendant la durée de la curatelle, couvrir complétement le service local des avances faites par les fonds de prévoyance, en doivent le remboursement sur les recettes qu'elles réalisent, durant le cours de la déshérence.

Art. 99. — Lorsque le receveur des domaines a versé ses recettes au Trésor, il adresse au Directeur un avis de remboursement analogue à celui qu'il remet au trésorier dans les opérations de la curatelle. Il inscrit la somme comme remboursée sur le sommier des biens régis, dans la colonne observations, et sur le grand-livre des successions vacantes, au compte des fonds de prévoyance, dans la colonne des remboursements. Le Directeur de l'Intérieur ordonnance la restitution sur l'avoir du compte des déshérences, au profit de celui du service local. (Produits divers. — Recettes diverses).

Art. 100. — Le trésorier, qui a préalablement décrit dans ses livres les recettes du versement, débite du montant du mandat le premier compte par le second, et porte la somme en dépense dans son livre auxiliaire des déshérences, au compte particulier de la liquidation intéressée. Il avise le receveur de l'opération par un bulletin.

Il inscrit, au livre auxiliaire des successions vacantes, la même somme au compte les fonds de prévoyance, dans la colonne remboursement, et à l'ancien compte individuel de la liquidation, dans la colonne recettes. Le compte général des successions vacantes ouvert au grand livre n'est point mis en jeu.

Art. 101. — Si, à l'époque de la prescription trentenaire, une liquidation est encore débitrice de fonds de prévoyance, le receveur, en faisant la clôture de son compte, annote sur le sommier des biens régis, dans la colonne observations, que le solde dû sur les avances faites à la liquidation reste imputé définitivement au service local, et il reporte ce solde sur le grand livre des successions vacantes, au compte des fonds de prévoyance (colonne des remboursements).

Il comprend la liquidation dans le relevé des comptes à annuler au Trésor, en l'émargeant d'une note explicative.

Art. 102. — Au vu de cet état, le trésorier prend acte de l'imputation définitive au service local sur le livre auxiliaire des déshérences, dans la colonne observations, au-dessous de la mention rappelant le solde débiteur du compte.

D'autre part, il balance sur le livre auxiliaire des successions vacantes, comme il vient d'être dit, le compte individuel de la liquidation par les comptes de fonds de prévoyance.

Art. 103. — Lorsqu'une liquidation qui a reçu des avances se solde en déficit, avant l'expiration de la curatelle, le curateur fait ressortir le solde débiteur au compte particulier du grand livre, dans la colonne observations, en y indiquant, par une mention sommaire, que la liquidation de l'actif étant terminée, cette somme reste définitivement à la charge du service local. Il inscrit ce solde comme remboursement au compte des fonds de prévoyance, et clôt le compte de la liquidation.

A la fin de l'année, il comprend cette liquidation dans la troisième partie du relevé à fournir au trésorier, en l'émargeant d'une note explicative.

A la réception de cet état, le trésorier, avant de clore de son côté le compte de la liquidation sur son livre auxiliaire, le crédite du solde, en débitant le compte fonds de prévoyance (colonne remboursements).

## TROISIÈME PARTIE. — Dispositions générales

Art. 104. — L'arrêté ministériel du 15 février 1855 est abrogé.

DE CHASSELOUP-LAUBAT.

(20 juin 1864)

**A. G.** *Les produits d'inventaires des soldats et matelots annamites décédés seront remis au Quan-bô du lieu de décès, qui devra les faire parvenir aux héritiers.*

B. C., p. 69.

(2 septembre 1865)

**A. G.** *rendant applicables sous certaines modifications et exceptions les lois, décrets et ordonnances sur les droits d'enregistrement et d'hypothèques qui se trouvent insérés dans les codes déjà promulgués et dont un exemplaire a été déposé aux greffes des tribunaux de Saïgon.*

BAT. I, p. 443.

B. C., p. 338.

Art. 1er ..........................................................

Art. 3. — Les mutations de biens, meubles ou immeubles, droits et créances, opérées par décès, ne seront assujetties à aucun droit, ni soumises à aucune déclaration, jusqu'à nouvelle décision.

Art. ..........................................................

..........................................................

G. ROZE.

(26 avril 1866)

**DÉP. M.** *Instructions au sujet des états périodiques des successions vacantes.*

BAT. II, p. 659.

Une dépêche, en date du 15 avril 1864, a prescrit à l'Administration de la Cochinchine l'envoi à mon Département d'états périodiques destinés à faire connaître le nombre, l'importance et les mouvements des fonds des successions tombées à la vacance dans la colonie.

J'ai pensé qu'il y avait lieu d'apporter quelques modifications à cet égard, et d'établir en même temps une méthode uniforme dans toutes les colonies, pour la production de ces documents.

J'ai, en conséquence, l'honneur de vous transmettre ci-joint trois modèles d'états destinés à me fournir régulièrement les renseignements suivants :

*État n° 1. — État des successions appréhendées chaque trismestre.*

*État n° 2. — État des successions définitivement liquidées dans l'année.*

Cet état devra mentionner, dans la colonne des observations, les successions qui auront été remises directement aux héritiers présents dans la colonie ou dont le produit net aura été envoyé en France pour être tenu à la disposition des héritiers métropolitains.

*État n° 3. — Etat des successions non réclamées, faisant connaître chaque année : 1° les successions remises provisoirement au domaine colonial au bout de cinq ans ; 2° les successions définitivement acquises au Trésor local par suite de prescription.*

Lorsqu'une succession sera tombée à la vacance, le curateur lui donnera un numéro d'ordre sur un registre à ce destiné, et ce numéro sera reproduit toutes les fois que la session figurera sur les états ci-dessus mentionnés.

Ces documents devront m'être adressés, savoir.

L'état n° 1, dans le mois qui suivra le trimestre écoulé ;

Et les états n°s 2 et 3 dans les deux qui suivront l'année écoulée.

Je vous serais obligé, Monsieur le Gouverneur, de me faire parvenir, à l'état n° 1, *l'état nominatif des Européens non attachés au service, décédés dans le même trimestre*, afin qu'en donnant avis du décès de ces personnes, je puisse aussi fournir, s'il y a lieu, des renseignements sur leur succession.

Les états 1, 2 et 3 devront m'être toujours régulièrement adressés, même quand il n'y aurait aucun renseignement à fournir au Département. Dans ce cas, ils porteront la mention : *Néant.*

Je ne crois pas devoir entrer dans de plus amples détails sur l'établissement de ces divers documents. Les modèles ci-joints vous fourniront à cet égard toutes les indications nécessaires, et vous voudrez bien vous y conformer entièrement.

Il ne me reste plus, Monsieur le Gouverneur, qu'à vous prier d'inviter les autorités administrative et judiciaire de la colonie à surveiller de près le service de la curatelle. Il serait même utile que vous me transmissiez, chaque année, ainsi que cela se fait dans les colonies où le service de l'enregistrement est régulièrement organisé, un rapport sur la tenue du service.

Vous voudrez bien joindre à cet envoi, sous le timbre de la présente dépêche, et à part des documents destinés aux archives coloniales, les doubles minutes des jugements intervenus, chaque année, dans la gestion des biens vacants.

Telles sont, Monsieur le Gouverneur, les dispositions adoptées dans les autres colonies, et que j'ai cru devoir étendre à la colonie que vous administrez. Je désire que ces instructions reçoivent leur exécution dans la colonie à partir de l'exercice courant, et je vous prie de donner des ordres en conséquence.

DE CHASSELOUP-LAUBAT.

(4 juillet 1866)

**DÉP. M.** *au sujet de l'envoi en France de produits de successions vacantes ouvertes aux colonies.*

BAT. II, p. 660.

Une lettre-circulaire, adressée par le directeur général de la caisse des dépôts et consignations aux trésoriers payeurs et aux trésoriers particuliers coloniaux, à la date du 23 mars dernier, prescrit à ces fonctionnaires d'encaisser, au compte de cette administration, les sommes dépendant des successions vacantes définitivement liquidées, dont le montant serait à rembourser en France, sur la réclamation des héritiers et d'après les ordres de mon Département.

Comme complément de cette circulaire, et afin d'éviter aux intéressés des démarches inutiles, je désirerais, Monsieur le Gouverneur, que le récépissé qui constate le versement dans la caisse du trésorier-payeur du reliquat net de toute succession, parvint à mon Département en même temps qu'arriveraient à la caisse des dépôts et consignations les pièces de comptabilité à l'appui. De cette manière, je pourrais, après la réception de chaque récépissé, faire inviter les intéressés à se présenter à cette caisse, sans attendre l'avis de l'administration coloniale, qui souvent parvient tardivement.

DE CHASSELOUP-LAUBAT.

(24 juillet 1866)

**DÉP. M.** *Envoi du domaine colonial en possession du reliquat des successions non réclamées dont l'ouverture remonte à plus de trente ans.*

BAT. II, p. 660.

Une circulaire de mon Département, en date du 13 septembre 1864, a prescrit aux administrations coloniales de faire connaître le mode suivi par chacune d'elles pour faire attribuer d'une manière définitive, au domaine, les biens non réclamés des successions vacantes ouvertes depuis trente ans, et spécialement d'indiquer si, par analogie avec ce qui se pratique en France à l'égard de l'État, le domaine colonial se fait régulièrement envoyer, par les tribunaux, en possession du reliquat de toute succession non revendiquée par les héritiers avant l'expiration de l'administration du curateur.

Bien que l'occupation de la Cochinchine ne date que de quelques années et que, de longtemps encore, il n'y aura pas lieu de s'occuper de garantir au domaine les droits de déshérence que lui constituera l'accomplissement de la période trentenaire, je n'en dois pas moins, Monsieur le Gouverneur, vous tracer pour l'avenir la règle que vous aurez à suivre sur la matière qui vous occupe.

Jusqu'à présent, dans la plupart des colonies, c'est en vertu de simples arrêtés pris par le Gouverneur que le domaine a appréhendé définitivement le reliquat des successions vacantes non réclamées, dont l'ouverture remontait à plus de trente ans, sans qu'il y ait eu primitivement jugement d'envoi en possession.

Cette manière de procéder pouvant laisser le domaine colonial exposé à des revendications fondées, même au-delà de trente ans, il me paraît nécessaire de la compléter par l'accomplissement de formalités propres à régulariser la possession du domaine.

En l'absence de dispositions spéciales, il convient d'appliquer en l'espèce les règles du droit commun, et comme le Code Napoléon a été rendu applicable en Cochinchine, par arrêté local du 21 décembre 1864, rendu en exécution des décrets des 10 janvier 1863 et 25 juillet 1864, ce sont les prescriptions de ce Code, sur l'envoi en possession des successions irrégulières, qui doivent être suivies dans cette colonie, comme elles le sont en France.

Je vous invite en conséquence, Monsieur le Gouverneur, à donner les ordres nécessaires pour qu'à l'avenir le domaine colonial, par anologie avec ce qui se passe dans la Métropole, à l'égard de l'État, ne puisse détenir provisoirement une succession qu'autant qu'il s'en sera fait envoyer en possession après l'accomplissement des formalités prescrites par les articles 769 et 770 du Code Napoléon.

Par l'effet de l'envoi en possession provisoire, l'échéance du délai de la prescription trentenaire suffira pour faire acquérir définitivement et de plein droit, au domaine colonial, les biens de l'hérédité, et cela sans qu'il soit besoin d'aucune autre formalité.

Vous remarquerez qu'en vertu d'une jurisprudence consacrée par arrêt de la Cour de cassation, en date du 13 juin 1855, le délai pour prescrire court du jour de l'ouverture de la succession, quelle que soit l'époque de l'envoi en possession.

Quant aux publications qui, aux termes de l'article 770 précité, doivent précéder le jugement d'envoi en possession, il suffira qu'elles soient faites dans le *Journal officiel* de la colonie.

DE CHASSELOUP-LAUBAT.

(16 août 1866)

**CIRC. M.** *Règles à suivre pour l'exécution de l'instruction du 4 novembre 1865, sur l'apposition des scellés.*

B. M., p. 177.

(9 septembre 1866)

**DÉP. M.** *Succession des étrangers décédés dans les colonies françaises. Dispositions relatives à chaque pays.*

BAT. II, p. 661.

Des difficultés se sont élevées relativement aux errements à suivre pour l'administration des successions des étrangers décédés dans nos colonies.

Après m'être concerté avec M. le Ministre des Affaires étrangères, j'ai décidé que les dispositior suivantes serviraient de règle de conduite dans les cas ci-après indiqués:

Lorsque la succession d'un étranger décédé dans l'une de nos colonies est vacante, c'est-à-dir lorsqu'il n'y a ni héritier légitime, ni légataire universel ou à titre universel, les biens dont cett succession se compose sont acquis au domaine français, quelle que soit la nationalité du défun Dans ce cas, l'intervention consulaire n'est jamais admise, et aucun de nos traités ne l'a, jusqu'à c jour, autorisée.

Mais il arrive rarement que la non-existence d'héritiers testamentaires ou *ab instestat* soit un fai avéré au moment où le décès vient d'avoir lieu. Dans le doute, il faut agir provisoirement comm si les héritiers se trouvaient absents, et le consul de la nation à laquelle appartenait la personn décédée peut être admis à intervenir sans être obligé, au début, de prouver qu'il existe des héri tiers. Quant aux légataires particuliers, il y a lieu de les assimiler à de simples créanciers.

Il convient d'examiner, maintenant, dans quelle mesure nos autorités coloniales sont en droi de substituer leur action à celle des consuls étrangers en matière d'administration de successions

Il semble utile de distinguer, tout d'abord, entre le cas où les consuls étrangers peuvent invo quer des conventions expresses, et celui où leur intervention n'a d'autre fondement que l'usage ou une réciprocité de fait.

Dans le premier cas, le consul appose les scellés, que l'autorité locale a toujours le droit de croi ser des siens. Il dresse ensuite l'inventaire des biens et effets mobiliers laissés par le défunt, fait procéder à la vente des objets mobiliers susceptibles de dépérir ou onéreux à conserver, reçoit les créances, loyers et fermages échus, acquitte les charges urgentes et les dettes de la succession, fait, en un mot, tout ce qui est nécessaire pour rendre l'actif net et liquide. Ces opérations doivent s'accomplir, d'ailleurs, sans qu'il puisse être porté atteinte aux droits de l'État, dans le cas où aucun héritier ne se présenterait par la suite, car rien ne s'opposerait alors à ce que l'État se fît envoyer en possession des biens du défunt, et, jusque-là, des mesures conservatoires doivent être prises au besoin pour empêcher le consul de se dessaisir du produit de la succession.

En l'absence de tout arrangement international, voici la ligne de conduite que devra suivre l'administration coloniale:

Le consul de la nation du défunt devra toujours être admis à croiser les scellés de l'autorité locale et assister à l'inventaire. Cette faculté pourrait, à la rigueur, être refusée aux consuls anglais et américains, attendu que, ni dans l'un ni dans l'autre pays, nos consuls ne sont admis à intervenir dans l'administration des successions de leurs nationaux. Mais, d'après l'avis émis par M. le Ministre des affaires étrangères, il semble préférable de leur concéder ladite faculté à *titre de bon procédé* et de *pure tolérance*.

Pour ce qui concerne l'administration même des successions dans le cas sus-mentionné, elle n'appartient pas de droit aux consuls; la latitude qu'il convient de leur laisser à cet égard doit varier selon qu'il y a ou qu'il n'y a pas réciprocité de fait.

S'il y a réciprocité, l'intervention du consul étranger est réglée par les conditions mêmes de la réciprocité.

Si aucune réciprocité ne peut être invoquée, il y a lieu de procéder ainsi qu'il suit:

Lorsqu'il n'y a pas d'héritiers connus et représentés, ou lorsqu'un des héritiers est Français et mineur ou absent, l'autorité locale a seule qualité pour administrer.

Si les héritiers absents constituent un mandataire en la personne du consul de leur nation, ils sont considérés comme présents de la même manière que s'ils avaient fait choix de tout autre fondé de pouvoir. Le consul, par conséquent, administre seul du moment où il est porteur des procurations de tous les héritiers. S'il y a un exécuteur testamentaire nommé par le défunt, ses pouvoirs sont réglés par les art. 1025 à 1034 du Code Napoléon.

A titre de renseignements complémentaires, j'ai l'honneur de vous faire parvenir, Monsieur le Gouverneur, le texte des stipulations spéciales que contiennent, en matière de successions, nos traités avec l'Espagne, l'Italie, les Pays-Bas, la Russie, les États de Guatémala, Costa-Rica, Honduras, Nicaragua, Salvador, l'Équateur, la République dominicaine, les îles Sandwich, le Brésil, le Chili, le Pérou et Vénézuéla.

La lecture de ces textes vous permettra, Monsieur le Gouverneur, de vous rendre compte des limites qui doivent être respectivement assignées à l'intervention des consuls ou agents consulaires étrangers qui résident dans la colonie que vous administrez.

Une convention consulaire se négocie, en ce moment, entre la France et le Portugal, et, en raison des dispositions manifestées par cette puissance, M. le Ministre des affaires étrangères a émis l'opinion qu'il convenait de traiter les consuls de cette nation aussi favorablement que ceux de l'Espagne.

D'autres puissances accordent à nos consuls, par une stipulation sommaire et générale, le traitement de la nation la plus favorisée. Ce sont la Belgique, le Danemark, le Mecklembourg, la Prusse, la Suède, les villes hanséatiques, le Mexique, la Colombie, Haïti, le Paraguay et l'Uruguay.

M. le Ministre des Affaires étrangères me fait connaître qu'à cet égard son Département n'est pas en mesure d'indiquer en quoi consiste dans ces différents pays le traitement de la nation la plus favorisée; mais comme trois d'entre eux seulement, la Belgique, le Danemark et le Mexique ont des consuls dans nos colonies, mon collègue pense qu'il convient provisoirement d'accorder aux consuls de Belgique à Gorée, et de Danemark à Pondichéry, la même latitude qu'aux consuls d'Espagne, et de traiter le consul du Mexique à la Martinique de la même manière que le consul de Vénézuéla.

Enfin, les pays avec lesquels nous n'avons pas de traités sont l'Angleterre, l'Autriche, les États romains, la Grèce, les États d'Allemagne (Bade, Bavière, Hanovre, Hesse, Saxe, Wurtemberg), la Suisse, les États-Unis et la Confédération Argentine.

L'Angleterre et les États-Unis, ainsi que le fait remarquer S. Exc. M. le Ministre des affaires étrangères, sont les seules de ces puissances qui entretiennent des consuls dans nos colonies. Dans aucun de ces deux derniers pays, nos consuls ne peuvent administrer les successions de nos nationaux. Il y a lieu, dès lors, d'appliquer, à l'égard de ces deux puissances, les règles déterminées plus haut pour le cas où il n'existe ni convention ni réciprocité de fait.

De Chasseloup-Laubat.

ITALIE.

*Extrait de la convention consulaire du 26 juillet 1862. — Articles 9, 10 et 11.*

Art. 9. — En cas de décès d'un sujet de l'une des parties contractantes sur le territoire de l'autre, les autorités locales devront en donner avis immédiatement au consul général, consul, vice-consul ou agent consulaire dans la circonscription duquel le décès aura eu lieu. Ceux-ci, de leur côté, devront donner le même avis aux autorités locales, lorsqu'ils en seront informés les premiers.

Quant un Français en Italie ou un Italien en France sera mort sans avoir fait de testament ni nommé d'exécuteur testamentaire, ou si les héritiers, soit naturels, soit désignés par le testament, étaient mineurs, incapables ou absents, ou si les exécuteurs testamentaires nommés ne se trouvaient pas dans le lieu où s'ouvrira la succession, les consuls généraux, consuls et vice-consuls ou agents consulaires de la nation du défunt, auront le droit de procéder successivement aux opérations suivantes :

1° Apposer les scellés, soit d'office, soit à la demande des parties intéressées, sur tous les effets, meubles et papiers du défunt, en prévenant de cette opération l'autorité locale compétente, qui pourra y assister et apposer également ses scellés.

Ces scellés, non plus que ceux de l'agent consulaire, ne devront pas être levés sans que l'autorité locale assiste à cette opération.

Toutefois, si après un avertissement dressé par le consul ou vice-consul à l'autorité locale pour l'inviter à assister à la levée des doubles scellés, celle-ci ne s'était pas présentée dans un délai de quarante-huit heures, à compter de la réception de l'avis, cet agent pourra procéder seul à ladite opération.

2° Former l'inventaire de tous les biens et effets du défunt, en présence de l'autorité locale, si, par suite de la notification sus-indiquée, elle avait cru devoir assister à cet acte.

L'autorité locale apposera sa signature sur les procès-verbaux dressés en sa présence, sans que, pour son intervention d'office dans ces actes, elle puisse exiger des droits d'aucune espèce.

3° Ordonner la vente aux enchères publiques de tous les effets mobiliers de la succession qui pourraient se détériorer et de ceux d'une conservation difficile, comme aussi des récoltes et effets pour la vente desquels il se présentera des circonstances favorables.

4° Déposer en lieu sûr les effets et valeurs inventoriés ; conserver le montant des créances que l'on réalisera, ainsi que les produits des rentes que l'on percevra, dans la maison consulaire, ou les confier à quelque commerçant présentant toutes garanties. Ces dépôts devront avoir lieu, dans l'un ou l'autre cas, d'accord avec l'autorité locale qui aura assisté aux opérations antérieures, si, par suite de la convocation mentionnée au paragraphe suivant, des sujets du pays ou d'une puissance tierce se présentaient comme intéressés dans la succession *ab intestat* ou testamentaire.

5° Annoncer le décès et convoquer, au moyen des journaux de la localité et de ceux du pays du défunt, si cela était nécessaire, les créanciers qui pourraient exister contre la succession *ab intestat* ou testamentaire, afin qu'ils puissent présenter leurs titres respectifs de créance, dûment justifiés, dans le délai fixé par les lois de chacun des deux pays.

S'il se présentait des créanciers contre la succession testamentaire ou *ab intestat*, le paiement d leurs créances devra s'effectuer dans le délai de quinze jours après la clôture de l'inventaire, s'i existait des ressources qui puissent être affectées à cet emploi, et, dans le cas contraire, aussitô que les fonds nécessaires auraient pu être réalisés par les moyens les plus convenables, ou enfi dans le délai consenti, d'un commun accord, entre les consuls et la majorité des intéressés.

Si les consuls respectifs se refusaient au paiement de tout ou partie des créances, en alléguan l'insuffisance des valeurs de la succession pour les satisfaire, les créanciers auront le droit de demander à l'autorité compétente, s'ils le jugeaient utile à leurs intérêts, la faculté de se constitue en état d'union.

Cette déclaration obtenue par les voies légales établies dans chacun des deux pays, les consul ou vice-consuls devront faire immédiatement la remise à l'autorité judiciaire ou aux syndics de la faillite, selon qu'il appartiendra, de tous les documents, effets ou valeurs appartenant à la succession testamentaire ou *ab intestat*, lesdits agents demeurant chargés de représenter les héritiers absents, les mineurs et les incapables.

En tous cas, les consuls généraux, consuls et vice-consuls ne pourront faire la délivrance de la succession ou de son produit aux héritiers légitimes ou à leurs mandataires qu'après l'expiration d'un délai de six mois, à partir du jour où l'avis du décès aura été publié dans les journaux.

6° Administrer et liquider eux-mêmes, ou par une personne qu'ils nommeront sous leur responsabilité, la succession testamentaire ou *ab intestat*, sans que l'autorité locale ait à intervenir dans lesdites opérations, à moins que des sujets du pays ou d'une tierce puissance n'aient à faire valoir des droits dans la succession ; car, en ce cas, s'il survenait des difficultés, provenant notamment de quelque réclamation donnant lieu à contestation, les consuls généraux, consuls, vice-consuls et agents consulaires n'ayant aucun droit pour terminer ou résoudre ces difficultés, les tribunaux du pays devront en connaître, selon qu'il leur appartient d'y pourvoir ou de les juger.

Lesdits agents consulaires agiront alors comme représentants de la succession testamentaire ou *ab intestat*, c'est-à-dire que conservant l'administration et le droit de liquider définitivement ladite succession comme aussi celui d'effectuer les ventes d'effets dans les formes précédemment indiquées, ils veilleront aux intérêts des héritiers et auront la faculté de désigner des avocats chargés de soutenir leurs droits devant les tribunaux. Il est bien entendu qu'ils remettront à ces tribunaux tous les papiers et documents propres à éclairer la question soumise à leur jugement.

Le jugement prononcé, les consuls généraux, consuls, vice-consuls ou agents consulaires devront l'exécuter, s'ils ne forment pas appel, et ils continueront alors de plein droit la liquidation qui aurait été suspendue jusqu'à conclusion du litige.

7° Organiser, s'il y a lieu, la tutelle ou curatelle, conformément aux lois des pays respectifs.

Art. 10. — Lorsqu'un Français en Italie ou un Italien en France sera décédé sur un point où il ne se trouverait pas d'agent consulaire de sa nation, l'autorité territoriale compétente procédera, conformément à la législation du pays, à l'inventaire des effets et à la liquidation des biens qu'il aura laissés, et sera tenue de rendre compte, dans le plus bref délai possible, du résultat de ces opérations, à l'ambassade ou à la légation qui doit en connaître ou au consulat ou vice-consulat le plus voisin du lieu où se sera ouverte la succession *ab intestat* ou testamentaire.

Mais, dès l'instant que l'agent consulaire le plus rapproché du point où se serait ouverte ladite succession *ab intestat* ou testamentaire se présenterait personnellement ou enverrait un délégué sur les lieux, l'autorité locale qui sera intervenue devra se conformer à ce que prescrit l'article précédent.

Art. 11. — Les consuls généraux, consuls, vice-consuls ou agents consulaires des deux États connaîtront exclusivement des actes d'inventaire et des autres opérations pratiquées pour la conservation des biens et objets de toute nature, laissés par les gens de mer et les passagers de leur nation qui décéderaient à terre ou à bord des navires de leur pays, soit pendant la traversée, soit dans le port de leur arrivée.

### ESPAGNE.

*Extrait de la convention consulaire du 7 janvier 1862. — Articles 20, 21 et 22 (texte identique à celui de la convention consulaire du 26 juillet 1862). (Italie.)*

### PAYS-BAS.

*Extrait de la convention consulaire du 8 juin 1855 pour les colonies. — Articles 11 et 14.*

Art. 11. — Lorsqu'un sujet de l'une ou de l'autre des hautes parties contractantes viendra à décéder sans laisser d'héritiers connus ou d'exécuteur testamentaire, les autorités chargées, d'après les lois de la colonie, de l'administration de la succession, en donneront avis au consul général, consul, vice-consul ou agent consulaire du pays auquel le défunt appartenait, afin de transmettre aux intéressés les informations nécessaires.

Art. 14. — Traitement de la nation la plus favorisée pour les privilèges, exemptions et immunités.

RUSSIE

*Extrait du traité de commerce et de navigation du 14 juin 1857. — Article 20*

Art. 20. — Les consuls généraux, consuls, vice-consuls et agents consulaires de France en Russie et de Russie en France auront le droit de procéder, conjointement avec l'autorité locale compétente, à l'inventaire des effets provenant de la succession d'un de leurs nationaux, de croiser avec le sceau de leur office les scellés apposés par ladite autorité locale, enfin de prendre toutes les mesures nécessaires pour la conservation de la succession.

Ces mêmes agents auront en outre le droit, aux décès de leurs nationaux morts sans avoir testé ni désigné d'exécuteurs testamentaires, de remplir, soit d'office, soit à la réquisition des parties intéressées, en ayant soin d'en prévenir l'autorité locale, les formalités nécessaires dans l'intérêt des héritiers ; de prendre, au nom de ceux-ci, possession de la succession et des biens meubles et immeubles dont elle se compose ; de liquider celle-ci et de l'administrer, soit personnellement, soit par délégués nommés par eux, enfin d'entrer en possession de toutes les valeurs appartenant au défunt, et qui pourraient se trouver déposées, soit dans des caisses publiques, soit ailleurs ; les susdits consuls généraux, consuls, vice-consuls et agents consulaires représentant de plein droit les héritiers absents, incapables ou mineurs, sans qu'ils aient autrement besoin d'en justifier par un titre spécial.

GUATÉMALA

*Extrait du traité de commerce du 8 mars 1848. — Article 22*

Art. 22. — Les consuls respectifs pourront, au décès de leurs nationaux morts sans avoir testé ni désigné d'exécuteurs testamentaires :

1° Apposer les scellés, soit d'office, soit à la réquisition des parties intéressées, sur les effets mobiliers et les papiers du défunt, en prévenant d'avance de cette opération l'autorité locale compétente, qui pourra y assister, et même, si elle le juge convenable, croiser de ses scellés ceux apposés par le consul, et, dès lors, ces doubles scellés ne seront levés que de concert.

2° Dresser aussi, en présence de l'autorité compétente, si elle croit devoir s'y présenter, l'inventaire de la succession.

3° Faire procéder, suivant l'usage du pays, à la vente des effets mobiliers dépendant de la succession, lorsque lesdits meubles pourront se détériorer par l'effet du temps, ou que le consul croira la vente utile aux intérêts des héritiers du défunt.

4° Administrer ou liquider personnellement, ou nommer, sous leur responsabilité, un agent pour administrer et liquider ladite succession, sans que, d'ailleurs, l'autorité locale ait à intervenir dans ces nouvelles opérations.

Mais lesdits consuls seront tenus de faire annoncer la mort de leurs nationaux dans une des gazettes qui se publient dans l'étendue de leur arrondissement, et ne pourront faire délivrance de la succession et de son produit aux héritiers légitimes ou à leurs mandataires qu'après avoir fait acquitter toutes les dettes que le défunt pourrait avoir contractées dans le pays, ou qu'autant qu'une année se sera écoulée depuis la date de la publication du décès, sans qu'aucune réclamation eût été présentée contre la succession.

NOTA. — Le dispositif de l'article 22 a été appliqué dans des termes identiques aux puissances ci-après désignées :

ÉQUATEUR

*Traité du 6 juin 1843. — Article 22*

COSTA-RICA

*Traité du 12 mars 1848. — Article premier*

RÉPUBLIQUE DOMINICAINE

*Traité du 8 mai 1852. — Article 24*

HONDURAS

*Traité du 22 février 1856. — Article 22*

NICARAGUA

*Traité du 11 avril 1856. — Article 22*

ILES SANDWICH

*Traité du 29 octobre 1857. — Article 20*

SALVADOR

*Traité du 2 janvier 1858. — Article 26*

BRÉSIL

*Extrait de la convention de commerce du 10 décembre 1860. — Article 7*

Art. 7. — En cas de décès d'un sujet de l'une des deux parties contractantes sur le territoire de l'autre, les autorités locales compétentes devront immédiatement en avertir les consuls généraux, consuls et vice-consuls du district, et ceux-ci devront, de leur côté, donner le même avis aux autorités locales, s'ils en ont connaissance les premiers.

En cas de décès de leurs nationaux sans avoir laissé d'héritiers ou d'exécuteurs testamentaires, ou dont les héritiers ne seraient pas connus, seraient absents ou incapables, les consuls généraux, consuls et vice-consuls devront faire les opérations suivantes :

1° Apposer les scellés, soit d'office, soit à la réquisition des parties intéressées, sur tous les effets mobiliers et papiers du défunt, en prévenant d'avance de cette opération l'autorité locale compétente, qui pourra y assister et même, si elle le juge convenable, croiser de ses scellés ceux qui auront été apposés par les consuls, et, dès lors, ces doubles scellés ne seront levés que d'un commun accord.

2° Dresser aussi, en présence de l'autorité locale compétente, si elle croit devoir s'y présenter, l'inventaire de tous les biens et effets qui étaient possédés par le défunt.

En ce qui concerne la double opération, tant de l'apposition des scellés, laquelle devra toujours avoir lieu dans le plus bref délai, que de l'inventaire, les consuls généraux, consuls et vice-consuls fixeront, de concert avec l'autorité locale, le jour et l'heure où ces deux opérations devront avoir lieu ; ils la feront prévenir par écrit, et elle donnera un récépissé de l'avis qu'elle aura reçu. Si l'autorité locale ne se rend pas à l'invitation qui lui aura été faite, les consuls procéderont, sans retard et sans autre formalité, aux opérations précitées.

Les consuls généraux, consuls et agents vice-consuls feront procéder, selon l'usage du pays, à la vente de tous les objets mobiliers de la succession qui pourraient se détériorer ; ils pourront administrer ou liquider en personne, ou bien nommer, sous leur responsabilité, un agent pour administrer ou liquider la succession, sans que l'autorité locale ait à intervenir dans ces nouvelles opérations, à moins qu'un ou plusieurs sujets du pays ou d'une puissance tierce n'aient à faire valoir des droits dans cette même succession ; car, en ce cas, s'il s'élevait quelque difficulté résultant d'une réclamation donnant lieu à une contestation, le consul n'ayant point le droit de décider sur cette difficulté, elle devra être déférée aux tribunaux locaux, auxquels il appartient de la résoudre, le consul agissant alors comme représentant de la succession. Le jugement rendu, le consul devra l'exécuter s'il ne croit pas à propos de former appel, ou si les parties ne se sont pas arrangées à l'amiable, et il continuera ensuite de plein droit la liquidation qui aurait été suspendue en attendant la décision du tribunal.

Lesdits consuls généraux, consuls et vice-consuls seront, toutefois, tenus de faire annoncer la mort du défunt dans une des gazettes de leur arrondissement, et ils ne pourront faire la délivrance de la succession ou de son produit aux héritiers légitimes ou à leurs mandataires qu'après avoir fait acquitter toutes les dettes que le défunt pourrait avoir contractées dans le pays, ou qu'autant qu'une année se sera écoulée depuis la date du décès, sans qu'aucune réclamation ait été présentée contre la succession.

Il est, en outre, entendu que le droit d'administrer et de liquider les successions des Français décédés au Brésil appartiendra au consul de France, même dans le cas où les héritiers seraient nés au Brésil, par réciprocité de la faculté qu'ont les consuls du Brésil en France d'administrer ou de liquider les successions de leurs nationaux, dans les cas analogues.

CHILI

*Extrait du traité d'amitié, de commerce et de navigation, du 15 septembre 1846. — Articles 23 et 27*

Art. 23. — En cas de décès de leurs nationaux, les consuls respectifs en seront avertis le plus tôt possible par l'autorité locale compétente ; ils pourront croiser de leurs scellés ceux qui auraient été déjà mis par cette autorité, et, dans ce dernier cas, les doubles scellés ne pourront être levés que de concert. Ils seront de droit les représentants de ceux de leurs nationaux qui pourraient être intéressés dans une succession, et qui, ne se trouvant pas sur les lieux où la succession est ouverte, n'auraient pas constitué de mandataire. En cette qualité, ils exerceront les mêmes droits que l'héritier aurait pu exercer lui-même, moins celui de recevoir les fonds ou effets provenant de la succession. Pour les recevoir, il sera nécessaire qu'ils soient porteurs d'une procuration spéciale. Lesdits fonds ou effets, jusqu'à la réception de cette procuration, seront déposés entre les mains d'une personne au choix du consul et de l'autorité locale; ils pourront enfin, quand ils y seront invités par leurs nationaux, intervenir dans les inventaires, estimations, nominations de dépositaires et autres actes semblables, pour que les droits de leurs nationaux soient protégés.

..........................................................................................

Art. 27. — Les droits établis par le présent traité, en faveur des sujets français, sont et demeurent communs aux habitants des colonies et possessions françaises, et, réciproquement, les sujets chiliens jouiront, dans les colonies et possessions françaises, des avantages qui sont ou qui seront accordés au commerce et à la navigation de la nation la plus favorisée.

PÉROU

*Extrait du traité d'amitié, de commerce et de navigation, du 9 mars 1861. — Article 37*

Art. 37. — Les consuls auront droit d'intervenir, en cas de décès *ab intestat* de sujets ou citoyens de leurs nations respectives, en tout ce qui est relatif aux inventaires à dresser, à la sécurité, conservation, administration et liquidation de la succession, et d'en faire la remise aux héritiers légitimes ou à leurs mandataires dûment autorisés, en se conformant aux lois du pays, en tant qu'elles ne s'opposent pas à la concession de ce droit. Comme conséquence de cette stipulation, les consuls respectifs pourront, au décès de leurs nationaux, quand ils n'auront pas fait de testament, ni désigné d'exécuteur testamentaire, après avis donné au juge d'arrondissement et avec son intervention.

1° Apposer les scellés, soit d'office, soit à la requête des parties intéressées, sur les effets mobiliers, y compris les valeurs métalliques et les bijoux, et sur les papiers du défunt, en prévenant d'avance sur cette opération un des juges territoriaux compétents, qui pourra y assister, et même, s'il juge convenable, croiser de ses scellés ceux qui auraient été apposés par le consul, et, dès lors, ces doubles scellés ne seront levés que de concert. Toutefois, il est bien entendu que le juge ne pourra se refuser à obtempérer à la demande du consul en pareil cas;

2° Dresser aussi, en présence dudit juge compétent, si celui-ci croit devoir se présenter, l'inventaire de la succession et l'inviter à signer;

3° Faire procéder, en temps opportun et suivant l'usage du pays, à la vente des effets mobiliers susceptible de détérioration;

4° Administrer et liquider personnellement ou nommer sous leur responsabilité un agent pour administrer et liquider la succession, sans que l'autorité locale ait à intervenir dans ces nouvelles opérations, à moins qu'un ou plusieurs sujets ou citoyens du pays dans lequel sera ouverte ladite succession ou les sujets ou citoyens d'une tierce puissance n'aient à faire valoir des droits dans cette même succession; car, dans ce cas, et s'il survient pendant toute la durée des douze mois qui suivront le jour du décès des difficultés entre les intéressés, elle seront jugées par les tribunaux compétents du pays, les consuls agissent alors comme représentants de la succession. Il reste bien entendu, toutefois, que si ces intéressés, d'un commun accord, déclarent volontairement et formellement s'en rapporter à la décision du consul, pour le réglement de leurs droits sur ladite succession, les tribunaux territoriaux n'auront pas à intervenir;

5° Conserver en dépôt, dans la caisse de leurs chancelleries respectives, le produit net de la succession, lequel, après douze mois révolus, à dater du jour du décès, et après l'acquittement des dettes contractées dans le pays du défunt et dont le paiement aura été réclamé avant l'expiration des douzes mois précités, sera délivré, soit aux héritiers légitimes ou légataires, soit à leurs mandataires dûment autorisés. A défaut d'héritier ou de légataire, le produit de la succession sera transmis, après ledit terme de douze mois, par les consuls français, à la caisse des dépôts et consignations à Paris, et, par les consuls péruviens, à la trésorerie de Lima.

Pour l'accomplissement des paragraphes précédents, les consuls respectifs sont tenus de faire annoncer mensuellement, dans une des gazettes publiées mensuellement dans leur arrondissement consulaire, et ce pendant une année, la mort du défunt et l'ouverture de la succession.

Il est, d'un autre côté, bien entendu que si, après les douze mois écoulés à partir du décès et postérieurement à la délivrance des fonds et valeurs de la succession aux ayants-droit, ou à leur transmission par les consuls des États respectifs, soit à la caisse des dépôts et consignations à Paris, soit à la trésorerie de Lima, il se présente des créanciers retardataires, ceux-ci auront toujours le droit de revendiquer le montant de leurs créances dûment constatées, sans qu'il puisse leur être opposé d'autre prescription que celle établie en matière civile par les lois du pays auquel appartenait le défunt, et aux tribunaux duquel seront toujours déférées leurs réclamations.

Dans le cas où le défunt sera décédé à une distance telle de la résidence du consul que celui-ci ne puisse pas s'y transporter immédiatement ou y envoyer, sous sa responsabilité, une personne de sa confiance, le juge compétent de la localité, après avoir prévenu sans retard le consul de ce décès, procédera à l'apposition et à la levée des scellés, à la confection de l'inventaire et au retrait des effets mobilier, valeurs métalliques et bijoux, à la vente desdits effets et à la transmission du montant intégral, sauf les frais judiciaires de ladite succession, au consul, lequel en demeurera dépositaire, ainsi qu'il est convenu au cinquième paragraphe du présent article. Le consul pourra, dans l'intérêt des héritiers, exciter le zèle du juge, afin que ces diverses opérations s'accomplissent avec la plus grande célérité possible.

### VÉNÉZUÉLA

*Extrait de la convention consulaire du 24 octobre 1856. — Article 8*

Art. 8. — Les consuls respectifs pourront, au décès de leurs nationaux morts sans avoir testé ni désigné d'exécuteurs testamentaires :

1° Apposer les scellés, soit d'office, soit à la réquisition des parties intéressées, sur les effets mobiliers et les papiers du défunt, en prévenant d'avance de cette opération l'autorité locale compétente, qui pourra y assister, et même, si elle le juge convenable, croiser de ses scellés ceux apposés par le consul ou agent, et, dès lors, ces doubles scellés ne seront levés que de concert ;

2° Dresser aussi en présence de l'autorité compétente du pays, si elle croit devoir s'y présenter, l'inventaire de la succession ;

3° Faire procéder, suivant l'usage du pays, à la vente des effets mobiliers en dépendant ; enfin, administrer et liquider personnellement, ou nommer, sous leur responsabilité, un agent pour administrer et liquider ladite succession, sans que, d'ailleurs, l'autorité locale ait à intervenir dans ces dernières opérations, à moins qu'un ou plusieurs citoyens du pays dans lequel se serait ouverte la succession, ou les citoyens d'une tierce puissance, n'exercent quelques réclamations contre cette même succession, car, dans ce cas, et s'il survenait quelque difficulté à l'égard de ces réclamations, elles seraient jugées par les tribunaux du pays, le consul agissant alors comme simple représentant de la succession.

Lesdits consuls généraux, consuls et vice-consuls seront tenus, dans tous les cas, de faire annoncer la mort du défunt dans l'une des gazettes qui se publieront dans l'étendue de leur arrondissement, et ne pourront faire la délivrance de la succession ou de son produit, qu'après avoir fait acquitter toutes les dettes que le défunt pourrait avoir contractées dans le pays, ou qu'autant qu'une année se sera écoulée depuis la date de la publication du décès, sans qu'aucune réclamation ait été présentée contre la succession.

Il est entendu que, dans le cas où les héritiers viendraient à se présenter eux-mêmes dans le pays, le consul, à quelque époque que cela arrive, sera tenu de leur rendre compte et de remettre, s'ils l'exigent, l'administration de la succession entre leurs mains. Il en sera de même si lesdits héritiers constituent, par acte authentique, un ou plusieurs fondés de pouvoirs pour agir en leur nom. Dans tous les cas, la liquidation définitive, et surtout la vente des biens fonciers ne pourra avoir lieu qu'un an après la mort du défunt, à moins que le consul ne soit spécialement autorisé par les héritiers eux-mêmes à devancer ce terme.

## (14 novembre 1866)

**DÉP. M.** *Rappel des disp sitions contenues dans la circulaire du 25 mai 1846.*

BAT. II, p. 667.

En examinant l'état de liquidation et le procès-verbal d'inventaire dressés par le conseil d'administration du 3e régiment d'infanterie de marine, après la mort de M. le sous-lieutenant C..., décédé à Saïgon, le 21 mai dernier, il a été remarqué qu'il existe une différence, au préjudice de la succession de cet officier, entre la somme versée dans la caisse des gens de mer et celle résultant de l'état de liquidation.

.....................................................................................................

.....................................................................................................

Afin de faire cesser les incertitudes de ce genre et mieux assurer l'ordre et la régularité en ce qui concerne la gestion des successions maritimes, il a paru utile de rappeler ici les dispositions de la circulaire du 25 mai 1846, d'après lesquelles il ne doit être généralement admis en dépense, dans les liquidations de succession, que les dettes privilégiées telles qu'elles sont définies par le Code Napoléon, article 2101.

Il importe, en effet, de ne pas perdre de vue que, en vertu de la loi, la succession d'un militaire, d'un fonctionnaire ou d'un agent du Département de la marine, décédé dans les colonies, est ouverte là où le défunt avait son domicile légal, c'est-à-dire au lieu de sa naissance, à défaut d'autre indication de domicile constaté par un acte régulier.

C'est ce qui fait que les produits de successions des colonies sont, pour la plupart, remis en France, parce que là se trouvent les familles des décédés et que là, par conséquent, doivent être réglés les intérêts des ayants droit.

D'après les considérations qui précèdent, vous reconnaîtrez qu'il y a lieu de maintenir *en principe* l'application des dispositions contenues dans la circulaire précitée du 25 mai 1846, sauf, bien entendu, les cas où la règle rencontrerait une exception, dont il y aurait raisonnablement à tenir compte.

Vous voudrez bien également recommander :

1° D'opérer le versement, dans la caisse des gens de mer, de la totalité du produit de chaque succession ;

2° De signaler avec soin, sur les pièces de recette, l'origine des sommes versées :

3° De faire figurer avec toutes les indications désirables, sur les états de liquidation, l'ensemble des sommes composant l'actif et le passif de la succession.

DE CHASSELOUP-LAUBAT.

(11 février 1867)

**A. G.** *promulguant le décret du 27 janvier 1855, sur les curatelles aux successions et biens vacants à la Martinique, à la Guadeloupe et à la Réunion ; — Mesures d'exécution.*

BAT. II, p. 667

B. C., p. 295.

Le décret du 27 janvier 1855, portant règlement d'administration publique sur les curatelles aux successions et biens vacants à la Martinique, à la Guadeloupe et à la Réunion, est promulgué en Cochinchine, et sera exécuté dans toutes les dispositions compatibles avec l'organisation administrative et l'organisation judiciaire de la colonie.

(1) Le chef du bureau de l'enregistrement remplira, pour toute la Cochinchine française, les fonctions de curateur d'office.

(2) Il sera dispensé du dépôt d'un cautionnement, et n'aura droit à aucune remise à raison de ces fonctions.

(3) Le conseil de curatelle se composera du substitut du procureur impérial, président, du lieutenant de juge et d'un délégué du Directeur de l'Intérieur.

Le présent arrêté sera provisoirement exécutoire, sauf l'approbation ultérieure de Son Exc. le ministre de la marine et des colonies (4).

G. OHIER.

(7 mars 1868)

**CIRC. M.** *au sujet des attributions du commissaire aux revues et du commissaire de l'inscription maritime, en matière de succession de fonctionnaires et agents du Département de la marine.*

BAT. II, p. 675.

B. M., p. 314.

Par la lettre du 31 août dernier, n° 537, vous m'avez rendu compte d'une dissidence d'opinions qui s'est produite entre M. l'ordonnateur et M. le contrôleur colonial, au sujet des obligations respectives qui incombent au détail des revues et à celui de l'inscription maritime dans la gestion des successions des fonctionnaires et des agents civils et militaires de la colonie.

Le décret du 27 janvier 1875, portant règlement d'administration publique sur la gestion des successions et biens vacants aux Antilles et à la Réunion, a maintenu entre les mains des agents de la marine le droit d'administrer exclusivement les successions des fonctionnaires et divers salariés du Département. Son article 26 porte, il est vrai, que le commissaire aux revues procède à

(1) V. *Infrà*, A. G., 24 décembre 77.
(2) V *Infrà*, A. G., 5 septembre 1872.
(3) V. *Infrà*, A. G., 8 juin 1869.
(4) App. Dep. M, 14 août 1868.

l'apposition des scellés et administre les successions; mais il ajoute : « suivant les formes e » règles déterminées par les lois et ordonnances de la marine ».

Or, en se reportant aux actes qui régissent la matière, on voit que le commissaire de l'inscription maritime a un rôle actif à remplir en pareil cas. Ce rôle est ainsi défini, dans l'instruction du 28 novembre 1856 : « Les commissaires de l'inscription maritime recueillent les successions de » marins, officiers et autres agents de la marine décédés dans les colonies et en font la liquidation » en se conformant aux prescriptions des lois et règlements sur les successions en général. »

Les mesures adoptées à la Martinique, et que M. l'ordonnateur de... voudrait faire appliquer à..., sont conformes aux principes, et je ne puis, par conséquent, qu'y donner mon approbation.

Ainsi, dès que l'avis du décès d'un fonctionnaire ou agent parvient au commissaire aux revues, celui-ci doit, s'il y a lieu, requérir l'apposition, et, ultérieurement, la levée des scellés, faire faire l'inventaire administratif, procéder à la vente de ceux des objets dépendant de la succession qu'il ne paraît pas à propos de conserver en nature pour la famille absente ; il établit le décompte de la solde acquise, fait les diligences nécessaires pour le recouvrement des dettes actives, et prépare les pièces au moyen desquelles sont versés ou déposés immédiatement à la caisse des gens de mer, avec le concours du commissaire de l'inscription maritime, le numéraire, les effets de portefeuille, les bijoux et autres valeurs ; il doit, en outre, par des insertions au *Journal officiel*, ou tout autre moyen de publicité, inviter les créanciers du défunt à produire leurs titres dans un délai déterminé, et recueillir de cette façon : les factures, comptes, bordereaux, états de dépenses et autres éléments au passif de la succession. Ces préliminaires achevés avec toute la promptitude qu'ils peuvent comporter, le commissaire aux revues dresse, en double expédition, par *débit* et *crédit*, un compte provisoire de la liquidation de ladite succession, et le transmet, avec les pièces à l'appui, au commissaire de l'inscription maritime, qui lui en donne décharge par un récépissé mis au bas de l'une des expéditions. A partir de ce moment, le commissaire aux revues n'a plus à s'occuper de la succession et doit envoyer à son collègue toutes les réclamations auxquelles elle peut donner lieu.

Le commissaire de l'inscription maritime classe alors les dettes suivant le privilège que la loi accorde à chacune d'elles, mandate, en proportion de l'actif, celles qui sont privilégiées, conserve les titres des autres créanciers au dossier, prépare les remises à faire à Paris, et, dans ce but, dresse la liquidation définitive, faisant ressortir le reliquat à envoyer en France. Si, postérieurement au compte de liquidation provisoire établi par le commissaire aux revues, il se manifestait de nouvelles ressources, et s'il survenait de nouvelles réclamations, c'est, comme je l'ai dit plus haut, le commissaire de l'inscription maritime qui aurait à en connaître.

Il est d'ailleurs bien entendu que lorsque les familles présentes sur les lieux revendiquent, avec raison, la gestion des successions ouvertes à leur profit, il convient de les leur remettre dans l'état où elles se trouvent et moyennant les décharges propres à garantir la responsabilité de l'Administration.

Je n'ai pas besoin de faire remarquer que les dispositions qui précèdent ne concernent pas les successions des marins inscrits et des passagers, lesquelles restent dans les attributions exclusives du commissaire de l'inscription maritime.

RIGAULT DE GENOUILLY.

(8 juin 1869)

**A. G.** *Modification de l'arrêté du 11 février 1867 relatif aux successions et biens vacants.*

BAT. II, p. 695.

B. C., p. 69.

La partie de l'arrêté en date du 11 février 1867, portant institution d'un conseil de curatelle, est rapportée.

G. OHIER.

(28 juin 1869)

**DÉP. M.** *au sujet d'une succession.*

BAT. II, p. 696.

Par dépêche en date du 23 février dernier, vous m'avez transmis les explications de M. le chef du service de l'enregistrement, au sujet de la succession du sieur J..., dont le produit a été plusieurs fois réclamé à mon Département par les héritiers ou en leur nom.

Il résulte de ces explications que si M. le chef du service de l'enregistrement et des domaines n'a pas encore envoyé en France le montant de la succession J..., c'est parce qu'il n'a pu opérer le recouvrement d'une somme de 59 fr. 20 cent. due par un sieur R..., et qu'aux termes des articles 10, 33 et 41 du décret du 27 janvier 1855, le curateur ne peut se dessaisir des fonds provenant d'une succession que lorsque l'actif est complétement liquidé, et que la curatelle a été judiciairement déchargée de sa gestion. Dans ces circonstances, les héritiers J..., d'après M. le chef de l'enregistrement et des domaines, s'ils ne veulent pas attendre le recouvrement de la créance R..., devraient solliciter une autorisation judiciaire permettant au curateur de faire l'envoi des fonds qu'il a encaissés, à moins qu'ils ne préfèrent se faire représenter dans la colonie par un mandataire qui reprendrait pour eux, et en leur nom, la succession des mains du curateur, et l'en déchargerait.

Cette doctrine me paraît contraire aux intérêts des héritiers, de même qu'à l'esprit et à la lettre du décret de 1855. En effet, si elle était admise, il suffirait d'un débiteur récalcitrant pour obliger les héritiers à des dépenses le plus souvent hors de toute proportion avec l'importance de la succession, et pour que la curatelle fût en droit de retenir indéfiniment, au préjudice des héritiers, les fonds déjà perçus. L'article 33 du décret dispose, il est vrai, qu'aucun envoi de fonds appartenant à une succession ne peut être fait pendant la durée de l'administration du curateur, si ce n'est en vertu d'autorisation de justice ; mais le décret n'impose pas aux héritiers l'obligation de solliciter eux-mêmes cette autorisation. C'est par conséquent au chef du service judiciaire qui, aux termes de l'article 35 du décret précité de 1855, est chargé de la surveillance spéciale de la curatelle, qu'il appartient, lorsque le Département réclame l'envoi des fonds, de provoquer toute décision judiciaire, à l'effet d'autoriser le curateur à faire la remise de ceux qu'il a recueillis, avant la liquidation complète de l'actif d'une succession.

Dans ces circonstances, monsieur le Gouverneur, je vous prie de vouloir bien inviter M. le procureur général à faire autoriser le curateur à verser entre les mains du trésorier-payeur de la colonie, pour le compte de la caisse des dépôts et consignations, les sommes provenant de la succession J..., sans attendre le recouvrement de la créance due par le sieur R...

RIGAULT DE GENOUILLY.

(9 octobre 1869)

**CIRC. M.** *Dispositions nouvelles concernant les effets et valeurs appartenant à des passagers décédés en mer, sur les paquebots transatlantiques.*

B. M., p. 223.

(29 janvier 1872)

**CIRC. D. I.** *Successions des Indigènes tombées en déshérence. — Annexe.*

BAT. I, p. 60.

B. D. I, p. 7.

J'ai l'honneur de vous adresser copie d'une lettre de M. le chef du bureau de la justice indigène qui rappelle les dispositions et indique les formalités d'après lesquelles doit être réglé l'emploi du produit des successions en déshérence.

GIBERT DES MOLIÈRES.

ANNEXE

Un décret de la quatrième année de Thieutri (dont je joins copie), règle cette question de succession en deshérence.

D'après ce décret, s'il n'existe personne à succéder, les 7/10es de la succession sont acquis à l'État ; cet argent n'entre point au Trésor, il est employé à des travaux d'utilité ou à des secours, etc. ; 3/10es sont donnés à un serviteur du défunt, à charge d'entretenir les tombes de la famille ; si cependant la succession n'atteint pas 3.000 francs, tout doit être remis à la personne qui soignera les tombes. Enfin, quel que soit le chiffre de la succession, la part de huong-hoa ne peut dépasser 3.000 francs ou 30 maus de rizières.

Il n'y a pas de formalités particulières prescrites. Mais l'autorité provinciale devait adresser au Ministre un rapport attesté de toutes les personnes pouvant certifier l'exactitude du fait. Sur une décision du Roi, l'héritage était partagé et encaissé.

Ainsi donc, je crois que, si l'héritage est de moins de 3.000 francs, l'État doit en prendre les 7/10es et remettre les 3/10es autres à un domestique ou serviteur, ou ami de la famille, à titre de huong-hoa, sans que le huong-hoa puisse dépasser 3.000 francs ou 30 maus de rizières.

Le fait doit être exposé par l'inspecteur et attesté par les déclarations du tong et des villages compétents, et une décision du Gouverneur doit notifier le tout.

PHILASTRE.

(5 septembre 1872)

**A. G.** *fixant le cautionnement des receveurs de l'enregistrement et des domaines investis de la curatelle. (Art. 3 du décret du 27 janvier 1855 portant règlement d'administration publique sur la curatelle aux successions et biens vacants dans les colonies.)*

BAT. II, p. 696.
B. C., p. 238.

Article premier. – Le receveur de l'enregistrement et des domaines investi de la curatelle, fournira le cautionnement exigé par l'article 3 du décret susvisé.

Ce cautionnement est fixé à 2.500 francs en numéraire.

Art. 2. — Le curateur aura droit, à partir du 1er janvier 1873, aux remises qui lui sont allouées par l'article 7 du même décret, sans que ces remises puissent s'élever au-dessus de 5 p. 100.

Art. 3. — Le curateur actuellement en fonctions devra justifier du versement de son cautionnement dans les six mois du présent arrêté.

Art. 4. — Sont et demeurent abrogées toutes les dispositions antérieures contraires.

C. D'ARBAUD.

(26 mars 1873)

**A. G.** *application des dispositions de l'art. 66 de l'arrêté ministériel du 20 juin 1864.*

BAT. II, p. 697.
B. C., p. 85.

Article premier. — Les dispositions de l'article 66 de l'arrêté ministériel du 20 juin 1864, sont rendues applicables dans la colonie, à partir du 1er janvier 1872.

Art. 2. — Cette mesure ne concerne pas les recouvrements effectués pendant l'année 1872 au titre des successions déjà remises aux ayants-droits et sur lesquelles les allocations du trésorier-payeur n'ont pas été réservées.

DUPRÉ.

(5 août 1873)

**A. G.** *Ouverture d'un compte accessoire dans les écritures du Trésor pour l'encaissement provisoire des produits de ventes d'effets ou d'objets provenant de successions maritimes et de bris et naufrages qui ne pourront être immédiatement encaissés au compte du service « Gens de mer ».*

BAT. I, p. 304.
B. C., p. 273.

Article premier. — A partir du 1er août courant, les dispositions de la circulaire ministérielle précitée seront appliquées en Cochinchine.

En conséquence, tous les produits de vente d'effets ou d'objets provenant de successions maritimes et de bris de naufrages qui ne pourront être immédiatement encaissés au compte du service *Gens de mer*, seront provisoirement reçus par le trésorier-payeur à un compte accessoire ouvert dans ses écritures, sous le titre : *Correspondants des trésoriers coloniaux. — Opération pour le compte de l'établissement des invalides de la marine à appliquer ultérieurement.*

Art. 2. — Ces produits seront pris en recette par le comptable supérieur, sur la production d'ordres de versement conformes au modèle ci-joint et établis suivant le cas par les détails des revues et de l'inscription maritime. Ils donneront lieu, comme toutes les autres recettes, à la délivrance de récépissés à talon.

Art. 3. — Aussitôt après l'établissement des procès-verbaux de ventes, les sommes versées en compte accessoire seront reportées définitivement, par le trésorier-payeur, au titre du service *Gens de mer*, d'après les mandats réguliers de recette délivrés par le détail de l'inscription maritime et appuyés des justifications exigées par l'instruction ministérielle du 19 décembre 1859.

DUPRÉ.

(20 décembre 1873)

**DÉP. M.** *Versement opéré à tort à la curatelle des biens vacants.*

BAT. II, p. 696.

Par une lettre du 24 septembre dernier, relative à la succession du sieur X..., pilote de la rivière de Saïgon, vous m'avez fait connaître que, sur la demande du curateur aux biens vacants, le commissaire de l'inscription maritime avait cru devoir faire sortir de la caisse des Gens de mer, qui les avait reçues conformément aux règlements, des sommes relativement importantes dont le recouvrement n'avait causé aucune dépense, et qui auraient pu être envoyées en France où se trouvent les héritiers.

D'après les informations contenues dans votre lettre, cette succession *maritime* pouvait donner lieu à deux liquidations distinctes : la première résultant de l'actif réalisé sans frais et versé dans la caisse des gens de mer, sauf imputation des dépenses provenant du paiement des dettes privilégiées; la deuxième établie par la curatelle à laquelle l'Administration, usant de la faculté laissée par le décret du 27 janvier 1855, aurait confié la portion qui pouvait paraître litigieuse.

Le curateur aux biens vacants aurait d'ailleurs trouvé, comme vous le faites observer vous-même, dans l'application des dispositions du chapitre IV du susdit décret, les moyens de subvenir aux dépenses que cette gestion aurait pu nécessiter, et il n'y aurait eu, par conséquent, aucun motif de verser entre ses mains les sommes réalisées. C'est cette marche qu'il convient de suivre.

Dans les cas analogues, l'envoi en France des fonds versés à la caisse des Gens de mer, ainsi que de la liquidation dressée par l'administration de la marine, devra toujours être accompagné des informations recueillies sur l'importance des créances à recouvrer qui auront constitué la partie litigieuse de la succession, afin que, suivant les circonstances, le paiement des sommes réalisées puisse être effectué ou différé.

Il est regrettable que M. le commissaire de l'inscription maritime n'ait pas soumis ses doutes à l'autorité supérieure avant d'obtempérer à la demande du curateur auquel il devait se dispenser de verser des sommes dont la recette avait été régulièrement faite par la caisse des Gens de mer, et dont une partie figure à ce titre dans les écritures de Paris.

D'HORNOY.

(15 juin 1874)

**DÉP. M.** *au sujet des traites et autres effets de portefeuille provenant des successions maritimes. Mode à suivre pour leur envoi en France.*

BAT. II, p. 697.

Par une lettre du 10 avril dernier, n° 263, vous m'avez soumis une divergence d'opinion qui s'est produite entre l'Administration et le Trésor, au sujet de l'encaissement *provisoire*, dans la colonie, des traites et autres effets de portefeuille provenant de *successions maritimes*.

L'examen des faits que vous exposez m'a conduit à penser que l'Administration, en invoquant les prescriptions contenues dans l'article 17 de l'instruction générale du 19 décembre 1859, a perdu de vue que les trésoriers des colonies, agents directs du Trésor, n'agissent que comme préposés du trésorier général des invalides, et n'ont, quelle que soit l'imputation des mandats émis sur les divers services composant l'établissement des invalides, qu'un seul compte ayant pour titre : *trésorier général, son compte courant.*

Comme préposés, il leur est interdit de passer des écritures qui n'auraient pas pour but de débiter ou de créditer leur caisse. Ils ne peuvent donc se charger en recette du montant de traites ou autres effets de portefeuille dont la réalisation est indécise.

Il convient, dès lors de continuer à suivre, dans les cas de l'espèce, le mode employé jusqu'à ce jour, c'est-à-dire de remettre au trésorier les valeurs dont il s'agit, dans les mêmes conditions que les bijoux et objets précieux.

Mais, comme ces valeurs ne peuvent être encaissées qu'à Paris, je vous prie de donner des ordres pour qu'à l'avenir les traites, bons de poste ou autres effets de même nature me soient adressés directement, sous le timbre de la présente dépêche.

MONTAIGNAC.

(19 juillet 1876)

**DÉP. M.** *Administration des successions et biens vacants aux colonies. Fixation du tau: des remises aux curateurs.*

BAT. II, p. 698.

L'administration des successions et biens vacants aux colonies, que le décret du 27 janvier 185 a placée d'une manière toute particulière sous la surveillance des tribunaux et de la Direction d l'Intérieur a donné lieu, à diverses reprises, à des critiques fondées sur la négligence de certain curateurs, critiques que les indications fournies au Département n'ont pu, le plus souvent, atté nuer que dans une faible mesure.

Parfois même les communications adressées aux administrations coloniales sont demeurée: sans réponse, et les explications parvenues plusieurs mois après avoir été réclamées. Les héritier mis tardivement en possession des sommes qui leur sont légitimement dues ont pu se plaindre, à juste titre, de la négligence de ceux à qui l'Administration a confié la gestion de leurs biens. De: instructions du Département ont cependant prescrit l'envoi en France à bref délai du produit de: successions ouvertes dans nos colonies.

Dans le cas de négligence ou de mauvaise gestion des curateurs, l'éloignement ne saurait être un prétexte à l'impunité, et je suis décidé à réprimer les abus qui viendraient à se produire et à prononcer, le cas échéant, la responsabilité pécuniaire aussi bien contre les auteurs de ces retards que contre ceux qui les ont rendu possibles par leur défaut de surveillance.

Il importe que les vérificateurs procèdent à un examen minutieux, non seulement des registres de comptabilité des curateurs, mais encore et surtout de leur gestion antérieure.

En prenant en main les intérêts des tiers aux colonies, l'Administration a assumé une responsabilité qui commande une intervention active et efficace, et je compte sur vous, Monsieur le Gouverneur, pour que cette intervention ne fasse défaut à l'avenir. Si des désordres sont constatés dans la gestion des curateurs, il importe que mon Département en soit immédiatement averti.

Je dois, d'un autre côté, appeler votre attention sur les frais supportés par les héritiers et particulièrement sur le taux élevé des remises allouées aux curateurs, et qui, dans certains cas, se sont élevés à plus de 10 p. 100. Les frais occasionnés par l'appréhension d'une succession sont déjà suffisamment onéreux sans que les fonds revenant aux héritiers soient grevés de remises aussi excessives et le plus souvent hors de proportion avec la peine que s'est donnée le curateur.

J'ai décidé, en conséquence, que, sans provoquer, quant à présent, comme mon Département en avait eu primitivement la pensée, une révision d'ensemble du décret du 27 janvier 1855, il sera fait application d'un maximum de 5 p. 100, pour les remises allouées aux curateurs, les tribunaux ayant la faculté de calculer ces remises soit sur l'*état net*, soit sur l'*état brut* de la succession, selon que la liquidation en aura été plus ou moins difficile.

Je vous prie de vouloir bien donner connaissance à qui de droit de la présente circulaire, et de veiller à la stricte exécution des dispositions qu'elle contient.

FOURICHON.

(19 juillet 1877)

**CIRC. M.** *Le curateur ne peut accepter la procuration des héritiers.*

B. M., p. 64.

(15 décembre 1877)

**A. G.** *Il est attribué mensuellement au service local le quart des remises du curateur aux successions vacantes.*

BAT. II, p. 698.
B. C., p. 403.

Tant que les secrétaires attachés aux bureaux de la curatelle aux successions vacantes seront salariés par le gouvernement, le quart des remises, fixé à 5 p. 100 du produit brut des valeurs gérées pour toutes les successions dont l'avoir excède deux cents francs, sera compté mensuellement par le curateur au Trésor local, en atténuation de la dépense à sa charge.

Cette mesure aura son effet à partir du 1er janvier 1878.

J. LAFONT.

(18 décembre 1877)

**DÉP. M.** *au sujet du compte sommaire des successions vacantes.*

ARCH. GOUV.

Par lettre du 19 septembre dernier, relative à la succession B..., vous m'avez fait connaître que le préposé de la caisse des dépôts et consignations exige à l'appui de chaque versement en matière de succession remboursable en France le compte sommaire de la succession.

Vous me proposez, par suite, de décider que pour éviter un double emploi, les comptes dont il s'agit seront à l'avenir remis par le curateur aux trésoriers et ne seront plus renvoyés au Département.

Je ne puis partager cette manière de voir, attendu que c'est au Département de la marine seul qu'incombent l'administration et la liquidation des successions vacantes, et, par suite, le droit de contrôle en matière de gestion du curateur aussi bien que la justification de cette gestion auprès des ayants droit.

J'ai fait part de ces observations à M. le Directeur général de la caisse des dépôts et consignations qui m'a fait connaître en réponse qu'il a transmis au trésorier-payeur de Cochinchine des instructions pour l'engager à ne pas réclamer la remise du compte sommaire des successions vacantes dont le solde est consigné entre ses mains, pour être remboursé en France.

M. D... ajoute que la réclamation de ladite pièce n'a jamais été prescrite par aucune instruction émanée de son administration.

ROY.

(24 décembre 1877)

**A. G.** *portant modification à l'arrêté du 11 février 1867, sur l'administration des successions et biens vacants.*

BAT. II, p. 698.
B. C., p. 408.

Article premier. — Le 2e alinéa de l'arrêté du 11 février 1867 est modifié ainsi qu'il suit :

« Le receveur des domaines de Saïgon est investi des fonctions de curateur d'office aux successions et biens vacants, dans toute l'étendue de la Cochinchine française.

« Le curateur administre pareillement les successions de nos nationaux décédés au Cambodge (1).

« Sont exceptées de cette administration : 1° les successions des fonctionnaires et agents civils et militaires, salariés par l'État ou la colonie, dévolues au commissariat aux revues, d'après les lois et ordonnances de la marine ; 2° les successions des indigènes et Asiatiques assimilés, qui demeurent régies par le Code, la juridiction et les coutumes annamites. »

Art. 2. — En dehors du ressort des tribunaux français de Saïgon, le curateur se fera valablement représenter en justice et aux opérations de scellés, d'inventaire, de vente et autres, par le 2e ou à son défaut, par le 3e administrateur des affaires indigènes, et au Cambodge par l'adjoint du représentant français, ou à son défaut, par l'un des secrétaires du Protectorat.

J. LAFONT.

(25 avril 1879)

**CIRC. M.** *au sujet de l'apurement des comptes de successions vacantes et de l'envoi en France des bijoux et papiers dépendant de ces successions.*

BAT. II, p. 699.

Mon attention a été appelée sur les délais souvent excessifs qu'entraine l'apurement des comptes de successions vacantes.

En thèse générale, et tout en tenant compte du soin qui doit être apporté à l'apurement annuel

(1) Par nationaux il faut entendre non seulement les résidents français, mais encore tous les résidents soumis à la juridiction du Protectorat français.

des comptes de la gestion du curateur, je désire qu'il soit procédé à cette formalité dans le plus bref délai possible.

J'ajoute que, lorsqu'une dépêche ministérielle a prescrit l'envoi en France soit de l'actif disponible, soit du produit net d'une succession vacante, il y a lieu de ne pas faire supporter par les ayants-droit les délais nécessités par l'apurement annuel des comptes du curateur. Par suite, aussitôt que le curateur sera en mesure d'opérer un versement prescrit par le Département, il devra présenter au tribunal le compte de la succession qui fera l'objet d'un apurement spécial.

Je vous rappelle, à cette occasion, que l'ordre de versement à la caisse des dépôts et consignations du produit d'une succession vacante implique l'envoi au Département des bijoux et papiers dépendant de la succession, et que les frais d'expédition de ces objets doivent être, autant que possible, prélevés sur la succession avant le versement.

Les caisses renfermant les bijoux doivent être scellés par cinq cachets et porter la suscription suivante :

« *Monsieur le ministre de la marine et des colonies.*

Direction des colonies : Succession vacante du sieur

*Annexe à la dépêche du* n° . »

Les papiers conservés pour la famille seront joints à la lettre d'envoi du récépissé du versement. Dans le cas où ces papiers présenteraient un volume considérable, ils feront l'objet d'un envoi spécial comportant la suscription précitée.

JAURÉGUIBERRY.

(28 juin 1880)

**DÉP. M.** *Communication d'un arrêt de la Cour de cassation, annulant un arrêt de la Cour d'appel de Saïgon dans l'affaire de la succession G.... — Arrêt.*

B. C., p. 403.

Par une lettre du 20 août 1878, votre prédécesseur m'a fait connaître les difficultés que devait rencontrer l'Administration de la marine, en Cochinchine, dans la gestion des successions maritimes, par suite de l'arrêt rendu le 21 juin 1878 par la Cour d'appel de Saïgon, dans l'affaire G...

Partageant en tous points les considérations développées, par M. le commissaire B..., dans le rapport qui accompagnait la lettre précitée, je me suis empressé, après avoir pris l'avis du comité consultatif du contentieux de la marine, de déférer l'arrêt en question à M. le Garde des sceaux, ministre de la justice.

Vous trouverez ci-joint copie de l'arrêt rendu, le 10 mai dernier, par la Cour de cassation, annulant, dans l'intérêt de la loi seulement, celui de la Cour d'appel de Saïgon, en date du 21 juin 1878.

ANNEXE

*Arrêt de la cour de cassation* (1).

(2 février 1881)

**CIRC. D. I.** *au sujet des attributions des administrations, en matière de gestion de successions.*

B. D. I, p. 8.

A la suite du décès d'un employé, survenu dans une localité de l'intérieur, un de vos collègues a cru pouvoir considérer sa veuve comme unique héritière, par le fait seul qu'elle était sans enfants. Par suite, les biens de la succession ont été dévolus à cette dernière, sans qu'elle eût produit son contrat de mariage, sans qu'on eût acquis la preuve que le défunt, à défaut d'enfants, ne laissait pas de parents au degré successible, en un mot, sans que les formalités légales eussent été observées.

De pareilles irrégularités sont de nature à amener des réclamations, à faire naître de graves embarras, et, en particulier, à faire peser sur leurs auteurs une responsabilité matérielle à laquelle ils ne pourraient pas échapper. Aussi me semble-t-il utile de vous rappeler les règles auxquelles vous avez à vous conformer dans ces circonstances.

Officiers de l'état civil, vous devez, en recevant une déclaration quelconque de décès, vous informer si le défunt a des héritiers présents ou connus et s'il a laissé des sommes d'argent, des effets mobiliers, etc. Les informations ainsi recueillies, surtout si elles tendent à établir que les héritiers ne sont ni présents ni connus, sont transmises sans retard à l'administrateur-juge de votre

(1) V. *Cour de cassation.*

résidence, pour l'apposition et la levée des scellés et pour la rédaction de l'inventaire, et, en même temps, au curateur aux successions vacantes pour l'administration éventuelle de la succession.

Toutefois, il y a lieu d'envisager ici l'hypothèse où le décédé est un fonctionnaire, employé ou agent, civil ou militaire, salarié sur les fonds de l'État ou de la colonie; la distinction suivante est alors à faire :

Si le décès s'est produit dans un arrondissement pourvu d'un chargé du service administratif, c'est à cet officier, représentant direct du commissaire aux revues, et à lui seul, que vous avez à adresser les résultats de vos informations. — C'est lui qui a qualité pour procéder aux opérations premières et prendre les mesures conservatoires que nécessite l'ouverture de la succession.

Si, au contraire, l'Administration de la marine n'a pas de représentant dans l'arrondissement, votre communication doit être faite, d'une part, à l'administrateur-juge de votre résidence, d'autre part, au commissaire aux revues à Saïgon. L'administrateur-juge appose les scellés; quant aux opérations subséquentes (levée des scellés, inventaire, nomination, s'il y a lieu, d'un gardien des biens, et vente sur place des effets mobiliers ou envoi de ces effets au chef-lieu), c'est à vous qu'il appartiendra de les consommer, si toutefois vous avez reçu, à cet effet, du commissaire aux revues, une demande de concours qui doit être effective et spéciale à chaque cas. Alors vous ne perdrez pas de vue que le montant de toute vente doit être transmis à ce dernier fonctionnaire, par une occasion sûre et avec le moins de frais possible; les bijoux, objets de prix, souvenirs ou papiers de famille lui sont aussi envoyés.

Telles sont les conditions dans lesquelles votre intervention devra se renfermer. Vous ne pouvez faire aucun paiement ni poursuivre la rentrée d'aucune dette : c'est au chef-lieu que s'opère la liquidation de la succession.

Ces instructions un peu détaillées m'ont paru nécessaires pour prévenir des erreurs dans une matière délicate, où elles peuvent avoir les plus sérieuses conséquences pour vous.

Je vous engage, d'ailleurs, en terminant, à vous pénétrer des dispositions qui font l'objet du chapitre IV du décret du 27 janvier 1855, sur les successions vacantes, promulgué dans la colonie, par arrêté du 11 février 1867.

BÉLIARD.

(24 mars 1881)

**DÉP. M.** *Des avances imputées sur les produits déposés à la caisse des Gens de mer peuvent être faites au curateur aux biens vacants chargé des immeubles ou créances litigieuses laissées par un fonctionnaire de la marine, décédé.*

B. C., p. 203.

Par lettre du 20 août 1878, vous m'avez soumis la question de savoir si l'administration de la marine, usant de la faculté qui lui a été reconnue par le rapport introductif du décret du 27 janvier 1855, lorsqu'elle remet aux soins du curateur aux biens vacants la partie immobilière ou litigieuse d'une succession, doit également verser entre les mains de cet agent les produits de solde et autres qu'elle aurait encaissé, au titre de la même succession.

La négative résulte des termes de la dépêche du 20 décembre 1873, (affaire David), adressée à l'un de vos prédécesseurs; elle est, d'ailleurs, conforme à la doctrine toujours suivie par le Département de la marine et qui vient de recevoir une nouvelle consécration dans l'arrêt rendu, le 10 mai 1880, par la Cour de cassation, infirmatif d'un arrêt de la Cour de Saïgon (succession Garrido). L'administration de la marine est, en effet, chargée spécialement de recueillir, pour les faire parvenir aux ayants-droit, les décomptes de solde, les produits d'inventaire, toutes les sommes, en un mot, qui composent généralement les successions dites *maritimes*.

C'est une mission officieuse, en quelque sorte, et toute gratuite, à laquelle elle ne saurait se soustraire, tant à cause des intérêts des familles des défunts qu'au point de vue des droits de deshérence éventuelle attribués à la caisse des invalides sur les dépôts reçus dans la caisse des Gens de mer.

Toutefois, ce principe m'a paru susceptible d'être concilié avec les termes de l'article 47 du décret de 1855 précité, d'après lesquels le fonds de prévoyance mis à la disposition du curateur n'a été créé que pour faire face aux frais indispensables et urgents occasionnés par les successions qui n'ont pas de produits réalisés. J'ai, en conséquence, décidé ce qui suit :

Lorsque la partie immobilière ou litigieuse de la succession d'un officier, fonctionnaire ou agent civil ou militaire sera remise au curateur aux biens vacants, il pourra être avancé à cet agent, sur les produits versés à la caisse des Gens de mer, et après prélèvement des créances privilégiées, une somme destinée à couvrir lesdits frais. Le curateur se concertera avec le commissaire de l'inscription maritime pour la fixation de cette somme, qui devra être évaluée d'une manière assez large, afin de prévenir tout mécompte. En cas de désaccord, l'affaire sera soumise à l'appréciation commune de l'Ordonnateur et du Directeur de l'Intérieur, et enfin, s'il est nécessaire, au Gouverneur, qui statuera définitivement.

L'avance faite, imputée sur des produits recouvrés gratuitement par l'administration de la marine, ne donnera lieu à aucune rétribution au profit du curateur et devra être reversée à la caisse des Gens de mer sur les premiers fonds réalisés par cet agent, au titre de la succession.

Un état des créances privilégiées acquittées sur les produits maritimes sera également délivré au curateur, en temps opportun, pour écarter la possibilité d'un double paiement.

J'ajouterai que le compte de liquidation établi par le commissaire de l'inscription maritime, en conformité des prescriptions de la circulaire du 7 mars 1868 me sera adressé le plus tôt possible, sans qu'il soit besoin d'attendre le remboursement de l'avance faite au curateur, et devra être accompagné des informations recueillies sur l'importance des immeubles et des créances litigieuses à recouvrer. Ces indications auront pour but de mettre mon Département en mesure de renseigner les héritiers ou autres intéressés.

G. Cloué.

(21 janvier 1882)

**DÉCRET** *portant modification de l'article 7 du décret du 27 janvier 1855, sur la curatelle aux successions et biens vacants à la Martinique, à la Guadeloupe et à la Réunion.*

B. M., p. 191.

(18 février 1882)

**CIRC. D. I.** *au sujet des attributions des administrateurs, en matière de gestion de successions.*

B. D. I, p. 6.

On me signale quelques irrégularités qui prouvent que quelques-uns de vos collègues n'ont pas une idée bien exacte de leurs attributions et de leurs devoirs en matière de gestion de successions.

Je vous prie de vouloir bien vous reporter, le cas échéant, à ma circulaire du 2 février 1881 et au décret du 27 janvier 1855, chapitre IV, vous y trouverez toutes les indications dont vous pouvez avoir besoin.

J'appellerai tout particulièrement votre attention sur les soins que vous devez apporter dans l'envoi des successions au commissaire aux revues à Saïgon. Il importe que les papiers, objets de mobilier et autres d'une succession fassent l'objet d'un seul envoi et soient embarqués sur les vapeurs des Messageries de Cochinchine, au moyen de réquisitions détaillées, en retour desquelles le capitaine du bateau devra vous délivrer un reçu. D'un autre côté, vous aurez à adresser au commissaire aux revues un bordereau également détaillé des objets faisant partie de la succession, en même temps que vous lui en annoncerez l'envoi.

Vous voudrez bien, à l'avenir, vous conformer strictement à ces instructions, en vous pénétrant bien de l'importance de vos fonctions dans le règlement des questions aussi délicates que celles des successions.

Béliard.

(5 mai 1882)

**CIRC. M.** *au sujet des biens vacants.*

B. C., p. 268.

Le Département a été consulté sur la question de savoir si le curateur aux successions et biens vacants doit appréhender tous les biens délaissés dans la colonie par les personnes non attachées au service, fussent-elles décédées hors du territoire de la colonie ou simplement absentes et non représentées.

J'ai l'honneur de vous informer que les instructions du 25 juillet 1855, pour l'exécution du décret du 27 janvier précédent, ont traité ce sujet dans les termes suivants :

« Vous remarquerez, monsieur le Gouverneur, dès les premières dispositions du décret, qu'il » s'applique aux successions et aux *biens vacants*, c'est-à-dire aux biens mêmes dont la vacance » ne résulte pas toujours du décès du propriétaire Cette extension est consacrée explicitement » dans les actes sur la curatelle à la Réunion et développée d'une manière spéciale dans un arrêté

» local du 6 septembre 1809. Dans cette colonie, le curateur paraît être de droit mis en possession » de la gestion des mandats et procurations des personnes absentes lorsque, par une circonstance » quelconque, ces pouvoirs se trouvent être délaissés. Grâce à cette disposition, assure-t-on, les » affaires d'une grande importance auraient trouvé leur salut en présence d'inévitables et funestes » préjudices, si cette disposition n'eût pas existé.

» L'édit de 1781, dans nos Antilles, garde le silence sur des situations de cette nature. Il ne s'en » suit pas, cependant, que quelque chose d'analogue n'y soit point pratiqué, et que la jurispru- » dence n'ait pas comblé une lacune qui serait regrettable. Ce qui tend à appuyer l'affirmative, » c'est que dans des rapports de vérification qui ont été adressés au Département de la marine, » depuis deux ans, il est fait mention de la saisine, par les curateurs, de biens d'individus dispa- » rus. Un rapport fait par M. le vérificateur Lhomereau-Lamothe sur la gestion du sieur Vianes, » curateur de l'arrondissement de Saint-Pierre (Martinique), relate sous le nom d'un sieur Viallon » disparu en 1818, un exemple qui offre le double cas de disparition du propriétaire et substitu- » tion de mandat, la curatelle s'étend trouvée réduite à prendre la procuration du sieur Viallon, » par suite du décès de celui qui en avait été nanti au départ de cet individu. »

Cette jurisprudence a été consacrée par l'arrêté ministériel du 20 juin 1864, qui dispose :

Article premier. — La curatelle comprend :

1° Les successions des personnes décédées aux colonies (autres que les fonctionnaires ou agents civils ou militaires) au sujet desquelles il ne se présente ni héritier, ni légataire universel, ni exécuteur testamentaire ;

2° Les biens vacants et sans maître.

Il suit de là que la curatelle est amenée à gérer les biens ou les successions d'une personne absente ou décédée hors du territoire de la colonie lorsqu'il ne se présente personne ayant qualité pour en prendre la gestion, ou lorsque le mandataire préalablement constitué vient à décéder.

Je vous prie, en conséquence, de vouloir bien donner des ordres pour que l'action du curateur s'exerce :

1° Sur les successions ouvertes dans la colonie, quel que soit le lieu de décès du défunt, lorsque celui-ci n'a pas institué d'exécuteur testamentaire, que les ayants-droit sont absents, ou qu'ils ont renoncé à la succession ;

2° Sur les biens des personnes absentes ou disparues de la colonie sans laisser de procuration, ou dont le mandataire viendrait à décéder.

Cette doctrine, qui est appliquée dans les autres colonies, me paraît conforme à la pensée du législateur de 1855, qui a eu pour but principal de sauvegarder les intérêts des ayants-droit lorsqu'ils sont éloignés de nos possessions d'outre-mer.

En outre, il peut arriver que, dans certains cas, le bureau des revues, se conformant aux instructions spéciales qui régissent son administration, ne pense pas devoir appréhender la succession ou les biens vacants d'un fonctionnaire ou agent civil ou militaire.

Les curateurs auront alors qualité pour intervenir après avoir, toutefois, constaté le refus de gestion de l'administration de la marine.

JAURÉGUIBERRY.

(5 juillet 1883)

**DÉP. M.** *au sujet des successions remises dans les colonies aux ayants droit ou à leur mandataire.*

ARCH. GOUV.

Certaines administrations coloniales négligent de signaler au Département les successions qui ayant été appréhendées par la curatelle sont remises ensuite dans la colonie soit aux ayants droit soit à leur mandataire.

Pour assurer la régularité des informations de cette nature, il importe que toutes les fois que le cas se présentera il en soit fait mention sur les états des successions liquidées avec indication de la date remise et des noms et qualités des parties prenantes.

Je vous prie de donner des ordres en ce sens à qui de droit et de m'accuser réception de la présente circulaire.

DISLÈRE.

(6 juillet 1883)

**DÉP. M.** *au sujet des états de successions liquidées; — Observations et instructions.*

ARCH. GOUV.

L'examen des états de successions liquidées et remises provisoirement au domaine que vous m'avez adressées le 30 mars dernier, a donné lieu de constater:

1° Que la colonne d'observations de chacun de ces documents n'a fait l'objet d'aucune annotation ;

2° Que les éléments de certaines successions sont présentés de telle sorte que la liquidation semble n'avoir pas fait ressortir de reliquat actif, alors qu'il y a eu en réalité un produit net, versé à la caisse des dépôts et consignations.

Pour ne citer qu'un exemple, le curateur a inscrit dans la colonne des recettes le chiffre de l'actif brut de la succession Guéno, soit 3.653 fr. 36 et il a balancé cette somme par une inscription d'égale importance dans la colonne des dépenses. Or, il ressort du dossier de la succession que cette dernière somme est le résultat de la totalisation erronée des dépenses effectives, soit 255 fr. 45 et du reliquat envoyé en France soit 3.397 fr. 91

Le curateur aurait donc dû inscrire :

1° Dans la colonne des recettes.......... 3.653 fr. 36
2° Dans la colonne des dépenses.......... 255 45
3° Dans la colonne reliquat existant au Trésor.......... 3.397 91

4° Dans la colonne d'observations: versé à la caisse des dépôts et consignations, le 19 mai 1880.

Il ne vous échappera pas, en effet, que le titre imprimé de la 3e colonne ne doit pas être pris au pied de la lettre et que du reste l'annotation portée dans la 4e colonne lui enlève son caractère primitif.

Je vous prie d'inviter le curateur à se conformer dorénavant, aux observations qui précèdent, qu'il devra également mettre en pratique, en cas de remise de fonds aux ayants droit ou à leurs mandataires, car le Département n'a, dans ce cas, aucun moyen de contrôler la situation de la succession.

A ce point de vue, il y a lieu de craindre que des successions dont le produit a pu être remis à qui de droit dans la colonie, en 1879, 1880 et 1881, n'aient également figuré sur les états de l'espèce comme n'ayant pas présenté de reliquat actif.

Vous voudrez bien m'adresser, à ce sujet, des informations complémentaires qui devront s'appliquer en outre à l'état des successions liquidées en 1882, dont vous m'avez annoncé l'envoi prochain par votre lettre précitée.

DISLÈRE.

(4 janvier 1884)

**DÉP. M.** *au sujet des successions des fonctionnaires et agents civils.*

ARCH. GOUV.

Vous m'avez signalé l'opportunité qu'il y aurait, d'après vous, à confier à la direction de l'Intérieur la gestion des successions des fonctionnaires et agents civils.

L'examen de la question m'a fait connaître que cette modification de la législation pourrait avoir pour effet de remettre cette gestion entre les mains des curateurs aux successions vacantes.

L'ensemble des dispositions qui régissent actuellement la matière a été inspiré par la sollicitude du législateur qui a entendu exercer les familles des fonctionnaires et ayant des frais de curatelle tels qu'inventaire judiciaire, intervention des tribunaux, soit pendant la gestion, soit pour apurement, remises du curateur, etc.

Dans ces conditions, la Cochinchine étant, d'ailleurs, la seule colonie qui sollicite cette modification, je ne crois pas devoir créer une législation contraire à celle qui existe dans les autres colonies, laquelle n'a jusqu'ici provoqué aucune critique.

FAURE.

(7 janvier 1884)

**CIRC. M.** *au sujet de l'apurement des comptes de curatelle et de l'envoi des états des successions liquidées.*

ARCH. GOUV.

Une circulaire du 26 avril 1866 prescrit l'envoi des états annuels des successions liquidées et remises aux domaines dans les deux mois qui suivront l'année écoulée.

D'autre part, la circulaire du 25 avril 1879 insérée au *Bulletin officiel* a fait remarquer que tout en tenant compte du soin qui doit être apporté à l'apurement annuel des comptes de gestion des curateurs il doit être procédé à cette formalité dans le plus bref délai possible.

Il a été cependant constaté que la plupart des administrations coloniales profitent le plus souvent de la totalité des délais accordés en matière d'apurement par le décret du 27 janvier 1855.

Il ne vous échappera pas que le délai total de 5 mois (3 mois pour le curateur, 2 mois pour le tribunal) n'a été prévu par les art. 37 et 39 du décret qu'en vue de la réalisation d'une double éventualité qui se produirait dans le cas où le service de la curatelle ayant acquis dans le courant d'une année une importance exceptionnelle, le rôle du tribunal serait déjà très chargé au moment du dépôt du compte.

Dans cet ordre d'idées, la circulaire de 1866 a eu pour but de règlementer la question en temps normal, de telle sorte que le curateur eût à produire son compte et le tribunal à statuer dans un délai total de deux mois.

En conséquence, j'ai l'honneur de vous prier de rappeler à qui de droit que le service judiciaire et celui de la curatelle doivent pourvoir, chacun en ce qui le concerne, à ce que les états des successions liquidées puissent être envoyés au Département dans le plus bref délai possible.

Je désire, en outre, qu'à l'avenir la mention sur ces documents de la date du jugement d'apurement soit complétée par la date à laquelle le curateur aura déposé au greffier son compte de gestion.

(9 février 1884)

**CIRC. M.** *au sujet de l'interprétation du décret du 21 janvier 1882 en ce qui concerne les successions inférieures à 200 francs; les remises dans ce cas sont allouées au curateur.*

B. M., p. 334.

(4 mars 1884)

**A. G.** *établissant un bureau d'enregistrement et de curatelle à Cholon.*

B. C., p. 86.

Article premier. — Il est établi à Cholon un bureau d'enregistrement et de curatelle asiatiques.

La curatelle asiatique s'exercera dans le ressort des communes de Saïgon et de Cholon. Elle s'appliquera à tous les Asiatiques, sans distinction d'origine et de nationalité.

Le nouveau curateur suivra les règles d'administration tracées par le décret du 27 janvier 1855 et l'arrêté ministériel du 20 juin 1854.

Il est justiciable du tribunal de première instance de Saïgon.

Dans les cas prévus par le chapitre III du décret du 27 janvier 1855, il devra prendre l'avis du conseil de curatelle déjà institué au chef-lieu.

Art. 2. — Le receveur de Cholon sera chargé :

1° Exclusivement de l'enregistrement des transactions indigènes du 20e arrondissement et des actes de la municipalité et de la police de Cholon ;

2° Concurremment avec le receveur de Saïgon, de l'enregistrement des actes sous signature privée régis par la loi française ;

3° Du recouvrement des amendes et frais de justice dus par les condamnés domiciliés à Cholon ;

4° De la perception des revenus domaniaux et de la gestion des biens sequestrés dans la ville de Cholon ;

5° De la réception des déclarations préalables aux ventes publiques de meubles effectuées à Cholon, et la surveillance de ces ventes ;

6° Du payement des frais de justice urgents du tribunal de police de Cholon.

Art. 3. — Le cautionnement du receveur-curateur de Cholon sera le même que celui du curateur de Saïgon.

Art. 4. — Le bureau de Cholon sera ouvert au public le 1er avril 1884 ; à compter de cette date, les dispositions de l'arrêté du 24 décembre 1887, contraires au présent, sont abrogées.

CHARLES THOMSON.

(29 juillet 1884)

**A. G.** *portant que le bureau de l'enregistrement et de la curatelle à Cholon sera fermé jusqu'à nouvel ordre.*

B. C., p. 283.

Article premier. — Le bureau de l'enregistrement de Cholon sera fermé jusqu'à nouvel ordre, à partir du 1er août 1884.

Art. 2. — La curatelle asiatique sera réunie, à compter du même jour, aux attributions de curateur aux biens vacants de Saïgon.

Art. 3. — L'enregistrement des transactions indigènes du 20e arrondissement et des actes de la municipalité et de la police de Cholon aura lieu, comme précédemment, au 1er bureau de Saïgon.

Art. 4. — Le 2e bureau du chef-lieu sera chargé de nouveau du recouvrement des amendes et frais de justice dus par les condamnés domiciliés à Cholon.

Art. 5. — Il sera statué ultérieurement sur la suppression ou, s'il y a lieu, sur le rétablissement du bureau de Cholon.

CHARLES THOMSON.

(22 octobre 1884)

**DÉP. M.** *Rappel aux prescriptions de la dépêche en date du 6 juillet 1883 ayant trait aux observations à porter par le curateur sur les états de successions liquidées.*

ARCH. GOUV.

J'ai l'honneur de vous rappeler l'objet de la dépêche qui vous a été adressée par le Département, sous la date du 6 juillet 1883, n° 613, et qui a trait aux annotations à porter par le curateur sur les états de successions liquidées.

Je vous prie de m'adresser, par retour du courrier, les renseignements complémentaires qui vous étaient demandés au sujet des successions qui auraient pû être remises dans la colonie aux ayants droit ou à leurs mandataires, en 1879, 1880, 1881 et 1882.

Vous voudrez bien me faire parvenir en même temps les états des successions remises au domaine en 1882 et 1883.

Je dois vous faire remarquer en outre que la succession Ducros a été portée sur l'état des successions liquidées en 1883, que vous m'avez adressé par lettre du 15 février 1884, avec la simple indication : « remise aux héritiers » alors que la circulaire du 5 juillet 1883 prescrit de porter, dans ce cas, les noms des parties prenantes sur l'État.

(5 novembre 1884)

**CIRC. M.** *concernant les réclamations des créanciers des militaires de l'armée de terre décédés aux colonies.*

B. C., p. 455.

Les produits des successions des militaires de l'armée de terre décédés dans les colonies sont versés à la Caisse des dépôts et consignations, qui en demeure comptable.

Lorsque le défunt laisse des dettes non privilégiées, les factures ou notes des créanciers sont acceptées par cette caisse comme des oppositions ; si les héritiers y consentent, l'ordonnancement a lieu au profit des créanciers, jusqu'à concurrence de leur réclamation. Dans le cas contraire, les sommes réclamées sont laissées en réserve.

Il a été reconnu indispensable d'assigner une limite au-delà de laquelle ces réclamations ne seraient plus admises, et cette limite a été fixée à cinq années au terme desquelles les oppositions pratiquées dans les formes légales doivent être renouvelées, conformément à l'article 11 de la loi du 8 juillet 1837.

J'ai, en conséquence, l'honneur de vous prier de vouloir bien inviter les commissaires aux revues à prévenir les créanciers des militaires de l'armée de terre décédés que leurs réclamations demeureront sans effet si, dans les cinq ans à compter du jour où ils les auront formulées, ils ne se sont pas entendus avec les héritiers pour obtenir le payement de leurs créances ou s'ils n'ont pas formé des oppositions régulières à la direction générale de la Caisse des dépôts et consignations, à Paris.

FÉLIX FAURE.

(6 janvier 1887)

CIRC. M. *Notification d'un décret du 31 décembre 1886 réglant les conditions dans lesquelles peuvent être apposés les scellés au décès des officiers des différents corps de la marine.*

ARCH. GOUV. (bur. mil.)

(12 juillet 1888)

CIRC. L. G. *au sujet des renseignements à fournir pour les successions des fonctionnaires et employés de la colonie, décédés.*

J. C., p. 630.

Il arrive fréquemment que les décès des fonctionnaires et employés de la colonie ne me sont pas signalés assez tôt pour que je puisse aviser en temps opportun M. le Commissaire aux revues, qui est chargé, en Cochinchine, de la liquidation des successions afférentes à ce personnel.

Il en résulte que ce fonctionnaire ne peut, le plus souvent, apposer les scellés au domicile du défunt que longtemps après le décès survenu, et il n'est pas nécessaire d'insister pour faire ressortir les graves inconvénients que présente cette façon d'opérer. Vous reconnaîtrez, en effet, qu'il est de la plus grande importance que l'apposition des scellés soit faite dans le plus bref délai possible, afin de mettre à l'abri de tout vol ou de toute tentative de ce genre les valeurs et effets mobiliers composant l'actif de la succession.

J'ai, en conséquence, l'honneur de vous prier de vouloir bien donner des ordres pour qu'à l'avenir la plus grande diligence soit apportée par les employés sous vos ordres dans la notification des décès au service compétent.

Je profite de cette occasion pour vous demander de vouloir bien, afin de faciliter les recherches de M. le Commissaire aux revues, tant au point de vue des titres que peuvent laisser les fonctionnaires décédés que du nombre des héritiers appelés à leur succéder, me faire adresser, en même temps que l'avis de décès, les renseignements contenus dans le questionnaire ci-joint, ou tout au moins ceux qu'il vous sera possible de recueillir.

NAVELLE.

(11 novembre 1888)

A. G. G. *relatif au mode de liquidation des successions, en Annam et au Tonkin.*

J. C., p. 962.

Article premier. — Les successions des fonctionnaires et agents civils du Protectorat seront liquidées par les soins des services administratifs, d'après les lois et ordonnances en vigueur en Cochinchine.

Art. 2. — Les biens vacants des particuliers seront seuls, désormais, administrés par un curateur désigné par les tribunaux du lieu du domicile du défunt, qui demeureront responsables vis-à-vis le Protectorat de la gestion des successions.

RICHAUD.

## SUCCESSIONS MARITIMES

V. *Successions et biens vacants.*

## SUPPLÉMENTS DE FONCTIONS

V. *Traitements, solde et accessoires de solde.*

## SURVEILLANCE DE LA HAUTE POLICE

| NATURE DES DOCUMENTS | DATES | RECUEILS A CONSULTER Bat. | B.C. | B.D.I. | J. C. | J. H. | B. M. | B.Col. | OBSERVATIONS |
|---|---|---|---|---|---|---|---|---|---|
| Loi. | 23 janvier 1874. | II-702 | 147 | | | | | | |
| Décret | 1er août 1874. | II-703 | | | | | | | |
| Dép. M. | 19 août 1874. | II-703 | | | | | | | |
| Décret | 30 août 1875. | II-704 | | | | | | | |
| Décret | 18 novembre 1875. | II-704 | | | | | | | |
| Loi. | 27 mai 1885. | | 441 | | 1397 | | | | |
| Circ. M. | 3 décembre 1885. | | | | | | | | |

(23 janvier 1874)

**LOI** *relative à la surveillance de la haute police, modifiant les art. 44, 46, 47 et 48 du Code pénal* (1).

(Promulg. A. G., 30 août 1874)
BAT. II, p. 702;
B. C., p. 147)

Article premier. — Les articles 44, 46, 47 et 48 du Code pénal sont modifiés ainsi qu'il suit :

Art. 44. — L'effet du renvoi sous la surveillance de la haute police sera de donner au Gouvernement le droit de déterminer certains lieux dans lesquels il sera interdit au condamné de paraître après qu'il aura subi sa peine.

Le condamné devra déclarer, au moins quinze jours avant sa mise en liberté, le lieu où il veut fixer sa résidence; à défaut de cette déclaration, le Gouvernement la fixera lui-même.

Le condamné à la surveillance ne pourra quitter la résidence qu'il aura choisie ou qui lui aura été assignée, avant l'expiration d'un délai de six mois, sans l'autorisation du Ministre de l'intérieur.

Néanmoins, les préfets pourront donner cette autorisation ;

1° Dans les cas de simples déplacements dans les limites mêmes de leur département;

2° Dans les cas d'urgence, mais à titre provisoire seulement.

Après l'expiration du délai de six mois, ou avant même l'expiration de ce délai, si l'autorisation nécessaire a été obtenue, le condamné pourra se transporter dans toute résidence non interdite, à la charge de prévenir le maire huit jours à l'avance.

Le séjour de six mois est obligatoire pour le condamné, dans chacune des résidences qu'il choisira successivement, pendant tout le temps qu'il sera soumis à la surveillance, à moins d'autorisation spéciale, donnée conformément aux dispositions précédentes, soit par le Ministre de l'intérieur, soit par les préfets.

Tout condamné qui se rendra à sa résidence recevra une feuille de route réglant l'itinéraire dont il ne pourra s'écarter et la durée de son séjour dans chaque lieu de passage.

Il sera tenu de se présenter, dans les vingt-quatre heures de son arrivée, devant le maire de la commune qu'il devra habiter.

Art. 46. — En aucun cas, la durée de la surveillance ne pourra excéder vingt années.

Les coupables condamnés aux travaux forcés à temps, à la détention et à la réclusion seront de plein droit, après qu'ils auront subi leur peine et pendant vingt années, sous la surveillance de la haute police.

Néanmoins, l'arrêt ou le jugement de condamnation pourra réduire la durée de la surveillance ou même déclarer que les condamnés n'y seront pas soumis.

Tout condamné à des peines perpétuelles, qui obtiendra commutation ou remise de sa peine, sera, s'il n'en est autrement disposé par la décision gracieuse, de plein droit, sous la surveillance de la haute police, pendant vingt ans.

Art. 47. — Les coupables condamnés au bannissement seront de plein droit sous la même surveillance, pendant un temps égal à la durée de la peine qu'ils auront subie, à moins qu'il n'en ait été disposé autrement par l'arrêt ou le jugement de condamnation.

Dans les cas prévus par le présent article et par les paragraphes 2 et 3 de l'article précédent, si l'arrêt ou le jugement ne contient pas dispense ou réduction de la surveillance, mention sera faite, à peine de nullité, qu'il en a été délibéré.

Art. 48. — La surveillance pourra être remise ou réduite par voie de grâce.

Elle pourra être suspendue par mesure administrative.

La prescription de la peine ne relève pas le condamné de la surveillance à laquelle il est soumis.

En cas de prescription d'une peine perpétuelle, le condamné sera de plein droit sous la surveillance de la haute police, pendant vingt années.

La surveillance ne produit son effet que du jour où la prescription est accomplie.

Art. 2. — Des règlements d'administration publique détermineront le mode d'exercice de la surveillance et fixeront les conditions sous lesquelles, après un temps d'épreuve, cette surveillance pourra être suspendue.

(1) V. *infrà*, Circ. M., 3 décembre 1885.

(1er août 1874)

**DÉCRET** *rendant applicable à diverses colonies la loi du 23 janvier 1874 relative à la surveillance de la haute police.*

BAT. II, p. 703.

La loi du 23 janvier 1874, relative à la surveillance de la haute police, est déclarée applicable aux colonies de la Guyane, du Sénégal et dépendances, de l'Inde, de la Cochinchine, de la Nouvelle-Calédonie, de l'Océanie, de Saint-Pierre et Miquelon, de Mayotte, de Nossi-Bé, de Sainte-Marie-de-Madagascar, de la Côte-d'Or et du Gabon.

DE MAC-MAHON.

(19 août 1874)

**DÉP. M.** *Transmission d'un décret rendant applicable la loi sur la surveillance de haute police (Décret du 18 novembre 1875).*

BAT. II, p. 703.

J'ai l'honneur de vous transmettre une ampliation d'un décret en date du 1er août courant et déclarant applicable à la Cochinchine la loi du 23 janvier 1874, sur la surveillance de la haute police.

Cet acte législatif qui modifie les articles 44, 46, 47 et 48 du Code pénal, impose aux tribunaux une obligation nouvelle sur laquelle j'appelle toute votre attention. Aux termes du paragraphe 2 de l'article 47 modifié, tout jugement portant condamnation à une peine infamante doit, *à peine de nullité*, porter la mention de la délibération intervenue sur la peine accessoire de la surveillance à infliger au condamné, lorsqu'il aura subi sa condamnation principale.

Quoique le recours en cassation n'existe pour les colonies dont il s'agit que pour la Guyane et le Sénégal, cependant, ces dispositions nouvelles pourraient offrir, si elles n'étaient pas rigoureusement exécutées, un moyen de suspendre les condamnations à des peines criminelles. Je vous prie, pour obvier à ce danger, de vouloir bien recommander à MM. les magistrats du parquet d'appeler l'attention des tribunaux sur ce point, en faisant des réquisitions formelles pour l'exécution de la nouvelle loi, toutes les fois qu'il y aura lieu de faire l'application de la peine de la surveillance.

(30 août 1875)

**DÉCRET** *relatif au mode d'exercice de la surveillance de la haute police.*

(Promulg. A. G., 28 février 1876)

BAT. II, p. 704.

Article premier. — La feuille de route avec itinéraire obligé, remise au condamné libéré qui se rend à sa résidence, sera établie en la forme ordinaire des passe ports gratuits, sauf l'insertion avant la date, de la mention suivante, écrite à la main: « Délivré en exécution de la loi du 23 janvier 1874. »

Art. 2. — Dans les vingt-quatre heures de son arrivée à destination, le surveillé devra déposer sa feuille de route à la mairie, ou au bureau de police, dans les communes où il existe un ou plusieurs commissaires de police ; il lui sera remis en échange un permis de séjour délivré par le maire, qui transmettra la feuille de route à la préfecture, où elle sera conservée en dépôt.

Art. 3. — Dans les huit jours qui précèderont les changements de résidence du surveillé, sa feuille de route sera renvoyée par le préfet au maire, qui la visera pour la nouvelle destination du surveillé et la remettra à celui-ci, en échange du permis de séjour.

Si cette feuille de route est périmée, le préfet en fera parvenir une nouvelle au maire, qui la remettra au surveillé, en échange du permis de séjour et la visera au moment du départ.

Art. 4. — Le surveillé sera tenu de faire constater sa présence au lieu de sa résidence en se présentant à la mairie, ou au bureau de police, à des époques qui seront déterminées, pour chaque surveillé, par le maire, sauf l'approbation du préfet.

Le préfet pourra, après avoir pris l'avis du maire, dispenser le surveillé de cette obligation, à charge de faire constater sa présence de toute autre façon.

Art. 5. — La surveillance pourra être suspendue par le Ministre de l'intérieur, sur la proposition du préfet, après un temps d'épreuve qui ne devra jamais être inférieur à la moitié de la durée totale de cette surveillance.

Cette mesure pourra toujours être rapportée par une décision ultérieure du Ministre de l'intérieur, qui sera notifiée au surveillé. La notification aura pour effet de replacer le surveillé sous l'application des articles 44 et 45 du Code pénal; il sera mis en demeure de souscrire immédiatement une déclaration de résidence, et, à défaut de cette déclaration, il sera procédé d'office, conformément à l'article 44, paragraphe 2, du Code pénal.

de Mac-Mahon.

(18 novembre 1875)

**DÉCRET** *rendant applicable aux colonies le décret du 30 août 1875 sur la surveillance de la haute police.*

BAT. II, p. 704.

Article premier. — Le décret du 30 août 1875, réglant le mode d'exercice de la surveillance de haute police et fixant les conditions sous lesquelles, après un temps d'épreuve, cette surveillance peut être suspendue, est déclaré applicable aux colonies de la Guyane, du Sénégal et dépendances, de l'Inde, de la Cochinchine, de la Nouvelle-Calédonie, de l'Océanie, de Saint-Pierre et Miquelon, de Mayotte, de Nossi-Bé, de Sainte-Marie-de-Madagascar, de la Côte d'or et du Gabon.

Art. 2. — Les attributions conférées par ledit décret au Ministre de l'intérieur appartiendront, aux colonies, au Gouverneur ou commandant, et celles déférées aux préfets seront exercées par le fonctionnaire chargé de la Direction de l'intérieur.

de Mac-Mahon.

(27 mai 1885)

**LOI** *sur les récidivistes.*

(Promulg. A. G., 4 décembre 1885)
B. C., p. 441.
J. C., p. 1397.

(3 décembre 1885)

**CIRC. M.** *portant abrogation des dispositions légales sur la surveillance de la haute police, en conformité de l'article 19 de la loi du 27 mai 1885 sur les récidivistes.*

ARCH. GOUV.

Par dépêche du 9 novembre dernier, je vous ai invité à promulguer dans la colonie la loi du 17 mai 1885 sur les récidivistes.

Aux termes de l'article 19 de cette loi la peine de la surveillance de la haute police est supprimée et remplacée par la *défense faite au condamné de paraître dans les lieux dont l'interdiction lui sera signifiée par le Gouvernement.*

D'accord avec MM. les Ministres de la justice et de l'intérieur, j'estime qu'en raison de l'éloignement de nos colonies le pouvoir accordé au Gouvernement par l'article 19 précité et exercé dans la Métropole par M. le Ministre de l'intérieur doit être attribué aux gouverneurs et commandants de colonies.

Vous recevrez ultérieurement notification du décret qui interviendra à cet égard.

Je dois vous faire remarquer que d'après les instructions adressées aux préfets, par M. le Ministre de l'intérieur, les localités à interdire aux condamnés se divisent en deux catégories : la première, comprenant celles qui doivent être interdites à titre général, la seconde, celles qui ne peuvent l'être qu'à titre particulier, soit en raison de la nature du crime soit en raison de l'origine du condamné.

La même classification devant être faite pour nos possessions d'outre-mer, je vous prie de me faire parvenir, le plus tôt possible, la liste des localités de la colonie qui, d'une manière générale, doivent être interdites à tous les condamnés soumis à la loi du 27 mai 1885.

Des instructions qui vous seront adressées, en même temps que le décret destiné à vous déléguer les pouvoirs du Gouvernement, vous feront connaître la procédure à suivre pour la signification des arrêtés d'interdiction.

GALIBER.

# T

## TAGALS

(15 février 1862)

D. G. *concernant les Tagals auxiliaires du train des équipages militaires.*
B. C., p. 85.

(14 juin 1862)

D. G. *modifiant la décision du 15 février 1862.*
B. C., p. 174

## TAXES ET CONTRIBUTIONS

Un arrêté annuel promulgue les tarifs de perception des taxes et contributions locales votées par le conseil colonial.

Se reporter aux tarifs des principales taxes locales insérées en tête du budget de la colonie (1).

(1) V. *Contributions. — Impôts. — Communes.*

# TÉLÉGRAMMES (COMMUNICATION ET AFFICHAGE DES)

| NATURE DES DOCUMENTS | DATES | RECUEILS A CONSULTER | | | | | | | OBSERVATIONS |
|---|---|---|---|---|---|---|---|---|---|
| | | Bat. | B.C. | B.D.I. | J.C. | J.H. | B.M. | B.Col. | |
| Circ. D. I. | 6 mai 1882. | | | 20 | | | | | |
| Circ. D. I. | 15 janvier 1884. | | | 3 | | | | | |
| D. G. | 23 mai 1885. | | | | | | | | |
| A. G. | 11 octobre 1887. | | 735 | | 986 | | | | |

(6 mai 1882)

**CIRC. D. I.** *Les dépêches annonçant l'arrivée et le départ des bateaux des messageries fluviales dans les postes de l'intérieur seront affichées.*

B. D. I, p. 20.

Les commandants des postes militaires ainsi que les représentants des divers services dans l'intérieur ne sont pas toujours exactement renseignés au sujet de l'arivée et du départ des bateaux des messageries fluviales. Cet état de choses est très préjudiciable aux intérêts du service en général.

Afin d'obvier à ces inconvénients, je vous serai obligé de communiquer à ces fonctionnaires et agents les dépêches que vous recevez à cet effet des agents des messageries fluviales. Vous voudrez bien les faire afficher, afin que les particuliers puissent en prendre connaissance.

BÉLIARD.

(15 janvier 1884)

**CIRC. D. I.** *au sujet de la communication par circulaire aux représentants des divers services dans l'intérieur du télégramme communiqué par le gouvernement aux différents services de Saïgon et au public.*

B. D. I, p. 3.

Pour donner situation à un vœu exprimé par la population européenne des centres de l'Intérieur, à l'avenir, tous les télégrammes officiels qui seront communiqués par le Gouvernement aux différents services de Saïgon et au public, vous seront immédiatement transmis par la voie télégraphique.

Vous voudrez bien, dès leur réception, en donner communication par circulaire aux représentants des divers services de votre arrondissement et en assurer l'affichage à l'extérieur de l'inspection et à la porte du bureau de poste, de façon à ce que tout le monde puisse en prendre connaissance.

DROUHET.

(23 mai 1885)

**D. G.** *déterminant la liste des fonctionnaires de la colonie auxquels doivent être communiqué les télégrammes du phare du cap Saint-Jacques.*

ARCH. D. I.

(11 octobre 1887)

**A. G.** *modifiant la décision locale du 23 mai 1885 déterminant la liste des fonctionnaires de la colonie auxquels doivent être communiqués les télégrammes du phare du cap Saint-Jacques.*

B. C., p. 735.
J. C., p. 986.

Article premier. — La décision précitée du 23 mai 1885 est modifié ainsi qu'il suit:

1° Pour l'entrée d'un grand courrier ou d'un courrier annexe, seront avisés individuellement :

MM. Le Gouverneur,
Le Général, commandant supérieur des troupes,
Le Directeur de l'Intérieur,
Le Commandant de la marine,
Le Procureur général,
Le Chef du service administratif,
L'Inspecteur des services administratifs et financiers,
Le Chef du service de santé,
Le Trésorier-payeur,
Le Maire de Saïgon.

Les autres chefs de service :

MM. Le Directeur de l'arsenal,
Le Directeur des contributions indirectes,
Le Directeur des travaux publics,
Le Directeur du port de guerre,
Le Directeur de la prison centrale,

Le Capitaine du port du commerce,

Recevont ultérieurement avis par circulaire à émarger.

2° Pour un bâtiment de guerre ou un navire affrété, un avis individuel sera adressé à

MM. Le Gouverneur,
Le Général, commandant supérieur des troupes,
Le Directeur de l'Intérieur,
Le Commandant de la marine,
Le Chef du service administratif,
Le Chef du service de santé,
Le Directeur de l'arsenal,
Le Directeur d'artillerie ;

Et une circulaire à émarger à

MM. Le Directeur des contributions indirectes,
Le Maire de Saïgon,
Le Directeur de la prison centrale,
Le Capitaine du port de commerce.

3° Pour un vapeur de commerce, un avis individuel sera envoyé à

MM. Le Gouverneur,
Le Directeur de l'Intérieur,
Le Commandant de la marine,
Le Chef du service de santé,
Le Maire de Saïgon,
Le Directeur des contributions indirectes,
Le Capitaine du port de commerce.

4° Enfin, les simples observations du phare, de 7 heures et de 2 heures 30 min., seront adressées par un avis individuel à

MM. Le Gouverneur,
Le Général, commandant supérieur des troupes,
Le Directeur de l'Intérieur,
Le Commandant de la marine ;

Et par une circulaire à émarger à

MM. Le Maire de Saïgon,
Le Directeur des contributions indirectes,
Le Capitaine du port de commerce.

FILIPPINI.

## TÉLÉGRAPHES (SERVICE DES)

V. *Postes et Télégraphes.*

## TÉMOINS

V. *Frais de justice et de procédure.*

## TERRAINS DITS : CO DIEN, CONG THO, BON HON DIEN

V. *Biens communaux et biens des absents.*

## TERRAINS DÉTENUS SANS TITRES

V. *Propriété.*

## TERRAINS DOMANIAUX

V. *Domaine de l'État.*

## THÉATRE DE SAIGON

(18 janvier 1884)

**D. G.** *nommant une commission chargée d'étudier la question relative au recrutement d'une troupe théâtrale.*

B. C., p. 27.

Article premier. — Une commission composée de :

. . . . . . . . . . . . . . . . . . . . . . . . . . . . . . . . . . . . . . . . . . . . .

. . . . . . . . . . . . . . . . . . . . . . . . . . . . . . . . . . . . . . . . . . . . .

se réunira à l'effet d'étudier la question relative au recrutement d'une troupe théâtrale, à sa composition, au genre de pièces qu'elle devra jouer, au nombre de représentations qui seront données, aux conditions d'engagement des acteurs, au mode de transport de la troupe, aux fonctions du directeur, au prix des places, etc., etc.

Elle rédigera un cahier des charges où ces questions et toutes autres intéressant l'exploitation théâtrale seront définies.

Charles Thomson.

(20 juin 1885)

**DÉP. M.** *décidant qu'à l'avenir les troupes théâtrales ne pourront plus être admises à bord des bâtiments de l'État* (1).

ARCH. GOUV.

## TIGRES

V. *Animaux.*

## TIMBRE

(22 décembre 1886)

**DÉLIB. C. C.** *relative à un projet d'établissement de l'impôt du timbre en Cochinchine.*

J. C., 1887, p. 58.

## TIMBRES-POSTE

V. *Postes et Télégraphes.*

## TIR

(17 septembre 1886)

**CIRC. D. I.** *au sujet des exercices de tir.*

B. D. I, p. 35.

J. C., p. 938.

J'ai eu lieu de remarquer que, dans quelques arrondissements, les exercices de tir auxquels doivent se livrer les détachements de tirailleurs annamites peuvent donner lieu à certaines difficultés entre l'autorité civile et l'autorité militaire.

Pour éviter ces différends fâcheux et assurer entre l'autorité civile et l'autorité militaire le maintien des excellentes relations qui n'ont pas cessé d'exister jusqu'ici, j'ai pris les dispositions suivantes de concert avec M. le Commandant supérieur des troupes.

(1) V. *Passagers, frais de passage.*

Quatre jours au moins avant celui fixé pour la reprise des périodes d'instruction du tir, le chef du détachement devra vous prévenir, et il vous appartiendra ensuite d'avertir les habitants des jours et des heures où se feront les exercices.

Si un nouveau poste militaire venait à être créé, le chef du détachement aurait à se concerter avec vous pour le choix du terrain sur lequel devraient avoir lieu les exercices de tir.

NOEL PARDON.

(17 février 1887)

**A. G.** *concernant les dispositions à prendre pour les tirs à grande distance et à obus chargés.*

B. C., p. 124.
J. C., p. 222.

Les troupes d'artillerie, composées de:

4 Officiers,

1 Médecin de la marine,

48 Sous-officiers, brigadiers et canonniers,

iront sur la plage de Long-haï pour exécuter les tirs à grande distance et à obus chargés, prescrits par les instructions du 17 juillet 1879 (marine) et du 15 avril 1875 (guerre).

M. le Directeur de l'Intérieur prendra, avec le concours de M. l'Administrateur de Baria, les mesures qu'il croira nécessaires pour la sécurité des populations.

M. le Commandant supérieur des troupes et M. le Directeur de l'artillerie s'entendront avec M. le commandant de la division navale pour les moyens de transports.

M. le Chef du service administratif et M. le Chef du service de santé assureront le service en ce qui les concerne.

Pendant leur séjour à Long-haï, MM. les officiers et la troupe auront droit à l'indemnité aux troupes en marche (nota du tarif 31, édition refondue de 1882); et attendu que les officiers ne pourront se procurer que difficilement à Long-haï des vivres frais, il leur sera alloué pendant la même période la ration de la 3e catégorie. (Décision locale du 15 mai 1886).

La date du départ sera fixée au 19 février. Les tirs auront lieu pendant la semaine et les troupes se rembarqueront le dimanche 27 février.

## TIRAILLEURS — TROUPES INDIGÈNES

I. COMPAGNIES INDIGÈNES, BATAILLONS INDIGÈNES. — II. TIRAILLEURS ANNAMITES (RÉGIMENT DE). — *a)* ORGANISATION, RÈGLEMENTATION. — *b)* INSTRUCTIONS DIVERSES. — III. TIRAILLEURS TONKINOIS ET CHASSEURS ANNAMITES. — IV. DISPOSITIONS COMMUNES.

### I. — COMPAGNIES INDIGÈNES, BATAILLONS INDIGÈNES

| NATURE DES DOCUMENTS | DATES | RECUEILS A CONSULTER | | | | | | | OBSERVATIONS |
|---|---|---|---|---|---|---|---|---|---|
| | | Bat. | B.C. | B.D.I | J. C. | J. O. | B. M. | B.Col. | |
| A. G. | 24 mars 1861. | | | | | | | | |
| D. G. | 4 février 1862. | | 57 | | | | | | |
| D. G. | 26 février 1862. | | 107 | | | | | | |
| D. G. | 10 avril 1862. | | 124 | | | | | | |
| D. G. | 7 juin 1862. | | 168 | | | | | | |
| O. G. | 10 juin 1862. | | 171 | | | | | | |
| D. G. | 15 juillet 1862. | | 190 | | | | | | |
| D. G. | 20 janvier 1864. | | 20 | | | | | | |
| D. G. | 27 mai 1868. | | 108 | | | | | | |
| A. G. | 21 novembre 1868. | | 265 | | | | | | |
| A. G. | 4 janvier 1869. | | 6 | | | | | | |
| A. G. | 25 janvier 1869. | | 18 | | | | | | |
| A. G. | 14 juin 1870. | | 178 | | | | | | |
| A. G. | 15 septembre 1870. | | 260 | | | | | | |
| A. G. | 27 septembre 1870. | | 269 | | | | | | |
| A. G. | 16 janvier 1871. | | 13 | | | | | | |
| O. G. | 11 juillet 1873. | | 236 | | | | | | |
| A. G. | 28 octobre 1873. | | | | | | | | |
| A. G. | 27 septembre 1879. | | 357 | | | | | | |

(24 mars 1861)

A. G. *création de quatre compagnies indigènes.*

NON INSÉRÉ

(4 février 1862)

D. G. *portant organisation de bataillons indigènes dans la basse-Cochinchine.*

B. C., p. 57.

(26 février 1862)

D. G. *concernant l'administration et le recrutement du bataillon indigène.*

B. C., p. 107.

(10 avril 1862)

D. G. *modifiant l'arrêté du 4 février 1862 portant organisation de bataillons indigènes.*

B. C., p. 124.

(7 juin 1862)

D. G. *modifications à l'arrêté du 4 février 1862.*

B. C., p. 168.

(10 juin 1862)

O. G. *Fixation des indemnités pour frais de représentation et pour frais de bureau à l'officier supérieur commandant et aux officiers-comptables du bataillon indigène.*

B. C., p. 171.

(15 juillet 1862)

D. G. *Modification à l'arrêté du 4 février 1862.*

B. C., p. 190.

(20 janvier 1864)

D. G. *Répartition des contingents annamites à fournir par les villages, pour le bataillon indigène et les autres services publics.*

B. C., p. 20.

(27 mai 1868)

D. G. *prescrivant une levée de cinquante indigènes dans les inspections de Saïgon et de Cholon pour concourir à la formation d'une compagnie régulière de tirailleurs indigènes.*

B. C., p. 108.

(21 novembre 1868)

A. G. *Arrêté portant fixation des masses et autres allocations accessoires du détachement de gendarmerie coloniale, des compagnies de soldats indigènes et de l'escadron de spahis de Cochinchine.*

B. C., p. 265.

(4 janvier 1889)

A. G. *relatif au recrutement des compagnies indigènes.*

B. C., p. 6.

(25 janvier 1869)

A. G. *fixant le nombre de chevaux à affecter à la compagnie indigène.*

B. C., p. 18.

(14 juin 1870)

**A. G** *portant création, à la compagnie indigène, d'un peloton de guides à cheval.*

B. C., p. 178.

(15 septembre 1870)

**A. G.** *prescrivant la formation de deux compagnies indigènes.*

B. C., p. 260.

(27 septembre 1870)

**A. G.** *Allocations et prestations à allouer aux deux nouvelles compagnies de soldats indigènes.*

B. C., p. 269.

(16 janvier 1871)

**A. G.** *supprimant le peloton de guides à cheval.*

B. C., p. 13.

(11 juillet 1873)

**O. G.** *supprimant, comme compagnies indigènes, les 15e compagnie du 2e régiment et 17 compagnie du 4e régiment.*

B. C., p. 236.

(28 octobre 1873)

**A. G.** *réduisant la ration de riz allouée aux soldats indigènes de Tong-Kéou et la remplaçant par une indemnité représentative.*

(27 septembre 1879)

**A. G.** *accordant des indemnités annuelles au cadre européen des bataillons de tirailleurs indigènes.*

B. C., p. 357.

## II. — TIRAILLEURS ANNAMITES (RÉGIMENT DE)

### a) Organisation, règlementation

| NATURE DES DOCUMENTS | DATES | RECUEILS A CONSULTER | | | | | | | OBSERVATIONS |
|---|---|---|---|---|---|---|---|---|---|
| | | Bat. | B.C. | B.D.I. | J.C. | J.H. | B.M. | F.Col. | |
| A. G. | 20 janvier 1864. | | 20 | | | | | | |
| A. G. | 31 décembre 1868. | | 331 | | | | | | |
| D. G. | 6 novembre 1879. | II-724 | 432 | | | | | | |
| Rapport M. | 2 décembre 1879. | II-712 | | | | | | | |
| Décret | 2 décembre 1879. | II-713 | 1880-5 | | | | | | |
| Règ. M. | 4 décembre 1879. | II-715 | 1880-7 | | | | | | |
| D. G. | 14 mai 1880. | | 263 | | | | | | |
| A. G. | 4 juin 1880. | | 319 | | | | | | |
| A. G. | 7 juin 1880. | | 325 | | | | | | |
| A. G. | 2 août 1880. | | 420 | | | | | | |
| A. G. | 27 décembre 1880. | | 665 | | | | | | |
| D. G. | 29 décembre 1881. | | 543 | | | | | | |
| A. G. | 3 août 1882. | | 365 | | | | | | |
| A. G. | 11 août 1882. | | 374 | | | | | | |
| Décret | 14 août 1882. | | | | | | | | |
| D. M. | 18 juillet 1883. | | 327 | | | | | | |
| A. G. | 3 septembre 1883. | | 354 | | | | | | |
| Dép. M. | 4 mars 1885. | | | | | | | | |
| A. G. | 14 avril 1885. | | | | 543 | | | | |
| D. G. | 22 décembre 1885. | | | | 1515 | | | | |
| A. G. | 21 janvier 1886. | | 21 | | 170 | | | | |

*a)* **Organisation, réglementation** *(suite)*

| NATURE DES DOCUMENTS | DATES | RECUEILS A CONSULTER | | | | | | | OBSERVATIONS |
|---|---|---|---|---|---|---|---|---|---|
| | | Bat. | B.C. | B.D.I. | J.C. | J.H. | B.M. | B.Col. | |
| A. G. | 26 mai 1886. | | 173 | | 677 | | | | |
| A. G. | 31 décembre 1886. | | | | 1887-17 | | | | |
| A. L. G. | 30 janvier 1888. | | 68 | | 127 | | | | |
| O. G. | 9 septembre 1886. | | 293 | | 921 | | | | |
| Circ. D. I. | 26 février 1887. | | | | 262 | | | | |
| Décret. | 8 juin 1887. | | | | | | | 451 | |
| A. L. G. | 3 décembre 1887. | | | | 1126 | | | | |
| A. G. G. | 13 avril 1888. | | | | 387 | | | | |
| A. G. G. | 26 avril 1888. | | 212 | | 420 | | | | |
| A. G. G. | 16 mai 1888. | | 253 | | 478 | | | | |

(20 janvier 1864)

**A. G.** *fixant la solde des contingents annamites pour le bataillon indigène et les autres services publics et supprimant toute rémunération donnée à ces contingents par les villages en échange d'un impôt régulier versé au trésor.*

B. C., p. 20.

(31 décembre 1868)

**A. G.** *relatif à la responsabilité du village dans le cas où l'Indigène qu'il aura fourni aura déserté, emportant des effets appartenant à la masse du corps.*

B. C., p. 331.

Lorsqu'un Indigène provenant de la levée aura déserté, en emportant des effets appartenant à la masse du corps, un état de la perte causée par ce détournement sera adressé, par les soins de M. le commandant supérieur des troupes, à la Direction de l'Intérieur, qui fera rembourser immédiatement lesdits effets et poursuivra la restitution de cette dépense par le village au budget local.

G. OHIER.

(6 novembre 1879)

**D. G.** *allouant une prime de 50 centimes par jour aux tirailleurs faisant fonction d'interprètes dans les compagnies de tirailleurs indigènes.*

BAT. II, p. 724.
B. C., p. 432.

Un supplément de cinquante centimes par jour est alloué aux tirailleurs faisant fonctions d'interprètes dans les compagnies de tirailleurs indigènes.

LE MYRE DE VILERS.

(2 décembre 1879)

**RAPPORT. M.** *précédant le décret du 2 décembre 1879 portant création d'un régiment de tirailleurs annamites en Cochinchine.*

BAT. II, p. 712.

Depuis l'occupation de la Cochinchine, plusieurs tentatives ont été faites pour y constituer un corps régulier de troupes indigènes.

Ces essais n'ayant pas atteint le but que l'on poursuivait, la question si importante de faire entrer l'élément annamite dans la composition des forces qui composent les garnisons de cette colonie, est restée en suspens.

Il en résulte que nos troupes supportent seules les charges du service. Disséminées sur le territoire en nombreux détachements nécessaires pour maintenir l'ordre et assurer la tranquillité, elles occupent des postes dont quelques-uns, ceux de la Basse-Cochinchine particulièrement, sont meurtriers pour les Européens.

Il existe cependant en Cochinchine une milice indigène d'un caractère tout spécial : milice qui tient à la fois de la police et de la force militaire, et qui est recrutée, suivant la coutume annamite, dans chacune des circonscriptions administratives du pays. Elle fut, à l'origine, levée par l'administration coloniale, pour la surveillance des marchés et des villages, et pour assurer divers services importants, tels que ceux de la poste, des bacs, de la garde des prisonniers, etc., etc.

Cette milice, qui est placée sous les ordres des administrateurs des affaires indigènes, constitue une force d'environ 4,500 hommes, connus sous le nom de « mathas ». Ces mathas sont armés de fusils et ont reçu déjà une certaine instruction militaire ; aussi les a-t-on utilisés à diverses reprises, mais par petites fractions, pour la répression d'insurrection ou de troubles partiels, à une époque où les administrateurs des affaires indigènes, choisis presque exclusivement parmi les officiers des différents corps de la marine, pouvaient, à la rigueur, diriger une opération militaire restreinte.

Actuellement, ces administrateurs devant être recrutés en majeure partie dans l'élément civil, la milice, telle qu'elle est organisée, ne pourra plus être appelée à rendre les mêmes services au point de vue militaire.

Il me paraît donc que le moment est venu d'organiser, avec le plus grand nombre des hommes qui la composent, un corps de troupe régulier, commandé, instruit et administré par des officiers de l'infanterie de la marine. Ce corps sera constitué sous la condition expresse de l'observation et du respect des mœurs et des coutumes des indigènes. C'est là, dans ma pensée, la condition essentielle du succès de cette tentative nouvelle d'organisation, et c'est sans doute parce que l'on n'avait pas assez tenu compte des usages annamites, que les essais antérieurs ont échoué.

Dans cet ordre d'idées, nous utiliserions d'une manière effective, plus et mieux que n'a pu le faire jusqu'ici, la majeure partie des milices actuelles pour le service militaire, sans apporter, d'ailleurs, aucun trouble dans l'accomplissement d'autres services importants, ceux dont j'ai parlé plus haut, — et qui tiennent plus particulièrement à la police.

Tel est, Monsieur le Président, l'objet du décret que j'ai l'honneur de soumettre à votre sanction.

Ce décret constitue, sous la dénomination de tirailleurs annamites, un corps d'infanterie indigène recruté par les inscrits de chaque village, et, pour la première formation, parmi les miliciens actuels dont l'origine est la même.

Le régiment sera d'abord de neuf compagnies réparties en deux bataillons. Plus tard, il se composera de trois bataillons comprenant douze compagnies, formant alors ensemble un effectif total d'environ 3,000 hommes. Il comportera, avec un cadre d'officiers et de sous-officiers choisis dans l'infanterie de la marine, un cadre d'officiers, de sous-officiers et de caporaux indigènes.

La durée du service des officiers français attachés au régiment de tirailleurs sera de trois années, une année de plus qu'il n'est demandé aux officiers du régiment de marche métropolitain, parce qu'il est nécessaire de restreindre le nombre des mutations que nous devons opérer annuellement, depuis que la durée du séjour en Cochinchine a été réduite à deux ans.

Il importait d'attirer les militaires indigènes à notre service et de les y maintenir en leur présentant de sérieux avantages ; aussi le décret leur assure-t-il une pension de retraite après quinze années de présence sous notre drapeau.

Les différents détails relatifs à l'organisation, au service et à l'administration du régiment de tirailleurs annamites font l'objet d'un règlement ministériel dont les dispositions n'auront qu'un caractère provisoire jusqu'à ce que l'expérience, en révélant les modifications à y apporter, permette d'établir des règles définitives.

Enfin, la dépense occasionnée par la création et l'entretien de ce corps indigène sera entièrement supportée par le budget local de la Cochinchine. Il ne résultera donc, de la création du corps des tirailleurs annamites, aucune charge pour le trésor.

Les différentes mesures consacrées par le décret, me semblent enfin devoir atteindre les résultats que nous cherchons depuis longtemps à obtenir : elles assureront à la garnison française un auxiliaire utile, et rendront facile la suppression de quelques-uns des postes les plus insalubres de la colonie ; elles permettront de concentrer nos forces par portions plus considérables que nous ne pouvons les faire aujourd'hui, sur les seuls points stratégiques importants, et elles nous fourniront peu à peu, je l'espère, les moyens de réduire, dans une sage proportion, l'effectif des troupes que nous entretenons dans notre possession de l'Extrême-Orient.

C'est donc avec confiance, Monsieur le Président, que je soumets ce décret à votre haute approbation.

JAURÉGUIBERRY.

(2 décembre 1879)

**DÉCRET** *portant création d'un régiment de tirailleurs annamites en Cochinchine.*

(Promulg. A. G., 15 mars 1880)

BAT. II, p. 713.

B. C., (1880), p. 5.

Article premier. — Il est formé en Cochinchine, sous la dénomination de régiment de « tirailleurs annamites », un corps d'infanterie indigène qui relève exclusivement de l'autorité militaire. Ce corps concourt à la défense et à la sécurité intérieure de la colonie.

Art. 2. — Le régiment de tirailleurs annamites est composé de neuf compagnies formant deux bataillons

Le nombre des compagnies pourra être ultérieurement porté à douze et celui des bataillons à trois.

L'effectif de chaque compagnie, basé sur les ressources du recrutement du pays, ne peut être moindre de 200 hommes, ni supérieur à 250.

L'état-major du régiment comprend :

1. colonel ou lieutenant-colonel commandant ;

2 chefs de bataillon;
1 capitaine comptable;
1 lieutenant adjoint au capitaine comptable;

La section hors rang comprend :

1 sergent-major, 1er secrétaire du capitaine comptable;
1 sergent, 2e secrétaire;
1 sergent, secrétaire du colonel ou lieutenant-colonel.

L'effectif de chaque compagnie est de :

| | | | | |
|---|---|---|---|---|
| Cadre européen.... | Officiers. | Capitaine....... | 1 | |
| | | Lieutenants..... | 2 | |
| | Troupe.. | Sergent-major... | 1 | |
| | | Sergent-fourrier. | 1 | |
| | | Sergents... .... | 5 | |
| Cadre indigène.... | Officiers. | Lieutenant...... | 1 | |
| | | Sous-lieutenant.. | 1 | |
| | Troupe.. | Sergent......... | 1 | Par deux escouades de 16 hommes. |
| | | Caporal-fourrier. | 1 | |
| | | Caporaux....... | 1 | Par escouade de 16 hommes. |
| | | Tirailleurs...... | | Effectif variable de 200 à 250 hommes. |
| | | Clairons......... | 2 | |
| | | Elèves-clairons.. | 2 | |

La loi du 19 mai 1834, sur l'état des officiers, n'est pas applicable aux officiers indigènes.

Chaque grade d'officier, de sous-officier et de caporal, au titre indigène, comporte deux classes égales en nombre.

Un quart, au maximum, de l'effectif des tirailleurs peut appartenir à la 1re classe.

Art. 3. — Les militaires du cadre européen sont choisis dans le corps de l'infanterie de marine parmi les militaires du même grade jugés aptes à remplir l'emploi et, de préférence, parmi ceux qui en font la demande.

Ils sont désignés par le Ministre et continuent à compter dans leur arme.

La durée minimum du service du cadre européen, dans le régiment, est fixée à trois ans pour les officiers et à deux ans pour les sous-officiers.

Art. 4. — A dater de la mise à exécution du présent décret, les militaires indigènes de tous grades du régiment de tirailleurs annamites qui compteront quinze années de services militaires, tant dans le corps que dans les anciennes milices, seront admis à la retraite, et auront droit à une pension payée par la colonie et dont le taux sera réglé, suivant le grade, par un arrêté du Gouverneur.

Les officiers indigènes pourront, s'ils ont conservé d'ailleurs l'aptitude physique et les qualités nécessaires, être maintenus à l'activité jusqu'à vingt ans de services. Leur pension s'augmentera, pour chaque année de service en plus des quinze ans réglementaires, de 1/15e de la pension du grade dont ils seront titulaires.

Art. 5. — Toutes autres dispositions relatives à l'organisation et au fonctionnement du corps (*recrutement, durée du service et des rengagements, solde et revues, administration et comptabilité, avancement, justice, police et discipline, etc.*) seront provisoirement déterminées par le Ministre de la marine et des colonies.

JULES GRÉVY.

(4 décembre 1879)

**Règ. M.** *relatif au recrutement, à l'organisation, à l'administration, au service et à la discipline du régiment des tirailleurs annamites. — Tarifs.*

BAT. II, p. 715.
B. C., (1880), p. 7.

## CHAPITRE PREMIER. — RECRUTEMENT

Article premier. — *Recrutement des officiers et sous-officiers du cadre européen.*

— Les officiers et sous-officiers français du régiment de tirailleurs annamites sont choisis parmi les officiers d'infanterie de marine, proposés par les inspecteurs généraux d'armes ou, à défaut, parmi ceux en service en Cochinchine et présentés par le général commandant supérieur des troupes.

En cas de nécessité, le Gouverneur est autorisé à pourvoir, exceptionnellement et sous la réserve de l'approbation du Ministre, aux vacances qui surviennent dans le corps, d'après la liste des candidats proposés dans la colonie par le général commandant supérieur.

Art. 2. — *Retour des officiers et sous-officiers dans leur ancien corps.* — Les officiers et sous-officiers français qui auront accompli : les premiers trois ans, les seconds deux ans dans le corps seront, sur leur demande, admis à rentrer à la portion centrale d'un des régiments d'infanterie de marine.

Art. 3. — *Rengagement des sous-officiers français.* — Les sous-officiers français du régiment sont admis à se rengager soit sous le régime de la loi du 27 juillet 1872, soit sous celui de la loi du 22 juin 1878.

Leurs demandes sont transmises, après avoir été établies dans les formes prescrites, à la portion centrale du régiment d'infanterie de marine d'où ils proviennent.

Art. 4. — *Recrutement des Indigènes.* Le recrutement des indigènes est régional ; il s'opère par voie d'appels suivant la coutume annamite, chaque commune étant responsable de la présence de son contingent sous les drapeaux.

Le chiffre du contingent est fixé, chaque année, par le Gouverneur.

Le temps de service est provisoirement de deux ans.

Tout homme présenté pour le service doit remplir les conditions suivantes :

1° Être âgé de 21 ans au moins et de 28 ans au plus ;

2° Être sain et robuste ;

3° Être de bonne vie et mœurs.

La constatation de l'aptitude des Indigènes au service militaire, ainsi que l'époque annuelle de l'appel, sont réglées par arrêté du Gouverneur.

Art. 5. — *Rengagement des Indigènes.* — Les Indigènes, après avoir accompli leur temps de service militaire au régiment, peuvent être maintenus sous les drapeaux, à titre de rengagés, avec le consentement du chef de corps, s'ils en font la demande, et si, par leur conduite, ils méritent cette faveur. Mais ils ne pourront y rester au-delà d'une période de quinze années.

La durée des rengagements est provisoirement fixée à trois années, sauf le cas prévu à l'article ci-après.

Les rengagés continuent à faire partie du contingent des communes dans lesquelles ils comptent.

Art. 6. — *Primes et hautes payes des militaires indigènes.* — Les sous-officiers caporaux et soldats indigènes qui sont, sur leur demande, maintenus sous les drapeaux comme rengagés reçoivent, pour le premier rengagement, une prime de 50 fr. et une haute paye journalière fixée à 10 centimes pour les sous-officiers et à 5 centimes pour les caporaux et les soldats.

Pour tout nouveau rengagement, ils ont droit à la même augmentation de solde, sans renouvellement de prime.

Un rengagement d'un an peut être autorisé, avec les mêmes avantages de solde, à l'égard de tout militaire annamite admis à compléter les quinze années de service donnant droit à une pension.

Art. 7. — *Répartition territoriale des compagnies.* — La répartition territoriale des compagnies est déterminée par le Gouverneur.

Chaque compagnie doit être stationnée, par fractions constituées, dans la partie du territoire où elle se recrute.

En cas de guerre ou si la sécurité intérieure du pays l'exige, les compagnies peuvent être déplacées par le Gouverneur.

Dès que les causes qui ont motivé le déplacement d'une compagnie ont cessé, cette compagnie rentre à son lieu de stationnement habituel.

## CHAPITRE II. — Incorporation. — Immatriculation

Art. 8. — *Immatriculation du cadre européen.* — Les officiers et sous-officiers du cadre européen du régiment de tirailleurs annamites conservent le numéro matricule qui leur a été attribué dans l'infanterie de marine.

Leurs feuillets matriculaires, leurs livrets matricules, ainsi que toutes les pièces qui les concernent, sont expédiés au conseil d'administration de leur nouveau corps par le régiment d'où ils proviennent.

Art. 9. — *Immatriculation des Indigènes.* — Les sous-officiers, caporaux et tirailleurs annamites reçoivent un numéro matricule dès le jour de leur incorporation.

Le mode d'immatriculation et les détails de cette opération seront déterminés par un arrêté du Gouverneur.

Art. 10. — *Livret individuel et livret matricule des militaires indigènes.* — Chaque sous-officier, caporal ou soldat indigène sera porteur d'un livret sur lequel seront inscrits les effets qui lui seront délivrés et les sommes qui lui seront payées. Le modèle de ce livret et son usage seront déterminés par le conseil d'administration du corps et approuvés par le général commandant supérieur des troupes.

Un livret matricule, dont le modèle et l'usage seront réglés dans les conditions indiquées ci-dessus pour le livret individuel, sera établi pour chaque tirailleur avant l'incorporation.

Le livret individuel et le livret matricule devront se rapprocher, comme contexture, de ceux adoptés pour les troupes de la marine.

## CHAPITRE III. — Soldes et revues

Art. 11. — *Conseil d'administration.* — Le régiment de tirailleurs annamites est administré par un conseil d'administration composé de la manière suivante.

Le colonel ou le lieutenant-colonel commandant, *président ;*

Un chef de bataillon ;

Un capitaine de compagnie ;

Le capitaine comptable ;

Un lieutenant indigène, *membres.*

Le capitaine comptable remplit les fonctions de secrétaire.

En cas d'absence ou d'empêchement, il est remplacé au conseil par le lieutenant-adjoint.

Les attributions et la responsabilité du conseil sont les mêmes que celles dévolues aux conseils d'administration centraux des corps de troupe de la marine.

La surveillance administrative du régiment appartient au chef du service administratif et au commissaire aux revues de la colonie.

Art. 12. — *Solde, accessoires de solde et indemnités diverses.* — Les officiers et sous-officiers français, les officiers, sous-officiers, caporaux et tirailleurs indigènes du régiment de tirailleurs annamites reçoivent la solde, les hautes-payes, les indemnités et allocations diverses déterminées par les tarifs annexés au présent règlement.

La solde et les accessoires des sous-officiers français, des sous-officiers, caporaux et tirailleurs annamites sont payés par le commandant de la comapgnie à laquelle ils appartiennent et sous sa responsabilité.

L'entrée en campagne, pour les officiers du cadre européen, est la même que celle qui est allouée aux officiers des régiments d'infanterie de marine.

Les officiers indigènes ont droit au tiers de cette allocation.

Art. 13. — *Première mise d'habillement aux sous-officiers français.* — Tout sous-officier du cadre européen, nouvellement admis dans le régiment des tirailleurs annamites, a droit à une première mise d'habillement dont le taux est déterminé au tableau annexé au présent règlement. Toutefois, une somme représentative de la durée réglementaire restant à courir des effets d'habillement, dont ils sont détenteurs à leur arrivée dans le corps, est retenue pour être versée au trésor, sur cette première mise et subsidiairement sur la prime journalière d'entretien.

Lorsque ces sous-officiers rentrent dans l'infanterie de marine, ils remboursent 60 p. 100 de leur avoir à la masse individuelle et il leur est abandonné 40 p. 100 pour reconstituer leur masse ; leurs effets d'habillement sont repris par l'Etat.

Art. 14. — *Masse individuelle et prime journalière d'entretien des sous-officiers français.* — Le complet de la masse individuelle des sous-officiers français du corps est fixé au même taux que la première mise d'habillement.

La masse est alimentée par la prime journalière d'entretien, dont le taux est indiqué au tarif ci-annexé. L'excédant de masse est payé trimestriellement aux ayants-droit.

La prime journalière d'entretien est allouée dans toutes les positions d'absence légale.

Art 15. — *Première mise d'habillement; prime journalière d'entretien; masse individuelle des tirailleurs annamites.* — Tout militaire annamite reçoit, lors de son incorporation, une première mise d'habillement qui est alimentée par une prime journalière d'entretien.

La première mise d'habillement a pour objet de pourvoir l'homme des effets d'habillement et de petit équipement qui lui sont nécessaires, de subvenir aux frais des réparations à faire aux effets de grand équipement ou aux armes, lorsque ces réparations sont motivées par la faute de l'homme.

Le taux de la première mise d'habillement, ainsi que celui de la prime journalière d'entretien, sont déterminés par les tarifs ci-annexés.

Le complet de la masse individuelle des militaires annamites est égal à la première mise d'habillement.

Art. 16. — *Masse générale d'entretien.* — Il est alloué au régiment de tirailleurs annamites, sous la dénomination de masse générale d'entretien, un fonds commun destiné à subvenir aux dépenses intérieures du corps.

Le montant de cette masse par compagnie est indiqué dans les tarifs annexés au présent règlement. Les dépenses auxquelles elle doit pourvoir sont réglées par le Gouverneur, sur la proposition du conseil d'administration du corps et l'avis des chefs de service intéressés.

Art. 17. — *Règles administratives.* — Les règlements relatifs aux revues, à la solde, à l'administration, à la comptabilité et à l'habillement, en usage dans les corps de troupe de la marine, sont applicables aux officiers et sous-officiers français du régiment de tirailleurs annamites.

Un arrêté du Gouverneur, rendu d'après l'avis du conseil d'administration et des chefs de service intéressés, déterminera les règles d'administration et de comptabilité à suivre à l'égard des militaires indigènes.

Art. 18. — *Sous-officiers de la section hors rang.* — Les sous-officiers de la section hors rang comptent, pour l'administration de la comptabilité, à la compagnie de tirailleurs stationnée à Saïgon.

Art. 19. — *Officiers et sous-officiers français se rendant en Cochinchine.* — Les officiers et sous-officiers d'infanterie de marine présents en France, qui seront désignés pour servir au régiment de tirailleurs annamites, compteront à ce corps du jour où ils seront mis en route par le régiment qui les fournit.

Jusqu'au jour de leur embarquement pour la Cochinchine, ils seront pris en subsistance au dépôt des isolés à Toulon, qui les tiendra au courant de leur solde et accessoires et leur fera les avances de solde réglementaires, au titre du régiment de tirailleurs annamites.

Art. 20. — *Officiers et sous-officiers rentrant en France.* — Les officiers et sous-officiers européens qui rentreront en France à un titre quelconque, continueront de compter au régiment de tirailleurs annamites jusqu'au jour de leur passage dans un des régiments d'infanterie de marine ou de leur renvoi dans leurs foyers, selon le cas.

A leur débarquement, ils seront tenus au courant des allocations qui leur seraient dues, au titre du régiment de tirailleurs, par le dépôt des isolés de Toulon.

Art. 21. — *Envoi en congé renouvelable et passage dans la réserve des sous-officiers francais.* — Les sous-officiers du cadre européen du régiment de tirailleurs, qui réuniront les conditions pour être placés dans la position de congé renouvelable ou pour être envoyés dans la réserve, seront réintégrés, pour ordre, dans les régiments d'infanterie de marine d'où ils proviennent, pour être versés dans la réserve par les soins de ces régiments.

## CHAPITRE IV. — UNIFORME. — ARMEMENT. — LOGEMENT. — VIVRES.

Art. 22. — *Uniforme.* — Les officiers et sous-officiers français du régiment de tirailleurs annamites conservent l'habillement, le grand et le petit équipement en usage dans l'infanterie de marine.

Pour les officiers indigènes et pour la troupe, l'habillement est provisoirement semblable à celui des anciennes milices.

Les sous-lieutenants indigènes nouvellement promus reçoivent une première mise d'équipement, dont le taux est fixé par le tableau ci-annexé.

Le descriptif de l'uniforme des militaires indigènes sera déterminé par le Ministre, sur la proposition du Gouverneur.

Le grand équipement des tirailleurs indigènes est le même que celui des soldats d'infanterie de marine, moins le havre-sac.

Art. 23. — *Marquage des effets.* — Les effets d'habillement, de grand et de petit équipement délivrés aux tirailleurs annamites devront porter le numéro matricule affecté à chacun d'eux.

Art. 24. — *Cessions d'effets.* — Les effets d'habillement et de petit équipement nécessaires aux sous-officiers du cadre français du régiment de tirailleurs annamites sont cédés, à charge de remboursement, par le conseil d'administration de la portion secondaire du 4e régiment d'infanterie de marine stationnée en Cochinchine.

Art. 25. — *Réparations.* — Les réparations à l'habillement, au grand et au petit équipement des sous-officiers français du régiment, les réparations au grand équipement des sous-officiers, caporaux et tirailleurs indigènes sont faites par les soins de la section hors rang de la portion secondaire du 4e régiment d'infanterie de marine stationnée en Cochinchine, d'après un tarif réglé de concert entre les conseils d'administration des deux corps intéressés.

Art. 26. — *Armement.* — L'armement des officiers français et des sergents-majors est le même que celui adopté pour l'infanterie de marine.

Les officiers indigènes reçoivent sur leur demande, et à titre remboursable, un sabre de sergent-major d'infanterie et un pistolet-revolver, modèle 1873.

Les sous-officiers, caporaux et soldats indigènes sont armés de la carabine de gendarmerie à pied, modèle 1874.

Art. 27. — *Entretien et réparation des armes.* — L'entretien et la réparation des armes sont assurées par le personnel d'armuriers militaires de la marine, mis à la disposition de la colonie, et auquel pourra être adjoint, s'il y a lieu, un militaire indigène par compagnie.

Les frais de réparation et d'entretien sont à la charge de la colonie ou, suivant le cas, à celle du détenteur de l'arme.

Les règlements sur l'entretien, la conservation et la réparation des armes, en usage dans les corps de troupe de la marine, sont applicables au régiment de tirailleurs annamites.

Art. 28. — *Logement.* — Tout le cadre européen est logé dans un poste de défense, servant de réduit en cas de besoin.

Les constructions sont faites et entretenues par les soins et aux frais de la colonie.

Le chef de corps a la surveillance de ces bâtiments militaires qui doivent toujours être tenus en parfait état de conservation et de défense.

Les tirailleurs annamites sont baraqués avec leur famille aux environs du poste de défense. Ils construisent eux-mêmes leurs logements, avec des matériaux qui leur sont fournis par la colonie.

L'entretien courant de ces baraques est effectué, par les soins de la compagnie, au moyen d'une indemnité mensuelle fixée chaque année au budget de la Cochinchine.

Art. 29. — *Vivres.* — Les militaires européens et indigènes de tout grade ne reçoivent aucune prestation en nature ; leur solde est calculée en conséquence.

Une indemnité journalière spéciale de marche peut être accordée dans des cas particuliers ; elle est déterminée par un arrêté du Chef de la colonie qui peut aussi autoriser le cadre européen à s'approvisionner dans les magasins de l'État, à titre remboursable, lorsqu'il en aura reconnu la nécessité.

L'indemnité journalière de marche peut être remplacée par une ration de vivres. Dans ce cas, les militaires du cadre européen ont droit à la ration déterminée pour les troupes françaises en campagne, et les militaires annamites touchent une ration dont la composition est fixée, à l'avance, par le Gouverneur.

## CHAPITRE V. — FONCTIONS DES DIVERS GRADES

Art. 30. — *Du colonel ou lieutenant-colonel commandant.* — Le colonel ou le lieutenant-colonel, commandant, exerce sur tout le personnel européen et indigène du régiment des tirailleurs annamites la même autorité que celle dévolue aux colonels des régiments d'infanterie de marine. Il jouit des mêmes prérogatives.

Il règle l'emploi du temps. Il donne les ordres généraux de service et s'attache à faire régner dans toutes les compagnies : l'uniformité dans l'instruction, l'administration, le service intérieur, la police et la discipline.

Il passe fréquemment des inspections dans chacune des compagnies du régiment au lieu même de leur stationnement.

Il fournit au général commandant supérieur des troupes des renseignements détaillés sur le service, la discipline, la tenue et l'instruction de son corps et lui adresse, toutes les semaines, les états de situation prescrits par les règlements sur le service intérieur des corps de troupe d'infanterie.

Il fait établir et adresse mensuellement, par la voie hiérarchique, au Ministre, un état conforme au modèle ci-annexé (1), comprenant la situation numérique de l'ef-

(1) V. B. C., (1880), p. 106.

fectif européen et indigène ainsi que les observations et propositions que comportent le recrutement du corps et les diverses parties du service.

En cas d'absence, le lieutenant-colonel ou colonel, commandant, est remplacé par le plus ancien des deux chefs de bataillon.

Art. 31. — *Fonctions des divers grades.* — Les militaires du cadre européen et du cadre indigène du régiment de tirailleurs annamites exercent leurs fonctions dans les conditions prévues par les règlements sur le service intérieur des corps de troupe d'infanterie.

Si un des chefs de bataillon est absent, il est remplacé par le plus ancien capitaine de son bataillon.

Art. 32. — *Commandement des compagnies.* — En cas d'absence du capitaine, le commandement de la compagnie revient au plus ancien lieutenant.

Ce commandement ne peut être exercé, même par intérim, que par un officier du cadre européen, détaché, s'il est nécessaire, d'une autre compagnie.

Art. 33. — *Du capitaine comptable et du lieutenant-adjoint.* — Le capitaine comptable est chargé, sous la surveillance du conseil d'administration du corps, des obligations qui incombent au trésorier, à l'officier d'habillement et d'armement dans les troupes d'infanterie de la marine.

Il est secondé par le lieutenant-adjoint.

Il a sous ses ordres, pour le service, les sous-officiers de la section hors rang.

Le capitaine comptable doit, avec les frais de bureau dont le montant est déterminé au tableau annexé au présent règlement, faire face aux dépenses générales d'écritures du corps, approvisionner les compagnies des registres qu'elles doivent avoir et tenir ceux des registres mentionnés au tableau ci-annexé.

Art. 34. — *Lieutenants attachés comme adjudants-majors.* — Un lieutenant d'une compagnie du régiment peut, sur la proposition du chef de corps et si les besoins du service l'exigent, être temporairement détaché auprès de chaque chef de bataillon, pour remplir les fonctions d'adjudant-major.

Art. 35.— *Résidence des officiers.* — Le colonel ou lieutenant-colonel réside à Saïgon.

Le Gouverneur détermine, sur la proposition du général commandant supérieur des troupes, le lieu de résidence des chefs de bataillon et des capitaines.

Cette résidence doit être placée à un point central d'où les officiers puissent, le plus efficacement possible, surveiller la troupe placée sous leurs ordres.

Art. 36. — *Officiers supérieurs en tournée d'inspection.* — Les officiers supérieurs, momentanément en tournée d'inspection, ne sont point considérés comme absents de leur poste. Ils sont suppléés, pour le service journalier, par l'officier le plus élevé en grade de leur résidence.

Art. 37. — *Droit au commandement des militaires français sur les militaires indigènes.* — Les officiers français ont toujours le commandement sur les officiers indigènes. Il en est de même des sous-officiers français par rapport aux sous-officiers indigènes.

## CHAPITRE VI. — Instruction, service, police et discipline

Art. 38. — *Instruction.* — Les règlements en vigueur dans les corps de troupe d'infanterie de marine en ce qui concerne les manœuvres, le tir et les autres branches de l'instruction militaire, sont applicables au régiment de tirailleurs annamites.

Art. 39. — *Service intérieur du corps.* — Les dispositions des règlements sur le service intérieur, la police et la discipline en vigueur dans les corps de troupe d'infanterie, sont applicables aux officiers et sous-officiers du cadre européen.

Le service intérieur, le service des places, la police et la discipline, en ce qui concerne les militaires annamites, sont provisoirement réglés par le général commandant supérieur.

Pour les fautes contre la discipline et les devoirs militaires commises par les tirailleurs annamites de tous grades, dans le service ou en dehors du service, la répression ne peut être prononcée que par leurs chefs militaires.

Il sera établi, aussitôt que possible, un projet de règlement spécial, basé sur ceux en service dans les corps de troupe, destiné à régler les questions de service intérieur, de police et de discipline concernant le personnel indigène du régiment de tirailleurs, en tenant compte des mœurs et coutumes annamites, de la nature du pays et du climat.

Ce règlement sera soumis au Ministre et deviendra définitif lorsqu'il aura été revêtu de son approbation.

Art. 40. — *Cassation et rétrogradation des sous-officiers français et indigènes.* — La cassation et la rétrogradation des sous-officiers français rengagés seront prononcées conformément aux prescriptions de la circulaire du 18 octobre 1878 (*Bulletin officiel*, p. 705); toutefois, le conseil de régiment sera composé ainsi que suit :

Le lieutenant-colonel, ou colonel, *président ;*

Un chef de bataillon;

Deux capitaines, *membres.*

La cassation et la rétrogradation des sous-officiers français non rengagés et des sous-officiers et caporaux indigènes s'effectuera, lorsqu'il y aura lieu, conformément au règlement sur le service intérieur des corps de troupe d'infanterie.

Les militaires européens qui auront encouru la cassation ou la rétrogradation seront renvoyés dans une des portions de corps du régiment de marche d'infanterie de marine stationné en Cochinchine.

Article 41. — *Renvoi pour inaptitude au service ou pour inconduite.* — Les tirailleurs annamites peuvent être renvoyés dans leurs foyers, soit pour inaptitude au service, soit pour inconduite ; la commune qui les fournit est tenue de pourvoir à leur remplacement numérique.

Le renvoi des indigènes sera prononcé par le Gouverneur, sur la proposition du général commandant supérieur des troupes.

## CHAPITRE VII. — Avancement. — récompenses honorifiques

Art. 42. — *Avancement des militaires du cadre européen.* — Les dispositions des lois et décrets sur l'avancement dans l'armée sont applicables aux Français qui font partie du régiment de tirailleurs annamites.

Les officiers du cadre européen continuent à concourir avec les autres officiers d'infanterie de marine pour l'avancement au choix et à l'ancienneté.

Les sous-officiers du même cadre sont également susceptibles d'obtenir de l'avancement dans l'arme d'où ils proviennent, pendant la durée de leur service au régiment de tirailleurs annamites. Les emplois de sergent-major du régiment de tirailleurs leur sont exclusivement réservés.

Après trois années de service au régiment de tirailleurs, les sous-officiers ont droit à être versés dans un régiment d'infanterie de marine avec le grade de sergent major ou celui d'adjudant, s'ils ont été, d'ailleurs, régulièrement proposés pour l'un de ces deux grades.

Cet avancement sera accordé par le Ministre, sur la demande du Gouverneur.

Art. 43. — *Avancement des militaires indigènes.* — L'avancement des indigènes a lieu par compagnie, excepté pour les officiers dont l'avancement roule sur toute l'arme.

Il se fait d'après les règles suivantes :

Nul ne peut être nommé caporal s'il n'a servi au moins six mois comme tirailleur, et s'il ne sait parler et comprendre suffisamment le français et écrire le *quoc ngu* ou le français.

Nul ne peut être nommé sergent s'il n'a servi au moins six mois comme caporal-fourrier, et s'il ne sait parler et comprendre suffisamment le français.

Nul ne peut être nommé lieutenant ou sous-lieutenant, s'il n'a servi au moins deux ans dans le grade immédiatement inférieur et s'il n'a été proposé pour l'avancement par l'inspecteur général ou, à défaut, par le général commandant supérieur des troupes.

Les sous-officiers proposés pour le grade de sous-lieutenant devront, en outre, satisfaire à un examen dont le programme sera ultérieurement déterminé.

Il y a deux classes pour les lieutenants et les sous-lieutenants.

L'avancement en classe a lieu à l'ancienneté.

Il ne peut être dérogé aux conditions précédentes pour passer d'un grade à un autre, si ce n'est pour action d'éclat et pour acte de dévouement accompli en temps de guerre ou pendant une expédition militaire.

Les grades de lieutenant et de sous-lieutenant sont conférés, sur la proposition du Gouverneur, par le Ministre de la marine et des colonies, aux candidats inscrits sur la liste d'avancement par l'inspecteur général ou, à défaut, par le général commandant supérieur des troupes.

Les avancements en classe dans ces grades sont accordés par le Gouverneur.

Tous les autres avancements en grade et en classe, dans les emplois inférieurs, sont à la nomination du chef de corps.

Art. 44. — *Distinctions honorifiques.* — Les militaires indigènes de tous grades, du régiment de tirailleurs annamites, sont susceptibles de recevoir la décoration de la Légion d'honneur ou la médaille militaire. Ces distinctions leur sont accordées avec les avantages de traitement réservés au corps militaires.

## CHAPITRE VIII. — DISPOSITIONS PARTICULIÈRES ET TRANSITOIRES. — EXÉCUTION DU RÈGLEMENT

Art. 45. — *Dépenses d'entretien du corps.* — Toutes les dépenses relatives à l'organisation et à l'entretien du corps des tirailleurs annamites sont provisoirement supportées par le budget de la colonie.

Art. 46. — *Compétence à l'égard des tirailleurs indigènes.* — Les tirailleurs indigènes sont assujettis aux règles de compétence, de procédure et de pénalité tracées par les Codes de justice maritime et militaire.

Toutefois, des circonstances atténuantes pourront être admises en leur faveur, alors même que le Code de justice militaire ne les prévoit pas : l'application en sera faite, dans ce cas, conformément à l'art. 19 de la loi du 18 novembre 1875.

Art. 47. — *Suppression des milices et organisation du corps.* — Les milices de la Cochinchine sont supprimées.

Pour l'organisation première des compagnies de tirailleurs, le recrutement se fera parmi les miliciens en service dans les inspections et par voie de tirage au sort. Le recrutement des cadres s'opérera d'une manière analogue parmi les gradés de la milice.

Les lieutenants et sous-lieutenants indigènes pris aussi dans la milice seront nommés provisoirement par le Gouverneur de la Cochinchine, et leur nomination par le Ministre n'aura lieu que lorsqu'ils auront satisfait aux conditions de l'art. 43.

Art. 48. — Le présent règlement sera mis en vigueur à dater du 1er avril 1880.

La formation du régiment de tirailleurs annamites prendra date de la même époque ; toutefois les compagnies restant à créer ne seront organisées qu'au fur à mesure que les installations nécessaires seront terminées et que les cadres européens auront été constitués.

JAURÉGUIBERRY.

ANNEXE

**TARIFS** *des soldes ; — indemnités pour frais de service et de bureau ; — suppléments de fonctions ; — hautes-payes journalières d'ancienneté ; — indemnité de première mise d'équipement ; — indemnités de vivres et de fourrages ; — masse générale d'entretien ; — première mise d'habillement et prime journalière d'entretien.*

B. C., (1880), p. 94 à 104.

RÉGIMENT DE TIRAILLEURS ANNAMITES. — *Officiers* (cadre européen)

TARIF N° 1.

| DÉSIGNATION DES GRADES | SOLDE budgétaire PAR AN | A DÉDUIRE 5 0/0 au profit de la caisse des invalides de la marine | SOLDE NETTE PAR AN | SOLDE NETTE par MOIS | SOLDE NETTE par JOUR | SOLDE nette d'absence par JOUR | OBSERVATIONS |
|---|---|---|---|---|---|---|---|
| Colonel | 11,663f68 | 581f68 | 11,052f00 | 921f00 | 30f70 | 15f35 | NOTA. — La solde doit être payée d'après la fixation mensuelle si le mois est complet, et on ne doit prendre l'allocation journalière que dans les cas exceptionnels. |
| Lieutenant-colonel | 9,511 58 | 475 58 | 9,036 00 | 753 00 | 25 10 | 12 55 | |
| Chef de bataillon | 7,806 32 | 390 32 | 7,416 00 | 618 00 | 20 60 | 10 30 | |
| Capitaine de 1re cl. | 5,760 00 | 288 00 | 5,472 00 | 456 00 | 15 20 | 7 60 | |
| Capitaine de 2e cl. | 5,153 68 | 257 68 | 4,896 00 | 408 00 | 13 60 | 6 80 | |
| Lieutenant de 1re cl. | 4,471 58 | 222 58 | 4,248 00 | 354 00 | 11 80 | 5 90 | |
| Lieutenant de 2e cl. | 4,206 32 | 210 32 | 3,996 00 | 333 00 | 11 10 | 5 55 | |

RÉGIMENT DE TIRAILLEURS ANNAMITES. — *Sous-officiers* (cadre européen)

TARIF N° 2.

| DÉSIGNATION DES GRADES | SOLDE budgétaire | A DÉDUIRE 3 0/0 au profit de la caisse des invalides de la marine | SOLDE NETTE par an | SOLDE NETTE par jour | SOLDE nette d'absence par jour | OBSERVATIONS |
|---|---|---|---|---|---|---|
| Sergent-major | 526f69 | 15f69 | 511f00 | 1f40 | 0f70 (1) | (1) Cette solde est due dans toutes les positions d'absence régulière. |
| Sergent, Sergent-fourrier | 413 91 | 12 41 | 401 50 | 1 10 | 0 55 (1) | |

RÉGIMENT DE TIRAILLEURS ANNAMITES. — *(Officiers indigènes)*

TARIF N° 3.

| DÉSIGNATION DES GRADES | SOLDE NETTE par an | SOLDE NETTE par mois | SOLDE NETTE par jour | OBSERVATIONS |
|---|---|---|---|---|
| Lieutenant de 1re classe | 2,286f00 | 190f50 | 6f35 | La solde doit être payée d'après la fixation mensuelle si le mois est complet, et on ne doit prendre l'allocation journalière que dans les cas exceptionnels. Les tarifs de solde d'absence seront déterminés, s'il y a lieu, par un arrêté du Gouverneur. |
| Lieutenant de 2e classe | 1,980 00 | 165 00 | 5 50 | |
| Sous-lieutenant de 1re classe | 1,512 00 | 126 00 | 4 20 | |
| Sous-lieutenant de 2e classe | 1,332 00 | 111 00 | 3 70 | |

## RÉGIMENT DE TIRAILLEURS ANNAMITES. — *(Sous-officiers, caporaux et soldats indigènes)*

TARIF N° 4.

| DÉSIGNATION DES GRADES | | SOLDE NETTE par an | par mois | par jour | OBSERVATIONS |
|---|---|---|---|---|---|
| Sergents | de 1re classe | 693f50 | 57f79 | 1f90 | Les tarifs de solde d'absence seront déterminés, s'il y a lieu, par un arrêté du Gouverneur. |
| | de 2e classe | 684 00 | 57 00 | 1 60 | |
| Caporal-fourrier | | 401 50 | 33 40 | 1 10 | |
| Caporaux | de 1re classe | 401 50 | 33 40 | 1 10 | |
| | de 2e classe | 365 00 | 30 00 | 1 00 | |
| Tirailleurs | de 1re classe | 310 25 | 25 85 | 0 85 | |
| | de 2e classe | 273 75 | 22 82 | 0 75 | |
| Clairons | de 1re classe | 310 25 | 25 85 | 0 85 | |
| | de 2e classe | 273 75 | 22 82 | 0 75 | |

## INDEMNITÉS POUR FRAIS DE SERVICE ET DE BUREAU

TARIF N° 5.

| GRADES ET EMPLOIS | FIXATION budgétaire par an | à déduire 3 0/0 | NETTE par an | par mois | par jour | OBSERVATIONS |
|---|---|---|---|---|---|---|
| **1° Frais de service** | | | | | | |
| Colonel ou lieutenant-colonel, commandant le régiment | 2,412f37 | 72f37 | 2,340f00 | 195f00 | 6f50 | |
| **2° Frais de bureau** | | | | | | |
| Colonel ou lieutenant-colonel, commandant le régiment | 630 93 | 18 93 | 612 00 | 51 00 | 1 70 | |
| Capitaine comptable pour 9 compagnies | 3,043 29 | 91 29 | 2,952 00 | 246 00 | 8 20 | |
| Augmentation ou retenue à faire au capitaine comptable pour chaque compagnie en plus ou en moins | 74 23 | 2 23 | 72 00 | 6 00 | 0 20 | |

## SUPPLÉMENTS DE FONCTIONS

TARIF N° 6.

| DÉSIGNATION DES GRADES | | FIXATION | OBSERVATIONS |
|---|---|---|---|
| Colonel | | 4,000f00 | Les suppléments de fonctions à allouer dans la position d'absence seront déterminés, s'il y a lieu, par un arrêté du Gouverneur. |
| Lieutenant-colonel | | 4,000 00 | |
| Chef de bataillon | | 3,000 00 | |
| Capitaine | de 1re classe / de 2e classe | 2,500 00 | |
| Lieutenant | de 1re classe / de 2e classe | 1,500 00 | |
| Sergent-major | | 850 00 | |
| Sergent et sergent-fourrier | | 750 00 | |

## HAUTES-PAYES JOURNALIÈRES D'ANCIENNETÉ

TARIF N° 7.

| | SOUS-OFFICIERS EUROPÉENS | | | SOUS-OFFICIERS, CAPORAUX et soldats indigènes | | | OBSERVATIONS |
|---|---|---|---|---|---|---|---|
| | Allocation budgétaire | A déduire 3 0/0 | Allocation nette | Sous-officiers | Caporaux | Soldats | |
| Première haute-paye ..... | 0f618 | 0f018 | 0f60 | 0f10 (1) | 0f05 (1) | 0f05 (1) | (1) Ces allocations sont augmentées de pareilles sommes après chaque rengagement de trois ans. La haute-paye est due dans toutes positions régulières d'absence. |
| Deuxième haute-paye..... | 1 (31 | 0 031 | 1 00 | » | » | » | |

## RÉGIMENT DE TIRAILLEURS ANNAMITES. — *(Indemnité de première mise d'équipement.)*

TARIF N° 8.

| DÉSIGNATION DU CORPS | FIXATION | OBSERVATIONS |
|---|---|---|
| TIRAILLEURS | | |
| Sous-officiers promus sous-lieutenants......... | 200f00 | |

## INDEMNITÉS DE VIVRES ET DE FOURRAGES

TARIF N° 9.

| DÉSIGNATION DES GRADES | FIXATION PAR JOUR | OBSERVATIONS |
|---|---|---|
| **Indemnité de vivres** | | |
| Sergent-major, sergent ou sergent-fourrier..... | 1f115 | Allocations variables (cadre européen. — Cette allocation n'est due que dans la colonie. |
| **Indemnité de fourrages** | | |
| Colonel ou lieutenant-colonel, chef de bataillon.. | 2f00 | (Par cheval). |

## MASSE GÉNÉRALE D'ENTRETIEN

TARIF N° 10.

| NATURE DES DÉPENSES | PREMIÈRE MISE allouée pour chaque compagnie de première formation | ALLOCATION annuelle | OBSERVATIONS |
|---|---|---|---|
| Pour chaque compagnie... | 300f00 | 300f00 | En cas de formation ou de suppression, les augmentations ou les diminutions à faire dans l'allocation annuelle ont lieu, savoir : pour les compagnies nouvellement formées, à partir du 1er jour du trimestre qui suit celui dans lequel la formation de la compagnie s'effectue. Pour les compagnies supprimées à partir du 1er jour du trimestre qui suit celui dans lequel a eu lieu la suppression. |

PREMIÈRE MISE D'HABILLEMENT ET PRIME JOURNALIÈRE D'ENTRETIEN

TARIF N° 11.

| DÉSIGNATION DES GRADES | FIXATION DE LA PREMIÈRE MISE | | | PRIME JOURNALIÈRE D'ENTRETIEN | | | OBSERVATIONS |
|---|---|---|---|---|---|---|---|
| | Allocation budgétaire | A déduire 3 0/0 | Somme nette | Allocation budgétaire | A déduire 3 0/0 | Somme nette | |
| Sous-officiers (cadre européen). | 103f00 | 3f00 | 100f00 | 0f309 | 0f900 | 0f30 | |
| Sous-officiers, caporaux et soldats indigènes.............. | » | » | 24 | » | » | 0 10 | |

**NOMENCLATURE** *des registres à tenir au régiment de tirailleurs annamites.*
B. C., (1880), p. 105.

CAPITAINE COMPTABLE.

Un registre des délibérations du conseil.
Un livret de solde.
Un carnet de caisse.
Un livret de compte courant avec le Trésor.
Un contrôle général.
Un registre matriculaire des officiers.
Un registre matriculaire des sous-officiers européens.
Un registre matriculaire des militaires indigènes.
Un registre de l'effectif.
Un registre journal des recettes et dépenses.
Un registre de centralisation.
Un registre journal des effets de toute nature distribués aux compagnies.
Un registre des comptes ouverts avec la portion secondaire du 4e régiment.
Un registre des comptes ouverts avec les fournisseurs.
Un contrôle général des armes.
Un contrôle général des effets de la 2e catégorie.
Un livret d'armes et de munitions.

COMMANDANT DE COMPAGNIE.

Un livret matricule pour chacun des officiers.
Un livret matricule pour chacun des militaires de la compagnie (européens et indigènes).
Un registre de comptabilité trimestrielle.
Un livret d'ordres.
Un registre de correspondance.

CHEF DE BATAILLON.

Un livret d'ordres.
Un registre de correspondance.

CHEF DE CORPS.

Un livre d'ordres.
Un registre du personnel des officiers (*la copie des notes des officiers est adressée tous les six mois au Ministre*).
Un registre journal des marches et opérations militaires (*le chef de corps inscrit sur ce registre l'historique des troupes et les actions qui peuvent honorer le corps ou les individus*).
Un registre de correspondance.

NOTA. — Le capitaine comptable doit pourvoir, au moyen des frais de bureau qui lui sont alloués par le tarif n° 6, à toutes les dépenses dont la nomenclature est ci-dessus indiquée. — En cas de décès ou de changement de destination, le nouveau titulaire doit tenir compte à son prédécesseur ou à sa succession de la valeur relative des registres en service, eu égard à la durée qu'ils ont encore à parcourir. Il doit aussi rembourser la valeur des imprimés qui lui sont remis, s'il peut les utiliser pour son service.

(14 mai 1880)

**D. G.** *relative aux examens pour l'emploi de sous-lieutenant indigène du régiment de tirailleurs annamites.*

B. C., p. 263.

Article premier. — Le programme d'examen pour l'emploi de sous-lieutenant indigène est fixé provisoirement ainsi qu'il suit :

Interrogations théoriques et pratiques sur les écoles de soldat et de compagnie ;

Instruction sur le tir (principales notions) ;

Instruction sur le service en campagne en ce qui concerne la compagnie ;

Notions indispensables sur le service intérieur et le service des places ;

Une dictée en quoc ngu ;

Une dictée en français ;

Les quatre premières règles de l'arithmétique.

Art. 2. — Chaque partie du programme donnera lieu à une note variant de 0 à 20, qui ne sera autre que la moyenne des notes données par chacun des membres de la commission.

Art. 3. — Le jury d'examen est composé de la manière suivante :

Le lieutenant-colonel commandant le régiment de tirailleurs annamites, *président ;*

Le chef de bataillon présent à Saïgon, *membre ;*

Un capitaine du régiment de tirailleurs, *idem ;*

Un interprète de la Direction de l'Intérieur, *idem.*

Art. 4. — L'examen aura lieu, sur la convocation du Général, commandant supérieur des troupes, dans la première quinzaine du mois de septembre 1880.

Art. 5. — Les officiers indigènes nommés à titre provisoire, ceux placés à la suite du régiment, les officiers de la milice et les sous-officiers ayant été proposés par le Général, commandant supérieur des troupes, seront admis à se présenter devant le jury d'examen.

La présente décision sera communiquée aux intéressés.

LE MYRE DE VILERS.

(4 juin 1880)

**A. G.** *concernant le recrutement des tirailleurs annamites de Cochinchine.*

B. C., p. 319.

Article premier. — Les sous-officiers, caporaux et soldats formant les compagnies du régiment de tirailleurs annamites sont fournis par les villages, conformément au présent arrêté.

Art. 2. — Chaque fois qu'une vacance vient à se produire pour une cause quelconque, l'officier commandant la compagnie ou le détachement (peloton), en informe l'administrateur de l'arrondissement, qui met le village en demeure de fournir un soldat.

Art. 3. — Nul homme ne peut être présenté par le village :

1° S'il n'est domicilié dans le village,

2° S'il n'est de bonnes vie et mœurs,

3° S'il est âgé de moins de 21 ans et de plus de 28 ans.

Les militaires ou anciens militaires pourvus d'un certificat du chef de corps, autorisant leur rengagement, pourront être présentés par leur village d'origine jusqu'à l'âge de 33 ans.

Art. 4. — Un conseil permanent, composé:

1° De l'administrateur, *président ;*

2° De l'officier commandant ;

3° D'un chef de canton nommé par le Directeur de l'Intérieur,

et assisté d'un médecin, examinera les hommes présentés par les villages et prononcera leur admission ou leur refus.

Art. 5. — Dans le cas où le village n'aurait pas présenté, dans le délai de huitaine, le soldat qu'il a été mis en demeure de fournir, il lui serait infligé une amende de 5 francs par jour de retard. Si l'homme présenté au conseil n'est pas admis, le village, dans un délai de huit jours, devra en présenter un second ; si celui-ci est refusé, le village paiera une indemnité de 5 francs par jour, jusqu'à ce qu'il ait satisfait à ses obligations.

Art. 6. — Le conseil prévu à l'article 4 prononcera sur les cas de réforme.

Art. 7. — Pour toute augmentation d'effectif ou modification dans la répartition, il sera dressé, par les soins du Directeur de l'Intérieur, des listes supplémentaires qui seront approuvées par le Gouverneur.

LE MYRE DE VILERS.

(7 juin 1880)

**A. G.** *concernant l'immatriculation des tirailleurs annamites.*

B. C., p. 325.

*Immatriculation.*

Article premier. — Les militaires indigènes composant le régiment de tirailleurs annamites, à la date du 1er avril 1880, sont immatriculés par ordre de grade et par compagnie. A chaque compagnie est affectée une lettre spéciale précédant chaque numéro matricule.

Ceux incorporés après cette date suivent le même ordre d'inscription.

Il est établi, pour chaque militaire incorporé, un état signalétique indiquant l'état civil, le signalement, le titre sous lequel il est lié au service, le relevé détaillé des services antérieurs, la date de la libération.

*Registre matricule.*

Art. 2. — Le registre matricule modèle 65 (marine), destiné à l'inscription de 1.000 noms, est adopté pour le corps.

*Droits à la solde.*

Art. 3. — Les militaires indigènes ont droit à la solde de présence :

1° Quand ils sont présents au corps ;

2° En traitement dans les hôpitaux ;

3° En permission ou en congé ;

4° En détention par jugement quand ils ont été acquittés.

*Perte des droits à la solde.*

1° Pour absence irrégulière ;

2° Désertion ;

3° Libération, étant en permission ou en congé ;

4° Pour rentrée après les délais d'une permission ou d'un congé sans motif légitime constaté.

La privation de la solde a lieu pour toute la durée de l'absence.

*Hautes-payes.*

Art. 5. — Les règles tracées pour la solde sont suivies pour les hautes-payes et les diverses indemnités.

*Du supplément de fonctions accordé aux Européens.*

Art. 6. — Le supplément de fonctions accordé aux officiers et sous-officiers européens est réduit de moitié pendant leur séjour à l'hôpital et en congé dans la colonie. Il n'est pas dû hors de la colonie.

*Paiement de la solde.*

Art. 7. — La solde et les accessoires sont payés au régiment de tirailleurs annamites :

1° Par mois à terme échu pour les officiers ;

2° Par mois et quinze jours à l'avance pour la troupe.

Les masses sont payées avec la solde des officiers.

*Paiement de la solde par le capitaine comptable.*

Art. 8. — Le capitaine comptable fait les envois de fonds nécessaires dans les postes pour que les sommes acquises soient payées le 1er de chaque mois aux Européens et indigènes.

*Inscription sur le livret individuel des sommes payées aux Indigènes.*

Art. 9. — L'inscription des sommes payées aux Indigènes est faite séance tenante sur leur livret individuel, sous la responsabilité du capitaine ou du lieutenant commandant le peloton.

*Feuille de prêt.*

Art. 10. — Une feuille de prêt mensuelle est établie par compagnie pour justifier les perceptions.

*Situation de caisse des compagnies.*

Art. 11. — Une situation de caisse est établie, par chaque commandant de compagnie, le 1er du mois après le paiement de la solde des officiers et de la troupe; elle est immédiatement adressée au capitaine comptable avec la feuille de prêt et les autres pièces à l'appui pour la justification de l'emploi des fonds mis à sa disposition par le conseil d'administration.

*Prime journalière d'entretien.*

Art. 12. — La prime journalière d'entretien est accordée dans toutes les positions d'absence légale indiquées à l'article : *Droits à la solde.*

*Cas où elle se perd.*

Art. 13. — Elle se trouve supprimée dans les circonstances mentionnées au titre : *Perte des droits à la solde.*

*Livret individuel.*

Art. 14. — Le livret individuel des indigènes comprend le compte courant de la solde et le compte courant de la masse.

*Arrêté du livret.*

Art. 15. — Le livret est arrêté le 1er jour de chaque trimestre et chaque fois que l'homme entre dans une position d'absence. L'inscription des allocations et du paiement de la solde n'ayant lieu que pour ordre, il ne devra ressortir après l'arrêté que le compte exact de la masse individuelle.

*Feuille de journées.*

Art. 16. — La constatation des allocations a lieu par l'établissement, à la fin de chaque trimestre, d'une feuille de journées en double expédition, conformément à l'arrêté du 14 janvier 1879, et d'après le modèle qui y est joint.

*Paiement de l'excédent de masse.*

Art. 17. — L'excédent du complet réglementaire de la masse est payé aux militaires (Européens et indigènes) dans les vingt premiers jours du 2e mois qui suit le trimestre écoulé. L'inscription est faite au compte de la masse d'après les règles tracées pour la solde.

*Reprise de la masse des militaires qui quittent le service avant deux ans de présence.*

Art. 18 — La masse des militaires indigènes quittant le service avant deux années de présence au régiment de tirailleurs sera reprise au profit du budget local.

*Paiement de la masse.*

Art. 19. — La masse est payée aux militaires indigènes qui quittent le service après deux années de présence. Le paiement aura lieu après la vérification des comptes du trimestre.

*Indemnité spéciale de marche.*

Art. 20. — Une indemnité journalière spéciale de marche de 0 fr. 50 cent. sera payée aux sous-officiers européens et aux sous-officiers, caporaux et soldats indigènes pour les journées passées en marche, en détachement, mais seulement lorsqu'ils sortiront des limites de l'arrondissement assigné à leur compagnie.

Les officiers européens et indigènes recevront dans les mêmes conditions l'allocation prévue au tarif 30 du règlement de 1876.

Officiers supérieurs . . . . . . . . . . . . . . . . . . . . . . . . . . . . 5 francs, somme nette.
Officiers inférieurs . . . . . . . . . . . . . . . . . . . . . . . . . . . . 3 francs, *idem.*

Quant aux tournées de service faites par les officiers, dans leurs circonscriptions respectives, elles ne donneront lieu qu'au remboursement des frais de transport, si les moyens ne sont pas fournis en nature.

En dédommagement des dépenses considérables qu'auront à supporter les officiers supérieurs pour l'inspection mensuelle de tous leurs postes, pendant la période d'organisation, une indemnité de 1.000 francs par an est allouée au lieutenant-colonel et aux chefs de bataillon.

*Par qui payée.*

Art. 21. — Les indemnités de route sont mandatées directement par la Direction de l'Intérieur, sur la présentation des feuilles de route ou ordres de route visés par le commissaire aux revues.

*Habillement.*

Art. 22. — Les sous-officiers, les caporaux et les tirailleurs indigènes reçoivent leurs effets d'habillement au compte de la masse individuelle.

*Approvisionnement.*

Art. 23. — L'approvisionnement des effets d'habillement des indigènes est constitué à la diligence du conseil d'administration qui est chargé d'en faire l'achat en passant des marchés.

*Disposition particulière aux sous-officiers européens.*

Art. 24. — Les sous-officiers qui, pour une cause quelconque, rentrent dans l'infanterie de la marine sont remboursés de la valeur relative de leurs effets d'habillement. Le montant en est versé à la masse individuelle.

Art. 25. — L'estimation est faite par le conseil d'administration.

La capote du sous-officier promu officier et celle du sergent ou sergent-fourrier promu sergent-major, sont reprises par le régiment de marche, et le remboursement à la masse du sous-officier a lieu d'après les règles tracées ci-dessus.

*Armement et équipement.*

Art. 26. — L'armement et l'équipement sont entretenus par les soins de la direction d'artillerie qui reste chargée de l'expédition dans les postes des ingrédients nécessaires à leur conservation.

Les frais de réparation et d'entretien sont à la charge du budget local, ou, suivant e cas, à celle du détenteur de l'arme.

*Masse générale d'entretien.*

Art. 27. — L'allocation pour masse générale d'entretien, déterminée par le tarif n° 10 annexé au règlement du 4 décembre 1879, est portée de 300 à 800 francs par an et par compagnie.

Cette masse supporte les dépenses relatives :

A l'école d'escrime,

A l'école de tir,

Aux écoles régimentaires,

Aux bibliothèques,

Aux infirmeries,

A l'administration et à la comptabilité,

A l'éclairage des postes,

Aux guérites des postes,

Aux pavillons,

Aux frais d'emballage et de transport des colis, et enfin à toutes les dépenses intérieures du corps généralement quelconques.

*Casernement.*

Art. 28. — Le casernement, le mobilier du casernement et la literie seront fournis aux sous-officiers du cadre européen par les soins du service local.

L'entretien et le renouvellement auront lieu à la charge du corps, moyennant un abonnement de 200 francs par compagnie et par an.

L'entretien et le renouvellement des cases des tirailleurs auront lieu à la charge du corps, moyennant un abonnement de 1.000 francs par compagnie et par an.

*Disposition transitoire.*

Jusqu'à ce que la 4e compagnie du 2e bataillon soit complétée, elle n'aura droit qu'à a moitié des allocations de toute nature.

LE MYRE DE VILERS.

(2 août 1880)

**A. G.** *relatif à la nomenclature du mobilier et du matériel des compagnies de tirailleurs indigènes.*

B. C., p. 420.

Article premier. — Le mobilier et le matériel destiné à assurer le casernement des tirailleurs indigènes est fixé ainsi qu'il suit, savoir :

*Bureau du capitaine-comptable.*

| | |
|---|---|
| Table-bureau (grande) | 2 |
| Table-bureau (moyenne) | 3 |
| Table du Conseil (ovale) | 1 |
| Chaise | 18 |
| Table toilette pour le bureau des officiers | 1 |
| Table-toilette pour le bureau des sous-officiers | 2 |
| Cuvette en faïence | 3 |
| Pot à eau | 3 |
| Banc | 1 |
| Porte-manteau | 1 |

*Mobilier des écoles (pour une compagnie)*

Table........................................ 10
Banc........................................ 20
Tableau noir........................................ 4

*Mobilier du sergent-major*

Planche à bagages........................................ 1
Cheville, crochet ou bouton pour porter l'armement ou l'équipement........................................ 1
Crochet porte-souliers........................................ 2
Planchette destinée à recevoir l'extrait de l'état des lieux et de l'inventaire du mobilier........................................ 1
Bidon en fer-blanc........................................ 1
Armoire à étagère........................................ 1
Table de toilette avec cuvette et verre........................................ 1
Table à deux tiroirs........................................ 1
Tabouret avec pied en fer........................................ 1
Chaise ordinaire........................................ 1
Table de caserne à tréteaux de fer........................................ 1
Tabouret avec pieds en fer........................................ 2
Carré de 1 mètre de longueur pour les registres........................................ 1
Râtelier pour 10 armes........................................ 1
Planche à bagages pour les effets des hommes absents (6 mètres courants)........................................ 1

*Mobilier des sergents et fourriers.*

Planche à bagages........................................ 2
Cheville, crochet ou bouton pour porter l'armement et l'équipement........................................ 6
Crochet porte souliers........................................ 12
Râtelier d'armes........................................ 2
Planchette destinée à recevoir l'extrait des lieux et l'inventaire du mobilier........................................ 2
Tabouret........................................ 6
Armoire à étagères........................................ 6
Table de toilette avec cuvettes pour deux sous-officiers........................................ 4
Un verre par sous-officier........................................ 8
Table à deux tiroirs fermant à cadenas, pour deux sous-officiers........................................ 4
Bidon en fer-blanc........................................ 2

*Mobilier des salles de discipline.*

Baquet de propreté........................................ 2
Bidon en bois........................................ 2
Lit de camp........................................ 2
Porte-manteau........................................ 2

*Mobilier de la pension des sous-officiers.*

Table........................................ 2
Chaise ordinaire........................................ 7
Tablette semblable aux planches à bagages........................................ 2
Porte-manteau........................................ 2

*Outils et ustensiles de propreté.*

Fourgon ou voiture pour transporter des effets d'habillement et des vivres........................................ 2
Tonneau à eau........................................ 2
Baquet........................................ 2
Pelle........................................ 20
Pioche........................................ 20
Brouette........................................ 8

*Mobilier du corps de garde.*

Table petite, en bois blanc, pour le sous-officier........................................ 2
Chaise ordinaire pour le sous-officier........................................ 2
Table de caserne........................................ 2
Banc de caserne........................................ 4
Encrier en plomb........................................ 2
Chandelier ou lampe........................................ 2

| | |
|---|---|
| Bidon | 2 |
| Arrosoir en fer-blanc | 2 |
| Fanal de ronde, à glace, en fer-blanc | 5 |
| Boîte à marrons | 2 |
| Marron de ronde | 2 séries. |
| Tableau en bois pour consignes | 4 |

LE MYRE DE VILERS.

(27 décembre 1880)

**A. G.** *portant à 1500 francs l'allocation prévue pour masse générale d'entretien et à 2000 francs l'allocation pour l'entretien et le renouvellement des cases des tirailleurs.*

B. C., p. 665.

Article premier. — L'allocation annuelle par compagnie, prévue pour masse générale d'entretien, déterminée par l'article 27 de l'arrêté local, en date du 7 juin 1880, est portée, à compter du 1er janvier 1881, de 800 fr. 1.500 fr.

Art. 2. — L'allocation annuelle et par compagnie prévue pour l'entretien et le renouvellement des cases des tirailleurs, déterminée par le paragraphe 3 de l'article 28 de l'arrêté sus-mentionné, est portée, à compter du 1er janvier 1881, de 1.000 fr. à 2.000 fr.

LE MYRE DE VILERS.

(29 décembre 1882)

**D. G.** *rapportant l'article 26 de l'arrêté du 7 juin 1880, relatif à l'entretien de l'armement et de l'équipement du régiment de tirailleurs annamites.*

B. C., p. 543.

En exécution des prescriptions de la dépêche ministérielle en date du 10 mai 1881, et à compter du 1er janvier 1882, est rapporté l'article 26 de l'arrêté de 7 juin 1880, relatif à l'entretien de l'armement et de l'équipement du régiment de tirailleurs annamites.

Le personnel armurier chargé de cet entretien est placé directement sous les ordres du colonel commandant ce régiment.

On se conformera d'ailleurs, à compter de la même date, aux prescriptions de la dépêche précitée.

LE MYRE DE VILERS.

(3 août 1882)

**A. G.** *ajournant jusqu'à nouvel ordre les prescriptions de l'article 19 de l'arrêté du 7 juin 1880, concernant l'immatriculation des tirailleurs annamites.* —

B. C., p. 365)

Les prescriptions de l'article 19 de l'arrêté du 7 juin 1880, relatives au paiement de la masse aux tirailleurs annamites, sont ajournées jusqu'à nouvel ordre.

LE MYRE DE VILERS.

(11 août 1882)

**A. G.** *modifiant les articles 3 et 12 de l'arrêté du 7 juin 1880, concernant l'immatriculation des tirailleurs annamites.*

B. C., p 374.

Article premier. — L'article 3 de l'arrêté susvisé est modifié ainsi qu'il suit:

*Droit à la solde.* — Les militaires indigènes ont droit à la solde de présence:

1° Quand ils sont présents au corps;

2° En traitement dans les hôpitaux, *quand ils sont mariés;*

3° En permission ou en congé;

4° En prévention quand ils ont été acquittés.

Art. 2. — L'article 12 du même arrêté est modifié ainsi qu'il suit:

*Prime journalière d'entretien.* — La prime journalière d'entretien est accordée dans toutes les positions d'absence légale indiquées à l'article *Droits à la solde.*

Elle est due aussi aux tirailleurs célibataires en traitement à l'hôpital.

LE MYRE DE VILERS.

(14 août 1882)

**DÉCRET** *modifiant le 3e paragraphe de l'article 3 du décret du 2 décembre 1879 portant création d'un régiment de tirailleurs annamites.*

Non inséré au B. C.

Article premier. — Le 3e paragraphe de l'article 3 du décret du 2 décembre 1879 portant création d'un régiment de tirailleurs annamites en Cochinchine est modifié comme suit :

La période ordinaire du service consécutif des officiers et sous-officiers du cadre européen du régiment de tirailleurs annamites est fixée à 2 ans, non compris la durée des traversées d'aller et de retour (1).

Jules GRÉVY.

(18 juillet 1883)

**D. M.** *modifiant le § 2 de l'article 6 du règlement du 4 décembre 1879 et portant que les tirailleurs annamites qui se rengagent pour la deuxième fois auront droit à la même augmentation de solde avec renouvellement de la prime.*

B. C., p. 327.

J'ai décidé que les tirailleurs anamites qui se rengageront pour la deuxième fois auront droit au payement de la prime de 50 francs allouée pour le premier rengagement.

Par suite, le deuxième paragraphe de l'article 6 du règlement du 4 décembre 1879 relatif à l'organisation du régiment de tirailleurs annamites, sera ainsi modifié :

« Pour tout nouveau rengagement, ils ont droit à la même augmentation de solde, avec renouvellement de la prime. »

(3 septembre 1883)

**A. G.** *portant que l'article 231 du Code de justice militaire pour l'armée de terre, est applicable aux militaires indigènes du corps des tirailleurs : — Les dispositions de la circulaire du 6 juillet 1880 sont abrogées.*

B. C., p. 354.

Article premier. — L'article 231 du Code de justice militaire pour l'armée de terre est applicable, dans toute sa teneur, aux militaires indigènes du corps des tirailleurs annamites.

Art. 2. — Tout militaire manquant à l'appel est signalé comme tel à l'administrateur de l'arrondissement, dans les vingt-quatre heures, par le commandant de compagnie ou de détachement.

Art. 3. — L'administrateur mettra immédiatement le village en demeure de faire rentrer l'absent à sa compagnie.

De son côté, le corps le fera rechercher par tous les moyens dont il pourra disposer.

Art. 4. — Tout militaire qui, à l'expiration de 14 jours révolus d'absence illégale, ne sera pas rentré au corps ou n'y aura été réintégré après arrestation, sera remplacé immédiatement par le village qui l'avait fourni.

Art. 5. — Les villages auront l'obligation de la recherche des déserteurs, et quand ceux-ci seront arrêtés, ils seront remis à l'autorité militaire. Les déserteurs réintégrés au corps ne viendront pas en atténuation du contingent à fournir par le village.

Toute mutation concernant un homme en état de désertion ou d'absence illégale

(1) Notifié par Dép. M., 21 août 1882.

sera, le jour même où elle se produira, notifiée à l'administration par les soins du commandant de la compagnie ou chef de poste.

Art. 6. — Les villages continueront de jouir de la faculté d'exercer au civil telles poursuites que de droit pour rentrer dans les avances pécuniaires qu'ils auront pu faire, à raison de l'engagement ou du rengagement de tout tirailleur absent ou déserteur, poursuivi judiciairement ou non, et qu'il aura fallu remplacer à l'effectif du corps.

Art. 7. — Les prescriptions du Code relatives à l'état de désertion seront affichées par placards, par les soins du corps, en langue annamite, dans tous les camps et locaux occupés par le régiment de tirailleurs. Des théories sur ce sujet seront faites fréquemment aux intéressés et notamment aux recrues.

Art. 8. — Les dispositions de la circulaire du 6 juin 1880 sont et demeurent abrogées.

CHARLES THOMSON.

(4 mars 1885)

**DÉP. M.** *Modification à l'uniforme des officiers indigènes des tirailleurs annamites.*

ARCH. GOUV.

J'ai l'honneur de vous informer que, sur la proposition de M. le Général Inspecteur et après avis du comité technique des inspecteurs généraux des troupes de la Marine, j'ai décidé que le descriptif de l'uniforme des officiers indigènes du régiment de tirailleurs annamites serait modifié ainsi qu'il suit :

1° La coiffure des officiers indigènes de tirailleurs annamites sera le salacco avec jugulaire en soie noire pour la petite tenue et jugulaire en soie noire et or pour la grande tenue.

2° Le paletot actuellement en usage sera maintenu mais les manches seront ornées de nœud hongrois adopté pour les tirailleurs algériens le collet droit sera fermé sur le devant et portera les initiales T. A.

3° La chaussure sera la bottine.

4° L'armement et l'équipement seront exactement les mêmes que ceux adopté pour l'infanterie de marine.

Vous fixerez la date à laquelle ces modifications devront être opérées et vous voudrez bien me faire parvenir sous le timbre de la présente dépêche, une ampliation modifiée du descriptif général de l'uniforme des tirailleurs annamites, avec les planches s'il n'existe.

(14 avril 1885)

**A. G.** *portant de 9 à 12 le nombre des compagnies du régiment de tirailleurs annamites.*

J. C., p. 543.

Article premier. — Le nombre des compagnies du régiment de tirailleurs annamites est porté de 9 à 12.

Ce régiment comprendra 3 bataillons à 4 compagnies dont le chiffre total est de 2.535 hommes.

Art. 2. — Les 3 compagnies de nouvelle création prendront les n[os] 10, 11 et 12.

CHARLES THOMSON.

(22 décembre 1885)

**D. G.** *versant provisoirement au régiment des tirailleurs annamites l'excédent des gardes civils.*

J. C., p. 1515.

Article premier. — A partir du 1er janvier 1886, l'effectif du régiment des tirailleurs annamites sera provisoirement augmenté de 398 hommes, fournis par chaque arrondissement dans les proportions suivantes :

| | |
|---|---|
| Baclieu | 24 |
| Baria | 11 |
| *A reporter* | 000 |

| | |
|---|---|
| *Report* | 000 |
| Bentré | 25 |
| Binhoa | 24 |
| Cantho | 5 |
| Chaudoc | 1 |
| Cholon | 30 |
| Gocong | 34 |
| Hatien | 14 |
| Longxuyen | 9 |
| Mytho | 71 |
| Sadec | 20 |
| Soctrang | 1 |
| Tanan | 24 |
| Tayninh | 1 |
| Thudaumot | 13 |
| Travinh | 11 |
| Vinhlong | 14 |
| Saïgon | 45 |
| 20e arrondissement | 12 |
| Total | 398 |

BÉGIN.

(21 janvier 1886)

**A. G.** *portant fixation du contingent de tirailleurs annamites à fournir par chaque arrondissement à compter du 1er janvier 1886. — Annexe. — Tableau.*

B. C., p. 21

J. C., p. 170.

Article premier. — Le contingent de tirailleurs annamites à fournir par chaque arrondissement de la colonie est fixé, à compter du 1er janvier 1886, conformément au tableau ci-annexé.

BÉGIN.

## ANNEXE

*TABLEAU servant à fixer provisoirement le nombre de tirailleurs que devra fournir chaque arrondissement de la colonie:*

| ARRONDISSEMENTS | CHIFFRE de la POPULATION asiatique au 1er janvier 1884 | NOMBRE d'hommes que fournit l'arrondissement | LE 1/1000 | PARTAGE PROFESSIONNEL | NOMBRE proposé pour avoir une charge uniforme par arrondissement |
|---|---|---|---|---|---|
| Baclieu | 36.685 | 61 | 1.662 | 67.0 | 67 |
| Baria | 25.365 | 98 | 3.862 | 46.3 | 46 |
| Bentré | 128.845 | 209 | 1.622 | 235 4 | 235 |
| Bienhoa | 72.111 | 150 | 2.080 | 131.7 | 132 |
| Cantho | 75.703 | 138 | 1.822 | 138.3 | 138 |
| Chaudoc | 86.449 | 61 | 0.705 | 157.9 | 158 |
| Cholon (inspection) | 117.320 | 180 | 1.534 | 214.4 | 214 |
| Giadinh | 161.320 | 221 | 1.369 | 294.8 | 295 |
| Gocong | 50.116 | 160 | 3.192 | 91.5 | 91 |
| Hatien | 7.691 | 18 | 2.340 | 14.0 | 14 |
| Longxuyen | 75.008 | 82 | 1.093 | 137.0 | 137 |
| Mytho | 228.567 | 374 | 1.206 | 417.6 | 418. |
| Rachgia | 19.000 | 20 | 1.052 | 34.7 | 35 |
| Sadec | 121.305 | 154 | 1.269 | 221.6 | 222 |
| Soctrang | 44.704 | 106 | 3.713 | 81.6 | 82 |
| Tanan | 67.818 | 165 | 2.432 | 123.9 | 124 |
| Tayninh | 32.802 | 84 | 2.560 | 59.9 | 60 |
| Thudaumot | 66.266 | 112 | 1.690 | 121.1 | 121 |
| Travinh | 74.786 | 132 | 1.765 | 136.6 | 137 |
| Vinhlong | 101.762 | 162 | 1.591 | 185.9 | 186 |
| 20e arrondissement (banlieue) | 12.387 | 25 | 2.018 | 22.6 | 23. |
| Total | 1.606.010 | 2.772 | 1.726 | 2.933.8<br>2.923.0 | 2.935 |

(26 mai 1886)

**A. G** *ajoutant divers objets à la nomenclature du matériel et du mobilier de casernement des tirailleurs annamites fixée par l'arrêté du 2 août 1880.*

B. C., p. 173.

J. C., p. 677.

Article premier. — Les objets dont la désignation suit sont ajoutés à la nomenclature du matériel et du mobilier de casernement des tirailleurs annamites fixée par l'arrêté local du 2 août 1880 :

1° Un filtre ; 2° deux faux complètes ; 3° quatre faucilles.

Le premier de ces articles sera classé parmi les objets formant le mobilier de la pension des sous-officiers, et les deux autres parmi les outils et ustensiles de propreté.

BÉGIN.

(31 décembre 1886)

**A. G.** *fixant les résidences des chefs de bataillon de tirailleurs annamites.*

J. C., (1887), p. 17.

Article premier. — Les résidences de MM. les chefs de bataillon seront désormais fixées ainsi qu'il suit :

A Saïgon, le plus ancien chef de bataillon, commandant le 1er bataillon.

A Mytho, le 2e chef de bataillon, commandant le 2e bataillon.

A Chaudoc, le plus jeune chef de bataillon, commandant le 3e bataillon et le cercle de Chaudoc.

Art. 2. — Le cercle de Sadec est rattaché à celui de Saïgon.

Art. 3. — M. le commandant détaché actuellement à Pnom-Penh, continuera ses services à Chaudoc où il exercera les fonctions de chef de bataillon et de commandant du cercle de Chaudoc ; M. le commandant rentrera à Saïgon.

Art. 4. — Un chef de bataillon du régiment de marche d'infanterie de marine remplacera à Pnom-Penh M. le commandant, dans les fonctions de chef du détachement d'infanterie de marine.

Art. 5. — Les fonctions de commandant du cercle de Tayninh seront exercées dorénavant par un chef de bataillon du régiment de marche d'infanterie de marine.

FILIPPINI.

(30 janvier 1888)

**A. L. G.** *fixant le nombre de tirailleurs à fournir par chaque arrondissement.*

B. C., p. 68.

J. C., p. 127.

Article premier. — Le nombre de tirailleurs à fournir par chaque arrondissement est déterminé conformément aux indications du tableau ci-après :

| NUMÉROS D'ORDRE | ARRONDISSEMENTS | NOMBRE D'HOMMES d'après le chiffre de la population Arrêté du 21 janvier 1886 | RÉDUCTION prévue pour 1888 | RESTE à fournir aux régiments |
|---|---|---|---|---|
| 1 | Baclieu | 67 | 6 | 61 |
| 2 | Baria | 46 | 4 | 42 |
| 3 | Bentré | 235 | 20 | 215 |
| 4 | Bienhoa | 132 | 11 | 121 |
| 5 | Cantho | 138 | 11 | 127 |
| 6 | Chaudoc | 158 | 13 | 145 |
| 7 | Cholon | 224 | 10 | 205 |
| 8 | Giadinh | 285 | 24 | 261 |
| 9 | Gocong | 91 | 7 | 84 |
| 10 | Hatien | 14 | 2 | 12 |
| 11 | Longxuyen | 137 | 11 | 126 |
| 12 | Mytho | 418 | 35 | 383 |
| 13 | Rachgia | 35 | 3 | 32 |
| 14 | Sadec | 222 | 19 | 203 |
| 15 | Soctrang | 82 | 7 | 75 |
| 16 | Tanan | 124 | 10 | 114 |
| 17 | Tayninh | 60 | 5 | 55 |
| 18 | Thudaumot | 121 | 10 | 111 |
| 19 | Travinh | 137 | 12 | 125 |
| 20 | Vinhlong | 186 | 16 | 170 |
| | 20e Arrondissement | 23 | 2 | 21 |
| | | 2,935 | 247 | 2,688 |

Art. 2. — MM. les administrateurs opéreront, de concert avec l'officier chargé du service de recrutement dans chaque arrondissement, le licenciement des hommes appartenant aux villages qui devront bénéficier de cette réduction d'effectif.

(9 septembre 1886)

**A. G.** *portant que le 2e peloton de la 11e compagnie du régiment des tirailleurs sera à Longxuyen et comprendra les arrondissements de Longxuyen et de Rachgia.*

B. C., p. 293.
J. C., p. 921.

Le 2e peloton de la 11e compagnie du régiment de tirailleurs annamites sera à Longxuyen, et comprendra les arrondissements de Longxuyen, et de Rachgia.

Il sera entretenu à Hatien une garnison d'une force sensiblement égale à la garnison actuelle.

FILIPPINI.

(26 février 1887)

**CIRC. D. I.** *Le paiement des primes allouées par les villages aux tirailleurs sera fait avec la monnaie stipulée dans le contrat ou avec son équivalent exact au jour du paiement.*

J. C., p. 262.

Des difficultés se sont élevées dernièrement dans l'arrondissement de Cantho au sujet du mode de paiement des primes allouées par les villages aux tirailleurs annamites. Certains notables ont payé en piastres, au taux de sept ligatures, des primes fixées en ligatures dans les contrats intervenus entre les villages et les tirailleurs. Il en est résulté une perte pour ces derniers, la piastre étant changée pour six ligatures au moment du règlement du compte.

Afin d'éviter toute discussion, il y a lieu d'exiger que le paiement soit fait avec la monnaie stipulée dans le contrat ou avec son équivalent exact au jour du paiement.

NOEL PARDON.

(8 juin 1887)

**DÉCRET** *portant modification des cadres européens du régiment des tirailleurs annamites.*

B. COL., p. 451.

L'état-major du régiment de tirailleurs annamites comprend trois officiers comptables au lieu de deux, soit :

1 capitaine major,
1 lieutenant trésorier,
1 lieutenant d'habillement, d'armement et de casernement.

Chacun des trois bataillons du régiment comporte un caporal clairon européen.

Le nombre des sergents du cadre européen de chaque compagnie du régiment est porté de 5 à 8.

JULES GRÉVY.

(3 décembre 1887)

**A. L. G.** *accordant une indemnité journalière de cinquante centimes au sergent chef de poste à Hatien, chargé, en qualité de garde-magasin provisoire, de la garde des objets de matériel, de casernement et des outils employés aux travaux de réparation de ce poste.*

J. C., p. 1126.

Article premier. — Une indemnité journalière de cinquante centimes (0 fr. 50) est accordée au sergent chef de poste à Hatien, chargé, en qualité de garde-magasin provisoire, de la garde des objets de matériel, de casernement et des outils employés aux travaux de réparation de ce poste.

Art. 2. — La dépense sera imputée sur l'ensemble des crédits inscrits au chapitre XVIII du budget, 1re section, art. 1er, sous la rubrique : *Dépenses imprévues.*

PIQUET.

(13 avril 1888)

**A. G. G.** *portant application dans toute l'Indo-Chine de l'arrêté du 20 janvier 1864 supprimant les primes, et fixant les soldes des travailleurs indigènes* (1).

J. C., p. 387.

Article premier. — L'arrêté du 20 janvier 1864 supprimant les primes sera appliqué dans toute l'Indo-Chine à partir de la promulgation du présent arrêté.

Art. 2. — Les soldes des tirailleurs indigènes seront à l'avenir fixées comme suit:

| | Piastres |
|---|---|
| Sergent de 1re classe | 14 45 |
| Sergent de 2e classe | 12 25 |
| Caporaux-fourriers | 8 65 |
| Caporaux de 1re classe | 8 65 |
| Caporaux de 2e classe | 7 90 |
| Clairons de 1re classe | 6 75 |
| Clairons de 2e classe | 6 00 |
| Tirailleurs de 1re classe | 7 75 |
| Tirailleurs de 2e classe | 6 00 |

Art. 3. — La solde des miliciens du Protectorat restera provisoirement fixée conformément aux tarifs actuellement en vigueur.

CONSTANS.

(26 avril 1888)

**A. G. G.** *mettant à la charge du budget général de l'Indo-Chine toutes les dépenses d'entretien du régiment de tirailleurs annamites.*

B. C., p. 212.
J. C., p. 420.

Article premier. — Toutes les dépenses d'entretien du régiment de tirailleurs annamites, de quelque nature qu'elles soient, qui étaient payées par le service local sont supportées, à compter du 1er janvier 1888, par le budget de l'Indo-Chine.

Art. 2. — L'article 26 du règlement provisoire du 4 décembre 1879 et de l'arrêté du 8 juin 1880, relatifs au service de l'armement, est abrogé à compter du 1er avril 1888 et remplacé par le suivant :

« Art. 26. — L'armement est placé sous le régime de l'abonnement, tel qu'il est défini par l'article 41, § 1er, du règlement du 21 mars 1865. L'équipement est entretenu par les soins du corps. Les frais de réparation et d'entretien sont à la charge de l'abonnement du budget de l'Indo-Chine, ou, suivant le cas, à celle du détenteur de l'arme et des effets. »

Art. 3. — Il n'est rien changé aux autres dispositions du règlement de 1879 et de l'arrêté de 1880, et notamment à celles de ces dispositions qui sont relatives à la masse de casernement, à la masse générale d'entretien et à la masse pour le renouvellement à l'entretien des cases des tirailleurs.

RICHAUD.

(16 mai 1888)

**A. G. G.** *rapportant l'art. 2, de l'arrêté du 13 avril qui fixe à nouveau la solde des tirailleurs annamites.*

B. C., p. 253.
J. C., p. 478.

Article premier. — L'article 2 de l'arrêté du 13 avril qui fixe à nouveau la solde des tirailleurs annamites est rapporté.

Art. 2. — Les tarifs joints à l'arrêté ministériel du 2 décembre 1879 continueront à être appliqués.

RICHAUD.

(1) Les considérants de cet arrêté visent un arrêté du 5 décembre 1885 qui n'est inséré ni au J. C., ni au B. C.

### b) Instructions diverses

| NATURE DES DOCUMENTS | DATES | RECUEILS A CONSULTER | | | | | | | OBSERVATIONS |
|---|---|---|---|---|---|---|---|---|---|
| | | Bat. | B.C. | B.D.I. | J. C. | J. H. | B. M. | B-Col. | |
| Dép. M. | 6 février 1880. | | | | | | | | |
| Dép. M. | 23 février 1880. | | | | | | | | |
| Dép. M. | 7 avril 1880. | | | | | | | | |
| Circ. $C^t$ $R^t$ | 14 avril 1880. | | | | | | | | |
| Circ. $C^t$ $R^t$ | 20 avril 1880. | | | | | | | | |
| Dép. M. | 7 mai 1880. | | | | | | | | |
| Circ. G. | 16 mai 1880. | | | 49 | | | | | |
| Circ. D. I. | 7 juin 1880. | | | 55 | | | | | |
| Circ. D. I. | 28 juin 1880. | | | 62 | | | | | |
| Circ. G. | 6 juillet 1880. | | | 80 | | | | | |
| Dép. M. | 12 août 1880. | | | | | | | | |
| Circ. D. I. | 27 août 1880. | | | 105 | | | | | |
| Dép. M. | 9 septembre 1880. | | | | | | | | |
| Dép. M. | 7 février 1881. | | | | | | | | |
| Cir. $C^t$ $R^t$ T.A. | 5 mars 1881. | | | | | | | | |
| Circ. D. I. | 30 mars 1881. | | | 14 | | | | | |
| Circ. $C^t$ $R^t$ | 31 août 1881. | | | | | | | | |
| Circ. M. | 12 octobre 1881. | | | | | | | | |
| Dép. M. | 31 mars 1883. | | | | | | | | |
| Dép. M. | 25 mars 1884. | | 134 | | | | | | |
| Circ. $C^t$ $R^t$ | 28 juillet 1884. | | | | | | | | |

### b) Instructions diverses *(suite)*

| NATURE DES DOCUMENTS | DATES | RECUEILS A CONSULTER Bat. | B.C. | B.D.I. | J.C. | J.H. | B.M. | B.Col | OBSERVATIONS |
|---|---|---|---|---|---|---|---|---|---|
| Circ. C^t R^t | 26 septembre 1884. | | | | | | | | |
| Circ. C^t R^t | 28 octobre 1884. | | | | | | | | |
| Dép. M. | 13 février 1885. | | | | | | | | |
| Dép. M. | 4 mai 1886. | | | | | | | | |
| Dép. M. | 30 juin 1886. | | | | | | | | |
| Circ. D. I. | 10 septembre 1886. | | | | 902 | | | | |
| Circ. C^t R^t | 3 décembre 1886 | | | | | | | | |
| Circ C^t R^t | 6 janvier 1887. | | | | | | | | |
| Dép. M. | 17 juin 1887. | | | | | | | | |
| Circ. C^t R^t | 22 octobre 1887. | | | | | | | | |
| Dép. M. | 7 avril 1888. | | | | | | | | |
| Circ. D. I. | 19 avril 1888. | | | | 391 | | | | |
| Circ. D. I. | 19 octobre 1889. | | | | 993 | | | | |

(6 février 1880)

**DEP. M.** *Instructions pour l'application du décret du 2 décembre 1879 portant création d'un régiment de tirailleurs annamites.*

ARCH. S. AD.

J'ai l'honneur de vous adresser quarante exemplaires d'un décret, en date du 2 décembre 1879, portant création, en Cochinchine, d'un régiment de tirailleurs annamites, suivi d'un règlement ministériel, du 4 du même mois, relatif au recrutement, à l'organisation, à l'administration, au service et à la discipline de ce corps.

Vous trouverez dans ces actes, toutes les prescriptions générales nécessaires pour permettre de constituer normalement le corps.

J'attache la plus grande importance à la réussite de ce nouvel essai de création d'une troupe indigène dans la colonie et vous me trouverez constamment disposé à favoriser tout ce qui serait de nature à atteindre ce but.

Les principes généraux qui ont servi de base à l'élaboration du décret et du règlement sont les suivants :

1° Constitution d'un corps exclusivement militaire au double point de vue de son administration et de son régime intérieur. Il ne m'a pas, en effet, paru possible d'admettre celles de vos propositions tendant à laisser l'administration des tirailleurs annamites entre les mains des inspecteurs des affaires indigènes, car une mesure de ce genre, en divisant la responsabilité, n'eût pas manqué de donner naissance à des conflits, et aurait créé, en cas de troubles, les plus sérieux embarras pour la mobilisation des différentes parties du régiment.

2° Maintien absolu des usages et des coutumes annamites.

3° Enfin concession, pour les officiers et sous-officiers du cadre européen d'avantages de telle nature que l'on peut compter que leur recrutement sera toujours assuré dans de bonnes conditions.

Quoique le règlement ne soit que provisoire, et qu'il contienne sans doute des lacunes que l'expérience et le temps seuls peuvent amener à combler, je vous invite à faire mettre strictement en application chacune des dispositions qu'il renferme. Celles des modifications à y apporter qui seront ultérieurement jugées nécessaires feront l'objet d'un travail que vous m'adresserez en temps utile.

Je vous ai laissé le soin de régler, au point de vue du mode d'appel, du service et de l'administration du régiment un certain nombre de questions de détail. Vous vous entourerez de tous les renseignements qui vous permettront de les résoudre au mieux des intérêts du service et vous me ferez parvenir, sous le présent timbre, une copie de chacun des arrêtés que vous aurez pris.

Vous aurez à m'adresser également, aussitôt qu'il sera possible, en ce qui concerne les militaires indigènes de tout grade, un projet de descriptif complet de détaillé de l'uniforme ainsi qu'un projet de règlement sur le service intérieur du corps.

J'avais d'abord songé à attribuer au régiment de tirailleurs, en déduction de l'excédant de dépenses résultant pour la colonie de la création du corps, l'économie que doit réaliser la suppression de la gendarmerie montée en Cochinchine ; mais, conformément à votre demande, je me suis concerté avec M. le Ministre de la guerre en vue d'obtenir, tout en supprimant l'arme à cheval, une augmentation des brigades à pied ; l'économie n'est plus dès lors assez sensible pour représenter une somme susceptible d'être répartie convenablement. Il y aurait eu, du reste, de nombreuses difficultés, au point de vue administratif à subvenir à l'entretien du régiment de tirailleurs au moyen de fonds inscrits d'une part sur le budget métropolitain et, d'autre part, sur le budget local.

Ce dernier budget aura donc à supporter seul tous les frais d'entretien du corps, mais la colonie trouvera, j'en suis convaincu, une compensation à ce surcroît de dépenses dans l'amélioration de ses moyens de défense et de sécurité intérieure.

Le règlement n'étant exécutoire qu'à dater du 1er avril prochain, le personnel européen faisant actuellement partie du régiment de tirailleurs continuera à être payé, sur les fonds du chapitre V du budget de la Marine, des allocations de solde à l'exclusion de tous accessoires, tels que frais de représentation, frais de bureau, indemnités de fourrages, etc. etc., qui doivent être imputés au budget local. Ce personnel, pour éviter un double emploi, dans l'infanterie de marine, ne sera remplacé qu'à compter du 1er avril 1880, époque à laquelle il passera complétement sous l'administration régulière du corps.

Je vous adresse ci-inclus un état présentant l'énumération générale des dépenses qui me paraissent devoir résulter de l'organisation du corps, et je vous prie de me faire part des observations que son examen vous suggérera.

Bien que le budget local soit appelé uniquement à pourvoir aux dépenses du régiment de nouvelle formation, il n'en est pas moins nécessaire que le fonctionnement administratif du corps soit régulièrement établi, que les recettes et dépenses soient l'objet de tous les soins de son conseil d'administration que vous constituerez d'après les prescriptions du règlement et qui devra être installé dans les formes indiquées par l'ordonnance du 22 juin 1847. Les revues générales de liquidation et les pièces qui les accompagnent devront être aussi régulièrement établies que si les frais d'entretien du corps étaient à la charge du budget de la Métropole. Il ne doit pas vous échapper qu'il est du plus grand intérêt que le contrôle du commissaire aux revues et du chef du service administratif s'exerce incessamment dans toute sa plénitude, car ce contrôle assure la marche régulière du service, prévient les erreurs, dissipe les incertitudes et sauvegarde les responsabilités et les intérêts de chacun.

Dès la réception de la présente dépêche, vous me ferez connaître, en tenant compte du nombre de postes de dépense qui restent à établir pour le logement des cadres, quels sont les besoins en officiers et sous-officiers européens, afin que je puisse donner les ordres nécessaires pour choisir avec soin ce personnel et l'expédier en Cochinchine.

J'ai adopté vos propositions en ce qui concerne l'armement et l'équipement et je suis disposé à me concerter avec le Département de la guerre pour obtenir la cession de ce matériel. Vous trouverez en conséquence ci-inclus une situation faisant ressortir le nombre d'armes, de munitions de toute nature et d'effets de grand équipement qui me paraît nécessaire pour le corps ainsi que le chiffre approximatif du prix de revient. Vous devrez examiner cette situation le plus promptement possible et me faire connaître l'époque à laquelle la colonie sera en mesure de faire face à la dépense d'achat.

La section hors rang du régiment de marche sera incessamment augmentée d'un caporal cordonnier, de deux soldats ouvriers tailleurs et de trois soldats ouvriers cordonniers qui, dès leur arrivée dans la colonie, seront mis à la disposition du corps pour l'entretien et la réparation des effets du cadre européen et des militaires indigènes.

Vous voudrez bien faire établir et m'adresser, pour chaque officier indigène, un état distinct contenant son nom, ses prénoms, lieu et date de naissance, etc., ainsi que le relevé de ses services antérieurs dans la milice.

Vous donnerez les ordres nécessaires pour que chacun de ces officiers soit noté semestriellement par le chef de corps sur un feuillet tenu au registre du personnel; les notes données me seront communiquées au moyen des états E et E' en usage dans l'Infanterie de Marine.

Afin de former aussi rapidement que possible un nombre de clairons suffisant pour le service des compagnies, vous prescrirez de réunir à Saïgon, ou sur tout autre point de la colonie, les militaires indigènes qui se présenteront volontairement pour en remplir les fonctions et vous les ferez instruire par le sergent clairon et les caporaux-clairons du régiment de marche.

Vous devrez donner la plus grande publicité possible, dans la colonie, aux avantages qu'assurent aux indigènes les dispositions du décret et du réglement, notamment en ce qui concerne les soldes, les récompenses honorifiques, les retraites et le maintien de leurs mœurs et coutumes.

Vous ne manquerez pas de faire valoir aux yeux des annamites appelés à faire partie du corps tout ce qui, dans une organisation militaire, est de nature à flatter l'amour-propre, à développer le goût du métier des armes et à encourager les rengagements.

Enfin, vous ferez connaître non seulement aux officiers et sous-officiers qui font régulièrement partie du corps, mais aussi à ceux que vous y aurez temporairement détachés, que je tiendrai compte à chacun de ses travaux et de ses efforts. Lorsque l'organisation première sera suffisamment avancée pour juger des résultats, vous me signalerez ceux qui vous paraîtraient mériter des éloges par le zèle et le dévouement dont ils auraient fait preuve.

Je vous prie de m'accuser réception de la présente dépêche que je vous invite à porter à la connaissance de qui de droit.

JAURÉGUIBERRY.

(23 février 1880)

**DÉP. M.** *au sujet des avances faites en France par le dépôt des isolés de la marine à Toulon au compte du régiment de tirailleurs.* (*Art. 19 et 20 du Rgt du 4 décembre 1879*).

REVUES

En vue de satisfaire aux prescriptions des articles 19 et 20 du règlement du 4 décembre 1879 relatif au recrutement, à l'organisation, à l'administration et au service du régiment de tirailleurs annamites, jai décidé que le dépôt des isolés de la marine à Toulon tiendrait un enregistrement des dépenses faites, pour solde, avance de solde, frais de route, indemnités diverses, aux officiers et sous-officiers français de ce régiment, se rendant en Cochinchine, ou rentrant en France.

Le dépôt des isolés acquittera ces dépenses sur les fonds du service local de la Cochinchine.

M. le vice-amiral, commandant en chef, préfet maritime à Toulon, est invité à donner des ordres en conséquence et j'ai l'honneur de vous prier d'assurer, en ce qui vous concerne, l'exécution de cette disposition.

JAURÉGUIBERRY.

(7 avril 1880)

**DÉP. M.** *relative à l'organisation du régiment de tirailleurs annamites. (Création d'un magasin d'approvisionnements d'effets. — Armement.)*

ARCH. GOUV.

J'ai reçu la lettre, en date du 20 février dernier, par laquelle vous m'avez transmis un rapport détaillé de M. le lieutenant-colonel commandant le régiment de tirailleurs annamites, sur les mesures qui ont été prises en vue d'organiser ce corps, selon les prescriptions du décret du 2 décembre 1879, que le *Journal officiel* avait porté à votre connaissance.

Les résultats satisfaisants qui ont été obtenus jusqu'ici doivent vous encourager à poursuivre, avec persévérance, le perfectionnemet de cette organisation.

La mise en application du règlement du 4 décembre 1879 dont je vous ai adressé cinquante exemplaires par dépêche du 6 février dernier, ainsi que les différentes mesures de détail que vous aurez réglées, feront disparaître peu à peu le petit nombre d'imperfections premières signalées dans le rapport, telles que le manque de cohésion du corps et les difficultés d'administration.

J'appelle votre attention sur la nécessité d'uniformiser partout la durée du service, et de régler l'époque de l'appel annuel. Il importe également que nul tirailleur ne puisse quitter le corps avant l'expiration de son temps de service, sauf dans les conditions prévues par l'article 41 du règlement du 4 décembre 1879.

Veuillez faire rechercher, à bref délai, les moyens les plus propres pour l'installation à Saïgon, d'un magasin dans lequel serait placé un approvisionnement d'effets suffisant, pour que le service de l'habillement des militaires indigènes du Régiment de tirailleurs ne demeure jamais en souffrance.

D'autre part, ainsi que je vous l'ai demandé le 6 février dernier, vous avez à me faire connaître à quelle époque le budget local sera en mesure de faire face aux dépenses d'achat des carabines de gendarmerie modèle 1874, qui doivent constituer l'armement des tirailleurs. Il y a intérêt à ce que ce renseignement me parvienne le plus tôt possible, car la cession, par le Département de la guerre, de ce matériel et son envoi dans la colonie, demanderont certainement des délais assez longs, pendant lesquels la mauvaise situation actuelle de l'armement se trouvera forcément prolongée.

En terminant, je vous invite à témoigner ma satisfaction à M. le colonel B..., à M. le lieutenant-colonel R... et à M. le chef de bataillon A..., pour le concours particulièrement dévoué, qu'ils ont apporté dans l'organisation du régiment de tirailleurs annamites.

J'ai l'honneur de vous prier de notifier ces dispositions à qui de droit.

(14 avril 1880)

**CIRC. C. R.** *rappelant aux officiers commandant les compagnies des détachements de tirailleurs annamites, qu'ils n'ont pas le droit d'intervenir dans les questions de police, de justice et d'administration, sauf quand ils en sont légalement requis.*

T. A.

(29 avril 1880)

**CIRC. C. R.** *Les enfants des tirailleurs devraient, autant que possible, suivre les écoles françaises dans les détachements où il en existera.*

T. A.

(7 mai 1880)

**DÉP. M.** *prescrivant que si les pensions de retraite des tirailleurs ont été mises à la charge de la colonie, il n'en résulte pas pour elle le droit de répéter contre la caisse des invalides les sommes qu'elle a encaissées* (1).

ARCH. GOUV.

(1) V. *Invalides de la marine.*

(16 mai 1880)

**CIRC. G.** *au sujet de l'ordre public troublé par les tirailleurs en permission. — En dehors de la garnison, les autorités civiles ont seules qualité pour exercer les pouvoirs de police.*

B. D. I, p 49.

Plusieurs de vos collègues m'ont consulté sur la marche à suivre lorsque l'ordre publie est troublé dans les villages par des tirailleurs en permission, et j'ai pensé qu'il était nécessaire, pour assurer l'unité dans le service, de vous faire connaître mes instructions à cet égard.

En dehors de la garnison, les autorités civiles ont seules qualité pour exercer les pouvoirs de police; lorsqu'un crime, délit ou contravention aura été commis par des tirailleurs, vous ou vos délégués indigènes, vous procéderez, s'il y a lieu, à l'arrestation et, après avoir rédigé un procès-verbal en due forme, vous prendrez les mesures nécessaires pour que, dans les 24 heures, si les distances le permettent, le prévenu soit remis entre les mains de ses chefs, auxquels vous délivrerez un extrait du procès-verbal, l'original me sera transmis directement par vos soins.

LE MYRE DE VILERS.

(7 juin 1880)

**CIRC. D. I.** *Nomination du chef de canton appelé à faire partie du conseil de recrutement des tirailleurs annamites.*

B. D. I, p. 55.

L'arrêté du 4 juin courant, inséré dans le numéro du *Journal officiel* du 5, confie le soin du recrutement des tirailleurs annamites à un conseil composé :

De l'administrateur,

De l'officier commandant,

Et d'un chef de canton, assistés d'un médecin.

Le chef de canton étant à la désignation du Directeur de l'Intérieur, j'ai l'honneur de vous prier de m'adresser vos propositions à cet égard.

Il y a un grand intérêt, que vous comprendrez sans peine, à ce que votre choix porte sur des sujets dont la résidence soit assez rapprochée du centre d'action du conseil, de manière que la fonction nouvelle qui leur échoit ne devienne pas une cause fréquente de déplacements incommodes et onéreux.

NOUET.

(28 juin 1880)

**CIRC. D. I.** *Indemnité journalière de marche à payer aux tirailleurs indigènes envoyés pour escorter des prisonniers.*

B. D. I, p. 62.

Par l'arrêté du 7 juin 1880 (art. 20), M. le Gouverneur a alloué une indemnité journalière de marche de 0 fr. 50 cent. aux sous-officiers, caporaux et soldats indigènes envoyés en service en dehors de l'arrondissement assigné à leur compagnie.

Les tirailleurs indigènes étant appelés à faire le service d'escorte des prisonniers, par suite de la suppression des milices, il y a lieu de leur payer, au moment de leur mise en route, le montant de l'allocation qui leur est due pour l'aller et le retour.

Mention en sera faite sur l'ordre de route.

Ces dépenses ayant un caractère d'urgence, leur régularisation devra être opérée conformément aux prescriptions de la circulaire du 22 septembre 1879 ou de celle du 24 décembre 1879 (1).

NOUET.

(6 juillet 1880)

**CIRC. G.** *relative aux désertions dans le régiment des tirailleurs annamites et indiquant, suivant les différents cas, le temps au bout duquel le remplacement du déserteur devra être effectué et dans quel cas la désertion sera ou ne sera pas prononcée.*

B. D. I, p. 80.

L'arrêté du 4 juin 1880, relatif au recrutement des tirailleurs, prescrit à l'art. 2 : « Chaque fois qu'une vacance vient à se produire pour une cause quelconque, l'officier commandant la compagnie ou le détachement (peloton) en informe l'administrateur de l'arrondissement, qui met le village en demeure de fournir un soldat. »

Le village, responsable de la présence de son contingent sous les drapeaux, est

(1) V. *Dépenses urgentes*.

donc tenu de pourvoir immédiatement au remplacement des hommes rayés des contrôles, et je crois que la façon de procéder est parfaitement déterminée par l'arrêté précité.

Mais il y a un cas pour lequel il est indispensable de préciser le moment où la vacance sera produite. C'est celui de la désertion, et c'est à ce sujet que j'ai l'honneur de vous adresser la présente circulaire.

*En principe, nous maintenons la loi française sur la désertion:*

*Désertion à l'intérieur.* — Articles 231, 232, 233, 234 du Code de justice militaire.

*Désertion à l'étranger.* — Articles 235, 236, 237 du même Code.

*Désertion à l'ennemi ou en présence de l'ennemi.* — Articles 238, 239 du même Code.

La désertion à l'intérieur est la seule de ces trois sortes de désertions pour laquelle il y a lieu, à mon avis, de donner des instructions spéciales. Je ne m'occuperai donc pas des deux autres, quant à présent du moins.

*Désertion à l'intérieur.* — Pour tout militaire indigène ayant plus de six mois de services, absent illégalement le jour même où les délais d'absence prévus par le Code, selon le cas dans lequel il se trouve, seront expirés, l'officier commandant le détachement préviendra l'administrateur. Ce dernier mettra immédiatement le village en demeure de faire rentrer l'homme. Si, dans la huitaine qui suivra la mise en demeure, l'homme n'est pas rentré ou si le village n'a pas fourni d'explications satisfaisantes, le tirailleur absent sera déclaré déserteur et remplacé immédiatement.

Pour tout militaire indigène n'ayant pas six mois de services lorsque les délais d'absence prévus par le Code seront expirés, l'officier commandant le détachement et l'administrateur procéderont comme précédemment. Mais, les huit jours expirés, la désertion ne sera pas prononcée. Le tirailleur absent sera purement et simplement rayé des contrôles du corps et remplacé immédiatement.

Les villages auront l'obligation de la recherche des tirailleurs déclarés déserteurs, qui, une fois saisis, seront poursuivis conformément aux lois. Ils rechercheront également les tirailleurs n'ayant pas six mois de services qui n'auront pas été déclarés déserteurs, mais ce sera à eux qu'il appartiendra d'exercer, *au civil*, telle poursuite que de droit pour rentrer dans les avances qu'ils auront pu faire à l'engagé.

LE MYRE DE VILERS.

(12 août 1880)

**DÉP. M.** *portant certaines observations au sujet de l'organisation du règlement de tirailleurs annamites, notamment en ce qui concerne le recrutement, la retraite, etc.*

ARCH. GOUV.

Les lettres que vous m'avez adressées sous la date du 10 juin dernier au sujet de l'organisation, du régiment de tirailleurs annamites, témoignent que les résultats obtenus jusqu'à ce jour sont satisfaisants. Malgré les appréhensions dont vous m'aviez fait part, l'œuvre entreprise commence à fonctionner régulièrement et tout me fait espérer que l'ère des difficultés inhérentes à une première organisation sera prochainement terminée.

Un nouvel examen de la situation administrative du corps vous a déjà permis de reconnaître que les dépenses ne sont pas exagérées, et vous avez même augmenté le chiffre de certaines allocations à payer aux officiers et aux compagnies.

Du reste, il résulte des supputations que j'ai fait établir, que les frais de création première ayant été couverts, les fonds inscrits au budget local de 1880, augmentés annuellement d'une somme de 100.000 francs environ, suffiront à l'entretien du corps ; il est donc hors de doute que les ressources de la colonie sont en mesure de supporter cette dépense.

J'ai examiné avec soin les dispositions contenues dans votre arrêté du 7 juin concernant les règles d'administration et de comptabilité à suivre dans le régiment.

Je donne mon approbation à cet acte qui me paraît être de nature à donner de bons résultats.

J'approuve aussi l'arrêté que vous avez pris à la date du 4 du même mois, relativement au mode de recrutement des militaires indigènes, mais je désire qu'il soit complété en ce qui a trait aux époques d'appel.

Je reconnais avec vous que cette question est délicate et j'apprécie les motifs qui vous ont amené à la laisser en suspens, mais il y a un intérêt majeur à ne pas en abandonner l'étude. Vous rechercherez donc les moyens de concilier le principe de la responsabilité du village en matière de recrutement avec les nécessités de l'instruction de la troupe, et aussi avec l'obligation de ménager la santé du cadre européen. Tout en exigeant de chaque village le remplacement immédiat du soldat indigène qui disparait, vous examinerez les mesures qu'il conviendrait de prendre pour déterminer dans l'année une ou plusieurs dates invariables de renvoi dans leurs foyers des hommes libérés, et d'appel sous les drapeaux de ceux destinés à les remplacer.

J'ai vu avec satisfaction que vous aviez remis au régiment de tirailleurs annamites la garde des postes militaires de la colonie conservés aux miliciens par l'arrêté du 19 avril; j'ai constaté que vous aviez enfin comblé les vides qui existaient dans les compagnies et que, grâce aux mesures prises par vous, l'effectif du corps se trouve près d'atteindre le complet réglementaire.

Vous avez porté l'effectif de la première compagnie — Saïgon, — à 287 hommes, sans augmenter d'ailleurs l'effectif général, et dans le but de confier aux tirailleurs la garde de jour de tous les postes de la ville. Vous insistez sur l'importance du résultat que vous attendrez de cette mesure au point de vue de la santé de nos hommes de troupe; j'approuve la décision que vous avez prise à cet égard, mais je désire que la substitution des annamites aux soldats d'infanterie de marine ne devienne pas pour ceux-ci une occasion d'oisiveté qu'il faut, vous le savez, éviter à tout prix dans les climats chauds tout autant qu'en Europe. J'approuve également la création d'un corps de gardes indigènes pour les services de la poste et des prisons dans les circonscriptions administratives de la colonie. Les dispositions de votre arrêté du 7 juin concernant cette organisation abrogent sans un doute l'arrêté précité du 19 avril par lequel vous aviez ajourné les dispositions de l'article 47 du règlement du 4 décembre 1879 et maintenu jusqu'à nouvel ordre la milice. S'il n'en était pas ainsi, je vous invite à rapporter cet arrêté.

Il y aurait les plus graves inconvénients à conserver, côte à côte avec le régiment de tirailleurs, une troupe indigène quelconque dépendant de l'autorité civile.

La question des retraites dont vous vous occupez est des plus importantes pour l'avenir du corps, car elle est de nature à en améliorer le recrutement, à diminuer les charges des villages puisqu'elle favorise les rengagements, et à attacher plus complétement à nous une partie de la population. Vous m'avez signalé qu'il est à craindre qu'un certain nombre de tirailleurs ayant servi quinze ans dans la milice ne profitent de leur admission dans le régiment pour faire valoir de suite leurs droits à la retraite. Je reconnais qu'il y a de ce côté certaines restrictions à apporter à l'article 4 du décret, et je suis disposé à édicter, par exemple: que ceux des anciens miliciens qui désireraient être admis à la retraite devront compter au moins trois ans de service dans le régiment de tirailleurs. Les inconvénients que vous m'avez signalés seraient ainsi conjurés et vous auriez en outre le temps d'étudier la question des tarifs des pensions de retraite; vous voudrez bien me faire connaître votre opinion à cet égard.

Vous émettez l'avis, dans votre lettre du 10 juin, n° 573, que l'organisation du corps vous semblerait satisfaisante si l'on n'avait pas fait appel, pour la répression des crimes et délits, à la juridiction des conseils de guerre. Ainsi que je l'ai exprimé dans une dépêche du 28 juillet, n° 1884 (Personnel-Justice), je ne partage pas votre manière de voir à cet égard, j'estime au contraire que l'application aux militaires indigènes, lorsqu'il y aura lieu et dans la mesure que j'ai indiquée, des règles de compétence juridictionnelle en vigueur dans la marine, ne peut avoir qu'une influence heureuse sur le fonctionnement du service. Du reste, l'application au régiment de tirailleurs de ces règles était indispensable au point de vue de la protection à donner au cadre français.

En ce qui concerne l'équipement, l'armement et les munitions nécessaires pour le régiment de tirailleurs, je devais savoir, avant de songer à les expédier en Cochinchine, si la colonie était en mesure d'en supporter les frais d'achat. Après avoir reçu la lettre du 7 mai dernier, lettre dans laquelle vous demandez que l'envoi de ce matériel soit effectué le plus tôt possible, je me suis assuré, en l'absence de renseignements de votre part, que la situation du compte courant de la colonie avec le Trésor en France, permettait de pourvoir immédiatement à son achat. Je me suis donc concerté avec M. le Ministre de la guerre pour obtenir la cession de 2.412 carabines de gendarmerie à pied, modèle 1874.

2.412 accessoires.

70 revolvers.

10 sabres de sergents-majors.
241.200 cartouches à balles pour carabines.
10.000 cartouches sans balles pour carabines.
2.500 cartouches pour revolvers.
L'équipement qui se compose de :
2.412 ceinturons complets } du modèle en usage dans l'infanterie de marine,
2.412 cartouchières }
2.412 bretelles de carabine du modèle en usage dans la gendarmerie à pied,
10 ceinturons de sergents-majors du modèle en usage dans l'infanterie de marine,
seront acheté, conformément aux marchés en cours, par les soins du Conseil d'administration du 4e régiment d'infanterie de marine.

A l'exception des étuis et banderolles de revolvers qui vous ont récemment été envoyés, je compte être en mesure de vous expédier tout l'armement et l'équipement par le transport du 20 septembre prochain.

Je vous répète, en terminant, ce que j'ai eu l'honneur de vous dire dans plusieurs dépêches ; j'attache le plus grand intérêt au succès de l'organisation nouvelle. Vous auriez donc à réagir contre les tendances qui pourraient s'y montrer contraires, et vous ferez appel au dévouement et à l'esprit de conciliation des officiers aussi bien que des administrateurs des affaires indigènes, pour assurer le résultat que je poursuis. Je compte, à cet égard, entièrement sur vous.

Je vous prie de m'accuser réception de la présente dépêche.

JAURÉGUIBERRY.

(27 août 1880)

**CIRC. D. I.** *relative à l'examen des candidats au grade de sous-lieutenant indigène dans le corps des tirailleurs annamites.*

B. D. I, p. 105.

Le programme d'examen pour l'emploi de sous-lieutenant indigène a été déterminé par une décision du 14 mai 1880, insérée au *Bulletin officiel* de la colonie, n° 5, page 262.

J'ai l'honneur de vous prier de m'adresser la liste des quans et pho-quans de votre arrondissement qui désireraient concourir à cet emploi.

Le jury d'examen devant se réunir dans la première quinzaine du mois prochain, il est nécessaire que la liste demandée me parvienne sans retard.

NODET.

(9 septembre 1880)

**DÉP. M.** *au sujet de la solde des officiers du cadre européen du régiment de tirailleurs annamites. En vertu de l'art. 17 du règlement ministériel du 4 décembre 1879, ils ont droit en France et pendant le temps de leur embarquement à la solde d'Europe de leur grade et ne jouissent de la solde coloniale (Tableau n° 1) que pendant la durée de leur séjour en Cochinchine.*

ARCH. S. AD.

Vous m'avez rendu compte, par lettre du 22 juillet dernier, qu'une divergence d'appréciations s'était élevée entre le conseil d'administration du régiment de tirailleurs annamites, et le commissaire aux revues en Cochinchine, au sujet de la solde qui doit être allouée aux officiers du cadre européen de ce corps, pendant leur séjour en France ou la durée de leur embarquement.

Conformément aux dispositions de l'ordonnance du 22 juin 1847, rendue applicable au régiment de tirailleurs annamites par l'article 17 du règlement ministériel, 4 décembre 1879, les officiers de l'infanterie de marine appelés à servir dans ce corps, ont droit en France et pendant le temps de leur embarquement, à la solde d'Europe de leur grade et ne peuvent être admis à jouir du bénéfice de la solde de colonie portée au tableau n° 1 annexé au règlement du 4 décembre 1879, que pendant la durée de leur séjour en Cochinchine.

Il n'existe d'ailleurs, ainsi que vous le pensez, aucun motif pour traiter les officiers d'infanterie de marine détachés au régiment de tirailleurs annamites, qui reçoivent des suppléments de fonctions relativement élevés, d'une façon différente, au point de vue de la solde proprement dite, que leurs camarades seraient dans l'arme ou dans les autres corps spéciaux.

J'ai l'honneur de vous prier, en conséquence, de faire exercer reprise des sommes qui auraient été perçues en trop, soit en France, soit en Cochinchine, par les officiers du régiment de tirailleurs.

Ces dispositions sont notifiées à M. le vice-amiral commandant en chef, préfet maritime à Toulon.

JAURÉGUIBERRY.

(7 février 1881)

**DÉP. M.** *au sujet du rapport sur la première inspection générale du régiment de tirailleurs annamites.*

ARCH. GOUV.

Monsieur le Gouverneur, j'ai examiné avec le plus vif intérêt le travail qui m'a été adressé, sur la première inspection générale du régiment de tirailleurs annamites.

J'ai constaté que, grâce à votre impulsion et au concours que vous ont apporté, dans l'accomplissement de cette tâche, M. le général commandant supérieur des troupes, les officiers et les sous-officiers de tous grades du cadre européen, vous avez réussi à surmonter les difficultés de diverses sortes, qui auraient pu entraver, au début, la bonne organisation de ce régiment.

La constitution du corps et le fonctionnement des différents services paraissent, aujourd'hui, assurés; les travaux d'installation des hommes dans les postes sont terminés ou en voie d'achèvement, et je suis fondé à croire, si les prescriptions contenues dans la dépêche en date du 12 aoû 1880 ont été rigoureusement exécutées, que, sur tous les points de la colonie, les anciennes milices ont fait place à des troupes indigènes régulières.

Je ne doute pas, du reste, que vous ne profitiez de l'expérience acquise, pour perfectionner encore et asseoir sur des bases définitives, cette œuvre à laquelle, comme mon prédécesseur, j'attache la plus grande importance.

Au nombre des améliorations dont il serait désirable de doter au plus tôt le nouveau corps, celles que je vous signale ci-après, méritent plus particulièrement d'être l'objet d'un sérieux examen.

Par suite de son organisation spéciale, le régiment des tirailleurs annamites se trouve divisé en un grand nombre de détachements disséminés sur tout le territoire de la colonie.

Dans ces conditions, quels que soient le zèle et les soins qu'apportent les cadres à l'instruction des hommes, cette instruction ne pourra être considérée comme complète, tant que l'on n'aura pas réussi sur un même point et pendant un certain temps, pour les exercer à des manœuvres d'ensemble, les fractions éparses de ce régiment ou, au moins, la majeure partie d'entre elles.

Ces réunions de troupe qui pourraient avoir lieu annuellement, à l'époque de la belle saison, présenteraient encore l'avantage de resserrer les liens de solidarité des hommes, de développer leur esprit militaire et de préparer, en vue d'une action commune, les éléments d'origines diverses qui composent le régiment. Vous voudrez donc bien faire étudier cette question, me tenir au courant des mesures que vous aurez prises pour sa mise en application et me faire part des observations que vous pourriez avoir à me présenter, au sujet des inconvénients qui vous paraîtraient devoir résulter d'un autre point de vue que celui que j'envisage, de la concentration temporaire dont je viens de vous entretenir.

J'ai reçu un rapport de M. le général de brigade, inspecteur général dans lequel cet officier général expose que, contrairement aux dispositions de l'arrêté du Gouverneur, du 7 juin 1880, approuvé par décision ministérielle du 12 août suivant, il est nécessaire : 1° que le service, l'entretien, la conservation et les réparations de l'équipement et de l'armement soient placés complètement sous la surveillance de la direction et la responsabilité du conseil d'administration du régiment de tirailleurs, en même temps que ce régiment disposerait d'un nombre d'armuriers jugé suffisant; 2° que ce service soit provisoirement placé sous le régime mixte.

Veuillez examiner ces propositions qui me paraissent de nature à être prises en considération et me faire connaître votre opinion, ainsi que les motifs qui pourraient empêcher de leur donner une suite favorable.

Je vous prie également de me rendre compte des dispositions que vous avez dû arrêter, conformément aux prescriptions de la dépêche précitée; d'une part, pour faciliter l'instruction de la troupe et ménager les cadres européens, en fixant une ou plusieurs époques invariables d'appel des Indigènes sous les drapeaux; d'autre part, pour assurer d'une manière complète la suppression de la milice ; et, à ce sujet, j'appelle de nouveau votre attention sur les graves inconvénients qu'il y aurait à conserver, ou à créer, sous une domination ou une forme quelconque, côte à côte avec le régiment de tirailleurs annamites, une troupe indigène dépendant de l'autorité civile.

Enfin, vous voudrez bien me tenir au courant des autres améliorations que vous introduirez, au fur et à mesure que les ressources du budget local le permettront, dans l'organisation dudit corps, notamment en ce qui concerne l'*aménagement* ou la construction de magasins en rapport avec ses besoins, l'installation encore incomplète dans quelques postes, des officiers et des soldats, etc... ; la colonie ne perdra pas de vue, en procédant à l'achèvement de ces travaux, qu'elle doit trouver dans les services que le régiment de tirailleurs annamites est appelé à lui rendre des garanties de sécurité et une large compensation aux sacrifices qu'elle s'impose aujourd'hui.

CLOUÉ.

(5 mars 1881)

**CIRC. C. R.** *Les tirailleurs appelés de l'intérieur comme témoins devant les tribunaux militaires, ne devront rejoindre leurs postes que lorsque le ministère public ou les rapporteurs près les conseils de guerre auront jugé que leur présence n'est plus nécessaire.*

T. A.

(30 mars 1881)

**CIRC. D. I.** *au sujet des tirailleurs déserteurs. — Notification de la circulaire du 7 juillet 1880.*

B. D. I, p. 14.

D'après la circulaire du Gouverneur, insérée au *Journal officiel* du 7 juillet 1880, nº 72, l'administrateur doit mettre immédiatement les villages en demeure de faire rentrer au corps les tirailleurs déserteurs. Afin de faciliter la tâche de l'administrateur, le chef de détachement lui envoie le duplicata du bulletin de renseignements, qu'il adresse au chef de corps.

Je suis informé que, dans quelques arrondissements, les tirailleurs peuvent déserter avec la presque certitude de ne pas être recherchés.

Afin de mettre un terme à une situation qui, dans la suite, pourrait amener des conséquences fâcheuses, j'ai l'honneur de vous prier de tenir la main à l'application du dernier paragraphe de la circulaire précitée, de manière que les villages recherchent dorénavant avec soin les déserteurs qui leur seront signalés. Dans l'intérêt de la discipline et afin d'empêcher le plus possible les désertions, il est préférable de ramener au corps les déserteurs, plutôt que de les faire remplacer par les villages.

BÉLIARD.

(31 août 1881)

**CIRC. C. R.** *Les commandants de compagnie devront veiller à ce que les tirailleurs se présentent au moment de leur libération devant le 1er administrateur de leur arrondissement ou tout au moins ils aviseront l'administrateur du lieu de résidence dans lequel le tirailleur libéré a déclaré se retirer.*

T. A.

(12 octobre 1881)

**CIRC. M.** *au sujet de l'interprétation à donner à l'article 8 du règlement du 4 décembre 1879.*

ARCH. GOUV.

Des doutes se sont produits au sujet de l'interprétation qu'il convient de donner à l'article 8 du règlement du 4 décembre 1879, portant organisation du corps des tirailleurs annamites, article dont les termes paraissent être en opposition avec les instructions de l'arrêté du 6 avril 1872, rappelées par le paragraphe 4 de la circulaire du 11 juillet dernier, relatives à la tenue des matricules, dans l'infanterie de marine.

J'ai l'honneur de vous faire connaître que les portions centrales doivent simplement transmettre, aux corps spéciaux ou indigènes, des copies des feuillets matriculaires des militaires passés dans ces corps, et conserver dans leurs archives les primata de ces documents.

C'est donc dans ce sens que doit être interprété l'article 8 du règlement du 4 décembre 1879 précité. Je vous prie, en conséquence, de donner les ordres nécessaires pour le renvoi dans les portions centrales des feuillets matriculaires originaux qui auraient pu être déjà expédiés au régiment des tirailleurs annamites. Ce corps devra seulement en conserver une copie.

Je vous prie d'assurer l'exécution de ces dispositions.

CLOUÉ.

(31 mars 1883)

**DÉP. M.** *au sujet des armes expédiées par le régiment des tirailleurs annamites à la manufacture de Saint-Étienne, pour y être réparées.*

ARCH. GOUV.

M. le Ministre de la Guerre vient de me faire connaître que la manufacture d'armes de Saint-Étienne avait reçu du régiment de tirailleurs annamites deux carabines de gendarmerie, modèle 1874, nº 80, épée-baïonnette à réparer (canons gonflés dans le lit).

Cet envoi n'ayant été accompagné d'aucun avis préalable, M. le général Thibaudin n'a pas cru pouvoir faire procéder à la réparation de ces deux armes, sans m'avoir consulté.

J'ai l'honneur de vous faire savoir que pour éviter tout retard, j'ai prié mon collègue de vouloir bien faire réparer les deux carabines et de les faire expédier à Toulon après leur mise en état. Les armes seront réexpédiées à Saïgon par un transport de l'État.

Mais je crois devoir, à cette occasion, appeler votre attention sur le mode de procéder employé dans la circonstance par le Conseil d'Administration du régiment des tirailleurs annamites qui me paraîtrait, s'il continuait à être suivi, de nature à amener des difficultés.

Aux colonies les portions détachées des corps de troupes envoient à leurs dépôts en France les armes dont les réparations ne peuvent être exécutées par le chef armurier, et ces dépôts les transmettent aux manufactures. La dépense est réglée par les conseils d'Administration des corps.

Il ne saurait en être ainsi pour le régiment des tirailleurs annamites qui ne possède pas de dépôt en France; et dont le Conseil d'administration réside à Saïgon. Il serait, en effet, très difficile à ce conseil de rembourser aux manufactures de la Métropole la valeur des réparations exécutées pour son compte.

Dans ces conditions, j'ai pensé qu'il était préférable que les affaires de cette nature fussent traitées par l'intermédiaire du Département, ainsi que cela a eu lieu récemment pour la demande de pièces d'armes que vous m'avez transmise, par lettre du 19 janvier 1883.

Je vous prie, en conséquence, de vouloir bien donner des ordres pour que je sois averti chaque fois que le régiment des tirailleurs enverra des armes en France pour être réparées. Sur ma demande, M. le Ministre de la Guerre fera procéder au travail par les manufactures de l'État et la valeur des réparations sera remboursée directement à l'entrepreneur, au compte du budget local, par les soins du Département, sur production d'une facture appuyée du récépissé du comptable qui aura pris les carabines en charge à Toulon, à leur retour de Saint-Étienne.

DISLÈRE.

(25 mars 1884)

**DÉP. M.** *Il n'y a plus lieu d'établir mensuellement la situation comprenant le personnel de la gendarmerie et du régiment de tirailleurs annamites qui fait double emploi avec la situation de la force armée.*

B. C., p. 134.

Indépendamment du tableau indiquant, au 1er de chaque mois, les lieux et postes où se trouvent stationnées les compagnies du régiment de tirailleurs annamites, tableau dont la production est prévue par l'article 30 du règlement du 4 décembre 1879, vous m'adressez mensuellement une situation comprenant le personnel de la *gendarmerie et du régiment de tirailleurs annamites*.

J'ai l'honneur de vous informer qu'il n'y aura plus lieu, à l'avenir, d'établir cette dernière situation, qui fait double emploi avec la situation de la force armée comprenant les troupes de toutes armes, en service dans la colonie.

Il demeure entendu. . . . . . . . . . . . . . . . . . . . . . . . . . . . . . . . . . . .

. . . . . . . . . . . . . . . . . . . . . . . . . . . . . . . . . . . . . . . . . . . .

FÉLIX FAURE.

(28 juillet 1884)

**CIRC. C. R.** *rappelant aux commandants de compagnie et de peloton que les sous-officiers indigènes promus officiers cessent, à compter du jour de leur nomination, de faire partie des contingents des villages, qu'ils doivent provoquer leur remplacement de la part des villages où ils comptaient, et que, par suite, ils ne doivent recevoir, comme officiers, aucune espèce de subside ni de prime.*

T. A.

(26 septembre 1884)

**CIRC. C. R.** *Les commandants de compagnie et de peloton devront profiter des visites périodiques des médecins vaccinateurs pour présenter tous les hommes non vaccinés ou ceux vaccinés sans succès.*

T. A.

(28 octobre 1884)

**CIRC. C. R.** *Les tirailleurs de tous grades envoyés à l'hôpital de Choquan doivent toujours être porteurs de leur livret individuel.*

T. A.

(13 février 1885)

**DÉP. M.** *Les officiers d'infanterie de marine du régiment de marche et du régiment de tirailleurs annamites pourront être maintenus en Cochinchine, pendant la troisième année, si leur état de santé n'y fait point obstacle* (1).

ARCH. du GOUV. (bur. mil.)

(4 mai 1886)

**DÉP. M.** *Les situations mensuelles du régiment de tirailleurs annamites devront être établies de telle façon que le ministère puisse se rendre compte de la répartition des officiers, sous-officiers et tirailleurs.*

ARCH. S. AD.

(30 juin 1886)

**DÉP. M.** *au sujet de la réclamation formulée par le conseil d'administration du régiment de tirailleurs annamites, relativement à la perte que les fluctuations du cours de la piastre font subir aux sous-officiers européens, dans le paiement des intérêts de l'indemnité de rengagement.*

ARCH. S. AD.

Il résulte de votre lettre du 15 avril dernier que le conseil d'administration du régiment de tirailleurs annamites a formulé une réclamation relative à la perte que les fluctuations du cours de la piastre font subir aux sous-officiers européens, en ce qui concerne le paiement des intérêts de l'indemnité de rengagement.

Afin de remédier à cet inconvénient, vous avez décidé que la masse d'entretien du corps supportera, pour les paiement de cette nature, la différence entre le taux 4 fr. 68, adopté par le service local, lors de la dernière conversion en piastre de ses tarifs, et le taux officiel du jour.

A ce sujet, vous faites remarquer que la bonification, à partir du 1er janvier 1886, des soldes payées sur le budget local a déjà amélioré la situation, mais que, dans le cas où le taux officiel de la piastre viendrait à tomber au-dessous de 4 fr. 20, ce qui a lieu depuis le 1er juin, les intérêts du personnel se trouvant de nouveau lésés, la question se poserait de savoir si ce n'est pas à tort qu'aux tarifs de solde annexé à l'arrêté ministériel du 4 décembre 1879 ont été substitués des tarifs établis en piastres.

Dans une note jointe à la lettre précitée, M. le chef du service administratif émet l'avis que la comptabilité du corps des tirailleurs annamites pourrait être tenue en francs, l'arrêté des états de perception dressés en francs serait suivi de la conversion de la somme totale en piastres, au taux officiel, à la date des états, ce qui permettrait au service local de se conformer au décret du 5 juillet 1881 portant établissement du budget local en piastres.

J'ai l'honneur de vous informer que j'approuve votre décision mettant à la charge de la masse générale qui déjà supporte les pertes au change relatives à certaines dépenses, la même perte en ce qui concerne les intérêts de la prime de rengagement des sous-officiers européens. Il est inadmissible, en effet, que ces derniers ne reçoivent pas intégralement les sommes acquises par eux à ce titre ; mais vous devriez réclamer au conseil colonial le crédit nécessaire à la bonification de la masse générale dont le montant, ainsi qu'il résulte des pièces jointes au dossier, serait, encore aujourd'hui, la réduction en piastres, au taux de 4 fr. 68, des sommes inscrites au tarif n° 10, annexé au règlement du 4 décembre 1879 (B. O. p. 1012). Cette mesure donnerait aux intéressés une satisfaction immédiate et, dans le cas où la piastre continuerait à baisser, il y aurait lieu de soumettre de nouveau la question au conseil colonial.

Quant à la conversion en piastres des tarifs de solde du corps des tirailleurs annamites, c'est la conséquence pure et simple du décret susmentionné du 5 juillet 1881, aux termes duquel la comptabilité financière et le compte administratif des services locaux de la Cochinchine doivent être tenus et rédigés exclusivement en piastres. La question soulevée par le chef du service administratif, au sujet de l'établissement en francs de la comptabilité et des états de perception intéresse également le service local. Aussi est-il nécessaire que le dossier de l'affaire soit communiqué. M. le Directeur de l'Intérieur qui devra être appelé à donner son avis sur les modifications proposées par M. le commissaire Rougon.

C'est seulement lorsque M. le Directeur de l'Intérieur se sera prononcé sur la question que je pourrai statuer en pleine connaissance de cause.

Je vous renvoie, en conséquence, les pièces annexées à votre lettre du 15 avril 1886 précitée.

A. DE LA PORTE.

(1) V. *Troupes*.

(10 septembre 1886)

**CIRC. D. I.** *concernant les mesures à prendre pour l'unification des primes à payer aux tirailleurs annamites, à partir du 1er janvier 1887.*

J. C., p. 902.

Mon attention a été appelée sur les difficultés occasionnées par les nombreuses réclamations de certains tirailleurs annamites, tantôt au sujet de nouveaux contrats d'engagement passés entre eux et leurs villages, tantôt au sujet du paiement des primes stipulées auxdits contrats, et sur les moyens d'éviter à l'avenir ces inconvénients.

Les mesures à adopter seraient :

1° L'unification des primes payées aux tirailleurs et leur fixation à trois piastres par mois, par exemple. Cette mesure serait exécutoire, à partir du 1er janvier 1887 ;

2° Résiliation de droit, au 31 décembre 1886, de tous les contrats passés antérieurement, entre les soldats indigènes et les villages ;

3° Paiement des primes, non plus par les villages, mais par le service régional de l'arrondissement qui les acquitterait sur une feuille mensuelle, analogue aux feuilles de prêts établies danst les régiments. Cet état serait établi par les soins du commandant de compagnie ou de peloton e donnerait lieu, après vérification sommaire, à l'établissement d'un mandat régional, au nom de ce commandant ; la feuille de paiement restant à l'appui du mandat comme pièce justificative ;

4° La dépense annuelle serait répartie entre les villages, proportionnellement au nombre de leurs hommes valides de 18 à 54 ans révolus, et perçue sur un rôle spécial du service régional, au titre du chapitre VI, article 2, et sous la rubrique : *Subvention des villages aux soldats des régiments indigènes levés dans l'arrondissement.*

Je vous serais obligé de me faire connaître les avantages et inconvénients qui, d'après vous, pourraient résulter de la mise à exécution de ce projet dans votre arrondissement.

NOEL PARDON.

(3 décembre 1886)

**CIRC. C. R.** *A l'avenir, les officiers devront s'adresser aux administrateurs qui pourront leur procurer des hommes et des moyens de transport à des conditions plus avantageuses que s'ils se les procuraient eux-mêmes.*

T. A.

(6 janvier 1887)

**CIRC. C. R.** *A l'avenir, à moins de nécessité absolue, il ne sera plus désigné de sous-officiers européens comme défenseurs d'office, devant les Cours criminelles de la Cochinchine.*

(17 juin 1887)

**DÉP. M.** *Observations au sujet des revues de liquidation du régiment de tirailleurs annamites.*

ARCH. S. AD.

(22 octobre 1887)

**CIRC. C. R.** *Les tirailleurs malades ne seront plus admis à l'hôpital de Mytho, mais ils devront comme précédemment être envoyés au bureau du capitaine-major, pour être dirigés ensuite sur l'hôpital de Choquan.*

(7 avril 1888)

**DÉP. M.** *Instructions au sujet des suppléments spéciaux attribués aux officiers et sous-officiers du régiment de tirailleurs annamites et tonkinois. Ils devront être supprimés ultérieurement, mais, dans le but de ménager les situations acquises, ils seront maintenus temporairement, jusqu'à concurrence des 3/4, en 1888 et de moitié, en 1889.*

ARCH. GOUV.

Par lettre en date du 11 février dernier, vous avez transmis au Département copie d'un arrêté du 18 janvier 1888, portant réduction des suppléments alloués aux officiers et sous-officiers européens des régiments de tirailleurs annamites et tonkinois.

J'ai l'honneur de vous faire remarquer que les tarifs d'indemnités de fonctions attribuées aux officiers et gradés du régiment des tirailleurs annamites ont été déterminés par un arrêté ministériel du 4 décembre 1879 (B. O., page 1012).

Il était donc nécessaire de recourir à une nouvelle décision ministérielle, pour modifier les tarifs existants, qui ont été étendus au personnel européen par un arrêté du général commandant la division d'occupation de l'Annam et du Tonkin, en date du 15 février 1886.

D'autre part, la mesure que vous avez prise s'appliquant aux officiers et gradés de l'armée de terre, il était indispensable de consulter, au préalable, le Département de la guerre.

C'est dans cet ordre d'idées, et dans le but de réaliser de sérieuses économies sur le budget de l'Indo-Chine, que j'ai décidé, à la date du 3 mars 1878, et après entente avec M. le général Logerot, que les suppléments de fonctions alloués aux officiers et gradés européens de régiments indigènes stationnés dans les divers pays de l'Union seraient supprimés en principe. Toutefois, afin de ménager les situations acquises, j'ai prescrit de les maintenir temporairement, jusqu'à concurrence des 3/4 en 1888 et de la moitié en 1889.

Dans ces conditions, je ne puis que vous prier de rapporter votre arrêté du 18 janvier précité et de donner des ordres pour la mise à exécution de la circulaire du 3 mars, notificative de la décision du même jour.

WANTZ.

(19 avril 1888)

**CIRC. D. I.** *au sujet du licenciement d'un certain nombre de tirailleurs.*

J. C., p. 391.

En exécution des ordres de M. le Gouverneur général, l'autorité militaire vient de prescrire un nouveau licenciement de 528 soldats du régiment de tirailleurs annamites.

L'opportunité de cette mesure n'est plus aujourd'hui à discuter. Nous nous trouvons en présence d'instructions formelles, et de leur rapide exécution doit résulter une économie budgétaire importante.

Ma dépêche du 16 avril dernier vous a déjà fait connaître, pour votre arrondissement, le chiffre de la réduction à opérer.

J'ai l'honneur de vous prier de vouloir désigner sans retard aux commandants militaires les hommes qu'ils auront à renvoyer dans leurs villages, et vous entendre avec eux pour donner à ces opérations de licenciement toute la promptitude désirable.

NAVELLE.

(19 octobre 1889)

**CIRC. D. I.** *notifiant deux arrêts de la Cour d'appel de Saïgon aux termes desquels les contrats passés entre les villages et les tirailleurs, en matière d'engagement militaire, constituent des actes administratifs dont l'appréciation est dévolue à l'autorité administrative.*

J. C., p. 993.

## III. TIRAILLEURS TONKINOIS ET CHASSEURS ANNAMITES

| NATURE DES DOCUMENTS | DATES | RECUEILS A CONSULTER | | | | | | | OBSERVATIONS |
|---|---|---|---|---|---|---|---|---|---|
| | | Bat. | B.C. | B.D.I. | J. C. | J. H. | B. M. | B.Col | |
| Dép. M. | 11 mai 1883. | | | | | | | | |
| A. G. | 9 juin 1883. | | | | | | | | |
| A. G. G. | 13 avril 1888. | | | | 387 | | | | |
| A. G. | 9 juillet 1888. | | | | 646 | | | | |
| Dép. M. | 6 août 1888. | | | | | | | | |
| A. G. G. | 15 mars 1889. | | | | 402 | | | | |

(11 mai 1883)

**DÉP. M.** *constituant les cadres du bataillon formé par le régiment de tirailleurs annamites; — Mesures à prendre pour faciliter ultérieurement sa transformation du régiment de tirailleurs tonkinois* (1).

ARCH. GOUV.

Par suite à ma dépêche du 16 mars dernier, j'ai l'honneur de vous faire connaître que le bataillon de 4 compagnies, etc., formées par le régiment de tirailleurs annamites, aura ses cadres ainsi constitués :

1 Chef de bataillon,
4 Capitaines,
8 Lieutenants,
1 Officier payeur,
4 Sergents-majors }
24 Sergents } Européens.

Le personnel de remplacement vous sera prochainement expédié de France, afin de combler les vacances créées dans le régiment de tirailleurs annamites.

Le Bataillon s'administrera séparément, et sa comptabilité devra être absolument distincte de celle du régiment de tirailleurs annamites, afin de faciliter ultérieurement sa transformation en régiment de tirailleurs tonkinois.

Conformément aux dispositions de l'art. 570 modifié, de l'ordonnance du 22 juin 1847, le Conseil d'administration sera composé de :

Le chef de bataillon, *Président;*

Un capitaine faisant fonction de major, *Rapporteur;*

L'officier payeur, Secrétaire.

Il sera alloué, à titre de frais de bureau une indemnité de 612 francs (somme nette) au chef de bataillon, de 134 francs (somme nette) au capitaine faisant fonction de major, et de 1.312 francs (somme nette) à l'officier payeur.

Le Chef de bataillon recevra, en outre, un supplément de 1.000 francs, pour frais de service.

On se conformera, pour la solde et les autres indemnités, aux prescriptions du règlement du 4 décembre 1879 et des tarifs y annexés.

CH. BRUN.

(9 juin 1883)

**A. G.** *relatif à l'organisation d'un bataillon de marche de tirailleurs annamites pour le Tonkin.*

NON INSÉRÉ

ARCH. C. Sup. T.

(13 avril 1888)

**A. G. G.** *faisant application dans toute l'Indo-Chine de l'arrêté du 20 janvier 1864 supprimant les primes et fixant les soldes des tirailleurs indigènes (art. 1er).*

J. C., p. 387.

Article premier. — L'arrêté du 20 janvier 1864 (B. C. p. 20) supprimant les primes, sera appliqué dans toute l'Indo-Chine, à partir de la promulgation du présent arrêté.

Art. 2. — (V. § *Tirailleurs annamites.*)

. . . . . . . . . . . . . . . . . . . . . . . . . . . . . . . . . . . . . . . .

CONSTANS.

(9 juillet 1888)

**A. G.** *rapportant l'art. 1er de l'arrêté du 13 avril 1888 supprimant les primes de village allouées aux tirailleurs tonkinois et aux chasseurs annamites.*

J. C., p. 616.

Article premier. — L'article premier de l'arrêté du 13 avril 1888 est rapporté, en ce qui concerne les tirailleurs tonkinois et les chasseurs annamites.

(1) Textes à rechercher : 12 mai 1884; 2 avril 1885; 28 juillet 1885; 18 février 1886; 14 mai 1886; 30 septembre 1886.

Art. 2. — La subvention en parts de rizières allouée par les villages à leurs tirailleurs est maintenue.

RICHAUD.

(6 août 1888)

**DÉP. M.** *La dépense pour l'entretien des bataillons de chasseurs annamites sera supportée par le budget de l'Annam et du Tonkin.*

ARCH. GOUV. (bur. mil).

(15 mars 1889)

**A. G. G.** *fixant la durée du service des Indigènes dans l'armée active en Annam Tonkin; — Durée de la réserve; — Rengagements; — Engagements volontaires; — Dispositions transitoires.*

J. C., p. 402.

Article premier. — La durée du service des indigènes, dans l'armée active, en Annam et au Tonkin, est portée à six années, après lesquelles ils passent dans la réserve pour deux ans.

Art. 2. — A l'expiration de la sixième année, le militaire incorporé peut, s'il est autorisé par le chef de corps, contracter un rengagement pour un, deux et trois ans.

Ces rengagements donnent droit aux primes de rengagement et hautes-payes fixées par l'arrêté du 15 février 1886.

Ces rengagements peuvent être reçus dans un délai de six mois après la libération.

Ils peuvent se renouveler aussi souvent que le chef de corps y donnera son acceptation, jusqu'à l'accomplissement d'une période de vingt années de service.

Les rengagés seront déduits du contingent annuel à fournir par leur village.

Art. 3. — Après vingt années de service, les militaires indigènes ont droit à une pension de retraite dont le taux sera le même que celui de la pension de retraite des sous-officiers, caporaux et soldats indigènes du régiment de tirailleurs annamites de Cochinchine.

Art. 4. — Les avantages de solde accordés par le règlement du 15 février aux tirailleurs annamites détachés aux régiments de tirailleurs tonkinois sont supprimés.

Art. 5. — Pendant la durée du service militaire, une part de rizière est allouée par le village à l'Indigène incorporé, pour assurer la subsistance de sa famille qui est en outre exemptée d'impôts.

Art. 6. — A l'expiration du temps de service dû à l'État, le militaire libéré a la qualité d'inscrit et est exempt de la corvée personnelle et de l'impôt, pendant cinq ans.

Art. 7. — Des engagements volontaires peuvent être contractés pour six ans par des Indigènes âgés de 20 à 35 ans, dont l'identité aura été parfaitement établie et qui seront porteurs d'un certificat de moralité délivré par le maire de leur village et visé par le chef de canton.

Ils seront déduits du contingent annuel à fournir par leur village et bénéficieront des avantages énoncés aux articles 5 et 6.

DISPOSITIONS TRANSITOIRES

Art. 8. — Les dispositions du présent arrêté ne sont pas applicables aux Indigènes entrés au service avant sa publication.

Art. 9. — Les soldats actuellement sous les drapeaux bénéficieront des avantages concédés par l'article 6, s'ils contractent, au moment de leur libération ou dans les six mois qui suivront, un rengagement pour compléter à six ans la durée du service.

Art. 10. — Les soldats de la classe libérable en 1889 auront droit, en outre, à la prime et à la haute-paye prévues par le règlement du 15 février 1886, si leur rengagement a été contracté avant l'expiration des deux mois qui suivront la date du présent arrêté.

RICHAUD.

## IV. DISPOSITIONS COMMUNES

| NATURE DES DOCUMENTS | DATES | RECUEILS A CONSULTER Bat. | B.C. | B.D.I. | J.C. | J.H. | B.M. | B.Col. | OBSERVATIONS |
|---|---|---|---|---|---|---|---|---|---|
| A. G. | 16 janvier 1887. | | 33 | | | | | | |
| A. G. G. | 18 janvier 1888. | | | | 98 | | | | |
| Dép. M. | 3 mars 1888. | | 203 | | | | | | |
| A. G. G. | 23 avril 1888. | | 203 | | 408 | | | | |
| A. G. G. | 7 mai 1888. | | 234 | | 450 | | | | |
| A. G. G. | 22 juillet 1888. | | | | | | | | |
| Dép. M. | 24 août 1888. | | | | | | | | |
| A. G. G. | 7 janvier 1889. | | | | 14 | | | | |

IV. DISPOSITIONS COMMUNES

(16 janvier 1887)

**A. G.** *fixant les indemnités dues aux troupes destinées à aller opérer dans la province du Phu-Yen (Annam)* (1).

B. C., p. 33.

(18 janvier 1888)

**A. G. G.** *portant fixation du supplément spécial alloué aux officiers et sous officiers des régiments de tirailleurs annamites et tonkinois.*

J. C., p. 98.

Article premier. — Le supplément spécial alloué aux officiers et sous-officiers des régiments de tirailleurs annamites et tonkinois reste fixé ainsi qu'il suit :

| | Francs. |
|---|---|
| Colonels et lieutenant-colonels | 2.000 00 |
| Chefs de bataillon | 1.500 00 |
| Capitaines | 1.200 00 |
| Lieutenants et sous lieutenants | 750 00 |
| Sergents-majors | 550 00 |
| Sergents et fourriers | 500 00 |

Art. 2. — Cette mesure aura son effet à compter du 1er avril 1888.

CONSTANS.

(3 mars 1888)

**DÉP. M.** *supprimant l'indemnité de supplément de fonctions attribuée aux cadres européens des corps indigènes en Indo-Chine ; — Dispositions transitoires.*

B. C., p. 203.

Les charges imposées aux cadres européens du régiment de tirailleurs annamites, en Cochinchine, au moment de la création de ce régiment, avaient conduit le Département à allouer, à titre de compensation, une indemnité de supplément de fonctions, fixée par l'arrêté du 4 décembre 1879.

Lors de la création des régiments de tirailleurs tonkinois et des bataillons de chasseurs annamites, les mêmes indemnités, consacrées par un arrêté local du 15 février 1886, ont été attribuées aux officiers et gradés européens appelés à servir dans ces corps.

Il existe, par suite, entre ces officiers et ceux en service dans les régiments et les bataillons de marche de Cochinchine, de l'Annam et du Tonkin une inégalité de traitement, au point de vue des allocations, qui n'est pas sans inconvénients. Les conditions d'organisation et de fonctionnement des corps indigènes de l'Indo-Chine ne sont plus les mêmes qu'au début. Si les cadres de ces corps ont toujours à recevoir et à instruire annuellement les contingents de recrues, leur tâche se trouve facilitée, d'un côté par l'expérience de plusieurs années, et, de l'autre, par les nombreux gradés et anciens soldats indigènes retenus dans ces corps par les rengagements successifs leur donnant droit à une pension de retraite, après quinze années de service.

Pour ces considérations, on peut donc dire qu'à peu de chose près, le service pour tous les officiers en Indo-Chine est devenu le même, et on ne s'explique plus, aujourd'hui, cette différence de traitement entre les uns et les autres, selon qu'ils servent dans certains corps indigènes ou dans les corps européens.

D'ailleurs, dans une lettre en date du 5 novembre 1887, M. le Résident général en Annam et au Tonkin s'est élevé contre la différence de solde qui existe entre les officiers de tirailleurs indigènes et celle de leurs camarades des corps européens, qui ont les mêmes devoirs et les mêmes peines.

En conséquence, j'estime, d'accord avec M. le Ministre de la guerre, que le moment est venu de supprimer les indemnités de fonctions dont il s'agit à tous les officiers des armées de terre et de mer en service dans les corps indigènes de l'Indo-Chine. Toutefois, afin de ménager les situations acquises, j'ai décidé que ces indemnités seront maintenues temporairement jusqu'à concurrence des trois quarts en 1888 et de la moitié en 1889. La fixation des indemnités à allouer pour 1890 sera ajournée à une époque ultérieure.

Le nouveau tarif réduit des indemnités de suppléments de fonctions sera appliqué, à partir du 1er avril 1888.

KRANTZ.

1) V. *Troupes*.

(23 avril 1888)

**A. G. G.** *rapportant l'arrêté du 18 janvier 1888 et fixant à nouveau le supplément spécial alloué aux officiers, sous-officiers des tirailleurs annamites et tonkinois. (Exécution de la Dép. M. du 8 mars 1888.)*

B. C., p. 203 et 209.
J. C., p. 408.

Article premier. — L'arrêté du 18 janvier 1888 est rapporté.

Art. 2. — Le supplément spécial alloué aux officiers et sous-officiers des régiments des tirailleurs annamites et tonkinois et des bataillons de chasseurs annamites reste fixé, ainsi qu'il suit, pour l'année 1888 :

| | Francs. |
|---|---|
| Colonel et lieutenant-colonel | 3.000 |
| Chef de bataillon | 2.250 |
| Capitaine | 1.800 |
| Lieutenant et sous-lieutenant | 1.125 |
| Adjudant | 1.026 |
| Sergent-major | 825 |
| Sergent et fourrier | 750 |

(La quotité déterminée pour chaque grade est calculée sur les trois quarts du supplément alloué en 1887.)

Art. 3. — Cette mesure aura son effet à compter du 1er avril 1888.

RICHAUD.

(7 mai 1888)

**A. G. G.** *rapportant les arrêts des 18 janvier et 23 avril 1888 fixant le supplément spécial alloué aux officiers et sous-officiers du corps indigène stationné en Indo-Chine.*

B. C., p. 234.
J. C., p. 450.

Article premier. — Les arrêtés des 18 janvier et 23 avril derniers sont rapportés.

Art. 2. — Le supplément spécial alloué aux officiers et sous-officiers des corps indigènes stationnés en Indo-Chine est fixé ainsi qu'il suit :

## TARIFS DES SUPPLÉMENTS DE FONCTIONS

TIRAILLEURS ET CHASSEURS TONKINOIS

| GRADES | MONTANT DES SUPPLÉMENTS | | | | |
|---|---|---|---|---|---|
| | PAR AN | PAR MOIS | PAR JOUR | D'ABSENCE par jour | |
| | francs | francs | francs | francs | |
| Colonel | 3,002 40 | 250 20 | 8 34 | 4 17 | L'année est comptée pour 360 jours |
| Chefs de bataillon | 2,253 60 | 187 80 | 6 26 | 3 13 | *idem.* |
| Capitaines | 1,879 20 | 156 60 | 5 22 | 2 61 | *idem.* |
| Lieutenants | 1,130 40 | 94 20 | 3 14 | 1 57 | *idem.* |
| Sous-lieutenants | 1,130 40 | 94 20 | 3 14 | 1 57 | *idem.* |
| Adjudants | 1,029 30 | » | 2 82 | 1 41 | L'année est comptée pour 365 jours |
| Sergents-majors | 759 20 | » | 2 08 | 1 04 | *idem.* |
| Sergents | 678 90 | » | 1 86 | 0 93 | *idem.* |
| Caporaux | 306 60 | » | 0 84 | 0 42 | *idem.* |
| Soldats | 233 60 | » | 0 64 | 0 32 | *idem.* |

(La quotité, déterminée pour chaque grade, est calculée sur les trois quarts des suppléments alloués en 1887.)

TIRAILLEURS ANNAMITES

| GRADES | MONTANT DES SUPPLÉMENTS | | | | |
|---|---|---|---|---|---|
| | PAR AN | PAR MOIS | PAR JOUR | D'ABSENCE par jour | |
| | francs | francs | francs | francs | |
| Colonel | 3,002 40 | 250 20 | 8 34 | 4 17 | L'année est comptée pour 360 jours |
| Chefs de bataillon | 2,253 60 | 187 80 | 6 26 | 3 13 | *idem.* |
| Capitaines | 1,870 20 | 156 60 | 5 22 | 2 61 | *idem.* |
| Lieutenants | 1,130 40 | 94 20 | 3 14 | 1 57 | *idem.* |
| Sous-lieutenants | 1,130 40 | 94 20 | 3 14 | 1 57 | *idem.* |
| Adjudants | 1,029 30 | » | 2 82 | 1 41 | L'année est comptée pour 360 jours |
| Sergents-majors | 635 10 | » | 1 74 | 0 87 | *idem.* |
| Sergents | 562 10 | » | 1 54 | 0 77 | *idem.* |
| Caporaux | 306 60 | » | 0 84 | 0 42 | *idem.* |
| Soldats | 233 60 | » | 0 64 | 0 32 | *idem.* |

(La quotité, déterminée pour chaque grade, est calculée sur les trois quarts des suppléments alloués en 1887.)

Art. 3. — Cette mesure aura son effet à compter du 1er avril 1888.

RICHAUD.

(22 juillet 1888)

**A. G. G.** *concernant l'organisation des receveurs indigènes en Indo-Chine.*

Moniteur A. T., p. 432.

(24 août 1888)

**DÉP. M.** *prescrivant le versement à la masse générale des sommes perçues pour les militaires des régiments indigènes absents irrégulièrement, le jour du prêt ou absents entre deux prêts.*

ARCH. GOUV. (bur. mil.)

(7 janvier 1889)

**A. G. G.** *fixant, pour l'année 1889, le supplément spécial alloué aux cadres européens des corps indigènes stationnés en Cochinchine et au Cambodge. (Exécution de la Dép. M. du 3 mars 1888.)*

J. C., p. 14.

Article premier. — Le supplément spécial à allouer, à partir du 1er janvier prochain, aux officiers, sous-officiers, caporaux et soldats des cadres européens des corps indigènes stationnés en Cochinchine et au Cambodge est fixé ainsi qu'il suit pour toute l'année 1889 :

OFFICIERS EUROPÉENS

| DÉSIGNATION DES GRADES | FIXATION | | | OBSERVATIONS |
|---|---|---|---|---|
| | par an | par mois | par jour | |
| | francs | francs | francs | |
| Colonel<br>Lieutenant-Colonel | 1,998 00 | 166 50 | 5 55 | Les suppléments de fonctions ne sont dus que pour les journées de présence effective dans l'emploi ou la fonction. L'année est comptée pour 360 jours. |
| Chef de bataillon | 1,494 00 | 124 50 | 4 15 | |
| Capitaine de 1re classe<br>Capitaine de 2e classe | 1,242 00 | 103 50 | 3 45 | |
| Lieutenant de 1re classe<br>Lieutenant de 2e classe<br>Sous-Lieutenant | 756 00 | 63 00 | 2 10 | |

SOUS-OFFICIERS, CAPORAUX ET SOLDATS DU CADRE EUROPÉEN

| DÉSIGNATION DES GRADES | FIXATION par JOUR | OBSERVATIONS |
|---|---|---|
| | francs | |
| Adjudant | 1 90 | Les suppléments de fonctions ne sont dus que pour les journées de présence effective dans l'emploi ou la fonction. L'année est comptée pour 365 jours. |
| Sergent-major et chef armurier de 2e classe | 1 40 | |
| Sergent, sergent fourrier et sergent-clairon | 1 15 | |
| Caporal et caporal-clairon | 85 | |
| Soldat | 65 | |

RICHAUD.

Consulter, en outre : *Milices.*

## TITRES DE PROPRIÉTÉ

V. *Propriété.*

## TOMBEAUX ROYAUX (GARDIENS DES)

(22 juin 1883)

**A. G.** *obligeant tout gardien de tombeaux royaux à se présenter à l'administration de son arrondissement et à se déclarer comme tel.*

J. C., p. 630.

Article premier. — Tout gardien des tombeaux royaux, dans les divers arrondissements de Cochinchine, devra, dans un délai de huit jours, se présenter à l'administrateur de l'arrondissement et se déclarer comme tel.

Il ne pourra quitter le village qu'il habite sans l'autorisation de l'administrateur de l'arrondissement.

CHARLES THOMSON.

(27 juin 1883)

**CIRC. D. I.** *Notification d'un arrêté du 22 juin 1883 obligeant tout gardien de tombeaux royaux à se présenter à l'administrateur de son arrondissement et à se déclarer comme tel.*

B. D. I, p. 40.

Vous trouverez, au *Journal officiel* du samedi 23 juin, un arrêté de M. le Gouverneur (1) portant bligation pour tout gardien de tombeaux royaux de se présenter à l'administrateur de son arrondissement, dans un délai de huit jours et de se déclarer comme tel.

En présence des graves événements que nous traversons, l'importance de cette mesure ne vous échappera pas.

Je vous invite donc à faire venir immédiatement tous les gardiens de tombeaux royaux de votre arrondissement et d'en dresser la liste par canton et par village, d'après leur déclaration, et, afin d'assurer un contrôle efficace, vous prendrez tous les renseignements qu'il vous sera possible d'obtenir sur chacun d'eux.

D'un autre côté, vous aurez à les prévenir que, *sous aucun prétexte*, ils ne pourront quitter leur village sans votre autorisation. Il sera aussi utile qu'ils se présentent à vous à époques périodiques; je vous laisse le soin de prendre à ce sujet les mesures que vous jugerez convenables.

Je vous prie de m'accuser réception de la présente circulaire et de m'adresser un double des listes que vous aurez fait faire.

Vous devrez également m'informer des mesures que vous aurez prises en vue d'assurer l'exécution ponctuelle de ces dispositions.

BÉLIARD.

## TONGS (CHEFS DE CANTON)

V. *Fonctionnaires et agents indigènes.*

## TORPILLES

V. *Défenses sous-marines.*

## TOURNÉES

(1) V. suprà A. G. 11 juin 1883.

(14 avril 1879)

**CIRC. G.** *prescrivant aux administrateurs de faire de fréquentes tournées dans leurs arrondissements.*

BAT. I, p. 64.
B. D. I, p. 46.

Je suis informé par les rapports de MM. les Inspecteurs que certaines parties des arrondissements sont rarement visitées et que quelques-unes même ne le sont jamais.

Je ne saurais trop insister sur la nécessité des tournées aussi fréquentes que possible, et vous recommander de ne pas borner vos excursions aux centres populeux, mais de vous rendre jusqu'aux limites extrêmes de votre arrondissement.

Il me paraît superflu de m'étendre sur la nécessité d'une pareille mesure : il est hors de doute que c'est le seul moyen de vous rendre compte par vous-même des besoins des populations et des améliorations qu'il y a lieu d'apporter aux voies de communication.

Les visites des fonctionnaires ne devant pas augmenter les charges des villages, je vous prierai de veiller scrupuleusement à ce que les interprètes, miliciens ou autres employés qui vous accompagneront, non seulement ne perçoivent aucune redevance, mais encore n'acceptent aucun cadeau en vivres et approvisionnements.

Il est, du reste, facile de prévoir approximativement la durée d'une tournée et de prendre, avant le départ, les mesures nécessaires pour assurer les vivres de votre escorte.

Bien que l'usage des présents soit établi chez les peuples orientaux, il paraît simple de leur faire comprendre, sans blesser leur susceptibilité, que cette coutume n'est pas dans nos habitudes, et qu'ils n'ont rien à fournir, à l'occasion de semblables visites, faites toutes dans leur intérêt, et qui deviendraient onéreuses pour eux si l'on acceptait leurs cadeaux.

J. LAFONT.

# TOUR DE DÉPART POUR LES COLONIES ET SÉJOUR COLONIAL

| NATURE DES DOCUMENTS | DATES | RECUEILS A CONSULTER | | | | | | | OBSERVATIONS |
|---|---|---|---|---|---|---|---|---|---|
| | | Bat. | B.C. | B.D.I. | J.C. | J.H. | B.M. | B.Col. | |
| Décret | 5 décembre 1872. | | | | | | 649 | | |
| Dép. M. | 8 mai 1873. | I-536 | | | | | | | |
| Circ. M. | 12 avril 1873. | II-624 | | | | | | | |
| Dép. M. | 7 novembre 1873. | II-82 | | | | | | | |
| Circ. M. | 13 février 1875. | | | | | | 175 | | |
| Dép. M. | 8 août 1879. | II-618 | | | | | | | |
| Circ. M. | 17 septembre 1881. | | | | | | | | |
| A. M. | 17 septembre 1881. | | | | | | 706 | | |
| Dép. M. | 29 juin 1882. | | 361 | | | | | | |
| Dép. M. | 21 août 1882. | | | | | | | | |
| A. M. | 5 octobre 1882. | | | | | | 605 | | |
| A. M. | 6 novembre 1883. | | | | | | 570 | | |
| Circ. M. | 26 avril 1884. | | | | | | 794 | | |
| Dép. M. | 13 février 1885. | | | | | | | | |
| A. M. | 23 juin 1885. | | | | | | 1283 | | |
| Circ. M. | 23 juin 1885. | | | | | | | | |
| Circ. M. | 6 mai 1886. | | | | 694 | | | | |
| Circ. M. | 17 mai 1886. | | | | 729 | | | | |
| A. M. | 14 juin 1889. | | | | | | | | |

(5 décembre 1872)

**DÉCRET** *portant que la période du service à exiger en Cochinchine et au Sénégal, est fixée à deux ans.*

B. M., p. 649.

(8 mai 1873)

**DÉP. M.** *Notification d'une décision (guerre) touchant la durée du séjour du personnel du génie en Cochinchine et au Sénégal.*

BAT. I, p. 536.

J'ai l'honneur de vous informer que, d'après ma demande, M. le ministre de la guerre a consenti, par analogie avec les dispositions du décret du 5 décembre dernier, à réduire d'une année, pour le Sénégal et la Cochinchine, la durée du service consécutif des officiers et gardes du génie, fixée par la décision du 14 avril 1869.

Le temps réglementaire du séjour de ce personnel, dans ces deux colonies, sera donc désormais, savoir:

1° De 3 ans pour les chefs de bataillon et les capitaines en 1er ;

2° De 2 ans pour les capitaines de 2e classe, les lieutenants et les gardes, avec faculté de le prolonger au-delà de ces périodes, qui se compteront, déduction faite des traversées d'aller et de retour.

..................................................................................................

A. Pothuau.

(12 avril 1873)

**CIRC. M.** *Dispositions concernant les officiers du commissariat colonial qui, appelés à changer de colonie, sollicitent un congé de convalescence.*

BAT. II, p. 624.

J'ai remarqué que, depuis quelque temps, les administrations coloniales apportent de grands retards dans le déplacement des officiers et employés du commissariat colonial appelés à changer de colonie.

C'est ainsi que certains officiers, qui ont reçu une nouvelle destination depuis plus d'un an, sont encore aujourd'hui dans leur ancienne colonie.

De pareils retards jettent le trouble dans la marche du service et exposent certaines colonies à se trouver, à un moment donné, dépourvues de personnel.

J'ai, en conséquence, décidé qu'à l'avenir les officiers appelés à changer de colonie devront être dirigés sur leur nouvelle destination dans le mois qui suivra la date à laquelle les administrations coloniales auront reçu l'avis des déplacements.

Il ne devra être fait exception à cette règle que lorsqu'il devra se produire *certainement*, dans le délai de *deux mois* après la date ci-dessus indiquée, un moyen de transport plus économique que celui que l'on serait obligé d'employer autrement. Dans ce cas, le Département devra être informé spécialement de la mesure prise à ce sujet.

Enfin, il existe encore une autre cause de retard dans le déplacement des officiers.

Je veux parler des congés de convalescence qu'ils sollicitent lorsqu'ils sont appelés à changer de colonie.

Je comprends parfaitement que les fonctionnaires qui viennent de servir dans les colonies telles que le Sénégal, la Cochinchine, le Gabon ou Mayotte, aient besoin de passer quelques temps en France pour rétablir leur santé avant de suivre une nouvelle destination coloniale.

Mais il ne saurait en être de même pour les officiers qui, ayant servi dans nos colonies les plus saines, *souvent même dans leur pays natal*, n'auraient certainement pas demandé de congé, s'ils n'avaient pas été appelés à changer de colonie.

Je vous invite donc à n'accorder des congés dans ces conditions qu'avec *la plus grande réserve.*

D'un autre côté, pour remédier aux abus de ce genre qui pourraient se produire, j'ai décidé que tout officier ou employé venu en France en changement de destination et qui invoquera des raisons de santé pour obtenir un sursis de départ, devra en faire la déclaration au port de débarquement.

Il sera immédiatement dirigé sur le port militaire le plus rapproché et placé en observation à l'hôpital maritime. Le conseil de santé décidera s'il convient d'accorder un congé de convalescence.

Dans le cas ou la guérison paraîtra devoir exiger plus de six mois, l'officier sera visité et contre-visité *en vue de sa mise immédiate* en non-activité pour infirmités temporaires.

Il est bien entendu que cette disposition ne sera pas applicable aux fonctionnaires qui, venus en France en changement de destination, seront porteurs de congés de convalescence régulièrement délivrés par le chef de la colonie où il ont servi précédemment.

Telles sont les dispositions que j'ai cru devoir prendre en vue d'assurer la marche du service et une répartition aussi juste que possible des corvées qui incombent au commissariat colonial, et dont il importe que chacun ait sa part.

A. POTHUAU.

(7 novembre 1873)

**DÉP. M.** *Le personnel d'infanterie de marine à expédier de Rochefort pour la Cochinchine ne prendra passage, à l'avenir, que sur les trois premiers transports de l'année* (1).

BAT. II, p. 82.

(13 février 1875)

**CIRC. M.** *Un taux particulier de départ est établi dans l'infanterie de marine pour les colonies où la durée de séjour n'est que de deux ans. — Règlement de la situation des officiers qui rentrent des colonies avant la fin de la période de séjour réglementaire.*

B. M., p. 175.

(8 août 1879)

**DÉP. M.** *autorisant un aide-médecin auxiliaire à rester une année de plus en Cochinchine.*

BAT. II, p. 618.

Il résulte de votre lettre du 31 mai dernier que M. P..., aide-médecin auxiliaire en Cochinchine désirerait prolonger d'un an son séjour dans la colonie.

Les dispositions qui régissent la durée du corps colonial des officiers du corps de santé n'étant point applicables aux médecins et pharmaciens *auxiliaires*, la rentrée en France de ces derniers doit être uniquement subordonnée aux intérêts du service de la colonie ou aux cas de maladie dûment constatés par le service médical.

J'ai, en conséquence, l'honneur de vous informer que rien ne s'oppose à ce qu'il soit satisfait au désir de M. P...

JAURÉGUIBERRY.

(17 septembre 1881)

**CIRC. M.** *Notification d'un arrêté ministériel du 17 septembre 1881 relatif au mode de relèvement des troupes d'infanterie de marine stationnées aux colonies.*

ARCH. GOUV.

J'ai l'honneur de vous notifier un arrêté, en date de ce jour, relativement au lèvement, par détachements, des troupes d'infanterie de la marine stationnées aux colonies.

Cet arrêté est la conséquence des travaux des commissions et des chefs de service qui, dans les ports de Cherbourg, Brest, Rochefort et Toulon, avaient été appelés, par circulaire du 30 juillet dernier, à examiner quel serait le meilleur mode de relève colonial à adopter et qui ont étudié avec une conscience et un zèle que je suis heureux de constater ici, les questions soumises à leur appréciation.

Les chefs de corps des portions centrales des régiments d'infanterie de marine s'entendront avec les chefs de corps des portions secondaires pour assurer la mise en vigueur des prescriptions contenues dans l'acte dont il s'agit.

CLOUÉ.

(17 septembre 1881)

**A. M.** *relatif au mode de relèvement des troupes d'infanterie de marine stationnées aux colonies.*

B. M., p. 707.

Article premier. — A partir de la date du présent arrêté, aucune compagnie d'infanterie de marine, considérée comme unité tactique et administrative, ne sera déplacée pour assurer le relèvement des garnisons coloniales.

(1) Sans objet.

Les compagnies, actuellement en cours de traversée pour rejoindre une colonie, ou pour rentrer en France, seront considérées comme restant, dans les mêmes conditions, à demeure fixe, au lieu de leur nouvelle destination.

Art. 2. — Au 1er janvier 1882, les compagnies présentes soit en France, soit aux colonies, et celles qui seraient en cours de traversée, prendront de nouveaux numéros dans les conditions indiquées aux tableaux annexés au présent arrêté.

Art. 3. — La relève des garnisons d'infanterie de marine stationnées aux colonies aura lieu à l'avenir, au moyen de détachements formés par les portions centrales des régiments à leurs portions secondaires.

Les personnels dont ces détachements seront composés remplaceront directement, dans les compagnies affectées, à demeure fixe, à telle ou telle colonie, les hommes qui doivent rentrer en France comme étant arrivés au terme de la période de séjour colonial réglementaire.

Art. 4. — La formation des détachements à envoyer éventuellement aux colonies sera assurée, au moyen de listes générales de départ tenues dans les portions centrales des régiments et comprenant, par grade et rang d'ancienneté de service, sous-officiers et hommes de troupes susceptibles de recevoir une démission coloniale.

Chaque compagnie de bataillon d'infanterie de marine en garnison à Lorient concourra, dans les mêmes conditions que les autres compagnies du régiment dont elle relève, à la formation des détachements que le régiment peut être appelé à envoyer aux colonies.

Les listes suivies actuellement pour les officiers seront maintenues.

Art. 5. — Cinq semaines avant la date fixée pour le départ des transports de l'État armés en vue d'assurer le service périodique entre la métropole et les colonies, les portions centrales appelées à préparer les détachements qui doivent prendre passage sur l'un de ses transports, établiront en triple expédition, un état numérique et par grade des sous-officiers et hommes de troupe à expédier.

La première expédition sera immédiatement transmise au ministre par la voie hiérarchique; la seconde sera envoyée à la portion secondaire à titre d'avis de mutation; la troisième restera dans les archives de la portion centrale.

Les officiers appelés à servir les colonies seront désignés nominativement par le ministre, soit directement, soit d'après les indications des listes de tour de départ, soit d'après les propositions des parts transmises en même temps que l'état numérique dont il est question ci-dessus.

Art. 6. — Le tiers des sous-officiers et caporaux qui doivent être relevés par libération dans les garnisons coloniales, sera remplacé numériquement par des soldats de 1re ou de 2e classe dans les détachements envoyés par les portions centrales.

Les cadres inférieurs des compagnies stationnées aux colonies seront complétés au moyen de nominations faites sur place par les chefs des portions secondaires.

Art. 7. — Toutes les fois que les portions centrales et les portions secondaires devront comprendre, dans les détachements qu'elles expédieront, les sergents-majors et des sergents-fourriers, elles ne prélèvront pas, en même temps, pour la formation de ces détachements, les deux sous-officiers comptables d'une même compagnie.

La répartition des sergents-majors et des sergents-fourriers sera donc faite par les chefs de corps ou de portion de corps, de manière à tenir compte de la disposition qui précède.

Art. 8. — La répartition des hommes dans les compagnies des portions centrales et des portions secondaires, sera toujours faite de façon à ce que chacune des compagnies ait un nombre à peu près égal d'hommes appartenant aux différentes classes de recrutement ou d'engagés volontaires congédiables aux mêmes époques.

Art. 9. — Lors de leur envoi en congé renouvelable, ou aux époques de leur passage dans la séserve de l'armée de mer, suivant le cas, les sous-officiers et hommes de troupe de l'infanterie de la marine seront affectés, de préférence aux compagnies de droite où ils remplaceront les militaires passés dans la réserve de l'armée territoriale.

Tant que les réservistes ne changeront pas de circonscription de réserve maritime, ils resteront affectés aux mêmes compagnies; toutefois, ceux qui viendront à occuper des emplois les faisant rentrer dans la catégorie des non-disponibles, seront placés dans les compagnies le plus à la gauche.

Art. 10. — Toutes les dispositions contraires au présent arrêté et notamment celles contenues dans la circulaire du 6 décembre 1873 sus-visée sont et demeurent abrogées.

CLOUÉ.

(29 juin 1882)

**DP. M.** *au sujet des retards apportés par certaines colonies dans la mise en route des officiers et des agents du commissariat qui reçoivent une nouvelle destination. (Rappel aux prescriptions de la Circ. M. du 12 avril 1873.)*

B. C., p. 361.

Une circulaire du 12 avril 1873 a appelé votre attention sur les graves inconvénients résultant pour la marche régulière du service, des retards apportés dans la mise en route des officiers et employés du commissariat colonial, appelés à changer de colonie, et vous a indiqué les mesures à prendre lorsque cette éventualité vient à se produire.

Malgré les recommandations expresses qui ont été faites à cette époque, un grand nombre d'officiers et d'agents du commissariat ont été et sont actuellement encore maintenus dans leur ancienne colonie, bien qu'une nouvelle destination leur ait été donnée, d'où la presque impossibilité, pour le Ministre, d'établir l'équilibre nécessaire entre la répartition du personnel et les charges que le service impose à chaque colonie.

J'insiste donc d'une manière toute particulière pour que la circulaire précitée du 12 avril 1875 reçoive son application la plus exacte, tant en ce qui concerne les dispositions arrêtées pour le déplacement des officiers et fonctionnaires dont il s'agit, que sous le rapport de la réserve avec laquelle l'autorité locale doit accueillir les demandes de congés qui lui sont faites.

Des abus très sérieux, conséquence d'une bienveillance parfois excessive, se sont perpétués sous ce rapport et ont engendré une situation fâcheuse, à laquelle il convient d'apporter un prompt remède.

Je compte sur toute votre vigilance à cet égard et j'invite les services compétents de la Métropole à se montrer d'une scrupuleuse exactitude dans l'application des règlements en vigueur.

JAURÉGUIBERRY.

(21 août 1882)

**DÉP. M.** *Notification d'un décret en date du 14 août 1882 qui réduit à deux années, non compris la durée des traversées d'aller et retour, la période ordinaire du service consécutif des officiers du cadre européen du régiment de tirailleurs annamites (modification au § 3 de l'art. 3 du décret organique du 19 décembre 1879)* (1).

ARCH. GOUV.

(5 octobre 1882)

**A. M.** *réglementant le tour de roulement des officiers du commissariat du cadre colonial* (2).

B. M., p. 605.

Art. 1er. — Le service du Commissariat de la Marine dans les colonies de Cochinchine, Mayotte, Nossi-Bé, Sénégal et Gabon, est assuré au moyen d'un roulement entre les officiers du corps appartenant au service des colonies.

Art 2. — Ces officiers sont désignés à tour de rôle, d'après une liste spéciale par grade, tenue par l'administration centrale à Paris et arrêtée par le Ministre.

Cette liste est insérée au *Bulletin officiel* les 1er janvier et 1er juillet de chaque année.

Art. 3. — Le rang des officiers sur cette liste est déterminé par le temps écoulé depuis qu'ils ont quitté les colonies spécifiées en l'article 1er, les derniers rentrés prenant la queue. A égalité de temps, les moins anciens de grade sont inscrits les premiers.

Les aides-commissaires nouvellement promus sont inscrits en tête de liste.

Art. 4. — La durée du séjour dans les colonies ci-dessus déterminées est de deux ans, non compris le temps des traversées d'aller et retour.

Toutefois, les officiers du Commissariat ne peuvent quitter les colonies, sauf le cas de maladie dûment constaté, qu'après l'arrivée de leur remplaçant.

Art. 5. — Six mois avant l'expiration de leur temps de service, les officiers du

(1) V. Troupes indigènes.
(2) V. *infrà*, A. M., 6 novembre 1883.

Commissariat doivent faire connaître s'ils désirent passer dans une autre colonie ou s'ils préfèrent être maintenus dans la même colonie pour une nouvelle période de deux ans.

Art. 6. — Les permutations peuvent être autorisées.

Toute permutation a pour effet de substituer complètement l'un à l'autre, pour l'origine des droits et pour les obligations du tour de service, les officiers qui ont été autorisés à permuter.

Art. 7. — Tout officier qui, au moment de partir pour rejoindre la destination qu'il a reçue, se déclare incapable de suivre cette destination, est immédiatement renvoyé devant le Conseil de santé du port et de la colonie pour être examiné.

Il est rendu compte au Ministre dans le plus bref délai possible.

Art. 8. — L'officier rentrant de congé ou relevé de la non-activité reprend, sur la liste de départ, le rang qu'il occupait au moment de la destination qu'il n'a pas suivie.

Art. 9. — Les officiers du Commissariat appelés à servir aux colonies dans des fonctions autres que celles qui incombent au corps, ou détachés temporairement dans les bureaux de l'Administration centrale, sont placés hors cadre pour une durée de trois ans au maximum. Ils sont exemptés des obligations du roulement et reprennent, sur la liste, à la fin de leur mission, le rang qui leur revient d'après la date de leur rentrée des colonies mentionnées à l'article 1er.

Toutefois, ceux de ces officiers qui sont appelés à ces fonctions dans ces colonies sont considérés comme ayant satisfait à leur tour de service.

Art. 10. — Lorsque, par suite de promotion, des excédents se produisent dans le cadre des colonies dont il s'agit, les officiers sont déplacés suivant les ordres du Ministre et d'après la date de leur ancienneté dans la colonie, le plus ancien partant le premier.

Ces officiers peuvent être maintenus malgré leur nouvelle promotion, si les besoins du service l'exigent, jusqu'à l'expiration de deux années de séjour qu'ils devaient dans le grade précédent.

Art. 11. — Toutes les fois que cela sera possible et que les intérêts du Trésor n'auront pas sensiblement à en souffrir, les officiers seront dirigés directement par les Gouverneurs, sauf le cas de maladie prévu par l'article 8, des colonies d'où ils proviendront, sur les colonies mentionnées à l'article 1er du présent arrêté.

Art. 12. — Il est expressément interdit aux Gouverneurs et Commandants de retenir dans une colonie les officiers qui doivent être renvoyés momentanément en France ou dirigés directement sur une autre colonie. Ils sont rendus personnellement responsables des retards qui se produiraient de ce fait dans l'exécution des ordres du Ministre.

JAURÉGUIBERRY.

(6 novembre 1883)

**A. M.** *modifiant celui du 5 octobre 1882 relatif au tour de roulement des officiers du commissariat du cadre colonial.*

B. M., p. 570.

Article 1er. — Les dispositions de l'article 9 de l'arrêté ministériel du 5 octobre 1882, sus-visé, sont modifiées de la manière suivante :

Art. 9. — Les officiers du Commissariat appelés à servir aux colonies, dans des fonctions autres que celles qui incombent au corps, peuvent être placés hors cadre pour une durée de trois ans au maximum.

En ce qui concerne les officiers détachés dans l'Administration de l'Intérieur et ceux qui remplissent des emplois dans l'Administration pénitentiaire, le temps pendant lequel ils peuvent être placés hors cadre reste déterminé par les décrets des 26 octobre 1882 et 25 janvier 1883.

Les officiers du Commissariat placés hors cadre sont exemptés des obligations du roulement et reprennent, sur la liste, le rang qui leur revient d'après la date de leur rentrée des colonies mentionnées à l'article 1er.

Toutefois, ceux de ces officiers qui sont appelés à exercer dans ces colonies des fonctions autres que celles qui incombent au corps, sont considérés comme ayant satisfait à leur tour de service.

Art. 2.— Les dispositions de l'article 1er du présent arrêté seront rendues exécutoires à compter de ce jour, et n'auront aucun effet rétroactif.

A. PEYRON.

(26 avril 1884)

**CIRC. M.** *au sujet de la situation des officiers d'infanterie de marine qui rentrent en France avant la fin de la période du séjour colonial réglementaire. Ils sont considérés comme l'ayant terminée lorsqu'ils ont accompli plus de la moitié de cette période.*

B. M., p. 794.

(13 février 1885)

**DÉP. M.** *Les officiers d'infanterie de marine du régiment de marche et du régiment de tirailleurs annamites pourront être maintenus en Cochinchine pendant la troisième année, si leur état de santé n'y fait point obstacle* (1).

ARCH. GOUV.

J'ai l'honneur de vous informer que, conformément à la proposition de M. le Général, inspecteur général en Cochinchine pour 1884, et eu égard aux difficultés actuelles de la relève, j'ai décidé que, jusqu'à nouvel ordre, les officiers d'infanterie de marine, détachés au régiment de tirailleurs annamites, pourraient, si, d'ailleurs, leur état de santé n'y fait point obstacle, être proposés pour continuer de servir dans ce corps indigène pendant une troisième année. Cette mesure provisoire sera aussi étendue aux officiers du régiment de marche.

Les propositions de l'espèce devront me parvenir, trois mois au moins avant l'époque des remplacements normaux; elles devront être établies par les chefs de corps, annotées par le Général, Commandant supérieur des troupes, et accompagnées d'un certificat médical constatant l'état de santé de l'intéressé, afin de me permettre de statuer en parfaite connaissance de cause.

D'autre part, dans le rapport d'inspection qu'il m'a adressé sans l'organisation du régiment de tirailleurs annamites, M. le général Bouet m'a soumis diverses propositions tendant à augmenter l'effectif du cadre européen de ce corps. Je me réserve de les organiser ultérieurement lorsque, d'après les résultats du fonctionnement des deux régiments des tirailleurs tonkinois, l'expérience permettra de refondre dans un acte unique l'organisation des corps indigènes dans l'Extrême-Orient.

PEYRON.

(23 juin 1885)

**A. M.** *réglementant le tour de roulement des agents et commis du commissariat de la marine affecté au service des colonies.*

B. M., p. 1283.

(23 juin 1885)

**CIRC. M.** *Notification d'un arrêté ministériel du 23 juin 1885 réglementant le tour du roulement des agents et commis du commissariat de la marine affectés au service des colonies.*

ARCH. GOUV. (bur. mil).

(6 mai 1886)

**CIRC. M.** *Les officiers détachés auprès du Gouvernement ne doivent rentrer en France qu'après avoir accompli la période réglementaire du séjour colonial.*

J. C., p. 694.

J'ai remarqué que parfois, à leur rentrée en France, MM. les Gouverneurs des colonies se fai-

(1) V. *infrà*, Circ. M., 17 mai 1886.

saient accompagner des officiers qui sont détachés auprès d'eux en vertu de l'article 1er de l'arrêté du 26 novembre 1883. D'autre part, le nouveau Gouverneur titulaire obtient ordinairement qu'un officier soit mis à sa disposition avant son départ de France; enfin, les Gouverneurs intérimaires prélèvent toujours un officier sur l'un des corps de troupe de la colonie.

Le Département a donc, de la sorte, à subvenir à l'entretien de deux officiers à l'état-major hors cadres, alors que le budget ne prévoit de crédits que pour un seul.

Indépendamment des charges que cet état de choses impose au Trésor au point de vue de la solde et des frais de passage, il a, en outre, l'inconvénient d'accélérer dans les troupes de la marine le mouvement de la relève coloniale et de distraire, sans nécessité, des officiers du service de leur arme.

J'ai décidé, en conséquence, sous la date du 3 mai 1886, que les officiers mis à la disposition des Gouverneurs appartenant à l'ordre civil ou à l'un des corps de l'armée de mer, autre que les corps combattants, ne pourront accompagner ceux de ces Gouverneurs qui rentreraient en France en congé, en mission ou remplacés, à moins qu'ils n'aient terminé la période réglementaire de séjour dans la colonie.

Suivant le cas, ils resteront à la disposition du Gouverneur intérimaire ou rentreront au service de leur arme dans l'un des corps de la garnison.

Je vous prie d'assurer, en ce qui vous concerne, l'exécution de ces dispositions.

(17 mai 1886)

**CIRC. M.** *rapportant la circulaire du 13 février et 27 octobre 1885 permettant de maintenir pendant une troisième année, les officiers d'infanterie de marine en service en Cochinchine, en Annam et au Tonkin.*

J. C., p. 729.

J'ai décidé, sous la date du 15 de ce mois, qu'il ne serait plus fait application désormais des dispositions des circulaires des 13 février et 27 octobre 1885 qui permettaient de maintenir, pendant une troisième année, les officiers d'infanterie de marine en service en Cochinchine, en Annam et au Tonkin.

J'ai l'honneur de vous prier d'assurer, chacun en ce qui vous concerne, l'exécution des prescriptions qui précèdent.

(14 juin 1889)

**A. M.** *modifiant provisoirement le tour de roulement des officiers et agents du commissariat du cadre colonial.*

J. C., 22 août 1889.

Article 1er. — Le personnel affecté au service administratif colonial dans les ports du Havre, de Nantes, de Bordeaux et de Marseille sera constitué au moyen des officiers et agents du commissariat colonial qui se trouveront en France en congé, à la suite d'un séjour de deux ans dans l'une des colonies mentionnées en l'article 1er des arrêtés sus-visés des 5 octobre 1882 et 23 juin 1885.

Ces officiers et agents devront, du jour où il seront appelés à servir dans un des quatre ports dont il s'agit, rallier immédiatement leur poste. Leur congé continuera à courir, à solde entière, jusqu'à concurrence de six mois, et ils pourront être maintenus, pendant une nouvelle période de six mois, dans la position d'expectative de départ avec la même solde, sans préjudice des suppléments spéciaux prévus par la décision du 15 mai 1889.

Ils continueront, dans cette situation, à compter au cadre de la colonie pour laquelle ils ont été désignés avant leur rentrée en France, et ils rejoindront cette colonie à l'expiration du temps de leur service dans l'un des ports de la Métropole.

Art. 2. — A défaut d'un nombre suffisant d'officiers et d'agents remplissant les conditions ci-dessus mentionnées, les emplois coloniaux créés dans les ports du Havre, de Nantes, de Bordeaux et de Marseille, pourront être confiés à des officiers ou à des agents qui n'auront accompli qu'une année de séjour dans les colonies réputées malsaines. Dans ce cas, et par dérogation aux dispositions des arrêtés précités de 1882 et de 1885, les titulaires de ces emplois seront considérés comme ayant terminé leur période coloniale réglementaire.

Art. 3. — Pourront être également, mais à titre exceptionnel et pour la première formation, appelés à concourir au service des ports, des officiers et des agents présents aux colonies. Ceux appartenant au cadre d'une colonie autre que celles mentionnées dans les arrêtés de 1882 et de 1885, ne seront pas remplacés et continueront de figurer sur la liste de roulement.

E. ÉTIENNE.

# TRAITEMENT, SOLDE ET ACCESSOIRES DE SOLDE

I. RÈGLES GÉNÉRALES. — II. DISPOSITIONS LOCALES

## I. — RÈGLES GÉNÉRALES

| NATURE DES DOCUMENTS | DATES | RECUEILS A CONSULTER | | | | | | | OBSERVATIONS |
|---|---|---|---|---|---|---|---|---|---|
| | | Bat. | B.C. | B.D.I. | J. C. | J. H. | B. M. | B.Col. | |
| Dép. M. | 20 septembre 1866. | II-646 | | | | | | | A partir du 1er janvier 1886 les retenues composées par les lois de pension seront exercées au profit du Trésor sur les traitements du personnel civil et militaire de la marine et des colonies aux lieu et place de la Caisse des invalides de la marine. V. décret 17 novembre 1885 (Invalides de la marine).<br>Cessent également d'être versées à la Caisse des Invalides et profitent au trésor les retenues qui étaient exercées en vertu de l'article 204 du décret du 1er juin 1875 sur la solde en cas de congé ou d'envoi en résidence libre. (Art. 38 du décret du 17 novembre 1885 cité plus haut).<br>La suppression de la retenue de 3 0/0 édictée par les lois de finances du 21 et 22 mars 1885 ne saurait avoir pour conséquence d'augmenter les émoluments des fonctionnaires. V. Dép. M., 10 janvier 1887 (Invalides de la marine). |
| Dép. M. | 26 décembre 1867. | II-165 | | | | | | | |
| Circ. M. | 15 janvier 1872. | | | | | | 55 | | |
| Circ. M. | 10 juin 1872. | II-771 | | | | | | | |
| Décret | 1er juin 1875. | | | | | | 665 | | |
| Circ. M. | 15 juin 1875. | | | | | | 650 | | |
| Dép. M. | 24 juin 1875. | II-181 | | | | | | | |
| Circ. M. | 14 février 1876. | II-648 | | | | | 232 | | |
| Circ. M. | 28 février 1876. | II-648 | | | | | 309 | | |
| Circ. M. | 3 mai 1877. | II-650 | | | | | | | |
| Circ. M. | 29 juin 1878. | II-650 | | | | | | | |
| Circ. M. | 3 avril 1879. | II-650 | | | | | | | |
| Circ. M. | 12 mai 1879. | | | | | | 890 | | |
| Circ. M. | 17 mai 1879. | II-651 | | | | | | | |
| Circ. M. | 30 novembre 1879. | | | | | | 875 | | |
| Circ. M. | 15 mars 1880. | | | | | | | | |
| Circ. M. | 9 avril 1880. | | | | | | 766 | | |
| Dép. M. | 17 juillet 1880. | | | | | | | | |
| Circ. M. | 15 février 1881. | | 207 | | | | | | |

## I. — RÈGLES GÉNÉRALES (*suite*)

| NATURE DES DOCUMENTS | DATES | RECUEILS A CONSULTER Bat. | B.C. | B.D.I. | J. C. | J. H. | B.M. | B.Col. | OBSERVATIONS |
|---|---|---|---|---|---|---|---|---|---|
| Circ. M. | 27 février 1881. | | 286 | | | | | | |
| Dép. M. | 9 mai 1881. | | 205 | | | | | | |
| Circ. M. | 24 mai 1881. | | 240 | | | | | | |
| Dép. M. | 7 novembre 1881. | | | | | | | | |
| Dép. M. | 23 juin 1882. | | | | | | 829 | | |
| Circ. M. | 15 septembre 1882. | | | | | | 441 | | |
| Dép. M. | 7 novembre 1882. | | | | | | | | |
| Dép. M. | 24 janvier 1883. | | | | | | | | |
| Dép. M. | 28 mai 1883. | | | | | | 776 | | |
| Dép. M. | 7 juin 1883. | | | | | | | | |
| Circ M. | 10 mars 1884. | | | | | | 383 | | |
| Dép. M. | 18 septembre 1884. | | 402 | | | | | | |
| Circ. M. | 19 novembre 1884. | | | | 1885 -125 | | | | |
| Dép. M. | 19 mars 1885. | | | | | | | | |
| Dép. M. | 1er juillet 1885. | | | | | | | | |
| Dép. M. | 24 novembre 1885. | | | | | | | | |
| Dép. M. | 26 mars 1886. | | | | | | | | |
| Dép. M. | 30 juin 1886. | | | | | | | | |
| Circ. M. | 21 septembre 1886. | | | | | | | | |
| Dép. M. | 9 octobre 1886. | | | | | | 401 | | |
| Dép. M. | 9 octobre 1886. | | | | | | | | |

## I. — RÈGLES GÉNÉRALES *(suite)*

| NATURE DES DOCUMENTS | DATES | RECUEILS A CONSULTER | | | | | | | | OBSERVATIONS |
|---|---|---|---|---|---|---|---|---|---|---|
| | | Bat. | B.C. | B D.I | J. C. | J. H. | B.M. | B.Col. | | |
| Circ. M. | 14 janvier 1887. | | | | | | | 66 | | |
| Dép. M. | 7 février 1887. | | | | | | | | | |
| Dép. M. | 19 juillet 1887. | | | | | | | | | |
| Dép. M. | 19 juillet 1887. | | | | | | | | | |
| Dép. M. | 7 juin 1888. | | | | | | | | | |

(20 septembre 1866)

**DÉP. M.** *au sujet des règles applicables aux agents qui rentrent en France soit en congé soit pour être remis à la disposition des autres Départements ministériels.*

BAT. II, p. 646.

A l'occasion de l'envoi en France de plusieurs agents et employés de la Cochinchine, porteurs de congés, ou destinés à être remis à la disposition des départements ministériels auxquels ils appartenaient originairement, j'ai remarqué que l'administration locale procède, en pareil cas, d'une manière qui s'écarte des règles suivies dans nos autres colonies.

Dans ces derniers établissements, quand la santé d'un fonctionnaire exige son retour en France, le Gouverneur lui accorde un congé, mais c'est une décision ministérielle qui en fixe ultérieurement la durée. La traversée peut, en effet, influer sur l'état du malade, et, à son arrivée, les officiers de santé du port de débarquement peuvent seuls, avec la compétence désirable, apprécier le temps de congé à lui accorder. Or, pour MM..., récemment venus en France par raison de santé, l'administration de la Cochinchine avait agi différemment en déterminant elle-même, dans des termes absolus, la durée de leur congé, et l'autorité maritime de Toulon a cru devoir, en conséquence, s'abstenir de soumettre ces agents à la visite du conseil de santé.

Quant aux agents appartenant à des Départements autres que celui de la marine, et qui, ne retournant pas dans la colonie, doivent être remis à la disposition des services publics auxquels ils avaient été empruntés, il est de règle qu'ils reçoivent leur solde d'Europe jusqu'au moment où cette remise peut être effectuée. C'est dans ces conditions qu'a, en définitive, été traité, sur les observations de M. le Ministre des travaux publics, M. R.., que votre lettre du 12 mars dernier avait désigné comme ne devant pas recevoir de traitement postérieurement à son arrivée en France.

Enfin, je ferai observer que, d'après les dispositions en vigueur, le maximum de la solde d'Europe n'excède jamais la moitié du traitement colonial. D'après cette base, M. P..., secrétaire à la Direction de l'Intérieur, qui, ainsi que le constate son livret, jouit, dans la colonie, d'un traitement de 1,500 francs par an, n'aurait dû toucher en France qu'un traitement d'Europe de 750 fr., tandis que la décision locale relative à son congé lui a alloué, pendant la durée de ce congé, une solde annuelle de 1,200 francs.

Les règles que je viens d'indiquer, pour ce qui concerne le personnel colonial, me paraissent devoir être également appliquées aux officiers et agents servant en Cochinchine. Je vous prie, Monsieur le Gouverneur, de vouloir bien tenir la main à ce qu'elles soient suivies à l'avenir.

M[al] VAILLANT.

(26 décembre 1867)

**DÉP. M.** *au sujet du traitement à allouer aux magistrats coloniaux appelés d'une colonie dans une autre et retenus dans leur ancienne résidence après la remise de leur service.*

BAT. II, p. 165.

Des doutes se sont élevés sur la manière dont il convient de régler la solde des magistrats coloniaux qui, appelés d'une colonie dans une autre, sont forcés de séjourner dans leur ancienne résidence après la remise de leur service à leur successeur, faute d'occasion immédiate pour rejoindre leur nouveau poste.

Dans certaines colonies, on a pensé qu'ils pourraient être considérés *comme étant en cours de voyage pour se rendre à leur nouvelle résidence*, et que, dès lors, il y avait lieu de leur payer des frais de séjour, par application des dispositions de la circulaire du 8 avril 1864.

Cette doctrine m'a paru s'écarter de l'esprit et du texte de la circulaire qui n'a en vue que les officiers ou fonctionnaires qui se trouvent obligés de séjourner momentanément dans une colonie française *pendant le cours d'un voyage*. Ces dispositions ne sauraient donc recevoir leur application à l'égard de fonctionnaires qui n'ont pas encore été embarqués et qui, par conséquent, ne peuvent être considérés comme en cours de voyage.

Cependant, les magistrats coloniaux, placés dans les conditions indiquées plus haut, ne peuvent équitablement être réduits à la solde d'Europe de leur grade, du jour où ils ont remis leur service à leur successeur jusqu'au moment de leur embarquement. Cette solde serait évidemment insuffisante à leurs besoins, qui demeurent les mêmes tant qu'ils sont retenus dans la colonie. Dans ces circonstances, pour éviter à ces magistrats les conséquences défavorables d'une situation qu'il n'est pas en leur pouvoir de prévenir, j'ai décidé qu'ils continueraient de recevoir, à titre d'indemnité, le traitement colonial de leur ancienne fonction, après la remise de leur service à leur successeur, jusqu'au jour de leur embarquement pour rejoindre leur nouvelle destination.

Je vous prie, Monsieur le Gouverneur, de veiller à l'exécution de cette mesure, et, pour prévenir les abus qu'elle pourrait entraîner, vous voudrez bien également tenir la main à ce que les dispositions nécesaires soient toujours prises, afin qu'il s'écoule le moins de temps possible entre le départ des magistrats appelés à continuer leurs services dans une autre colonie et l'installation de leurs successeurs.

Il demeure bien entendu, d'ailleurs, que chaque fois que ce départ serait retardé par des considérations d'intérêt personnel, le supplément colonial cesserait d'être attribué aux magistrats à partir du jour de la remise de leur service,

RIGAULT DE GENOUILLY.

(15 janvier 1872)

**CIRC. M.** *Situation au point de vue de la solde et de l'indemnité de logement, des officiers, fonctionnaires du service colonial envoyés en mission soit en pays étranger, soit dans une autre colonie.*

B. M., p. 55.

(10 juin 1872)

**CIRC. M.** *Les administrations coloniales transmettront dorénavant au ministère, après la clôture de chaque exercice, des résumés de paiements faits par leurs soins au titre de l'article premier : « Infanterie de la marine » et de l'article 2 « Artillerie de la marine ».*

BAT. II, p. 771.

Le compte définitif des dépenses acquittées par les trésoriers-payeurs coloniaux à titre d'avances au service de la marine, est établi ici au moyen de dépouillements faits dans les bureaux du ministère sur les mandats des ordonnateurs et les pièces qui y sont annexées. Ces justifications contiennent toujours les indications nécessaires pour ce travail, sauf toutefois, en ce qui concerne les paiements de la solde et des accessoires de la solde de l'infanterie et de l'artillerie de la marine.

En effet, dans les états joints aux mandats délivrés pour ces paiements figurent, sous le titre *augmentation* et *diminution*, des sommes importantes dont mes bureaux ignorent complètement la composition et que dès lors on ne peut répartir qu'approximativement, ce qui nuit à la régularité des comptes.

Les administrations coloniales se trouvent, au contraire, en mesure d'opérer cette répartition avec une parfaite exactitude ; j'ai, en conséquence, décidé qu'elles m'adressent dorénavant, après la clôture de chaque exercice, pour servir à l'établissement du compte du chapitre des troupes, des résumés des paiements faits par leurs soins, au titre de l'article premier : *Infanterie de la marine*, et de l'article 2, *Artillerie de la marine*.

Ces résumés seront établis dans la forme des modèles ci-joints, ils présenteront avec les développements qu'ils comportent, l'un, la dépense : *États majors et régiments d'infanterie*, et l'autre la dépense : *États majors, régiment et compagnie d'ouvriers d'artillerie*.

Je vous recommande de veiller à ce que ces documents soient toujours expédiés en temps voulu pour qu'ils me parviennent au plus tard dans le courant du mois de juin de la deuxième année de l'exercice 1872. Ces envois devront avoir lieu sous le timbre de la *Direction de la comptabilité générale, bureau des dépenses d'outre-mer*.

POTHUAU.

(1er juin 1875)

**DÉCRET** *portant règlement sur la solde et les accessoires de solde des officiers, aspirants, fonctionnaires et divers agents du Département de la marine et des colonies.*

B. M., p. 665)

(15 juin 1875)

**CIRC. M.** *Notification du décret du 1er juin 1875 ; — Instructions.*

B. M., p. 650.

Le décret du 1er juin 1875 a été remplacé par celui du 28 janvier 1890 publié à part, en ce qui concerne le règlement de la solde des officiers, employés fonctionnaires et agents civils et militaires des services coloniaux ou locaux.

(24 juin 1875)

**DÉP. M.** *au sujet des allocations accordées aux magistrats intérimaires* (1).

BAT. II, p. 181.

Il résulte du rapport qui m'est adressé par M. le commissaire général Trillard, à la suite de l'inspection qu'il vient de passer en Cochinchine, qu'en vertu d'un arrêté pris par un de vos prédécesseurs, les magistrats chargés d'un intérim reçoivent, à titre d'indemnité, la moitié de la différence entre le traitement de l'emploi dont ils sont titulaires et celui des fonctions qui leur sont provisoirement confiées.

Je ne saurais, Monsieur le Gouverneur, en présence des prescriptions formelles de l'article 3 du décret du 4 février 1849, donner mon approbation à cette mesure, et je vous invite à donner sans retard des ordres pour qu'à l'avenir aucune allocation supplémentaire ne soit accordée aux magistrats intérimaires.

MONTAIGNAC.

(14 février 1876)

**CIRC. M.** *Les suppléments de fonctions alloués aux intérimaires peuvent se cumuler avec l'indemnité de séjour.*

BAT. II, p. 648.

B. M., p. 232.

J'ai été consulté sur la question de savoir si l'officier ou le fonctionnaire qui est momentanément déplacé pour aller dans une localité autre que son lieu de résidence exercer, *par intérim*, des fonctions auxquelles est attaché un supplément spécial, peut cumuler ledit supplément avec l'indemnité de séjour.

Cette question doit être résolue affirmativement. En effet, l'indemnité de séjour qui est allouée dans ce cas étant destinée à couvrir l'officier ou le fonctionnaire des dépenses extraordinaires qu'occasionne un changement de résidence temporaire, ne saurait avoir pour conséquence de le priver d'un supplément inhérent à la fonction qu'il remplit et auquel il a droit, conformément au paragraphe numéroté 4 de l'article 91 du décret du 1er juin 1875.

MONTAIGNAC.

(28 février 1876)

**CIRC. M.** *Application du décret du 1er juin 1875 sur la solde. Avances allouées aux officiers qui embarquent. Acompte de solde payé en avance sur la pension de retraite.*

BAT. II, p. 648.

B. M., p. 309.

J'ai été consulté sur les questions suivantes concernant l'application du décret du 1er juin 1875 sur la solde et les accessoires de solde des officiers, fonctionnaires et agents du Département de la marine et des colonies.

. . . . . . . . . . . . . . . . . . . . . . . . . . . . . . . . . . . . . . . . . . . . . . . . . . . . . . . . . . . . . . . .

. . . . . . . . . . . . . . . . . . . . . . . . . . . . . . . . . . . . . . . . . . . . . . . . . . . . . . . . . . . . . . . .

*Acompte de solde payé en avance sur la pension de retraite.* — Ces acomptes, qui sont payés mensuellement, conformément à l'article 11 du décret précité, ne devant pas supporter de retenue au profit de la caisse des invalides de la marine, on a demandé s'il fallait abonder des 3 p. 100 à l'infini les paiements ainsi effectués.

Cette question doit être résolue affirmativement.

MONTAIGNAC.

(3 mai 1877)

**CIRC. M.** *La concession aux fonctionnaires des congés à 2/3 de solde est réservé au ministre* (2).

BAT. II, p. 650.

(1) V. *infrà*, Circ. M., 15 février 1881.

(2) V. *Congés et Permissions.*

(29 juin 1878)

**CIRC. M.** *au sujet du mode d'allocation de la solde coloniale pour des officiers, fonctionnaires ou agents mis en quarantaine.*

BAT. II, p. 650.

Le paragraphe 3 de l'article 32 du décret du 1er juin 1875 spécifie que le droit *à la solde coloniale* court du jour de débarquement aux colonies.

Cette disposition concerne les officiers, fonctionnaires ou agents *débarqués dans la colonie où ils sont appelés à servir*, et, depuis la promulgation du décret en vigueur, aucun texte interprétatif n'est venu suspendre, pour les officiers, fonctionnaires ou agents précités, le bénéfice de la disposition contenue dans l'article 32, lorsque, *après débarquement*, ils se trouvent, par précautions sanitaires, internés en quarantaine au lazaret.

Dans ce dernier cas, les indemnités de séjour réglementaires, exclusives de l'indemnité de logement, viennent même s'ajouter à la solde coloniale.

Il doit demeurer entendu que, sauf les indemnités de séjour réglementaires, les officiers, fonctionnaires ou agents *en cours de voyage* pour se rendre à leur destination coloniale, et débarqués momentanément par suite de mise en quarantaine, continuent, en ce qui concerne leur solde, à être régis par l'article 34, c'est-à-dire qu'ils ne peuvent prétendre qu'à la solde de traversée ou d'Europe.

La présente circulaire a pour but de régler d'une manière uniforme le mode d'allocation de la solde coloniale, lorsqu'il s'agira d'officiers, fonctionnaires ou agents internés au lazaret après débarquement.

A. POTHUAU.

(3 avril 1879)

**CIRC. M.** *Reprises des avances de solde aux officiers, fonctionnaires ou assimilés débarqués aux colonies.*

BAT. II, p. 650.

L'article 186 du décret sur la solde du 1er juin 1875, spécifie qu'il n'est fait aucun paiement de solde aux officiers, fonctionnaires et assimilés en cours de campagne, jusqu'au moment où ils ont acquis les avances qui leur ont été faites avant leur embarquement.

Appliquer strictement cette disposition aux officiers, fonctionnaires ou assimilés débarqués dans les colonies, me paraît constituer une interprétation des plus rigoureuses, et de nature à les mettre dans l'impossibilité de faire face à leurs dépenses d'installation et d'existence matérielle.

L'officier, fonctionnaire ou employé à qui ont été payées des avances, ne doit rentrer en jouissance de la solde d'Europe que du jour où les avances lui sont acquises, mais j'estime que l'esprit du règlement permet de lui payer la différence entre la solde coloniale et la solde d'Europe, ainsi que les accessoires sur le pied colonial, sans attendre cette échéance, parce que les avances n'ont pas porté sur cette partie des allocations.

Ce mode de procéder devra être uniformément appliqué aux colonies, et je vous invite à donner au personnel placé sous vos ordres des instructions en conséquence.

JAURÉGUIBERRY.

(12 mai 1879)

**CIRC. M.** *Recommandation à adresser aux officiers, fonctionnaires et agents qui voyagent sur les paquebots ou sur les chemins de fer étrangers.*

B. M., p. 890.

(17 mai 1879)

**CIRC. M.** *Interprétation du § 4 de l'article 32 du décret du 1er juin 1875 sur la solde.*

BAT. II, p. 651.

Divers fonctionnaires, gouverneurs, commandants de colonies ou chefs d'administration, appartenant à l'un des corps de la marine, ont été dans l'obligation de séjourner dans la colonie où ils servaient après avoir fait la remise de leur service.

Les administrations coloniales ont diversement interprété les règlements qui déterminent la manière dont ces fonctionnaires doivent être traités au point de vue de la solde.

Dans la plupart des colonies, on a attribué aux officiers placés dans cette position la solde d'Europe de leur grade, cumulativement avec l'indemnité de séjour. Cette interprétation est erronée.

En premier lieu, les règlements en vigueur (décret du 12 janvier 1870 et arrêté ministériel du

19 janvier 1878), n'admettent la concession de l'indemnité de séjour que lorsqu'il y a déplacement de l'officier. Cette indemnité ne saurait donc être allouée sans cette condition *sine quâ non*.

En second lieu, en ce qui concerne la solde qu'il convient d'attribuer à ces officiers, la question est résolue par le § 4 de l'article 32 du décret du 1er juin 1875.

Il y est dit, en effet, que ces fonctionnaires « reçoivent, à compter du jour de la remise de leur « service, la solde d'Europe de leur emploi ou la solde de leur grade, si cette dernière est supérieure à la première ».

Évidemment, il ne saurait être ici question que de la solde coloniale du grade.

En effet, ces fonctionnaires, ayant fait la remise de leur service, rentrent dans la catégorie générale des officiers pour lesquels le droit à la solde coloniale court du jour de leur débarquement aux colonies et cesse le jour de leur embarquement (§ 3 de l'article 32 du décret du 1er juin 1875).

JAURÉGUIBERRY.

(30 novembre 1879)

**CIRC. M.** *au sujet de la fixation de soldes d'Europe du personnel de l'enregistrement employé aux colonies* (1).

B. M., p. 875.

(15 mars 1880)

**CIRC. M.** *Recommandations aux administrations coloniales de n'accorder de suppléments que lorsque le droit en est bien établi par les règlements, dans tous les autres cas, l'autorisation préalable du Département doit être sollicitée et obtenue.*

Revues.

J'ai été souvent appelé à constater combien les administrations coloniales se montraient faciles dans l'allocation de suppléments de toute nature aux différents fonctionnaires et agents de la marine ou du service colonial.

En principe, tout supplément est le résultat d'une situation déterminée par les ordonnances, décrets ou règlements ministériels, et il n'est pas facultatif aux administrations d'aller au delà, sans qu'au préalable, l'autorisation du Département ait été sollicitée et obtenue.

Je désire que pour chaque corps ou chaque service rétribué sur les fonds du budget de l'État, vous établissiez une révision générale des suppléments de quelque nature qu'ils soient.

Je me réserve d'examiner vos propositions et de les approuver s'il y a lieu. Je suis très résolu à rendre les ordonnateurs pécuniairement responsables du paiement de toute indemnité ou supplément alloué en dehors de la réglementation.

Je dois ajouter qu'il est indispensable d'étendre d'une façon explicite au service colonial les recommandations qui vous ont été adressées le 25 septembre 1863 (B. O. page 296) relativement aux créations d'emplois sur les fonds du budget (service marine).

Je vous prie de m'accuser réception de la présente circulaire qui sera communiquée à l'inspection.

JAURÉGUIBERRY.

(9 avril 1880)

**CIRC. M.** *Interprétation de l'article 183, § 4, du décret du 1er juin 1875, sur la solde.*

B. M., p. 766.

Mon attention a été appelée sur les dispositions du § 4 de l'article 183 du décret du 1er juin 1875, dont l'interprétation a besoin d'être précisée, en ce qui touche le service colonial.

Aux termes de cet article, il n'est pas dû d'avances de solde aux officiers, fonctionnaires ou agents du cadre colonial, lorsque à l'expiration d'un congé passé en France, ils rejoignent la colonie d'où ils proviennent. Il ne peut, dans ce cas, leur en être accordé « qu'à titre exceptionnel et par décision spéciale du Ministre de la marine rendu sur un rapport motivé ».

Le décret du 1er juin 1875 n'a pas prévu le cas où ces mêmes officiers, fonctionnaires ou agents rejoignant la colonie d'où ils proviennent, à l'expiration d'un congé passé dans une autre colonie, demandent le payement d'avance de solde à titre exceptionnel. Il m'a donc paru indispensable de fixer ce point de jurisprudence dont l'application a donné lieu à des hésitations qu'il importe de faire disparaître.

En principe, il n'est pas douteux que le droit ouvert au Ministre d'accorder des avances à titre exceptionnel, aux fonctionnaires coloniaux « à l'expiration d'un congé en France », ne doive s'é-

(1) V. *infrà*, Circ. M., 19 novembre 1884.

tendre, par assimilation, aux mêmes fonctionnaires qui rejoignent leur colonie, à l'expiration d'un congé passé dans une autre colonie.

La question se résume donc à savoir si les Gouverneurs et Commandants de nos colonies peuvent autoriser ces payements qui ont toujours un caractère particulier d'urgence et d'imprévu.

Afin de combler la lacune qui existe dans le décret sur la solde, et prenant en considération l'éloignement qui ne vous permettrait pas de recourir à mon autorisation en temps opportun, j'ai décidé qu'à l'avenir les Gouverneurs et Commandants des colonies auront la faculté, à charge de m'en rendre compte immédiatement, dans un rapport motivé, d'accorder « à titre exceptionnel » des avances de solde à tous les officiers, fonctionnaires ou agents du service colonial qui se trouveront dans la position que je viens d'indiquer.

Toutefois, je vous invite à n'user de cette faculté qu'avec la plus extrême réserve, et d'en limiter l'usage à des cas « réellement exceptionnels ». Je n'hésiterai pas, en effet, à refuser ma sanction à toute autorisation de ce genre qui n'offrirait pas un caractère évident d'urgence et de nécessité absolue.

L'insertion de la présente dépêche au *Bulletin officiel de la Marine* tiendra lieu de notification.

JAURÉGUIBERRY.

(17 juillet 1880)

**DÉP. M.** *prescrivant qu'une exécution de l'art. 204 du décret du 1er juin 1875 sur la solde, tous les fonctionnaires du service des travaux publics, sauf, toutefois, les surveillants de travaux qui ne sont pas mentionnés dans le décret ci-dessus doivent subir une retenue de 5 0/0 sur leur solde d'Europe, au profit de la caisse des invalides.*

ARCH. GOUV.

(15 février 1881)

**CIRC. M.** *au sujet des indemnités à allouer aux fonctionnaires chargés d'un intérim dans la magistrature.*

B. C., p. 207.

J'ai été consulté sur le point de savoir quelle est l'indemnité qu'il y a lieu d'allouer aux fonctionnaires appelés à remplir intérimairement des fonctions judiciaires.

L'article 3 du décret du 4 février 1849, concernant les traitements de la magistrature coloniale, dispose, dans son paragraphe final, que lorsque « l'intérim sera rempli par une personne prise en dehors de la magistrature, le magistrat intérimaire recevra, à titre d'appointements annuels, une somme égale à la moitié du traitement colonial attribué à l'emploi ».

Mais cette règle n'est applicable qu'aux juges intérimaires pris en dehors de la magistrature et qui ne jouissent pas déjà d'un traitement d'activité.

C'est donc à tort que, dans certaines colonies, on a attribué, à des officiers ou fonctionnaires appelés à siéger intérimairement, la moitié du traitement du juge titulaire.

Aux termes des articles 18 et 91 du décret du 1er juin 1875, les fonctionnaires intérimaires n'ont droit à une augmentation de solde que dans les cas où ils remplissent les fonctions de gouverneur ou de commandant de colonie, de commandant particulier, de chef de service dans l'Inde, de commandant militaire ou de chef d'administration (article 10, paragraphes 2 et 3), ou quand un supplément est attaché aux fonctions qu'ils remplissent par intérim ; dans ce dernier cas, ils ne peuvent cumuler plusieurs suppléments et ils reçoivent le plus élevé (article 91).

La règle générale posée par le paragraphe 1er de l'article précité est formelle :

« L'officier, aspirant, fonctionnaire ou agent appelé à remplir temporairement des fonctions attribuées à un grade ou à un emploi supérieur au sien, n'a droit qu'à la solde du grade ou de l'emploi dont il est titulaire. »

Toutefois, il faut admettre que cette règle ne vise pas les fonctions remplies temporairement qui sortent de la spécialité de l'intérimaire, et ne peuvent être considérées comme attribuées à un emploi supérieur à celui qu'il occupe. La situation des officiers ou fonctionnaires, qui sont appelés à remplir par intérim des fonctions judiciaires, n'est donc pas définie d'une manière précise par les règlements en vigueur. Mais, d'autre part, je reconnais qu'il importe de rémunérer ces intérimaires du surcroît de travail qui leur est imposé, en dehors de leurs attributions propres.

Pour ces motifs, il leur sera alloué, le cas échéant, une indemnité dont la quotité sera toujours fixée par le Département.

G. CLOUÉ.

(27 février 1881)

**CIRC. M.** *Fixation du point de départ de la solde des fonctionnaires de la Direction de l'Intérieur avancée sur place.*

B. C., p. 286.

Le Département a été consulté sur la question de la fixation du point de départ de la solde à allouer aux fonctionnaires des directions de l'Intérieur promus sur place à de nouvelles fonctions.

Une de nos administrations coloniales a émis l'opinion suivante :

Le décret du 23 décembre 1857 (1) a prononcé l'assimilation des fonctionnaires des directions de l'Intérieur avec les officiers du commissariat.

Le décret du 21 mai 1880 a affirmé cette assimilation au point de vue de la retraite.

Il s'ensuivrait que les fonctionnaires appartenant à ces services devraient bénéficier des dispositions de l'article 33, paragraphe 1er, du décret du 1er juin 1875, qui dit :

« Les officiers de l'un des corps de la marine ont droit, lorsqu'ils sont promus à un nouveau » grade, étant en service aux colonies, à la solde de ce grade, à compter de la date du décret ou de » la décision qui les concerne. »

Cette prétention ne saurait être admise ; les assimilations prononcées par les décrets précités du 23 décembre 1857 et 21 mai 1880 sont de droit étroit, elles ne concernent que la quotité de la solde et le taux des pensions.

Les fonctionnaires des directions de l'Intérieur sont réellement des agents de l'ordre civil et, comme tels, astreints à la disposition finale du même article 38 du décret du 1er juin 1875, disposition ainsi conçue :

« Ceux (les agents et fonctionnaires de l'ordre civil) qui sont promus dans les colonies, sans déplacement, reçoivent la solde de leur nouvel emploi, à compter du jour où ils prennent possession de leur service. »

Il reste à fixer d'une manière précise le jour de la prise de possession de service.

Les Gouverneurs et commandants des colonies ont le droit de donner des avancements aux écrivains; pour ces agents, il n'y a pas d'incertitude, la date de la décision du chef de la colonie coïncide avec la prise réelle de possession.

Pour les commis, chefs ou sous-chefs soumis à la nomination du Ministre, la date de la décision ne peut coïncider avec celle de la prise réelle de possession ; celle-ci ne peut se produire que lorsque le titulaire est effectivement pourvu de son emploi ou grade, c'est-à-dire, au plus tôt, le jour de la notification de la décision ministérielle.

En conséquence, l'entrée en solde d'un fonctionnaire de l'Intérieur, promu sur place à un nouveau grade, est déterminée, à moins de décision spéciale contraire, par la date de la notification de la décision ministérielle qui le concerne.

G. Cloué.

(9 mai 1881)

**DÉP. M.** *Les sommes inscrites au chapitre « personnel des services militaires » pour soldes et indemnités ne sauraient constituer un chiffre d'allocation et un droit à perception* (1).

B. C., p. 205.

J'ai eu lieu de constater que, malgré les nombreuses recommandations qui ont été adressées aux administrations coloniales, quelques-unes continuent à allouer, au personnel des états-majors et corps coloniaux, la totalité des sommes inscrites, pour soldes et indemnités, au chapitre personnel des services militaires, sans tenir compte des décisions sur la matière.

Je vous prie de rappeler à qui de droit que les sommes inscrites au budget ne sauraient, dans aucune circonstance, constituer un chiffre d'allocation et un droit à perception ; mais elles doivent être considérées simplement comme une indication des crédits accordés pour subvenir, dans les conditions déterminées par les règlements, à l'entretien des différents services qu'ils concernent. D'ailleurs, chaque fois qu'il y a doute ou divergences d'interprétation sur la quotité des soldes ou indemnités, vous ne devez pas hésiter à en référer au Département.

J'ai l'honneur de vous prier de donner des ordres pour l'exécution des prescriptions qui précèdent, et dont l'insertion au *Bulletin officiel* de la marine tiendra lieu de notification.

G. Cloué.

1. B. M., p. 1307.

(24 mai 1881)

**CIRC. M.** *Recommandations au sujet de l'établissement des résumés des paiements du chapitre V : Troupes.*

B. C., p. 240.

Je vous prie de me fournir, à l'avenir, dans les résumés des paiements du chapitre V : *Troupes*, que les colonies ont à m'adresser, en exécution de la circulaire du 10 juin 1872, la décomposition, par grade et par classe, des journées, effectifs et traitements des officiers; la dépense afférente aux sous-officiers et soldats continuera à être portée en bloc sur ces documents, comme par le passé.

Ce complément d'indication devant figurer dans les développements du compte, à partir de l'exercice 1880, je vous serai obligé de me faire parvenir, *le plus tôt possible*, pour cet exercice, le renseignement dont il s'agit sur une feuille volante qui sera rattachée au résumé déjà établi par la colonie, sur l'ancien modèle.

Vous voudrez bien, en outre, recommander à l'Administration locale de faire ressortir à part, sur ces résumés, en une somme unique inscrite dans la colonne des indemnités, le montant des retenues exercées au profit de la caisse des invalides, sur le traitement des officiers et militaires, et de ne porter au titre de la solde que le montant net de la dépense qui, aux termes de l'arrêté du 19 août 1876 (B. M., p. 462) doit seul figurer dans les comptes des corps de troupe.

G. Cloué.

(7 novembre 1881)

**DÉP. M.** *au sujet de la solde allouée à un médecin de la marine, pendant la traversée de Toulon à Saïgon. Il aurait dû toucher la solde à la mer; les officiers ou agents du service colonial reçoivent au contraire dans cette position leur solde d'Europe comme solde de traversée. (Art. 19 § 3 du décret du 1er juin 1875).*

ARCH. GOUV.

Il résulte d'un mandat émis à Saïgon, le 1er avril 1881, sous le n° 496, au nom de M. G., médecin de 2e classe de la Marine, désigné pour remplir les fonctions d'aide-major en Cochinchine, que cet officier du Corps de santé a reçu, pendant sa traversée sur le Shamrock, du 20 janvier 1881 au 1er mars suivant inclus, la solde d'Europe de son grade.

Aux termes de l'article 19, § 3, du décret du 1er juin 1875, la solde à la mer est allouée aux officiers des divers corps de la marine embarqués, comme passagers, à bord d'un bâtiment de l'État, à moins qu'il ne s'agisse d'officiers ou agents du service colonial, qui reçoivent dans cette position leur solde d'Europe comme solde de traversée.

D'un autre côté, conformément à l'article 17 du décret du 31 mai 1875, aux circulaires des 17 novembre 1876 (B. M. p. 652), 13 décembre 1877 (B. M. p. 796), 7 mars 1878 (B. M. p. 426), 13 décembre 1878 (B. M. p. 950), les médecins attachés aux corps de troupe de la marine, en qualité de majors ou aides-majors, sont régis par le décret du 1er juin 1875, et doivent être traités comme leurs collègues du service général, sous le rapport de la solde, des accessoires de solde, des frais de route et de séjour.

M. G. aurait donc dû toucher la solde à la mer pendant la durée de son embarquement sur le Shamrock et je donne des ordres pour que sa situation financière soit régularisée au moyen d'une remise à la caisse des gens de mer, à Cherbourg, de la somme qui lui est due, au titre de ce bâtiment.

J'ai l'honneur de vous prier d'adresser des recommandations afin que les prescriptions rappelées ci-dessus ne soient pas perdues de vue, à l'avenir, par l'administration de la Cochinchine.

G. Cloué.

(23 juin 1882)

**DÉP. M.** *relative au paiement de la solde aux officiers, aspirants, fonctionnaires ou agents en traitement dans les hôpitaux.*

B. M., p. 441.

Par une décision en date du 26 avril dernier, insérée au *Journal militaire* (page 257) vous avez bien voulu autoriser les officiers de l'armée de terre à toucher leur solde, pendant leur séjour dans les hôpitaux.

Il m'a paru équitable d'accorder la même faculté aux officiers, aspirants, fonctionnaires et agents du Département de la marine, qui ne peuvent actuellement recevoir mensuellement la solde à laquelle ils ont droit qu'après en avoir fait la demande au Chef du service de la marine, au Préfet maritime ou au Ministre, suivant qu'ils sont traités dans les hôpitaux des ports ou dans des établissements de l'intérieur.

J'ai, par suite, l'honneur de vous prier de vouloir bien décider que l'article 81 du décret du 1er juin 1875 sera modifié comme suit :

§ 1er. — Les officiers, aspirants, fonctionnaires ou agents en traitement dans les hôpitaux sont payés mensuellement de la solde à laquelle ils ont droit.

§ 2e. — Le Ministre de la Marine autorise le paiement de la solde des officiers, aspirants, fonctionnaires ou agents admis dans les asiles d'aliénés.

JAURÉGUIBERRY.

(15 septembre 1882)

**CIRC. M.** *au sujet du mode de régularisation des avances faites aux officiers, fonctionnaires ou agents du service colonial, soit au départ, soit en cours de voyage.*

B. M., p. 441.

(7 novembre 1882)

**DÉP. M** *au sujet des retenues prescrites par la loi du 9 juin 1853, du 1er douzième du traitement ou augmentation du traitement des fonctionnaires ou employés arrivant dans la colonie ; ils ne doivent pas être autorisés à ne verser que par cinquième.*

ARCH. GOUV.

J'ai l'honneur de vous communiquer une lettre de M. le ministre des finances relatives aux décisions que vous avez prises, en vue d'autoriser les fonctionnaires et employés arrivant dans la colonie à ne verser au Trésor que par cinquième les retenues du 1er douzième de leur traitement ou augmentation de traitement.

Cette mesure est contraire à l'esprit de la loi du 9 juin 1858 et du décret du 9 novembre suivant portant règlement d'administration publique pour l'exécution de la dite loi, elle peut, d'autre part, exposer le trésor à subir les pertes dans certains cas les dérogations de ce genre ne peuvent avoir qu'un caractère individuel, spécialement motivé, mais elles ne sauraient être rendues applicables, par voie de disposition générale et c'est d'ailleurs au Département des finances seul qu'il appartient de statuer sur ces cas exceptionnels.

Vous aurez donc à faire cesser cette infraction à la règle en annulant les décisions dont il s'agit et vous devrez assurer immédiatement le versement de la totalité des sommes qui seraient dues au Trésor, à titre de retenues prévues par la loi sur les pensions civiles, toutefois, dans le cas où il y aurait lieu à exception en raison de situation, toutes spéciales, vous devriez m'en référer, afin que je puisse obtenir l'assentiment préalable de M. le ministre des finances.

Je vous prie de me renvoyer la lettre de M. Tirard, dès qu'elle ne vous sera plus nécessaire.

JAURÉGUIBERRY.

(24 janvier 1883)

**DÉP. M.** *Retard apporté dans l'envoi des paiements faits aux troupes. Rappel à l'exécution de la loi du 10 juin 1872.*

ARCH. S. AD.

(28 mai 1883)

**DÉP. M.** *au sujet de la solde de traversée qui doit être payée aux fonctionnaires de l'Inspection.*

B. M., p. 776.

(7 juin 1883)

**DÉP. M.** *prescrivant la transmission au Département d'une lettre du ministère des finances demandant l'annulation d'une décision locale ayant pour objet d'autoriser les fonctionnaires et employés arrivant dans la colonie à verser au Trésor seulement par cinquième, les retenues du 1er douzième de leur traitement en augmentation de traitements* (1).

ARCH. GOUV.

(1) V. *infrà*, Dép. M., 18 septembre 1884.

(10 mars 1884)

**CIRC. M.** *au sujet du mode de procéder, en cas de réclamations pécuniaires formulées contre les officiers ou fonctionnaires.*

B. M., p. 383.

(18 septembre 1884)

**DÉP. M.** *portant que les dispositions de la circulaire du 3 avril 1879, relatives aux avances de solde faites en France sont toujours en vigueur.*

B. C., p. 402.

En réponse à votre lettre du 3 août dernier, n° 701, j'ai l'honneur de vous faire connaître que les dispositions de la circulaire du 3 avril 1879, qui ont pour but d'assurer le recouvrement, dans le plus bref délai possible, des avances de solde d'Europe faites, en France, aux officiers, fonctionnaires ou employés dirigés sur les colonies doit recevoir son application rigoureuse, dans la circonstance que vous m'avez signalée et qu'aucune modification ne saurait y être apportée.

Vous voudrez bien, en conséquence, continuer à faire retenir la solde entière d'Europe de ces divers agents, jusqu'à concurrence de la somme qui leur a été payée, en France, à titre d'avances ; le supplément colonial et les accessoires sur le pied colonial devant leur être intégralement payés sans retenue aucune.

FÉLIX FAURE.

(19 novembre 1884)

**CIRC. M.** *rapportant les dispositions de la circulaire ministérielle du 30 novembre 1879 concernant la retenue du quart de la solde d'Europe des receveurs de l'enregistrement employés aux colonies, en position de congé à solde entière.*

J. C., 1885, p. 125.

Aux termes d'une circulaire ministérielle du 31 novembre 1879, qui a été insérée au *Bulletin officiel de la marine*, les receveurs de l'enregistrement employés aux colonies, qui se trouvent en position de congé, à solde entière, touchent les trois quarts de leur solde d'Europe, le quatrième quart étant retenu comme représentant les frais de bureau.

Cette règle a donné lieu, de la part d'un receveur de l'enregistrement, à une réclamation au sujet de laquelle j'ai dû consulter M. le Directeur général de l'enregistrement, et il résulte de l'avis qui vient de m'être fourni qu'elle est la conséquence d'une fausse interprétation des principes qui régissent le personnel de ce service dans la Métropole. En effet, en France, la retenue à opérer sur les émoluments des receveurs en congé est établie sur le montant des remises, après le prélèvement de la retenue de 5 p. 100 et du quart affecté aux frais de bureau ; mais ce quart est remis, dans tous les cas, c'est-à-dire que le congé ait été accordé gratuitement ou avec retenue totale ou partielle des émoluments, au comptable titulaire, lequel est tenu de supporter tous les frais de bureau.

Cette règle est absolue. Ainsi, un receveur qui a obtenu un congé à solde entière touche la totalité des remises. Celui qui a obtenu un congé avec retenue de moitié touche d'abord le quart des remises et ensuite la moitié des trois autres quarts. Enfin, dans les hypothèses où les remises sont retenues en entier, le titulaire n'en continue pas moins à toucher le quart de ces remises, représentant les frais de bureau qui demeurent à sa charge.

Comme il est toujours entré dans les intentions du Département d'assurer au personnel colonial, à parité de situation, les mêmes avantages qu'aux agents employés dans la Métropole, j'ai décidé qu'il y avait lieu de modifier les dispositions de la circulaire précitée, du 30 novembre 1879, en ce qu'elles ont de contraire à la règle suivie en France. En conséquence, quelle que soit, suivant la nature des congés, la quotité du traitement revenant au titulaire, le quart du traitement normal considéré comme frais de bureau lui sera toujours payé intégralement. Il est bien entendu que cette portion d'émoluments seule sera assujettie à la retenue de 3 p. 100 au profit de la caisse des invalides de la marine, tandis que les trois quarts des émoluments des comptables qui constituent le traitement normal continueront à subir la retenue de 5 p. 100, au profit du service des pensions civiles.

Je crois devoir ajouter, à titre de renseignement, qu'en France une indemnité variant, suivant les circonstances, de 1 franc à 5 francs par jour est allouée aux surnuméraires chargés, par suite de congés, de l'intérim des bureaux de recette, en considération de la responsabilité personnelle qu'ils encourent et des dépenses de toutes sortes, notamment des frais de déplacement, qu'ils ont à supporter. Cette indemnité se prélève d'abord sur la portion des émoluments attribuée au service des pensions civiles, et pour le complément, en cas d'insuffisance de la retenue, ou en totalité, si le congé est à solde entière, sur les remises touchées par le receveur.

Je vous laisse le soin de faire effectuer les rappels de solde auxquels pourraient donner lieu l'application de la présente circulaire, dont l'insertion au *Bulletin officiel de la marine* tiendra lieu de notification.

(19 mars 1885)

**DÉP. M.** *conformément aux prescriptions de la circulaire du 2 février 1881, les gratifications ne peuvent être prélevées que sur les fonds alloués par chaque catégorie de personnel.*

ARCH. S. AD.

(1er juillet 1885)

**DÉP. M.** *Nouvelles dispositions en ce qui concerne la situation, au point de vue de la solde, du personnel de la marine rayés des contrôles de l'activité. — Les art. 11 du décret du 1er juin 1875 et 29 du décret du 9 août 1883, sur l'administration du personnel ouvrier, sont modifiés.*

ARCH. GOUV.

Aux termes des articles 11 et 79 du décret du 1er juin 1875, les officiers, aspirants, fonctionnaires et agents du Département de la marine et des colonies admis à la retraite et les officiers mis en réforme peuvent recevoir, en attendant la remise de leur brevet de pension où le règlement définitif de leurs droits, soit à une pension viagère, soit à la solde de réfrome, une allocation temporaire, payable par mois, et dont le montant est précompté ultérieurement sur les premiers arrérages de leur pension ou de leur solde de réforme.

Depuis 1876 cette allocation a été payée aux ayant droit par la Caisse de la marine; mais ce mode de procéder ne pourra plus être appliquée, à partir du 1er janvier 1886, puisque, à cette date, le Trésor sera chargé, conformément à l'art. 10 de la loi de finances du 20 mars 1885, du service des pensions maritimes, pour services rendus à l'État, et que l'établissement des Invalides n'aura plus alors les moyens de recouvrer par lui-même le montant des avances dont il s'agit.

Il importe donc d'adopter de nouvelles dispositions pour que l'exécution de la loi précitée n'occasionne aucun préjudice aux intéressés et, dans ce but, j'ai l'honneur de vous proposer de vouloir bien modifier ainsi qu'il suit l'article 10 du décret du 1er juin 1875, et l'article 29 du décret du 9 août 1883, sur l'administration du personnel ouvrier.

1° *Article 11 du décret du 1er juin 1875.*

« Les officiers, aspirants, fonctionnaires ou agents présents en France sont rayés des contrôles, » à compter du lendemain du jour où ils reçoivent la notification officielle du règlement de pen- » sion.

» Ceux qui se trouvent en congé en attendant la liquidation de leur pension de retraite et les » officiers en non activité, entrent en jouissance des arrérages de leur pension à partir du jour » du décret de concession.

» Les officiers généraux des cadres de réserve entrent en jouissance des arrérages de leur pen- » sion à compter du jour, constaté par le décret de concession, où ils auront été admis à faire valoir » leurs droits à la retraite.

» Les officiers, aspirants et fonctionnaires ou agents admis à la retraite ou dans le cadre de ré- » serve et maintenus provisoirement en fonctions, pour raison de service, reçoivent, sur leur solde » une indemnité destinée à parfaire, avec le montant de leur pension ou de leur solde de réserve, » la solde nette d'activité de leur grade ou emploi. »

2° *Article 29 du décret du 9 août 1883.*

« Les agents du personnel ouvrier sont rayés des contrôles à compter du lendemain du jour » où ils recoivent la notification officielle du règlement de leur pension. »

Quant aux officiers mis en réforme, comme ils sont un petit nombre, il n'y a aucun inconvénient à laisser subsister pour eux la disposition qui fait l'objet de l'article 7 du décret du 1er juin 1875, d'autant plus qu'au Département de la guerre, ils jouissent du même avantage (Article 605 du règlement du 8 juin 1882 sur le service de la solde de l'armée de terre).

La mesure à prendre pour le personnel des équipages de la flotte ne saurait trouver de place dans le décret du 1er juin 1875, l'administration de la solde de ce corps étant réglée par le décret du 11 août 1856. En ce qui concerne ce personnel, il y a lieu de revenir à l'ampliation de l'article 19) de ce dernier décret, et d'annuler, par suite, la décision présidentielle du 17 août 1881 (B. O. p. 205 qui prescrit de congédier les officiers-mariniers, quartiers-maîtres et marins, à compter du lendemain de leur admission à faire valoir leurs droits à la retraite.

Le nouvel article 19 du décret du 11 août 1856 serait ainsi conçu :

« Les officiers-mariniers, quartiers-maîtres et marins présents en chranée sont rayés des con-
» trôles à compter du lendemain du jour où ils reçoivent la notification officielle du règlement de
» leur pension.

» Les officiers mariniers, quartiers-maîtres et marins admis à faire valoir leurs droits à la re-
» traite et renvoyés dans leurs foyers pour y attendre le règlement de pension, ont droit jusqu'au
» jour de leur radiation des contrôles.

» Les officiers-mariniers du cadre, à la solde de disponibilité.

» Les autres officiers-mariniers, les quartiers maîtres et les marins à la solde de congé.

» Ils entrent en jouissance de leur pension à partir du jour du décret de concession. »

Si vous approuvez ces propositions, je vous prie de revêtir le présent rapport de votre signature.

GALIBER.

(24 novembre 1885)

**DEP. M.** *prescrivant de porter en piastres sur les livrets, le montant de la solde coloniale, celui de la solde d'Europe, et, s'il y a lieu, le chiffre en francs de la parité d'office, afin d'éviter des erreurs de paiement au port du débarquement.*

ARCH. GOUV.

(26 mars 1886)

**DEP. M.** *Rappel aux prescriptions réglementaires relatives à la déclaration de cumul sur les états ou quittances de solde.*

(Bur. mil.)

La Cour des Comptes a fait connaître, par voie de référé, qu'elle avait eu l'occasion de constater que la mention de déclaration relative au cumul n'était pas toujours imprimée sur les formules d'extraits d'ordonnances et de mandats ou bien qu'elle n'était pas signée par les parties.

Aux termes de l'article 16 du décret du 1er juin 1876, portant règlement sur la solde un traitement quelconque à la charge de l'Etat, ne peut être cumulé avec la solde d'activité ou de non activité que dans certains cas exceptionnels.

D'autre part, le règlement du 14 janvier 1869 (articles 38, 132, et paragraphes 5 et 39 des prescriptions générales en matière d'ordonnancement), contient des dispositions formelles sur l'oblitation de donner aux comptables du Trésor et à la Cour des comptes les moyens d'apprécier, sous sous les rapports, la position de la partie prenante, en ce qui concerne l'application des lois et règlements sur le cumul.

Le décret du 20 novembre 1882 ayant rendu ces dispositions applicables aux colonies, les ordonnateurs secondaires doivent veiller à ce que la déclaration du cumul soit imprimée et remplie sur les états de comptes et autres pièces comptables, lorsque lesdits états sont émargés à l'avance.

De même, le comptable qui reçoit la quittance à sa caisse doit exiger, en exécution de l'article 150 du même acte, que ladite déclaration, imprimée sur l'extrait d'ordonnance ou le mandat, soit signée, en sa présence, par le titulaire.

Les fonctionnaires et employés, qui jouissent de plusieurs traitements à la charge de différents services, sont tenus d'en faire la déclaration; il importe essentiellement que ce principe soit rigoureusement observé.

A titre de renseignements, je vous indique, ci-après, la teneur de la quittance qui figure sur les formules employées par l'Administration centrale et qui paraissent donner pleine satisfaction aux règlements de la Cour des comptes : « Je reconnais avoir reçu de . . . . . . . la somme brute, énoncée ci-dessus, et je déclare ne me trouver dans aucun des cas prévus par les lois et décrets prohibitifs du cumul. »

J'ai l'honneur de vous prier d'assurer l'exécution des dispositions contenues dans la présente circulaire.

A. DE LA PORTE.

(30 juin 1886)

**DÉP. M.** *Observations relatives aux carnets de solde des fonctionnaires et agents du service local, lesquels contiennent des renseignements insuffisants ou erronés.*

ARCH. GOUV.

Par dépêche du 24 novembre dernier, l'Administration locale de la Cochinchine a déjà été invitée à établir avec plus de soin les livrets de solde des fonctionnaires et agents revenant dans la Métropole.

Les recommandations ne paraissent pas avoir été suivies d'effet ; les notes consignées sur ces livrets sont souvent insuffisantes ou dénotent une négligence regrettable.

C'est ainsi que les soldes de fonctionnaires soumis au régime de la loi du 9 juin 1853, sur les pensions civiles, sont indiquées comme étant passibles de la retenue de trois pour cent, ce qui est inexact ; que des agents régis par la loi du 5 août 1879, sur les pensions militaires, sont désignés comme devant subir les effets de la loi du 9 juin 1853, en matière de retenues ; que les suppléments coloniaux des fonctionnaires régis par cette dernière loi ne sont pas transformés en somme nette, comme le prescrit la circulaire du 7 octobre 1885 ; enfin, que la bonification de 16 0/0, accordée sur les soldes, à compter du 1er janvier 1886, ne fait l'objet d'aucune mention spéciale.

Ces lacunes et ces inexactitudes engendrent des erreurs et des complications d'écritures, dans le cas, notamment, où les soldes sont réglées au port de débarquement.

Je constate aussi que, parfois, la situation financière des fonctionnaires et agents est arrêtée à une époque trop éloignée de la date de l'embarquement pour la France.

L'administration de la métropole se trouve alors dans la nécessité de liquider des allocations qu'elle n'est pas en mesure de contrôler et qui ne concordent pas avec celles inscrites.

Quelques livrets portent que des fonctionnaires auront droit au remboursement de la différence entre le prix du passage par paquebot et celui du voyage sur bâtiment de l'État, mais il n'est pas fait mention du versement préalable prescrit par les règlements, et si ce versement a été fait, le montant n'en est pas indiqué ; les intéressés ne peuvent donc, à défaut de renseignements précis, obtenir dans la métropole le paiement des sommes qui leur sont dues.

Je vous prie de prendre des mesures afin que l'administration locale se conforme, à l'avenir, aux observations contenues dans la présente dépêche, dont vous voudrez bien m'accuser réception.

A. DE LA PORTE.

(21 septembre 1886)

**CIRC. M.** *au sujet du renvoi en France des employés dont la situation n'a pas été réglée avant leur départ de la colonie.*

B. M., p. 401.

(9 octobre 1886)

**DÉP. M.** *Rappel aux prescriptions de la circulaire du 10 janvier 1885 au sujet de la retenue de 3 0/0 sur les suppléments alloués aux États-majors* (1).

(9 octobre 1886)

**DÉP. M.** *Les livrets de solde des agents de l'Annam et du Tonkin continueront à être versés par l'administration locale.*

ARCH. GOUV.

Par suite du rattachement du protectorat de l'Annam et du Tonkin au Département des affaires étrangères, votre Administration a cessé d'exercer tout contrôle sur la situation des agents de ce service, qui sont obligés de demeurer à Saïgon en expectative de départ. Il en résulte que, lorsque ces agents réclament les frais de séjour auxquels ils peuvent avoir droit de ce chef, le Département dont ils dépendent ou l'Administration du Protectorat suivant que les intéressés rentrent en France ou se rendent au Tonkin, n'a en mains aucun moyen de vérifier l'exactitude de leur dires.

En vue de remédier à cet inconvénient et conformément au désir exprimé par M. le Président du Conseil, j'ai l'honneur de vous prier de donner des ordres pour que les livrets des agents de l'Annam et du Tonkin, qui, pour divers motifs, pourraient se trouver retenus à Saïgon, soient visés, comme par le passé, par l'Administration locale. Pour éviter les lenteurs d'exécution, ce service pourrait être, si vous le jugez nécessaire, rattaché à votre cabinet.

A. DE LA PORTE.

(14 janvier 1887)

**CIRC. M.** *Inscription sur les livrets de solde des fonctionnaires et agents envoyés aux colonies des retenues du premier douzième de traitement ou d'augmentation de traitement.*

B. COL., p. 66.

M. le Ministre des finances me fait connaître que des trésoriers-payeurs des colonies se sont

(1) V. *Invalides et Retenues.*

trouvés souvent dans l'impossibilité de fournir à la Cour des comptes la preuve que des retenues du premier douzième de traitement ou d'augmentation avaient été exercées sur la solde de fonctionnaires ou agents envoyés de France aux colonies ou passant d'une colonie dans une autre. Des comptables ont été, de ce fait, obligés plusieurs fois de verser de leurs deniers le montant de retenues de cette nature, qui n'avaient pas été effectuées.

Il importe que les services intéressés soient non seulement en mesure de provoquer le versement desdites retenues, mais encore de fournir aux trésoriers-payeurs les renseignements nécessaires pour leur permettre de constater ce versement. A cet effet, les administrations coloniales doivent être tenues d'inscrire sur les livrets de solde des fonctionnaires et agents qui quittent la colonie, par suite d'avancement, une mention indiquant soit que le premier douzième d'appointements ou d'augmentation a été versé, soit qu'il devra être retenu sur le premier mandat de payement à délivrer au profit de ces fonctionnaires ou agents, dans la colonie où ils se rendent. Quand il y aura lieu, la même obligation sera remplie par le service central.

L'insertion de la présente circulaire au *Bulletin officiel de l'administration des colonies* tiendra lieu de notification.

A. DE LA PORTE.

(7 février 1887)

**DÉP. M.** *La solde des fonctionnaires de l'inspection en service aux colonies est désormais imputée sur les fonds du budget colonial. (Décret du 12 novembre 1886.)*

ARCH. GOUV.

(19 juillet 1887)

**DÉP. M.** *Observations sur la manière de procéder, en ce qui concerne :*

ARCH. GOUV.

1°..................................................................................................

........................................................................................................

2° Les allocations de suppléments aux fonctionnaires intérimaires (interprétation de l'article 22 du décret du 4 mai 1881).

L'interprétation donnée par l'administration locale à l'article 22 du décret du 4 mai 1881 est énoncée lorsqu'elle en étend les effets aux cas d'absences par suite de maladie ou de congé. La vacance dans les emplois, telle qu'elle est prévue par ledit article ne s'applique qu'au manque absolu de titulaires et ne saurait viser l'intérim occasionné par un congé ou une maladie. Dans ces circonstances, le principe posé par l'article 10 du décret du 1er juin 1875 sur la solde qui n'a pas été abrogé, comme vous le pensez, par le décret du 4 mai 1881 subsiste entièrement. J'estime donc qu'il convient d'en tenir compte et que les agents des directions de l'Intérieur, ainsi que ceux dépendant des autres services appelés à remplir des fonctions temporaires, n'ont droit, de ce chef, à aucun supplément de solde.

........................................................................................................

........................................................................................................

ÉTIENNE.

(19 juillet 1887)

**DÉP. M.** *au sujet de l'application des règlements, en matière de solde et d'indemnité de séjour.*

ARCH. GOUV.

Aux termes de l'article 26 de l'arrêté du 19 janvier 1878, les indemnités de route et de séjour doivent être réclamées, dans le délai d'un mois, à compter du jour auquel le voyage, la mission ou le séjour sont arrivés à leur terme.

Toute allocation réclamée après ce délai ne doit être payée qu'avec l'autorisation du chef de la colonie.

Dans son rapport de fin d'année 1886, M. l'inspecteur des services administratifs et financiers en Cochinchine demande que l'autorisation de paiement ne soit donnée que sur la preuve de cas de force majeure ayant empêché l'intéressé de réclamer.

Cette proposition me paraît conforme à l'esprit des règlements, en ce qui concerne la prescription de droit aux allocations pécuniaires.

D'autre part, il importe pour assurer la constatation régulière des droits acquis que les indemnités de déplacement soient toujours réglées dans le plus bref délai possible.

J'ai, en conséquence, l'honneur de vous prier de n'autoriser l'exception dont fait mention le dernier paragraphe de l'article 26 qu'en spécifiant des circonstances en raison desquelles le paiement n'aura pu être effectué dans les délais réglementaires, par le fait de l'administration ou par suite des cas indépendants de la volonté des intéressés.

. . . . . . . . . . . . . . . . . . . .

(7 juin 1888)

**DÉP. M.** *Les allocations de solde des fonctionnaires et agents de service local de la Cochinchine doivent être portées en francs, sur les livrets.*

ARCH. GOUV.

Aux termes du décret du 10 décembre 1887 (B. col., année 1888, p. 14) les ordres de paiement délivrés en France et dans nos possessions d'outre-mer, pour le compte du service local de la Cochinchine doivent être établis en francs.

Je remarque que les soldes de congé sont mentionnées en piastres sur les livrets des fonctionnaires et agents provenant de la Cochinchine.

Cette manière de procéder pouvant occasionner des hésitations ou des erreurs, notamment au port de débarquement, j'ai l'honneur de vous prier d'inviter l'administration locale de la Cochinchine à indiquer en francs, sur les livrets, les différentes allocations qu'il y aurait lieu de payer en dehors de la colonie.

Il doit être entendu que ces observations visent également les déclarations de délégations, ainsi que les états de retenues correspondantes.

## II. — DISPOSITIONS LOCALES.

| NATURE DES DOCUMENTS | DATES | RECUEILS A CONSULTER | | | | | | | OBSERVATIONS |
|---|---|---|---|---|---|---|---|---|---|
| | | Bat. | B.C. | B.D.I. | J. C. | J.H. | B.M. | B.Col. | |
| Circ. D. I. | 26 février 1875. | | | 18 | | | | | |
| Circ. D. I. | 2 février 1877. | I-305 | | 11 | | | | | |
| Circ. G. | 15 mai 1877. | I-305 | | 40 | | | | | |
| Circ. D. I. | 13 décembre 1878. | II-310 | | 221 | | | | | |
| Dép. M. | 9 mai 1879. | I-291 | | | | | | | |
| Circ. D. I. | 11 mars 1880. | | | 28 | | | | | |
| Dép. M. | 17 juillet 1880. | | | | | | | | |
| A. G. | 12 décembre 1881. | | 499 | | | | | | |
| Circ. D. I. | 24 novembre 1882. | | | 72 | | | | | |
| A. G | 22 janvier 1883. | | 20 | | | | | | |
| Dép. M. | 18 juillet 1883. | | | | | | | | |
| Circ. D. I. | 10 janvier 1884. | | | 3 | | | | | |
| Circ. D. I. | 20 septembre 1884. | | | 37 | | | | | |
| Circ. D. I. | 8 novembre 1884. | | | 47 | | | | | |
| Dép. M. | 22 décembre 1884. | | | | | | | | |
| Circ. D. I. | 16 janvier 1885. | | | | 80 | | | | |
| Circ. D. I | 15 avril 1885. | | | | 519 | | | | |
| D. G. | 25 juin 1885. | | 226 | | 866 | | | | |
| Circ. D. I. | 28 juillet 1886. | | | | 813 | | | | |
| Dép. M. | 16 octobre 1883. | | | | | | | | |
| Circ. D. I. | 18 janvier 1887. | | | 8 | 81 | | | | |

## II. — DISPOSITIONS LOCALES (*suite*)

| NATURE DES DOCUMENTS | DATES | RECUEILS A CONSULTER | | | | | | | OBSERVATIONS |
|---|---|---|---|---|---|---|---|---|---|
| | | Bat. | B.C. | B.D.I. | J.C. | J.H. | B.M. | B.Col. | |
| Circ. D. I. | 19 février 1887. | | | | 222 | | | | |
| Dép. M. | 24 juin 1887. | | | | | | | | |
| Dép. M. | 19 juillet 1887. | | | | | | | | |
| Décret. | 6 octobre 1887. | | 787 | | | | | | |
| Circ. L. G. | 19 janvier 1888. | | 27 | | | | | | |
| A. G. G. | 31 mars 1888. | | | | 352 | | | | |
| Circ. L. G | 25 juin 1888. | | | | 379 | | | | |
| Dép. M. | 26 octobre 1888. | | | | 1078 | | | | |
| Télégr. D. I. | 11 janvier 1889. | | | | | | | | |
| Circ. R. G. | 12 janvier 1889. | | | | | 25 | | | |
| Circ. R. G. | 25 janvier 1889. | | | | | 62 | | | |
| Circ. D. I. | 20 juin 1889. | | | | 618 | | | | |

(26 février 1875)

**CIRC. D. I.** *Instructions touchant la liquidation des dépenses du personnel :*

*Titre Ier. — De la solde.*

*Titre II. — Indemnités diverses.*

*Titre III. — Délégations.*

*Titre IV. — Retenues sur la solde.*

*Titre V. — De l'établissement des pièces de dépenses.*

B. D. I, p. 18.

(2 février 1877)

**CIRC. D. I.** *au sujet de trop-perçus constatés par l'inspection mobile sur la solde des militaires ou sur l'indemnité allouée aux élèves des écoles.*

BAT. I, p. 305.

B. D. I, p. 11.

L'inspection mobile a eu l'occasion de constater, dans la caisse de quelques-uns d'entre vous, l'existence irrégulière de sommes provenant de trop perçus sur la solde des milices ou sur l'indemnité allouée aux élèves des écoles.

Il peut arriver, en effet, que les mutations qui surviennent du jour de l'établissement des états de dépenses au moment du paiement, rendent ces trop perçus inévitables ; mais les sommes qui en proviennent doivent être immédiatement reversées au titre : *Recettes d'ordre*, savoir :

1° Dans les inspections où il existe un préposé-payeur : dans la caisse de ce comptable, au moyen d'un ordre de recette établi par vos soins, et faisant ressortir le décompte de la somme reversée ;

2° Dans les autres inspections : dans la caisse de M. l'administrateur-percepteur, qui en délivrera une quittance à souches, dans la forme ordinaire.

PIQUET.

(15 mai 1877)

**CIRC. G.** *Destination à donner aux sommes provenant de la solde des miliciens absents, au moment du paiement.*

BAT. I, p. 305.

B. D. I, p. 40.

L'inspection mobile a appelé mon attention sur la façon peu uniforme et souvent irrégulière de procéder des administrateurs, au sujet de la destination à donner aux sommes provenant des miliciens portés sur l'état de solde mensuel et qui ne sont pas présents, au moment du paiement.

Cette manière de faire a déjà donné lieu à de fâcheux commentaires : on est malheureusement que trop disposé, comme vous le savez, à critiquer les procédés de l'administration indigène ; aussi, j'attache la plus grande importance à faire disparaître tout ce qui pourrait donner raison à nos détracteurs.

Dans ce but, j'ai décidé qu'à l'avenir vous adresseriez mensuellement à la direction de l'Intérieur, dès que la distribution de la solde aura été faite, un certificat signé par l'administrateur agent du paiement et faisant ressortir les sommes non acquises, par suite d'absence illégale, de retenue disciplinaire ou pour toute autre cause, et qui resteraient disponibles.

Le directeur de l'Intérieur vous adressera alors, s'il y a lieu, un ordre de remboursement dont vous aurez à faire verser le montant au Trésor ou à la caisse de votre inspection.

Dans le cas où les sommes perçues auraient été intégralement payées aux ayants droit, ce serait un état néant que vous auriez à fournir.

DUPERRÉ.

(13 décembre 1878)

**CIRC. D. I.** *au sujet des contrôles et des imprimés pour états de solde. — Instructions pour l'emploi de nouveaux imprimés. — Modèle.*

BAT. II, p. 310.

B. D. I, p. 221.

A la suite d'observations faites par l'inspection mobile, au sujet des contrôles et des imprimés pour états de solde dont se sert l'administration, M. le ministre de la marine a prescrit l'emploi de nouveaux imprimés sur lesquels il puisse être fait mention, en regard de chaque compte individuel, de la somme brute à porter en dépense, des retenues à faire au profit du Trésor ou de la caisse des invalides, en vue des pensions, et de la somme nette à payer.

Les contrôles et imprimés qui ont été commandés à cet effet vont vous être expédiés ces jours-ci, afin qu'à partir du 1er janvier prochain vous puissiez vous conformer aux prescriptions ministérielles.

Je crois inutile de vous donner des explications au sujet de la marche à suivre pour l'établissement des états de solde du personnel européen et du personnel indigène, le tracé des imprimés vous indiquant la manière de procéder.

En ce qui concerne la milice, les soldes afférentes à chaque gradé devront figurer brutes dans la colonne *ad hoc* (n° 3) et ne plus être portées nettes, ainsi que cela avait lieu pour les doïs, les tholaïs et les caïs.

Le tableau ci-après vous indique ces soldes :

| | PAR AN | PAR MOIS |
|---|---|---|
| Doï de 1re classe | 494f85 | 41f24 |
| Doï de 2e classe | 433 00 | 36 08 |
| Tholaï | 371 13 | 30 93 |
| Caï de 1re classe | 371 13 | 30 93 |
| Caï de 2e classe | 309 28 | 25 77 |

Les gradés continueront à figurer nominativement sur l'état de solde; les simples miliciens y seront portés numériquement. La solde de ces derniers sera indiquée nette et l'abondement aura lieu au-dessous du décompte.

Je vous adresse, d'ailleurs, un modèle de l'état qui devra être fourni, de façon à rendre uniforme dans toutes les inspections la manière de procéder pour l'établissement de cette pièce de dépense.

BÉLIARD.

(9 mai 1879)

**DÉP. M.** *Mandatement des paiements collectifs. — Les mandats concernant une collectivité quelconque doivent être distincts et délivrés au nom d'un individu, mandataire accepté par les autres* (1).

BAT. I, p. 291.

(11 mars 1880)

**CIRC. D. I.** *Reversements des sommes perçues en trop, pour solde de la milice.*

B. D. I, p. 28.

Jusqu'ici le reversement des sommes perçues en trop, pour solde de la milice, a donné lieu à un certain nombre de formalités inutiles et qu'il importe de faire disparaître.

A l'avenir, lorsque des trop perçus se produiront, les Administrateurs chargés du paiement de la solde des milices devront les reverser *immédiatement* sur ordres de recette établis par les soins des premiers Administrateurs, et *sans attendre aucun avis de la Direction de l'Intérieur.*

Des états de trop perçus continueront d'être établis comme par le passé, mais avant de me les adresser, vous voudrez bien les compléter par l'indication du numéro, de la date et du montant de l'ordre de recette que vous aurez délivré.

NOUET.

(1) Le percepteur ne peut être désigné comme agent du paiement.

Le mandat sera établi au nom de la personne qui aura signé sur les états collectifs de solde comme agent du paiement.

(17 juillet 1880)

**DÉP. M.** *prescrivant qu'en exécution de l'art. 204 du décret du 1er juin 1875 sur la solde, tous les fonctionnaires du service des travaux publics, sauf, toutefois, les surveillants de travaux qui ne sont pas mentionnés dans le décret ci-dessus, doivent subir une retenue de 5 0/0 sur la solde d'Europe au profit de la caisse des invalides.*

ARCH. GOUV.

J'ai eu l'occasion de remarquer que la Direction de l'Intérieur de Cochinchine, en arrêtant les livrets de solde des fonctionnaires et agents du service de Travaux publics de la colonie, rentrant en France en congé, indiquait que le traitement d'Europe de ces fonctionnaires et agents était passible d'une retenue de 3 0/0, au profit de la Caisse des Invalides de la Marine.

Cette manière de procéder est erronée et préjudiciable aux droits de la Caisse des Invalides. Je crois devoir, en conséquence, vous rappeler les dispositions en vigueur à cet égard, afin qu'un semblable fait ne se produise plus à l'avenir.

Aux termes de l'article 204 du décret du 1er juin 1875 sur la solde, les fonctionnaires ou agents des services civils aux colonies qui ont une parité d'office dans les services métropolitains, loi du 18 avril 1831, art. 24, et qui sont retraités par la Caisse des Invalides de la Marine, sur les bases de la loi du 9 juin 1853 concernant les pensions civiles, subissent, au profit de cette caisse, les diverses retenues prévues par ladite loi.

Tel est bien le cas des employés du service des Travaux publics, dont l'assimilation avec le personnel métropolitain des ponts et chaussées a été réglée par le décret du 23 septembre 1873.

Il en résulte que tous les fonctionnaires et agents de ce service, à l'exception, toutefois, des surveillants de travaux qui ne sont pas désignés dans le décret ci-dessus mentionné doivent subir une retenue de 5 0/0 sur leur solde d'Europe au profit de la Caisse des Invalides de la Marine.

J'ai l'honneur de vous prier de vouloir donner des ordres pour que ces dispositions reçoivent dorénavant leur stricte application.

JAURÉGUIBERRY.

P. S. — L'exception ci-dessus indiquée n'existe même plus pour les surveillants, d'après des dispositions du décret du 13 juillet inséré au *Journal officiel* du 19 du même mois.

(12 décembre 1881)

**A. G.** *portant qu'à partir du 1er janvier 1882 les dépenses et recettes du budget local seront liquidées, acquittées ou perçues en piastres, suivant les tarifs portés aux cinq tableaux ci-dessous. — Tableaux* (1).

B. C., p. 499.

(24 novembre 1882)

**CIRC. D. I.** *au sujet des états de paiement pour solde et accessoires de solde.*

B. D. I, p. 72.

J'ai l'honneur de vous rappeler les instructions contenues dans plusieurs circulaires de la Direction de l'Intérieur, et notamment celles du 26 février 1875 (*Bulletin de la Direction de l'Intérieur*, p. 18), relatives à l'établissement des états de solde du personnel tant européen qu'indigène, en vous priant de vous y conformer strictement à l'avenir.

Toutes les dépenses pour solde et accessoires de solde doivent être comprises sur le même état collectif, quand elles sont imputées aux mêmes chapitre, section et article. Je reçois continuellement, à la fin de chaque mois, des bulletins individuels de solde, ce qui donne un surcroît de besogne considérable au 1er bureau de la Direction et est une cause de retard dans le mandatement.

Il ne doit être fait de dérogation à cette règle que lorsque le titulaire de la créance est absent au moment de l'établissement de l'état de solde ou lorsqu'il revient de congé ou sort de l'hôpital.

Je me verrai dorénavant dans la nécessité de renvoyer les pièces qui me parviendraient établies séparément lorsqu'elles auraient pu faire l'objet d'un seul état de dépense.

BÉLIARD.

(22 janvier 1883)

**A. G.** *portant modification au tableau n° 1 « Solde », annexé à l'arrêté du 12 décembre 1881, en exécution d'une délibération du Conseil colonial du 14 décembre 1882 abondant de 7 0/0 la solde des fonctionnaires et employés européens du service local à partir du 1er janvier 1883. — Tableau.*

B. C., p. 20.

(1) V. *Budget local.*

(18 juillet 1883)

**DÉP. M.** *au sujet des employés appartenant à la Cochinchine dont le traitement d'Europe est inférieur à 1300 fr. Par mesure de bienveillance, il a été décidé qu'à partir du 1er janvier 1882 cette solde serait complétée jusqu'à concurrence de 150 fr. par mois. Ces prescriptions ne s'appliquent pas aux employés des municipalités, à moins que la colonie ne prenne la dépense à sa charge.*

ARCH. GOUV.

Dans le but d'assurer des moyens d'existence aux employés et agents du service local de la Cochinchine qui rentrent en France pour y rétablir leur santé, il a été décidé que la solde d'Europe de tout employé ayant moins de 1.800 francs par an, serait, à partir du 1er janvier 1882, complétée jusqu'à concurrence de 150 francs par mois.

L'initiative de cette mesure bienveillante a été prise par le Conseil colonial de la Cochinchine qui a ouvert, à cet effet, au budget de la colonie, le crédit nécessaire.

Quelques agents appartenant à la municipalité de Saïgon sont venus en France en position de congé de convalescence et auront à recevoir leur solde d'Europe variant entre 1.400 fr. et 1.600 fr., mais les budgets municipaux ne prévoient aucun crédit spécialement destiné à la dépense qu'occasionnerait ce complément de solde.

Dans ces conditions, le Département n'a pas les moyens de rendre cette mesure applicable aux agents rétribués sur les fonds des municipalités. J'ai, en conséquence, l'honneur de vous prier de me faire connaître s'il est dans l'intention de la colonie de faire bénéficier les employés dont il s'agit des avantages dont jouissent leurs collègues des autres services locaux.

DISLÈRE.

(10 janvier 1884)

**CIRC. D. I.** *Quel que soit le nombre de fonctionnaires et d'agents compris sur les états de solde collectifs, le total des retenues individuelles de 5 0/0 ou de 3 0/0 doit rigoureusement concorder avec l'ensemble des sommes brutes.*

B. D. I, p. 3.

L'établissement des états de solde des personnels européens et indigènes présente fréquemment des irrégularités et des discordances qui imposent aux employés chargés du mandatement une perte de temps considérable.

J'estime qu'il serait facile d'éviter ces rectifications d'office en suivant minutieusement les instructions en vigueur. Ainsi, en ce qui concerne les états de solde collectifs, les retenues à opérer au profit de la caisse des Invalides de la marine ou de la caisse des pensions civiles doivent présenter exactement des totaux généraux conformes aux totaux partiels. Quel que soit le nombre de fonctionnaires et d'agents compris sur ces états, le total des retenues individuelles de 5 0/0 ou de 3 0/0 doit rigoureusement concorder avec l'ensemble des sommes brutes. Je vous prie de vouloir bien tenir la main à la stricte observation des règlements sur la comptabilité publique. (Décrets des 1er juin 1875 et 14 janvier 1869.)

(20 septembre 1884)

**CIRC. D. I.** *Prescriptions au sujet des dépenses dont le paiement doit être fait d'urgence. Solde du personnel européen et indigène en service dans l'intérieur. — Annexe* (1).

B. D. I, p. 37.

(8 novembre 1884)

**CIRC. D. I.** *rappelant les dispositions du § 6 de la circulaire du 20 septembre 1884 relative aux dépenses dont le paiement doit être fait d'urgence. (Solde du personnel européen et indigène en service dans l'intérieur.)* (2)

B. D. I, p. 47.

(22 décembre 1884)

**DÉP. M.** *La réclamation de M. D..., administrateur des affaires indigènes, relative à sa solde de congé est rejetée. — Lettre.*

ARCH. GOUV.

J'ai l'honneur de vous transmettre ci-joint la copie d'une dépêche qui a été adressée à M. D...,

(1) V. *Dépenses urgentes.*
(2) V. *Dépenses urgentes.*

ancien magistrat, réintégré dans l'administration des affaires indigènes depuis le 26 octobre 1884 et dont l'objet est de rejeter la réclamation présentée par ce fonctionnaire au sujet du paiement de sa solde de congé, laquelle est imputée sur le budget local de la Cochinchine. La situation financière de cet administrateur des affaires indigènes sera donc réglée conformément au principe posé dans la dépêche sus-mentionnée.

GOLDSCHEIDER.

ANNEXE

(16 décembre 1884)

J'ai l'honneur de vous informer, en réponse à votre lettre du 13 novembre dernier, que les dispositions du décret du 4 mai 1881 portant réorganisation de la Direction de l'Intérieur, etc., de la Cochinchine, et qui a établi le principe du congé administratif à solde entière, ne sont applicables qu'aux fonctionnaires de l'administration indigène ou de la Direction de l'Intérieur. Les magistrats ne sont pas admis à bénéficier de cette mesure. Vous avez, il est vrai, quitté le service de la magistrature et vous avez été réintégré dans l'administration des affaires indigènes depuis le 16 octobre 1884 ; mais cette mutation a eu lieu pendant la durée de notre congé, et comme vous n'avez pas accompli dans la position de fonctionnaire des affaires indigènes, la période de 3 ans consécutifs à passer dans la colonie exigée par l'article 33 du décret précité, vous ne sauriez être fondé à réclamer le bénéfice de la solde entière d'Europe pendant la durée du congé administratif dont vous êtes titulaire.

Dans ces conditions, votre réclamation ne me parait pas fondée et je ne saurais l'accueillir favorablement.

FÉLIX FAURE.

(16 janvier 1885)

**CIRC. D. I.** *Les dépenses d'allocations autres que la solde et les accessoires de solde proprement dits seront arrêtées à la somme nette. Ces dépenses devront faire l'objet d'états séparés. — Énumération desdites dépenses.*

J. C., p. 80.

Conformément aux prescriptions contenues dans la circulaire ministérielle du 31 mai 1884, insérée au *Journal officiel de la colonie*, n° 70, les dépenses d'allocations autres que la solde et les accessoires de solde proprement dits ne doivent plus subir de retenue de 3 p. 100 au profit de la caisse des invalides de la marine à compter du 1er janvier 1885, tant en ce qui concerne les dépenses de l'exercice 1885 que celles de 1884 à liquider.

J'ai, en conséquence, l'honneur de vous prier de vouloir bien donner les ordres nécessaires pour que les états à fournir à la Direction de l'Intérieur, en vue du mandatement des différentes allocations autres que la solde, soient arrêtées à la somme nette.

Il y a donc lieu de procéder ainsi, en ce qui concerne :

1° Les frais de représentation aux administrateurs;

2° Les frais de bureau ;

3° Les frais de service des greffiers;

4° Le supplément aux patrons de chaloupes;

5° Les avances faites aux gardes civils en route;

6° Les frais de médecine légale;

7° L'indemnité de caisse aux percepteurs;

8° L'indemnité aux parents des enfants vaccinifères;

9° L'indemnité de 20 cents par jour aux gardes-meubles;

10° Les vacations aux géomètres, piqueurs, chaîneurs du cadastre et aux membres des sous-commissions de délimitation pour journées passées sur le terrain;

11° Indemnité de route et de séjour, frais de transport, location de voitures, de chevaux, etc.

Par suite, ces différentes dépenses, qui ne doivent pas être confondues avec la solde du personnel, feront l'objet d'états séparés.

Je vous prie de vouloir bien tenir la main à l'application rigoureuse de cette mesure, en vue de donner satisfaction aux prescriptions de la circulaire ministérielle précitée.

NOUET.

(15 avril 1885)

**CIRC. D. I.** *Notification des modifications apportées à la circulaire du 20 septembre 1884 relative aux dépenses dont le paiement doit être fait d'urgence.* (1)

J. C., p. 519.

(1) V. *Dépenses urgentes.*

(25 juin 1885)

**D. G.** *déterminant le cas où le mandatement des sommes dues à des agents de l'administration peut être fait au nom d'un billeteur.*

B. C., p. 226.

J. C., p. 866.

Article premier. — Lorsque des agents de l'administration seront en résidence fixe à plus de 10 kilomètres du chef-lieu d'arrondissement, il pourra être procédé, sur leur demande, au mandatement des sommes qui leur seront dues au nom d'un billeteur, présent à Saïgon ou au chef-lieu et chargé de leur transmettre le montant de ces sommes.

CHARLES THOMSON.

(28 juillet 1886)

**CIRC. D. I.** *au sujet de l'émargement des états de solde pour le personnel indigène.*

J. C., p. 813.

M. l'Inspecteur des services administratifs a appelé mon attention sur les observations auxquelles a donné lieu l'examen des signatures apposées sur les deux états joints aux mandats de solde pour le personnel indigène de certains arrondissements.

C'est ainsi que les employés sont portés comme illettrés sur un état et ont signé sur d'autres. De même il s'est produit le cas où toutes les signatures en caractères chinois avaient été manifestement tracées par la même main.

L'Inspection a refusé à juste titre, le visa de pareils états.

Aussi, pour remédier à cet état de choses, j'ai pris de concert avec M. le Trésorier-payeur et le contrôle, lesdispositions suivantes :

Comme dans certains arrondissements les chefs et sous-chefs de canton sont souvent très éloignés du centre; comme d'autre part il est impossible de forcer à venir émarger au chef-lieu des gens qui touchent des soldes très minimes, et à peine suffisantes parfois pour couvrir leurs frais de voyage, il sera désormais adressé chaque mois aux parties prenantes un certificat, série C, n° 113. Au-dessous du décompte des sommes dues, l'intéressé donnera son acquit. Le certificat sera ensuite retourné par lui au chef-lieu, certifié alors par l'agent de paiement et revêtu de votre signature. Enfin, tous les certificats du personnel indigène devront m'être envoyés, sous le timbre 1er Bureau, en même temps que l'état de solde de l'arrondissement; et un seul mandat continuera à être établi, comme par le passé, pour tout le personnel.

Il reste entendu que l'agent du paiement devra être le même pour tous les certificats et états de solde.

J'ai l'honneur de vous prier de m'accuser réception de la présente circulaire, et je vous invite à donner les ordres nécessaires pour que les prescriptions qu'elle renferme soient exécutées dès le mois prochain.

NOEL PARDON.

(16 octobre 1886)

**DÉP. M.** *relative à la solde de congé des fonctionnaires de formation locale.*

ARCH. GOUV.

Par votre lettre en date du 28 juin dernier, vous avez demandé au Département d'accueillir un vœu émis par le Conseil colonial dans sa séance du 17 novembre dernier et tendant à faire obtenir à tous les fonctionnaires de formation locale des congés administratifs ou de convalescence à solde entière.

Cette mesure serait prise par analogie avec celle que le décret du 4 mai 1881 (article 33) a édictée à l'égard du personnel de la Direction de l'Intérieur et des Affaires Indigènes de la Cochinchine.

Les diverses catégories du personnel appartenant au service local, sauf celle limitativement désignée dans le décret du 4 mai 1881, sont régies, en matière de congés par les décrets des 1er juin 1875, B. M., p. 665, et 16 mars 1884, B. M., p. 449 (articles 40 et 42).

Dans le cas où votre proposition sera accueillie, il en résulterait une perte pour le Tesson, attendu que les retenues de solde, afférentes aux congés sont exercées à son profit en ce qui concerne les fonctionnaires et agents susceptibles d'acquérir des droits à pension.

J'ai, en conséquence, l'honneur de vous informer que je ne puis accueillir la proposition que vous m'avez adressée en conformité du vœu exprimé par le Conseil colonial de la Cochinchine.

A. DE LA PORTE.

(18 janvier 1887)

**CIRC. D. I.** *relative à la conversion, pour l'exercice 1887, de la solde et des allocations ou indemnités diverses.*

B. D. I, p. 8.
J. C., p. 81.

J'ai l'honneur de vous informer que, dans la séance du 7 janvier courant, le Conseil colonial a décidé que, pour l'exercice 1887, la solde et les allocations ou indemnités diverses seraient converties de la manière suivante.

La solde se divise en trois classes :

1° Celle des Européens;

2° Celle des fonctionnaires (phu, huyen) et secrétaires indigènes visés dans le décret du 4 mai 1881;

3° Celle des plantons, jardiniers, agents de police, lampistes, infirmiers et autres employés indigènes qui n'ont été l'objet d'aucun acte émanant de la Métropole.

Pour les deux premières, la conversion s'opèrera indistinctement à 5 francs; pour la troisième seule, il y aura lieu de faire la conversion d'après le taux mensuel, c'est-à-dire qu'il conviendra de leur donner continuellement le même nombre de piastres qu'en 1886, en établissant cependant les mandats en francs, d'après le cours mensuel de la piastre.

Exceptionnellement la solde des chefs et sous-chefs de canton sera convertie à 5 francs.

Quant aux allocations et indemnités diverses vous devrez convertir à 5 francs celles qui ont été accordées aux Européens ainsi qu'aux fonctionnaires et secrétaires indigènes, postérieurement au 1er janvier 1881.

Celles qui existaient antérieurement à cette époque et qui, par conséquent, ont été déterminées en francs, seront simplement ramenées à leur première fixation par une conversion à 5 francs ou 5 fr. 35 cent., inverse de celle qu'elles ont eu à subir en 1881.

Les indemnités et allocations affectées aux plantons, infirmiers, etc., suivront la même règle que leur solde, et les mandats seront établis en francs d'après le cours mensuel de la piastre.

Exemple : l'indemnité de vivres aux agents subalternes de Rachgia, Baclieu et Hatien était en 1886 de la somme nette de 97 cents par homme et par mois. Ces agents continueront à recevoir en 1887 la même allocation, mais l'état sera décompté en francs suivant le taux mensuel; le nombre de francs pourra varier mensuellement, tandis que l'indemnité qu'ils toucheront ne dépassera jamais 97 cents.

Il en sera de même pour toutes les indemnités allouées aux Indigènes dont la base du traitement a été maintenue en piastres.

NOEL PARDON.

(19 février 1887)

**CIRC. D. I.** *au sujet de la date à laquelle doivent être établis les états de solde et rappel aux prescriptions de la dépêche ministérielle du 13 mai 1886 sur la solde des Indigènes et les retenues à y opérer.*

J. C., p. 222.

Pour faire suite à ma circulaire n° 3, insérée au *Journal officiel* du 18 janvier n° 6, dans laquelle je vous faisais part du vote du Conseil colonial sur le taux à adopter pour la conversion des différentes soldes et indemnités en francs, j'ai l'honneur de vous signaler la nécessité qui s'impose désormais de n'établir les états de paiement du personnel indigène compris dans la troisième catégorie que le 25 de chaque mois, date à laquelle est fixé le taux de la piastre pour le mois suivant.

Vous devrez, afin d'éviter tout retard dans le mandatement, veiller avec le plus grand soin à ce que les employés chargés de l'établissement de ces états s'assurent bien du taux fixé avant de commencer leurs opérations.

Il demeure entendu que les états de solde concernant les deux premières catégories de personnel continueront, comme par le passé, à être adressés à la Direction du 15 au 20 de chaque mois.

Je profite de cette occasion pour vous rappeler les instructions contenues dans la dépêche ministérielle du 13 mai 1886 (1), prescrivant de ne plus exercer la prestation de 3 p. 100 au profit de la caisse des Invalides sur le supplément colonial, mais de transformer en somme nette le montant des allocations qui en étaient l'objet.

La même circulaire enjoint également, en ce qui concerne les Indigènes qui sont susceptibles

(1) V. *Invalides de la marine.*

d'acquérir des droits à une pension de retraite, en vertu de la loi du 9 juin 1853, tels que ceux qui appartiennent à l'enseignement et aux contributions directes ou indirectes, de frapper leur traitement d'une retenue de 5 p. 100 prévue par ladite loi sur la partie destinée à servir de base à la liquidation de leur pension.

Je vous prie de vouloir bien tenir la main à ce que ces instructions soient exactement suivies par les comptables placés sous votre direction.

Noël PARDON.

(24 juin 1887)

**DÉP. M.** *Il y a lieu d'établir un état nominatif des agents rétribués sur les fonds municipaux et dont le traitement a subi jusqu'au 1er janvier 1886 la retenue de 5 0/0 au profit de la caisse des invalides.*

ARCH. GOUV.

(19 juillet 1887)

**DÉP. M.** *Observations sur la manière de procéder en ce qui concerne : 1° les trajets accomplis sur le chemin de fer de Saïgon à Mytho* (1) *; 2° les allocations de suppléments aux fonctionnaires intérimaires (interprétation de l'article 22 du décret du 4 mai 1881)* (2) *; 3° l'application de l'arrêté ministériel du 19 janvier 1878 sur les indemnités de route et de séjour aux colonies* (3) *; 4° les frais de tournée du personnel des travaux publics et du cadastre ainsi que les paiements faits à des collectivités illétrées.*

ARCH. GOUV.

(6 octobre 1887)

**DECRET** *modifiant les attributions du Conseil colonial (art. 40, § 3).*

(Promulg. A. G., 19 novembre 1887)

B. C., p. 787.

Article premier. . . . . . . . . . . . . . . . . . . . . . . . . . . . . . . . . . . . . .

Art. 40. — Les dépenses votées par le Conseil colonial à la deuxième section du budget ne peuvent être changées ou modifiées par le gouvernement sauf:

1°. . . . . . . . . . . . . . . . . . . . . . . . . . . . . . . . . . . . . . . . . . . . . .

Toutefois, toutes les dépenses ayant le caractère d'une disposition libérale à titre gratuit, telles que subventions, bourses, augmentation de traitements, de soldes ou accessoires de soldes, secours, gratifications, remises de dettes ou d'impôts, ne seront exécutoires qu'après avoir reçu l'approbation du Ministre, sur la proposition du Gouverneur en Conseil privé (4).

(19 janvier 1888)

**CIRC. L. G.** *au sujet de la solde des fonctionnaires et employés licenciés, restés sur leur demande dans la colonie et leur accordant un délai d'une année pour obtenir leur rapatriement, passé ce délai ils devront être rapatriés à leurs frais.*

B. C., p. 27.

Le Secrétaire général du Gouvernement de la Cochinchine a l'honneur de rappeler à MM. les Chefs d'administration et de service que, conformément à sa circulaire du 10 janvier courant, les fonctionnaires et employés licenciés restés, sur leur demande, dans la colonie, n'ont droit à aucune solde en dehors de l'indemnité qui leur a été accordée, à partir du jour du départ du *Comorin*. Il leur est accordé, d'après les règlements en vigueur, un délai d'une année pour obtenir leur rapatriement; passé ce délai, ils devront être rapatriés à leurs frais. De plus, ils ne seront portés sur une nouvelle liste d'embarquement que lorsqu'ils en feront la demande.

NAVELLE.

(1) V. *Passagers et frais de passage.*
(2) V. *Intérim.*
(3) V. *Frais de conduite de route et de séjour.*
(4) V. *infrà*, A. G. G., 31 mars 1888.

(31 mars 1888)

**A. G. G.** *portant que certaines dépenses inscrites au budget local (entre autres l'indemnité de logement allouée aux officiers en résidence à Saïgon) et qui sont soumises à l'approbation ministérielle, seront mandatées d'urgence au fur et à mesure des besoins.*

J. C., p. 352.

Article premier. — Les dépenses inscrites au budget local de l'exercice 1888 et qui sont comprises à l'énumération contenue dans l'article 40, § 3, du décret du 6 octobre 1887 (1), seront mandatées au fur et à mesure des besoins, sauf approbation intérieure du Département.

Les subventions sont exceptées de cette mesure.

CONSTANS.

(25 juin 1888)

**CIRC. L. G.** *rapportant la circulaire du 20 septembre 1884 qui autorise le paiement d'urgence de la solde du personnel dans l'intérieur.*

J. C., p. 579.

A l'occasion de la clôture des opérations de l'exercice 1887, M. le Trésorier-payeur a jugé bon d'appeler mon attention sur les inconvénients que n'a cessé de produire jusqu'ici le système du paiement d'urgence de la solde du personnel (européen et indigène) en service dans l'intérieur. Il résulte du relevé fait par le trésor que le chiffre des mandats payés d'urgence et restant à régulariser s'élevait, au 31 mai dernier, à la somme de cent mille piastres; plusieurs de ces mandats remontent même à plus d'un an.

Il m'a paru impossible de laisser subsister un système aussi défectueux, et qui n'a nullement donné les bons résultats qu'on en attendait.

Dans beaucoup de postes, en effet, le personnel, malgré l'application de ce système, n'a pu être régulièrement payé dès les premiers jours du mois, et les causes de ces retards fréquents ont toujours été la constatation et le relevé de nombreuses erreurs dans les états de solde envoyés de l'intérieur, états que le service central s'est vu par suite dans l'obligation de retourner pour rectification; dès lors, impossibilité pour les percepteurs de payer dès le 1er du mois la solde du personnel, l'autorisation ne pouvant être accordée que huit ou dix jours plus tard.

Le paiement d'urgence de la solde n'avait donc plus sa raison d'être, et le résultat le plus clair a été de compliquer le travail des bureaux, et de nécessiter des renvois de pièces sans aucune compensation.

J'ai, en conséquence, sur la proposition de M. le Trésorier-payeur, arrêté les dispositions suivantes, auxquelles je vous prie de vouloir bien vous conformer strictement à partir du mois prochain.

Le paiement de la solde du personnel tant européen qu'indigène n'aura plus lieu d'urgence.

Le 15 de chaque mois, au plus tard, l'état de solde émargé par les parties prenantes devra être parvenu à la Direction pour ordonnancement.

Du 15 au 20 aura lieu au 1er bureau la vérification de cet état et son renvoi dans l'intérieur pour rectification, s'il y a lieu; l'état devra être retourné rectifié au plus tard le 20.

De cette date au 25 auront lieu le mandatement, l'ordonnancement et la transmission des mandats au trésor.

Du 26 au 27 les mandats seront vérifiés par le trésor, visés par le Trésorier-payeur et retournés à la Direction qui les expédiera, au fur et à mesure, dans l'intérieur à partir du 28.

(1) Modifiant les attributions du Conseil colonial. V. Conseil colonial.

Il est hors de doute que si ces prescriptions sont suivies à la lettre, le personnel sera payé dès les premiers jours du mois ; nous aurons, en outre, simplifié le plus possible le travail de la comptabilité.

Je n'ai pas besoin de vous rappeler que les états de solde concernant votre personnel doivent être dressés avec soin par l'employé qui en est chargé ; à ce sujet, je crois devoir vous faire connaître que tout le personnel payé sur le même chapitre et la même section du budget peut être compris sur un seul état, ce qui aura pour avantage de diminuer de beaucoup le nombre des mandats à établir. Les retenues à exercer, les délégations, les prestations au profit des caisses des invalides de la marine et des pensions civiles, la fourniture du logement en nature, etc., devront être clairement indiquées sur l'état de solde.

De plus, sur la demande de M. le Trésorier-payeur, j'ai décidé que les pièces afférentes aux dépenses effectuées d'urgence pendant l'année 1887, et restant à régulariser, devront être parvenues à la Direction dans les quinze jours de la réception de cette circulaire, et celles des dépenses urgentes de l'exercice courant dans les deux mois ; passé ces délais, ces dépenses seront irrévocablement mises à la charge des percepteurs.

Je vous serai obligé de vouloir bien informer les intéressés de ces nouvelles dispositions. Quant aux autres dépenses classées comme urgentes, elles continueront à être payées comme par le passé.

Ce sont les suivantes :

1° Salaires des condamnés ayant subi une détention inférieure à un mois ;

2° Indemnité de route aux agents subalternes se déplaçant pour le service ;

3° Indemnité aux agents de la force publique indigène, en campagne ou accompagnant des prisonniers ;

4° Indemnité aux parents des enfants vaccinifères ;

5° Taxes à témoins ;

6° Location de jonques et de barques, mais seulement dans les localités où il sera justifié de l'impossibilité d'assurer le service au moyen d'un marché ;

7° Allocations journalières pour légumes verts aux équipages des cannonnières dans les postes où le fournisseur n'aura pas de représentant.

Lorsqu'un fonctionnaire ou employé sera en instance de départ ou de mutation, et qu'il devra avoir quitté l'arrondissement au moment du paiement de la solde, il ne sera pas compris sur les états d'émargement ; sa solde sera réglée ultérieurement par mandat individuel.

En cas d'oppositions signifiées entre le moment où les mandats auront été visés au trésor et le 1er du mois, le percepteur sera avisé par dépêche télégraphique, et responsable pécuniairement s'il négligeait d'effectuer la retenue prescrite.

NAVELLE.

(26 octobre 1888)

**DÉP. M.** *au sujet de mandats délivrés à Saïgon et à Hanoï et adressés en France à des agents des services de la Cochinchine et du Tonkin ; — Les autorités locales ne devront plus délivrer désormais de mandats budgétaires au nom des agents qui ont quitté la Cochinchine ou le protectorat, soit définitivement, soit momentanément.*

J. C., p. 1078.

M. le Ministre des finances a appelé mon attention sur ce fait que des agents des services de la Cochinchine et du Tonkin ont présenté à plusieurs reprises aux guichets du Trésor, tant à Paris que dans les départements, des mandats délivrés à leur profit à Saïgon et à Hanoï, au titre des budgets locaux et qui leur avaient été adressés en France.

Ces mandats, assignés payables aux caisses de MM. Pillas et Guillaumot, ne peuvent être régulièrement acquittés à présentation par les comptables de la Métropole qui n'ont aucun moyen d'en contrôler l'authenticité. En outre, ces comptables n'ont aucune indication sur les conditions dans lesquelles doivent être converties en francs les sommes exprimées en piastres sur les mandats dont il s'agit.

La marche à suivre en pareille circonstance serait de faire revêtir de l'acquit des parties prenantes ces mandats qui seraient envoyés à Saïgon et à Hanoï, et d'en payer le montant seulement après avoir reçu avis de leur encaissement. Mais ce mode de procéder entraînerait des délais beaucoup trop longs qui n'en permettent pas l'application.

Il y a donc là une difficulté qu'il importe de prévenir au plus tôt, et, pour arriver à ce but, j'ai décidé, après entente avec le Département des finances, que les autorités locales de l'Indo-Chine ne devront plus délivrer désormais de mandats budgétaires au nom des agents qui ont quitté la Cochinchine ou le Protectorat, soit définitivement, soit momentanément; l'Administration des colonies restera ainsi seule chargée de leur faire payer les sommes qui pourraient leur être dues dans la forme habituelle, c'est-à-dire sur des ordres de paiement.

Toutefois, si, par suite de circonstances exceptionnelles, un ou plusieurs mandats délivrés sur les budgets locaux venaient à se trouver entre les mains d'agents coloniaux, ces mandats seraient retirés des mains des porteurs et remplacés par des ordres de paiements dont l'acquittement serait régularisé dans les conditions ordinaires. Ces pièces ainsi retirées seraient renvoyées aux administrations locales pour être annulées.

J'ai l'honneur de vous prier de vouloir bien prendre les dispositions nécessaires pour assurer l'exécution de ces prescriptions et éviter ainsi le retour des inconvénients signalés par M. le Ministre des finances.

J. HAUSSMANN.

(11 janvier 1889)

**TÉLÉG. D. I.** *prescrivant la conversion pour 1889 à 3 f. 80, des soldes et indemnités diverses fixées en francs.*

ARCH. D. I.

Le solde personnel européen doit être converti pour 1889 à 3 fr. 80, ainsi que les indemnités diverses fixées en francs (frais de bureau et de représentation).

Les indemnités caisse et garde-meubles restent fixées en piastres; cette dernière à 0 fr. 20 cents nets par jour.

Pour abréger le travail mandatement, comprendre sur le même état les dépenses se rapportant au même chapitre, article et section, solde personnel européen et indigène, agents subalternes, frais de bureaux administrateurs, Phus et Huyens, indemnité caisse percepteurs, frais police administrateurs.

Ces allocations devront figurer net sur le pied indiqué au budget.

Frais de représentation administrateurs et indemnité garde-meubles feront l'objet d'un état spécial.

Rien de changé pour solde et accessoires personnel indigène, opérer comme en 1888.

(12 janvier 1889)

**CIRC. R. G.** *relatives aux retenues à exercer pour le service des retraites sur la solde des fonctionnaires, employés et agents du protectorat de l'Annam et du Tonkin.*

J. H., p. 25.

(25 janvier 1889)

**A. G. G.** *prescrivant d'opérer des retenues sur la solde du personnel de l'Annam et du Tonkin, à partir du 1er janvier 1889, en vue de l'établissement d'un règlement sur les retraites.*

J. H., p. 62.

(20 juin 1889)

**CIRC. D. I.** *A l'avenir le mandatement de la solde et des allocations diverses sera fait par chaque service ou chaque arrondissement, et le 1er bureau sera seulement chargé de la vérification et de l'enregistrement des dépenses.*

J. C., p. 618.

Consulter en outre : Chaque titre principal de la présente table pour ce qui concerne les soldes et allocations spéciales.

## TRAITÉS D'AMITIÉ, DE COMMERCE ET DE NAVIGATION

| NATURE DES DOCUMENTS | DATES | RECUEILS A CONSULTER | | | | | | | | OBSERVATIONS |
|---|---|---|---|---|---|---|---|---|---|---|
| | | Bat. | B.C. | B.D.I. | J. C. | J. H. | B. M. | B.Col. | | |
| Loi. | 17 juillet 1885. | | | | 1041 | | | | | |
| Traité | 9 juin 1885. | | | | | | | | | |
| A. G. | 4 septembre 1885. | | | | 1041 | | | | | |

(17 juillet 1885)

**LOI** *approuvant le traité conclu à Tien-Tsin le 9 juin 1885 entre la France et la Chine* (1).

(Promulg. A. G., 4 septembre 1885)

J. C., p. 1041.

Article unique. — Le Président de la République est autorisé à ratifier et à faire exécuter le traité de paix, d'amitié et de commerce, conclu entre la France et la Chine, à Tien-Tsin, le 9 juin 1885, et dont une copie est jointe à la présente loi.

La présente loi, délibérée et adoptée par le Sénat et par la Chambre des députés, sera exécutée comme loi de l'État.

Fait à Paris, le 17 juillet 1885.

JULES GRÉVY.

(9 juin 1885)

**TRAITÉ** *conclu à Tien-Tsin entre la France et la Chine.*

(Approuvé, Loi 17 juillet 1885)

(4 septembre 1885)

**A. G.** *promulguant la loi du 17 juillet 1885 portant approbation du traité conclu à Tien-Tsin le 9 juin 1885 entre la France et la Chine.*

J. C., p. 1041.

Consulter en outre : *Annam et Tonkin. — Cambodge. — Siam.*

## TRAITES DU TRÉSOR

V. *Trésorerie. — Mandats sur le trésor.*

(1) Le texte de la convention et celui du traité seront promulgués officiellement après l'échange des ratifications des parties contractantes.

# TRAMS

| NATURE DES DOCUMENTS | DATES | RECUEILS A CONSULTER Bat. | B.C. | B.O.I. | J.C. | J.H. | B.M. | B.Col. | OBSERVATIONS |
|---|---|---|---|---|---|---|---|---|---|
| D. G. | 24 décembre 1863. | | 1864-7 | | | | | | |
| O. G. | 23 avril 1867. | II-531 | 374 | | | | | | |
| Circ. D. I. | 3 mai 1867. | II-531 | | 39 | | | | | |
| Circ. D. I. | 20 mai 1873. | II-307 | | 37 | | | | | |
| D. G. | 1er janvier 1875. | II-309 | 5 | | | | | | |
| Circ. D. I. | 21 octobre 1881. | | | 50 | | | | | |
| Circ. D. I. | 15 février 1883. | | | 15 | | | | | |
| Circ D. I. | 5 juin 1883. | | | 37 | | | | | |
| Circ. D. I. | 10 février 1887. | | | 12 | 187 | | | | |

(24 décembre 1863)

**D. G.** *concernant le mode d'envoi des lettres au moyen des trams indigènes* (1).

B. C. 1864, p. 7.

(23 avril 1867)

**D. G.** *Surveillance à exercer sur le service des trams.*

BAT. II, p. 531.

B. C., p. 374.

Une feuille mensuelle sera remise à chaque poste de tram et confiée à celui qui le commande, afin qu'il y puisse inscrire les heures du passage de chaque courrier.

. . . . . . . . . . . . . . . . . . . . . . . . . . . . . . . . . . . . . . . . . . . . . .

MM. les inspecteurs s'assureront qu'aucun retard n'est apporté dans la remise et l'expédition immédiate des dépêches à chaque poste de tram. Ils informeront les hommes attachés à ce service que toute négligence sera punie rigoureusement, tandis que l'activité et la régularité seront des titres à être récompensés et à recevoir de l'avancement.

DE LA GRANDIÈRE.

(3 mai 1867)

**CIRC. D. I.** *Surveillance à exercer sur le service des trams.*

BAT. II, p. 531.

B. D. I, p. 39.

J'ai l'honneur de recommander à MM. les inspecteurs qui ont dans leurs circonscriptions les parcours des lignes de Mytho et de Gocong, une surveillance toute spéciale pour l'exécution de l'ordre du 23 avril dernier, concernant les services des trams.

Ils feront des demandes pour des pendules qui seront placées dans les postes principaux afin que les temps de parcours fixés soient bien observés.

Ils verront par eux-mêmes, dans le commencement, si les prescriptions de l'ordre susdit ne sont point négligés par les chefs de trams. Ils promettront des récompenses à ceux qui se distingueront par leur zèle et leur intelligence.

Ils proposeront le renvoi de ceux qui seraient incapables de diriger leur service convenablement.

Ils enverront fréquemment des lettrés vérifier l'exactitude des heures des passages portées sur les états mensuels.

Ils signaleront tous les moyens possibles d'améliorer et d'activer le mode de transport des dépêches.

P. VIAL.

(20 mai 1873)

**CIRC. D. I.** *Instructions relatives aux soins que doivent apporter les miliciens des trams à la conservation des paquets de la poste.*

BAT. II, p. 307.

B. D. I, p. 37.

Mon attention a été appelée sur l'incurie des miliciens du tram, qui acceptent ou remettent fréquemment en mauvais état de fermeture les paquets de la poste; les cachets en cire qui les ferment sont souvent brisés.

Il importe de remédier à cet état de choses, et j'ai, en conséquence, l'honneur de vous prier de recommander aux miliciens du tram d'apporter le plus grand soin à la conservation des paquets de dépêches et de leur en faire comprendre l'importance.

Vous voudrez bien les prévenir que les peines les plus sévères sont édictées contre tout individu reconnu coupable d'avoir violé les fermetures apposées par la poste sur ses paquets, et que les miliciens qui en remettraient à l'avenir un dont le cachet aurait été rompu, seront responsables de ce bris et poursuivis conformément aux lois.

(1) Aux termes de l'article 2 de l'arrêté du 21 janvier 1866 (Bat. II, p. 536) il ne sera pas expédié de lettres ou autres objets recommandés par la voie des trams.

Aucun homme du tram ne devra donc accepter un paquet de dépêches sans s'assurer au préalable que les cachets sont en bon état; et, dans le cas contraire, il devra, pour sauvegarder sa responsabilité personnelle, en informer immédiatement l'autorité et faire constater le fait par qui de droit.

PIQUET.

(1er janvier 1875)

**D. G.** *Création d'un emploi d'ouvrier sellier chargé des réparations de l'équipement des milices et des harnais des trams.*

BAT. II, p. 309.

B. C., p. 5.

(21 octobre 1881)

**CIRC. D. I.** *au sujet de l'installation dans tous les arrondissements d'un service postal régulier quotidien. — Envoi d'une note sur le service postal dans l'arrondissement de Bentré.*

B. D. I, p. 50.

L'organisation prochaine des tribunaux de première instance, créés par le décret du 25 mai dernier, va nécessiter l'installation, dans tous les arrondissements, d'un service postal régulier quotidien.

Un essai de ce genre a été tenté dans son arrondissement par M. le premier administrateur de Bentré, et a donné d'excellents résultats. Le système qui fonctionne à Bentré pourrait, je pense, être adopté dans tous les arrondissements, sauf les modifications que les moyens de communication nécessiteraient sur certains points.

Afin de vous faciliter l'étude d'une organisation semblable dans votre inspection, et aussi pour donner de l'ensemble à la création projetée, j'ai demandé à M. l'administrateur de Bentré, et j'ai l'honneur de vous adresser une note détaillée sur le fonctionnement du service postal dans cet arrondissement. Elle est accompagnée d'une figure schématique destinée à mieux faire saisir le jeu de l'institution.

Je vous prie de vouloir bien examiner avec le plus grand soin les moyens d'établir dans votre arrondissement un service postal sur le plan de celui de Bentré, si la chose vous paraît possible, et, dans tous les cas, de me soumettre, dans un bref délai, vos objections et telles propositions que vous croirez convenables.

BÉLIARD.

ANNEXE

(B. D. I., p. 50).

(15 février 1883)

**CIRC. D. I.** *où il est question de rattacher à la poste rurale des bureaux de distribution créés successivement dans certains centres et gérés par des agents des contributions indirectes. — Dispositions à prendre.*

B. D I, p. 15.

Je me propose, sur la demande de quelques-uns de vos collègues et pour faciliter l'organisation de la poste rurale, de rattacher à ce service les bureaux secondaires créés successivement dans certains centres et gérés par des agents des contributions indirectes.

La confection et le dépouillement des paquets à destination ou en provenance desdits bureaux auraient lieu par les soins de l'administrateur, qui approvisionnerait les agents de tubes, enveloppes ou papier destinés à renfermer les lettres et plis divers.

Les correspondances provenant du grand réseau à destination du réseau rural seraient remises par le commis des postes et télégraphes du chef-lieu à l'administrateur chargé de les faire parvenir ; celles du réseau rural devant emprunter le grand réseau seraient au contraire envoyées au bureau de poste par les soins de l'administrateur.

Les gérants des petits bureaux fermeraient leur dépêche à l'adresse de l'administrateur. Lorsque les bureaux seraient desservis par le tram rural, cette dépêche s'échangerait directement entre l'administrateur et l'agent des contributions ; lorsqu'au contraire le courrier serait fait par les Messageries fluviales ou le tram général, la dépêche serait apportée au bureau de poste avec les autres et envoyée à son adresse par les soins du commis des postes et des télégraphes.

De même, l'administrateur enverrait à la poste sa dépêche close, qui serait remise au tram ou au bateau dans les mêmes conditions que celles du grand réseau.

(Cette mesure serait indispensable, afin d'éviter des malentendus, des erreurs et des retards dans les grands courriers.)

L'affranchissement serait obligatoire pour les lettres circulant exclusivement sur le réseau rural.

Les correspondances non ou mal affranchies seraient brûlées tous les mois par les soins de l'administrateur.

Celles d'origine ou à destination rurale, mais devant emprunter le réseau général, seraient toujours acheminées, quoique non ou insuffisamment affranchies, jusqu'au bureau chef-lieu de l'arrondissement destinataire. Le commis chargé de ce bureau remettrait à l'administrateur un avis imprimé à l'adresse du destinataire, avis qui circulerait en franchise, et invitant l'intéressé à retirer ou faire retirer contre acquittement de la taxe, la lettre à son adresse.

Je vous prie de me dire si vous avez, en ce qui concerne votre arrondissement, quelques objections à formuler contre ce mode de procéder.

Je vous serais obligé de me répondre avant le 25 de ce mois, car il est urgent de régler cette question.

BÉLIARD.

(5 juin 1883)

**CIRC. D. I.** *au sujet des correspondances qui empruntent exclusivement le tram rural.*

B. D. I, p. 37.

Je suis informé par M. le directeur des postes et télégraphes que, depuis l'organisation des trams ruraux, les agents des bureaux postaux centralisateurs, sis aux chefs-lieux, ne voient plus passer par leurs mains les lettres des fonctionnaires indigènes. La concordance établie entre les trams ruraux de certains arrondissements donne lieu de craindre que ce personnel n'use directement de ce moyen de communication et n'échappe ainsi à l'obligation d'affranchir sa correspondance.

Cette manière de procéder étant irrégulière et contraire aux intérêts de la colonie, je vous prie de rappeler au personnel indigène placé sous vos ordres qu'en aucun cas ses correspondances privées, à destination des circonscriptions voisines, ne peuvent être transmises directement par le réseau rural, et que toute fraude de ce genre est passible de mesures disciplinaires.

Afin d'assurer l'exécution de ces prescriptions, vous pourrez vous-même, de temps en temps et à l'improviste, vérifier le paquet de dépêches fait à l'inspection, et vous assurer qu'il ne contient rien d'irrégulier.

BÉLIARD.

(10 février 1887)

**CIRC. D. I.** *prescrivant l'envoi à la Direction de l'Intérieur d'un état des trams du service régional.*

B. D. I, p. 12.
J. C., p. 187.

J'ai l'honneur de vous prier de m'adresser, aussitôt que possible, un état des trams du service régional dans votre arrondissement, avec indication des heures de départ et d'arrivée dans chacune des localités qu'ils desservent.

Je vous prierai également de me faire connaître les points frontières de votre arrondissement où les trams régionaux correspondent avec ceux des arrondissements voisins.

Cet état devra dorénavant parvenir à la Direction au commencement de chaque trimestre et comprendre tous les changements survenus, pendant le trimestre écoulé, dans le fonctionnement de ce service.

NOEL PARDON.

Consulter l'annuaire sous le titre : *Postes et télégraphes*, pour la marche actuelle des trams.

## TRAMWAYS

| NATURE DES DOCUMENTS | DATES | RECUEILS A CONSULTER | | | | | | | OBSERVATIONS |
|---|---|---|---|---|---|---|---|---|---|
| | | Bat. | B. C. | B.D.I. | J. C. | J. H. | B. M. | B.Col. | |
| Mémoire | 15 novembre 1881. | | | | 694 | | | | |
| A. G. | 23 janvier 1882. | | | | 118 | | | | |
| A. G. G. | 27 juillet 1880. | | | | 785 | | | | |

(15 novembre 1881)

**MÉMOIRE** *en vue de la concession d'un réseau de voitures-omnibus, à traction de chevaux, circulant dans la ville de Saïgon et dans la banlieue.*

J. C., p. 694.

(23 janvier 1882)

**A. G.** *réglementant la police et la surveillance du tramway* (1).

J. C., p. 118.

DES MESURES CONCERNANT LES PERSONNES ÉTRANGÈRES AU SERVICE DES VOIES FERRÉES

Article premier. — Il est défendu à toute personne étrangère au service de la voie ferrée :

1° De déranger, altérer ou modifier, sous quelque prétexte que ce soit, la voie ferrée ;

2° De stationner sur la voie ferrée ou d'y faire stationner des voitures ;

3° D'y laisser séjourner des chevaux, bestiaux ou animaux d'aucune sorte ;

4° D'y jeter ou déposer aucuns matériaux ni objets quelconques ;

5° D'emprunter les rails de la voie ferrée pour la circulation des voitures étrangères au service.

Tout conducteur de voiture doit, à l'approche d'un train ou d'une voiture appartenant au service de la voie ferrée, prendre en main les guides ou le cordeau de son équipage, de façon à s'en rendre maître, dégager immédiatement la voie et s'en écarter de manière à livrer toute la largeur nécessaire au passage du matériel de la voie ferrée.

Tout conducteur de troupeau doit écarter les bestiaux de la voie ferrée à l'approche d'un train ou d'une voiture appartenant au service de la voie.

DES MESURES CONCERNANT LES VOYAGEURS

Art. 2. — Il est défendu aux voyageurs :

1° D'entrer dans les voitures ou d'en sortir pendant la marche et autrement que par la portière réservée à cet effet ;

2° De passer d'une voiture dans une autre, de se pencher en dehors, de stationner debout sur les impériales pendant la marche.

Il est interdit d'admettre dans les voitures plus de voyageurs que ne le comporte le nombre de places indiqué dans chaque compartiment.

L'entrée des voitures est interdite :

1° A toute personne en état d'ivresse ;

2° A tous individus porteurs d'armes à feu chargées, ou de paquets qui, par leur nature, leur volume ou leur odeur, pourraient gêner ou incommoder les voyageurs. Tout individu porteur d'une arme à feu doit, avant son admission dans les voitures, faire constater que son arme n'est point chargée.

Aucun chien n'est admis dans les voitures servant au transport des voyageurs ; toutefois, la Compagnie peut placer, dans des compartiments spéciaux, les voyageurs qui ne voudraient pas se séparer de leurs chiens, pourvu que ces animaux soient muselés, en quelque saison que ce soit.

EXPÉDITION DE MATIÈRES DANGEREUSES

Art. 3. — Les personnes qui veulent transporter des matières pouvant être une cause d'explosion ou d'incendie, doivent en faire la déclaration formelle avant de monter en voiture.

(1) Le cahier des charges et de tarifs de la concession du tramway à vapeur sur la route haute de Cholon en date du 11 décembre 1879 (J. C., 1880, p. 196) a été approuvé en séance du conseil privé du 19 janvier 1880.

### AFFICHAGE DU SERVICE DES VOIES FERRÉES

Art. 4. — Des affiches placées dans les stations et dans les bureaux d'attente et de contrôle, font connaître au public les heures de départ des convois ordinaires, les stations qu'ils doivent desservir, les heures auxquelles ils doivent arriver à ces stations et en partir.

Si l'exploitation de la ligne comporte des arrêts en pleine voie, afin de prendre ou de laisser soit des voyageurs, soit des colis, ces affiches font connaître cette circonstance en n'annonçant dans ce cas que les heures de départ des stations extrêmes.

### CONTROLE ET SURVEILLANCE DE L'EXPLOITATION

Art. 5. — Le Gouverneur nomme les agents chargés du contrôle et de la surveillance prévus par l'article 21 de la loi du 11 juin 1880 (1).

Ces agents ont notamment pour mission:

En ce qui concerne l'exploitation commerciale:

De surveiller le mode d'application des tarifs approuvés à l'exécution des mesures prescrites pour la réception et l'enregistrement des petits colis, leur transport et leur remise aux destinataires;

De veiller à l'exécution des mesures prescrites pour que le service des transports ne soit pas interrompu aux points extrêmes de lignes en communication l'une avec l'autre;

De vérifier les conditions des traités qui seraient passés par la Compagnie avec les entreprises de transport par terre ou par eau en correspondance avec la voie ferrée et de signaler toutes les infractions au principe de l'égalité des taxes;

De constater le mouvement de la circulation des voyageurs et des petits colis, les dépenses d'entretien et d'exploitation et les recettes.

2° En ce qui concerne l'exploitation technique:

De vérifier l'état de la voie de fer, des terrassements, des ouvrages d'art et du matériel roulant, et de veiller l'exécution des règlements relatifs à la police et à la sûreté de la circulation.

3° En ce qui concerne la police:

De surveiller la composition, le départ, la marche et le stationnement des trains, l'observation des règlements de police, tant par le public que par les concessionnaires, sur les voies publiques empruntées par la voie ferrée; l'entrée, le stationnement et la circulation des voitures dans les cours et stations, l'admission du public dans les gares et sur les quais de la voie ferrée.

Les concessionnaires sont tenus de fournir des locaux convenables aux agents du contrôle spécialement désignés par le Gouverneur. Ils sont aussi tenus de présenter aux agents du contrôle, à toute réquisition, les registres de dépenses et de recettes relatifs à l'exploitation commerciale, ainsi que les registres de réception et d'expédition des petits colis.

Toutes les fois qu'il arrive un accident sur la voie ferrée, il en est fait immédiatement déclaration, par le chef de train, à l'agent du contrôle dont le poste est le plus voisin. Le Directeur de l'Intérieur et le chef du contrôle en sont immédiatement informés par les soins des concessionnaires.

Outre la surveillance ordinaire, le Gouverneur délègue, aussi souvent qu'il le

(1) Art. 21. — La construction, l'entretien et les réparations des voies ferrées avec leurs dépendances, l'entretien du matériel et le service de l'exploitation sont soumis au contrôle et à la surveillance des préfets, sous l'autorité du Ministre des travaux publics. Les frais de contrôle sont à la charge des concessionnaires. Ils seront réglés par le cahier des charges, ou à défaut par le préfet, sur l'avis du Conseil général, et approuvés par le Ministre des travaux publics.

juge utile, un ou plusieurs commissaires, à l'effet de reconnaître et de constater l'état de la voie ferrée, de ses dépendances et de son matériel. et à l'effet d'exercer une surveillance spéciale sur tout ce qui ne rentre pas dans les attributions des agents du contrôle.

RÈGLEMENTS DE POLICE ET D'EXPLOITATION

Art. 6. — Les concessionnaires sont tenus, ainsi que le public, de se conformer aux prescriptions des arrêtés qui sont pris par le Gouverneur pour l'exécution des dispositions qui précèdent.

Toutes les dépenses qu'entraîne l'exécution de ces prescriptions sont à la charge des concessionnaires.

Les concessionnaires sont tenus de soumettre à l'approbation du Gouverneur les règlements de service intérieur relatifs à l'exploitation de la voie ferrée.

Les règlements dont il s'agit sont obligatoires, non-seulement pour les concessionnaires, mais encore pour tous ceux qui obtiendront ultérieurement l'autorisation d'établir des lignes ferrées d'embranchement ou de prolongement, et, en général, pour toutes les personnes qui emprunteront l'usage du tramway.

Art. 7. — Le Directeur de l'Intérieur est chargé de l'exécution du présent arrêté, qui sera publié et enregistré partout où besoin sera.

LE MYRE DE VILERS.

(27 juillet 1889)

**A. G. G.** *déclarant d'utilité publique l'établissement d'une ligne de tramway à traction de chevaux entre Saïgon et Cholon par la route coloniale n° 3.*

J. C., p. 785.

Article premier. — Est déclaré d'utilité publique l'établissement en Cochinchine, suivant les dispositions générales des plans ci-dessus visés, d'une ligne de tramway desservie par des chevaux, entre la ville de Saïgon et celle de Cholon, par la route coloniale n° 3.

La présente déclaration d'utilité publique sera considérée comme nulle et non avenue si les expropriations nécessaires ne sont pas accomplies dans le délai de vingt et un mois, à partir de la date du présent arrêté.

Art. 2. — Il sera pourvu à la construction et à l'exploitation de cette ligne par M. Ferret, à ses risques et périls, et conformément aux clauses et conditions du cahier des charges ci-dessus visé (1), lequel restera annexé au présent arrêté et est modifié comme suit à l'article 3 :

« Tous les projets d'exécution devront être présentés dans le délai de trois mois, « à partir de la date de l'arrêté autorisant les travaux et les déclarant d'utilité « publique. »

Art. 3. — Conformément aux prescriptions du décret du 16 février 1878 sur l'expropriation pour cause d'utilité publique, M. Ferret est autorisé à poursuivre l'expropriation des terrains et bâtiments nécessaires à l'exécution de cette entreprise.

Art. 4. — Toute cession totale ou partielle de la concession, la fusion des concessions ou des administrations, tout changement de concessionnaire, la substitution de l'exploitation directe à l'exploitation par concession ne pourront avoir lieu qu'en vertu d'un arrêté rendu en Conseil privé, sur l'avis conforme du Conseil colonial.

En cas de cession, l'inobservation des conditions qui précèdent entraîne la nullité et peut donner lieu à la déchéance.

Art. 5. — Le concessionnaire demeure toujours libre de céder à une autre com-

(1) En date du 26 avril 1889.

pagnie et en toute propriété les lignes entreprises, à la condition expresse que cette cession ne sera faite qu'à une société française.

Art. 6. — Dans le cas où l'administration ordonnerait ou autoriserait la construction de routes coloniales, vicinales ou urbaines, de chemins de fer ou de canaux qui traverseraient la ligne concédée, le concessionnaire ne pourra s'opposer à ces travaux ; mais toutes les dispositions nécessaires seront prises pour qu'il n'en résulte aucun obstacle à la construction ou au service de la voie ferrée, ni aucuns frais pour le concessionnaire.

Art. 7. Le concessionnaire ne sera pas soumis à l'impôt des prestations à raison des voitures ou des bêtes de trait employées au service de l'exploitation.

Les vicinalités ni les communes ne pourront exiger de redevance ni de droit de stationnement.

Art. 8. — Le cahier des charges de la présente concession et toute convention relative à une rétrocession de la ligne, ainsi que les cahiers des charges annexés, ne sont passibles que du droit d'enregistrement fixe d'un franc.

Art. 9. — Il est défendu à toute personne étrangère au service de la voie ferrée :

1° De déranger, altérer ou modifier, sous quelque prétexte que ce soit, la voie ferrée et les ouvrages qui en dépendent ;

2° D'y jeter ou déposer aucuns matériaux ni objets quelconques ;

3° D'emprunter les rails de la voie ferrée pour la circulation de voitures étrangères au service.

Tout conducteur de voitures ou de charrettes doit, à l'approche d'un train ou d'une voiture appartenant au service de la voie ferrée, prendre en main les guides ou le cordeau de son équipage, de façon à se rendre maître de ses chevaux ou de ses bœufs, dégager immédiatement la voie, et s'en écarter de manière à livrer toute la largeur nécessaire au passage du matériel du tramway.

Tout conducteur de troupeau doit écarter les bestiaux de la voie ferrée à l'approche d'un train ou d'une voiture appartenant au service de cette voie.

Art. 10. — Il est défendu aux voyageurs :

1° D'entrer dans les voitures ou d'en sortir pendant la marche et autrement que par la portière réservée à cet effet ;

2° De passer d'une voiture dans une autre, de se pencher au dehors, de stationner debout sur les impériales pendant la marche.

Il est interdit d'admettre dans les voitures plus de voyageurs que ne le comporte le nombre de places indiqué dans chaque compartiment.

L'entrée des voitures est interdite :

1° A toute personne en état d'ivresse ;

2° A tous individus porteurs d'armes à feu chargées ou de paquets qui, par leur nature, leur volume ou leur odeur, pourraient gêner ou incommoder les voyageurs. Tout individu porteur d'une arme à feu doit, avant son admission dans les voitures, faire constater que son arme n'est point chargée.

Art. 11. — Les agents chargés du contrôle sont nommés par le Gouverneur général, sur la proposition du Lieutenant-Gouverneur et le rapport du directeur des travaux publics.

Ces agents ont notamment pour mission :

1° En ce qui concerne l'exploitation commerciale :

De surveiller le mode d'application des tarifs approuvés ;

De veiller à l'exécution des mesures prescrites pour que le service des transports ne soit pas interrompu aux points extrêmes de la ligne qui seraient en communication avec une autre ligne :

De vérifier les conditions des traités qui seraient passés par le concessionnaire avec les entreprises de transport, par terre ou par eau, en correspondance avec la voie ferrée, et de signaler toutes les infractions au principe de l'égalité des taxes ;

De constater le mouvement de la circulation des voyageurs, les dépenses d'exploitation et d'entretien et les recettes.

2° En ce qui concerne l'exploitation technique :

De vérifier l'état de la voie de fer, des terrassements, des ouvrages d'art et du matériel roulant, et de veiller à l'exécution des règlements relatifs à la police et à la sûreté de la circulation.

3° En ce qui concerne la police :

De surveiller la composition, le départ, l'arrivée, la marche et le stationnement des trains et l'observation des règlements de police, tant par le public que par le concessionnaire, sur les voies publiques empruntées par la voie ferrée.

Le concessionnaire sera tenu de présenter aux agents du contrôle, à toute réquisition, les registres de dépenses et de recettes relatifs à l'exploitation commerciale.

Si des accidents se produisent sur la voie ferrée, le Lieutenant-Gouverneur et le chef du contrôle en seront immédiatement informés par les soins du concessionnaire.

Outre la surveillance ordinaire, le Gouverneur général délègue, aussi souvent qu'il le juge utile, un ou plusieurs commissaires à l'effet de reconnaître et de constater l'état de la voie ferrée, de ses dépendances et de son matériel, et à l'effet d'exercer une surveillance spéciale sur tout ce qui ne rentre pas dans les attributions des agents du contrôle.

Art. 12. — Le concessionnaire s'engage à transporter gratuitement entre Saïgon et Cholon et *vice versâ*, et pour deux voyages par jour (chacun d'un aller et retour), un agent du service des postes, porteur du sac contenant les correspondances.

Ce service commencera dès que l'administration intéressée jugera le moment opportun.

J. Foures.

## TRANSACTION (ENREGISTREMENT ET CERTIFICATION)

V. *Droits de greffe et d'enregistrement.*

## TRANSCRIPTION HYPOTHÉCAIRE

V. *Hypothèques.*

# TRANSPORTATION ET DÉPORTATION

| NATURE DES DOCUMENTS | DATES | RECUEILS A CONSULTER | | | | | | | | OBSERVATIONS |
|---|---|---|---|---|---|---|---|---|---|---|
| | | Bat. | B.C. | B.D.I. | J. C. | J. H. | B. M. | B.Col. | | |
| Décret | 20 août 1853. | | | | | | R. VI. 1124 | | | |
| Loi. | 30 mai 1854. | II-192 | 395 | | | | | | | |
| Décret | 10 mars 1855. | II-191 | 395 | | | | | | | |
| O. G. | 11 mars 1863. | | 300 | | | | | | | |
| Décret | 24 mars 1866. | | | | | | 201 | | | |
| Décret | 31 août 1878. | | | | | | 553 | | | |
| Décret. | 4 septembre 1879. | | | | | | 462 | | | |
| A. M. | 4 septembre 1879. | | | | | | 465 | | | |
| Décret | 15 octobre 1879. | II-212 | | | | | 658 | | | |
| Décret | 18 juin 1880. | | | | | | 1130 | | | |
| A. M. | 5 mai 1881. | | | | | | 674 | | | |
| Circ. M. | 30 juillet 1881. | | | | | | 187 | | | |
| Dép. M. | 2 mai 1882. | | | | | | 720 | | | |
| Décret | 26 octobre 1882. | | | | | | | | | |
| Dép. M. | 20 avril 1883. | | | | | | | | | |
| Dép. M. | 6 septembre 1883. | | | | | | | | | |
| Cir. M. | 20 décembre 1883. | | | | | | | | | |
| Dép. M. | 25 octobre 1884. | | | | | | | | | |
| Dép. M. | 7 mai 1885. | | | | | | | | | |
| Dép. M. | 24 juillet 1887. | | | | | | | | | |
| Rapp. M. | 22 octobre 1887. | | | | 1888-284 | | | 832 | | |

## TRANSPORTATION ET DÉPORTATION (suite)

| NATURE DES DOCUMENTS | DATES | RECUEILS A CONSULTER | | | | | | | OBSERVATIONS |
|---|---|---|---|---|---|---|---|---|---|
| | | Bat. | B.C. | B.D.I. | J. C. | J.H. | B. M. | B.Col. | |
| Décret. | 22 octobre 1887. | | | | 1888-284 | | | 832 | |
| Dép. M. | 5 novembre 1887. | | | | | | | | |
| Dép. M. | 31 juillet 1888. | | | | | | | | |

(20 août 1853)

**DÉCRET** *portant que les individus des deux sexes, d'origine africaine ou asiatique, condamnés aux travaux forcés ou à la peine de la réclusion par les tribunaux de la Guyane, de la Martinique, de la Guadeloupe et de la Réunion peuvent être envoyés dans les établissements pénitentiaires de la Guyane française.*

B. M. R. VI., p. 1124.

(30 mai 1854)

**LOI** *sur l'exécution de la peine des travaux forcés* (1).

(Promulg. A. G, 12 novembre 1869)

BAT. II, p. 192.

B. C., p. 395.

Article premier. — La peine des travaux forcés sera subie, à l'avenir, dans les établissements créés par décrets de l'Empereur, sur le territoire d'une ou de plusieurs possessions françaises autres que l'Algérie.

Néanmoins en cas d'empêchement à la translation des condamnés et jusqu'à ce que cet empêchement ait cessé, la peine sera subie provisoirement en France.

Art. 2. Les condamnés seront employés aux travaux les plus pénibles de la colonisation et à tous autres travaux d'utilité publique.

Art. 3. Ils pourront être enchaînés deux à deux ou assujettis à traîner le boulet à titre de punition disciplinaire ou par mesure de sûreté.

Art. 4. — Les femmes condamnées aux travaux forcés pourront être conduites dans un des établissements créés aux colonies ; elles seront séparées des hommes et employées à des travaux en rapport avec leur âge et avec leur sexe.

Art. 5. — Les peines des travaux forcés à perpétuité et des travaux forcés à temps ne seront prononcées contre aucun individu âgé de soixante ans accomplis au moment du jugement, elles seront remplacées par celles de la réclusion soit à perpétuité, soit à temps, selon la durée de la peine qu'elle remplacera.

L'article 72 du Code pénal est abrogé.

Art. 6. — Tout individu condamné à moins de huit années de travaux forcés sera tenu, à l'expiration de sa peine, de résider dans la colonie pendant un temps égal à sa condamnation.

Si la peine est de huit années, il sera tenu d'y résider pendant toute sa vie.

Toutefois, le libéré pourra quitter momentanément la colonie en vertu d'une autorisation expresse du Gouverneur. Il ne pourra, en aucun cas, être autorisé à se rendre en France.

En cas de grâce, le libéré ne pourra être dispensé de l'obligation de la résidence que par une disposition spéciale des lettres de grâce.

Art. 7. — Tout condamné à temps qui, à dater de son embarquement, se sera rendu coupable d'évasion, sera puni de deux ans à cinq ans de travaux forcés.

Cette peine ne se confondra pas avec celle antérieurement prononcée.

La peine pour les condamnés à perpétuité sera l'application à la double chaîne pendant deux ans au moins et cinq ans au plus.

Art. 8. — Tout libéré coupable d'avoir, contrairement à l'article 6 de la présente loi, quitté la colonie sans autorisation, ou dépassé le délai fixé par l'autorisation, sera puni de la peine d'un an à trois ans de travaux forcés.

Art. 9. — La reconnaissance de l'identité de l'individu évadé ou en état d'infraction aux dispositions de l'article 6 sera faite soit par le tribunal désigné dans l'article suivant, soit par la Cour qui aura prononcé la condamnation.

(1) La loi du 30 mai 1854 n'ayant pas rendu obligatoire la transportation des femmes, la nommée L. subira sa peine dans la colonie.

Extrait d'une dép. m. du 20 octobre 1873. V. *grâces et commutations de peines.*

Art. 10. — Les infractions prévues par les articles 7 et 8 et tous crimes ou délits commis par les condamnés seront jugés par un tribunal maritime spécial établi dans la colonie.

Jusqu'à l'établissement du tribunal, le jugement appartiendra au premier conseil de guerre établi dans la colonie, auquel seront adjoints deux officiers du commissariat de la marine.

Les lois concernant les crimes et délits commis par les forçats et les peines qui leur sont applicables continueront à être exécutées.

Art. 11. — Les condamnés des deux sexes qui se seront rendus dignes d'indulgence par leur bonne conduite, leur travail et leur repentir, pourront obtenir:

1° L'autorisation de travailler, aux conditions déterminées par l'administration, soit pour les habitants de la colonie, soit pour les administrations locales ;

2° Une concession de terrain et la faculté de la cultiver pour leur propre compte.

Cette concession ne pourra devenir définitive qu'après la libération du condamné.

Art. 12. — Le Gouvernement pourra accorder aux condamnés aux travaux forcés à temps l'exercice, dans la colonie, des droits civils ou de quelques-uns de ces droits dont ils sont privés par leur état d'interdiction légale.

Il pourra autoriser ces condamnés à jouir ou disposer de tout ou partie de leurs biens.

Les actes faits par les condamnés dans la colonie jusqu'à leur libération ne pourront engager les biens qu'ils possédaient au jour de leur condamnation ou ceux qui leur sont échus par succession, donation ou testament, à l'exception des biens dont la remise aura été autorisée.

Le Gouvernement pourra accorder aux libérés l'exercice, dans la colonie, des droits dont ils sont privés par les 3e et 4e paragraphes de l'article 34 du Code pénal.

Art. 13. — Des concessions provisoires ou définitives de terrain pourront être faites aux individus qui ont subi leur peine et qui restent dans la colonie.

Art. 14. — Un règlement d'administration publique déterminera tout ce qui concerne l'exécution de la présente loi, et notamment : 1° le régime disciplinaire des établissements de travaux forcés ; 2° les conditions sous lesquelles des concessions de terrains provisoires ou définitives pourront être faites aux condamnés ou libérés, eu égard à la durée de la peine prononcée contre eux, à leur bonne conduite, à leur travail et à leur repentir ; l'étendue du droit des tiers, de l'époux survivant et des héritiers du concessionnaire sur les terrains concédés.

Art. 15. — Les dispositions de la présente loi, à l'exception de celles prescrites par les articles 6 et 8, sont applicables aux condamnations antérieurement prononcées et aux crimes antérieurement commis.

(10 mars 1855)

**DÉCRET** *rendant exécutoire dans les colonies placées dans le domaine des décrets impériaux la loi du 30 mai 1854 sur l'exécution de la peine des travaux forcés sous les modifications qui y sont apportées par l'article 2 du présent décret.*

(Promulg. A. G., 12 novembre 1869)

BAT. II, p. 191.

B. C., p. 393.

Art. premier. — V. *Mort civile.*

. . . . . . . . . . . . . . . . . . . . . . . . . . . . . . . . . . . .

Art. 2. — La loi du 30 mai 1854 sur l'exécution de la peine des travaux forcés, est rendue exécutoire à la Guyane française, dans les établissement français de l'Inde, au Sénégal, à Gorée et dépendances, aux îles Saint-Pierre et Miquelon, dans les établissements français de l'Océanie, Mayotte et dépendances, à Sainte-Marie-de-Madagascar, selon les modifications suivantes :

1° La peine pourra, selon la décision de l'autorité locale être subie soit dans la colonie où la condamnation aura été prononcée, soit dans un des établissements pénitentiaires spécialement prévus au premier paragraphe de l'article 1er de la loi.

2° Quand le libéré sera autorisé à s'absenter momentanément de la colonie, il ne pourra se rendre ni en France, ni dans les autres colonies françaises.

3° Les peines prévues contre les évasions seront applicables à dater de la mise à exécution de la peine.

NAPOLÉON.

(11 mars 1863)

O. G. *Embarquement de cent trente rebelles annamites à bord de la frégate « La Renommée » pour l'île de la Réunion.*

B. C., p. 300.

(24 mars 1866)

**DÉCRET** *réglant les formalités à remplir pour le mariage des condamnés transportés dans les colonies françaises.*

B. M., p. 201.

(31 août 1878)

**DÉCRET** *réglant la condition des transportés concessionnaires de terrains dans les colonies pénitentiaires.*

B. M., p. 553.

(4 septembre 1879)

**DÉCRET** *concernant la curatelle d'office des successions et biens vacants des déportés et des transportés en cours de peines.*

B. M., p. 462.

(4 septembre 1879)

**A. M.** *réglant le mode, suivant lequel doivent être gérées les successions des déportés et des transportés en cours de peine.*

B. M., p. 465.

(15 octobre 1879)

**DÉCRET** *rendant exécutoire en Cochinchine la loi du 30 mai 1854 sur l'exécution de la peine des travaux forcés.*

(Promulg. A. G., 26 novembre 1879).

BAT. II, p. 212.

B. M., p. 658.

La loi du 30 mai 1854 (1), sur l'exécution de la peine des travaux forcés, est rendue exécutoire en Cochinchine, sous les modifications suivantes :

1° La peine pourra, selon la décision de l'autorité locale, être subie soit dans la colonie où la condamnation aura été prononcée, soit dans un des établissements pénitentiaires de la Nouvelle-Calédonie ou de la Guyane ;

2° Quand le libéré sera autorisé à s'absenter momentanément de la Cochinchine, il ne pourra se rendre ni en France, ni dans les autres colonies françaises ;

3° Les peines prévues contre les évasions seront applicables à dater de la mise à exécution de la peine.

JULES GRÉVY.

(18 juin 1880)

**DÉCRET** *concernant le régime disciplinaire des établissements de travaux forcés.*

*Titre I. — Des classes de condamnés dans les colonies pénitentiaires.*

*Titre II. — Des fautes et des peines.*

B. M., p. 1130.

(1) V. *infrà*, le texte de cette loi.

(5 mai 1881)

**A. M.** *relatif au taux de la prime de la capture des transportés évadés.*

B. M., p. 674.

(30 juillet 1881)

**CIRC. M.** *au sujet de l'exécution du décret du 20 août 1853, autorisant le transfèrement à la Guyane des individus d'origine africaine ou asiatique condamnés à la réclusion par les tribunaux des colonies.*

B. M., p. 187.

L'attention de mon Département a été appelée sur le décret du 20 août 1853 qui autorise le transfèrement à la Guyane des individus d'origine africaine ou asiatique condamnés à la réclusion par les tribunaux des colonies.

L'article 27 du Code pénal colonial avait autorisé l'envoi en France de tous les individus libres, et sans distinction de couleur, pour subir la peine de la réclusion. Mais après l'émancipation on fut amené à constater que les condamnés d'origine africaine ou asiatique souffraient cruellement du climat d'Europe et cet état de choses signalé par les préfets des départements où sont situées les maisons centrales amena, dès 1852, le gouvernement à examiner la question de savoir si dans un intérêt d'humanité il ne sera pas utile de permettre le transfèrement à la Guyane des réclusionnaires de cette catégorie.

Telle est l'origine du décret du 20 août 1853 et il faut reconnaître que cet acte a été inspiré non par l'intention d'établir une inégalité défavorable aux condamnés de couleur de nos colonies, mais, au contraire, par un sentiment de bienveillance et d'humanité envers eux.

La circulaire ministérielle du 10 septembre 1853 notifiant le décret a, d'ailleurs, spécifié que cet acte n'imposait aucune obligation quant à l'envoi des condamnés à la Guyane et qu'il laissait aux administrations coloniales « le soin d'apprécier le cas où il y avait lieu, soit de donner cette » direction aux condamnés, soit de pourvoir à l'application pure et simple des dispositions du » Code pénal colonial ».

Aujourd'hui, la loi du 8 janvier 1877 abrogeant le Code pénal colonial a entraîné dans cette abrogation une grande partie des dispositions du décret de 1853, en tant qu'elles constituent un état de choses particulier à la population coloniale.

Nos possessions d'outre-mer sont, en effet, rentrées dans le droit commun, depuis 1877, elles sont régies uniquement par le Code pénal métropolitain et, dès lors, les réclusionnaires des colonies ne sont plus assujettis à un régime spécial.

De même qu'en France les condamnés à la réclusion doivent, à défaut de maison centrale, dans leur circonscription judiciaire, subir leur peine dans un établissement d'une autre circonscription de même, les réclusionnaires coloniaux doivent, à défaut de maison centrale dans la colonie, aller subir leur peine dans une maison de la métropole.

Seulement, pour que le changement de législation ne constitue pas une aggravation de peine pour les réclusionnaires d'origine asiatique ou africaine, il convient de laisser à ceux-ci la faculté de continuer, mais sur leur demande expresse, à aller purger leur condamnation à la Guyane, dans les conditions du décret de 1853.

CLOUÉ.

(2 mai 1882)

**DÉP. M.** *au sujet de l'envoi à la Guyane des forçats de race annamite ou chinoise.*

ARCH. GOUV.

Je vous confirme mon télégramme du 25 février, vous priant de surseoir à l'embarquement, par le transport de mars, des 200 forçats asiatiques, de race annamite ou chinoise, destinés à être transférés à la Guyane.

Tout en approuvant l'envoi dans la colonie pénitentiaire des condamnés aux travaux forcés de cette origine, il m'a paru nécessaire d'ajourner la mesure dont il s'agit, afin de ne pas maintenir ces individus trop longtemps en France.

J'ai pensé qu'en retardant leur départ jusqu'au transport du mois de juillet prochain, ils pourraient être embarqués à destination de la Guyane sur le bâtiment partant de Toulon, le 15 septembre suivant.

Par suite, les condamnés annamites ne resteraient en France que 15 jours ou 3 semaines en plus. Vous recevrez sous le timbre : « État-Major général », avis des mesures à prendre pour l'embarquement de ces forçats. Il demeure entendu que toutes les dépenses résultant de l'envoi en

France de ces condamnés seront supportées par le budget local de la Cochinchine. Le budget pénitentiaire ne prendra charge de ces individus qu'au moment où ils seront embarqués sur le bâtiment de l'État qui devra les transporter de Toulon à la Guyane.

Ces forçats devront être pourvus, à leur départ de Cochinchine, des effets de couchage et d'habillement nécessaires pour la traversée de Saïgon à Cayenne.

Il conviendra, en outre, de prendre des mesures pour assurer la surveillance ; il serait désirable même que huit ou dix agents connaissant l'annamite pussent les accompagner à la Guyane. Ils seraient des auxiliaires des surveillants militaires et serviraient en même temps d'interprètes.

Enfin, si parmi les condamnés mariés, il y en avait qui voulussent emmener avec eux leur femme et leurs enfants, il ne faudrait pas hésiter à embarquer en même temps ces familles, le Gouverneur de la Guyane ayant insisté à plusieurs reprises pour l'envoi dans la colonie des femmes annamites.

Je vous ai même écrit à ce sujet, à la date du 29 juin 1878, sous le n° 397.

Je vous serai obligé de me faire connaître les mesures que vous aurez prises, conformément aux prescriptions contenues dans la présente dépêche.

En m'avisant du départ de la Cochinchine des condamnés, vous voudrez bien transmettre au commandant du bâtiment un double, dûment certifié, de la feuille matriculaire. Ce document accompagnera le condamné dans la colonie pénitentiaire et servira à son immatriculation sur les registres pénitentiaires.

(26 octobre 1882)

**DÉCRET** *portant réorganisation de l'Administration pénitentiaire à la Guyane et à la Nouvelle-Calédonie.*

B. M., p. 720.

(20 avril 1883)

**DÉP. M.** *au sujet de la transportation à la Guyane des condamnés aux travaux forcés de race annamite ou chinoise.*

ARCH. GOUV.

Par une lettre en date du 17 janvier 1882, votre prédécesseur avait demandé au Département de la Marine l'autorisation de faire diriger sur la France et de là sur la Guyane, les individus de race annamite ou chinoise condamnés aux travaux forcés par les tribunaux criminels de la Cochinchine.

L'envoi dans la Métropole de ces individus n'a pu avoir lieu en 1882, par suite de quelques cas de choléra qui s'étaient déclarés à cette époque, dans certaines parties de la Cochinchine.

Dans le cas où l'état sanitaire de la colonie le permettrait, il y aurait peut-être lieu de reprendre cette question. La transportation des condamnés de race annamite ou chinoise fournirait à l'administration pénitentiaire de la Guyane les moyens de donner un nouvel essor à la culture de certains produits auxquels le sol de la Guyane est plus particulièrement favorable et d'entreprendre en outre, sur une assez grande échelle, l'élevage du bétail.

Je verrais avec plaisir qu'il pût être donné suite au projet de M. Le Myre de Vilers, car la transportation à la Guyane des individus de race annamite ou chinoise aurait le double avantage de donner à la colonisation pénale des bras qui lui manquent, et de rendre plus efficace la peine des travaux forcés, en éloignant de la mère patrie les coupables que la loi a frappés.

Dans le cas où vous seriez disposé à tenter un essai de ce genre, le premier convoi de condamnés pourrait être embarqué sur le transport partant de Saïgon au mois de juillet.

Je vous rappellerai, en outre, que mon Département est prêt à diriger sur la colonie, non seulement les condamnés, mais encore les femmes et les enfants de ceux qui consentiraient à les accompagner.

Toutefois, le premier convoi ne devrait pas dépasser le chiffre de deux cents personnes environ. Vous voudrez bien me faire connaître d'urgence votre avis à cet égard.

CH. BRUN.

(6 septembre 1883)

**DÉP. M.** *au sujet de la transportation à la Guyane de condamnés aux travaux forcés de race annamite ou chinoise.*

ARCH. GOUV.

Par lettre du 7 juillet dernier, n° 801, vous m'avez fait connaître les causes qui s'opposaient, pour le moment, à l'envoi à la Guyane des condamnés aux travaux forcés, de race annamite ou chinoise.

J'approuve l'ajournement de la formation d'un convoi de transportés à destination de la Guyane et j'attendrai, pour donner suite au projet dont la première idée appartient, d'ailleurs, à votre prédécesseur, M. Le Myre de Vilers, que les condamnés dont il s'agit puissent être dirigés, sans inconvénient, sur la colonie pénitentiaire.

(20 décembre 1883)

**CIRC. M.** *au sujet de la rébellion des condamnés annamites à Poulo-Condore.*

ARCH. GOUV.

Par lettre du 26 octobre 1883, nº 1178, vous m'avez transmis un rapport de M. B..., administrateur de première classe des affaires indigènes, au sujet de la rébellion qui s'est produite parmi les condamnés annamites détenus au pénitencier de Poulo-Condore.

En vous accusant réception de ce document que j'ai lu avec intérêt, j'ai l'honneur de vous prier de vouloir bien examiner s'il n'y aurait pas lieu, dans l'intérêt de la répression des crimes et de la tranquillité de la colonie, d'appliquer la loi du 30 mai 1854 aux condamnés aux travaux forcés d'origine annamite ou chinoise, et de les diriger sur la Guyane française, ainsi que l'avait proposé, d'ailleurs, votre prédécesseur, M. Le Myre de Vilers, dans sa lettre du 17 janvier 1880.

Cette mesure serait également avantageuse aux deux colonies. La Cochinchine se débarrasserait de prisonniers dont l'entretien est coûteux, la surveillance difficile, et dont le maintien dans leur pays d'origine enlève à la peine qu'ils subissent son caractère redoutable.

La Guyane y gagnerait des travailleurs précieux, qui s'acclimateraient facilement et qui seraient employés utilement aux travaux de la colonisation pénale.

Je vous serai obligé de me faire connaître, aussitôt que possible, votre avis à ce sujet.

FÉLIX FAURE.

(25 octobre 1884)

**DÉP. M.** *Transportation à la Guyane des forçats de race annamite ou chinoise.*

ARCH. GOUV.

Par lettre du 20 juillet dernier, nº 636, vous m'avez fait connaître que le moment vous paraissait venu de reprendre la question de la transportation à la Guyane, des condamnés aux travaux forcés de race annamite ou chinoise.

En m'informant que l'effectif actuel des forçats détenus en Cochinchine s'élevait actuellement à 300 et que la moyenne annuelle des condamnés de cette catégorie atteindrait le chiffre de 130, vous avez exprimé l'avis que tout au moins au début de la transportation, deux transports de l'État fussent affectés à ce service, chaque année.

Il vient d'être décidé qu'à partir de 1885 il n'y aurait plus qu'un seul voyage annuel de transport de l'Etat à destination de la Guyane et des Antilles. Dans ces conditions, les forçats annamites devront être dirigés sur la Métropole, au commencement de chaque année, c'est-à-dire au moment où les épidémies sont moins à craindre en Cochinchine, pour être transbordés sur le bâtiment spécialement affecté au transport des condamnés qui doit quitter Toulon, dans le courant du mois de mars 1885.

Conformément à ce qui précède, je vous prie de prescrire les mesures nécessaires pour que le premier convoi de condamnés annamites ou chinois soit embarqués à Saïgon, lors du retour en France du *Bien-Hoa* (départ de Toulon, 20 novembre) de manière que ce contingent soit sûrement rendu en temps utile à Toulon pour être transbordé sur l'*Orne* qui sera expédié au mois de mars de ce port pour la Guyane.

Ce premier convoi pourra atteindre le chiffre de 300 individus accompagnés, s'il y a lieu, de 40 ou 50 femmes ou enfants de condamnés.

Je vous serai obligé de me faire connaître les dispositions que vous aurez prises pour assurer l'exécution des présentes instructions et de celles adressées à votre prédécesseur, le 2 mai 1882, sous le nº 196, en ce qui concerne les mesures particulières à prendre pour l'embarquement de ces individus (pièces judiciaires, surveillance, effets d'habillement et de couchage).

FÉLIX FAURE.

(7 mai 1885)

**DÉP. M.** *Observations concernant le mode d'envoi des documents matriculaires relatifs aux transportés annamites.*

ARCH. GOUV.

Par dépêche du 25 octobre dernier, nº 111, je vous avais demandé de me faire parvenir, par lettre spéciale, les extraits d'arrêts des condamnés annamites dirigés sur la Guyane, ainsi que la feuille matriculaire de ces individus.

Les documents dont il s'agit ayant été confiés au commandant du transport le *Bien-Hoa* qui, sans doute, n'avait pas reçu d'instructions de votre part, ont été remis en même temps que toutes les autres pièces relatives aux 192 condamnés annamites, au Commandant du transport l'*Orne*.

Je vous serai très obligé de vouloir bien donner des ordres pour que cette erreur ne se reproduise pas, lors du départ du prochain convoi.

ROUSSEAU.

(24 juillet 1887)

**DÉP. M.** *Observations concernant le mode d'envoi des documents matriculaires relatifs à des transportés annamites.*

ARCH. GOUV.

A la suite de la confusion qui s'était produite, en 1885, relativement à la transmission des pièces judiciaires des condamnés annamites dirigés à cette époque sur la Guyane, l'administration des colonies avait prescrit à votre prédécesseur, par une dépêche du 7 mai de la même année, n° 28, de prendre des mesures pour que les pièces composant le dossier des transportés de cette catégorie fussent désormais adressées directement au Département.

Malgré ces instructions, l'erreur qui avait été commise précédemment à cet égard vient de se renouveler, lors de l'envoi du convoi d'annamites qui a eu lieu au mois de février dernier et les feuilles matriculaires, ainsi que les extraits d'arrêts de ces condamnés ont été encore remis, cette fois-ci, par le commandant du *Bien-Hoa* au commandant du transport l'*Orne*. Par suite, le Département se trouve aujourd'hui dans l'impossibilité de former le dossier des condamnés annamites dont il s'agit et j'ai dû réclamer d'urgence à la Guyane l'envoi de copie des pièces relatives à ces individus.

Afin d'éviter, à l'avenir, de pareilles complications, je vous invite à donner des ordres très précis pour que les dossiers des condamnés qui seront compris dorénavant dans les convois destinés à la Guyane, me soient adressés directement, sous le timbre de la présente dépêche. D'autre part, il suffira de remettre au commandant du transport une copie de leur extrait d'arrêt.

EUG. ÉTIENNE.

(22 octobre 1887)

**RAPPORT M.** *précédant le décret du 22 octobre 1887 autorisant l'envoi à Obock des condamnés aux travaux forcés d'origine annamite et chinoise.*

B. COL., p. 832.

Par décret en date du 3 mars 1886, il a été créé, à Obock, un établissement pour l'exécution de la peine des travaux forcés et destiné spécialement aux condamnés d'origine arabe.

Un autre décret, en date du 3 octobre suivant, a autorisé la transportation dans cette colonie de tous les condamnés aux travaux forcés d'origine africaine ou indienne.

Aujourd'hui, le gouverneur d'Obock demande que les dispositions de ces deux décrets soient étendues aux Annamites qui, en raison de leurs aptitudes particulières, peuvent être d'un grand secours pour les travaux d'installation et de colonisation.

Il est, d'ailleurs, une autre considération qui milite en faveur de l'adoption de cette mesure. Le transfèrement des condamnés annamites à la Guyane occasionne au budget de l'État une dépense assez considérable qui ne pouvait être évitée lorsqu'il n'existait pas d'autres établissements pénitentiaires plus rapprochés de la Cochinchine ; mais puisque notre colonie d'Obock a été désignée aujourd'hui comme lieu de transportation, il me paraît y avoir avantage, au point de vue des économies à réaliser, à autoriser l'internement dans cette colonie des individus originaires de nos possessions de l'Extrême-Orient.

J'ai, par suite, l'honneur de soumettre à votre haute sanction le projet de décret, ci-joint, qui a pour but de sanctionner cette mesure.

E. BARBEY.

(22 octobre 1887)

**DÉCRET** *autorisant l'envoi à Obock, des condamnés aux travaux forcés d'origine annamite et chinoise.*

(Promulg. A. G. G., 23 février 1888)
J. C. 1888, p. 284.
B. COL., p. 832.

Article 1er. — Les dispositions des décrets du 3 mars 1886 (1), et du 3 octobre 1886 sont étendues à tous les condamnés aux travaux forcés d'origine annamite et chinoise.

JULES GRÉVY.

(5 novembre 1887)

**DÉP. M.** *Notification d'un décret en date du 22 octobre 1887 autorisant l'envoi à Obock des condamnés aux travaux forcés d'origine annamite et chinoise.*

ARCH. GOUV.

J'ai l'honneur de vous transmettre, ci-joint, ampliation d'un décret, en date du 22 octobre dernier, étendant aux condamnés d'origine annamite les dispositions des décrets des 3 mars et 3 octobre 1886, qui ont autorisé l'internement à Obock des Arabes, ainsi que des individus de race indienne, condamnés aux travaux forcés.

Cette pièce est accompagnée d'une copie du rapport de présentation de l'acte dont il s'agit au Président de la République.

Je vous informe, en outre, que par application de ce décret, des mesures ont été prises, sur ma demande, pour que 50 forçats annamites soient prélevés sur le convoi destiné à la Guyane et débarqués du transport le *Shamrock,* lors du passage de ce bâtiment à Obock, à son retour de l'Indo-Chine.

Vous voudrez bien, en conséquence, désigner à l'avance les condamnés qui devront être internés dans notre colonie de la mer Rouge et qu'il conviendra de choisir, autant que possible, parmi les individus astreints à des peines de longue durée.

D'un autre côté, je vous prie de vous reporter à la dépêche que je vous ai adressée, le 4 juillet dernier, sous le n° 17, relativement au mode d'envoi des pièces matriculaires et judiciaires concernant les transportés annamites, et je vous serai très obligé de veiller à ce que mes instructions à cet égard soient strictement observées.

EUGÈNE ETIENNE.

(31 juillet 1888)

**DÉP. M.** *Instructions concernant les individus d'origine annamite condamnés aux travaux forcés.*

ARCH. GOUV.

Par lettre du 12 mai dernier, n° 288, en rendant compte au Département des causes qui vous ont conduit à restreindre le convoi de condamnés annamites embarqués sur le *Shamrock*, vous m'avez adressé une situation de l'effectif du pénitencier de Poulo-Condore.

L'examen de ce document m'a permis de constater que 204 hommes condamnés à cinq ans et au-dessus de travaux forcés, étaient internés dans cet établissement, à la date du 25 décembre 1887.

Or, il importe que les prescriptions de la loi du 30 mai 1854, qui sont applicables aux Annamites condamnés aux travaux forcés, soient, à l'avenir, plus régulièrement exécutés qu'elles ne l'ont été jusqu'à présent. Vous voudrez bien, en conséquence, tenir la main à ce que, dorénavant, tous les forçats internés au pénitencier de Poulo Condore soient dirigés sur la France, afin d'être ensuite transférés, soit à la Guyane, soit à Obock, soit au Gabon. Seront seuls exceptés de cette mesure, les individus frappés d'une peine moindre de cinq ans de travaux forcés ; ceux dont le pourvoi sera en cours, ainsi que les condamnés dont la transportation aura été reconnue impossible, en raison de l'état de leur santé.

Je vous prie de m'accuser réception de la présente dépêche.

M. HOUSEZ.

1. Ce décret a créé, à Obock, des établissements pour l'exécution de la peine des travaux forcés prononcée contre les individus d'origine arabe.

## TRANSPORTS DE LA DIRECTION D'ARTILLERIE

| NATURE DES DOCUMENTS | DATES | RECUEILS A CONSULTER | | | | | | | OBSERVATIONS |
|---|---|---|---|---|---|---|---|---|---|
| | | Bat. | B.C | B.D.J. | J. C. | J. H. | B. M. | B.Col. | |
| A. G. | 30 novembre 1869. | II-119 | 483 | | | | | | |
| D. G. | 7 janvier 1870. | I-122 | 4 | | | | | | |
| D. G. | 21 février 1870. | I-122 | 56 | | | | | | |
| Règlement | 16 mars 1877. | | | | | | 610 | | |
| Dép. M. | 20 décembre 1883. | | 1884 -14 | | | | | | |
| D. G. | 3 mars 1884. | | 84 | | | | | | |
| Dép. M. | 18 mai 1887. | | | | | | | | |
| Dép. M. | 7 décembre 1887. | | | | | | | | |
| Dép. M. | 28 mai 1888. | | | | | | | | |

(30 novembre 1869)

A. G. *Réglement sur les transports à effectuer par l'artillerie, pour le compte des divers services de la colonie.*

BAT. I, p. 119.
B. C., p. 485.

TARIFS APPLICABLES A CES TRANSPORTS

Article premier. — Les attelages de la compagnie *bis* de canonniers-conducteurs ont pour fonctions principales d'assurer le service militaire des batteries et d'effectuer les mouvements du matériel ou des munitions de l'artillerie.

Cependant, en raison du développement encore imparfait des moyens de transport de la colonie, ces attelages pourront, autant que le service particulier de l'artillerie le permettra, venir en aide aux services publics, aux conditions ci-après déterminées.

Tout ce qui n'est pas service public ne peut, à aucun titre, réclamer le concours de ces attelages.

A moins d'une décision spéciale, les entrepreneurs qui ont passé des traités avec l'un de ces services ne pourront user de ces moyens de transport.

Art. 2. — Tout transport ayant le caractère d'un service militaire est, par cela même, toujours fourni à titre gratuit : les transports n'ayant pas ce caractère sont tous payés.

(1) Art. 3. — Les seuls transports qui aient le caractère du service militaire sont ceux pour lesquels, par suite de leur nature ou de l'état du pays à traverser, il convient que les conducteurs soient armés.

FORME DES DEMANDES DE TRANSPORTS

Art. 4. — Toute demande de transport adressée à l'artillerie par un service sera signée par le chef de ce service. La demande indiquera avec précision, et en se conformant à la nomenclature de l'article 7, la nature et la durée du service, l'heure du départ des voitures. La nature des objets transportés devra être indiquée également et ne pourra être modifiée postérieurement sans que le chef de l'artillerie en soit prévenu.

Pour prolonger la durée d'un transport, une nouvelle demande sera nécessaire.

Toute demande pour un transport, ayant le caractère d'un service militaire, sera précédée ou accompagnée d'un ordre du Gouverneur à l'artillerie.

EXÉCUTION DU SERVICE

Art. 5. — L'artillerie ne fournira, en fait de voitures, que des voitures dites *prolonges*, qui seront attelées au moins à quatre, au plus à six mulets, et ne marcheront qu'au pas.

Chaque voiture sera autant que possible accompagnée d'un brigadier qui veillera, sous sa responsabilité, à l'exécution des consignes, au bon ordre et particulièrement à ce que le chargement ne soit ni exagéré (dans les circonstances les plus favorables, le poids du chargement peut être de 1.200 kilogrammes, eu égard à la longueur du trajet ou à l'état des chemins), ni de nature à blesser les conducteurs ou leurs attelages, ou à détériorer la voiture. Il veillera à ce que les voitures ne soient pas employées à un autre service que celui qui a fait l'objet de la demande, à ce que la nature du transport ne soit pas modifiée ; il fera en sorte que les conducteurs rentrent aux heures convenables.

Un maréchal des logis pourra être désigné pour présider à cette surveillance, principalement quand plusieurs voitures devront marcher ensemble.

(1) V. *infrà*, D. C., 7 janvier et 21 février 1870.

PAIEMENT DES FRAIS DE TRANSPORTS

Art. 6. — Le montant des sommes dues au Trésor, pour paiement des frais de transports, sera effectué d'après les formes usitées dans les divers services, pour le remboursement des cessions, suivant le tarif ci-après et sans aucune augmentation, quel que soit le service débiteur.

DISTINCTION DES DIFFÉRENTES DURÉES DE TRANSPORTS

Art. 7. — Les ordres du Gouverneur du 6 novembre 1864 et du 14 septembre 1866, enjoignant rigoureusement de ne laisser sortir aucune corvée entre neuf heures et demie du matin et trois heures du soir, les militaires faisant les transports devront être rentrés au quartier d'artillerie à neuf heures et demie du matin et ne pourront le quitter de nouveau avant trois heures du soir.

Dans le cas d'absolue nécessité où un service aurait besoin des transports, pendant les heures consignées, il devrait en faire spécialement la demande au Gouverneur.

§ 1er. — *Emploi des voitures en dehors des heures consignées, corvée du matin et corvée du soir.*

1° Des voitures peuvent être demandées pour une corvée du matin (de six heures du matin, sortie du quartier, à neuf heures et demie, rentrée au quartier) ou pour une corvée du soir (de trois heures du soir, sortie du quartier, à cinq heures et demie, rentrée au quartier). Ces deux services, quoique inégaux en durée, seront considérés comme égaux en rétribution, à cause des différences de température du matin et du soir.

Elles pourront être demandées pour plusieurs jours et pour l'une des deux corvées, ou pour les deux corvées chaque jour.

Si les voitures ne pouvaient être déchargées assez à temps pour que les conducteurs rentrassent aux heures fixées, ces derniers pourront dételer et rentrer au quartier avec leurs attelages, les voitures restant sous la responsabilité du service qui les emploie. Dans ce cas, la séance suivante sera toujours au compte de ce service, même si son travail est terminé, car les conducteurs devront faire un voyage pour reprendre leurs voitures.

*Heures supplémentaires du soir.*

Un service peut avoir besoin de continuer des transports après cinq heures et demie du soir. Dans ce cas, il en fera mention sur la demande, et l'artillerie prendra des mesures pour remplacer les conducteurs en temps opportun.

Corvée de 12, 24, 36, 48, etc..., heures.

2° Ces corvées seront demandées dans le cas où le lieu serait trop éloigné du quartier pour permettre aux conducteurs de rentrer aux heures des repas ; la corvée ne pourra être de moins de douze heures. Elle s'appellera corvée de 12, 24, 36, 48, etc..., heures, suivant le cas, mais ne comportera pas de fractions de douze heures.

Les conducteurs ne devront pas travailler plus de huit heures sur vingt-quatre consécutives, et cesseront le travail pendant les heures consignées.

§ 2. — *Cas où le travail est autorisé pendant les heures consignées.*

Le service devra joindre à sa demande l'autorisation dont il a été question au paragraphe 1er du présent article.

La corvée ne pourra être de moins de douze heures et ne comportera pas de fractions de douze heures. Elle s'appellera corvée de 12, 24, 36... heures suivant le cas.

Les conducteurs ne devront pas travailler plus de huit heures sur vingt-quatre consécutives.

TARIFS POUR UNE VOITURE ATTELÉE A QUATRE MULETS.

Art. 8. — § 1er. *Corvées en dehors des heures consignées.*

Corvée du matin ou du soir, 6 francs.
Heures supplémentaires (par heure), 3 francs.
Corvée de douze heures, 15 francs.
— de vingt-quatre heures, 20 francs.
— de trente-six heures, 20 francs plus 15 francs.
— de quarante-huit heures, 20 francs plus 20 francs.

Et ainsi de suite, en augmentant de 15 ou 20 francs, suivant qu'il s'agira de douze ou vingt-quatre heures.

§ 2. *Corvées pendant les heures consignées.*

Corvée de douze heures, 20 francs.
— de vingt-quatre heures, 30 francs.
— de trente-six heures, 50 francs.
— de quarante-huit heures, 60 francs.

Et ainsi de suite, en augmentant de 20 ou 30 francs, suivant qu'il s'agira de douze ou vingt-quatre heures.

Supplément pour attelage en plus. — Moitié en sus dans chaque cas.

INDEMNITÉ AUX CONDUCTEURS.

Art. 9. — § 1er. *Service en dehors des heures consignées.*

| | | |
|---|---|---|
| Séance du matin ou du soir. | Canonnier | 0 f 50 |
| | Brigadier | 0 60 |
| | Maréchal des logis | 0 76 |
| Heures supplémentaires (par heure). | Canonnier | 0 30 |
| | Brigadier | 0 35 |
| | Maréchal des logis | 0 40 |
| Service de douze heures | Canonnier | 1 20 |
| | Brigadier | 1 40 |
| | Maréchal des logis | 1 50 |
| Service de vingt-quatre heures. | Canonnier | 1 50 |
| | Brigadier | 1 75 |
| | Maréchal des logis | 2 00 |

*Service de trente-six heures.*

La rétribution allouée pour douze heures, plus celle allouée pour vingt-quatre, et ainsi de suite.

§ 2. *Service pendant les heures consignées.*

| | | |
|---|---|---|
| Service de douze heures. | Canonnier | 1 f 50 |
| | Brigadier | 1 70 |
| | Maréchal des logis | 2 00 |
| Service de vingt-quatre heures. | Canonnier | 2 00 |
| | Brigadier | 2 25 |
| | Maréchal des logis | 2 50 |

Et ainsi de suite, en augmentant par la rétribution de douze et vingt-quatre heures, suivant le cas.

Art. 10 — Pour constater la durée exacte des corvées, tout militaire gradé accompagnant une voiture devra se faire remettre, à sa sortie du quartier, un bulletin signé de l'adjudant de semaine indiquant l'heure de la sortie ; l'agent du service intéressé indiquera, sur le même bulletin, l'heure de l'arrivée au travail et celle du départ du travail. Ces deux heures seront certifiées par la signature de l'agent et du militaire gardé. Le bulletin sera visé à la rentrée au quartier par l'adjudant de semaine, qui indiquera l'heure de cette rentrée.

Ces bulletins porteront le nom des conducteurs qui ont marché et serviront à justifier les droits de ces militaires à l'indemnité.

Art. 11. — Les services faisant usage des transports doivent faire opérer par leurs propres moyens le chargement et le déchargement des voitures et faire surveiller par leurs agents. l'état, la conservation et le nombre des objets à transporter, l'artillerie n'ayant aucune responsabilité à cet égard.

DISPOSITIONS TRANSITOIRES

Art. 12. — Les recettes prévues à l'article 6 seront encaissées au trésor, au crédit du budget spécial de la direction d'artillerie et viendront en atténuation des dépenses de ladite direction, chargée des réparations et de l'entretien des voitures et attelages de la compagnie *bis*.

Par suite, la direction sera chargée de payer aux conducteurs, surveillants, etc..., les allocations prévues à l'article 9.

..............................................................................................

Si une masse de harnachement et de ferrage était créée pour la compagnie *bis*, les recettes mentionnées à l'article 6 seraient encaissées par ladite compagnie, à la charge par elle de pourvoir au paiement des indemnités prévues à l'article 9, ainsi qu'à un remboursement proportionnel à la direction de la valeur des réparations exécutées au matériel roulant. Le taux de ce remboursement serait fixé ultérieurement (1).

Les règles applicables aux paiements des allocations précitées seront celles en usage à la direction d'artillerie, pour les salaires des ouvriers de ladite direction.

Art. 13. — Toutes les contestations qui pourraient s'élever au sujet de l'interprétation des dispositions du présent règlement ou de l'application des tarifs qui y sont insérés, seront jugées administrativement par le chef du service administratif, sur le rapport du chef du service intéressé, annoté de l'avis du directeur de l'artillerie sauf recours, s'il y avait lieu, à la décision du Gouverneur, qui prononcerait en dernier ressort.

G Ohier.

(7 janvier 1870)

D. G. *Les transports relatifs à l'approvisionnement des troupes et des bâtiments de l'État seront effectués gratuitement par le service de l'artillerie.*

BAT. I, p. 122.
B. C., p. 4.

Tous les transports relatifs à l'approvisionnement des troupes et des bâtiments de l'État seront effectués gratuitement par le service de l'artillerie.

Sont maintenues les dispositions de l'arrêté du 30 novembre 1869, en tout ce qui n'est pas contraire à celles qui précèdent.

J. Faron.

(21 février 1870)

. G. *Modification à l'article 3 du règlement du 30 novembre 1869 sur les transports exécutés par la direction d'artillerie.*

BAT. I, p. 122.
B. C., p. 56.

1° L'article 3 du règlement du 30 novembre 1869 déjà interprété par l'arrêté du 7 janvier 1870, doit être entendu en ce sens que le transport des objets nécessaires à l'approvisionnement des corps de troupes et des bâtiments de la flotte est dû à titre gratuit, toutes les fois qu'il est justifié que les corps ou les bâtiments sont dépourvus des moyens d'y pourvoir eux-mêmes.

2° Pour assurer l'effet de cette disposition, lorsque, à défaut de moyens de transport ou à raison de l'insuffisance des moyens dont disposent les corps de troupes ou les bâtiments, ceux-ci demanderont que le transport d'objets nécessaires à leur approvisionnement soit exécuté, à titre gratuit, par le service de l'artillerie, cette condition devra être exprimée dans la demande, avec motifs à l'appui.

(1) V. *Infrà*, A. G., 23 mai 1870.

3° La demande sera soumise au visa du chef du service administratif et exécutoire sur son approbation, sauf, s'il y a lieu, recours des parties à la décision du Gouverneur, conformément à ce qui est prévu à l'article 13 du règlement du 30 novembre 1869.

DE CORNULIER-LUCINIÈRE.

(16 mars 1877)

**RÈGLEMENT** *sur le service des directions d'artillerie coloniale* (1).

B. M., p. 610.

(20 décembre 1883)

**DÉP. M.** *Envoi d'une circulaire contenant des instructions relatives au service des transports de l'artillerie. — Circulaire.*

B. C., 1884, p. 14.

Ainsi que vous en avez été informé par la dépêche du 31 décembre dernier, n° 99, le Département de la marine s'est préoccupé, dans le projet de budget de 1884, de remédier à l'insuffisance des ressources du service des transports de l'artillerie, et il a demandé l'inscription, aux divers chapitres du budget, des crédits exactement nécessaires pour couvrir les frais de nourriture, d'achat et d'entretien en général des chevaux, mulets et ânes qui doivent exister réglementairement dans chaque colonie.

Mais il importe de remarquer que la commission du budget n'a consenti à l'inscription de ces crédits que parce qu'elle a compté qu'il serait possible de compenser la nouvelle charge qui résulterait de ce chef au moyen de l'attribution au trésor des remboursements qui seront effectués pour les transports exécutés, à titre de cessions, aux différents services autres que l'artillerie.

Je crois devoir dès lors vous envoyer la copie des instructions qui ont été adressées aux colonies où le régime des transports doit être modifié, à compter du 1er janvier prochain, pour les inviter à remettre en vigueur les articles 1 et 3 de l'instruction ministérielle du 25 juillet 1872, en imposant aux divers services l'obligation d'employer, dans la limite des moyens dont ils disposent, les transports de l'artillerie, à l'exclusion des entreprises privées.

En vertu de ces prescriptions nouvelles, les cessions d'animaux et d'attelages auront lieu dans les conditions prévues aux articles 139 et 140 du règlement du 16 mars 1877. Aucun service ne pourra être dispensé d'en rembourser la valeur, dont une partie fera retour au trésor et dont l'autre viendra en atténuation des dépenses faites par l'artillerie tant pour l'entretien du matériel de transport qui lui appartient que pour la solde de travail des conducteurs.

J'ai l'honneur de vous faire connaître que ces différentes dispositions devront être appliquées en Cochinchine à partir de janvier 1885.

Il demeure entendu que les transports exécutés pour le service des bâtiments militaires (1re partie du budget de l'artillerie) donneront lieu à remboursement, mais non ceux qui sont effectués pour l'artillerie, soit pour les mouvements de son matériel ou de ses magasins, soit pour les exercices militaires ou pour toute autre cause.

ANNEXE

(5 septembre 1883).

Ainsi que mon prédécesseur vous en a informé par sa dépêche du 31 décembre dernier, n° 99, le Département de la marine s'est préoccupé, dans le projet de budget de 1884, de remédier à l'insuffisance des ressources du service des transports de l'artillerie, et il a demandé l'inscription, aux divers chapitres du budget, des crédits exactement nécessaires pour couvrir les frais de nourriture, d'achat et d'entretien en général des chevaux, mulets et ânes qui doivent exister réglementairement dans chaque colonie.

Cette disposition a été acceptée par la commission du budget de la Chambre des députés, et il est permis d'espérer qu'elle sera également accueillie par la Chambre elle-même et par le Sénat.

Il me parait donc utile de porter dès à présent à votre connaissance les dispositions qui ont été adoptées, afin que vous puissiez prendre des mesures pour que la nouvelle organisation soit mise en vigueur à partir du 1er janvier 1884.

Les nouveaux crédits qui ont été inscrits au projet de budget du service colonial, y figurent sous les dénominations suivantes :

Chapitre IV. — *Personnel des services militaires, conducteurs d'artillerie.*

(1) Un arrêté annuel fixe le prix des cessions du service des transports de la Direction de l'artillerie aux divers services de la colonie et aux particuliers.

Abonnement annuel de remonte :

A francs par cheval.
A francs par mulet.
A francs par âne.
} Voir budget du service colonial de 1884.

Masse de harnachement et de ferrage à raison de par jour et par animal.
Frais de bureau pour l'officier chargé de la comptabilité.

Chapitre VIII. — *Vivres, 2e partie, fourrages.*

Chevaux par jour.
Mulets à par jour.
Anes à par jour.
} Voir budget du service colonial de 1884.

Dans ces conditions, les animaux des transports n'étant plus achetés et entretenus sur les fonds de l'artillerie, cessent d'être la propriété propre de la direction, et l'État les affecte désormais au service militaire, en les attribuant à un corps de troupe à cheval.

Les conducteurs du régiment d'artillerie, mis en subsistance dans les batteries stationnées aux colonies, sont ainsi considérés comme formant un détachement de troupes à cheval, et, à ce titre, les lois et les décrets portant règlement sur la comptabilité publique autorisent à attribuer à ces portions de corps une masse de remonte et une masse de harnachement et de ferrage, de telle sorte que les crédits destinés à pourvoir annuellement à ces besoins puissent être reportés d'un exercice sur l'autre, afin de faciliter le fonctionnement du service et de donner à l'administration les moyens de faire face aux éventualités à l'aide d'un fonds de réserve.

La masse de harnachement et de ferrage est destinée uniquement à subvenir aux dépenses de ferrage des animaux et à l'entretien du harnachement militaire délivré par la direction d'artillerie et pris en charge par le capitaine commandant chargé de l'administration des conducteurs et des animaux. Quant au harnachement spécial aux transports, qui doit être en principe complétement distinct du précédent, il reste la propriété de la direction, qui demeure chargée de son entretien et de son renouvellement.

Les pièces de comptabilité à établir désormais dans les colonies par le capitaine commandant la batterie dans laquelle les conducteurs sont en subsistance, seront les mêmes que celles qui sont réglementaires, dans les corps de troupes à cheval, pour la justification des allocations en deniers et en nature à percevoir pour l'entretien des animaux. Toutefois, les revues de liquidation, établies au titre de la masse de harnachement et de ferrage, seront arrêtées d'une façon définitive par l'Administration de la colonie, puisque c'est le budget colonial seul qui est chargé de pourvoir à ces dépenses, lesquelles ne concernent en rien le régiment d'artillerie. Elles seront directement adressées au Département sous le timbre : *Direction, colonies, 4e bureau.*

Les fourrages seront délivrés en nature par le service des subsistances, ainsi que l'a prescrit pour tous les corps la circulaire du 31 juillet 1882.

Avec ces nouvelles bases d'organisation du service des transports, il ne reste en réalité à la charge de la direction d'artillerie que la fourniture des voitures, des harnais spéciaux aux transports et la solde de travail du personnel affecté soit au service général des transports, soit à la conduite des voitures.

En conséquence, les états le remboursement des cessions d'animaux et d'attelages fournis par le service des transports, états qui continueront, comme par le passé, à être dressés d'après les règles prévues à l'article 140 du règlement du 16 mars 1877, contiendront deux chiffres distincts :

D'une part, la portion relative à l'entretien des animaux employés, laquelle doit faire retour au trésor au compte des « Produits divers du budget », et, d'autre part, la part contributive du service cessionnaire dans les dépenses d'entretien, de réparation et de renouvellement des voitures et harnais, ainsi que la solde de travail du personnel employé aux transports. Cette seconde portion, justifiée par une feuille d'ouvrage, doit seule être remboursée à la direction d'artillerie.

La part à verser au trésor sera fixée invraisemblablement chaque année, en totalisant la valeur journalière des allocations diverses dont le détail a été donné plus haut.

Quant à la part revenant à la direction d'artillerie, elle pourra être fixée par avance, pour une année, d'après les prix de revient moyens de la journée d'entretien du personnel des voitures et des harnais que fait ressortir le compte d'opérations de l'année précédente, par analogie avec les dispositions de l'article 141 du règlement du 16 mars 1877.

Ainsi qu'il a déjà été dit, l'application des mesures qui viennent d'être indiquées demeure subordonnée à l'adoption par le Parlement des propositions budgétaires déjà acceptées par la commission de la Chambre des députés ; mais comme il est permis d'espérer que cette éventualité se réalisera, des dispositions doivent être prises dès maintenant pour que la nouvelle organisation puisse fonctionner à partir du 1er janvier 1884.

Les détails administratifs, les tarifs de remboursement devront donc être arrêtés à l'avance.

Si le système de la fourniture en nature était adopté, le directeur d'artillerie prendrait les précautions nécessaires pour que les approvisionnements de subsistances des magasins de la direction se trouvent épuisés à la date du 1er janvier. Il est entendu d'ailleurs que les approvisionnements de cette nature qui resteraient alors seraient cédés contre remboursement au service des subsistances.

Les crédits inscrits au budget au compte des divers services de l'État comprenant ceux nécessaires pour les dépenses des transports par terre, il s'ensuit qu'aucun service public ne pourra être dispensé de rembourser, partie à l'État, partie à l'artillerie, le prix du tarif arrêté par l'Administration supérieure.

Le service même des travaux militaires, confié actuellement à la direction d'artillerie, mais dont le budget, en ce qui concerne la première partie (travaux neufs et grosses réparations), forme un article spécial et distinct, devra, lorsqu'il aura recours au service des transports pour des charrois de matériaux à employer dans les travaux de cette catégorie, rembourser au trésor public la part afférente à l'entretien des animaux employés ; l'autre part figurera en outre dans les comptes de la direction comme dépense, à l'article d'ouvrage de construction correspondant, et comme recette à la sixième partie : « transport ».

Tous les autres transports exécutés pour le compte de la direction d'artillerie, soit pour les mouvements de matériel de guerre et les magasins ou pour les exercices militaires de l'artillerie, etc., ne donneront lieu à aucun remboursement au trésor, puisqu'il est pourvu aux dépenses de cette espèce au moyen des crédits inscrits au budget de l'artillerie sous le titre : « transport par terre ».

En terminant la présente dépêche, je dois vous faire remarquer que la commission du budget n'a consenti à autoriser l'inscription au budget des nouveaux crédits que parce qu'elle a compté que, par suite des remboursements au profit du trésor, il serait possible de réaliser en réalité une économie sur les dépenses des transports. Pour que cette prévision se réalise, il est indispensable de tenir la main à l'exécution des articles 1 et 3 de l'instruction du 25 juillet 1872 et d'imposer aux divers services, dans la colonie, l'obligation d'employer les transports de l'artillerie, à l'exclusion de ceux des entreprises privées.

J'ai l'honneur de vous prier de vouloir bien adresser à qui de droit des instructions formelles en ce sens.

A. Peyron.

P. S. — Quant aux cessions aux particuliers, elles ne devront être autorisées que tout à fait exceptionnellement.

(3 mars 1884)

**G. D.** *portant que les cessions d'animaux et d'attelages faites par l'artillerie aux divers services publics continueront à être remboursées d'après le tarif du 30 novembre 1869.*

B. C., p. 84.

Article premier. — Les cessions d'animaux et d'attelages faites à compter du 1er janvier 1884, par l'artillerie, aux divers services publics de la colonie, continueront à être remboursées d'après le tarif fixé par le règlement du 30 novembre 1867, sur les transports à effectuer par l'artillerie.

Charles Thomson.

(18 mai 1887)

**DÉP. M.** *rappelant à l'observation de l'art. 3 de la Circ. M. du 25 juillet 1872 imposant aux divers services, l'obligation d'utiliser les moyens de transport de la direction d'artillerie.*

ARCH. GOUV.

(7 décembre 1887)

**DÉP. M.** *au sujet du compte d'opérations spécial au service des transports d'artillerie en Cochinchine pour 1886 : Réduction de l'effectif des animaux et du matériel. — Envoi d'une note émanée de l'inspection générale de l'artillerie.*

ARCH. GOUV.

Par bordereau du 13 août dernier, votre prédécesseur a transmis au Département le compte d'opérations spécial du service des transports de l'artillerie en Cochinchine pendant l'année 1886.

J'ai l'honneur de vous informer que ce document a donné lieu, de la part de M. l'inspecteur général de l'artillerie à l'examen duquel il a été soumis, à des observations qui sont consignées dans une note dont vous trouverez ci-joint la copie (1) et dont j'ai adopté les conclusions.

Ainsi que le fait remarquer M. le général Dard, l'excédent des dépenses sur les recettes provient principalement de l'entretien d'un effectif d'animaux trop élevé et d'un matériel dont l'importance est de beaucoup au-dessus des besoins réels.

En effet, la dernière situation parvenue au Département et qui est datée du 1er septembre, indique 39 chevaux et 56 mulets en service, soit 95 bêtes, alors que le minimum fixé par le règlement du 16 mars 1877 ne s'élève qu'à 36 animaux.

Il en résulte que sur 15.235 journées accusées par le compte d'opérations, près de la moitié est restée disponible. D'autre part, les frais d'entretien des voitures et harnais laissés sans emploi, ont été d'environ 4.000 francs. Il y a là une situation qu'il importe de faire cesser et M. l'Inspecteur général de l'artillerie propose de réduire l'effectif des animaux de façon que les recettes et les dépenses s'équilibrent, et de ne conserver que les voitures et harnais strictement nécessaires.

J'approuve entièrement ces dispositions qui auront pour résultat d'abaisser notablement le prix des cessions de transport et de les rendre plus accessibles aux divers services qui évitent d'y recourir.

Je vous prie, en conséquence, de vouloir bien inviter le directeur de l'artillerie à diminuer le nombre des chevaux et mulets actuellement en service en procédant par voie d'extinction. Quant au matériel, il y aura lieu d'examiner s'il conviendrait, dans l'intérêt du trésor, de condamner et de vendre celui qui se trouve en supplément ou de conserver en magasin, sans toutefois y consacrer des dépenses d'entretien hors de proportion avec les services qu'il pourrait être appelé à rendre à l'avenir.

Je vous serai obligé de me rendre compte des mesures que vous aurez prises en exécution des recommandations contenues dans la présente dépêche.

AUG. ÉTIENNE.

(28 mai 1888)

**DÉP. M.** *Observations au sujet du compte d'opérations spécial au service des transports de la direction de l'artillerie. — Envoi d'une note de l'inspection générale de l'artillerie.*

ARCH. GOUV.

Vous avez transmis, par le bordereau du 22 février dernier, n° 344, avec un rapport à l'appui le compte d'opérations spécial du service des transports de l'artillerie en Cochinchine pour l'année 1887.

J'ai l'honneur de vous informer que ce document a donné lieu de la part de M. l'inspecteur général de l'artillerie, auquel il a été communiqué pour examen à des observations qui sont consignées dans une note dont vous trouverez ci-joint copie (2), et dont j'ai approuvé les conclusions.

Je vous prie de vouloir bien communiquer ces observations à M. le directeur de l'artillerie en l'invitant à modifier les tarifs des excursions de transports d'après les indications fournies par M. le général Daret.

Ces nouveaux tarifs devront entrer en vigueur à dater du 1er juillet prochain.

## TRANSPORTS ET CORRESPONDANCES DANS L'INTÉRIEUR

(27 mars 1880)

**CIRC. D. I.** *au sujet du service des transports et correspondances dans l'intérieur* (3). *Dépense occasionnée par le mode actuel. — Substitution d'un système unique de communications rapides, journalières ou semi-journalières.*

B. D. I, p. 30.

Le service des transports et correspondances dans votre arrondissement est actuellement assuré par quatre systèmes différents, qui sont :

(1) Arch. D. A.

(2) Arch. D. A.

(3) Ce service était assuré jusqu'en 1872 par les bâtiments de la division navale et les embarcations à vapeur du service local. V. Messageries fluviales.

Pour les textes antérieurs à 1814 consulter l'article « Passages » du Répertoire général de la législation locale publié en 1877.

Les bateaux des messageries de Cochinchine (1),

Le tram,

Les locations de jonques,

Et, dans plusieurs localités, le transport des vivres frais par des miliciens.

Le Gouverneur désirerait savoir quelle est la dépense occasionnée par les trois derniers systèmes, et connaître à quel chiffre s'élèvent les frais de toute nature, personnel, matériel, animaux, locations, etc., que l'Administration a eu à supporter de ce chef en 1879 et pendant le premier trimestre 1880.

Je sais, monsieur l'Administrateur, qu'il vous sera difficile de fournir un travail exact; la statistique nous fait défaut; aussi vous vous contenterez de fournir des chiffres se rapprochant autant que possible de la réalité.

Le but de ce travail est de servir de base au projet formé par M. le Gouverneur et qui consiste à supprimer, à partir du 1er janvier 1882, les quatre services énoncés plus haut, lesquels ne satisfont complétement personne et dont un au moins, le troisième, est une cause permanente de gêne pour la population annamite des centres de l'intérieur. Il s'agit de substituer à ces quatre modes de transport un système unique de communications rapides, journalières ou semi-journalières, par embarcations à vapeur ou par voitures, selon les localités, de manière à assurer un service prompt et régulier de la poste, des vivres frais, des messageries et des voyageurs. Quant aux changements de garnison, ils feront l'objet d'une autre combinaison.

La solution de cette question s'impose à notre attention, car le moment n'est pas éloigné où les miliciens du tram, à pied ou à cheval, ne seront plus en état de suffire au service de la poste, le nombre des correspondances officielles et privées augmentant dans une proportion constante.

Je vous prie de bien vouloir faire parvenir à M. le Gouverneur, par mon intermédiaire, tous les renseignements relatifs à cette question intéressante, et que votre connaissance du pays vous met, plus que personne, à même de fournir.

NOUET.

Consulter en outre : *Chemin de fer de Saïgon à Mytho. — Messageries fluviales. — Postes et télégraphes. — Trams. — Voitures publiques.*

## TRANSPORTS MARITIMES, FLUVIAUX ET TERRESTRES

(1er avril 1880)

**RAPP. G.** *Étude sur les communications à créer tant à l'extérieur qu'à l'intérieur dans le but de faciliter et multiplier nos relations commerciales.*

B. C., p. 160.

(17 mars 1881)

**DÉP. M.** *au sujet de l'établissement d'une ligne de paquebots reliant Nouméa à Saïgon.*

ARCH. GOUV.

Par lettre du 8 janvier dernier, vous m'avez entretenu des avantages qui résulteraient, suivant vous, de l'établissement d'une ligne de paquebots reliant Nouméa à Saïgon.

Il y a lieu de se demander si, dans votre pensée, l'établissement d'une semblable ligne serait de nature à faire abandonner le réseau projeté qui doit relier la Nouvelle-Calédonie à l'Europe par la Réunion, ou si, au contraire, il s'agirait simplement de compléter la ligne d'Australie en la prolongeant de Nouméa sur Saïgon.

Depuis la date de votre communication, le Gouvernement a introduit auprès du Parlement un projet de loi tendant à la concession du premier de ces réseaux. Il y a donc lieu de se demander si la réalisation de la seconde ligne devrait être poursuivie simultanément avec la première.

Cette conception me semblerait prématurée ou tout au moins peu opportune. Il est possible qu'elle soit dans les destinées de l'avenir, mais, pour le moment, les intérêts actuels ne sont pas assez importants pour justifier la part de subvention que la métropole aurait à fournir pour établir cette nouvelle ligne sur Nouméa. On doit reconnaître que la Nouvelle-Calédonie est loin encore d'être parvenue au degré de prospérité nécessaire pour alimenter un trafic dans deux directions à la fois.

(1) Aujourd'hui messageries fluviales.

Les deux lignes ne peuvent être en même temps subventionnées et il n'est pas difficile de reconnaître quelle est celle des deux voies reliant la Nouvelle-Calédonie à l'Europe, l'une par la Réunion, l'autre par la Cochinchine, qu'il était préférable d'adopter.

L'itinéraire par Saïgon a été rejeté par la Commission présidée par M. Cochery, pour plusieurs motifs.

En premier lieu, le parcours est plus long.

Ensuite et surtou es éléments de trafic qui se rencontrent sur l'itinéraire de Saïgon à Nouméa ne peuvent entrer en comparaison avec ceux que fournit l'Australie du sud. D'autre part, les arguments invoqués par vous en faveur de l'établissement de cette ligne, portent sur trois points principaux : importation des farines en Cochinchine, exportation des riz, recrutement de coolies pour la Nouvelle-Calédonie.

Ces arguments me semblent susceptibles de plusieurs objections.

La Nouvelle-Calédonie ne produit pas de blé et ne consomme pas de riz en quantité appréciable Si l'on peut supposer qu'elle se peuple dans l'avenir de consommateurs de riz, il semble difficile de croire que son climat tropical convienne jamais à une large culture du froment.

Quant au recrutement de coolies, comment admettre qu'elle en fournira à la Nouvelle-Calédonie alors que toutes les tentatives faites pour obtenir des immigrants, pour la Guyane notamment, ont été infructueuses et ont rencontré l'objection qu'il n'y avait pas pléthore de population en Cochinchine.

Pour ces motifs, il ne me semble pas possible de donner suite à la proposition que vous m'avez adre· ée en faveur de l'établissement d'une ligne de paquebots reliant Nouméa à Saïgon.

Je ous sais gré, néanmoins, de l'initiative que vous avez prise en cette circonstance. Il est bien entendu, d'ailleurs, que la colonie reste libre d'organiser, à ses propres frais, une ligne commerciale entre ces deux points.

G. Cloué.

Consulter en outre : *Bâtiments de la flotte et navires affrétés.* — *Messageries maritimes.* — *Compagnie nantaise.* — *Voitures publiques.*

## TRAVAUX DE LA MARINE (1)

V. *Approvisionnements généraux et travaux (bureau des).* — *Arsenal.* — *Travaux hydrauliques et bâtiments civils.*

(1) Ce service comprend la construction, la réparation et l'entretien : 1° des navires; 2° des ports, bassins, quais, canaux, cales, digues ; et 3° des bâtiments dits civils, c'est-à-dire des arsenaux, magasins, ateliers, hangars, casernes, hôpitaux, phares, etc.

## TRAVAUX HYDRAULIQUES ET BATIMENTS CIVILS

| NATURE DES DOCUMENTS | DATES | RECUEILS A CONSULTER | | | | | | | OBSERVATIONS |
|---|---|---|---|---|---|---|---|---|---|
| | | Bat. | B.C. | B.D.I. | J. C. | J. H. | B. M. | B.Col. | |
| A. M. | 4 janvier 1860. | | | | | | 307 | | |
| D. G. | 10 avril 1867. | | 113 | | | | | | |
| Circ. Instr. | 20 avril 1870. | | 110 | | | | | | |
| A. G. | 14 mai 1870. | | 139 | | | | | | |
| A. G. | 20 mai 1870. | | 142 | | | | | | |
| A. G. | 30 septembre 1870. | | 271 | | | | | | |

(4 janvier 1860)

**A. M.** *portant règlement sur la comptabilité des travaux à l'entreprise dans le service des travaux hydrauliques et bâtiments civils* (1).

B. M., p. 307.

(10 avril 1867)

**D. G.** *réglant la composition et le mode de procéder de la commission chargée de procéder à la réception des travaux à l'entreprise exécutés dans l'arsenal de Saïgon, soit au titre des constructions navales, soit à celui des travaux hydrauliques et bâtiments civils.*

B. C., p. 115.

(20 avril 1870)

**CIRC. I.** *Instructions sur le service des travaux hydrauliques en Cochinchine* (2).

B. C., p. 110.

(14 mai 1870)

**A. G.** *ordonnant le recensement des matières formant l'approvisionnement de la section des travaux hydrauliques et nommant un garde magasin.*

B. C., p. 139.

(20 mai 1870)

**A. G.** *concernant l'exécution des travaux d'entretien incombant au service des travaux hydrauliques. — Fixation des fonds d'avances.*

B. C., p. 142.

(30 septembre 1870)

**A. G.** *portant à 15000 francs le montant des avances à faire mensuellement à la gérance des travaux hydrauliques.*

B. C., p. 271.

## TRAVAUX FORCÉS (PEINE DES)

V. *Transportation et Déportation.*

(1) Ce service comprend la construction, la réparation et l'entretien des ports, bassins, quais, canaux, cales, digues, et des bâtiments dits : civils, c'est-à-dire, des arsenaux, magasins, ateliers, hangars, casernes, hôpitaux, etc..

(2) Cette instruction vise une circulaire du ministère des travaux publiés du 14 janvier 1850 (B. M., 1862 1re Sem., p. 149).

# TRAVAUX PUBLICS (SERVICE DES)

I. ORGANISATION DU SERVICE. — II. PERSONNEL. — III. INSTRUCTIONS

## I. — ORGANISATION DU SERVICE

| NATURE DES DOCUMENTS | DATES | RECUEILS A CONSULTER | | | | | | | OBSERVATIONS |
|---|---|---|---|---|---|---|---|---|---|
| | | Bot. | B.C. | B.D.I. | J. C. | J.H. | B. M. | B.Col. | |
| A. G. | 31 août 1874. | II-725 | | | | | | | |
| D. G. | 24 novembre 1878. | II-728 | 411 | | | | | | |
| D. G. | 16 avril 1879. | II-732 | 143 | | | | | | |
| A. G. | 18 août 1879. | II-733 | 316 | | | | | | |
| Circ. D. I. | 12 septembre 1879. | II-733 | | 91 | | | | | |
| A. G. | 23 janvier 1882. | | 49 | | | | | | |
| A. G. | 29 juillet 1884. | | 283 | | | | | | |
| A. G. | 11 mars 1886. | | 90 | | 369 | | | | |
| A. G. | 18 septembre 1886. | | 296 | | | | | | |
| Cir. Trav. P. | 3 mars 1887. | | | | 292 | | | | |
| A. L. G. | 22 novembre 1887. | | 800 | | 1093 | | | | |
| A. L. G. | 24 décembre 1887. | | 1888 -6 | | 1888 -3 | | | | |

(31 août 1874)

**A. G.** *Réunion des deux services des ponts et chaussées et des bâtiments civils sous la dénomination de «service des travaux publics».*

BAT. II, p. 725.

Article premier. — Le service des ponts et chaussées et celui des bâtiments civils n'en formeront plus qu'un sous la dénomination de *service des travaux publics.*

(1) Art. 2. — Il sera divisé en deux sections dirigées chacune par un sous-chef placé sous les ordres immédiats du chef du service.

La première section comprendra les travaux d'entretien de la route basse jusqu'à sa limite avec Cholon, et tous les travaux concernant la voirie de la ville de Saïgon qui, d'après les arrêtés en vigueur, sont actuellement confiés aux ponts et chaussées.

La deuxième sera chargée : à Saïgon, des constructions neuves et de l'entretien de tous les bâtiments appartenant à l'Administration ; dans les inspections, de la surveillance des travaux neufs ou d'entretien que le Directeur de l'Intérieur désignerait comme ne pouvant être confiés aux administrateurs des affaires indigènes.

Art. 3. — Le personnel de ce service sera fixé ainsi qu'il suit :

1 Chef de service.
2 Sous-chefs.
2 Conducteurs principaux.
3 Conducteurs de 1re classe.
5 Conducteurs de 2e classe.
6 Conducteurs de 3e classe.
6 Conducteurs de 4e classe.
4 Piqueurs de 1re classe.
6 Piqueurs de 2e classe.
6 Surveillants de 1re classe.
8 Surveillants de 2e classe.
8 Surveillants de 3e classe.
8 Surveillants de 4e classe.
2 Plantons de 1re classe.
2 Plantons de 2e classe.

Art. 4. — Aucune modification ne pourra être apportée à cet effectif sans l'autorisation du Gouverneur donnée en Conseil privé.

(2) Art. 5. — Le traitement et les allocations diverses attribués à ce personnel seront déterminés par le tableau ci-après :

| | | | |
|---|---|---|---|
| Chef du service | Traitement | 17,000 f 00 | 24,000 f 00 |
| | Frais de tournées et autres | 7,000 00 | |
| Sous-chef | Traitement | 11,000 00 | 15,000 00 |
| | Frais de tournées et autres | 4,000 00 | |
| ....... | ....... | ....... | ....... |
| Surveillants | de 1re classe à 2,400 francs vivres et logement | | 3,460 f 00 |
| | de 2e classe à 1,800 francs — — | | 2,860 00 |
| | de 3e classe à 1,200 francs — — | | 2,260 00 |
| | de 4e classe à 800 francs — — | | 1,860 00 |
| Plantons | de 1re classe | | 600 00 |
| | de 2e classe | | 400 00 |

Au moyen des frais divers fixés par ce tableau, le chef du service, les sous-chefs et les conducteurs circulant ou opérant dans l'intérieur de la colonie n'auront droit à aucune indemnité, mais l'Administration leur fournira les moyens de transport (3).

KRANTZ.

(1) V. *infrà*, D. G, 24 novembre 1878 et 18 août 1879.
(2) V. *infrà*, § II, A. G, 3 mars 1877.
(3) V. *infrà*, § II A. G, 5 avril 1880.

(24 novembre 1878)

D. G. *Attributions du service des travaux publics.*

BAT. II, p. 728.

B. C., p. 411.

Le service des travaux publics embrasse tous les travaux des ponts et chaussées et des bâtiments civils à exécuter sur les fonds du budget local, dans le périmètre de la ville de Saïgon, ainsi que l'entretien des routes haute et basse de Saïgon à Cholon.

Il comprend également les travaux de même nature à exécuter dans toute l'étendue de la colonie, lorsqu'ils ne peuvent être confiés aux administrateurs des affaires indigènes à cause des difficultés qu'ils présentent et des connaissances spéciales qu'exige leur étude ou leur exécution.

Le chef du service relève du Directeur de l'Intérieur en tant qu'il ne s'agit pas des questions techniques se rattachant à l'étude des projets ou à l'exécution des travaux.

Il dirige le service et en surveille les détails, tant par lui-même qu'au moyen du personnel placé sous ses ordres.

Il dispose de ce personnel en se conformant aux règlements et l'emploie comme il le juge convenable, soit aux travaux de chantier, soit aux travaux de cabinet.

Il peut lui infliger des punitions disciplinaires jusqu'à huit jours de retenue de solde. En cas de fautes méritant une répression plus sévère, il en réfère au Directeur de l'Intérieur.

Il prépare ou fait préparer par ses agents les plans de campagne, projets de travaux, devis, dessins, etc., relatifs à son service, et les adresse au Directeur de l'Intérieur qui les transmet au Gouverneur, en y joignant, s'il y a lieu, ses observations personnelles dans la limite de ses attributions.

Il prépare les cahiers des charges, passe les marchés avec les entrepreneurs, après en avoir étudié et discuté les bases, et les soumet au Directeur de l'Intérieur.

Il assiste aux adjudications concernant son service.

Il délivre aux entrepreneurs les certificats et pièces nécessaires pour obtenir de l'Administration le paiement acompte ou définitif des travaux qu'ils ont exécutés sous sa direction.

Il procède ou fait procéder dans la forme réglementaire à la réception desdits travaux.

Il veille à la stricte exécution des marchés passés par l'Administration et en provoque la résiliation quand il y a lieu.

Il est responsable des dépenses qui se font par son ordre en dehors des crédits qui lui sont accordés.

Il présente chaque année le compte des travaux exécutés dans le courant de l'exercice précédent.

Il adresse chaque mois au Directeur de l'Intérieur l'état détaillé de la situation des travaux, avec indication des crédits ouverts et des dépenses liquidées.

Il fait ou ordonne à ses chefs de section, quand il le juge nécessaire ou quand il en reçoit l'ordre du Gouverneur, des tournées générales ou particulières dans l'intérieur de la colonie, pour examiner la situation et la marche des travaux qui lui sont confiés.

En ce qui concerne l'entretien des bâtiments et des voies de communication, il y pourvoit, soit sur sa propre initiative, soit d'après les communications à lui faites par l'Administration, au moyen des allocations inscrites au budget pour ce genre de travaux, toutes les fois que la dépense afférente à un même ouvrage ne doit pas excéder 1,500 francs. Au delà de ce chiffre, les dépenses font l'objet d'une autorisation spéciale.

J. LAFONT.

(16 avril 1879)

**D. G.** *Création à Cholon d'une annexe du service des travaux publics.*

BAT. II, p. 732.

B. C., p. 143.

Article premier. — Il est créé à Cholon une annexe du service des travaux publics.

Art. 2. — Elle sera dirigée, sous les ordres du chef de service, par un agent des ponts et chaussées, pourvu au moins du garde de conducteur, auquel seront adjoint des employés de grades inférieurs en nombre suffisant. Les uns et les autres seront désignés par le chef du service.

Art. 3. — Le chef de l'annexe de Cholon aura dans ses attributions :

1° La construction et l'entretien des ouvrages d'art de toute nature (ponts, murs de quais et perrés maçonnés, égouts et trottoirs appareillés, bâtiments civils);

2° L'entretien des quais ;

3° La continuation du levé d'un plan général des alignements de Cholon.

Art. 4. — L'agent voyer de Cholon, sous les ordres de l'administrateur de cette inspection, sera chargé de l'entretien des rues et chemins, des services d'édilité (propreté, éclairage des rues, police de la voirie,) des travaux extra-urbains.

J. LAFONT.

(18 août 1879)

**A. G.** *Réorganisation du service des travaux publics* (1).

BAT. II, p. 733.

B. C., p. 316.

Article premier. — Le service des travaux publics en Cochinchine sera chargé des études et des travaux de toute nature concernant la création, l'amélioration et l'entretien des voies de communication de terre et d'eau, l'éclairage et le balisage des voies navigables, la construction et l'entretien des bâtiments, l'alimentation des centres en eau potable, l'assainissement des terres, le dessèchement des marais, le drainage, l'irrigation et tous travaux d'hydraulique agricole.

Les travaux concernant les bâtiments communaux et la petite vicinalité restent à la charge des villages.

Art. 2. — La direction du service est confiée à un ingénieur en chef, ayant sous ses ordres, pour les travaux des bâtiments civils, un architecte, et, pour les travaux des ponts et chaussées proprement dits, un ingénieur ordinaire.

Art. 3. — L'architecte dirige et contrôle la rédaction des projets et l'exécution des travaux concernant les bâtiments civils. Les projets arrêtés par lui sont adressés, avec un rapport à l'appui et toutes les pièces préparatoires à l'adjudication, à l'ingénieur en chef qui les soumet, s'il y a lieu, à l'approbation de l'Administration supérieure. Il contrôle la tenue des registres d'ordre et la comptabilité des bâtiments civils, et assure, sous sa responsabilité, la marche régulière de cette branche du service.

L'ingénieur ordinaire remplit les fonctions analogues en ce qui concerne les travaux des ponts et chaussées; il contrôle et coordonne les études faites sur le terrain par les agents de tous ordres de Saïgon et de l'intérieur ; contrôle les projets des conducteurs; dresse lui-même, sur l'ordre de l'ingénieur en chef, les projets dont

(1) V. *infrà*, A. G., 23 janvier 1882.

l'importance justifie son intervention directe, et assure la marche régulière du service des ponts et chaussées.

Art. 4. — Le grade de sous-ingénieur dans la section des ponts et chaussées, d'architecte-adjoint dans celle des bâtiments civils, pourra être conféré à un conducteur principal qui sera spécialement chargé de la direction du travail des bureaux dans chaque section, du contrôle de la comptabilité, du service d'ordre et des archives, sans préjudice de leur utilisation comme conducteurs de travaux, suivant les besoins du service.

Ces agents ont sous leur surveillance directe le personnel des bureaux centraux installés à Saïgon, chacun en ce qui concerne leur section.

Art. 5. — Le personnel des travaux sera réparti par brigade, ainsi qu'il suit : une brigade à Saïgon, une brigade provisoire à Cholon et une brigade dans chacune des quatre grandes circonscriptions administratives.

La brigade de Saïgon comprendra un conducteur des ateliers centraux du service, un conducteur d'entretien des routes nationales et des quais de Saïgon, trois conducteurs des bâtiments civils et quatre conducteurs des ponts et chaussées. Le sous-ingénieur et l'architecte-adjoint seront compris dans cette brigade.

La brigade de Cholon et les brigades d'inspections seront dirigées chacune par un conducteur portant le titre de chef de circonscription, ayant résidence fixe soit à Cholon, soit dans une des villes de chaque inspection.

Un conducteur ou un piqueur résidera dans chaque arrondissement et portera, selon son grade, le titre d'agent ou sous-agent d'arrondissement ; il sera sous les ordres directs du conducteur-chef de la circonscription dont relève l'arrondissement.

Art. 6. — Les agents ou sous-agents d'arrondissement seront chargés, sous la direction du chef de circonscription, de la voirie, du service des bâtiments civils et de tous travaux neufs ou d'entretien sur le territoire de l'arrondissement.

Le chef de circonscription remplira les mêmes fonctions pour l'arrondissement dans lequel il réside.

Art. 7. — Il sera attribué à la brigade de Saïgon et à chaque service de circonscription un certain nombre de piqueurs et d'employés secondaires, qui sera fixé par décision ultérieure.

Art. 8. — En cas d'insuffisance du personnel de circonscription, il pourra être détaché dans l'intérieur, pour les études des travaux neufs extraordinaires, un ou plusieurs conducteurs ou piqueurs de la brigade de Saïgon.

Art. 9. — Les agents voyers de Saïgon et de Cholon passeront au service des travaux publics en qualité d'agents d'arrondissement à leur résidence actuelle.

Art. 10. — La réception des travaux neufs de toute nature sera faite en présence de l'administrateur de l'arrondissement, du conducteur chef de circonscription et d'un agent du service de Saïgon ou du service général, délégué par l'ingénieur en chef.

Art. 11. — Le service général de correspondance, d'ordre et de comptabilité comprendra :

Un chef du secrétariat, placé sous les ordres de l'ingénieur en chef, et deux secrétaires ;

Un chef comptable, placé également sous les ordres de l'ingénieur en chef, et un aide-comptable ;

Un conducteur-comptable, sous les ordres de l'ingénieur ordinaire, et un aide-comptable ;

Un comptable, sous les ordres de l'architecte des bâtiments civils, et un aide-comptable ;

Un conducteur magasinier, sous les ordres de l'ingénieur en chef, et un piqueur garde-magasin.

Art. 12. — Les dessins et expéditions seront faits, tant à Saïgon que dans les services de circonscription, par un certain nombre d'employés secondaires, qui sera déterminé ultérieurement. Ces agents ne pourront être admis qu'après avoir subi l'examen prescrit pour l'admission au même grade dans le service métropolitain.

Un délai d'un an est accordé aux commis auxiliaires actuellement employés comme dessinateurs et expéditionnaires pour passer cet examen, sous peine d'exclusion du service.

Art. 13. — L'emploi de surveillant titulaire de travaux publics est supprimé en principe. Il est accordé aux surveillants actuels un délai de deux années pour subir l'examen d'admission au grade de piqueur; faute par eux d'avoir rempli cette condition dans le délai imposé, ils seront exclus du service.

Art 14. — La comptabilité de l'ingénieur en chef, de l'ingénieur ordinaire, de l'architecte des bâtiments civils et des conducteurs, sera tenue conformément à la circulaire du Ministre des travaux publics en date du 25 octobre 1851.

Les pièces dont l'envoi périodique au préfet est prescrit par cette circulaire, seront adressées aux mêmes époques à la Direction de l'Intérieur.

Art. 15. — On se conformera, dans chaque section et au bureau de l'ingénieur en chef, à la circulaire du Ministre des travaux publics en date du 28 juillet 1852, sur la tenue des bureaux.

Art. 16. — Dans les cas d'urgence, et lorsqu'il ne sera pas possible d'en référer à la Direction de l'Intérieur, l'administrateur, sous sa responsabilité, pourra prescrire au chef de brigade de son arrondissement tels travaux dont l'exécution immédiate lui paraîtra indispensable.

Art. 17. — Il ne sera créé à titre définitif aucun emploi entraînant augmentation de dépense jusqu'à la convocation du Conseil colonial.

LE MYRE DE VILERS.

(12 septembre 1879)

**CIRC. D. I.** *Notification de l'arrêté du 18 août 1879 portant réorganisation du service des travaux publics.*

BAT. II, p. 733.
B. D. I, p. 91.

Un arrêté du Gouverneur en Conseil privé, daté du 18 août 1879 et inséré au *Journal officiel* de la colonie du 23 du même mois, place dans les attributions du service des travaux publics, sous l'autorité de l'ingénieur en chef, résidant à Saïgon, l'étude et l'exécution des travaux de toute nature à la charge de la colonie.

En présence de l'accroissement constant des recettes budgétaires, accroissement qui nous permettra de consacrer des sommes considérables aux ouvrages d'utilité publique, il était nécessaire de confier cet important service à des agents spéciaux, d'en centraliser la direction entre les mains d'un chef compétent.

Les dispositions de cet arrêté seront mises en vigueur le 1er octobre prochain. Vous n'aurez donc plus, à partir de cette date, à vous occuper de la direction et de l'exécution des travaux publics, et vous remettrez ceux qui se trouveraient en cours d'achèvement à l'agent qui sera désigné par M. l'ingénieur en chef pour résider dans votre arrondissement. Vous voudrez bien m'en rendre compte dans un rapport spécial.

Mais si cette séparation d'attributions vous dispense d'intervenir dans les questions techniques relatives aux travaux, de donner des ordres directs à des agents qui ont leur responsabilité, leur hiérarchie, et de chefs avec lesquels ils correspondent sans intermédiaire, elle ne vous enlève pas le droit de contrôle général qui est la prérogative du représentant de l'Administration.

Vous aurez donc toujours à exercer sur ce service, comme sur tous les autres, la haute surveillance qui vous incombe comme chef de l'arrondissement, et vous me rendrez compte directement, soit dans vos rapports mensuels, soit par des rapports spéciaux, de la marche et de la situation générale de ce service, et de tous les faits qui vous sembleront mériter une mention particulière.

Vous serez d'ailleurs consulté sur l'opportunité et la convenance des travaux, au point de vue des intérêts de la population et de la bonne administration du pays. Votre présence à toutes les réceptions d'ouvrages neufs intéressant votre arrondissement, sera une garantie de leur parfaite appropriation à leur destination prévue. En outre, votre connaissance des lieux et des habitants d'une part, et de l'autre les connaissances spéciales de l'agent des travaux publics, avec lequel vous pourrez être journellement en rapport, faciliteront l'étude des projets, amèneront la marche régulière des travaux et l'entretien des ouvrages existants.

M. le Gouverneur compte que vous emploierez tout votre zèle pour aider, en ce qui vous concerne, au bon fonctionnement du nouveau service, dont il attend les meilleurs résultats.

Je vous prie de m'accuser réception de la présente circulaire et de m'adresser en même temps un état apprécié des matériaux, outils ou apparaux que vous pouvez avoir, soit en approvisionnement, soit en service, et qui vous deviendront inutiles par suite de cette nouvelle mesure. Je prendrai des dispositions pour vous en faire décharger et les faire prendre en recette par l'agent de votre arrondissement.

BÉLIARD.

(23 janvier 1882)

**A. G.** *complétant celui du 18 août 1879, sur la réorganisation du service des travaux publics en Cochinchine.*

B. C., p. 49.

Article premier. — Les deux derniers paragraphes de l'article 5 de l'arrêté du 18 août 1879, sont complétés ainsi qu'il suit :

« La brigade de Cholon et les brigades d'inspections seront dirigées chacune » par un ingénieur ou conducteur faisant fonctions, portant le titre d'ingénieur de » circonscription, ayant résidence fixe soit à Cholon, soit dans une des villes de » chaque inspection, et ayant pour l'étude des projets, la surveillance des travaux » et la tenue de la comptabilité, les attributions des ingénieurs ordinaires en France.

» Un conducteur ou un piqueur résidera dans chaque arrondissement et portera, » selon son grade, le titre d'agent ou de sous-agent d'arrondissement; il sera sous » les ordres directs de l'ingénieur de la circonscription dont relève l'arrondisse» ment. »

Art. 2. — Le second paragraphe de l'article 6 est supprimé.

Art. 3. — L'article 8 est complété ainsi quil suit :

« Il pourra être détaché dans l'intérieur, pour les études des travaux neufs extra» ordinaires ou pour la surveillance des travaux sur les chantiers importants, un » ou plusieurs conducteurs ou piqueurs de la brigade de Saïgon, qui seront placés » sous les ordres des agents d'arrondissement. »

Art. 4. — L'article 10 est complété ainsi qu'il suit :

« La réception des travaux neufs de toute nature sera faite, après avis à l'in» spection, en présence de l'administrateur de l'arrondissement, de l'ingénieur de » la circonscription et du délégué spécial du chef du service. »

Art. 5. — L'article 11 est complété ainsi qu'il suit :

« Le service de correspondance, d'ordre et de comptabilité comprendra :

» 1° Sous les ordres immédiats du directeur des travaux publics, un chef du » secrétariat et deux secrétaires, un chef comptable et un aide comptable, un con» ducteur-magasinier et un piqueur garde-magasin.

» 2° Sous les ordres immédiats de l'architecte, chef du service des bâtiments civils, » un architecte adjoint, un comptable.

» 3° Sous les ordres immédiats de l'ingénieur, chef du service des ponts et » chaussées, un sous-ingénieur, un conducteur comptable.

» 4° Sous les ordres immédiats de chacun des ingénieurs de circonscription, un » conducteur secrétaire, un aide-comptable. »

LE MYRE DE VILERS.

(29 juillet 1884)

**A. G.** *portant que le directeur du service des travaux publics liquidera et ordonnancera les dépenses de toute nature du service placé sous ses ordres.*

B. C., p. 283.

Article premier. — Le directeur des travaux publics liquidera et ordonnancera, par délégation du Directeur de l'Intérieur, les dépenses de toute nature des diverses parties du service placé sous ses ordres.

Art. 2. — M. le directeur des travaux publics recevra mensuellement du Directeur de l'Intérieur ouverture des crédits qui seront présumés nécessaires pour faire face aux dépenses du mois suivant. Les demandes qu'il adressera à cet effet seront appuyées d'une situation présentant tous les éléments d'appréciation et notamment le montant des droits constatés des dépenses mandatées et des crédits délégués depuis l'ouverture de l'exercice. Elles devront parvenir à la direction de l'Intérieur le 15 de chaque mois ; un bordereau sommaire des dépenses ordonnancées et des payements effectués sera, en outre, fourni à la date du dernier jour de chaque mois, au Directeur de l'Intérieur, qui en fera la centralisation avec les autres dépenses du budget local.

Art. 3. — Par suite de la même délégation, le directeur des travaux publics passera, dans les formes et sous les conditions réglementaires, les marchés et procédera aux adjudications concernant son service.

Ces contrats seront soumis, par le Directeur de l'Intérieur, à l'approbation du Gouverneur, en Conseil privé.

Art. 4. — Le présent arrêté sera rendu exécutoire à partir du 1er août 1884.

CHARLES THOMSON.

(11 mars 1886)

**A. G.** *modifiant certaines dispositions des arrêtés des 18 août 1879 et 23 janvier 1882 sur l'organisation du service des travaux publics.*

B. C., p. 90.
J. C., p. 369.

Article premier. — L'organisation du service des travaux publics, telle qu'elle a été réglée par les arrêtés des 18 août 1879 et 23 janvier 1882, est modifiée ainsi qu'il suit :

Art. 2. — Les circonscriptions créées par l'arrêté du 23 janvier 1881, sont supprimées.

Art. 3. — Les conducteurs chargés des services d'arrondissements correspondront, à l'avenir, directement avec l'ingénieur, chef du service des ponts et chaussées.

Ils enverront en conséquence, à ce fonctionnaire, toutes les pièces périodiques et autres, qu'ils adressaient précédemment à l'ingénieur de la circonscription à laquelle ils appartenaient.

Art. 4. — Les conducteurs attachés spécialement au service des bâtiments civils prendront désormais les titres d'inspecteurs ou sous-inspecteurs des bâtiments civils, suivant leurs grades, savoir :

Le conducteur principal aura grade d'inspecteur de 1re classe ;

Le conducteur de 1re classe aura grade d'inspecteur de 2e classe ;

Le conducteur de 2e classe aura grade de sous-inspecteur de 1re classe ;

Le conducteur de 3e classe aura grade de sous-inspecteur de 2e classe.

Art. 5. — Le nombre d'inspecteurs ou sous-inspecteurs variera suivant les besoins du service, besoins dont l'importance est laissée à l'appréciation du Directeur des travaux publics.

Art. 6. — Le conducteur de 1re classe chargé de l'atelier de sculpture, prendra désormais le titre de sculpteur, et le conducteur de 4e classe attaché à ce même atelier, celui de sculpteur adjoint.

Art. 7. — Il est créé, pour fonctionner à partir du 1er janvier 1886, un emploi de contrôleur inspecteur des bâtiments civils, dont le titulaire aura pour fonctions le contrôle et la surveillance des travaux des bâtiments civils, tant au point de vue de l'exécution qu'au point de vue de la tenue de la comptabilité.

Art. 8. — Les dispositions des arrêtés des 18 août 1879 et 23 janvier 1882, auxquelles il n'est pas apporté de modifications par le présent arrêté, restent en vigueur.

BÉGIN.

(18 septembre 1886)

**A. G.** *rétablissant les circonscriptions relevant du service des travaux publics supprimées par l'arrêté du 11 mars 1886.*

B. C., p. 296.

Article premier. — Les circonscriptions supprimées par l'arrêté du 11 mars 1886 sont rétablies.

Art. 2. — Ces circonscriptions seront au nombre de cinq et comprendront respectivement les arrondissements ci-après :

PREMIÈRE CIRCONSCRIPTION. — *Résidence Bienhoa.*

Baria, Bienhoa, Thudaumot, Giadinh, Tayninh.

DEUXIÈME CIRCONSCRIPTION. — *Résidence Mytho.*

Cholon, Tanan, Gocong, Mytho.

TROISIÈME CIRCONSCRIPTION. — *Résidence Vinhlong.*

Bentré, Travinh, Vinhlong, Sadec.

QUATRIÈME CIRCONSCRIPTION. — *Résidence Soctrang.*

Longxuyen, Cantho, Soctrang, Baclieu.

CINQUIÈME CIRCONSCRIPTION. — *Résidence Chaudoc.*

Chaudoc, Hatien, Rachgia.

FILIPPINI.

(3 mars 1887)

**CIRC. TRAV. P.** *Instruction concernant l'application de l'arrêté du 18 septembre 1886 rétablissant des circonscriptions des travaux publics.*

J. C., p. 292.

J'ai l'honneur de vous transmettre copie de la décision de M. le Gouverneur nommant à la direction des circonscriptions des travaux publics qui viennent d'être rétablies :

MM. Cimper, à Bienhoa; Lecocq, à Mytho; Henry, à Vinhlong; Mathis, à Soctrang; Écalle, à Chaudoc, en vous priant de prendre les dispositions nécessaires pour assurer, à bref délai, le fonctionnement de ces nouveaux services. Toutefois, l'expérience aussi bien que la pénurie du personnel, devant faire différer sensiblement cette nouvelle organisation de celle qui fut appliquée en 1882, je vais entrer dans quelques détails, afin d'expliquer autant que possible, comment j'entends utiliser la présence de nos nouveaux représentants dans l'Intérieur.

En première ligne, je signalerai la nécessité du *contrôle incessant* à exercer dans chaque arrondissement pour assurer l'emploi *effectif, régulier et judicieux* des crédits, la bonne exécution des travaux aussi bien neufs que de grosses réparations et d'entretien, l'établissement régulier des métrés, l'examen et l'admission en recette de tous les matériaux avant leur emploi, toutes les réceptions de travaux, l'étude exacte des améliorations à proposer, enfin l'implantation des ouvrages d'art qui trop souvent, pour avoir été laissés à l'initiative d'un agent inexpérimenté ou peu soucieux de son devoir, a donné lieu à de justes critiques.

En ce qui concerne la comptabilité, *elle continuerait à être tenue comme actuellement au bureau central de Saïgon*, avec cette seule différence que le conducteur, qui ne devra désormais correspondre qu'avec son chef de circonscription, lui adressera la comptabilité de son arrondissement qui, après examen et visa, sera transmise aux chefs de service.

Un simple registre *d'enregistrement sommaire* permettra au chef de circonscription de suivre l'expédition des règlements, d'en conserver la trace utile et de se rendre toujours compte de la situation des crédits.

Sa vérification ne devra porter au surplus et en général que sur l'exactitude des facteurs ou autres éléments de calculs, hors de la portée du comptable, ce qui permettra une plus prompte expédition au chef-lieu.

Souvent les chefs du service ont eu à se plaindre de retards apportés dans l'étude ou dans l'expédition des affaires, mais l'agent d'arrondissement a pu toujours se targuer de la surcharge causée par l'un des deux services (ponts et chaussées ou bâtiments civils) pour échapper à une remontrance méritée. Cette anomalie disparaîtra par la centralisation du contrôle de la circonscription.

D'autre part, MM. les Chefs de circonscription devront prévoir, par la surveillance des chantiers, les retards probables dans l'exécution des marchés, nous en prévenir, adresser des ordres de rappel aux entrepreneurs, et provoquer au besoin l'application de la régie dans les délais normaux.

Les agents d'arrondissements continueront à expédier leurs rapports de quinzaine qui seront soigneusement apostillés par MM. les Chefs de circonscription, et ceux-ci devront adresser aux chefs de service un rapport général et mensuel sur la marche des arrondissements, l'état des voies de communication et des bâtiments, le degré d'avancement des travaux, la tenue du personnel, en un mot ce dernier rapport devra être aussi complet que possible, en relatant tout ce qui a trait au service et pourra au besoin être communiqué à M. le Directeur de l'Intérieur.

De tout ce qui précède, il résulte que le chef de circonscription ne devra passer à son bureau que le temps strictement nécessaire à l'examen et à la transmission des affaires. Il devra être pourvu d'un registre d'ordre, d'un registre de correspondance, d'un livre d'enregistrement des pièces de comptabilité, et un seul copiste ou expéditionnaire journalier lui sera adjoint.

L'arrondissement du siège de la circonscription devra, de préférence, être tenu par un piqueur ou agent secondaire agissant sous le contrôle direct et immédiat du chef de circonscription, cette combinaison devant permettre de former des agents qui, à un moment donné, pourraient être livrés à eux-mêmes et détachés dans les différents postes de la colonie.

Dans cet ordre d'idées, il conviendrait que MM. les Chefs de circonscription fassent tous leurs efforts pour développer chez les agents subalternes, le goût du travail et le désir d'acquérir les connaissances théoriques et pratiques qui leur manquent; à cet effet, ils leur indiqueront les ouvrages spéciaux qu'ils doivent consulter; à chaque tournée, se rendront compte par un examen rapide des connaissances qu'ils auront acquises, et vous signaleront les agents méritants et travailleurs en état de subir, avec succès, les examens de piqueur ou de conducteur.

Je ne terminerai pas, M. le Chef de service, sans appeler votre attention sur l'attitude que devront avoir les chefs de circonscription à l'égard de MM. les Administrateurs, ceux-ci pouvant toujours, ainsi que cela résulte des instructions de M. le Directeur de l'Intérieur, exercer sur l'ensemble du service de leur arrondissement respectif, le contrôle administratif qui pour eux est un droit et un devoir, MM. les Chefs de circonscription ne devront sentir aucun froissement par suite de ce contrôle *et le faciliter même autant que possible;* le but à atteindre étant le même pour les deux fonctionnaires, et le mobile de chacun, les intérêts de la colonie, les besoins du service Ils devront en outre, prêter leur concours au service régional chaque fois qu'un administrateur en manifestera le désir; mais seulement dans ce cas et sans jamais *s'ingérer d'initiative* dans ce qui n'a pas trait à leur service propre.

J'espère que cette nouvelle organisation assurera la bonne tenue des arrondissements et qu'il ne nous sera plus donné, désormais, d'avoir à relever certains faits regrettables, tant au point de vue du prestige du personnel que de la marche régulière du service.

A. Foulhoux.

(22 novembre 1887)

**A. L. G.** *supprimant les circonscriptions établies par arrêté du 18 septembre 1886.*

B. C., p. 800.
J. C., p. 1093.

Article premier. — Les circonscriptions établies par arrêté du 18 septembre 1886 sont supprimées.

Art. 2. — Les conducteurs chargés des services d'arrondissement correspondront, à l'avenir, directement avec l'ingénieur, chef du service des ponts et chaussées, pour toutes les affaires de service.

PIQUET.

(24 décembre 1887)

**A. L. G.** *rapportant l'arrêté du 29 juillet 1884, portant que le directeur des travaux publics liquidera et ordonnancera par délégation du Directeur de l'Intérieur, les dépenses de toute nature des diverses parties du service placé sous ses ordres. Ce soin incombera désormais à l'administration centrale.*

B. C., 1888, p. 6.
J. C., 1888, p. 3.

Article premier. — Est rapporté l'arrêté du 29 juillet 1884, portant que le Directeur des travaux publics liquidera et ordonnancera, par délégation du Directeur de l'Intérieur, les dépenses de toute nature des diverses parties du service placé sous ses ordres.

Art. 2. — La liquidation et le mandatement de toutes les dépenses du personnel et du matériel de ce service sont, comme par le passé, confiés au représentant de l'Administration centrale.

Art. 3. — La passation des marchés et des adjudications dans les formes et sous les conditions réglementaires est, par suite, réunie dans les mains de l'Administrateur principal, délégué du Lieutenant-Gouverneur.

Art. 4. — Le présent arrêté sera rendu exécutoire à partir du 1er janvier 1888.

PIQUET.

## II. — PERSONNEL

| NATURE DES DOCUMENTS | DATES | RECUEILS A CONSULTER | | | | | | | OBSERVATIONS |
|---|---|---|---|---|---|---|---|---|---|
| | | Bat. | B.C. | B.D.I. | J.C. | J.H. | B.M. | B.Col. | |
| Décret | 23 septembre 1873. | | | | | | 340 | | |
| Dép. M. | 14 juillet 1875. | II-727 | | | | | | | |
| A. G. | 3 mars 1877. | II-726 | 77 | | | | | | |
| D. G. | 12 avril 1877. | | 104 | | | | | | |
| Dép. M. | 4 septembre 1878. | II-726 | | | | | | | |
| Dép. M. | 25 octobre 1878. | II-727 | | | | | | | |
| A. G. | 10 mars 1879. | II-729 | 83 | | | | | | |
| A. G. | 17 mars 1879. | II-729 | 101 | | | | | | |
| A. G. | 17 mars 1879. | II-731 | 103 | | | | | | |
| Dép. M. | 1er mai 1879. | II-732 | | | | | | | |
| D. G. | 10 novembre 1879. | II-736 | 435 | | | | | | |
| O. Trav. P. | 5 janvier 1880. | | 9 | | | | | | |
| Dép. M. | 12 mars 1880. | | | | | | | | |
| Dép. M. | 2 avril 1880. | | | | | | | | |
| A. G. | 5 avril 1880. | | 186 | | | | | | |
| D. G. | 1er juin 1880. | | 111 | | | | | | |
| Dép. M. | 7 septembre 1880. | | | | | | | | |
| A. G. | 30 octobre 1880. | | 514 | | | | | | |
| A. G. | 18 juillet 1881. | | 314 | | | | | | |
| A. G. | 21 mars 1882. | | 145 | | | | | | |
| Décret. | 11 janvier 1884. | | 81 | | | | | | |

## II. — PERSONNEL *(suite)*

| NATURE DES DOCUMENTS | DATES | RECUEILS A CONSULTER | | | | | | | OBSERVATIONS |
|---|---|---|---|---|---|---|---|---|---|
| | | Bat. | B.C. | B.D.I. | J. C. | J. H. | B. M. | B.Col | |
| Dép. M. | 23 février 1884. | | 80 | | | | | | |
| Dép. M. | 13 mai 1885. | | | | | | | | |
| Dép. M. | 19 mars 1886. | | | | | | | | |
| Dép. M. | 13 juillet 1886. | | | | | | | | |
| A. G. | 13 août 1887. | | 584 | | 827 | | | | |
| A. G. G. | 10 janvier 1888. | | | | 74 | | | | |
| Circ. G. G. | 10 janvier 1888. | | | | 74 | | | | |

(23 septembre 1873)

**DÉCRET** *réglant l'assimilation avec le personnel métropolitain des ponts et chaussées des fonctionnaires et agents employés aux travaux publics des colonies* (1).

B. M., p. 340.

(14 juillet 1875)

**DÉP. M.** *Fixation des traitements et allocations des ingénieurs et sous-ingénieurs, des conducteurs et autres agents du cadre métropolitain envoyés de France pour être employés aux colonies.*

BAT. II, p. 727.

Vous avez vu, par le décret du 23 septembre 1873, que l'assimilation des ingénieurs et sous-ingénieurs coloniaux, des conducteurs des travaux et autres agents du même service aux colonies, a été déterminée d'après les grades correspondant à ceux des agents du cadre métropolitain des ponts et chaussées. Par suite, la solde d'Europe des agents du cadre colonial a été fixée d'après la solde de grade attribuée aux ingénieurs et conducteurs appartenant à l'administration des travaux publics.

Les traitements et allocations auxquels ces employés et agents ont droit sur le pied colonial, continueront à être déterminés par les administrations locales d'après les règlements en vigueur.

Toutefois, je dois vous faire connaître que, de concert avec le Département des travaux publics, il a été entendu que les employés et agents du cadre métropolitain, qui seraient envoyés de France pour être employés aux colonies, seraient traités, sous le rapport de la solde, d'après les fixations du tableau ci-après, c'est-à-dire qu'il leur a été alloué, outre la solde de grade ou d'Europe, un supplément colonial égal et une indemnité pour frais de tournées, de bureau, etc. Cette indemnité est de 3.800 francs pour les ingénieurs et sous-ingénieurs, ou faisant fonctions; de 1.600, 2.000 et 2.400 francs pour les conducteurs, suivant le grade, et de 1.060 francs pour les agents secondaires :

| GRADES | SOLDE de GRADE | SUPPLÉMENT COLONIAL | INDEMNITÉ pour frais de tournées, de bureau, etc. | TOTAL | OBSERVATIONS |
|---|---|---|---|---|---|
| | Francs | Francs | Francs | Francs | |
| Ingénieurs ordinaires des ponts et chaussées de 2e classe | 5,500 (2) | 5,500 | 3,800 | 14,800 | La retenue à opérer est de 5 p. 100 sur la solde de grade et 3 p. 100 sur le traitement colonial et l'indemnité pour frais de service. La retenue du 1er douzième est à effectuer également en cas de nomination ou d'avancement. |
| Sous-ingénieurs | 3,000 | 3,000 | 3,800 | 9,800 | |
| Conducteur principal | 2,800 | 2,800 | 2,400 | 8,000 | |
| Conducteur embrigadé de 1re classe | 2,400 | 2,400 | 2,400 | 7,200 | |
| Conducteur embrigadé de 2e classe | 2,100 | 2,100 | 2,000 | 6,200 | |
| Conducteur embrigadé de 3e classe | 1,800 | 1,800 | 2,000 | 5,600 | |
| Conducteur embrigadé de 4e classe | 1,600 | 1,600 | 2,000 | 5,200 | |
| Conducteur auxiliaire | 1,400 | 1,400 | 1,600 | 4,400 | |
| Agent secondaire de 1re classe | 1,200 | 1,200 | 1,060 | 3,460 | |
| Agent secondaire de 2e classe | 1,000 | 1,000 | 1,060 | 3,060 | |

Il m'a paru équitable d'ailleurs de faire, autant que possible, l'application du même tarif aux employés et agents des ponts et chaussées que j'ai nommés ici au titre colonial.

Je dois, en terminant, vous faire connaître les dispositions qui ont été concertées avec le Département des travaux publics, relativement aux ingénieurs et conducteurs embrigadés, appelés à servir aux colonies.

Pendant la durée de leurs services hors de France, les fonctionnaires et agents du cadre métropolitain ne cesseront pas de concourir à l'avancement avec leurs collègues, et, dans ce but, ils seront l'objet de notes individuelles qui devront m'être adressées semestriellement, pour être transmises à M. le Ministre des travaux publics.

Toute proposition d'avancement faite en leur faveur sera soumise par mon intermédiaire à mon collègue, à qui il appartient d'en examiner le mérite et d'y donner suite, s'il y a lieu, dans les conditions prescrites par les règlements.

Quant aux agents qui, en cas de maladie grave contractée aux colonies, seront obligés de rentrer en France, ils ne seront pas remis à la disposition des travaux publics à compter du jour de leur débarquement, mais il leur sera accordé, pour le rétablissement de leur santé, des congés de

(1) V. *infrà*, Dép. M., 14 juillet 1875, 25 octobre 1878 et 1er mai 1879.

(2) La solde de grade d'un ingénieur ordinaire de 2e classe est de 3,500 fr.; par suite d'une erreur matérielle cette solde a été portée à 5,000 fr. V. *infrà*, dép. m., 25 octobre 1878.

convalescence dans les limites fixées à cet égard par les règlements. Dans cette situation, leur solde de grade restera à la charge de la colonie jusqu'au jour de leur réintégration dans le service métropolitain.

Enfin, lorsque des ingénieurs, conducteurs et agents des ponts et chaussées de ce service, employés comme détachés aux colonies, auront reçu du Département des travaux publics un avancement en classe, leur traitement sera augmenté à dater du jour de la décision ministérielle, d'après le tarif ci-dessus.

BENOIST D'AZY.

(3 mars 1877).

**A. G.** *fixant la solde et les allocations diverses des conducteurs et piqueurs du service des travaux publics.*

BAT. II, p. 726.
B. C., p. 77.

Article premier. — Les soldes et les allocations diverses des conducteurs et piqueurs des travaux publics sont fixées comme suit :

| Grade | Élément | | | Total |
|---|---|---|---|---|
| Conducteurs principaux...... | Solde d'Europe..... | | 2.800 | 8.300 fr. |
| | Supplément colonial..... | | 2.800 | |
| | Allocations pour frais de tournées, de bureau, etc. | | 2.700 | |
| Conducteurs de 1re classe..... | Solde d'Europe..... | | 2.400 | 7.400 fr. |
| | Supplément colonial..... | | 2.409 | |
| | Allocations pour frais de tournées, de bureau, etc. | | 2.600 | |
| Conducteurs de 2e classe...... | Solde d'Europe..... | | 2.100 | 6.400 fr. |
| | Supplément colonial..... | | 2.100 | |
| | Allocations pour frais de tournées, de bureau, etc. | | 2.200 | |
| Conducteurs de 3e classe..... | Solde d'Europe..... | | 1.800 | 5.600 fr. |
| | Supplément colonial..... | | 1.800 | |
| | Allocations pour frais de tournées, de bureau, etc. | | 2.000 | |
| Conducteurs de 4e classe...... | Solde d'Europe..... | | 1.500 | 5.000 fr. |
| | Supplément colonial..... | | 1.500 | |
| | Allocations pour frais de tournées, de bureau, etc. | | 2.000 | |
| Piqueurs de 1re classe..... | Solde d'Europe..... | 1.200 | 1.500 | 4.060 fr. |
| | Complément de solde..... | 300 | | |
| | Supplément colonial..... | | 1.500 | |
| | Indemnités de vivres et de logement..... | | 1.060 | |
| Piqueurs...... de 2e classe...... | Solde d'Europe..... | 1.000 | 1.200 | 3.460 fr. |
| | Complément de solde..... | 200 | | |
| | Supplément colonial..... | | 1.200 | |
| | Indemnités de vivres et de logement..... | | 1.060 | |

DUPERRÉ.

(12 avril 1877)

**D. G.** *allouant une indemnité journalière de 6 francs nets* (1) *aux conducteurs des travaux publics chargés de la surveillance ou de la direction des travaux dans l'intérieur.*

B. C., p. 104.

(4 septembre 1878)

**DÉP. M.** *prescrivant l'envoi des notes signalétiques des ingénieurs et conducteurs des ponts et chaussées du cadre métropolitain détachés aux colonies* (2).

BAT. II, p. 726.

(25 octobre 1878)

**DÉP. M.** *rectifiant l'erreur matérielle commise dans la Dép. M. du 14 juillet 1875 concernant les traitements et allocations des ingénieurs et sous-ingénieurs des conducteurs et autres agents du cadre métropolitain, envoyés de France pour être employés aux colonies.*

BAT. II, p. 727.

Aux termes du décret du 23 septembre 1873, le traitement d'Europe des employés et agents du

(1) Supp. V. *infrà*, A. G., 10 mars 1879.
(2) V. Notes.

service des ponts et chaussées du cadre colonial est représenté par la solde du grade du personnel métropolitain dégagé de tous frais accessoires.

Il en résulte que l'ingénieur colonial qui a été assimilé à un ingénieur ordinaire de 2e classe doit avoir, comme traitement d'Europe, la solde de grade de celui-ci, laquelle est de 3.500 francs

Or, j'ai eu lieu de constater que, par suite d'une erreur matérielle qui a été commise dans la dépêche ministérielle du 14 juillet 1875, cette solde a été portée à 5.500 francs.

C'est là une erreur qu'il importe de rectifier, d'autant plus que c'est le traitement d'Europe qui sert de base à la liquidation de la pension de retraite, et je vous prie de vouloir bien donner des ordres en conséquence.

Comme complément de ces dispositions, je m'occupe d'examiner les modifications qu'elles pourraient comporter pour les chefs de service des ponts et chaussées ou pour les ingénieurs coloniaux qui en remplissent les fonctions.

A. POTHUAU.

(10 mars 1879)

**A. G.** *allouant aux conducteurs détachés hors Saïgon, sauf celui en résidence fixé à Cholon, une indemnité égale à la moitié de leur traitement* (1).

BAT. II, p. 729.

B. C., p. 83.

Article premier. — Les conducteurs détachés hors Saïgon, sauf celui qui sera en résidence fixe à Cholon, pourront recevoir, durant leur séjour dans la colonie, une indemnité égale à la moitié de leur traitement pendant le même temps. Cette indemnité sera calculée sur la solde proprement dite et non sur les frais de service.

Art. 2. — La dépense sera imputée sur les crédits ouverts au budget pour l'exécution des travaux qui auront motivé ces déplacements.

J. LAFONT.

(17 mars 1879)

**A. G.** *Réorganisation du personnel du service des travaux publics. — Programme des examens à subir par les candidats aux emplois de conducteurs et de piqueurs coloniaux. — Coefficient. — Commission d'examen. — Cadre des commis auxiliaires des travaux publics (dessinateurs expéditionnaires... etc...). — Cadre des surveillants.*

BAT. II, p. 729.

B. C., p. 101.

Article premier. — Les emplois de conducteurs et de piqueurs coloniaux ne seront désormais attribués qu'aux agents ayant subi avec succès un examen portant sur les matières ci-après :

*1° Pour l'admission au grade de piqueur colonial :*

| | | |
|---|---|---|
| Principes de la langue française; orthographe | Coefficient | 4 |
| Rédaction | — | 2 |
| Écriture nette et lisible | — | 4 |
| Éléments d'arithmétique | — | 4 |
| Eléments de géométrie ; mesure pratique des surfaces et des volumes. | — | 3 |
| Système métrique | — | 5 |
| Principes de dessin linéaire | — | 3 |
| Principes élémentaires du levé des plans | — | 2 |
| Notions sur la qualité des matériaux de construction et sur la pratique des travaux | — | 3 |

*2° Pour l'admission au grade de conducteur colonial :*

| | | |
|---|---|---|
| Langue française; orthographe | Coefficient | 4 |
| Écriture | — | 4 |
| Rédaction sur un sujet de travaux publics | — | 3 |
| Arithmétique | — | 5 |
| Logarithmes | — | 2 |
| Géométrie plane et de l'espace | — | 5 |

(1) V. *infrà*, A. G., 18 juillet 1881.

| | | |
|---|---|---|
| Géométrie descriptive | Coefficient | 3 |
| Notions de trigonométrie | — | 2 |
| Mécanique appliquée aux travaux, levier, treuil, poulies, plans inclinés, cabestan, etc.; notions sur les machines à vapeur | — | 2 |
| Maniement et réglage des instruments ; levé de plan et de nivellement ; coefficients (partie orale) | — | 2 |
| Application sur le terrain | — | 4 |
| Construction et entretien des routes ; calcul des terrassements ; composition d'un projet de route, qualités des matériaux employés aux travaux ; composition des mortiers ; façons des maçonneries. | — | 6 |
| Notions élémentaires sur la résistance des matériaux ; fondations : d'une maison, d'un pont, d'un mur de quai, appontements en rivière | — | 3 |
| Fondations sur sable sec, sur sable aquifère, sur vase, exécution des pilotis ; composition générale d'un projet de travaux | — | 2 |
| Comptabilité ; carnet ; sommier ; situations mensuelles ; feuilles d'attachements ; décomptes | — | 3 |
| Dessin et lavis | — | 3 |

Il sera tenu compte des aptitudes spéciales, des services antérieurs, de la conduite, etc., des candidats. Une note, dont le coefficient est fixé à 4, leur sera donnée par le chef de service.

Art. 2. — La commission d'examen sera composée ainsi qu'il suit :

Le chef du service des travaux publics, *président ;*

L'architecte, chef de la section des bâtiments civils ;

Un conducteur principal de la section des ponts et chaussées ;

Un chef de bureau de la Direction de l'Intérieur, désigné par M. le Directeur ;

L'ingénieur chargé des travaux hydrauliques de la marine ;

Un capitaine du génie ou de l'artillerie de marine, désigné par le Gouverneur.

Le programme détaillé des épreuves sera publié en même temps que l'arrêté fixant la date du concours.

Art. 3. — Les candidats recevront pour chaque division du programme une note de mérite variable, de 0 à 20. Le produit de ces notes, par le coefficient attribué à chaque matière, déterminera le nombre des points obtenus par les candidats. Le minimum obligatoire des notes à obtenir est fixé à 8 pour chaque matière et à 13 pour l'ensemble de l'examen. Les conditions accessoires exigibles pour être admis à concourir seront ultérieurement fixées par un arrêté spécial.

Art. 4. — Les nominations aux emplois de conducteurs et de piqueurs coloniaux seront faites par le Gouverneur, suivant les besoins du service, et attribuées dans l'ordre de mérite aux candidats reconnus admissibles.

Art. 5. — Les conducteurs métropolitains appelés à servir en Cochinchine seront classés dans le cadre de la colonie à la classe immédiatement supérieure à celle qu'ils occupent en France ; toutefois cet avantage ne leur sera accordé que sur les attestations favorables de leurs derniers chefs de service, ou, à défaut de ces références, après une épreuve satisfaisante de trois mois de service dans la colonie. Cette disposition, prise à titre d'encouragement, ne fait pas obstacle aux abaissements de classe motivés par l'inconduite, l'insubordination, l'insuffisance des services ou toute faute grave des conducteurs.

Art. 6. — Les agents employés à titre permanent dans les bureaux en qualité de dessinateurs, expéditionnaires, etc., prendront le titre de commis auxiliaires des travaux publics.

Art. 7. — Par suite, le cadre du personnel des bureaux du service des travaux publics est fixé comme il suit :

| | |
|---|---|
| Un commis d'ordre, solde annuelle | 6.000 fr. 00 |
| Un comptable de première classe, *idem* | 5.500 00 |

| | | |
|---|---|---|
| Un comptable de 2e classe, à | 3.000 fr. 00 | Indemnités de vivres et de logement. |
| Deux commis auxiliaires de 1re classe, à | 2.400 00 | |
| Cinq commis auxiliaires de 2e classe, à | 1.800 00 | |
| Un commis auxiliaire de 3e classe, à | 1 200 00 | |

Trois commis auxiliaires de 4e classe (asiatiques) à 1.200 francs, sans indemnités.

Et le cadre des surveillants est modifié comme suit :

| | | |
|---|---|---|
| Surveillants de 1re classe | 6 | au lieu de 8 |
| Surveillants de 2e classe | 5 | — 8 |
| Surveillants de 3e classe | 3 | — 4 |
| Surveillants de 4e classe | 3 | — 6 |

J. LAFONT.

(17 mars 1879)

**A. G.** *Institution de cours spéciaux pour les candidats aux emplois de piqueur et conducteur colonial.*

BAT. II, p. 731.
B. C., p. 103.

Article premier. — Il est institué au service des travaux publics des cours spéciaux pour l'enseignement des connaissances exigées pour l'admission aux emplois de piqueur et conducteur colonial.

Art. 2. — La direction générale de ces cours est confiée à l'ingénieur, chef du service. Les professeurs seront désignés sur sa proposition parmi les chefs de section et conducteurs du service. Ils recevront une indemnité d'un jour de solde par cours effectif.

Le programme détaillé de chaque cours sera présenté par le chef de service et approuvé par le Gouverneur.

Art. 3. — La durée des cours préparatoires au grade de piqueur est fixée à trois mois ; ils seront renouvelés trois fois par an avec intervalle d'un mois.

La durée des cours préparatoires au grade de conducteur sera de cinq mois et demi ; ils seront renouvelés deux fois par an avec intervalle de quinze jours.

Les cours auront lieu chaque soir, de 5 heures et demie à 7 heures, dans les bureaux des travaux publics.

Ces cours seront obligatoires pour les piqueurs et surveillants commissionnés, sauf exemption dûment justifiée.

Des compositions écrites et des interrogations orales auront lieu les dimanches de 9 heures à 10 heures et demie du matin ; un classement par ordre de mérite sera établi à la fin de chaque mois d'après les résultats de ces épreuves.

Art. 4. — Pourront être admises à suivre les cours, les personnes étrangères au service qui en feront la demande à M. le Directeur de l'Intérieur et seront agréées par lui.

J. LAFONT.

(1er mai 1879)

**DÉP. M.** *au sujet du traitement des sous-ingénieurs des ponts et chaussées, des conducteurs et garde-mines principaux et des conducteurs et garde-mines de 1re et de 2e classe. — Traitements qui doivent servir de base à la liquidation des pensions de retraite. — Le supplément colonial reste fixé par les règlements locaux et la Dép. M. du 14 juillet 1875.*

BAT. II, p. 732.

Par un décret rendu sur le rapport de M. le Ministre des travaux publics, le traitement des sous-ingénieurs des ponts et chaussées a été élevé de 3.000 à 3.500 francs, à dater du 1er janvier 1879.

Un autre décret a modifié ainsi qu'il suit, et à partir de la même date, les traitements des conducteurs et gardes-mines principaux, ainsi que ceux des conducteurs et gardes-mines de 1re et de 2e classe.

Ces traitements ont été élevés, pour les conducteurs et gardes-mines principaux, de 2.800 à

3.000 francs ; pour les conducteurs et gardes-mines de 1re classe, de 2.400 à 2.600 francs ; enfin, pour les conducteurs et gardes-mines de 2e classe, de 2.100 à 2.200 francs.

Ce sont ces nouveaux traitements qui doivent désormais servir de base pour la liquidation des pensions de retraite, et qui, par suite, sont passibles de la retenue de 5 p. 100 à exercer suivant les cas, soit au profit de la caisse des pensions civiles (s'il s'agit d'un conducteur embrigadé du cadre métropolitain), soit au profit de la caisse des invalides de la marine (s'il s'agit d'un conducteur du cadre colonial).

Cette nouvelle mesure ne saurait avoir pour conséquence nécessaire d'entraîner une augmentation correspondante dans les soldes coloniales. Ces soldes doivent être considérées comme restant encore actuellement fixées dans les conditions qui ont été déterminées, soit par les règlements locaux, soit par la dépêche du 14 juillet 1875.

Dans le nouvel état de choses, le supplément colonial, quelles que soient les différentes allocations qui le constituent, se trouve représenté par le traitement colonial de la solde d'Europe.

En conséquence, et dans le cas où vous auriez à demander l'envoi de France de conducteurs de ponts et chaussées, je vous prierais de vouloir bien, afin de prévenir toutes réclamations à ce sujet, m'indiquer le chiffre total des émoluments sur pied colonial qui seront à attribuer à ces employés.

JAURÉGUIBERRY.

(10 novembre 1879)

**D. G.** *Programme de l'examen à subir par les candidats aux emplois d'agents secondaires des ponts et chaussées. — Coefficient.*

BAT. II, p. 736.
B. C., p. 435.

Article premier. — L'examen à subir par les candidats aux emplois d'agents secondaires des ponts-et-chaussées, portera sur les matières indiquées dans le programme suivant :

| | Coefficients |
|---|---|
| Principes de la langue française, orthographe | 4 |
| Rédaction | 2 |
| Écriture nette et lisible | 4 |
| Éléments d'arithmétique | 4 |
| Éléments de géométrie ; mesures pratiques des surfaces et des volumes | 3 |
| Système métrique | 5 |

Art. 2. — Les candidats recevront pour chaque division du programme une note de mérite variable de 0 à 20 ; le produit de ces notes, par le coefficient attribué à chaque matière, déterminera le nombre des points obtenus par les candidats ; le minimum obligatoire des notes à obtenir est fixé à 10 pour chaque matière, et le total minimum est fixé à 286 pour l'ensemble de l'examen.

LE MYRE DE VILERS.

(5 janvier 1880)

**ORDRE** *prescrivant que les conducteurs et agents du service des travaux publics porteront divers insignes dans l'exercice de leurs fonctions* (1).

B. C., p. 9.

Les conducteurs et agents du service des travaux publics porteront désormais, dans l'exercice de leurs fonctions, les insignes suivants :

1° Les conducteurs principaux, trois galons en or ;

2° Les conducteurs chefs de circonscription, trois galons, dont un en argent et deux en or ;

3° Les conducteurs et agents voyers d'arrondissement, deux galons d'or ;

4° Les piqueurs faisant fonctions de conducteurs d'arrondissement, deux galons, dont un d'or et un d'argent ;

5° Les piqueurs et agents secondaires, en service ordinaire, un galon d'or.

(1) V. *infrà*, A. G., 30 octobre 1880.

Les galons seront portés exclusivement sur une casquette de drap noir ou bleu, ou sur un casque de la forme réglementaire adoptée dans l'armée.

Les galons seront fixés sur un ruban noir ou bleu, débordant de deux millimètres les bords des galons extrêmes.

Le port des insignes est facultatif à Saïgon; il est obligatoire dans l'intérieur, dans l'exécution d'un service quelconque.

MM. les agents de tous ordres ne perdront pas de vue que cette disposition a pour objet principal de rappeler aux Indigènes le respect dû aux membres d'une administration publique, et que, pour atteindre ce but et assurer leur propre considération, il convient de ne porter les insignes qu'avec le costume correct et digne que comporte leur situation.

Le présent ordre sera mis en vigueur à partir du 15 janvier courant.

THÉVENET.

(12 mars 1880)

**DÉP. M.** *au sujet de la condition d'avancement des conducteurs des ponts et chaussées au cadre métropolitain détachés aux colonies. (Diminution du temps réglementairement en France pour passer d'une classe à la classe supérieure.)*

ARCH. GOUV.

Je me suis préoccupé des moyens d'améliorer, au point de vue de l'avancement, la situation des conducteurs des ponts et chaussées du cadre métropolitain servant aux colonies et qui, dans l'état actuel des choses, sont, à cet égard, soumis aux mêmes règles que leurs collègues employés en France.

J'ai fait valoir, auprès de mon collègue des travaux publics, que les conducteurs détachés de la métropole aux colonies ont des attributions plus étendues que leurs collègues de France, puisqu'ils sont chargés à la fois des travaux relatifs aux ponts et chaussées et de ceux de toute nature concernant les bâtiments civils, et qu'en outre on ne saurait méconnaître que le service aux colonies s'exerce dans des conditions climatériques qui le rendent particulièrement pénible.

J'avais pensé que, par une extension bienveillante des dispositions de la loi du 9 juin 1853 sur les pensions civiles, en vertu desquelles les services civils rendus aux colonies par les fonctionnaires et employés renvoyés de la métropole sont comptés pour moitié en sus de leur durée effective, le temps réglementaire exigé pour passer d'une classe à l'autre pourrait être diminué dans une proportion correspondante, c'est-à-dire qu'il suffirait de seize mois au lieu de deux ans pour passer de la 3e à la 2e classe, et de deux ans au lieu de trois pour passer à la 1re classe et au grade de conducteur principal.

Mais, tout en appréciant la valeur des considérations que j'avais exposées à l'appui de cette demande, M. le Ministre des travaux publics n'a pas pensé qu'il fût possible de modifier, pour l'avancement des agents servant outre-mer, les règles tracées par le décret du 13 octobre 1851. Il a fait remarquer, d'ailleurs, que si leur service s'exerce dans des conditions difficiles, ils reçoivent des émoluments bien supérieurs à la solde de la métropole, et qu'il en résulte également pour eux une bonification de leur pension de retraite.

Cependant, mon collègue a conclu en me déclarant qu'il était tout disposé à accorder aux conducteurs des ponts et chaussées détachés aux colonies, et dès qu'ils réuniront les conditions exigées par le décret du 13 octobre 1851, les avancements de classe que mon Département croira devoir demander pour eux, sans attendre l'époque habituelle des promotions générales. Cette bienveillante décision, qui donne en partie satisfaction aux intentions que j'ai exprimées, ne saurait manquer d'être accueillie avec reconnaissance par les agents du service des ponts et chaussées détachés aux colonies, en raison des plus grandes chances d'avancement qu'elle leur réserve.

J'ai l'honneur de vous prier d'en faire donner connaissance aux personnes intéressées et j'appuierai, lorsqu'il y aura lieu, les propositions conformes que vous jugerez utile de me faire parvenir.

JAURÉGUIBERRY.

(2 avril 1880)

**DÉP. M.** *approuvant l'envoi en Cochinchine d'un ingénieur ordinaire de 2e classe, et des conducteurs de toutes classes, l'accroissement de ce personnel étant justifié.*

ARCH. GOUV.

Par lettre du 21 février dernier, vous m'avez exposé les considérations d'intérêt général qui vous font désirer que le cadre du personnel des travaux publics puisse être, dès à présent, renforcé d'un ingénieur ordinaire de 2e classe et de dix conducteurs embrigadés de toutes classes. Vous m'avez fait part en même temps des avantages de solde et autres que vous vous proposiez d'accorder à ce personnel, en vue d'en assurer le recrutement dans les conditions les plus favorables à la marche du service.

Je reconnais avec vous qu'en raison du développement rationnel que comportent les travaux publics en Cochinchine, de l'importance qu'ils ont déjà acquise et de l'active impulsion que vous comptez leur donner, le cadre actuel de votre personnel des ponts et chaussées est numériquement insuffisant pour faire face à ses obligations multiples. Je n'ai donc aucune objection à présenter contre l'augmentation de personnel que vous demandez et, comme le budget local pour 1880 prévoit les soldes pour les nouveaux agents à désigner, je me suis empressé d'écrire à M. le ministre des travaux publics pour le prier de mettre à ma disposition un ingénieur et dix conducteurs; je lui ai en même temps exprimé le désir que ces employés fussent en mesure de suivre leur destination par le transport du 20 mai prochain.

J'ai donné également connaissance à mon collègue de la situation qui serait faite ou qu'il y aurait lieu de faire, dans votre pensée, aux conducteurs appelés à servir en Cochinchine.

En ce qui concerne l'avancement de classe que vous demandez pour les conducteurs, au moment de leur départ pour la colonie, des précédents m'autorisent à penser que le Département des travaux publics ne se refusera pas à l'accorder à ceux qui réuniront à cet égard les conditions réglementaires, ou dès qu'ils les rempliront.

Ma circulaire du 12 mars dernier, n° 118, vous a fait connaître qu'il en serait de même pour les conducteurs rentrant en France: ils pourront obtenir de l'avancement sur les propositions conformes de l'administration coloniale, mais seulement lorsqu'ils réuniront dans leur grade le temps de stage déterminé par le décret du 13 octobre 1851.

Vous ajoutez que, conformément à l'arrêté du 17 mars 1879, vous proposez de conférer en outre la classe immédiatement supérieure dans le cadre colonial métropolitain, aux conducteurs venant en Cochinchine.

Cette manière de procéder peut, au point de vue des convenances ou des devoirs hiérarchiques, donner lieu à des difficultés qui seraient préjudiciables au service, elle ne me paraît pas devoir être conservée. Il importe que le personnel métropolitain détaché aux colonies dans des services similaires n'y soit pas employé avec un grade autre que celui dont il est titulaire dans son corps.

Au surplus, cette décision de votre prédécesseur équivaut, en fait, à une amélioration de solde accordée aux conducteurs servant en Cochinchine; le même résultat serait atteint par un remaniement des tarifs de solde coloniale actuels, calculé de manière que les traitements nouveaux fussent pour chaque classe ceux qui correspondent aujourd'hui à la classe immédiatement supérieure.

C'est sous la réserve de ces observations que j'ai prié M. le Ministre des Travaux publics de mettre à ma disposition le personnel à vous envoyer. Je vous ferai connaître, dès qu'il y aura lieu, les résultats de cette communication.

JAURÉGUIBERRY.

(5 avril 1880)

**A. G.** *régularisant, à titre provisoire, la situation des agents et employés du service des travaux publics en mission ou en tournée.*

B. C., p. 186.

Article premier. — Les conducteurs de circonscription et d'arrondissement recevront une indemnité complémentaire annuelle de 1.200 francs pour frais de transport.

Moyennant cette allocation fixe, ils pourvoiront à leurs frais, à toutes les dépenses de tournées et de service périodiques ou éventuelles, sans qu'il y ait lieu, dans aucun cas, à une rémunération spéciale.

Art. 2. — Les piqueurs et employés secondaires, chargés temporairement du service d'un arrondissement, recevront, pendant la durée de leur *intérim*, et aux mêmes conditions, l'allocation fixe stipulée plus haut.

Art. 3. — Les frais de déplacement des conducteurs et agents de la brigade de Saïgon et des piqueurs et agents en sous-ordres, dans les services de l'intérieur, seront réglés par journées d'absence, conformément au tarif suivant :

| GRADES DES AGENTS | POUR UNE JOURNÉE DE DÉPLACEMENT | | MAXIMUM ANNUEL |
|---|---|---|---|
| | Sans découcher | Avec découcher | |
| Chefs de section et sous-chefs ingénieurs | 20f 00 | 25f 00 | 1,200f 00 |
| Conducteurs | 15 00 | 20 00 | 900 00 |
| Piqueurs | 12 00 | 17 00 | 700 00 |
| Employés secondaires | 10 00 | 15 80 | 500 00 |

Le déplacement simple, sans découcher, ne sera porté en compte que lorsqu'il exigera le transport de l'agent à une distance d'au moins 5 kilomètres de sa résidence normale du bureau central.

Ces allocations seront réduites de moitié quand les moyens de transport seront fournis ou payés par l'Administration.

L'Administration n'interviendra pas, à moins d'urgence, pour la concession des moyens de transport aux agents du service des travaux publics.

Art. 4. — Un virement de crédit de la somme de 50.000 francs sera fait de l'article 2, § 3 du chapitre XVII du budget local de l'exercice 1880 : *Création et amélioration des voies de communication,* à l'article 1er du même chapitre : *Frais de route et de séjour*, pour le paiement des frais stipulés aux articles 1 et 2 du présent arrêté, et de l'indemnité de résidence prescrite par l'arrêté du 10 mars 1879.

Le Myre de Vilers.

(1er juin 1880)

**D. G.** *augmentant le nombre des plantons du service des travaux publics. — Fixation de leur solde.*

B. C., p. 111.

Article premier. — Le nombre des plantons du service des travaux publics est porté de quatre à six.

Art. 2. — La solde de ces agents est fixée ainsi qu'il suit :

| | |
|---|---|
| 2 plantons à 600 francs | 1,200 fr. 00 |
| 2 plantons à 500 francs | 1,000 00 |
| 2 plantons à 400 francs | 800 00 |
| Total | 3,000 fr. 00 |

Le Myre de Vilers.

(7 septembre 1880)

**DÉP. M.** *au sujet du recrutement des architectes pour le service des bâtiments civils et de l'effectif à donner au cadre du personnel des travaux publics.*

ARCH. GOUV.

J'ai l'honneur de vous accuser réception de votre lettre du 22 juillet dernier, nº 765, relative au recrutement d'architectes conducteurs pour le service des bâtiments civils en Cochinchine.

J'apprécie les considérations qui vous font désirer de voir augmenter, aussitôt que possible, l'effectif du personnel des travaux publics, en vue de l'établissement des plans et devis qui devront être soumis à l'approbation du conseil colonial.

Il y aura ensuite à constituer un cadre normal pour l'exécution des travaux qui auront été arrêtés mais ce point ne pourra être résolu que lorsque M. l'Ingénieur en chef, C..., sera arrivé au terme de sa mission et que le conseil colonial se sera prononcé sur les propositions qui en auront été la conséquence.

En tout état de cause, vous pouvez compter sur le concours de mon Département pour le recrutement du personnel nécessaire, soit que je le demande au corps des ponts et chaussées soit qu'il s'agisse de vous envoyer des architectes conducteurs.

Dans cette même lettre, vous avez insisté pour qu'un ou deux ingénieurs ordinaires d'une réelle capacité soient détachés en Cochinchine.

Depuis lors, est parti pour Saïgon M. l'ingénieur B... que je vous ai annoncé par ma dépêche du 23 juin, nº 319. J'attendrai de vous une nouvelle communication avant de demander un autre ingénieur à mon collègue des travaux publics.

Jauréguiberry.

(30 octobre 1880)

**A. G.** *relatif à l'uniforme et aux insignes des fonctionnaires et agents du service des travaux publics.*

B. C., p. 514.

Article premier. — Les fonctionnaires et agents du service des travaux publics de Cochinchine porteront désormais un uniforme spécial dont le port, facultatif dans la ville de Saïgon, sera obligatoire dans les services de l'intérieur.

Art. 2. — Les ingénieurs des ponts et chaussées, détachés au service de la colonie, pourront conserver, dans les cérémonies, la grande tenue afférente à leur grade, dans le service métropolitain.

Art. 3. — La petite tenue, seule obligatoire pour les agents de tous grades, sera composée ainsi qu'il suit :

1° Un veston de flanelle ou de drap bleu de France, à collet rabattu et revers, croisé à volonté sur la poitrine, avec deux rangées de boutons d'or ; les parements des manches seront en drap rouge amarante, avec bordure d'or en dent de loup.

Les insignes du grade seront constitués par des galons placés dans le sens de la longueur du bras sr e parement des manches, auquel ils seront rattachés à leurs extrémités par des boutons petit modèle en or.

Les boutons d'uniforme porteront en exergue les mots *Cochinchine française*, et en écusson les initiales *T. P.* Les mêmes initiales seront brodées en or sur un petit écusson du drap amarante fixé au revers du veston.

Les dimensions et dispositions de détail de ces insignes sont indiquées par les dessins annexés au présent arrêté.

2° Un gilet blanc ou bleu, avec une rangée de boutons d'uniforme, petit modèle.

3° Un pantalon blanc ou bleu.

4° Un casque du modèle adopté dans l'armée, ou une casquette de drap bleu portant les galons du grade et les initiales *T. P.* brodées en or sur fond amarante (comme les écussons des revers du veston) ; ces coiffures pourront être remplacées sur les chantiers ou dans les opérations sur le terrain par une coiffure de forme facultative constituant un abri plus efficace.

Art. 4. — La grande tenue sera facultative et ne différera de la petite que par la substitution du drap à la flanelle et de la redingote à collet droit, à deux rangées de boutons, au veston de petite tenue.

Art. 5. — Les insignes des grades seront les suivants :

Ingénieur en chef : cinq galons en or sur les parements des manches ;

Ingénieur ordinaire et architecte, chef des bâtiments civils : quatre galons en or ;

Sous-ingénieur et architecte-adjoint : trois galons en or ;

Conducteurs principaux et chefs de circonscriptions, trois galons, dont deux en or et un en argent placé au centre ;

Conducteurs ; deux galons en or ;

Piqueurs et agents secondaires : un galon en or.

Art. 6. — L'ordre du 5 janvier 1880, relatif au port des galons sur la coiffure, est rapporté.

Le Myre de Vilers.

(18 juillet 1881)

**A. G.** *relatif à l'indemnité de résidence accordée aux conducteurs des travaux publics.*

B. C., p. 314.

Article premier. — L'indemnité de résidence accordée aux conducteurs des travaux publics détachés dans l'intérieur, par l'arrêté du 10 mars 1879, est, à compter du 1er juin 1881, allouée au conducteur de l'arrondissement de Cholon.

A. DE TRENTINIAN.

(21 mars 1882)

**A. G.** *Modifiant certaines dispositions de l'arrêté du 5 avril 1880, relatif à la situation des agents et employés du service des travaux publics, en mission ou en tournée. — Fixation des frais de bureau et de service, des frais de déplacement. — Obligation de faire des tournées.*

B. C., p. 145.

Article premier. — L'article premier de l'arrêté du 5 avril 1880 est modifié ainsi qu'il suit :

Les sous-ingénieurs et architectes-adjoints aux chefs de service ou conducteurs coloniaux et métropolitains faisant fonctions d'ingénieurs de circonscription ou chargés de l'intérim, recevront une indemnité complémentaire annuelle de 600 francs, pour frais de bureau et de service seulement.

Les sous-ingénieurs, conducteurs, piqueurs et employés secondaires chargés, à titre définitif ou temporaire, du service d'un arrondissement, recevront une indemnité complémentaire annuelle de 300 francs pour frais de bureau et de service seulement.

Art. 2. — L'article 3 de l'arrêté du 5 avril 1880 est modifié ainsi qu'il suit :

Les frais de déplacement des fonctionnaires (le directeur des travaux publics seul excepté), employés et agents des travaux publics seront réglés conformément au tarif suivant pour les tournées ordinaires ne constituant pas une exploration entraînant la constitution d'un personnel et d'un matériel spécial :

| GRADES | INDEMNITÉ DE ROUTE PAR KILOMÈTRE | | | | | INDEMNITÉ DE SÉJOUR | | | |
|---|---|---|---|---|---|---|---|---|---|
| | quand les moyens de transport ne sont pas à la charge des fonctionnaires employés et agents | quand les moyens de transport sont à la charge des fonctionnaires, employés et agents, | | | | | | | |
| | | en utilisant un service régulier de transport | | en louant le véhicule | | | | | |
| | | Mission temporaire | Déplacement entraînant changement de résidence | Mission temporaire | Déplacement entraînant changement de résidence | DEMI-JOURNÉE | | DÉCOUCHER | TOTAL |
| Ingénieur ordinaire des ponts et chaussées. Chef du service des ponts et chaussées. Architecte chef du service des bâtiments civils. Ingénieurs coloniaux chefs de circonscription. Sous-ingénieurs coloniaux ou architecte-adjoint au chef du service des bâtiments civils. Conducteurs principaux ou conducteurs faisant fonctions d'ingénieurs de circonscription (A) | Néant (B) | 0f.50 | 0f.75 | 0f.75 | 1f.00 | 4f.50 | 4f.50 | 3f.00 | 12f.00 |
| Conducteurs, piqueurs, employés secondaires faisant fonctions d'agents d'arrondissement (A) | Néant (B) | 0 40 | 0 60 | 0 60 | 0 80 | 3 75 | 3 75 | 2 50 | 10 00 |
| Piqueurs et employés secondaires | Néant (B) | 0 30 | 0 45 | 0 45 | 0 60 | 2 50 | 2 50 | 1 00 | 6 00 |

OBSERVATIONS. — (B) Lorsque les moyens de transport sont fournis en nature, les fonctionnaires, employés ou agents n'auront droit, pendant leur voyage, qu'à l'indemnité de séjour. — (A) D'après la règle qu'un employé remplissant les fonctions d'un grade supérieur touche les allocations de ce grade.

Art. 3. — Aucune indemnité de séjour sans découcher ne sera portée en compte que lorsqu'il exigera le transport du fonctionnaire, employé ou agent, à une distance d'au moins 2 kilomètres du bureau des travaux publics de sa résidence.

Aucune indemnité de route ne sera portée en compte que lorsque ce fonctionnaire, employé ou agent aura dû se transporter à une distance d'au moins 6 kilomètres (article 3 de l'arrêté du 14 août 1878) du bureau des travaux publics de sa résidence.

Art. 4. — Les conducteurs, piqueurs et employés secondaires devront faire toutes les tournées qui leur seront ordonnées, dans l'intérêt du service, par les ingénieurs de la circonscription, en se refermant dans une dépense maxima annuelle de 900 fr.

Au delà de cette somme, les tournées devront être ordonnées par MM. les chefs de service ou le directeur des travaux publics.

Les ingénieurs de circonscription, les sous-ingénieurs ou adjoints aux chefs de service feront toutes les tournées qui seront ordonnées, dans l'intérêt du service, par les ingénieurs et architecte chef de service, en se renfermant dans une dépense maxima annuelle de 1.200 francs.

Au delà de cette somme, les tournées devront être ordonnées par le directeur des travaux publics.

L'architecte chef du service des bâtiments civils et l'ingénieur chef du service des ponts et chaussées feront toutes les tournées :

1° Qu'ils jugeront utiles à la bonne marche du service, jusqu'à concurrence d'une dépense maxima annuelle de 1.800 francs ;

2° Qui leur seront demandées par le directeur des travaux publics.

LE MYRE DE VILERS.

(11 janvier 1884)

**DÉCRET** *fixant le traitement des sous-ingénieurs des ponts et chaussées.*

B. C., p. 81.

Article premier. — Le traitement des sous-ingénieurs des ponts et chaussées est fixé à la somme de 3.700 francs.

Art. 2. — Cette disposition aura son effet, à dater du 1er janvier 1884.

JULES GRÉVY.

(11 janvier 1884)

**DÉCRET** *fixant les traitements des conducteurs des ponts et chaussées et des gardes-mines.*

B. C., p. 82.

Article premier. — Les traitements des conducteurs des ponts et chaussées et des gardes-mines sont fixés comme il suit, à dater du 1er janvier 1884 :

| | | |
|---|---|---|
| Conducteurs et gardes-mines principaux | 3,200 fr. | 00 |
| Conducteurs et gardes-mines de 1re classe | 2,800 | 00 |
| Conducteurs et gardes-mines de 2e classe | 2,400 | 00 |
| Conducteurs et gardes-mines de 3e classe | 2,000 | 00 |
| Conducteurs et gardes-mines de 4e classe | 1,700 | 00 |

Art. 2. — Il n'est apporté aucune modification aux traitements des agents du cadre auxiliaire réglés par la circulaire du 19 mars 1879, conformément aux dispositions du décret portant création du cadre auxiliaire.

JULES GRÉVY.

(23 février 1884)

**DÉP. M.** *Notification de décrets en date du 11 janvier 1884 fixant les traitements de divers agents du cadre métropolitain détachés aux colonies. — Envoi d'une circulaire du ministère des travaux publics du 22 janvier 1884.*

B. C., p. 80.

Par décrets de M. le Président de la République, en date du 11 janvier 1884, rendus sur la proposition du ministre des travaux publics, le traitement des sous-ingénieurs, conducteurs de ponts et chaussées et gardes-mines des différentes classes ont été fixés comme il suit, à dater du 1er janvier 1884, savoir :

| | | |
|---|---|---|
| Sous-ingénieurs des ponts et chaussées | 3.700 fr. | » |
| Conducteurs et gardes-mines principaux | 3.200 | » |
| Conducteurs et gardes-mines de 1re classe | 2.800 | » |
| Conducteurs et gardes-mines de 2e classe | 2.400 | » |
| Conducteurs et gardes-mines de 3e classe | 2.000 | » |
| Conducteurs et gardes-mines de 4e classe | 1.700 | » |

Les traitements des agents du cadre métropolitain détachés aux colonies étant calculés d'après la solde d'Europe, je ne puis que vous prier de vouloir bien attribuer, à ceux de ces agents qui sont actuellement en service dans la colonie, une solde de grade de l'Europe égale à celle portée aux décrets.

Le premier douzième de l'augmentation sera retenu pour la retraite, conformément aux prescriptions de l'article 3 de la loi du 9 juin 1853.

Je vous transmets ci-joint un exemplaire de la circulaire qui a été adressée à ce sujet, par M. le ministre des travaux publics, aux préfets des départements, ainsi qu'un exemplaire des décrets du 11 janvier 1884 y annexés.

Je vous prie de vouloir bien m'accuser réception de ces documents et me faire connaître les mesures que vous auriez prises, en vue de l'application des décrets aux agents du cadre métropolitain employés dans la colonie.

ALBERT GRODET.

ANNEXE

(Circulaire)

Monsieur le Préfet, le Parlement, en votant la loi de finances portant fixation du budget du ministère des travaux public, pour 1884, a alloué divers suppléments de crédits qui permettent d'augmenter les traitements des sous-ingénieurs et conducteurs des ponts et chaussées, des gardes-mines, des brigadiers et gardes-pêche et des maîtres et gardiens de phares et fanaux.

J'ai l'honneur de vous adresser ampliation de quatre décrets de M. le Président de la République, rendus sur ma proposition et modifiant, à dater du 1er janvier 1844, les traitements de ces diverses catégories de fonctionnaires.

Les nouveaux traitements courront à dater du 1er janvier 1884 ; le premier douzième de l'augmentation sera retenu pour la retraite, conformément aux prescriptions de l'article 3 de la loi du 9 juin 1853.

Tous les gardes-pêche de 1re classe qui reçoivent actuellement le traitement exceptionnel de 700 francs, jouiront du traitement de 800 francs que le décret permet d'accorder aux agents comptant quinze années de services.

J'adresse un exemplaire de la présente circulaire à MM. les ingénieurs en chef des ponts et chaussées et des mines.

(13 mai 1885)

**DÉP. M.** *Fixation du traitement des ingénieurs et conducteurs des travaux publics de Cochinchine détachés au Tonkin et modifiant l'arrêté du 6 janvier 1885.*

ARCH. GOUV.

J'ai reçu, jointe à une communication du général Brière de l'Isle, une copie de notre arrêté du 6 janvier dernier (1), détachant au Tonkin, MM. Ch..., ingénieur colonial, H... et Ch..., conducteurs des travaux publics en Cochinchine, et déterminant leur solde et accessoires de solde, dans cette nouvelle situation.

L'examen de cet arrêté m'a suggéré les observations suivantes :

1° MM. Ch..., H... et Ch..., devant être payés, non sur le budget de la colonie à laquelle ils ap-

(1) B. c. 1885, p. 35.

partiennent, mais sur celui de l'État, un arrêté local ne peut pas fixer des traitements qui doivent être imputés sur des crédits dont le Gouverneur n'a pas la disposition.

2° L'arrêté élève de 2,000 francs la solde d'Europe de M. l'ingénieur colonial Ch.... Je ne puis accorder cette augmentation dont le résultat serait d'assimiler ce fonctionnaire à un fonctionnaire de 1re classe du cadre métropolitain, alors, qu'en Cochinchine, il n'est assimilé qu'à un ingénieur de 3e classe, au point de vue de la solde d'Europe.

3° Le traitement des agents en question comprend à la fois des frais de service et des frais de séjour et de route ; ce qui est contraire aux instructions contenues dans la circulaire ministérielle du 14 septembre 1882 qui prohibe le cumul de deux suppléments de solde destinés à pourvoir au même ordre de dépense.

Il y a lieu, conformément à cette circulaire, de retrancher desdits traitements les frais de service.

4° L'arrêté porte les soldes en question à un chiffre qui peut paraître excessif. Celle de l'ingénieur, en effet, atteint 22,000 fr., et celles des deux conducteurs 13 et 12,000 fr. environ, alors que les traitements de Cochinchine de ces trois agents ne sont que de 19,000, 6,000 et 4,500 francs (traitement d'Europe de 3,500 fr. 2,000 et 1,700 fr.).

L'équité et l'intérêt du service s'opposent également à ce que MM. H... et Ch..., simples conducteurs de 3e et 4e classes, reçoivent un traitement supérieur pour l'un, égal pour l'autre, à celui de MM. S... et de V..., l'un, ingénieur des arts et manufactures, que le Département a envoyés de son côté, au Tonkin, avec une solde annuelle de 12,000 francs.

Dans ces conditions, j'ai décidé que les articles 2 et 3 de l'arrêté du 6 janvier seront abrogés et que la solde au Tonkin des trois agents en question serait aussi établie :

Pour M. Ch..., ingénieur colonial :

| | | |
|---|---|---|
| 1er Solde d'Europe | 2.500 fr. | comme en Cochinchine |
| 2e Supplément colonial | 2.500 — | |
| 3e Supplément spécial de mission | 10.000 — | |
| 4e Frais de bureau | 600 — | |
| 5e Frais de séjour | 4.400 — | |
| 6e Frais de route (12 fr. par jour) | mémoire. | |
| Total | 20.000 fr. | |

Pour M. H..., conducteur de 3e classe :

| | | |
|---|---|---|
| 1er Solde d'Europe | 2.000 fr. | comme en Cochinchine |
| 2e Supplément | 2.000 — | |
| 3e Frais de bureau | 300 — | |
| 4e Frais de séjour | 3.650 — | |
| 5e Frais de route (10 fr. par jour) | mémoire. | |
| Total | 7.950 fr. | |

Pour M. Ch..., conducteur de 4e classe :

| | | |
|---|---|---|
| 1er Solde d'Europe | 1.700 fr. | comme en Cochinchine |
| 2e Supplément colonial | 1.700 — | |
| 3e Frais de bureau | 300 — | |
| 4e Frais de séjour | 3.650 — | |
| 5e Frais de route (10 fr. par jour) | mémoire. | |
| Total | 7.350 fr. | |

Dans cette répartition, les frais de bureau et de séjour sont calculés conformément aux tarifs édictés par l'arrêté local du 11 mars 1882, qui régit la matière en Cochinchine.

Quant aux frais de route, ils seront payés aux intéressés, également d'après le tarif établi par le même arrêté et en raison de leurs Départements.

Vous remarquerez que la solde de l'ingénieur colonial, M. Ch..., reste encore sensiblement supérieure à celle accordée à ses collègues envoyés de France au Tonkin.

Mais il ne m'était possible de lui allouer, en mission, un traitement inférieur à celui qu'il touche en Cochinchine.

L'article 3 de votre arrêté porte que M. l'ingénieur P... aura également droit aux indemnités fixées par l'arrêté du 21 mars 1882.

Je n'ai aucune observation à présenter contre cette disposition, mais il demeure entendu que M. P... ne pourra toucher cumulativement des indemnités et des frais de service.

Les dispositions de la présente dépêche, dont vous voudrez bien m'accuser réception, sont portées à la connaissance de M. le général de Corney, par les soins du Département.

Je vous prie, en terminant, de me tenir exactement informé des mesures que vous aurez prises en ce qui concerne le personnel détaché provisoirement de la Cochinchine, pour servir au Tonkin.

A. Rousseau.

(19 mars 1886)

**DÉP. M.** *prescrivant d'envoyer mensuellement au Département les états des mutations survenues dans le personnel du service des travaux publics. S'il n'y en a pas eu établis un état néant.*

ARCH. GOUV.

J'ai l'honneur de vous prier de m'adresser, par le retour du courrier, et établi conformément au modèle que vous trouverez ci-joint, (nº 1), un état nominatif de tous les agents comptant à l'effectif du service des Travaux publics.

Je vous serai également reconnaissant de vouloir bien transmettre au Département, le 1er de chaque mois, un état présentant les mutations de toute nature qui auront pu se produire dans le personnel dudit service, pendant le cours du mois précédent.

Cet état, dont vous trouverez le modèle ci annexé (nº 2), devra être fourni avec la mention néant, quand aucune mutation n'aura lieu.

Je vous prie de tenir la main à ce que ces documents soient établis avec la plus scrupuleuse exactitude.

A. de la Porte.

(13 juillet 1886)

**DÉP. M.** *Rappel à une circulaire en date du 19 mars 1886 demandant l'envoi périodique (mensuel) des pièces relatives à l'effectif et aux mutations du personnel des travaux publics.*

ARCH. GOUV.

Par une dépêche en date du 19 mars dernier, je vous ai invité à adresser au Département, par le retour du courrier, l'état nominatif de tous les agents sans exception comptant à l'effectif du service des Travaux publics.

Ces documents auxquels j'attache le plus grand prix et qui doivent servir à établir un matricule, ne me sont pas encore parvenus.

Je vous serai, en conséquence, obligé de vouloir bien me les adresser d'urgence.

Vous aurez aussi à me faire connaître le motif de ce retard, ainsi que le nom du fonctionnaire auquel il doit être imputé.

Je profiterai de la circonstance pour vous prier de donner les ordres les plus précis, en vue de l'établissement et de l'envoi au Département, le 1er de chaque mois, de l'état (modèle nº 2) présentant les mutations de toute nature qui auront eu lieu dans le personnel des Travaux publics.

Ces états qui devront être fournis avec la mention néant, quand aucune mutation ne se sera produite, devront, au contraire, porter tous les renseignements de nature à permettre au Département d'établir ou de compléter les feuillets matriculaires des agents qui y seront inscrits.

C'est ainsi qu'il y aura lieu de faire figurer sur ledit état, pour les agents nouvellement admis dans le service, qu'ils aient été nommés par l'administration de la colonie ou par le Département, tous les renseignements que comporte l'état nº 1.

Quand il s'agira d'une mutation (avancement en grade ou classe, changement de résidence, embarquement ou débarquement) concernant un agent déjà en fonctions dans la colonie, il y aura seulement lieu de mentionner, selon le cas, la date de la nomination, l'autorité qui l'aura prononcée, le montant détaillé du nouveau traitement, la date d'embarquement ou de débarquement dans la colonie, en indiquant s'il est accompagné ou non de sa femme et de ses enfants.

Vous voudrez bien tenir la main à ce que chaque état mensuel fasse l'objet d'une lettre spéciale adressée au Département, sous le timbre de la présente dépêche.

J'appelle d'une façon toute particulière votre attention sur cette dernière recommandation.

A. de la Porte.

(13 août 1887)

**A. G.** *réglant la solde de certains fonctionnaires et agents des travaux publics.*

B. C., p. 584.

J. C., p. 827.

Article premier. — La solde des fonctionnaires et agents des travaux publics ci-après désignés se décompose comme suit :

| TITRES ET GRADES | SOLDE D'EUROPE | SOLDE COLONIALE | FRAIS DE SERVICE et de tournée | FRAIS DE SERVICE | TOTAL | CHIFFRE PRÉVU AU BUDGET | AUGMENTATION |
|---|---|---|---|---|---|---|---|
| Ingénieur en chef, directeur | 8.000 | 7.760 | 13.580 | » | 29.340 | 29.340 | » |
| Ingénieur chef du service des ponts et chaussées | 8.000 | 7.760 | » | 3.880 | 19.640 | 19.640 | » |
| Architecte chef du service des bâtiments civils | 8 000 | 7.760 | » | 3.880 | 19.640 | 19.640 | |
| 7 conducteurs de 2e classe (solde d'Europe 2,400 francs, solde coloniale 2,328 francs, frais de service 2,134 fr. | 16.800 | 16.696 | » | 14.938 | 48.434 | 46.676 | 1.758 |
| Frais de bureau à 5 chefs de circonscription et aux agents d'arrondissement | » | » | » | 12.000 | 12.000 | » | 12.000 |
| | 40.800 | 39.976 | 13.580 | 34.698 | 129.054 | 115.296 | 13.758 |

Art. 2. — L'augmentation de 13.758 francs qui ressort du tableau ci-contre sera payée sur l'ensemble des crédits du chapitre XVI, première section : *Dépenses obligatoires* (1).

FILIPPINI.

(10 janvier 1888)

**A. G. G.** *portant modification des soldes du personnel des travaux publics de l'Indo-Chine. — Dispositions transitoires.*

J. C., p. 74.

Article premier. — Le personnel des travaux publics de l'Indo-Chine comprend :

Des ingénieurs conseils ;

Des ingénieurs adjoints (trois classes) ;

Des agents principaux (deux classes) ;

Des agents (trois classes) ;

Des surveillants (quatre classes).

Art. 2. — Un ingénieur conseil est placé auprès du Lieutenant-Gouverneur de la Cochinchine et du Résident général en Annam et au Tonkin, pour contrôler les projets de travaux présentés par les chefs de circonscriptions (administrateurs ou résidents) après les études préparatoires des agents placés sous leurs ordres, pour reviser et au besoin faire les études préalables aux grands travaux, et, en général, pour donner son avis, faire toutes inspections, vérifier tous comptes de travaux, sur les demandes du haut fonctionnaire auprès duquel il est placé.

Un ingénieur adjoint peut être détaché auprès du Résident général au Cambodge et du Résident supérieur à Hué ; il aura les mêmes attributions que l'ingénieur conseil.

Art. 3. — Les agents principaux, les agents et les surveillants sont placés auprès et sous les ordres directs des chefs de circonscriptions administratives (administrateurs, résidents ou vice-résidents chefs de poste). Les ingénieurs conseils n'exercent sur eux aucune autorité directe.

Art. 4. — Les ingénieurs et ingénieurs adjoints doivent provenir de l'École des ponts et chaussées ou de l'École centrale.

A l'avenir, les agents principaux devront avoir subi, en France ou en Indo-Chine, l'examen exigé des candidats à l'emploi de conducteur des ponts et chaussées, et les agents celui d'agent secondaire des travaux publics.

Art. 5. — Sont abrogées toutes les dispositions contraires au présent arrêté.

DISPOSITIONS TRANSITOIRES

Art. 6. — Dans un délai de trois mois à compter du 1er janvier, les agents du per-

(1) Le tableau portant unification des soldes paraîtra ultérieurement.

sonnel des travaux publics, actuellement en exercice dans toute l'étendue de l'Indo-Chine française, seront classés dans la nouvelle organisation.

CONSTANS.

(10 janvier 1888)

**CIRC. G. G.** *Notification de deux arrêtés portant vérification des soldes du personnel des services des travaux publics de l'Indo-Chine et des douanes de l'Annam et du Tonkin.*

J. C., p. 74.

Les instructions que j'ai reçues du Département de la marine et des colonies prescrivent l'unification des soldes du personnel des services civils de l'Indo-Chine.

Me référant aux dispositions du décret du 12 novembre 1887, qui adopte comme base de la nouvelle fixation des traitements les soldes de nos fonctionnaires de Cochinchine, j'ai pris, à la date de ce jour, deux arrêtés concernant les services des travaux publics et des douanes que vous trouverez ci-joints, et dont je vous prie d'assurer l'exécution.

Il existe actuellement entre des agents du même grade et de la même administration servant dans les différents pays de l'Indo-Chine, des inégalités de situation que ne peut maintenir l'organisation nouvelle.

En effet, notre personnel administratif étant appelé désormais à résider tantôt en Cochinchine, tantôt au Cambodge, tantôt en Annam ou au Tonkin, il est indispensable de le soumettre à une réglementation uniforme dont le premier résultat sera de faciliter son utilisation.

Il serait d'ailleurs illogique et peu équitable de laisser subsister des différences de traitements entre des fonctionnaires qui, ayant des obligations semblables, doivent avoir des droits identiques. Toutefois, par mesure de bienveillance, j'ai décidé que les prescriptions contenues dans les arrêtés qui vous sont notifiés ne seront applicables aux agents en fonctions qu'à compter du 1er avril prochain.

CONSTANS.

## III. — INSTRUCTIONS

| NATURE DES DOCUMENTS | DATES | RECUEILS A CONSULTER | | | | | | | OBSERVATIONS |
|---|---|---|---|---|---|---|---|---|---|
| | | Bat. | B.C. | B.D.I. | J.C. | J.H. | B.M. | B.Col. | |
| A. G. | 20 octobre 1871. | II-736 | 341 | | | | | | |
| Dép. M. | 7 juin 1872. | II-736 | | | | | | | |
| A. G. | 13 avril 1875. | II-738 | 164 | | | | | | |
| Circ. Trav. P. | 2 mars 1877. | | 182 | | 278 | | | | |
| Circ. D. I. | 25 avril 1877. | II-749 | | 35 | | | | | |
| A. G. | 17 mars 1879. | II-749 | 104 | | | | | | |
| D. G. | 16 février 1880. | | 60 | | | | | | |
| D. G. | 20 septembre 1880. | | 473 | | | | | | |
| Dép. M. | 23 février 1881. | | | | | | | | |
| A. G. | 4 mars 1882. | | 127 | | | | | | |
| Circ. D. I. | 21 juin 1882. | | | 31 | | | | | |

(20 octobre 1871)

**A. G.** *portant création d'un magasin destiné à approvisionner le service des travaux publics des matériaux qui lui sont nécessaires et que l'on ne trouve pas couramment sur la place de Saïgon, au jour le jour.*

BAT. II, p. 736.
B. C., p. 341.

Article premier. — Le service des ponts et chaussées se constituera et maintiendra approvisionné un magasin destiné à contenir des matériaux dont l'achat ne peut se faire sûrement et à de bonnes conditions à toute époque, ainsi que ceux dont l'imputation ne peut être précisée à l'avance.

Art. 2. — La comptabilité sera tenue par les agents de la direction du service des ponts et chaussées et justifiée au moyen d'états trimestriels et annuels, présentant le tableau des entrées et des sorties ainsi que leur balance.

(1) Art. 3. — L'emploi des matières aux travaux sera suivi journellement au moyen de feuilles d'ouvrage tenues par article de dépense et destinées à l'enregistrement des bons sur lesquels des matériaux auront été délivrés par le magasin. Des résumés trimestriels présentant par article de dépense l'emploi des matières aux travaux seront adressés à la Direction de l'Intérieur par le Directeur du service des ponts et chaussées, avec les états trimestriels contradictoires du magasin.

DUPRÉ.

(7 juin 1872)

**DÉP. M.** *Interprétation des articles 80 du décret du 31 mai 1862 et 59 du règlement particulier du Département de la marine, posant, en principe, qu'aucune dépense ne peut être faite qu'en vertu d'un marché passé dans les formes déterminées par les règlements précités. — Cas où il peut être suppléé aux marchés par des mémoires ou factures. — Les mémoires ou factures relatifs à des travaux dont l'exécution a été ordonnée en régie ne doivent pas être assimilés à ceux dont il est question dans l'article 80 du décret du 31 mai 1862. — Circonstances susceptibles de motiver l'emploi du mode d'exécution des travaux en régie, — justification à produire à l'appui des mandats délivrés en pareille circonstance* (2).

BAT. II, p. 736.

(13 avril 1878)

**A. G.** *Clauses et conditions générales imposées aux entrepreneurs de travaux publics, en Cochinchine* (3).

BAT. II, p. 738.
B. C., p. 164.

Article premier. — Tous les marchés relatifs à l'exécution des travaux dépendant du service des travaux publics, qu'ils soient passés dans la forme d'adjudications publiques ou qu'ils résultent de conventions et marchés de gré à gré sont soumis en tout ce qui leur est applicable aux dispositions suivantes :

TITRE PREMIER. — ADJUDICATIONS

Art. 2. — Le mode de l'adjudication est celui dit *au rabais ou augmentation* sur série de prix, c'est-à-dire que l'entrepreneur s'engage à exécuter tous les travaux soumissionnés par lui, moyennant les prix de la série du service des travaux publics, sur lesquels prix il consent un rabais ou une augmentation de tant pour cent.

Art. 3. — *Conditions à remplir.* — Nul ne sera admis à concourir aux adjudications, s'il n'a les qualités requises pour garantir la bonne exécution des travaux ; à cet effet, chaque concurrent sera tenu de fournir :

(1) V. *infrà*, A. G., 17 mars 1879.
(2) V. Achats sur factures.
(3) V. *infrà*, A. G., 16 février 1880, et 20 septembre 1880.

1° Un certificat constatant sa capacité ;

2° Sa patente d'entrepreneur (année courante) ;

3° Un récépissé constatant le versement, au Trésor, du dépôt de garantie fixé pour chaque adjudication.

Il ne sera pas exigé de certificat de capacité ni de résidence pour les fournitures des matériaux non mis en œuvre, ni pour les travaux de terrassement dont l'estimation ne s'élèvera pas à plus de 20.000 francs.

Ne pourra être acceptée comme entrepreneur toute personne qui n'aura pas au moins six mois de résidence dans la colonie.

*Certificat de capacité.* — Les certificats de capacité ne devront pas avoir plus de trois ans de date, au moment de l'adjudication : il y sera, le cas échéant, fait mention de la manière dont le soumissionnaire aura rempli ses engagements, soit envers l'Administration, soit envers les tiers, soit envers les ouvriers, dans les travaux qu'il aura exécutés, surveillés ou suivis. Ces travaux doivent avoir été exécutés dans les dix dernières années.

Les certificats de capacité seront délivrés par un officier de l'artillerie ou de génie et par le chef du service des travaux publics.

Ils seront présentés au moins deux jours, avant l'adjudication, au chef du service des travaux publics, qui devra les viser, à titre de communication.

L'entrepreneur devra justifier, s'il y a lieu, de l'identité de sa personne, certifiée par deux témoins ou affirmée par un chef de congrégation.

*Patente.* — Lorsque le détail approximatif comportera une dépense de 50,000 francs et au-dessus, les concurrents devront produire une patente de 1re classe (entrepreneurs de grands travaux).

Pour les travaux de 10,000 à 50,000 francs, ils devront produire au moins une patente de 2e classe (entrepreneurs de travaux spéciaux), et pour les travaux au-dessous de 10,000 francs, au moins une de 3e ou de 4e classe.

*Dépôt de garantie.* — Le cahier des charges spécial à chaque entreprise déterminera la quotité de la somme à verser au Trésor par les soumissionnaires comme garantie de la sincérité de leurs offres. Cette somme sera, en général, fixée de 1/20 à 1/30 du montant total des travaux.

Dans le cas d'adjudications concernant des travaux fractionnés en plusieurs lots, il y aura lieu, pour les soumissionnaires qui désireraient faire des offres concernant plusieurs de ces lots, de présenter un dépôt de garantie spécial, à l'appui de chaque soumission.

Art. 4. — *Soumission.* — Pour les travaux adjugés avec rabais ou avec augmentation de prix, les soumissions seront cachetées et écrites en français, dans les formes prescriptes par l'ordonnance du 31 mai 1838, chapitre VI, § 3 ; elles contiendront les pièces désignées à l'article 3.

Les soumissions conditionnelles ou celles qui s'écarteraient dans leurs termes du modèle de soumission ci-annexé ne seront pas admises et seront déclarées hors concours.

Art. 5. — *Séance d'adjudication.* — Lorsqu'il s'agira de travaux adjugés en un seul lot, les concurrents devront présenter dans une enveloppe cachetée : la patente, le certificat de capacité, le dépôt de garantie et la soumission conforme au modèle annexé au présent arrêté.

Dans le cas où plusieurs adjudications seraient faites dans la même séance ou qu'il existerait plusieurs lots dans une adjudication, les soumissionnaires déposeront d'abord une enveloppe cachetée contenant la patente et le certificat de capacité ; ils déposeront ensuite une deuxième enveloppe qui portera la désignation du lot, contenant la soumission et le récépissé de versement au Trésor du dépôt de garantie.

La première enveloppe, sur laquelle devra être inscrit le nom du soumissionnaire, sera d'abord ouverte, afin que l'on puisse s'assurer que chaque concurrent a rempli les conditions exigées pour être admis à concourir ; la deuxième enveloppe sera ensuite ouverte, dans l'ordre de dépôt.

Le soumissionnaire qui aura fait l'offre la plus avantageuse à l'Administration sera provisoirement déclaré adjudicataire.

Dans le cas où plusieurs soumissionnaires auraient fait la même offre et où cette offre serait la plus avantageuse à l'Administration, il serait procédé, séance tenante, à une nouvelle adjudication entre ces concurrents ; leur nouvelle offre ne devra pas être moins avantageuse à l'Administration que la première.

Art. 6. — *Approbation de l'adjudication.* — Le procès-verbal de la séance d'adjudication est annexé au cahier des charges et signé par l'adjudicataire.

L'adjudication ne sera valable qu'après l'approbation de M. le Gouverneur, en Conseil privé ; l'entrepreneur ne pourra prétendre à aucune indemnité dans le cas où l'adjudication ne serait pas approuvée.

*Homologation avec changement au projet.* — Si en homologuant l'adjudication, l'Administration ordonne quelques changements au projet ou au devis, l'entrepreneur devra s'y conformer et il lui sera fait état de la valeur de ces changements soit en plus, soit en moins, au prorata des prix de l'adjudication, sans qu'il puisse, en cas de réduction, réclamer aucune indemnité, à raison des prétendus bénéfices qu'il aurait pu réaliser sur les fournitures et main-d'œuvre.

Néanmoins, lorsque ces changements dénatureront fortement le projet en opérant sur le prix total une différence d'un cinquième en plus ou en moins, l'entrepreneur sera libre de retirer sa soumission.

Art. 7. — *Cautionnement.* — Le cahier des charges détermine dans chaque cas particulier la quotité du cautionnement à verser par l'entrepreneur. Il variera en général de 1/20 à 1/30 du montant présumé des travaux.

Ce cautionnement sera réalisé au moyen d'un versement de numéraire au Trésor, à titre de garantie des obligations contractées par le soumissionnaire.

Ce cautionnement sera réalisé dans les cinq jours qui suivront la date de la notification de l'approbation du marché. La non-exécution de cette clause entraînerait de plein droit la résiliation du marché, et la somme versée à titre de dépôt de garantie serait acquise, par ce fait même, au Trésor colonial.

Pour les marchés de gré à gré, l'entrepreneur devra verser au Trésor, dans le délai de quatre jours, le montant de son cautionnement en garantie.

Dans tous les cas, il devra justifier du versement vis-à-vis du chef du service des travaux publics.

Art. 8. — *Pièces à délivrer.* — Après l'approbation de M. le Gouverneur, le Directeur de l'Intérieur donne avis de cette approbation au chef du service des travaux publics et lui fait remise des pièces signées en Conseil privé.

L'adjudication étant ainsi rendue définitive, le chef de service en adresse notification à l'entrepreneur et le met en demeure de commencer les travaux dans le plus bref délai.

Aussitôt après la notification, l'entrepreneur doit faire enregistrer le cahier des charges déposé au service des travaux publics et en faire faire huit copies, dans le délai de dix jours.

Ces copies seront faites dans les bureaux de service et sous la responsabilité de l'archiviste.

Les copies remises au chef du service, lorsqu'elles sont établies, seront vérifiées et collationnées puis adressées, avec l'original, au secrétariat du Gouvernement, pour y être vérifiées conformes.

L'original du cahier des charges reste aux archives du Gouvernement et les copies sont remises au chef du service pour être délivrées à qui de droit.

Art. 9. — *Frais d'adjudication.* — Les frais d'adjudication ne peuvent être autres que ceux d'affiches et d'enregistrement; tous les dessins nécessaires pour l'exécution du marché sont délivrés gratuitement.

Art. 10. — *Élection de domicile.* — L'entrepreneur est tenu d'élire domicile à proximité des chantiers et de faire connaître le lieu de ce domicile au chef du service des travaux publics ; faute par lui de remplir cette obligation dans un délai de quinze jours, à partir de l'adjudication, toutes les notifications qui se rattachent à son entreprise seront considérées comme valables, lorsqu'elles auront été faites à la mairie pour Saïgon, ou à l'inspection désignée par les devis ou par l'affiche d'adjudication.

## TITRE II. — Exécution des travaux

Art. 11. — *Défense de céder l'entreprise.* — Pour que les travaux ne soient pas abandonnés à des spéculateurs inconnus ou inhabiles, l'entrepreneur ne pourra céder tout ou partie de son entreprise sans le consentement de l'Administration.

Dans tous les cas, il demeurera personnellement responsable, tant envers l'Administration qu'envers les ouvriers et les tiers.

L'emploi des tâcherons est formellement interdit; et le fait par un entrepreneur d'avoir éludé cette clause entraînera de plein droit et suivant le cas, soit la résiliation pure et simple de l'entreprise, soit une nouvelle adjudication à la folle enchère de l'entrepreneur.

Art. 12. — *Ordres de service pour l'exécution des travaux.* — L'entrepreneur doit commencer les travaux dès qu'il en aura reçu l'ordre écrit du chef du service des travaux publics. Le délai fixé pour l'exécution des travaux sera compté à partir de la date de cet ordre.

L'entrepreneur entretiendra constamment un nombre suffisant d'ouvriers sur les chantiers ; il exécutera tous les ouvrages en se conformant strictement aux plans, profils, tracés, instructions et ordres écrits qui lui seront donnés, sous la responsabilité du chef de service.

L'entrepreneur se conformera également aux changements qui lui seront prescrits, pendant le cours du travail, mais seulement lorsque le chef du service les aura ordonnés par écrit.

Il ne sera tenu compte de ces changements qu'autant qu'il justifiera de l'ordre.

Art. 13. — *Présence de l'entrepreneur sur les travaux.* — Pendant la durée de l'entreprise, l'adjudicataire ne peut s'éloigner du lieu des travaux qu'après avoir fait agréer un représentant capable de le remplacer, de manière qu'aucune opération ne puisse être retardée ou suspendue, en raison de son absence. S'il s'absente de la colonie, il devra faire agréer un représentant muni d'une procuration enregistrée, valable pour tous actes relatifs à son entreprise.

L'entrepreneur accompagne le chef du service et les chefs de section dans leurs tournées sur les travaux, toutes les fois qu'il en est requis.

Art. 14. — *Choix des commis, chefs d'ateliers et ouvriers.* — L'entrepreneur ne peut prendre pour commis et chef d'ateliers que des hommes capables de l'aider et de le remplacer au besoin dans la conduite et le métrage des travaux.

Les commis devront parler couramment le français, connaître l'art de construire et savoir suffisamment dessiner pour mettre au net les attachements figurés qu'ils devront relever contradictoirement avec les agents du service.

Le chef du service des travaux publics pourra exiger le renvoi des employés ou ouvriers de l'entrepreneur reconnus inhabiles, malhonnêtes, coupables d'inconduite ou manquant de probité.

L'entrepreneur ne pourra employer, sans l'agrément du chef de service des travaux publics, aucun agent ayant été renvoyé des services constructeurs de la colonie moins de trois mois.

L'entrepreneur demeure d'ailleurs responsable des fraudes ou malfaçons qui seraient commises par ses agents et ouvriers dans la fourniture et dans l'emploi des matériaux.

Art. 15. — *Bon ordre des chantiers.* — L'entrepreneur est tenu d'observer tous les règlements qui sont faits par le chef du service des travaux publics pour le bon ordre des chantiers. La police de ces derniers est confiée au conducteur ou au piqueur chargé des travaux.

L'entrepreneur devra se conformer aux ordres qui lui seront adressés à ce sujet par l'un ou par l'autre de ces agents.

Il est interdit à l'entrepreneur de faire travailler le dimanche et les jours fériés. Il ne peut déroger à cette règle que dans les cas d'urgence et en vertu d'une autorisation écrite ou d'un ordre formel du chef de service.

Art. 16. — *Liste nominative des ouvriers.* — Le nombre des ouvriers de chaque profession doit toujours être proportionné à la quantité d'ouvrage à faire. Pour mettre le chef du service, les chefs de section et les conducteurs à même d'assurer l'accomplissement de cette condition, il leur sera remis, aux jours fixés, une liste nominative des ouvriers européens, et pour les ouvriers asiatiques une liste numérique par profession.

Art. 17. — *Paiement des ouvriers.* — L'entrepreneur paie les ouvriers toutes les semaines. En cas de retards régulièrement constatés, l'Administration se réserve le droit de faire payer d'office les salaires arriérés, sur les sommes dues à l'entrepreneur.

Art. 18. — *Terrassements, épuisements, etc.* — S'il y a lieu de faire des épuisements ou autres travaux qui n'auraient pas été prévus ou mis par le devis à la charge de l'entrepreneur, les dépenses y relatives sont constatées par attachements et sur des contrôles tenus sous la surveillance du chef de la section dans laquelle les travaux s'exécuteront.

Elles seront remboursées régulièrement par l'Administration à l'entrepreneur, à la fin de chaque semaine, aux conditions de la série ou suivant conditions particulières.

Les apparaux nécessaires autres que ceux ordinairement employés par les entrepreneurs pourront être fournis par le service des travaux publics ; mais alors l'entrepreneur aura à sa charge l'entretien de ces apparaux, qui devront être rendus en bon état au magasin du service.

Art. 19. — *Outils, équipages et faux frais.* — L'entrepreneur est tenu de fournir à ses frais les magasins, équipages, voitures, ustensiles et outils de toute espèce, nécessaires à l'exécution des travaux, sauf les exceptions stipulées au devis. Sont également à sa charge l'établissement des chantiers, paillottes ou hangars abritant les travaux, les chemins de service et les indemnités y relatives, les frais de tracés des ouvrages, les cordeaux, piquets et jalons, les frais de clôture et d'éclairage des chantiers et généralement toutes les menues dépenses et faux frais relatifs à l'entreprise.

Art. 20. — *Carrières et lieux d'extraction.* — Les matériaux sont pris dans les lieux indiqués aux devis. L'entrepreneur y ouvre au besoin des carrières à ses frais. Il est tenu, avant de commencer les extractions, de prévenir les propriétaires, suivant les formes déterminées par les règlements.

Il paie, sans recours contre l'Administration et en se conformant aux lois et règlements sur la matière, tous les dommages que pourraient occasionner la prise ou l'extraction, le transport et le dépôt des matériaux.

Dans le cas où le devis prescrit d'extraire des matériaux dans les bois soumis au régime forestier, l'entrepreneur doit se conformer, en outre, aux prescriptions réglementaires en vigueur dans la colonie.

L'entrepreneur justifie, toutes les fois qu'il en est requis, de l'accomplissement des obligations énoncées dans le présent article, ainsi que du paiement des indemnités pour établissement de chantiers et chemins de service.

Si l'entrepreneur demande à substituer aux carrières indiquées d'autres carrières fournissant des matériaux d'une qualité reconnue au moins égale par le chef du service des travaux publics, il reçoit l'autorisation de les exploiter et ne subit sur les prix de l'adjudication aucune réduction pour cause de diminution des frais d'extraction, de transport ou de taille des matériaux.

L'entrepreneur ne pourra, sans une autorisation de l'Administration, livrer au commerce les matériaux qu'il aurait fait extraire d'une carrière qui ne lui appartiendrait pas, attendu que le droit d'exploitation ne lui est conféré qu'en sa qualité d'entrepreneur des travaux publics et pour objet déterminé.

Art. 21. — *Qualité et emploi des matériaux.* — Les matériaux doivent être de la première qualité, parfaitement travaillés et mis en ordre conformément aux règles de l'art; ils ne pourront être employés qu'après avoir été vérifiés et provisoirement acceptés par le chef du service ou le chef de la section ou leurs délégués.

Dans le cas où des matériaux de qualité inférieure ou défectueuse seraient mis en œuvre, l'entrepreneur sera tenu de les remplacer à ses frais, risques et périls, et il ne pourra prétendre à aucune indemnité à cet égard ni se prévaloir d'aucun droit, en ce qui concerne les délais fixés pour l'achèvement des travaux où les amendes qu'il aurait encourues pour avoir dépassé ces délais.

Il en sera de même pour les malfaçons ou les vices de construction qui résulteraient de fraude ou de négligence de sa part ou de celles de ses ouvriers.

Les malfaçons, les vices de construction présumés, aussi bien que l'emploi des matériaux défectueux, seront constatés par un procès-verbal qui sera soumis à l'acceptation de l'entrepreneur, auquel il est accordé un délai de deux jours pour le signer ou pour déduire, par écrit, les motifs de son refus d'acceptation.

Dans le cas où l'entrepreneur refuserait de signer et laisserait passer le délai ci-dessus spécifié, il lui sera fait application de l'article 31 du présent cahier des clauses et conditions générales.

Si, au contraire, l'entrepreneur accepte le procès-verbal sans réserve, les travaux pourront être continués si le chef du service le juge convenable. En ce cas, situation sera établie des ouvrages reconnus défectueux et l'entrepreneur subira une réduction de moitié de la valeur de ces ouvrages, calculée d'après le bordereau ou la série des prix, en tenant compte du rabais ou de l'augmentation consentie par lui.

Les frais résultant de la constatation des malfaçons ou vices de construction seront tous à la charge de l'entrepreneur.

Art. 22. — *Dimensions et dispositions des matériaux et des ouvrages.* — L'entrepreneur ne peut de lui-même apporter aucun changement aux plans approuvés. Il est tenu de faire immédiatement, sur l'ordre du chef de service, démolir les ouvrages ou remplacer les matériaux dont les dimensions ou les dispositions ne sont pas conformes aux plans et détails d'exécution.

Toutefois, si le chef de service reconnaît que les changements faits par l'entrepreneur ne sont pas contraires à la solidité ni au bon goût, les nouvelles dispositions peuvent être maintenues ; mais alors l'entrepreneur n'a droit à aucune augmentation de prix, à raison des dimensions plus fortes ou de la valeur considérable que peuvent avoir les matériaux ou les ouvrages.

Dans ce cas, les métrages sont basés sur les dimensions prescrites; si, au contraire, les dimensions sont plus faibles ou la valeur des matériaux moindre, les prix seront réduits en conséquence.

Art. 23. — *Acompte sur matériaux approvisionnés.* — Il pourra être accordé des acompte sur les prix des matériaux approvisionnés jusqu'à concurrence des quatre cinquièmes de leur valeur; on ne considérera comme approvisionnements que les matériaux déposés sur les chantiers et reconnus de bonne qualité; dès ce moment, l'entrepreneur ne pourra les détourner pour une autre destination sans une autorisation spéciale du chef de service.

Art. 24. — *Démolitions et remplois de matériaux.* — Dans le cas où l'entrepreneur a à démolir d'anciens ouvrages, les matériaux sont déplacés et rangés avec soins pour qu'ils puissent être façonnés de nouveau et remployés, s'il y a lieu. — L'Administration se réserve la propriété des matériaux qui se trouvent dans les fouilles et démolitions faites dans les terrains appartenant à la colonie, sauf à indemniser l'entrepreneur de ses soins particuliers.

Lorsque l'on jugera à propos d'employer des matières neuves ou de démolition, appartenant au service, l'entrepreneur ne sera payé que des frais de main-d'œuvre et d'emploi, d'après les éléments du prix de bordereau.

L'Administration se réserve expressément les objets d'art et de toute nature qui pourraient également se trouver dans les fouilles ou démolitions, sauf indemnité à qui de droit.

Art. 25. — *Pertes et avaries, cas de force majeure.* — Il ne sera alloué à l'entrepreneur aucune indemnité, à raison des pertes, avaries ou dommages occasionnés par négligence, imprévoyance, défaut de moyens ou fausses manœuvres.

Ne sont pas compris toutefois, dans la disposition précédente, les cas de force majeure qui, dans le délai de dix jours au plus après l'événement, auraient été signalés par l'entrepreneur; néanmoins, il ne pourra être rien alloué qu'avec l'approbation de l'Administration. Passé le délai de dix jours, l'entrepreneur ne sera plus admis à réclamer.

Art. 26. — *Règlement des prix des ouvrages non prévus.* — Lorsqu'il sera jugé nécessaire d'exécuter des parties d'ouvrages non prévues ou d'extraire des matériaux dans des lieux autres que ceux qui sont désignés dans le devis, les prix en seront réglés d'après ceux de l'adjudication, ou, par assimilation, aux ouvrages les plus analogues. Dans le cas d'une impossibilité absolue d'assimilation, les prix seront réglés sur estimation contradictoire, en prenant pour termes de comparaison les prix courant du pays.

Lorsque les travaux devront être de quelque importance, il en sera fait un avant-métré que l'entrepreneur acceptera tant pour les prix proposés que pour l'indication des ouvrages, par une convention particulière qui sera présentée à l'approbation de l'Administration.

Art. 27. — *Augmentation dans la masse des travaux.* — En cas d'augmentation dans la masse des travaux, l'entrepreneur est tenu d'en continuer l'exécution jusqu'à concurrence d'un cinquième en sus du montant de l'entreprise.

Au delà de cette limite, l'entrepreneur a droit à la résiliation de son marché.

*Diminution dans la masse des ouvrages.* — En cas de diminution dans la masse des ouvrages, l'entrepreneur ne peut élever aucune réclamation tant que la diminution n'excède pas le cinquième du montant de l'entreprise. Si la diminution est de plus du cinquième, il reçoit, s'il y a lieu, à titre de dédommagement, une indemnité qui, en cas de contestations, est réglée par les tribunaux administratifs.

Art. 28. — *Changements dans l'importance des diverses espèces d'ouvrages.* — Lorsque les changements ordonnés ont pour résultat de modifier l'importance de certaines natures d'ouvrages, de telle sorte que les quantités prescrites diffèrent de plus d'un tiers en plus ou en moins des quantités portées au détail estimatif, l'entrepreneur peut présenter, en fin de compte, une demande en indemnité, basée sur le préjudice que lui auraient causé les modifications apportées à cet égard dans les prévisions du projet.

Art. 29. — *Cessation ou ajournement des travaux.* — L'Administration se réserve le droit de prononcer, si elle le juge convenable, la résiliation de l'adjudication, lorsque les fonds destinés à l'entreprise sont retirés du budget. Si elle ne juge pas à propos de prononcer la résiliation, elle peut prescrire l'ajournement des travaux.

Si les travaux ont reçu un commencement d'exécution, l'entrepreneur peut requérir qu'il soit procédé immédiatement à la réception définitive, après l'expiration du délai de garantie.

Lorsque les travaux seront ajournés pour plus d'une année, soit avant, soit après un commencement d'exécution, l'entrepreneur aura le droit de demander la résiliation de son marché, sans préjudice de l'indemnité qui, dans ce cas, pourra lui être allouée s'il y a lieu.

Art. 30. — *Mesures coercitives.* — La mise en régie des travaux ou la résiliation du marché pourront être ordonnées dans les cas suivants :

1° Lorsque, sans être arrêté par des cas de force majeure et après avoir été dûment mis en demeure par l'Administration, l'adjudicataire apporterait, soit dans l'exécution des ouvrages, soit dans les approvisionnements, des retards préjudiciables aux intérêts de l'Administration ou de ceux des autres entrepreneurs.

2° Lorsque l'adjudicataire viendrait à être convaincu de tentatives réitérées de fraude sur la qualité, la quantité ou la façon des ouvrages;

3° Enfin, généralement, dans tous les cas où l'entrepreneur, par négligence, incapacité ou mauvaise foi, ne remplirait pas les conditions de son marché et compromettrait ainsi les intérêts de l'Administration.

Lorsque l'entrepreneur ne se conformera pas aux ordres de service qui lui seront donnés pour l'exécution des conditions du devis, sur le rapport du chef de service adressé au Directeur de l'Intérieur, le Gouverneur, dans un arrêté qu'il notifiera à l'entrepreneur, ordonnera l'établissement d'une régie aux frais dudit entrepreneur, si, à une époque fixée, il n'a pas satisfait aux dispositions qui lui sont prescrites.

Ce délai, sauf les cas d'urgence, n'est pas de moins de dix jours à dater de la notification de l'arrêté de mise en demeure.

A l'expiration de ce délai, si l'entrepreneur n'a pas exécuté les dispositions prescrites, le Gouverneur, par un second arrêté, ordonna la résiliation immédiate du marché ou l'établissement d'une régie administrative sur une nouvelle adjudication à la folle enchère de l'entrepreneur.

Dans le cas de mise en régie, il sera procédé immédiatement en sa présence, ou lui dûment appelé, à l'inventaire descriptif du matériel de l'entreprise.

Pendant la durée de la régie, l'entrepreneur sera autorisé à en suivre les opérations, sans qu'il puisse toutefois entraver l'exécution des ordres du chef de service.

Il pourra d'ailleurs être relevé de sa régie, s'il justifie des moyens nécessaires pour reprendre les travaux et les mener à bonne fin.

Les excédents de dépenses qui résulteront de la régie ou de l'adjudication sur folle enchère, ainsi que les amendes pour retards et frais de surveillance au delà du délai fixé pour l'achèvement des travaux seront, dans tous les cas, à la charge de l'entrepreneur; ces frais seront prélevés sur les sommes qui pourraient être dues à l'entrepreneur ou, à défaut, sur son cautionnement, sans préjudice des droits à exercer contre lui en cas d'insuffisance.

Si la régie ou l'adjudication amenait au contraire une diminution dans les dépenses, l'entrepreneur ne pourra réclamer aucune part de ce bénéfice, qui restera acquis à l'Administration.

En cas de démolition des ouvrages, de mise en régie provisoire, de modifications de minime importance n'augmentant pas la dépense de plus du cinquième, l'entrepreneur ne sera pas recevable à demander la prolongation du délai primitivement fixé pour l'achèvement des travaux.

L'entrepreneur ne sera pas reçu à exciper des démolitions ordonnées par suite de vices de construction provenant de son fait, pour obtenir une prolongation des délais fixés par le cahier des charges pour l'exécution des travaux.

En cas de travaux non prévus au cahier des charges, les délais pour l'exécution seraient augmentés en raison de l'importance de ces mêmes augmentations.

Art. 31. — *Approvisionnements et équipages en cas de résiliation.* — En cas de résiliation il sera fait immédiatement un inventaire des matériaux et approvisionnements divers existant sur les chantiers. Tout ce qui sera reconnu convenable sera mis à la disposition du nouvel entrepreneur, qui paiera le prix de ces matériaux à l'entrepreneur déchu, sur le pied de l'adjudication résiliée.

Ce dernier sera tenu d'enlever, dans un délai de quinze jours, tous les équipages et matériaux refusés, et à défaut, ces équipages et matériaux seront déposés sur la voie publique à ses frais, risques et périls comme choses à lui appartenant, sans qu'il puisse exercer aucune répétition à cet égard sous quelque prétexte que ce soit.

Art. 32. — *Règlement en cas de résiliation.* — L'adjudicataire déchu devra présenter son mémoire dans le délai de trois semains. Si, ce délai expiré, le mémoire n'est pas fourni, le chef de service pourra le faire dresser d'office, et les frais auxquels il donnera lieu seront prélevés sur la somme qui pourra être due à l'entrepreneur et à défaut sur son cautionnement.

Art. 33. — *Décès de l'entrepreneur.* — En cas de décès de l'entrepreneur, le marché sera résilié de plein droit sauf à l'Administration à accepter, s'il y a lieu, les offres qui pourront lui être faites par les héritiers pour la continuation des travaux.

Art. 34. — *Faillite de l'entrepreneur.* — En cas de faillite de l'entrepreneur, le marché sera également résilié de plein droit, sauf à l'Administration à accepter, s'il y a lieu, les offres qui pourront lui être faites par les créanciers pour la continuation de l'entreprise.

## TITRE III. — Règlements des dépenses

Art. 35. — *Base du règlement des comptes.* — A défaut de stipulations spéciales dans le devis, les comptes seront établis d'après les quantités d'ouvrage réellement effectuées suivant les dimensions et les poids constatés par des métrés définitifs et des pesages faits en cours ou en fin d'exécution, et les dépenses seront réglées d'après les prix de l'adjudication.

L'entrepreneur ne pourra, dans aucun cas, pour les métrés et pesages, invoquer en sa faveur les us et coutumes du pays.

L'entrepreneur devra faire connaître en temps utile les ouvrages dont les quantités ne pourraient être constatées ultérieurement. Faute par lui de remplir cette formalité, les objets non visibles ou inaccessibles seront arbitrés par le chef du service et réduits au moins d'un quart de l'évaluation, à moins que l'entrepreneur ne consente à supporter les dépenses à faire pour la vérification des objets.

Art. 36. — *Attachements.* — Les attachements sont pris au fur et à mesure de l'avancement des travaux par l'agent chargé de leur surveillance, contradictoirement avec l'entrepreneur ou son commis spécialement désigné à cet effet.

Le commis de l'emprunteur doit établir des attachements figurés et écrits. Ces attachements figurés, cotés avec le plus grand soin, sont établis à l'échelle de 0 mèt. 02 cent. par mètre et doivent représenter d'une façon exacte, les formes, les dimensions, la nature des différents matériaux.

Les attachements écrits sont de même relevés contradictoirement et dans les formes ordinaires.

L'entrepreneur doit signer ces attachements au moment où la présentation lui en est faite.

Lorsqu'il refuse de les signer, ou ne les signe qu'avec réserve, il lui est accordé un délai de cinq jours à dater de la présentation des pièces pour formuler ses observations écrites ; passé ce délai, les attachements sont censés acceptés par l'entrepreneur, comme s'ils étaient signés sans réserve.

Dans ce cas, il est dressé procès-verbal de la présentation et des circonstances qui l'ont accompagnés.

Ce procès-verbal est annexé aux pièces non acceptées.

Les résultats des attachements inscrits sur les carnets ne sont portés en compte qu'autant qu'ils sont admis par le chef du service.

Il ne pourra être exécuté de travaux à la journée. Ceux ainsi exécutés seront rejetés du mémoire si l'entrepreneur ne justifie pas d'ordres écrits du chef du service et si les journées ne sont pas constatées par attachements.

Art. 37. — *Décomptes mensuels.* — A la fin de chaque mois, il sera dressé un décompte des ouvrages exécutés et des dépenses faites pour servir de base aux paiements à faire à l'entrepreneur.

Art. 38. — *Décomptes définitifs.* — A la fin de chaque entreprise, il sera dressé un décompte définitif comprenant l'ensemble des travaux de toute nature exécutés par l'entrepreneur, en vertu de son adjudication.

Ce décompte sera soumis à l'acceptation de l'entrepreneur, auquel il est accordé un délai de quinze jours pour le signer ou déduire par écrit les motifs de son refus d'acceptation.

Ce délai expiré, le décompte sera considéré comme accepté sans réserve et il sera passé outre à la liquidation.

Art. 39. — *Établissement des décomptes.* — Les ouvrages seront calculés d'après le système décimal, selon qu'ils seront mis en œuvre et selon le mode indiqué au devis particulier.

L'application du rabais ou de l'augmentation consenti par l'adjudicataire sera faite au montant total du décompte détaillé, d'après les prix de la série.

Art. 40. — *Maintien des prix du marché.* — L'entrepreneur ne pourra, sous aucun prétexte, revenir sur les prix du marché qui auront été consentis par lui, sauf en ce qui concerne l'article 26.

## TITRE IV. — Paiements

Art. 41. — *Paiements d'acompte.* — Les paiements d'acompte pour ouvrages faits s'effectueront en raison de l'avancement des travaux, jusqu'à concurrence des neuf dixièmes de la dépense et déduction faite des acomptes qui auront pu être délivrés, tant sur les travaux antérieurs que sur les approvisionnements. Les paiements faits pour approvisionnements de matériaux ne pouront s'élever qu'aux quatre cinquièmes de leur valeur, le dernier cinquième constituant la retenue de garantie.

*Maximum de la retenue.* — Si la retenue de un dixième est jugée devoir excéder la proportion nécessaire pour la garantie de l'entreprise, il peut être stipulé au devis ou décidé en cours d'exécution qu'elle cessera de s'accroître lorsqu'elle aura atteint un maximum déterminé.

Art. 42. — *Réception provisoire.* — Immédiatement après l'achèvement des travaux, il sera procédé, sur la demande écrite de l'entrepreneur, à leur réception provisoire par le chef du service ou du chef de section.

L'entrepreneur, dûment convoqué, devra assister à cette réception ou s'y faire représenter. En cas d'absence, mention en sera faite au procès-verbal.

Art. 43. — *Réception définitive.* — Il sera procédé de la même manière à la réception définitive, qui ne pourra avoir lieu qu'à l'expiration du délai de garantie.

Art. 44. — *Délai de garantie.* — Le délai de garantie sera de trois mois pour les travaux d'entretien, les terrassements, les chaussées d'empierrement, et de six mois pour les ouvrages d'art.

Pendant la durée du délai de garantie, l'entrepreneur demeure responsable des ouvrages et est tenu de les entretenir à ses frais constamment en bon état. Ne seront toutefois mises à sa charge les dégradations provenant du fait des occupants, dans les bâtiments habités avant la réception définitive.

Art. 45. — *Paiement de solde.* — Le dernier dixième, c'est-à-dire la retenue de garantie, n'est payé à l'entrepreneur et son cautionnement ne lui est remboursé qu'après la réception définitive et lorsqu'il a justifié de l'accomplissement de ses obligations.

Ce dernier paiement devra lui être fait un mois après le dépôt de son mémoire régulièrement dressé.

## TITRE V. — Contestations

Art. 46. — En cas de difficultés entre le chef du service des travaux publics et l'entrepreneur, ce dernier devra adresser au Directeur de l'Intérieur, pour être transmis avec l'avis du chef de service au Gouverneur, un mémoire où il indique les motifs et le montant de ses réclamations.

Si dans le délai de trois mois à partir de la remise du mémoire au Directeur de l'Intérieur, l'Administration n'a pas fait connaître sa réponse, l'entrepreneur peut, comme dans le cas où ses réclamations ne seraient point admises, saisir desdites réclamations la juridiction contentieuse.

Art. 47. — Toutes dispositions antérieures au présent arrêté sont et demeurent abrogées.

Art. 48. — Indépendamment des présentes conditions, les adjudications pourront avoir des clauses et conditions particulières, à chaque nature d'ouvrage.

Duperré.

(25 avril 1877)

**CIRC. D. I.** *Le commencement des travaux à exécuter dans les inspections par des entrepreneurs ne doit en être retardé sous aucun prétexte.*

BAT. II, p. 749.

B. D. I., p. 35.

Il est arrivé ces temps derniers, dans certains arrondissements, que MM. les administrateurs ont, de leur propre autorité et pour des motifs dont je ne veux pas discuter la valeur, retardé le commencement de travaux à exécuter, soit dans des lieux habités, soit ailleurs, et prescrits à ceux qui en avaient été déclarés adjudicataires par le service des travaux publics.

J'ai l'honneur de vous faire remarquer que les marchés stipulent, à l'égard des entrepreneurs, des délais rigoureux pour l'exécution de leurs travaux et qu'il peut résulter, de la manière de faire signalée, des inconvénients et des embarras très sérieux pour l'Administration.

Je vous invite, en conséquence, à ne jamais, et sous aucun prétexte, susciter des obstacles de ce genre. Lorsque vous croirez voir des inconvénients à l'exécution immédiate de travaux commandés dans votre arrondissement par le service des travaux publics, vous voudrez bien en aviser à temps l'Administration, qui se réserve le droit de prescrire, si elle le juge convenable, l'ajournement des travaux.

PIQUET.

(17 mars 1870)

**A. G.** *portant que la comptabilité du service des travaux publics sera tenue conformément aux prescriptions du règlement du 28 septembre 1849 et à la Circ. M. du 25 octobre 1851, sur la comptabilité des travaux publics en France.*

BAT. II, p. 749.
B. C., p. 104.

Article premier. — La comptabilité des travaux publics sera désormais tenue conformément aux prescriptions du règlement du 28 septembre 1849 et à la circulaire ministérielle du 25 octobre 1851, sur la comptabilité des travaux publics en France, sauf les modifications de détail que comporte le service colonial et qui seront arrêtées par le Directeur de l'Intérieur, sur la proposition du chef du service des travaux publics.

Art. 2. — Chaque conducteur des travaux tiendra un carnet d'attachement et un sommier du modèle réglementaire.

Il enverra avant le 5 de chaque mois à son chef de section la situation mensuelle de chacun des travaux qu'il dirige avec les pièces justificatives (feuille d'attachement, mémoire, métré, etc.).

Art. 3. — Il sera tenu, dans chaque section, un livre de comptabilité conforme à celui de l'ingénieur ordinaire en France, lequel recevra l'inscription méthodique réglementaire des dépenses afférentes à chaque entreprise.

Les chefs de section seront chargés de contrôler la tenue de ces registres, laquelle sera confiée dans chaque section à un agent spécial.

Ils adresseront le 8 de chaque mois, au chef de service, un état sommaire de la situation de leurs travaux conforme au modèle réglementaire.

Art. 4. — Le chef de service fera tenir par un agent spécial un registre général de comptabilité analogue à celui de l'ingénieur en chef en France, dans lequel seront inscrits les résultats généraux des travaux en cours dans tout le service.

Un extrait de ce registre, présentant la situation financière et matérielle de tous les travaux, sera adressé le 12 de chaque mois au Directeur de l'Intérieur.

Art. 5. — Le sommier du conducteur, les registres de section et les registres du chef de service comporteront pour chaque travail en cours, outre les comptes d'entreprise ou de régie, un compte spécial des emprunts au magasin du service. Ils présenteront en outre une sous-répartition détaillée des crédits alloués par l'article du budget et par nature du travail, avec indication des décisions allouant ces crédits et de celles qui les modifient.

La répartition afférente à chaque section sera régulièrement notifiée au commencement de chaque année par le chef du service aux deux sections, avec indication de sous-répartitions spéciales à chaque entreprise.

La sous-répartition par service de conducteur sera notifiée aux agents de ce grade par le chef de la section des bâtiments civils d'une part et par le chef de la section des ponts et chaussées, d'autre part.

Art. 6. — Outre la vérification des carnets des conducteurs, qui devra être faite fréquemment et autant que possible sur les chantiers, l'ingénieur, chef du service, procédera tous les trois mois à une vérification détaillée de la comptabilité de chaque conducteur et de chaque section.

J. LAFONT.

(16 février 1880)

D. G. *portant modification à l'arrêté du 13 avril 1875, relatif aux clauses et conditions générales à imposer aux entrepreneurs de travaux publics.*

B. C., p. 60.

Article premier. — L'article 4 de l'arrêté du 13 avril 1875 est rapporté et modifié ainsi qu'il suit :

Tous les travaux seront adjugés au rabais sur des prix de base portés soit aux cahiers des charges, soit au devis annexés aux cahiers des charges ; les soumissions seront cachetées et écrites en français, dans les formes prescrites par l'ordonnance du 31 mai 1838, chapitre VI, paragraphe 3 ; elles contiendront les pièces désignées à l'article 3.

Les soumissions faites avec augmentation et celles conditionnelles, ou qui s'écarteraient dans leurs termes du modèle de soumission annexé à l'arrêté du 13 avril 1875 (1), ne seront pas admises et déclarées hors concours.

Art. 2. — Il est ajouté, à la suite de l'article 4, un article 4 *bis* ainsi conçu : *Les personnes qui voudront prendre part aux adjudications, adresseront la veille (au Directeur de l'Intérieur pour Saïgon et aux administrateurs pour les inspections), avant dix heures du matin*, et sous pli cacheté, un certificat (du maire de Saïgon et de Cholon pour les concurrents en résidence dans les deux villes, ou du 1er administrateur pour ceux qui habitent l'intérieur) conforme au modèle annexé au présent article, ainsi que tous autres renseignements qu'elles jugeront utiles pour établir leur situation commerciale et leur solvabilité, notamment leurs patentes de commerçants.

Dans les quinze minutes qui suivront l'ouverture de la séance, les concurrents déposeront sur le bureau, soit par eux-mêmes, soit par des fondés de pouvoirs, *leurs offres cachetées et portant en suscription l'objet des travaux ou fournitures, et les noms et qualités des soumissionnaires.* A l'expiration de ce délai, aucune offre ne sera acceptée.

Le Directeur de l'Intérieur, à Saïgon, et les administrateurs dans l'intérieur, feront connaître alors le nom des personnes admises à concourir et procéderont, avec l'assistance de qui de droit, à l'ouverture de leurs soumissions. Les offres des concurrents non agréés leur seront rendues séance tenante.

MODÈLE DU CERTIFICAT DU MAIRE OU DU 1er ADMINISTRATEUR.

Le maire de la ville de (ou le 1er administrateur des affaires indigènes à ) certifie que M. , qui se propose de concourir à la fourniture de ou à telle entreprise pour le compte de la colonie, est de bonnes vie et mœurs, qu'il n'a jamais été condamné dans la colonie et que sa situation commerciale lui permet de prendre part à cette adjudication.

, le 18 .

LE MYRE DE VILERS.

(1). Les mots *ou augmentation*, inscrits dans le modèle de soumission, sont supprimés.

(20 septembre 1880)

**D. G.** *portant modification à l'arrêté du 16 février 1880 qui rapporte l'article 4 de l'arrêté du 13 avril 1875 relatif aux clauses et conditions générales à imposer aux entrepreneurs de travaux publics et prescrit la production d'un certificat du maire.*

B. C., p. 473.

Art. 1er. — L'article 4 *bis* ajouté par décision du 16 février dernier à l'arrêté du 13 avril 1875 est rapporté et modifié ainsi qu'il suit :

« Les concurrents devront être agréés par l'administration. Ils joindront à leur « soumission un certificat délivré par le Directeur de l'Intérieur pour Saïgon, et par « le 1er administrateur dans les inspections, constatant qu'ils sont admis à concou- « rir. Ils devront se pourvoir de ce certificat quatre jours au moins avant la date « fixée pour l'adjudication. »

LE MYRE DE VILERS.

(23 février 1881)

**DÉP. M.** *au sujet des grands travaux publics votés par le conseil colonial. Avis du renvoi de ces affaires à l'examen du conseil des travaux de la marine. — Recommandation.*

ARCH. GOUV.

J'ai reçu, avec vos trois lettres des 22 et 25 décembre dernier, les dossiers relatifs aux projets de travaux qui ont reçu l'approbation du Conseil colonial.

Ces projets sont de trois sortes :

1° Ceux de ponts et chaussées et de bâtiments civils, pour lesquels l'adjudication doit avoir lieu le 28 février courant à Saïgon, et qui s'élèvent à 4 250.000 francs.

2° Ceux de construction d'un canal maritime entre le Vaïec et le Cuatien, d'approfondissement du canal d'Hatien, et d'amélioration du port et de la baie d'Hatien, montant au chiffre de 14 millions, à répartir sur huit années, et pour lesquels vous me demandez de faire procéder à une adjudication, à Paris, le 8 août prochain.

3° Enfin, la construction d'un chemin de fer de Saïgon à Vinh-Long, par Mytho, avec prolongement éventuel sur Pnum Penh et la frontière du Laos, avec embranchement sur Traon.

Vous avez pensé que, tout au moins pour les deux premiers projets, le vote de la représentation locale vous imposait le devoir d'y donner une suite immédiate sans avoir besoin de faire appel au contrôle du Département, et vous vous êtes borné à m'adresser, pour être livrés à la publicité, un certain nombre de cahiers des charges et d'affiches relatifs à ces travaux.

En ce qui concerne l'entreprise du chemin de fer, vous avez reconnu qu'il était nécessaire de faire sanctionner la résolution du Conseil par un décret, et, en effet, cette nécessité ressort des termes des articles 33 et 34 du décret organique du 8 février 1880, puisque, dans ce cas, la colonie doit consentir une garantie pécuniaire.

Mais cette circonstance n'est pas la seule qui légitime l'intervention de l'autorité supérieure. Il y a lieu de remarquer que, si l'Assemblée locale statue sur les projets, plans et devis des travaux exécutés sur les fonds de la colonie, l'article 40, § 2, du même acte, réserve au Ministre la faculté de surseoir à l'exécution des décisions du Conseil, toutes les fois que les projets de travaux lui paraissent nécessiter un complément d'étude ou une nouvelle délibération.

C'est là une disposition qui n'a certainement pas pour but d'entraver la liberté d'action de l'Assemblée locale en matière de travaux d'utilité publique, mais que le législateur a jugée nécessaire, comme une précaution contre les entraînements que pourrait amener une confiance exagérée dans les ressources financières de la colonie.

En présence du vaste plan d'ensemble dont vous m'avez entretenu, je me suis demandé si ce n'était point le cas de faire usage des pouvoirs qui me sont conférés par le paragraphe ci-dessus relaté, et j'ai jugé devoir le faire en ce qui concerne les projets relatifs aux travaux de canalisation et à la création du chemin de fer. J'ai, d'ailleurs, invité le Président à hâter l'étude dont il s'agit, afin que l'adjudication fixée au 8 août 1881 ne soit pas retardée.

En faisant appel à la compétence du Conseil des travaux pour contrôler les plans et devis préparés par M. le Chef du service des travaux publics, je me suis préoccupé non seulement de la conception et de l'exécution des travaux, mais encore de l'évaluation exacte de la dépense qui doit en résulter. Les appréciations qui auront été ainsi émises permettront aux pouvoirs publics de la colonie de déterminer, lors de la nouvelle étude à intervenir, le rapport qui peut exister entre les dépenses et les ressources dont le budget local est à même de disposer.

En ce qui concerne les travaux divers qui doivent être adjugés à Saïgon, le 28 de ce mois, je n'ai pas jugé nécessaire d'en suspendre la réalisation. Ils me paraissent, en effet, ne pas devoir dépasser les forces normales du budget.

J'ai seulement à vous faire part d'une réclamation qui m'a été soumise par plusieurs grands constructeurs de Paris.

Pour cette adjudication, vous vous êtes borné à en faire mention sur les affiches, ainsi que dans les journaux de la colonie. Les industriels résidant en France, n'ayant sous les yeux aucun document qui leur permette d'établir un devis, se trouvent dans l'impossibilité de soumissionner, et vous serez obligé d'avoir uniquement recours au commerce local, qui, probablement, proposera des conditions plus onéreuses que si l'appel à la concurrence eût été plus étendu. Il eût donc été bon de faire parvenir à mon Département les cahiers des charges, plans et devis, relatifs aux différents travaux dont il s'agit, et je ne puis que vous prier de donner des ordres pour qu'à l'avenir l'envoi de ces documents me soit fait en temps utile.

De plus, pour mettre les constructeurs de Paris en mesure de consulter les conditions générales des travaux en vigueur en Cochinchine, je vous serai obligé de m'adresser un certain nombre d'exemplaires des arrêtés des 13 avril 1875, 16 février et 20 septembre 1880, réglementant la matière.

G. CLOUÉ.

(4 mars 1882)

**A. G.** *relatif à l'entretien des immeubles de la colonie, occupés par des fonctionnaires.*

B. C., p. 127.

Article premier. — Le directeur des travaux publics pourvoira à l'entretien des bâtiments, soit de sa propre initiative, soit sur les demandes à lui directement adressées par les chefs des services intéressés, soit sur les communications à lui faites par l'Administration, dans les limites des allocations inscrites au budget, toutes les fois que la dépense ne doit pas excéder 300 piastres et ne doit pas entraîner un changement dans l'état des lieux.

Dans ce dernier cas, quel que soit le chiffre de la dépense, elle ne pourra être exécutée qu'après décision du Gouverneur, prise sur une demande justificative spéciale du chef de service intéressé, l'avis du directeur des travaux publics et la proposition du Directeur de l'Intérieur.

Art. 2. — Aussitôt que possible, en tenant compte du personnel dont il dispose, il sera dressé par les soins du directeur des travaux publics, pour les divers immeubles, logements, bureaux, casernements ou ateliers, tant de Saïgon que des inspections de l'intérieur, un tableau avec plans et dessins à l'appui, faisant connaître exactement l'état d'entretien des différents locaux, d'après les projets approuvés et d'après les aménagements autorisés depuis.

A son entrée en jouissance, chaque fonctionnaire signera pour acceptation cet état de lieu, après l'avoir vérifié, contradictoirement avec l'agent préposé à cet effet par le directeur des travaux publics. A sa sortie ou à chaque demande de réparations locatives, une nouvelle vérification contradictoire permettra d'établir le montant des dépenses à mettre à la charge de l'occupant.

Art. 3. — Il est entre autres modifications à l'état des lieux, formellement interdit d'établir, contre les murs et toitures des édifices ou dépendances, des paillottes et des plantes grimpantes. Celles qui existent seront enlevées par les soins des fonctionnaires qui les ont établies ou seront démolies à leurs frais par les soins des agents des travaux publics.

LE MYRE DE VILERS

(21 juin 1882)

**CIRC. D. I.** *recommandant qu'un état des lieux soit dressé à chaque changement de fonctionnaires logés par le service local.*

B. C., p. 31.

L'arrêté du 4 mars 1882 (1), en chargeant le service des travaux publics de l'entretien des bâtiments du service local, a eu pour but, en établissant la responsabilité de chacun, de sauvegarder les intérêts du budget.

Cet arrêté, mis en vigueur en date de sa promulgation, peut être dès maintenant exécuté dans presque tous ses détails. C'est ainsi que tout changement dans l'affectation des locaux est défendu, toute modification à l'état des lieux est interdite. De même, bien que l'état général des lieux prescrits par le 1er paragraphe de l'article 2 n'ait pu encore être dressé, les fonctionnaires n'en sont pas moins responsables de tous les dégâts constatés dans les logements qu'ils occupent. Vous comprendrez dès lors quelle importance il y a à faire constater l'état des lieux à chaque changement; c'est le seul moyen d'éviter de fausses imputations et des réclamations incessantes.

En conséquence, je vous prie de vouloir bien donner avis à tout le personnel placé sous vos ordres qu'il ait à se conformer désormais à ces prescriptions; il suffira que le fonctionnaire sortant avertisse l'agent des travaux publics de la localité. Ce dernier recevra de son chef de service les ordres nécessaires pour faire les constatations. Il faut que chacun sache bien que, faute de cette formalité, il peut se voir imputer les dépenses de réparations demandées par son successeur et reconnues nécessaires à la suite d'une visite à laquelle il n'aurait pas assisté.

BÉLIARD.

(2 mars 1887)

**CIRC. TRAV. P.** *informant les fonctionnaires et agents de ce service qu'ils ne peuvent se charger de travaux pour les particuliers, sans l'assentiment préalable de l'administration.*

B. C., p. 182.
J. C., p. 278.

Le Directeur des travaux publics *p. i.* a l'honneur d'informer MM. les fonctionnaires et agents de tous ordres attachés à son service qu'ils ne peuvent se charger de travaux pour les particuliers, sans avoir préalablement demandé et obtenu l'autorisation de l'Administration supérieure.

Il croit devoir leur faire connaître que si cette prescription n'était pas observée, cette faculté, qui n'est qu'une tolérance bienveillante de l'Administration, leur serait retirée *d'une façon absolue*.

A. FOULHOUX.

## TRAVERSÉES (DURÉE DES)

V. *Passagers et frais de passage.*

(1) B. C., p. 127.

# TRÉSORERIE

I. ORGANISATION DU SERVICE. — II. PERSONNEL, SOLDE ET ALLOCATIONS DIVERSES. — III. RÉGLEMENTATION. — *a)* DISPOSITIONS GÉNÉRALES. — *b)* DISPOSITIONS LOCALES

## I. — ORGANISATION DU SERVICE

| NATURE DES DOCUMENTS | DATES | RECUEILS A CONSULTER | | | | | | | OBSERVATIONS |
|---|---|---|---|---|---|---|---|---|---|
| | | Bat. | B.C. | B.D.I. | J.C. | J.H. | B.M. | B.Col. | |
| Décret | 10 janvier 1863. | II-357 | | | | | | | |
| Décret | 15 mai 1874. | II-752 | | | | | | | |
| A. G. | 3 novembre 1879. | II-761 | 429 | | | | | | |
| Décret | 7 octobre 1881. | | 529 | | | | | | |
| Dép. M. | 8 novembre 1881. | | | | | | | | |
| Dép. M. | 12 novembre 1883. | | | | | | | | |
| Dép. M. | 15 février 1884. | | | | | | | | |
| A. M. | 26 décembre 1887. | | | | 153 | | | | |
| Dép. M. | 20 janvier 1888. | | | | | | | | |
| A. G. G. | 12 mars 1888. | | | | 333 | | | | |

(10 janvier 1863)

**DÉCRET** *statuant sur le régime administratif et financier de la Cochinchine (art. 8).*

(Promulg. A. G., 1er juillet 1863)

BAT. II, p. 357.

Art. 8. — Il est institué en Cochinchine un trésorier réunissant les fonctions de receveur général et de payeur, chargé de la centralisation des recettes, de la garde des fonds et de l'acquittement des dépenses. Ce comptable est soumis, pour sa comptabilité, aux règles tracées dans le décret du 26 septembre 1855.

(15 mai 1874)

**DÉCRET.** *Organisation de la trésorerie de Cochinchine.*

BAT. II, p. 752.

DISPOSITIONS GÉNÉRALES

Article premier. — La trésorerie de la Cochinchine est assimilée à celle de l'Algérie, tant pour l'organisation de son personnel que pour ses rapports avec les autorités coloniales. Par suite, les décrets du 26 septembre 1855 et 31 mai 1862 ne lui sont applicables que dans celles de leurs dispositions qui ne sont pas contraires à ce principe, et sous réserve des exceptions et modifications expresses résultant des dispositions suivantes.

Art. 2. — Le service des postes est réuni à celui de la trésorerie. Il reste néanmoins placé, comme tous les services d'intérêt local, sous la haute direction et la surveillance du Directeur de l'Intérieur, sans que ce fonctionnaire puisse intervenir dans la direction même du service, telle qu'elle est définie à l'article 19 ci-après :

Art. 3. — Le trésorier-payeur est soumis à l'autorité des Ministres de la marine et des finances. Dans la colonie, il ne relève que du Gouverneur, qui lui adresse directement les ordres et communications concernant son service.

Il dirige seul, sous sa responsabilité, son service et celui des payeurs particuliers, préposés ou percepteurs dans toutes leurs parties.

PERSONNEL

Art. 4. — Le cadre du personnel est arrêté entre les deux ministères intéressés.

Le trésorier-payeur est nommé par décret du Président de la République, rendu sur la proposition du Ministre des finances.

Les payeurs particuliers, les payeurs adjoints, les commis de trésorerie et les commis auxiliaires sont nommés par le Ministre des finances.

Les agents de formation locale ou sous-agents, tels que les secrétaires militaires, interprètes, facteurs, gardiens de caisse, etc., sont nommés soit par le gouverneur, sur la proposition du trésorier-payeur, soit par le trésorier-payeur lui-même, selon les dispositions des règlements particuliers de la colonie à ce sujet.

Art. 5. — Les notes confidentielles, comme les propositions, soit pour l'avancement, soit pour la Légion d'honneur, sont remises par le trésorier-payeur au Gouverneur, qui les fait parvenir directement au Ministre des finances avec son avis. Une expédition de ces notes et propositions est transmise au ministère de la marine et des colonies.

Art. 6. — Dans les cérémonies publiques, à bord des navires de guerre, dans les hôpitaux de la marine et dans toutes les situations où ils peuvent être en rapport avec les autorités maritimes ou coloniales, les agents du service de la trésorerie et des postes sont traités d'après l'assimilation suivante :

Le trésorier-payeur, comme un commissaire ;

Les payeurs particuliers, comme commissaires-adjoints ;

Les payeurs adjoints, comme sous-commissaires ;

Les commis de trésorerie, comme aides-commissaires ;

Les commis auxiliaires, comme sous-lieutenants.

Art. 7. — Après six années de séjour dans la colonie, les agents dont les services ont toujours été satisfaisants ont droit, dans le service du trésor en France, à un emploi d'un produit net, égal au traitement fixe de l'emploi qu'ils occupent en Cochinchine.

Les propositions faites à cet effet sont soumises aux mêmes règles que celles qui concernent l'avancement.

Les agents qui, ayant accompli six années de service en Cochinchine, ne sont pas proposés à leur retour en France pour un emploi de la trésorerie des départements, ainsi que ceux qui sont renvoyés en France soit pour raison de santé, soit par mesure disciplinaire, avant l'achèvement du séjour réglementaire de six années, sont réintégrés à l'expiration de leur congé, s'il leur en est accordé, dans les cadres du service auquel ils appartenaient avant leur nomination en Cochinchine.

FRAIS DE SERVICE, TRAITEMENTS ET ACCESSOIRES

Art. 8. — Tous les frais du service de la trésorerie et des postes sont à la charge du budget local. Ils forment une dépense obligatoire de ce budget et sont déterminés par les deux Départements intéressés. Le crédit nécessaire à cette dépense est porté chaque année dans les prévisions budgétaires et ne peut être réduit sans l'assentiment du Ministre des finances.

Tous les frais de service qui n'auraient pas été prévus dans ce crédit spécial sont imputés sur les crédits généraux du budget local.

La somme inscrite au budget de la marine (service colonial) pour le traitement et les frais de service du trésorier-payeur de la Cochinchine, forme le contingent de l'État dans les frais de trésorerie. Elle est versée chaque année, à ce titre, au crédit du budget local.

Art. 9. — Les agents du service de la trésorerie et des postes jouissent, dans chaque grade, du même traitement fixe que les agents de la trésorerie d'Afrique. Ce traitement n'est soumis qu'aux retenues prescrites par la loi du 9 juin 1853 sur les pensions civiles.

Ils reçoivent, en outre, un traitement colonial et des indemnités dont le montant est fixé par les deux Ministres de la marine et des finances. Ces allocations sont soumises à la retenue de 3 p. 100 au profit de la caisse des invalides de la marine.

Art. 10. — Indépendamment des traitements et indemnités prévus à l'article précédent, le service local fournit :

1° Le logement personnel du trésorier-payeur et de ses préposés, ainsi que celui de leurs bureaux ;

2° Le matériel des bureaux ;

3° L'éclairage des bâtiments du trésor et de la poste et celui des bureaux soumis à des services de nuit ;

4° Tous les imprimés spéciaux à la Cochinchine.

Les logements des bureaux doivent offrir toutes les garanties exigées par les règlements pour la sûreté des fonds.

Art. 11. — Les agents du service de la trésorerie et des postes n'ont aucun droit aux remises et allocations prévues aux articles 200 et 206 du décret du 26 septembre 1855, mais ils reçoivent, pour les services spéciaux dont ils sont chargés, la rémunération déterminée par les règlements pour chacun de ces services.

RÉGIME MONÉTAIRE ET ALIMENTATION DES CAISSES

Art. 12. — Le régime monétaire actuellement en usage est maintenu. Toutefois les ligatures de sapèques ne sont admises dans les caisses publiques qu'en cas d'absolue nécessité et dans les conditions arrêtées entre les deux Ministères.

Art. 13. — La caisse du Trésor est alimentée, pour les dépenses de l'État et du service colonial, d'après les instructions du Ministre des finances, qui reçoit, chaque mois, une situation de cette caisse et un aperçu de ses besoins présumés pour la période des trois mois qui suivent.

Le Gouverneur détermine, sur la proposition du trésorier-payeur, soit la prime, soit la moins-value qu'il convient d'attacher aux traites pour en accroître ou en diminuer l'émission, selon la situation de la caisse.

Les profits et pertes résultant de l'émission des traites au-dessus et au-dessous du pair, sont au compte du budget des finances.

Art. 14. — Tous les transports de fonds nécessaires au service du Trésor dans l'intérieur de la colonie sont à la charge du budget local. Ils s'exécutent dans les conditions réglementaires en France, sur l'initiative du trésorier-payeur.

COMPTABILITÉ

Art. 15. — Le trésorier-payeur transmet directement, au Ministre des finances, sa comptabilité mensuelle et ses comptes de gestion. Ces comptes ne sont pas soumis au visa de l'ordonnateur.

Art. 16. — Les avances qui sont faites sur les fonds généraux du Trésor, conformément à la législation locale de la Cochinchine, ne sont autorisées que dans le cas où le régime des avances aux services régis par économie ne peut être appliqué.

En conséquence, les caisses alimentées actuellement par ces fonds seront supprimées ou remplacées par des avances régulières, ordonnancées sur les budgets intéressés, partout où cette réforme sera praticable, et le Gouverneur ne pourra créer à l'avenir de nouvelles caisses alimentées par les fonds généraux du Trésor sans prendre l'avis du trésorier-payeur. Il est formellement interdit de faire des avances de cette nature aux navires de guerre susceptibles de quitter la colonie.

Toutes les caisses qui reçoivent des avances sur les fonds généraux du Trésor sont vérifiées, chaque année, le 30 juin, par un officier ou fonctionnaire désigné par le Gouverneur.

Une expédition du procès-verbal de cette vérification est remise au trésorier-payeur et produite, par lui, à l'appui de son compte de gestion. Ce procès-verbal comprend, comme valeurs de caisse, toutes les pièces de dépenses dont la remise n'a pas encore été faite au Trésor au moment de la vérification.

Indépendamment de cette vérification annuelle, le trésorier-payeur est tenu de vérifier inopinément, au moins une fois par an, soit par lui-même, soit par un de ses délégués, toutes les caisses qui reçoivent des avances sur les fonds généraux du Trésor.

Les procès-verbaux de ces vérifications sont transmis au Gouverneur et au Ministre des finances, avec les observations auxquelles la vérification a donné lieu.

Art. 17. — Les comptables de la recette sont responsables, en principe, de tous les droits, revenus ou produits dont le recouvrement ou l'encaissement leur est confié.

Toutefois, le recouvrement des divers produits à encaisser par eux, en vertu d'ordres de recette ou de renversement, est suivi à la diligence des liquidateurs ou ordonnateurs des dépenses, qui demeurent chargés conformément aux articles 155 et 156 du règlement de la marine en date du 14 janvier 1869, des poursuites qu'il peut être nécessaire d'exercer contre les débiteurs.

Ces fonctionnaires sont tenus de remettre, dans les cinq premiers jours de chaque mois, aux comptables chargés de l'encaissement, un bordereau détaillé des ordres de recettes ou de versements qu'ils ont émis dans le mois précédent.

Au moyen de ces bordereaux, les comptables établissent chaque mois un état détaillé des ordres restant à exécuter au dernier jour du mois précédent. Cet état est remis aux liquidateurs ou ordonnateurs des dépenses, dans les trois jours qui suivent celui de la réception, par les comptables du bordereau détaillé des ordres émis.

L'exactitude de cet état, et sa remise dans le délai ci-dessus, exonèrent les comptables de toute responsabilité à l'égard de ces produits.

En clôture d'exercice, il est procédé, pour l'apurement des restes à recouvrer de cette catégorie, dans les formes établies par les articles 237 et 238 du décret du 26 septembre 1855. Toutefois, les relevés mentionnés à ces articles ont adressés par les liquidateurs ou ordonnateurs des dépenses qui les soumettent au Gouverneur, en Conseil, avec l'avis, s'il y a lieu, des comptables intéressés.

Art. 18. — Les comptables de la recette prennent charge de tous les titres de perception de leur circonscription ; mais la responsabilité qui leur est imposée par l'article 234 du décret du 26 septembre 1855 est limitée au ressort dans lequel ils peuvent exercer des poursuites, aux termes des règlements rendus sur la matière, par le Gouverneur, en vertu de l'article 244 du même décret.

Pour les droits liquidés sur les contribuables domiciliés hors de ce ressort, les comptables dressent des états détaillés des redevables en retard et les font parvenir aux fonctionnaires investis du droit de poursuite, à des époques fixées par arrêtés du Gouverneur, pour chaque nature d'impôts.

L'exactitude de ces états et leur remise à qui de droit, aux époques déterminées, exonèrent les comptables de toute responsabilité à l'égard des droits liquidés sur ces contribuables.

En cas d'infraction à cette disposition, l'autorité compétente peut les rendre responsables du non-recouvrement de ces droits.

Ces dispositions sont applicables au recouvrement de tous les rôles collectifs dressés au nom des communes ou villages sans indication des noms des contribuables.

SERVICE DES POSTES

Art. 19. — Le trésorier-payeur remplit, en ce qui concerne les produits de la poste coloniale, les fonctions dévolues en France aux directeurs départementaux et au bureau de la vérification des produits à Paris.

Ses préposés remplissent, à Saïgon, les fonctions de receveur principal et dans l'intérieur de la colonie, celles de receveur de leur circonscription.

Il n'exécute, par lui-même, d'autre opération que la recette du produit net, des timbres-poste qu'il remet ou envoi à ses préposés pour être mis en distribution.

Il centralise les opérations des receveurs et fournit un compte annuel de gestion comprenant toutes ces opérations et celles des timbres-poste mis en distribution. Ce compte présente la situation des timbres-poste en dépôt et fait ressortir le solde de ces dernières valeurs à l'époque où se termine la gestion.

Le transport des dépêches à l'intérieur de la colonie et tous les frais de matériel du service des postes sont à la charge de la colonie.

DISPOSITIONS DIVERSES.

Art. 20. — Le trésorier-payeur et les payeurs particuliers fournissent des cautionnements dont le montant est fixé par arrêté du ministre des finances.

Les agents subalternes qui remplissent les fonctions de préposé du trésor ou de percepteur ne sont pas astreints à un cautionnement. Cependant, le trésorier-payeur peut demander, par l'entremise du Gouverneur, que ces agents soient soumis à cette garantie. Dans ce cas, le Ministre des finances décide et fixe, s'il y a lieu, la quotité du cautionnement.

Les agents nommés, avant le départ de France, à des fonctions soumises à la garantie du cautionnement, doivent en faire le versement au Trésor avant leur entrée en fonctions. Ceux qui sont présents dans la colonie lorsqu'ils reçoivent avis de leur nomination, ont un délai d'un an, à partir du jour de la réception de cet avis, pour réaliser le cautionnement auquel ils sont assujettis.

Art. 21. — L'article 195 du décret du 26 septembre 1885, concernant la direction du service du Trésor, n'est pas applicable en Cochinchine; l'ordonnateur est seulement investi, dans cette colonie, à l'égard du service de la trésorerie et des postes, de toutes les attributions dévolues à l'inspection générale des finances en France et en Algérie. Il exerce ces attributions, soit par lui-même, soit par un ou plusieurs de ses subordonnés; mais ces derniers ne peuvent le suppléer, dans ce cas, sans être munis d'une délégation écrite.

Les vérifications de caisse mensuelles prescrites par l'article 194 du décret du 26 septembre 1855 susmentionné n'ont, par suite, pas lieu en Cochinchine.

Les vérifications inopinées et celles de fin de gestion sont seules obligatoires dans cette colonie.

Il doit être procédé inopinément, au moins une fois par année, par les soins de l'ordonnateur, à la vérification de la caisse et des écritures du trésorier-payeur et de celle de ses préposés. Une expédition des procès-verbaux constatant les résultats des vérifications est transmise par le Gouverneur au Ministre des finances.

Conformément au décret du 15 avril 1873, l'inspection mobile des colonies exercera, sur la trésorerie de la Cochinchine, l'action dévolue, dans la Métropole, aux inspecteurs des finances en mission.

Lorsque ces vérifications donnent lieu à un rapport sur le fonctionnement du service du trésor, ce document est rédigé et transmis dans les formes en usage dans l'inspection des finances en France.

Art. 22. — En ce qui concerne le service des invalides de la marine, le trésorier payeur de la Cochinchine est soumis à la direction et à la surveillance de l'ordonnateur, conformément aux règlements sur la matière.

DE MAC-MAHON.

(3 novembre 1879)

A. G. *Création d'un emploi de préposé payeur pour l'arrondissement de Cholon.*

BAT. II, p. 761.

B. C., p. 429.

Article premier. — Il est créé, pour l'arrondissement de Cholon, un préposé-payeur, placé sous les ordres immédiats du trésorier-payeur, qui répond de sa gestion.

Art. 2. — Ce préposé réside à Cholon. Il est chargé de percevoir directement tous les produits et d'acquitter toutes les dépenses, selon les instructions qu'il reçoit du trésorier-payeur.

Toutefois, les droits d'enregistrement et d'hypothèques pourront être perçus par un autre agent qui, dans ce cas, sera tenu de verser au Trésor, à la fin de chaque mois au plus tard, le montant intégral de ses perceptions.

Il est chargé du service des postes et soumis, pour ses écritures, aux règles générales de la comptabilité publique (1).

(1) V. *infrà*, 7 octobre 1881.

Il est receveur municipal pour la ville de Cholon.

Art. 3. — Le personnel du service se compose de :

| | |
|---|---|
| 1 Préposé payeur (payeur-adjoint de 2e classe), prévision de dépenses... | 9.000 fr. 00 |
| 2 Commis auxiliaires | 11.220 00 |
| 1 Interprète | 2.000 00 |
| 1 Garçon de caisse | 1.000 00 |
| 1 Facteur de poste | 500 00 |
| 1 Porteur de contraintes | 2.100 00 |
| Total des prévisions | 25,820 fr. 00 |

Art. 4. — Ce personnel sera soldé sur les fonds du budget local, sauf remboursement par la municipalité de Cholon de la part qui lui incombe, et dont le montant est fixé à 15.000 francs.

Art. 5. — Le préposé payeur de Cholon entrera en fonctions à compter du 1er janvier 1880.

La remise du service lui sera faite à cette même date par M. le premier administrateur, en ce qui le concerne.

Il sera dressé procès-verbal en quadruple expédition de cette opération : une expédition sera adressée au Directeur de l'Intérieur, une au trésorier-payeur, la troisième restera dans les archives de l'Administration et l'autre dans celles du préposé payeur.

LE MYRE DE VILERS.

(7 octobre 1881)

**DÉCRET** *séparant le service des postes en Cochinchine du service du trésor.*

(Promulg. A. G., 19 décembre 1881)

B. C., p. 529.

Article premier. — A partir du 1er janvier 1882, le service des postes en Cochinchine est séparé du service du Trésor et placé sous la direction et la surveillance du Directeur de l'Intérieur.

Art. 2. — Le paiement et la délivrance des mandats de poste de ou sur tous bureaux en dehors de la colonie, continuent à être effectués exclusivement par le trésorier-payeur et ses préposés.

JULES GRÉVY.

(8 novembre 1881)

**DÉP. M.** *Notification du décret en date du 7 octobre 1881 séparant les services de la poste et du trésor en Coch'nchine.*

ARCH. GOUV.

J'ai l'honneur de vous transmettre ci-joint copie d'un décret présidentiel, en date du 7 de ce mois, consacrant la séparation des services des postes et du Trésor en Cochinchine.

Je vous prie de procéder à la promulgation de ce décret, et à la fusion des services des postes et des télégraphes par voie d'arrêté local dans les conditions adoptées pour la Nouvelle-Calédonie.

Vous aurez à me faire connaître les dispositions que vous aurez prises pour assurer l'exécution de cette mesure et en même temps à m'adresser vos propositions au sujet des changements qu'elle vous paraîtra devoir comporter dans la composition du personnel télégraphique.

G. CLOUÉ.

(12 novembre 1883)

**DÉP. M.** *prescrivant l'application en Cochinchine du décret du 7 octobre 1881 concernant la séparation du service de trésorerie et du service des postes et des télégraphes.*

ARCH. GOUV.

M. le trésorier-payeur de la Cochinchine a fait connaître à M. le ministre des finances, dans une communication récente, que ses préposés continuaient à émettre et à payer les mandats d'articles d'argent et les mandats télégraphiques de la colonie sur la colonie, malgré les dispositions du décret du 7 octobre 1881 qui a prononcé la séparation entre le service du Trésor et celui des postes et des télégraphes en laissant seulement au premier de ces services la charge d'acquitter et d'émettre les mandats de ou sur les bureaux en dehors de la colonie.

Lors de la promulgation du décret précité, en Cochinchine, M. le Myre de Vilers avait pensé que son application complète pourrait soulever des difficultés et il avait décidé que les payeurs resteraient provisoirement chargés de l'émission et du paiement de tous les mandats postaux et télégraphiques indistinctement. Cette décision qui est encore en vigueur présente des inconvénients sérieux celui notamment de mettre à la charge du trésor, en cas d'abaissement du taux de la piastre, des pertes sur son encaisse qui ne lui incombent pas.

En conséquence, je vous prie de vouloir bien prendre des mesures pour mettre fin à cette situation et pour que les dispositions prises en 1881 soient observées à l'avenir.

Vous voudrez bien me tenir au courant de ce qui aura été fait à cet égard.

FÉLIX FAURE.

(15 février 1884)

**DÉP. M.** *Envoi d'un projet sur la réorganisation du service de la Trésorerie en Cochinchine. — Projet.*

ARCH. GOUV.

J'ai l'honneur de vous envoyer ci-joint une copie de la dépêche dans laquelle M. le Ministre des finances me fait part des motifs qui le conduisent à reprendre l'examen du projet qui avait été préparé par votre prédécesseur le 3 mars 1882 sur l'organisation du service de la trésorerie de Cochinchine.

Cette mesure lui paraît indispensable en raison des modifications qu'a apportées l'établissement du budget local de la colonie en piastres ; elle doit avoir surtout pour but de faire disparaître une situation provisoire qui nuit au bon fonctionnement du service et de prévenir, par suite, les difficultés qui se manifestent déjà dans le recrutement du personnel.

Dans sa dépêche, M. le Ministre des finances a établi un projet qui diffère sensiblement de celui qui avait été élaboré par l'administration de la colonie, mais ainsi que vous le remarquerez, les considérations qui ont inspiré ce projet reposent sur la nécessité de conserver au service du Trésor une organisation tout à fait métropolitaine, et je ne puis à ce sujet que partager la manière de voir de M. le Ministre des finances.

Je ne crois pas devoir rentrer dans la discussion dont l'appuie M. Tirard. Il me suffira d'appeler votre attention sur les résultats avantageux qu'a donnés le service de trésorerie tel qu'il a été institué par le décret du 15 mai 1874 pour vous amener à reconnaître qu'il convient aujourd'hui de lui assurer une organisation fixe à ce titre, j'attacherais un grand prix à ce que le projet que m'a soumis M. Tirard et qui ne doit entraîner, par rapport au projet de la colonie, qu'une élévation de dépense de 4.000 piastres environ soit accepté, par l'assemblée locale. Je compte donc que vous ferez tous vos efforts dans ce sens.

Je vous serai obligé de me faire connaître le plus tôt possible la décision qui aura été adoptée afin que la rédaction définitive du décret ne souffre plus aucun retard.

FÉLIX FAURE.

(26 décembre 1887)

**A. M.** *déterminant les opérations effectuées par le Trésorier-payeur de l'Indo-Chine et le Payeur, chef du service du protectorat de l'Annam et du Tonkin, ainsi que les écritures à tenir par ces comptables.*

(Promulg. A. G., 16 février 1888)

J. C., p. 153.

Article premier. — Il est ouvert dans les écritures du trésorier-payeur de l'Indo-Chine un compte de correspondant administratif, sous le titre : « Payeur du Protectorat de l'Annam et du Tonkin, s/c courant ».

Art. 2. — Ce compte est crédité :

1° Des sommes envoyées au Trésorier-payeur de l'Indo-Chine par le Payeur du Protectorat ;

2° Des recettes appartenant au budget du Protectorat et encaissées par le Trésorier-payeur de l'Indo-Chine pour le compte du Payeur ;

3° Des dépenses acquittées par les comptables du Protectorat pour le compte du Trésorier-payeur de l'Indo-Chine ;

4° Du montant des mandats émis par les comptables du Trésor en Cochinchine et acquittés par le Payeur du Protectorat.

Il est débité :

1° Du montant des envois de fonds ou de traites sur le Trésor, effectués par le Trésorier-payeur de l'Indo-Chine au Payeur du Protectorat ;

2° Des sommes encaissées par le Payeur du Protectorat pour le compte de l'Indo-Chine ;

3° Des dépenses acquittées par le Trésorier-payeur de l'Indo-Chine pour le compte du Protectorat ;

4° Du montant des mandats émis par le Payeur du Protectorat sur la caisse du Trésorier-payeur de l'Indo-Chine et payés pour son compte.

Art. 3. — Ce compte est tenu en francs.

Art. 4. — La situation du compte courant ouvert au Payeur du Protectorat, dans les écritures du Trésorier-payeur de l'Indo-Chine, doit toujours présenter un solde créditeur.

Les ordres de paiement adressés par le Payeur au Trésorier-payeur de l'Indo-Chine ne seront acquittés que s'il y a crédit suffisant pour faire face à la dépense.

Art. 5. — Le Trésorier-payeur de l'Indo-Chine crédite le compte du Payeur du Protectorat, après vérification de l'envoi des sommes qu'il a reçues de ce comptable.

Art. 6. — Le Trésorier-payeur encaisse, pour le compte du Payeur, les ordres de recettes établis par les autorités administratives du Protectorat, visés par le Payeur.

Le Trésorier-payeur délivre une déclaration de versement à la partie et crédite le Payeur du Protectorat.

Art. 7. — Le Trésorier-payeur crédite, lors de la réception des pièces justificatives du paiement, le Payeur du Protectorat des sommes que ce comptable a acquittées pour son compte.

Art. 8. — Le Trésorier-payeur est autorisé à émettre des mandats de trésorerie, payables à vue par le Payeur du Protectorat, pour les transmissions de fonds intéressant les services publics, les officiers et les fonctionnaires français.

Ces mandats sont extraits d'un livre à souche et à talon.

Il transmet au Payeur, par chaque courrier, les talons-avis.

Il crédite le Payeur du Protectorat des mandats que celui-ci a acquittés pour son compte, au fur et à mesure qu'il les reçoit.

Art. 9. — Le Trésorier-payeur débite le Payeur du Protectorat du montant des fonds ou des traites sur le Trésor qu'il a envoyés à ce comptable.

Art. 10. — Le Trésorier-payeur, lors de la réception des avis d'encaissement délivrés par le Payeur, débite ce comptable des sommes encaissées par lui ou par ses préposés pour le compte du budget de l'Indo-Chine ou du service local de la Cochinchine.

Art. 11. — Il acquitte, entre les mains des parties résidant en Cochinchine, les mandats émis par le Chef du service administratif, ordonnateur délégué du Résident général.

Les pièces justificatives à joindre à l'appui de ces opérations seront déterminées par l'administration du Protectorat.

Art. 12. — Il ne pourra payer les mandats tirés sur sa caisse par le Payeur du Protectorat qu'après réception des talons-avis.

Il débite le compte « Payeur du Protectorat de l'Annam et du Tonkin, s/c courant » du montant des paiements effectués.

Il renvoie au Payeur, par chaque courrier, les mandats qu'il a acquittés pour son compte.

Art. 13. — Les mandats sur le Payeur du Protectorat sont établis en francs.

Art. 14. — Les recettes du compte « Payeur du Protectorat de l'Annam et du Tonkin, s/c courant » sont justifiées par les talons des récépissés, et les dépenses par les avis de crédit du Payeur.

Les dépenses résultant d'envois matériels de fonds sont en outre appuyées d'une expédition du procès-verbal d'envoi.

Art. 15. — Les opérations effectuées par le Trésorier-payeur de l'Indo-Chine pour le Payeur du Protectorat, et rejetées par ce dernier après vérification, sont décrites au compte courant du Protectorat par des écritures en sens inverse de celles qui ont constaté l'opération primitive.

Le renvoi des pièces au Payeur, après régularisation, est constaté dans la même forme.

Art. 16. — A la fin de chaque mois, le Trésorier-payeur de l'Indo Chine transmet au Payeur du Protectorat une copie en double expédition du compte-courant; elle fait ressortir la situation de ce compte à la fin du mois précédent, les opérations effectuées pendant le mois ainsi que le solde à nouveau.

Le Payeur renvoie au Trésorier-payeur une des expéditions approuvée par lui, après s'être assuré que toutes les opérations qui y figurent sont régulièrement portées. Dans le cas contraire, il consigne ses observations.

Art. 17. — Le Trésorier-payeur transmet également, à la fin de chaque mois, les pièces justificatives des recettes et des dépenses appuyées de bordereaux détaillés en double expédition au Payeur du Protectorat, qui lui renvoie une des expéditions approuvées par lui.

Art. 18. — Le Trésorier-payeur reçoit, tous les mois, copie en double expédition du compte-courant tenu par le Payeur du Protectorat, ainsi que les pièces justificatives de recettes et de dépenses appuyées de bordereaux détaillés en double expédition.

Il s'assure que toutes les opérations qui y figurent sont régulièrement portées; dans le cas contraire, il consigne ses observations.

Il renvoie au Payeur une expédition des bordereaux et de la copie du compte approuvée par lui.

Art. 19. — Le Trésorier-payeur de l'Indo-Chine transmettra au Ministre des finances (Direction générale de la comptabilité publique et Direction du mouvement général des fonds), en double expédition, la situation du compte du Payeur du Protectorat au 30 juin et au 31 décembre de chaque année. Ces situations seront accompagnées d'une note de rapprochement faisant ressortir la concordance du compte tenu à Saïgon avec celui qui est tenu à Hanoï. Elle indiquera, à cet effet, les opérations figurant dans le compte du Trésorier-payeur de l'Indo-Chine et qui n'apparaissent pas dans les écritures du Payeur et, *vice versâ*, celles figurant dans les écritures du Payeur du Protectorat et qui n'ont pas encore été portées dans le compte du Trésorier-payeur de l'Indo-Chine.

Le Ministre des finances, aussitôt la réception de ces documents, en transmettra copie au Ministre de la marine et des colonies.

Art. 20. — Le présent arrêté sera publié au *Bulletin officiel* de l'Administration des colonies, et recevra son exécution à compter du 1er janvier 1888.

DE MAHY. TIRARD.

ANNEXE (1)

(20 janvier 1888)

**DÉP. M.** *(Extrait) Notification de deux décrets en date du 26 décembre 1887 réglant le premier, l'organisation du service de trésorerie du gouvernement général de l'Indo-Chine ; — le second, le fonctionnement du service de trésorerie en Annam et du Tonkin. — Envoi de deux arrêtés ministériels déterminant l'un la situation des agents et du Trésor en service au Tonkin et l'autre les rapports du trésorier-payeur de l'Indo-Chine avec le payeur, chef du service en Annam et au Tonkin.*

. . . . . . . . . . . . . . . . . . . . . . . . . . . . . . . .

. . . . . . . . . . . . . . . . . . . . . . . . . . . . . . . .

ARCH. GOUV.

J'ai l'honneur de vous informer que par décret en date du 26 décembre, M. P..., trésorier-payeur à Saïgon, a été nommé trésorier-payeur de l'Indo-Chine.

D'accord avec M. le Président du Conseil, ministre des finances, j'ai décidé que M. P... aurait droit, en cette qualité, aux émoluments ci-après :

| | |
|---|---|
| Solde d'Europe ... | 12.000 fr. |
| Supplément colonial... | 16.000 |
| Frais de service ... | 16.000 |
| | 44.000 fr. |

Il continuera en outre à recevoir 1.000 francs sur la caisse des invalides et les remises de la caisse des dépôts et des successions vacantes.

M. P... continuera à remplir les fonctions de trésorier de la Cochinchine dans les conditions énoncées par le décret du 5 juillet 1881 et suivant.

Le receveur spécial de la recette locale touchera désormais l'indemnité de 6.000 francs pour le service de la recette municipale à Saïgon.

Pour l'emploi de payeur chef du service en Annam et au Tonkin, un décret en date du 13 janvier courant, a désigné M. G... payeur particulier de 2e classe, chargé en ce moment de l'intérim à Hanoï. D'accord avec le Département des finances, j'ai décidé que cet agent aura droit, en outre de sa solde, à un supplément colonial de 12.000 francs pour indemnité de caisse et frais de service.

Au Cambodge, M. W... reste titulaire avec sa solde et les suppléments dont il jouit, de l'emploi de payeur chef du service de la trésorerie du protectorat.

Telles sont, Monsieur le Gouverneur général, les dispositions qui ont été arrêtées pour le fonctionnement des services financiers de l'union Indo-Chine.

Je vous prie de vouloir bien m'accuser réception de la présente dépêche.

FÉLIX FAURE.

(12 mars 1888)

**A. G. G.** *déterminant les opérations de recettes et de dépenses que le payeur du protectorat effectuera avec le caissier payeur central à Paris et avec le Trésorier-payeur de l'Indo-Chine et du service local de Cochinchine.*

J. C., p. 333.

§ 1er. — *Rapports du Payeur, chef de service, avec le caissier payeur central à Paris.*

. . . . . . . . . . . . . . . . . . . . . . . . . . . . . . . .

. . . . . . . . . . . . . . . . . . . . . . . . . . . . . . . .

§ 2. — *Rapports du payeur, chef de service, avec le Trésorier-payeur de l'Indo-Chine.*

Art. 16. — Il est ouvert dans les écritures du Payeur, chef de service, un compte de correspondant administratif sous le titre de : *Trésorier-payeur de l'Indo-Chine, son compte courant.*

Art. 17. — Ce compte est crédité :

1° Des sommes ou des traites sur le Trésor envoyées par le Trésorier-payeur de l'Indo-Chine au Payeur du Protectorat ;

2° Des recettes encaissées par les comptables du Protectorat pour le compte du Trésorier-payeur de l'Indo-Chine ou du budget local de la Cochinchine ;

(1) Non reproduit. V. *Arch. gouv.*

3° Des dépenses acquittées en Cochinchine pour le compte du Protectorat ;

4° Du montant des mandats émis par les comptables du Protectorat, et acquittés par le Trésorier-payeur de l'Indo-Chine.

Ce compte est débité :

1° Des sommes envoyées au Trésorier-payeur de l'Indo-Chine par le payeur chef de service ;

2° Des recettes encaissées par le Trésorier-payeur de l'Indo-Chine pour le compte du Protectorat ;

3° Des dépenses acquittées par les comptables du Protectorat pour le compte du Trésorier-payeur de l'Indo-Chine ou du service local de la Cochinchine ;

4° Du montant des mandats émis sur la caisse du Payeur chef de service, par le Trésorier-payeur de l'Indo-Chine et acquittés pour son compte.

Art. 18. — Les demandes de fonds ou de traites sur le Trésor français sont préparées par le Payeur chef de service et soumises par lui à la direction du contrôle des services financiers.

Cette direction les fait parvenir au Ministre des finances par l'intermédiaire du Ministre de la marine.

Art. 19. — Le Payeur du Protectorat crédite le Trésorier-payeur de l'Indo-Chine après vérification de l'envoi du montant des sommes ou des traites qu'il a reçues de ce comptable.

Art. 20. — Le Payeur du Protectorat encaisse pour le compte du Trésorier de l'Indo-Chine les ordres de recette établis par les autorités administratives pour le budget de l'Indo-Chine ou le service local de la Cochinchine.

Il délivre une déclaration de versement à la partie et un récépissé au Trésorier-payeur de l'Indo-Chine.

Art. 21. — Lés dépenses acquittées en Cochinchine pour le compte du Protectorat sont portées au crédit du compte : *Trésorier-payeur de l'Indo-Chine, son compte courant*, lors de la réception des pièces justificatives.

Le paiement ne sera effectué que sur la présentation d'un mandat émis par le chef du service administratif à Saïgon, ordonnateur délégué du Résident général.

Art. 22. — Les saisies-arrêts ou oppositions, ayant pour objet d'arrêter le paiement des dépenses ordonnancées en Cochinchine pour le compte du Protectorat, ne seront reçues que chez le trésorier-payeur de l'Indo-Chine à Saïgon. Elles n'auront d'effet qu'autant qu'elles auront été signifiées à ce comptable antérieurement à la délivrance par lui sur le mandat de paiement du *Vu bon à payer*.

Art. 23. — Le payeur chef de service émet des mandats de trésorerie, payables à vue par le Trésorier-payeur de l'Indo-Chine, pour les transmissions de fonds intéressant les services publics ou les officiers et fonctionnaires français.

Ces mandats sont énoncés en francs.

Ils sont extraits d'un livre à souche et à talon.

Le compte du Trésorier-payeur de l'Indo-Chine est crédité des paiements au moment de la réception des mandats acquittés.

Art. 24. — Le Payeur chef de service transmet par chaque courrier au Trésorier-payeur de l'Indo-Chine les talons-avis de mandats ainsi que les bordereaux d'émission sur la caisse de ce comptable.

Art. 25. — Il porte au débit du compte du trésorier-payeur de l'Indo-Chine, au vu du récépissé de ce comptable, le produit des recettes encaissées par lui pour le compte du Protectorat

Art. 26. — Le Payeur du Protectorat acquitte pour le compte du Trésorier-payeur de l'Indo-Chine :

1° Les mandats émis sur sa caisse par les ordonnateurs secondaires du budget de l'Indo-Chine en Annam et au Tonkin ;

2° Les ordres de paiement du service local de la Cochinchine délivrés au profit des parties résidant sur le territoire du Protectorat.

Ces divers paiements ne doivent être effectués que si le mandat est revêtu du *Vu bon à payer* du Trésorier-payeur de l'Indo-Chine.

Art. 27. — Le payeur du Protectorat ne peut acquitter les mandats tirés sur sa caisse par le Trésorier-payeur de l'Indo-Chine qu'après réception des talons-avis et des bordereaux d'émission.

Il débite le compte du Trésorier-payeur de l'Indo-Chine du montant des paiements effectués.

Il renvoi à Saïgon, par chaque courrier, les mandats acquittés.

Art. 28. — Les opérations effectuées pour le compte du Trésorier-payeur de l'Indo-Chine et rejetées par lui après vérifications sont décrites au compte : *Trésorier-payeur de l'Indo-Chine, son compte courant*, par des écritures en sens inverse de celles qui ont constaté l'opération primitive.

Le renvoi des pièces au Trésorier-payeur de l'Indo-Chine après régularisation est constaté dans la même forme.

Art. 29. — A la fin de chaque mois, le Payeur chef de service transmet au Trésorier-payeur de l'Indo-Chine, par l'intermédiaire du Résident général, une copie en double expédition du compte courant faisant ressortir la situation de ce compte à la fin du mois précédent, les opérations effectuées pendant le mois, ainsi que le solde à nouveau.

Il joint à son compte de gestion une des expéditions qui lui est renvoyée par le trésorier-payeur, avec la mention que toutes les opérations qui y figurent sont régulièrement portées.

Art. 30. — Le Payeur chef de service transmet également à la fin de chaque mois, au Trésorier-payeur de l'Indo-Chine, les pièces justificatives des recettes et des dépenses appuyées de bordereaux détaillés en double expédition ; ce comptable lui renvoie une de ces expéditions approuvée par lui.

Art. 31. — Le Payeur chef de service reçoit tous les mois copie en double expédition du compte courant tenu par le Trésorier-payeur de l'Indo-Chine, appuyée pour les recettes des récépissés, et pour les dépenses des pièces justificatives accompagnées d'un bordereau détaillé en double expédition. Il s'assure que toutes les opérations qui y figurent sont régulièrement portées.

Il renvoie au Trésorier-payeur de l'Indo-Chine, par l'intermédiaire du Résident général, une expédition de la copie du compte approuvé par lui et une expédition du bordereau.

Art. 32. — Le Payeur chef de service transmettra, par l'intermédiaire du Résident général, au Ministre de la marine, en deux expéditions, la situation du compte du Trésorier-payeur de l'Indo-Chine au 30 juin et au 31 décembre de chaque année. Ces situations seront accompagnées d'une note de rapprochement faisant ressortir la concordance du compte tenu à Hanoï avec celui qui est tenu à Saïgon. Elle indiquera, à cet effet, les opérations figurant dans le compte du Payeur du Protectorat et qui n'ont pas été passées dans les écritures du Trésorier-payeur, et *vice versâ*, celles figurant dans les écritures du Trésorier-payeur de l'Indo-Chine et qui n'ont pas encore été portées dans le compte du Payeur chef de service du Protectorat.

CONSTANS.

## II. — PERSONNEL, SOLDE ET ALLOCATIONS DIVERSES

| NATURE DES DOCUMENTS | DATES | RECUEILS A CONSULTER | | | | | | | OBSERVATIONS |
|---|---|---|---|---|---|---|---|---|---|
| | | Bat. | B.C. | B.D.I. | J. C. | J. H. | B. M. | B.Col. | |
| Décret | 10 janvier 1863. | II-357 | | | | | | | |
| A. Présid. | 23 août 1871. | II-751 | 344 | | | | | | |
| Circ. M. | 31 août 1871. | II-751 | | | | | | | |
| Décret | 8 mai 1873. | II-455 | | | | | 560 | | |
| A. M. | 10 janvier 1878. | II-759 | | | | | | | |
| Dép. M. | 14 juin 1878. | II-760 | | | | | | | |
| A. M. | 12 juin 1880. | | | | | | 1154 | | |
| Dép. M. | 11 mai 1883. | | | | | | | | |
| D. Présid. | 17 novembre 1885. | | | | 1886-78 | | | | |
| Dép. M. | 30 janvier 1886. | | | | | | | | |
| A. M. | 9 mars 1886. | | | | 685 | | | | |
| A. M. | 27 avril 1886. | | | | 685 | | | | |
| A. G. G. | 11 mars 1888. | | | | 262 | | | | |
| A. G. G. | 11 mars 1888. | | | | 263 | | | | |
| A. G. G. | 11 mars 1888. | | | | 262 | | | | |
| A. G. G. | 11 mars 1888. | | | | 262 | | | | |

(10 janvier 1863)

**DÉCRET** *statuant sur le régime administratif et financier de la Cochinchine. ( Art 1er, § 2) art 8.*

(Promulg. A. G., 1er juillet 1863)

BAT. II, p. 357.

Article premier. — Dans les territoires de la Cochinchine sur lesquels s'étend l'autorité française, les dépenses autres que celles des services militaires et de la marine seront supportées par les recettes locales.

Toutefois, les traitements du Gouverneur et des Trésoriers seront à la charge de l'État.

Art. 2. . . . . . . . . . . . . . . . . . . . . . . . . . . . . . . . . . . . . . . .

. . . . . . . . . . . . . . . . . . . . . . . . . . . . . . . . . . . . . . . . . . . .

(23 août 1871)

**A. PRÉSID.** *déterminant des allocations fixes pour les Trésoriers chargés d'effectuer les recettes et dépenses de l'établissement des invalides de la marine aux colonies et en Algérie.*

(Promulg. A. G., 24 octobre 1871)

BAT. II, p. 751.

B. C., p. 344.

Article premier. — A partir du 1er octobre 1871, les Trésoriers-payeurs dans les colonies et en Algérie recevront une indemnité annelle sur les fonds de la caisse des invalides de la marine, à raison des recettes et des paiements qu'ils opèrent, ainsi que des comptes qu'ils ont à rendre, pour le service de l'établissement des invalides.

Cette indemnité est fixée de la manière suivante :

| | | |
|---|---|---|
| Trésorier-payeur. | de la Cochinchine | 4.000 francs |
| | de la Réunion | 4.000 — |
| | de la Guadeloupe | 4.000 — |
| | de la Martinique | 4.000 — |
| | de la Guyane | 3.500 — |
| | du Sénégal | 2.500 — |
| | des établissements de l'Inde | 2.500 — |
| | de Saint-Pierre-Miquelon | 2.500 — |
| | de la Nouvelle-Calédonie | 2.500 — |
| | de l'Algérie | 2 500 — |
| | des établissements de l'Océanie | 800 — |
| | de Mayotte | 800 — |
| | du Gabon | 800 — |
| | de Sainte-Marie-de-Madagascar | 800 — |

Art. 2. — Les allocations déterminées par l'article 1er seront payées mensuellement aux comptables, mais elles ne seront définitivement acquises qu'après la complète régularisation de leurs comptes.

Art. 3. — Les Trésoriers coloniaux n'auront plus droit au prélèvement de 5 p. 100 que, d'après l'article 82 du règlement du 17 juillet 1816, ils étaient autorisés à opérer sur les remises de fonds qu'ils font en France pour l'établissement des invalides.

A. THIERS.

(31 août 1871)

**CIRC. M.** *Notification de l'arrêté présidentiel du 23 août 1871 qui détermine les allocations que doivent recevoir, sur les fonds de la caisse des invalides, les Trésoriers-payeurs des colonies et de l'Algérie.*

BAT. II, p. 751.

D'après l'article 82 du règlement du 17 juillet 1816, il est alloué aux trésoriers coloniaux 5 p. 100

du montant des remises de fonds faites en France, toutes dépenses acquittées, pour leur tenir lieu de tout traitement et indemnité, à raison des recettes et des paiements qu'ils effectuent pour l'établissement des invalides de la marine, ainsi que des comptes qu'ils ont à rendre.

Ce mode de rémunération a donné lieu à des anomalies qui ont motivé des observations, tant de la part d'un certain nombre de comptables que de celles de quelques administrations locales. On a fait remarquer avec raison que, dans les colonies où les recettes atteignent un chiffre élevé, alors que les dépenses sont peu importantes, les Trésoriers-payeurs avaient des émoluments hors de proportion avec le travail qui leur incombe, tandis que, dans d'autres localités, au contraire, ces comptables, bien qu'ayant à faire de nombreux paiements, qui engagent leur responsabilité et multiplient leurs écritures, ne reçoivent que des allocations minimes, parce que les excédents de recettes sont extrêmement faibles. Il arrive ainsi que les taxations ou remises proportionnelles sont en raison inverse des charges imposées aux comptables.

Il avait déjà été remédié, il y a quelques années, à cet état de choses à l'égard des Trésoriers-payeurs de l'Algérie et des établissements de l'Inde, qui reçoivent aujourd'hui un traitement sur les fonds de la caisse des invalides.

Le système des taxations a été également abandonné en 1867 pour les trésoriers des invalides, et remplacé par des allocations fixes.

J'ai reconnu, d'accord avec M. le ministre des finances, qu'il convenait d'appliquer la même mesure aux trésoriers-payeurs de toutes les colonies, et tel est l'objet d'un arrêté du Chef du pouvoir exécutif de la République, en date du 23 août dernier, que vous trouverez inséré à la suite de la présente circulaire.

POTHUAU.

(8 mai 1873)

**DÉCRET** *réglementant le service de la perception en Cochinchine. (art 8.)*

BAT. II, p. 455.

B. M., p. 560.

Art. — Le trésorier-payeur et les trésoriers particuliers sont affranchis, en ce qui concerne la gestion des inspecteurs percepteurs, de la responsabilité qui lui est imposée à l'égard des percepteurs astreints à un cautionnement et agréés par eux.

Ils sont chargés du service de la perception dans les circonscriptions où se trouve leur résidence.

. . . . . . . . . . . . . . . . . . . . . . . . . . . . . . . . . . . .

A. THIERS.

(10 janvier 1878)

**A. M.** *Cadre et traitement du personnel de la trésorerie en Cochinchine.*

BAT. II, p. 759.

Article premier. — Le cadre du personnel affecté au service du Trésor en Cochinchine est fixé ainsi qu'il suit :

| | |
|---|---|
| Trésorier-payeur | 1 |
| Payeurs particuliers | 3 |
| Payeurs adjoints | 5 |
| Commis de trésorerie | 9 |
| Commis auxiliaires | 12 |

Art. 2. — Sont adjoints aux services du Trésor et de la poste :

| | |
|---|---|
| Facteurs, gardiens de caisse, interprètes | 11 |
| Porteurs de contraintes | 3 |
| Plantons indigènes | 4 |

Art. 3. — La dépense à laquelle s'élève l'entretien du personnel arrêté ci-dessus, est répartie ainsi qu'il suit :

| | | |
|---|---|---|
| 1 Trésorier-payeur, à | | 10.000 fr. 00 |
| 1 Payeur particulier, à | 7.000 fr. 00 | |
| 1 Payeur particulier, à | 6.000 00 | 18.000 00 |
| 1 Payeur particulier, à | 5.000 00 | 18 000 00 |

| | | | |
|---|---|---|---|
| 3 Payeurs-adjoints, à 4,000 francs | 12.000 | 00 | 18.000 00 |
| 2 Payeurs-adjoints, à 3,000 francs | 6.000 | 00 | |
| 2 Commis de trésorerie, à 2,700 francs | 5.400 | 00 | 21.000 00 |
| 3 Commis de trésorerie, à 2,400 francs | 7.200 | 00 | |
| 4 Commis de trésorerie, à 2,100 francs | 8.400 | 00 | |
| 5 Commis auxiliaires, à 1,800 francs | 9.000 | 00 | 19.500 00 |
| 7 Commis auxiliaires, à 1,500 francs | 10.500 | 00 | |
| | | | 86.500 fr. 00 |
| *Suppléments coloniaux.* | | | |
| 1 Trésorier-payeur | 15.000 | 00 | |
| 3 Payeurs particuliers, à 6,000 francs | 18.000 | 00 | |
| 5 Payeurs-adjoints, à 4,000 francs | 20.000 | 00 | |
| 9 Commis de trésorerie, à 3,500 francs | 31.500 | 00 | |
| 12 Commis auxiliaires, à 3,000 francs | 36.000 | 00 | |
| | | | 120.500 fr. 00 |
| *Indemnités diverses.* | | | |
| Abonnement au Trésorier-payeur pour frais de bureau, de tournées et pertes de caisse | 10.000 | 00 | |
| Indemnité de logement à 14 agents, à 960 francs l'un | 13.440 | 00 | |
| Indemnité de responsabilité de 1,500 francs, à 3 préposés et au receveur de la poste | 6.000 | 00 | |
| | | | 29.440 fr. 00 |
| *Personnel de formation locale.* | | | |
| 11 Facteurs, gardiens de caisses, interprètes, à 1,500 fr. en moyenne | 16.500 | 00 | |
| 3 Porteurs de contraintes, à 2,000 francs | 6.000 | 00 | |
| 4 Plantons indigènes, à 720 francs | 2.880 | 00 | |
| | | | 25.380 fr. 00 |
| Total | | | 261.820 fr. 00 |
| A déduire : | | | |
| Le traitement colonial 7 agents en congé à $\frac{12,050 \times 7}{30}$ = | | | 28.116 66 |
| | | | 233.703 fr. 34 |
| *Matériel.* | | | |
| Achat de matériel pour le service des postes | 3.000 fr. | 00 | |
| Entretien de chevaux et d'une voiture pour la poste de Saïgon | 1.200 | 00 | |
| Éclairage des bureaux de poste, frais de transport des dépêches et menus frais | 1.800 | 00 | |
| Réparation et confection de pièces à acquit de dépêches. | 1.500 | 00 | |
| Frais de transport de numéraire | 1.000 | 00 | |
| Entretien et renouvellement du matériel des bureaux et des coffres | 2.000 | 00 | |
| | | | 10.500 fr. 00 |
| | | | 244.203 fr. 34 |

Art. 4. — Les diverses dépenses relatives au personnel du trésor sont mandatées par le Directeur de l'Intérieur sur la production d'états émargés ou de pièces établies par le Trésorier-payeur. Les achats, la liquidation et le mandatement sont effectués par le Directeur de l'Intérieur, en ce qui concerne les dépenses de matériel, les frais de passage et toutes autres dépenses qui ne sont pas déterminées au présent arrêté.

Art. 5. — Il peut être accordé aux employés du Trésor, d'origine européenne, des congés de convalescence ou pour affaires personnelles, des permissions, etc. Dans ces différentes situations, les règlements de la marine leur sont applicables quant à la solde à leur allouer.

Art. 6. — L'arrêté ministériel du 15 mai 1874 est abrogé.

POTHUAU, LÉON SAY.

(14 juin 1878)

**DÉP. M.** *au sujet des attributions dévolues au chef du service administratif et au Directeur de l'Intérieur et de leur rôle vis-à-vis du Trésorier-payeur.*

BAT. II, p. 760.

Dans un rapport sur les services financiers de la Cochinchine, M. l'inspecteur en chef J... a manifesté quelque hésitation sur la portée réelle des dispositions édictées par le décret du 15 mai 1874, spécial à la Cochinchine, relativement aux attributions du chef du service administratif et du Directeur de l'Intérieur, et à leur rôle vis-à-vis du trésorier-payeur.

A ce sujet, il a posé diverses questions dont la solution lui semble nécessaire, en vue de prévenir les conflits que peuvent faire naître les interprétations contradictoires auxquelles l'acte précité peut donner lieu.

La première question s'applique au 2e paragraphe de l'article 3 du décret du 26 septembre 1855, qui est ainsi conçu : « Ces officiers (les ordonnateurs) sont en outre chargés de *diriger* la perception des produits qui se réalisent aux colonies pour le compte de l'État. »

Des discussions se sont élevées plusieurs fois au sujet de l'action dévolue à l'ordonnateur dans le service du trésor, laquelle se trouve plus spécialement définie par l'article 193 du même décret.

Il a été reconnu que l'expression avait dépassé l'intention du législateur, et que le mot *diriger* était pris dans un sens absolu en Cochinchine, comme ailleurs ; il serait contraire aux articles 167, 177, 178, 197, 198, 199 et 204 du décret du 26 septembre 1855 lui-même.

L'action de l'ordonnateur reste complète à l'égard du contrôle à exercer vis-à-vis du comptable. Indépendamment des mandats de paiement, il délivre les ordres de recette, vérifie la caisse et les écritures du trésorier-payeur et se fait remettre les bordereaux mensuels nécessaires à la tenue de la comptabilité des recettes et des dépenses du service local (articles 109, 111, 112 et 148 du décret de 1855).

Il vise les récépissés à talon, en transmet les bordereaux au ministère des finances, surveille les envois de fonds, comme le font en France les préfets et sous-préfets ; conformément aux articles 1397 à 1406 de l'instruction générale de 1859, ils doivent coter et parapher les registres des trésoriers-payeurs.

Quant au service des postes, il est réellement défini par l'article 19 du décret spécial : le trésorier-payeur remplit les fonctions dévolues en France aux directeurs départementaux et au bureau de la vérification des produits, à Paris. Par suite, toutes les attributions qui appartiennent en France aux autorités locales ou à l'administration centrale des postes *ne sont pas du ressort du trésorier-payeur*.

Telles sont les recommandations dont vous devrez vous inspirer pour régler les rapports des deux chefs d'administration avec le trésorier-payeur de la colonie.

POTHUAU.

(12 juin 1880)

**A. M.** *modifiant les cadres du personnel de la trésorerie de Cochinchine.*

B. M., p. 1154.

Article premier. — Le cadre des agents de tous grades de la trésorerie de Cochinchine, tel qu'il a été fixé par l'arrêté ministériel du 10 janvier 1878, est augmenté d'un payeur particulier et de deux commis de trésorerie.

Art. 2. — La dépense annuelle à prévoir pour le traitement fixe de ces trois agents est de 9.500 francs, se répartissant ainsi :

| | | |
|---|---|---|
| 1 payeur particulier à | 5.000 francs. | 5.000 fr. |
| 1 commis de trésorier à | 2 400 — | 4.500 |
| 1 commis de trésorier à | 2.100 — | |
| Total | | 9.500 fr. |

Les suppléments coloniaux et indemnités diverses à accorder, le cas échéant, à ces agents, seront les mêmes que ceux actuellement attribués, par l'arrêté sus-visé (10 janvier 1878) aux agents du même grade.

Art. 3. — Les articles 1 et 3 de l'arrêté ministériel du 10 janvier 1878 sont modifiés conformément aux dispositions qui précèdent.

(11 mai 1883)

**DÉP. M.** *supprimant l'indemnité de 6000 fr. qui, aux termes de l'art. 5 du décret du 5 juillet 1881, était allouée au Trésorier-payeur comme receveur municipal.*

ARCH. GOUV.

Le Trésorier-payeur de la Cochinchine a reçu, en 1882, à titre de receveur municipal, l'indemnité de responsabilité de 1200 piastres qui, aux termes de l'article 5 du décret du 5 juillet 1881, est allouée au payeur qui, sous le titre de receveur spécial du service local, est chargé des recettes et des dépenses municipales de Saïgon, et des opérations de trésorerie se rattachant à ces deux services. Un receveur spécial ayant été chargé, à dater du 1er janvier dernier, de la perception des recettes de la ville de Saïgon, l'indemnité payée primitivement au trésorier-payeur fut accordée à ce nouvel agent. Cette situation a été portée à la connaissance de M. le ministre des finances qui m'a transmis des observations tendant à faire restituer au trésorier-payeur l'allocation supprimée. M. Tirard fait remarquer que M. le Trésorier-payeur conservant la responsabilité du service du receveur spécial de Saïgon, doit, de ce fait, recevoir une indemnité pour perte de caisse, etc. Il a contesté, d'ailleurs, à l'administration coloniale, le droit d'imposer une réduction de traitement à des agents en fonction qui n'ont pas démérité. Il a fait ressortir enfin les difficultés, de jour en jour plus grandes, que l'on rencontre dans le recrutement du personnel destiné à servir en Cochinchine.

Dans sa pensée, cet état de choses ne peut que s'aggraver si des agents en service sont exposés à voir diminuer leurs émoluments. M. Tirard a ajouté, toutefois qu'il serait disposé à passer condamnation sur cette suppression si, comme il paraît résulter de la discussion qui s'est produite dans le sein du conseil colonial, le 16 décembre 1882, l'indemnité pour perte de caisse allouée au trésorier-payeur était portée de 2.000 à 3.000 piastres.

Je vous remets d'ailleurs sous ce pli une copie de la lettre que M. le ministre des finances m'a écrit à cette occasion le 2 mars dernier.

Je vous prie d'examiner attentivement les observations présentées par mon collègue et les moyens d'y donner satisfaction, sil est possible.

J'attacherais du prix à recevoir, sans délai, votre réponse à la présente communication.

CH. BRUN.

(17 novembre 1885)

**DÉCRET. PRÉSID.** *répartissant entre le budget du ministère des finances, le budget du ministère de la marine et des colonies (service colonial) et le budget annexe de la caisse des Invalides, des indemnités qui avaient été allouées aux trésoriers-payeurs de l'Algérie et des colonies pour le service de l'établissement des invalides de la marine.*

J. C. 1886, p. 78.

Le service de Trésorerie de la caisse des invalides de la marine est effectué par les trésoriers-payeurs en Algérie et dans les colonies, et ces comptables reçoivent pour ce motif, sur les fonds de ladite caisse, des rétributions qui ont été déterminées par les décisions présidentielles des 23 août 1871 et 9 décembre 1884.

La loi de finances du 21 mars 1885, articles 9 et 10 et celle du 22 du même mois, articles 9, 10 et 11, ont transporté de la caisse des invalides au Ministère des finances, à partir du 1er janvier 1886, le paiement des pensions civiles et militaires de la marine et des colonies, et ce changement d'attributions aura pour effet de diminuer, dans une très notable proportion, les dépenses effectuées par les trésoriers-payeurs pour le compte de l'établissement des invalides de la marine, en sorte que cet établissement ne saurait leur allouer les mêmes rétributions pour un service moindre. D'un autre côté, cependant, il n'y aura pour eux qu'une modification intérieure de service. Ce qu'ils paieront en moins pour le compte de la caisse des invalides, ils le paieront en plus pour le compte du Trésor, et, par suite, l'ensemble du travail restera le même ; il ne serait donc pas juste de diminuer leur rémunération et nous avons pensé qu'il conviendrait de diviser les allocations dont il s'agit en deux parts affectées, l'une au service de la caisse des invalides de la marine, l'autre à celui des pensions inscrites au grand-livre de la dette publique et qui seraient calculées d'après l'importance relative des deux groupes d'opérations, soit dans la proportion de 1 à 3.

Dans cet ordre d'idées les rétributions dont il s'agit seraient réglées à partir du 1er janvier 1886, d'après les fixations portées dans le tableau suivant :

| | CRÉDIT ACTUEL | RÉPARTITION | |
|---|---|---|---|
| | | CAISSE des invalides | PENSIONS de l'État |
| **COLONIES** | | | |
| Martinique | 4.000 | 1.000 | 3.000 |
| Guadeloupe | 4.000 | 1.000 | 3.000 |
| Réunion | 4.000 | 1.000 | 3.000 |
| Mayotte | 400 | 100 | 300 |
| Nossi-Bé | 400 | 100 | 300 |
| Guyane | 3.500 | 875 | 2.625 |
| Saint-Pierre et Miquelon | 2.500 | 625 | 1.875 |
| Sénégal | 2.500 | 625 | 1.875 |
| Etablissements français du golfe de Guinée | 800 | 800 | » |
| Établissements français dans l'Inde | 2.500 | 625 | 1.875 |
| Nouvelle-Calédonie | 2.500 | 625 | 1.875 |
| Etablissements français dans l'Océanie | 800 | 200 | 600 |
| Cochinchine | 4.000 | 1.000 | 3.000 |
| Totaux | 31.900 | 8.575 | 23.325 |
| **ALGÉRIE** | | | |
| Alger | 2.000 | 500 | 1.500 |
| Oran | 500 | 165 | 335 |
| Constantine | 500 | 165 | 335 |
| Totaux | 3.000 | 830 | 2.170 |
| Totaux généraux | 34.900 | 9.405 | 25.495 |

Comme conséquence de la mesure, la somme de 34,900 francs qui se trouve comprise, pour faire face à cette dépense, dans le crédit affecté aux frais d'administration de la caisse des invalides (voir le budget de 1886, page 2144) serait répartie entre le budget du Ministère des finances auquel incombent les frais de trésorerie de l'Algérie, le service colonial du Département de la marine et des colonies qui supporte les traitements des trésoriers-payeurs des colonies et le budget annexe de la caisse des invalides.

Nous avons l'honneur de vous soumettre ces propositions et de vous demander, si vous voulez bien les accueillir, de revêtir le présent rapport de votre signature.

Sadi-Carnot.

(30 janvier 1886)

**DÉP. M.** *Modification dans le mode de la rémunération des Trésoriers-payeurs des colonies comme chargés des opérations de l'établissement des Invalides.*

ARCH. GOUV.

Une décision présidentielle du 17 novembre 1885 dont vous aurez reçu notification par la voie du *Bulletin officiel* de la marine a divisé les allocations accordées aux Trésoriers-payeurs des colonies à raison des recettes et des paiements qu'ils opèrent pour le service de l'établissement des invalides, en deux parts affectées, l'une au service des invalides et l'autre à celui du budget de l'État.

J'ai l'honneur de vous faire connaître que le crédit de 3.000 francs qui devait être attribué à la colonie de la Cochinchine, en conformité de cette décision, a été inscrit par la loi du 1er janvier 1886 au titre du chapitre 2 du budget du service colonial pour l'exercice 1886. Je vous prie, en conséquence, de faire procéder, d'après ces indications, au paiement de l'indemnité d'égale somme revenant au Trésorier-payeur de la colonie.

(9 mars 1886)

**A. M.** *modifiant la classification et les traitements des commis de trésorerie du cadre de la Cochinchine.*

J. C., p. 685.

Article premier. — L'emploi de commis de trésorerie en Cochinchine est réparti en cinq classes, comportant les traitements suivants, savoir :

| | Francs. |
|---|---|
| 1re classe | 2.700 |
| 2e classe | 2.400 |
| 3e classe | 2.200 |
| 4e classe | 2.000 |
| 5e classe | 1.800 |

L'emploi de commis auxiliaire et le traitement de 1.500 francs sont et demeurent supprimés.

Les suppléments coloniaux sont fixés de la manière suivante savoir :

| | Francs. |
|---|---|
| Commis de trésorerie de 1re classe | 3.500 |
| — 2e classe | 3.500 |
| — 3e classe | 3.500 |
| — 4e classe | 3.000 |
| — 5e classe | 3.000 |

Art. 2. — Les articles 3 des arrêtés du 15 mai 1874 et du 10 janvier 1878 et l'article 2 de l'arrêté du 12 juin 1880, sont modifiés conformément à l'article 1er ci-dessus.

Art. 3. — Les dispositions du présent arrêté sont applicables au personnel permanent de la trésorerie du Tonkin.

SADI-CARNOT

(27 avril 1886)

**DÉP. M.** *au sujet de la nouvelle classification des commis de trésorerie de la Cochinchine et du Tonkin.*

J. C., p. 685.

J'ai l'honneur de vous faire connaître que M. le Ministre des finances a jugé nécessaire d'améliorer la situation des jeunes agents qui débutent dans la trésorerie d'Afrique. A cet effet, il a pris, le 31 décembre 1885, une décision aux termes de laquelle le traitement de début est porté de 1.500 à 1.800 francs. La même décision supprime la qualification de commis auxiliaire qui n'était pas exacte, puisque les commis auxiliaires font, dès leur admission, définitivement partie de la trésorerie.

Cette mesure a eu pour conséquence d'amener la revision de la classification des commis de trésorerie ainsi qu'il suit :

| | |
|---|---|
| 1re classe | 2.700 francs (sans changement). |
| 2e classe | 2.400 francs (sans changement). |
| 3e classe | 2.200 francs (fixation nouvelle). |
| 4e classe | 2.000 francs (fixation nouvelle). |
| 5e classe | 1.800 francs (fixation nouvelle). |

Les décrets des 15 mai 1874 et 31 mai 1883 ayant assimilé les trésoreries de Cochinchine et du Tonkin à celle de l'Algérie pour l'organisation du personnel, il a paru indispensable d'appliquer dans ces colonies les dispositions de la décision précitée du 31 décembre 1885.

Je vous envoie, ci-joint, une épreuve certifiée de l'arrêté qui a été pris, dans ce but, le 9 mars dernier, de concert entre les Départements des finances, de la marine et des colonies.

L'exécution de ces nouvelles mesures aura lieu graduellement, de manière à maintenir entre les agents les droits acquis à l'ancienneté.

En outre, la suppression du grade de commis auxiliaire n'aura pas pour conséquence de faire élever de 3.000 à 3.500 francs le supplément colonial alloué actuellement à ces agents, ce supplément étant, comme l'indique l'arrêté du 9 mars, maintenu à 3.000 francs pour les commis de trésorerie de 4e et de 5e classe.

Toutefois, lors des prochains avancements ou des régularisations, il sera tenu compte aux commis à 1.800 francs, actuellement en Cochinchine, du préjudice que leur cause, sous ce rapport, la création de la classe intermédiaire de commis à 2.000 francs.

Je vous prie de vouloir bien notifier ledit arrêté à qui de droit.

A. DE LA PORTE.

(11 mars 1888)

**A. G. G.** *mettant à la nomination du Trésorier-payeur, par délégation spéciale du Gouverneur général, tous les agents indigènes et de formation locale attachés au service du Trésor en Cochinchine.*

J. C., p. 262.

Article premier. — Par délégation spéciale du Gouverneur général, sont à la nomination du Trésorier-payeur :

Tous les agents indigènes et de formation locale attachés au service du Trésor en Cochinchine.

CONSTANS.

(11 mars 1888)

**A. G. G.** *allouant au payeur chef de comptabilité du Trésor, un supplément de fonctions de 3000 fr. au lieu de 1500 accordés précédemment.*

J. C., p. 263.

Article premier. — Le supplément de fonctions de quinze cents francs (1,500 francs) alloué au payeur, chef de comptabilité du trésor, est porté à trois mille francs (3,000 francs) à partir du 1er janvier 1888.

Art. 2. — Cette augmentation de quinze cents francs sera imputée, jusqu'à nouvel ordre, sur les crédits ouverts au budget général de l'Indo-Chine.

Art. 3. — Le présent arrêté sera soumis à l'approbation du Ministre de la marine et des colonies, et du Ministre des finances.

Il est provisoirement exécutoire.

CONSTANS.

(11 mars 1888)

**A. G. G.** *créant pour le service du Trésor en Cochinchine un cadre d'agents annamites sous le nom de commis auxiliaires de trésorerie.*

J. C., p. 262.

Article premier. — Il est créé pour le service du Trésor en Cochinchine, un cadre d'agents annamites sous le nom de commis auxiliaires de Trésorerie.

Ces agents seront payés sur les crédits affectés au personnel de la trésorerie, et ils seront retraités dans les conditions prévues pour les secrétaires indigènes du service local.

Art. 2. — Le recrutement de ces commis auxiliaires sera effectué par les soins du Trésorier-payeur. Le nombre en sera déterminé par les réductions successives à opérer selon les exigences du service dans les cadres du personnel d'origine européenne, et la proportion pourra être de deux agents indigènes pour un agent européen supprimé.

Art. 3. — Les commis auxiliaires de trésorerie sont divisés en six classes dont une hors cadre; leur solde est ainsi fixée :

| | | | | |
|---|---|---|---|---|
| Commis auxiliaires de 5e classe....... | 1,000 et 1,200 | francs | 250 et 300 | piastres |
| Commis auxiliaires de 4e classe....... | 1,400 et 1,600 | — | 350 et 400 | — |
| Commis auxiliaires de 3e classe....... | 1,800 et 2,000 | — | 450 et 500 | — |
| Commis auxiliaires de 2e classe....... | 2,200 | — | 550 | — |
| Commis auxiliaires de 1re classe....... | 2,400 | — | 600 | — |
| Hors cadre.......................... | 2,700 et 3,000 | — | 675 et 750 | — |

Art. 4. — Nul ne peut être admis dans les cadres de commis auxiliaires de trésorerie s'il n'est âgé de 21 ans, s'il ne justifie de sa conduite et de sa moralité et, enfin, s'il n'a été reconnu apte au service après un stage d'un an au plus dans les bureaux du Trésor.

Pendant la durée du stage les candidats toucheront la solde de commis auxiliaire de 5e classe.

En cas de licenciement pendant la durée de l'épreuve, les candidats n'auront droit à aucune indemnité.

Les candidats qui justifieront de trois années de service au moins dans une des administrations de la colonie seront dispensés du stage et pourront être nommés à l'une des six classes de commis auxiliaires.

Art. 5. — L'avancement a lieu dans l'ordre des classes et au choix, en raison de la moralité, de la fidélité, de l'application et de l'aptitude des agents. Aucun avancement ne pourra être accordé à un agent s'il n'a au moins une année de grade ou de classe.

CONSTANS.

(11 mars 1888)

**A. G. G.** *supprimant les places de payeurs particuliers à Mytho et à Vinhlong, ainsi que la place du préposé payeur à Chaudoc.*

J. C., p. 262.

Article premier. — Les places de payeurs particuliers à Mytho et à Vinhlong, ainsi que la place de préposé payeur à Chaudoc, sont supprimées.

A partie du 1er avril prochain, le service de la perception sera assuré dans ces trois postes par des percepteurs du cadre local, dans les conditions prévues par les règlements de la colonie.

Art. 2. — Toutefois, ces trois percepteurs seront chargés, par exception, de la délivrance et du paiement des articles d'argent métropolitains.

Art. 3. — Le 31 mars au soir, après la clôture des opérations de la journée, les payeurs de Mytho, Vinhlong et Chaudoc feront aux percepteurs qui seront désignés la remise de leur caisse, des titres de perception, des archives et du matériel, suivant les instructions qui seront données par le Trésorier-payeur.

Cette remise sera effectuée en présence de l'administrateur.

Art. 4. — Les payeurs et commis de trésorerie actuellement à Mytho, Vinhlong, et Chaudoc, rallieront la centralisation dès que la comptabilité mensuelle sera expédiée.

Les agents de formation locale qui ne pourront être utilisés par le Trésorier-payeur resteront, jusqu'à nouvel ordre, à la disposition des percepteurs. Ils continueront à être payés sur les crédits affectés au service du Trésor.

Art. 5. — A partir du 1er avril prochain, les percepteurs relevant jusqu'à présent de Mytho, Vinhlong et Chaudoc adresseront leur comptabilité directement au Trésorier-payeur, à Saïgon.

Art. 6. — Le Trésorier-payeur de l'Indo-Chine centralisera, dans les conditions prévues par l'article 5 du décret du 26 décembre 1887, les opérations de tous les percepteurs de la colonie.

Art. 7. — Ceux-ci continueront à gérer sous la surveillance et le contrôle de l'administrateur de leur arrondissement.

Comme par le passé, ils correspondront directement avec le Trésorier-payeur de l'Indo-Chine pour les opérations de comptabilité et de mouvements de fonds.

Art. 8. — Le Trésorier-payeur sera toujours appelé à donner son avis sur les nominations, mouvements et changements de poste des percepteurs.

Il transmettra, tous les semestres, son appréciation sur le travail de chacun de ces comptables.

Art. 9. — Le présent arrêté sera soumis à l'approbation du Ministre de la marine et des colonies et du Ministre des finances.

Il est provisoirement exécutoire.

CONSTANS.

## III. — RÉGLEMENTATION

### (a) Dispositions générales.

| NATURE DES DOCUMENTS | DATES | RECUEILS A CONSULTER Bat. | B.C. | B.D.I. | J.C. | J.H. | B.M. | B.Col. | OBSERVATIONS |
|---|---|---|---|---|---|---|---|---|---|
| Décret. | 26 septembre 1855. | | | | | | R. VII 783 | | |
| Instr. génér. | 20 juin 1859. | | | | | | | | |
| Dép. M. | 12 octobre 1872. | II-762 | | | | | | | |
| Circ. M. | 30 novembre 1875. | II-763 | 1876-87 | | | | | | |
| Circ. M. | 23 janvier 1880. | | | | | | 170 | | |
| Circ. M. | 22 mai 1880. | | | | | | | | |
| Décret. | 6 septembre 1880. | | | | | | | | |
| Dép. M. | 20 octobre 1881. | | | | | | | | |
| Circ. M. | 7 mars 1882. | | | | | | 260 | | |
| Décret. | 3 octobre 1882. | | 1883-29 | | | | | | |
| Décret. | 20 novembre 1882. | | 1883-29 | | | | | | |
| Circ. M. | 12 mai 1884. | | | | | | | | |
| Circ. M. | 3 mars 1888. | | 202 | | | | | | |

(26 septembre 1855)

**DÉCRET** *sur le service financier des colonies* (1).

B. M. R. VII, p. 783.

(20 juin 1859)

**INST. GÉNÉRALE.** *Résumé de toutes les lois de finances et règlementation du service et de la comptabilité des receveurs généraux et particuliers des finances, des percepteurs des contributions directes, des receveurs des communes et établissements de bienfaisance, des secrétaires agents comptables des établissements d'enseignement supérieur et des caissiers de caisses d'épargne* (2).

(Publiée à part)

(12 octobre 1872)

**DÉP. M.** *au sujet de la production des situations mensuelles par nature de valeurs des sommes existant dans les caisses du Trésor. — Circulaire du 16 septembre 1856.*

BAT. II, p. 762.

J'ai l'honneur de vous adresser ci-joint copie d'une circulaire adressée aux administrations coloniales, le 16 décembre 1856. Vous remarquerez que les prescriptions qu'elle contient sont relatives, d'une part, à la production à mon Département d'états mensuels faisant connaître la composition par nature de valeurs des sommes existant dans les caisses du Trésor, comparativement au mois précédent, avec l'explication des différences résultant de ce rapprochement, quand elles s'écartent des conditions habituelles régulières du service; et, d'autre part, à la production d'un état détaillé et nominatif des traites du caissier-payeur central sur lui-même délivrées chaque mois par les trésoriers-payeurs.

L'Administration de la Cochinchine ne doit pas être dispensée des obligations imposées par la susdite circulaire; je vous prie, en conséquence, de prendre les mesures nécessaires pour assurer l'exécution des prescriptions dont il s'agit.

BENOIST D'AZY.

ANNEXE

(Circulaire.)

Depuis quelque temps, je reçois des administrations de la Martinique, de la Guadeloupe et de la Réunion, des états mensuels faisant connaître la composition par nature de valeurs, des sommes existant dans les caisses du Trésor, comparativement au mois précédent, avec l'explication des différences résultant de ce rapprochement, quand elles s'écartent des conditions habituelles et régulières du service. De leur côté, MM. les trésoriers adressent un exemplaire du même document à M. le Ministre des finances, sous le timbre de la direction du mouvement général des fonds.

Nous avons souvent trouvé dans ce document des renseignements utiles pour apprécier l'ensemble du mouvement de fonds des caisses locales et pour contrôler les demandes de numéraire qui me sont adressées des colonies. Il nous a paru convenable d'en généraliser l'application.

Je vous invite, en conséquence, à prescrire à M. le trésorier de vous remettre chaque mois, à la date que vous fixerez, un état analogue au modèle que vous trouverez ci-annexé ; vous me le ferez parvenir par les voies les plus promptes. Le comptable devra, de son côté, en adresser un semblable au Ministre des finances, sous le timbre de la direction du mouvement général des fonds. Vous m'adresserez, en outre, un état détaillé et nominatif des traites du caissier central sur lui-même ou des traites du trésorier sur le caissier central (avances marine), qui seront délivrées, chaque mois, dans la colonie.

HAMELIN.

(30 novembre 1875)

**CIRC. M.** *Autorisation d'émettre les mandats pour les fonctionnaires, officiers et agents de l'État, aux lieu et place de traites du Trésor* (3).

BAT. II, p. 763.

B. C. 1876, p. 87.

M. le Ministre des finances et moi avons été frappés de l'importance que prend, depuis quelque

(1) Remplacé par le décret du 20 novembre 1882.

(2) Une annexe à cette instruction règle également les poursuites en matière de contributions directes, la comptabilité de la caisse des dépôts et consignations, de la caisse d'épargne et de différents autres services.

(3) V. Mandats sur le Trésor.

temps, aux colonies, le chiffre des émissions de traites sur le caissier-payeur central du Trésor public.

Il importe que les administrations ne perdent pas de vue qu'en principe, à moins de circonstances tout à fait exceptionnelles, les remises de traites, soit au commerce, soit aux banques des colonies, doivent être subordonnées aux convenances du Trésor local.

D'un autre côté, nous avons remarqué que la remise de ces valeurs aux officiers, fonctionnaires et agents de l'État, a dépassé souvent le but qu'on s'est proposé.

Il nous paraît juste de conserver au personnel des colonies le privilège de verser dans toutes les caisses les fonds qu'il désire faire parvenir en France, sans perte de change ; mais ce privilège n'a de raison d'être qu'autant qu'il s'applique à des *besoins personnels*. Dans ces conditions, il ne nous semble pas nécessaire de laisser entre ses mains des valeurs dans lesquelles il trouve des facilités de négociation qui l'exposent à des suggestions compromettantes.

Nous avons donc décidé, M. le Ministre des finances et moi, qu'il ne serait plus délivré, à l'avenir, de traites aux officiers, fonctionnaires et agents du service colonial. Toutefois, afin de ne pas les priver de moyen de remise sur la France, les trésoriers-payeurs des colonies ont été autorisés, par une circulaire du Département des finances, en date du 11 de ce mois, à leur délivrer des mandats sur le Trésor, payables, soit par la caisse centrale, soit par les trésoriers généraux. Vous voudrez bien remarquer que les intéressés ne cesseront pas de retirer de grands avantages, malgré cette substitution de mandats aux traites qui leur étaient habituellement délivrées. Les traites, en effet, ne sont payables dans les départements qu'après acceptation par la caisse centrale et ne comportent que des coupures déterminées, tandis que les mandats sont payables à vue tant à Paris que dans les départements, et il peut en être délivré exactement pour le chiffre indiqué par la partie versante.

Enfin, il a été convenu que l'ordonnateur devra, seul, en autoriser la délivrance, sur la demande des ayants droit. Ce fonctionnaire devra veiller à ce que les mandats remis dans ces conditions ne perdent pas leur caractère privé et personnel.

MONTAIGNAC.

(23 janvier 1880)

**CIRC. M.** *au sujet des renseignements à fournir au Département de la marine, en vue de l'alimentation des caisses du Trésor aux colonies* (1).

B. M., p. 170.

En exécution du décret financier du 27 septembre 1855, M. le Ministre des Finances pourvoit à l'alimentation des caisses des trésoriers-payeurs des colonies de concert avec le Département de la Marine.

Les mesures prises à cet égard résultent assez généralement des propositions qui sont faites par les administrations coloniales. D'une part, ces propositions ne contiennent pas toujours un exposé des motifs sur lesquels elles sont appuyées ; ensuite, il y aurait un grand intérêt pour que nos deux Départements pussent se rendre compte d'une manière aussi exacte que possible des besoins du Trésor local, à ce que chaque administration fit toujours connaître les recettes extraordinaires comme les dépenses exceptionnelles susceptibles de se produire et de nature à influer sur l'état de l'encaisse.

De précédentes instructions avaient enjoint, en outre, aux administrations coloniales d'accompagner leurs demandes de fonds d'un état présentant une situation exacte de l'encaisse.

Je désire que cette disposition, qui a été perdue de vue, soit dorénavant très régulièrement observée.

Je vous prie de soumettre ces recommandations à qui de droit et d'en assurer l'exécution.

La présente circulaire dont l'insertion au *Bulletin officiel* tiendra lieu de notification sera communiquée à l'inspection.

JAURÉGUIBERRY.

(1) V. *infrà*, Circ. M., 7 mars 1882.

(22 mai 1880)

**CIRC. M.** *au sujet de l'envoi effectué en France trimestriellement par les trésoriers coloniaux du montant des recettes effectuées à titre de perception additionnelle sur les articles d'argent qu'ils sont autorisés à délivrer depuis 1878. A ce sujet, envoi d'une circulaire des Finances en date du 16 avril 1880* (1).

ARCH. GOUV.

Conformément aux dispositions arrêtées par mon Département, de concert avec celui des Finances, les trésoriers coloniaux transmettent au Trésor à Paris, à la fin de chaque trimestre le montant des recettes effectuées à titre de perception additionnelle sur les articles d'argent qu'ils sont autorisés à délivrer depuis la fin de 1878.

Pour rattacher d'une manière régulière au budget métropolitain ces recettes qui doivent lui revenir il est indispensable que les comptables qui en opèrent la transmission fassent parvenir en même temps à M. le Ministre des Finances des renseignements suffisants pour justifier leurs perceptions, et permettre de les contrôler.

Dans ce but M. Maguin a fait préparer une circulaire destinée à faire connaître aux trésoriers-payeurs les documents qu'ils ont à fournir dans cette circonstance.

J'ai l'honneur de vous adresser ci-joint deux exemplaires de ces instructions qui devront être communiquées à l'ordonnateur.

Ce fonctionnaire devra surveiller l'exécution des dispositions qu'elle renferme, dispositions qui sont directement notifiées aux trésoriers-payeurs coloniaux par le Département des Finances.

MICHAUX.

(6 septembre 1880)

**DÉCRET** *fixant les parités d'offices des trésoriers dans la colonie avec les trésoriers-payeurs généraux et les trésoriers particuliers de la métropole* (2)

ARCH. GOUV.

(20 octobre 1881)

**DÉP. M.** *Certaines pièces dont l'envoi était prescrit auparavant ne seront plus désormais transmises au Département, savoir :*

ARCH. GOUV.

1°.................................................................................

...................................................................................

8° Les avis de remise de la comptabilité du trésorier-payeur à l'ordonnateur et la lettre officielle du comptable au ministre. Le seul bordereau d'envoi suffira.

9° L'envoi séparé des états détaillés des récipissés à talon et les comptes de gestion qui devront être joints aux caisses et paquets de comptabilité composant l'envoi des trésoreries.

Je vous prie de prendre les mesures nécessaires pour la mise en pratique immédiate de ces prescriptions; vous voudrez bien m'accuser réception de cette dépêche, sous le présent timbre.

CLOUÉ.

(7 mars 1882)

**CIRC. M.** *au sujet de l'époque d'envoi des demandes de fonds concernant l'alimentation des caisses du Trésor.*

B. M. p. 260.

Une circulaire du 23 janvier 1880, (B. M., p. 170) a fait connaître aux Administrations coloniales les prescriptions auxquelles elles doivent se conformer pour l'établissement des demandes de fonds, relatives à l'alimentation des caisses du Trésor.

Il arrive fréquemment que ces demandes de fonds ne me sont adressées qu'au moment où les besoins se produisent. Les colonies se trouvent, par suite, éprouver des difficultés pour l'exécution du service financier, en raison du temps qui est nécessaire pour leur faire parvenir des fonds et, dans diverses circonstances, certaines administrations coloniales ont été conduites à constituer des ressources au Trésor au moyen de négociations irrégulières.

Il importe de prévenir, d'une manière absolue, les difficultés de la nature que je viens de signaler. Dans ce but, il est de toute nécessité que les renseignements, que doivent me fournir les administrations coloniales sur les besoins du Trésor, me soient adressés de manière à laisser assez de

(1) Non reproduite. V. Arch. S. Trés.

(2) Non applicable à la Cochinchine.

temps au Ministère des finances pour réaliser, dans les caisses locales, les fonds demandés à la métropole, avant le moment où il doit en être fait emploi.

J'appelle votre sérieuse attention sur cette recommandation. L'insertion de la présente circulaire au *Bulletin officiel* de la marine tiendra lieu de notification.

JAURÉGUIBERRY.

(3 octobre 1882)

**DÉCRET** *supprimant l'emploi d'ordonnateur dans les Colonies (art. 4).*

(Promulg. A. G., 22 janvier 1883)

B. C. 1883, p. 29.

Art. 1er . . . . . . . . . . . . . . . . . . . . . . . . . . . . . . . . . . . . . . . . . . . . .

. . . . . . . . . . . . . . . . . . . . . . . . . . . . . . . . . . . . . . . . . . . . . . . . . .

Art. 4. — Le Trésorier-payeur est soumis à l'autorité du Ministre de la marine et des colonies et du Ministre des finances. Dans la colonie, il ne relève que du Gouverneur, qui lui adresse directement ses ordres et ses communications.

Il dirige seul, sous sa responsabilité, son service et celui des payeurs particuliers, préposés ou percepteurs, dans toutes leurs parties.

Toutefois, en ce qui concerne le service des Invalides de la marine, le Trésorier-payeur est soumis à la direction et à la surveillance du chef du service administratif de la marine, conformément aux règlements sur la matière.

Art. 5. . . . . . . . . . . . . . . . . . . . . . . . . . . . . . . . . . . . . . . . . . . . . . .

. . . . . . . . . . . . . . . . . . . . . . . . . . . . . . . . . . . . . . . . . . . . . . . . . .

JULES GRÉVY.

(20 novembre 1882)

**DÉCRET** *sur le régime financier des colonies (Titre IV)* (1).

B. C. 1883, p. 29.

TITRE PREMIER

. . . . . . . . . . . . . . . . . . . . . . . . . . . . . . . . . . . . . . . . . . . . . . . . . .

TITRE IV. — SERVICE DE TRÉSORERIE

CHAPITRE PREMIER. — SERVICE DES MOUVEMENTS DE FONDS (art. 132 à 135).

CHAPITRE II. — SERVICES SPÉCIAUX DU TRÉSOR (art. 136).

CHAPITRE III. — CORRESPONDANTS DU TRÉSOR (art. 137).

CHAPITRE IV. — CORRESPONDANTS ADMINISTRATIFS DES TRÉSORIERS-PAYEURS (art. 138 et 139).

(12 mai 1884)

**CIRC. M.** *(comptabilité publique) rendant applicables aux colonies, sous réserve de certaines modifications, le décret du 27 mars 1875 qui a créé les fonctions de payeur central de la dette publique.*

ARCH. GOUV.

(3 mars 1888)

**CIRC. M.** *Certificats à donner par les services intéressés sur certains états de solde produits en fin de gestion par le trésorier-payeur des colonies.*

B. C., p. 202.

L'attention de M. le Ministre des finances a été appelée sur l'utilité qu'il y aurait, dans un but de contrôle, à faire certifier exacts par les corps et les services intéressés les états de développement des soldes que les trésoriers-payeurs coloniaux adressent à son Département, à la fin de chaque gestion, pour les comptes de dépôts et les comptes courants ouverts dans leurs écritures aux différentes administrations.

J'ai l'honneur de vous prier de vouloir bien donner des ordres pour que ces prescriptions soient rigoureusement suivies à l'avenir.

DE LA PORTE.

(1) V. *Service financier des colonies.*

### *b)* Dispositions locales

| NATURE DES DOCUMENTS | DATES | RECUEILS A CONSULTER | | | | | | | OBSERVATIONS |
|---|---|---|---|---|---|---|---|---|---|
| | | Bat. | B.C. | B.D.I. | J.C. | J.H. | B.M. | B.Col. | |
| A. G. | 20 décembre 1866. | I-297 | 246 | | | | | | |
| Dép. M. | 10 mars 1876. | II-758 | | | | | | | |
| Dép. M. | 16 avril 1880. | | | | | | | | |
| Dép. M. | 23 avril 1880. | | | | | | | | |
| Dép. M. | 3 mars 1881. | | 201 | | | | | | |
| Dép. M. | 19 août 1881. | | 351 | | | | | | |
| Dép. M. | 18 juillet 1882. | | | | | | | | |
| Dép. M. | 27 février 1883. | | | | | | | | |
| Dép. M. | 19 avril 1883. | | | | | | | | |
| Dép. M. | 12 novembre 1883. | | | | | | | | |
| A. G. | 13 octobre 1884. | | 413 | | | | | | |
| Dép. M. | 5 mars 1885. | | | | | | | | |
| A. G. | 16 mars 1887. | | 195 | | 329 | | | | |
| A. G. | 19 avril 1887. | | 255 | | 477 | | | | |
| Cir. D. I. | 30 avril 1887. | | | 26 | | | | | |

(20 décembre 1866)

**A. G.** *Ouverture, dans les écritures du trésorier-payeur, d'un compte particulier pour servir au règlement des cessions et fournitures que se font réciproquement l'administration française et le roi du Cambodge* (1).

(App. Dép. M., 12 mars 1867)
BAT. I, p. 297.
B. C., p. 246.

(10 mars 1876)

**DÉP. M.** *au sujet des modifications arrêtées dans le service de la trésorerie.*

BAT. II, p. 758.

Vous m'avez informé par lettre du 17 décembre dernier, que vous avez désigné pour remplir les fonctions de préposé du trésor au Tonkin, M. le payeur-adjoint M..., chargé du service du trésor à Cholon. Dans la même lettre, vous m'avez fait connaître que le départ de Cholon de cet agent vous avait paru une occasion favorable pour modifier l'organisation du service du trésor. Vous avez, en conséquence, décidé la suppression du service du trésor dans cette localité et la création à Chaudoc d'un service de payeur qui comprendra, dans sa circonscription, les inspections de Chaudoc, de Longxuyen, de Rachgia, de Cantho et de Soctrang.

Par un arrêté du 31 décembre dernier, vous avez consacré toutes ces dispositions dont l'effet a dû commencer le 1er janvier 1876 et disposé, en outre, que les fonctions de percepteur à Cholon seront remplies par le 2e administrateur de cette localité. L'illégalité de cet arrêté n'a pas échappé à M. le ministre des finances, qui vient d'appeler mon attention à ce sujet.

Vous n'ignorez pas que si l'article 5 du décret du 8 mai 1873 (2) confère au Gouverneur le droit de modifier les circonscriptions administratives dans lesquelles les fonctions de percepteur peuvent être confiées aux inspecteurs des affaires indigènes, les arrêtés consacrant ces modifications ne sont *exécutoires* qu'après l'adhésion du Ministre de la marine et du Ministre des finances.

Je vous invite donc à suspendre l'exécution de votre arrêté jusqu'à ce que la mesure qu'il édite ait été approuvée par arrêté signé des deux ministres.

Je demande du reste, à mon collègue, de vouloir bien prendre en considération les sérieux motifs qui militent en faveur du changement de résidence des percepteurs et de prendre une décision en ce sens.

BENOIST D'AZY.

(16 avril 1880)

**DÉP. M.** *Institution dans le service du Trésor en Cochinchine d'une caisse de réserve à deux clefs. — Recommandation en matière de vérification de caisses.*

ARCH. GOUV.

M. l'Inspecteur des services administratifs et financiers de la Cochinchine m'a rendu compte de la vérification inopinée de la caisse du trésorier-payeur à Saïgon, à laquelle il a procédé le 1er janvier, et, dans une lettre relative à cette vérification, cet Inspecteur avait proposé un moyen qui lui paraissait susceptible de rendre les vérifications suivantes plus faciles. Il aurait suffi à ses yeux, d'apposer sur les sacs reconnus, des cachets et des étiquettes pour qu'il n'y eut plus à procéder à de nouveaux comptages.

M. le Ministre des finances a examiné cette question, et il pense que les difficultés signalées par M. l'Inspecteur Le Clos peuvent être sensiblement aplanies par l'établissement d'une caisse de réserve munie de deux clefs. Il a donc décidé en principe l'installation en Cochinchine d'une caisse de cette nature.

Je vous prie, en conséquence, de mettre à exécution, dès la réception de la présente dépêche, la décision de mon collègue des finances. Une des clefs de la caisse devra être remise à M. le chef du service administratif en raison de la nature des attributions qui lui sont dévolues par l'article 21 du décret du 15 mai 1874, la seconde devra être laissée suivant la règle entre les mains du trésorier-payeur.

Il va sans dire que, dans tous les cas où le service de l'inspection voudra procéder à une vérification de caisse, il aura à s'entendre avec le chef du service administratif pour avoir la clef dont celui-ci se trouvera détenteur.

(1) V. Comptabilité du service local.
(2) V. *Percepteurs, — Perceptions.*

Comme conséquence de cette nouvelle mesure, il y aura lieu de déterminer le chiffre maximum des fonds à laisser dans la caisse courante, à la libre disposition du trésorier-payeur. Il est indispensable que ce chiffre soit un peu élevé en raison des dépenses importantes qui s'acquittent journellement en Cochinchine. Autrement on courrait le risque ou d'occasionner de fréquents retards dans l'exécution du service ou de perdre les avantages que doit assurer la répartition officielle des clefs entre les mains d'agents différents.

En ce qui concerne la vérification faite le 1er janvier dernier, M. le Ministre des finances a remarqué que M. l'Inspecteur Le Clos avait compté les sacs, se réservant de faire le comptage des pièces elles-mêmes. Le comptage de toutes les pièces n'est pas toujours possible, mais, par contre, le comptage des sacs n'est pas suffisant. Il trouve donc nécessaire que, lors des vérifications, les sacs de numéraire soient non seulement comptés mais pesés, au moins par épreuves, et enfin qu'un certain nombre de sacs soient ouverts.

Je vous prie de faire part à qui de droit de ces recommandations, afin qu'à l'avenir il en soit tenu compte.

(23 avril 1880)

**DÉP. M.** *au sujet de la responsablité du trésorier-payeur de la Cochinchine et de celle des payeurs particuliers en ce qui concerne le service des administrateurs-percepteurs* (1).

ARCH. GOUV.

Monsieur le Ministre des Finances m'a écrit la lettre que je vous envoie ci-joint en copie, pour me faire connaître son opinion sur une question qui a été discutée par le conseil privé de la colonie, à la suite de votre arrêté du 14 janvier dernier, en exécution du décret du 7 novembre 1879. La discussion portait sur le point de savoir si le trésorier-payeur était pécuniairement responsable du service des administrateurs-percepteurs.

Non seulement, je partage l'opinion de mon collègue des Finances sur ce point, mais je dois vous faire remarquer que la question avait été déjà résolue dans le même sens, par le décret du 8 mai 1873, visé dans celui du 15 mai 1874.

Je ne puis donc que vous rappeler les dispositions contenues à cet égard, dans l'article 3 du premier de ces décrets.

JAURÉGUIBERRY.

(3 mars 1881)

**DÉP. M.** *Recommandations relatives au paiement, en France, des dépenses de la colonie pour travaux et fournitures* (2).

B. C., p. 201.

Ainsi que vous en avez exprimé le désir, le statu quo sera maintenu, quant au réglement du budget en piastres, jusqu'à votre prochain voyage à Paris. Toutefois, le Département des Finances insiste de la manière la plus formelle sur les suivantes réserves, auxquelles je donne mon adhésion, vous devrez vous abstenir :

1° D'autoriser aucun paiement en Cochinchine au moyen de traites sur France;

2° D'insérer désormais dans aucun marché des clauses par lesquelles l'administration s'engagerait à payer en traites de même nature les fournisseurs et adjudicataires.

Il ne serait fait d'exception que pour les paiements effectués en vertu de marchés conclus et approuvés, et contenant l'obligation de payer en traites, à la condition que ces marchés ne seront pas renouvelés dans les mêmes termes et que le montant des sommes encore payables obligatoirement en traites sera préalablement notifié au Département des finances.

Il est bien entendu que tout moyen détourné de faire effectuer en France les paiements que la caisse coloniale doit opérer en piastres seront toujours sévèrement interdits; que les mandats sur le trésor délivrés aux fonctionnaires seront étroitement maintenus dans les limites déjà fixées et que la délivrance des mandats de poste n'aura jamais lieu qu'au change du jour, suivant les règles tracées par le décret du 26 juin 1878.

(1) Non reproduites. V. *Arch. S. trés.*

L'arrêté du 14 janvier 1880 répartit entre les administrateurs des affaires indigènes des diverses classes les attributions dévolues à ces fonctionnaires par les art. 2 et 3 du décret du 2 juin 1876 abrogées par décret du 7 novembre 1879 V. *Affaires indigènes* §§ II et III.

(2) V. *Infrà*, Dép. M., 19 août 1881.

Je ne saurais vous recommander trop vivement de vous conformer à ces instructions, le Département des finances refusant d'accepter la responsabilité du maintien d'un encaisse coûteux et inutile de 22 millions; du paiement aux fonctionnaires métropolitains, en dehors de leurs traitements et sans crédit ouvert, de 7 p. 100 du montant desdits traitements à titre d'indemnité de change; du maintien indéfini en compte d'ordre, sans régularisation, de perte au change, qui créent, à défaut de crédits législatifs, un véritable déficit, et, enfin, du paiement de ceux des fournisseurs du service local désignés par l'administration de la Cochinchine, en traites leur assurant une majoration de 10 ou 11 p. 100 sur le prix de leur marché.

G. CLOUÉ.

(19 août 1881)

**DÉP. M.** *Recommandations nouvelles relativement à l'interdiction de faire payer en France les dépenses de la colonie soit au moyen de traites, soit par tout autre moyen détourné. — Lettre du ministère des finances.*

B. C., p. 351.

Vous m'avez demandé, par lettre du 22 juin dernier, si l'interdiction de faire payer en France, soit au moyen de traites soit par tout autre moyen détourné, les dépenses de la colonie, devait être considérée comme absolue.

Les instructions que vous avez reçues du Département sont formelles et ne comportent pas d'exception. Je vous prie, en conséquence, d'interdire désormais l'insertion, dans les marchés passés avec les fournisseurs, de toute clause qui spécifierait le remboursement des factures de ces derniers, au moyen de traites du trésor.

Vous trouverez ci-joint copie de la lettre que vient de m'écrire M. le Ministre des Finances à ce sujet, et qui, comme vous le verrez, confirme de nouveau les instructions que nos deux Départements ont données de concert, sur ce point spécial, à l'administration de la Cochinchine.

PEYRON.

ANNEXE

(3 août 1880).

Vous m'avez fait l'honneur de me communiquer, le 22 juin dernier, une lettre dans laquelle M. le Gouverneur de la Cochinchine vous soumet différentes observations, au sujet de l'exécution des instructions que votre Département lui a fait parvenir sur ma demande et qui sont relatives à l'interdiction de faire payer en France, soit au moyen de traites soit par tout autre moyen détourné, les dépenses de la colonie.

M. le général de Trentinian demande si cette interdiction doit être entendue d'une manière absolue ou si, au contraire, l'administration locale peut, le cas échéant, continuer à prévoir, dans les marchés qu'elle aura à passer, la possibilité pour les fournisseurs de faire mandater leurs créances en France sur le budget local.

Je ne reviendrai pas sur les inconvénients que présentent des stipulations de cette nature, j'ai eu l'occasion, à plusieurs reprises déjà, d'en entretenir votre Département, notamment dans mes lettres des 10 janvier et 13 février derniers, et vous avez bien voulu reconnaître avec moi la nécessité d'envoyer à Saïgon des instructions ne pouvant laisser à l'administration locale aucun doute sur les intentions de l'administration métropolitaine.

Ces instructions doivent être rigoureusement observées dans leur sens le plus étendu. L'interdiction d'introduire dans les marchés à passer la condition du paiement en traites du trésor deviendrait illusoire si l'on pouvait éluder cette interdiction en stipulant que les créances pourraient être mandatées à la volonté des parties prenantes, pour tout en partie, sur les caisses de la métropole, à un change fixe; une pareille condition doit donc être absolument écartée des traités.

L'application du budget en piastres va d'ailleurs faire rentrer la Cochinchine dans des conditions normales et les fournisseurs n'auront plus à faire entrer en ligne de compte, dans leurs soumissions la différence existant actuellement entre le taux légal de la piastre et son cours commercial; la condition du paiement en France n'offrira donc plus pour le budget local des avantages abusifs dont les fournisseurs profitaient plus encore que la colonie; les charges injustifiables que cette situation imposait au trésor disparaîtront ainsi; mais il convient de remarquer que ce dernier a, dès aujourd'hui, intérêt à ce que les dépenses soient directement ordonnancées et payées dans la colonie pour arrêter l'accroissement incessant de l'encaisse du trésorier-payeur. Cet encaisse, comme vous le savez, immobilise à Saïgon une somme considérable, et son rapatriement, par suite de sa composition, présentera des difficultés et occasionnera des frais qu'il importe de réduire autant que possible.

Je fais prendre note des renseignements contenus sur l'état que vous avez bien voulu me transmettre et qui présente le détail des travaux et fournitures dont le paiement doit être encore effectué en France; le total de ces paiements s'élève à 2.533.851 francs. Je regrette que l'administration de la Cochinchine n'ait pas cru devoir jusqu'ici tenir plus de compte des observations que nos deux Départements n'ont pas cessé de lui adresser à ce sujet.

MAGNIN.

(18 juillet 1882)

**DÉP. M.** *Observations concernant le mode de paiement par l'intermédiaire de la banque de l'Indo-Chine, des sommes dues à l'Espagne par le royaume d'Annam, en vertu du traité du 15 mars 1874 et rappelant que pour toute opération pouvant d'une manière ou de l'autre affecter le service du trésor, le gouvernement local ne peut prendre aucune décision avant d'avoir soumis la question au Département et d'avoir reçu des instructions.*

ARCH. GOUV.

(27 février 1883)

**DÉP. M.** *au sujet de la décharge de responsabilité de M. de St. A. ex-trésorier-payeur de la Cochinchine dans l'affaire de R.... payeur particulier.*

ARCH. GOUV.

(19 avril 1883)

**DÉP. M.** *au sujet de la non-responsabilité du trésorier-payeur, en ce qui concerne la Cochinchine à l'égard du service des percepteur.*

ARCH. GOUV.

Il résulte d'une lettre qui a été adressée à M. le Ministre des finances par le trésorier-payeur de la Cochinchine, que l'administration a discuté la question de savoir si l'on devait ou non considérer comme applicables à la colonie les dispositions du décret du 20 novembre 1882, en vertu desquelles les trésoriers-payeurs coloniaux sont responsables de la gestion des percepteurs et de l'apurement des rôles.

J'ai l'honneur de vous faire connaître qu'il ne saurait y avoir aucun doute sur le principe de la non-responsabilité, en ce qui concerne la Cochinchine, du trésorier-payeur à l'égard du service des percepteurs.

Le décret du 20 novembre 1882 a entendu, en effet, respecter les dispositions fondamentales du décret du 15 mai 1874 sur lesquelles repose l'organisation du service de la trésorerie de Cochinchine. Cette opinion se trouve, au surplus, confirmée par les termes mêmes de l'article 227 du décret. En conséquence, sont seules applicables en Cochinchine, les règles édictées à cet égard par le décret du 15 mai 1874, combinées avec les dispositions de l'article 3 du décret du 8 mai 1873 visé dans le premier de ces actes.

Veuillez, je vous prie, donner avis de cette interprétation aux chefs de service qui concourent à l'application des décrets et règlements concernant le régime financier de la colonie.

CHARLES BRUN.

(12 novembre 1883)

**DÉP. M.** *Envoi des instructions données au trésorier-payeur de la Cochinchine pour l'alimentation de la caisse du Trésor à Saïgon et au Tonkin, pour l'emploi des fonds du service local et la négociation des traites du Trésor. — Instructions du 26 octobre 1883.*

ARCH. GOUV.

J'ai l'honneur de vous envoyer ci-joint la copie des instructions que M. le Ministre des finances vient d'adresser au trésorier-payeur de la Cochinchine, dans le but de régler le mode d'emploi des fonds disponibles du service local. ainsi que les conditions dans lesquelles le comptable pourra négocier des traites sur Paris.

Je ne puis que vous prier de vouloir bien assurer l'exécution des mesures arrêtées par M. Tirard, qui auront pour effet d'assurer l'alimentation des caisses du trésor au Tonkin, tout en permettant de reconstituer l'encaisse de la Cochinchine lorsque les circonstances le rendront nécessaire.

FÉLIX FAURE.

ANNEXE

(Circulaire)

J'ai reçu la lettre du 8 septembre n° 284, dans laquelle vous m'entretenez des difficultés que doit présenter à courte échéance l'approvisionnement des caisses du trésor au Tonkin, si vous n'êtes pas autorisé à négocier des traites pour vous procurer les espèces destinées à faire face aux envois que vous demande M. Massé.

Vous me donnez, à cette occasion, une situation de vos ressources qui se trouveraient réduites, après l'envoi de 200.000 francs en préparation, à 800.000 francs seulement ; vous ajoutez que pour effectuer de nouveaux envois, il vous faudrait emprunter à la caisse du receveur spécial les fonds nécessaires pour les réaliser, bien qu'à votre avis vous n'ayez pas la disposition de ces fonds.

Ma lettre du 3 courant, n° 5.047, a déjà en partie répondu à vos observations ; je ne vois, pour ma part, aucune raison qui puisse vous empêcher d'utiliser, pour le service du Trésor, les fonds disponibles du service local ; d'ailleurs, le seul obstacle que vous indiquiez consisterait dans l'impossibilité où vous placerait cet emploi de fonds de faire solder, à un moment donné, le compte intermédiaire du receveur spécial faute de pouvoir verser dans sa caisse le montant de la dette du trésor envers le service local. L'art. 23 du décret du 5 juillet 1881 rend, il est vrai, obligatoire dans certains cas prévus, le règlement de ce compte ; mais, outre que cette disposition a été uniquement prise dans l'intérêt du trésor, en vue de la simplification des opérations de remise de service ou de clôture de gestion et de la fixation des pertes ou des bénéfices provenant des changements de taux de la piastre, elle n'est nullement inconciliable avec le versement au receveur spécial, pour solde d'une valeur de portefeuille équivalente à numéraire. En principe, les transports matériels de fonds doivent au contraire être évités lorsqu'ils ne sont pas indispensables, et le même article 23 du décret précise, d'autre part, de la manière la plus nette, que vous pouvez toujours vous faire remettre les fonds existant entre les mains du receveur spécial, placé sous votre surveillance et votre responsabilité, pourvu que vous laissiez à sa disposition les sommes nécessaires à l'exécution de son service courant. Il serait inadmissible de donner, aux termes du décret du 5 juillet 1881, une interprétation qui aurait pour conséquence de condamner le Trésor à une immobilisation de fonds inutile et sans profit pour personne alors que le principe même de toute bonne gestion financière consiste dans l'emploi des encaisses improductifs, avant toute réalisation de ressources nouvelles. En conséquence, en Cochinchine comme dans toutes nos autres colonies, l'encaisse du Trésor, sans distinction, doit être affecté aux besoins du chargé de pouvoir sous sa responsabilité au service local dont il a la gestion et si les exigences de la comptabilité établie en Cochinchine ont rendu nécessaires la création d'un compte spécial au payeur chargé du service local et le règlement à certaines époques de ce compte, il ne s'ensuit nullement que ledit compte doive être soldé quand il est créancié par le versement matériel de fonds que vous pouvez reprendre le lendemain même et le receveur spécial peut parfaitement recevoir une valeur de portefeuille en représentation de la créance du budget local.

Pour arriver à ce résultat lorsqu'il y aura lieu de faire solder le compte intermédiaire, vous débiterez ce compte du montant de la somme qui lui est due et vous porterez cette même somme en recette au compte « mandats du trésorier-payeur sur ses préposés » ; le mandat que vous délivrerez à cette occasion, payable à votre caisse, sera remis au receveur spécial qui vous en délivrera récépissé. Le remboursement de cette valeur se fera par une opération inverse, le receveur spécial vous remettra, après l'avoir acquitté, le mandat dont il s'agit, et vous en porterez le montant au crédit du compte intermédiaire.

Dans ces conditions vous pouvez, sans qu'il en résulte aucune difficulté, utiliser les fonds qui constituent actuellement la réserve du receveur spécial et les employer à vos envois au Tonkin jusqu'à ce que cette réserve ajoutée à la vôtre soit descendue à 2.600.000 francs, représentant le maximum du chiffre qui a été considéré comme suffisant pour assurer le fonctionnement de tous les services à Saïgon. Vous êtes donc actuellement à même d'approvisionner le payeur du Tonkin au moins jusqu'à la fin de janvier. Si les envois continuent à ne pas dépasser 200.000 francs par mois, lorsque les réserves réunies du Trésor et du service local seront descendues au chiffre de 2.600.000 francs indiqué plus haut, vous pourrez alors recourir aux émissions de traites pour vous procurer les fonds destinés au Tonkin. Ces émissions devront se faire par fractions et s'arrêter dès que votre encaisse sera suffisamment rehaussé ; elles seront annoncées par vos soins dans le *Journal officiel* de Saïgon ; je pense qu'elles ne rencontreront aucune difficulté et que le papier sur France que vous mettrez à la disposition du public sera au contraire recherché ; s'il n'en était pas ainsi et si vous ne trouviez pas à l'échanger contre les piastres au cours légal du jour, vous pourriez fixer un taux au-dessous de ce cours et faire jouer le compte « frais de négociation et de change » pour vous couvrir des pertes qui en résulteraient si, au contraire, vous émettez des traites dans un moment de hausse du cours effectif de la piastre comparativement au cours légal alors en vigueur, et si une première négociation a laissé des demandes à satisfaire, vous devrez fixer une prime pour les négociations suivantes et porter le montant de cette prime au crédit du même compte.

Vous avez actuellement en portefeuille pour trois millions de traites, cette somme me paraît très suffisante pour faire face aux premières émissions, votre portefeuille sera réapprovisionné lorsqu'il y aura lieu de le faire. A cet effet, vous devrez, lorsque vous aurez négocié des traites, m'en rendre compte immédiatement, en me faisant connaître l'importance et les conditions de la négociation.

J. GAY.

(13 octobre 1884)

**A. G.** *ouvrant, dans les écritures du receveur spécial, un compte intitulé « Service du Cambodge, son compte courant ».*

B. C., p. 413.

Article premier. — Il sera ouvert, dans les écritures de M. le receveur spécial du service local de Cochinchine, un compte intitulé : *Service du Cambodge, son compte courant*, destiné à constater les opérations résultant des avances de toute nature faites par la colonie de Cochinchine au Protectorat du Cambodge.

CHARLES THOMSON.

(5 mars 1885)

**DÉP. M.** *Les états détaillés mensuels des récépissés délivrés par les trésoriers-payeurs doivent être adressés directement au ministère des finances.*

ARCH. GOUV.

Après avoir pris connaissance des explications fournies par M. le chef du service administratif dans le rapport que vous m'avez transmis par la lettre du 18 décembre dernier, M. le Ministre des finances m'a informé qu'il allait adresser des instructions au trésorier-payeur de la Cochinchine afin qu'il n'inscrive plus les paiements sur les livrets des détachements non autorisés à s'administrer isolément.

Ces paiements effectués au moyen de mandats de trésorerie, ne constituent, en effet, que des opérations d'ordre intérieur de simples transmissions de fond de la part de la portion centrale à laquelle ces détachements doivent rendre compte et leur montant se trouve déjà compris dans les sommes payées au conseil d'administration, lesquelles ont été inscrites sur le livret par le trésorier-payeur.

FÉLIX FAURE.

(16 mars 1887)

**A. G.** *Les marchés passés en piastres, antérieurement au 1er janvier 1887 continueront à être payés en piastres.*

B. C., p. 195.
J. C., p. 329.

Article premier. — Les marchés passés en piastres pour une ou plusieurs années, antérieurement au 1er janvier 1887, continueront à être payés en piastres.

Art. 2. — Il est ouvert dans les écritures du receveur spécial un compte de correspondants administratifs qui ne se justifiera ni en recettes, ni en dépenses et intitulé : *Divers marchés passés en piastres l/c. compte de paiement à régulariser.*

Art. 3. — Tous les mandats de l'espèce seront ordonnancés sur ce compte de trésorerie.

Art. 4. — Lorsqu'ils auront été payés, le Trésor remettra à la Direction de l'Intérieur un relevé de ces mandats. Le montant, après conversion en francs au cours du jour, sera immédiatement imputé sur le chapitre budgétaire intéressé et mandaté au nom du receveur spécial.

FILIPPINI.

(19 avril 1887)

**A. G.** *portant que les mandats de paiement émis pour le compte du service local seront payés en piastres au taux officiel du jour de l'ordonnancement.*

B. C., p. 255.

J. C., p. 477.

**Article premier.** — Les mandats de paiement qui seront émis pour le compte du service local seront, à dater de ce jour, payés aux titulaires en piastres au taux officiel du jour de l'ordonnancement.

FILIPPINI.

(30 avril 1887)

**CIRC. D. I.** *relative au paiement des mandats émis par le service local au taux du jour de l'ordonnancement. Modèle d'état à fournir. — Instruction pour la tenue des bordereaux.*

B. D. I, p. 26.

Suivant un arrêté pris par M. le Gouverneur en Conseil privé, à la date du 19 avril courant, les mandats de paiements, émis pour le compte du service local, doivent être désormais payés en piastres, au taux officiel du jour de leur ordonnancement. La mise en vigueur de ces nouvelles dispositions nécessite, pour assurer la concordance des écritures et de la caisse des comptables, la détermination de certaines règles qui sont l'objet de la présente circulaire et qui ont été fixées de concert avec M. le trésorier-payeur.

Les mandats seront frappés, lors de l'ordonnancement par la direction de l'Intérieur, de chiffres indiquant en gros caractères le taux officiel de la piastre, au moment de l'émission de ces mandats.

J'ai fait établir des formules de mandats comportant un cadre indiquant le nombre de piastres à payer au cours du jour de l'émission du mandat, et le nombre de piastres qui aurait dû être payé d'après le cours en usage au moment du paiement. Ce cadre est destiné à faire ressortir la différence en plus entre ces deux nombres. Le premier sera indiqué par la direction de l'Intérieur, le second au moment même du paiement par le comptable qui fera, en outre, ressortir la différence en plus ou en moins.

Des bordereaux de paiement spéciaux indiquant la date d'émission, le nom du titulaire, la somme en francs, la somme en piastres payée, la date du paiement, le nombre de piastres qui aurait dû être payé, avec indication, dans deux colonnes distinctes, de différences en plus ou en moins portées sur les mandats eux-mêmes, ont été également établis en quantité suffisante pour que tous les comptables de la colonie puissent en être approvisionnés. Ces bordereaux seront établis conformément au modèle annexé à la présente et aux observations mises à la suite. A ce sujet, je vous prie de m'adresser votre commande pour les imprimés de cette sorte que vous jugerez devoir vous être nécessaires, dès la réception de la présente circulaire.

Les payeurs et les percepteurs établiront ces bordereaux de paiement en quatre expéditions, une pour eux, deux pour le Trésor et l'autre pour la direction de l'Intérieur. Des deux expéditions adressées au Trésor, l'une sera certifiée par le directeur de l'Intérieur pour appuyer le compte *Frais de négociation et de change*, l'autre sera déposée aux archives.

Les bordereaux dont il est question au paragraphe précédent seront établis par les payeurs, tous les 10 jours, et le net sera porté en différence, au compte *Envois au trésorier-payeur* ou *remises du trésorier-payeur*, suivant qu'il y aura perte ou gain. Les mandats seront portés comme à l'ordinaire, sur les bordereaux décadaires pour leur montant net, l'opération qui précède n'ayant d'autre but que de ramener la solde en caisse de chaque dizaine au chiffre en francs obtenu en multipliant le nombre de piastres par le taux officiel. Les payeurs comprendront les versements des percepteurs dans leur comptabilité de la première dizaine.

En ce qui concerne plus spécialement les percepteurs, l'expédition des bordereaux restant en leur possession représentera dans leurs caisses les différences pouvant exister, en plus ou moins, par suite des paiements effectués à un taux autre que celui officiel du jour.

Ces différences seront comblées de la manière suivante : s'il y a perte pour le Trésor, par mandat budgétaire qui ramènera l'encaisse au chiffre en francs qui doit exister ; s'il y a gain, par des ordres de recettes correspondant à l'excédent et dont le montant serait encaissé au titre des produits divers du budget local. Ces mandats seront employés conformément à la dernière circulaire de M. le trésorier-payeur, nº 51.

Je vous prie de veiller à la stricte application de ces prescriptions qui peuvent seules vous éviter des erreurs.

NOEL PARDON.

ANNEXE
(Modèle d'État.)

COLONIE de COCHINCHINE

RÉPUBLIQUE FRANÇAISE
LIBERTÉ — ÉGALITÉ — FRATERNITÉ

ARRONDISSEMENT de

*Mois d*

## SERVICE LOCAL

*BORDEREAU détaillé par journée des mandats payés par M. le (Percepteur ou Payeur) à*

| NUMÉROS DES MANDATS | DATES D'ÉMISSION | TITULAIRE DES MANDATS | SOMMES ou FRANCS | DATE du PAIEMENT | TOTAL EN FRANCS par journée des mandats payés | SOMMES EN PIASTRES, AU TAUX du JOUR d'émission à 4 fr, 15 | SOMMES EN PIASTRES, AU TAUX du JOUR de paiement à 4 francs | DIFFÉRENCE en PIASTRES en plus | DIFFÉRENCE en PIASTRES en moins |
|---|---|---|---|---|---|---|---|---|---|
| 1 | 2 | 3 | 4 | 5 | 6 | 7 | 8 | 9 | 10 |
| | 188 | | | 1887 | | | | | |
| 818 | 28 février | Commandant la *Sagaie*....... | 33 46 | 30 mars | 33 46 | 7 90 | 8 30 | » | 0 40 |
| 1329 | 15 mars | Reboul-Cornu (Pnom-Penh).. | 22 63 | 1er avril | 22 63 | 5 45 | 5 66 | » | 0 21 |
| 861 | 25 — | Péré, fournisseur............ | 101 85 | 2 — | | 24 54 | 25 46 | » | 0 92 |
| 871 | 25 — | Péré, fournisseur............ | 118 10 | 2 — | | 45 33 | 47 03 | » | 1 70 |
| 1669 | 28 — | Hionghio.............. | 66 40 | 2 — | | 16 00 | 16 60 | » | 0 60 |
| 1671 | 28 — | Schroeder et Gardès......... | 50 00 | 2 — | | 12 05 | 12 50 | » | 0 45 |
| 1672 | 28 — | Péré, fournisseur............ | 696 48 | 2 — | | 167 83 | 174 12 | » | 6 29 |
| 1675 | 28 — | Huynh-can.................. | 7,948 92 | 2 — | | 1,915 40 | 1,987 23 | » | 71 83 |
| 1678 | 29 — | Schroeder et Gardès......... | 10 50 | 2 — | | 2 53 | 2 62 | » | 0 09 |
| 1699 | 29 — | Receveur des postes (Saïgon). | 589 34 | 2 — | 9,707 68 | 142 01 | 147 34 | » | 5 33 |
| | | Totaux.............................. | | | 9,651 59 | 2,339 10 | 2,426 92 | » | 87 82 |

Résultat des différences entre les colonnes 9 et 10..... { En plus........................ — 
{ En moins...... ............... 87 82

Arrêté le présent état présentant une différence de quatre-vingt-sept piastres quatre-vingt cents. Sortie en moins de la caisse du (payeur ou percepteur) à soit au cours de 4 francs, taux officiel du jour de versement aux caisses du Trésor, trois cent cinquante et un francs trente-huit centimes.

A , le 188 .

*Le (Percepteur ou Payeur).*

*Instruction pour la tenue des bordereaux.*

L'en-tête du bordereau sera rempli par les percepteurs ou payeurs.

Les bordereaux porteront une série de numéros par année et par arrondissement.

Les bordereaux ne comporteront que les mandats payés à un taux autre que celui en usage au moment de l'émission ; si le taux officiel du jour du paiement est le même que celui en usage au moment de l'émission, les mandats ne seront point portés sur les bordereaux.

Les comptables auront soin de faire ressortir la différence entre les chiffres portés aux totaux des colonnes 9 et 10 au-dessous de ces deux colonnes comme le porte le modèle. C'est ce résultat qui doit figurer dans l'arrêté en toutes lettres.

Les payeurs, au lieu de porter dans cet arrêté le taux officiel au jour du versement aux caisses du Trésor fr.... tant... mettront au dernier jour la dizaine du...

## TRIBUNAL SUPÉRIEUR

V. *Service judiciaire.*

## TRIBUNAL SUPÉRIEUR DES AFFAIRES INDIGÈNES

V. *Justice indigène.*

## TRIBUNAUX DE PREMIÈRE INSTANCE

V. *Service judiciaire.*

## TRIBUNAUX DE REVISION

V. *Justice militaire.*

## TRIBUNAUX MARITIMES COMMERCIAUX

V. *Marine marchande.* — *Navigation.*

## TROTTOIRS

V. *Voirie.*

## TROUBLES

V. *Rebelles.* — *Rebellion.*

# TROUPES

I. DISPOSITIONS COMMUNES. — II. INFANTERIE DE MARINE

## I. — DISPOSITIONS COMMUNES

### a) Organisation

| NATURE DES DOCUMENTS | DATES | RECUEILS A CONSULTER | | | | | | | OBSERVATIONS |
|---|---|---|---|---|---|---|---|---|---|
| | | Bat. | B.C. | B.D.I | J.C. | J.H. | B.M. | B.Col. | |
| O. R. | 25 décembre 1837. | | | | | | R.III. 368 | | |
| O. R. | 22 juin 1847. | | | | | | R. IV 388 | | |
| Décret | 11 août 1856. | | | | | | 164 | | |
| O.C. Sup. Tr. | 7 janvier 1863. | | 271 | | | | | | |
| Décret | 13 octobre 1863. | | | | | | | | |
| O. G. | 12 septembre 1866. | II-769 | 153 | | | | | | |
| Dép. M. | 15 juin 1868. | II-770 | | | | | | | |
| Décret | 30 décembre 1868. | | 1869 -133 | | | | | | |
| Dép. M. | 18 juin 1870. | II-768 | | | | | | | |
| Dép. M. | 16 février 1872. | II-770 | | | | | | | |
| Décret. | 5 juillet 1875. | | | | | | 66 | | |
| Dép. M. | 23 mars 1878. | II-774 | | | | | | | |
| Décret | 2 octobre 1878. | I-51 | 414 | | | | | | |
| A. G. | 29 novembre 1878. | I-50 | 414 | | | | | | |
| A. M. | 14 janvier 1879. | | | | | | | | |
| O. C. Sup. Tr. | 8 juin 1880. | | | | | | | | |
| A. M. | 14 septembre 1881. | | | | | | | | |
| O. C. Sup. Tr. | 15 avril 1882. | | | | | | | | |
| Dép. M. | 18 avril 1883. | | | | | | 631 | | |

## a) **Organisation** *(suite)*

| NATURE DES DOCUMENTS | DATES | RECUEILS A CONSULTER Bat. | B.C. | B.O.I. | J.C. | J.H | B.M. | B.Col. | OBSERVATIONS |
|---|---|---|---|---|---|---|---|---|---|
| Dép. M. | 18 mai 1883. | | | | | | | | |
| Décret. | 23 octobre 1883. | | | | | | | | |
| Rapport M. | 21 décembre 1883. | | | | | | | | |
| Décret. | 21 décembre 1883. | | | | | | | | |
| Circ. M. | 28 décembre 1883. | | | | | | | | |
| Décret. | 28 décembre 1883. | | | | | | | | |
| O. C. Sup. Tr. | 16 mai 1884. | | | | | | | | |
| Dép. M. | 7 août 1884. | | | | | | | | |
| Circ. M. | 2 septembre 1884. | | | | | | | | |
| O. C. Sup. Tr. | 16 janvier 1885. | | | | | | | | |
| Circ. M. | 21 février 1885. | | | | | | | | |
| Dép. M. | 5 mars 1885. | | | | | | | | |
| O. C. Sup. Tr. | 25 juillet 1885. | | | | | | | | |
| Décret. | 6 février 1886. | | | | | | | | |
| O. C. Sup. Tr. | 6 septembre 1886. | | | | | | | | |
| Dép. M. | 24 décembre 1886. | | | | | | | | |
| Circ. M. | 14 mars 1887. | | | | | | | | |
| A. G. | 31 mars 1887. | | | | 422 | | | | |
| O. C. Sup. Tr. | 5 juillet 1887. | | | | 710 | | | | |
| A. G. G. | 4 décembre 1887. | | | | 1101 | | | | |
| Dép. M. | 19 mai 1888. | | | | | | | | |

*a)* **Organisation** *(suite)*

| NATURE DES DOCUMENTS | DATES | RECUEILS A CONSULTER Bat. | B.C. | B.O.I. | J.C. | J.M. | B.M. | B.Col | OBSERVATIONS |
|---|---|---|---|---|---|---|---|---|---|
| Dép. M. | 6 juillet 1888. | | | | | | | | |
| O. C. Sup. Tr. | 27 juillet 1888. | | | | | | | | |
| O. C. Sup. Tr. | 27 octobre 1888. | | | | | | | | |
| Rapport M. | 25 mai 1889. | | | | 754 | | | | |
| Décret. | 25 mai 1889. | | | | 754 | | | | |

(25 décembre 1837)

**ORDONNANCE R.** *portant règlement sur le service de la solde et des revues des corps de troupes.*

B. M. R. III, p. 368.

(22 juin 1847)

**ORDONNANCE R.** *portant règlement sur la solde, les revues, l'administration et la comptabilité des corps de troupe de la marine.*

B. M. R. IV, p. 388.

(11 août 1856)

**DÉCRET** *portant règlement sur la solde, les revues, l'administration et la comptabilité des équipages de la flotte.*

B. M. L. Supp., p. 164.

(7 janvier 1863)

**O. C. SUP. T.** *concernant les officiers du corps expéditionnaire désirant s'adonner à la spécialité des affaires indigènes.*

B. C., p. 271.

(13 octobre 1863)

**DÉCRET** *portant règlement sur le service dans les places de guerre et les villes de garnison* (1).

J. M., p.
B. des Lois, p.

(12 septembre 1866)

**D. G.** *Interdisant aux militaires et marins pendant les heures de repos (9 h. 1/2 du matin à 3 heures du soir) la circulation dans les rues de Saïgon.*

BAT. II, p. 769.
B. C., p. 153.

La circulation dans les rues de Saïgon est interdite d'une manière générale et à moins de nécessité absolue aux militaires et marins du corps expéditionnaire de neuf heures et demie du matin à trois heures du soir, et de dix heures du matin à trois heures du soir pour les plantons et les ordonnances seulement.

Pendant cette partie de la journée (neuf heures et demie à trois heures), toute corvée ou travail extérieur doit cesser. Les hommes doivent rester dans leurs casernes ou logements; l'entrée dans les débits de boissons leur est formellement interdite pendant ces heures de repos, et ils ne peuvent sortir que munis d'un billet ou d'un ordre indiquant qu'il sont envoyés en service.

MM. le commandant de la gendarmerie et le commissaire de police sont chargés, chacun en ce qui le concerne, de l'exécution du présent ordre.

de Mauduit.

(15 juin 1868)

**DÉP. M.** *Les militaires ou marins employés comme plantons dans la colonie ne doivent jamais être détournés du service de leur corps d'une manière permanente; ils ne doivent pas non plus être employés au service des fonctionnaires auprès desquels ils sont détachés* (2).

BAT. II, p. 770.

(1) V. *Infrà*, Décret 23 octobre 1883.
(2) V. Plantons.

(30 décembre 1868)

**DÉCRET** *modifiant les dispositions des ordonnances des 21 septembre 1819 et 22 juin 1847 en ce qui concerne la solde. — Tarifs.*

B. C., 1869, p. 133.

(18 juin 1870)

**DÉP. M.** *Le colonel faisant fonctions de général de brigade commandant les troupes en Cochinchine, doit conserver le commandement du régiment de marche.*

BAT. II, p. 768.

Il m'a été rendu compte que le commandement du régiment de marche en Cochinchine, par suite des intérims qui se produisent dans les fonctions de commandant des troupes, passe de mains en mains, et est aujourd'hui exercé par un chef de bataillon.

La mesure exercée en Cochinchine de faire quitter le commandement du régiment au colonel par cela seul qu'il exerce par intérim ou provisoirement le commandement des troupes, est tout à fait contraire à l'esprit de l'ordonnance du 22 juin 1847 et de l'arrêté du président de la République du 22 janvier 1849. Il résulte de cet arrêté et de l'article 151 de l'ordonnance précitée que le colonel, appelé à exercer temporairement les fonctions de commandant militaire, reçoit seulement une indemnité spéciale de représentation qu'il ne peut cumuler avec celle de son grade, et l'article 153, quatrième paragraphe, spécifie qu'aucune indemnité à titre de commandant de corps ou de portion de corps n'est due lorsque l'officier supérieur commandant, tout en conservant son commandement, remplit simultanément les fonctions de commandant militaire. C'est d'ailleurs la jurisprudence du Département de la guerre ; en effet, les articles 167 et 171 de l'ordonnance du 25 décembre 1877 sont identiquement semblables aux articles 151 et 153 de l'ordonnance du 22 juin 1847. Ce même article est expliqué par une ordonnance du 11 février 1840 et une instruction de M. le ministre de la guerre du 19 février suivant, insérées au *Journal militaire*, pages 33 et 49 : un colonel remplissant les fonctions de général de brigade conserve le commandement de son régiment.

Dans la circonstance, il n'y aura aucune incompatibilité entre les fonctions de général de brigade commandant les troupes et celles de colonel commandant le régiment de marche. Ces fonctions s'assimilent parfaitement, et il n'y a aucun inconvénient à les réunir dans la même main. Je vois, au contraire, de graves inconvénients à procéder ainsi qu'on l'a fait en Cochinchine.

J'ai l'honneur de vous prier de donner des ordres pour qu'à l'avenir l'officier supérieur remplissant les fonctions de général de brigade commandant les troupes, conserve le commandement du régiment de marche en Cochinchine.

RIGAULT DE GENOUILLY.

(16 février 1872)

**DÉP. M.** *Nouvelles dispositions pour l'établissement des documents périodiques concernant les services militaires dont l'envoi est prescrit par les circulaires des 8 juin et 15 novembre 1859 et 9 octobre 1867.*

BAT. II, p. 770.

Par suite des modifications apportées à l'organisation des bureaux de l'administration centrale du ministère, il y a lieu de changer les dispositions suivies jusqu'à présent pour l'établissement des documents périodiques dont l'envoi est prescrit par les circulaires des 8 juin et 15 novembre 1859 et 9 octobre 1867.

J'ai, en conséquence, l'honneur de vous indiquer ci-après les nouvelles dispositions qu'il convient d'adopter en ce qui concerne les documents relatifs aux services militaires des colonies :

1° Situations trimestrielles des états-majors particuliers de l'artillerie et du génie ;

Un état en double expédition pour chaque service (modèle annexé à la circulaire précitée du 15 novembre 1859) ;

2° Revues des liquidations trimestrielles.

Une seule expédition comprenant les deux services ;

3° Situation des chevaux et mulets employés par le service du train ou la direction de l'artillerie ;

4° Situations et mutations mensuelles du personnel de l'état-major et des places, de la gendarmerie, des corps indigènes et des compagnies disciplinaires des colonies ;

5° Situation des troupes de toutes armes.

Ces documents devront m'être adressés sous le présent timbre.

Les revues générales de liquidation devront être transmises sous le timbre de la direction des colonies, 3° bureau.

Je vous prie de tenir la main à l'exécution de ces dipositions, et à ce que l'administration coloniale produise plus régulièrement que par le passé les documents dont il s'agit.

ZŒPFFEL.

(5 juillet 1875)

**DÉCRET** *relatif aux officiers des différents corps de la marine en congé sans solde* (1).

B. M., p. 66.

(23 mars 1878)

**DÉP. M.** *prescrivant de réserver aux cas tout à fait exceptionnels les nominations provisoires faites dans l'intervalle d'une inspection à l'autre, dans la gendarmerie coloniale, des militaires d'artillerie et d'infanterie de marine en service* (2).

BAT. II, p. 774.

(2 octobre 1878)

**DÉCRET** *modifiant les articles 1 et 2 du décret du 5 juillet 1875 relatif aux officiers des différents corps de la marine en congé sans solde et ajoutant une disposition nouvelle bis sous l'article 10 bis* (3).

(Promulg. A. G., 29 novembre 1878.)

BAT. I, p. 51.

B. C., p. 414.

(29 novembre 1878)

**A. G.** *promulguant le décret du 2 octobre 1878 modifiant le décret du 5 juillet 1875 relatif aux officiers des différents corps de la marine en congé sans solde, et réglementant la situation des officiers entrés dans l'administration des affaires indigènes de la Cochinchine, antérieurement au décret du 10 février 1873 et dans l'intervalle compris entre ce décret et celui du 5 juillet 1875* (4).

BAT. I, p. 50.

B. C., p. 414.

(14 janvier 1879)

**A. M.** *sur l'administration et la comptabilité des corps de troupes.*

(Publié à part)

(8 juin 1880)

**O. C. SUP. TR.** *rappelant aux officiers qu'ils doivent se présenter à la place toutes les fois qu'ils arrivent à Saïgon ou en partent.*

ARCH. C. Sup. T.

(14 septembre 1881)

**A. M.** *relatif aux permutations et aux changements de destination des officiers des troupes de la marine.*

ARCH. GOUV.

(15 avril 1882)

**O. C. SUP. T.** *au sujet des mesures à prendre pour l'embarquement des divers détachement partout dans les postes. L'adjudant de garnison doit assister à l'embarquement.*

Et. M. et p. pl.

(1) V. *Infrà*, décret 2 octobre 1878.
(2) V. *Gendarmerie.*
(3) V. *Officiers détachés.*
(4) V. *Officiers détachés.*

(18 avril 1883)

**DÉP. M.** *complétant les prescriptions de la circulaire du 10 juillet 1874 relative à la délivrance des certificats de bonne conduite.*

B. M., p. 631.

(18 mai 1883)

**DÉP. M.** *rappelant de nouveau que toutes les affaires et pièces concernant les corps de troupes de la garnison de Cochinchine doivent porter l'attache du général commandant supérieur des troupes.*

ARCH. GOUV.

Vous m'avez adressé, par bordereau du 13 avril dernier, diverses pièces périodiques établies par M. le lieutenant-colonel, commandant, par intérim, le régiment de marche d'infanterie de marine :

Me référant à ma dépêche du 28 avril, j'ai l'honneur de vous prier d'inviter M. le général commandant supérieur des troupes, à revêtir de son attache, comme le faisaient ses prédécesseurs, toutes les affaires qui émanent des corps de troupe de la garnison et qui sont destinées à me parvenir.

CH. BRUN.

(23 octobre 1883)

**DÉCRET** *sur le service dans les places de guerre et les villes de garnison* (1).

(Publié à part)

(21 décembre 1883)

**RAPPORT. M.** *précédant le décret du 21 décembre 1883 faisant application, à partir du 1er janvier 1884, à tous les officiers assimilés, sous-officiers, brigadiers, caporaux, et soldats de l'armée de terre et des troupes de la marine, faisant partie des corps expéditionnaires du Tonkin et de Madagascar des dispositions de la loi du 14 avril 1832 (art, 18, 19 et 20) et de celle du 20 avril 1832.*

ARCH. GOUV.

Dans le but de donner aux officiers et assimilés, militaires et marins des armées de terre et de mer qui font partie des corps expéditionnaires du Tonkin et de Madagascar, ou qui sont embarqués à bord des bâtiments des divisions navales stationnées dans ces parages un nouveau témoignage de la sollicitude du Gouvernement de la République, j'ai l'honneur de vous proposer, d'accord avec M. le ministre de la guerre, de vouloir bien admettre ces officiers, militaires et marins, à bénéficier, à dater du 1er janvier 1884, des dispositions exceptionnelles sur l'avancement prévues, pour les campagnes de guerre, par les lois des 14 et 20 avril 1832.

Les officiers assimilés et agents du Département de la marine dont l'avancement est réglé par les décrets d'organisation des corps auxquels ils appartiennent et qui font partie de ces corps expéditionnaires ou divisions navales jouiraient des mêmes avantages exceptionnels.

Si vous voulez accueillir ces propositions, je vous prierai de revêtir de votre sanction le projet de décret ci-joint.

A. PEYRON.

(21 décembre 1883)

**DÉCRET** *faisant application, à partir du 1er janvier 1884, à tous les officiers et assimilés, sous-officiers, brigadiers, caporaux et soldats faisant partie des corps expéditionnaires du Tonkin et de Madagascar, des dispositions de la loi du 14 avril 1832 (art. 18, 19 et 20) et de celle du 20 avril 1832 (art. 22).*

ARCH. GOUV.

Article premier. — Les dispositions des articles 18, 19 et 20 de la loi du 14 avril 1832 seront applicables, à dater du 1er janvier 1884, à tous les officiers et assimilés, sous-officiers, brigadiers, caporaux et soldats de l'armée de terre et des troupes de la marine faisant partie des corps expéditionnaires du Tonkin et de Madagascar.

Art. 2. — Les dispositions de l'article 22 de la loi du 20 avril 1832 seront également applicables, à compter du 1er janvier 1884, aux officiers de marine, aux offi-

(1) Rendu applicable à la marine par Circ. M., 12 novembre 1883 (B. M., p. 671).

ciers mariniers, quartiers-maîtres et marins des équipages de la flotte appartenant aux corps expéditionnaires du Tonkin et de Madagascar ou embarqués à bord des bâtiments de la division navale des côtes du Tonkin et de la division navale de la mer des Indes.

A dater de la même époque, les officiers, assimilés et agents du Département de la marine dont le mode d'avancement est réglé par les décrets d'organisation des corps auxquels ils appartiennent, bénéficieront des mêmes avantages lorsqu'ils feront partie de ces corps expéditionnaires ou divisions navales.

JULES GRÉVY.

(28 décembre 1883).

**CIRC. M.** *Application à partir du 1er janvier 1884, au personnel des armées de terre et de mer des corps expéditionnaires du Tonkin et Madagascar des dispositions spéciales sur l'avancement, prévues par les lois des 14 et 20 avril 1832.*

ARCH. GOUV.

Vous trouverez reproduit ci-après, précédé du rapport que j'ai adressé à M. le Président de la République un décret du 21 décembre 1883, rendu après entente avec M. le ministre de la guerre et portant application, à partir du 1er janvier 1884, au personnel des armées de terre et de mer des corps expéditionnaires du Tonkin et de Madagascar, des dispositions spéciales sur l'avancement prévues par les lois 14 et 20 avril 1832.

L'insertion au *Bulletin officiel* de la marine de la présente circulaire et de ses annexes tiendra lieu de notification.

A. PEYRON.

(28 décembre 1883)

**DÉCRET** *portant règlement sur le service intérieur des différents corps de troupes* (1).

(Publié à part)

(16 mai 1884)

**C. SUP. T.** *A compter du 15 mai 1884, le décret du 26 octobre 1883 portant règlement sur le service des armées en campagne ainsi que les décrets du 28 décembre 1883 portant règlement sur le service intérieur (guerre) complété par la Circ. du 29 janvier 1884, sont rendus applicables à l'artillerie et à l'infanterie de la marine en exécution de la décision ministérielle du 18 mars 1884.*

ARCH. C Sup. T.

(7 août 1884)

**DÉP. M.** *Les hommes inscrits, à quelque titre que ce soit, aux corps de troupes doivent être inscrits sur les livrets de paiement.*

ARCH. S. AD.

(2 septembre 1884)

**CIRC. M.** *Recommandations de se conformer au modèle I annexé au décret du 28 décembre 1883 en ce qui concerne les situations nouvelles à fournir aux inspections générales par les portions de troupes d'artillerie et d'infanterie de marine.*

ARCH. GOUV. (bur. mil.)

(16 janvier 1885)

**O. C. SUP. TR.** *A l'avenir les corps fourniront au bureau du commandant supérieur des troupes, le premier de chaque mois, une situation faisant ressortir l'effectif des postes de la Cochinchine.*

O. ARCH. C. Sup. T.

(1) Trois règlements différents :
Un pour l'infanterie.
Un pour la cavalerie.
Un pour les troupes d'artillerie et du train des équipages.

(21 février 1885)

**CIRC. M.** *Instructions sur la tenue des feuillets du personnel des officiers et assimilés des troupes de la marine.*

ARCH. GOUV. (bur. mil.)

(5 mars 1885)

**DÉP. M.** *Les détachements qui ne s'administrent pas isolément ne doivent pas avoir de livrets de paiement.*

ARCH. GOUV.

Après avoir pris connaissance des explications fournies par M. le chef du service administratif, dans le rapport que vous m'avez transmis par lettre du 18 décembre dernier, M. le ministre des finances m'a informé qu'il allait adresser des instructions au trésorier-payeur de la Cochinchine afin qu'il n'inscrive plus les paiements sur les livrets des détachements non autorisés à s'admnistrer isolément.

Ces paiements effectués au moyen de mandats de trésorerie ne constituent, en effet, que des opérations d'ordre intérieur de simples transmissions de fonds de la part de la portion centrale à laquelle ces détachements doivent rendre compte, et leur montant se trouve déjà compris dans les sommes payées au conseil d'administration lesquelles ont été inscrites sur le livret par le trésorier-payeur.

FÉLIX FAURE.

(23 juillet 1885)

**O. C. SUP. TR.** *Rappel à l'exécution de l'art. 277 du règlement du 28 décembre 1883 sur le service intérieur des troupes d'infanterie et 294 du service des troupes d'artillerie, ainsi que des circulaires ministérielles des 15 juin 1868, 30 janvier 1874 et 30 juin 1884. Les soldats ordonnances ne doivent pas être employés comme cochers, canotiers, etc., etc., ni exemptés de tous les services.*

ARCH. C. Sup. T.

(6 février 1886)

**DÉCRET** *modifiant les règlements du 23 octobre 1883 sur le service des places de guerre et des villes de garnison et du 28 décembre 1883 sur le service intérieur des corps de troupes.*

B. M., p.

(6 septembre 1886)

**O. C. SUP. TR.** *Notification d'une dépêche en date du 17 juin 1886 modifiant l'article 310 du décret du 23 octobre 1883 sur le service des places. (Rapports de courtoisie entre les officiers de l'armée de terre et ceux de l'armée de mer.)*

ARCH. C. Sup. T.

(24 décembre 1886)

**DÉP. M.** *décidant qu'à l'avenir le cheval annamite d'une taille de 1m 22 au moins sera la monture réglementaire des officiers en Cochinchine.*

ARCH. S. AD.

(14 mars 1887)

**CIRC. M.** *Le commandement des troupes passagères appartient à l'officier de troupes le plus élevé en grade, ou, à égalité de grade, au plus ancien, quelle que soit son arme.*

ARCH. C. Sup. T.

(31 mars 1887)

**A. G.** *relatif au commandement supérieur de troupes au Cambodge.*

J. C., p. 422.

Article premier. — Le commandement supérieur des troupes au Cambodge sera dorénavant exercé par un officier supérieur d'infanterie de marine du grade de chef de bataillon.

En conséquence, M. le lieutenant-colonel Chevallier rentrera en Cochinchine et reprendra le commandement du régiment de tirailleurs annamites.

Art. 2. — M. le commandant Poulnot, chef de bataillon d'infanterie de marine, actuellement à Pnom-Penh, prendra les fonctions de commandant supérieur des troupes au Cambodge que lui remettra M. le lieutenant-colonel Chevallier.

Art. 3. — Les attributions du commandant supérieur des troupes au Cambodge restent les mêmes.

Il lui sera alloué, à titre de frais de service, et à partir du jour de son entrée en fonctions, une somme annuelle de trois mille deux cents francs (3.200 francs) imputable au budget du Protectorat.

FILIPPINI.

(5 juillet 1887)

**O. C. SUP. TR.** *Les détachements, les isolés ordinaires et les isolés convalescents, à destination d'Hatien et de Kampot seront dirigés de préférence sur ces postes par les navires faisant le service régulier sur la ligne du Siam. — Dispositions à prendre.*

J. C., p. 710.

Les détachements, les isolés ordinaires et les isolés convalescents (provenant des hôpitaux de Saïgon ou de Mytho), à destination des postes d'Hatien et de Kampot, seront dirigés de préférence sur ces postes par les navires qui font le service régulier sur la ligne du Siam.

Toutefois, ces navires ne devant toucher aux localités désignées ci-dessus que lorsqu'ils auront des troupes ou du matériel à y débarquer, les corps ou services intéressés devront faire connaître leurs besoins, sous la forme ordinaire (états d'encombrement, listes d'embarquement), trois ou quatre jours à l'avance, à la Direction de l'Intérieur, 5e bureau.

Les départs de ces navires ont lieu tous les vingt jours.

BILLÈS.

(4 décembre 1887)

**A. G. G.** *supprimant le titre de commandant supérieur des troupes au Cambodge et le remplaçant par celui de commandant de bataillon détaché au Cambodge.*

J. C., p. 1191.

Article premier. — Le titre de Commandant supérieur des troupes au Cambodge est supprimé et remplacé par celui de commandant du bataillon détaché au Cambodge.

Art. 2. — Cet officier supérieur continuera à jouir de l'indemnité de 3.200 francs fixée par la décision précitée.

Art. 3. — La dépense sera imputée au chapitre II, article 2 (services militaires) du budget du Protectorat.

CONSTANS.

(19 mai 1888)

**DÉP. M.** *Modifications apportées à l'effectif des troupes de la marine en Indo-Chine.*

ARCH. GOUV.

Par un télégramme, en date du 13 avril dernier, M. le Général de division, commandant en chef les troupes de l'Indo-Chine, a proposé au Département d'apporter des modifications aux effectifs des corps de troupes de la marine en service dans les pays de l'Union. Ces modifications portent sur les points suivants :

1° *Artillerie de la Marine.* — Augmenter de 3 officiers ou gardes le personnel de la Direction d'artillerie de Cochinchine, qui se compose de 20 officiers et gardes titulaires ou auxiliaires.

Porter à 46 l'effectif de la Direction du Tonkin et de l'Annam, qui a été fixé à 44 officiers, gardes titulaires ou auxiliaires, par une décision du 18 février dernier.

Transformer une des batteries à pied de Cochinchine en batterie montée et supprimer le détachement de conducteurs de cette colonie.

Constituer en Annam et au Tonkin six batteries, à l'effectif de 5 officiers et 120 sous-officiers. Brigadiers et canonniers européens.

Porter le détachement d'ouvriers du Tonkin à l'effectif de 3 officiers et de 150 hommes.

Le Ministre a donné son approbation à ces propositions qui auront pour effet d'augmenter de 5 officiers ou gardes le personnel. Les directions d'artillerie et de 11 officiers, l'effectif des batteries et détachements d'ouvriers. Toutefois, en raison de la situation budgétaire, le capitaine commandant et un des lieutenants de la 6e batterie *bis* sont seuls envoyés en Indo-Chine quant à présent, et vous aurez à vous entendre avec M. le général Bégin pour faire connaître au Département, les grades des officiers qui demandent supplément pour les directions d'artillerie.

En ce qui concerne les batteries, elles devront être ramenées, le plus tôt possible, à leur nouvel effectif par le renvoi en France des militaires les plus anciens de séjour dans la colonie.

Quant au détachement d'ouvriers du Tonkin, il sera provisoirement maintenu à son effectif actuel.

2° *Infanterie de marine.* — Constituer les régiments de marche en 3 régiments, à 3 bataillons de 4 compagnies chacun.

J'approuve également cette proposition, qui aura pour effet d'assurer l'uniformité dans la composition des régiments de marche et de permettre de réduire de 2 le nombre des compagnies entretenues en Indo-Chine.

En conséquence, le régiment de marche de l'Annam sera porté de 2 à 3 bataillons par l'envoi dans ce pays d'un des 4 bataillons du régiment de marche de Cochinchine (celui du 2e régiment). Ce dernier régiment de marche se trouvera ainsi ramené à 3 bataillons.

Par suite, 2 des compagnies du régiment de marche de Cochinchine (les 21e et 22e du 3e régiment), portant actuellement à 6 le nombre des compagnies d'un de ces bataillons, rentreront en France.

Telles sont les nouvelles dispositions qui ont été arrêtées par le Ministre ; M. le Général commandant en chef en reçoit notification par une dépêche de ce jour.

J'ai l'honneur de vous prier de vous entendre avec lui pour leur exécution.

(6 juillet 1888)

**DÉP. M.** *Effectif normal des troupes fournies par le Département de la guerre aux forces de l'Indo-Chine.*

ARCH. GOUV.

Par lettre, en date du 28 juin dernier, M. le Ministre de la guerre m'a informé que le général de division, commandant en chef les troupes de l'Indo-Chine, en lui adressant le tableau de la décomposition de l'effectif des troupes placées sous son commandement, et qui ont été ramenées au chiffre de 14.000 Européens, cadres des troupes indigènes compris, avait appelé son attention sur le personnel d'officiers prévu pour les bataillons de la guerre.

M. de Freycinet ajoute qu'il me fera connaître prochainement s'il lui sera possible de satisfaire, soit avec des officiers de réserve, soit avec des officiers de l'armée active, à la demande de 24 officiers supplémentaires d'infanterie, formée par M. le général Bégin, mais qu'il importe, en attendant, qu'il soit fixé sur le personnel des diverses armes et des divers services figurant au tableau précité, dont les effectifs devront être fournis et entretenus à leur nouveau chiffre normal par son Département à titre définitif, ou à titre provisoire.

L'administration des colonies ne possédant pas de situation d'effectif autre que celle qui a été envoyée à M. de Freycinet, j'ai l'honneur de vous prier de vouloir bien m'adresser d'urgence un état détaillé par grade et par corps des troupes de la guerre à conserver en service en Indo-Chine.

(27 juillet 1888)

**O. C. SUP. T.** *rappelant que les officiers en tenue bourgeoise doivent le salut à leurs supérieurs.*

ARCH. C. Sup. T.

(27 octobre 1888)

**O. C. SUP. T.** *au sujet des mesures à prendre concernant les militaires rapatriables atteints de maladies vénériennes.*

ARCH. C. Sup. T.

(25 mai 1889)

**RAPPORT M.** *précédant le décret du 25 mai 1889 rattachant au Département de la marine les états-majors généraux aux colonies, les corps indigènes et spéciaux ressortissant au sous-secrétaire d'État, en vertu du décret du 14 mars 1889.*

J. C., p. 754.

Aux termes de l'article 6 de la loi du 27 juillet 1872, tout corps organisé en armes est soumis aux lois militaires, fait partie de l'armée et relève, soit du ministre de la guerre, soit du ministre de la marine. . . . . .

Le rapport précédant le décret du 14 mars 1889 maintient au ministre de la marine le rôle qui lui est dévolu au point de vue de la garde de nos établissements d'outre-mer ; ce rapport dispose, en outre, que la défense des colonies continue d'être assurée au moyen des troupes appartenant au Département de la marine.

Ces troupes comprenaient, lorsque l'administration des colonies formait un des services du ministère de la marine, non seulement les corps de l'infanterie et de l'artillerie de la marine, mais encore les corps spéciaux et indigènes. Les uns et les autres faisant, au même titre, partie intégrante de l'armée de mer, ne peuvent dépendre aujourd'hui que d'un seul Département militaire : celui de la marine.

Placer des troupes sous la direction du ministère du commerce, de l'industrie et des colonies, serait une mesure contraire au texte de la loi, et qui aurait pour conséquence cette anomalie de faire relever un même régiment d'un ministère militaire pour les cadres et d'un ministère civil pour les soldats.

Il a, dès lors, fallu rechercher les moyens de concilier à la fois les dispositions de la loi avec l'organisation nouvelle du sous-secrétariat d'État des colonies, tout en laissant au ministre de la marine le commandement des troupes qui étaient antérieurement administrées dans son Département par les directions et par l'administration des colonies.

Tel est le but des dispositions prévues dans le projet de décret ci-annexé.

Si vous en approuvez les termes, j'ai l'honneur de vous prier, d'accord avec M. le président du Conseil, ministre du commerce, de l'industrie et des colonies, de vouloir bien, M. le président, revêtir de votre signature le projet de décret dont il s'agit.

KRANTZ.

(25 mai 1889)

**DÉCRET** *rattachant au Département de la marine les états-majors généraux aux colonies, les corps indigènes et spéciaux ressortissant au sous-secrétariat d'État, en vertu du décret du 14 mars 1889* (1).

J. C., p. 754.

Article premier. — Les états-majors généraux aux colonies, les corps indigènes et spéciaux ressortissant actuellement au Sous-Secrétariat d'État des colonies, passent, au point de vue de l'organisation militaire, du commandement, de la discipline générale et de l'instruction, dans les attributions du Ministre de la marine.

Art. 2. — Des arrêtés ministériels détermineront, par bureau, les attributions nouvelles de la Direction du personnel du Ministre de la marine et de la 3e division de l'administration des colonies.

CARNOT.

1. V. Ministre de la Marine et des Colonies.

## b) Solde et allocations diverses

| NATURE DES DOCUMENTS | DATES | RECUEILS A CONSULTER Bat. | B.C. | B.D.I. | J. C. | J. H | B. M. | B.Col. | OBSERVATIONS |
|---|---|---|---|---|---|---|---|---|---|
| D. G. | 21 février 1862. | | 100 | | | | | | |
| O. G. | 12 avril 1862. | | 126 | | | | | | |
| O. G. | 18 avril 1862. | | 129 | | | | | | |
| Dép. M. | 28 mai 1862. | | 227 | | | | | | |
| D. G. | 26 août 1863. | | 379 | | | | | | |
| A. G. | 12 décembre 1864. | | 158 | | | | | | |
| D. G. | 10 août 1865. | | 289 | | | | | | |
| Dép. M. | 6 mai 1867. | II-776 | | | | | | | |
| Dép. M. | 5 juin 1867. | | 205 | | | | | | |
| D. G. | 23 juin 1867. | | 193 | | | | | | |
| D. G. | 18 janvier 1868. | II-779 | 3 | | | | | | |
| Dép. M. | 14 septembre 1868. | I-776 | | | | | | | |
| D. G. | 9 novembre 1868. | II-542 | 30 | | | | | | |
| Circ. M. | 4 novembre 1871 | | | | | | 349 | | |
| Circ. M. | 16 octobre 1871. | | | | | | 256 | | |
| Dép. M. | 30 octobre 1874. | II-776 | | | | | | | |
| D. G. | 1er juillet 1875. | II-651 | 253 | | | | | | |
| Circ. M. | 12 décembre 1877. | | | | | | 794 | | |
| A. G. | 15 mars 1880. | | 120 | | | | | | |
| A. G. | 6 décembre 1880. | | 592 | | | | | | |
| D. G. | 6 avril 1881. | | 175 | | | | | | |

b) **Solde et allocations diverses** *(suite)*.

| NATURE DES DOCUMENTS | DATES | RECUEILS A CONSULTER Bat. | B.C. | B.D.I. | J. C. | J.H. | B.M. | B.Col. | OBSERVATIONS |
|---|---|---|---|---|---|---|---|---|---|
| Circ. M. | 20 mai 1881. | | 237 | | | | | | |
| D. G. | 22 mai 1881. | | 220 | | | | | | |
| Dép. M. | 30 octobre 1883. | | | | | | | | |
| Circ. M. | 22 janvier 1884. | | | | | | | | |
| Dép. M. | 15 novembre 1884. | | 1885 -3 | | | | | | |
| Circ. M. | 26 avril 1884. | | | | | | | | |
| Dép. M. | 17 mars 1885. | | | | | | | | |
| D. G. | 25 juin 1885. | | 226 | | 1042 | | | | |
| D. G. | 25 juin 1885. | | 227 | | 1042 | | | | |
| A. G. | 1er septembre 1885. | | | | 1045 | | | | |
| Dép. M. | 19 septembre 1885. | | | | 1293 | | | | |
| D. G. | 15 décembre 1885. | | | | 1466 | | | | |
| Dép. M. | 23 décembre 1885. | | 1886 -9 | | | | | | |
| Dép. M. | 2 janvier 1886 | | 9 | | | | | | |
| D. G. | 17 février 1886. | | 58 | | | | | | |
| A. G. | 18 février 1886. | | 59 | | 693 | | | | |
| Dép. M. | 28 avril 1886. | | 155 | | 282 | | | | |
| A. G. | 4 novembre 1886. | | | | | | | | |
| A. G. | 16 janvier 1887. | | 33 | | | | | | |
| Dép. M. | 24 janvier 1887. | | | | | | | | |
| A. G. | 1er mars 1887. | | | | | | | | |

b) **Solde et allocations diverses** (*suite*)

| NATURE DES DOCUMENTS | DATES | Bat. | B.C. | B.D.I. | J.C. | J.H. | B.M. | B.Col. | OBSERVATIONS |
|---|---|---|---|---|---|---|---|---|---|
| | | RECUEILS A CONSULTER | | | | | | | |
| A. G. | 4 mars 1887 | | 187 | | | | | | |
| Dép. M. | 4 juin 1887. | | | | | | | | |
| A. G. | 6 juillet 1887. | | | | | | | | |
| Circ. M. | 5 décembre 1887. | | | | | | | | |
| Dép. M. | 20 mars 1888. | | | | | | | | |
| A. L. G. | 14 avril 1888. | | 168 | | | | | | |
| Dép. M. | 7 mai 1888. | | | | | | | | |
| A. G. G. | 11 juin 1888. | | 313 | | | | | | |
| Dép. M. | 28 août 1888. | | | | | | | | |

(21 février 1862)

**D. G.** *Les officiers, sous-officiers, caporaux, soldats et tous autres appartenant aux troupes de la marine, ainsi que les officiers des divers corps du même Département, aspirants, employés et agents divers, marins de tous grades qui jusqu'à ce jour avaient conservé, pendant leur séjour dans les hôpitaux de Saïgon, Choquan, Mytho, Bienhoa et Baria, la totalité de leurs allocations, seront traités conformément aux prescriptions des décrets et ordonnances qui régissent leurs corps respectifs* (1).

B. C., p. 100.

(12 avril 1862)

**O. G.** *supprimant les allocations spéciales de séjour attribuées à diverses catégories du personnel de tous corps et de tous grades détaché à terre pour le service de l'expédition et les ramenant aux fixations des tarifs du 1er octobre 1851 avec moitié en sus. — Frais de représentation et de service attribués au personnel du corps expéditionnaire, en raison de certaines fonctions* (2).

B. C., p. 126.

(18 avril 1862)

**O. G.** *Applications des dispositions de la dép. m. du 25 février 1865 relative aux suppléments de fonctions et de frais de service attribués ou maintenus à certaines positions à terre.*

B. C., p. 129.

(28 mai 1862)

**DÉP. M.** *Les officiers, militaires et marins admis dans les ambulances ou autres établissements hospitaliers conserveront la solde de présence dont ils jouissent sur le pied d'Europe à l'exclusion de tous frais de séjour* (3).

B. C., p. 227.

(26 août 1863)

**D. G.** *L'indemnité de cinquante centimes allouée par la décision du 1er octobre 1860 aux marins et soldats employés dans les ambulances de Saïgon sera étendue aux militaires détachés de leurs corps et exclusivement employés comme infirmiers dans les postes où il existe des ambulances.*

B. C., p. 379.

(12 décembre 1864)

**A. G.** *Les officiers d'infanterie de marine attachés aux affaires civiles et indigènes recevront la totalité de leur solde sur le budget local.*

B. C., p. 158.

(10 août 1865)

**D. G.** *fixant les suppléments des marins et militaires employés aux directions des ports de commerce, aux phares et à la police.*

B. C., p. 289.

(6 mai 1867)

**DÉP. M.** *La solde du corps de troupes en France et aux colonies doit être payée par quinzaine et à l'avance. — Rappel des dispositions réglementaires.*

BAT. II, p. 776.

Il m'a été rendu compte que l'administration locale est dans l'usage de payer la solde des corps de troupes de la marine par quinzaine et à terme échu.

Ce mode de paiement, qui est contraire aux prescriptions réglementaires, a pour conséquence d'obliger les commandants de détachements à conserver, au titre de la masse individuelle, des sommes supérieures à celles qu'ils doivent garder en caisse.

(1) Les règlements disposent que la solde d'hôpital sans accessoires est seule due aux officiers, sous-officiers, caporaux, soldats, marins et autres, à compter du jour de leur entrée dans les hôpitaux jusqu'au jour exclus de leur sortie de ces établissements.

(2) S. objet.

(3) V. *Infrà*, Dép. m., 5 juin 1867.

Je vous prie, en conséquence, de vouloir bien donner des ordres pour que, conformément aux dispositions de l'article 204 de l'ordonnance du 22 juin 1847, les détachements des corps de troupes de la marine en station dans la colonie reçoivent, désormais, leur solde *par quinzaine et à l'avance.*

RIGAULT DE GENOUILLY.

(5 juin 1867)

**DÉP. M.** *La solde de présence cessera d'être allouée pendant le séjour des officiers, militaires et marins dans les hôpitaux et autres établissements hospitaliers en Cochinchine.*

B. C., p. 205.

(23 juin 1867)

**D. G.** *Mesures prises à la suite de l'occupation des citadelles des trois provinces de Vinh-Long, Chaudoc et Hatien. (Fixation à 2000 francs de frais de représentation aux commandants militaires de ces trois provinces.)*

B. C., p. 193.

(18 janvier 1868)

**D. G.** *Rétribution à payer à deux militaires des corps de troupes de la marine et autres pour le blanchiment à la chaux des bâtiments militaires.*

BAT. II, p. 779.
B. C., p. 3.

La rétribution à payer aux militaires des corps de troupes de la marine et autres, stationnés en Cochinchine, pour le blanchiment à la chaux des bâtiments militaires dans les conditions prévues à l'article 54 du règlement susvisé du 21 novembre 1854 est fixée à un demi-centime par mètre carré et par couche.

DE LA GRANDIÈRE.

(14 septembre 1868)

**DÉP. M.** *Indemnité de marche à accorder aux troupes appelées à prendre part à des marches militaires en Cochinchine.*

BAT. II, p. 776

Mon attention a été appelée sur la situation dans laquelle se trouvent placés, au point de vue de la solde, les officiers, sous-officiers et soldats appelés en Cochinchine à faire partie des colonnes expéditionnaires qui sont chargées de faire des reconnaissances militaires dans cette colonie.

J'ai reconnu qu'en effet la demande d'une indemnité spéciale se justifie par l'excédant de dépenses qu'entraînent les marches militaires dans des contrées dénuées de ressources, et par la nature même des localités que les colonnes expéditionnaires sont appelées à parcourir.

D'une part, les officiers doivent se procurer tous les objets qui leur sont nécessaires pour une absence, quelque courte qu'elle soit ; d'un autre côté, on ne saurait se dissimuler que les marches faites dans des pays couverts de broussailles et d'épines contribuent à détériorer très promptement les effets d'habillement et de petit équipement des militaires qui font partie des détachements envoyés dans l'intérieur de la colonie.

Pour remédier à cet état de choses qui cause un préjudice aux officiers, sous-officiers et soldats des corps de troupes de la marine, Sa Majesté l'Empereur a bien voulu, sur ma proposition, arrêter les dispositions suivantes :

Les officiers appelés à prendre part à des marches militaires en Cochinchine recevront, à l'avenir, avec la solde coloniale et l'indemnité de logement, et indépendamment de la ration de vivres dont ils n'auront pas à effectuer le remboursement, les allocations ci-après indiquées savoir :

OFFICIERS SUPÉRIEURS

Quatre francs par jour pendant les quinze premiers jours, et trois francs pour chaque journée en sus des quinze premières.

OFFICIERS INFÉRIEURS.

Trois francs par jour pendant les quinze premiers jours, et deux francs pour chaque journée en sus des quinze premières.

Enfin les sous-officiers et soldats faisant partie des mêmes détachements recevront l'indemnité de cinq centimes par jour accordée par la décision impériale du 5 mai 1859 à la masse individuelle des militaires des armées en campagne.

Ces indemnités, qui porteront le titre d'*indemnités spéciales, pour marches militaires*, seront imputées sur les fonds de la solde.

Elles seront accordées pour toutes les marches militaires, quelle que soit leur durée, mais elles ne seront dues que pour les marches faites à pied, les transports par bâtiments de l'État ou du commerce ne pouvant ouvrir des droits à cette concession.

Le paiement de ces allocations sera autorisé par le Gouverneur, qui aura à me rendre compte trimestriellement, sous le timbre des directions *Personnel* et *Artillerie*, des concessions qu'il aura faites aux troupes de la colonie.

RIGAULT DE GENOUILLY.

(9 novembre 1868)

**D. G.** *relative au dépôt des fonds d'avances destinés à solder le prêt des hommes et les dépenses de l'ordinaire.*

BAT. II., p. 542
B. C., p. 30.

Article premier. — Les inspecteurs des affaires indigènes ayant des caisses de perception, pourront recevoir en dépôt les fonds d'avances destinés à solder le prêt des hommes et les dépenses de l'ordinaire des détachements établis dans leurs circonscriptions.

Art. 2. — Les dépôts et retraits d'argent effectués à ce titre auront lieu par sommes rondes, qui ne pourront être inférieures à 100 francs.

Art. 3. — Ces opérations ne seront point portées sur le livre de caisse ; elles seront inscrites sur un compte séparé et un reçu sera délivré pour chaque mouvement de fonds.

G. OHIER.

(4 novembre 1871)

**CIRC. M.** *L'officier qui jouit d'un supplément de fonctions ne peut pas cumuler ledit supplément avec l'indemnité de représentation ou le supplément attaché à des fonctions qu'il remplit par intérim.*

B. M., p. 349.

(16 octobre 1871)

**CIRC. M.** *Avance à payer aux sous-officiers et soldats se rendant aux colonies (modification à l'art. 287 de l'ordonn. du 22 juin 1847).*

B. M., p. 256.

(30 octobre 1874)

**DÉP. M.** *Application aux corps de troupes coloniaux de la loi du 10 juillet 1874 portant amélioration de la solde des sous-officiers.*

BAT. II, p. 776.

Une loi du 10 juillet dernier a élevé, à compter du 1er janvier 1875, la solde des sous-officiers ; et quant à l'infanterie, cette solde a été portée de 0 fr. 95 cent. à 1 fr. 10 cent. ; cette loi alloue en outre, à partir de la même époque :

1° Aux sous-officiers qui se rengageront dans les conditions de l'article 51 de la loi du 12 juillet 1872 (après 5 ans de service), une haute paie journalière de 0 fr. 30 cent. ;

2° A ceux qui se rengageront après 10 ans, une haute paie supplémentaire de 0 fr. 20 cent.

Enfin ladite loi accorde aux sous-officiers proposés pour un emploi civil une allocation de 1 fr. 50 cent. par jour jusqu'au moment où cet emploi pourra leur être attribué.

Il y a lieu de faire bénéficier de cette augmentation de solde et des allocations de haute-paye les sous-officiers d'infanterie de la marine détachés dans les corps de troupes coloniaux :

1° En ce qui concerne la solde, dans ceux de ces corps où le taux en est actuellement inférieur à 1 fr. 10 cent. (artilleurs sénégalais, compagnies indigènes, cipahis de l'Inde);

2° En ce qui regarde les hautes-payes, tous les sous-officiers en service dans les troupes coloniales. Des crédits sont prévus à cet effet au budget de 1875 (solde et accessoires, solde de ces divers corps).

Quant au paiement de l'allocation de 1 fr. 50 cent. revenant aux sous-officiers en expectative d'un emploi civil, je n'ai pas cru devoir m'en préoccuper en ce qui regarde le budget colonial par la raison que les intéressés sont alors rentrés à leurs corps métropolitains.

MICHAUX.

(1er juillet 1875)

**D. G.** *Les dispositions contenues dans les arrêtés des 21 février et 7 octobre 1868 et dans la décision du 14 juin 1873 ne sont pas applicables aux officiers des différents corps de la marine détachés au Tonkin.*

BAT. II, p. 651.
B. C., p. 253.

Les dispositions contenues dans les arrêtés des 21 février (1) et 7 octobre 1868 (2) et la décision du 14 juin 1873, ne sont pas applicables aux officiers des différents corps de la marine détachés au Tonkin et tous logés dans les bâtiments militaires. (Ils ne recevront pas d'indemnité de logement du service local.)

DUPERRÉ.

(12 décembre 1877)

**CIRC. M.** *Les officiers qui exercent les fonctions de commandant militaire aux colonies sont régis, sous le rapport de la solde, par l'ordonnance du 22 juin 1847.*

B. M., p. 794.

(15 mars 1880)

**A. G.** *supprimant diverses indemnités accordées à des fonctionnaires, officiers en troupes du service métropolitain.*

B. C., p. 120.

Article premier. — Sont supprimées, à partir du 1er avril prochain, les indemnités suivantes accordées à des fonctionnaires, officiers en troupes du service métropolitain :

*Chapitre IV du budget.*

| | |
|---|---|
| Supplément de 1,200 francs aux commandants des postes de Baria, Cholon, Bien-hoa, Mytho, Vinh-long et Chaudoc | 7,200 fr. |
| Allocation mensuelle à la garnison de Poulo-Condore | 5,400 » |
| Supplément au capitaine de tir | 500 » |
| *Chapitre XII.* | |
| Supplément au chef de poste de Pnom-Penh | 549 » |

LE MYRE DE VILERS.

(6 décembre 1880)

**A. G.** *allouant 1 fr. 50 par mois pour chaque militaire et pour chaque marin de la station navale présent au service dans la colonie.*

B. C., p. 592.

Article premier. — Il est alloué un franc cinquante centimes (1 fr. 50 cent.) par mois, pour chaque militaire et pour chaque marin de la station navale présent au service dans la colonie.

Ces suppléments seront calculés sur la moyenne des hommes présents pendant le mois.

L'ordonnancement de la dépense aura lieu sur états décomptés, fournis par les autorités militaires compétentes.

Art. 2. — Cette dépense sera supportée par le chapitre IV du budget local.

LE MYRE DE VILERS.

(1) V. Logement.
(2) V. Service administratif de la marine, § IV.

(6 avril 1881)

**D. G.** *fixation de la solde du colonel, commandant le régiment de marche remplissant intérimairement les fonctions de commandant supérieur des troupes* (1).

B. C., p. 175.

(20 mai 1881)

**CIRC. M.** *Solde coloniale et indemnité pour frais de service du général commandant supérieur des troupes en Cochinchine (extrait).*

B. C., p. 237.

..............................................................................................................

En cas d'absence du général, commandant supérieur des troupes, il y aura lieu de se conformer aux prescriptions du décret du 20 janvier 1880, rendues applicables aux troupes de la marine par la circulaire du 18 mai suivant (B. m., p. 1002) pour l'allocation des frais de service à l'officier supérieur appelé à en remplir intérimairement les fonctions.

..............................................................................................................

..............................................................................................................

G. Cloué.

(22 mai 1881)

**D. G.** *allouant un supplément de 15 francs par mois aux militaires ou marins attachés comme plantons au service du 1er tribunal maritime et des 1er et 2e conseils de guerre permanents* (2).

B. C., p. 220.

(30 octobre 1883)

**DÉP. M.** *Quotité des frais de représentation alloués à M. le général, pour son inspection générale en Cochinchine.*

ARCH. GOUV.

J'ai l'honneur de vous informer que j'ai fixé à quatre mille cinq cents francs la quotité des frais de représentation à M. le général de brigade Ch..., chargé de procéder, cette année, à l'inspection générale des troupes de toutes armes stationnées en Cochinchine.

L'aide de camp qui accompagne cet officier général ne pourra, conformément aux dispositions de l'article 160 du décret du 12 juin 1867, prétendre au paiement de l'indemnité de séjour.

Je vous prie de donner des ordres afin que M. le Général inspecteur et son aide de camp reçoivent, jusqu'à concurrence des sommes acquises, les acomptes dont ils feraient l'un et l'autre la demande.

A. Peyron.

(22 janvier 1884)

**CIRC. M.** *Les officiers et assimilés, les officiers rengagés ou commissionnés qui font partie des corps expéditionnaires du Tonkin ou de Madagascar ont droit à la solde de présence quand ils sont en traitement dans les hôpitaux ou ambulances pour blessures ou maladies résultant de la campagne.*

ARCH. S. AD.

(15 novembre 1884)

**DÉP. M.** *relative au logement des généraux inspecteurs. — L'allocation d'une somme de 1000 francs est destinée à subvenir aux frais d'installation des généraux inspecteurs.*

ARCH. S. AD.

En réponse à votre lettre du 28 septembre dernier, j'ai l'honneur de vous faire connaître que le Département, en vous allouant une somme annuelle de 1.000 francs pour subvenir aux frais d'installation des inspecteurs généraux, n'a eu pour but que d'assurer aux officiers généraux un logement convenable, soit dans une maison particulière, soit dans un hôtel, si les ressources de la colonie ne permettent pas de louer un logement particulier pour quelques semaines.

(1) V. *Infrà*, D. G., 17 février 1886.
(2) V. *Justice militaire.*

L'inspection des troupes étant confiée cette année au général Bouet, commandant supérieur en Cochinchine, il n'y a pas lieu d'employer la somme de 1000 francs, qui sera disponible au budget.

FÉLIX FAURE.

(26 avril 1884)

**CIRC. M.** *Les commandants d'armes ont droit à une indemnité pour frais de bureau à l'exclusion de tous autres suppléments payés dans certaines colonies à titre d'indemnité de fonctions. — Modification apportée au tarif n° 23 annexé à la circulaire du 28 mai 1879.*

ARCH. GOUV.

Aux termes de l'article 4 du décret du 23 octobre 1883, portant règlement sur le service des places, l'officier le plus élevé en grade, quel que soit son emploi, prend le titre de commandant d'armes et dirige le service de garnison dans les places de guerre comme dans les villes ouvertes.

J'ai décidé, par suite, qu'il sera alloué aux officiers remplissant ces fonctions aux colonies, quel que soit leur grade, l'indemnité des frais de bureau de 315 fr. 15 prévu par le tarif n° 23 annexé à la circulaire du 26 mai 1879, mais à l'exclusion de tous autres suppléments qui étaient payés, dans certaines colonies, à titre d'indemnité de fonctions.

Par suite de nouvelles appellations adoptées dans le service des places, il y aura lieu de modifier ainsi le tarif n° 23 précité.

Au lieu de :

Indemnité pour frais de bureau.

*Etat-major de l'infanterie :*

Commandant de place dans les colonies . . . . . . . . . . . . . . 315 fr. 46

Adjudant de place dans les colonies. . . . . . . . . . . . . . . 315 46

On doit y substituer :

Indemnité pour frais de bureau.

*Etat-major des places :*

Commandant d'armes dans les colonies . . . . . . . . . . . . . . 315 fr. 46

Major de garnison dans les colonies . . . . . . . . . . . . . . . 315 46

L'insertion de la présente circulaire au *Bulletin officiel de la marine* tiendra lieu de notification.

FÉLIX FAURE.

(17 mars 1885)

**DÉP. M.** *Frais de représentation à allouer à M. le général de brigade B*** pour son inspection générale des troupes en 1885. (6000 fr.)*

(Bur. mil.)

J'ai l'honneur de vous informer que j'ai fixé à six mille francs la quotité des frais de représentation à allouer à M. le général de brigade B..., chargé de procéder cette année à l'inspection générale des troupes de toutes armes stationnées en Cochinchine et des cipahis de l'Inde.

L'aide de camp qui accompagnera M. le général B... ne pourra prétendre au paiement de l'indemnité de séjour, conformément aux dispositions de l'article 160 du décret du 12 juin 1867.

Je vous prie de donner des ordres afin que M. le général inspecteur et son aide de camp reçoivent, jusqu'à concurrence des sommes acquises, les acomptes dont ils feraient l'un et l'autre la demande.

La dépense sera imputée sur les fonds du chapitre 8, article 1er, du budget de la marine, et la colonie se couvrira des avances qu'elle aura effectuées à ce titre, suivant le mode adopté pour ces sortes de remboursement.

(25 juin 1885)

**D. G.** *fixant les allocations en vivres et en deniers à accorder aux officiers et aux troupes ayant fait partie des colonnes opérant au Cambodge et sur les points de Cochinchine menacés par l'insurrection.*

B. C., p. 226.

J. C., p. 1042.

Article premier. — La ration de vivres, dite de 3e catégorie, est accordée aux officiers faisant partie ou ayant fait partie des colonnes expéditionnaires envoyées dans le Cambodge ou sur la frontière de ce pays.

Art. 2. — A défaut d'allocation en nature, il leur sera payé une indemnité en deniers, représentative de la ration, telle qu'elle est déterminée par l'arrêté local du 14 avril 1885, fixant le prix de revient de la ration de vivres pour 1885. Cette indemnité n'est pas due aux officiers ayant reçu l'indemnité de séjour.

Art. 3. — La dépense sera imputée au service colonial, chapitre IX.

Il sera immédiatement rendu compte de cette mesure au Ministre.

CHARLES THOMSON.

(25 juin 1885)

**D. G.** *allouant aux officiers et aux troupes ayant fait partie des colonnes expéditionnaires au Cambodge et sur les points de la Cochinchine menacés par l'insurrection, l'indemnité aux troupes en marche prévue par le tarif annexé à la circulaire ministérielle du 26 mai 1879.*

B. C., p. 227.

J. C., p. 1042.

Article premier. — Il est alloué aux officiers et aux troupes ayant fait partie ou ou faisant partie des colonnes expéditionnaires au Cambodge et sur les points de la Cochinchine menacés par l'insurrection, l'indemnité aux troupes en marche prévue par le tarif susvisé.

Cette indemnité ne sera pas payée aux officiers ayant reçu l'indemnité de séjour.

Art. 2. — La dépense sera imputée au service marine, chapitre VIII.

Il sera immédiatement rendu compte au Ministre de cette mesure.

CHARLES THOMSON.

(1er septembre 1885)

**A. G.** *fixant les dates auxquelles les allocations fixées par les deux décisions du 25 juin dernier doivent commencer.*

J. C., p. 1045.

Les dates permettant de déterminer le nombre de journées passées en colonnes dans les différentes régions sont ainsi fixées ;

1° Pour le Cambodge, à partir du 12 janvier 1885 ;

2° Pour la région des Vaïcos, du 8 février au 19 juin 1885 ;

3° Pour les postes de Chaudoc et d'Hatien, à partir du 31 mai 1885 ;

4° A Kampot, à partir du 30 mars 1885.

Pour tout officier, sous-officier ou soldat qui demandera le paiement de ces allocations, les dates y relatives et de décompte des journées seront notifiées à l'autorité administrative par le corps intéressé.

BÉGIN.

(19 septembre 1885)

**DÉP. M.** *au sujet des allocations supplémentaires auxquelles peuvent prétendre les militaires faisant partie de l'expédition du Cambodge.*

J. C., p. 1293.

M. Thomson m'a rendu compte, le 3 juillet dernier, que, sur la proposition que vous lui aviez soumise, en votre qualité de commandant supérieur des troupes en Cochinchine, il a cru devoir accorder :

1° Aux officiers et aux militaires faisant partie ou ayant fait partie des colonnes expéditionnaires au Cambodge et sur la frontière de ce pays, l'indemnité aux troupes en marche prévue au tarif n° 31 annexé à la circulaire du 26 mai 1879 (édition refondue de 1882).

2° Aux officiers de ces colonnes, la ration de vivres, dite 3e catégorie, ou, à défaut, l'indemnité représentative.

J'ai l'honneur de vous informer que j'approuve les mesures dont il s'agit.

Quant à la demi-indemnité d'entrée en campagne que vous avez réclamée en faveur des mêmes officiers, et, s'il y a lieu, des adjudants sous-officiers, eu égard aux dépenses extraordinaires qui leur sont imposées, j'ai également accueilli votre proposition.

Les opérations militaires au Cambodge étant la conséquence de l'expédition du Tonkin, c est sur les fonds de ce service que la dépense devra être imputée en totalité ; deuxième partie du chapitre 15, en ce qui concerne les vivres, et première partie, pour les indemnités relatées ci-dessus.

GALIBER.

(15 décembre 1885)

**D. G.** *Décision concernant le personnel des divers corps de la marine régis par le décret du 1er juin 1875 et de l'État-major particulier de l'artillerie appelé à servir Pnom-Penh.*

J. C., p. 1466.

Le personnel des divers corps de la marine régis par le décret du 1er juin 1875, et de l'état-major particulier de l'artillerie appelé à servir à Pnom-Penh ne pourra plus être considéré comme détaché, à titre provisoire, dans la capitale du Cambodge.

Ce personnel recevra, avec les allocations réglementaires de solde, une indemnité annuelle de vivres de la somme nette de 388 francs payée sur le chapitre IX du service colonial.

Lorsque, pour des raisons de service, il quittera momentanément sa résidence, il lui sera alloué les indemnités prévues par l'arrêté ministériel du 19 janvier 1878.

La présente décision aura son effet à compter du 1er janvier 1886, et sera communiquée et enregistrée partout où besoin sera. Elle n'est pas applicable aux officiers des corps de troupes et aux officiers du service de santé attachés aux troupes stationnées au Cambodge.

Ces officiers continueront à recevoir les indemnités accordées par les deux décisions du 23 juin dernier.

BÉGIN.

(23 décembre 1885)

**DÉP. M.** *accueillant favorablement une réclamation de M. X., sous-lieutenant d'infanterie de marine, tendant à obtenir la solde de présence pendant son séjour à l'hôpital de Saïgon. —La décision du 22 janvier 1884 (B. M., p. 82) est déclarée applicable aux officiers assimilés ainsi qu'aux sous-officiers rengagés ou commissionnés, faisant partie des colonnes expéditionnaires du Cambodge.*

B. C. 1886, p. 9.

Vous m'avez transmis, le 7 novembre dernier, une réclamation formée par M. le sous-lieutenant d'infanterie de la marine X..., en vue d'obtenir la solde de présence pendant son séjour à Saïgon, où il a été traité du 18 juillet au 4 septembre 1885, par suite de maladie contractée dans le cours d'une expédition sur le canal d'Hatien.

J'ai l'honneur de vous faire connaître que j'ai accueilli cette réclamation.

D'ailleurs, par une circulaire qui paraîtra prochainement au *Bulletin officiel de la marine*, je prescris d'appliquer aux officiers assimilés, ainsi qu'aux sous-officiers rengagés ou commisionnés, faisant partie des colonnes expéditionnaires du Cambodge, la décision du 22 janvier 1884 (*Bull. off.*, page 82), qui conserve la solde d'activité aux mêmes catégories de personnel en service au Tonkin et à Madagascar.

(2 janvier 1886)

**DÉP. M.** *relative au traitement du colonel remplissant par intérim les fonctions du commandant supérieur des troupes en Cochinchine, tout en conservant le commandement du régiment de marche d'infanterie de marine.*

B. C., p. 9.

Vous m'avez consulté sur la question de savoir quelles sont les allocations de solde et autres auxquelles peut prétendre M. le colonel Pons, en sa double qualité de commandant du régiment de marche d'infanterie de la marine et de commandant supérieur par intérim des troupes stationnées en Cochinchine.

M. le chef du service administratif de la marine à Saïgon, se basant sur une décision locale du 6 avril 1881, estime que cet officier supérieur n'a droit qu'à une somme annuelle de 18,432 francs, tandis qu'il lui est actuellement alloué un traitement de 19,022 fr. 40 cent. M. le colonel Pons proteste contre cette interprétation en se basant sur les dispositions du décret du 20 janvier 1880 (*B. O.*, p. 1005).

Il est certain que l'arrêté local du 6 avril 1881, qui n'a pas reçu la sanction ministérielle, ne peut être appliqué au commandant supérieur des troupes par intérim. Or, aux termes de l'article 12, § 3, du décret précité, l'officier remplissant les fonctions distinctes cumule les indemnités pour frais de service affectées à ces fonctions. Si les fonctions exercées par intérim sont celles d'officiers généraux ou de colonels chefs de corps, et tel est le cas, l'officier reçoit l'indemnité pour frais de service la plus élevée, et seulement le cinquième des autres.

Le traitement annuel de M. le colonel Pons doit donc être fixé comme suit, savoir :

| | |
|---|---|
| Solde de grade de colonel (net)........................................ | 11.052 00 |
| Frais de service du commandant titulaire supérieur des troupes (net)........... | 6 768 00 |
| 1/5 des frais de représentation de colonel........................................ | 590 40 |
| 1/5 des frais de bureau de colonel........................................ | 122 40 |
| Total........................................ | 18 582 80 |

J'ai l'honneur de vous prier de vouloir bien donner des ordres pour faire régler son traitement sur ces bases et faire reverser au trésor la somme qui a pu lui être indûment payée.

(17 février 18-6)

**D. G.** *rapportant celle du 6 avril 1881, relative à la solde allouée au colonel commandant le régiment de marche remplissant intérimairement les fonctions de commandant supérieur des troupes.*

B. C., p. 58.

Article premier. — La décision du 6 avril 1881 est rapportée.

Art. 2. — La solde à allouer au colonel commandant le régiment de marche, pendant qu'il remplira intérimairement les fonctions de commandant supérieur des troupes, est réglée comme suit :

| | Francs |
|---|---|
| *A payer par le corps (au compte du service de marine) :* | |
| Solde de grade nette........................................ | 11,052 00 |
| 1/5 des frais de représentation (2 952 francs)........................................ | 590 40 |
| 1/5 des frais de bureau (612 francs)........................................ | 122 40 |
| | 11,764 80 |
| *A payer par le détail des revues (au compte du service colonial) :* Personnel des service militaire, état-major général et des places : | |
| Indemnité pour frais de service de commandant supérieur des troupes (net).. | 6,768 00 |
| Total.......... | 18,532 80 |

Le service des subsistances délivrera le nombre réglementaire des rations de fourrages.

BÉGIN.

(18 février 1886)

**A. G.** *prescrivant, pour le paiement de l'indemnité aux troupes en marche allouée par décision locale du 25 juin 1885, l'application du tarif n° 31 du 26 mai 1879 (édit. ref. de 1882) ; — Vivres de campagne ou indemnité représentative.*

B. C., p. 59.

J. C., p. 282.

Article premier. — Le tarif n° 31, du 26 mai 1879 (édition refondue de 1882), sera appliqué à compter du 16 février 1886, pour le paiement de l'indemnité aux troupes en marche allouée par la décision susvisée, n° 67, du 25 juin 1885.

Art. 2. — A partir de la même date, les vivres de campagne prévus par ledit tarif n° 31 du 26 mars 1879 (édition refondue de 1882), seront alloués aux officiers, au lieu de la ration prévue par la deuxième décision susvisée du 25 juin 1885 (n° 68). A défaut d'allocation en nature, il sera payé une indemnité en deniers représentative, calculée d'après la valeur de la ration dite de troisième catégorie, telle qu'elle est déterminée par l'arrêté local fixant chaque année le prix de revient de la ration de vivres.

Art. 3. — La dépense sera imputée au service marine, chapitre VIII, pour l'indemnité en marche, et au service colonial, chapitre IX, en ce qui concerne les vivres de campagne.

Bégin.

(28 avril 1886)

**DÉP. M.** *au sujet des allocations auxquelles pourraient prétendre les officiers de troupes qui, en revenant de Formose en France ont séjourné en Cochinchine.*

B. C., p. 155.
J. C., p. 693.

(4 novembre 1886)

**A. G.** *allouant au commandant militaire du poste de Kampot chargé d'assurer directement les besoins de combustible une indemnité représentative du bois à brûler nécessaire tant à la cuisson des aliments qu'au chauffage des fours.*

Subs.

(16 janvier 1887)

**A. G.** *fixant les indemnités dues aux troupes destinées à aller opérer dans la province du Phu-Yen (Annam.)*

B. C., p. 33.

Article premier. — Les troupes destinées à aller opérer au Phu-Yen, suivant décision en date du 15 courant, auront droit :

OFFICIERS : INFANTERIE, ARTILLERIE, TIRAILLEURS ET SERVICES ACCESSOIRES

*Solde.*

1° A l'indemnité d'entrée en campagne aux colonies (tarif n° 30).

Arrêté du 26 mai 1879. Édition refondue en 1882.

2° A l'indemnité aux troupes en marche (nota du tarif 31).

*Vivres.*

Aux rations de la 3e catégorie ou, à défaut, à l'indemnité représentative prévue par la décision locale du 15 mai 1886.

TROUPES : INFANTERIE, ARTILLERIE ET SERVICES ACCESSOIRES

*Solde.*

A l'indemnité aux troupes en marche (nota du tarif n° 31).

*Vivres.*

Aux vivres de campagne, ration complète dite de la 1re catégorie. (Décision locale du 15 mai 1886.)

TROUPES DE TIRAILLEURS

A l'indemnité spéciale de marche prévue par l'article 20 de l'arrêté du 7 juin 1890.

L'indemnité d'entrée en campagne sera payée d'avance.

Filippini.

(24 janvier 1887)

**DÉP. M.** *abrogeant la dépêche du 19 septembre 1885 qui accordait des allocations supplémentaires aux troupes faisant partie de l'expédition du Cambodge.*

ARCH. GOUV.

Vous m'avez rendu compte, le 17 décembre dernier, que les événements qui avaient motivé d'allocations supplémentaires aux troupes en expédition au Cambodge n'existent plus et vous m'avez proposé, par suite, de supprimer ces allocations, qui leur avaient été accordées par une dépêche du 19 septembre 1885.

J'ai l'honneur de vous faire connaître que j'ai approuvé votre proposition. Vous voudrez bien donner des ordres en conséquence.

(1er mars 1887)

**A. G.** *accordant aux officiers et hommes de troupes faisant partie de la garnison des ports d'Honc-Cohé et de Varéla, l'allocation de l'indemnité des troupes en marche.*

J. C., p.

Les officiers et hommes de troupes faisant partie de la garnison des postes de Honc-Cohé et de Varéla, auront droit à l'allocation de l'indemnité des troupes en marche.

Les droits à cette indemnité sont ouverts à compter du 1er février 1887.

FILIPPINI.

(4 mars 1887)

**A. G.** *portant suppression à partir du 1er mars, des allocations supplémentaires accordées aux troupes détachées au Cambodge.*

B. C., p. 187.

Les allocations supplémentaires accordées par les décisions sus-visées aux troupes détachées au Cambodge sont supprimées à compter du 1er mars courant.

FILIPPINI.

(4 juin 1887)

**DÉP. M.** *La décision du 7 février 1887 faisant cesser l'allocation de l'indemnite d'entrée en campagne pour l'expédition du Tonkin, est rapportée.*

ARCH. GOUV.

Le bénéfice de campagne de guerre ayant été rétabli pour le personnel de la marine appelé à servir en Annam et au Tonkin (circulaire du 30 mars 1887, B. M., p. 410), et d'autre part, les officiers de l'armée de terre faisant partie du corps expéditionnaire ayant toujours continué à recevoir l'indemnité d'entrée en campagne, mon prédécesseur, par décision du 28 mai dernier, a rapporté sa circulaire du 7 février 1887 (B. M., p. 70) qui avait supprimé cette indemnité aux officiers et aux adjudants sous-officiers ou assimilés des corps de troupes de la marine.

Le rappel sur le pied de France de ladite indemnité sera effectué à tous les intéressés qui ont quitté la Métropole sans en avoir perçu le montant.

J'ai l'honneur de vous prier d'assurer, chacun en ce qui vous concerne, l'exécution de cette décision.

BARBEY.

(6 juillet 1887)

**A. G.** *une indemnité représentative de bois à brûler sera payée à tous les postes au Cambodge qui s'approvisionnent eux-mêmes de combustible.*

ARCH. S. AD.

(5 décembre 1887)

**CIRC. M.** *Notification d'une décision ministérielle fixant la solde et les indemnités à allouer aux officiers généraux des troupes de la marine détachés en Indo-Chine ainsi qu'au chef d'état-major de la division d'occupation.*

ARCH. GOUV.

J'ai l'honneur de vous informer que, par décision du 30 novembre dernier, rendu à ma demande et sur la proposition du ministre de la marine et des colonies, M. le président de la République a fixé comme suit le montant de la solde et des indemnités à allouer aux officiers généraux des troupes de la marine détachés en Indo-Chine, ainsi qu'au chef d'état-major de la division d'occupation savoir :

| | | |
|---|---|---|
| Général de brigade, commandant en chef | Solde | 26.586 fr. |
| | Frais de service | 25.200 |
| Général commandant une brigade | Solde | 26.586 |
| | Frais de service | 3.384 |
| Colonel, chef d'état-major de la division d'occupation | Solde | 12.788 |
| | Frais de service | 11.466 |

M. le président de la République a également décidé, à la même date, que ces officiers auraient droit à l'indemnité d'entrée en campagne.

Cette allocation leur est payée conformément aux articles 200, 201, 202, 203 et 204, de l'ordonnance du 22 juin 1847.

L'insertion de la présente circulaire au *Bulletin officiel de l'administration des colonies* tiendra lieu de notification.

EUG. ÉTIENNE.

(20 mars 1888)

**DÉP. M.** *Modification à apporter dans le mode adopté pour les paiements faits aux militaires des régiments étrangers détachés en Extrême-Orient.*

ARCH. GOUV.

Les bataillons des régiments étrangers détachés en Extrême-Orient ayant une administration distincte, M. le Directeur du service de l'Intendance de la Division d'occupation a demandé, dans le but d'éviter les complications d'écritures et l'établissement de nombreux états de rejet, que les états de solde destinés au paiement des allocations à percevoir, avant leur embarquement, par les militaires composant les détachements de renfort, ne comprissent que des hommes affectés à un même bataillon et que le n° du bataillon auquel doivent compter lesdits militaires fût indiqué sur lesdits états.

Afin de permettre aux Conseils d'administration des régiments étrangers de se conformer à ces dispositions, M. le Général, commandant le 19e corps d'armée, a prié de faire connaître, pour les renforts qui seraient ultérieurement envoyés aux bataillons détachés, les numéros de ceux sur lesquels les hommes seraient dirigés.

Mais les demandes de renfort ne portant que l'indication des corps auxquels ils sont destinés et la répartition des effectifs s'opérant sur place, il n'est pas possible de renseigner cet officier général d'une façon précise et, par suite, les allocations payées aux militaires désignés ne peuvent être réparties par bataillon.

L'examen de la question me permet de penser que les difficultés signalées pour la régularisation des états de solde par M. le Directeur de l'Intendance de la Division d'occupation, pourraient être évitées à l'avenir en décidant que tous les militaires des régiments étrangers dirigés sur le Tonkin seront considérés, depuis leur départ du corps auquel ils appartiennent jusqu'au jour où ils seront versés dans un bataillon de leur arme au Tonkin, comme placés en subsistance dans un même bataillon des régiments détachés en Indo-Chine et administrés comme tels.

La régularisation des sommes payées aux hommes avant leur départ serait, par suite, très facile quel que soit le bataillon auquel seront affectés ces militaires au moment de leur répartition.

J'ai l'honneur, en conséquence, de vous prier d'inviter M. le Général, commandant en chef des troupes stationnées en Indo-Chine, à faire connaître à M. le Général, commandant le 19e corps d'armée, le numéro du bataillon qui, à l'avenir et dans toutes les circonstances semblables, sera chargé d'administrer les militaires des régiments étrangers embarqués pour le Tonkin.

Je vous serai obligé de vouloir bien me rendre compte des mesures qui auront été prises à cet égard, afin de me permettre d'en aviser M. le Ministre de la Guerre.

ARDILASORT.

(14 avril 1888)

**A. L. G.** *allouant un supplément de 900 piastres à la garnison française de Poulo-Condore pour amélioration de l'ordinaire des hommes.*

B. C., p. 168.

Article premier. — Un supplément de la somme nette de neuf cents piastres (900 piastres) est alloué à la garnison française de Poulo-Condore pour amélioration de l'ordinaire des hommes.

Art. 2. — Cette somme sera prélevée sur les crédits inscrits au chapitre XIV de l'exercice courant, 1re section, article 1er, paragraphe 1er; sous la rubrique : *Dépenses imprévues*.

NAVELLE.

(7 mai 1888)

**DÉP. M.** *A partir du 17 juin, les troupes stationnées en Annam et au Tonkin ne recevront plus la ration sur le pied de guerre, mais seulement la ration coloniale.*

ARCH. GOUV. (bur. mil.)

(11 juin 1888)

**A. G. G.** *portant que les paiements à faire aux troupes européennes et indigènes seront effectués en piastres d'après le taux auquel elle aura été convertie en francs par l'arrêté mensuel du Gouverneur.*

B. C., p. 313.

Article premier. — Pour les paiements à faire aux troupes européennes et indigènes, tant en Cochinchine qu'au Tonkin et en Annam, la piastre sera comptée pour le taux auquel elle aura été convertie en francs par l'arrêté du Gouverneur pris le 25 de chaque mois.

Art 2. — Les états de solde et toutes autres pièces de liquidation dressés par les corps seront établis en francs, avec l'indication correspondante en piastres.

Les mandats seront ordonnancés en piastres.

Art. 3. — V. *Marchés.*

RICHAUD.

(28 août 1888

**DÉP. M.** *Fixation de la solde et des indemnités à allouer au colonel commandant la 4e brigade des troupes de l'Indo-Chine à Saïgon.*

ARCH. S. AD.

## II. — INFANTERIE DE MARINE

### a) Organisation, réglementation

| NATURE DES DOCUMENTS | DATES | RECUEILS A CONSULTER Bat. | B.C. | B.D.I. | J. C. | J. H. | B. M. | B.Col. | OBSERVATIONS |
|---|---|---|---|---|---|---|---|---|---|
| Rapport M. | 18 mai 1873. | II-82 | | | | | | | |
| Décret. | 18 mai 1873. | II-82 | 224 | | | | | | |
| Circ. M. | 7 juin 1873. | | | | | | 888 | | |
| Dép. M. | 28 avril 1875. | II-82 | | | | | | | |
| Dép. M. | 10 août 1877. | II-84 | | | | | | | |
| Dép. M. | 17 janvier 1878. | II-84 | | | | | | | |
| A. M. | 17 septembre 1881. | | | | | | 706 | | |
| Circ. M. (g.) | 3 janvier 1883. | | | | | | | | |
| Règ. M. | 30 janvier 1883. | | | | | | 145 | | |
| Dép. M. | 18 avril 1883. | | | | | | | | |
| Circ. M. | 18 novembre 1883. | | | | | | 662 | | |
| Circ. M. | 12 août 1884. | | | | | | | | |
| Circ. M. | 23 octobre 1884. | | | | | | | | |
| Dép. M. | 23 février 1886. | | | | | | | | |
| D. G. | 17 avril 1886. | | 138 | | | | | | |
| Circ. M. | 3 décembre 1887. | | | | | | | | |
| Décret. | 23 janvier 1888. | | | | | | 255 | | |

(18 mai 1873)

**RAPPORT. M.** *précédant le décret du 18 mai 1873 réorganisant le régiment de marche d'infanterie de marine en Conchinchine.*

BAT. II, p. 82.

Le décret du 26 novembre 1869, en créant en Cochinchine un régiment de marche d'infanterie de marine, avait laissé subsister, dans les quatres portions de corps de l'arme, des sections hors-rang. La présence à Saïgon de ces fractions diversement composées est devenue embarrassante lorsqu'on a voulu mettre la garnison dans des conditions normales de casernement et donner de l'unité à la direction des ateliers des corps.

L'expérience a démontré que, dans l'intérêt du commandement et de l'administration de la troupe, aussi bien que des deniers de l'État, ces quatre sections hors-rang devraient être réunies en une seule, rattachée à la portion du 4e régiment chargée déjà d'approvisionner les trois autres en effets d'habillement de grand et de petit équipement.

D'autre part, la récente réorganisation des fanfares de l'infanterie de la marine sur les principes du décret du 5 octobre 1872, permet, avec les ressources dont dispose déjà le corps en Cochinchine, de donner au régiment de marche pour sa musique le même personnel et la même instrumentation que dans les autres régiments de l'arme.

Ces diverses dispositions auraient pour conséquence de modifier la composition du régiment de marche en Cochinchine telle qu'elle est portée au tableau annexé au décret du 26 novembre 1869; elles réaliseraient en outre quelques économies sur les prévisions budgétaires. J'ai l'honneur de vous prier, Monsieur le Président, de vouloir bien les approuver en apposant votre signature sur le projet de décret ci-joint.

A. Pothuau.

(18 mai 1873)

**DÉCRET** *portant réorganisation du régiment de marche d'infanterie de marine en Cochinchine. — Tableau.*

BAT. II, p. 82.
B. C., p. 224.

Le régiment de marche de l'infanterie de marine en Cochinchine est composé ainsi qu'il est indiqué dans le tableau ci-après :

## ANNEXE

*Composition du régiment de marche d'infanterie de marine en Cochinchine* (1).

| | | DÉSIGNATION DES GRADES ET DES EMPLOIS | 1er RÉGIMENT | 2e RÉGIMENT | 3e RÉGIMENT | 4e RÉGIMENT | TOTAL |
|---|---|---|---|---|---|---|---|
| ÉTAT-MAJOR | | Colonel (2) | » | » | » | 1 | 1 |
| | | Lieutenant-colonel | » | 1 | » | » | 1 |
| | | Chefs de bataillon | 1 | 2 | 1 | 2 | 6 |
| | | Capitaines-majors | 1 | 1 | 1 | 1 | 4 |
| | | Capitaines adjudants-majors | 1 | 2 | 1 | 2 | 6 |
| | | Lieutenants officiers-payeurs, d'habillement et d'armement | 1 | 1 | 1 | (A) 2 | 5 |
| | | Médecins-majors | » | » | » | 1 | 1 |
| | | Médecins aides-majors | 1 | 2 | 1 | 1 | 5 |
| COMPAGNIES actives. | | Capitaines de compagnie | 5 | 10 | 5 | 10 | 30 |
| | | Lieutenants de compagnie | 5 | 10 | 5 | 10 | 30 |
| | | Sous-lieutenants de compagnie | 5 | 10 | 5 | 10 | 30 |
| | | Totaux des officiers | 20 | 30 | 20 | 40 | 110 |
| Petit état-major. | | Adjudants sous-officiers | 1 | 2 | 1 | 2 | 6 |
| | | Chef de fanfare (ayant rang de sous-chef de musique adjudant) | » | » | » | 1 | 1 |
| | | Sous-chef de fanfare (ayant rang de sergent-clairon) | » | » | » | 1 | 1 |
| | | Sergent-clairon | » | » | » | 1 | 1 |
| | | Caporaux-clairons | » | » | » | 2 | 2 |
| | | Soldats-musiciens | » | » | » | 19 | 19 |
| SECTION HORS-RANG | | Chefs armuriers | » | » | » | 2 | 2 |
| | | Sergent-major moniteur général des écoles | » | » | » | 1 | 1 |
| | | Sergent-major vaguemestre | » | » | » | 1 | 1 |
| | Sergents | Secrétaires des chefs de corps | 1 | 1 | 1 | 1 | 4 |
| | | Secrétaires des capitaines-majors | 1 | 1 | 1 | 1 | 4 |
| | | Secrétaires des lieutenants officiers-payeurs, d'habillement et d'armement | 1 | 1 | 1 | 2 | 5 |
| | | Garde-magasin d'habillement | » | » | » | 1 | 1 |
| | | Maître d'escrime | » | » | » | 1 | 1 |
| | | Chargé de l'infirmerie | » | » | » | 1 | 1 |
| | Fourriers | | » | » | » | 1 | 1 |
| | Caporaux | Secrétaires des capitaines-majors | 1 | 1 | 1 | 1 | 4 |
| | | Secrétaires des officiers-payeurs, d'habillement et d'armement | 1 | 1 | 1 | 1 | 4 |
| | | Garde-magasin d'armement | » | » | » | 1 | 1 |
| | | Maîtres d'escrime | » | » | » | 2 | 2 |
| | | Chargés de l'infirmerie | » | » | » | 2 | 2 |
| | | Premiers ouvriers armuriers | » | » | » | 2 | 2 |
| | | Premiers ouvriers tailleurs | » | » | » | 2 | 2 |
| | | Premiers ouvriers cordonniers | » | » | » | 2 | 2 |
| | Soldats | Ouvriers armuriers | » | » | » | 6 | 6 |
| | | Ouvriers tailleurs | » | » | » | 10 | 10 |
| | | Ouvriers cordonniers | » | » | » | 12 | 12 |
| | | Totaux du petit état-major de la section hors-rang | (B) 6 | (B) 7 | (B) 6 | 79 | 98 |
| COMPAGNIES actives. | | Sergents-majors | 5 | 10 | 5 | 10 | 30 |
| | | Sergents | 30 | 60 | 30 | 60 | 180 |
| | | Fourriers | 5 | 10 | 5 | 10 | 30 |
| | | Caporaux | 30 | 100 | 50 | 100 | 300 |
| | | Soldats | 390 | 780 | 390 | 780 | 2.340 |
| | | Clairons | 10 | 20 | 10 | 20 | 60 |
| | | Élèves-clairons ou élèves-musiciens | 10 | 20 | 10 | 20 | 60 |
| | | Totaux des compagnies actives | 500 | 1.000 | 500 | 1.000 | 3.000 |
| | | Totaux généraux de la troupe | 506 | 1.007 | 506 | 1.079 | 3.098 |

(A) 1 lieutenant officier-payeur, 1 lieutenant d'habillement et d'armement commandant de la section hors-rang.
(B) Les adjudants, les sergents et caporaux secrétaires des 1er, 2e et 3e régiments, seront placés à la suite des compagnies actives.

(7 juin 1873)

**CIRC. M.** *Application du décret du 18 mai 1873 portant réorganisation du régiment de marche d'infanterie de marine en Cochinchine.*

B. M., p. 888.

(28 avril 1875)

**DÉP. M.** *La portion du 4e régiment d'infanterie de marine stationnée en Cochinchine est augmentée en vue des détachements à entretenir au Tonkin.*

BAT. II, p. 82.

Pour donner satisfaction à la demande que vous m'avez faite au sujet des forces à entretenir au

(1) V. *Infrà*, Dép. M., 28 avril 75, qui augmente l'effectif de 3 compagnies, et celle du 10 août 77 qui le réduit de 4 compagnies.—Voir Dép. M., 17 janvier 1878, qui réduit le personnel d'officiers du régiment.
(2) Le colonel commandant le régiment de marche d'infanterie de marine en Cochinchne aura désor-

Tonkin, en exécution des articles 11 et 13 du traité de paix conclu, le 15 mars 1874, entre la France et le royaume d'Annam, j'ai décidé que la portion de corps du 4e régiment d'infanterie de marine en Cochinchine serait augmentée d'un chef de bataillon, d'un lieutenant officier-payeur d'habillement et d'armement, d'un médecin aide-major et de trois compagnies à l'effectif de 100 hommes, non compris les officiers.

Il ne vous échappera pas que la mesure, qui fait compter les compagnies destinées au Tonkin au régiment de marche en Cochinchine, a l'avantage de faire participer les nouveaux détachements aux ressources que le 4e régiment entretient déjà en permanence à Saïgon. Elle évitera aussi les inconvénients qu'aurait entraînés, au point de vue de l'administration et des approvisionnements de toute nature, la constitution d'une portion de corps isolée relevant directement, à cette distance, d'un des régiments stationnés dans la métropole.

D'un autre côté, en laissant à votre autorité la désignation des compagnies et de l'état-major du détachement du Tonkin, les dispositions dont il s'agit vous permettront de mieux choisir les chefs et d'entretenir plus facilement les effectifs d'une troupe dont la mission sera délicate, dans les débuts surtout, puisqu'elle consistera, tout en imposant le respect, à nous attirer l'estime et les sympathies d'une population trop habituée à ne voir dans les Européens que des ennemis.

MONTAIGNAC.

(10 août 1877)

**DÉP. M.** *Diminution du nombre des compagnies d'infanterie de marine.*

BAT. II, p. 84.

Dans votre lettre du 29 mai dernier, vous m'avez proposé diverses mesures ayant pour but de réduire les dépenses de notre établissement militaire en Cochinchine. J'ai adopté tout d'abord celle de vos propositions qui concerne la diminution du nombre des compagnies d'infanterie de marine. — En conséquence, j'ai décidé que la garnison en troupes de cette arme serait ramenée de 33 à 29 compagnies et que cette réduction de 4 compagnies porterait sur le 2e régiment, qui ne fournira plus que 8 compagnies au lieu de 10, et sur le 4e régiment, qui n'en fournira plus que 11 au lieu de 13.

..........................................................................................

..........................................................................................

(17 janvier 1878)

**DÉP. M.** *Nouvelle répartition du personnel composant le régiment de marche en Cochinchine.*

BAT. II, p. 84.

J'ai l'honneur de vous faire connaître qu'en vertu des prescriptions de l'article 7 du décret du 26 novembre 1869, j'ai provisoirement arrêté une nouvelle répartition du personnel composant le régiment de marche en Cochinchine, conforme aux indications du tableau ci-annexé.

Ainsi que le constate ce document, il n'est plus attribué de capitaine-major qu'à la portion secondaire du 4e régiment. — J'ai décidé, par suite, que l'officier pourvu de cet emploi exercera à l'avenir ces mêmes fonctions à l'égard des portions secondaires des autres régiments de l'arme, dans les mêmes conditions qu'au détachement du 4e et suivant les prescriptions de l'ordonnance du 22 juin 1847. — Cette mesure, réclamée depuis longtemps, simplifiera les rouages administratifs, rendra plus faciles les rapports des conseils d'administration des 1er, 2e et 3e régiments avec celui du 4e, particulièrement au point de vue du service de l'habillement et des envois qu'il nécessite; enfin, elle présentera aussi des avantages à l'égard du casernement, en permettant de diminuer le nombre des bureaux à affecter aux officiers comptables.

Je vous prie de donner les ordres nécessaires pour que M. le capitaine G..., actuellement titulaire de l'emploi dont il s'agit au détachement du 4e, soit investi immédiatement de ses nouvelles fonctions. Vous voudrez bien, d'ailleurs, prescrire toutes les mesures de détail que comporte l'exécution des présentes instructions. Des recommandations devront être notamment adressées à qui de droit pour que les séances des conseils d'administration des quatre portions secondaires aient lieu à des heures différentes ou des jours distincts.

D'autre part, l'examen des propositions qui ont été faites par M. le contre-amiral Duperré, votre prédécesseur, m'a permis de réduire le nombre des chefs de bataillon de 7 à 5, dont 4 pour la Cochinchine et 1 pour le Tonkin. Le nombre des adjudants-majors, des adjudants et des aides-

mais les attributions de son grade et emploi dévolues par l'ordonnance du 2 novembre 1833, en tout ce qui n'est pas contraire à l'ordonnance du 22 juin 1847 (Dép. m., 28 mars 1873, B. m., p. 326). — Voir également Circ. m., 4 mars 1874, B. m., p. 292.

médecins en Cochinchine, est diminué dans les mêmes proportions et ramené au chiffre des chefs de bataillon.

..................................................................................................................................................

..................................................................................................................................................

A. POTHUAU.

(17 septembre 1881)

**A. M.** *relatif au mode de relèvement de troupes d'infanterie de marine stationnées aux colonies* (1).

B. M., p. 706.

(3 janvier 1883)

**CIRC. M.** *(guerre) instruction relative aux attributions des adjudants de bataillon et de compagnie.*

ARCH. GOUV.

FONCTIONS

Article premier. — Les fonctions d'adjudant sont de deux sortes:

1° Adjudant de bataillon.

2° Adjudant de compagnie.

ADJUDANT DE BATAILLON

ATTRIBUTIONS ET DEVOIRS GÉNÉRAUX

Art. 2. — Les fonctions d'adjudant de bataillon sont remplies, en temps de paix, par des adjudants de compagnie choisis par le colonel, conformément aux instructions en vigueur.

Les adjudants de bataillon, bien qu'ils continuent à faire administrativement partie du cadre d'une compagnie, n'y font plus aucun service et restent exclusivement à la disposition de leur adjudant-major.

Leurs devoirs généraux et leurs attributions sont définis par l'ordonnance du 2 novembre 1833 sur le service intérieur, et par le règlement du 12 juin 1875 sur les manœuvres de l'infanterie.

CAS D'ABSENCE

Art. 3. — En cas d'absence ou d'empêchement, l'adjudant de bataillon est remplacé par un adjudant de compagnie désigné par le colonel.

ADJUDANT DE COMPAGNIE

ATTRIBUTIONS ET DEVOIRS GÉNÉRAUX

L'adjudant de compagnie exerce une surveillance directe et constante sur tous les sous-officiers, caporaux et soldats de la compagnie ; il s'applique à connaître la conduite, le caractère et l'aptitude de chacun d'eux; il éclaire l'opinion des officiers de la compagnie sur leur compte et n'agit envers eux qu'avec les ménagements ou la sévérité que comporte leur âge ou leur caractère. Il les commande en tout ce qui est relatif au service, à la tenue, à la discipline et à l'instruction.

L'adjudant n'a pas à s'occuper de ce qui a trait aux écritures et à la comptabilité de la compagnie, dont le sergent-major est responsable envers le capitaine. Toutefois, il s'assure que les hommes reçoivent bien exactement toutes les prestations auxquelles ils ont droit, et il rend compte aux officiers et au commandant de la compagnie de toutes les négligences et de tous les abus qu'il constate à cet égard.

L'adjudant de compagnie est employé par le capitaine sous la direction des officiers de peloton, à tous les détails du service.

Il est spécialement chargé de l'instruction des retardataires et des tireurs de 3e classe.

Il est l'auxiliaire immédiat et constant de l'officier de semaine (2) pour tous les détails du service de semaine. Il assure l'accomplissement des devoirs du sergent et du caporal de semaine ; il est chargé de commander le service dans la compagnie; il autorise les changements de tour de service entre soldats, et soumet à l'approbation du capitaine ceux demandés par les sous-officiers et caporaux.

Il supplée l'officier de semaine absent ou indisponible lorsque celui-ci est seul dans la compagnie, à moins que cette absence ou cette indisponibilité ne dure plus de huit jours ; dans ce cas, le colonel détache un sous-lieutenant du régiment pour faire le service dans la compagnie.

LIVRET A TENIR

Art. 5. — L'adjudant tient, pour toute la compagnie, un livret semblable à celui qui est prescrit pour les sergents par l'article 137 du règlement du 2 novembre 1833.

(1) V. *Tour de départ pour les colonies et séjour colonial.*

(2) Le service de semaine est réparti conformément à l'article 98 de l'ordonnance du 2 novembre 1833.

RAPPORT JOURNALIER

Art. 6. — Le sergent-major fait communiquer à l'adjudant de la compagnie, par le sergent ou le caporal de semaine, le rapport journalier et les ordres qui concernent ce sous-officier. Il le fait informer en même temps des mutations survenues dans les vingt-quatre heures, des demandes aites par la voie du rapport et de la suite donnée à ces demandes, des punitions infligées dans la compagnie et du résultat de la visite médicale.

RASSEMBLEMENT

Art. 7. — L'adjudant de compagnie se trouve à tous les rassemblements d'une section et au-dessus; il en passe l'inspection. Si cette troupe doit être commandée par l'un des officiers, il la lui présente.

APPELS, CONTRE-APPELS

Art. 8. — L'adjudant de compagnie se fait rendre compte de l'appel du matin par le sergent de semaine. Il reçoit de lui les renseignements sur tout ce qui a pu se passer dans la nuit, spécialement sur l'heure de la rentrée des hommes qui manquaient à l'appel du soir. Il envoie ensuite le sergent de semaine rendre l'appel à l'adjudant de bataillon de semaine.

A l'appel de 11 heures, et en général toutes les fois que la compagnie prend les armes, l'adjudant de compagnie préside à la formation de la compagnie sous la surveillance de l'officier de semaine, auquel il rend compte de tout ce qui s'est passé depuis l'appel précédent. Au signal de l'appel, l'adjudant fait, à son commandement, aligner la compagnie et ouvrir les rangs s'il y a lieu. Il fait faire l'appel par le sergent-majer et le remet à l'officier de semaine.

A l'appel de 11 heures, il fait donner lecture des ordres par le fourrier ; il commande le service pour le lendemain et ne fait rompre les rangs que lorsque l'officier de semaine le prescrit.

L'adjudant de compagnie fait faire, dans les chambres, en sa présence, l'appel du soir (1) par les caporaux de chambrée, accompagné du sergent de semaine ; il le rend par écrit à l'adjudant-major de semaine dans la salle du rapport.

En tout temps, il peut s'assurer de la présence des hommes pendant la nuit ; il rend compte, le lendemain matin, des absents à son capitaine et à l'adjudant de bataillon de semaine.

Le samedi, à l'heure fixée pour l'inspection des officiers de peloton, il fait faire l'appel dans les chambres par les caporaux d'escouade, le rend d'abord à l'officier de semaine et ensuite à l'adjudant-major dans la salle du rapport.

Il alterne, par semaine, avec le sergent-major pour l'appel du soir.

DÉTACHEMENTS

Art. 9. — Il rassemble les fractions constituées commandées pour des détachements, et présente à l'inspection de l'adjudant-major de semaine celles qui ne sont pas commandées par un officier.

GARDE MONTANTE ET PARADE

Art. 10. — Quand la compagnie fournit un service, l'adjudant de compagnie rassemble les hommes de service, les inspecte et les présente à l'officier de semaine (2).

Pour l'inspection du chef de bataillon ou de l'adjudant-major, il se place, au port du sabre, à la droite du sergent de semaine et sur le même alignement ; il fait porter les armes à son commandement.

A la formation du peloton des sous-officiers d'ordre, il prend la place indiquée pour le sergent-major par l'article 116 du règlement du 2 novembre 1833.

DÉTAILS DE PROPRETÉ

Art. 11. — L'adjudant de compagnie s'assure que les chambres, les corridors et les escaliers de la compagnie sont nettoyés chaque jour et maintenus dans le plus grand état de propreté.

Le samedi, il fait battre les couvertures et les couvre-pieds à l'heure fixée, nettoyer les chambres à fond et exécuter les prescriptions journalières relatives au nettoyage des locaux communs.

PERMISSIONS

Art. 12. — L'adjudant de compagnie a, relativement aux permissions, les droits et les devoirs que les articles 258, 259 et 260 de l'ordonnance du 2 novembre 1833 conféraient au sergent-major.

(1) Les chefs de semaine ne sont pas tenus d'assister à l'appel du soir.

(2) L'officier de semaine n'assiste pas à la parade lorsque le service fourni par sa compagnie est inférieur à deux escouades. Dans ce cas, l'adjudant présente les hommes de service à l'inspection du chef de bataillon ou de l'adjudant-major.

Si, dans le courant de la journée, un caporal ou un soldat a besoin de l'exemption de l'appel du soir, il s'adresse, à défaut de l'officier de semaine, à l'adjudant qui est autorisé à l'accorder, lorsqu'il en reconnaît l'urgence.

La permission de l'appel du soir est accordée à l'adjudant de compagnie par le capitaine adjudant-major.

SOUS-OFFICIERS DÉTENUS.

Art. 13. — L'adjudant de compagnie est chargé de conduire aux salles de discipline les sous-officiers punis, de les en faire sortir pour le service et l'instruction et de les y faire rentrer.

DROIT DE PUNIR.

Art. 14. — L'adjudant de compagnie peut infliger aux sous-officiers, caporaux et soldats, les punitions attribuées aux adjudants par l'ordonnance du 2 novembre 1883.

CAS D'ABSENCE.

En cas d'absence ou d'empêchement de l'adjudant de compagnie, le sergent-major le remplace dans toutes ses fonctions.

## DISPOSITIONS COMMUNES AUX ADJUDANTS DE BATAILLON ET DE COMPAGNIE

TABLE. — RENTRÉE AU QUARTIER. — PUNITION.

Les adjudants de bataillon et de compagnie vivent ensemble, autant que possible, par bataillon. A moins d'autorisation spéciale accordée par le chef de corps (circulaire du 7 novembre 1881) ils logent à la caserne et doivent être rentrés au quartier avant minuit. Ils sont, à ces points de vue, soumis à la surveillance des adjudants-majors.

Les adjudants subissent les punitions de la salle de police dans leur chambre.

BILLOT.

(30 janvier 1883)

**RÉG. M.** *relatif à l'organisation de compagnies d'instruction dans l'infanterie de marine et s'appliquant également aux portions secondaires de ce corps dans les colonies et aux corps indigènes.*

B. M., p. 145.

(18 avril 1883)

**DÉP. M.** *application à l'infanterie de marine de l'instruction relative aux attributions des adjudants de bataillon et de compagnie. — Annexe.*

ARCH. GOUV.

Vous trouverez reproduite à la suite de la présente circulaire une instruction de M. le Ministre de la guerre du 3 janvier 1883, relative aux attributions des adjudants de bataillon et de compagnie.

J'ai l'honneur de vous faire connaître que j'ai rendu cette instruction applicable aux troupes de l'infanterie de marine.

L'insertion au *Bulletin officiel de la marine* tiendra lieu de notification.

CH. BRUN.

ANNEXE

(3 janvier 1883.)

Mon cher général, l'instruction provisoire du 4 novembre 1875, relative aux attributions de l'adjudant de compagnie, a donné lieu, dans les corps, à des divergences d'interprétation qu'il importe de faire disparaître.

J'ai décidé, en conséquence, que, sans attendre la publication du nouveau règlement sur le service intérieur, et sans préjuger les modifications qui pourront être définitivement apportées à l'ordonnance du 2 novembre 1833, l'instruction ci-jointe serait mise immédiatement en pratique.

Il a été tenu compte, dans cette instruction, des observations présentées par MM. les Généraux inspecteurs et les chefs de corps. L'instruction provisoire de 1878 attribuait à l'adjudant de compagnie des fonctions qui, par certains côtés, empiétaient sur les attributions qui doivent incomber naturellement aux officiers de la compagnie. La nouvelle instruction replace l'adjudant dans son véritable rôle, en faisant de ce premier sous-officier de la compagnie l'auxiliaire constant des officiers de peloton et de l'officier de semaine.

J'ai l'honneur de vous prier de vouloir bien veiller à l'observation des prescriptions contenues dans cette instruction.

BILLOT.

(18 novembre 1883)

**CIRC. M.** *notifiant une décision présidentielle du 12 nov. 1883 réglant le mode de nomination aux emplois de major dans l'infanterie de marine.*

B. M., p. 662.

(12 août 1884)

**CIRC. M.** *Notification d'une décision présidentielle en date du 10 août 1884 aux termes de laquelle les sous-chefs de fanfare d'infanterie de marine ont été assimilés aux sergents-majors dont ils reçoivent déjà la solde.*

ARCH. GOUV.

J'ai l'honneur de vous informer que, par décision présidentielle du 10 août 1884, rendue sur mon rapport, les sous-chefs de fanfare d'infanterie de marine ont été assimilés aux sergents-majors, dont ils reçoivent déjà la solde.

Il devra être pris note de cette décision en marge du décret du 25 avril 1873, inséré au *Bulletin officiel de la marine*, page 499.

A. Peyron.

(23 octobre 1884)

**CIRC. M.** *décidant la mise en application par l'infanterie de marine du nouveau règlement sur l'exercice et les manœuvres de l'infanterie, approuvé par décision du ministre de la guerre du 29 juillet 1884.*

ARCH. GOUV.

J'ai décidé que le nouveau règlement sur l'exercice et les manœuvres de l'infanterie, approuvé par décision du 29 juillet 1884 de M. le Ministre de la guerre, sera mis immédiatement en vigueur dans les régiments d'infanterie de l'armée de mer.

Je vous prie d'assurer, chacun en ce qui vous concerne, l'exécution de cette disposition.

Vous trouverez, sous ce pli, à titre de renseignement, un exemplaire de la circulaire de M. le Ministre de la guerre faisant envoi du règlement du 29 juillet précité.

A. Peyron.

(23 février 1886)

**DÉP. M.** *Réorganisation de l'infanterie de marine du corps du Tonkin. Augmentation du régiment de marche en Cochinchine.*

ARCH. GOUV.

(17 avril 1886)

**D. G.** *portant que la portion secondaire du 1er régiment d'infanterie de marine stationnée en Cochinchine, sera dissoute à partir du 1er mai prochain.*

B. C., p. 138.

La portion secondaire du 1er régiment d'infanterie de marine, stationnée en Cochinchine, sera dissoute à partir du 1er mai prochain.

Le Conseil d'administration se réunira le 30 avril courant, à l'effet de constater cette dissolution et l'encaisse existant. Ses pouvoirs seront toutefois prorogés le temps nécessaire pour l'apurement des comptes.

Bégin.

(3 décembre 1887)

**CIRC. M.** *Modifications apportées dans la constitution des garnisons coloniales d'infanterie.*

ARCH. GOUV.

J'ai l'honneur de vous informer que, sous la date du 17 novembre 1887, j'ai, en ce qui concerne les garnisons coloniales d'infanterie, arrêté les mesures suivantes, qui devront être mises en vigueur à partir du 1er janvier 1888, ou, pour les garnisons éloignées, dès la réception des présentes instructions, savoir :

Le régiment de marche d'infanterie de marine en Cochinchine est placé sous le commandement d'un lieutenant-colonel.

Le commandement des portions secondaires d'infanterie de marine à la Martinique, à la Guadeloupe et à la Réunion, est exercé par un chef de bataillon.

L'emploi de lieutenant-colonel commandant supérieur des troupes à la Guyane est supprimé.

Les emplois d'adjudants-majors sont supprimés dans toutes les portions de corps stationnées aux colonies, ainsi qu'au régiment de tirailleurs sénégalais. Par suite, les capitaines adjudants-majors des portions centrales des régiments d'infanterie de marine en France ne seront plus désignés pour le service colonial d'après un tour spécial de départ. Ces officiers concourront avec les capitaines de compagnie pour le service outre-mer.

Les emplois de capitaine-major à la Guyane, à la Martinique, à la Guadeloupe, au Sénégal et à la Réunion sont également supprimés.

Les officiers qui restent chargés de l'administration et de la comptabilité des régiments de marche ou portions secondaires aux colonies et dont les emplois sont maintenus prendront, suivant le cas, le titre d'officier comptable, de lieutenant-trésorier, de lieutenant d'habillement ou d'adjoint au lieutenant-comptable.

Le petit état-major et les sections hors rang du 2e régiment (Cochinchine et Guadeloupe), ainsi que la section hors rang du 3e régiment (Cochinchine), sont supprimés. Par contre, l'effectif de la section hors rang du 4e régiment en Cochinchine, est porté de 88 à 92 et comporte en plus un sergent et un caporal secrétaires du lieutenant trésorier, ainsi qu'un sergent et un caporal secrétaires du lieutenant d'habillement. En outre, un sergent-major clairon est affecté au 1er régiment au Sénégal.

Chacune des compagnies stationnées aux colonies, sauf celles du régiment de marche en Annam, est constituée à l'effectif de 3 officiers et de 150 hommes de troupe; leur nombre, par colonie, est fixé comme suit :

| | | | |
|---|---|---|---|
| Cochinchine. . . . . | 18 | compagnies | (sans changement dans les numéros des compagnies). |
| Nouvelle-Calédonie. | 8 | id. | id. id. |
| Diégo-Suarez . . . . | 4 | id. | id. id. |
| Sénégal . . . . . . | 4 | id. | (38e, 39e, 40e et 41e) (1er régiment). |
| Guyane . . . . . . . | 3 | id. | (33e, 34e et 35e) (4e régiment). |
| Martinique . . . . . | 2 | id. | (32e, 33e) (1er régiment). |
| Guadeloupe. . . . . | 1 | id. | (34e) (2e régiment). |
| Réunion. . . . . . . | 1 | id. | (21e) (4e régiment). |
| Réunion. . . . . . . | 2 | id. | de réserve pour Diégo-Suarez (21e, 24e) (2e régiment). |
| Taïti. . . . . . . . . | 1 | id. | (37e) (2e régiment). |

En conséquence, la 42e compagnie au Sénégal, les 34e et 35e compagnies, à la Martinique (1er régiment); les 35e et 36e compagnies, à la Guadeloupe; la 38e compagnie, à Taïti (2e régiment); les 36e et 37e compagnies, à la Guyane; les 22e, 23e et 24e compagnies, à la Réunion (4e régiment), seront considérées comme rentrant en France et seront rattachées respectivement à leurs portions centrales ou elles seront reconstituées.

La nouvelle composition des cadres et des effectifs de l'infanterie de marine aux colonies est indiquée dans les tableaux annexés à la présente circulaire.

L'officier le plus élevé en grade dans chaque colonie, ou, à défaut, le plus ancien, devra prescrire toutes les mutations qu'il conviendrait d'effectuer parmi les hommes de troupe pour porter l'effectif des compagnies à leur nouveau complet réglementaire.

Ceux des gradés et hommes de troupe qui, après la répartition, se trouveraient en excédent à l'effectif de la garnison, seront renvoyés en France par la plus prochaine occasion et dirigés sur les portions centrales des régiments auxquels ils appartiennent.

Les renvois devront porter sur les hommes ayant le plus de séjour dans la colonie ou sur ceux dont l'état de santé laisserait à désirer.

Je vous ferai connaître ultérieurement les mutations qui, parmi les officiers, seraient la conséquence des dispositions qui précèdent.

Je vous prie d'assurer, chacun en ce qui vous concerne, l'exécution des prescriptions contenues dans la présente circulaire.

(23 janvier 1888)

**DÉCRET** *relatif au groupement des bataillons d'infanterie de marine en Indo-Chine en trois régiments de marche ayant chacun un conseil d'administration central.*

B. M., p. 255.

**b) Indemnités spéciales. — Ordinaires. — Transports intérieurs du régiment de marche.**

| NATURE DES DOCUMENTS | DATES | RECUEILS A CONSULTER Bat. | B.C. | B.D.I. | J.C. | J.H. | B.M. | B.Col. | OBSERVATIONS |
|---|---|---|---|---|---|---|---|---|---|
| D. G. | 30 juin 1869. | II-85 | 224 | | | | | | |
| Dép. M. | 1er juin 1870. | II-787 | | | | | | | |
| D. G. | 20 juillet 1870. | I-124 | 200 | | | | | | |
| D. G. | 22 mai 1871. | II-443 | 169 | | | | | | |
| A. G. | 21 août 1875. | II-548 | 305 | | | | | | |
| D. G. | 28 janvier 1876. | II-86 | | | | | | | |
| D. G. | 12 août 1876. | II-549 | 209 | | | | | | |
| D. G. | 9 mars 1877. | II-86 | 82 | | | | | | |
| D. G. | 20 mars 1877. | II-87 | 84 | | | | | | |
| D. G. | 24 mars 1877. | II-88 | 85 | | | | | | |
| Dép. M. | 8 octobre 1877. | II 86 | | | | | | | |
| Dép. M. | 22 novembre 1877. | II-87 | | | | | | | |
| D. G. | 30 décembre 1878. | II-88 | 445 | | | | | | |
| Cir. Ch. S. Ad. | 26 décembre 1879. | | | | | | | | |
| Dép. M. | 3 juillet 1880. | | | | | | | | |
| Dép. M. | 1er mars 1884. | | | | | | | | |

(30 juin 1869)

**D. G.** *Les transports intérieurs des corps d'infanterie de marine à Saïgon seront faits par les soins du 4e régiment, déjà chargé des magasins et des approvisionnements de l'armée en Cochinchine.*

BAT. II, p. 85.
B. C., p. 224.

A dater du 1er juillet prochain, les transports intérieurs des corps d'infanterie de marine à Saïgon seront faits par les soins du 4e régiment, déjà chargé des magasins et des approvisionnements de l'arme en Cochinchine.

A la même date, les voitures, harnais, animaux et ustensiles à la disposition des quatre régiments seront pris en compte par le 4e régiment, auquel ils seront remis sous inventaire.

. . . . . . . . . . . . . . . . . . . . . . . . . . . . . . . . . . . . . . . . . . . . . . . . . . . .

G. Ohier

(1er juin 1870)

**DÉP. M.** *Imputation des dépenses faites pour transports d'effets d'habillement et objets appartenant aux corps de troupes de la marine, opérés aux colonies.*

BAT. II, p. 787.

L'imputation des dépenses faites pour transports d'effets d'habillement et objets appartenant aux corps de troupes de la marine opérés aux colonies, ayant donné lieu à des divergences d'opinion, j'ai l'honneur de vous informer que les dépenses de cette nature doivent être imputées sur les fonds du service colonial, chapitre XXI, article 2, § *accessoires de la solde.* Je vous prie de donner des ordres en conséquence.

Zoepffel

(20 juillet 1870)

**D. G.** *Suppression des ordinaires pour l'infanterie de marine. — Maintien et fonctionnement de la commission des ordinaires pour diverses fournitures (huile et graisse pour les armes, encaustique, cirage et savon).*

BAT. I, p. 124.
B. C., p. 200.

1° Les compagnies stationnées à Saïgon et à Cholon se pourvoiront des denrées d'ordinaire par l'achat direct sur le marché, en se conformant à l'article 173 du règlement du 2 novembre 1833.

2° La commission des ordinaires pour le régiment de marche de l'infanterie de marine, en Cochinchine, n'est maintenue et ne continuera de fonctionner qu'en ce qui concerne les fournitures ci-après à faire aux compagnies : huile et graisse pour les armes, encaustique, cirage et savon.

de Cornulier-Lucinière.

(22 mai 1871)

**D. G.** *allouant une somme de 300 francs par mois à la garnison de Poulo-Condore pour améliorer l'ordinaire des hommes (1).*

BAT. II, p. 443.
B. C., p. 169.

Une somme nette de trois cents francs par mois est allouée à la garnison française de Poulo-Condore, pour améliorer l'ordinaire des hommes.

Cette dépense sera imputable au budget local.

Dupré.

(1) V. *infrà*, A. G., 15 mars 1880.

(21 août 1875)

**A. G.** *portant suppression de l'emploi de comptable dans les postes obliques et réglementant le service des vivres et des casernements dans ces localités. (Art. 8, § 2.)*

BAT. II, p. 548.
B. C., p. 305.

Article premier . . . . . . . . . . . . . . . . . . . . . . . . . . . . . . . .

Art. 8 . . . . . . . . . . . . . . . . . . . . . . . . . . . . . . . . . . . . .

En cas d'évacuation d'un poste, les vivres et le matériel qui s'y trouveront, seront réintégrés, par les soins du corps, dans les magasins de la marine.

Art. 9 . . . . . . . . . . . . . . . . . . . . . . . . . . . . . . . . . . . . .

DUPERRÉ.

(28 janvier 1876)

**D. G.** *réglant le service des transports intérieurs du régiment de marche tant à Saïgon qu'à Tong-Kéou.*

BAT. II, p. 86.

A dater du 1er février prochain, le service des transports intérieurs du régiment de marche, tant à Saïgon qu'à Tong-Kéou, sera assuré par les moyens ci-après :

7 voitures à bœuf, dont 5 pour le service de Saïgon et 2 pour le poste de Tong-Kéou, chacune de ces voitures traînée par 2 bœufs et ayant un soldat conducteur, lequel recevra un supplément journalier de 25 centimes.

Un caporal recevant un supplément journalier de 40 centimes sera chargé de la surveillance générale.

L'entretien de ce matériel, les frais de nourriture des 14 bœufs, ainsi que leur remplacement et les suppléments alloués aux soldats conducteurs et au caporal surveillant, continueront à être imputés au budget colonial, chapitre XV, article 2, paragraphe : *Dépenses accessoires, service de marches et transports.*

A compter de ce jour, tout le matériel et les animaux (bœufs et chevaux) existant en excédent du nombre fixé ci-dessus, seront versés, par le 4e régiment d'infanterie de marine, au service des domaines pour être vendus au profit du Trésor.

DUPERRÉ.

(12 août 1876)

**D. G.** *allouant un supplément de 0,20 centimes par jour à chaque militaire détaché au service de la cambuse dans les postes où la comptabilité des vivres est confiée aux commandants militaires.*

BAT. II, p. 549.
B. C., p. 209.

Un supplément de vingt centimes par jour est accordé à chaque militaire détaché au service de la cambuse dans les postes où la comptabilité des vivres est confiée aux commandants militaires.

Ce supplément sera payé mensuellement sur le vu du certificat délivré par le commandant du poste et sera imputé au chapitre XV, article 2, paragraphe *Vivres.*

DUPERRÉ.

(9 mars 1877)

**D. G.** *allouant, à titre de frais de transport, un supplément de 60 francs par mois à l'officier d'habillement et d'armement du régiment de marche dont les magasins et ateliers sont situés à l'Avalanche.*

BAT. II, p. 86.
B. C., p. 82.

A compter du 1er mars 1877, notre décision du 5 août 1873 (1) accordant, à titre de

(1) V. *Service administratif de la marine.*

frais de transport, un supplément mensuel de 60 francs aux officiers du commissariat, chefs des détails établis à l'Avalanche, est rendue applicable à l'officier de l'habillement et d'armement du régiment de marche, dont les magasins et ateliers sont situés dans la même localité.

Ce supplément sera imputé sur le budget colonial, chapitre XV, article 2 : *Accessoires de la solde*. Il sera abondé de 3 p. 100 à l'infini en faveur de la caisse des invalides de la marine, par application du principe posé dans l'article 29 de l'arrêté local du 29 janvier 1876 (1), sur les indemnités de route et de séjour.

DUPERRÉ.

(20 mars 1877)

**D. G.** *allouant, à titre de frais de transport, un supplément mensuel de 50 francs à l'officier adjoint, chargé du service de l'armement du régiment de marche.*

BAT. II, p. 87.
B. C., p. 84.

A compter du 1er mars 1877, il sera accordé, à titre de frais de transport, un supplément mensuel de 50 francs à l'officier adjoint, chargé du service de l'armement du régiment de marche, par application des dispositions de nos décisions des 5 août 1873 et 9 mars 1877.

(24 mars 1877)

**D. G.** *accordant une allocation mensuelle de 12 francs à chacun des deux militaires chargés de l'allumage et de l'entretien des fanaux des bâtiments occupés par le régiment de marche.*

BAT. II, p. 88.
B. C., p. 85.

Une allocation mensuelle de 12 francs est accordée à chacun des deux militaires chargés de la préparation de l'allumage et de l'entretien des fanaux des bâtiments militaires occupés par le régiment de marche.

Cette dépense, qui sera imputée au chapitre XVI, article 2, paragraphe : *Casernement et campement*, sera payée aux intéressés chaque mois, sur état fourni par le corps au détail des approvisionnements.

DUPERRÉ.

(8 octobre 1877)

**DÉP. M.** *au sujet des frais de bureau alloués à l'officier d'infanterie de marine chargé de l'habillement.*

BAT. II, p. 86.

Vous m'avez transmis, le 21 août dernier, une demande formulée par M. A..., officier d'habillement des portions de corps d'infanterie stationnées en Cochinchine, dans le but de conserver les allocations pour frais de bureau dont il jouissait antérieurement à l'arrêté du 19 août 1876 (B. M., p. 462).

J'ai l'honneur de vous informer que la réclamation de cet officier m'a paru fondée, et qu'il y a lieu de continuer à payer aux titulaires de l'emploi dont il s'agit l'indemnité annuelle de 1,200 francs concédée par décision du 23 septembre 1864.

Il doit en être de même du supplément de 3 francs par jour qui a été accordé, le 32 août 1862, au chef armurier en service dans la colonie.

En effet, le tarif n° 23, annexé à l'arrêté sus-mentionné du 19 août 1876, s'appliquant indistinctement à tous les officiers chargés de l'habillement près d'une portion secondaire aux colonies, il n'était pas possible de prévoir à ce tarif une disposition exceptionnelle, motivée par des causes spéciales à la Cochinchine.

GICQUEL DES TOUCHES.

(1) V. *Frais de conduite, de route et de séjour*, A. M., 19 janvier 1878.

(22 novembre 1877)

**DÉP. M.** *fixant la quotité des frais de bureau à allouer à l'officier-payeur d'infanterie de marine, en Cochinchine.*

BAT. II, p. 87.

Vous m'avez transmis, le 2 octobre dernier, une demande formulée par M. X..., lieutenant, officier-payeur de la portion secondaire du 4e régiment d'infanterie de marine stationnée en Cochinchine, dans le but d'obtenir un supplément de frais de bureau pour l'indemniser de surcroît de dépenses que lui occasionnent les 3 compagnies détachées au Tonkin.

J'ai l'honneur de vous informer que j'ai accueilli cette réclamation, et je vous prie de donner des ordres pour qu'il soit alloué à ce titre, à M. X.., une somme mensuelle de 31 fr. 50 cent., conformément aux fixations prévues au tarif no 23 annexé à l'arrêté du 19 août 1876 (B. M., p. 462).

Ladite allocation sera indépendante de la somme de 175 fr. 50 cent. par mois à laquelle cet officier a droit, d'après le même tarif, pour les 11 compagnies stationnées en Cochinchine.

GICQUEL DES TOUCHES.

(30 décembre 1878)

**D. G.** *accordant une indemnité temporaire de 500 francs au capitaine de tir du régiment de marche (1).*

BAT. II, p. 88
B. C., p. 445.

(26 décembre 1879)

**CIRC. CH. S. AD.** *Interprétation de l'arrêté du 21 août 1875 prescrivant que dans les postes obliques le transport des vivres et du matériel destinés aux troupes, en cas d'évacuation du poste, sera réintégré par les soins du corps, dans les magasins de la marine. — Ce transport doit être gratuit.*

ARCH. S. AD.

(3 juillet 1880)

**DÉP. M.** *Les fonds de l'ordinaire seront dégrevés des frais de Transport des vivres d'ordinaire destinés à l'alimentation du détachement d'infanterie de marine stationné à Poulo-Condore, ils seront payés sur les fonds du service local.*

Revues.

(1er mars 1884)

**DÉP. M.** *L'indemnité de frais de bureau allouée à l'officier-payeur et d'habillement de la portion secondaire du 2e régiment d'infanterie de la marine à Saïgon ne peut être augmentée.*

Bur. mil.

Vous m'avez transmis, le 31 décembre dernier, une lettre de M. le lieutenant, officier-payeur et d'habillement de la portion secondaire du 2e régiment d'infanterie de la marine stationnée à Saïgon, en vue d'obtenir l'augmentation de l'indemnité pour frais de bureau qui lui est attribuée par le tarif no 23 du 26 mai 1879. Cet officier fonde sa réclamation sur ce que cette indemnité fixée à 90 fr. par mois, s'élèverait à 151 fr. 50 si les fonctions d'officier-payeur étaient séparées de celles d'officier d'habillement.

Il importe de remarquer que cette éventualité ne peut se produire puisque dans une portion de corps de 4 compagnies, le même officier remplit nécessairement les deux fonctions dont il s'agit.

Les fixations du tarif ont donc été calculées en vue de cette situation spéciale et il n'y a pas lieu de les modifier.

PEYRON.

(1) V. *Frais de conduite, de route et de séjour*, A. M., 19 janvier 1879.

## III. — ARTILLERIE DE MARINE

### A. Organisation. Réglementation.

| NATURE DES DOCUMENTS | DATES | RECUEILS A CONSULTER Bat. | B.C. | B.D.I. | J. C. | J. H. | B. M. | B.Col | OBSERVATIONS |
|---|---|---|---|---|---|---|---|---|---|
| Décret. | 5 juin 1855. | | | | | | 298 | | |
| Dép. M. | 6 mars 1875. | I-124 | | | | | | | |
| Décret. | 7 mars 1876. | | | | | | 709 | | |
| Décret. | 20 décembre 1880. | | | | | | 1052 | | |
| Décret. | 20 décembre 1882. | | | | | | 1052 | | |
| Dép. M. | 19 mai 1883. | | | | | | | | |
| D. G. | 28 juin 1883. | | 277 | | | | | | |
| Circ. M. | 4 juillet 1884. | | | | | | | | |
| Dép. M. | 5 décembre 1884. | | | | | | | | |
| Décret. | 30 novembre 1885. | | | | | | 1188 | | |
| Dép. M. | 19 mai 1888. | | | | | | | | |
| Dép. M. | 2 juillet 1888. | | | | | | | | |

(5 juin 1885)

**DÉCRET** *portant organisation du personnel d'artillerie de la marine et des colonies.*

B. M., p. 298.

(6 mars 1875)

**DÉP. M.** *Nouvelle répartition des troupes d'artillerie stationnées aux colonies — Composition de la garnison entretenue en Cochinchine.*

BAT. II, p. 124.

J'ai l'honneur de vous informer que, d'après une nouvelle répartition des troupes d'artillerie stationnées aux colonies, la garnison entretenue en Cochinchine sera composée désormais ainsi qu'il suit :

2 batteries du régiment comprenant 200 hommes, plus un adjudant, un chef ou sous-chef artificier, un maître et un prévôt d'escrime ;

1 compagnie *bis* de conducteurs de 45 hommes, commandée par un lieutenant ;

1 détachement de 70 ouvriers.

Les cadres seront déterminés, d'après mes instructions, par le colonel du régiment et le commandant de la 6e compagnie d'ouvriers.

La compagnie *bis*, réduite à 45 hommes, continuera à s'administrer séparément, mais elle sera placée sous la surveillance et la responsabilité du plus ancien capitaine des batteries.

MARTINEAU DES CHENEZ.

(7 mars 1876)

**DÉCRET** *modifiant le décret du 5 juin 1855 organisant le personnel d'artillerie de la marine et des colonies.*

B. M., p. 709.

(20 décembre 1880)

**DÉCRET** *créant une vingt-neuvième batterie au régiment d'artillerie de la marine.*

B. M., p. 1052.

(20 décembre 1882)

**DÉCRET** *portant reconstitution des conseils d'administration secondaire des batteries détachées du régiment d'artillerie de la marine et des colonies.*

B. M., p. 1052.

(19 mai 1883)

**DÉP. M.** *Mesures prises pour la constitution d'un conseil d'administration secondaire en Cochinchine pour les batteries d'artillerie, en situation du décret du 20 décembre 1882, et des art. 57 et suivants de l'ordonnance du 22 juin 1847.*

ARCH. GOUV.

Le décret du 20 décembre 1882 (B. M., p. 1051), relatif à la reconstitution des conseils d'administration secondaire du régiment d'artillerie de la marine devant être mis à exécution le 1er juillet prochain en Cochinchine, j'ai l'honneur de vous informer que j'ai désigné pour occuper l'emploi d'officier-payeur et d'habillement, M. Doré, sous-lieutenant à la 23e batterie dans la colonie.

Cet officier sera ultérieurement remplacé à sa batterie.

Le peloton hors rang comprendra un maréchal des logis et un brigadier, secrétaires de l'officier-payeur et d'habillement.

Par application de l'art. 1er du décret précité du 20 décembre, il y aura lieu de se conformer aux articles 570 et suivants de l'ordonnance du 22 juin 1847 pour la composition et l'installation du conseil d'administration secondaire.

Je vous prie d'assurer en ce qui vous concerne l'exécution de ces dispositions.

MOTTEZ.

(28 juin 1883)

**D. G.** *confiant, à compter du 1er juillet 1883, l'administration des 22e et 23e batteries d'artillerie et du détachement des conducteurs à un conseil d'administration secondaire.*

B. C., p. 277.

Article premier. — A compter du 1er juillet 1883, l'administration des 22e et 23e batteries d'artillerie et du détachement des conducteurs sera confiée à un conseil d'administration secondaire composé:

Du chef d'escadron commandant les batteries, *président;*

Du capitaine de la 23e batterie faisant fonctions de major ;

Et de M. D..., lieutenant à la 22e batterie, faisant fonctions d'officier-payeur, chargé de l'habillement, *secrétaire.*

. . . . . . . . . . . . . . . . . . . . . . . . . . . . . . . . . . . . . . . . . . . . . . . .

CHARLES THOMSON.

(4 juillet 1884)

**CIRC. M.** *Notification d'un arrêté ministériel du 4 juillet 1884, relatif à l'admission des sous-officiers d'artillerie de la marine à l'école de Versailles. — Habillement de ces sous-officiers.*

ARCH. GOUV.

(5 décembre 1884)

**DÉP. M.** *au sujet de la composition des batteries d'artillerie en Cochinchine.*

ARCH. GOUV.

A la suite de la dernière inspection générale en Cochinchine, M. le général Thory, s'appuyant sur les résultats d'essais faits par le service de l'artillerie à Saïgon, m'a proposé d'utiliser les Indigènes comme servants et conducteurs dans les batteries d'artillerie. Cette mesure aurait pour but principal de réduire, autant que possible, l'effectif des canonniers européens exposés aux fatigues du climat et des expéditions militaires, et je serais disposé à l'accueillir en principe.

Mais cet emploi des indigènes comme servants ou conducteurs d'artillerie, soulève de nombreuses questions de détail que je vous prie de faire examiner par une commission présidée par M. le général commandant supérieur des troupes, et dont devront faire partie le Directeur d'artillerie et le lieutenant-colonel commandant le régiment de tirailleurs annamites.

Les questions principales qui devront faire l'objet des études de la commission sont les suivantes :

Emplois de servants que l'on peut confier à des Indigènes, suivant les aptitudes, la taille et la force physique de la race, dans la manœuvre des canons de campagne et de montagne.

Possibilité de remplacer presque complètement par des Indigènes, les conducteurs européens, dont le service est particulièrement pénible sous le climat de la Cochinchine.

Réduction possible dans l'effectif européen de chacune des deux batteries et du détachement de conducteurs.

Recrutement des Indigènes (servants et conducteurs) auxiliaires d'artillerie : 1° dans les tirailleurs annamites ; 2° en dehors des tirailleurs.

Administration du détachement d'Indigènes auxiliaires d'artillerie : 1° par le régiment de tirailleurs annamites, les auxiliaires étant prêtés à l'artillerie ; 2° par l'une des batteries d'artillerie. Casernement séparé de celui des européens dans tous les cas.

Avantages de solde et d'avancement en grade. Habillement et équipement des servants et des conducteurs.

Dans le même ordre d'idées, vous demanderez au lieutenant-colonel directeur d'artillerie un rapport sur la possibilité de diminuer l'effectif du détachement d'ouvriers militaires européens, en augmentant les ouvriers civils indigènes ; ce rapport devra contenir l'indication des diverses catégories d'ouvriers et d'écrivains indigènes que l'on peut trouver sur place.

Enfin les essais qui ont été faits à plusieurs reprises en Cochinchine, pour l'utilisation des Indigènes comme conducteurs d'artillerie, ont donné lieu à l'établissement de rapports qui ne me sont pas parvenus.

Je vous prie de vouloir bien me faire envoyer, le plus tôt possible, une copie de ces divers rapports, ainsi que de ceux qui ont dû être établis par les officiers, et spécialement par M. le vétérinaire Corroy à la suite de ses missions de remonte dans le nord de la Chine, à Manille 5a...

A. PEYRON.

(30 novembre 1885)

**DÉCRET** *portant modifications aux effectifs du corps de l'artillerie de la marine. — Tableaux.*

B. M., p. 1188.

(19 mai 1888)

**DÉP. M.** *Modifications apportées aux effectifs des corps de troupes de la marine en service dans les pays de l'Union.*

ARCH. D. A.

....................................................................................................

....................................................................................................

Transformer une des batteries à pied de Cochinchine en batterie montée et supprimer le détachement de conducteurs de cette colonie.

Constituer en Annam et au Tonkin six batteries à l'effectif de 5 officiers et de 120 sous-officiers, brigadiers et canonniers européens.

....................................................................................................

....................................................................................................

(2 juillet 1888)

**DÉP. M.** *Instructions au sujet de l'administration des batteries d'artillerie de marine en Indo-Chine (Circ. du 22 mai 1888).*

ARCH. S. AD.

## B. Indemnités spéciales Ordinaires

| NATURE DES DOCUMENTS | DATES | RECUEILS A CONSULTER | | | | | | | OBSERVATIONS |
|---|---|---|---|---|---|---|---|---|---|
| | | Bat. | B.C. | B.D.I. | J.C. | J.H. | B.M. | B.Col | |
| D. G. | 21 février 1862. | | 102 | | | | | | |
| D. G. | 20 juin 1862 | | 179 | | | | | | |
| D. G. | 28 juillet 1870. | I-124 | 205 | | | | | | |
| Circ. M. | 23 avril 1880. | | | | | | 735 | | |
| D. G. | 21 avril 1883. | | 192 | | | | | | |
| Dép. M. | 2 septembre 1884. | | 402 | | | | | | |
| Dép. M. | 27 décembre 1884. | | 1885-48 | | | | | | |

(21 fevrier 1862)

**D. G.** *concernant les allocations et indemnités spéciales attribuées aux officiers, sous-officiers et soldats de la portion du régiment et du demi-escadron du train d'artillerie de marine.*

B. C., p. 102.

(20 juin 1862)

**D. G.** *Fixation des frais de bureau attribués à l'officier-payeur des batteries d'artillerie.*

B. C., p. 179.

(28 juillet 1870)

**D. G.** *appliquant à l'artillerie la décision locale du 29 juillet 1870, supprimant les ordinaires pour l'infanterie de marine..*

BAT. I, p. 124.

B. C., p. 205.

La décision du 20 juillet 1870, concernant la suppression des ordinaires pour l'infanterie de marine, sera appliquée, à dater du 1er août prochain, aux troupes d'artillerie.

DE CORNULIER-LUCINIÈRE.

(23 avril 1880)

**CIRC. M.** *au sujet des allocations à accorder aux trésoriers des conseils d'administration de la solde et aux billeteurs pour maniement de fonds.*

B. M., p. 735.

(21 avril 1883)

**D. G.** *fixant le supplément et le salaire à allouer pour la surveillance des magasins à fourrages, l'entretien et la délivrance de ces fourrages* (1).

B. C., p. 192.

(2 septembre 1884)

**DÉP. M.** *autorisant le paiement à l'officier-payeur et d'habillement de la portion secondaire du régiment d'artillerie de l'indemnité de 1re mise, soit 50 francs par batterie, pour frais de bureau.*

B. C., p. 402.

J'ai l'honneur de vous informer, en réponse à votre lettre du 21 juin dernier, que j'autorise le payement à l'officier-payeur et d'habillement de la portion secondaire du régiment d'artillerie de la marine stationnée à Saïgon, de l'indemnité de première mise pour frais de bureau de 50 francs par batterie, fixée par le tarif n° 24, annexé à la circulaire du 26 mai 1879, soit pour deux batteries et un détachement de conducteurs, une somme totale de 150 francs.

Je vous prie de vouloir bien porter cette décision à la connaissance de l'administration placée sous vos ordres.

A. PEYRON.

(27 décembre 1884)

**DÉP. M.** *au sujet de l'indemnité journalière payée à deux officiers de l'artillerie de la marine pour deux journées de séjour à Sfax, au cours du voyage d'un transport qui les emmenait en Cochinchine.*

B. C. (1885), p. 48.

Vous m'avez rendu compte, le 21 novembre dernier, que deux officiers de l'artillerie de la marine, MM. les capitaines X... et Y..., ayant justifié de deux journées de séjour en mission à Sfax, au cours du voyage de transport *le Shamrock*, qui les emmenait en Cochinchine, l'administration placée sous vos ordres leur a appliqué les dispositions de l'arrêté ministériel du 10 janvier 1878 et leur a payé, par suite, l'indemnité journalière de 12 francs fixée par le tarif n° 1 annexé à cet arrêté.

J'ai l'honneur de vous faire connaître que j'approuve cette mesure.

A. PEYRON.

(1) V. *Fourrages (service des).*

## IV. — ÉCOLES RÉGIMENTAIRES ET ENFANTS DE TROUPE

| NATURE DES DOCUMENTS | DATES | RECUEILS A CONSULTER | | | | | | | OBSERVATIONS |
|---|---|---|---|---|---|---|---|---|---|
| | | Bat. | B.C. | B.D.I. | J.C. | J.H. | B.M. | B.Col. | |
| D. G. | 31 mars 1870. | 1-123 | 89 | | | | | | |
| Circ. M. | 17 juillet 1880. | | | | | | 64 | | |
| Décret. | 3 mars 1882. | | | | | | 237 | | |
| Circ. M. | 6 avril 1883. | | | | | | 563 | | |
| Dép. M. | 19 septembre 1884. | | 403 | | | | | | |
| Circ. M. | 13 février 1885. | | | | | | 290 | | |
| Décret. | 3 mars 1885. | | | | | | 1002 | | |
| Circ. M. | 9 juin 1885. | | | | | | 1000 | | |
| Dép. M. | 26 novembre 1885. | | 1886-7 | | | | | | |
| Circ. M. | 19 mars 1886. | | 84 | | | | | | |
| Décret. | 19 juin 1886. | | | | | | | | |
| Circ. M. | 24 juillet 1886. | | | | | | | | |
| Dép. M. | 25 juin 1887. | | | | | | | | |

(31 mars 1870)

**D. G.** *mettant une somme de 300 francs à la disposition du conseil d'administration de l'école d'artillerie de Saïgon.*

BAT. I, p. 123.
B. C, p. 89.

Un fonds d'avances pouvant aller jusqu'à la somme de 300 francs, mais susceptible d'être fractionné par moitié ou par quart, suivant les nécessités du service, sera remis chaque année à la disposition du conseil d'administration de l'école d'artillerie de Saïgon, pour servir à l'acquittement des dépenses intérieures de ladite école.

DE CORNULIER-LUCINIÈRE.

(17 juillet 1880)

**CIRC. M.** *établissant la nouvelle constitution et la dotation des écoles d'artillerie. — Répartition. — Pour la Cochinchine 300 francs* (1).

B. M., p. 64.

La répartition des batteries du régiment arrêtée par décision ministérielle du 4 mai 1877, m'a conduit à modifier la constitution et la dotation des écoles d'artillerie.

J'ai, en conséquence, décidé :

1° Que le commandement des écoles d'artillerie à Cherbourg et à Brest, sera confié à l'officier supérieur commandant la portion de corps;

2° Qu'un garde d'artillerie (section des comptables) et un maréchal-des-logis pour la garde et l'entretien du matériel, seront affectés à l'école d'artillerie de Cherbourg; ce sous-officier comptera au peloton hors-rang du régiment;

3° Que l'administration des crédits alloués pour les dépenses spéciales des écoles d'artillerie sera confiée, savoir :

I. — A Lorient, où le colonel commandant le régiment est commandant d'école, à un conseil d'administration spécial composé conformément à l'article 1er de l'ordonnance du 4 novembre 1847, et dont fait partie le capitaine commandant la compagnie d'ouvriers d'artillerie;

II. — A Cherbourg et à Toulon, où quatre batteries se trouvent réunies sous le commandement d'un lieutenant-colonel faisant fonctions de commandant d'école, à un conseil composé de cet officier supérieur, du chef d'escadron placé sous ses ordres et du capitaine commandant la compagnie d'ouvriers.

III. — A Brest, où deux batteries se trouvent réunies sous le commandant d'un chef d'escadron faisant fonctions de commandant d'école, à un conseil composé de cet officier supérieur, d'un capitaine de batterie et du capitaine commandant la compagnie d'ouviers.

IV. — A Rochefort et aux colonies, à un conseil composé du directeur d'artillerie, d'un capitaine de batterie et de l'officier commandant la compagnie ou le détachement d'ouvriers.

Enfin, la répartition des crédit inscrits à cet effet au budget sera fixée ainsi qu'il suit.

| | | |
|---|---|---|
| Lorient | 3.200 | francs |
| Cherbourg | 1.300 | — |
| Toulon | 1.300 | — |
| Brest | 600 | — |
| Rochefort | 400 | — |
| Cochinchine | 300 | — |
| Martinique | 200 | — |
| Sénégal et Gorée-Dakar | 200 | — |
| Nouvelle-Calédonie | 200 | — |
| Guadeloupe | 75 | — |
| Guyane | 75 | — |
| Réunion | 75 | — |
| Taïti | 75 | — |
| Total | 8.000 | francs |

Cette nouvelle répartition, en rapport avec l'importance actuelle des effectifs dans les ports et colonies, sera appliquée à compter du 1er janvier 1881.

J'ai l'honneur de vous prier d'assurer, chacun en ce qui vous concerne, l'exécution des disposi-

(1) V. *Infrà*, Circ. M., 13 février 1885.

tions contenues dans la présente circulaire, dont l'insertion au *Bulletin officiel* de la marine tiendra lieu de notification.

JAURÉGUIBERRY.

(3 mars 1882)

**DÉCRET** *réorganisant l'école militaire de Saint-Maixent.*

B. M., p. 237.

(6 avril 1883)

**CIRC. M.** *Notification du décret du 23 mars 1883 réorganisant l'Ecole militaire de Saint-Maixent ; — Recommandations à ce sujet.*

B. M., p. 563.

(19 septembre 1884)

**DÉP. M.** *au sujet d'une demande de crédit supplémentaire pour le service du tir. — Dispositions concernant les écoles régimentaires du régiment de marche d'infanterie de marine (Extrait).*

B. C., p. 403.

Par lettre du 21 juin dernier, vous m'avez demandé d'allouer et de comprendre en outre, dans une allocation d'ensemble, les sommes payées sur les fonds des écoles régimentaires à chacune des portions secondaires entrant dans la composition de ce régiment.

Quant à la deuxième proposition, j'ai décidé, eu égard à la réduction apportée dans le nombre des compagnies du régiment de marche, que les portions centrales des 1er, 2e et 3e régiments d'infanterie de marine verseront directement à la portion centrale du 4e régiment les sommes qui reviennent, au titre des écoles régimentaires, à chacune de leur portion de corps en Cochinchine, et que le 4e régiment à Toulon aura à faire assurer le service des différentes écoles du régiment de marche par les soins de sa portion secondaire.

Je donne les instructions nécessaires en vue d'assurer l'exécution de cette mesure. Il demeure entendu que la portion secondaire du 4e régiment ne devra, sous aucun prétexte, dépasser le chiffre maximum des sommes allouées pour chacune des écoles énumérées dans le tableau annexé à la circulaire du 13 décembre 1875. (B. M. p. 635).

A. PEYRON.

(13 février 1885)

**CIRC. M.** *créant une nouvelle dotation des écoles d'artillerie. — Pour la Cochinchine 400 francs.*

B. M., p. 290.

(3 mars 1885)

**DÉCRET** *portant exécution de loi du 19 juillet 1884 ayant pour objet la suppression des enfants de troupes dans les régiments et la création de six écoles militaires préparatoires.*

B. M., p. 1002.

(9 juin 1885)

**CIRC. M.** *application aux troupes de la marine du décret du 3 mars 1885 portant exécution de la loi du 19 juillet 1884 et qui a pour objet la suppression des enfants de troupe dans les régiments et la création de six écoles militaires préparatoires.*

B. M., p. 1000.

(26 novembre 1885)

**DÉP. M.** *tendant à soumettre les nominations d'enfants de troupe à des règles uniformes.*

B. C. 1886, p. 7.

(19 mars 1886)

**CIRC. M.** *Conditions d'admission des enfants de troupe de la gendarmerie coloniale à l'école militaire de Billom.*

B. C., p. 84.

(19 juin 1886)

**DÉCRET** *concernant les conditions exigées pour l'admission des sous-officiers, élèves officiers, à l'école de Saint-Maixent.*

(24 juillet 1886)

**CIRC. M.** *Ne pourront être proposés pour prendre part au concours à l'école des sous-officiers de l'artillerie et du génie de Versailles que les sous-officiers comptant au moins deux ans de grade au 31 décembre de l'année 1880.*

ARCH. GOUV.

Par analogie avec les dispositions du décret du 19 juin 1886 relatives aux conditions exigées pour l'admission des sous-officiers élèves-officiers à l'École de Saint-Maixent, j'ai décidé que, dès cette année, les inspecteurs généraux ne pourront proposer, pour prendre part au concours à l'École de sous-officiers de l'artillerie et du génie de Versailles, que des sous-officiers comptant au moins deux années de grade au 31 décembre de l'année courante.

J'ai l'honneur de vous prier d'assurer, chacun en ce qui vous concerne, l'exécution de ces dispositions, dont l'insertion au *Bulletin officiel*, de la marine tiendra lieu de modification.

AUBE.

(25 juin 1887)

**DÉP. M.** *Instructions concernant les enfants de troupes de la gendarmerie.*

ARCH. GOUV.

M. le Ministre de la Guerre vient d'appeler mon attention sur l'irrégularité avec laquelle les compagnies et détachements de gendarmerie coloniaux font parvenir les documents concernant les enfants de troupe, il importe de remédier à cette situation et j'ai l'honneur de vous prier de vouloir inviter le commandant du détachement en Cochinchine à établir, pour m'être transmise par votre intermédiaire, la situation nominative des enfants de troupe comptant à l'effectif qui doit être dressée chaque année, en exécution de la note ministérielle du 9 juin 1886. Vous lui rappelez, en outre, que le bordereau des mutations du modèle nº 6 annexé à l'Instruction du 14 septembre 1885, soit parvenu au Département pour chaque trimestre, même lorsqu'il n'y a pas de mutations parmi les enfants figurant sur les contrôles. Quant aux propositions d'admission dans les Écoles militaires ou en qualité d'enfants de troupe, il est indispensable qu'elles arrivent à Paris en temps utile pour que les nominations auxquelles elles peuvent donner lieu, soient faites chaque année dans le courant du mois de septembre.

Indépendamment des fils de militaires appartenant à la gendarmerie coloniale, ces propositions peuvent également concerner des fils de militaires, retirés du service, résidant dans la colonie pourvu que ces derniers remplissent les conditions prescrites par l'article 7 du décret du 3 mars 1885.

Je vous transmets ci-joint deux fiches concernant les enfants de troupes du détachement de Cochinchine et je vous prie de me les renvoyer dès qu'elles auront été complétées.

AUG. ÉTIENNE.

## V. — INFIRMERIES RÉGIMENTAIRES ET AMBULANCES.

| NATURE DES DOCUMENTS | DATES | RECUEILS A CONSULTER | | | | | | | | OBSERVATIONS |
|---|---|---|---|---|---|---|---|---|---|---|
| | | Bat. | B.C. | B.D.J. | J. C. | J. H. | B. M. | B.Col. | | |
| A. G. | 11 mars 1867. | II-785 | | | | | | | | |
| A. G. | 10 septembre 1867. | | 259 | | | | | | | |
| D. G. | 9 Juin 1868. | II-85 | 126 | | | | | | | |
| A. G. | 14 août 1869. | II-786 | 291 | | | | | | | |
| Dép. M. | 25 mai 1870. | II-544 | | | | | | | | |
| A. G. | 9 décembre 1871. | II-545 | 397 | | | | | | | |
| Dép. M. | 13 novembre 1872. | II-546 | | | | | | | | |
| Règl. | 17 août 1876. | | | | | | 270 | | | |
| Dép. M. | 22 janvier 1877. | II-786 | | | | | | | | |
| Dép. M. | 14 avril 1882. | | | | | | | | | |
| Circ. M. | 10 janvier 1884. | | | | | | | | | |
| Dép. M. | 2 mai 1884. | | | | | | | | | |
| A. G. G. | 11 juillet 1889. | | 706 | | | | | | | |

(11 mars 1867)

**A. G.** *portant que les ambulances entretenues dans les cercles et postes autres que Mytho, Baria et Bienhoa cesseront de compter au service hospitalier et seront considérées, sous le rapport économique et administratif comme simples infirmeries régimentaires.*

BAT. II, p. 785.

Article premier. — Les ambulances militaires établies dans les cercles et postes autres que Mytho, Baria et Bienhoa cesseront, à partir du 1er avril prochain, de compter au service hospitalier, et seront considérées, sous le rapport économique et administratif, comme simples infirmeries régimentaires.

Art. 2. — Il sera pourvu à l'installation, à l'entretien, à l'ameublement, au couchage et aux frais de service intérieur desdites infirmeries par la masse générale d'entretien des corps auxquels appartiennent les détachements stationnés dans les postes, par le service des lits militaires, par celui du génie ou par le service local, chacun dans l'ordre des obligations qui lui incombent, aux termes des règlements généraux et à ceux des décisions locales des 26 avril et 13 juin 1865.

Art. 3. — Toutefois, le service des hôpitaux continuera de fournir les médicaments nécessaires au traitement des malades. La délivrance en sera faite, jusqu'à nouvel ordre, à titre gratuit, conformément aux fixations arrêtées par nous sur les propositions de l'Administration, et il ne sera rien réclamé pour cet objet à la masse générale des corps, qui restera chargée seulement de la dépense afférente aux médicaments fournis pour les infirmeries des portions principales stationnées à Saïgon, Mytho, Baria et Bienhoa.

Art. 4. — Il sera procédé, avant le 1er avril, au récolement du matériel existant dans les ambulances, afin d'en décharger le service hospitalier et d'en charger les corps de troupes qui en compteront à l'avenir avec les services désignés dans l'article 2 ci-dessus, chacun dans la limite des obligations qui lui sont imposées par les règlements.

DE LA GRANDIÈRE.

(10 septembre 1867.

**A. G.** *portant qu'à partir du 1er octobre 1867 les médicaments délivrés pour le service des infirmeries régimentaires seront remboursés par la masse générale des corps à l'exception du sulfate de quinine et quelques préparations quininées, dont la délivrance aura lieu à titre gratuit.*

B. C., p. 259.

(9 juin 1868)

**D. G.** *Le médecin chargé du service à Poulo-Condore pourra prescrire les aliments légers dits de régime, aux militaires traités à l'infirmerie, ainsi que certains médicaments dont la nomenclature sera arrêtée par le Gouverneur* (1).

BAT. II, p. 85.
B. C, p. 126.

(14 août 1869)

**A. G.** *Les aides-majors d'infanterie visiteront les détachements des troupes casernés aux environs de Saïgon (Extrait).*

BAT. II, p. 786.
B. C., p. 291.

Aux jours fixés par M. le général commandant supérieur des troupes, les aides-majors d'infanterie visiteront les détachements d'infanterie casernés à Cholon et à Caï-maï, la cavalerie des Mares et les soldats qui y sont détachés, les gendarmes de Cholon, de Saïgon et les brigades stationnées aux environs, ainsi que les militaires employés par le service du génie.

(1) V. *Poulo-Condore* (*Ile de*.

Ils jouiront, pour chaque jour de tournée, des vacations simples attribuées à leur grade.

M. le chef du service de santé désignera un médecin de 3e classe qui, outre son service ordinaire à l'hôpital, sera chargé du service et de l'infirmerie de l'artillerie.

Le service des aides-majors d'infanterie sera exclusivement réglé par M. le général commandant supérieur des troupes.

G. OHIER.

(25 mai 1870)

**DÉP. M.** *Imputation à la masse générale d'entretien du corps de la valeur des médicaments fournis aux infirmeries régimentaires qui ont remplacés des ambulances. — Réclamation du conseil secondaire du 1er régiment d'infanterie de marine.*

BAT. II, p. 544

Sous la date du 2 mars dernier, vous m'avez transmis, avec un rapport du commissaire aux revues, une lettre du conseil d'administration de la portion secondaire du 1er régiment d'infanterie de marine relativement aux dépenses considérables qui ont été faites, en 1867, au compte de la masse générale d'entretien du corps.

A ce dossier est annexé copie de l'arrêté que l'un de vos prédécesseurs a pris, le 10 septembre 1867, et qui relate que, d'après les résultats de l'expérience acquise, les masses générales étaient en état de supporter les dépenses résultant de la consommation des médicaments qui, précédemment, étaient fournis, à titre gratuit, aux infirmeries régimentaires. Toutefois, cet arrêté exceptait de la mesure le sulfate de quinine ainsi que l'alcoolé, l'écorce et l'extrait de quinquina, dont la valeur devait rester à la charge du service hospitalier.

Les faits, il faut le reconnaître, sont venus opposer une contradiction évidente aux prévisions de l'arrêté précité, et les dépenses que la masse générale d'entretien du 1er régiment d'infanterie de marine a dû supporter pour sa portion secondaire de Cochinchine ont excédé de beaucoup la somme dont elle pouvait disposer pour ce détachement. En effet, les dépenses effectuées pour cette portion de corps pendant le 1er trimestre 1869 ont atteint le chiffre de 1,718 fr. 53 cent. (dont 829 fr. 41 cent. pour les médicaments) alors que l'allocation revenant à la masse générale d'entretien pour le corps entier ne s'élevait qu'à 4,000 francs.

Par suite, je vous prie de faire étudier les modifications qu'il y a lieu d'apporter aux dispositions de l'arrêté du 10 septembre 1867 pour assurer une juste répartition des dépenses qui incombent soit aux corps eux-mêmes, soit au service hospitalier de la colonie. Pour atteindre le but que je me propose, il convient de se placer à ce point de vue que les infirmeries régimentaires, ayant remplacé les ambulances, doivent être exonérées de toutes les dépenses qu'entraine le traitement des malades qui, dans les circonstances normales, c'est-à-dire lorsque les détachements sont à proximité d'établissements hospitaliers, seraient admis dans les hôpitaux, et que la masse générale d'entretien du corps ne doit supporter que la valeur des médicaments nécessaires aux malades qui, ordinairement, sont traités dans les infirmeries du corps.

Vous aurez à me faire parvenir, aussitôt que possible, une copie de l'arrêté qui remplacera l'arrêté du 10 septembre 1867.

Je ne terminerai pas sans vous faire remarquer que le conseil secondaire du 1er régiment d'infanterie de marine en Cochinchine a eu le tort de ne tenir aucun compte des observations qui lui ont été faites par le conseil central du corps. Si, comme cela paraît démontré aujourd'hui, il ne dépendait pas de son administration de réduire les dépenses qui incombaient à la masse générale, et, par suite, de se maintenir dans la limite des crédits que le conseil central mettait à sa disposition pour faire face à ces dépenses, il était de son devoir d'appeler l'attention de l'Administration de la colonie sur l'impossibilité dans laquelle il se trouvait d'exécuter l'arrêté du Gouverneur. Le conseil secondaire, en provoquant les modifications aux dispositions prescrites par l'autorité locale, dont l'expérience avait démontré la nécessité, eut sauvegardé sa responsabilité et mis un terme à un état de choses qui a été préjudiciable aux intérêts du corps.

RIGAULT DE GENOUILLY.

(9 décembre 1871)

**A. G.** *Délivrances de médicaments aux infirmeries régimentaires des postes militaires.*

BAT. II, p. 545.

B. C., p. 397.

Article premier. — Les délivrances de médicaments à faire pour le service des infirmeries régimentaires dans les postes où il n'existe pas d'établissements hospitaliers restent fixées, au maximum, aux espèces et quantités ci-après, savoir :

| NOMENCLATURE DES MÉDICAMENTS | QUANTITÉS A DÉLIVRER POUR TROIS MOIS | |
|---|---|---|
| | AU COMPTE du service hospitalier | AU COMPTE de la masse générale des corps |
| Alcool camphré | » | 0,500 |
| Alcoolé au quinquina | 0,600 | » |
| Cérat simple | » | 0,250 |
| Ether sulfurique | » | 0,030 |
| Laudanum de Sydenham | » | 0,060 |
| Poudre d'ipéca | » | 0,030 |
| Acétate triplombique | » | 0,150 |
| Sulfate de quinine | 0,050 | » |
| Sulfate de soude | » | 0,450 |
| Sparadrap diachylum | » | 0,050 |
| Charpie | » | 0,300 |
| Grandes compresses | » | 1,000 |
| Linges à bandes | » | 1,000 |

Les demandes seront établies par les officiers commandant le détachement et adressées par eux à leurs chefs de corps qui, après les avoir visées, les transmettront au commissaire des hôpitaux chargé d'en assurer l'exécution.

Art. 2. — Dans les postes où il existe un médecin il pourra être délivré, en outre des espèces et quantités fixées par l'article 1$^{er}$ ci-dessus, tels autres médicaments qui pourront être jugés nécessaires, eu égard à l'importance numérique des garnisons et aux conditions de salubrité particulières à chaque localité.

Ces médicaments seront fournis à titre gratuit par le service des hôpitaux.

Les demandes en seront faites par les médecins des postes et soumises au visa du médecin en chef qui vérifiera si elles sont en rapport avec les besoins, et les ramènera, s'il y a lieu, aux espèces et quantités strictement nécessaires.

Art. 3. — A Saïgon et dans les postes où il existe des établissements hospitaliers, les médicaments destinés au service des infirmeries continueront à être délivrés sur demandes faites par les chefs de corps, ou sous leur visa, par les commandants des portions détachées.

. . . . . . . . . . . . . . . . . . . . . . . . . . . . . . . . . . . . . . . . . . . . . . . .

DUPRÉ.

(13 novembre 1872)

**DÉP. M.** *Délivrance de laudanum aux infirmeries régimentaires.*

BAT. II, p. 546.

D'après un arrêté que vous avez pris le 9 décembre 1871 pour régler sur de nouvelles bases la délivrance des médicaments aux infirmeries régimentaires et aux détachements des postes en Cochinchine, le laudanum de Sydenham doit être fourni au compte de la masse générale d'entretien des corps.

Ce médicament étant dans la colonie d'un usage presque aussi fréquent que l'alcoolé au quinquina et le sulfate de quinine, j'ai décidé que le service des hôpitaux le fournirait aux infirmeries régimentaires au même titre que ces médicaments.

A. POTHUAU.

(17 août 1876)

**A. G.** *Règlement sur les infirmeries régimentaires de l'infanterie et de l'artillerie de marine, en France et aux colonies.*

B. M., p. 270.

(22 janvier 1877)

**DÉP. M.** *Application de l'article 11 de l'arrêté du 17 août 1876.*

BAT. II, p. 786.

Conformément au deuxième paragraphe de l'article 11 de l'arrêté du 17 août 1876, vous m'avez informé, le 18 décembre dernier, que d'après votre autorisation, une délivrance supplémentaire de médicaments avait été effectuée à l'infirmerie régimentaire du régiment de marche d'infanterie de marine en Cochinchine.

A cette occasion, vous m'avez fait remarquer que ces délivrances supplémentaires se reproduiront pérodiquement, vu l'insuffisance, pour la Cochinchine, des fixations déterminées par l'annexe nº 2 de l'arrêté précité. Le deuxième paragraphe de l'article 11 dudit arrêté a précisément pour objet de permettre de satisfaire, sans délai, aux besoins qui se produiraient en dehors des prévisions, et d'assurer partout le service d'une manière efficace. Toutefois, il est indispensable que le Ministre puisse apprécier l'importance des délivrances supplémentaires de médicaments, et à cet effet, il y a lieu de lui adresser non un simple avis, mais un relevé en quantités, des médicaments dont il s'agit.

Il ne faut pas perdre de vue, d'ailleurs, que le nouveau règlement tend à réduire l'importance des infirmeries régimentaires, où ne doivent être traitées que les maladies désignées dans l'annexe nº 1 de ce règlement, maladies qui sont sans gravité et n'exigent pas desoins prolongés.

ROUSSIN.

(14 avril 1882)

**DÉP. M.** *réduisant de six à trois le nombre des médecins aides-majors affectés au service régimentaire en Cochinchine.*

ARCH. GOUV.

1 médecin-major
6 médecins aides-majors

Sur cet effectif, qui absorbe le cinquième des officiers du corps de santé affectés au service des troupes, sont présents à Saïgon : le médecin-major et cinq des aides-majors. Les militaires sérieusement malades étant traités à l'hôpital, le service dévolu à ces 6 médecins se borne à la visite journalière.

Dans ces conditions, il me parait y avoir lieu de diminuer, au strict nécessaire, l'effectif des médecins détachés au service des troupes en Cochinchine. Je serais donc disposé à n'affecter à ce service que le personnel ci-après ; savoir :

1 médecin-major
3 médecins aides-majors.

Les trois aides-majors devenant disponibles seraient rattachés aux portions centrales des régiments d'artillerie et d'infanterie de marine en France, où leur utilité serait très réelle pour y suppléer les médecins attendus des colonies ou en congé.

Avant de statuer à cet égard, je vous prie d'examiner et de me faire connaître votre avis sur le projet de réduction dont il s'agit.

JAURÉGUIBERRY.

(10 janvier 1884)

**CIRC. M.** *recrutement et instruction des infirmiers et des brancardiers régimentaires dans les troupes de la marine.*

ARCH. GOUV.

J'ai l'honneur de vous informer que, par analogie avec les dispositions mises récemment en vigueur au Département de la guerre, j'ai arrêté les mesures suivantes relatives au recrutement et à l'instruction des infirmiers et des brancardiers régimentaires dans les troupes de la marine.

Sur le pied de guerre, en Europe, le régiment d'artillerie de la marine et les régiments d'infanterie de marine auront un infirmier par compagnie ou batterie et, dans chaque bataillon ou groupe de batteries, un de ces infirmiers aura le grade de caporal ou de brigadier. La partie mobile du régiment d'infanterie de marine comptera, en outre, un sergent brancardier.

Aux colonies, en temps de paix ou de guerre, ainsi que dans les corps expéditionnaires hors d'Europe, chaque compagnie ou batterie aura un infirmier et quatre brancardiers.

En conséquence, dès la réception de la présente circulaire, les portions de corps du régiment d'artillerie et des régiments d'Infanterie de marine qui sont stationnées aux colonies ou qui font partie des corps expéditionnaires du Tonkin et de Madagascar désigneront pour la première formation, parmi les hommes ayant encore au moins un an de séjour à accomplir, un infirmier et quatre brancardiers par compagnie ou batterie. De leur côté, les portions centrales désigneront annuellement, parmi les jeunes soldats de la classe récemment appelée sous les drapeaux, le nombre d'infirmiers et de brancardiers nécessaire pour alimenter, dans la proportion voulue, les compagnies ou batteries des portions secondaires.

Tous les musiciens et soldats ouvriers d'infanterie de marine et tous les musiciens d'artillerie de la marine suivront les cours et exercices spéciaux aux brancardiers.

L'instruction sera donnée sur les bases déterminées dans l'armée de terre par la circulaire de M. le ministre de la guerre, du 3 octobre 1883 (J. M., partie supplémentaire, page 82).

Dans les portions centrales ou secondaires, les officiers du corps de santé de la marine détachés au service des troupes, sont chargés, sous l'autorité des chefs de corps, de l'instruction des infirmiers et brancardiers régimentaires.

L'enseignement professionnel reçu par les infirmiers et les brancardiers sera mentionné sur les livrets individuels, à la colonne (fonctions diverses) de la manière suivante : infirmier ou brancardier exercé en 188.... 188.... 188.... on ajoutera, s'il y a lieu, apte à être caporal ou brigadier infirmier ou brancardier).

Dans les corps indigènes, on devra s'efforcer de former, dans les compagnies, des infirmiers et brancardiers aussi complétement exercés que possible.

Je vous prie d'assurer, chacun en ce qui vous concerne, l'exécution immédiate des prescriptions contenues dans la présente circulaire

A. PEYRON.

(2 mai 1884)

**DÉP. M.** *Instructions pour l'application des art. 2, 3 et 5 en règlement du 17 août 1876 sur les infirmeries régimentaires.*

ARCH. GOUV.

Les prescriptions des articles 2, 3 et 5 du règlement du 1er août 1876 sur les infirmeries régimentaires ne sont pas appliquées d'une manière uniforme par les administrations de nos possessions d'outre-mer, et j'ai pu remarquer que dans une de nos colonies, une allocation en argent à été attribuée aux infirmeries régimentaires en vue d'améliorer la ration.

Le réglement précité dispose cependant que les infirmiers régimentaires ne comportent pas un régime alimentaire spécial, puisque les affections qui doivent y être traitées sont sans gravité, et n'exigent pas de soins prolongés. A titre exceptionnel, des rations de vin et de riz peuvent être accordées par les médecins des infirmeries régimentaires à ceux des hommes en traitement pour lesquels cette mesure sera reconnue nécessaire et c'est le service des vivres qui doit, le cas échéant, pourvoir à cette dépense. Toute autre délivrance supplémentaire de vivres (Article 11) ne peut être autorisé que par le ministre et, en cas d'urgence, par le gouverneur, qui est tenu d'en rendre compte immédiatement au Département.

Telle est la règle qu'a établie le règlement précité et dont il convient de ne pas s'écarter. Je vous prie de me rendre compte des dispositions que vous aurez prises pour en assurer l'exécution.

FÉLIX FAURE.

(11 juillet 1889)

**A. G. G.** *Une indemnité nette de 200 piastres par an sera allouée au médecin-major du régiment de marche d'infanterie de marine.*

J. C., p. 706.

Article premier. — Une indemnité nette de 200 piastres par an est allouée, à titre de frais de service, à M. le médecin-major du régiment de marche d'infanterie de marine pour le défrayer des dépenses que lui occasionnent les visites aux officiers des tirailleurs annamites et à leurs familles domiciliés à Saïgon.

Art. 2. — Cette dépense sera imputée sur le crédit prévu au chapitre XVIII, 1re section, article premier du budget local, sous la rubrique : *Dépenses imprévues.*

FOURÈS.

## VI. — UNIFORME

| NATURE DES DOCUMENTS | DATES | RECUEILS A CONSULTER Bat. | B.C. | B.B.I. | J.C. | J.H. | B.M. | B.Col. | OBSERVATIONS |
|---|---|---|---|---|---|---|---|---|---|
| Décret. | 29 janvier 1853. | | | | | | R.VI 473 | | |
| Règlement. | 10 janv. et 13 sept. 1873. | | | | | | | | |
| Décret. | 30 mai 1882. | | | | | | | | |
| Dép. M. | 2 juin 1882. | | | | | | | | |
| Circ. M. | 19 mars 1883. | | | | | | 426 | | |
| Circ. M. | 4 juin 1883. | | | | | | | | |
| Circ. M. | 3 juillet 1883. | | | | | | 24 | | |
| Dép. M. | 13 octobre 1883. | | | | | | | | |
| Cir.C^t Sup.T. | 15 mars 1884. | | | | | | | | |
| Cir.C^t Sup.T. | 17 mars 1886. | | | | | | | | |
| Cir.C^t Sup.T. | 5 septembre 1886. | | | | | | | | |
| Circ. M. | 29 novembre 1886. | | | | | | | | |
| Cir.C^t Sup.T. | 1er février 1887. | | | | | | | | |
| Cir.C^t Sup.T. | 13 septembre 1887. | | 684 | 883 | | | | | |

(29 janvier 1853)

**DÉCRET** *déterminant l'uniforme des différents corps de la marine.*

B. M. R. VI, p. 473

(10 janvier et 13 septembre 1873)

**RÈGLEMENT** *portant description de l'uniforme de l'infanterie de marine et de l'artillerie de la marine et des colonies.*

(Publiés à part sous les nos 5079 et 5080 de la nomenclature)

(30 mai 1882)

**DÉCRET** *modifiant, en ce qui concerne la coiffure, les dispositions des actes antérieurs sur l'uniforme des différents corps de la marine.*

B. M.

(2 juin 1882)

**DÉP. M.** *notification d'un décret du 30 mai 1882 modifiant, en ce qui concerne la coiffure, les dispostions antérieures sur l'uniforme des différents corps de la marine.*

B. M.

(19 mars 1883)

**CIRC. M.** *au sujet de la nouvelle tenue des officiers et adjudants d'infanterie de marine et de l'application aux officiers de troupes de la marine de la décision du ministère de la guerre du 8 juin 1880.*

B. M., p. 426.

(4 juin 1883)

**CIRC. M.** *au sujet de l'adoption d'un dolman flanelle pour les officiers et adjudants d'artillerie et d'infanterie de marine aux colonies.*

ARCH. GOUV.

J'ai l'honneur de vous informer que, conformément à l'avis du comité technique des inspecteurs généraux des troupes de la marine, j'ai décidé que le dolman, tel qu'il se porte en France, constituera aux colonies le vêtement de grande tenue pour les officiers et adjudants d'artillerie et d'infanterie de la marine.

Comme tenue de jour, d'exercice et de campagne, les officiers et adjudants de ces deux armes porteront aux colonies un dolman d'une coupe identique à celle adoptée dans la Métropole, mais qui sera confectionnée en tissu de flanelle bleu foncé de la même qualité et de la même nuance que l'échantillon dont il sera fait prochainement envoi dans les ports.

D'autre part, toutes les tresses en poil de chèvre, y compris celles au moyen desquelles s'effectue la fermeture, seront des tresses plates pour le dolman en flanelle.

Les marques distinctives de grade portées sur les manches de ce dolman seront de même dimension et de même forme que celles qui ornent le dolman en drap, avec cette différence que les galons seront en tresses plates.

Enfin, les brides en soie des épaules seront, pour la tenue coloniale, du modèle en usage dans la cavalerie légère.

Pendant la saison des chaleurs et aux époques des manœuvres, MM. les vice-amiraux, commandant en chef, préfets maritimes, pourront autoriser, par ordres généraux, les officiers et adjudants d'artillerie et d'infanterie de marine à porter en France le dolman en flanelle.

A partir du 1er juillet 1885, le dolman sera obligatoire et remplacera le paletot en molleton.

Il devra être pris note de la présente décision sur tous les exemplaires en service des descriptifs des 10 janvier et 13 septembre 1873.

CH. BRUN.

(3 juillet 1883)

**CIRC. M.** *au sujet du port de l'uniforme par les officiers de réserve d'artillerie et d'infanterie de marine. — Circulaire du ministère de la guerre du 1er juin 1883.*

B. M., p. 24.

(13 octobre 1883)

**DÉP. M.** *au sujet du casque en liège. (Instruction.)*

ARCH. GOUV.

Le marché souscrit à Paris, le 5 mai 1880, par MM. Alphonse Helbronner et Cie, pour la fourniture des casques en liège nécessaires aux troupes de la marine, a été prorogé pour une nouvelle période de trois années, en vertu d'un acte du 24 mars 1883.

Les modifications indiquées ci-après doivent être apportées dans la confection de ces coiffures, savoir :

1° Les jugulaires seront en cuir fauve;

2° Les agrafes destinées à supporter la jugulaire seront rondes, au lieu d'être plates, et leur tige sera un peu moins élevée, afin de permettre d'accrocher et de décrocher plus aisément la jugulaire;

3° Le coutil américain croisé écru de la coiffe extérieure sera plus fort;

4° La coiffe extérieure sera en tissu de coton croisé vert, comme les bords, au lieu d'être de couleur fauve clair. Toutefois, les fournisseurs ont été autorisés à livrer les coiffures d'ancien modèle qu'ils avaient en magasin.

Les deux derniers changements ayant été arrêtés postérieurement aux deux premiers, il se pourra qu'un certain nombre de casques soient encore expédiés dans votre colonie sans qu'aucune modification ait été apportée aux coiffes.

Je vous prie de vouloir bien porter ces renseignements à la connaissance des portions de corps stationnées en Cochinchine.

D'autre part, il me paraît utile de différencier par une marque distinctive le casque des militaires qui n'appartiennent pas à la même arme. J'ai décidé, en conséquence, que des expériences seront faites à ce sujet dans les colonies.

Vous aurez à donner des instructions afin que les batteries d'artillerie et les détachements d'ouvriers d'artillerie se pourvoient, sur les fonds de la deuxième portion de la masse générale d'entretien, de couleurs indélébiles destinées à peindre en rouge le bandeau du casque.

Après six mois, vous voudrez bien me rendre compte des résultats de ces essais, en me faisant connaître s'il y a intérêt à maintenir les distinctions dont il s'agit.

A. PEYRON.

(15 mars 1884)

**CIRC. Ct SUP. T.** *Prescriptions diverses au sujet de la tenue des officiers. La tenue blanche est tolérée en dehors du service.*

ARCH. C. Sup. T.

(17 mars 1886)

**CIRC. Ct SUP. T.** *Modifications apportées à l'art. 230 (infanterie) et 297 (artillerie du règlement sur le service intérieur des corps de troupe (port de la barbe).*

ARCH. C. Sup. T.

(5 septembre 1886)

**CIRC. Ct SUP. T.** *Modifications apportées aux marques distinctives des adjudants ainsi que des sous-officiers rengagés (Dép. du 5 juillet 1886).*

ARCH. C. Sup. T.

(29 novembre 1886)

**CIRC. Ct SUP. T.** *La Circ. du 9 août 1886 prescrivant l'adoption du képi rigide à partir du 1er janvier 1887 pour les officiers et les adjudants d'artillerie et d'infanterie de marine est applicable aux gardes d'artillerie, gardiens de batterie et chefs armuriers de la marine.*

ARCH. GOUV.

Ma circulaire du 9 août 1886 (B. M., p. 152) vous a fait connaître que le port du képi rigide serait obligatoire, à partir du 1er janvier prochain, pour les officiers et les adjudants d'artillerie et d'infanterie de marine.

J'ai l'honneur de vous informer que, par analogie avec les mesures prises par M. le Ministre de la guerre, les dispositions de la circulaire précitée sont étendues aux gardes d'artillerie, gardiens de batterie et chefs armuriers de la marine. Le trophée est du modèle adopté pour les officiers d'artillerie.

Les gardes d'artillerie seuls portent le pompon en or mat.

Les galons ou broderies de grade continuent à être du modèle en vigueur.

Je vous prie d'assurer, en ce qui vous concerne, l'exécution de ces dispositions.

AUBE.

(1er février 1887)

**CIRC. Ct SUP. T.** *Adoption d'un dolman en toile blanche comme tenue de ville.*

ARCH. C. Sup. T.

(13 septembre 1887)

**CIRC. Ct SUP. T.** *fixant la tenue des officiers de toutes armes de la garnison de Saïgon.*

B. C., p. 684.

J. C., p. 883.

A partir du 15 septembre, et jusqu'à nouvel ordre, la tenue des officiers de toutes armes de la garnison de Saïgon sera réglée ainsi qu'il suit :

De six heures du matin à cinq heures du soir, tenue blanche ;

A partir de cinq heures du soir, tenue de flanelle bleue.

La tenue bourgeoise est autorisée en dehors du service, sous la réserve que MM. les officiers ne porteront pas de vestes blanches sans insignes.

P. CHANU.

## VII. — VÉTÉRINAIRES

| NATURE DES DOCUMENTS | DATES | RECUEILS A CONSULTER Bat. | B.C. | B.D.I. | J.C. | J.H. | B.M. | B.Col. | OBSERVATIONS |
|---|---|---|---|---|---|---|---|---|---|
| A. G. | 16 janvier 1866. | | 15 | | | | | | |
| A. G. | 8 décembre 1868. | II-794 | 317 | | | | | | |
| D. G. | 3 août 1869. | II-795 | 283 | | | | | | |
| Dép. M. | 18 octobre 1869. | II-795 | | | | | | | |
| D. G. | 21 février 1885. | | | | | | | | |

(16 janvier 1866)

**A. G.** *allouant un supplément de 600 francs, au compte du budget local au vétérinaire chargé du service des chevaux appartenant à la colonie.*

B. C., p. 15.

(8 décembre 1868)

**A. G.** *rattachant les officiers vétérinaires aux corps montés et chargeant ces corps de pourvoir, à l'avenir, à leur approvisionement en médicaments destinés à la médication des chevaux.*

BAT. II, p. 794.
B. C., p. 317.

(3 août 1869)

**D. G.** *règlant le service des deux vétérinaires qui faisaient antérieurement partie de l'escadron des spahis et désignant les corps auxquels ils doivent compter.*

BAT. II, p. 795)
B. C., p. 283.

L'un des deux vétérinaires attachés au service de l'escadron des spahis de Cochinchine, est chargé du service aux Mares (1), et l'autre du service à Saïgon.

Le premier fait partie de l'état-major des spahis (2), le second est placé, à partir du 1er août, à l'état-major de l'artillerie, où il compte pour la solde.

Leur service, tant inférieur qu'extérieur, sera exclusivement réglé par M. le général commandant supérieur des troupes.

G. Ohier

(18 octobre 1689)

**DÉP. M.** *L'un des deux vétérinaires employés en Cochinchine comptera à l'état-major du régiment d'artillerie de la marine.*

BAT. II, p. 79.

Vous m'avez proposé, par lettre du 7 août dernier, de faire compter l'un des deux vétérinaires employés en Cochinchine à l'état-major du régiment d'artillerie de la marine, cet emploi étant prévu dans le tableau A annexé au décret du 20 décembre 1864.

J'ai l'honneur de vous informer que j'approuve cette mesure, le traitement de ce vétérinaire étant d'ailleurs déjà porté ou budget.

Ch. Frébault.

(21 février 1885)

**D. G.** *accordant une indemnité annuelle de 2000 fr. au médecin vétérinaire appelé à visiter chaque jour à la boucherie de Caolanh les bœufs à abattre pour le service des subsistances et des hôpitaux et, éventuellement, au parc, les animaux destinés à ce service.*

ARCH. S. AD.

## TUNG-GIA

V. *fonctionnaires et agents indigènes.*

(1) V. *Ferme des Mares.*
(2) Escadron supprimé.

# U

## UNIFORME

V. *Chaque titre principal de la présente table.*

## UNION DES FEMMES DE FRANCE

(6 août 1882)

**DÉCRET** *reconnaissant comme établissement d'utilité publique « l'Union des femmes de France » et approuvant les statuts de l'œuvre. — Statuts.*

(Promulg. A. G., 29 juin 1885)
B. C. 1885, p. 240.
J. C. 1885, p. 881.

Article premier. — Est reconnu comme établissement d'utilité publique l'*Union des Femmes de France*, établie à Paris.

Sont approuvés les statuts de l'œuvre tels qu'ils sont annexés au présent décret.

JULES GRÉVY.

### STATUTS (1)

Article premier.— L'*Union des femmes de France* a pour objet la préparation et l'organisation des moyens de secours qui, dans toute localité, peuvent être mis à la disposition des blessés ou malades de l'armée française.

En cas de fléaux ou de désastres publics, la Société pourra offrir son concours aux autorités compétentes.

Art. 2. — La Société se compose de membres titulaires, auxiliaires et associés.

Les hommes ne peuvent être que membres associés.

Les titulaires paient une cotisation annuelle dont le maximum est facultatif mais qui ne peut être inférieure à... par an.

Les membres auxiliaires ne paient pas de cotisation, mais s'engagent à faire un service actif en temps de guerre.

Une rétribution pourra leur être accordée en cas de mobilisation.

Les hommes peuvent être admis à faire partie de l'*Union*, à titre de membres associés.

Les membres associés paient la cotisation, à l'exception des médecins qui sont, de droit, exempts de cotisation.

Art. 3. — Les titulaires ont, seuls, voix délibérative dans les conseils et assemblées de la Société.

Art. 4. — La Société est administrée par un conseil composé de vingt membres au moins et trente au plus, élus par l'assemblée générale ; ce conseil choisit parmi ses membres cinq personnes qui forment le comité de direction dont il sera ci-après parlé. Les membres du conseil d'administration sont nommés pour deux ans ; ils sont renouvelés annuellement par moitié.

Les membres sortants sont désignés par le sort pour le premier renouvellement, et ensuite par voie d'ancienneté. Ils sont rééligibles.

(1) Adoptés par la section de l'Intérieur le 26 juillet 1882 et par le Conseil d'État le 27 juillet 1882.

Art. 5. — Le conseil choisit parmi ses membres une présidente, deux vice-présidentes et une secrétaire. Elles sont nommées pour une année ; elles sont rééligibles. Le bureau s'adjoindra un secrétaire et un trésorier, pris parmi les membres associés.

Art. 6. — Le conseil se réunit tous les trimestres, pendant les mois de février, mai, août et novembre. Il peut être convoqué extraordinairement par la présidente ou par le comité de direction.

Pour délibérer valablement, le conseil doit réunir le tiers de ses membres.

Nul ne peut, au conseil, voter par procuration.

Les délibérations sont transcrites sur un registre tenu au siège social et signé par la présidente et la secrétaire de la séance, laquelle est chargée de la rédaction des procès-verbaux.

Art. 7. — Le conseil a pleins pouvoirs pour l'administration de la Société.

Il arrête les comptes annuels et les soumet à l'assemblée générale des sociétaires.

Il convoque cette assemblée quand il le juge utile.

Art. 8. — Le comité de direction se compose de cinq membres nommés par le conseil d'administration et choisis dans son sein.

Les pouvoirs sont annuels ; ils peuvent être renouvelés.

Le comité de direction est chargé des affaires courantes de la Société et de l'exécution des délibérations du conseil.

Art. 9. — Le trésorier représente la Société en justice et dans tous les actes de la vie civile.

Les actions judiciaires seront exercées, au nom de la Société, par le comité de direction ou par un agent délégué à cet effet.

Art. 10. — En dehors du comité fonctionnent cinq commissions, présidées chacune par l'un des membres du comité de direction, savoir :

Commission de propagande ; commission de finances ; commission de l'enseignement pratique ; commission du personnel ; commission du matériel.

Les commissions sont composées de dix personnes, proposées par chaque présidente et choisies, soit parmi les membres du conseil, soit parmi les dames titulaires. Leur nomination est soumise à la ratification du conseil. Deux commissaires, choisis de la même manière parmi les membres associés, pourront être adjoints à chaque commission.

Art. 11. — Par exception aux dispositions ci-dessus, la commission de l'enseignement pratique pourra étendre le nombre de ses membres autant que les exigences du service le réclameront.

Art. 12. — La Société pourra former dans les départements des comités qui, en se renfermant dans les limites des présents statuts, jouissent de toute l'initiative nécessaire à leur action et à leur développement.

Art. 13. — Chaque comité conservera l'intégralité des cotisations qu'il aura recueillies en réservant un droit de 10 p. 100 destiné à faire face aux frais généraux de la Société. La somme de ce droit sera versée, chaque année, au siège social.

Art. 14. — Aussitôt que ses ressources le lui permettront, chaque comité devra réaliser l'acquisition d'une boîte de secours, déposée à la mairie, et contenant un matériel de pansement aussi complet que possible.

Art. 15. — En cas de désastres publics, les comités locaux aviseront immédiatement le comité, directeur de l'*Union des femmes de France*, qui statuera, s'il y a lieu, sur l'importance des secours à leur faire parvenir.

Art. 16. — L'assemblée générale se compose des dames titulaires.

Art. 17. — L'assemblée générale se réunit ordinairement dans le mois de mai de chaque année, et extraordinairement quand les besoins de la Société l'exigent.

Les convocations ont lieu par lettre indiquant l'objet de la réunion.

Art. 18. — Les ressources de la Société se composent :

1° Des cotisations des membres titulaires et associés ;

2° Des sommes que les comités de province doivent verser annuellement à la caisse sociale, à raison de 10 p. 100 de leurs encaissements ;

3° Des dons, legs et autres libéralités dont la Société peut être l'objet ;

4° Des produits des conférences, fêtes, réunions, etc., organisés à son profit.

Art. 19. — Les délibérations relatives à l'acceptation des dons et legs et aux acquisitions seront soumises à l'approbation du Gouvernement.

Art. 20. — Les modifications aux statuts ne peuvent avoir lieu que sur l'initiative du conseil d'administration ou sur la demande motivée de cent membres titulaires.

Dans ce dernier cas, cette demande devra être adressée au conseil, deux mois avant l'assemblée générale à l'ordre du jour de laquelle elle sera inscrite.

Aucune modification ne peut être apportée aux statuts sans l'approbation préalable du Gouvernement.

Art. 21. — La dissolution de la Société ne pourra être prononcée que par une assemblée générale extraordinaire, convoquée à cet effet, et à la majorité des membres présents, cette majorité devant, d'autre part, être égale au tiers des membres titulaires.

Cette majorité décidera de l'emploi à faire du reliquat des fonds, lesquels ne pourront être affectés qu'à un objet d'utilité publique.

La délibération relative à la dissolution de la Société et à l'emploi des fonds devra être approuvée par le Gouvernement.

Art. 22. — Un règlement intérieur, arrêté par le conseil et approuvé par le préfet, détermine les dispositions de détails propres à assurer l'exécution des présents statuts.

(12 mai 1885)

**DÉP. M.** *Notification de l'adoption de dispositions proposées par l'Union des femmes de France en vue de venir en aide aux blessés et aux malades du corps expéditionnaire du Tonkin. — Dépêche au préfet maritime de Toulon.*

J. C., p. 867.

Mme la Présidente de *l'Union des femmes de France* vient de me faire connaître que cette association, qui dispose aujourd'hui de ressources d'une certaine importance, a l'intention de donner une plus grande extension aux distributions de secours de diverses natures qu'elle a effectuées, jusqu'à présent, aux blessés et aux malades du corps expéditionnaire au Tonkin.

Mme Kœchlin-Schwartz m'a proposé, par suite, l'adoption de différentes mesures destinées à assurer aux hommes rapatriés de ce corps le bénéfice de dispositions spéciales qui ont été arrêtées par le conseil d'administration de ladite société.

J'ai adhéré, avec reconnaissance, à ces propositions, et je vous envoie ci-joint copie de la dépêche que j'adresse, aujourd'hui même, à M. le Préfet maritime à Toulon, concernant l'exécution, sur divers points, du nouveau programme adopté par *l'Union des femmes de France*.

Je vous prie de donner votre concours le plus empressé au comité constitué à Saïgon par cette association.

GALIBER.

ANNEXE

Mme la Présidente de *l'Union des femmes de France* vient de me faire connaître que cette société, qui dispose aujourd'hui de ressources d'une certaine importance, a l'intention de donner une plus grande extension aux distributions de secours de diverses natures qu'elle a effectuées, jusqu'à présent, aux blessés et aux malades du corps expéditionnaire du Tonkin.

Dans ce but, ladite société m'a proposé de consentir à l'adoption des dispositions suivantes :

1° Expédition à Toulon, pour chaque transport ou paquebot affrété, destiné à rapatrier des malades de cette provenance, d'un envoi de 2 caisses (modèle A et B), renfermant principalement des vêtements, des jeux, du tabac et des cigares.

Ces caisses qui seraient remises par l'intermédiaire du commandant au médecin-major du bord, resteraient intactes jusqu'à l'embarquement des blessés ou des malades à Haïphong. On procéderait alors à leur ouverture et le contenu serait distribué suivant les besoins de la traversée;

2° Envoi au commandant d'Obock d'une série de caisses (modèle C) destinées à être remises successivement aux bâtiments-hôpitaux entrant dans la mer Rouge, en revenant du Tonkin.

Cinq de ces caisses sont prêtes, et la société demande à les faire expédier de Toulon à Obock par l'un des transports en partance.

J'ai adhéré avec reconnaissance à ces propositions, et je vous prie de donner les ordres nécessaires pour l'embarquement, dans les conditions indiquées, des caisses qui vous seront expédiées par *l'Union des femmes de France.*

Vous voudrez bien, d'ailleurs, adresser des instructions aux commandants des bâtiments qui recevront les caisses dont il s'agit, afin qu'ils en assurent l'emploi conformément aux intentions des donateurs.

Dans le cas où les transports ou paquebots ne seraient pas affectés au retour, à un service de rapatriement de malades ou de blessés, les caisses délivrées au départ de France devraient être remises à Toulon au comité local; il en serait de même si, par suite du petit nombre de convalescents, on n'avait pas employé la totalité de l'envoi.

Enfin, si l'un de ces bâtiments ne rentrait pas à Toulon, les caisses non utilisées seraient déposées au port de désarmement et je devrais en être informé, afin que je pusse prendre des mesures en conséquence.

En appelant sur ces diverses recommandations l'attention des commandants des bâtiments, vous aurez aussi à les inviter à vous faire part de leurs observations ainsi que de celles des médecins-majors, sur la composition des envois sus-mentionnés et les modifications qu'il pourrait y avoir lieu d'y apporter. Vous me transmettriez ces observations pour que je les communique à la société donatrice.

*L'Union des femmes de France* constitue, en outre, des comités, l'un à Saïgon, l'autre à Toulon.

Le premier de ces comités, auquel il est ouvert un crédit de 500 francs par transport-hôpital partant de Saïgon ou y relâchant, sera chargé de compléter les précédents envois de la société, suivant les besoins qui seront signalés.

Le second aura à s'enquérir de la situation des hommes envoyés en convalescence et à faire délivrer à ceux qui en auraient besoin, des secours de route (vivres ou argent), ainsi que des vêtements supplémentaires s'il y a lieu.

Ces délivrances, en prévision desquelles il a été expédié à Toulon des vêtements, du linge et une première somme de 10.000 francs, se feront sur bons signés par les membres du comité.

Conformément à la demande qui m'en a été adressée, je vous prie de donner connaissance aux différents chefs de service et chefs de corps de votre port de la création de ce bureau de distribution de secours, en les informant que j'autorise MM. les officiers à faire partie du comité sus-mentionné.

J'adresse aujourd'hui même copie de la présente dépêche :

1° Au gouverneur de la Cochinchine dont le concours sera nécessaire.

2° Au commandant en chef du corps expéditionnaire, mais à titre de renseignement seulement.

Des instructions sont également transmises au commandant d'Obock, en ce qui concerne l'exécution, sur ce point, du programme de la société de secours.

GALIBER.

# V

## VACCINE (SERVICE DE LA)

| NATURE DES DOCUMENTS | DATES | RECUEILS A CONSULTER | | | | | | | OBSERVATIONS |
|---|---|---|---|---|---|---|---|---|---|
| | | Bat. | B.C. | B.D.I. | J. C. | J. H. | B. M. | B. Col | |
| A. G. | 15 septembre 1871. | | 296 | | | | | | |
| D. G. | 31 mars 1874. | | 117 | | | | | | |
| A. G. | 21 mars 1878. | II-789 | 81 | | | | | | |
| Circ. D. I. | 23 mars 1878. | II-789 | | 59 | | | | | |
| A. G. | 22 août 1878. | II-792 | 334 | | | | | | |
| Circ. D. I. | 4 octobre 1878. | II-792 | | 155 | | | | | |
| D. G. | 30 décembre 1884 | | | | 1885-13 | | | | |
| D. G. | 18 février 1886. | | | | 282 | | | | |

(15 septembre 1871)

**A. G.** *rendant obligatoire l'usage de la vaccination dans la colonie.*

B. C., p. 296.

(31 mars 1874)

**D. G.** *relative à la création d'emploi de vaccinateurs indigènes.*

B. C., p. 117.

(21 mars 1878)

**A. G.** *Réorganisation du service de la vaccine en Cochinchine.*

BAT. II, p. 789.
B. C., p. 81.

Article premier. — La décision du 31 mars 1874, créant des emplois de vaccinateurs indigènes, est rapportée.

Art. 2. — Un médecin de la marine, désigné par M. le chef du service de santé, centralisera le service de la vaccine en Cochinchine. Il se rendra deux fois par an, ou plus souvent s'il en est requis, dans chacun des points désignés par l'Administration, au nombre de deux au moins par arrondissement, et pratiquera lui-même l'opération de la vaccine sur les enfants qui lui seront présentés.

Il préviendra le 1er administrateur de son arrivée au moins 15 jours à l'avance. L'administrateur, de son côté, fera connaître immédiatement aux populations le jour et le lieu où les enfants devront être vaccinés.

Il recevra un supplément de trois mille francs par an, plus les indemnités fixées par l'arrêté du 29 janvier 1876.

Un interprète sera mis à sa disposition pendant ses tournées. Il remettra après chaque tournée au chef du service de santé un rapport indiquant les opérations exécutées et les résultats obtenus. Il indiquera les améliorations qu'il serait possible d'apporter au service de la vaccination.

Art. 3. — Les médecins chargés du service médical dans les différents chefs-lieux d'arrondissement vaccineront, un jour par semaine, les enfants domiciliés dans les environs et qui seront réunis dans ce but à l'inspection par les soins des administrateurs.

Leur supplément sera de quinze cents francs à Vinhlong, — douze cents francs à Cholon et à Mytho, — mille francs à Saïgon, Baria, Bienhoa, Tayninh et Chaudoc, — six cents francs à Hatien et au Cambodge.

Art. 4. — Les médecins vaccinateurs admettront avec les enfants tous les adultes qui voudront se faire vacciner.

Les médecins asiatiques et les notables qui désireraient apprendre à pratiquer l'opération de la vaccine, seront admis à assister aux séances de vaccination.

Art. 5. — Si un médecin vaccinateur pensait qu'un enfant ne fût pas dans un état convenable pour être vacciné avec succès, il délivrerait immédiatement aux parents ou aux personnes qui en auraient la charge, un certificat de sa main suivant l'ancien modèle *B*, établissant que l'enfant n'est pas dans un état convenable pour une vaccination heureuse. Ce certificat, s'il est délivré par le médecin chargé de la centralisation du service de la vaccine, sera valable jusqu'à sa prochaine tournée, et pour deux mois s'il est délivré par les médecins des arrondissements; il sera renouvelable par périodes égales successives, jusqu'à ce que le médecin vaccinateur juge que l'enfant est dans un état qui lui permette d'être vacciné avec succès. L'enfant sera alors vacciné avec toute la diligence possible, et si le résultat garantit l'opération, il lui sera délivré un certificat de vaccination efficace (ancien modèle *D*).

Art. 6. — Sept ou huit jours après que le médecin vaccinateur aura procédé à l'opération, les parents ou autres personnes, suivant le cas, devront présenter ou faire présenter l'enfant au lieu indiqué pour être examiné, afin de constater le résultat de l'opération.

Dans le cas d'une vaccination sans succès, les parents devront, si le médecin vaccinateur l'exige, faire revacciner l'enfant immédiatement et le faire examiner ensuite, comme dans le cas précédent.

Les parents doivent présenter leurs enfants dans un état de propreté parfaite, les bras bien lavés, et ne doivent ni gratter ni vider les boutons, ni laisser prendre le vaccin par d'autres personnes avant la visite du médecin.

Art. 7. — Si un médecin vaccinateur jugeait qu'un enfant qui a été vacciné trois fois sans succès ne fût pas susceptible d'une vaccination efficace, ou s'il arrivait qu'un enfant présenté ait eu déjà la petite vérole, il délivrerait aux parents ou aux personnes déjà citées un certificat de sa main conforme à l'ancien modèle *C* et en transmettrait une copie à l'administrateur de l'arrondissement où la naissance a été enregistrée, et si l'arrondissement lui était inconnu ou si la naissance de l'enfant n'avait pas été déclarée, cette copie serait remise à l'administrateur dans l'arrondissement duquel l'opération aurait eu lieu, et dès lors, on ne serait plus obligé de faire vacciner l'enfant.

Art. 8. — Tout Indigène ou autre Asiatique qui se présentera pour être admis dans les écoles publiques de la colonie fournira, en même temps que sa demande, le certificat modèle *D* constatant qu'il a été vacciné avec succès.

Ceux qui se trouveront dans l'impossibilité de produire cette pièce pourront être admis provisoirement; mais ils seront présentés par les soins du maître ou du directeur de l'école, et sous sa responsabilité, à la première séance de vaccination qui suivra leur admission provisoire, et ne seront reçus à titre définif qu'après avoir obtenu le certificat modèle *D* ou modèle *C*.

S'il existe actuellement dans les écoles subventionnées par la colonie des élèves qui n'aient pas été vaccinés, les maîtres ou directeurs les présenteront de la même manière au médecin chargé du service dans leur arrondissement.

Les administrateurs des affaires indigènes tiendront la main à l'exécution de ces prescriptions et séviront, au besoin, contre les maîtres ou directeurs d'école qui s'en écarteraient.

A partir du 1er janvier 1879, le certificat modèle *C* ou modèle *D* sera également exigé des Asiatiques pour l'obtention de tous les emplois rétribués par l'État ou par la colonie.

Art. 9. — Tout médecin vaccinateur d'arrondissement qui, après avoir vacciné un enfant, aura reconnu que la vaccination a été heureuse, devra, dans les trente jours qui suivront l'opération, transmettre à l'administrateur de l'arrondissement un certificat conforme à l'ancien modèle *D*, constatant que l'enfant a été vacciné avec succès, et, sur la demande qu'en feraient les parents ou autres personnes précitées, il en délivrera un duplicata.

Le médecin chargé de la centralisation du service devra agir de la même manière, sauf qu'il délivrera le certificat avant de quitter l'arrondissement.

Art. 10. — L'administrateur chargé de faire enregistrer les naissances et les décès devra, dans les sept jours qui suivront l'enregistrement de la naissance d'un enfant sur les registres à ce destinés, donner aux parents ou aux personnes qui ont la la charge de l'enfant un avertissement conforme à l'ancien modèle *A*, par lequel il requiert que l'enfant soit dûment vacciné, conformément aux dispositions de cet arrêté. Ces avertissements seront détachés d'un registre à souche et modifiés pour les enfants qui devront être vaccinés par le médecin chargé de la centralisation du service. Au lieu de : « Vacciné pendant les trois mois qui suivront la naissance », il faudra écrire : « Vacciné à la première tournée du médecin qui suivra la naissance. »

Art. 11. — Les certificats transmis aux administrateurs par les médecins vaccinateurs seront fixés sur les souches mêmes des avertissements.

Art. 12. — Tout parent ou toute personne ayant la charge d'un enfant et qui aura négligé de le présenter ou de le faire présenter pour être vacciné, ou qui après la vaccination, ne l'aura pas conduit à l'inspection prescrite par l'article 6 du présent arrêté, ne donnera pas une excuse valable de cette négligence, sera passible d'une amende de cinquante francs, et l'administrateur pourra, d'un ordre signé de sa main, désigner une époque pour la vaccination de l'enfant. Si, à l'expiration de ce temps, l'enfant n'a pas été vacciné ou n'a pas été reconnu impropre à être vacciné à ce moment-là, l'amende prononcée, s'il y a négligence ou mauvaise volonté, pourra atteindre deux cents francs.

Art. 13. — Le présent arrêté sera exécuté à partir du 1er mai 1878.

Art. 14. — Les dispositions antérieures contraires au présent arrêté sont abrogées.

J. Lafont.

(23 mars 1878)

**CIRC. D. I.** *Envoi d'un arrêté portant suppression des vaccinateurs indigènes.*

BAT. II, p. 789.

B. D. I, p. 59.

En vous adressant ci-joint une copie de l'arrêté de M. le Gouverneur, en date du 21 mars 1878, qui supprime les vaccinateurs indigènes et les remplace par un médecin français, je crois devoir vous donner quelques explications relatives à cette mesure, dont vous comprendrez, je n'en doute pas, toute la gravité.

L'Administration, qui attache une si grande importance à la vulgarisation de la vaccine, doit se préoccuper des moyens d'atteindre ce but. Elle a constaté, après une expérience de près de quatre années, que l'institution des vaccinateurs indigènes n'a pas donné des résultats satisfaisants.

La vaccination ne consiste pas seulement dans l'opération toute mécanique de l'inoculation du virus : il faut avant tout que la liqueur injectée soit de bonne nature. Il est également nécessaire, pour s'assurer de l'efficacité de l'opération, de savoir distinguer les boutons de vaccin de ceux qui peuvent provenir de toute autre cause, et il faut pour cela une pratique et des connaissances qui manquent complétement à nos opérateurs indigènes; c'est pour cela que l'Administration a cru devoir les supprimer.

Ils seront donc licenciés à partir du jour de l'application de l'arrêté, mais on leur paiera, à titre d'indemnité de licenciement, leur solde du mois et celle du mois suivant. Je vous prie de leur faire savoir qu'ils pourront être nommés aux divers emplois disponibles d'agents de police à Saïgon, s'ils le désirent, et à ceux d'interprètes dans les inspections, à la condition, toutefois, qu'ils aient subi les examens exigés par les règlements.

Vous voudrez bien me désigner le plus tôt possible deux ou trois localités de votre inspection où le médecin vaccinateur aura à se transporter deux fois par an, en exécution de l'article 2 de l'arrêté. Ces points doivent être choisis avec soin, de manière à atténuer autant que possible les difficultés et les frais de transport des enfants et de leurs parents.

Je vous prie également de faciliter à cet officier l'accomplissement de sa mission et de lui fournir, sur sa demande, les moyens de transport dont il pourra avoir besoin, en le faisant accompagner par un administrateur en sous-ordre.

Je ne saurais trop vous recommander de vous efforcer à faire comprendre aux populations placées dans le ressort de votre administration que le seul but de l'autorité supérieure, en prenant cette nouvelle décision, est de garantir autant que possible la vie et la santé de leurs enfants. Elle espère qu'ils n'hésiteront pas à se soumettre, sans que vous soyez obligé de sévir, à des obligations qui, bien qu'elles puissent leur paraître pénibles, n'ont d'autre objet que leur intérêt et celui de leur famille.

Je terminerai en vous priant de vouloir bien veiller avec un soin tout particulier à la bonne tenue des registres de vaccine, de manière à assurer par un contrôle sérieux la stricte exécution de l'arrêté.

BÉLIARD.

(22 août 1878)

**A. G.** *Allocation d'une indemnité journalière de deux francs cinquante centimes (2 francs 50 cent.) nets aux familles des enfants qui auront à se déplacer pour accompagner le médecin vaccinateur.*

BAT. II, p. 792.
B. C., p. 334.

Article premier. — Une indemnité journalière de deux francs cinquante centimes (2 fr. 50 cent.) sera allouée aux familles des enfants qui auront à se déplacer pour accompagner le médecin vaccinateur.

Art. 2. — Cette dépense sera imputable sur les fonds du budget local.

J. LAFONT.

(4 octobre 1878)

**CIRC. D. I.** *Recommandation aux administrateurs d'engager leurs administrés à faire vacciner leurs enfants.*

BAT. II, p. 792.
B. D. I, p. 155.

Depuis la mise en vigueur de l'arrêté du 21 mars dernier, les opérations de la vaccine ont été couronnées d'un plein succès. Mais il ressort des rapports qui m'ont été adressés à ce sujet, que les enfants présentés au médecin vaccinateur sont généralement en très petit nombre, et ce fait est surtout remarquable sur les points éloignés du chef-lieu de l'arrondissement.

En vous rappelant le vif intérêt que l'Administration porte à la propagation de la vaccine, je vous prie d'apporter toute votre sollicitude à convaincre vos administrés des avantages qu'ils ont à faire vacciner leurs enfants. C'est dans le seul but de leur être utile que l'autorité supérieure leur a imposé cette obligation dont ils reconnaîtront chaque jour davantage la bienfaisante efficacité.

En conséquence, j'ai l'honneur de vous inviter, Monsieur l'administrateur, à prendre les mesures que vous jugerez convenables pour que l'on présente au médecin vaccinateur un plus grand nombre d'enfants et que les tournées qui se font dans le ressort de votre arrondissement, loin de rester infructueuses, soient au contraire des plus fécondes en résultat.

BÉLIARD.

(30 décembre 1884)

**D. G.** *portant que le service de la vaccine sera assuré à partir du 1er janvier 1885 par un seul médecin.*

J. C., 1885, p. 13.

A partir du 1er janvier 1885, le service de la vaccine sera assuré par un seul médecin.

L'allocation attribuée au second médecin vaccinateur sera partagée entre les différents postes de la colonie.

CHARLES THOMSON.

(18 février 1886)

**D. G.** *confiant, à compter du 1er janvier 1886, à M. M... Docteur en médecine, le service médical et la vaccine à Giadinh ; Supplément annuel.*

J. C., p. 282.

Article premier. — M. M..., docteur en médecine, est chargé, à compter du 1er janvier 1886, du service médical et de la vaccine à Giadinh.

Art. 2. — Il recevra, en cette qualité, le supplément annuel de six cents piastres (600 piastres), prévu au chapitre XII, 2e section du budget de l'exercice courant sous la rubrique : *Supplément à un médecin civil pour le service médical et la vaccine à Giadinh.*

BÉGIN.

## VAGUEMESTRES

| NATURE DES DOCUMENTS | DATES | RECUEILS A CONSULTER | | | | | | | OBSERVATIONS |
|---|---|---|---|---|---|---|---|---|---|
| | | Bat. | B.C. | B.B.I. | J. C. | J. H. | B. M. | B.Col. | |
| Dép. M. | 31 octobre 1854. | | | | | | R VII. 522 | | |
| D. G. | 15 avril 1862. | | 127 | | | | | | |
| Dép. M. | 4 octobre 1876. | II - 84 | | | | | | | |
| Dép. M. | 31 août 1883. | | | | | | | | |

(31 octobre 1854)

**DÉP. M.** *autorisant les vaguemestres à vendre des timbres-poste.*

B. M., R. VII, p. 522.

(15 avril 1862)

**D. G.** *fixation de l'indemnité spéciale attribuée au vaguemestre du quartier général.*

B. C., p. 127.

(4 octobre 1876)

**DÉP. M.** *au sujet de la désignation d'un sergent-major vaguemestre.*

BAT. II, p. 84.

Au nombre des passagers dont je vous ai annoncé l'envoi en Cochinchine par ma dépêche du 2 septembre dernier, figurait un sergent-major vaguemestre qui n'a pu être fourni par le 1er régiment d'infanterie de marine, chargé de le désigner.

En raison de la difficulté de pourvoir à cet emploi au moyen des ressources actuelles des portions centrales, j'ai décidé, par dérogation aux prescriptions de la circulaire du 7 juin 1873, que les fonctions de sergent-major vaguemestre en Cochinchine seraient confiées, jusqu'à nouvel ordre, à un sous-officier du grade de sergent, choisi dans les compagnies stationnées dans la colonie ; à l'expiration de son temps de séjour colonial, ce sous-officier rentrerait dans le service des compagnies en France, sans pouvoir prétendre à un emploi de sergent-major vaguemestre.

FOURICHON.

(31 août 1883)

**DÉP. M.** *Le service de vaguemestre du régiment de marche en Cochinchine sera assuré par un sous-officier du grade d'adjudant.*

ARCH. GOUV.

J'ai l'honneur de vous informer que, conformément à la proposition contenue dans votre lettre du 1er juillet dernier, j'ai décidé que le service de vaguemestre au régiment d'infanterie de marine en Cochinchine sera assuré par un sous-officier, du grade d'adjudant.

Ce sous-officier, qui devra être choisi dans les compagnies actives stationnées dans la colonie, parmi les adjudants d'une honorabilité et d'un zèle éprouvés, comptera à la section hors rang du régiment de marche, et sera, par suite, remplacé dans la compagnie d'où il aura été tiré.

Toutefois, en vue d'éviter le relèvement de ce sous-officier par un des adjudants vaguemestres de la Métropole, lesquels sont tous de vieux serviteurs mariés, pour la plupart, j'ai arrêté les dispositions suivantes : lorsque le titulaire de l'emploi de vaguemestre du régiment de marche rentrera en France, à un titre quelconque, il rejoindra son régiment de provenance comme adjudant de compagnie et sera remplacé dans ses fonctions par un adjudant présent dans la colonie.

Je vous prie de donner avis de ces dispositions à qui de droit.

PEYRON.

## VENTE D'OBJETS MOBILIERS ET IMMOBILIERS

| NATURE DES DOCUMENTS | DATES | RECUEILS A CONSULTER | | | | | | | OBSERVATIONS |
|---|---|---|---|---|---|---|---|---|---|
| | | Bat. | B.C. | B.D.I. | J. C. | J. H. | B. M. | B.Col. | |
| Circ. M. | 25 mars 1850. | | | | | | R. V. 327 | | |
| Circ. M. | 7 avril 1863 | | | | | | 158 | | |
| Dép. M. | 6 février 1865. | I-439 | | | | | | | |
| Règlement. | 14 janvier 1869. | I-289 | 270 | | | | | | |
| A. G. | 20 avril 1869. | I-401 | | | | | | | |
| Dép. M. | 14 juillet 1870. | | | | | | | | |
| Dép. M. | 13 décembre 1877. | | | | | | | | |
| D. G. | 20 août 1880. | | 433 | | | | | | |
| Circ. M. | 29 mars 1881. | | | | | | 413 | | |
| Dép. M. | 6 décembre 1882. | | | | | | | | |
| Circ. P. G. | 20 novembre 1885. | | | | 1386 | | | | |
| Circ. D. I. | 21 novembre 1885. | | | | 1366 | | | | |

(25 mars 1850)

**CIRC. M.** *au sujet de la vente d'un navire condamné appartenant à l'État. — Interdiction absolue de faire vendre aucun navire avant d'avoir reçu les ordres du ministre.*

B. M. R. V. p. 327.

(7 avril 1863)

**CIRC. M.** *Les procès-verbaux de ventes d'objets mobiliers provenant de marins et de passagers décédés en mer doivent être rédigés sur papier timbré et seront désormais assujettis au droit d'enregistrement de 2 0/0.*

B. M., p. 158.

(6 février 1865)

**DÉP. M.** *Règle à suivre pour la déclaration préalable des ventes faites par les officiers du commissariat de la marine aux colonies.*

BAT. I, p. 439.

La question s'est élevée de savoir si les agents de la marine (officiers du commissariat et conseils d'administration des corps de troupes) sont affranchis de la déclaration préalable aux bureaux de l'enregistrement pour les ventes dont ils sont chargés.

D'après les articles 95 et 102 combinés des ordonnances du 31 décembre 1828 et du 19 juillet 1829, les agents de la marine ne sont pas dispensés de cette formalité ; mais les dispositions de la loi du 22 pluviôse an VII, reproduites par les articles 95 et 102 précités, ont été interprétées en faveur des agents de la marine en France par deux décisions, la première du Ministre des finances en date du 13 décembre 1808, et la seconde du Ministre de la marine, du 26 du même mois. D'après ces décisions, les agents dont il s'agit n'étant pas considérés comme officiers publics pour la tenue des répertoires, sont, par la même raison, dispensés de faire la déclaration préalable des ventes auxquelles ils procèdent.

Il y a lieu de suivre le même principe aux colonies, sous la réserve des distinctions ci-après:

Les ventes que les officiers du commissariat sont appelés à faire se divisent en deux catégories :

La première comprend les ventes d'effets des magasins de la marine et celles d'objets naufragés provenant de bâtiments de l'État et reconnus inutiles au service (Ordonnances des 22 mai 1816 et 6 novembre 1817).

La seconde se compose des ventes d'objets mobiliers de militaires et marins et de ceux des fonctionnaires et agents décédés aux colonies ; d'objets non réclamés provenant des bris et naufrages de bâtiments autres que ceux de l'État, et d'épaves que la mer rejette sur ses bords.

Les ventes de la première catégorie ne pouvant être faites par les officiers du commissariat qu'en présence d'un préposé des domaines, il est naturel que la formalité de la déclaration préalable soit maintenue dans ce cas.

Quant aux ventes de la seconde catégorie, elles sont faites exclusivement par les officiers du commissariat, et, par suite, c'est à ces dernières seules que doit se rapporter la dispense accordée par les deux décisions ministérielles des 13 et 26 décembre 1808.

Il est bien entendu, d'ailleurs, que les préposés des administrations autres que les officiers du commissariat, qui seraient autorisés par vous à vendre directement des objets mobiliers restent placés sous l'application de l'article 102 des ordonnances du 31 décembre 1828 et du 19 juillet 1829.

Les conseils d'administration des corps de troupes doivent être également assujettis à la déclaration préalable, si, toutefois, vous jugiez utile de leur donner l'autorisation de procéder à des ventes.

Tel est le mode de procéder dans les ports ; mais je dois ajouter que, dans tous les cas où existe la dispense de déclaration, il a été prescrit par mon Département de laisser toute latitude aux agents de l'enregistrement pour faire sur place toutes vérifications que comporteraient les intérêts dont la surveillance leur est confiée. Il doit en être de même aux colonies.

DE CHASSELOUP-LAUBAT.

(14 janvier 1869)

(1) **RÈGLEMENT** *sur la comptabilité des dépenses du ministère de la marine et des colonies.* (*Art. 21, 211 à 217 et 257*).

(Promulg. A. G., 28 juillet 1869)

BAT, I, p. 289.

B. C., p. 270.

(1) Comptabilité des colonies.

(20 avril 1869)

**A. G.** *Les greffiers, geôliers et tous autres dépositaires d'effets mobiliers déposés à l'occasion de procès-civils ou criminels définitivement jugés, ou à l'égard desquels l'action est prescrite, doivent demander au juge impérial l'autorisation de faire remise au service des domaines de ceux desdits objets qui peuvent être vendus.*

BAT. I, p. 401.

Article premier. — Les greffiers, geôliers et tous autres dépositaires d'effets mobiliers, déposés à l'occasion de procès civils ou criminels définitivement jugés, ou à l'égard desquels l'action est prescrite, devront, dans les dix premiers jours des mois de janvier et de juillet de chaque année, présenter requête au juge impérial pour être autorisés à faire remise de ceux desdits objets qui seraient susceptibles d'être remis aux receveurs des domaines, qui procèderont à la vente dans les formes suivies pour l'aliénation des objets non réclamés et sur lesquels l'État a un droit éventuel.

L'exactitude des motifs de la requête sera préalablement vérifiée par le procureur impérial.

La remise devra être effectuée, sur inventaire détaillé, dans les cinq jours de la date de l'ordonnance autorisant la remise. Décharge sera donnée au dépositaire au bas de l'ordonnance du juge.

La vente sera publiée et réalisée dans le mois, à compter de la remise opérée par le dépositaire.

Le service des domaines est autorisé à s'assurer de l'existence, dans les greffes et autres lieux de dépôts, d'effets mobiliers susceptibles d'être vendus, et à faire provoquer, auprès du procureur général ou du procureur impérial, la remise que les greffiers et autres dépositaires n'auraient pas effectué aux époques ci-dessus déterminées.

Art. 2. — Les objets d'or et d'argent sont, ainsi que les armes, compris au nombre des effets mobiliers qui doivent être remis aux receveurs des domaines pour être vendus.

Toutefois, les armes d'une valeur inférieure à 10 francs seront brisées avant leur mise en vente.

Quant aux armes de guerre, elles seront remises, sur état dressé en double expédition par le dépositaire et visé par le procureur impérial, au directeur de l'artillerie, qui en donnera décharge sur l'un des doubles états.

Art. 3. — Les sommes en deniers comptants, y compris les excédents de celles consignées par les parties civiles, en exécution des dispositions de l'article 160 du décret du 18 juin 1811, seront également remises aux receveurs des domaines.

Art. 4. — Sont exceptés de cette remise les papiers appartenant à des condamnés ou à des tiers, lesquels papiers resteront déposés dans les greffes pour être remis à qui de droit, s'il y a lieu.

Art. 5. — Les sommes provenant des ventes et celles remises en deniers comptants aux receveurs des domaines seront versés à la caisse des dépôts et consignations, et les ayants droit pourront les réclamer dans les délais fixés par l'article 2262 du Code Napoléon.

Art. 6. — Les dispositions ci-dessus sont applicables aux effets déposés dans les greffes des conseils de guerre et des tribunaux maritimes commerciaux, ainsi que dans les prisons militaires.

L'exécution des mesures prescrites pour assurer la remise, aux receveurs des domaines, des objets mobiliers susceptibles d'être vendus, est spécialement et exclusivement soumise à la surveillance, selon le cas des commissaires impériaux ou du commissaire de l'inscription maritime.

G. Ohier.

(14 juillet 1870)

**DÉP. M.** *Justification à produire à l'appui des versements faits à la caisse du trésorier-payeur de sommes recouvrées pour le compte de l'État par les receveurs de l'enregistrement. — Annexe* (1).

ARCH. GOUV.

(13 décembre 1877)

**DÉP. M.** *relative à la vente des chevaux réformés dans les corps montés aux colonies* (2).

ARCH. GOUV.

(20 août 1880)

**D. G.** *Vente d'objets mobiliers et immobiliers provenant des services de la marine.*

B. C., p. 433.

Article premier. — Le percepteur dans les inspections-perceptions et l'administrateur chargé de l'assiette de l'impôt dans les autres arrondissements, pourront suppléer le receveur des domaines de Saïgon dans les ventes d'objets mobiliers et immobiliers provenant des services de la marine, qui doivent être faites sur place, ailleurs qu'au chef-lieu de la colonie. Ils agiront dans ces circonstances pour le compte et par délégation de ce fonctionnaire, à qui ils transmettront, dans les 48 heures de l'opération, les procès-verbaux de vente et les fonds en provenant, au moyen d'un mandat de trésorerie à son ordre.

Le Myre de Vilers.

(29 mars 1881)

**CIRC. M.** *Interprétation de l'art. 211 du règlement du 14 janvier 1869, concernant le droit attribué aux fonctionnaires du commissariat d'ajourner les ventes d'objets immobiliers remis aux Domaines par le département de la marine.*

B. M., p. 413.

A l'occasion de la vente d'un immeuble remis par le Département de la marine à l'administration des domaines au port de....., l'officier du commissariat a cru devoir, par une déclaration jointe au procès-verbal, ajourner la vente, en invoquant l'article 211 du règlement du 14 janvier 1869, rendu pour l'exécution du décret du 31 mai 1862 sur la comptabilité publique, ledit article ainsi conçu : « Aucune vente de denrées, d'objets mobiliers ou immobiliers provenant du » matériel de la marine, n'a lieu sans l'intervention des fonctionnaires du commissariat et des » préposés des Domaines. Les fonctionnaires du commissariat qui doivent fixer les jours de vente » et y assister, ont la faculté de les ajourner, s'ils reconnaissent que les prix offerts sont inférieurs » à la valeur réelle des objets mis en vente. »

Cet incident a motivé une réclamation de M. le Ministre des finances qui, dans une dépêche du 19 janvier dernier fait observer, avec raison, que la disposition du règlement du 14 janvier 1869 réservant aux fonctionnaires du commissariat le droit de fixer le jour des ventes et la faculté de les ajourner, a trait exclusivement aux ventes de denrées et d'objets soit mobiliers, soit immobiliers, c'est-à-dire précédemment immobilisés par destination, mais meubles de leur nature, qui proviennent du matériel de la marine.

J'ajoute qu'on comprend bien le motif de la faculté d'ajournement attribué à ces fonctionnaires alors qu'il n'y a pas de mise à prix et que les prix offerts par les enchérisseurs peuvent être très inférieurs à la valeur réelle des objets, mais pareille faculté ne s'expliquerait pas et ne saurait exister pour les ventes d'immeubles dont la mise à prix est fixée après une instruction administrative, par le préfet du département. Dans ce cas, la mise à prix est une offre de l'État, qui une fois couverte par une enchère ne saurait être retirée sans atteinte aux droits du public.

C'est donc à tort que l'officier du commissariat du port de..., a requis l'ajournement de la vente

(1) V. *Enregistrement et des domaines* (*Service de l'*), § *comptabilité*.

(2) V. *Enregistrement et des domaines* (*Service de l'*), § *comptabilité*.

de l'immeuble dont il a été question ci-dessus, et je vous prie de vouloir bien donner des ordres pour que, le cas échéant, il soit fait une saine application des dispositions de l'article 211 du règlement du 14 janvier 1869.

L'insertion de la présente circulaire au *Bulletin officiel de la marine* tiendra lieu de notification.

CLOUÉ.

(6 décembre 1882)

**DÉP. M.** *rappelant que le service de l'enregistrement est chargé des ventes, et non pas le service consommateur. (Art. 214 du règlement du 14 janvier 1869.)*

ARCH. S. AD.

(20 novembre 1885)

**CIRC. P. G.** *au sujet de la vente des objets déposés dans les greffes. (Distinction entre les objets déposés à l'occasion de procès civils ou criminels définitivement jugés et ceux confisqués).*

J. C., p. 1386

Aux termes d'un arrêté local, en date du 20 avril 1869, les objets déposés dans les greffes à l'occasion de procès civils ou criminels définitivement jugés ou à l'égard desquels l'action est prescrite, doivent être remis, au commencement de chaque semestre, aux receveurs des domaines pour être vendus.

L'application de cet arrêté donne lieu, dans les arrondissements, à des difficultés incessantes dont il importe de prévenir le retour.

On confond généralement les objets qui ont été déclarés confisqués par la justice, avec ceux provenant de simples dépôts à l'occasion de procès civils ou criminels définitivement jugés.

Cette confusion est la source d'irrégularités et d'erreurs graves.

En effet, les objets sont aliénés au profit de la colonie, tandis que la vente des objets déposés doit exclusivement profiter aux dépositaires.

Il résulte de cette distinction essentielle que des états de remise, distincts par nature d'objets, doivent être établis par les greffiers.

Pour éviter toute confusion, les états de remise des objets provenant de simples dépôts, devront comprendre cinq colonnes indiquant : 1° la date du dépôt ; 2° le numéro du registre des dépôts ; 3° le nom du propriétaire ou la mention qu'il est inconnu ; 4° la désignation des objets ; 5° les dates des jugements ou arrêts ou la mention que l'action est prescrite.

Ces indications étant indispensables pour le versement à la caisse des dépôts et consignations du prix de vente de ces objets, je vous prie de donner des instructions au greffier, pour que les remises de cette nature soient toujours appuyées d'un état établi conformément au modèle qui précède.

Vous voudrez bien m'accuser réception de la présente circulaire et veiller à sa stricte exécution.

A. BERT.

(21 novembre 1885)

**CIRC. D. I.** *Instructions sur la vente des objets mobiliers déposés dans les greffes. (Distinction entre les objets qui ont été déclarés confisqués par la justice et ceux qui proviennent de dépôts à l'occasion de procès civils ou criminels définitivement jugés).*

J. C., p. 1366.

L'application de l'arrêté du 20 avril 1869, réglementant la remise au domaine et la vente des objets déposés dans les greffes, donne lieu, dans les arrondissements où l'administrateur est chargé de suppléer le receveur des domaines, à des difficultés incessantes dont la présente circulaire a pour but de prévenir le retour.

On confond généralement les objets qui ont été déclarés confisqués par la justice avec ceux qui proviennent de dépôts faits à l'occasion de procès civils ou criminels définitivement jugés. C'est là une source d'erreurs et d'irrégularités graves que je ne saurais trop signaler à votre attention.

Les objets confisqués au profit de la colonie doivent être vendus par vos soins, sans l'intervention du receveur des domaines de Saïgon, et le produit de la vente doit être versé à la caisse du percepteur ou du payeur, suivant le cas, au même titre que les prix de vente du mobilier du service local.

Quant aux objets simplement déposés auxquels s'applique uniquement l'arrêté du 20 avril 1869 vous avez à en opérer la vente pour le compte et par délégation du receveur des domaines. Le produit net des ventes de l'espèce est ensuite adressé à ce fonctionnaire qui doit effectuer, dans les vingt-quatre heures, le versement prescrit à la caisse des dépôts et consignations.

Il suit de cette distinction essentielle que des états de remise distincts par nature d'objets doivent être établis par les greffiers.

Ceci posé, voici les formalités à observer pour la vente des objets mobiliers appartenant à la seconde catégorie, c'est-à-dire de ceux qui ont été simplement déposés dans les greffes, et dont la confiscation n'a pas été prononcée.

Pour éviter toute confusion, il est indispensable que les états de remise dressés par les greffiers soient établis sur cinq colonnes, indiquant : 1° la date du dépôt ; 2° le numéro du registre des dépôts ; 3° le nom du propriétaire, ou la mention qu'il est inconnu ; 4° la désignation des objets ; 5° et les dates des jugements ou arrêts, ou la mention que l'action est prescrite. Ces indications étant nécessaires pour le versement à la caisse des dépôts et consignations, vous devez refuser toute remise d'objets qui ne serait pas appuyée d'un état établi sur le modèle qui précède.

En procédant à la vente, vous éviterez de réunir dans un même lot des objets remis par des dépositaires différents ; vous aurez soin en outre d'adjuger séparément ceux qui proviennent de chaque procès, et de distinguer les recettes applicables à chaque article. Ces prescriptions sont fondées sur l'éventualité de réclamations ultérieures de la part des propriétaires des objets vendus.

Les adjudicataires auront toujours à payer en sus du prix de chaque lot 5 p. 100 pour tous frais.

Enfin, dans les quarante-huit heures de l'opération vous aurez à transmettre au receveur des domaines, à Saïgon, l'état de remise, le procès-verbal de la vente et les fonds en provenant, au moyen d'un mandat de trésorerie.

Je vous prie de veiller à l'exécution stricte des prescriptions de la présente circulaire, dont l'objet est d'assurer l'ordre et la régularité dans cette partie du service.

NOUET.

Consulter en outre : *Mobilier et matériel du service local, service régional.*

# VENTE DE MARCHANDISES

## SUBSTANCES ALIMENTAIRES OU MÉDICAMENTEUSES

| NATURE DES DOCUMENTS | DATES | RECUEILS A CONSULTER | | | | | | | OBSERVATIONS |
|---|---|---|---|---|---|---|---|---|---|
| | | Bat. | B.C. | B.D.I. | J. C. | J. H. | B. M. | B.Col. | |
| Loi. | 27 mars 1851. | II-657 | 1867-98 | | | | | | |
| Loi. | 5 mai 1855. | II-658 | 1867-101 | | | | | | |
| A. M. | 1er mai 1872. | II-281 | | | | | | | |
| A. G. | 30 août 1875. | II-658 | 318 | | | | | | |
| A. G. | 21 février 1881. | | 119 | | | | | | |
| Dép. M. | 19 mars 1883. | | | | | | | | |
| A. G. | 28 mai 1883. | | 237 | | | | | | |
| A. G. | 18 juin 1887. | | 409 | | 686 | | | | |

(27 mars 1851)

**LOI** *tendant à la répression plus efficace de certaines fraudes dans la vente des marchandises.*

(Promulg. D. G., 3 avril 1867)
BAT. II, p. 657.
B. C., 1867, p. 98.

Article premier. — Seront punis des peines portées par l'article 423 du Code pénal:

1° Ceux qui falsifieront des sublances ou denrées alimentaires ou médicamenteuses destinées à être vendues ;

2° Ceux qui vendront ou mettront en vente des substances et denrées alimentaires ou médicamenteuses qu'ils sauront être falsifiées ou corrompues ;

3° Ceux qui auront trompé ou tenté de tromper, sur la quantité des choses livrées, les personnes auxquelles ils vendent ou achètent, soit par l'usage de faux poids ou de fausses mesures, ou d'instruments inexacts servant au pesage ou au mesurage, soit par des manœuvres ou procédés tendant à fausser l'opération du pesage ou du mesurage, ou à augmenter frauduleusement le poids ou le volume de la marchandise, même avant cette opération, soit enfin par des indications frauduleuses, tendant à faire croire à un pesage ou mesurage antérieur et exact.

Art. 2. — Si, dans les cas prévus par l'article 423 du Code pénal, ou par l'article premier de la présente loi, il s'agit d'une marchandise contenant des mixtions nuisibles à la santé, l'amende sera de 30 à 500 francs, à moins que le quart des restitutions et dommages-intérêts n'excède cette dernière somme; l'emprisonnement sera de trois mois à deux ans.

Le présent article sera applicable même au cas où la falsification nuisible serait connue de l'acheteur ou consommateur.

Art. 3. — Sont punis d'une amende de 16 francs à 25 francs et d'un emprisonnement de six à dix jours, ou de l'une de ces deux peines seulement, suivant les circonstances, ceux qui, sans motifs légitimes, auront dans leurs magasins, boutiques, ateliers ou maisons de commerce, ou dans les halles, foires ou marchés, soit des poids ou mesures faux, ou autres appareils inexacts servant au pesage ou mesurage, soit des substances alimentaires ou médicamenteuses qu'ils sauront être falsifiées ou corrompues.

Si la substance falsifiée est nuisible à la santé, l'amende pourra être portée à 50 francs, et l'emprisonnement à quinze jours.

Art. 4. — Lorsque le prévenu, convaincu de contravention à la présente loi ou à l'article 423 du Code pénal, aura, dans les cinq années qui auront précédé le délit, été condamné pour infraction à la présente loi ou à l'article 423, la peine pourra être élevée jusqu'au double du maximum; l'amende prononcée par l'article 423 et par les articles 1 et 2 de la présente loi pourra même être portée jusqu'à 1.000 fr., si la moitié des restitutions et dommages-intérêts n'excède pas cette somme; le tout sans préjudice de l'application, s'il y a lieu, des articles 57 et 58 du Code pénal.

Art. 5. — Les objets dont la vente, usage ou possession constitue le délit, seront confisqués conformément à l'article 423 et aux articles 477 et 481 du Code pénal.

S'ils sont propres à un usage alimentaire ou médical, le tribunal pourra les mettre à la disposition de l'Administration, pour être attribués aux établissements de bienfaisance.

S'ils sont impropres à cet usage ou nuisibles, les objets seront détruits ou répandus aux frais du condamné. Le tribunal pourra ordonner que la destruction ou effusion aura lieu devant l'établissement ou le domicile du condamné.

Art. 6. — Le tribunal pourra ordonner l'affiche du jugement dans les lieux qu'il désignera, et son insertion intégrale ou par extrait, dans tous les journaux qu'il désignera, le tout aux frais du condamné.

Art. 7. — L'article 463 du Code pénal sera applicable aux délits prévus par la présente loi.

Art. 8. — Les deux tiers du produit des amendes sont attribués aux communes dans lesquelles les délits auront été constatés.

Art. 9. — Sont abrogés les articles 475, n° 14, et 479, n° 5, du Code pénal.

(5 mai 1855)

**LOI** *déclarant applicables aux boissons les dispositions de la loi du 27 mars 1851 relative à la répression de certaines fraudes dans la vente des marchandises.*

BAT. II, p. 658, B. C., 1867 p. 101.

(Promulg. A. G., 3 avril 1867)

BAT. II, p. 658.

B. C., 1867, p. 101.

Article premier. — Les dispositions de la loi du 27 mars 1851 sont applicables aux boissons.

Art. 2. — L'article 318 et le n° 6 de l'article 475 du Code pénal sont et demeurent abrogés.

(1er mai 1872)

**A. M.** *portant défense de vendre des viandes, poissons, légumes, fruits ou autres victuailles en dehors de l'enceinte des marchés publics.*

BAT. II, p. 281.

Il est défendu de vendre des viandes, poissons, légumes, fruits ou autres victuailles, ailleurs que dans l'enceinte des marchés publics.

Toute contravention au présent arrêté sera constatée par les agents de la force publique et déférée aux tribunaux.

MARX.

(30 août 1875)

**A. G.** *généralisant l'application, en dehors du ressort des tribunaux français, de la loi du 27 mars 1851 relative à la répression de certaines fraudes dans la vente des marchandises.*

BAT. II, p. 658.

B. C., p. 318.

Article premier. — Seront punis des peines édictées par la loi du 27 mars 1851, les Indigènes et autres Asiatiques, habitant en dehors du ressort des tribunaux français, qui falsifieront, vendront, mettront en vente, ou, sans motifs légitimes, auront dans leurs magasins, dans leurs boutiques et dans leurs maisons de commerce ou dans les halles et marchés, soit des boissons, soit des substances alimentaires ou médicamenteuses qu'ils sauront être falsifiées ou corrompues.

Art. 2. — Les objets dont la vente, usage et possession constitue le délit, seront confisqués ou détruits.

DUPERRÉ.

(21 février 1881)

**A. G.** *rendant obligatoire dans les marchés, boutiques, bateaux ou ateliers du 20e arrondissement, l'usage des poids et mesures français* (1).

B. C., p. 119.

(1) V. *Poids et mesures.*

(19 mars 1883)

**DÉP. M.** *tendant à une application plus exacte des lois qui punissent la tromperie sur la nature de la marchandise vendue en ce qui concerne les beurres falsifiés importés dans certaines colonies. — Envoi d'instructions.*

ARCH. GOUV.

M. le Ministre du commerce a appelé l'attention de mon Département sur la nécessité de prescrire aux colonies l'exacte application des lois qui punissent la tromperie sur la nature de la marchandise vendue. Il m'a fait connaître que, dans certaines de nos colonies, on importe des graisses animales mélangées qui sont vendues à bas prix sous le nom de beurres, au détriment du public et de la production française.

J'ai l'honneur de vous adresser ci-joint copie des instructions qui ont été adressées aux préfets en vue d'arriver à la répression des sophistications qui se pratiquent en France sur cette denrée.

Je vous prie de donner des ordres pour que des mesures analogues soient prises dans la colonie.

L'administration locale est armée, d'ailleurs, de pouvoirs suffisants pour exercer une surveillance et une répression efficaces en cette matière, car, en dehors du code pénal, elle peut sévir conformément au décret du 29 avril 1857, qui a promulgué aux colonies la loi des 10, 17 et 27 mars 1851 tendant à la répression plus efficace de certaines fraudes dans la vente des marchandises, ainsi que la loi du 5 mai 1855 qui en déclare les dispositions applicables aux boissons.

Vous examinerez, en outre, s'il y a lieu de promulguer des dispositions complémentaires, et vous voudrez bien m'adresser des propositions à cet égard.

CH. BRUN.

(28 mai 1883)

**A. G.** *relatif à la vente, dans la colonie, de la margarine et des produits similaires.*

B. C., p. 237.

Article premier. — La margarine et les produits similaires mis en vente dans la colonie devront porter, sur chaque boîte ou morceau, une étiquette contenant, en caractères suffisamment lisibles, une indication conforme à la nature réelle du produit.

Art. 2. — Toute contravention au présent arrêté sera poursuivie devant les tribunaux de simple police, indépendamment de l'application qui pourrait être faite, le cas échéant, des dispositions de la loi du 27 mars 1851, insérée au *Bulletin officie* de la colonie, suivant décision du Gouverneur en date du 3 avril 1867.

CHARLES THOMSON.

(18 juin 1887)

**A. G.** *Commission chargée de faire des visites périodiques ou inopinées chez les commerçants et débitants de substances alimentaires et de boissons ; — Vacation.*

B. C., p. 409.

J. C., p. 686.

Article premier. — Des visites périodiques ou inopinées seront faites chez les commerçants et débitants de substances alimentaires et de boissons par une commission composée ainsi qu'il suit :

Un médecin de la marine ;

Un pharmacien de la marine ;

Un pharmacien civil ; désignés par M. le Chef du service de santé.

Cette commission sera assistée du commissaire de police de l'arrondissement.

Art. 2. — Des échantillons des produits ou des liquides mis en vente pourront être analysés. Les procès-verbaux d'analyse seront, le cas échant, transmis aux parquets.

Art. 3. — Chacun des membres de la commission recevra. à titre d'indemnité, la vacation de 20 francs, prévue pour visites et rapports de médecins à l'article 49 de l'arrêté du 11 juillet 1865, modifié par l'article 3 de l'arrêté du 19 août 1880.

Il ne pourra pas être attribué plus d'une vacation dans la même journée.

Art. 4. — La dépense résultant de ces allocations sera imputée au budget local de l'exercice courant, chapitre XVIII, première section, sous la rubrique : *Dépenses imprévues.*

FILIPPINI.

Consulter en outre : *Magasins généraux.* — *Ventes publiques.*

## VENTES JUDICIAIRES

V. *Saisies immobilières.*

# VENTES PUBLIQUES

| NATURE DES DOCUMENTS | DATES | RECUEILS A CONSULTER | | | | | | | OBSERVATIONS |
|---|---|---|---|---|---|---|---|---|---|
| | | Bat. | B.C. | B.D.I. | J. C. | J. H. | B.M. | B.Col. | |
| A. G. | 15 mars 1867. | II-792 | 337 | | | | | | |
| A. G. | 15 mars 1867. | I-259 | 324 | | | | | | |
| A. G. | 19 juin 1877. | II-203 | 190 | | | | | | |
| A. G. | 16 avril 1878. | II-794 | 116 | | | | | | |

(15 mars 1867)

**A. G.** *réglementant les ventes à l'encan.*

BAT. II, p. 792.
B. C., p. 337.

Article premier. — Les courtiers inscrits procéderont exclusivement aux prisées et à la vente aux enchères publiques, en détail, de tous les biens-meubles et marchandises neuves ou d'occasion, à l'exception des droits incorporels dont la vente s'effectuera par le ministère du notaire.

Art. 2. — Il est interdit à tous particuliers et à tous officiers publics de s'immiscer dans les prisées et ventes attribuées aux courtiers inscrits, à peine d'une amende qui ne pourra excéder la moitié du prix des objets prisés ou vendus, ni être au-dessous de 100 francs, sans préjudice de tels dommages-intérêts qu'il conviendra (1).

Art. 3. — Les ventes seront faites au comptant ; le courtier sera responsable de la réalisation immédiate du prix, à moins qu'il n'y ait terme accordé ou consenti par les propriétaires des objets vendus.

Art. 4. — Les courtiers inscrits pourront recevoir toutes déclarations concernant les ventes, recevoir et viser toutes les oppositions qui y seront formées, introduire devant les autorités compétentes tous référés auxquels leurs opérations donneraient lieu, et, à cet effet, ajourner par le procès-verbal les parties intéressées devant lesdites autorités.

Art. 5. — Toute opposition, toute saisie-arrêt formée entre les mains des courtiers, toute signification de jugements qui en prononceront la validité, seront sans effet, à moins que l'original desdites oppositions, saisie-arrêt ou signification de jugements n'ait été visé par le courtier, ou, en cas d'absence ou de refus, par le chef du bureau municipal.

Art. 6. — Les courtiers auront la police dans les ventes ; ils pourront faire toute réquisition aux dépositaires de la force publique pour y maintenir l'ordre et dresser tous procès-verbaux de rébellion.

Art. 7. — Il est interdit aux courtiers de se rendre directement ou indirectement adjudicataires d'objets qu'ils sont chargés de priser ou de vendre, et de comprendre dans les ventes des meubles, objets mobiliers ou marchandises non appartenant aux personnes dénommées dans les déclarations ci-après prescrites, à peine d'être rayés de la liste des courtiers inscrits par le tribunal de commerce statuant disciplinairement et sans appel, sur la plainte d'une partie intéressée ou d'office, et de ne pouvoir y être inscrits de nouveau, conformément aux dispositions de l'article 6, paragraphe 2, de la loi sur le courtage du 18 juillet 1866.

Art. 8. — Aucun courtier ne pourra procéder à une vente sans en avoir fait préalablement la déclaration au bureau de l'enregistrement. Cette déclaration sera inscrite à sa date, sur un registre spécial. Elle contiendra les nom, qualité et domicile du déclarant, du requérant et de la personne dont les meubles sont mis en vente, avec l'indication du jour de l'ouverture de la vente et de l'endroit où elle se fera.

Les copies des déclarations seront transcrites en tête des procès-verbaux de ventes. Chaque objet adjugé sera porté de suite au procès-verbal ; le prix sera inscrit en toutes lettres et en chiffres. Chaque séance sera close et signée par le courtier et deux témoins domiciliés.

Art. 9. — Les courtiers inscrits tiendront un répertoire sur lequel ils inscriront leurs opérations jour par jour, et qui sera préalablement coté et paraphé à chaque page par le juge impérial. Ce répertoire, qui énoncera le nom des propriétaires, la

(1) V. *infrà*, A. G., 19 juin 1877 et 16 avril 1878.

nature des objets vendus, la date et le produit de la vente, la quotité des droits d'enregistrement perçus, le montant des autres déboursés et le chiffre des allocations, sera arrêté tous les trois mois par le receveur de l'enregistrement. Une expédition en sera déposée chaque année, avant le 1er mars, au greffe du tribunal civil.

Art. 10. — Toute contravention aux articles 8 et 9 sera punie d'une amende de 25 francs, sans préjudice des dommages-intérêts aux parties, s'il y a lieu. Les amendes seront recouvrées comme en matière d'enregistrement.

Art. 11. — Le receveur de l'enregistrement pourra se transporter dans les lieux où se font les ventes, à l'effet d'y vérifier les procès-verbaux et les copies des déclarations préalables. Il constatera les contraventions qu'il aurait reconnues.

Art. 12. — Les procès-verbaux des courtiers seront enregistrés, pour chaque vacation, dans les huit jours de sa date.

Art. 13. — Les courtiers se conformeront aux lois, décrets, arrêtés et règlements sur la vente de certaines marchandises, telles que armes, poudre, munitions, équipements militaires et autres, à l'égard desquelles des précautions ou formalités particulières sont ou seront prescrites.

Art. 14. — Les courtiers se conformeront aux lois générales ou spéciales sur les patentes, l'enregistrement, la tenue des répertoires et leur vérification en tout ce qui n'a pas été prévu par le présent.

Art. 15. — Tout courtier inscrit qui cessera d'exercer les fonctions définies par le présent arrêté, sera tenu de remettre ses minutes au greffe du tribunal de commerce.

Art. 16. — Il sera pourvu aux dispositions de détail, en ce qui concerne la fixation des jours de vente, des jours et heures de dépôt de marchandises par les vendeurs, du taux de la rémunération du courtier, etc., etc., au moyen d'un règlement particulier, qui sera affiché dans la salle de vente.

Ce règlement particulier, établi par chaque courtier, sera préalablement soumis à l'approbation du Directeur de l'Intérieur.

Toute modification à ce règlement ne pourra être mise en vigueur qu'un mois après avoir été insérée dans ledit règlement et affichée.

Art. 17. — Les dispositions du présent arrêté seront exécutées, sauf approbation ultérieure du Ministre, à partir du 1er mai 1867.

Toutes dispositions contraires, notamment celles arrêtées du 11 juillet 1865, n° 82, articles 44, 45 et 46, fixant les tarifs, frais de vacation, etc., des commissaires-priseurs, et n° 83 concernant la réglementation des attributions, droits et obligations des commissaires-priseurs, sont abrogées.

DE LA GRANDIÈRE.

(15 mars 1867)

**A. G.** *promulguant les lois et décrets suivants :*

1° *Loi du 28 mai 1858 sur les négociations concernant les marchandises déposées dans les magasins généraux.*

2° *Loi du 28 mai 1858 sur la vente publique de marchandises en gros. — Tableau des marchandises qui peuvent être vendues en gros aux enchères publiques.*

3° *Du décret du 12 mars 1859 relatif à l'exécution de ces lois* (1).

BAT. I, p. 259.

B. C., p. 324.

(1) V. *Magasins généraux.*

(19 juin 1877)

**A. G.** *appliquant les peines de simple police aux contraventions prévues :*

*1°*. . . . . . . . . . . . . . . . . . . . . . . . . . . . . . .

*2°*. . . . . . . . . . . . . . . . . . . . . . . . . . . . . . .

*3° et par l'arrêté du 15 mars 1867 réglementant les ventes à l'encan.*

(App. Dép. M., 29 octobre 1877) (1).

BAT. II, p. 203.

B. C., p. 190.

Article premier. — Les peines édictées dans les arrêtés sus-indiqués sont supprimées.

Art. 2. — Les contraventions à ces arrêtés seront punies des peines de simple police, conformément à la loi.

DUPERRÉ.

(16 avril 1878)

**A. G.** *Modifiant l'arrêté du 19 juin 1877, en ce qui concerne l'amende prévue par l'art. 2.*

BAT. II, p. 794.

B. C., p. 116.

Article premier. — Les peines dont il est parlé à l'article premier de l'arrêté du 19 juin 1877 ne visent, en ce qui concerne l'arrêté du 15 mars 1867, que l'amende prononcée par l'article 2.

Art. 2. — L'amende de 25 francs portée par l'article 10 de ce dernier arrêté, étant une amende d'enregistrement encourue par le seul fait de la contravention, est maintenue.

J. LAFONT.

## VÉTÉRINAIRES MILITAIRES

V. *Troupes et artillerie de la marine.*

## VERSEMENTS

V. *Caisses publiques. — Envoi de fonds.*

## VIDANGES

V. *Bouages et vidanges.*

## VINGTIÈME ARRONDISSEMENT

V. *Division administrative et territoriale.*

## VINS DE CHINE

V. *Douanes.*

(1) V. BAT. II, p. 203.

## VIOLENCES

(14 septembre 1868)

**CIRC. D. I.** *Défense de laisser frapper les Indigènes.*

BAT. I, p. 56.

B. D. I, p. 25.

J'ai l'honneur de rappeler à MM. les inspecteurs que M. le Gouverneur défend expressément de laisser frapper les Indigènes. Cette recommandation doit être rigoureusement exécutée ; toute infraction devra être réprimée sévèrement, surtout lorsque des employés, des miliciens ou des notables auraient été l'objet de mauvais traitements.

P. VIAL.

## VISITES

V. *Honneurs et préséances.*

## VISITES MÉDICALES

| NATURE DES DOCUMENTS | DATES | RECUEILS A CONSULTER | | | | | | | OBSERVATIONS |
|---|---|---|---|---|---|---|---|---|---|
| | | Bat. | B. C. | B.D.I. | J. C. | J. H. | B. M. | B. Col | |
| Dép. M. | 9 octobre 1877. | II-405 | | | | | | | |
| Circ. M. | 2 novembre 1882. | | | | | | 744 | | |
| D. G. | 18 février 1886. | | | | 282 | | | | |
| D. G. | 26 mai 1886. | | 171 | | | | | | |
| A. G. | 9 février 1887. | | 113 | | 201 | | | | |

(9 octobre 1877)

**DÉP. M.** *au sujet de la nomination d'un médecin civil pour la visite des femmes. — Annexe* (1).

BAT. II, p. 405.

(2 novembre 1882)

**CIRC. M.** *Recommandations relatives aux visites médicales auxquelles doivent être soumis, avant le départ de France, les marins, militaires ou agents divers appelés à servir à la mer ou aux colonies.*

B. M., p. 744.

Le dernier rapport qui m'est parvenu de la Nouvelle-Calédonie sur l'état sanitaire des passagers au moment de leur débarquement dans la colonie, m'a permis de constater que les prescriptions relatives aux visites médicales qui doivent avoir lieu avant le départ de France, ne sont pas toujours suivies.

C'est ainsi que, dès l'arrivée du *Navarin* et de la *Loire*, 12 hommes, dont 6 militaires de l'infanterie de marine, 3 de l'artillerie, 1 fourrier des équipages, 1 gendarme et 1 surveillant étaient reconnus atteints de phthisie pulmonaire ou d'affections organiques du cœur.

Sur ces 12 hommes, deux ont dû être renvoyés en France par le transport qui les avait amenés, les 10 autres ont été également rapatriés par une autre voie après un long séjour à l'hôpital.

J'ai l'honneur de vous prier de rappeler de nouveau aux différents chefs de corps et de service placés sous vos ordres, que les marins, militaires ou agents divers ne doivent jamais être embarqués pour servir à la mer ou aux colonies sans avoir été soumis, au préalable, à une visite médicale individuelle des plus attentives.

Cette visite devra être passée, surtout au point de vue de l'existence d'affections organiques, chroniques ou autres, devant mettre, dans un avenir prochain, ceux qui en sont atteints, dans l'impossibilité absolue de rendre un bon service.

J'appelle votre plus sérieuse attention sur les présentes recommandations à l'observation desquelles sont intimement liés les intérêts des hommes, du service et du Trésor.

JAURÉGUIBERRY.

(18 février 1886)

**D. G.** *confiant, à compter du 1er janvier 1886, à M. le docteur en médecine, le service médical et la vaccine à Giadinh ; Supplément annuel de 600 piastres* (2).

J. C., p. 282.

(26 mai 1886)

**D. G.** *prescrivant au médecin de Mytho de faire au chantier de dragage du canal de Chogao deux visites par mois ; — Frais de vacation* (3).

B. C., p. 171.

Article premier. — M. le médecin de 1re classe attaché à l'hôpital de Mytho est chargé de faire une visite médicale, tous les quinze jours, au chantier de dragage du canal de Chogao.

Art. 2. — Il donnera, en outre, des consultations au personnel européen de la drague, qui se rendra à Mytho à cet effet.

Art. 3. — Les frais à allouer à cet officier du corps de santé de la marine sont fixés de la manière suivante.

| | Piastres. |
|---|---|
| Visite médicale à Chogao : dix piastres | 10 |
| Consultation : deux piastres | 2 |
| Certificat : trois piastres | 3 |

Art. 4. — La dépense sera imputée sur le crédit de 48,500 piastres inscrit au budget de l'exercice 1886 (chapitre XVI, deuxième section, article 2, paragraphe 2, canaux et dragages) sous la rubrique : *Entretien des canaux et achat d'apparaux.*

BÉGIN.

(1) V. *Filles publiques.*
(2) *Vaccine (service de la).*
(3) V. *infrà*, A. G., 9 février 1887.

(9 février 1887)

**A. G.** *rapportant l'arrêté du 26 mai 1886 prescrivant au médecin du poste de Mytho de faire deux visites par mois aux Européens employés au dragage du canal de Chogao.*

B. C., p. 113.
J. C, p. 201.

Article premier. — L'arrêté du 26 mai 1886, portant que le médecin du poste de Mytho doit faire deux visites par mois aux Européens employés au dragage du canal de Chogao, est rapporté.

Art. 2. — Dans le cas où l'état d'un de ces employés réclamerait la visite du docteur, celui-ci recevra pour chaque voyage une indemnité dont le montant sera fixé à la somme nette de cinquante francs (50 fr.).

FILIPPINI.

## VIVRES

V. *Subsistances*.

## VOITURES DE PLACE ET CHARRETTES

V. *Roulage*.

## VOITURES PUBLIQUES

(11 octobre 1888)

**A. G.** *Obligations imposées à l'entrepreneur du service de voitures de Saïgon Tayninh et Saïgon-Trang-bang* (1).

B. C., p. 588.

Article premier. — L'entrepreneur sera tenu d'indiquer sur une planchette fixée à l'extérieur de chaque voiture et en caractères très visibles, le nombre maximum de voyageurs que ce véhicule peut contenir.

A l'intérieur sera collée une affiche indiquant le prix des places pour toutes les stations du parcours.

Art. 2. — Les deux inscriptions dont il vient d'être parlé seront faites en français, en quoc-ngu et en caractères chinois.

Art. 3. — En cas de contravention à l'une quelconque des dispositions des articles 1 et 2 du présent arrêté, l'entrepreneur sera passible d'une amende de une piastre.

Pour tout voyageur pris en trop, l'amende à prononcer contre l'entrepreneur sera égale au prix total du parcours de la ligne entière, quelle que soit la longueur du trajet effectué par ce voyageur.

RICHAUD.

Nota. — Consulter l'annuaire sous le titre *Postes et Télégraphes*.

Services de voiture entre : Bienhoa et Tan-Uyen, Bienhoa et Thudaumot.

## VOLONTAIRES ANNAMITES

V. *Partisans*. — *Volontaires anamites*.

(1) Le cahier des charges relatif à l'exploitation de ce service est du 23 septembre 1885; — le 3 mai 1887 est intervenu un acte additionnel. V. *Arch. D. I.*

# VOIRIE

I. VOIRIE URBAINE. — II. DROITS DE VOIRIE. — III. ROUTES COLONIALES ET D'ARRONDISSEMENT. VICINALITÉ. ÉTUDES ET PROJETS. — IV. RIVIÈRES ET CANAUX. — V. CANTONNIERS.

## I. — VOIRIE URBAINE

| NATURE DES DOCUMENTS | DATES | RECUEILS A CONSULTER | | | | | | | OBSERVATIONS |
|---|---|---|---|---|---|---|---|---|---|
| | | Bat. | B.C. | B.D.J. | J. C. | J. H | B. M. | B. Col. | |
| Loi. | 25 juin 1841. | II-766 | 1873-319 | | | | | | Nota. — Jusqu'au 26 janvier 1864 le service de la voirie ressortissait au génie militaire chargé du service des ponts et chaussées et des bâtiments civils. V. Ponts et chaussées et bâtiments civils (service des). |
| Loi. | 7 juin 1845. | II-765 | 1873-319 | | | | | | |
| A. G. | 9 janvier 1865. | II-321 | 192 | | | | | | |
| A. G. | 16 septembre 1873. | II-765 | 319 | | | | | | |
| A. G. | 10 décembre 1866. | II-325 | 240 | | | | | | |
| A. G. | 25 janvier 1868. | II-796 | 4 | | | | | | |
| A. G. | 24 juin 1869. | II-797 | 213 | | | | | | |
| A. G. | 7 juin 1870. | II-797 | 194 | | | | | | |
| D. G. | 27 janvier 1872. | II- 53 | 37 | | | | | | |
| A. G. | 16 septembre 1873. | II-766 | 322 | | | | | | |
| A. G. | 21 septembre 1873. | II-798 | | | | | | | |
| A. M. | 20 mars 1874. | I -254 | 99 | | | | | | |
| A. D. I. | 7 août 1874. | I - 428 | | | | | | | |
| D. G. | 20 février 1878. | II- 55 | 59 | | | | | | |
| A. M. | 22 février 1878. | II- 55 | 70 | | | | | | |
| A. G. | 16 mars 1878. | II-798 | 79 | | | | | | |
| D. G. | 22 juillet 1878. | II- 56 | 234 | | | | | | |
| D. G. | 22 août 1878. | II- 56 | 335 | | | | | | |
| A. M. | 11 septembre 1878. | II-254 | 363 | | | | | | |
| A. G. | 28 décembre 1878. | II- 56 | 1879-2 | | | | | | |
| D. G. | 29 décembre 1879. | II-800 | 515 | | | | | | |

## I. — VOIRIE URBAINE (*suite*).

| NATURE DES DOCUMENTS | DATES | RECUEILS A CONSULTER Bat. | B.C. | B.D.I. | J.C. | J.H. | B.M. | B.Col. | OBSERVATIONS |
|---|---|---|---|---|---|---|---|---|---|
| D. G. | 2 février 1880. | | 48 | | | | | | |
| D. G. | 10 mars 1880. | | 115 | | | | | | |
| A. M. | 21 mai 1881. | | 287 | | | | | | |
| A. M. | 26 janvier 1884. | | 55 | | | | | | |
| A. G. | 15 mai 1886. | | 163 | | | | | | |
| A. M. | 6 janvier 1887. | | | | 138 | | | | |
| A. M. | 1er septembre 1887. | | | | 922 | | | | |
| A. G. G. | 13 juin 1888. | | 314 | | | | | | |

(25 juin 1841)

**LOI** *mettant à la charge des propriétaires riverains le pavage de tout ou partie des rues. (art 28).*

(Promulg. A. G., 16 septembre 1873)
BAT. II, p. 766.
B. C. 1873, p. 319.

Art. 28. — Dans les villes où, conformément aux usages locaux, le pavage de tout ou partie des rues est à la charge des propriétaires riverains, l'obligation qui en résulte pour les frais de premier établissement ou d'entretien pourra, en vertu d'une délibération du conseil municipal et sur un tarif approuvé par ordonnance royale, être convertie en une taxe payable en numéraire, et recouvrable comme les cotisations municipales.

(7 juin 1845)

**LOI** *concernant la répartition de frais des constructions de trottoirs.*

(Promulg. A. G., 16 septembre 1873)
BAT. II, p. 765.
B. C. 1873, p. 319.

Article premier. — Dans les rues et places dont les plans d'alignement ont été arrêtés par ordonnances royales, et où, sur la demande des conseils municipaux, l'établissement de trottoirs sera reconnu d'utilité publique, la dépense de construction des trottoirs sera répartie entre les communes et les propriétaires riverains, dans les proportions et après l'accomplissement des formalités déterminées par les articles suivants :

Art. 2. — La délibération du conseil municipal qui provoque la déclaration d'utilité publique désignera en même temps les rues et places où les trottoirs seront établis, arrêtera les devis des travaux, selon les matériaux entre lesquels les propriétaires auront été autorisés à faire un choix, et répartira la dépense entre la commune et les propriétaires. La portion à la charge de la commune ne pourra être inférieure à la moitié de la dépense totale.

Il sera procédé à une enquête de commodo et incommodo.

Une ordonnance du roi statuera définitivement tant sur l'utilité publique que sur les autres objets compris dans la délibération du conseil municipal.

Art. 3. — La portion de la dépense à la charge des propriétaires sera recouvrée dans la forme déterminée par l'article 28 de la loi des finances du 25 juin 1841.

Art. 4. — Il n'est pas dérogé aux usages en vertu desquels les frais de construction des trottoirs seraient à la charge des propriétaires riverains, soit en totalité soit dans une proportion supérieure à la moitié de la dépense totale.

(9 janvier 1865)

**A. G.** *Juridiction des crimes et délits commis à Saïgon, soit en rade, soit à terre par les marins étrangers et des contraventions aux règlements de police ou de voirie du quai (art. 2).*

BAT. II, p. 321.
B. C., p. 192.

Article premier. . . . . . . . . . . . . . . . . . . . . . . . . . . . . . . . .

Article 2. — Les contraventions aux règlements de police ou de voirie des quais relèvent de l'officice général de police.

. . . . . . . . . . . . . . . . . . . . . . . . . . . . . . . . . . . . . . . . . .

. . . . . . . . . . . . . . . . . . . . . . . . . . . . . . . . . . . . . . . . . .

DE LA GRANDIÈRE.

(16 septembre 1873)

**A. G.** *promulguant la loi du 7 juin 1845 et l'article 28 de la loi des finances du 25 juin 1841 sur la répartition des frais de construction des trottoirs.*

BAT. II, p. 765.
B. C., p. 319.

Article premier. — La loi du 7 juin 1845 et l'article 28 de la loi des finances du 25 juin 1841, concernant la répartition des frais de construction des trottoirs sont promulgués en Cochinchine, sous la modification suivante :

Art. 2. — Les dispositions sur lesquelles, en vertu des textes promulgués, il doit être statué par des ordonnances royales, seront réglées en Cochinchine par des arrêtés du Gouverneur.

DUPRÉ.

(10 décembre 1866)

**A. G.** *Inscription d'une manière apparente des noms attribués aux rues et quais, ainsi que des numéros des maisons.*

BAT. II, p. 325.
B. C., p. 240.

Article premier. — Les rues et quais porteront, à chacune de leurs extrémités et à chaque point d'intersection, le nom qui leur est attribué, écrit en lettres blanches sur fond bleu.

Art. 2. — Toute porte donnant sur la voix publique sera surmontée d'un numéro inscrit en blanc sur une planchette peinte en bleu.

Art. 3. — L'Administration se charge de la fourniture et de la pose des numéros au prix de revient. Le paiement en sera fait au Trésor dans un délai de vingt-quatre heures, sous peine des poursuites autorisées par la loi.

Art. 4. — Tout empêchement apporté à la pose des tablettes portant le nom des rues et quais, ainsi que les numéros des maisons, sera puni d'une amende de 1 à 15 francs et d'un emprisonnement d'un à cinq jours, ou de l'une de ces deux peines seulement, sans préjudice de celles édictées par l'article 257 du Code pénal en cas de dégradation des objets destinés à l'utilité publique et élevés par l'autorité publique ou avec son autorisation.

Art. 5. — Les numéros qu'un accident quelconque aurait fait disparaître ou qui se trouveraient hors d'usage seront remplacés par les soins des propriétaires dans un délai de huit jours, à dater de la sommation qui leur aura été faite par le commissaire de police.

Art. 6. — Le numérotage des quais et des rues parallèles à la rivière de Saïgon aura lieu à partir de l'Arroyo chinois ; il commencera aux quais de la rivière pour les rues et quais qui y aboutissent ; les numéros impairs étant placés à gauche et les numéros pairs à droite.

DE LA GRANDIÈRE.

(25 janvier 1868)

**A. G.** *Construction des maisons sur les terrains bordant le Rond-point.*

BAT. II, p. 796.
B. C., p. 4.

Article premier. — Les terrains attenants au Rond-point sont destinés à servir d'emplacement à des constructions ayant toute façade sur la place.

Art. 2. — Ces façades s'élèveront sur l'alignement limite du Rond-point et en prendront toute la longueur, de façon à ne laisser aucun intervalle entre deux maisons successives.

Art. 3. — Les alignements seront tracés suivant des tangentes à la courbe qui limite la place.

Art. 4. — Avant de commencer aucune construction, chaque propriétaire devra demander par écrit, au Directeur de l'Intérieur ou au commissaire municipal, l'alignement et la cote de nivellement du pavé au devant de son terrain, et s'y conformer.

Il devra pareillement adresser à l'administration un plan et des coupes cotés des constructions qu'il projette, et se soumettre aux prescriptions qui lui seront faites dans l'intérêt de la sûreté publique et de la salubrité.

Art. 5. — Les pans de bois sont interdits et les maisons devront être construites en pierre de bonne qualité ou en brique avec mortier de chaux ordinaire ou hydraulique.

Elles se composeront d'un rez-de-chaussée surmonté d'un étage, au moins.

Art. 6. — L'élévation entre le niveau supérieur du trottoir et le nu du plafond du premier étage ne sera pas inférieur à sept mètres cinquante centimètres, non compris l'épaisseur du plancher intermédiaire.

Art. 7. — Le faîtage des combles ne pourra excéder une hauteur égale à la moitié de la profondeur du bâtiment y compris les saillies et corniches.

Le profil du comble sur la façade ne peut dépasser une ligne inclinée à 40° partant de l'extrémité de la corniche ou de l'entablement.

Art. 8. — Les eaux pluviales seront recueillies dans un cheneau ou dans une gouttière et conduites d'abord jusqu'au sol par des tuyaux de descente, puis jusqu'au caniveau de la rue par une gargouille sous le trottoir.

Art. 9. — Les propriétaires devront prévenir l'Administration dès que les fondations seront arrivées au niveau supérieur du trottoir, afin qu'on puisse faire vérifier l'alignement.

Art. 10. — Après l'achèvement du gros œuvre et avant l'application des enduits, un agent de l'Administration sera chargé de visiter les bâtiments. Si les conditions imposées ont été remplies, le résultat de cette opération sera constaté par un procès-verbal de récolement en double expédition, dont l'une, après avoir été visée par le chef du service des ponts et chaussées, sera remise par le Directeur de l'Intérieur au propriétaire.

Dans le cas contraire, il sera dressé un procès-verbal de contravention, en vertu duquel il sera procédé comme pour tout délit de grande voirie.

Art. 11. — Les contestations entre les propriétaires et l'Administration locale, relativement à l'interprétation des articles du présent arrêté, seront réglées définitivement et sans appel par le Vice-amiral, Gouverneur commandant en chef.

DE LA GRANDIERE.

(24 juin 1869)

**A. G.** *chargeant le directeur des ponts et chaussées d'établir le plan général d'alignement et de nivellement pour la ville de Saïgon ainsi que du système d'égout.*

BAT. II, p. 797.
B. C., p. 213.

Article premier. — Le directeur des ponts et chaussées est chargé d'établir le plan général d'alignement et de nivellement pour la ville de Saïgon, ainsi que du système d'égout nécessaire pour l'écoulement des eaux.

Art. 2. — La municipalité demeure chargée des travaux de la petite voirie ; elle devra se conformer pour l'alignement, le nivellement et la disposition des égouts au plan général établi par le directeur des ponts et chaussées.

Art. 3. — Le directeur des ponts et chaussées est chargé de veiller à ce que les travaux d'alignement, de nivellement et d'égout soient exécutés conformément au plan général ou aux indications qu'il donnera en attendant l'exécution de ce plan; il devra soumettre au Directeur de l'Intérieur toutes les observations qu'il aurait à faire relativement à l'exécution des travaux par la municipalité.

Art. 4. — Abr. D. G., 29 décembre 1879.

G. Ohier.

(7 juin 1870)

A. G. *Constructions à élever sur la voie publique.*

BAT. II, p. 797.

B. C., p. 194.

Article premier. — Il est défendu à quiconque d'entreprendre, rétablir ou réparer aucune construction située sur ou rejoignant la voie publique sans en avoir préalablement demandé et obtenu l'alignement et l'autorisation de l'Administration.

Cette permission sera accordée à Saïgon par le Directeur de l'Intérieur et hors de Saïgon par l'inspecteur de chaque circonscription.

Art. 2. — Toutes entreprises, constructions, réparations, travaux confortatifs faits sans la permission écrite en l'article précédent constituent une contravention.

Si les entreprises, constructions, travaux, ont eu lieu sur la voie publique ou sur un des terrains compris dans les alignements arrêtés par l'Administration, la démolition des travaux et la remise en état des lieux devront être effectuées sur une simple mise en demeure de l'autorité administrative, ou, à défaut, seront exécutées d'office par l'Administration.

Art. 3. — Les infractions au présent arrêté seront constatées concurremment par les maires ou adjoints, les ingénieurs des ponts et chaussées, leurs conducteurs, les commissaires de police, la gendarmerie, le capitaine du port de commerce et ses agents.

Les procès-verbaux ou rapports qui seront dressés seront transmis au Directeur de l'Intérieur qui ordonnera par provision ce que de droit et les transmettra, s'il y a lieu, au procureur impérial pour les suites à donner devant les tribunaux de simple police.

Art. 4. — Les infractions commises à l'article premier et au paragraphe premier de l'article 2 seront punies des peines portées en l'article 471 du Code pénal.

Celles commises au dernier paragraphe de l'article 2 seront punies des peines portées en l'article 479 du même Code.

Dans le dernier cas, le tribunal de police ordonnera la démolition des travaux exécutés et la remise en état des lieux et autorisera au besoin l'Administration à faire exécuter les travaux nécessaires aux frais des contrevenants.

Art. 5. — En cas de récidive, les contrevenants pourront être condamnés à un emprisonnement qui ne pourra excéder cinq jours.

Art. 6. — Toutes autres contestations des particuliers relatives à la possession des voies publiques en général continueront d'être jugées par le Conseil privé constitué en conseil de contentieux administratif.

de Cornulier-Lucinière.

(27 janvier 1872)

**D. G.** *portant défense de construire désormais des paillottes dans certains quarteirs de Mytho.*

BAT. II, p. 53.
B. C., p. 37.

Il sera défendu de construire désormais des paillottes dans les quartiers de Mytho ci-après désignés :

1° Quai de l'Arroyo de la Poste, jusqu'à l'établissement de la Sainte-Enfance ;

2° Rue de Vinhlong, depuis l'Arroyo de la Poste jusqu'à l'inspection.

Les paillottes existant dans la première zone devront être démolies dans le délai de deux mois, et celles qui se trouvent dans la deuxième zone devront être enlevées dans le délai de huit mois.

A l'expiration des délais ci-dessus fixés, il sera procédé d'office à la démolition de toute paillotte, aux frais du propriétaire.

DUPRÉ.

(16 septembre 1873)

**A. G.** *L'établissement de troittoirs à Saïgon est déclaré d'utilité publique.*

BAT. II, p. 322.
B. C., p. 755.

Article premier. — L'établissement de trottoirs dans la ville de Saïgon est déclaré d'utilité publique.

Art. 2. — La répartition des frais de construction de ces trottoirs aura lieu conformément aux dispositions de la loi du 7 juin 1845 et de l'article 28 de la loi de finances du 25 juin 1841.

DUPRÉ.

(21 septembre 1873)

**A. M.** *au sujet des maisons pourvues d'arcades sur la voie publique à Saïgon*

BAT. II, p. 798.

Article premier. — Tous propriétaires ou locataires des boutiques ou des maisons ayant des arcades sur la rue, qui toléreront le passage du public sous icelles, ne pourront, de quelque manière que ce soit, obstruer ce passage, soit en y établissant des ateliers, soit en y déposant des marchandises, des bois, des volets ou tous autres objets de nature à en compromettre la liberté ou la sûreté.

Art. 2. — Les propriétaires ou locataires qui, au contraire, préfèrent conserver l'usage et la possession de leurs arcades, devront enclore leurs travées au-devant et au-dessous de leurs propriétés dans les huit jours qui suivront la promulgation du présent arrêté.

Art. 3. — Les contraventions audit arrêté seront poursuivies conformément à la loi.

Les contrevenants seront en outre tenus d'enclore leurs travées, comme il est dit ci-dessus, dans les vingt-quatre heures de la sommation qui leur sera faite, sinon ils s'y verront contraindre par toutes les voies de droit.

LOURDEAULT.

(20 mars 1874)

**A. M.** *Établissement de chéneaux et gouttières dans les rues de Saïgon.*

BAT. I, p. 254.
B. C., p. 99.

Article premier. — Dans un délai de deux mois après la confection des trottoirs sur une voie publique, les propriétaires des maisons riveraines des rues où ces trottoirs seront exécutés et dont les eaux pluviales des toits y tombent directement, seront tenus de faire établir des chéneaux ou des gouttières sous l'égout de ces toits, afin d'en recevoir les eaux qui seront conduites jusqu'au niveau des trottoirs, au moyen de tuyaux de descente appliqués le long des murs de face.

Art. 2. — Les gouttières seront en zinc et soutenues par des corbeaux en fer.

Les tuyaux de descente seront également en zinc et retenus par des colliers en fer à scellement.

Art. 3. — Les tuyaux de descente seront disposés de façon à conduire les eaux dans des gargouilles qui seront établies sur les trottoirs par les soins de la ville.

Les dimensions des gouttières, leur pente, la section des chéneaux, leur nombre seront calculés de façon à prévenir tout déversement de l'eau des gouttières sur la voie publique.

Art. 4. — Les contraventions au présent arrêté seront constatées par des procès-verbaux et poursuivies conformément aux lois.

LOURDEAULT.

(7 août 1874)

A. D. I. *Conditions de l'établissement des égouts.*

BAT. I, p. 428

Article premier. — Il est interdit aux particuliers de construire, sans en avoir obtenu l'autorisation de l'Administration, des conduits destinés à amener dans les égouts de la ville les eaux de pluie ou les eaux ménagères des maisons.

Art. 2. — Ces conduits peuvent être construits par l'Administration aux frais des particuliers, s'ils le désirent.

Art. 3. — Les particuliers qui voudront faire eux-mêmes la construction, devront se conformer aux prescriptions suivantes :

Aucun conduit ne devra déboucher dans les regards de perte d'eau établis sous les trottoirs ; tous devront déboucher directement dans l'égout principal.

Un puisard sera établi à l'extrémité intérieure du branchement d'égout ; le fond de ce puisard sera de 60 centimètres en contre-bas du radier du conduit.

Le puisard sera surmonté d'un regard fermé par un tampon amovible, de manière à permettre le nettoyage.

L'entrée du conduit ou branchement d'égout sera fermée par une grille en fer.

Toute la construction sera exécutée en mortier hydraulique ou en mortier de ciment.

Art. 4. — Toute construction autorisée et entreprise par le permissionnaire, qui ne se serait pas exécutée conformément aux prescriptions du précédent article, sera, après sommation, exécutée aux frais des contrevenants, ou bien la continuation des travaux ne sera pas permise.

Art. 5. — Tout permissionnaire sera tenu de rétablir la chaussée, le pavage du ruisseau, la bordure du trottoir et le trottoir qu'il aura dû démolir pour exécuter les travaux, et de relever le macadam et les pavages s'ils viennent à s'affaisser par suite des tassements, conformément aux indications du service des ponts et chaussées.

Il devra nettoyer le branchement d'égout sur la réquisition de l'Administration et curer le puisard qui le précède au moins hebdomadairement et à toutes les réquisitions de l'autorité.

Après sommation d'avoir à nettoyer dans les vingt-quatre heures, les travaux seront exécutés par l'Administration et aux frais du propriétaire.

Art. 6. — Tous les branchements construits antérieurement au présent arrêté, qui ne seront pas établis conformément aux indications techniques contenues à l'article 3, seront modifiés immédiatement.

La dépense résultant des modifications sera supportée par le service local pour les branchements autorisés et construits par l'Administration, et par les propriétaires pour les branchements non autorisés.

Art. 7. — Le conducteur des ponts et chaussées, chargé de la surveillance des constructions ou de la conduite elle-même des constructions des branchements d'égout, dressera, suivant les règles adoptées par l'Administration, un procès-verbal de la bonne exécution des travaux.

Une expédition en sera remise au propriétaire et l'autre restera dans les archives de la direction des ponts et chaussées.

Art. 8. — Un agent des ponts et chaussées sera chargé de la visite des puisards intérieurs ; cette visite aura lieu à des époques variables. Il dressera procès-verbal des infractions commises par les propriétaires, qui seront alors poursuivis conformément aux lois.

PIQUET.

(20 février 1878)

**D. G.** *prohibant la construction de paillottes dans certains quartiers de Mytho.*

BAT. II, p., 55

B. C., p. 59.

Article premier. — Les dispositions de la décision du 27 janvier 1872 sont étendues aux rues ci-après désignées :

1° Nouvelle rue de l'Église ;

2° Rue du Marché ;

3° Rue des Pêcheurs ;

4° Allée Desvaux ;

5° Rue de la Préfecture.

Les paillottes existant dans ces quartiers devront être démolies à dater du 1er janvier 1879.

J. LAFONT.

(22 février 1878)

**A. M.** *défendant de construire des cases paillotes dans la ville de Saïgon.*

BAT. II, p. 55.

B. C., p. 70.

Article premier. — Il est expressément défendu de construire des cases paillottes dans la partie de la ville comprise entre la rue Mac-Mahon et la rue Chasseloup-Laubat, et sur les quais, jusqu'à Cau-ong-lanh.

Art. 2. — Il ne sera permis d'établir des paillottes que de l'autre côté des rues Mac-Mahon et Chasseloup-Laubat, et à soixante mètres de distance au minimum des maisons bâties à l'européenne.

Dans tous les cas, l'autorisation devra en être demandée à la mairie.

Art. 3. — Huit jours après la publication du présent arrêté, les paillottes qui ne seront pas démolies et enlevées dans la partie de la ville indiquée à l'article premier, seront enlevées d'office par les soins de la commune et aux frais des propriétaires.

L. LAMY.

(16 mars 1878)

**A. G.** *réglementant les constructions dans Chaudoc.*

BAT. II, p. 798.

B. C., p. 79.

Article premier. — A partir du 1er juillet de la présente année, aucune maison ne devra se trouver entre la rue allant directement de l'inspection au-fort et le fleuve, depuis ladite inspection jusqu'au terrain appartenant au génie.

Art. 2. — Dès maintenant, aucune construction en paillottes ne sera édifiée le long de la rue désignée ci-dessus, du côté opposé au fleuve, et sur une profondeur de cinquante mètres.

Art. 3. — Les propriétaires ou locataires qui voudront bâtir entre l'inspection et le fort, devront faire une demande d'alignement à l'administrateur et se conformer à celui qu'il indiquera.

Art. 4. — Les contraventions aux articles 1, 2 et 3 seront punies d'une amende de un à cinq francs ; en cas de récidive, de 1 à 3 jours d'emprisonnement. En outre, les contrevenants à l'article 3 seront tenus de démolir les constructions faites par ceux qui se trouveraient en dehors de l'alignement.

BATAILLE.

(22 juillet 1878)

**D. G.** *relative aux constructions en paillottes du marché de Bien-Hoa.*

BAT. II, p. 56.

B. C., p. 234.

Article premier. — A dater du 15 août 1878, il ne pourra plus être établi aucune construction en paillottes dans le périmètre sus-désigné.

Art. 2. — Les propriétaires des paillottes actuellement existantes seront contraints de les enlever avant le 1er janvier 1879. Après ce délai, il sera procédé, par l'Administration et aux frais des propriétaires, à l'enlèvement desdites paillottes.

Art. 3. — Toute contravention aux deux articles ci-dessus sera en outre punie d'une amende de 1 à 5 francs, et, en cas de refus des propriétaires d'obtempérer à l'ordre de l'Administration dans les délais fixés, ou en cas de récidive dans la contravention, d'un emprisonnement de 1 à 3 jours. Il sera, dans ce cas, procédé immédiatement, soit par les propriétaires, soit par l'Administration, et aux frais de ceux-ci, à l'enlèvement des paillottes qui auraient été construites.

J. LAFONT.

(22 août 1878)

**D. G.** *portant interdiction d'élever à l'avenir aucune construction en paillottes dans une zone de 50 mètres du périmètre des bâtiments de l'inspection de Travinh.*

BAT. II, p. 56.

B. C., p. 335.

Article premier. — Il est interdit d'élever à l'avenir aucune construction en paillottes dans une zone de 50 mètres du périmètre des bâtiments de l'inspection.

Art. 2. — Les propriétaires des paillottes actuellement existantes seront tenus de les enlever avant le 1er février 1879. Après ce délai, il sera procédé par l'Administration, et aux frais des propriétaires, à la démolition desdites paillottes.

Art. 3. — Toute contravention aux articles ci-dessus sera punie d'une amende de 1 à 5 francs et, en cas de refus du propriétaire d'obtempérer à l'ordre de l'Administration dans les délais fixés, ou en cas de récidive dans la contravention, d'un emprisonnement de 1 à 3 jours. Il sera, dans ce cas, procédé immédiatement, soit par les propriétaires, soit par l'Administration, et aux frais de ceux-ci, à l'enlèvement des paillottes qui auraient été construites.

J. Lafont.

(11 septembre 1878)

**A. M.** *au sujet de chéneaux et gouttières.*

BAT. II, p. 254.
B. C., p. 363.

Article premier. — L'arrêté du 20 mars 1874, relatif aux chéneaux et gouttières, sera affiché dans la ville de Saïgon.

Art. 2. — Les travaux prescrits par ledit arrêté devront être commencés quinze jours après l'apposition des affiches et terminés dans le délai d'un mois.

Art. 3. — Passé ce délai, les contrevenants seront poursuivis conformément aux lois.

Alb. Mayer.

(28 décembre 1878)

**A. G.** *prohibant les constructions en paillottes autour des bâtiments de l'inspection de Saïgon et du marché de Ba-chieu.*

BAT. II, p. 56.
B. C., 1879, p. 2.

Article premier. — A partir de ce jour, aucune construction en paillottes ne pourra être édifiée, dans un rayon de 100 mètres, autour des différentes halles du marché de Ba-chieu, ainsi qu'autour de chacun des bâtiments de l'inspection de Saïgon et de l'école.

Art. 2. — Les propriétaires de paillottes actuellement existantes dans ledit périmètre seront tenus de les démolir et de les enlever dans un délai de deux mois, à compter de ce jour, passé ce délai, lesdites paillottes seront enlevées à leurs frais par les soins de l'Administration.

Art. 3. — Les contraventions à l'article premier du présent arrêté seront punies d'une amende de 1 à 5 francs et, en cas de récidive, de 2 à 5 jours d'emprisonnement.

Villard.

(29 décembre 1879)

**D. G.** *classant diverses rues de Saïgon de grande et de petite voirie.*

BAT. II, p. 800.
B. C., p. 515

Article premier. — Sont classées de grande voirie, comme étant en prolongement de routes d'intérêt général et ayant le même caractère que ces routes, les rues ci-après désignées, savoir :

1° Rue Boresse, dans toute sa longueur jusqu'à la rue La Grandière ;

2° Rue Chasseloup-Laubat, dans toute sa longueur ;

3° Rue La Grandière, de la rue Boresse à la rue Tong-kéou ;

4° Les quais de l'arroyo Chinois, du Commerce et du Primauguet;

5° Le boulevard de la Citadelle, du quai à la rue Taberd. La rue Taberd, entre ce boulevard et la rue de Tayninh. La rue de Tayninh, entre les rues Taberd et Chasseloup-Laubat.

6° La rue Nationale dans toute sa longueur.

Art. 2. — Les autres voies de communication, situées dans le périmètre de la ville de Saïgon, sont classées dans la petite voirie.

Le Myre de Vilers.

(2 février 1880)

**D. G.** *classant dans la grande voirie diverses rues et promenades de la ville de Cholon.*

B. C., p. 48.

Article premier. — Sont classées de grande voirie, comme étant en prolongement de routes d'intérêt général et ayant le même caractère que ces routes, les rues ci-après désignées, savoir :

1° Rue de Caï-maï, dans toute la traversée de la ville;

2° Quai nord de l'Arroyo chinois, dans toute la traversée de la ville.

Art. 2. — Les autres voies de communication, situées dans le périmètre de la ville de Cholon, sont classées dans la petite voirie.

LE MYRE DE VILERS.

(10 mars 1880)

**D. G.** *déférant à la municipalité de Saïgon le contrôle et la délivrance des alignements sur les voies de communication dites de petite voirie.*

B. C., p. 115.

Article premier. — Le contrôle et la délivrance des alignements sur les voies de communication, dites de petite voirie, sont déférés à la municipalité de Saïgon.

LE MYRE DE VILERS.

(21 mai 1881)

**A. M** *relatif aux maisons en paillottes de la ville de Cholon.*

B. C., 287.

Dans toute la partie de la ville de Cholon limitée: 1° par une ligne tirée à 130 mètres de l'Arroyo chinois, de l'extrémité du village de Binh-dong jusqu'à la rue de Palikao; 2° par la rue de Palikao; 3° par le quai de l'Annexion, jusqu'au pont des Chantiers; 4° par la rue de Trieu-Chau et son prolongement jusqu'au boulevard de l'École; 5° par le boulevard de l'École; 6° par le boulevard d'Annam; 7° par la rue de Caï-maï; 8° par la limite est de la ville jusqu'à l'Arroyo; 9° au delà de l'Arroyo-chinois, par les limites de la ville et Phong-Phu, et au village de Phu-Lam, dans un rayon de 200 mètres autour du marché, il est interdit de construire en paillottes à moins de 50 mètres des maisons couvertes en tuiles. Les maisons actuellement construites à une moindre distance ne pourront être reconstruites ni réparées.

Il est également interdit d'élever, dans cette partie de la ville, des hangars couverts de paillottes, d'une hauteur de plus de 5 mètres à partir du faîte.

S'il se construit, à partir de la promulgation du présent arrêté, des maisons en briques au milieu de paillottes existantes, il ne sera pas permis d'élever de nouvelles paillottes à moins de 50 mètres, ni d'agrandir ou réparer les anciennes. On pourra cependant les couvrir de nouveau, s'il en est besoin, pendant un délai de deux ans.

Dans toute la ville, tout propriétaire qui voudra élever ou laisser élever sur son terrain des paillottes qui ne seront pas immédiatement situées sur la rue, devra, pour les desservir, laisser, sur chacune des rues attenantes, un passage en ligne droite de 2 mètres au moins de largeur, qui pénétrera jusqu'au fond de son terrain et qu'il entretiendra libre de broussailles et sans fondrières.

A partir de la promulgation du présent arrêté, chaque propriétaire devra déclarer à la mairie le nombre de paillottes établies sur son terrain; il sera délivré pour chacune d'elles un récépissé de cette déclaration; ce récépissé sera affiché à l'intérieur de la maison. Un récépissé semblable sera délivré pour chaque paillotte nouvelle. Il sera tenu, de toutes ces déclarations, un registre où seront portées les mutations qui pourront se présenter.

Tout propriétaire qui voudra conserver ou faire édifier des constructions en paillottes sur son terrain, sera tenu de faire creuser un puits assez profond pour mesurer au moins 2 mètres d'eau à la saison sèche, sur une largeur de 1 mètre au moins par 1.000 mètres carrés de surface de terrain occupé.

Si la contenance de parcelles est inférieure à 1.000 mètres, les divers propriétaires de ce lot devront s'entendre pour le creusement de ce puits et en désigner d'avance l'emplacement.

Dans toute la partie comprise entre les lignes de limite mentionnées à l'article premier, il est interdit de laisser à l'air libre des matières légères, facilement inflammables, telles que : paille, débris d'emballage, etc.

Lorsque, pour des cérémonies, théâtres, etc., une autorisation provisoire de construire en paillottes sera donnée, il devra être apporté dans le voisinage, par les soins du propriétaire et dans des récipients convenables, la quantité d'eau qui sera fixée dans l'autorisation.

LANDES.

(26 janvier 1884)

**A. M.** *Réglementation des auvents à établir ou établis devant les magasins ou maisons à Saïgon* (1).

B. C., p. 55.

Article premier. — Les habitants de Saïgon qui voudront établir des auvents devant leurs magasins ou maisons devront en demander l'autorisation au maire et joindre à leur demande un croquis des auvents qu'ils veulent établir.

Art. 2. — La taxe à payer à la ville est fixée ainsi qu'il suit :

50 cents par an le mètre carré pour les auvents fixes ;

25 cents par an le mètre carré pour les auvents mobiles.

Art. 3. — Cette taxe est payable d'avance, sur un ordre de recette, après acceptation par le maire du croquis proposé.

Art. 4. — Pour les auvents qui existent, l'architecte-voyer fera un rapport au maire indiquant ceux qui peuvent être maintenus ; ces derniers payeront la taxe mentionnée à l'article 2, les autres devront être démolis dans les quinze jours de la notification qui sera faite au propriétaire.

Art. 5. — Les contraventions au présent arrêté seront constatées par des procès-verbaux et poursuivies conformément à la loi.

CARDI.

(15 mai 1886)

**A. G.** *portant que le plan des alignements à suivre dans la ville de Mytho, sera déposé dans les bureaux de l'administration.*

B. C., p. 163.

Article premier. — Le plan des alignements à suivre dans la ville de Mytho, pour la construction des maisons en façade sur le quai Bourdais et la route coloniale n° 4, dans les parties dites route de Tanan et avenue de l'Inspection, sera déposé pendant huit jours, du 22 au 30 mai, dans les bureaux de l'administrateur de Mytho, où chacun pourra en prendre connaissance.

Art. 2. — L'administrateur consignera sur un procès-verbal qu'il ouvrira à cet effet, et que les personnes qui comparaîtront seront requises de signer, les déclarations et réclamations verbales, et y annexera celles qui lui seront transmises par écrit.

Art. 3. — A l'expiration du délai fixé par l'article premier toutes les pièces seront transmises au Directeur de l'intérieur.

BÉGIN.

(6 janvier 1887)

**A. M.** *réglementant l'établissement des auvents devant les maisons ou magasins dans la ville de Cholon*

J. C., p. 138.

Article premier. — Les habitants qui voudront construire un auvent devant leur maison ou leur magasin, devront en faire la demande au maire.

Art. 2. — Chaque auvent devra être établi conforme au modèle adopté dont le dessin, approuvé et signé du maire, restera déposé au bureau de la voirie, où les intéressés pourront en prendre copie.

(1) Exécutoire à partir du 1er avril 1884.

Art. 3. — Le lambrequin de l'auvent ne pourra être à moins de 2 mèt. 50 cent. du sol et devra projeter aplomb de la cuvette du trottoir.

Art. 4. — Les auvents seront construits en bois ou en zinc, mais en aucun cas ne pourront être recouverts de toiles, papiers goudronnés ou paillottes. Les bois seront peints à l'huile, chaque année, au mois de janvier ou avant le Têt.

Art. 5. — Toute personne désirant construire un auvent de luxe différent du modèle adopté soit comme dimensions, soit comme dessin, devra joindre un croquis indicatif à sa demande.

Le maire décidera si elle peut être accordée.

Art. 6. — Un délai de trois mois est accordé pour la démolition des auvents actuellement en usage et leur reconstruction conformément aux présentes dispositions.

Passé ce délai, ceux qui ne seraient pas encore modifiés seront démolis par les soins de la voirie sans mise en demeure préalable.

Art. 7. — Les contraventions au présent arrêté seront constatées par des procès-verbaux et poursuivies conformément à la loi.

RENAULD.

(1er septembre 1887)

**A. M.** *(Cholon), concernant les maisons en alignement sur la voie publique dans les rues pourvues de trottoirs ou de fossés maçonnés. — Elles devront porter une gouttière en zinc.*

J. C., p. 922.

Article premier. — Toute maison couverte en tuiles, à étage ou à rez-de-chaussée, en alignement sur la voie publique dans les rues pourvues de trottoirs ou de fossés maçonnés, et au fur et à mesure de la construction desdits trottoirs et fossés maçonnés dans les autres rues, devra porter en façade une gouttière en zinc d'un diamètre intérieur minimum de quinze centimètres.

Les eaux pluviales seront amenées dans le fossé par un tuyau de descente, également en zinc et d'un diamètre intérieur minimum de dix centimètres.

La gouttière et le tuyau de descente devront être maintenus en bon état de conservation.

Art. 2. — Toutes les maisons spécifiées à l'article premier devront être munies de leurs gouttières et tuyaux de descente dans un délai de trois mois, à compter du 1er janvier 1888.

Procès-verbal sera dressé contre tout propriétaire qui, passé ce délai, n'aura pas apporté à son immeuble les modifications prescrites à l'article premier.

GAILLARD.

(12 juin 1888)

**A. G. G.** *déclarant d'utilité publique l'établissement des trottoirs et des égouts dans la ville de Cholon.*

B. C., 314.

Article premier. — L'établissement des trottoirs et des égouts dans la ville de Cholon est déclaré d'utilité publique.

Art. 2. — La part contributive des propriétaires riverains est fixée au quart du prix total de revient, la ville prenant entièrement à sa charge les bouches d'égouts qui seront placées sur les trottoirs.

RICHAUD.

## II. — DROITS DE VOIRIE

V. *Communes, et Revenus communaux.*

III. — ROUTES COLONIALES ET D'ARRONDISSEMENT, VICINALITÉ. ÉTUDES ET PROJETS

| NATURE DES DOCUMENTS | DATES | RECUEILS A CONSULTER | | | | | | | OBSERVATIONS |
|---|---|---|---|---|---|---|---|---|---|
| | | Bat. | B.C. | B.D.I. | J. C. | J.H. | B.M. | B.Col. | |
| Rapp. G. | 1er avril 1880. | | 160 | | | | | | |
| Rap.Ch.Tr.P. | 1er avril 1880. | | 170 | | | | | | |
| Circ. G. | 10 mai 1880. | | 259 | 70 | | | | | |
| Circ. D. I. | 12 mai 1880. | | | 72 | | | | | |
| Circ. D. I. | 25 juin 1880. | | 360 | | | | | | |
| A. G. | 13 décembre 1880. | | 618 | | | | | | |
| Circ. D. I. | 20 janvier 1881. | | | 3 | | | | | |
| Circ. D. I. | 26 juillet 1882. | | | 48 | | | | | |
| Délib. C. C. | 29 novembre 1882. | | 1883 -15 | | | | | | |
| Circ. D. I. | 9 janvier 1883. | | | 3 | | | | | |
| Délib. C. C. | 13 décembre 1883. | | 1884 -9 | | | | | | |
| Délib. C. C. | 13 décembre 1883. | | | | 1187 | | | | |
| Circ. D. I. | 12 février 1884. | | | 5 | | | | | |
| Circ. D. I. | 14 février 1884. | | | 6 | | | | | |
| A. G. | 11 mars 1886. | | 92 | | 414 | | | | |
| A. G. | 29 avril 1886. | | 159 | | 594 | | | | |
| Circ. D. I. | 7 juillet 1887. | | | 53 | 710 | | | | |

(1er avril 1880)

**RAPP. G.** *Étude sur les communications à créer tant à l'extérieur qu'à l'intérieur dans le but de faciliter et multiplier nos relations commerciales* (1).

B. C., p. 160.

(1er avril 1880)

**RAPP. CH. TR. P.** *relatif à un projet de classement et à la création d'un réseau de routes en Cochinchine. — Tableau.*

B. C., p. 170.

Conformément aux instructions de M. le Gouverneur, nous avons étudié la création d'un réseau de routes terrestres dans la colonie. Il est à peine nécessaire de démontrer l'utilité de ces voies; les tentatives faites par les Annamites eux-mêmes pour assurer leurs communications par terre en sont la meilleure preuve, et on pourra s'assurer que les routes comprises dans le tableau joint au présent rapport empruntent presque généralement des tracés déjà sanctionnés par la pratique, et que les travaux à entreprendre consisteront moins dans l'ouverture de voies nouvelles que dans l'amélioration et la mise à l'état d'entretien normal des routes imparfaites qui sillonnent déjà le sol de la Cochinchine.

La mise en valeur des vastes terrains encore imparfaitement cultivés de la colonie, le développement des industries diverses qu'elle comporte, les relations administratives, l'intérêt de la défense elle-même, sont intéressés au plus haut degré à la création d'un réseau de voies terrestres régulièrement entretenues et d'une bonne viabilité.

La création de ce réseau n'implique nullement, du reste, l'abandon des voies fluviales naturelles, qui ont été jusqu'à ce jour presque exclusivement employées au transport des personnes et des marchandises; l'Administration ne se dissimule pas l'importance de ces voies si commodes et si économiques à certains égards, et elle ne se fait pas illusion sur les sacrifices nécessaires que réclame leur état actuel; mais elle pense avec raison qu'en Cochinchine, comme dans tous les pays du monde, les communications terrestres sont le complément nécessaire des voies fluviales naturelles. Nous reviendrons, dans un travail plus étendu et qui touche à sa fin, sur cette étude comparative qui sortirait du cadre de l'avant-projet que nous présentons aujourd'hui; nous croyons du reste que, sous l'impulsion de la nouvelle administration de la colonie, un revirement heureux des esprits s'est produit en faveur de ces routes de terre, que nous regardons comme la condition première du développement économique de la colonie; l'opinion publique les réclame avec instance, et, récemment encore, la voix autorisée du président du comité agricole et du jury de l'Exposition les mettait au premier rang des vœux présentés au Gouverneur à l'ouverture de cet intéressant concours.

Le moment est venu de passer de la discussion aux actes et de se mettre résolûment à l'œuvre; le réseau que nous avons étudié et que nous proposons de soumettre à l'opinion publique, par voie d'enquête administrative, comprend un parcours total de 2.674 kilomètres, dont 939 kilomètres de routes coloniales et 1.735 kilomètres de routes d'arrondissement. Cette distinction ressort non de l'imputation des frais de construction et d'entretien qui devront, sans doute, longtemps encore incomber au budget général de la colonie, mais du caractère même de la circulation que les routes sont appelées à desservir; nous avions classé dans les routes de 1re catégorie, dites coloniales, celles qui rayonnent de Saïgon vers les confins de la colonie, dont elles forment les principales artères, et celles qui, moins étendues, mettent en relation directe les centres administratifs. Les routes de 2e catégorie, dites d'arrondissement, serviront des intérêts présentant un caractère plus local; elles relieront au chef-lieu d'arrondissement les marchés importants et les principales agglomérations, elles constitueront un réseau secondaire qui fera affluer les produits de l'intérieur vers les routes coloniales, vers les grands fleuves et, plus tard, vers les voies ferrées qui se substitueront, nous en sommes certain, aux principales routes coloniales. Les unes et les autres ont été dirigées de façon à servir tous les postes militaires et à prêter, au point de vue des mouvements de troupes, un précieux concours à la défense par les fleuves. Les tracés que nous proposons ne sont, bien entendu, qu'approximatifs et déterminés seulement par les centres à desservir : une étude détaillée de chaque voie, suivant l'ordre de priorité qui sera ultérieurement adopté, transformera successivement en projet définitif l'avant-projet que nous présentons aujourd'hui et qui nous paraît suffire pour une décision de principe.

Nous avons, dans le choix des voies, tenu le plus large compte des habitudes des populations, des parcours déjà adoptés, et nous avons trouvé une aide précieuse chez les administrateurs des

(1) V. *Transports maritimes, fluviaux et terrestres.*

affaires indigènes qui, placés plus près des populations à desservir et chargés de la sauvegarde de leurs intérêts, ont pu donner à nos agents de l'intérieur les plus utiles indications.

Bien que l'étude préalable que nous présentons ne puisse comporter un compte exact de dépenses, il nous paraît utile, pour ne pas laisser l'opinion publique s'égarer sur de fausses appréciations, de faire connaître que les études définitives déjà effectuées, pour près de 200 kilomètres de route, nous permettent d'évaluer le coût kilométrique moyen à environ 13.000 francs; la création totale du réseau entraînera donc une dépense de 35.000.000 de francs environ, soit moins de 20 francs par habitant; c'est un chiffre minime, il faut bien le reconnaître, pour un outillage économique aussi important, aussi efficace que l'ouverture d'un réseau complet de voies terrestres. Nous n'hésitons pas à déclarer qu'avec ce réseau de routes, avec amélioration, et le complément des voies navigables, et le perfectionnement du balisage, la Cochinchine sera merveilleusement dotée au point de vue des transports, et nous n'avons aucun doute sur les immenses avantages qu'elle est appelée à en recueillir.

Nous proposons de soumettre le dossier joint au présent rapport à une enquête de trente jours, qui serait simultanément ouverte à Saïgon, à Cholon et dans toutes les inspections de l'intérieur.

THÉVENET.

(10 mai 1880)

**CIRC, G.** *Des chemins vicinaux de grande et de petite communication; — Classement, construction et entretien.*

B. C., p. 259.
B. D. I, p. 70.

Un arrêté, en date du 3 avril 1880, a ouvert une enquête sur le classement des routes coloniales et des routes d'arrondissement prévues pour une longueur totale de 2.674 kilomètres. Ce réseau de voies de communication constitue les grandes artères, mais il est loin de satisfaire à tous les besoins d'une population agricole dont les cultures s'accroissent de jour en jour et qui se trouve dans la nécessité, pour ne pas arrêter ce développement de richesse, de substituer la traction par animaux au portage employé presque exclusivement pour la rentrée des récoltes. Il nous faut donc préparer le classement et assurer la construction et l'entretien :

1° De chemins vicinaux de grande communication reliant les cantons entre eux;

2° De chemins de petite communication reliant les villages aux cantons et aux arroyos.

Partout où l'état du sol permet à l'initiative individuelle de créer des moyens d'accès, les Annamites ont ouvert d'eux-mêmes de nombreux chemins ruraux praticables aux voitures; dans ces cantons, nous n'aurons qu'à améliorer et à développer ce qui existe déjà. Dans les régions de l'ouest, au contraire, les populations sont restées en retard; les villages ne communiquent entre eux que par les talus des rizières, parce que l'ouverture d'un chemin entraîne la construction de chaussées et de ponts qui nécessitent des dépenses considérables et des travaux d'ensemble. C'est à l'administration qu'il appartient de remédier à cet état de choses en groupant les forces de chaque localité et en les faisant concourir à un but commun.

Pour obtenir un résultat durable, il faut que les populations s'intéressent à nos travaux et en comprennent l'utilité. Vous réunirez au chef-lieu d'arrondissement les chefs et les sous-chefs de canton; vous leur ferez connaître le but que nous poursuivons; vous les consulterez sur l'utilité des chemins dont le classement vous paraît nécessaire, et vous en arrêterez l'état provisoire.

Lorsque cette première opération sera achevée, un ou deux notables désignés par chaque village procéderont au chef-lieu de canton, sous votre présidence ou celle d'un de vos délégués, au classement des chemins de petite communication.

L'importance du rôle que ces assemblées sont appelées à jouer ne vous échappera pas; plus tard, constituées régulièrement, elles deviendront des conseils d'arrondissement et de canton chargés de représenter les intérêts de chaque circonscription.

Cette création, conforme à l'esprit de nos lois et de notre civilisation, est devenue indispensable; nous ne saurions plus longtemps laisser chaque groupe de population en dehors de l'action générale, chaque village formera une sorte de communauté étrangère et parfois hostile au village voisin.

Vous profiterez de la réunion de ces assemblées d'arrondissement et de canton pour examiner la question des corvées qui doivent fournir les ressources de la vicinalité; celles attribuées à l'État ont été en réalité transformées en impôt personnel, depuis que nous avons renoncé à les employer pour les travaux d'utilité publique, et je ne crois pas que de graves abus puissent se produire, sauf en ce qui touche la réparation. Mais il ne saurait en être de même pour les 28 journées abandonnées aux villages: sont-elles exclusivement utilisées au profit de la communauté? Ne serait-il pas possible d'en diminuer le nombre, en assurant un meilleur emploi, en organisant le travail à la tâche ? Il y a sur ce sujet à entreprendre toute une étude économique et administrative, et je vous serai très reconnaissant des renseignements que vous me communiquerez.

Dans vos prévisions de dépenses, vous ne devrez pas négliger les travaux d'entretien des arroyos, qui, en Cochinchine, constituent de véritables voies de communication vicinale; peut-être y aurait-il lieu de procéder à un classement comme pour les chemins. C'est une question sur laquelle vous consulterez les assemblées de canton et d'arrondissement.

Vous aurez également à prévoir la solde et l'entretien d'un personnel d'agents voyers indigènes qui seraient placés sous votre direction, en dehors de la grande voirie. Nous avons en ce moment peu de sujets suffisamment instruits, mais j'ai lieu de croire qu'il nous sera facile de former, à bref délai, de bons piqueurs annamites.

En résumé, Monsieur l'administrateur, il s'agit de procéder, avec le concours des chefs de canton et des notables, représentants autorisés et légaux de la population, à une sorte d'enquête sur les voies de communication. Les annamites, soyez-en persuadé, reconnaîtront dans cette mesure une nouvelle preuve de notre sollicitude à leur égard ; ils comprendront que le Gouvernement de la République tient à les traiter comme de véritables citoyens français. Ils sauront se rendre dignes de la confiance que nous leur témoignons.

LE MYRE DE VILERS.

(12 mai 1880)

**CIRC. D. I.** *prescrivant une enquête sur les voies de communication.— Envoi de tableaux statistiques et descriptifs ; — Instructions.*

B. D. I, p. 72.

Afin de ramener à exécution la décision du 3 avril 1880, prescrivant une enquête générale sur les voies de communication, et pour donner à cette opération un caractère d'uniformité qui peut seul en assurer le succès, j'ai fait dresser des tableaux statistiques et descriptifs que vous aurez à faire remplir.

*Préparation des tableaux n° 1 et n° 1 bis.* — Vous remettrez à chaque chef de canton, en nombre double de celui des villages, les tableaux n° 1 et n° 1 *bis*. Ces fonctionnaires devront veiller à ce qu'ils soient remplis par les notables avec le plus grand soin ; au besoin, vous ferez procéder à quelques vérifications.

Le chiffre de la population comprendra les femmes, les enfants, les vieillards, les étrangers de toute nationalité et les personnes sans domicile, logeant dans les bateaux ou les pagodes, qui se trouveront au village le jour du recensement.

La superficie des cultures sera indiquée aussi exactement que possible ; vous expliquerez aux notables que cette enquête n'a aucun caractère fiscal, que l'intention du Gouvernement n'est point d'augmenter les impôts, qu'il désire au contraire les diminuer et en assurer la répartition d'une manière plus équitable.

Le recensement des charrettes n'a d'autre but que de connaître les besoins de l'agriculture, d'apprécier quels sont les encouragements qu'il est nécessaire de donner à l'élevage du bétail.

J'en dirai de même pour l'inscription des barques et pirogues.

Les chemins et arroyos, susceptibles d'être classés sous un titre quelconque, seront inscrits par ordre d'utilité ; la longueur, les frais de construction, etc., etc., seront portés dans les colonnes réservées pour cet usage.

En ce qui touche les ressources, les renseignements les plus complets sont nécessaires; il y a là, ainsi que l'indique M. le Gouverneur, une question économique des plus intéressantes à étudier et à résoudre. Les notables de chaque village profiteront de ces réunions préparatoires pour désigner leur délégué cantonal.

*Établissement des tableaux n° 2 et n° 2 bis.* — Lorsque ce premier tableau sera terminé, vous le centraliserez dans vos bureaux, et vous réunirez les chefs de canton qui, sous votre présidence, arrêteront les tableaux 2 et 2 *bis*.

Les chemins et arroyos qui auront été classés dans la première catégorie seront effacés sur les tableaux 1 et 1 *bis*.

*Établissement des tableaux n° 1 et n° 1 bis.* — Les notables désignés par chaque village dans chaque canton, procéderont alors au classement des chemins et arroyos de deuxième catégorie et arrêteront définitivement les tableaux 1 et 1 *bis*.

Vous me transmettrez les quatre tableaux avec votre avis motivé et en me faisant connaître tous les renseignements de nature à m'éclairer sur l'utilité et sur l'opportunité du classement.

Vous me rendrez compte de la manière dont auront fonctionné les assemblées de canton et d'arrondissement.

*Délai d'exécution.* — Comme l'intervention du Conseil colonial est nécessaire pour la construction des ouvrages d'art que les cantons et les arrondissements ne seront pas en état de construire à leurs frais, je vous prie de me transmettre votre travail au plus tard le 1er août.

Je ne me dissimule pas, Monsieur l'Administrateur, que les résultats obtenus seront fort incomplets, mais nous aurons tout au moins un point de départ et nous pourrons, avec le temps, corriger les erreurs qui auront été commises.

NOUET.

(25 juin 1880)

**CIRC. D. I.** *Entretien et construction des voies de communication. — Ressources à employer à ces travaux. — Création du service vicinal.*

B. C., p. 360.

De tous les services, le plus important, celui qui contribue le plus au développement de la richesse publique, est sans contredit celui des voies de communication. Par divers arrêtés, le Chef de la colonie a réglé l'organisation de la grande voirie ; il reste aujourd'hui à assurer l'entretien et la construction des chemins vicinaux et des arroyos.

La direction de l'intérieur ne saurait se charger de l'administration des innombrables détails d'un service qui s'étend sur une superficie de 6 millions d'hectares, qui comprend plusieurs milliers de kilomètres de chemins et de voies navigables ; son intervention, du reste, multiplierait outre mesure les écritures, et une centralisation excessive n'amènerait que la confusion, tout en laissant improductives les différentes ressources dont nous disposons.

C'est aux administrateurs qu'il appartient de diriger le service vicinal, de mandater les dépenses, d'assurer le recouvrement des ressources. Ils rempliront, à cet égard, les mêmes fontions que le préfet dans la métropole ; ils seront assistés des chefs de canton, représentants légaux de la population qui, constitués en conseil, voteront le budget.

Comme vous le savez, M. le Gouverneur a décidé en principe que désormais les grandes corvées ne seraient plus convoquées ; il considère ce mode d'emploi de la main-d'œuvre comme ruineux pour les populations et peu profitable au Trésor ; les annamites verront dans cette mesure une nouvelle preuve de la sollicitude du Gouvernement de la République à leur égard, particulièrement la classe pauvre, qui y trouvera l'affranchissement d'une servitude qui, pour être volontaire, n'en était pas moins lourde.

Je pense que désormais tout habitant adulte, sauf les cas d'infirmité ou de faiblesse d'esprit, devra être inscrit sur les contrôles de la capitation depuis l'âge de 21 ans jusqu'à celui de 60 ans. L'impôt de 1 franc par tête, qu'auront à payer ceux qui en sont dispensés aujourd'hui, ne contitue pas une charge sérieuse, surtout si le Conseil colonial, appelé à en délibérer, consent, comme je l'espère, à autoriser un prélèvement de 0 fr. 50 cent. par inscrit pour la vicinalité.

Au lieu d'être convoqués pour les corvées, les habitants n'auront plus à fournir que 5 journées de prestation par année, pour être employées sur les chemins et arroyos de leur village et de leur arrondissement, sans que les chantiers puissent être éloignés de plus de 6 kilomètres de leur demeure.

Le travail, loin d'être, pour eux, une cause de ruine et de mécontentement dans ces conditions, assurerait la satisfaction de leurs besoins, et pas plus que les cultivateurs des autres pays ils ne se refuseraient à l'accomplissement d'une tâche dont ils retireraient un bénéfice immédiat.

En admettant une population de 1.500.000 âmes pour la colonie entière, le nombre des inscrits de toute classe se trouverait porté à 500.000 ; chaque habitant devant 5 journées de prestation qui peuvent être évaluées en moyenne à 1 franc l'une, les ressources vicinales de la colonie seraient de.................................... 2.500 000 fr. »

auxquels il y a lieu d'ajouter un prélèvement de 0 fr. 50 cent. par inscrit..... 250.000 »

Total.................................... 2.750.000 fr. »

Cette somme, dépensée annuellement avec ordre et intelligence, en évitant les abus et les concussions, produirait dans une courte période les plus magnifiques résultats.

Sur les 5 journées de prestation, 3 pourraient être affectées aux chemins et arroyos de grande communication, tels qu'ils seront classés par les commissions actuellement en cours ; ce serait ainsi une somme de.................................... 1.500.000 fr. »

dont les administrateurs disposeraient annuellement pour les travaux d'arrondissement. En ajoutant la moitié du prélèvement de 0 fr. 50 cent. sur les inscrits.................................... 125.000 »

Total.................................... 1.625.000 fr. »

et pour 10 ans.................................... 16.250.000 fr. »

Si, comme tout le fait espérer, le Conseil colonial décide que des subventions annuelles, jusqu'à concurrence de 4 ou 5 millions, seront accordées dans la période décennale, les ressources pour les voies vicinales d'arrondissement seraient en dix ans de 20 millions environ.

M. le Gouverneur désire que vous étudiez cette question dans tous ses détails et que votre rapport me soit adressé avant le 15 septembre, pour que le Conseil colonial puisse être saisi dans sa prochaine session.

Dans la préparation de votre travail, vous aurez à tenir compte des classements proposés par les assemblées de canton et d'arrondissement, ainsi que tous les renseignements statistiques fournis par l'enquête en cours ; vous devrez y joindre un projet de budget en recettes et en dépenses, en y comprenant l'entretien des ouvrages existants et le paiement du personnel permanent, un programme d'ensemble sur les travaux à exécuter et les ressources à y affecter pendant la période décennale.

Enfin, vous préparerez un projet de règlement sur le service. J'ai pensé qu'en présence des conditions économiques et topographiques différentes que présente chaque arrondissement, il était préférable de laisser à chacun de vous le soin d'approprier les règlements aux besoins et aux ressources.

Peut-être y aurait-il lieu d'autoriser le rachat de la prestation ; c'est une mesure sur laquelle je vous serai obligé de me faire connaître votre avis.

Je ne saurais trop vous recommander, Monsieur l'Administrateur, d'étudier ces diverses questions avec le plus grand soin. Ce sera en réalité la première expérience d'une décentralisation administrative que le chef de la colonie considère comme indispensable et dont il attend les meilleurs résultats, grâce à votre concours et à votre dévouement.

NOUET.

(13 décembre 1880)

**A. G.** *Classement des voies comme chemins de grande communication. — Tableau.*

B. C., p. 618.

Article premier. — Sont classées comme chemins de grande communication les voies désignées au tableau ci-joint.

LE MYRE DE VILERS.

TABLEAU

(Classement des chemins de grande communication.)

B. C., p. 618 à 654.

(20 janvier 1881)

**CIRC. D. I.** *Des chemins vicinaux. — Construction et entretien*

B. D. I., p. 3.

Dès l'achèvement de la récolte des riz, vous devrez vous occuper d'une manière toute spéciale de la vicinalité de votre arrondissement; aucune question ne présente plus d'intérêt pour le développement de la richesse agricole de la colonie. Les états de rôles de l'impôt foncier démontrent, en effet, que les cultures commencent à s'étendre en dehors de la zone de débardage par les arroyos; le mouvement d'extension qui nous donne de si grandes espérances pour un avenir prochain, ne tarderait pas à s'arrêter si nous n'assurions pas les communications terrestres et fluviales.

Au point de vue de l'instruction primaire qui doit contribuer dans une si large part à l'assimilation des Annamites, la vicinalité ne joue pas un rôle moins important, car le nombre d'élèves fréquentant les écoles est généralement en proportion de celui des chemins.

Les Annamites qui, mieux que personne, connaissent leurs véritables intérêts, réclament avec instance qu'il soit donné satisfaction à leurs légitimes demandes et que, tout au moins, on rétablisse les voies qui existaient avant la conquête.

Ce n'est pas que l'Administration ait jamais été hostile à la construction de chaussées; plusieurs d'entre vous ont fait de louables efforts pour doter leurs arrondissements de communications régulières, mais ces efforts sont restés stériles, parce qu'ils n'ont pu être continués avec persévérance, faute d'institutions, parce qu'un programme d'ensemble n'avait pas été arrêté, qu'on avait voulu créer des chemins vicinaux avant d'assurer la construction et l'entretien des grandes lignes.

Nous avons renouvelé en Cochinchine la faute qui avait été commise en France de 1836 à 1842, et qui avait rendu infructueuse la magnifique loi de 1836, à qui la France doit la plus grande partie de sa prospérité.

La route est la grande artère sur laquelle viennent se brancher toutes les voies secondaires; si elle est coupée, le mouvement s'arrête immédiatement. A quoi servent de bons chemins si, à quelques kilomètres de l'habitation, ils se trouvent sans débouché, et si le transport des marchandises et des personnes ne peut plus s'effectuer? Aussi est-il passé à l'état d'axiome que, pour avoir de bons chemins, il faut commencer par avoir de bonnes routes sur lesquelles la circulation est assurée en tout temps et à toute heure.

Dans sa dernière session, le Conseil colonial a classé les routes des deux catégories et n'a pas hésité à inscrire des crédits élevés pour la construction.

Vous connaissez maintenant ce réseau, vous savez les territoires qu'il dessert, vous pouvez déterminer d'une manière définitive les points d'aboutissement des chemins vicinaux et arrêter l'immense canevas qui permettra, dans un avenir plus ou moins éloigné, suivant les ressources et les besoins, de desservir toute la superficie de la colonie.

M. le Gouverneur a approuvé le 13 décembre et le 12 janvier, conformément à vos propositions et à l'avis des conseils d'arrondissement, le classement des chemins et des arroyos de grande communication; c'est à vous de prononcer celui des chemins et des arroyos de petite communication, après avis des conseils d'arrondissement et sur la proposition des conseils de canton.

La reconnaissance et le programme de notre voirie se trouveront ainsi achevés. C'est une œuvre considérable qui permet d'arrêter un programme d'exécution et assure l'imprescriptibilité des voies déjà existantes.

Le Conseil colonial a doté le service des routes, pour l'exercice 1881, de plus de deux millions, construction et entretien, et celui de la navigation, de 800.000 francs. Vous en trouverez le détail au budget.

C'est à vous qu'il appartient d'assurer la construction et l'entretien des voies vicinales; M. le Gouverneur ne pense pas que la Direction de l'Intérieur doive intervenir dans les détails de service d'un intérêt plutôt municipal que général; une trop grande centralisation compliquerait en effet, outre mesure, les écritures, entraînerait des retards inévitables, découragerait les efforts individuels et n'amènerait pas de bons résultats.

Je me contenterai, par conséquent, de vous tracer la marche à suivre et d'encourager avec une constante sollicitude les efforts que vous ne manquerez pas de faire pour doter les cantons de votre arrondissement des voies de communication fluviales et terrestres dont ils ne sauraient se passer, sans dommage pour le développement de leur richesse agricole et de leur commerce.

Votre premier soin sera d'établir votre budget avec le concours du conseil d'arrondissement et de déterminer les voies auxquelles seront affectés les crédits.

Les ressources dont vous disposerez, sont :

1° Subvention de la colonie, 1 franc par homme valide;

2° Trois journées sur les cinq à fournir par homme valide, évaluées en argent;

3° Rachat de prestations;

4° Transports par barques ou voitures, évalués en argent;

5° Subvention des villages;

6° Sacrifices volontaires, ressources diverses.

Les dépenses comprennent :

1° Les remises pour frais de perception dont le montant sera déterminé ultérieurement;

2° Solde et indemnités du personnel;

2° Entretien, solde des cantonniers;

4° Travaux neufs.

J'appelle votre attention sur la nécessité de faire des travaux solides et durables; autant que possible, employez des pieux en fer pour l'établissement des ponts; la colonie, qui en possédera un approvisionnement d'ici quelques mois, vous les cédera au prix coûtant et se chargera au besoin de la pose.

Un chemin ne peut être convenablement entretenu qu'autant qu'il est régulièrement construit; la présence permanente de cantonniers est nécessaire, chaque saison a ses travaux particuliers.

Cette méthode qui, au premier abord, semble lente et coûteuse, est, en réalité, la plus économique et la seule qui donne de sérieux résultats. En voulant trop embrasser dans l'exécution, vous dissémineriez vos forces, vous ne fonderiez rien de durable, et si votre successeur montrait moins de zèle ou ne partageait pas vos vues, tous vos travaux seraient compromis.

C'est ainsi que plusieurs millions ont été dépensés en pure perte et que nous sommes moins avancés qu'en 1869; car alors nos principales routes étaient praticables à l'artillerie (rapport de l'amiral Ohier).

Vous prescrirez l'élagage des arbres sur les rives des arroyos et vous ferez enlever les végétations et les ouvrages de main d'homme qui peuvent entraver la circulation ou amener des atterrissements. L'exécution de ces prescriptions est indispensable si nous voulons éviter que certains cours d'eau, d'une importance considérable pour le commerce, ne cessent bientôt d'être navigables.

Je ne saurais vous donner d'instructions sur le mode de cômptabilité que vous aurez à adopter; avant de le faire, il est nécessaire qu'une expérience de quelques campagnes nous révèle les besoins et les obligations du service; mais je vous recommande d'apporter la plus grande régularité dans la gestion financière; notre administration doit rester à l'abri même du soupçon.

Votre budget devra m'être adressé dans la deuxième quinzaine de février, pour être soumis à l'approbation du Chef de la colonie.

Comme nous n'avons pas encore arrêté les modèles d'imprimés, je vous laisse le soin d'adopter la forme qui vous paraîtra la plus convenable, en vous recommandant la division en dépense de personnel et de matériel, en voies fluviales et voies terrestres, en constructions neuves et en entretien.

Ultérieurement, vous aurez à préparer, de concert avec le conseil d'arrondissement, un règlement vicinal, en vous basant sur les principes de la loi du 21 mai 1836; les dispositions de cet acte important devront naturellement varier selon les ressources, les besoins, la constitution du sol de chaque arrondissement.

Vous remarquerez, Monsieur l'Administrateur, que, pour la première fois, vous avez sur ce point des attributions définies, une responsabilité personnelle.

Vous tiendrez, j'en suis persuadé, à mériter la confiance que vous témoigne M. le Gouverneur, et vous saurez assurer le succès d'une entreprise qui doit puissamment contribuer à la prospérité de la colonie.

BÉLIARD.

(26 juillet 1882)

**CIRC. D. I.** *Proposition au sujet de la prise en charge par les arrondissements des routes d'arrondissement.*

B. D. I, p. 48.

L'arrêté du 13 décembre 1880, classant les routes de la Cochinchine, a eu pour but principal de constater les droits de la colonie et de déterminer les voies de communication possédant le caractère d'utilité publique.

La longueur des routes coloniales a été fixée à 939 kilomètres, représentant, au prix de 30 francs le mètre (ponts compris), une dépense de 28.170.000 francs.

Celle des routes d'arrondissement, à 2.049 kilomètres qui, au prix de 20 francs le mètre (les ponts sont moins nombreux et moins longs), donnent une dépense de 40.980.000 francs; total (longueur), 2.988 kilomètres; dépense, 69.150.000 francs; en chiffres ronds : longueur, 3.000 kilomètres; dépense, 70.000.000 de francs.

Nous ne nous étions pas, à l'origine, préoccupés d'assurer les ressources, laissant au Conseil colonial le soin de prélever les crédits sur l'ensemble du budget, au fur et à mesure qu'il jugerait utile l'achèvement des voies nouvelles.

Depuis le classement, un grand acte administratif, dont toute l'importance ne se révélera qu'avec les années, s'est accompli en Cochinchine.

La prestation a remplacé la corvée; dès la première année, grâce à votre concours et à celui de vos collègues, il a été ouvert, par la prestation, 500 kilomètres de chaussées, empierré 17 kilomètres, construit 73 ponts d'une longueur de 824 mètres; de sérieuses améliorations ont été apportées à la navigation par l'enlèvement de 341.000 cubes de vase. Les résultats obtenus en 1881 sont encore plus satisfaisants, et nous avons acquis la certitude que, dans une période maxima de dix années, la colonie sera dotée d'un magnifique réseau de voies vicinales, fluviales et terrestres, pénétrant jusque dans les hameaux les plus éloignés.

Mais tous les chemins vicinaux, artères secondaires, viennent s'embrancher sur les routes coloniales et d'arrondissement, dont l'achèvement n'aurait pas lieu avant de longues années; les communications seraient donc interrompues et les sacrifices des communes risqueraient de rester improductifs s'il n'était pas porté remède à un pareil état de choses.

J'estime que, dans ces conditions, les arrondissements auraient avantage à prendre à leur charge les routes d'arrondissement qui sont principalement destinées à relier entre eux les cantons et les arrondissements qui ne comportent pas de grands travaux d'art et qui n'offrent pas le même caractère d'utilité générale que les routes coloniales. La colonie, en consacrant toutes ses ressources à ces dernières voies, pourrait terminer dans une période de dix années celles qui ont un véritable caractère d'urgence, et les communications se trouveront ainsi suffisamment assurées.

Je vous prie de profiter de la prochaine réunion des conseils d'arrondissements pour les consulter sur cette importante question. Vous aurez soin de me faire connaître le numéro et la longueur des routes dont ces assemblées accepteront le déclassement, et vous porterez à votre budget les crédits nécessaires à la construction.

Dans le cas où des ponts de 30 mètres et au-dessus seraient nécessaires, vos ressources et vos moyens d'action ne vous permettant pas de les établir, l'intention de M. le Gouverneur serait de demander au Conseil colonial de se charger des travaux, qui seraient alors exécutés par les ponts et chaussées.

BÉLIARD.

(29 novembre 1882)

**DÉLIB. C. C.** *classant dans la grande voirie diverses routes et promenades de la banlieue de Saïgon* (1).

B. C. 1883, p. 15.

20e ARRONDISSEMENT

Route de l'Église à Choquan (de la route basse à la route haute de Cholon);

Route de l'Église à Cauko (*idem*);

Boulevard des Deux-Ponts (de la rue Nationale prolongée au boulevard de la Citadelle);

Rue de Baria (son prolongement dans le 20e arrondissement).

ARRONDISSEMENT DE BINH-HOA

Avenue de l'Inspection (du 2e pont de l'avalanche à l'inspection de Binh-hoa):

Avenue de Govap (de la route d'arrondissement n° 1 *bis* à la route d'arrondissement n° 2).

(9 janvier 1883)

**CIRC. D. I.** *au sujet des routes d'arrondissement.*

B. D. I, p. 3.

Vous trouverez inséré, dans un des prochains numéros du *Journal officiel*, la délibération du Conseil colonial, en date du 16 décembre 1882, statuant sur les propositions de déclassement des routes d'arrondissement.

L'Assemblée a rejeté les propositions de l'Administration à ce sujet et a décidé que les conseils d'arrondissement seraient consultés à l'effet de faire connaître quels seraient ceux des tronçons de route dont, eu égard à leur intérêt pour la région, ils seraient décidés à faire exécuter les terrassements cette année.

Vous pourrez, si vous le jugez convenable, provoquer une entente avec les arrondissements voisins, pour arriver à l'exécution entière d'une route d'arrondissement traversant plusieurs circonscriptions.

Je vous prie de déposer la présente sur le bureau du conseil d'arrondissement, à l'ouverture de la session ordinaire, et de provoquer les délibérations de l'assemblée.

Vous voudrez bien m'informer du résultat de ces délibérations, y ajouter votre appréciation et m'adresser la liste des travaux qui pourront être entrepris cette année, en indiquant la date approximative de remise aux travaux publics après exécution des terrassements.

BÉLIARD.

(13 décembre 1883)

**DÉLIB. C. C.** *classant parmi les routes d'arrondissement la route qui part du Vam de Travinh (rive gauche) et parmi les chemins de grande communication la route qui mène du Vam (rive droite) au marché de Kyla* (2).

B. C. 1884, p. 9.

Le Conseil colonial, statuant sur les propositions de l'Administration, a décidé,

(1) Délibération exécutoire à partir du 1er janvier 1883.

(2) Délibération exécutoire à partir du 1er janvier 1884.

dans sa séance du 13 décembre 1883 : 1° de classer parmi les routes d'arrondissement, sous le n° 46, la route qui part du vam de Travinh (rive gauche), passe par l'inspection et rejoint le marché de Kyla, en traversant les villages de Vinh-yen, Than-le, Minh-duc, Long-binh et Kyla ; 2° d'inscrire sous le n° 8 des chemins de grande communication de l'arrondissement de Travinh, la route qui mène du vam (rive droite) au marché de Kyla, en passant par les villages de Bich-tri, Tra-binh et Vinh-truong.

(13 décembre 1883)

**DÉLIB. C. C.** *adoptant les conclusions de l'administration au sujet des routes d'arrondissement savoir :*

J. C., p. 1187.

Les routes d'arrondissement resteront classées à la grande voirie.

Elles pourront être construites (infrastructure et superstructure), soit entièrement, soit par tronçons, soit par les soins et aux frais des administrations régionales, sur la demande ou le consentement des conseils d'arrondissement et après avis des travaux publics et approbation à l'Administration centrale.

Que les travaux seront exécutés sur les plans fournis par le service technique après étude et approbation réglementaire. (Les travaux d'art et notamment les ponts ayant 30 mètres et plus de développement, seront exécutés par les travaux publics.)

Que les travaux de superstructure ne seront commencés qu'après examen et réception de l'infrastructure par les ponts et chaussées.

Qu'il sera procédé également par les ponts et chaussées à la réception définitive après achèvement complet des travaux. Les voies de communication terminées seront alors reprises par le service des travaux publics qui restera chargé de l'entretien.

J. C., p. 1187.

(12 février 1884)

**CIRC. D. I.** *au sujet de l'établissement des routes coloniales et d'arrondissement en arrière des jardins* (1).

B. D. I, p. 5.

Dans la session ordinaire de janvier 1884, plusieurs conseils d'arrondissement ayant appuyé d'un avis favorable un vœu émis par le conseil de Vinhlong d'établir les routes coloniales et d'arrondissement autant que possible en arrière des jardins, la question fut soumise au Conseil colonial qui en approuva le principe dans la séance du 13 décembre dernier.

Mais, avant de revenir sur le projet complet de réseau de voies de communication adopté dans sa première session de 1880, cette Assemblée demande que l'Administration lui présente un nouveau tracé bien défini qui remplacera le premier.

Afin de sauvegarder tous les intérêts, il a été décidé que ce nouveau tracé serait établi de concert avec MM. les administrateurs et la direction des travaux publics.

Je vous prie, en conséquence, de vous entendre à cet effet avec le conducteur détaché dans votre arrondissement et de m'adresser le plus tôt possible, avec un rapport à l'appui, les plans et devis que vous aurez dressés. Ces pièces devront être signés par vous et par l'agent des travaux publics.

NOUET.

(14 février 1884)

**CIRC. D. I.** — *Notification de la délibération du conseil colonial dans sa séance du 13 décembre 1883 au sujet des routes d'arrondissement.*

B. D. I, p. 6.

J'ai l'honneur de vous faire connaître que, dans sa séance du 13 décembre 1883, le Conseil colonial a décidé sur ma proposition :

(1) V. *Délib. C. C.*, 13 décembre 1883, *J. C.*, p. 1187.

« Que les routes d'arrondissement resteront classées à la grande voirie;

» Qu'elles pourront être construites (infrastructure et superstructure), soit entièrement, soit par » tronçons, par les soins et aux frais des administrations régionales, sur la demande ou le consen» tement des conseils d'arrondissement, après avis des travaux publics et approbation de l'Admi» nistration centrale;

» Que les travaux seront exécutés sur les plans fournis par le service technique, après étude et » approbation réglementaire (les travaux d'art, et notamment les ponts ayant plus de 30 mètres et » plus de développement, seront exécutés par les travaux publics);

» Que les travaux de superstructure ne seront commencés qu'après examen et réception de l'in» frastructure par les ponts et chaussées;

» Qu'il sera procédé, également par les ponts et chaussées, à la réception définitive après » l'achèvement complet des travaux. Les voies de communication terminées seront alors reprises » par le service des travaux publics qui restera chargé de l'entretien.»

Ces dispositions me paraissent de nature à présenter toutes les garanties de réussite désirables et auront pour résultat le développement rapide de nos voies de communication.

Je vous prie, en conséquence, de m'envoyer dans le plus bref délai vos propositions pour les routes à faire dans le courant de l'année, en vous conformant toutefois aux votes des conseils d'arrondissement.

Les projets réguliers seront établis d'urgence par le service technique et vous seront adressés pour exécution après approbation par M. le Gouverneur en Conseil.

NOUET.

(11 mars 1886)

**A. G.** *Modifiant le classement des routes coloniales et d'arrondissement déterminé par l'arrêté du 13 décembre 1880. — Tableau.*

B. C., p. 92.
J C., p. 414.

Article premier. — Le classement des routes coloniales et d'arrondissement, tel qu'il a été défini par l'arrêté du 13 décembre 1880, est modifié comformément au tableau ci-joint.

TABLEAU

1° Routes d'arrondissement. — 2° Routes coloniales.
B. C., p. 93 à 97.

(29 avril 1886)

**A. G.** *complétant, en ce qui concerne l'arrondissement de Longxuyen, l'arrêté du 11 mars 1886 déterminant à nouveau le classement des routes coloniales et d'arrondissement.*

B. C., p. 159.
J. C., p. 594.

Article premier. — Le tronçon de la route coloniale n° 4, compris entre les points A et E sur le plan ci-joint et passant dans le jardin de l'inspection de Longxuyen, est classé parmi les chemins vicinaux de grande communication.

La portion de chemin vicinal comprise entre les points I et E, sur le même plan, et suivie par la ligne télégraphique, sera remise aux travaux publics à dater de ce jour et fera partie de la route coloniale n° 4, dont le tracé se trouve ainsi modifié sur le territoire du village de Binh-duc.

BÉGIN.

(7 juillet 1887)

**CIRC. D. I.** *au sujet des voies de communication à la charge des vicinalités. Il y a lieu de prévoir en 1888 les sommes nécessaires pour la continuation et l'entretien desdites routes.*

B. D. I, p. 53.
J. C., p. 710.

L'examen fait en 1886 des budgets du service régional m'a permis de constater que, dans la plupart des arrondissements, aucun crédit n'a été prévu pour l'exécution et l'entretien des routes d'arrondissement qui ont été déclassées et livrées aux vicinalités. L'arrêté du 11 mars 1886 qui a sanctionné ce déclassement partiel, a été pris par le Chef de la colonie à la suite de la délibération du Conseil colonial dans sa séance du 18 janvier de la même année. L'assemblée locale, reconnaissant que les moyens d'action des vicinalités pour l'exécution, étaient, dans certains arrondissements, plus puissants que ceux de la direction des travaux publics, avait donné son adhésion au projet de déclassement qui lui était présenté par l'Administration.

Il est donc de toute importance, pour le développement des voies de communication et de la prospérité de la colonie, que le réseau de routes, dont l'utilité régionale a été reconnue, soit achevé aussi promptement que possible, et surtout maintenu en bon état.

J'ai, par suite, l'honneur de vous prier de vouloir bien tenir la main à ce que les voies de communication à la charge des vicinalités soient, dès maintenant, ouvertes, réparées et entretenues.

Dans le cas où l'exiguité des ressources de votre budget ne vous permettrait point de consacrer à ces travaux les crédits suffisants, je vous serais obligé de m'en informer, et de me faire connaître en même temps le quantum des sommes dont vous pourriez avoir besoin. Je verrais alors à en demander le prélèvement sur le crédit de 200.000 francs accordé par le Conseil colonial, à titre de subvention aux arrondissements pour l'entretien des routes et ponts.

Je vous recommande, en outre, de comprendre dans vos prévisions budgétaires pour 1888, les sommes nécessaires pour la continuation de ces travaux.

NOEL PARDON.

## IV. — Rivières et canaux

(10 septembre 1880)

**RAPPORT** *exposant un système de nettoyage des canaux.*

B. C., p. 464.

J'ai l'honneur de vous exposer un système de nettoyage des canaux pour les rendre plus profonds, car en les laissant dans l'état actuel, les barques de commerce ne peuvent circuler.

Quand la marée est haute, les barques n'éprouvent pas de difficultés pour naviguer, mais qu'elle vienne alors à baisser, les barques de commerce d'un fort tonnage s'échouent, cè qui revient au même que si le canal était obstrué.

Il est donc nécessaire, pour les canaux existants, d'employer un certain moyen pour les rendre plus profonds et plus commodes.

Ce travail, exécuté au moyen de corvées, présenterait des difficultés, car alors il faudrait disposer des batardeaux qui occasionneraient des pertes de temps considérables, et si l'on tient compte de l'énorme quantité de vase qu'ils contiennent, le travail ne pourrait se faire rapidement.

Or, en employant de nombreux buffles, la besogne serait singulièrement simplifiée. Pour les grands canaux, un nombre de buffles plus considérable que pour les petits serait employé.

On leur ferait suivre le canal une fois ou deux sur une, deux, trois ou quatre rangées ; plus on formera de rangées, plus il y aura de buffles à employer.

Ainsi disposés et marchant sur un rang, les buffles imprimeront du mouvement à l'eau, qui s'écoulera et entraînera avec elle la vase au fleuve, travail plus simple et plus facile que s'il était exécuté par corvéables, notables et chefs de canton.

Vers le 10e et 11e mois (novembre et décembre), les buffles ne travaillent plus, car la culture des rizières est terminée à cette époque. Ce genre de travail ne serait point une fatigue pour les buffles, ce serait au contraire comme si on les menait se baigner. Chaque canton emploierait ses buffles, afin d'éviter des difficultés qui pourraient surgir s'il en était autrement.

Voici les noms, par canton, des canaux qui ont besoin d'être nettoyés :

Canton de Binh-phu. — Canal Caï-cau.

Canton de Binh-hung. — Canal Ba-bo.

Canton de Binh-xuong. — Arroyo de communication jusqu'au canal Ba-bo.

Canton de Binh-quoi. — Canal qui traverse l'île Cu-lao-dai.

Canton de Binh-hieu. — Canal de Ong-doc-truc, lequel a été creusé il y a très longtemps.

L'eau de ce canal, n'ayant plus d'écoulement, il en résulte que l'eau alunée des rizières n'en a pas non plus, ce qui fait beaucoup de tort au riz, car, il faut le reconnaître, les rizières ne rapportent au cultivateur qu'autant qu'elles sont baignées par les eaux fluviales.

Ce canal a si peu d'eau que la circulation en barque y est devenue très difficile.

Donc, les cantons et les villages n'auront qu'à réunir leurs buffles pour se faciliter leur tâche.

J'estime qu'il faudra environ une huitaine de jours à chaque canton pour terminer son travail qui, de cette manière, aura été opéré plus commodément que s'il avait été exécuté par les habitants.

Désireux de communiquer entre eux, les habitants seraient tous très satisfaits de mettre ce projet à exécution, d'autant plus que c'est chose facile et qu'il n'y aura pas de dépenses de main-d'œuvre.

Cao-Van-Sanh.

(12 janvier 1881)

**A. G.** *relatif au classement des arroyos comme voies vicinales de grande communication. Tableau.*

B. C., p. 19.

Article premier. — Sont classés comme voies vicinales de grande communication les arroyos désignés au tableau ci-après.

Le Myre de Vilers.

TABLEAU

B. C., p. 20 à 51.

(28 décembre 1882)

**A. G.** *abandonnant de nouvelles ressources à la ville de Saïgon.*

B. C., p. 505.

Article premier. . . . . . . . . . . . . . . . . . . . . . . . . . . . . . . . . . . . . . . . .

. . . . . . . . . . . . . . . . . . . . . . . . . . . . . . . . . . . . . . . . . . . . . . . . . .

Art. 4. — Est classé comme voie vicinale de grande communication par addition à l'arrêté de classement du 12 janvier 1881, l'arroyo désigné sous le nom de Grand-Canal, qui sera entretenu aux frais du budget local et rentrera dans les attributions du service des travaux publics.

LE MYRE DE VILERS.

# V. — CANTONNIERS

| NATURE DES DOCUMENTS | DATES | RECUEILS A CONSULTER | | | | | | | OBSERVATIONS |
|---|---|---|---|---|---|---|---|---|---|
| | | Bat. | B.C. | B.D.I | J.C. | J.H. | B.M. | B.Col. | |
| D. G. | 13 janvier 1866. | | 14 | | | | | | |
| D. G. | 21 février 1868. | | 22 | | | | | | |
| A. G. | 27 janvier 1879. | I-211 | 20 | | | | | | |
| Cir. D. I. | 27 octobre 1879. | II-310 | | 112 | | | | | |
| Cir. D. I. | 30 décembre 1879. | II-750 | | 147 | | | | | |
| Circ. G. | 21 février 1880. | | | 18 | | | | | |

(13 janvier 1866)

**D. G.** *Organisation du personnel des militaires détachés comme surveillants au service des routes. — Fixation de l'indemnité allouée* (1).

B. C., p. 14.

(21 février 1868)

**D. G.** *portant création dans les onze inspections des provinces occidentales de surveillants chargés des routes* (2).

B. C., p. 22.

(27 janvier 1879)

**A. G.** *Création et organisation d'un corps de cantonniers chargé de l'entretien des rues de la ville de Saïgon. — Cadre et solde.*

BAT. I, p. 211.
B. C., p. 20.

Article premier. — Il est créé à Saïgon un corps de cantonniers qui sera chargé de l'entretien des rues de la ville, à la charge du budget local.

Art. 2. — L'effectif et la solde de ce personnel seront déterminés chaque année lors de l'établissement du budget.

Ils sont fixés comme suit pour l'année 1879 :

| | | |
|---|---|---|
| Chef cantonnier de 1re classe, à | 75 | francs par mois |
| 5 chefs cantonniers de 2e classe, à | 66 | — |
| 1 chef cantonnier auxilaire, à | 60 | — |
| 2 cantonniers ordinaires de 1re classe, à | 54 | — |
| 6 cantonniers ordinaires de 2e classe, à | 48 | — |
| 7 cantonniers ordinaires de 3e classe, à | 42 | — |
| 7 cantonniers auxiliaires, à | 36 | — |

Art. 3. — Les cantonniers seront placés sous la direction du chef du service des travaux publics.

Ils seront classés en cinq brigades, plus une brigade auxiliaire.

Les rues dites de grande voirie seront divisées en cinq sections, correspondant aux cinq brigades, et chaque brigade, sous les ordres de son chef, aura l'entretien d'une section.

Chaque section sera divisée en un certain nombre de cantons, de l'entretien de chacun desquels un cantonnier sera chargé. Les cantons seront indiqués par des plaques numérotées.

Les rues de la petite voirie, actuellement à la charge du budget local, mais qui doivent être remises à la municipalité aussitôt après leur achèvement, formeront une 6e section, qui sera confiée à la brigade auxiliaire. Cette brigade sera supprimée dès que les besoins du service n'en nécessiteront plus l'emploi.

Pendant la saison pluvieuse, il pourra être adjoint à chaque cantonnier un ouvrier auxiliaire qui travaillera sous sa direction.

Toutes ces divisions et classifications seront faites par le chef du service des travaux nuisibles.

Art. 4. — Les chefs cantonniers et les cantonniers seront nommés et révoqués par le Directeur de l'Intérieur, sur la proposition du chef du service des travaux publics. Leur avancement en classe et en grade a lieu au choix.

Art. 5. — Les chefs cantonniers seront choisis, si c'est possible, parmi les ouvriers européens et, au besoin, parmi les Asiatiques comprenant et parlant suffisamment le français.

Indépendamment de l'entretien de leur canton, qui aura une longueur réduite, ils

(1) V. *infrà*, Cir. G., 21 février 80.
(2) V. *infrà*, Circ. G., 21 février 80.

devront, deux fois par semaine, parcourir leur brigade pour contrôler et vérifier le travail des cantonniers, constater les absences ou malfaçons, donner les ordres de travail et aider au besoin les cantonniers de leurs avis.

Ils rendront compte des résultats de leurs tournées au plus prochain passage du surveillant ambulant, dont il sera question plus loin.

Ils recevront, soit directement, soit par l'intermédiaire des surveillants, les ordres du conducteur auquel ils pourront demander, lorsque certains travaux l'exigeront, la réunion temporaire de leurs cantonniers en brigade ou demi-brigade.

Art. 6 — Les cantonniers seront recrutés parmi les ouvriers asiatiques.

Ils se conformeront à tous les ordres des chefs cantonniers et des agents supérieurs; ils seront présents sur leur canton de six heures du matin à dix heures et demie, et de une heure et demie à six heures du soir. Chacun d'eux sera, par les soins de l'Administration, muni des outils de travail qui lui seront nécessaires et d'un guidon-jalon portant le numéro de sa brigade et de son canton, qu'il plantera, pendant son travail, sur la partie de rue où il sera occupé, et qu'il transportera de façon à se trouver toujours à portée de la voix de ce guidon.

Art. 7. — Les cantonniers et chefs cantonniers devront rester sur leur canton, quel que soit le temps ; toutefois, ils pourront être autorisés à établir sur le bord de la route une guérite mobile ou paillotte, où ils se réfugieront en cas d'orage ou de pluie abondante.

Art. 8. — Outre la surveillance intermittente des chefs cantonniers, les cantonniers seront contrôlés chaque jour par deux surveillants ambulants, qui constateront leur présence sur le canton et serviront d'intermédiaires entre le conducteur et les chefs cantonniers. Chaque cantonnier sera muni d'un livret qui restera suspendu à son guidon, dans une boîte étanche en fer-blanc, et sur lequel le surveillant ambulant indiquera l'heure exacte de son passage, le point précis où il a rencontré le cantonnier et la nature du travail auquel il était occupé.

Art. 9. — Les chefs cantonniers, s'ils savent écrire en français, inscriront sur les mêmes livrets les ordres qu'ils auront donnés de vive voix aux cantonniers. Les surveillants ambulants parcourront incessamment les brigades qui leur auront été assignées la veille par le conducteur dont il est parlé ci-après, et rendront compte chaque soir à ce dernier, dans un rapport sommaire, des résultats de leur tournée.

Art. 10. — Un conducteur unique sera chargé de toute la division d'entretien des routes et rues, et aura sous sa direction les deux surveillants ambulants et le personnel des cantonniers. Il s'attachera particulièrement à instruire les chefs cantonniers de toutes les pratiques de l'entretien des chaussées, les réunira au besoin en conférence, se fera accompagner par eux dans ses tournées, leur donnera tous les avis et ordres que l'état des chaussées leur suggérera.

Il devra parcourir à pied, deux fois par mois, toutes les rues et routes de la division, et adressera à chaque tournée un rapport détaillé au chef de service.

Art. 11. — Tout cantonnier ou chef cantonnier, trouvé absent de son canton aux heures réglementaires de son travail, sera passible d'une amende d'une journée de salaire; cette punition sera doublée en cas de récidive dans le délai d'un mois.

En cas de négligence, insuffisance de travail ou insubordination, les cantonniers ou chefs cantonniers pourront être réduits de classe ou révoqués.

L'amende pourra être proposée par le chef cantonnier ; elle sera infligée par le conducteur d'entretien ou l'ingénieur, chef du service.

Art. 12. — Les détails du service, qui ne sont pas prévus au présent arrêté, seront réglés par le chef du service des travaux publics.

J. Lafont.

(27 octobre 1879)

**CIRC. D. I** *Les militaires ne doivent plus être employés comme cantonniers.*

BAT. II, p. 310.

B. D. I, p. 112.

Le service de l'entretien des routes dans l'intérieur de la colonie étant désormais confié aux agents des travaux publics qui sont détachés dans les inspections, il n'y a plus lieu d'affecter à ce service des miliciens dits cantonniers.

J'ai, en conséquence, l'honneur de vous informer qu'à partir du 1er novembre prochain, les suppléments qui étaient alloués aux hommes dont il s'agit seront supprimés.

BÉLIARD.

(30 décembre 1879)

**CIRC. D. I** *Paiement de la solde des cantonniers indigènes.*

BAT. II, p. 750.

B. D. I, p. 147.

M. le Gouverneur désire que la solde des cantonniers indigènes soit faite le premier de chaque mois.

Après m'être concerté avec M. le chef du service des travaux publics, j'ai l'honneur de vous adresser les instructions nécessaires pour assurer l'effet de cette mesure.

Le paiement de ces dépenses sera effectué sur états décomptés établis en double expédition par les agents du service des travaux publics, qui vous en feront la remise vers la fin de chaque mois. Vous vous assurerez de l'exactitude matérielle de ces pièces et de leur établissement dans la forme régulière ; vous les revêtirez de votre visa et inscrirez sur l'une d'elles la mention : « *Bon à payer, avant ordonnancement par M. l'administrateur-percepteur.* » Ces formalités remplies, les états seront rendus à l'agent billeteur, qui n'aura plus qu'à se présenter à la caisse de M. le 2e administrateur pour en toucher le montant sur son acquit. Une des expéditions sera conservée à l'inspection comme encaisse et la deuxième transmise aussitôt à la Direction de l'intérieur pour régularisation.

BÉLIARD.

(21 février 1880)

**CIRC. G.** *mettant dans les attributions des administrateurs la nomination du personnel préposé à l'entretien des routes.*

B. D. I, p. 18.

La mise en vigueur de l'arrêté du 15 août 1879, portant réorganisation du service des travaux publics, a modifié le régime établi par les décisions des 13 janvier 1866 et 21 février 1868; désormais les miliciens ne seront plus chargés des travaux d'entretien des routes. Mais il n'entre pas dans l'esprit de cet acte que les Administrateurs placés à la tête des provinces aient à se désintéresser de cette partie du service ; il importe, au contraire, que leur action ne cesse de s'y faire sentir.

Le bon état de viabilité d'un pays est une des conditions premières de sa prospérité. Mais, en Cochinchine, on ne saurait l'obtenir par les seuls efforts d'un service technique et sans le concours actif des fonctionnaires de l'ordre politique et administratif.

M'inspirant de cette considération, et dans la pensée de fortifier l'action des représentants directs de l'autorité dans les provinces, j'ai décidé que les premiers Administrateurs auront à l'avenir, dans leurs attributions, la nomination du personnel préposé à l'entretien des routes, faite sur la proposition du chef de circonscription ou de l'agent d'arrondissement, suivant la distinction résultant de l'article 6 de l'arrêté du 18 août 1879. Vous vous attacherez à rechercher pour ce service de bons sujets, que vous trouverez sans doute assez facilement parmi les anciens miliciens et tirailleurs, dont la conduite n'aura pas laissé à désirer.

Les nominations dont il s'agit n'auront qu'un caractère provisoire ; vous aurez à les confirmer par un titre définitif, lors qu'aura été fixé le cadre des cantonniers affectés au service des routes des divers arrondissements de la colonie. Mais cette fixation est elle-même subordonnée au classement des routes de grande et petite voirie, travail dont s'occupe en ce moment le service des travaux publics et qui sera vraisemblablement terminé dans deux mois environ.

LE MYRE DE VILERS.

## VOTE (DROIT DE)

| NATURE DES DOCUMENTS | DATES | RECUEILS A CONSULTER Bat. | B.C. | B.D.I. | J.C. | J.H. | B.M. | B.Col | OBSERVATIONS |
|---|---|---|---|---|---|---|---|---|---|
| Loi. | 27 juillet 1872. | | | | | | | 182 | |
| Décret. | 15 juillet 1875. | | | | | | | 1877-162 | |
| Avis C. d'État | 7 février 1877. | | | | | | | 368 | |

(27 juillet 1872)

(1) **LOI** *sur le recrutement de l'armée* (*art. 5*).

B. M., p. 182.

(15 juillet 1875)

**DÉCRET** *relatif aux positions des officiers et assimilés commissionnés du cadre de réserve servant au titre auxiliaire, modifié par le décret du 28 juin 1877* (*art. 20*).

B. M., 1877, 2e sem. p. 162.

(7 février 1877)

**AVIS** *du Conseil d'État sur la question de savoir si un officier de l'armée territoriale admis à faire un stage volontaire dans un corps de troupes de l'armée active, a le droit, pendant la durée de ce stage, de prendre part aux votes qui ont lieu dans la commune où il est inscrit comme électeur.*

B. M., p. 368.

Consulter en outre : *Législation électorale.*

(1) Remplacée par la loi du 15 juillet 1889. V. *Recrutement de l'armée et réserve.*

# ADDENDA ET ERRATA

## A

### ABATAGE

(11 septembre 1889)

**A. L. G.** *réglementant l'abatage et le commerce de la viande de boucherie dans la zone qui formait autrefois le 20e arrondissement.*

J. C., 858

### ADMINISTRATION DES AFFAIRES INDIGÈNES

(26 juin 1871)

**A. G.** *déterminant les attributions des inspecteurs des affaires indigènes* (1).

B. C., p. 198

### AGRICULTURE, COMMERCE, INDUSTRIE

(27 juillet 1889).

**DÉP. M.** *transmission d'un mémoire rédigé par un planteur hollandais, M. J..., sur la culture du thé aux colonies françaises. — Mémoire.*

J. C., p. 1030

### ANNAM

(6 juin 1884)

**TRAITÉ** *conclu entre la France et l'Annam (établissement du Protectorat de la France), inséré dans l'Annuaire de l'Indo-Chine (IIe partie, Annam Tonkin). Rendu exécutoire par décret du 2 mars 1886.*

(1) V. *Décret*, 2 juin 1876.

## ANNAM ET TONKIN

(27 janvier 1886)

**RAPP. M.** *précédant le décret du 27 janvier 1886 portant organisation du Protectorat de l'Annam et du Tonkin.*

J. R. F., p. 466

(27 janvier 1886)

**DÉCRET** *portant organisation du protectorat de l'Annam et du Tonkin* (1).

J. R. F., p. 466

(28 juillet 1886)

**A. R. G.** *fixant les soldes indemnitaires et les pensions de retraite des fonctionnaires du Protectorat.*

MONITEUR A. T., p. 231

## AVOCATS DÉFENSEURS

(13 septembre 1889)

**DÉCRET** *réglant le tarif des honoraires des avocats-défenseurs en Indo-Chine.*

(Promulg. A. G. G., 9 novembre 1889.)

J. C., p. 1049

# B

## BÉNÉFICE DE CAMPAGNE DE GUERRE

(12 juillet 1886)

**CIRC. M.** *Le bénéfice de campagne de guerre pour l'expédition du Tonkin, cesse à partir du 1er juillet 1886.*

B. M., p. 24

(7 février 1887)

**CIRC. M.** *Suppression de l'indemnité d'entrée en campagne aux troupes appelées à servir en Annam et au Tonkin.*

B. M., p. 90

(1) V. *Indo-Chine.*

# C

## COMMISSARIAT

### § Solde et obligations diverses.

(3 mars 1876)

**DÉP. M.** *L'indemnité de logement des commis du commissariat attachés à l'arsenal est de 660 francs par an, comme pour les écrivains et les auxiliaires civils.*

BAT. I, p. 106

Par suite à ma dépêche du 16 novembre 1875 et en réponse à votre lettre du 3 janvier dernier, j'ai l'honneur de vous informer que le taux de l'indemnité de logement des commis du commissariat attachés à l'arsenal de Saïgon est de 660 francs par an, comme pour les écrivains et les auxiliaires civils.

DE BON.

(12 juillet 1877)

**DÉP. M.** *Solde à attribuer à un aide-commissaire détaché à l'arsenal de Saïgon qui est promu sous-commissaire.*

BAT. I, p. 106.

L'administration du port de Toulon m'a demandé de déterminer le chiffre des allocations à attribuer à un aide-commissaire détaché à l'arsenal de Saïgon, qui vient d'être promu au grade de sous-commissaire.

J'ai décidé que cet officier a droit, dans sa nouvelle position, au traitement qu'il recevait précédemment, augmenté d'une somme de 600 francs, qui représente la différence existant entre la solde à la mer des deux grades.

GICQUEL DES TOUCHES

(4 février 1881)

**DÉP. M** *Supprimant les suppléments alloués aux officiers du commissariat en service à l'arsenal de Saïgon.*

ARCH. GOUV.

Le tarif annexé à la dépêche qui a été adressée à l'un de nos prédécesseurs, le 16 novembre 1875 comprend, sous le titre : supplément de fonction, les indemnités suivantes :

| | |
|---|---|
| Commissaire adjoint, commissaire de Division, commissaire de l'arsenal.......... | 3.500 francs |
| Sous-commissaire................id........................id.................... | 3.500 — |
| Aide-commissaire, placé sous les ordres du commissaire de Divison pour le service de l'arsenal.......................................................... | 300 — |

Le chiffre total des allocations attribuées jusqu'à ce jour à des officiers du commissariat m'ayant paru trop élevé, j'ai décidé que les suppléments ci-dessus, cesseront d'être payés, à compter de la date de la présente dépêche.

J'ai l'honneur de vous prier de vouloir bien donner des ordres en conséquence.

CLOUÉ.

(6 juillet 1889)

**DÉCRET** *modifiant les art. 7 et 8 du décret du 14 mars 1884 et le décret du 11 octobre 1887, concernant l'organisation et le recrutement des agents du commissariat affectés au service des colonies.*

J. C., p. 942

(31 juillet 1889)

**CIRC. M.** *Notification du décret du 6 juillet 1889, apportant des modifications au recrutement du personnel des agents du commissariat colonial.*

J. C., p. 942

(31 juillet 1889)

**A. M.** *modifiant le règlement du 22 mars 1884 sur les dispositions à suivre dans le concours pour l'obtention de l'emploi de commis de 3e classe du commissariat affecté au service des colonies.*

J. C., p. 942

## COMMUNES. — CHOLON

### § *Revenus communaux.*

CHOLON

(17 avril 1882)

**A. G** *établissant diverses taxes au profit de la ville de Cholon. Barques en fourrière, et livrets de barques.*

B. C., p. 178

Article premier. . . . . . . . . . . . . . . . . . . . . . . . . . . . . . . . . . .

Art. 2. — Une taxe de 10 cents par pièce et par jour est établie également sur toutes les barques en fourrière.

Art. 3. — Les conditions de règlementation, de dépôt et toutes les règles prescrites par l'arrêté du 14 juillet 1873, pour le service des fourrières, seront applicables aux..... et aux barques.

Art. 4. — Par analogie des dispositions contenues dans l'arrêté du 22 novembre 1879, relatif aux voitures publiques de Cholon, une taxe de 40 cents sera établie, à dater de ce jour, au profit de la municipalité de Cholon, sur les livrets délivrés aux propriétaires des barques de Cholon, faisant le service des transports entre Cholon et Saïgon.

Art. 5. . . . . . . . . . . . . . . . . . . . . . . . . . . . . . . . . . . . . . . . .

LE MYRE DE VILERS.

(17 mai 1880)

**A. G.** *établissant une taxe mensuelle sur les barques de passage faisant le service de la rade à Cholon.*

B. C., p. 264

Article premier. — Le conseil municipal de la ville de Cholon est autorisé à établir, à son profit, une taxe mensuelle de deux francs sur les barques de passage faisant le service de la rade.

Art. 2. — Cette taxe sera acquittée trimestriellement et d'avance, à la caisse du préposé-payeur de Cholon.

LE MYRE DE VILERS.

(26 janvier 1880)

**A. G.** *déterminant certaines taxes à percevoir au profit de la municipalité de Cholon. (Droit de location des quais.)*

B. C., p. 28

Les taxes suivantes seront perçues au profit de la municipalité de Cholon :

1°. . . . . . . . . . . . . . . . . . . . . . . . . . . . . . . . . . . . . . . . . . . . . .

2° Droit de location des quais.

Les quais pourront être loués pour dépôt de matériaux, à raison de 25 centimes par mètre courant pour cinq jours. Cette taxe sera réduite à 1 franc par mètre et par mois, pour les constructeurs de bateaux établis à demeure sur le quai des Jonques, le quai des Chantiers, le quai de Phu-Gia et à 50 centimes pour les briquetiers établis sur les bords du canal de ceinture.

La perception de ce droit sera faite par le secrétaire de la mairie, qui en versera chaque jour le montant à la caisse du bureau municipal.

Les administrations publiques pourront y déposer gratuitement leurs matériaux.

. . . . . . . . . . . . . . . . . . . . . . . . . . . . . . . . . . . . . . . . . . . . . . .

LE MYRE DE VILERS.

(10 janvier 1881)

**A. G.** *fixant la redevance à payer pour le dépôt des matériaux sur les quais et trottoirs, pour les appontements et pour les auvents dans la ville de Cholon.*

B. C., p. 18

Article premier. — Le dépôt des matériaux sur les quais et trottoirs pourra être autorisé, moyennant une redevance de cinq centimes (0 fr. 05 cent.) par mètre et par jour, décompté pour cinq jours.

Art. 2. — Les constructeurs de bateaux et scieurs de long, établis sur les quais de la ville, paieront quarante centimes par mètre et par mois ; les briquetiers, dix centimes par mètre et par mois, et les marchands de bambous, rotins, etc., dix centimes par mètre et par mois.

Les appontements non couverts paieront six francs par an et les appontements couverts, douze francs par an.

Le paiement de ces dernières taxes se fera trimestriellement.

Les auvents paieront vingt centimes par mètre et par mois.

Art. 3. — Les dispositions antérieures, contraires au présent arrêté, sont et demeurent rapportées.

LE MYRE DE VILERS.

(17 avril 1882)

**A. G.** *établissant diverses taxes au profit de la ville de Cholon. (Matériaux abandonnés ou saisis sur la voie publique.)*

B. C., p. 178

Article premier. — Une taxe de vingt cents par mètre cube et par jour est établie à Cholon, à dater de ce jour, pour tous les matériaux abandonnés ou saisis sur la voie publique, qui seront conduits en fourrière.

Art. 2. . . . . . . . . . . . . . . . . . . . . . . . . . . . . . . . . . . . . . . . . . . .

. . . . . . . . . . . . . . . . . . . . . . . . . . . . . . . . . . . . . . . . . . . . . . .

Art. 3. — Les conditions de règlementation, de dépôt et toutes les règles prescrites par l'arrêté du 14 juillet 1873, pour le service des fourrières, seront applicables aux matériaux. . . . . . . . . . . . . . . . . . . . . . . . . . . . . . . . .

Art. 4. . . . . . . . . . . . . . . . . . . . . . . . . . . . . . . . . . . . . . . . . . . .

LE MYRE DE VILERS.

(29 janvier 1883)

**A. G.** *fixant à nouveau diverses taxes municipales de la ville de Cholon.*

B. C. p., 71

Article premier. — Les taxes municipales énumérées ci-après, sont fixées à nouveau comme suit :

| | | Piastres |
|---|---|---|
| Taxe des licences des maisons de tolérance...... | Chinoises.................. | 60 00 |
| | Annamites.................. | 10 00 |
| Taxe de location de quais (occupation permanente), constructeurs de bateaux et scieurs de long.......... | | 0 04 |
| Taxe des expéditions des actes de l'état civil, par expédition.................. | | 0 20 |
| Taxe des permis de circulation la nuit sans fanal.................. | | 3 00 |

Art. 2. — Centièmes additionnels. — V. *Impôts.*

CHARLES THOMSON.

SAÏGON

(26 janvier 1884)

**A. MUN.** *Réglementation des auvents à établir ou établis devant les magasins ou maisons de Saigon ; — taxe à payer à la ville* (1).

B. C., p. 55.

Art. 1er..........................................................................................

Art. 2. — La taxe à payer à la ville est fixée ainsi qu'il suit :

50 cents par an le mètre carré pour les auvents fixes.

25 cents par an le mètre carré pour les auvents mobiles.

Art. 3. — Cette taxe est payable d'avance sur un ordre de recette, après acceptation par le maire du croquis proposé.

Art. 4. — Pour les auvents qui existent, l'architecte voyer fera un rapport au maire indiquant ceux qui peuvent être maintenus ; ces derniers payeront la taxe mentionnée à l'article 2, les autres devront être démolis dans les quinze jours de la notification qui sera faite au propriétaire.

..........................................................................................

CARDI.

(5 mai 1888)

**CIRC. M.** *Instructions au sujet de la publication des statistiques judiciaires prescrivant de préparer et de transmettre sans retard les documents se rapportant à l'année 1887 et rappelant que les budgets communaux doivent parvenir au Département au début de chaque année pour pouvoir être utilisés dans la publication des statistiques coloniales.*

ARCH. GOUV.

## COMPTABILITÉ DES COLONIES

(10 décembre 1887)

**DÉCRET** *prescrivant que les ordres de paiement délivrés en France et dans nos possessions d'outre-mer, pour le compte du service local de la Cochinchine, devront être établis en francs.*

B. COL. 1888, p. 14.

(1) Exécutoire à partir du 1er avril 1884.

(3 mars 1888)

**DÉP. M.** *Certificats à donner par les services intéressés sur certains états de solde produits en fin de gestion par le trésorier-payeur des colonies.*

B. C., p. 202.

L'attention de M. le Ministre des finances a été appelée sur l'utilité qu'il y aurait, dans un bureau de contrôle, à faire certifier exacts par les corps et les services intéressés les états de développement des soldes que les trésoriers-payeurs coloniaux adressent à son Département, à la fin de chaque gestion, pour les comptes de dépôts et les comptes courants ouverts dans leurs écritures aux différentes administrations.

J'ai l'honneur de vous prier de vouloir bien donner des ordres pour que ces prescriptions soient rigoureusement suivies à l'avenir.

A. de la Porte.

## COMPTABILITÉ DU MATÉRIEL ET DES VIVRES

(9 mai 1882)

**DÉP. M** *Rappel aux prescriptions réglementaires en ce qui concerne le mode d'approvisionnement des bâtiments de la division navale et des ateliers du service de marine à Saïgon* (1).

ARCH. GOUV.

## COMPTABILITÉ DU SERVICE LOCAL

(21 mai 1883)

**DÉP. M.** *au sujet du paiement en France des secours, subventions, etc., alloués sur les fonds des budgets locaux.*

B. M., p. 733.

(26 octobre 1888)

**DÉP. M.** *au sujet des mandats délivrés à Saïgon et à Hanoï et adressés en France à des agents des services de la Cochinchine et du Tonkin; — les autorités locales ne devront plus délivrer désormais de mandats budgétaires au nom des agents qui ont quitté la Cochinchine ou le protectorat, soit définitivement, soit momentanément* (2).

J. C., p. 1078.

## COUCHAGE ET CAMPEMENT

(21 février 1888)

**DÉP. M.** *prescrivant la délivrance de couvertures aux vapeurs affrétés du service régulier d'Indo-Chine pour la totalité des rationnaires passagers* (*Circ.* 2 *avril* 1880).

ARCH. GOUV.

J'ai l'honneur de vous informer qu'en vue de pourvoir de couvertures, pendant la saison d'hiver, les troupes embarquées sur les vapeurs affrétés du service régulier d'Extrême-Orient (la compagnie nationale de navigation n'ayant pas à fournir cet effet aux passagers rationnaires), j'ai décidé qu'il sera, s'il est possible, mis à bord de chacun de ces steamers, du 15 octobre au 15 avril de chaque année, un approvisionnement de huit cent cinquante couvertures, cédées par le service Marine au budget de l'Indo-Chine, qui seront délivrées par le sous-commissaire délégué de la

(1) V. *Approvisionnements coloniaux.*

(2) *Traitements, solde et accessoires de solde.*

marine, à la demande du commandant des troupes passagères, sur l'avis du médecin-major, et retirées aux détenteurs dans les conditions précitées.

Ces délivrances et reprises s'effectueront conformément aux prescriptions contenues dans la circulaire du 2 avril 1880, B. O. p. 630, c'est-à-dire les délivrances, sur liste nominative revêtue du récépissé des chefs de détachement, qui seront responsables des couvertures, pendant la mise en service, et les reprises, en présence desdits chefs de détachement, au moyen de la liste susmentionnée, sur laquelle seront annotées, s'il y a lieu, les pertes et détériorations constatées.

Dans ce dernier cas, il sera dressé un procès-verbal en double expédition indiquant le nombre des effets manquants ou détériorés, les causes présumées de la perte ou du dommage et les noms des hommes qui étaient détenteurs des couvertures dont il s'agit.

Cette pièce, signée par le chef de détachement intéressé, le commandant des troupes passagères et par le sous-commissaire délégué, sera transmise par ce dernier pour la suite à donner, en Indo-Chine, au commandant en chef de la division navale, et en France au préfet maritime, selon le port de débarquement.

La décision qui précède répond à une question posée au Département de la guerre, suivant télégramme du 31 décembre 1887, n° 173, par le général de division, commandant en chef les troupes en Indo-Chine, il n'y aura plus lieu, par suite, comme l'avait précédemment prescrit le Ministre de la guerre, sur la demande du Département de la Marine, de délivrer des couvertures de marche aux troupes rapatriées par les vapeurs affrétés.

Vous voudrez bien faire remettre une copie de la présente dépêche tant à l'officier général précité qu'au contre-amiral, commandant en chef la division navale d'Indo-Chine.

# D

## DOUANES

*Errata.* A l'article « Douanes » le décret du 12 septembre 1887, ceux des 24 mars et 25 mai de la même année, ont été classés par erreur au § 1er, *dispositions communes*, alors qu'ils auraient dû l'être aux p. 184 et 187.

## DOUANES ET RÉGIES

### § Personnel

(18 décembre 1889)

**A. G. G.** *Le conseil d'administration de la solde des employés des douanes et régies du Cambodge sera supprimé à compter du 1er janvier 1890.*

J. C., p. 1190.

# F & H

## FONCTIONS ADMINISTRATIVES ET JUDICIAIRES

(27 décembre 1889)

**CIRC. D. I.** *au sujet de l'arrêté du 26 décembre 1889 et rendant définitive la séparation des pouvoirs judiciaire et administratif. — Instruction.*

J. C., p. 1191.

(27 décembre 188 )

**CIRC. CH. S. JUD.**, *au sujet de l'application de l'arrêté du 26 décembre 1889 qui consacre d'une manière définitive la séparation des pouvoirs judiciaire et administratif. Instructions.*

J. C., p. 1192.

## HOPITAUX ET AMBULANCES DE LA MARINE

(28 décembre 1880)

**A. G.** *Suppression de l'hôpital de Chaudoc, qui est remplacé par une ambulance*

J. C., p.

# R S T

## RECRUTEMENT DE L'ARMÉE

(24 septembre 1888)

**DÉCRET** *rappelant à l'observation des prescriptions des articles 16 et 23 de la loi du 18 novembre 1873.*

J. R. F., p.

Voir aussi l'arrêté du 7 mars 1885.

J. C., p. 354.

## SERVICE FINANCE DES COLONIES

(7 août 1884)

**DÉP. M.** *rappelant que les sommes payées à quelque titre que ce soit, aux corps de troupes, doivent être inscrites sur les livrets de payement.*

B. C., p. 362.

Je suis informé que le capitaine commandant la compagnie de tirailleurs annamites, en garnison à Soctrang, a refusé de laisser inscrire sur son livret, par le percepteur de la localité, le montant d'un mandat de trésorerie délivré à son profit pour transmission de solde.

D'un autre côté, le chef du service administratif aurait, à cette occasion, émis l'avis que les dispositions de l'article 161 du décret du 20 novembre 1882 ne s'appliquaient qu'aux mandats budgétaires, et aurait ajouté que les conseils d'administration des corps de troupe ne devait avoir qu'un livret, laquel restait à la portion centrale du corps à Saïgon.

Je ne m'explique pas qu'une semblable interprétation ait pu être donnée à un texte qui est la reproduction presque complète de l'article 147 du règlement financier de la marine du 14 janvier 1869, lequel est ainsi conçu :

« Les trésoriers-payeurs généraux et les agents qui les suppléent sont tenus d'enregistrer sur les « livrets de payement des officiers militaires ou civils, équipages ou services, *corps ou fractions de* « *corps*, agents ou comptables du Département de la marine, toutes les sommes qui leur sont « payées, *à quelque titre que ce soit.* »

Il est évident, d'ailleurs, que si cette règle n'était pas observée dans toute son étendue, le contrôle ne pourrait être efficacement exercé sur l'administration et la comptabilité des détachements des corps de troupe.

J'ai, en conséquence, l'honneur de vous prier de vouloir bien donner des ordres pour que les prescriptions rappelées ci-dessus soient rigoureusement observées à l'avenir.

A. PEYRON.

## SERVICE JUDICIAIRE

(26 décembre 1889)

**A. G. G.** *Les procureurs de la République sont chargés de la recherche directe et de la poursuite des délits justiciables des tribunaux de police correctionnelle et des cours d'assises. Les administrateurs interviennent directement en cas de rébellion.*

J. C., p. 1190.

## SUCCESSIONS DE BIENS VACANTS

(12 décembre 1889)

**A. G. G.** *Les successions des fonctionnaires et agents civils du protectorat du Cambodge seront liquidées par les soins des services administratifs d'après les lois et ordonnances en vigueur en Cochinchine.*

J. C., p. 1190.

## TRAITÉS D'AMITIÉ, DE COMMERCE ET DE NAVIGATION

(11 mai 1884)

*Traité conclu à Tien-Tsin entre la France et la Chine.*

# V

## VOIRIE. — VOITURES

(7 novembre 1864)

**D. G.** *Taxe des permis de circulation pour les voitures de louage et charrettes.*

BAT. II. p. 800

B. C. p. 144

A dater du 1er décembre 1864, toute voiture de louage et toute charrette ne pourra circuler dans Saïgon si elle n'est munie d'un permis visé tous les mois, moyennant le paiement d'une piastre.

Toute contravention sera punie, la première fois, d'une amende de trois piastres, et, en cas de récidive, d'une amende de 10 piastres.

DE LA GRANDIÈRE.

(2 mai 1865)

**A. G.** *Règlement de police et de voirie de Saïgon* (1).

BAT. II. p. 488
B. C. p. 231

Art. 1er.... ....................... ..................................

..............................................................................

Art. 2. — Les propriétaires de voitures de louage sont tenus d'afficher dans leurs voitures, d'une manière apparente, le tarif du prix des places.

Ils ne doivent demander aucune rémunération en plus de celles fixées.

Toute voiture marchant de nuit doit avoir ses lanternes allumées.

Art. 3. — Il est défendu aux conducteurs de charrettes à bœufs de se tenir dans leurs voitures pour la conduire dans l'intérieur de la ville (limites fixées à l'article 1er).

Art. 4.....................................................................

..............................................................................

(26 décembre 1867)

**A. G.** *réduisant la taxe municipale des charrettes opérant les transports de matériaux et marchandises.*

BAT. II. p. 800
B. C. p. 575

A partir du 1er janvier 1868, la taxe municipale sur les charrettes opérant les transports de matériaux et marchandises sera réduite d'un franc par mois et restera fixée à trois francs par mois et par charrette.

DE LA GRANDIÈRE.

(22 novembre 1870)

**A. G.** *relatif au paiement des amendes encourues par les conducteurs de voitures de louage.*

B. C. p. 324

(2 décembre 1872)

**A. MUN.** *Stationnement à Saïgon des voitures de Cholon.*

BAT. II. p. 801
B. C., p. 338

Article premier. — Le stationnement des voitures de Cholon sera dorénavant fixé sur le quai du Commerce, depuis l'embranchement de la rue d'Adran jusqu'à celui de la rue Mac-Mahon.

Art. 2. — Les voitures devront se tenir du côté de l'arroyo de Cholon et de façon à ne pas encombrer la voie publique.

Art. 3. — Les dispositions antérieures relatives au stationnement de ces voitures sont rapportées.

POIRIER.

(8 août 1878)

**D. D. I.** *Les voitures de place sont astreintes à la carte-patente, instituée par l'arrêté du 17 octobre 1872.*

BAT. II, p. 801
B. C., p. 270

Article premier. — Conformément à l'article 20 de l'arrêté du 17 octobre, tout

(1) V. *infrà*, A. G, 12 novembre 1879.

conducteur de voiture de place devra constamment être porteur d'une carte-patente spéciale à sa voiture et la représenter à toute réquisition des fonctionnaires compétents.

Ces cartes-patentes seront délivrées aux propriétaires des voitures par le contrôleur des contributions directes, sur la présentation des termes échus de l'impôt de l'année courante.

Art. 2. — ..........................................................................

La contravention sera constatée, poursuivie et punie, conformément aux articles 20 et 21 de l'arrêté susvisé.

DE MONTJON.

(22 novembre 1879)

**A. MUN.** *relatif aux voitures de place de Cholon.*

BAT. II. p. 801

B. C. p. 471

Article premier. — Les voitures seront divisées en trois classes :

Art. 2. — Dans les voitures de 1re classe seront rangées: 1° les voitures dites de remise ; 2° les voitures forme palanquin, ayant 1 mèt. 55 cent. de hauteur intérieure et 1 mèt. 10 cent. de largeur ; toutes ces voitures devront réunir les meilleures conditions de commodité, de propreté et de solidité. Il devra en être de même pour l'attelage.

Art 3. — Les voitures de 2e classe sont celles qui réunissent les mêmes conditions, mais à un degré moins satisfaisant ; elles peuvent n'avoir que 1 mèt. 50 cent. de haut et 1 mèt. 05 cent. de large.

Art. 4. — Les voitures de 3e classe sont celles qui ne remplissent pas les conditions de dimensions prévues à l'article 3, ou quelqu'unes des autres conditions qui sont imposées aux voitures de 1re et de 2e classe.

Art. 5. — Les voitures qui ne présenteraient pas des conditions de solidité suffisante ne pourront circuler comme voitures publiques.

Art. 6. — Les voitures de 1re classe auront les panneaux des portières peints en marron avec filet rouge ou sans filet, et portant leur numéro d'ordre inscrit en blanc, suivi d'un C majuscule de même couleur placé au-dessous de zéro.

Les voitures de 2e classe auront les panneaux des portières peints en noir avec filet bleu ou sans filet, et portant leur numéro d'ordre inscrit en blanc, également suivi d'un C majuscule.

Les voitures de 3e classe auront les panneaux des portières peints en vert foncé avec filet jaune ou sans filet, et leur numéro d'ordre inscrit en blanc, suivi d'un C majuscule.

Ces numéros et lettres devront avoir une hauteur de 17 centimètres au moins.

Les voitures dites de remise seront numerotées à l'arrière et sur les lanternes. Celles de ces voitures qui ne seront pas rangées dans la 1re classe, devront inscrire la mention (2e classe) en dessous de leur numéro d'ordre en lettres de 10 centimètres au moins.

Art. 7. — Une commission nommée par le maire procèdera au classement.

Art. 8. — Les conducteurs ne pourront admettre dans leur voiture un nombre de voyageurs plus grand que celui indiqué sur le livret, dont ils devront être porteurs.

Ils ne seront pas tenus de recevoir des voyageurs qui seront manifestement en état d'ivresse, à moins qu'ils ne soient accompagnés.

Art. 9. — Ils ne devront autoriser personne à monter sur le siège, à moins que ce ne soit un apprenti conducteur, portant la même tenue qu'eux.

Art. 10. — Dans le cas où ils trouveront dans leur voiture quelque objet oublié ou perdu, ils devront, dans les 24 heures au plus tard, en faire remise au propriétaire s'il leur est connu, ou au commissaire de police de leur arrondissement, qui leur en donnera récépissé, à peine d'être poursuivis comme coupables de vol.

Art. 11. — A l'approche d'une autre voiture, tout conducteur devra se ranger à sa droite, de manière à laisser libre la moitié de la chaussée au moins.

Art. 12. — Les conducteurs ne devront point lutter de vitesse ; ils devront se ranger à leur droite pour laisser le passage aux voitures qui seraient plus rapides. Défense leur est faite de faire galoper leurs chevaux.

Art. 13. — Aux tournants des rues ou routes, dans les marchés, les rues étroites, sur les ponts ou les passerelles, les conducteurs devront modérer l'allure de leurs chevaux.

Dans la partie des voies ou promenades publiques réservées aux piétons, les voitures ne pourront ni circuler ni stationner.

Art. 14. — Dès la chute du jour, les conducteurs devront avoir leurs lanternes allumées, qu'ils soient en marche ou en station.

Art. 15. — Ils devront marcher à la réquisition des voyageurs, lorsqu'ils se trouveront aux stations ou en route pour s'y rendre.

Dans le cas où ils justifieraient qu'ils rentrent à l'écurie par suite de la fatigue de l'attelage, ils devront néanmoins conduire le voyageur jusqu'à la station la plus rapprochée, moyennant une rétribution fixe de 0 fr. 50 cent.

Art. 16. — Après avoir achevé leur course, les conducteurs devront se rendre immédiatement à la station la plus rapprochée.

Ils se placeront à la suite des voitures qui pourraient s'y trouver déjà. Les voitures de Saïgon pourront stationner à toutes les stations de Cholon.

Les voitures en station ne devront, sous aucun prétexte dépasser le poteau indicateur ; elles devront se tenir le plus près possible du côté de la voie où est la station. Il leur est absolument défendu de se précipiter au-devant des voyageurs, ou de les inviter par des cris à prendre leur voiture.

Art. 17. — Dans le cas où un conducteur attendrait un voyageur, il devra se ranger le plus possible sur un des côtés de la voie publique, de manière à ne pas entraver la circulation. Dans le cas où il y aurait sur un même point des voitures déjà en attente, ils devront se ranger du même côté, après avoir déposé leur voyageur et sauf à se rapprocher du côté opposé de la voie, à l'appel de ce dernier.

Art. 18. — Aucune voiture ne pourra circuler sans être munie de sa carte-patente et d'un livret délivré par la mairie, moyennant la somme de deux francs. Ce livret indiquera :

1° Le numéro de la voiture ;

2° Le nom et l'adresse du propriétaire ;

3° Le nombre de voyageurs que peut porter la voiture ;

4° L'acquittement mensuel du droit de circulation ;

5° Le tarif des places écrit en français, en tamoul et en caractères chinois.

Les cochers devront représenter ce livret à toute réquisition de la police ou du voyageur. Le tarif des places devra, en outre, être affiché d'une manière permanente et apparente dans l'intérieur de leur voiture. La municipalité en délivrera gratuitement les exemplaires.

Art. 19. — Les voitures de toutes classes seront inspectées tous les trimestres. Celles qui, dans l'intervalle des inspections, seront reconnues en mauvais état, devront être retirées de la circulation.

Art. 20. — Les cochers devront être âgés au moins de 18 ans. Leur tenue devra être : *veston et pantalon de flanelle bleue, ou tenue complétement blanche.*

Art. 21. — Dans le cas où il n'y aurait pas de prix convenu, le tarif est établi comme suit :

DE 6 HEURES DU MATIN A 11 HEURES DU SOIR

*Voitures circulant en ville.*

| | A LA COURSE | A L'HEURE | |
|---|---|---|---|
| | | 1re demi-heure. | 2e demi-heure et suiv. |
| 1re classe | 1f00 | 1f25 | 1f00 |
| 2e classe | 0 75 | 1 00 | 0 75 |
| 3e classe | 0 50 | 0 75 | 0 50 |

*Voitures circulant hors la ville.*

| | CHOLON A SAIGON | | CHOLON A BINH-HOA | |
|---|---|---|---|---|
| | ALLER | ALLER ET RETOUR avec 1 h. de séjour | ALLER | ALLER ET RETOUR avec 1 h. de séjour |
| 1re classe | 4f50 | 6f00 | 7f00 | 8f50 |
| 2e classe | 3 00 | 4 00 | 5 00 | 6 00 |
| 3e classe | 2 25 | 3 00 | 4 00 | 5 00 |

DE 11 HEURES DU SOIR A 6 HEURES DU MATIN

| | VOITURES CIRCULANT EN VILLE | | | HORS DE LA VILLE | | | |
|---|---|---|---|---|---|---|---|
| | | HEURE | | CHOLON A SAIGON | | CHOLON A BINH-HOA | |
| | COURSE | 1re demi-heure | 2e demi-heure et suivantes | Aller | Aller et retour avec 1 h. de séjour | Aller | Aller et retour avec 1 h. de séjour |
| 1re classe........... | 1f35 | 1f 70 | 1f35 | 6f 00 | 9f 00 | 9f 00 | 12f 00 |
| 2e classe........... | 1 10 | 1 35 | 1 00 | 4 00 | 6 35 | 6 50 | 9 00 |
| 3e classe........... | 0 70 | 1 00 | 0 70 | 3 00 | 4 70 | 5 00 | 7 00 |

Dans chaque course, aller et retour, hors de la ville de Cholon, le voyageur aura droit à une heure d'arrêt. Les personnes qui restent plus d'une heure aux endroits désignés au tarif paieront, outre le prix fixé au tarif, chaque demi-heure supplémentaire au prix fixé pour Cholon.

La demi-heure commencée sera due intégralement. Le tarif de l'heure s'applique aux trajets faits dans les communes de Cholon et de Choquan. Tout cocher qui aura été pris à la station ou en circulation par un domestique pour aller à domicile, et qui n'aura pas été employé, aura droit à une indemnité égale à la moitié du prix de la course.

Art. 22. — Les contraventions au présent arrêté seront poursuivies conformément aux lois.

Art. 23. — Sont et demeurent rapportés tous arrêtés antérieurs, relatifs à la police et au tarif des voitures publiques.

LANDES.

(22 novembre 1879)

**A. MUN**. *relatif aux voitures de place de Saïgon* (1).

BAT., p. 804

B. C., p. 474

Article premier. — La visite trimestrielle est supprimée.

Art. 2. — Les voitures seront divisées en trois classes.

Art. 3. — Dans les voitures de première classe seront rangées :

1° Les voitures dites de remise ;

2° Les voitures forme palanquin, ayant 1 mèt. 55 cent. de hauteur intérieure et 1 mèt. 10 cent. de largeur.

Toutes ces voitures devront réunir les meilleures conditions de commodité, de propreté et de solidité.

Il devra en être de même pour l'attelage.

Art. 4. — Les voitures de deuxième classe sont celles qui auront au moins 1 mèt. 50 cent. de hauteur intérieure et 1 mèt. 05 cent. de largeur, et réuniront les mêmes conditions que les voitures de première classe, mais à un degré moins satisfaisant.

Art. 5. — Les voitures de troisième classe sont celles qui ne remplissent pas les conditions de dimensions prévues aux articles 3 et 4, ou quelqu'une des autres conditions qui sont imposées aux voitures de première et deuxième classe.

La tenue des cochers de toute catégorie devra être : *veston et pantalon de flanelle bleue et salacco, ou tenue complètement blanche.*

Art. 6. — Les voitures qui ne présenteraient pas des conditions de solidité suffisante ne pourront circuler comme voitures publiques.

Art. 7. — Les voitures de première classe seront peintes en marron et filet rouge, le numéro peint en blanc.

Les voitures de deuxième classe seront peintes en noir et filet bleu, le numéro peint en blanc.

Les voitures de troisième classe seront peintes en vert foncé et filet jaune, le numéro peint en blanc.

Les filets ne sont pas obligatoires.

Les numéros devront avoir une hauteur de 17 centimètres pour les voitures de place et de 5 centimètres pour les voitures de remise.

Les voitures dites de remise seront numérotées à l'arrière et sur les lanternes. Celles de ces

(1) V. *infrà*, A. G., 18 février 1881.

voitures qui ne seront pas rangées dans la première classe, devront inscrire la mention deuxième classe, en dessous de leur numéro d'ordre, en lettres de 10 centimètres au moins, sur l'arrière de la voiture.

Art. 8. — Une commission, nommée par le maire, procédera au classement.

Art. 9. — Les conducteurs ne pourront admettre dans leur voiture un nombre de voyageurs plus grand que celui indiqué sur le livret, dont ils devront être porteurs.

Ils ne seront pas tenus de recevoir des voyageurs qui seront manifestement en état d'ivresse, à moins qu'ils ne soient accompagnés.

Art. 10. — Ils ne devront autoriser personne à monter sur le siège, à moins que ce ne soit un apprenti conducteur portant la même tenue qu'eux.

Art. 11. — Dans le cas où ils trouveront dans leur voiture quelque objet oublié ou perdu, ils devront, dans les 24 heures au plus tard, en faire remise au propriétaire, s'il leur est connu, ou au commissaire de police de leur arrondissement, qui leur en donnera récépissé, à peine d'être poursuivis comme coupables de vol.

Art. 12. — A l'approche d'une autre voiture, tout conducteur devra se ranger à sa droite, de manière à laisser libre la moitié de la chaussée au moins.

Art. 13. — Les conducteurs ne devront point lutter de vitesse ; ils devront se ranger à leur droite, pour laisser le passage aux voitures qui seraient plus rapides. Défense leur est faite de faire galoper leurs chevaux.

Art. 14. — Aux tournants des rues ou routes, dans les marchés, les rues étroites, sur les ponts ou les passerelles, les conducteurs devront modérer l'allure de leurs chevaux.

Dans la partie des voies ou promenades publiques réservées aux piétons, les voitures ne pourront ni circuler, ni stationner.

Art. 15. — Dès la chute du jour, les conducteurs devront avoir leurs lanternes allumées, qu'ils soient en marche ou en station.

Art. 16. — Ils devront marcher à la réquisition des voyageurs lorsqu'ils se trouveront aux stations ou en route pour s'y rendre.

Dans le cas où ils justifieraient qu'ils rentrent à l'écurie, par suite de la fatigue de l'attelage, ils devront néanmoins conduire le voyageur jusqu'à la station la plus rapprochée, moyennant une rétribution de 50 centimes.

Art. 17. — Après avoir achevé leur course, les conducteurs devront immédiatement se rendre à la station la plus rapprochée.

Ils se placeront à la suite des voitures qui pourront s'y trouver déjà.

Les voitures en station ne devront, sous aucun prétexte, dépasser le poteau indicateur ; elles devront se tenir le plus près possible du côté de la voie où est la station. Il leur est absolument défendu de se précipiter au devant des voyageurs, ou de les inviter, par des cris, à prendre leur voiture.

Art. 18. — Dans le cas où un conducteur attendrait un voyageur, il devra se ranger le plus possible sur un des côtés de la voie publique, de manière à ne pas entraver la circulation. Dans le cas où il y aurait sur un même point des voitures déjà en attente, ils devront se ranger du même côté, après avoir déposé leur voyageur, et sauf à se rapprocher du côté opposé de la voie, à l'appel de ce dernier.

Art. 19. — Aucune voiture ne pourra circuler sans être munie de sa carte-patente pour l'exercice courant et de l'acquit du Trésor, constatant qu'elle est à jour avec la caisse municipale.

Art. 20. — Les propriétaires devront afficher, d'une manière apparente et permanente, le tarif des places ; ils devront, en outre, l'avoir sur un carton mobile pour plus de commodité du voyageur ; il sera écrit en français, en tamoul et en caractères chinois ; il leur en sera fait gratuitement la délivrance par la municipalité.

Art. 21. — Dans le cas où une voiture serait signalée comme devant passer d'une classe à l'autre, le propriétaire devra la présenter à la mairie, sur l'invitation qui lui en sera faite, afin qu'il soit statué par le maire ou par son délégué. Faute par le propriétaire de se rendre à cette invitation, son permis de circulation lui sera retiré, jusqu'à ce qu'il ait satisfait à l'injonction.

— Art. 22. Dans le cas où il n'y aurait pas eu de prix convenu, le tarif est établi comme suit :

| VOITURES | INTÉRIEUR DE LA VILLE — A L'HEURE pour la | | EXTÉRIEUR DE LA VILLE | | |
|---|---|---|---|---|---|
| | PREMIÈRE HEURE | DEUXIÈME HEURE et les suivantes. | DE SAÏGON A CHOLON — ALLER | DE SAÏGON A CHOLON — ALLER ET RETOUR avec une heure de séjour. — Chaque heure de séjour en plus sera payée les 2/3 de l'heure fixée au tarif. | DE SAÏGON A L'INSPECTION — ALLER ET RETOUR une heure de séjour, |
| De 1^re^ classe... | 2f00 | 2f00 | 4f00 | 6f00 | 3f00 |
| De 2e classe... | 2 00 | 1 50 | 3 00 | 4 00 | 2 00 |
| De 3e classe... | 1 50 | 1 00 | 2 25 | 3 00 | 1 50 |

NOTA. — Les voitures prises pour l'extérieur de la ville et à destination d'un point quelconque, autre que ceux désignés au présent tarif, seront toujours payées à l'heure et suivant le tarif spécifié pour chaque classe de voitures.

La première demi-heure commencée sera toujours due intégralement; les heures seront fractionnées par moitié.

Ce tarif ne s'applique qu'à la commune de Saïgon, aux courses de Saïgon à Cholon, de Saïgon à l'inspection de Saïgon et aux lieux intermédiaires. Pour tous autres points hors de la commune de Saïgon, les courses auront lieu à prix débattu.

Art. 23. — Sont et demeurent rapportés tous arrêtés antérieurs relatifs à la police et aux tarifs des voitures publiques.

JULES BLANCSUBÉ.

(23 février 1880)

**A. MUN.** *relatif à la conduite des voitures de place par des cochers âgés de moins de dix-huit ans.*

B. C., p. 107

Article premier. — Il est expressément défendu de préposer à la conduite des voitures de place des cochers âgés de moins de dix-huit ans.

Toute voiture qui sera rencontrée, conduite par un cocher qui ne remplirait pas cette condition, sera considérée comme abandonnée sur la voie publique ; elle sera mise en fourrière et procès-verbal sera dressé contre le propriétaire.

Art. 2. — Une commission nommée par nous procédera, sans retard, à un nouveau classement des voitures.

A titre de tolérance, et pendant un an, à dater de ce jour, elle pourra admettre dans la seconde classe les voitures qui, remplissant du reste les conditions prescrites par l'arrêté, auront au moins les dimensions suivantes :

1 mètre 45 de hauteur intérieure et 0 mètre 80 de largeur.

Art. 3. — A dater du 15 mars prochain, les prescriptions de l'arrêté du 22 novembre dernier et celle du présent seront rigoureusement exécutées.

JULES BLANCSUBÉ.

(18 février 1861)

**A. G.** ARRÊTÉ *relatif aux voitures de place. — Tarif.*

B. C., p. 148

Article premier. — Aucune voiture de place ne pourra être mise en circulation sans l'autorisation du maire.

Art. 2. — L'architecte-voyer et le piqueur chargé de la surveillance des voitures, et, à leur défaut, toutes autres personnes désignées par le maire, sont chargés d'examiner les voitures et attelages dont les propriétaires demanderont un permis de circulation; ils seront, en outre, chargés d'inspecter les voitures tous les trimestres.

Art. 3. — Toutes les voitures qui seront reconnues en mauvais état de solidité ou de propreté, celles dont les attelages seront mal tenus, seront retirées de la circulation; le permis de la circulation ne sera rendu au propriétaire de ces voitures que lorsqu'il aura justifié du bon état de sa voiture et de son attelage.

Art. 4. — Les frais d'expertise à la charge des propriétaires de voitures, pour la visite trimestrielle, sont fixés à 3 francs par voiture et par visite, pour les voitures de 1re classe, et à 2 francs pour les voitures de 2e classe.

Art. 5. — Lorsque, dans l'intervalle des visites trimestrielles, les agents de la municipalité ou de la police trouveront des voitures circulant en mauvais état, ils les conduiront à la mairie pour les faire visiter par les agents chargés de ce soin, ou à l'un des commissaires de police, et si ceux-ci décident que le permis de circulation doit être retiré, le propriétaire paiera, en outre, 3 francs ou 2 francs, suivant la classe de sa voiture, pour frais d'expertise.

Art. 6. — Les sommes provenant des frais d'expertise seront versées à la caisse municipale, au titre : *Recettes diverses.*

Art. 7. — Les voitures seront divisées en deux classes.

Les voitures dites de remises, soit découvertes, soit couvertes, attelées d'un ou deux chevaux, formeront la première classe.

Les voitures dites malabares, attelées d'un ou de deux chevaux, formeront la seconde classe.

Néanmoins, par exception, si les experts le jugent ainsi, des voitures dites malabares, parfaitement attelées et d'une propreté irréprochable, pourront être mises à la première classe, de même que des voitures de remises, mal tenues, pourront être mises à la seconde classe.

Art. 8. — Les voitures seront numérotées extérieurement ; les numéros seront peints en blanc et en chiffres arabes pour les voitures de 2e classe, et en rouge pour les voitures de 1re classe ; ils devront toujours être entretenus en bon état.

Les voitures de 1re classe seront numérotées à l'arrière et sur les lanternes ; la dimension des numéros sera de cinq centimètres.

Celles de 2e classe seront numérotées à l'arrière et sur les portières ; la dimension des numéros sera de dix-sept centimètres.

Art. 9. — Les voitures expertisées et autorisées à circuler devront être entretenues en bon état de solidité et de propreté ; il devra en être de même pour l'attelage.

Art. 10. — Les cochers ne pourront être âgés de moins de dix-huit ans ; ils devront être proprement et décemment vêtus.

Art. 11. — Aucune voiture ne pourra circuler sans être munie :

1° De sa carte-patente ;

2° D'un livret qui sera délivré par la mairie, moyennant la somme de 2 francs ;

3° D'un tarif.

Le livret devra porter le numéro de la voiture, le nom et l'adresse du propriétaire, l'acquittement mensuel du droit de circulation et le nombre de voyageurs que peut porter la voiture.

Sur le tarif, il y aura également le numéro de la voiture et le nombre de voyageurs qu'elle peut porter, ainsi que les points de stationnemment des voitures. Il devra être écrit en français et en caractères chinois.

Il devra être affiché, d'une manière permanente et apparente, dans l'intérieur de la voiture.

Les tarifs de place seront délivrés gratuitement par la municipalité.

Art. 12. — Les cochers devront présenter leur livret à toute réquisition des agents de la municipalité ou de la police.

Art. 13. — Tout cocher ayant sa voiture attelée et libre, est tenu de marcher à toute réquisition et au prix du tarif.

Dans le cas où il justifierait qu'il rentre à l'écurie, par suite de la fatigue de l'attelage, il devra néanmoins conduire le voyageur jusqu'à la station la plus rapprochée, moyennant une rétribution fixe de 50 centimes.

Art. 14. — Le stationnement des voitures est fixé aux points désignés ci-après :

1° Quai de commerce, en face la rue Catinat ;

2° Quai du commerce, en face de la rue d'Adran, en se dirigeant vers le mât de signaux ;

3° Rue Vannier, à côté des Halles ;

4° Boulevard Bonard, entre la rue Catinat et la rue Nationale ;

5° Rue Lagrandière, près de la prison centrale et près de la Direction de l'Intérieur.

6° Place de la Cathédrale, derrière le mess des officiers ;

7° Rue Chasseloup-Laubat, entre les rues Nationale et de Bangkok ;

Les voitures de Cholon auront leur station en face de la rue d'Adran, en se dirigeant du côté de Cau-ong-lanh.

Les points de stationnement seront désignés par deux poteaux indiquant le commencement et la fin de la station.

Art. 15. — Les cochers ne pourront recevoir un nombre de voyageurs plus grand que celui qui est indiqué sur le livret.

Ils ne seront pas tenus de recevoir des personnes en état d'ivresse.

Art. 16. — Les cochers ne devront autoriser personne à monter sur le siège de leur voiture, à moins que ce ne soit un apprenti cocher qui devra être, comme eux, proprement et décemment vêtu.

L'apprenti cocher devra être autorisé par la mairie ; son nom sera inscrit sur le livret de la voiture.

Art. 17. — A l'approche d'une autre voiture, tout cocher doit se ranger à sa droite, de manière à lui laisser au moins la moitié de la chaussée.

Art. 18. — Il est défendu aux cochers de faire galoper leurs chevaux et de lutter de vitesse ; ils devront se ranger à leur droite pour laisser le passage aux voitures plus rapides.

Art. 19. — Les cochers devront modérer l'allure de leurs chevaux aux tournants des routes et des rues, dans les marchés, dans les rues étroites, sur les ponts et passerelles, et dans tous les endroits de la voie publique où il existe quelque obstacle à la circulation.

Art. 20. — Il est défendu aux cochers de faire circuler les voitures dans les parties des voies ou promenades publiques réservées aux piétons.

Art. 21. — Dès la chute du jour, les voitures devront être pourvues de lanternes allumées, qu'elles soient en marche ou en station.

Art. 22. — Il est expressément interdit aux voitures de stationner sans nécessité sur la voie publique, et de se promener dans les rues en quête de voyageurs.

Art. 23. — Après avoir déposé leurs voyageurs, les cochers devront immédiatement se rendre à la station la plus rapprochée et prendre rang à la suite des autres voitures.

Art. 24. — Lorsqu'une voiture attendra un voyageur sur la voie publique, elle devra se ranger le plus possible sur l'un des côtés, de manière à ne pas entraver la circulation. Lorsque, en face de l'endroit où un cocher déposera un voyageur, il y aura une voiture, il devra avancer ou reculer de quelques mètres, afin que les deux voitures ne se trouvent pas en face l'une de l'autre, sur la même voie, et n'occasionnent pas d'encombrement.

Art. 25 — Défense est faite aux cochers de se précipiter au-devant des voyageurs ou de les inviter, par des cris, à monter dans leur voiture.

Art. 26. — Dans le cas où un cocher trouvera dens sa voiture quelque objet oublié, il devra, dans les vingt-quatre heures au plus tard, en faire remise au propriétaire, s'il est connu de lui, ou au commissaire de police de son arrondissement, qui lui en donnera récépissé.

Art. 27. — A défaut de convention pour le prix, le tarif est établi comme suit :

TARIF

| | INTÉRIEUR DE LA VILLE | | | | EXTÉRIEUR DE LA VILLE | | | | DE SAIGON à CHOQUAN | | DE SAIGON A CAU-KO et aux Mares | |
|---|---|---|---|---|---|---|---|---|---|---|---|---|
| | LA COURSE | | L'HEURE | | A CHOLON DE SAIGON | | DE SAIGON à l'inspection DE BINH-HOA | | | | | |
| | Sans retour ni arrêt. | Aller et retour, avec un 1/4 d'heure d'arrêt seulement. | Première heure. | Deuxième heure et les heures suivantes. | Aller | Aller et retour, avec 1 heure de séjour. | Aller | Aller et retour par la route de 26 pont, avec une 1/2 heure de séjour | Aller | Aller et retour avec 1 heure de séjour | Aller. | Aller et retour, avec une 1/2 heure de séjour. |
| Voitures de 1re classe — 2 chevaux.. | 0f75 | 1f25 | 2f00 | 1f50 | 2f50 | 5f00 | 1f50 | 2f50 | 2f00 | 3f00 | 1f25 | 2f00 |
| Voitures de 1re classe — 1 cheval... | 0 50 | 1 00 | 1 30 | 1 25 | 2 55 | 4 50 | 1 25 | 2 00 | 1 75 | 2 75 | 1 00 | 1 75 |
| Voitures de 2e classe...... | 0 50 | 0 75 | 1 25 | 1 00 | 2 00 | 4 00 | 1 00 | 1 50 | 1 50 | 2 50 | 0 75 | 1 50 |

NOTA. — En dehors des points désignés, la location sera faite à prix débattu.

Art. 28. — Il est expressément défendu à tous conducteurs de voitures de demander un prix plus élevé que celui qui est fixé au présent tarif.

Art. 29. — Tout cocher qui, sommé de s'arrêter par un agent chargé de constater la contravention, refuserait d'obtempérer ou de se soumettre aux vérifications prescrites, sera poursuivi devant le tribunal de simple police.

Art. 30. — Il est expressément défendu aux cochers de malmener et frapper leurs chevaux ; ceux qui seront trouvés exerçant abusivement de mauvais traitements sur leurs chevaux ou qui atteleront des chevaux blessés, seront passibles des peines édictées par l'article 475 du Code pénal.

Art. 31. — Tout propriétaire de voitures est civilement responsable des amendes, des dommages-intérêts et des frais encourus par son conducteur.

Art. 32. — Tout contrevenant aux prescriptions qui précèdent sera poursuivi et condamné conformément aux lois.

Art. 33. — Tous arrêtés antérieurs, relatifs aux voitures publiques, sont et demeurent rapportés.

Dr J. CARDI.

FIN DU SEPTIÈME ET DERNIER VOLUME

# TABLE ALPHABÉTIQUE DES MATIÈRES

## CONTENUES DANS LES SEPT VOLUMES

## TOME PREMIER

B

## TOME II

### C

# TOME III

## D

F



## TOME IV

G

## J



# TOME V

## L

N



O



## TOME VI

P.

# TOME VII

## Q



## R

Châteauroux. — Typ. et Stéréotyp. A. MAJESTÉ.

Imp. G. Saint-Aubin et Thevenot, St-Dizier (Hte-Marne), 30, Passage Verdeau, Paris.

www.ingramcontent.com/pod-product-compliance
Lightning Source LLC
LaVergne TN
LVHW020955300926
849160LV00007B/157